大修館 四字熟語辞典

田部井文雄 編

大修館書店

序

四字熟語とは、漢字四字を連接せしめて一語として用いられるようになった重要語彙をいう。それは、中国三千年の文化文明が生んだ輝かしい成果であり、日本千数百年の漢字漢語文化史上の、見事な結実である。われわれの祖先たちは、その文章表現や日常会話などにおいて、いかに多くの四字熟語を駆使して、豊かな言語生活を形成してきたことか。

この四字熟語に関する辞典類が、現在のわれわれの机辺に存在すること、その数は、決して少なしとしない。だがしかし、言語の意味・用法・用途等は、世の転変とともに常に移ろうものであり、現代に使用されている、または使用されるべき用語も時々刻々に変化し続けている。日本語の文章表現において、すでに一定の意味用法を確立しているかに見える四字熟語の場合も例外ではない。実際の言語生活、とりわけて文章表現に直接役に立つ、新たなる四字熟語辞典の編集をここに企てる所以《ゆえん》である。

本書では、文章表現に直接役に立つ「使える四字熟語」を、選びに選んで、ここに二六五三語を収録した。その上で、現代語としての意味・用法について、解説の正確さ懇切さを期したことはいうまでもないが、そのほかの点でも幾つかの些《いささ》かの試みに取り組んでも

みた。すなわち、たとえば「意味」欄とは別に「構成」欄を設け、もとになった二字熟語や、さらには漢字一字一字の意味について解説したり、見出し語の読み方を、「一衣帯水 いち-いたい-すい」「有頂天外 うちょう-てん-がい」「起承転結 き-しょう-てん-けつ」と表記したが如きである。これらによっておのずと見出し語の構造が明らかとなり、四字熟語が必ずしも、常に「一進一退 いっしん-いったい」「神出鬼没 しんしゅつ-きぼつ」のように二字プラス二字の形で構成されているものではないことを示し得たことと思う。

そして何よりも、本書の特色は、近現代の著名な作家・学者・評論家・ジャーナリスト等の実際に用いた用例を、できるだけ豊富に収録した点にある。『大漢和辞典』という偉大な遺産を有する大修館書店の伝統を継承して、漢籍の出典を、書き下し文で収載し得たことにも、多くの先達たちに感謝申し上げたい。そのほか、使用上の心得を記した「用法」欄、読み書きの際の誤り易いものを例示した「注意」欄、字体の統一や異体字などに触れた「表記」欄などの諸項目も、独自性のある記述になり得ているであろう。さらに「類義語」「対義語」の欄を設け、時に煩わしいまでに重ねて列挙したが、それも一に利用の便を考慮してのことである。巻末に添えた「分類索引」「漢字索引」とともに、大いに活用して戴きたいものである。

また、ここに収録し得た見出し語のほかに、割愛せざるを得なかった四字熟語も多い。毎日の新聞雑誌に使用される「政治経済」「納税義務」といった、単に慣用の二字熟語を重ねたもの、「分譲住宅」「焼肉定食」といった、卑俗にして意味の自明なものなどが、ま

ずは除かるべきは当然のことである。しかし、「琴瑟相和《きんしつそうわ》」「肝胆相照《かんたんそうしょう》」なども、通常「琴瑟相和《きんしつあいわ》す」「肝胆相照《かんたんあいて》らす」の形で訓読されていて、音読の用例がほとんどない限り、ここでは除かれねばならなかった。多くの類書に必ず採録されている「水魚之交《すいぎょのまじわり》」「竹馬《ちくば》之友《のとも》」「蛍雪《けいせつ》之功《のこう》」といった「之」の一字を含む重要な語彙も、苦渋の選択の結果、割愛することとした。本来、この「之」の字は、表意文字としての漢字の中で、一字としての独立した意味を持たない助字（付属語）の用法を持つ語だからである。それらについては、既に大修館書店から、編者も参画した『漢文名言辞典』（鎌田正・米山寅太郎著）の一書も出版されているので、今はそちらに譲ることとする。

　以上とはうらはらに、本書が進んで取り上げたものの筆頭は、当然のこととして、「臥薪嘗胆」「四面楚歌」といった故事成語であり、「質実剛健」「行雲流水」といった、後世に伝えるべき格調や伝統文化を内包する雅語でなければならなかった。一字一字の意味の積み重ねや、連接した二字熟語の意味だけでは、はかり知ることのできない転義・派生義を持つ「単刀直入」「天衣無縫」といったことばも洩らしてはいけない。また、本書によって、「経国済民」が「経済」、「泰山北斗」が「泰斗」の語を生み出した過程について知ることのできる喜びまで、味わっていただけたら、さらに幸いである。かくして、生徒・学生・読書人はもとより、広く言語・文章の表現に心を寄せる方々の伴侶として、役立つことができたらと願うばかりである。

　最後に、編者のかつて勤務した都留文科大学・千葉大学の卒業生で、現在いずれも高校

の教壇に立つ、江川順一・江見雅志・小原広行・加藤和江・藤井康広の五君の献身的な協力を得たこと、また、大修館書店編集部の円満字二郎氏には、企画・編集の全面にわたって、適切・懇切なご高配を賜ったことを記し、衷心より感謝申し上げたい。

二〇〇四年四月

編者　田部井　文雄

執筆協力者
江川　順一　　江見　雅志
小原　広行　　加藤　和江
藤井　康広

凡例

(1)見出し語

❶本辞典では、現代の言語生活を送る上で、知っておくと役に立つ四字熟語二六五三語を収録した。

❷四字熟語なるものにいかような定義を与えるべきかは、なお検討を要するが、本辞典では、次のようなものを中心に収録することとした。

・「臥薪嘗胆」「鼓腹撃壌」「四面楚歌」のように、中国の歴史的事実に由来する故事成語

・「質実剛健」「剛毅果断」「行雲流水」のように、後世に伝えるべき格調や内容を持つもの

・「単刀直入」「天衣無縫」「樽俎折衝」のように、一字一字の意味の積み重ねだけではは かり知れない転義・派生義を持つもの

・「地盤沈下」「上昇気流」「冷却期間」のように、一見したところ普通の語彙のようでありながら、比喩的な用い方をされることのあるもの

❸従来の四字熟語辞典に掲載されていても、次のようなものは本辞典には収録しなかった。

・「琴瑟相和《きんしつあいわ》す」「肝胆相照《かんたんあいて》らす」のように、通常は訓読した形でしか用いられないもの

・「水魚之交《すいぎょのまじわり》」「刎頸之交《ふんけいのまじわり》」や「断腸之思《だんちょうのおもい》」「蛍雪之功《けいせつのこう》」のように「之」の字を含み、通常はひらがな「の」を用いた形でしか用いられないもの

これらは古来、日中両国で愛好されてきた名言の類で、その数は数百にものぼるであろうが、通常の表記では漢字四字の熟語とは認めがたく、まさに「断腸の思い」で割愛した次第である。

❹基本的に専門用語の類は省いたが、中国や日本の古典に深くかかわるものは、適宜採録した。

❺見出し語の字体は、「常用漢字表」(一九八一年内閣告示)「人名用漢字別表」(戸籍法施行規則第六〇条)「表外漢字字体表」(二〇〇〇年国語審議会答申)に収録されている漢字については、その字体に拠った。また、「同音の漢字による書きかえ」(一九五六年国語審議会報告)で書きかえるべきとされている漢字は、これに従った。

❻見出し語の読みは、代表的なものだけを見出し語のすぐ下に記した。熟語の構成上、切れ目となる部分に「-」を入れた。なお、読みが二つ以上ある場合には、「注意」欄で記述し、適宜、参照見出しを立てた(9)注意②を参照)。

❼見出し語の配列は、五十音順とした。

(2)　❶〔　〕(類形同義語)

❶四字熟語の中には、漢字の配列が異なるだけであったり、三文字までが共通して意味もほぼ同じであるなど、類形同義であると判断できるものがある。そういった四字熟語については、一つだけを代表させて親見出しとし、その他は親見出しの横に、〔　〕に入れてまとめて掲げた。なお、〔　〕に入れたものは、参照見出しとして立てておいた。

❷類形同義の判断の基準は、(ア)三文字までが共通すること、(イ)「構成」欄での説明を共通にできること、の二つとした。ただし、一文字が異なっても完全に読みが同じである場合には、表記の差と考えて、「表記」欄へ譲った。

❸参照見出しとして扱った語であっても、用例や出典のあるものは、適宜それを示した。

(3)　意味

❶見出しとなっている四字熟語の意味をできる限り簡潔に示すよう、こころがけた。

❷複数の意味がある場合には、①②……と番号を分けて説明した。ただし、たとえとして用いられるようなものについては、元の意味でも用いられることの多い場合には番号を分けて「転じて、……」と解説したが、そうでない場合は、あえて分けることはしなかった。

(4)　構成

❶四字熟語の意味を理解するためには、それを構成している熟語の意味を理解することが重要となる。また逆に、四字熟語を知ることの効用の一つとして、それに含まれる熟語にも触れることができることも挙げられよう。そのような考え方から、この欄ではその四字熟語を構成する熟語の意味を、時には「意味」欄と重複することもおそれず、丁寧に説明した。同様な考え方から、意味のわかりにくい漢字が含まれている場合には、適宜、その漢字一字単位での意味も記した。

❷〔　〕で示した類形同義語に含まれる熟語についても、ここで合わせて解説した。

❸訓読すると意味の理解が容易になるものについては、漢文訓読の形も示した。

(5)　故事

●四字熟語の中には、中国の故事に由来するものが少なくない。それらの故事に関して正確な知識を身につけておくことは、四字熟語を使いこなす上で重要である。そこで、故事のある四字熟語については、「構成」欄ではその故事については簡単に触れるに留め、こちらで詳しく説明することにした。

(6)出典

❶四字熟語はそもそも、中国古典の中で用いられ始め、長い年月にわたって、海を越えて文章表現の一つの型として用いられ続けてきたものである。そこで、中国古典に用例がある四字熟語については、それを書き下し文の形でここに掲げた。日本漢文にしか用例がない場合も、同じ扱いにしてあるが、和文古典にしか用例が見出せないものは、原則として省いた。

❷表記は、漢字は見出し語と同じく新字体、仮名遣いは旧仮名遣いとした。ただし、ルビについては、音読みの場合のみ、新仮名遣いとした。

(7)用例

❶四字熟語を実際に使いこなすためには、先人が用いた実例にあたっておくことが役に立つ。そこで、近代日本の著名な文学作品や、評論家・学者の文章などからできるだけ広く用例を探し、その中から意味や用法を理解するのに適当なものを選び、ここに掲げた。採録用例は、意味を理解するのに最低限役立つ程度の長さに切り取ってある。

❷意味が複数ある見出し語については、意味ごとに分けて用例を掲げた。

❸用例の表記は、漢字は見出し語と同じく新字体、仮名遣いは新仮名遣いとした。ただし、擬古文については旧仮名遣いのままとしてある（ルビの音読みは新仮名）。また、送り仮名については、「送り仮名の付け方」（一九七三年内閣告示）に従って手を加えたところがある。

(8)用法

●四字熟語は、使い方を間違えると、意味が完全に逆になってしまうなど、文章表現全体に影響を与えてしまうこともある。そこで、実際の言語生活の中で使う場合の心得を、ここに掲げた。

(9)注意

❶主に読み誤り、書き誤りに関する注意を、ここに掲げた。

❷見出しに掲げた読みとは異なる読みがある場合も、適宜、ここに収めた。なお、その場合、五十音順に並べたときに、その異なる読みが見出しに掲げた読みとは遠く離れてしまう場合のみ、適宜、参照見出しを立てた。

(10)表記

❶「表外漢字字体表」の印刷標準字体による字体の統一、「同音の漢字による書きかえ」による書きかえ、異体字などによって、異なる表記が存在する場合は、別の見出しを立てることはせず、ここで説明した。

❷完全に同音で意味も同じく、漢字だけが異なる場合も、表記の差と見て、ここに収めた。ただし、漢文出典にのみ見られるような表記の場合は、特に取り上げず、「出典」欄

の末尾で説明することとした。

(11) 類義語

❶四字熟語には類義語を多く持つものがあり、それらを知っておくことは、実際の文章表現での選択肢を豊かにしてくれる。そこで、（　）で示した類形同義語および「表記」欄に収まらない範囲の類義語で、本辞典に収録されているものをここに収めた。

❷類義語であるかないかの判断基準を定めるのはむずかしいが、ここではあまり厳密に考えず、親見出しになっている語に対して、意味的にほぼ同じであるもの、意味的に似ているもの、発想が似通っているもの、同じような熟語に拠っているものなどを、スペースとの関係などから適宜取捨して、フレキシブルに採録してある。

(12) 対義語

●類義語と同様の考え方で、対義語を収めた。ただし、対義語であるかどうかの判断基準は類義語よりさらにむずかしいため、明らかに対義語であると思われるものだけに絞り込んである。

(13) 索引

●検索の便宜を図るため、キーワードから検索できる「分類索引」と、漢字一文字から検索できる「漢字索引」を巻末に付した。詳細については、それぞれの索引の冒頭ページを参照されたい。

あ

哀毀骨立　あいき–こつりつ

意味 嘆き悲しんで身体をこわし、骨と皮ばかりにやせ衰えること。父母の喪のためにひどく嘆き苦しむことのたとえ。

構成「哀毀」は、悲しみ、やせ衰えること。「毀」は、こわす。「骨立」は、骨があらわに見えるほどにやせ衰えること。

哀訴嘆願　あいそ–たんがん

意味 なりふりかまわず、心の底から願い出ること。

構成「哀訴」は、哀しそうに訴えること。「嘆願」は、嘆きながら願い出ること。

用例 陳はもう生きた心地もないらしく、あらんかぎりの表情で哀訴歎願するのを、〈尾崎士郎、人生劇場風雲篇〉

表記 従来は「哀訴歎願」と書くのが普通であったが、現在では常用漢字の「嘆」に書き換える。

愛別離苦　あいべつり–く

意味 仏教で、親子・兄弟・夫婦など愛し合う者同士が生別・死別するつらさ・悲しみ。

構成「愛別離」は、愛し合うものが離れ離れに別れること。「苦」は、そのことによる苦しみ。

出典 常に親愛する所の人、乖違離散《かいいりさん》して、共に処《を》るを得ざる、是《これ》を愛別離苦と為《な》す。〈析玄記〉

用例 恋は叶《かな》う方が可《よ》さそうなもんですが、然《そ》うすると愛別離苦です。〈泉鏡花、春昼〉

表記「哀別離苦」とも書くが、「哀別」は悲しい別れの意味で、本来は誤用。

曖昧模糊　あいまい–もこ

意味 はっきりしないで、ぼんやりしているようす。

構成「曖昧」「模糊」ともに、はっきりしないようす。ぼんやりしているようす。

用例 高男は、ねばった甲斐《かい》があると思ったが、不意に、丸山という人間が、為体《いたい》の知れない曖昧模糊とした訳の判《わか》らない人物に見えて来た。〈井上靖、射程〉

類義語 有耶無耶《うやむや》・雲煙模糊《うんえんもこ》・空空漠漠《くうくうばくばく》

対義語 一目瞭然《いちもくりょうぜん》・五里霧中《ごりむちゅう》・明明白白《めいめいはくはく》

青息吐息　あおいき–といき

意味 非常な苦痛で、ため息をついて苦しむようす。

構成「青息」は、苦痛を我慢できないときの息。「吐息」は、ため息。

用例 借金で首が回らず青息吐息で、火を吹く力もないような情けない顔つきをしている癖《くせ》に、〈太宰治、新釈諸国噺〉

用法 追いつめられて苦しんでいる形容に用いられることが多い。

悪衣悪食　あくい–あくしょく

意味 粗末な衣服と粗末な食事。豊かでない生活のたとえ。

構成「悪衣」は、粗末な衣服。「悪食」は、粗末な食物。

出典 士《し》道に志して、悪衣悪食を恥づる者は、未だ与《とも》に議するに足らざるなり。〈論語、里仁〉

用例 悪衣悪食を恥ずるものはともに語るに足らずとなせし孔子も子貢《しこう》の政《まつりごと》を問うに答えてはすなわちまず食を足らすと述べ、〈河上肇、貧乏物語〉

類義語 粗衣粗食《そいそしょく》・草根木皮《そうこんぼくひ》

対義語 錦衣玉食《きんいぎょくしょく》・暖衣飽食《だんいほうしょく》・飽衣美食《ほういびしょく》

悪因悪果　あくいん–あっか

意味 悪い行いには、必ず悪い結果が伴う

ということ。

構成「悪因」は、悪い原因。「悪果」は、悪い結果。

出典是の故に善果は善因より生ず。是の故に悪果は悪因より生ず。〈瓔珞本業経〉

用例悪といい善というも、モノの片面ずつにすぎぬ。善の中に悪あり、悪の中に善あり、悪因悪果をひるがえして善因善果《ぜんいんぜんが》にする者こそ、〈司馬遼太郎、国盗り物語〉

類義語自業自得《じごうじとく》・天罰覿面《てんばつてきめん》

対義語善因善果《ぜんいんぜんが》

悪逆非道　あくぎゃく―ひどう

《悪逆無道《あくぎゃくむどう》》

意味人の道に非常にそむき、道理や人情にもはずれて悪事をはたらくこと。

構成「悪逆」は、人の道に非常にそむいた悪事。「非道」「無道」は、道理、または人情にはずれること。

用例古きものを根こそぎ殺し壊す悪逆非道の心はない……。〈松本利明、春日局〉

用法権力者など力ある者が悪事をはたらく場合に用いられることが多い。

類義語極悪凶猛《ごくあくきょうもう》・極悪大罪《ごくあくたいざい》・極悪非道《ごくあくひどう》・極悪無道《ごくあくむどう》・大悪無道《たいあくむどう》・大逆非道《たいぎゃくひどう》・大逆無道《たいぎゃくむどう》・無法千万《むほうせんばん》・無理非道《むりひどう》

対義語品行方正《ひんこうほうせい》

悪逆無道　あくぎゃく―むどう

⇩悪逆非道《あくぎゃくひどう》

用例「天人共に許さぬ」とか「悪逆無道」とかいう時代がかった形容詞がこの場合には鮮明に社会全体に生きていた。〈円地文子、食卓のない家〉

注意「あくぎゃくぶどう」とも読む。

悪事千里　あくじ―せんり

意味悪い行いや悪い評判は、たちまちに千里の遠方までも知れ渡ること。

構成「悪事千里を行く」の略。「悪事」は、悪い行い。「千里」は、非常な遠方。「里」は、昔の距離の単位。

出典好事は門を出でず、悪事は千里を行く。〈北宋、孫光憲、北夢瑣言〉

用例悪事千里とはよく云《い》ったものだね。たちまち露見してしまった。〈夏目漱石、吾輩は猫である〉

用法「悪事千里を走る」の形で用いられることが多い。

悪戦苦闘　あくせん―くとう

意味困難な状況の中で、苦しみながら努力すること。

構成「悪戦」は、難儀しながら戦うこと。「苦闘」は、苦しみながら戦うこと。

用例東西相呼応して起こった尊攘派《そんじょうは》の運動は、西には長州の敗退となり、東には水戸浪士等の悪戦苦闘となった。〈島崎藤村、夜明け前〉

類義語意匠惨憺《いしょうさんたん》・苦心惨憺《くしんさんたん》・孤軍奮闘《こぐんふんとう》

悪人正機　あくにん―しょうき

意味仏教で、悪人を救うのが阿弥陀仏《あみだぶつ》の本願であり、悪人こそが仏の救いを受ける本当の機会をもつことができること。親鸞《しんらん》の浄土真宗の中心となる教え。

構成「悪人」は、心や行いが悪い人。「正機」は、仏の救いを受けて正しい人間となる機会。

用例悪人正機。如来の大悲はハガキをも書けぬ凡夫をこそ救いたもう。などと屁理屈をこねても駄目。〈五木寛之、みみずくの夜メール、京都はお肉どすえ〉

注意「正機」を「しょうき」と読むのは、仏教用語の慣用。「せいき」と読むのは誤り。

握髪吐哺　あくはつ―とほ

《吐哺握髪《とほあくはつ》》

意味洗髪中でも食事中でも、賢人に会う

ためであればそれを中断することを厭わない。人材を求めるのに熱心なたとえ。周公旦の故事に基づく。

構成 漢文訓読では、「髪を握り哺《ほ》を吐く」と読む。「握髪」は、髪を握ることで、髪を洗っているときにそれを中断することをいう。「吐哺」は、食べ物を吐き出すことで、食事を中断することをいう。

故事 中国の周の時代、理想の政治家とされる周公旦《しゅうこうたん》は、訪ねてきた者があれば、洗髪中でも洗った髪を握ったままの状態で、食事中でも口に入れていたものを吐き出して、ただちに面会した。このように熱心に人材を登用したので、多くの賢人が集まったという故事による。

出典 我一沐《いちもく》に三たび髪を握り、一飯に三たび哺を吐き、起《た》ちて以て士を待つも、猶《な》ほ天下の賢人を失はんことを恐る。〈史記、魯周公世家〉

用例 そこが凡夫と違うところなのだろう。人材を求める努力をたとえて「握髪吐哺」という。〈読売新聞、編集手帳、二〇〇三年一二月一五日〉

類義語 人材登用《じんざいとうよう》・草廬三顧《そうろさんこ》

悪木盗泉　あくぼく-とうせん

意味 ①よくない木と、よくない名のついた泉。不義・悪事によって得られるもののたとえ。②転じて、節操ある人間は、たとえ困窮しても決して人の道にはずれた振る舞いはしない、ということ。また、不義・悪事によって得られるものには近づくなという教え。

構成 「悪木」は、よくない木。「盗泉」は、よくない名のついた泉。特に、山東省泗水《しすい》県の東北にあった泉。

故事 中国の春秋時代、孔子が「盗泉」という名前の泉のそばを通りかかったとき、のどがかわいていたにもかかわらず、「盗」という字をにくんで水をのまなかったという故事による。

出典 渇すれども盗泉の水を飲まず、熱けれども悪木の陰に息《いこ》はず。〈文選、陸機、猛虎行〉

用例 孔子さまには及びもなかろうが、政も官も業も、規模を問わず《悪木盗泉》を改めて重々戒めることだ。〈読売新聞、よみうり寸評、二〇〇二年六月二四日〉

悪魔調伏　あくま-ちょうぶく

意味 仏教で、人に害をなす化け物を、祈禱によって人間の意に従わせること。

構成 「悪魔」は、人に害をなす化け物。「調伏」は、祈禱によって悪魔を従わせること。

用例 家の職を奪われ、あるいは遠流《おんる》の身となっては、再び悪魔調伏の祈禱を試むる便宜もない。〈岡本綺堂、玉藻の前〉

注意 「調伏」を「ちょうぶく」と読むのは、仏教用語の慣用。「ちょうふく」と読むのは誤り。

類義語 怨敵退散《おんてきたいさん》

阿世曲学　あせい-きょくがく

⇨曲学阿世《きょくがくあせい》

悪漢無頼　あっかん-ぶらい

意味 悪いことや乱暴なことなどをする男性。

構成 「悪漢」は、悪い男。「漢」は、男。「無頼」は、「無頼漢」の略で、信頼できない男。

用例 悪漢無頼の曲者《くせもの》、殊に舅《しゅうと》の仇を討つは武士の嗜《たしな》み、天晴《あっぱれ》な手柄。〈三遊亭円朝、後の業平文治〉

対義語 品行方正《ひんこうほうせい》

悪鬼羅刹　あっき-らせつ

意味 恐ろしい魔物のたとえ。

構成 「悪鬼」は、人に悪いことをする化け物。「羅刹」は、仏教で、足が速く力が強く、人をだまし、また、人を食うという魔物。

用例 庄九郎、白雲は、それらをあちこち

に追いつめ、悪鬼羅刹のように刀槍《とうそう》をふるった。〈司馬遼太郎、国盗り物語〉
注意「あっきらさつ」とも読む。
類義語 異類異形《いるいいぎょう》・怨霊怪異《おんりょうかいい》・怪力乱神《かいりょくらんしん》・牛頭馬頭《ごずめず》・狐狸妖怪《こりようかい》・山精木魅《さんせいもくみ》・魑魅魍魎《ちみもうりょう》・妖異幻怪《よういげんかい》・妖怪変化《ようかいへんげ》

悪口雑言 あっこう－ぞうごん

意味 さまざまに口から出まかせの非難のことばを言うこと。また、そのことば。
構成「悪口」は、他人を悪く言うことば。「雑言」は、出まかせの非難のことば。
用例 覚丹《かくたん》も小太郎も、敵の叫んだ悪口雑言についてはべつに気にする様子も見せなかった。〈井伏鱒二、さざなみ軍記〉
注意「言」は、「げん」と読むことの方が多いが、「雑言」は、慣用的に「ぞうごん」と読む。「ざつげん」と読むのは、誤り。
類義語 讒謗罵詈《ざんぼうばり》・爬羅剔抉《はらてっけつ》・罵詈讒謗《ばりざんぼう》・罵詈雑言《ばりぞうごん》

阿鼻叫喚 あび－きょうかん

意味 非常に悲惨な状況に陥って、叫びわめいて救いを求めること。
構成「阿鼻」は、「阿鼻地獄」の略。仏教で、一番奥底にある地獄。「叫喚」は、叫び、わめくこと。一説に、「叫喚地獄」の略。仏教の地獄の一つ。
用例 疼痛《とうつう》烈しき時は右に向きても痛く左に向きても痛く仰向けになりても痛く、まるで阿鼻叫喚の地獄もかくやと思わるるばかりの事に候《さうらふ》。〈正岡子規、墨汁一滴〉
類義語 阿鼻地獄《あびじごく》・叫喚地獄《きょうかんじごく》・焦熱地獄《しょうねつじごく》・八大地獄《はちだいじごく》・八万地獄《はちまんじごく》・八万奈落《はちまんならく》・無間地獄《むげんじごく》・無間奈落《むげんならく》

阿鼻地獄 あび－じごく

意味 ①仏教で、最も奥深くにあり、最も苦しい地獄。八大地獄の一つ。②転じて、非常に悲惨な境遇。
構成「阿鼻」は、梵語からの音訳語で、絶え間ない。「地獄」は、生前に悪事をした者が死後落ちて責め苦しめられる所。
用例 ②それこそ最も強い痛苦で、自分の例の十個の禍いなど、吹っ飛んでしまう程の、凄惨な阿鼻地獄なのかも知れない、〈太宰治、人間失格〉
類義語 阿鼻叫喚《あびきょうかん》・叫喚地獄《きょうかんじごく》・焦熱地獄《しょうねつじごく》・八大地獄《はちだいじごく》・八万地獄《はちまんじごく》・八万奈落《はちまんならく》・無間地獄《むげんじごく》・無間奈落《むげんならく》

蛙鳴蟬噪 あめい－せんそう

意味 カエルの鳴き声と、セミの鳴き声。やかましく騒がしいことのたとえ。また、つまらない議論のたとえ。
構成「蛙鳴」は、カエルの鳴き声。「蟬噪」は、セミが騒ぐ声。
出典 殷文昌《いんぶんしょう》、駢四儷六《べんしれいろく》・蛙鳴蟬噪の音を以て鈞大《きんだい》の奏に易《か》ふ。〈唐、韓愈、平淮西碑、唐宋八大家文評〉
用例 なるほど彼輩に於《お》いては二十三年までは国会とか憲法とか蛙鳴蟬噪するの自由を有することもあるべし。〈徳富蘇峰、明治二十三年後の政治家の資格を論す〉
類義語 街談巷語《がいだんこうご》・街談巷説《がいだんこうせつ》・驢鳴犬吠《ろめいけんばい》

阿諛迎合 あゆ－げいごう

意味 相手の気に入るように、おもねりへつらうこと。
構成「阿諛」は、おもねりへつらうこと。「阿」は、おもねる。「迎合」は、相手の気に入るようにすること。
用例 同じ阿諛迎合を事としても、杜周《としゅう》（最近この男は前任者王卿《おうけい》を陥《おとしい》れてまんまと御史大夫《ぎょしたいふ》となりおおせた）のような奴《やつ》は自らそれを知っているに違いないが、〈中島敦、李陵〉
類義語 阿諛追従《あゆついしょう》・阿諛弁佞《あゆべんねい》・内股膏薬《うちまたこうやく》・巧言令色《こうげんれいしょく》・市気匠気《しき》

《しょうき》・八方美人《はっぽうびじん》・二股膏薬《ふたまたこうやく》

対義語 直言極諫《ちょくげんきょっかん》

阿諛追従 あゆ‐ついしょう

意味 相手の気に入るように、こびへつらうこと。

構成 「阿諛」は、おもねりへつらうこと。「阿」は、おもねる。「追従」は、こびへつらうこと。

用例 ただひたすらに飼い主の顔色を伺い、阿諛追従てんとして恥じず、ぶたれても、きゃんといい尻尾《しっぽ》まいて閉口してみせて、〈太宰治、畜犬談〉

類義語 阿諛迎合《あゆげいごう》・阿諛弁佞《あゆべんねい》・内股膏薬《うちまたこうやく》・巧言令色《こうげんれいしょく》・市気匠気《しきしょうき》・八方美人《はっぽうびじん》・二股膏薬《ふたまたこうやく》

対義語 直言極諫《ちょくげんきょっかん》

阿諛弁佞 あゆ‐べんねい

意味 口先だけでうまいことを言って、おもねりへつらうこと。

構成 「阿諛」は、おもねりへつらうこと。「阿」は、おもねる。「弁佞」は、口先がうまく、人にこびへつらうこと。

用例 こういう時代には物のわかった人ほど阿諛弁佞の徒に変わってしまう、〈尾崎士郎、人生劇場夢現篇〉

表記 まれに「阿諛便佞」と書くこともある。

類義語 阿諛迎合《あゆげいごう》・阿諛追従《あゆついしょう》・内股膏薬《うちまたこうやく》・巧言令色《こうげんれいしょく》・市気匠気《しきしょうき》・八方美人《はっぽうびじん》・二股膏薬《ふたまたこうやく》

暗雲低迷 あんうん‐ていめい

意味 黒い雲が低くたれこめているように、穏やかでなく何事かが起こりそうなようす。

構成 「暗雲」は、今にも雨が降りそうな黒い雲。転じて、穏やかでないようす。「低迷」は、雲が低く漂うこと。

用例 アジア危機のうちには日本経済の暗雲低迷が大きく数えられている。〈毎日新聞、近事片々、一九九八年一二月四日〉

用法 先行きに不安を感じる場面で用いられることが多い。

類義語 前途多難《ぜんとたなん》・前途遼遠《ぜんとりょうえん》

安居楽業 あんきょ‐らくぎょう

意味 安らかに暮らし、仕事を楽しむ。地位や職業などの現状に満足すること。

構成 「安居」は、安らかに暮らすこと。「楽業」は、仕事を楽しむこと。

用例 防共の第一義は民心を安定し、安居楽業を与える事である。〈石原完爾、最終戦争論、戦争史大観〉

類義語 晴耕雨読《せいこううどく》

暗黒時代 あんこく‐じだい

意味 文化や道徳の堕落した時代。また、戦乱の時代などをいう。

構成 「暗黒」は、暗闇。転じて、世の中の道徳や文化が衰えていること。「時代」は、区切られたひとまとまりの期間。

用例 夜空の月のように、金閣は暗黒時代の象徴として作られたのだった。〈三島由紀夫、金閣寺〉

対義語 黄金時代《おうごんじだい》

安車蒲輪 あんしゃ‐ほりん

意味 安楽に乗れるように配慮した老人用の車。老人をいたわり手厚く待遇することのたとえ。

構成 「安車」は、天井が低く座って乗る老人・女性用の車。「蒲輪」は、車輪を蒲の穂で包み、揺れないようにした車。

出典 安車、蒲を以て輪を裹《つつ》み、駟《し》に駕《が》して申公を迎へしむ。〈漢書、申公伝〉

用例 今度はまた魯《ろ》の地方の「詩経」の博士で申公《しんこう》というのを、やはり「安車蒲輪」で迎えるという。〈吉川幸次郎、漢の武帝〉

安心立命 あんじん‐りつめい

意味 仏教で、信仰によって天命を悟り、

不動の境地を得、生死や利害などを超越すること。

【構成】「安心」は、もと仏教で、信仰によって心を落ちつけること。「立命」は、儒教で、天から与えられた本性を全うして損なわないこと。

【用例】即《すなわ》ち所謂《いわゆる》「悠々自適」の境に達し、安心立命して暮らすことができるのだ。〈萩原朔太郎、病床生活からの一発見〉

【用法】「安心立命を得る」という形で、心の安定した状態を保てるようになることをいう。

【注意】(1)「安心」を「あんじん」と読むのは、仏教用語の慣用だが、最近では「あんしん」とも読む。(2)「立命」は、本来は「りゅうみょう」と読むのが仏教用語の慣用だが、現在では「りつめい」の方が一般的。

【表記】「安身立命」と書くのは誤用とされるが、中国ではそのように書くともいう。

【類義語】寂滅為楽《じゃくめついらく》

暗送秋波　あんそう－しゅうは

【意味】ひそかに色目を使うこと。

【構成】「暗送」は、ひそかに送ること。「秋波」は、秋の澄みわたった波の美しさを、美人の目元にたとえていう。

【類義語】媚眼秋波《びがんしゅうは》

暗澹冥濛　あんたん－めいもう

【意味】暗くてはっきりせず、先が見えないようす。前途に希望のないことのたとえ。
【構成】「暗澹」は、暗くてはっきりしないようす。「澹」は、水がゆっくり揺れ動くようす。「冥濛」は、奥深く暗いようす。「冥」は、暗い。「濛」は、霧雨。
【用例】その作用が暗澹冥濛の極みに達しているから、自然とこれが形体の上にあらわれて、知らぬ母親にいらぬ心配を掛けたんだろう。〈夏目漱石、吾輩は猫である〉
【類義語】陰陰滅滅《いんいんめつめつ》・晦渋混濁《かいじゅうこんだく》・如法暗夜《にょほうあんや》

暗中飛躍　あんちゅう－ひやく

【意味】人に知られないように、ひそかに活躍すること。

【構成】「暗中」は、暗闇の中。「飛躍」は、勢いよく活動すること。

【用例】千東町の繁昌《はんじょう》に依《よ》って存在していた或《あ》る二つの勢力、二百名の新生会員と百名の大成会員が大々的の暗中飛躍を試みた。〈夢野久作、東京人の堕落時代〉

暗中模索　あんちゅう－もさく

【意味】手がかりもないのに、あてもなく探し求めること。
【構成】「暗中」は、くらやみの中。「模索」は、もと「摸索」で、手さぐりでものを探すこと。「摸」は、手探りする。
【出典】暗中に摸索するも、亦《ま》た之《これ》を識《し》るべし。〈唐、劉餗、隋唐嘉話〉
【用例】暗中摸索はしなかった。たとえ、吹雪の中でも、彼は航法をつづけていた。〈新田次郎、孤高の人〉
【用法】どうしたらよいかわからない場面で用いられることが多い。
【表記】従来は「暗中摸索」と書くのが普通であったが、現在では常用漢字の「模」に書き換える。

暗闘反目　あんとう－はんもく

【意味】互いに敵意を表面に現さないで争うこと。ひそかににらみあうこと。

【構成】「暗闘」は、互いに敵意を表面に現さないで争うこと。「反目」は、にらみあうこと。

【用例】事毎《ことごと》に大領主の権威をもって臨んで来る尾州藩の役人達と相容れないものがあった。この暗闘反目は決して一朝一夕に生まれて来たものではない。〈島崎藤村、夜明け前〉

安寧秩序　あんねい－ちつじょ

意味 物事が正しい順序におさまっていて、安らかなこと。世の中が平穏で、社会が安定していること。
構成 「安寧」は、安らかなこと。「秩序」は、物事が正しい順序におさまっていること。
用例 水争いで村が乱れたら事は一村だけの問題では済まなくなると、駐在さんは村の安寧秩序のために奮然として仲裁に立ち上がったのである。〈産経新聞、言葉の雑学、二〇〇〇年五月九日〉
用法 「安寧秩序を守る」などの形で、社会の秩序が守られなくてはならないという意味で用いられることが多い。

安穏無事 あんのん-ぶじ

意味 穏やかで、事件や事故などがないこと。
構成 「安穏」は、安らかで、穏やか。「無事」は、変わったことがないこと。
用例 安穏無事に過ごせるはずの晩年を奪われた不遇さが、わからぬわけでもない。〈城山三郎、乗取り〉
注意 「安穏」は、「あん」と「おん」が結びついて「あんのん」と読むのが慣用。
類義語 千里同風《せんりどうふう》・太平無事《たいへいぶじ》・天下太平《てんかたいへい》・天下治平《てんかちへい》・天下平泰《てんかへいたい》・万民太平《ばんみんたいへい》・無事太平《ぶじたいへい》

い

唯唯諾諾 いい-だくだく

意味 はいはいと、事のよしあしに関係なく、他人の言うままに従うこと。
構成 「唯唯」は、丁寧に返事することば。はいはい。「諾諾」は、ただはいはいと言って、人の言いなりになるようす。
出典 主、未だ命ぜずして唯唯、未だ使はずして諾諾、意に先だちて旨を承け、貌《ほか》を観て色を察す。〈韓非子、八姦〉
用例 うちを出てから、僕の云《い》う事は一つも通らないんだからな。全く唯々諾々として命令に服しているんだ。〈夏目漱石、二百十日〉
用法 主体性のないものに対して批判的に用いられることが多い。
注意 「唯」は、返事のことばとして用いられている場合には、「い」と読むことが多い。ここでは、「ゆい」と読むのは誤り。
類義語 順従謙黙《じゅんじゅうけんもく》

医鬱排悶 いうつ-はいもん

意味 ふさがり悩む気分をいやし、気晴らしをすること。
構成 「医鬱」は、気がふさがるのをいやすこと。「排悶」は、気晴らし、うさばらし。
用例 西洋の博識なにがし嘗《かっ》て、医欝排悶の裨益《ひえき》あるは皆人の知りたる事なれども、このほかに灼然《しゃくぜん》なる実益あるを知りたるは稀《まれ》なり。〈坪内逍遥、小説神髄〉
表記 「鬱」の代わりに異体字の「欝」を用いることもあるが、現在では、印刷物などでは「鬱」を用いるのが普通。
類義語 保養鬱散《ほよううっさん》

位階褫奪 いかい-ちだつ

意味 官職を取り上げること。
構成 「位階」は、官位の等級。「褫奪」は、官職などを取り上げること。「褫」は、奪う。
用例 公然と反旗をひるがえす第一の烽火が同地方に揚《あ》がった。やがてそれは元参議《さんぎ》江藤新平《えとうしんぺい》らの位階褫奪となり、〈島崎藤村、夜明け前〉
対義語 叙位叙勲《じょいじょくん》

遺憾千万 いかん-せんばん

意味 残念でたまらないこと。
構成 「遺憾」は、残念なこと。「千万」は、このうえもないこと。
用例 これを覆《くつがえ》すに足るだけの材料の

い

ないことはまことに遺憾千万であるが、〈尾崎士郎、石田三成〉

用法 相手に対する非難の気持ちを込めて用いられることが多い。

注意 「千万」を「せんまん」と読むのは、誤り。

類義語 残念至極《ざんねんしごく》・無念千万《むねんせんばん》

衣冠束帯 いかん－そくたい

意味 衣や冠などの礼服を着て、帯をきちんとしめる。正装することのたとえ。

構成 「衣冠」は、衣服と冠。転じて、朝廷用の礼服。「束帯」は、礼服を着てしめる帯。転じて、礼装すること。

用例 衣冠束帯の威儀を正した鎮撫使《ちんぶし》の橋本少将が、厳《おご》かな口調で、次のようにいい渡した。〈菊池寛、乱世〉

用法 かしこまった状態を表現するのに用いられることが多い。

意気軒昂 いき－けんこう

意味 気力がきわめて盛んなこと。

構成 「意気」は、気持ち。気力。「軒昂」は、高くあがること。「軒」は、上がる。「昂」は、高い。

用例 当の相手は意気軒昂というか、胆《きも》が太いというか、神経がこまやかでないというか、悠然として平気の平左の顔つきをしていた。〈北杜夫、楡家の人びと〉

用法 突出して勢いのある者に対して、皮肉な言い方として用いられることもある。

類義語 意気昂然《いきこうぜん》・意気衝天《いきしょうてん》・気炎万丈《きえんばんじょう》

対義語 意気消沈《いきしょうちん》・意気阻喪《いきそそう》

意気昂然 いき－こうぜん

意味 気持ちが高まって盛んなこと。

構成 「意気」は、気持ち。気力。「昂然」は、たかぶること。

用例 彼は天の一角を睨《にら》み意気昂然として述べた。〈井伏鱒二、さざなみ軍記〉

類義語 意気軒昂《いきけんこう》・意気衝天《いきしょうてん》・気炎万丈《きえんばんじょう》

対義語 意気消沈《いきしょうちん》・意気阻喪《いきそそう》

意気消沈 いき－しょうちん

意味 気力がなくなってしょげかえること。がっかりすること。

構成 「意気」は、気持ち。気力。「消沈」は、沈み込むこと。

用例 男に金が無くなると、男は、ただおのずから意気銷沈して、ダメになり、笑う声にも力がなく、〈太宰治、人間失格〉

用法 何かに失敗してがっかりした時に用いられることが多い。

表記 (1)従来は「意気銷沈」と書くのが普通であったが、現在では常用漢字の「消」に書き換える。(2)まれに「意気悄沈」と書くこともある。

類義語 意気阻喪《いきそそう》・萎靡沈滞《いびちんたい》・失望落胆《しつぼうらくたん》・戦意喪失《せんいそうしつ》・沈滞萎靡《ちんたいいび》・落胆失望《らくたんしつぼう》

対義語 意気軒昂《いきけんこう》・意気昂然《いきこうぜん》・意気衝天《いきしょうてん》・意気揚揚《いきようよう》

意気衝天 いき－しょうてん

意味 気力が天を突くほどに盛んなこと。

構成 漢文訓読では、「意気天を衝っく」と読む。「意気」は、気持ち。気力。「衝天」は、天を突くほどに盛んなこと。

用例 わたしはいそいそしてたんよ。あの子が見られるということで、意気衝天の勢いやったんよ。〈米谷ふみ子、遠来の客〉

類義語 意気軒昂《いきけんこう》・意気昂然《いきこうぜん》・気炎万丈《きえんばんじょう》

対義語 意気消沈《いきしょうちん》・意気阻喪《いきそそう》

意気阻喪 いき－そそう

意味 やる気がなくなること。気力がくじけること。

構成 「意気」は、気持ち。気力。「阻喪」は、くじけ弱ること。「阻」は、くじける。

用例 「運がわるかったな……」辰野は、意

気沮喪して、ガクンとベンチに腰をおろした。〈小松左京、日本沈没〉
【用法】何かに失敗してがっかりした時に用いられることが多い。
【表記】従来は「意気沮喪」と書くのが普通であったが、現在では常用漢字の「阻」に書き換える。
【類義語】意気消沈《いきしょうちん》・萎靡沈滞《いびちんたい》・失望落胆《しつぼうらくたん》・戦意喪失《せんいそうしつ》・沈滞萎靡《ちんたいいび》・落胆失望《らくたんしつぼう》
【対義語】意気軒昂《いきけんこう》・意気昂然《いきこうぜん》・意気衝天《いきしょうてん》・意気揚揚《いきようよう》

意気投合　いき－とうごう

【意味】両者の気がよく合うこと。

【構成】「意気」は、気持ち。気力。「投合」は、互いにぴったりと合うこと。一致すること。

【用例】初対面だという、素性もたしかでない女子と意気投合したりしているところを、妻女が見たら嘆くだろうに、〈藤沢周平、用心棒日月抄、隠れ蓑〉

意気揚揚　いき－ようよう

【意味】大いに満足して得意なようす。
【構成】「意気」は、気持ち。気力。「揚揚」は、得意なようす。
【出典】相の御と為《な》りて大蓋《たいがい》を擁し、駟馬《しば》に策《むち》うちて、意気揚揚として甚《はなは》だ自得す。〈史記、晏嬰伝〉
【用例】大将の首をとったさむらいのように、意気揚々と帰って行った。〈山本有三、路傍の石〉
【用法】状況を完全には理解せずに得意になっている者に対して、皮肉な意味合いで用いられることが多い。
【類義語】得意満面《とくいまんめん》
【対義語】意気消沈《いきしょうちん》・意気阻喪《いきそそう》

異曲同工　いきょく－どうこう

⇩同工異曲《どうこういきょく》

衣錦還郷　いきん－かんきょう

【意味】ぜいたくな衣服を着て故郷に帰る。立身し出世して帰郷することのたとえ。
【構成】漢文訓読では、「錦を衣《き》て郷に還《かえ》る」と読む。「衣錦」は、錦のぜいたくな着物を着ること。「還郷」は、故郷に帰ること。
【用例】故郷の新聞社から、郷土出身の芸術家として、招待を受けるということは、これは、衣錦還郷の一種なのではあるまいか。〈太宰治、善蔵を思う〉
【対義語】衣繡夜行《いしゅうやこう》

異口同音　いく－どうおん

【意味】多数の異なる人が、同じことを言うこと。多くの人々の意見や表現が一致することのたとえ。

【構成】「異口」は、何人かの異なる人々の口。「同音」は、同じことを言うこと。

【用例】みんなは、異口同音に、浅太郎の言い分に賛意を表した。〈菊池寛、入れ札〉

【注意】(1)「異口」を「いこう」と読むのは、誤り。(2)「異句同音」と書くのは、誤り。

【類義語】衆議一決《しゅうぎいっけつ》・衆口一致《しゅうこういっち》・満場一致《まんじょういっち》

衣香襟影　いこう－きんえい

【意味】よい香りがしみこんだ着物を着込んだ姿。化粧して着飾った女性の形容。
【構成】「衣香」は、衣服にしみこませたよい香り。「襟影」は、着物を着た姿。
【用例】人様々の顔の相好《そうごう》、おもいおもいの結髪風姿、聞観《ぶんと》に聚《あつ》まる衣香襟影は紛然雑然として千態万状、〈二葉亭四迷、浮雲〉
【類義語】錦繡綾羅《きんしゅうりょうら》・紅脂白粉《こうしはくふん》・綾羅錦繡《りょうらきんしゅう》

異国情緒　いこく－じょうちょ

（異国情調《いこくじょうちょう》）

【意味】よその国の雰囲気や、気分。エキゾチシズム。

構成「異国」は、よその国。「情緒」「情調」は、感情、気分。
用例 これは江戸でも見たことのない趣向、さすがは異国情緒たっぷりの長崎だ。〈岸田国士、暖流〉
注意「緒」の音読みは本来「しょ」だが、「情緒」「端緒」などの場合は、慣用的に「ちょ」と読む。

異国情調　いこく-じょうちょう

⇩異国情緒《いこくじょうちょ》
用例 一口で言えば九江は異国情調の横溢《おういつ》した古い油絵を見るような町である。〈尾崎士郎、人生劇場風雲編〉

意識過剰　いしき-かじょう

意味 自分に対する周囲の目を、必要以上に気にすること。
構成「意識」は、自分が自分または対象を知る心の働き。「過剰」は、ありあまること。
用例 緊張のあまり、君たちの言葉を遣《つか》えば、つまり、意識過剰という奴《やつ》をやらかして、お茶碗《ちゃわん》をひっくり返したりする実に可愛《かわい》い娘さんがいるものだが、〈太宰治、花吹雪〉

意識朦朧　いしき-もうろう

意味 意識がかすんで、はっきりしないようす。意識が薄れて、気が遠くなるようす。
構成「意識」は、自身や対象が行っていることや置かれている状況を、自分でわかっている心の働き。「朦朧」は、ぼんやりしているようす。はっきりしないようす。
用例 あとになって考えてみれば、もう宵《よい》の口から、意識朦朧で、何をしたか、何をしゃべったか、何処《どこ》にいたかも、〈柴田翔、ノンちゃんの冒険〉
類義語 人事不省《じんじふせい》・前後不覚《ぜんごふかく》・茫然自失《ぼうぜんじしつ》

意志堅固　いし-けんご

意味 物事をやり抜こうとする心が、しっかりとしていること。また、困難な状況に置かれても我慢強いこと。
構成「意志」は、物事をやり抜こうとする心。「堅固」は、かたいこと。心がしっかりしていること。
用例 お二人とも、妙な所で謙遜《けんそん》のしっこをなさるのね。岡さんだってそうお弱くはないし、古藤さんときたらそれは意志堅固……〈有島武郎、或る女〉
注意 (1)「意志」を「意思」と書くのは、誤り。(2)「堅固」を「けんこ」と読むのは、誤り。
類義語 確乎不動《かっこふどう》・確乎不抜《かっこふばつ》・鉄心石腸《てっしんせきちょう》・鉄腸強胆《てっちょうごうたん》・不昧不落《ふまいふらく》・不落不昧《ふらくふまい》
対義語 意志薄弱《いしはくじゃく》・薄志弱行《はくしじゃっこう》

意志薄弱　いし-はくじゃく

意味 物事をやり抜こうとする心が、弱いこと。困難な状況や他人の意見などにより、すぐに挫折してしまうこと。また、決断力に欠け、実行力の乏しいこと。
構成「意志」は、物事をやり抜こうとする心。「薄弱」は、弱いこと。
用例 意志薄弱のダメな男をほとんど直観に依《よ》って識別し、これにつけ込み、さんざんその男をいためつけ、〈太宰治、男女同権〉
注意「意志」を「意思」と書くのは、誤り。
類義語 薄志弱行《はくしじゃっこう》
対義語 意志堅固《いしけんご》

意思表示　いし-ひょうじ

意味 自分の考えや思いを、外部に表明すること。
構成「意思」は、考え、思い。「表示」は、外に表し示すこと。
用例 二人が返事をしないのは、賛成の意思表示と、太郎は思うことにした。〈曾野

綾子、太郎物語大学編〉

表記 「意志表示」とも書くが、「意志」には個人の積極的な意欲というニュアンスがあるので、一般的には「意思表示」と書く。

意趣遺恨　いしゅ−いこん

意味 何かの手段で晴らさずにはいられないような、忘れ難い恨み。

構成 「意趣」は、心の状態。意向。ここでは、日本独特の用法で、恨み。「遺恨」は、忘れられない恨み。

用例 三右衛門は精神が慥《たし》かで、役人等に問われて、はっきりした返事をした。自分には意趣遺恨を受ける覚えは無い。〈森鷗外、護持院原の敵討〉

類義語 不倶戴天《ふぐたいてん》

衣繡夜行　いしゅう−やこう

意味 立派な錦の着物を着て、夜道を行くこと。暗い夜に錦の着物を着て歩いても、誰にも気づいてもらえないことから、せっかく立身出世したり、成功したりしても、人に知ってもらえないたとえ。また、美点やすばらしさを誰にもわかってもらえず、不満なことのたとえ。故事欄参照。

構成 漢文訓読では、「繡を衣《き》て夜行く」と読む。「衣繡」は、美しい刺繡をほどこした着物を着ること。「夜行」は、夜道を行くこと。

故事 中国の秦《しん》王朝は、楚《そ》の項羽《こうう》によって滅ぼされた。その時、項羽の部下は、秦の都咸陽《かんよう》があった関中《かんちゅう》の地に都を置いて天下に覇を唱えるべきであると進言したが、それに対して項羽が「富貴にして故郷に帰らざるは、繡を衣《き》て夜行くがごとし」と答えた故事による。

出典 項羽曰《い》はく、富貴にして故郷に帰らざるは、繡を衣《き》て夜行くがごとし。誰か之《これ》を知る者ぞ、と。〈史記、項羽本紀〉

対義語 衣錦還郷《いきんかんきょう》

萎縮震慄　いしゅく−しんりつ

意味 生気を失い、恐怖で身をすくめていること。

構成 「萎縮」は、なえちぢむこと。生気を失っていること。「萎」は、なえる。「震慄」は、ふるえおそれること。おそれおののくこと。「慄」は、おののく。

用例 人民既に自国の政府に対して萎縮震慄の心を抱《だ》いけり、豈《あ》に外国に競うて文明を争うに遑《いとま》あらんや。〈福沢諭吉、学問のすすめ〉

類義語 跼天蹐地《きょくてんせきち》・細心翼翼《さいしんよくよく》・小心小胆《しょうしんしょうたん》・小心翼翼《しょうしんよくよく》・戦戦恐恐《せんせんきょうきょう》・戦戦慄慄《せんせんりつりつ》・風声鶴唳《ふうせいかくれい》

意趣卓逸　いしゅ−たくいつ

意味 考え方がすぐれていること。

構成 「意趣」は、心の状態。意向。考え方。「卓逸」は、すぐれていること。「逸」は、すぐれる。抜きん出る。

用例 格調高雅、意趣卓逸、一読して作者の才の非凡を思わせるものばかりである。〈中島敦、山月記〉

意匠惨憺　いしょう−さんたん

意味 工夫をめぐらそうと、いろいろと苦心するようす。

構成 「意匠」は、工夫すること。「惨憺」は、さまざまに苦心するようす。

出典 詔《みことのり》して将軍に謂《い》ふ絹素《けんそ》を払へと、意匠惨憺たり経営の中《ちゅう》。〈唐、杜甫、丹青引、曹将軍覇に贈る〉

類義語 悪戦苦闘《あくせんくとう》・苦心惨憺《くしんさんたん》・孤軍奮闘《こぐんふんとう》

衣裳道楽　いしょう−どうらく

意味 衣服にお金をかけて、楽しむこと。

構成 「衣裳」は、衣服。着物。「道楽」は、自分の好きなことや趣味にふけり、楽しむこと。

用例 衣裳は、三十枚のアフタヌーン・ド

レス。彼女の年齢と同じだけのイブニング・ドレス。ノラは衣裳道楽だ。〈吉行エイスケ、新種族ノラ〉

医食同源　いしょく－どうげん

意味 薬と食べ物とは、体内に入って体調を整えるという意味で、根源を同じくするものであるということ。普段の食生活に気を配ることは、医療・医薬品に通じるということ。また、体に良いとされる食べ物は、薬のようなものであるということ。

構成 「医食」は、医者の施す薬と毎日の食事。「同源」は、根源が同じであること。

注意 (1)「医食」を「衣食」と書くのは、誤り。(2)中国では「薬食同源」といい、これを医学博士の新居裕久氏が一九七二年、テレビの料理番組で「医食同源」と言い換えたのが始まりという。

以心伝心　いしん－でんしん

意味 ①仏教で、ことばで表すことのできない仏法の奥義を、師の心から弟子の心に伝えること。禅の奥義の伝承方法。②転じて、心と心で通じ合い、文字やことばを用いなくともお互いの意志が通じること。

構成 漢文訓読では「心を以《も》って心に伝ふ」と読む。「以心」は、ことばや文字を使わずに心を通じようとすること。「伝心」は、相手の心に伝えること。

出典 但《た》だ心を以《も》って心に伝へ、文字に立てず。〈禅源諸詮集都序〉

用例 ①禅家で無言の問答をやるのが以心伝心であるなら、この無言の芝居も明らかに以心伝心の幕である。〈夏目漱石、吾輩は猫である〉②私は君達のよろこびとかなしみとを理会する。そうして以心伝心に同じ哀憐の情が三人の上に益々深められてゆくのを感ずる。〈北原白秋、萩原朔太郎『月に吠える』序〉

用法 示し合わせたわけではない者同士の考えや言動が、偶然一致した場合などにも用いられる。

注意 「以心」を「意心」と書くのは、誤り。

類義語 感応道交《かんのうどうこう》・神会黙契《しんかいもっけい》・拈華微笑《ねんげみしょう》・不立文字《ふりゅうもんじ》・黙契秘旨《もっけいひし》

異体同心　いたい－どうしん

意味 身体は異なっても、心は一つであること。夫婦や友人同士などの心が、互いに一致して固く結ばれていることのたとえ。

構成 「異体」は、異なる肉体。別々の体。「同心」は、心が一つであること。同じ気持ちであること。

用例 昔なら文句はないさ、異体同心とか云《い》って、目には夫婦二人に見えるが、内実は一人前なんだからね。〈夏目漱石、吾輩は猫である〉

異端邪宗　いたん－じゃしゅう

《邪宗異端《じゃしゅういたん》》

意味 正統からはずれたよこしまな宗教。

構成 「異端」は、正統からはずれていること。「邪宗」は、よこしまな宗教。

用例 そうじゃない。あれ等から云《い》えば、僕は異端邪宗の徒だ。〈長与善郎、青銅の基督〉

用法 元来、他の宗教をさげすんで用いられる語であるが、学説などについて用いられることもある。

注意 「邪宗」を「じゃそう」と読むのは、誤り。

類義語 異端邪説《いたんじゃせつ》・淫祠邪教《いんしじゃきょう》

異端邪説　いたん－じゃせつ

意味 正統からはずれたよこしまな思想・信仰・学説。

構成 「異端」は、正統からはずれていること。「邪説」は、よこしまな説。

出典 先生、千四百年の後に生まれ、不伝の学を遺経《いけい》に得、斯文《しぶん》を興起するを以《も》って己が任と為《な》し、異端を弁じ、邪説を

闢《ひら》き、聖人の道をして煥然《かんぜん》として復《ま》た世に明らかならしむ。〈宋史、程顥伝〉

用例 先師と言えば、外国より入って来るものを異端邪説として蛇蝎《だかつ》のように憎み嫌った人のように普通に思われているが、〈島崎藤村、夜明け前〉

類義語 異端邪宗《いたんじゃしゅう》・淫祠邪教《いんしじゃきょう》・邪宗異端《じゃしゅういたん》

一意攻苦　いちい－こうく

意味 心を打ち込んで、苦しみながら考えること。

構成 「一意」は、心を一つにして集中すること。「攻苦」は、苦心して勉強すること。「攻」は、ここでは、勉強する。

類義語 一意専心《いちいせんしん》・一意奮闘《いちいふんとう》・専心一意《せんしんいちい》

一意専心　いちい－せんしん

《専心一意《せんしんいちい》》

意味 心を一つのことに集中し、他に向けないこと。

構成 漢文訓読では、「意を一《いつ》にし心を専らにす」と読む。「一意」も「専心」も、ともに心を一つにすること。一つのことに集中すること。

出典 四体既に正しく、血気既に静かに、意を一にし心を摶《もっぱ》らにし、耳目淫《いん》せざれば、遠しと雖《いへど》も近きがごとし。〈管子、内業〉

用例 夫人マリアの慰藉《いしゃ》と奨励とを受けつつ、一意専心思いを著述に潜めておった。〈穂積陳重、法窓夜話〉

表記 従来は「一意摶心」と書くこともあったが、現在では常用漢字の「専」を用いるのが普通。

類義語 一意攻苦《いちいこうく》・一意奮闘《いちいふんとう》・専心一意《せんしんいちい》

一衣帯水　いち－いたいすい

意味 一筋の帯のように狭く長い川。川や海をへだてて土地がたがいに接近していることのたとえ。

構成 「一」は、一つ。「衣帯」は、衣にしめる帯。「水」は、川などの流れ。従って、「一」と「衣帯水」に分かれる。

出典 我、百姓《ひゃくせい》の父母為《た》り。豈《あ》に一衣帯水を限りて、之を拯《たす》けざるべけんや。〈南史、陳後主紀〉

用例 一衣帯水をなしているその対岸の島には、岡の麓に民家が一軒もなかった。〈井伏鱒二、さざなみ軍記〉

類義語 一牛吼地《いちぎゅうこうち》・一牛鳴地《いちぎゅうめいち》

一意奮闘　いちい－ふんとう

意味 心を一つに集中し、奮い立って闘うこと。また、わきめもふらず、力の限り努力すること。

構成 「一意」は、心を一つにすること。「奮闘」は、奮い立って闘うこと。また、ひたすら努力すること。

用例 多年の間、利欲権勢に目もくれず、ただ国家のために、一意奮闘して居らっしゃる、〈菊池寛、真珠夫人〉

類義語 一意攻苦《いちいこうく》・一意専心《いちいせんしん》・専心一意《せんしんいちい》

一栄一辱　いちえい－いちじょく

意味 人が名誉を得たり、恥辱を受けたりすること。

構成 「一～一～」の繰り返しで、「～したり～したりする」ことを表す。「栄」は、栄達すること。「辱」は、辱められること。

用例 七転八起、一栄一辱、棺に白布を蓋《おお》うにいたって、初めてその名誉が定まるんだ。〈坪内逍遥、当世書生気質〉

類義語 一栄一落《いちえいいちらく》・一盛一衰《いっせいいっすい》・栄枯盛衰《えいこせいすい》・栄枯転変《えいこてんぺん》・興亡盛衰《こうぼうせいすい》・七転八起《しちてんはっき》・消長盛衰《しょうちょうせいすい》・消長遷移《しょうちょうせんい》・盛衰栄枯《せいすいえいこ》・盛衰興亡《せいすいこうぼう》

一栄一落　いちえい－いちらく

意味 草木が春には盛んに茂り、秋には落

葉するこ と。人が栄えたり、落ちぶれたりすることのたとえ。
構成「一〜一〜」の繰り返しで、「〜したり〜したりする」ことを表す。「栄」は、栄達すること。「落」は、零落すること。
用例人の世の一栄一落が何でございましょう。私はただ、あいがたい世をめぐりあった縁のふしぎさを思うばかりでございます。〈田辺聖子、新源氏物語〉
類義語一栄一辱《いちえいいちじょく》・一盛一衰《いっせいいっすい》・栄枯盛衰《えいこせいすい》・栄枯転変《えいこてんぺん》・興亡盛衰《こうぼうせいすい》・消長盛衰《しょうちょうせいすい》・七転八起《しちてんはっき》・消長遷移《しょうちょうせんい》・盛衰栄枯《せいすいえいこ》・盛衰興亡《せいすいこうぼう》

一円一帯 いちえん−いったい

意味そのあたり一面。

構成「一円」「一帯」ともに、ある場所全体。そのあたり一面。

用例下手人の引き渡し、大小のことすべてこの一円一帯を預かるお山同心にその支配権があったからです。〈佐々木味津三、右門捕物帖、お蘭しごきの秘密〉

一牛吼地 いちぎゅうこう−ち

⇩一牛鳴地《いちぎゅうめいいち》

一牛鳴地 いちぎゅうめい−ち

《一牛吼地《いちぎゅうこうち》》
意味牛の鳴き声が聞こえる範囲の土地。きわめて近い距離のたとえ。
構成「一」は、一つ。「牛鳴」「牛吼」は、牛が鳴くこと。「吼」は、ほえる。「地」は、土地。
出典廻《めぐ》り見れば双鳳闕《そうほうけつ》、相《あひ》去ること一牛鳴。〈唐、王維、蘇盧二員外と方丈寺に遊ばんと期する詩〉
注意慣用的に「いちごみょうち」と読むこともある。
類義語一衣帯水《いちいたいすい》

一行知識 いちぎょう−ちしき

意味わずかな字数で簡略に説明した知識。

構成「一行」は、文字のひとならび。「知識」は、知り得た内容。

用例新聞の一行知識めいた妙な批評をされて、彼はすぐ、これは危《ぶあ》ないと思った。〈太宰治、猿面冠者〉

一行半句 いちぎょう−はんく

意味わずかなことば。
構成「一行」は、文字のひとならび。「半句」は、わずかなことば。
用例一行半句もそんなことは書いちゃねえが、もう少し早起きすると何もかもわかるんですよ。〈佐々木味津三、右門捕物帖、卒塔婆を祭った米びつ〉
類義語一言半句《いちごんはんく》・一字半句《いちじはんく》・片言隻句《へんげんせきく》・片言隻語《へんげんせきご》・片言半句《へんげんはんく》・片言半語《へんげんはんご》

一芸一能 いちげい−いちのう

《一能一芸《いちのういちげい》》
意味一つの技芸・才能。
構成「一芸」は、一つの技芸・技術。「一能」は、一つの才能・能力。
用例如何《いか》に一芸一能に秀でようとも、人として五常を弁《わきま》えねば、地獄に堕《お》ちる外《ほか》はない。〈芥川竜之介、地獄変〉
用法「一芸一能に秀でる」「一芸一能を持つ」などの形で、その才能を強調する意味で用いられることが多い。

一言一句 いちげん−いっく

⇩いちごん−いっく

一言一行 いちげん−いっこう

意味一つのことばと一つの行為。何の気なしに言うことばや、何の気なしにする行為。

構成「一言」は、一つのことば。「一行」は、一つの行為。

出典凡《およ》そ一言一行、人に取る者有らば、皆《みな》之《これ》を顕称《けんしょう》す。〈顔氏家訓、慕賢〉

用例 先輩の一言一行も忘れられないかのように、次郎はそれを私に語って見せた。〈島崎藤村、嵐〉
注意「一言」は「いちごん」とも読む。

一言居士 いちげん−こじ

意味 何事にもひとこと口出しをしないと気のすまない性質の人。
構成「一言」は、ひとこと。「居士」は、出家せずに家にいて仏道の修行をする男子。法名・雅号の下に添える称号としても用いられる。「一言抉《こじ》る（異議をはさむ）」を人名になぞらえたもの。
用例 隠居はしても如水《じょすい》は常に一言居士、京城に主力を集中、その一日行程の要地に堅陣を構え、〈坂口安吾、二流の人〉
注意 (1)「いちごんこじ」とも読む。(2)「居士」を「こじ」と読むのは、仏教用語の慣用。「きょし」と読むのは、誤り。
類義語 一徹短慮《いってつたんりょ》・頑固一徹《がんこいってつ》・頑固偏狭《がんこへんきょう》・漱石枕流《そうせきちんりゅう》・短慮一徹《たんりょいってつ》・枕流漱石《ちんりゅうそうせき》・偏狭頑固《へんきょうがんこ》

一言隻句 いちげん−せきく

⇩いちごん−せきく

一言半句 いちげん−はんく

⇩いちごん−はんく

一期一会 いちご−いちえ

意味 ①茶道で、どの茶会も一生涯に一度の茶会と心得て、誠意を尽くすべきであるとすること。②転じて、一生に一度限りと心得て、そのことに専念すること。
構成「一期」は、一生涯。「一会」は、一度の茶会。
出典 抑々《そもそも》茶湯の交会は、一期一会といひて、たとへば、幾度おなじ主客交会するとも、今日の会にふたたびかへらざる事を思へば、実《まこと》に我《われ》一世一度の会なり、去るにより、主人は万事に心を配り、聊《いささか》も麁末《そまつ》なきやう。〈井伊直弼、茶湯一会集〉
用例 ②もう、この一件、思いあきらめた。禅家では一期一会と申す。〈司馬遼太郎、国盗り物語〉
注意「一期」を「いちご」、「一会」を「いちえ」と読むのは、仏教用語から来た慣用。「いっき」「いっかい」と読むのは、誤り。

一伍一什 いちご−いちじゅう

意味 物事の始めから終わりまで。
構成「一」から「十」までで、最初から最後までの全て。「伍」は、五。「什」は、十。
用例 いや、もうその問題は決着したです。芳子が一伍一什をすっかり話した。〈田山花袋、蒲団〉
類義語 一部始終《いちぶしじゅう》・徹頭徹尾《てっとうてつび》

一語一句 いちご−いっく

（一句一語《いっくいちご》）
意味 ことばの一つ一つまで全て。
構成「一語」は、一つの語。「一句」は、一つの句。「一」は、強調のために用いられたもの。
用例 平岡は堅く唇を結んで代助の一語一句に耳を傾けた。〈夏目漱石、それから〉
類義語 一語半語《いちごはんご》・一言一句《いちごんいっく》・一言隻句《いちごんせきく》・一字一句《いちじいっく》

一語半語 いちご−はんご

意味 ことばの一つ一つまで全て。
構成「一語」は、一つの語。「半語」は、わずかなことば。
用例 それを、われらの遠つ祖《おや》どもが、刻苦いたして、一語半語ずつ、理会いたして参ったに相違御座らぬ。〈菊池寛、蘭学事始〉
類義語 一語一句《いちごいっく》・一言一句《いちごんいっく》・一言隻句《いちごんせきく》・一字一句《いちじいっく》・一句一語《いっくいちご》

一言一句 いちごん−いっく

意味 ことばの一つ一つまで全て。
構成「一言」は、ひとこと。「一句」は、一つ

の句。「一」は、強調のために用いられたもの。
用例 それが今日私の言った一言一句、私のした一挙手一投足の偽《いつわ》りをあばき立てた。〈三島由紀夫、仮面の告白〉
注意 「一言」は、「いちげん」とも読む。
類義語 一語一句《いちごいっく》・一語半語《いちごはんご》・一言隻句《いちごんせきく》・一字一句《いちじいっく》・一句一語《いっくいちご》

一言一行　いちごん-いっこう
⇩いちげん-いっこう

一言居士　いちごん-こじ
⇩いちげん-こじ

一言隻句　いちごん-せきく
意味 ことばの一つ一つまで全て。
構成 「一言」は、ひとこと。「隻句」は、わずかなことば。「隻」は、一つ。
用例 訪問客はみな上品、先生、先生と言って、彼の一言隻句にも感服し、〈太宰治、如是我聞〉
注意 「一言」は、「いちげん」とも読む。
類義語 一語一句《いちごいっく》・一語半語《いちごはんご》・一言一句《いちごんいっく》・一字一句《いちじいっく》・一句一語《いっくいちご》

一言半句　いちごん-はんく
意味 わずかなことば。
構成 「一言」は、ひとこと。「半句」は、わずかなことば。
出典 一言半句、亦《ま》た自《おの》づから見るべし。〈南宋、朱熹、陳安卿に答ふる書〉
用例 不思議な事には寒月君の事は一言半句も出ない。〈夏目漱石、吾輩は猫である〉
用法 「一言」を強調した語で、「一言半句も〜ない」など、下に打ち消しの表現を伴った形で用いられることが多い。
注意 「一言」は、「いちげん」とも読む。
類義語 一行半句《いちぎょうはんく》・一字半句《いちじはんく》・片言隻句《へんげんせきく》・片言隻語《へんげんせきご》・片言半句《へんげんはんく》・片言半語《へんげんはんご》

一言芳恩　いちごん-ほうおん
意味 ひとこと声をかけてもらったことを恩に感じ、主人として仰ぐこと。また、ひとこと声をかけてもらったことを忘れずに、感謝すること。
構成 「一言」は、ひとこと。「芳恩」は、他人から受けたご恩。「芳」は、他人に関する物事に付けて、敬意を表す。
注意 「一言」は、「いちげん」と読むことも多いが、この熟語の場合は、慣用的に「いちごん」と読む。「いちげん」と読むのは誤り。

一字一句　いちじ-いっく
意味 ことばの一つ一つまで全て。
構成 「一字」は、一つの文字。「一句」は、一つの句。「一」は、強調のために用いられたもの。
用例 一字一句の裏に宇宙の一大哲理を包含するは無論の事、その一字一句が層《そう》々《そう》連続すると首尾相応じ前後相照らして、〈夏目漱石、吾輩は猫である〉
用法 「一語一句」「一言一句」と違い、主に書かれていることばについていう。
類義語 一語一句《いちごいっく》・一語半語《いちごはんご》・一言一句《いちごんいっく》・一言隻句《いちごんせきく》・一句一語《いっくいちご》

一字千金　いちじ-せんきん
意味 文字や文章が、きわめて価値あること。詩文の表現や筆跡などを尊重していう。
構成 「一字」は、一つの文字。「千金」は、非常に値打ちがあること。「金」は、昔の貨幣の単位。
故事 中国の春秋時代、秦《しん》の呂不韋《りょふい》が『呂氏春秋《りょししゅんじゅう》』という書物を著したとき、一字でも添削できた者に千金を与えようと言った故事による。
出典 能《よ》く一字を増損する者有らば、千金を予《あた》へん。〈史記、呂不韋伝〉
用例 「忍は一字千金の法則」という格言もあります。古い道徳観ではありませ

ん。〈中日新聞、社説、二〇〇二年七月二八日〉

一日三秋　いちじつ-さんしゅう

⇩一日千秋《いちじつせんしゅう》

一日千秋　いちじつ-せんしゅう

《一日三秋《いちじつさんしゅう》・一刻千秋《いっこくせんしゅう》》

意味 人や物事の到来を待ちこがれることのたとえ。

構成 「一日」「一刻」は、短い時間のたとえ。「刻」は、昔の時間の単位。「千秋」「三秋」は、長い年月のたとえ。「秋」は、ここでは、年。短い時間が長い年月に思われるほど、待ちこがれること。

出典 彼の蕭《しょう》を采《と》る、一日見ざれば、三秋のごとし。〈詩経、王風、采葛〉

用例 ……かわいそうに、木村はサン・フランシスコから今ごろはシヤトルのほうに来て、私の着くのを一日千秋の思いで待っているだろうに、〈有島武郎、或る女〉

注意 「一日」は「いちにち」とも読む。

対義語 十年一日《じゅうねんいちじつ》

一字半句　いちじ-はんく

意味 わずかなことば。

構成 「一字」は、一つの文字。「半句」は、わずかなことば。

用例 しかも、私がこれを書き上げて、お役所に提出して、それがそのまま、一字半句の訂正も無く通過した。〈太宰治、惜別〉

用法 「一字」を強調した語で、「一字半句も～ない」など、下に打ち消しの表現を伴った形で用いられることが多い。

類義語 一行半句《いちぎょうはんく》・一言半句《いちごんはんく》・片言隻句《へんげんせきく》・片言隻語《へんげんせきご》・片言半句《へんげんはんく》・片言半語《へんげんはんご》

一字褒貶　いちじ-ほうへん

意味 文字一つの使い分けで、人をほめたり、けなしたりすること。

構成 「一字」は、一つの文字。「褒貶」は、ほめることと、けなすこと。

出典 春秋は一字を以《もっ》て褒貶を為《な》すと雖《いへど》も、然《しか》れども皆数句を須《もち》ゐて以て言を成す。〈文選、杜預、春秋左氏伝の序〉

一汁一菜　いちじゅう-いっさい

意味 汁物一品と、おかず一品。質素な食事のたとえ。

構成 「一汁」は、汁物一品。「一菜」は、添え物一品。

用例 けれども青砥《あおと》は、決して卑しい守銭奴ではない。質素倹約、清廉潔白の官吏である。一汁一菜、しかも、日に三度などは食べない。〈太宰治、新釈諸国噺〉

類義語 粗衣粗食《そいそしょく》・粗酒粗餐《そしゅそさん》

一上一下　いちじょう-いちげ

意味 のぼったりくだったり。また、上になったり下になったり。

構成 「一～一～」の繰り返しで、「～したり～したりする」ことを表す。「上」は、上へあがること。「下」は、下へくだること。

出典 精気一上一下すれば、圜周《えんしゅう》復《ま》た雑《まぢ》はり、稽留《けいりゅう》する所無し。〈呂氏春秋、圜道〉

用例 かかるほどに車体は一上一下と動揺して、あるいは頓挫《とんざ》し、あるいは傾斜し、ただこれ風の落ち葉を捲《ま》き、早瀬の浮き木を弄《もてあそ》ぶに異ならず。〈泉鏡花、義血俠血〉

注意 「一下」は、慣用的に「いちげ」と読む。「いっか」と読むのは、誤り。

一新紀元　いち-しんきげん

意味 今までの古い物事が全く改まった、新時代の最初の年。

構成 「一」は、一つ。「新紀元」は、新しい時代の始め。従って、「一」と「新紀元」とに分かれる。

用例 一つは水際だった早斬りの離れ業が、今までのちゃんばらに一新紀元を劃《かく》したからでもあり、〈徳田秋声、縮図〉

【類義語】一新更始《いっしんこうし》・更始一新《こうしいっしん》・面目一新《めんもくいっしん》

一族郎党　いちぞく-ろうとう

【意味】①一族と、その従者や家臣。②一族に加え、その中の有力者と利益を同じくする関係者全員。

【構成】「一族」は、同じ血統・氏族の者。「郎党」は、武家の家来。

【用例】②武運つたなく敗れなば、一族郎党いさぎよく枕をならべ、討ち死にいたすことこそ、武門のほまれと存ずる。〈柴田錬三郎、謀叛〉

【注意】「郎党」は、本来は慣用的に「ろうどう」と読むが、現在では「ろうとう」の方が一般的。

【類義語】一味徒党《いちみととう》・一家眷属《いっかけんぞく》・妻子眷属《さいしけんぞく》・親戚眷属《しんせきけんぞく》・親類縁者《しんるいえんじゃ》

一諾千金　いちだく-せんきん

【意味】一度承知して引き受けたことに千金の重みがあること。信義を厚くし、約束を重んじなければならないことのたとえ。
【構成】「一諾」は、ひとたび承諾すること。「千金」は、非常に値打ちがあること。「金」は、昔の貨幣の単位。
【用例】子路が他の所では飽くまで人の下風に立つを潔しとしない独立不羈《どくりつふき》の男であり、一諾千金の快男児であるだけに、〈中島敦、弟子〉
【類義語】紳士協定《しんしきょうてい》

一読三嘆　いちどく-さんたん

【意味】詩文などを一度読んで、何度も感嘆すること。
【構成】「一読」は、ひとたび読むこと。「三嘆」は、何度も感嘆すること。「三」は、たびたび。
【用例】古今の文人の書簡の名品は、実は古式無視の型破りのものが多い。いきなり本文、しかも一読三嘆、という手紙が読みたい、できれば書きたい。〈毎日新聞、コトバ新図鑑、一九九一年四月二七日〉
【類義語】一唱三嘆《いっしょうさんたん》

一日千秋　いちにち-せんしゅう

⇩いちじつ-せんしゅう

一日千里　いちにち-せんり

【意味】すぐれた馬が一日に千里も走ること。才能がすぐれていることのたとえ。
【構成】「一日」は、一昼夜。「千里」は、千里もの遠方。
【出典】一日千里、王佐《おうさ》の才あるなり。〈後漢書、王允伝〉
【用例】山谷は書を読みて通ぜざる無く、一日千里という評を得た人である。〈幸田露伴、芭蕉入門〉
【注意】「一日」は、この熟語の場合は、慣用的に「いちにち」と読む。「いちじつ」と読むのは、誤り。
【類義語】一斗百編《いっとひゃっぺん》

一人当千　いちにん-とうせん

⇩一騎当千《いっきとうせん》

一念発起　いちねん-ほっき

《一心発起《いっしんほっき》》

【意味】①仏教で、深く思いつめて仏門に入ること。②転じて、あることを成し遂げようと決心すること。
【構成】「一念」「一心」は、深く思いつめること。「発起」は、仏門に入ること。転じて、新たに企てること。
【用例】①図らず道徳高き法師に遇《あ》ひ奉《たてまつ》り一念発起して坐禅《ざぜん》の庵を此処《ここ》に引むすびしばかり、〈幸田露伴、対髑髏〉②ある夜、太陽と月を丸呑《の》みにした夢をみて、神託を感じ、ここに一念発起して易学《えきがく》の修業に志したのである。〈石坂洋次郎、石中先生行状記〉
【注意】「発起」を「ほっき」と読むのは、仏教用語の慣用。「はっき」と読むのは、誤り。

類義語 一心不乱《いっしんふらん》・精神一到《せいしんいっとう》・熱烈峻厳《ねつれつしゅんげん》・真一文字《まいちもんじ》・無二無三《むにむさん》

一念発心 いちねん－ほっしん

意味 仏教で、深く思いつめて仏門に入ること。

構成 「一念」は、深く思いつめること。「発心」は、仏門に入ること。

用例 そう言われるとこれだけは何とも面目ない、打ちあけていうと、一念発心して頭を丸めたわけでもない、〈尾崎士郎、石田三成〉

注意 「発心」を「ほっしん」と読むのは、仏教用語の慣用。「はっしん」と読むのは誤り。

類義語 発菩提心《はつぼだいしん》

一能一芸 いちのう－いちげい

⇩一芸一能《いちげいいちのう》

用例 人間は何事にせよ、自己に適した一能一芸に深く達してさえいれば宜《よろ》しい。〈与謝野晶子、文化学院の設立について〉

一暴十寒 いちばく－じっかん

意味 一日暖めて十日冷やす。せっかく暖めても冷やす方が多ければ、暖めたことが全く無駄になることから、努力よりも怠る方が多ければ、せっかくの努力が何の役にも立たないことのたとえ。

構成 「一暴」は、一日暖める。「暴」は、日にさらして暖めること。「十寒」は、十日冷やす。「寒」は、冷やす。

出典 天下生じ易きの物有りと雖《いへど》も、一日之《これ》を暴《あたた》め、十日之を寒《ひや》さば、未だ能《よ》く生ずる者有らざるなり。〈孟子、告子上〉

注意 「暴」は、「さらす」という意味の場合、音読みでは「ばく」と読む。「ぼう」と読むのは「あばれる」の意味の場合で、ここでは誤り。

一罰百戒 いちばつ－ひゃっかい

意味 一人の罪を罰することで、他の多くの人々の戒めとすること。

構成 「一罰」は、一人への罰。「百戒」は、百人への戒め。

用例 この考え方の違いも捜査の壁になったと聞くと、「一罰百戒」という言葉はあちらの国にはないのかな、と思ってみたりする。〈朝日新聞、天声人語、一九八九年一一月一八日〉

一病息災 いちびょう－そくさい

意味 持病の一つくらいある人の方が、健康に気を配るので、健康に自信のある人よりもかえって長生きをすること。

構成 「一病」は、一つの病気。「息災」は、身体が健康であること。達者なこと。

用例 「一病息災」という言葉があるが、あれは健康な人間が病人を慰めるための言い方に過ぎないと私は思っている。〈吉行淳之介、人工水晶体〉

一部始終 いちぶ－しじゅう

意味 物事の始めから終わりまで。

構成 「一部」は、書物の一冊。「始終」は、始めから終わりまで。もと、一冊の書物の始めから終わりまでを表したが、現在では、より広い意味で使われるようになった。

出典 霊峰《れいほう》即《すなは》ち妙法蓮華経の一部始終なり。〈私聚百因縁集〉

用例 取り返しのつかない事でも起こっては大変と、とうとう男に一部始終を打ち明ける気になったのです。〈芥川竜之介、妖婆〉

類義語 一伍一什《いちごいちじゅう》・徹頭徹尾《てっとうてつび》

一物一景 いちぶつ－いっけい

意味 事物や景色の一つ一つまで全て。

構成 「一物」は、一つの事物。「一景」は、一つの景色。「一」は、強調のために用いられたもの。

用例 而《しか》しもその中の一物一景についてそ

い

の然《しか》る所以の者を見出《いだ》さんとしても到底これを求むることはできない。〈西田幾多郎、善の研究〉

一望千里　いちぼう-せんり

意味 広々として、はるかかなたまで見わたすことができること。見晴らしがよいこと。

構成 「一望」は、一目に見わたすこと。「千里」は、千里もの遠方。「里」は、昔の距離の単位。

用例 ところどころの石造建築を残して、一望千里、嘘《うそ》のように見渡せるのである。〈北杜夫、楡家の人びと〉

類義語 天涯万里《てんがいばんり》・波濤万里《はとうばんり》・平沙万里《へいさばんり》・沃野千里《よくやせんり》

一木一草　いちぼく-いっそう

（一草一木《いっそういちぼく》）

意味 ①木や草の一本一本に至るまで全て。②転じて、ものがわずかなことのたとえ。

構成 「一木」は、一本の木。「一草」は、一本の草。「一」は、強調のために用いられたもの。

用例 ①ひるすぎ、私は傘さして、雨の庭をひとりで眺めて歩いた。一木一草も変わっていない感じであった。〈太宰治、津軽〉②白い雪と黒い地肌のきびしい交錯、一木一草とてない、人の気配さえない北国の島である。〈北杜夫、楡家の人びと〉

用法 ②の意味では、「一木一草も生えない」などの形で用いられることが多い。

注意 「一木」を「いちもく」と読むのは、誤り。

一枚看板　いちまい-かんばん

意味 ①一座の花形役者。また、大勢の中の中心となる役者。一座の中心人物。②転じて、人に見せられる、ただ一つのもの。取り柄。

構成 もと、上方（京・大阪）の歌舞伎劇場の前に掲げる大きな飾り看板を「一枚看板」という。外題を大きく書き、その上部に主役の絵姿を描いたもの。

用例 ①こら誰にも言わんといとくれやすや、その晩はあんたに一枚看板になって貰《もら》わんならん。〈織田作之助、青春の逆説〉②人間から見たら猫などは年が年中同じ顔をして、春夏秋冬一枚看板で押し通す、至って単純な無事な銭のかからない生涯を送っているように思われるかも知れないが、〈夏目漱石、吾輩は猫である〉

一味爽涼　いちみ-そうりょう

意味 ひたすらすがすがしいこと。

構成 「一味」は、もっぱら。「爽涼」は、さわやかですずしい。

用例 うっとうしい胸のうちが、一味爽涼を覚えるのだ。〈太宰治、満願〉

一味徒党　いちみ-ととう

意味 同じ志を持つ仲間。

構成 「一味」は、仲間・味方。「徒党」は、一緒に物事をする仲間。

用例 そうかそれじゃおれもやろうと、即座に一味徒党に加盟した。〈夏目漱石、坊っちゃん〉

用法 悪いことをする仲間の意味で用いられることが多い。

類義語 一族郎党《いちぞくろうとう》・一家眷属《いっかけんぞく》・妻子眷属《さいしけんぞく》・親戚眷属《しんせきけんぞく》・親類縁者《しんるいえんじゃ》

一網打尽　いちもう-だじん

意味 網を一回打っただけで魚を捕り尽くすこと。一党の者を一度に捕らえ尽くすことのたとえ。

構成 「一網」は、一つの網。「打尽」は、網を打って捕り尽くすこと。

出典 謗《そし》りを造《いた》す者をば、公相《こうしょう》慶《よろこ》びて曰《い》はく、一網打尽にせり、と。〈宋史、范純仁伝〉

用例 国賊にひとしい奴《やつ》どもである。そ

の意味をもって今回その筋の命令により、懲罰召集として一網打尽に動員を行った。〈井伏鱒二、黒い雨〉
類義語 一気呵成《いっきかせい》・一瀉千里《いっしゃせんり》

一目瞭然 いちもく-りょうぜん

意味 一目見ただけではっきりとわかること。
構成 「一目」は、一目見ること。「瞭然」は、はっきりとわかるようす。
出典 高きより下を視れば、一目瞭然たり。〈朱子語類、一三七〉
用例 銘仙と糸織の区別は彼の眼にも一目瞭然であった。〈夏目漱石、明暗〉
類義語 旗幟鮮明《きしせんめい》・灼然炳乎《しゃくぜんへいこ》・明明白白《めいめいはくはく》
対義語 曖昧模糊《あいまいもこ》・有耶無耶《うやむや》・空空漠漠《くうくうばくばく》

一問一答 いちもん-いっとう

意味 一方が質問し、それに対してもう一方が答えることを、繰り返すこと。
構成 「一問」は、質問すること。「一答」は、それに答えること。
出典 上、一問一答して、註《ちゅう》を作るを説く。〈西晋、杜預、春秋左氏伝序疏〉
用例 今、牢舎の中で信徒たちは自分と役人たちとの一問一答をじっと聞いているに違いない。〈遠藤周作、沈黙〉
類義語 質疑応答《しつぎおうとう》

一文半銭 いちもん-はんせん

意味 わずかなお金。
構成 「一文」も「半銭」も、ともにわずかなお金。「文」も「銭」も、ともに昔の貨幣の単位。
用例 その恩に感激した治三郎は、刑期をすませて帰ってきてからでも劇場から入る収入は一文半銭たりとも身につけず、〈尾崎士郎、人生劇場望郷篇〉
注意 「一文」を「いちぶん」と読むのは、誤り。
類義語 一紙半銭《いっしはんせん》・二束三文《にそくさんもん》

一文不通 いちもん-ふつう

意味 一つの文字も知らないこと。
構成 「一文」は、一つの文字。「不通」は、理解できないこと。「通」は、ここでは、理解する。
用例 私は御当家様へ奉公に来て、一文不通の木具屋の悴《せがれ》が、今では何《ど》うやら斯《こ》うやら手紙の一本も書け、〈三遊亭円朝、菊模様皿山奇談〉
注意 「一文」を「いちぶん」と読むのは、誤り。
類義語 無学浅識《むがくせんしき》・無学無識《むがくむしき》・無学無知《むがくむち》・無学文盲《むがくもんもう》・無知愚昧《むちぐまい》・無知蒙昧《むちもうまい》

一陽来復 いちよう-らいふく

意味 ①冬が過ぎ去って春の季節が帰ってくること。②転じて、苦しい時期が過ぎて運が開けはじめてくること。
構成 「一陽」は、春の初めの気。「来復」は、またやってくること。
出典 此《ここ》に至り、七爻《しちこう》して一陽来復す、乃《すなは》ち天運の自然なり。〈易、復、本義〉
用例 ①すると其《そ》の年も明けまして、一陽来復、春を迎えましても、まことに屋敷は陰々といたして居りますが、〈三遊亭円朝、真景累ヶ淵〉②仕合わせと不仕合わせとは軒続きさ。ひでえ不仕合わせのすぐお隣りは一陽来復の大吉さ。〈太宰治、新釈諸国噺〉
注意 「来復」を「来福」と書くのは、誤り。

一利一害 いちり-いちがい

意味 利益もあるが害もある。利益と損害とが相半ばすること。
構成 「一～一～」の繰り返しで、「～したり～したりする」ことを表す。「利」は、利益があること。「害」は、損害・災害などのあること。
出典 一利を興すは一害を除くに若《し》か

ず、一事を生ずるは、一事を減ずるに若かず。〈元史、耶律楚材伝〉
用例 罪がない代わりに、たいへん計算がめんどうになってきた。やっぱり一利一害だ。〈夏目漱石、三四郎〉
類義語 一失一得《いっしついっとく》・一短一長《いったんいっちょう》・一長一短《いっちょういったん》・一得一失《いっとくいっしつ》・利害失得《りがいしっとく》・利害得失《りがいとくしつ》・利害得喪《りがいとくそう》

一笠一杖 いちりゅう-いちじょう

意味 笠一つ、杖一本。束縛するもののない身軽な身になって旅をすることのたとえ。
構成 「笠」も「杖」も旅の道具。ともに「一」つであることを強調して、身一つの身軽さを表している。
用例 一笠一杖、天下に乞食してまわるわ。〈司馬遼太郎、国盗り物語〉

一蓮托生 いちれん-たくしょう

意味 仲間の者たちがその行動・運命を共にすること。
構成 「一蓮」は、極楽浄土に生まれ変わった人が座るという一つの蓮の花。「托生」は、そこに命を託すること。仏教では、現世で念仏を唱えれば、死後、共に極楽浄土に生まれ変わり、同じ一つの蓮の葉の上に身を託することができるという。
用例 「一蓮托生、死なば諸共《もろとも》、捻平《ねじべい》待ちゃれ」と、くすくす笑って、小父者も車にしゃんと乗る。〈泉鏡花、歌行灯〉
用法 危険にさらされたもの同士や、悪いことをする仲間同士に対して用いられることが多い。
注意 (1)「蓮」を「連」と書くのは、誤り。(2)「托生」を「たくしょう」と読むのは、仏教用語の慣用。「たくせい」と読むのは、誤り。(3)「托」を「託」と書くのは、誤り。
類義語 同腹一心《どうふくいっしん》・連帯責任《れんたいせきにん》

一六勝負 いちろく-しょうぶ

意味 ①ばくち。②運を天に任せて行う冒険的な勝負。
構成 「一六」は、さいころの一の目と六の目。「勝負」は、勝敗を決すること。
用例 ①車夫どもは皆勝手の方で例の一六勝負最中らしい。〈国木田独歩、牛肉と馬鈴薯〉②一六勝負をしているようなものであった。〈井伏鱒二、黒い雨〉
類義語 一擲乾坤《いってきけんこん》・梟盧一擲《きょうろいってき》・乾坤一擲《けんこんいってき》

一路順風 いちろ-じゅんぷう

意味 道中、順風に乗って無事に進むこと。物事が全て自分の都合の良い方向に進むことのたとえ。
構成 「一路」は、道中の全区間。「順風」は、船の進む方向に吹く風のことで、物事が望む方向に進むこと。
類義語 一路平安《いちろへいあん》・順風満帆《じゅんぷうまんぱん》・上昇気流《じょうしょうきりゅう》・平安一路《へいあんいちろ》
対義語 天歩艱難《てんぽかんなん》

一路平安 いちろ-へいあん

《平安一路《へいあんいちろ》》
意味 旅人を見送るときのことば。道中がご無事であるようにとの意味。
構成 「一路」は、道中の全区間。「平安」は、何事もなく穏やかなこと。
出典 大王爺《だいおうや》、弟子の一路平安と脚軽く手健やかならんことを保佑《ほゆう》す。〈明、范受益、尋親記〉
用例 どうやら順風の様子、一路平安を念じつつ綱を切ってするする出帆、〈太宰治、喝采〉
類義語 一路順風《いちろじゅんぷう》・順風満帆《じゅんぷうまんぱん》・上昇気流《じょうしょうきりゅう》

一攫千金 いっかく-せんきん

意味 いっぺんに大金をもうけること。
構成 「一攫」は、ひとつかみにすること。「攫」は、つかむ。「千金」は、大金。
用例 君、何だ。一攫千金を夢みる株屋じゃないか――今夜は僕が奢《おご》る。〈島崎藤

村、家〉

用法 地道な努力を避けて、楽をして成果を得ようとする者に対して、批判的な意味で用いられることが多い。

表記 「一獲千金」とも書く。

一家眷属 いっか-けんぞく

意味 同じ血筋の者や、親しく付き合う者たち全て。

構成 「一家」は、一つの家族。「眷属」は、一族、親族。

用例 おそろしい祟《たた》りはそれからそれへと手をひろげて、津の国屋の一家眷属にわざわいするのではあるまいか。〈岡本綺堂、半七捕物帳、津の国屋〉

表記 「一家眷族」とも書く。

類義語 一族郎党《いちぞくろうとう》・一味徒党《いちみととう》・妻子眷属《さいしけんぞく》・親戚眷属《しんせきけんぞく》・親類縁者《しんるいえんじゃ》

一家団欒 いっか-だんらん

《家族団欒《かぞくだんらん》》

意味 家族の者全部が集まって仲良く楽しむこと。

構成 「一家」「家族」は、一つの家族。「団欒」は、集まって車座に座り、互いにむつみ合うこと。

用例 どんな理由がありますか知りませんが、兎《と》も角《かく》妻子があれば一家団欒の楽を享《う》けないのは嘘《うそ》でしょう？〈国木田独歩、巡査〉

表記 まれに「一家団圝」とも書く。

一喜一憂 いっき-いちゆう

意味 状況が変化するそのたびごとに、喜んだり心配したりすること。

構成 「一〜一〜」の繰り返しで、「〜したり〜したりする」ことを表す。「喜」は、喜ぶこと。「憂」は、心配すること。

用例 戦況に一喜一憂していた。アリが少しでもポイントを稼いだとみると、バンディーニはVサインを掲げ、リングの下で跳び上がって喜んだ。〈沢木耕太郎、一瞬の夏〉

用法 些細《ささい》なことで心が揺れ動く小心さを表す場合に用いられることが多い。

類義語 一進一退《いっしんいったい》

一気呵成 いっき-かせい

意味 ひと息に作り上げること。ひと息に成し遂げること。

構成 「一気」は、ひと息。「呵成」は、寒いときに筆に息を吹きかけて温め、詩文を完成させること。「呵」は、息を吹きかけること。

出典 一篇の中《ちゅう》、句句皆律あり、一句の中、字字皆律あり、実《まこと》に一意貫串《かんせん》、一気呵成なり。〈明、胡応麟、詩藪、七言〉

用例 「天然居士は空間を研究し、論語を読み、焼き芋を食い、鼻汁を垂らす人である」と言文一致体で一気呵成に書き流した。〈夏目漱石、吾輩は猫である〉

類義語 一網打尽《いちもうだじん》・一瀉千里《いっしゃせんり》

一騎当千 いっき-とうせん

《一人当千《いちにんとうせん》》

意味 一人で千人の敵を相手にできるほど強いこと。

構成 「一騎」「一人」は、一人の騎馬武者。「当千」は、千人を相手に戦うこと。

用例 正副の総督を護《まも》って来る人達がいずれ一騎当千の豪傑揃《ぞろ》いであるとしても。〈島崎藤村、夜明け前〉

類義語 蓋世不抜《がいせいふばつ》・万夫不当《ばんぷふとう》・百戦錬磨《ひゃくせんれんま》

一挙一動 いっきょ-いちどう

意味 一つ一つの動作。わずかな動作。

構成 「挙」は、手をあげること。「動」は、身を動かすこと。「一」は、強調のために用いられたもの。

用例 あなたのように、兄さんの一挙一動を心配する人から見たら、〈夏目漱石、行人〉

一挙両得　いっきょ-りょうとく

意味 一つのことをして、二つの利益を得ること。

構成 「一挙」は、一つの行動。「挙」は、行う。「両得」は、二つの利益。

出典 其《そ》の十年の復を賜ひて、以《も》って遷《つう》る重《はば》か《か》るの情を慰《なぐ》さ《さ》むれば、一挙両得ならん。〈晋書、束皙伝〉

用例 私の名も世に出る、万一したら金も獲《え》られる、一挙両得だというような、愚劣な者の常として、〈二葉亭四迷、平凡〉

類義語 一石二鳥《いっせきにちょう》

一句一語　いっく-いちご

⇩一語一句《いちごいっく》

用例 青年が、一句一語に、興奮して行く有り様が、目を閉じて、じっと聴きすまして居る美奈子にさえ、アリアリと感ぜられた。〈菊池寛、真珠夫人〉

一件落着　いっけん-らくちゃく

意味 一つの事件に結末がつくこと。

構成 「一件」は、一つの事件。「落着」は、物事に結末がつくこと。

用例 「違いねえ」と客も苦笑しましたが、一件落着に及んだような元どおりの顔になり、〈岡本かの子、生々流転〉

類義語 円満解決《えんまんかいけつ》

一国一城　いっこく-いちじょう

意味 独立した一定の領土、領域。

構成 「一国」は、一つの独立した国。「一城」は、一つの独立した城。

用例 皆、円陣をつくって、こちらへ向いて下さいと願っても、一人一人が一国一城の主になりすぎているのです。〈林芙美子、放浪記〉

用法 「一国一城の主《あるじ》」という形で、それを所有する者の尊厳を強調する意味で用いられることが多い。

類義語 自存独立《じそんどくりつ》・独立自全《どくりつじぜん》・独立自尊《どくりつじそん》・独立自存《どくりつじそん》・独立独行《どくりつどっこう》・独立独歩《どくりつどっぽ》

一刻千金　いっこく-せんきん

意味 ひとときがどんな大金にも価するくらいすばらしいこと。

構成 「一刻」は、昔の時間の単位で、約二時間。ここでは、ごく短い時間。「千金」は、大金。

出典 春宵一刻直《あた》ひ《ひ》千金、花に清香有り月に陰有り。〈北宋、蘇軾、春夜詩〉

用例 もしそれ秋の夕べなんど天の一方に富士を見る時は、まことにこの渡の風景一刻千金ともいひつべく、〈幸田露伴、水の東京〉

類義語 春宵一刻《しゅんしょういっこく》

一刻千秋　いっこく-せんしゅう

⇩一日千秋《いちじつせんしゅう》

用例 臥て見たり起きて見たり、立ッて見たり坐《すわ》ッて見たりして、今か今かと文三が一刻千秋の思いをして頸《くび》を延ばして待ち構えていると、〈二葉亭四迷、浮雲〉

一顧万両　いっこ-ばんりょう

意味 どんな大金を投じてもいいくらいに、見る価値があること。

構成 「一顧」は、ちょっとふり返って見ること。「万両」は、大金。「両」は、昔の貨幣の単位。

用例 太公望《たいこうぼう》のつり船が、波のまにまに漂って、一望千金、一顧万両、伝六太鼓がいっしょにいたら、どんな鳴り音をたてて悦に入るか、〈佐々木味津三、右門捕物帖、袈裟切り太夫〉

注意 「万両」を「まんりょう」と読むのは、誤り。

一切合切　いっさい-がっさい

意味 なにもかも全て。

構成 「一切」は、なにもかも全て。「合切」は、調子を整えるために添えたことば。

い

用例 彼は何もかもが、一切合切、妻のこと、子供のこと、その他で持ち切っていた。〈葉山嘉樹、海に生くる人々〉
表記「一切合財」とも書く。

一切衆生 いっさい-しゅじょう

意味 仏教で、この世に生きている全てのもの。
構成「一切」は、なにもかも全て。「衆生」は、全ての生命あるもの。
用例 まだ一番鶏《いちばんどり》も鳴かないのに、こっそり床をぬけ出して、酒臭い唇に、一切衆生皆成仏道《かいじょうぶつどう》の妙経を読誦しようとするのである。〈芥川竜之介、道祖問答〉
注意「衆生」を「しゅじょう」と読むのは、仏教用語の慣用。「しゅうせい」と読むのは、誤り。

一殺多生 いっさつ-たしょう

意味 仏教で、一人(の悪人)を殺して多くの人を生かす。一人を犠牲にして多数を救うこと。
構成「一殺」は、一人を殺す。「多生」は、多くの人を生かす。
用例 一殺多生の仏説によって、この世の悪鬼を払ったのだ。〈川口松太郎、新吾十番勝負〉
注意「多生」を「たしょう」と読むのは、仏教用語の慣用。「たせい」と読むのは、誤り。

一弛一張 いっし-いっちょう

⇩一張一弛《いっちょういっし》
用例 彼等の表情が、自分の物語の一弛一張につれて、或《あ》るいは安堵《あんど》の・或いは恐怖の・偽ならぬ色を浮かべるのを見るにつけ、〈中島敦、狐憑〉

逸事奇聞 いつじ-きぶん

意味 あまり世に知られていない珍しい話。
構成「逸事」は、世の中に知られていない事実。「逸」は、ここでは、世間から隠れる。「奇聞」は、珍しい話。
用例 思いもよらぬ逸事奇聞が、舟にも載せ車にも積むほど、四方から集まって参るに相違あるまい。〈芥川竜之介、竜〉
類義語 異聞奇譚《いぶんきたん》

一子相伝 いっし-そうでん

《父子相伝《ふしそうでん》》
意味 学問や技芸の秘伝を自分の子一人だけに伝え、他の者には秘密にすること。
構成「一子」「父子」は、父親と一人の子ども。「相伝」は、何事かを伝えること。
用例 初め独美は曼公の遺法を尊重する余に、これを一子相伝に止め、他人に授くることを拒んだ。〈森鷗外、渋江抽斎〉
類義語 奥義秘伝《おうぎひでん》・真言秘密《しんごんひみつ》・黙契秘旨《もっけいひし》
注意「相伝」を「しょうでん」と読むのは、誤り。

一失一得 いっしつ-いっとく

⇩一得一失《いっとくいっしつ》
用例 文体にさざまの差異《しな》ありて、各々一失一得あり。〈坪内逍遥、小説神髄〉

一視同仁 いっし-どうじん

意味 だれかれの差別なく全てのものを平等に愛すること。
構成「一視」は、全てのものを見ること。「同仁」は、等しくよいものとして扱うこと。
出典 聖人は一視にして同仁、近きに篤《あつ》くして遠きを挙ぐ。〈唐、韓愈、原人〉
用例 真を写す文字ほど公平なものはない。一視同仁の態度で、忌憚《きたん》なく容赦なく押して行くべきはずのものであります。〈夏目漱石、創作家の態度〉
対義語 依怙贔屓《えこひいき》

一紙半銭 いっし-はんせん

意味 一枚の紙とわずかなお金。きわめて価値のないもの、ごくわずかなもののたとえ。
構成 「一紙」は一枚の紙。「半銭」は、ごくわずかなお金。「銭」は、昔の貨幣の単位。
用例 必らず偽りとは見申さぬ。但《ただ》し、一紙半銭の年貢《ねんぐ》までも全くお出し得られぬほどの水難とは申さぬ。〈山田美妙、太郎定綱〉
類義語 一文半銭《いちもんはんせん》・二束三文《にそくさんもん》

一瀉千里 いっしゃ‐せんり
意味 ①物事が非常に早くはかどり進むこと。②文章や弁舌が流れるようによどみないこと。
構成 もと、ひとたび注げば一気に千里も走り流れるような水の勢いをいう。「一瀉」は、水がひとたび注がれること。「瀉」は、注ぐ。「千里」は、はるかな距離。「里」は、昔の距離の単位。
用例 ①時間は重なりあって変化を生みつつ、嘗《かつ》てなかったほど速やかに、一瀉千里に流れていった。〈北杜夫、楡家の人びと〉②よく意味もわからないで一瀉千里に書き流して来たが、「死」という字に来ると、葉子はペンも折れよといらいらしくその上を塗り消した。〈有島武郎、或る女〉
類義語 一網打尽《いちもうだじん》・一気呵成《いっきかせい》

一宿一飯 いっしゅく‐いっぱん
意味 一晩の宿と、一食の食事を提供されること。他人からちょっとした恩義を受けることのたとえ。
構成 「一宿」は一晩泊めてもらうこと。「一飯」は、一回の食事を与えられること。
用例 中流の農家で一宿一飯の世話をみてもらうことは、むずかしいことではなかった。〈石坂洋次郎、石中先生行状記〉
用法 「一宿一飯の恩義」という形で、他人から受けた恩義に対しては報いなければならないという意味を表すことが多い。

一笑一顰 いっしょう‐いっぴん
⇩一顰一笑《いっぴんいっしょう》
用例 巧妙非凡の傑作をば巧みに演戯《えんぎ》するに於いては、一挙一動、一笑一顰、宛然《さながら》其《そ》の物の真に逼《せま》りて〈坪内逍遥、小説神髄〉

一生懸命 いっしょう‐けんめい
⇩一所懸命《いっしょけんめい》
用例 一生懸命になっているものが、一つも真面目《まじめ》に相手にされないなんて、〈横光利一、旅愁〉

一唱三嘆 いっしょう‐さんたん
意味 詩文を一度声に出してから、繰り返し嘆賞すること。
構成 「一唱」は、もと祖先を祀る時に一人が歌いだすこと。「三嘆」は、それに合わせて三人が歌うこと。後、「一唱」は一度声に出すこと、「三嘆」はくり返し嘆賞することを意味するようになった。
出典 一唱三歎の声有りて、其《そ》の秀傑の気は、終《つひ》に没すべからず。〈北宋、蘇軾、張文潜県丞に答ふる書〉
用例 我が維新改革の歴史に至りては、雄勁青莽《ゆうけいせいもう》、曲曲人意の表に超出し、人をして、一唱三嘆せしむるものあるは何ぞや。〈徳富蘇峰、将来之日本〉
表記 従来は「一唱三歎」と書くのが普通であったが、現在では常用漢字の「嘆」に書き換える。
類義語 一読三嘆《いちどくさんたん》

一生不犯 いっしょう‐ふぼん
意味 仏教で、一生異性と性交渉をもたないこと。
構成 「一生」は、生きている期間全て。「不犯」は、戒律を破ることがないこと。仏教のある宗派では、僧が女性に触れることを禁じていることから、異性と性交渉を

持たないこと。

用例 わが曾《かつ》て岳父御に誓いし一生不犯の男の貞操は、〈夢野久作、白くれない〉

注意「不犯」を「ふぼん」と読むのは、仏教用語の慣用。「ふはん」と読むのは、誤り。

一触即発 いっしょく-そくはつ

意味 ちょっと触れても、すぐ爆発しそうなこと。危機の差し迫っている状態をいう。

構成「一触」は、軽く触れること。「即発」は、それに対して直ちに爆発すること。

用例 方《まさ》に一触即発のこの時、天は絶妙な劇作家的手腕を揮って人々を驚かせた。〈中島敦、光と風と夢〉

用法 うかつに手を出すことのできない場面で用いられることが多い。

一所懸命 いっしょ-けんめい

（一生懸命《いっしょうけんめい》）

意味 一か所の領地に命をかける。物事を命がけでやることのたとえ。

構成「一所」は、上から賜った一か所の領地。「懸命」は、それを命をかけて守ること。鎌倉時代の御家人たちの生き方から生まれたことば。

用例 この季節を空しく費やすことが一日でも非常な損失であるという見易い利害の打算から彼は到頭打ち負かされて復《ま》た一所懸命に労働に従事した。〈長塚節、土〉

注意「一所懸命」は、もともと武士階級の領地意識から出たことばであったが、江戸時代に入って、それが薄れるにつれて、「一生懸命」ということばが生まれてきたといわれる。

類義語 完全燃焼《かんぜんねんしょう》・全力投球《ぜんりょくとうきゅう》・不惜身命《ふしゃくしんみょう》

一所不住 いっしょ-ふじゅう

意味 同じ場所に定住しないこと。

構成「一所」は、特定の場所。「不住」は、そこにとどまらないこと。

用例 そこで、「そなたは何処のものじゃ」と御訊《おたず》ねあったれば、一所不住のゆだやびと」と答えた。〈芥川竜之介、さまよえる猶太人〉

類義語 雲水行脚《うんすいあんぎゃ》・雲水不住《うんすいふじゅう》・樹下石上《じゅげせきじょう》

一進一退 いっしん-いったい

意味 ①進んだり退いたりする。②よくなったり悪くなったりする。

構成「一～一～」の繰り返しで、「～したり～したりする」ことを表す。「進」は、進むこと。「退」は、退くこと。

出典 国に一軽一重を命ずる者は、刑なり。兵に一進一退を令する者は、権なり。〈管子、覇言〉

用例 ①この夏ついに東濃《とうのう》の一部に斬り入り、その後一進一退しつつあるという噂《うわさ》を光秀《みつひで》はきいた。〈司馬遼太郎、国盗り物語〉②北の方の病気は、一進一退、はかばかしくない。〈田辺聖子、新源氏物語〉

類義語 一喜一憂《いっきいちゆう》

一新更始 いっしん-こうし

⇩更始一新《こうしいっしん》

用例 この形勢を看て取った松平《まつだいら》容堂《ようどう》は薩長の態度を飽き足りないとして、一新更始の道を慶喜《よしのぶ》に建白した。〈島崎藤村、夜明け前〉

一心精進 いっしん-しょうじん

意味 一切の誘惑を断ち、一つのことに集中して打ち込むこと。

構成「一心」は、一つのことに集中すること。「精進」は、仏道を修行して心身を清く保つこと。また、一切の誘惑を断ち、その事だけに打ち込むこと。

用例 ただ両断にいたさんと忍び寄ったれども、其《そ》の方が一心精進のけ高さに、〈菊池寛、敵討以上〉

注意「精進」を「しょうじん」と読むのは、

仏教用語からきた慣用。「せいしん」と読むのは、誤り。

類義語 帰命頂礼《きみょうちょうらい》・只管打坐《しかんたざ》・精進勇猛《しょうじんゆうみょう》・大死一番《だいしいちばん》・勇猛精進《ゆうみょうしょうじん》

一心同体 いっしん－どうたい

意味 別々の者が、心も身体も一つのもののように強固に結合すること。

構成 「一心」は、心が一つになっていること。「同体」は、身体もまた一つになっていること。

用例 ほかの女に心移していたのだと思うと、恨めしかった。思えば恋人は一心同体なんて嘘《うそ》なのだ。〈田辺聖子、新源氏物語〉

一心不乱 いっしん－ふらん

意味 一つの事に心を集中して他にそらさないこと。

構成 「一心」は、一つのことに心を集中すること。「不乱」は、心を乱されることがないこと。

用例 五六人の少年少女が集まり、リンキイが先に立って、なに事か、一心不乱に、働いているのがみえました。〈田中英光、オリンポスの果実〉

類義語 一念発起《いちねんほっき》・一心発起《いっしんほっき》・精神一到《せいしんいっとう》・熱烈峻厳《ねつれつしゅんげん》・真一文字《まいちもんじ》・無二無三《むにむさん》

一心発起 いっしん－ほっき

⇩一念発起《いちねんほっき》

用例 もともとのぞき盗聴それにフィルムの専門家だから、一心発起したスブやんには用のない男だが、〈野坂昭如、初稿・エロ事師たち〉

一世一代 いっせい－いちだい

意味 ①人間の一生の中でただ一度かぎり。②芸人などが一生の中でこれをしおさめとして立派な芸を演ずること。

構成 「一世」は、人の生まれて死ぬまでの間。「一代」もまた、人の一生涯をいう。

用例 ①一世一代の作を仕上げてかえるつもりだと云《い》ったらさぞ喜ぶであろう。〈夏目漱石、野分〉②お梅、出だぜ、津の国屋が一世一代の晴れの舞台だ。〈川口松太郎、明治一代女〉

用法 「一世一代の大勝負」などの形で、人生において特に重大な場面を表すのに用いられることが多い。

注意 「一世」を「いっせ」と読むのは、誤り。

表記 「一生一代」と書いて「いっしょういちだい」と読むこともあるが、本来は誤用と思われる。

一盛一衰 いっせい－いっすい

意味 盛んになったり、衰えたりすること。

構成 「一～一～」の繰り返しで、「～したり～したりする」ことを表す。「盛」は、栄える。「衰」は、落ちぶれる。

出典 四時《しいじ》迭《たが》ひに起こりて、万物循《したが》ひて生じ、一盛一衰す。〈荘子、天運〉

用例 子細に見れば、いろいろの事情でその間に一盛一衰もあろうけれど、〈二葉亭四迷、雑談〉

類義語 一栄一辱《いちえいいちじょく》・一栄一落《いちえいいちらく》・栄枯盛衰《えいこせいすい》・栄枯転変《えいこてんぺん》・興亡盛衰《こうぼうせいすい》・七転八起《しちてんはっき》・消長盛衰《しょうちょうせいすい》・消長遷移《しょうちょうせんい》・盛衰栄枯《せいすいえいこ》・盛衰興亡《せいすいこうぼう》

一石二鳥 いっせき－にちょう

意味 一つの石で二つの鳥を打ち落とす。一つの事をして同時に二つの利益を得ることのたとえ。

構成 「一石」は、一つの石を投げること。「二鳥」は、その石で二羽の鳥を打ち落とすこと。

用例 主人は儲《もう》かるので、親への仕送りを倍加するという一石二鳥の手も使うの

であった。〈徳田秋声、縮図〉

類義語 一挙両得《いっきょりょうとく》

一草一木 いっそう-いちぼく

⇩一木一草《いちぼくいっそう》

用例 芸術と生活との可能はひとしく天地山川の間に求められるべきものであり、一草一木といえどもこの関係からのがれられない。〈石川淳、夷斎筆談〉

一短一長 いったん-いっちょう

⇩一長一短《いっちょういったん》

用例 余の経験によるに英学に長ずる者は漢学に短なり和学に長ずる者は数学に短なりといふが如く必ず一短一長あるもの也。〈正岡子規、筆まかせ〉

一旦緩急 いったん-かんきゅう

意味 ひとたび重大な事件が起こった場合。

構成 「一旦」は、ある朝。また、ある日。「旦」の字は日が地平線の昇る朝を示す。「緩急」は、危急。戦乱。「緩」は、本来は平和の意味だが、ここでは、添え字。

出典 一旦緩急ありて、河津《かしん》を途絶すれば、以《もっ》て自ら守るに足る。〈後漢書、竇融伝〉

用例 その雑役、徴税、商品の製造販売を担当し、一旦緩急あれば兵士の役目をもつとめる。〈司馬遼太郎、国盗り物語〉

用法 「一旦緩急あれば」など、条件を表す形で用いられることが多い。

類義語 一朝有事《いっちょうゆうじ》

一治一乱 いっち-いちらん

意味 世の中が治まったり、乱れたりすること。

構成 「一～一～」の繰り返しで、「～したり～したりする」ことを表す。「治」は、治まる。「乱」は、乱れる。

出典 天下の生、久し。一治一乱す。〈孟子、滕文公下〉

用例 昔から世の中は一治一乱であつて、尭舜《ぎょうしゅん》以来段々国が一時治まるという、その次に又乱れる時が出て来る。〈内藤湖南、支那歴史的思想の起源〉

類義語 治乱興廃《ちらんこうはい》・治乱興亡《ちらんこうぼう》

一致協力 いっち-きょうりょく

《協力一致《きょうりょくいっち》》

意味 心を一つにして力をあわせること。

構成 「一致」は、心を一つにすること。「協力」は、力をあわせること。

用例 われら世界各国民は一致協力して、直ちに大警戒を始めねばならない。〈海野十三、地球発狂事件〉

類義語 一致団結《いっちだんけつ》・協心戮力《きょうしんりくりょく》・同心戮力《どうしんりくりょく》・二人三脚《ににんさんきゃく》・戮力協心《りくりょくきょうしん》・戮力同心《りくりょくどうしん》

一致団結 いっち-だんけつ

意味 心を一つにして結びつき、協力しあうこと。

構成 「一致」は、心を一つにすること。「団結」は、多くの人々が結びつき協力しあうこと。

用例 国難に際しては、日本人はいつも一致団結して、そとに当たるのが習わしだというのです。〈山本有三、路傍の石〉

類義語 一致協力《いっちきょうりょく》・協心戮力《きょうしんりくりょく》・協力一致《きょうりょくいっち》・同心戮力《どうしんりくりょく》・二人三脚《ににんさんきゃく》・戮力協心《りくりょくきょうしん》・戮力同心《りくりょくどうしん》

一知半解 いっち-はんかい

《半解半知《はんかいはんち》・半知半解《はんちはんかい》》

意味 わずかばかり知ってはいるが、十分には理解していないこと。

構成 「一知」「半知」は、少し知っていること。「半解」は、いい加減な理解。

出典 悟りに浅深有り、分限有り。透徹の悟り有り、但《ただ》一知半解の悟りを得る有り。〈滄浪詩話、詩弁〉

用例 上は審美の見識に富みたる学者より、下は一知半解の者までも、彼の作を

もてはやすは、〈坪内逍遥、『マクベス評釈』の緒言〉

用法「一知半解な知識」などの形で用いられることが多い。

一張一弛 いっちょう-いっし

（一弛一張《いっしいっちょう》）

意味 弓や琴などの弦を張ったり緩めたりすること。厳格にしたり寛大にしたりして、ほどよく取り扱うことのたとえ。

構成「一～一～」の繰り返しで、「～したり～したりする」ことを表す。「張」は、弦を張ること。「弛」は、弦を緩めること。

出典 一張一弛は、文武の道なり。〈礼記、雑記下〉

用例 世は一張一弛の数理に漏れず、明治二十六年頃より世間の景気も直り〈山路愛山、現代金権史〉

一朝一夕 いっちょう-いっせき

意味 非常に短い時間。また、一時的に。

構成「一朝」は、ひと朝、「一夕」は、ひと晩。ともに、短い期日、わずかな時間をいう。

出典 臣、其《そ》の君を弑《しい》し、子、其の父を弑するは、一朝一夕の故《ゆえ》に非《あら》ず。其の由《よ》りて来たる所の者は漸《ぜん》なり。〈易経、坤〉

用例 ええなかなか込み入ってますからね。一朝一夕にゃ到底分りません。〈夏目漱石、坊っちゃん〉

用法「一朝一夕には～できない」など、下に打ち消しの表現を伴った形で用いられることが多い。

一長一短 いっちょう-いったん

（一短一長《いったんいっちょう》）

意味 ①長くなったり、短くなったりすること。②転じて、長所もあるが、短所もあること。

構成「一～一～」の繰り返しで、「～したり～したりする」ことを表す。「長」は、長いこと、または長所。「短」は、短いこと、または短所。

出典 遊子、笙《しょう》を吹き甲夜に乗ず、一長一短人情を悩ます。〈凌雲集、藤原冬嗣、菅祭酒の秋夜途中笙を聞くの什に和する詩〉

用例 ②どれも一長一短でむつかしい。みなそれぞれに、三の宮を大事にする、と誓ってくれてはいるのだが、〈田辺聖子、新源氏物語〉

用法「一長一短ある」の形で、②の意味で用いられることが多い。

類義語 一利一害《いちりいちがい》・一失一得《いっしついっとく》・一得一失《いっとくいっしつ》・利害失得《りがいしっとく》・利害得失《りがいとくしつ》・利害得喪《りがいとくそう》

一朝有事 いっちょう-ゆうじ

意味 ひとたび事件が起こること。また、一大事の際には、助勢のために駆けつけること。

構成「一朝」は、あるとき急に。ひとたび。「有事」は、事件、一大事が起こること。主に戦争を指す。

用例 身体はなんとか病気一つせず、オゾンを腹一杯吸い強烈な紫外線を浴び、一朝有事の際には充分実力を発揮し、〈北杜夫、楡家の人びと〉

用法「一朝有事の際には」「一朝有事あらば」など、条件を表す形で用いられることが多い。

類義語 一旦緩急《いったんかんきゅう》

一定不変 いってい-ふへん

意味 一つに決まって変わらないこと。

構成「一定」は、一つに定まること。「不変」は、変わらないこと。

用例 古今永久変わらないものと看做《みな》したなら一定不変の型の中に押し込めて教育する事もできるし支配する事も容易でしょう。〈夏目漱石、中味と形式〉

類義語 永遠不変《えいえんふへん》・永久不変《えいきゅうふへん》・永劫不変《えいごうふへん》・恒久不変《こうきゅうふへん》・常住不断《じょうじゅうふだん》・千古不易《せんこふえき》・千古不抜《せんこふばつ》・万古不

易《ばんこふえき》・万世不易《ばんせいふえき》・万代不易《ばんだいふえき》・万代不変《ばんだいふへん》

対義語 有為転変《ういてんぺん》・千変万化《せんぺんばんか》

一擲乾坤 いってき-けんこん

⇩乾坤一擲《けんこんいってき》

一徹短慮 いってつ-たんりょ

《短慮一徹《たんりょいってつ》》

意味 ひとすじに思い込んで、よく考えないこと。

構成 「一徹」は、ひとすじに思い込むこと。がんこ。「短慮」は、あさはかな考え。浅見。

用例 こう申したら左近もいい年をして一徹短慮など思われるかも知れぬが、〈尾崎士郎、石田三成〉

用法 思慮の足りないものに対して、批判的な意味で用いられることが多い。

注意 「徹」を「撤」と書くのは、誤り。「徹」は「貫き通す」、「撤」は、「撤回」のように、「取り除く」の意味。

類義語 一言居士《いちげんこじ》・頑固一徹《がんこいってつ》・頑固偏狭《がんこへんきょう》・漱石枕流《そうせきちんりゅう》・枕流漱石《ちんりゅうそうせき》・偏狭頑固《へんきょうがんこ》

一徹無垢 いってつ-むく

意味 ひとすじに思い込んで、純粋なようす。

構成 「一徹」は、ひとすじに思い込むこと。がんこ。「無垢」は、仏教で、煩悩のけがれがないこと。

用例 一切希望を置かないと言ったような、一徹無垢な量見から、実世界の現象悉《ことごと》く仮偽であるとまで観じた程の少壮な青木ではあったが、〈島崎藤村、春〉

注意 「徹」を「撤」と書くのは、誤り。「徹」は「貫き通す」、「撤」は、「撤回」のように、「取り除く」の意味。

類義語 純潔無垢《じゅんけつむく》・純情可憐《じゅんじょうかれん》・純真可憐《じゅんしんかれん》・純真無垢《じゅんしんむく》

一点一画 いってん-いっかく

意味 ①文字の一つの点、一つの筆画。②転じて、細かい部分。また細かい部分にまで気を配ること。

構成 「一点」は、一つの点。「一画」は、一つの筆画。「一」は、強調のために用いられたもの。

出典 冥冥として一点一画を知らず。〈顔氏家訓、書証〉

用例 ②悪の一点一画をも見遁《みのが》さず認めて後に、そのいまはしき悪をも赦《ゆる》すのである。〈倉田百三、善くなろうとする祈り〉

用法 ②の意味では、「一点一画もおろそかにしない」という形で用いられることが多い。

表記 従来は「一点一劃」と書くのが普通であったが、現在では常用漢字の「画」に書き換える。

一天四海 いってん-しかい

意味 空の果てまでと、四方の海全て。世界全体。

構成 「一天」は、空が覆う限り。「一」は、ここでは、全て。「四海」は、四方の海。

用例 只《ただ》雑誌「明星」の読者を除ける一天四海の恒河沙《こうがしゃ》人は必しも仮名遣い改定案の愚挙たるを知れりと言ふべからず。〈芥川竜之介、文部省の仮名遣改定案について〉

類義語 四海天下《しかいてんか》

一天万乗 いってん-ばんじょう

意味 王や皇帝。また、その位。

構成 「一天」は、一つの天。天下。「万乗」は、一万の兵車。また、兵車一万を出すことができる広さの土地。「乗」は、兵士や兵車を数える語。古代中国、周の制度では、戦争時に一万台の兵車を動員することができる広さの土地を持つ人物は、王だけであったことによる。

用例 いけません。わたしは一天万乗の君でも容赦しない使いなのです。〈芥川竜之

介、二人小町〉
用法「一天万乗の君」「一天万乗の天子」という形で、天下を治める者の尊厳を強調する意味で用いられることが多い。
注意「万乗」を「まんじょう」と読むのは、誤り。
類義語 金枝玉葉《きんしぎょくよう》

一刀両断 いっとう-りょうだん

意味 ①ひと太刀で物を真っ二つに断ち切ること。②転じて、物事にきっぱりと処置をつけること。
構成「一刀」は、刀で一度切りつけること。ひと太刀。「両断」は、二つに断ち切ること。
出典 己に克《か》つ者は、是《こ》れ根源上より、一刀両断し、便《すなは》ち斬絶《ざんぜつ》し了《を》はる。〈朱子語類、論語〉
用例 ①推断どおり、まんなかごろからプツリと一刀両断に断ち切られているのです。〈佐々木味津三、右門捕物帖、千柿の鍔〉②聞きただすべき事件は一つもないのだから、一刀両断の解決などは思いもよらぬことである。〈夏目漱石、三四郎〉
用法 ②の意味で、物事に対する思い切った決断・処置について、比喩的に用いられることが多い。
類義語 単刀直入《たんとうちょくにゅう》・問答無益《もんどうむえき》・問答無用《もんどうむよう》

一得一失 いっとく-いっしつ

《一失一得《いっしついっとく》》
意味 利益もあるが、同時に損失もあること。また、物事にはよい面と悪い面があるということ。
構成「一～一～」の繰り返しで、「～したり～したりする」ことを表す。「得」は、利益がある。「失」は、損失がある。
出典 時に二僧有り。同《もと》に去って簾を巻く。眼曰《い》はく、一得一失、と。〈無門関、二十六則〉
用例 それも考えれば、何にも一得一失はあって、又自分の所帯に越したことは無い点もある。〈尾崎紅葉、多情多恨〉
用法「一得一失ある」の形で用いられることが多い。
類義語 一利一害《いちりいちがい》・一短一長《いったんいっちょう》・一長一短《いっちょういったん》・利害失得《りがいしっとく》・利害得失《りがいとくしつ》・利害得喪《りがいとくそう》

一斗百編 いっと-ひゃっぺん

意味 一斗の酒を飲む間に、百編の詩を作ること。酒を好み、詩作に才があること。
構成 唐代の「一斗」は、今の約六リットル。「斗」は、昔の容積の単位。「百編」は、百編の詩。
故事 中国の唐の時代、杜甫《とほ》が、「飲中八仙歌」という詩で、敬愛する李白《りはく》のことをうたったことばによる。
用例 我皆非酒に詩は飲まれず食はれず、我が詩が酒を食ふばかり、李白が詩も酒も食らったればこそ一斗百篇、〈幸田露伴、血紅星〉
表記 従来は「一斗百篇」と書くのが普通であったが、現在では常用漢字の「編」に書き換える。
類義語 一日千里《いちにちせんり》

一筆啓上 いっぴつ-けいじょう

意味 短い手紙を差し上げますの意味。手紙に用いる決まり文句。
構成「一筆」は、短い文章。また、短い手紙。「啓上」は、申し上げること。「啓」は、申し上げる。
用例 おい、閑間君の姪御殿《めいごどの》、郷里へ無事に帰ったら、一筆啓上と手紙をよこせ。〈井伏鱒二、黒い雨〉

一顰一笑 いっぴん-いっしょう

《一笑一顰《いっしょういっぴん》》
意味 顔をしかめたり、笑ったりすること。些細な表情のたとえ。また、わずかな表情の変化のたとえ。
構成「一顰」は、ちょっと顔をしかめるこ

と。「顰」は、眉をひそめること。「一笑」は、ちょっと笑うこと。
出典 明主は之《これ》一嚬一笑を愛《あい》しむ。〈韓非子、内儲説上〉（「嚬」は、「顰」と同じ）
用例 母の一顰一笑に、青年が欣《よろこ》んだり悲しんだりすることが、美奈子にもありありと判《わか》った。〈菊池寛、真珠夫人〉

一夫多妻　いっぷーたさい
意味 一人の夫が、同時に多くの妻を持つこと。
構成 「一夫」は、一人の夫。「多妻」は、多くの（二人以上の）妻。
用例 一夫多妻時代で、将軍も大名も脇腹の庶子が多く、〈川口松太郎、新吾十番勝負〉

一碧万頃　いっぺきーばんけい
意味 湖や海の水が、青一色で広々とたたえられていること。
構成 「一碧」は、見渡す限り緑（青）一色であること。「万頃」は、地面や水面などの非常に広いこと。「頃」は、昔の面積の単位。
出典 上天天光《じょうてんてんこう》、一碧万頃。〈北宋、范仲淹、岳陽楼の記〉
用例 わかわかしき一すじの夢より離れて眼を一碧万頃なる美術の大海に転じ、〈島崎藤村、落梅集〉
注意 「万頃」を「まんけい」と読むのは、誤り。
類義語 秋天一碧《しゅうてんいっぺき》

意馬心猿　いばーしんえん
（心猿意馬《しんえんいば》）
意味 心の中で走る馬と、心の中で騒ぐ猿。仏教で、煩悩のために情が動いて抑えがたいことのたとえ。また、抑えがたい煩悩や欲望のたとえ。
構成 「意馬」は、心の中で走る馬。「心猿」は、心の中で騒ぐ猿。
出典 心猿定まらず、意馬四《よ》もに馳《は》す。〈参同契、注〉
用例 実は意馬心猿なりと雖《いえど》も如何《いかん》せんもてず、振られどおしの男のように思うひともあるかも知れぬが、〈太宰治、チャンス〉
用法 「意馬心猿の情」の形で用いられることが多い。
類義語 百八煩悩《ひゃくはちぼんのう》・煩悩具足《ぼんのうぐそく》
対義語 明鏡止水《めいきょうしすい》

夷蛮戎狄　いばんーじゅうてき
意味 ①四方の野蛮な国。もと中国周辺の異民族の総称。漢民族が四方の異民族を卑しんで用いた語。②転じて、外国に対する蔑称。
構成 「夷」は「東夷《とうい》」、「蛮」は「南蛮」、「戎」は「西戎《せいじゅう》」、「狄」は「北狄《ほくてき》」と、それぞれ四方の異民族の呼称を略したもの。
出典 中国夷蛮戎狄、皆《みな》安居・和味・宜服・利用・備器有り。〈礼記、王制〉
用例 ②世の攘夷論をきくと、アメリカもイギリスもロシアも、一緒くたにして夷蛮戎狄である。〈船橋聖一、花の生涯〉
類義語 東夷西戎《とういせいじゅう》・南蛮北狄《なんばんほくてき》

萎靡因循　いびーいんじゅん
意味 活気がなく、煮え切らないようす。
構成 「萎靡」は、なえしぼむ。活気がないこと。「萎」は、なえる。「靡」は、伏し倒れる。「因循」は、ぐずぐずして煮え切らない。積極性がないこと。
用例 けれども途中から急に振るい出しては、総体の調子が崩れるから、萎靡因循のまま、少し押して行くと、〈夏目漱石、永日〉
類義語 因循苟且《いんじゅんこうしょ》・因循姑息《いんじゅんこそく》
対義語 活気横溢《かっきおういつ》

萎靡沈滞　いびーちんたい
（沈滞萎靡《ちんたいいび》）
意味 活気がなく、動きが衰え、勢いがなくなること。

構成 「萎靡」は、なえしぼむ。気力が落ち込んで奮わないこと。「萎」は、なえる。「靡」は、伏し倒れる。「沈滞」は、沈みとどこおる。物事がはかどらないこと。

用例 戦犯の恐怖で萎靡沈滞し、今や相生郷の快適な環境のもとに、〈獅子文六、てんやわんや〉

類義語 意気消沈《いきしょうちん》・意気阻喪《いきそそう》・失望落胆《しつぼうらくたん》・戦意喪失《せんいそうしつ》・落胆失望《らくたんしつぼう》

対義語 活気横溢《かっきおういつ》

異風異俗　いふう-いぞく

意味 異なる風俗。衣・食・住・行事といった生活上のしきたりや慣習が異なること。

構成 「異風」は、変わった姿。変わった風俗。「異俗」は、異なった風俗。

用例 加比丹《かぴたん》にいろいろな質問をした。それが、大抵は阿蘭陀《オランダ》の異風異俗に就いての、〈菊池寛、蘭学事始〉

威風堂堂　いふう-どうどう

意味 態度や雰囲気に威厳があって立派なようす。

構成 「威風」は、おごそかで犯しがたいようす。威厳のあるようす。「堂堂」は、容貌の立派なようす。

用例 この男に比べると角張った顎《あご》の、厚唇の長蔵さんなどは威風堂々たるものである。〈夏目漱石、坑夫〉

類義語 威風凜然《いふうりんぜん》・威風凜凜《いふうりんりん》・英姿颯爽《えいしさっそう》・高邁奇偉《こうまいきい》・容貌魁偉《ようぼうかいい》

威風凜然　いふう-りんぜん

（威風凜凜《いふうりんりん》）

意味 態度や雰囲気に威厳があって、りりしいようす。

構成 「威風」は、おごそかで犯しがたいようす。威厳のあるようす。「凜然」「凜凜」は、りりしいようす。心身が引き締まっていて犯しがたいようす。

用例 居並ぶ検事たちの顔を見廻《みまわ》してから、威風凜然と控えの席についた。〈尾崎士郎、人生劇場望郷篇〉

類義語 威風堂堂《いふうどうどう》・英姿颯爽《えいしさっそう》・高邁奇偉《こうまいきい》・容貌魁偉《ようぼうかいい》

威風凜凜　いふう-りんりん

⇩威風凜然《いふうりんぜん》

畏怖嫌厭　いふ-けんえん

意味 おそれ、きらうこと。

構成 「畏怖」は、おそれること。「嫌厭」は、きらうこと。いやがること。「厭」は、いやがる。

用例 自分が姿を現せば、必ず君に畏怖嫌厭の情を起こさせるに決まっているからだ。〈中島敦、山月記〉

類義語 嫉視反目《しっしはんもく》

異聞奇譚　いぶん-きたん

意味 珍しい話。変わった話。

構成 「異聞」も「奇譚」も、ともに珍しい話。

用例 昔藩中に起こった異聞奇譚を、老耄《ろうもう》せずに覚えていてくれればいいのである。〈夏目漱石、趣味の遺伝〉

類義語 逸事奇聞《いつじきぶん》

韋編三絶　いへん-さんぜつ

意味 書物を綴った糸が、三度（何度も）断ち切れること。読書に熱心なことのたとえ。また、学問に熱心なことのたとえ。

構成 「韋編」は、文字を書いた竹簡をなめし皮で綴った古代中国の書物。「三絶」は、三度断ち切れること。あるいは、何回も切れること。「三」は、実数を意味する場合と、数が多いことを表す場合とがある。

故事 中国の春秋時代、孔子が『易《えき》』を愛読して、竹簡をとじるなめし皮の糸が、何度も切れたという故事。

出典 孔子晩にして易を喜《この》み、彖《たん》・繋《けい》・象《しょう》・説卦《せっか》・文言を序す。易を読みて韋編三絶す。〈史記、孔子世家〉

用例 この易学《えきがく》は、孔子さえ韋編三絶と申し伝え候《さうら》へば、よくよく観察の功を積まざれば〈中江藤樹、翁問答〉

表記 従来は「韋篇三絶」と書くのが普通であったが、現在では常用漢字の「編」に書き換える。

類義語 読書百遍《どくしょひゃっぺん》

意味深長 いみ-しんちょう

意味 人の言動や文章などの意義が奥深くて含蓄や深い趣があること。また、表面に現れた意味のほかに、別の意味が含まれていること。略して俗に、「意味深」とも言う。

構成 「意味」は、事のわけ。おもむき。「深長」は、奥深いこと。

出典 之《これ》を読むこと愈々《ますます》久しくして、但《ただ》だ意味深長なるを覚ゆ。〈南宋、朱熹、論語序説〉

用例 固《もと》より耶蘇《やそ》の教へは此の十誡《じっかい》の白文を以《もっ》て尽くす可《べ》きに非《あら》ず、必ず意味深長なるものにて、〈福沢諭吉、文明論之概略〉

表記 「意味深重」とも書くが、本来は誤用。

異類異形 いるい-いぎょう

意味 ①姿・かたちが普通ではないもの。②この世のものとは思えぬ、怪しい姿をしたもの。化け物や妖怪の類。

構成 「異類」は、人間以外の鬼神・鳥獣。「異形」は、異様な形。普通とは異なる不思議な姿・かたち。

用例 ①……祠《ほこら》の其《そ》の縁の下を見ましたがね、……御存じですか……異類異形な石がね。〈泉鏡花、人魚の祠〉②矢庭にそこへ刎《は》ね起きましたが、まだ夢の中の異類異形が、〈芥川竜之介、地獄変〉

注意 「異形」を「いぎょう」と読むのは、仏教用語からきた慣用。「いけい」と読むのは、誤り。

類義語 悪鬼羅刹《あっきらせつ》・怨霊怪異《おんりょうかいい》・怪力乱神《かいりょくらんしん》・牛頭馬頭《ごずめず》・狐狸妖怪《こりようかい》・山精木魅《さんせいもくみ》・魑魅魍魎《ちみもうりょう》・妖異幻怪《よういげんかい》・妖怪変化《ようかいへんげ》

陰陰滅滅 いんいん-めつめつ

意味 ①気分が暗く沈むようす。②陰気で暗くものさびしいようす。

構成 「陰陰」は、うすぐらく、ものさびしいようす。「滅滅」は、気が沈むようす。滅入るようす。

用例 ①夜陰、孤軍の山をくだるざまなど、陰々滅々として堪えられなかった。〈司馬遼太郎、国盗り物語〉②地獄の入口を思わせる陰々滅々とした雰囲気を一掃してしまったらどうであろう。〈石坂洋次郎、石中先生行状記〉

注意 「陰陰」を「隠隠」と書くのは、誤り。

類義語 暗澹冥濛《あんたんめいもう》・晦渋混濁《かいじゅうこんだく》・如法暗夜《にょほうあんや》

因果因縁 いんが-いんねん

意味 仏教で、物事を成立させる原因と、それによって生じる結果。

構成 「因果」は、因縁と果報。物事を成立させる因縁と、それによって生じた果報。「因縁」は、今起きている事の原因。物事を成立させる起源（因）と、それを助けて果を結ばせる力（縁）。

用例 この絵巻物を見るとタッタ一眼で過去、現在、未来の三世の因果因縁がナアールほどとわかった。〈夢野久作、ドグラ・マグラ〉

用法 現在では、「悪因による悪い結果」の意味で用いられることが多い。

注意 「因縁」は、「いん」と「えん」が結びついて「いんねん」と読むのが慣用。「いんえん」と読むのは、誤り。

類義語 因果応報《いんがおうほう》・因果覿面《いんがてきめん》・応報覿面《おうほうてきめん》・三世因果《さんぜいんが》・輪回応報《りんねおうほう》

因果応報 いんがーおうほう

意味 仏教で、善因には必ずよい結果、悪因には必ず悪い結果があって、因と果は相応じて例外のないこと。また、過去の行いに応じて必ずその報いがあるということ。

構成 「因果」は、因縁と果報。物事を成立させる因縁と、それによって生じた果報。「応報」は、行為の善悪に対する報い。

出典 唯《た》だ玄を談じ道を論じ、因果応報を問ふのみ。〈慈恩伝〉

用例 因果応報とは言え積年の悪酒が祟《たた》ってアルコール中毒症に冒《おか》され、〈尾崎士郎、人生劇場風雲篇〉

類義語 因果因縁《いんがいんねん》・因果覿面《いんがてきめん》・応報覿面《おうほうてきめん》・三世因果《さんぜいんが》・輪回応報《りんねおうほう》

因果覿面 いんがーてきめん

意味 悪事の報いが直ちに眼前に現れること。

構成 「因果」は、因縁と果報。物事を成立させる因縁と、それによって生じる果報。「覿面」は、まのあたり。また、目の当たりに見ること。「覿」は、見せる。

用例 無理に前進さしたこともあるが、因果覿面で、行き違いの余地のない途中で馬車が出合い、〈桑原隲蔵、大師の入唐〉

注意 「覿面」を「適面」と書くのは、誤り。

類義語 因果因縁《いんがいんねん》・因果応報《いんがおうほう》・応報覿面《おうほうてきめん》・三世因果《さんぜいんが》・輪回応報《りんねおうほう》

慇懃丁重 いんぎんーていちょう

意味 非常に丁寧なこと。

構成 「慇懃」も「丁重」もともに、非常に丁寧。ねんごろ。「慇」「懃」ともに、丁寧。ねんごろ。

用例 将軍家に対しては、また別段と、不自然に見えるくらいに慇懃鄭重の物腰で御挨拶をなされ、〈太宰治、右大臣実朝〉

注意 「慇懃」を「殷勤」と書くのは、誤り。

表記 従来は「慇懃鄭重」と書くのが普通であったが、現在では常用漢字の「丁」に書き換える。

類義語 懇切丁寧《こんせつていねい》・丁寧懇切《ていねいこんせつ》

慇懃無礼 いんぎんーぶれい

意味 ことばや態度が丁寧すぎて、かえって嫌味で不快感を与え、相手に対して失礼なこと。また、表面上は礼儀正しく丁寧ではあるが、実は相手を見下していること。

構成 「慇懃」は、非常に丁寧なこと。「慇」「懃」ともに、丁寧。ねんごろ。「無礼」は、礼儀知らず。失礼。

用例 二三軒おいて隣の一軒に入っていくと、また同じように慇懃無礼の手で断られた。〈井伏鱒二、駅前旅館〉

注意 「慇懃」を「殷勤」と書くのは、誤り。

淫祠邪教 いんしーじゃきょう

意味 いかがわしい神を祀《まつ》る社や、人心をまどわす教え。

構成 「淫祠」は、いかがわしい神を祭った社。「邪教」は、よこしまな教え。人をまどわす宗教。

用例 その布教の本体は云《い》えば、いつもながら、淫祠邪教にはつきものの催眠宗教であって、〈小栗虫太郎、白蟻〉

用法 相反する教義を唱える宗教に対し、非難の意味で用いられることが多い。

類義語 異端邪宗《いたんじゃしゅう》・異端邪説《いたんじゃせつ》・邪宗異端《じゃしゅういたん》

因循苟且 いんじゅんーこうしょ

意味 古い習慣にこだわって改めず、その場のがれの処置を取ること。また、ためらってばかりいて、決断力のないこと。

構成 「因循」は、古い慣習にそのまま従い、改めようとしないこと。「因」「循」ともに、ここでは、従う。「苟且」は、かりそめ、一時。また、一時の間に合わせ、その場のがれの処置。「苟」も「且」もともに、一時。

【用例】其《そ》の事業の至難なるが為《ため》に因循苟且に付して止むべきにあらず。〈伊藤博文、第四回帝国議会施政方針演説〉

【類義語】萎靡因循《いびいんじゅん》・因循姑息《いんじゅんこそく》

因循姑息　いんじゅん-こそく

【意味】従来の方法ばかり守っていて改めようとせず、一時逃れの処置を取ること。また、ためらってばかりで、決断力のないこと。

【構成】「因循」は、古い慣習にそのまま従い、改めようとしないこと。「因」「循」ともに、ここでは、従う。「姑息」は、一時のがれ。間に合わせ。「姑」は、とりあえず。

【用例】元来が親藩であったし、因循姑息の藩士が多かったから、〈菊池寛、仇討禁止令〉

【類義語】萎靡因循《いびいんじゅん》・因循苟且《いんじゅんこうしょ》

【対義語】熟慮断行《じゅくりょだんこう》・直情径行《ちょくじょうけいこう》

隠忍自重　いんにん-じちょう

【意味】耐え忍んで、表には現さず、じっとがまんして軽はずみな行動を取らないこと。

【構成】「隠忍」は、つらいことに耐え忍んで、表面に現さないこと。「自重」は、自らの行いを慎んで軽はずみな行動をしないこと。

【用例】こんな時代は隠忍自重して、嵐の通りすぎるのを待つだけだ。〈田辺聖子、新源氏物語〉

【注意】「自重」を「じじゅう」と読むのは、誤り。

【類義語】克己復礼《こっきふくれい》

【対義語】軽挙妄動《けいきょもうどう》・短慮軽率《たんりょけいそつ》

陰陽五行　いんよう-ごぎょう

【意味】陰陽五行説で、万物を生じさせる二つの気である「陰」「陽」と、天地間に循環流行していて万物の構成元素になるとされる「五行(木・火・土・金・水)」。陰陽五行説は、古代中国に起源を持つ哲理で、「陰陽」「五行」それぞれの消長によって、吉凶禍福・天変地異などを解釈・説明しようとする考え方のこと。古来、日本人の生活にも多大な影響を及ぼした。

【用例】医者の本を見ますると、中頃に陰陽五行を以《も》って有《あ》らゆる病気のことが説明してあります。〈森鷗外、仮名遣意見〉

【注意】「おんようごぎょう」「おんみょうごぎょう」とも読む。

陰陽和合　いんよう-わごう

【意味】相対する二つのものが、ほどよく調和しているようす。また、夫婦仲がよいようす。

【構成】「陰陽」は、天地の間にあって、万物を生成する二気、陰と陽。また、日月・寒暖・男女など、性質の互いに対立するもの。「和合」は、調和すること。仲良くなること。

【用例】ところが陰陽和合が必然でありながら、その反対の陰陽不和がまた必然なんだから面白いじゃないか。〈夏目漱石、明暗〉

う

う

有為転変 ういーてんぺん

意味 仏教で、世の中のことが、常に移り変わって、少しの間も同じ状態にとどまらぬこと。無常ではかないこと。

構成 「有為」は、人の世の変わりやすく、はかないこと。「転変」は、移り変わること。

用例 早く有為転変、生者必滅《しょうじゃひつめつ》の理を呑《の》み込ませようと少し急《せ》き込んだものだから、〈夏目漱石、吾輩は猫である〉

注意 「有為」を「うい」と読むのは、仏教用語の慣用。「ゆうい」と読むのは、ここでは、誤り。

類義語 生生流転《しょうじょうるてん》・泡沫夢幻《ほうまつむげん》・夢幻泡沫《むげんほうまつ》

対義語 一定不変《いっていふへん》・永遠不変《えいえんふへん》・恒久不変《こうきゅうふへん》

右往左往 うおうーさおう

意味 ①右へ行ったり左へ行ったりすること。②うろうろ・まごまごするようす。③混乱して秩序がないたとえ。④何かを求めて奔走するようす。⑤せわしなく動き回るようす。

構成 「右往」は、右に行くこと。「左往」は、左に行くこと。

用例 ①蟹《かに》や寄生貝は眩《まば》ゆい干潟《ひがた》を右往左往に歩いている。〈芥川竜之介、少年〉②下駄《げた》を買いに出掛けても、下駄屋の前を徒《いたずら》に右往左往して思いが千々に乱れ、〈太宰治、服装について〉③犬の群れが、右往左往に入り乱れて、餌食《えじき》を争っているさまが見えた。〈芥川竜之介、偸盗〉④繊維業者、建築業者が海外の特許をもとめて右往左往した時、〈伊藤整、氾濫〉⑤師走《しわす》に入ると、どうして、人間も物資も右往左往するのだろう。〈曾野綾子、太郎物語高校編〉

類義語 （②の意味で）右顧左眄《うこさべん》・左顧右視《さこうし》・左顧右眄《さこうべん》・左視右瞻《さしうせん》・左瞻右視《させんうし》・左眄右顧《さべんうこ》（④の意味で）周旋奔走《しゅうせんほんそう》・東行西走《とうこうせいそう》・東走西馳《とうそうせいち》・東奔西走《とうほんせいそう》・南船北馬《なんせんほくば》・北馬南船《ほくばなんせん》・奔走周旋《ほんそうしゅうせん》

羽化登仙 うかーとうせん

意味 羽がはえて仙人になり、天に昇ること。天にも昇るような、快い気分になることのたとえ。また、酒に酔って心地よくなったたとえ。

構成 「羽化」は、人体に羽がはえ、仙人のように自由に空を飛べるようになること。「登仙」は、仙人の世界に登って行くこと。

出典 飄飄乎《ひょうひょうこ》として世を遺《わす》れて独立し、羽化登仙するがごとし。〈北宋、蘇軾、前赤壁の賦〉

用例 この人と一晩寝たら、羽化登仙の境に入るのではないかと思ったのさ〈円地文子、彩霧〉

用法 「羽化登仙の心地」「羽化登仙の境」などの形で用いられることが多い。

雨奇晴好 うきーせいこう

《晴好雨奇《せいこううき》》

意味 雨の時も晴れのときも、それぞれに、景色がすぐれていること。

構成 「雨奇」は、雨の時にすばらしい。「奇」は、ここでは、抜きん出てすばらしい。「晴好」は、晴れの時に美しい。

出典 水光瀲灎《れんえん》として晴れて方《さま》に好く、山色空濛《くうもう》として雨も亦た奇なり。〈北宋、蘇軾、湖上に飲す、初め晴れのちに雨ふる詩〉

用例 四条の額じゃないが、雨奇晴好ぐらいな気持ちかな。〈志賀直哉、暗夜行路〉

右顧左眄 うこーさべん

《左眄右顧《さべんうこ》・左顧右眄《さこうべん》》

意味 左右を見回してばかりいること。人の心や周囲の情勢をうかがってぐずぐずしていることのたとえ。

構成 「右顧」「右眄」は、右の方を見ること。「左眄」「左顧」は、左の方を見ること。「顧」は、かえりみる。「眄」は、横目で見る。

用例 此の男は右顧左眄することをなさない。物に逢って一歩を緩くすることもなさず、〈森鷗外、空車〉

用法 判断力や主体性の欠如などを非難する場合に用いられることが多い。

類義語 右往左往《うおうさおう》・左顧右視《さこうし》・左視右瞻《さしうせん》・左瞻右視《させんうし》

有象無象 うぞう−むぞう

意味 ①仏教で、形あるものと、ないものとの全て。天地間のありとあらゆるもの。万物。②数は多いが、役に立たない者ども。つまらない人物たち。

構成 「有象」は、形あるもの。「無象」は、形のないもの。「象」は、ここでは、かたち。

用例 ①しらじらとして人間の影もささなかった。きのうまでの有象無象はみな地の底に吸いこまれてしまったのだろう。〈石川淳、焼跡のイエス〉②あいつの周囲には箸《はし》にも棒にもかからんような有象無象がうようよしているらしいが、〈尾崎士郎、人生劇場風雲篇〉

用法 ②の意味で、他人を卑しんで言う場合に用いられることが多い。

注意 (1)「有象」を「うぞう」と読むのは、仏教用語の慣用。「ゆうぞう」と読むのは、誤り。(2)「象」を「像」と書くのは、誤り。

類義語 森羅万象《しんらばんしょう》

内股膏薬 うちまた−こうやく

《二股膏薬《ふたまたこうやく》》

意味 一定の見識がなく、意見や従うものをその時々で変えること。また、そのような人物を卑しんでいう。

構成 「内股」「二股」は、ももの内側の部分。「膏薬」は、油で練って作った薬。あぶらぐすり。内ももに塗った薬が、足を動かすと右足についたり、左足についたりすることによる。

用例 いわゆる内股膏薬で、敵にも付けば味方にも付く。義理人情は構わない、銭になれば何でもする。〈岡本綺堂、半七捕物帳、廻り灯籠〉

注意 「膏薬」は、本来は「ごうやく」と読むが、現在では「こうやく」の方が一般的。

類義語 阿諛迎合《あゆげいごう》・阿諛追従《あゆついしょう》・阿諛弁佞《あゆべんねい》・巧言令色《こうげんれいしょく》・市気匠気《しきしょうき》・八方美人《はっぽうびじん》

有頂天外 うちょうてん−がい

意味 喜びのあまり、われを忘れること。得意の絶頂になること。

構成 「有頂天」は、もと仏教語で、色界(形ある世界)の最上位に位置する天界。「外」は、それよりさらに高く上回ること。

用例 臍《へそ》の下を住み家として魂が何時《いつ》の間にか有頂天外へ宿替えをすれば、静かには坐《すわ》ッてもいられず、〈二葉亭四迷、浮雲〉

注意 「有頂天」を「うちょうてん」と読むのは、仏教用語の慣用。「ゆうちょうてん」と読むのは、誤り。

類義語 歓天喜地《かんてんきち》・喜色満面《きしょくまんめん》

烏兎匆匆 うと−そうそう

意味 月日が速やかに過ぎ去るようす。

構成 「烏兎」は、太陽と月。転じて、歳月。太陽の中に三本足の烏が住み、月の中に兎がいるという伝説に基づく。「匆匆」は、あわただしいようす。急ぐようす。

用例 古人は烏兎匆々と言った。月日のたつのが早いことを嘆じたのである。〈山本夏彦、変痴気論〉

類義語 烏飛兎走《うひとそう》

烏飛兎走 うひ－とそう

意味 月日が速く過ぎ去ること。

構成 「烏兎飛走」の「兎」と「飛」とを入れ替えた表現。「烏兎」は、太陽と月。太陽の中に三本足の烏が住み、月の中に兎がいるという伝説に基づく。「飛走」は慌ただしく飛び走るように過ぎ去ること。

出典 金烏長飛《きんうちょうひ》し玉兎《ぎょくと》走る、青鬢長青《せいびんちょうせい》古《いにしへ》より有る無し。〈唐、韓琮、春愁詩〉

類義語 烏兎匆匆《うとそうそう》

海千山千 うみせん－やません

意味 さまざまな人生経験を積んで、悪賢くなった者、一筋縄でゆかない者。

構成 「海に千年、山に千年」の略。海に千年、山に千年住んだ蛇は竜になるという言い伝えから。

用例 たぶん、女遊びもしたことのない弟は、男には海千山千のその種類の女に翻弄《ほんろう》されて、心中《しんじゅう》をせがまれたに違いありません。〈松本清張、点と線〉

用法 油断できないしたたか者として、軽蔑したり、警戒したりする意味で用いられることが多い。

類義語 奸佞邪知《かんねいじゃち》・狡猾奸佞《こうかつかんねい》・狡猾剽悍《こうかつひょうかん》・狡猾老獪《こうかつろうかい》・狡知佞弁《こうちねいべん》・邪知奸佞《じゃちかんねい》・佞奸邪知《ねいかんじゃち》

有耶無耶 うや－むや

意味 あるのかないのかはっきりしないこと。曖昧なこと。

構成 漢文訓読では、「有りや無しや」と読み、「有るのか無いのか」の意味。「耶」は疑問の助字。

出典 是れ無なりや、是れ有なりや。〈景徳伝灯録、五、僧那禅師〉

用例 遠くの海は、空の光に応《こた》うるがごとく、応えざるがごとく、有耶無耶のうちに微《かす》かなる、耀《かが》やきを放つ。〈夏目漱石、草枕〉

用法 いいかげんで、はっきりしないことを表すのに用いられる。

注意 「有耶」を「ゆうや」と読むのは、誤り。

表記 江戸時代にはこの漢字表記がよく用いられたが、現在では「うやむや」と仮名書きすることが多い。

類義語 曖昧模糊《あいまいもこ》・雲煙模糊《うんえんもこ》・空空漠漠《くうくうばくばく》・五里霧中《ごりむちゅう》

対義語 一目瞭然《いちもくりょうぜん》・明明白白《めいめいはくはく》

迂余曲折 うよ－きょくせつ

意味 うねうねと曲がりくねっていること。事情がこみいっていて、複雑なこと。

構成 「迂余」は道が曲がりくねっていること。「曲折」は、折れ曲がり、変化の多いこと。

用例 そうしてその人間は、迂余曲折をきわめたしちめんどうな辞句の間に、やはり人間らしく苦しんだりもがいたりしていた。〈芥川竜之介、樗牛の事〉

用法 「迂余曲折を経る」「迂余曲折がある」などの形で用いられることが多い。

表記 「紆余曲折」とも書く。

雲雨巫山 うんう－ふざん

《巫山雲雨《ふざんうんう》》

意味 男女の情事。

構成 「雲雨」は、雲と雨。「巫山」は、現在の中国四川省巫山県にある山。故事欄参照。

故事 中国の戦国時代、楚《そ》の懐王《かいおう》が昼寝の夢の中で、巫山の神女と情を交わした。別れ際、神女が「私は、朝には朝雲となり、暮れには行雨となりましょう」と言ったという故事による。

出典 一枝濃艶《いっしのうえん》露香を凝らし、雲雨巫山枉《た》だに断腸。〈唐、李白、清平調〉

類義語 朝雲暮雨《ちょううんぼう》

雲煙過眼 うんえん－かがん

意味 雲や煙が、目の前をまたたくうちに

過ぎ去る。楽しみに長く執着しないたとえ。また、物事に深く心を留めないことのたとえ。
構成「雲煙」は、雲と煙。「過眼」は、目の前を過ぎること。
出典 之《これ》を煙雲の眼を過ぎ、百鳥の耳に感ずるに譬《たと》ふ、豈《あ》に忻然《きんぜん》として之に接せざらんや。然れども去りて復た念はざるなり。〈北宋、蘇軾、王君宝絵堂記〉
用例 二十年間蒐《あつ》めるに骨を折って、散ずる時は全く一日一夜で失くしてしまった、雲煙過眼遂《つい》にかくの如《ごと》く速やかなり。〈内藤湖南、蔵書家の話〉
表記「煙」の代わりに異体字の「烟」を書くこともあるが、現在では常用漢字の「煙」を用いるのが普通。

雲煙飛動 うんえん-ひどう

意味 雲やかすみ・もやが、湧き上がって、飛ぶように動く。筆勢が力強いことのたとえ。
構成「雲煙」は、雲や煙(かすみ・もや)。「飛動」は、飛ぶように動くこと。
出典 玉案の下《もと》、雲煙飛動す。〈重野成齋、霞関臨幸記〉
用例 依然として市井《しせい》の一竪子《いちじゅし》に過ぎぬ。雲煙飛動の趣《おもむき》も眼に入らぬ。落花啼鳥の情けも心に浮かばぬ。〈夏目漱石、草枕〉
表記「煙」の代わりに異体字の「烟」を書くこともあるが、現在では常用漢字の「煙」を用いるのが普通。

雲煙縹渺 うんえん-ひょうびょう

意味 雲やかすみ・もやが、はるか遠くにたなびくようす。
構成「雲煙」は、雲や煙(かすみ・もや)。「縹渺」は、はるかに遠いようす。
用例 極地間近い氷海の上を飛んでいる。高度、一万六千フィート。雲煙縹渺……。〈壇一雄、火宅の人〉
表記 (1)「煙」の代わりに異体字の「烟」を書くこともあるが、現在では常用漢字の「煙」を用いるのが普通。(2)「雲煙縹緲」とも書く。
類義語 煙波縹渺《えんぱひょうびょう》・煙波渺茫《えんぱびょうぼう》・水天髣髴《すいてんほうふつ》

雲煙模糊 うんえん-もこ

意味 雲やかすみ・もやがたちこめて、はっきりしないようす。
構成「雲煙」は、雲や煙(かすみ・もや)。「模糊」は、はっきりせず、ぼんやりしていること。
用例 大きいほうの山脈地帯は、れいの雲煙模糊の大陸なのである。〈太宰治、佐渡〉
表記「煙」の代わりに異体字の「烟」を書くこともあるが、現在では常用漢字の「煙」を用いるのが普通。
類義語 曖昧模糊《あいまいもこ》・有耶無耶《うやむや》・空空漠漠《くうくうばくばく》・五里霧中《ごりむちゅう》

雲散霧消 うんさん-むしょう

《雲消霧散《うんしょうむさん》》
意味 雲か霧のように消えてなくなること。あとかたもなく消え失せること。
構成「雲霧散消」「雲霧消散」の真ん中二文字を入れ替えた表現。「雲霧」は、雲や霧。「散消」「消散」は、消えてなくなること。
用例 私のけしからぬ空想も、きれいに雲散霧消してしまった。〈太宰治、作家の手帖〉
類義語 海市蜃楼《かいししんろう》・蜃楼海市《しんろうかいし》・無影無踪《むえいむそう》

雲集霧散 うんしゅう-むさん

意味 多くのものが、雲のように多く集まり、霧のように散ること。
構成「雲集」は、雲のように多く集まること。「霧散」は、霧の消えるように、はかなく消えること。
出典 朝《あした》に河海を発し、夕《ゆふべ》に江漢に宿る。沈浮往来し、雲集霧散す。〈文選、班固、西都の賦〉

【類義語】合従連衡《がっしょうれんこう》・集散離合《しゅうさんりごう》・離合集散《りごうしゅうさん》

雲壌月鼈 うんじょう‐げつべつ

《月鼈雲泥《げつべつうんでい》》

【意味】雲と大地、月とすっぽん。大きく相違していることのたとえ。

【構成】「雲壌」「雲泥」は、雲と大地。「壌」は、土。「月鼈」は、月とすっぽん。

【用例】他の『膝栗毛《ひざくりげ》』と相並べて其《そ》の優劣を論ずる時には、雲壌月鼈の差あることいふまでもなき事なりかし。〈坪内逍遥、小説神髄〉

【注意】「壌」を「譲」と書くのは、誤り。「壌」は「つち」、「譲」は、「譲渡」のように、「ゆずる」の意味。

【類義語】雲壌懸隔《うんじょうけんかく》

雲壌懸隔 うんじょう‐けんかく

【意味】雲と大地のように、大きくかけ離れていること。

【構成】「雲壌」は、雲と大地。ここでは、天地。「壌」は、土。「懸隔」は、はるかに隔たること。

【用例】二人の徳行頓《とみ》に雲壌懸隔することあり。〈福沢諭吉、文明論之概略〉

【注意】「壌」を「譲」と書くのは、誤り。「壌」は「つち」、「譲」は、「譲渡」のように、「ゆずる」の意味。

【類義語】雲壌月鼈《うんじょうげつべつ》・月鼈雲泥《げつべつうんでい》

雲消霧散 うんしょう‐むさん

⇩雲散霧消《うんさんむしょう》

雲水行脚 うんすい‐あんぎゃ

【意味】僧が所を定めず、各地を歩きまわること。

【構成】「雲水」は、雲や水のように一か所にとどまらず各地を歩き回る修行僧。「行脚」は、禅僧が修行のために旅行すること。また、徒歩で諸国を旅行すること。

【用例】一所不住の沙門《さもん》雲水行脚の衲僧《のうそう》は必ず樹下石上を宿とすとある。〈夏目漱石、吾輩は猫である〉

【類義語】一所不住《いっしょふじゅう》・雲水不住《うんすいふじゅう》・樹下石上《じゅげせきじょう》

雲水不住 うんすい‐ふじゅう

【意味】雲や水のように、一か所に住みとどまらないこと。

【構成】「雲水」は、雲と水。「不住」は、住み止まらないこと。

【用例】それがしは雲水不住の身の上、それにつけても、みなさま、お役目御苦労に存じますな。〈尾崎士郎、石田三成〉

【類義語】一所不住《いっしょふじゅう》・雲水行脚《うんすいあんぎゃ》・樹下石上《じゅげせきじょう》

雲中白鶴 うんちゅう‐はっかく

【意味】雲の中を飛ぶ白い鶴。世俗を脱した高尚な気性の人のたとえ。

【構成】「雲中」は、雲の中。「白鶴」は、白い鶴。

【出典】邴君《へいくん》は所謂《いはゆる》雲中の白鶴、鶉鷃《じゅんあん》の網の能《よ》く羅《あみ》する所に非《あら》ず。〈三国志、魏志、邴原伝、注〉

【用例】囲碁の独り稽古《けいこ》にふけっている有り様を望見するに、どこやら雲中白鶴の趣《おもむき》さえ感ぜられる。〈太宰治、令嬢アユ〉

運否天賦 うんぷ‐てんぷ

【意味】運と不運とは、天命であること。

【構成】「運否」は、運と不運。「天賦」は、天から与えられたもの。

【用例】もしも犬が来よったら誰でも見つけ次第に〝散れ!〟となる。あとは運否天賦。おまえの足と相談せえ。〈開高健、日本三文オペラ〉

【表記】「運賦天賦」と書くのは、誤用。

雲翻雨覆 うんぽん‐うふく

⇩翻雲覆雨《ほんうんふくう》

え

永遠偉大　えいえん-いだい

意味 いつまでも立派なこと。いつまでも大きいこと。

構成 「永遠」は、はてしなく長い時間。「偉大」は、すぐれていること。また、大きいこと。

用例 蒼茫《そうぼう》として彼の眼前に展《ひら》けた光景は、永遠偉大な自然の絵画でもなければ、〈島崎藤村、春〉

永遠不変　えいえん-ふへん

《永久不変《えいきゅうふへん》・永劫不変《えいごうふへん》》

意味 いつまでも変わらないこと。

構成 「永遠」「永久」「永劫」は、はてしなく長い時間。「劫」は、仏教で、きわめて長い時間。「不変」は、変わらないこと。

用例 そういう変わりやすい無常的なる二次的属性が永遠不変なるべき元子にあるはずがない。〈寺田寅彦、ルクレチウスと科学〉

類義語 一定不変《いっていふへん》・恒久不変《こうきゅうふへん》・常住不断《じょうじゅうふだん》・千古不易《せんこふえき》・千古不抜《せんこふばつ》・万古不易《ばんこふえき》・万世不易《ばんせいふえき》・万代不易《ばんだいふえき》・万代不変《ばんだいふへん》

対義語 有為転変《ういてんぺん》・千変万化《せんぺんばんか》

永遠不滅　えいえん-ふめつ

意味 いつまでも滅びないこと。

構成 「永遠」は、はてしなく長い時間。「不滅」は、ほろびないこと。

用例 ボルシェビキが無くなってもロシア革命での民衆の行為は永遠不滅の事実として記憶され、〈加賀乙彦、湿原〉

類義語 千古不朽《せんこふきゅう》・千古不磨《せんこふま》・千古不滅《せんこふめつ》・万古不磨《ばんこふま》・万世不朽《ばんせいふきゅう》・万代不朽《ばんだいふきゅう》・不朽不滅《ふきゅうふめつ》・不死不朽《ふしふきゅう》

永遠無窮　えいえん-むきゅう

意味 いつまでも続いて、極まりがないこと。

構成 「永遠」は、はてしなく長い時間。「無窮」は、極まりがないこと。はてしがないこと。

用例 元来耶蘇《やそ》の宗教は永遠無窮を目的と為《な》し、幸福安全も永遠を期し、〈福沢諭吉、文明論之概略〉

類義語 永劫無極《えいごうむきょく》

永久不変　えいきゅう-ふへん

⇩永遠不変《えいえんふへん》

用例 法身の如来《にょらい》は始めもなく終りもなく、永久不変の仏であられるから経《きょう》にも如来常住《にょらいじょうじゅう》、無有変易《むうへんえき》と説かれている。〈遠藤周作、沈黙〉

永劫回帰　えいごう-かいき

意味 宇宙は永遠に循環運動を繰り返すものであるから、人間は今の一瞬一瞬を大切に生きるべきだ、とするドイツの哲学者ニーチェの根本思想。

構成 ドイツ語 ewige Wiederkunft の訳語。「永劫」は、はてしなく長い時間。「劫」は、仏教で、きわめて長い時間。「回帰」は、もとにもどること。

注意 「永劫」は、仏教用語としては「ようごう」と読むのが慣用だが、この熟語の場合、現在では「えいごう」の方が一般的。

永劫不変　えいごう-ふへん

⇩永遠不変《えいえんふへん》

用例 科学の方則ははたして永劫不変のものであるか。〈寺田寅彦、ルクレチウスと科学〉

永劫未来　えいごう-みらい

⇩未来永劫《みらいえいごう》

え

用例 マクさんが作ってしまった未来永劫の物質も、我々の限られた知識にとってのみ永劫未来であるのかも知れず、〈柴田翔、ノンちゃんの冒険〉

永劫無極 えいごう－むきょく

意味 いつまでも続いて、極まりがないこと。

構成 「永遠」は、はてしなく長い時間。「無極」は、極まりがないこと。はてしがないこと。

用例 日を捨てず夜を捨てず、二六時中繰り返す真理は永劫無極の響きを伝えて剣打つ音を嘲《あざけ》り、〈夏目漱石、幻影の盾〉

注意 「永劫」は、仏教用語としては「ようごう」と読むのが慣用だが、この熟語の場合、現在では「えいごう」の方が一般的。

類義語 永遠無窮《えいえんむきゅう》

栄枯盛衰 えいこ－せいすい

《盛衰栄枯《せいすいえいこ》》

意味 人の一生や、一族の運命などには、盛んな時もあれば衰える時もあることのたとえ。

構成 「栄枯」は、草木が茂ることと枯れること。人の一生にたとえていう。「盛衰」は、盛んなことと衰えること。

用例 彼の頭の中にはこの村の栄枯盛衰のあとが手にとるようにうかんでくる。〈尾崎士郎、人生劇場愛欲篇〉

用法 衰えた後になって、盛んな時を回想して用いられることが多い。

類義語 一栄一辱《いちえいいちじょく》・一栄一落《いちえいいちらく》・一盛一衰《いっせいいっすい》・栄枯転変《えいこてんぺん》・興亡盛衰《こうぼうせいすい》・七転八起《しちてんはっき》・消長盛衰《しょうちょうせいすい》・消長遷移《しょうちょうせんい》・盛衰興亡《せいすいこうぼう》

栄枯転変 えいこ－てんぺん

意味 人の境遇が、栄えたり衰えたり、移り変わること。

構成 「栄枯」は、草木が茂ったり枯れたりすること。人の一生にたとえていう。「転変」は、移り変わること。

用例 具《つぶさ》にいへば或《あ》る特別の人物を作りて其《そ》の人の栄枯転変に於《お》ける心の有り様を写すなり。〈坪内逍遥、小説三派〉

類義語 一栄一辱《いちえいいちじょく》・一栄一落《いちえいいちらく》・一盛一衰《いっせいいっすい》・栄枯盛衰《えいこせいすい》・興亡盛衰《こうぼうせいすい》・七転八起《しちてんはっき》・消長盛衰《しょうちょうせいすい》・消長遷移《しょうちょうせんい》・盛衰栄枯《せいすいえいこ》・盛衰興亡《せいすいこうぼう》

英姿颯爽 えいし－さっそう

意味 容姿がすぐれていて、さわやかなこと。また、姿や動作がきびきびとして気持ちのよいこと。

構成 「英姿」は、すぐれた容姿。「颯爽」は、姿などが勇ましく、すっきりとしているようす。また、きびきびとしていて気持ちのよいようす。

出典 褒公鄂公《ほうこうがくこう》は毛髪動き、英姿颯爽として酣戦《かんせん》より来たる。〈唐、杜甫、丹青引、曹将軍霸に贈る〉

用例 長政は若いながらも英姿颯爽とした人物で、祖父亮政の祖業を継ぐ者と家中から期待されている。〈司馬遼太郎、国盗り物語〉

類義語 威風堂堂《いふうどうどう》・威風凛然《いふうりんぜん》・英邁闊達《えいまいかったつ》・英明闊達《えいめいかったつ》・天資英邁《てんしえいまい》

永字八法 えいじ－はっぽう

意味 中国、晋《しん》の王羲之《おうぎし》が発案した、「永」の一字で運筆の八法を説明する方法。また、後漢の蔡邕《さいよう》の創意で、崔瑗《さいえん》・鍾繇《しょうよう》・王羲之と伝えられたものもいう。

構成 「永字」は、永の一字。「八法」は、八つのきまり。

出典 禁経《きんけい》に云ふ、八法は隷字《れいじ》の始めに起こる。〈書苑菁華、永字八法〉

英俊豪傑 えいしゅん－ごうけつ

⇩英雄豪傑《えいゆうごうけつ》

出典 智、万人に過ぐる者、之《これ》を英と謂《い》ひ、千人なる者、之を俊と謂ひ、百人なる者、之を豪と謂ひ、十人なる者、之を傑と謂ふ。〈淮南子、泰族訓〉

郢書燕説 えいしょ－えんせつ

意味 道理にあわないことを無理にこじつけること。

構成 「郢書」は、郢の人の書いた書簡。「燕説」は、燕の人の解説。故事欄参照。

故事 中国の戦国時代、郢国の人が燕国の宰相に書簡を書いていたとき、あまりに暗かったので「灯火を高く挙げよ」と従者に言いつけた。すると従者は誤ってそのことばを書簡に書き込んでしまった。これを読んだ燕国の宰相は、「灯火を高く挙げよ」とは、賢人を登用せよという意味だと誤解し、燕王に解説した。燕王がそのとおりに実行すると、国がよく治まったという故事による。

出典 故に先王郢書《えいしょ》有りて、而後《じご》世《よよ》燕説多し。〈韓非子、外儲説左上〉

類義語 牽強付会《けんきょうふかい》・堅白異同《けんぱくいどう》・堅白同異《けんぱくどうい》・断章取義《だんしょうしゅぎ》

英邁闊達 えいまい－かったつ

《英明闊達《えいめいかったつ》》

意味 才知が非常にすぐれ、心が広くおおらかなこと。

構成 「英邁」「英明」は、才知が非常にすぐれていること。「邁」は、ここでは、人よりすぐれていること。「闊達」は心が広くて、小事にこせこせしないこと。「闊」は、広い。

用例 調子の良い時の武帝は誠に英邁闊達な・理解ある文教の保護者だったし、〈中島敦、李陵〉

表記 (1)「闊」の代わりに異体字の「濶」を書くこともあるが、現在では、印刷物などでは「闊」を用いるのが普通。(2)「英邁豁達」とも書く。

類義語 英姿颯爽《えいしさっそう》・天資英邁《てんしえいまい》

英明闊達 えいめい－かったつ

⇩英邁闊達《えいまいかったつ》

英雄豪傑 えいゆう－ごうけつ

《英俊豪傑《えいしゅんごうけつ》》

意味 才知・武勇がきわだって優れた者。衆にすぐれた人物。

構成 「英雄」「英俊」は、才能・武勇が人並みはずれてすぐれた人。「豪傑」は、他に抜きんでて優れている人。

用例 それだけの武力をつくるには、天下に蟠踞《ばんきょ》している英雄豪傑を平らげてからでなければならなかった。〈司馬遼太郎、国盗り物語〉

栄耀栄華 えいよう－えいが

意味 位が高く金持ちで、贅沢を極めること。

構成 「栄耀」は、栄え輝くこと。「耀」は、輝く。「栄華」は、身分が高くて栄え時めくこと。

用例 あの方の御思《おぼ》し召しは、決してそのように御自分ばかり、栄耀栄華をなさろうと申すのではございません。〈芥川竜之介、地獄変〉

用法 過度なぜいたくを批判する気分をこめて用いられることが多い。

注意 「えようえいが」とも読む。

表記 「栄燿栄華」とも書く。

類義語 富貴栄華《ふうきえいが》・富貴栄達《ふうきえいたつ》・富貴福禄《ふうきふくろく》

益者三友 えきしゃ－さんゆう

意味 交際して利益のある三種類の友人。正直な人、誠実な人、見聞の多い人を指す。

構成 「益者」は、自分に利益をもたらす人。「三友」は三種類の友人。

出典 益者三友、損者三友。直を友とし、諒《りょう》を友とし、多聞を友とするは、益なり。

便辟《べんぴ》を友とし、善柔《ぜんじゅう》を友とし、便佞《べんねい》を友とするは、損なり。〈論語、季氏〉

用例 文化交流と経済関係と安全保障に基づく友好の再出発点としたい。孔子の「益者三友」（直・諒《りょう》・多聞）を胸に。〈毎日新聞、近事片々、一九九二年一〇月二三日〉

易姓革命　えきせい-かくめい

≪革命易姓《かくめいえきせい》≫

意味 王朝が変わること。

構成 「易姓」は、王や皇帝の姓を変えること。「易」は、変える。「革命」は、天命が改まること。中国古来の政治思想で、王や皇帝は天命によって天下を治めており、その徳が衰えると、他姓の有徳者に天命がくだり、新しい王朝を建てると考えたことによる。

用例 その易姓革命のあこがれは、庄九郎の女婿である織田信長の出現を待たねば、ついに実現しない。〈司馬遼太郎、国盗り物語〉

注意 「易」は、「かわる、かえる」の意味の場合、音読みでは「えき」と読む。「い」と読むのは、「やさしい」の意味の場合で、ここでは誤り。

依怙贔屓　えこ-ひいき

意味 特定の者にのみ目をかけてやること。

構成 「依怙」は、頼りにするもの。「怙」は、頼りにする。「贔屓」は、特に目をかけて引き立てること。

用例 これは不公平である。おやじは頑固だけれども、そんな依怙贔屓はせぬ男だ。〈夏目漱石、坊っちゃん〉

注意 「依怙」を「いこ」と読むのは、誤り。

表記 (1)「屓」の代わりに、異体字の「屭」を書くこともある。(2)まれに「依怙贔負」と書くこともある。

類義語 専断偏頗《せんだんへんぱ》・不正不公《ふせいふこう》

対義語 一視同仁《いっしどうじん》・公平無私《こうへいむし》

会釈遠慮　えしゃく-えんりょ

⇩遠慮会釈《えんりょえしゃく》

用例 この光秀《みつひで》と同体のつもりできいてくれ。いやさ、上下の会釈遠慮などは無用である。〈司馬遼太郎、国盗り物語〉

会者定離　えしゃ-じょうり

意味 仏教で、会う（会っている）者は必ず別れる時が来るということ。人の世の無常をいった語。

構成 「会者」は、この世で出会う者。「定離」は、かならず離れる。「定」は、必ず。

用例 せんねんまんねんいきても、一たびは老いたるも、若きも、しなでかなはぬものにて候《さうらふ》。会者定離は人間の習ひなれば。〈倉田百三、出家とその弟子〉

注意 「会者」を「えしゃ」、「定離」を「じょうり」と読むのは、仏教用語の慣用。「かいしゃ」「ていり」と読むのは、誤り。

類義語 盛者必衰《じょうしゃひっすい》・生者必滅《しょうじゃひつめつ》

越権行為　えっけん-こうい

意味 ①ある職務にあるものが、与えられた権限の範囲外で行う行動。②転じて、出過ぎた振る舞いをすること。

構成 「越権」は、与えられた権限を越えること。「行為」は、行動。

用例 ①新聞を唆《そそのか》しているのは領事連に違いない。彼等の越権行為を私が屢々《しばしば》攻撃しているからだ。〈中島敦、光と風と夢〉

注意 「越権」は、「おっけん」と読むこともあるが、現在では、まれ。

類義語 職権濫用《しょっけんらんよう》

得手勝手　えて-かって

意味 他人に構わず、自分の都合ばかり考えること。

構成 「得手」は、もと、一番得意なわざ。「勝手」は、自分の都合のよいようにすること。

用例 千鶴子《ちづこ》の船がこの埠頭へ入って

来るとき出迎えもしなかった自分の理由が、何か得手勝手なつまらぬ思惑のように思われて苦痛を覚えて来るのだった。〈横光利一、旅愁〉

用法 よい意味でも悪い意味でも用いられる「自分本位」と異なり、悪い意味でしか用いられない。

注意 「得手」を「とくて」と読むのは、誤り。この熟語は訓読みで読み、「得」の訓読みは「え」。

類義語 我田引水《がでんいんすい》

栄耀栄華 えようーえいが

⇩えいようーえいが

遠御長駕 えんぎょーちょうが

意味 ①遠方まで馬を走らせること。②転じて、遠方までも治め従えること。

構成 「遠」「長」は、ともに遠い距離。「御」はもと「馭」で、馬を走らせること。「駕」も、馬を走らせること。転じて、人の上に立って人をつかいこなすこと。

用例 ①彼は速やかに、遠馭長駕、江河の堤を決するが如《ごと》き勢を以《も》って京師に侵入せむと欲したり。〈芥川竜之介、木曾義仲論〉
②一歩を退くの東国の源氏をして、遠馭長駕の機を得しむるを見、〈芥川竜之介、木曾義仲論〉

表記 従来は「遠馭長駕」と書くのが普通であったが、現在では常用漢字の「御」に書き換える。

類義語 懸軍長駆《けんぐんちょうく》・懸軍万里《けんぐんばんり》・転戦千里《てんせんせんり》

遠交近攻 えんこうーきんこう

意味 遠国と親しんで、近国を攻め、近国が降伏すれば、次は次第に遠国に攻め込んで行く策。

構成 「遠交」は、遠国と親しく交際すること。「近攻」は、近国を攻め滅ぼすこと。

故事 中国の戦国時代、秦《しん》国は介在する韓・魏《ぎ》の二国を飛び越えて、強国の斉《せい》を攻めようとしていた。しかし、論客の范雎《はんしょ》は、遠く斉に出兵することは、秦の国力を疲弊させ、かえって韓・魏を富ませることになる、むしろ韓・魏と親しみ、近国の楚《そ》と趙《ちょう》を攻める方が得策であると秦王に説いて、その通り実行させたという故事による。

出典 王、遠く交はりて近く攻むるに如《し》かず。寸を得れば則《すなは》ち王の寸、尺を得れば則ち王の尺なり。今此《これ》を舎《す》てて遠く攻む、亦《ま》た繆《あやま》りならずや。〈戦国策、秦〉

用例 天下に望みをかけ、遠交近攻の略により世間を騒がしたる者は、武田氏ありしのみ。〈山路愛山、現代金権史〉

円熟無礙 えんじゅくーむげ

意味 人格や知識・技倆などが、これ以上ないほどに熟達していること。

構成 「円熟」は、人格や知識・技倆などが欠けるところなく熟達すること。「無礙」は、さえぎるものがないこと。「礙」は、さえぎる。

用例 花のような佳人とが融和して一団の気と流れて円熟無礙の一種の感動を余の神経に伝えたのである。〈夏目漱石、趣味の遺伝〉

注意 「礙」の音読みは本来「がい」だが、この場合は慣用的に「げ」と読む。

表記 「礙」の代わりに、異体字の「碍」を書くこともある。

嫣然一笑 えんぜんーいっしょう

意味 にこやかに笑うようす。

構成 「嫣然」は、あでやかに笑うようす。「一笑」は、一度笑うこと。

出典 嫣然として一笑すれば、陽城《ようじょう》を惑《まど》はし下蔡《かさい》を迷はす。〈文選、宋玉、登徒子好色の賦〉

用例 お勢は大榎の根方の所で立止まり、翳《かざ》していた蝙蝠傘《こうもりがさ》をつぼめてズイと一通り四辺を見亘《みわた》し、嫣然一笑しな

がら昇の顔を窺《のぞ》き込んで、〈二葉亭四迷、浮雲〉
類義語 破顔微笑《はがんみしょう》

円頂黒衣 えんちょう-こくえ

意味 頭を丸め、墨染めの僧衣を着た僧。また、僧の姿かたち。
構成 「円頂」は、髪をそって頭を丸めること。「黒衣」は、墨染めの僧衣。
用例 上人のほかにもう一人客があった。円頂黒衣の老僧である。〈中山義秀、斎藤道三〉
注意 「黒衣」を「こくえ」と読むのは、仏教用語の慣用。「こくい」と読むのは、ここでは誤り。

円転滑脱 えんてん-かつだつ

意味 なにごとも思うままで、角立たないこと。物事にこだわらず、そつなくこなすようす。
構成 「円転」は、まわること。角立たず滞らないこと。「滑脱」は、すべり抜けること。滞りなく思うがままにできること。
用例 「いや、僕こそ。」と外交官の甥はさすがに円転滑脱である。〈太宰治、惜別〉
類義語 円融滑脱《えんゆうかつだつ》

煙波縹渺 えんぱ-ひょうびょう

《煙波渺茫《えんぱびょうぼう》》
意味 もやがたちこめて、けむったような水面が遠く果てしなく広がっているようす。
構成 「煙波」は、もやのたちこめた水面。「煙」は、もや。「縹渺」「渺茫」は、遠くかすかなようす。
用例 右手は煙波縹渺の間、はるかに御前が崎を望む、景物限りなく壮大なり。〈高山樗牛、清見潟日記〉
表記 (1)「煙」の代わりに異体字の「烟」を書くこともあるが、現在では常用漢字の「煙」を用いるのが普通。(2)「煙波縹緲」とも書く。
類義語 雲煙縹渺《うんえんひょうびょう》・水天髣髴《すいてんほうふつ》

煙波渺茫 えんぱ-びょうぼう

⇩煙波縹渺《えんぱひょうびょう》
用例 また右方はるかに煙波渺茫たる太平洋を望見しては、大声で何か叫びたくなり、〈太宰治、惜別〉

偃武修文 えんぶ-しゅうぶん

意味 武器を伏せて戦いをやめ、文徳によって平和な世の中を築くこと。
構成 漢文訓読では、「武を偃《や》め文を修《をさ》む」と読む。「偃武」は、武器を伏せて戦いをやめること。「偃」は、伏せる。「修文」は、文徳（人を心服させる学問・教養の徳）を修めること。
出典 王、商より来たり、豊に至る。乃《すなは》ち武を偃《や》め文を修む。〈書経、武成〉

遠謀深慮 えんぼう-しんりょ

⇩深謀遠慮《しんぼうえんりょ》

縁木求魚 えんぼく-きゅうぎょ

意味 木に登って魚を求めようとする。手段・方法が間違っているために、目的の達成が不可能であることのたとえ。
構成 漢文訓読では、「木に縁《よ》りて魚を求む」と読む。「縁木」は、木によじ登ること。「求魚」は、魚を捕まえようとすること。
出典 若《かくのごと》き為《な》す所を以《もつ》て、若《かくのごと》き欲する所を求むるは、猶《な》ほ木に縁りて魚を求むるがごときなり。〈孟子、梁恵王上〉
用法 一般には、「木に縁りて魚を求む」と訓読した形が用いられる。
類義語 海底撈月《かいていろうげつ》

円満解決 えんまん-かいけつ

意味 事件が穏やかに解決すること。
構成 「円満」は、角が立たず穏やかなこと。「解決」は、事件が片づくこと。
用例 これで双方万事は円満解決。――い

え

や、めでたしめでたし、ハハハ……。〈五味康祐、如月剣士〉

類義語 一件落着《いっけんらくちゃく》

円満具足　えんまん-ぐそく

意味 何もかも十分に揃っていて少しも不足のないこと。

構成 「円満」「具足」は、ともに十分に備わっていること。「具」は、そなわる。

用例 ハイネはゲエテの詩の前に正直に頭を垂れている。が、円満具足したゲエテの僕等を行動に駆りやらないことに満腔《まんこう》の不平を洩《も》らしている。〈芥川竜之介、文芸的な、余りに文芸的な〉

類義語 福徳円満《ふくとくえんまん》

対義語 不平不満《ふへいふまん》・欲求不満《よっきゅうふまん》

円融滑脱　えんゆう-かつだつ

意味 何事も思うままで、角立たないこと。物事にこだわらず、そつなくこなすようす。

構成 「円融」は、丸くて角がないこと。また、なだらかで滞りがないこと。「融」は、ここでは、滞りがない。「滑脱」は、滞りなく、思いのままにできること。

用例 然《しか》れ共《ども》、平氏が猶《なお》其《そ》の覆滅《ふくめつ》を来たさざりしは、実に小松内大臣が、円融滑脱なる政治的手腕による所多からずンばあらず。〈芥川竜之介、木曾義仲論〉

類義語 円転滑脱《えんてんかつだつ》

厭離穢土　えんり-えど

⇩おんり-えど

遠慮会釈　えんりょ-えしゃく

《会釈遠慮《えしゃくえんりょ》》

意味 人に対して控え目にしたり、気持ちを思いやったりすること。

構成 「遠慮」は、ここでは、人に対して控え目にすること。「会釈」は、軽く頭を下げて礼をすること。ここでは、人の気持ちを推し量って対応すること。

用例 家庭のうちを横行して誰にも遠慮会釈がなかった。〈夏目漱石、道草〉

用法 「遠慮会釈のない」という形で、他人を思いやらず、強引に物事を進めようとする態度を表すことが多い。

注意 「会釈」を「えしゃく」と読むのは、仏教用語からきた慣用。「かいしゃく」と読むのは、誤り。

遠慮近憂　えんりょ-きんゆう

意味 遠い将来を見通した考えがなければ、必ず差し迫った心配事が生じてしまうということ。

構成 「遠き慮り無ければ、必ず近き憂ひ有り」の略。「遠慮」は、ここでは、遠い将来を見通した考え。「近憂」は、差し迫った心配事。

出典 子曰《い》はく、人遠き慮《おもんぱか》り無ければ、必ず近き憂《うれ》ひ有り、と。〈論語、衛霊公〉

遠慮深謀　えんりょ-しんぼう

⇩深謀遠慮《しんぼうえんりょ》

お

桜花爛漫　おうか－らんまん

意味 桜の花が満開になって咲き乱れているようす。

構成 「桜花」は、桜の花。「爛漫」は、花が咲き乱れているようす。

用例 自分はその桜花爛漫を落ちついた気持で鑑賞することが出来なくなってしまうのである。〈太宰治、惜別〉

用法 「桜花爛漫の候」などの形で、手紙の時候のあいさつなどとして用いられる。

奥義秘伝　おうぎ－ひでん

意味 学芸・武術などで、容易には人に伝えない奥深くて最も大切な事柄。

構成 「奥義」は、学芸・武術などで、最も奥深い事柄。「秘伝」は、学芸・武術などで、秘密にして容易には人に伝えない奥深い事柄。

用例 直ちに射術の奥義秘伝を剰《あま》すところなく紀昌《きしょう》に授け始めた。〈中島敦、名人伝〉

注意 「奥義」を「おくぎ」と読むのは、誤り。この熟語は音読みで読み、「奥」の音読みは「おう」。

類義語 一子相伝《いっしそうでん》・真言秘密《しんごんひみつ》・父子相伝《ふしそうでん》・黙契秘旨《もっけいひし》

応急措置　おうきゅう－そち

意味 急を要する時に、間に合わせとして行うさしあたっての処置。

構成 「応急」は、急場に間に合わせること。「措置」は、取り計らうこと。

用例 去る四日「疎開応急措置要綱」が発表された。老幼病人のほかは、都外へ疎開まかりならぬと決められた。〈海野十三、海野十三敗戦日記〉

類義語 応急手当《おうきゅうてあて》

応急手当　おうきゅう－てあて

意味 緊急の場合に、さしあたって行う処置。

構成 「応急」は、急場に間に合わせること。「手当」は、対応策、処置。

用例 陸軍の看護兵に応急手当を受けたという点だけは両者一致している。〈阿川弘之、山本五十六〉

用法 急な病気やけがなどを処置する場合に用いられることが多い。

類義語 応急措置《おうきゅうそち》

横行闊歩　おうこう－かっぽ

意味 思うままに大手を振ってのし歩く。人に遠慮せず、勝手気ままに振る舞うことのたとえ。

構成 「横行」は、わがもの顔に威張って歩くこと。また、好き勝手に振る舞うこと。道理に背いた行為についていう。「横」は、自分の思うとおりに振る舞うこと。「闊歩」は、ゆったりと大またに歩くこと。転じて、威張って歩くこと。「闊」は、ゆったりしていること。

用例 あまり車夫が猿股《さるまた》をつけて天下の大道を我が物顔に横行濶歩するのを憎らしいと思って〈夏目漱石、吾輩は猫である〉

用法 批判的な意味合いで用いられることが多い。少し程度がはなはだしいものとして「横行跋扈《おうこうばっこ》」、さらにはなはだしいものとして「跳梁跋扈《ちょうりょうばっこ》」が用いられる。

表記 「闊」の代わりに異体字の「濶」を書くこともあるが、現在では、印刷物などでは「闊」を用いるのが普通。

類義語 横行跋扈《おうこうばっこ》・跳梁跋扈《ちょうりょうばっこ》・跋扈跳梁《ばっこちょうりょう》・飛揚跋扈《ひようばっこ》

王公貴人　おうこう－きじん

意味 王や皇帝、諸侯など、身分の非常に

高い人。
【構成】「王公」は、王・皇帝と諸侯。転じて、身分の非常に高い人。「貴人」は、身分の高い人。
【出典】王公貴人、風を望みて之《これ》を憚《はばか》る。〈晋書、劉毅伝〉
【用例】以来、大寺の諸国に充満し、王公貴人の信仰したことは言葉に尽くせない。〈島崎藤村、夜明け前〉
【類義語】王侯将相《おうこうしょうしょう》・月卿雲客《げっけいうんかく》・高位高官《こういこうかん》
【対義語】小身微禄《しょうしんびろく》

王侯将相　おうこう-しょうしょう

【意味】王や諸侯と、将軍や大臣。身分が高く、勢力のある人々。
【構成】「王侯」は、王と諸侯。「将相」は、将軍と大臣。「相」は、大臣。
【出典】王侯将相、寧《いずく》んぞ種有らんや。〈史記、陳渉世家〉
【用例】これを操るにその道をもってせざれば、王侯将相も自《みずか》ら傷残《しょうざん》すべし。〈中江兆民、兆民文集〉
【類義語】王公貴人《おうこうきじん》・月卿雲客《げっけいうんかく》・高位高官《こういこうかん》
【対義語】小身微禄《しょうしんびろく》

横行跋扈　おうこう-ばっこ

【意味】威張ってわがまま勝手に振る舞うこと。

【構成】「横行」は、わがもの顔に威張って歩くこと。また、好き勝手に振る舞うこと。道理に背いた行為についていう。「横」は、自分の思うとおりに振る舞うこと。「跋扈」は、臣下が君主を無視して権勢を自由にすること。転じて、強引でわがままに振る舞うこと。「跋」は、越える。「扈」は、魚を取る水中の竹かご。大魚は竹かごをおどり越えて逃げることからいう。

【用例】都会から流れてきた不良少年が加わって集団的に横行跋扈するようになったのは〈尾崎士郎、人生劇場望郷篇〉

【用法】批判的な意味合いで用いられることが多い。「横行闊歩《おうこうかっぽ》」よりも程度がひどく、さらにひどくなると「跳梁跋扈《ちょうりょうばっこ》」が用いられる。

【類義語】横行闊歩《おうこうかっぽ》・跳梁跋扈《ちょうりょうばっこ》・跋扈跳梁《ばっこちょうりょう》・飛揚跋扈《ひようばっこ》

黄金時代　おうごん-じだい

【意味】理想的な最良の時代。また、最も盛んな時代。
【構成】「黄金」は、こがね。転じて、最良であること。「時代」は、区切られたひとまとまりの期間。
【用例】家康の兵法ずきが諸侯に伝染して徳川初期の剣術黄金時代ができあがったもので、〈司馬遼太郎、国盗り物語〉
【対義語】暗黒時代《あんこくじだい》

往事渺茫　おうじ-びょうぼう

⇨往事茫茫《おうじぼうぼう》

往事茫茫　おうじ-ぼうぼう

（往事渺茫《おうじびょうぼう》）

【意味】過ぎ去った昔のことは、ぼんやりとかすんでよく分からないということ。

【構成】「往事」は、過ぎ去った昔。「茫茫」「渺茫」は、広くはるかなようす。また、遠くかすんではっきり見えないようす。

【出典】往事は渺茫として都《す》べて夢に似たり。〈唐、白居易、十年三月三十日微之に澧上に別る……詩〉

【用例】今では記憶もはっきりしません。往事茫々というところです。〈菊村到、背後の殺人者〉

王政復古　おうせい-ふっこ

【意味】武家政治・共和制などを廃止して、昔のように王の行う政治に戻すこと。

【構成】「王政」は、王や天皇の行う政治。「復古」は、昔の体制にもどすこと。

【用例】一方には王政復古を急いで国家の革新を改行しようとする岩倉公以下の人

達があり、〈島崎藤村、夜明け前〉

王道楽土　おうどう-らくど

意味 儒家の理想とする仁徳を根本とする政治のやり方によって実現した、安楽で平和に暮らせる場所・社会。

構成 「王道」は、武力や威力によらず、道徳によって人民を導くことで、幸福・平和な社会を実現しようとする政治のやり方。孟子が強く主張した。武力・権謀によって国を治める「覇道」の対義語。「楽土」は、安楽な国土。安楽な場所、社会。

用例 他方には平然として、アジアの平和とか、王道楽土とか、五族共和とか書いてある。〈丸谷才一、思想と無思想の間〉

懊悩焦慮　おうのう-しょうりょ

意味 悩みもだえ、気をもんで苦しむこと。

構成 「懊悩」は、悩みもだえること。「懊」も、なやむ。「焦慮」は、気をもんで心を悩ませること。

用例 懊悩焦慮の揚げ句、ついに家郷を捨て、南京に出た。何でもかまわぬ、新しい学問をしたかったのである。〈太宰治、惜別〉

表記 従来は「懊悩憔慮」と書くのが普通であったが、現在では常用漢字の「焦」を用いるのが普通。

類義語 懊悩呻吟《おうのうしんぎん》・懊悩輾転《おうのうてんてん》・懊悩煩悶《おうのうはんもん》・焦心苦慮《しょうしんくりょ》・辛苦心労《しんくしんろう》・精思苦到《せいしくとう》・煩悶懊悩《はんもんおうのう》

懊悩呻吟　おうのう-しんぎん

意味 悩みもだえて、苦しみうめくこと。

構成 「懊悩」は、悩みもだえること。「懊」も、なやむ。「呻吟」は、苦しみうめくこと。

用例 その荒涼の現実のなかで思うさま懊悩呻吟することを覚えたわけである。〈太宰治、猿面冠者〉

類義語 懊悩焦慮《おうのうしょうりょ》・懊悩輾転《おうのうてんてん》・懊悩煩悶《おうのうはんもん》・焦心苦慮《しょうしんくりょ》・辛苦心労《しんくしんろう》・精思苦到《せいしくとう》・煩悶懊悩《はんもんおうのう》

懊悩輾転　おうのう-てんてん

意味 深い悩みや悲しみのために眠ることができずに、何度も寝返りをうつこと。

構成 「懊悩」は、悩みもだえること。「輾転」は、安らかに眠れないで寝返りをうつこと。

用例 心の奥の一隅に、まことの盗賊を抱き、乞食の実感を宿し、懊悩輾転の日夜を送っている弱い貧しい人の子は、〈太宰治、懶惰の歌留多〉

類義語 懊悩焦慮《おうのうしょうりょ》・懊悩呻吟《おうのうしんぎん》・懊悩煩悶《おうのうはんもん》・焦心苦慮《しょうしんくりょ》・辛苦心労《しんくしんろう》・精思苦到《せいしくとう》・煩悶懊悩《はんもんおうのう》

懊悩煩悶　おうのう-はんもん

（煩悶懊悩《はんもんおうのう》）

意味 悩みもだえて苦しむこと。

構成 「懊悩」は、悩みもだえること。「懊」も、なやむ。「煩悶」は、もだえ苦しむこと。

用例 自殺することも出来ず、懊悩煩悶して居ると、一夜、夢に一個の風采堂々たる丈夫が現れて、〈国木田独歩、石清虚〉

類義語 懊悩焦慮《おうのうしょうりょ》・懊悩呻吟《おうのうしんぎん》・懊悩輾転《おうのうてんてん》・焦心苦慮《しょうしんくりょ》・辛苦心労《しんくしんろう》・精思苦到《せいしくとう》

椀飯振舞　おうばん-ぶるまい

（大盤振舞《おおばんぶるまい》・大番振舞《おおばんぶるまい》）

意味 気前よく御馳走したり、物を与えたりすること。江戸時代、民家で正月などに親戚・知人などを招いて御馳走を振舞ったことに由来する。

構成 「椀飯」は、椀に盛った飯。正月、大名が将軍の所へ出仕してお祝いの食事を献上したこと。また、広く御馳走のことをいう。王朝時代には、公卿たちが殿上に集まったときの饗応の膳のことをいっ

た。「振舞」は、もてなすこと。御馳走すること。

【表記】「大盤振舞」「大番振舞」は、本来は当て字であるが、現在では「大盤振舞」が最も一般的。

応報覿面　おうほう－てきめん

【意味】仏教で、行為の善悪によって起こる吉凶・禍福の報いが、直ちに現れること。

【構成】「応報」は、行為の善悪によって起こる報い。「覿面」は、ある物事の結果・報いなどが即座に現れること。「覿」は、示す。

【用例】積悪の応報覿面の末を憂ひて措《を》かざる直道《ただみち》が心の眼《まなこ》は、無残にも怨《うら》みの刃《やいば》に劈《つんざ》かれて、〈尾崎紅葉、金色夜叉〉

【用法】善行よりも、悪行の報いが表れる場合に用いられることが多い。

【注意】「覿面」を「適面」と書くのは、誤り。

【類義語】因果因縁《いんがいんねん》・因果応報《いんがおうほう》・因果覿面《いんがてきめん》・三世因果《さんぜいんが》・輪回応報《りんねおうほう》

鷹揚自若　おうよう－じじゃく

【意味】どっしり落ち着いて動じないこと。

【構成】「鷹揚」は、ゆったりと落ち着いていること。「自若」は、大事に直面しても動じることなく、平常と変わらないこと。

【用例】齷齪《あくせく》とこせつく必要なく鷹揚自若と衆人環視《しゅうじんかんし》の裡《うち》に立って世に処する事の出来るのは〈夏目漱石、東洋美術図譜〉

【類義語】従容自若《しょうようじじゃく》・神色自若《しんしょくじじゃく》・泰然自若《たいぜんじじゃく》・湛然不動《たんぜんふどう》

【対義語】小心翼翼《しょうしんよくよく》・戦戦恐恐《せんせんきょうきょう》・戦戦慄慄《せんせんりつりつ》

大番振舞　おおばん－ぶるまい

⇩椀飯振舞《おうばんぶるまい》

【表記】「椀飯振舞」の当て字。

大盤振舞　おおばん－ぶるまい

⇩椀飯振舞《おうばんぶるまい》

【用例】みようみまねのスイトンやら卵焼き、流しの下のカメに塩は沢山あって、ただもう質より量の大盤振舞い。〈野坂昭如、ラ・クンパルシータ〉

【表記】「椀飯振舞」の当て字。

傍目八目　おかめ－はちもく

【意味】事の当事者よりもそれをはたで見ている第三者の方が、その事の是非、利害、先行きなどが正しく判断できるということ。囲碁で、対局者よりそれをわきで見ている人の方が、勝敗に冷静であるため、八目先までよく手が読めるということから出たことば。

【構成】「傍目」は、他人のしていることをわきから見ることをいう。「目」は、碁盤の目。

【用例】寺から一国の政治を見ていると、傍目八目で、あらばかりがみえるのであろう。〈司馬遼太郎、国盗り物語〉

【表記】「岡目八目」とも書く。

憶測揣摩　おくそく－しま

⇩揣摩憶測《しまおくそく》

【用例】或る場合には商業会議所の会頭となり乃至《ないし》株式大王ともなって実業界の大勢を憶測揣摩して暴れ廻る事がある。〈内田魯庵、社会百面相、新聞記者〉

屋梁落月　おくりょう－らくげつ

⇩落月屋梁《らくげつおくりょう》

汚名返上　おめい－へんじょう

【意味】以前の失敗などで受けた不名誉を、自分の力で取り除くこと。

【構成】「汚名」は、汚された名誉。「返上」は、一度受けたものを返すこと。

【用例】豊かな国の身勝手もまた許されまい。野生動植物「消費大国」の汚名返上へ、会議の成果を見守りたい。〈読売新聞、編集手帳、一九九二年三月三日〉

【類義語】失地回復《しっちかいふく》・名誉回復《めいよかいふく》・名誉挽回《めいよばんかい》

温厚質実　おんこう－しつじつ

意味 穏やかで優しく、飾り気がなくて誠実なこと。

構成 「温厚」は、穏やかで優しく、情に厚いこと。「質実」は、飾り気がなくて誠実なこと。

用例 外から隣人として見ていた高次郎氏の温厚質実な態度以上に、はるかに和歌には精神の高邁《こうまい》なところが鳴りひびいていた。〈横光利一、睡蓮〉

類義語 温厚篤実《おんこうとくじつ》・温柔敦厚《おんじゅうとんこう》・温順篤実《おんじゅんとくじつ》・温良恭倹《おんりょうきょうけん》・温良篤厚《おんりょうとっこう》・温和篤厚《おんわとっこう》・篤実温厚《とくじつおんこう》・眉目温厚《びもくおんこう》

温厚淡泊　おんこう－たんぱく

意味 穏やかで優しく、飾り気がなくてさっぱりしていること。

構成 「温厚」は、穏やかで優しく、情に厚いこと。「淡泊」は、さっぱりしていて飾り気のないこと。

用例 この人は温厚淡泊な君子ではあるが、外国応接の事件を担当すべき人柄でない。〈島崎藤村、夜明け前〉

温厚篤実　おんこう－とくじつ

《篤実温厚《とくじつおんこう》》

意味 穏やかで人情深く、誠実なこと。

構成 「温厚」は、穏やかで優しく、情に厚いこと。「篤実」は、人情深く、誠実で実直なこと。

用例 温厚篤実な庄吉さんも、日ごろに似合わず竿先《さおさき》をぶるぶる震わせていた。〈井伏鱒二、黒い雨〉

類義語 温厚質実《おんこうしつじつ》・温柔敦厚《おんじゅうとんこう》・温順篤実《おんじゅんとくじつ》・温良恭倹《おんりょうきょうけん》・温良篤厚《おんりょうとっこう》・温和篤厚《おんわとっこう》・眉目温厚《びもくおんこう》

対義語 傲岸不遜《ごうがんふそん》・傲慢不遜《ごうまんふそん》・傲慢無礼《ごうまんぶれい》

温故知新　おんこ－ちしん

意味 前に習ったことや昔の事柄をよく復習・研究することで、新しい知識や見解を得ること。また、昔の事柄の中にこそ、新しい局面に対処する知恵が隠されているということ。

構成 漢文訓読では、「故《ふる》きを温《たず》ねて新しきを知る」または「故きを温めて新しきを知る」などと読む。「温故」は、昔の事柄を研究すること。また、かつて学んだことを復習すること。「温」は、訪ね求める。また、冷たくなったものを温める意味から、習ったことを復習することをいう。「知新」は、新しい道理を悟ること。

出典 子曰《い》はく、故《ふる》きを温《たず》ねて新しきを知らば、以《もっ》て師たるべし、と。〈論語、為政〉

用例 たといその陽は一意専念過去を想うように見えたるもその陰はいわゆる温故知新の沙汰にて未来の料《とが》にとてすることなり。〈坪内逍遥、春廼家漫筆〉

温柔敦厚　おんじゅう－とんこう

意味 穏やかで優しく、親切で心遣いのこまやかなこと。柔和で誠実なこと。

構成 「温柔」は、穏やかで、優しくおとなしいこと。「敦厚」は、人情が厚く、親切で心遣いのこまやかなこと。

出典 温柔敦厚なるは詩の教へなり。〈礼記、経解〉

類義語 温厚質実《おんこうしつじつ》・温厚篤実《おんこうとくじつ》・温順篤実《おんじゅんとくじつ》・温良恭倹《おんりょうきょうけん》・温良篤厚《おんりょうとっこう》・温和篤厚《おんわとっこう》・篤実温厚《とくじつおんこう》・眉目温厚《びもくおんこう》

温順篤実　おんじゅん－とくじつ

意味 穏やかでおとなしく、誠実で人情深いこと。

構成 「温順」は、おとなしく素直なこと。「篤実」は、人情深く、誠実で実直なこと。

用例 渡辺は色の白い、少し歯の出た、温順篤実な男で、年齢は僅《わず》かに四十を越したばかりであった。〈森鷗外、大塩平八郎〉

類義語 温厚質実《おんこうしつじつ》・温厚篤実《おんこうとくじつ》・温柔敦厚《おんじゅうとんこう》・温良恭倹《おんりょうきょうけん》・温良篤厚《おんりょうとっこう》・温和篤厚《おんわとっこう》・篤実温厚《とくじつおんこう》・眉目温厚《びもくおんこう》

音信不通 おんしん-ふつう

意味 消息がつかめないこと。連絡がとれないこと。関係を断つこと。

構成 「音信」は、訪れ・便り。「不通」は、途絶えること。また、縁を切ること。

用例 これでも昔は親類も二三軒はあったんだが、長い間音信不通にしていたものだから、今では居所も分からない。〈夏目漱石、虞美人草〉

注意 「音信」は、本来は慣用的に「いんしん」と読むが、現在では「おんしん」の方が一般的。

恩沢洪大 おんたく-こうだい

意味 注がれる慈しみや恵みがきわめて大きいこと。特に、王や皇帝などの寵愛によるものをいう。

構成 「恩沢」は、恵み・情け。「洪大」は、きわめて大きいこと。

用例 上帝の恩沢洪大なりと雖《いえど》も、衣服は山に生ぜず、食は天より降らず。〈福沢諭吉、文明論之概略〉

類義語 南洽北暢《なんこうほくちょう》

穏着沈黙 おんちゃく-ちんもく

意味 穏やかで落ち着いていて、無口なこと。

構成 「穏着」は、穏やかで落ち着いていること。「沈黙」は、ここでは口数の少ないこと。

用例 活潑なる天性をそこねて、穏着沈黙なる、肉落ち骨枯れたる一少年とこそなりにけり。〈北村透谷、石坂ミナ宛書簡一八八七年八月十八日〉

怨敵退散 おんてき-たいさん

意味 恨みある敵よ、退散せよという意味。法力を用いて仏敵・怨敵・魔障などを降し伏せようとするとき、祈願などで唱えることば。

構成 「怨敵」は、恨みのある敵。「退散」は、逃げ去る、どこかへ去りゆくこと。

用例 この夜は別して身を浄め、御灯の数を献げて、災難即滅《さいなんそくめつ》、怨敵退散の祈願を籠《こ》めたりしが、〈尾崎紅葉、金色夜叉〉

類義語 悪魔調伏《あくまちょうぶく》

音吐朗朗 おんと-ろうろう

意味 ものを言う声や、詩歌を吟じたり文章を朗読したりする声が、清く澄んでよく通るようす。

構成 「音吐」は、もの言う声。また、詩歌を吟じたり、文章を朗読したりする声。「朗朗」は、音声が清く澄んで、よく通るようす。

用例 音吐朗々、爽《さわ》やかに謡《うた》うと、腹の中の物に触れてピンと響いたのであろう。〈幸田露伴、今川義元〉

乳母日傘 おんば-ひがさ

意味 乳母をつけられたり、外出の時は日傘をさしかけられたりするほど、小さい時から大事に育てられること。過保護な育て方のたとえ。

構成 「乳母」は、生母に代わって子に乳を飲ませ、育てる女性。うば・めのと。「おんば」は、「おうば（御乳母）」の転。「日傘」は、日ざしを防ぐのに用いる傘。

用例 祖母が、小さい時からお乳母日傘で大きくなったのは申すまでもありません。〈菊池寛、ある恋の話〉

注意 「日傘」は、「ひからかさ」とも読む。

陰陽五行 おんよう-ごぎょう

⇩いんよう-ごぎょう

厭離穢土 おんり-えど

意味 仏教で、この世を汚れたものとして厭い嫌って、俗世間から離れること。

構成「厭離」は、汚れたこの世を厭い嫌って離れること。「穢土」は、汚れた世界。この世・現世。「穢」は、けがれる。

出典 厭離穢土とは、夫《そ》れ三界は安きこと無く、最も厭離すべきなり。〈往生要集〉

用例 北山の深い雪のなかの修行の話などは、いかにも厭離穢土の果てにくる真言開眼《しんごんかいげん》の瞬間を思わせて、〈辻邦生、西行花伝〉

用法 極楽浄土に往生することを願い求める「欣求浄土《ごんぐじょうど》」を後ろに伴うことが多い。

注意「厭離」は、本来は慣用的に「おんり」と読むが、最近では「えんり」とも読む。

怨霊怪異 おんりょう-かいい

意味 怨みを抱いて死んだ者の霊が、それをはらそうとして引き起こす奇怪な現象。また、その霊が化け物となったものをいう。

構成「怨霊」は、怨みをはらそうとしてたたる死霊または生き霊。「怪異」は、不思議な現象。また、化け物。

用例 さりとてこの世に不思議がないとはいえません。怨霊怪異は現に道成寺塔中《たっちゅう》にもあるのです。〈川口松太郎、新吾十番勝負〉

類義語 悪鬼羅刹《あっきらせつ》・異類異形《いるいいぎょう》・怪力乱神《かいりょくらんしん》・牛頭馬頭《ごずめず》・狐狸妖怪《こりようかい》・山精木魅《さんせいもくみ》・魑魅魍魎《ちみもうりょう》・妖異幻怪《よういげんかい》・妖怪変化《ようかいへんげ》

温良恭倹 おんりょう-きょうけん

意味 穏やかで素直で、他に対してはうやうやしく、自分に対しては慎み深いこと。

構成「温良」は、穏やかで素直なこと。「恭倹」は、人に対してはうやうやしくし、自分の身においてはつつましくすること。

出典 子貢曰《い》はく、夫子《ふうし》は温良恭倹譲、以《も》って之《これ》を得たり、と。〈論語、学而〉

用例 神戸君は温良恭倹という点では神品に近い人で、人間形成がほとんど完了しているかと見えていた。〈井伏鱒二、荻窪風土記〉

用法 出典である『論語』の中では、弟子の子貢が師の孔子を評したことばとして「温良恭倹譲」(「温(おだやか)」「良(すなお)」「恭(うやうやしい)」「倹(つつましい)」「譲(へりくだる)」)という形で現れている。従って、「温良恭倹譲」の五字でひとまとまりとするのが、本来の用法。

類義語 温厚質実《おんこうしつじつ》・温厚篤実《おんこうとくじつ》・温柔敦厚《おんじゅうとんこう》・温順篤実《おんじゅんとくじつ》・温良篤厚《おんりょうとっこう》・温和篤厚《おんわとっこう》・篤実温厚《とくじつおんこう》・眉目温厚《びもくおんこう》

温良貞淑 おんりょう-ていしゅく

意味 穏やかで素直で、操を正しく守り、しとやかなこと。

構成「温良」は、穏やかで素直なこと。「貞淑」は、女性が操を正しく守りしとやかなこと。

用例 しかもこの無頼の夫にして、夙《つと》に温良貞淑の称ある夫人明子を遇するや、〈芥川竜之介、開化の殺人〉

類義語 至孝貞淑《しこうていしゅく》

温良篤厚 おんりょう-とっこう

意味 穏やかで素直で、人情の厚いこと。

構成「温良」は、穏やかで素直なこと。「篤厚」は、人情が厚く、心遣いのこまやかなこと。

用例 君のごとき温良篤厚の士は必ずその地方一般の歓迎を受けられるに相違ない。〈夏目漱石、坊っちゃん〉

注意「篤厚」は、「とくこう」とも読む。

類義語 温厚質実《おんこうしつじつ》・温厚篤実《おんこうとくじつ》・温柔敦厚《おんじゅうとんこう》・温順篤実《おんじゅんとくじつ》・温良恭倹《おんりょうきょうけん》・温和篤厚《おんわとっこう》・篤実温厚《とくじつおんこう》・眉目温厚《びもくおんこう》

温良優順 おんりょう-ゆうじゅん

意味 穏やかで素直で、優しく従順なこ

と。

構成「温良」は、穏やかで素直なこと。「優順」は、優しく従順なこと。

用例 又我自《みずか》ら、道子が温良優順の質に乗じて、謀《はか》って情を迎えたのも事実である。〈泉鏡花、婦系図〉

類義語 温和丁寧《おんわていねい》・柔和温順《にゅうわおんじゅん》

温和勤勉 おんわ-きんべん

意味 穏やかで優しく、何事にもよく勤め励むこと。

構成「温和」は、穏やかで優しいこと。「勤勉」は、仕事や勉強に一心に励むこと。

用例 もしその性格の弱さを除いたら、則《すなわ》ち温和勤勉であるが、それに比べると正己は何事にも手強《てごわ》く手強くと出る方で、〈島崎藤村、夜明け前〉

類義語 温和怜悧《おんわれいり》

温和丁寧 おんわ-ていねい

意味 穏やかで優しく、心が行き届いていること。

構成「温和」は、穏やかで優しいこと。「丁寧」は、注意深く心が行き届くこと。また、手厚く礼儀正しいこと。

用例 一、宿駅助郷一致の御趣意につき、助郷村々に対し干渉がましき儀これなきよう、温和叮嚀に仕向け候よう致すべきこと。〈島崎藤村、夜明け前〉

表記 従来は「温和叮嚀」と書くのが普通であったが、現在では常用漢字の「丁寧」に書き換える。

類義語 温良優順《おんりょうゆうじゅん》・柔和温順《にゅうわおんじゅん》

温和篤厚 おんわ-とっこう

意味 穏やかで人と争わず、人情の厚いこと。

構成「温和」は、穏やかで人と争わないこと。「篤厚」は、人情が厚く、心遣いのこまやかなこと。

注意「篤厚」は、「とくこう」とも読む。

類義語 温厚質実《おんこうしつじつ》・温厚篤実《おんこうとくじつ》・温柔敦厚《おんじゅうとんこう》・温順篤実《おんじゅんとくじつ》・温良恭倹《おんりょうきょうけん》・温良篤厚《おんりょうとっこう》・篤実温厚《とくじつおんこう》・眉目温厚《びもくおんこう》

温和怜悧 おんわ-れいり

意味 穏やかで優しく、賢いこと。

構成「温和」は、穏やかで優しいこと。「怜悧」は、賢いこと。「怜」「悧」ともに、かしこい。

用例 もしそれこの高慢と闘争を好むの性癖を除いたら、則《すなわ》ち温和怜悧で、好奇心に富んでいることもその比を見ない。〈島崎藤村、夜明け前〉

類義語 温和勤勉《おんわきんべん》

か

海闊天空 かいかつ-てんくう

⇩天空海闊《てんくうかいかつ》

快活明朗 かいかつ-めいろう

⇩明朗快活《めいろうかいかつ》

開化文明 かいか-ぶんめい

⇩文明開化《ぶんめいかいか》

用例 この叔父にも、ひとむかし騒がれた鹿鳴館《ろくめいかん》以来の開化文明の欧化思想に浸った形跡もあって、〈横光利一、旅愁〉

開巻第一 かいかん-だいいち

意味 ①書物をあけた最初。第一ページ。②転じて、物事を始める最初。

構成「開巻」は、書物をあけた最初の所。巻首。「第一」は、一番目。最初。

用例 ①開巻第一の頁から、ただ茫洋《ぼうよう》として、艫舵《ろだ》なき船の大洋に乗り出《だ》せしが如《ごと》く、何処《どこ》から手の付けようもなく、〈菊池寛、蘭学事始〉②開巻第一に九州帝国大学医学部の全景をスクリーンに現わし

か

て御覧に入れます。〈夢野久作、ドグラ・マグラ〉

類義語 開口一番《かいこういちばん》

懐玉有罪　かいぎょく－ゆうざい

意味 宝玉を持つと、人からねらわれて災いを受ける。①身分不相応な高価な物を持っていると、かえって災いを招くことになることのたとえ。②美質を備え持つことによって、かえって災いを受けることのたとえ。

構成 漢文訓読では、「玉を懐《だい》きて罪有り」と読む。「懐玉」は、宝玉を持つこと。転じて、美質を備えていることのたとえ。「有罪」は、災いを受けること。

出典 初め虞《ぐ》叔《しゅく》玉有り。虞公《ぐこう》旃《これ》を求む。献ぜず。既《すで》にして之《これ》を悔《く》いて曰《い》はく、周の諺《ことわざ》に之有り、匹夫罪無し。璧《たま》を懐《だい》きて其《そ》れ罪あり、と。吾焉《いづ》くんぞ此《これ》を用ゐん。其れ以《も》って害を賈《か》ふなり、と。乃《すなは》ち之を献ず。〈春秋左氏伝、桓公十年〉

用例 あるいはまた、佳人薄命、懐玉有罪、など言って、私をして、いたく赤面させ、狼狽させて私に大酒のませる悪戯者《いたずらもの》まで出て来た。〈太宰治、懶惰の歌留多〉

開眼供養　かいげん－くよう

意味 仏教で、仏像落成のときに行う儀式。新たに仏像を作ったとき、最後に目を入れて仏の魂を迎える法会。

構成 「開眼」は、仏像に魂を入れること。仏像落成の時に行う式。開光。「供養」は、三宝(仏・法・僧)または死者の霊に、物を供えて祭ること。ここでは、お経を唱え、仏を祭る儀式。

出典 仏像を為《つく》り眼の光明を開くは、眼を点ずるがごとく相《あひ》似たり。〈一切如来安像三昧儀軌経〉

用例 夏の、蓮の花の盛りに、御出家なさった女三の宮の、御持仏の開眼供養があった。〈田辺聖子、新源氏物語〉

注意 「開眼」を「かいげん」、「供養」を「くよう」と読むのは、仏教用語の慣用。「かいがん」「きょうよう」と読むのは、誤り。

類義語 処女航海《しょじょこうかい》

開口一番　かいこう－いちばん

意味 話し始める一番最初に。口を開くやいなや。

構成 「開口」は、口を開くこと。話し始めること。「一番」は、真っ先に。

用例 彼は、この洋画家と対座して、開口一番、彼の小説のことを話して聞かせた。〈太宰治、猿面冠者〉

類義語 開巻第一《かいかんだいいち》

外交辞令　がいこう－じれい

⇩社交辞令《しゃこうじれい》

用例 これでは今日の私たちの会議も知られてしまっているだろう。いずれにしても外交辞令や偽善はおわったのだ。〈開高健、巨人と玩具〉

外剛内柔　がいごう－ないじゅう

⇩内柔外剛《ないじゅうがいごう》

悔悟憤発　かいご－ふんぱつ

意味 失敗や誤りを悔い、挽回しようと奮い立つこと。

構成 「悔悟」は、いままでの過ちを悟り悔いること。「憤発」は、精神を奮い起こすこと。

用例 悔悟憤発して国家に尽くす志あるの輩《やから》は寛大の思《おぼ》し召しをもって御採用あらせらるべく、〈島崎藤村、夜明け前〉

類義語 感奮興起《かんぷんこうき》

海市蜃楼　かいし－しんろう

《蜃楼海市《しんろうかいし》》

意味 ①蜃気楼。②転じて、実体や根拠などがなく、頼むに足りないまぼろしなどのたとえ。

構成 「海市」「蜃楼」は、ともに蜃気楼。砂

漠や海上において、無風の日に、光線の異常屈折のため、遠方の物体の像が空中に出現する現象。「市」は、ここでは、まち。「蜃」は、おおはまぐり(大蛤)。古代中国では、大きな蛤の口から吐き出す気によって、蜃気楼が現れると想像していた。

出典 張昌儀《ちょうしょうぎ》寵《ちょう》を恃《たの》み、請託《せいたく》市のごとし。李湛《りたん》曰《い》はく、此れ海市蜃楼の比《ひ》のみ。豈《あ》に長久ならんや、と。〈隋唐遺事〉

用例 ①常書鴻氏が私のノートに海市蜃楼と書いて下さる。運転手さんは〃麦気〃と言い、通訳の工作員氏は〃逃水〃と言う。〈井上靖、遺跡の旅シルクロード〉

類義語 雲散霧消《うんさんむしょう》・雲消霧散《うんしょうむさん》・無影無踪《むえいむそう》

鎧袖一触　がいしゅう-いっしょく

意味 よろいのそでが、ちょっと触れること。弱敵によろいのそでをちょっとぶつけて、武勇を示しておどかすこと。弱い敵に一撃を加え、たやすく打ち負かすことのたとえ。

構成 「鎧袖」は、よろいのそで。「一触」は、ほんの少し触れること。

出典 平清盛の輩《やから》のごときに至つては、臣、鎧袖一触せば、皆《みな》自ずから倒れんのみ。〈頼山陽、日本外史、源氏正記、源氏上〉

用例 信玄は遠州《えんしゅう》三方ケ原《みかたがはら》において徳川・織田の連合軍を鎧袖一触でしりぞけた。〈司馬遼太郎、国盗り物語〉

晦渋混濁　かいじゅう-こんだく

意味 暗く沈んで生気がなく、にごっているようす。

構成 「晦渋」は、ここでは暗く沈んでいるようす。「混濁」は、乱れにごっているようす。まじりあってにごるようす。

用例 彼の眼玉がかように晦渋溷濁の悲境に彷徨《ほうこう》しているのは、とりも直さず彼の頭脳が不透不明の実質から構成されていて、〈夏目漱石、吾輩は猫である〉

表記 従来は「晦渋溷濁」と書くのが普通であったが、現在では常用漢字の「混」を書くのが普通。

類義語 暗澹冥濛《あんたんめいもう》・陰陰滅滅《いんいんめつめつ》・如法暗夜《にょほうあんや》

外柔内剛　がいじゅう-ないごう

《内剛外柔《ないごうがいじゅう》》

意味 外面は物腰がやわらかだが、内心は強いこと。

構成 「外柔」は、みかけのおとなしいこと。みかけのやさしいこと。「内剛」は、内心が強いこと。

出典 卓は外柔内剛にして、政《まつりごと》を為《な》すに簡恵《かんけい》たり。〈晋書、甘卓伝〉

用例 所謂《いわゆる》外柔内剛で、口当たりは一寸《ちょっと》柔いが、心が確《しっか》りしている、行《や》り出すと極端まで行るです。〈二葉亭四迷、其面影〉

対義語 内柔外剛《ないじゅうがいごう》

下意上達　かい-じょうたつ

意味 下々の者の意見や事情などが、上位の者の耳に届くこと。

構成 「下意」は、ここでは、下位の者の意見。「上達」は、ここでは、上の者に達すること。上の者に届くこと。

用例 落ち着いて慌てず騒がず、しかもきびきびと仕事を進めてもらいたいのであります。いわゆる上意下達・下意上達、〈吉村昭、戦艦武蔵〉

注意 「意」を「位」と書くのは、誤り。

対義語 上意下達《じょういかたつ》

回生起死　かいせい-きし

⇩起死回生《きしかいせい》

用例 如何《いか》なる玩愚なる人と雖《いへど》も、回生起死の証拠は一見して分明なる可《べ》し。〈徳富蘇峰、新日本之生年〉

蓋世不抜　がいせい-ふばつ

意味 世の中を圧倒する気性や才能があり、意志が堅固なこと。また、世の中を圧倒する気性や才能があり、戦いに負けたことがないこと。
構成 「蓋世」は、世の中を圧倒する気性や才能。気性がすぐれて大きく、元気盛んで天下をひと飲みするような勢いのあること。「蓋」は、覆いかぶさる。「不抜」は、抜き取られないこと。堅くて動かないこと。意志や城などの堅固なことや、戦いに負けないことをいう。
用例 この蓋世不抜の一代の英気は、またナポレオンの腹の田虫をいつまでも癒やす暇を与えなかった。〈横光利一、ナポレオンと田虫〉
類義語 一人当千《いちにんとうせん》・一騎当千《いっきとうせん》・万夫不当《ばんぷふとう》・百戦練磨《ひゃくせんれんま》

慨世憂国 がいせい－ゆうこく

（憂国《ゆうこく》慨世《がいせい》）
意味 世情を憂え、国家のことを心配すること。
構成 「慨世」は、世のありさまを憂え嘆くこと。「憂国」は、国家の現状や将来を心配すること。
用例 「慨世憂国の士をもって発狂の人となす、豈《あ》に悲しからずや」とはそこでのあなたの最後に書かれた言葉であったとも承りました。〈島崎藤村、海へ〉
注意 「慨」を「概」と書くのは、誤り。「慨」は「なげく」、「概」は、「概算」のように、「おおよそ」の意味。
類義語 慷慨忠直《こうがいちゅうちょく》

晦迹韜光 かいせき－とうこう

⇩韜光晦迹《とうこうかいせき》

階前万里 かいぜん－ばんり

意味 万里の遠い所のことも、階段の前にあることのように知っているということ。君主は地方行政の得失を皆聞き知っていて、臣下が君主を欺くことができないということのたとえ。
構成 「階前」は、階段の前。「万里」は、一万里。転じて、はるかに遠い所。
用例 乙姫さまは、あなたの事なんか、もうとうにご存じですよ。階前万里というじゃありませんか。観念して、ただていねいにお辞儀しておけばいいのです。〈太宰治、お伽草紙〉
注意 「万里」を「まんり」と読むのは、誤り。

海内紛擾 かいだい－ふんじょう

意味 世の中が乱れること。
構成 「海内」は、海のうち。天下、国内。「紛擾」は、乱れること。「擾」は、乱れ騒ぐ。
用例 実《まこと》に足利《あしかが》の末世、海内紛擾の時に当たりて、織田《おだ》豊臣《とよとみ》の功業も未だ其《そ》の基を固くすること能《あた》はず。〈福沢諭吉、文明論之概略〉
注意 (1)「海内」は慣用的に「かいだい」と読む。「かいない」と読むのは、誤り。(2)「紛」を「粉」と書くのは、誤り。
類義語 狂瀾怒濤《きょうらんどとう》・混迷乱擾《こんめいらんじょう》・天下多事《てんかたじ》

海内無双 かいだい－むそう

意味 天下に並ぶものがないこと。
構成 「海内」は、海のうち。天下、国内。「無双」は、並ぶものがない。二つとないこと。
出典 自ら以為《おも》へらく智能は海内無双、則《すなは》ち博聞弁智と謂《い》ふべしと。〈文選、東方朔、客の難ずるに答ふ〉
用例 海内無双といいたくなるような皿《さ》鉢《はち》料理は多人数の宴会でないとださないものだとのことであった。〈開高健、新しい天体〉
注意 「海内」は、慣用的に「かいだい」と読む。「かいない」と読むのは、誤り。
類義語 国士無双《こくしむそう》・天下一品《てんかいっぴん》・天下第一《てんかだいいち》・天下無双《てんかむそう》・天下無敵《てんかむてき》・天下無類《てんかむるい》・当代第一《とうだいだいいち》・当代無双《とうだいむそう》

か

街談巷語　がいだん−こうご

⇩街談巷説《がいだんこうせつ》

出典 小説家者流は、蓋《けだ》し稗官《はいかん》より出《い》づ。街談巷語、道聴塗説《どうちょうとせつ》の者の造る所なり。〈漢書、芸文志〉

街談巷説　がいだん−こうせつ

《街談巷語《がいだんこうご》》

意味 市中のつまらないうわさ。俗世間のうわさ。

構成 「街談」は、街の話題。「巷説」「巷語」は、ちまたのうわさ。

出典 街談巷説、必ず采《と》るべきもの有り。〈三国魏、曹植、楊徳祖に与ふる書〉

用例 言葉の由来によれば、街談巷説つまり世相談が小説であるわけである。〈生島遼一、西洋の小説と日本の小説〉

類義語 蛙鳴蟬噪《あめいせんそう》・驢鳴犬吠《ろめいけんばい》

海底撈月　かいてい−ろうげつ

意味 海面に映った月をすくい上げようとすること。無駄に力を労して効果のないことのたとえ。実現できないことに余分な労力を費やすことのたとえ。

構成 漢文訓読では、「海底に月を撈《と》る」と訓読する。「海底」は、海の底。「撈月」は、水中から月をすくいあげること。「撈」は、すくい取る。

故事 中国の唐の時代、李白《りはく》が、船上で酒に酔い、水面に映った月をすくい取ろうとしておぼれ死んだという伝説による。

類義語 縁木求魚《えんぼくきゅうぎょ》

回天動地　かいてん−どうち

意味 時勢を一変させ、世を驚かすこと。

構成 「回天」は、天をめぐらすこと。転じて、時勢を一変させること。「動地」は、大地をゆり動かすこと。転じて、世を驚かすこと。

用例 回天動地の大事件ならば格別、たったひとりの破牢罪人ぐらいのめしとりで、そう何人もの出動は許されないことを知っている右門は、〈佐々木味津三、右門捕物帖、卍のいれずみ〉

注意 「回天」を「回転」と書くのは、誤り。

表記 従来は「廻天動地」と書くのが普通であったが、現在では常用漢字の「回」に書き換える。

類義語 驚天動地《きょうてんどうち》・震天駭地《しんてんがいち》・震天動地《しんてんどうち》

快刀乱麻　かいとう−らんま

意味 鋭い刀で、乱れた麻糸を断ち切ること。難しい物事を鮮やかに処理することのたとえ。

構成 「快刀」は、切れ味のよい刀。「乱麻」は、入り交じってもつれた麻糸。「快刀、乱麻を断つ」の省略。

用例 累代腐りきった土岐《とき》家の組織を快刀乱麻を断つがごとく建てなおせるお人でもない。〈司馬遼太郎、国盗り物語〉

用法 本来「快刀乱麻を断つ」の成語であるが、略して「快刀乱麻の鮮やかさ」「快刀乱麻の勢い」などの形で用いられることも多い。

該博深遠　がいはく−しんえん

意味 学問や知識などが、広くて深いこと。広く物事に精通していること。

構成 「該博」は、学問や知識などが広いこと。「該」は、みな。ことごとく。「深遠」は、奥深く遠いこと。内容に深みがあること。

用例 該博深遠なる議論をもって、一々相手の攻撃を逆襲、粉砕して行かれましたので、〈夢野久作、ドグラ・マグラ〉

用法 「該博深遠な知識」などの形で用いられることが多い。

類義語 広才博識《こうさいはくしき》・才学博通《さいがくはくつう》・博学偉才《はくがくいさい》・博学広才《はくがくこうさい》・博学才穎《はくがくさいえい》・博学卓識《はくがくたくしき》・博学多才《はくがくたさい》・博学多識《はくがくたしき》・博学能文《はくがくのうぶん》・博識多才《はくしきたさい》・博

聞強記《はくぶんきょうき》・博覧強記《はくらんきょうき》・博覧多識《はくらんたしき》

開闢草昧　かいびゃく-そうまい

意味　天地が創造されたばかりで、世の中が未開である状態。また、国が開けはじめたばかりで、文明や秩序が未発達である状態。

構成　「開闢」は、世界の開け始め。「開」「闢」ともに、ひらく、ひらける。「草昧」は、世の開けはじめ。天地が創造されたばかりで、世の中の未開のときをいう。「草」は、はじめ。「昧」は、暗い。

用例　開闢草昧の世には、人民皆事物の理に暗くして外形のみに畏服《いふく》するものなれば、〈福沢諭吉、文明論之概略〉

注意　「昧」を「味」「眛」と書くのは、誤り。

類義語　天地開闢《てんちかいびゃく》・天地晦冥《てんちかいめい》・天地混沌《てんちこんとん》

傀儡政権　かいらい-せいけん

意味　①自国民の意志によってではなく、他国の意志によって操られている政権。②転じて、他人の意志に大きく左右される地位にいる者。

構成　「傀儡」は、操り人形。「政権」は、政治を実行する権力主体。

用例　①気にいらない政府があったら、そいつをクーデターでひっくりかえしておいて、あとに傀儡政権をたてる……〈小松左京、明日泥棒〉

怪力乱神　かいりょく-らんしん

意味　不思議なこと、力ずくですること、道を乱すこと、神秘的なもの。普通の人が認知できない神霊や霊魂。

構成　「怪」は、不思議なこと、奇怪なこと。「力」は、武勇や暴力。「乱」は、道徳に反すること。「神」は、鬼神。

出典　子、怪力乱神を語らず。〈論語、述而〉

用例　世に不思議だの、妖怪だのと云《い》うものがあろうとは思っていない。怪力乱神を語らずとは、孔子も説いている。〈岡本綺堂、半七捕物帳、白蝶怪〉

注意　(1)「怪力」は、本来は慣用的に「かいりょく」と読むが、最近では「かいりき」とも読む。(2)「乱神」を「乱心」と書くのは、誤り。

類義語　悪鬼羅刹《あっきらせつ》・異類異形《いるいいぎょう》・怨霊怪異《おんりょうかいい》・牛頭馬頭《ごずめず》・狐狸妖怪《こりようかい》・山精木魅《さんせいもくみ》・魑魅魍魎《ちみもうりょう》・妖異幻怪《よういげんかい》・妖怪変化《ようかいへんげ》

偕老同穴　かいろう-どうけつ

意味　生きてはともに老い、死んでは同じ墓に葬られること。夫婦の契りが堅く、長く仲むつまじいことのたとえ。

構成　「偕」は、ともに。「偕老」は、ともに老いること。「同穴」は、同じ墓の穴に入ること。

出典　子《し》の手を執《と》り、子と偕《とも》に老いん。〈詩経、邶風、撃鼓〉穀《い》きては則ち室を異にし、死しては則《すなわ》ち穴を同じうせん。〈詩経、王風、大車〉

用例　主人が偕老同穴を契《ちぎ》った夫人の脳天の真ん中には真ん丸な大きな禿《はげ》がある。〈夏目漱石、吾輩は猫である〉

用法　「偕老同穴の契り」などの形で用いられることが多い。

注意　「偕」を「階」と書くのは、誤り。

類義語　琴瑟調和《きんしつちょうわ》・形影一如《けいえいいちにょ》・合歓綢繆《ごうかんちゅうびゅう》・比翼連理《ひよくれんり》

瓦解土崩　がかい-どほう

⇩土崩瓦解《どほうがかい》

出典　武王左に黄鉞《こうえつ》を執《と》り、右に白旄《はくぼう》を執り、以《もっ》て之《これ》を麾《き》せば、則《すなわ》ち瓦解して走り、遂に土崩して下る。〈淮南子、泰族訓〉

呵呵大笑　かか-たいしょう

意味　からからと大声をあげて、豪快に笑うこと。

構成　「呵呵」は、笑う声の形容。「大笑」は、

大声で笑うこと。

出典 谷山呵呵として大笑すること三声。〈景徳伝灯録、八、潭州秀谿和尚〉

用例 悪魔呵々大笑していわく、「愚なり、巴毗弇《はびあん》。汝がわれを唾罵《だば》する心は、これ即《すなわ》ち驕慢《きょうまん》にして、七つの罪の第一よ。」〈芥川竜之介、るしへる〉

類義語 破顔一笑《はがんいっしょう》・捧腹絶倒《ほうふくぜっとう》

夏下冬上 かかーとうじょう

意味 炭火のおこし方。火種を夏は炭の下に、逆に冬は炭の上に置くと、よく火がおこるということ。

構成 「夏下」は、夏には火種を下に置くこと。「冬上」は、冬には火種を上に置くこと。ともによく火が起こる状態をいう。

花顔雪膚 かがんーせっぷ

《雪膚花貌《せっぷかぼう》》

意味 花のように美しい顔と、雪のように白い肌。女性の容姿が美しいことのたとえ。

構成 「花顔」「花貌」は、花のように美しい顔。「雪膚」は、雪のように白く清らかな肌。

出典 中《ちゅう》に一人有り字《あざな》は太真《たいしん》、雪の膚《はだへ》花の貌《かんばせ》参差《しんし》として是れなり。〈唐、白居易、長恨歌〉

用例 なほ天堂に於《お》ける天女にして、もしその面貌醜ならむか、濁世の悪魔が花顔雪膚に化したるものに、嗜好《しこう》の及ばざるや、〈泉鏡花、醜婦に呵す〉

類義語 花顔柳腰《かがんりゅうよう》

花顔柳腰 かがんーりゅうよう

意味 花のように美しい顔と、柳のように細くしなやかな腰。女性の容姿が美しいことのたとえ。

構成 「花顔」は、花のように美しい顔。「柳腰」は、柳のように細くしなやかな腰。

用例 花顔柳腰の人、そもそもなんじは狐狸《こり》か、変化《へんげ》か、魔性か。〈泉鏡花、義血侠血〉

類義語 花顔雪膚《かがんせっぷ》・雪膚花貌《せっぷかぼう》

蝸牛角上 かぎゅうーかくじょう

意味 かたつむりの角の上のような小さな世の中。取るに足りないつまらないもののたとえ。

構成 「蝸牛」は、かたつむり。「角上」は、つの上。

出典 蝸の左角に国する者有り、触氏と曰《い》ふ。蝸の右角に国する者有り、蛮氏と曰《い》ふ。時に相与《あひとも》に地を争ひて戦ふ。〈荘子、則陽〉

用例 自分の田舎寺に隠れた心の動機を考えて、主僧は黯然《あんぜん》とした。「世の中は蝸牛角上の争闘——私は東京に居る頃には、〈田山花袋、田舎教師〉

用法 「きわめて小さな、つまらない争いのたとえ」として、「蝸牛角上の争い」などの形で用いられることが多い。

架空無稽 かくうーむけい

意味 作りごとで、でたらめなこと。何のよりどころもなく、ほらを吹くこと。

構成 「架空」も「無稽」も、よりどころのないこと。でたらめ。「稽」は、ここでは、考え。

用例 今一つの原因は、新聞紙に載する続話は、其《そ》の物語の架空無稽なるにもかかわらず、総じて事実らしゅうもてなすことゆえ、〈坪内逍遥、小説神髄〉

類義語 奇異荒唐《きいこうとう》・荒唐不稽《こうとうふけい》・荒唐無稽《こうとうむけい》・笑止千万《しょうしせんばん》・無稽荒唐《むけいこうとう》

各種各様 かくしゅーかくよう

意味 一つ一つが、それぞれ異なった種類・状態であること。

構成 「各種」は、それぞれ違った種類であること。「各様」は、それぞれ違った状態であること。

用例 おそらく本陣では各種各様の説が

出て、まだ作戦の方針がまとまっていないのだろう。〈井伏鱒二、さざなみ軍記〉
類義語 各人各様《かくじんかくよう》・十人十色《じゅうにんといろ》・千人千色《せんにんせんしょく》・百人百態《ひゃくにんひゃくたい》・百人百様《ひゃくにんひゃくよう》

各人各様　かくじん－かくよう

意味 一人一人が、さまざまであること。

構成 「各人」は、めいめい。ひとりひとり。「各様」は、いろいろ。さまざま。

用例 理窟でないんです。何と言ったらいいのかなあ、各人各様にぱっとひらいたつもりでも、それが一つの大きい花なんですね。〈太宰治、惜別〉

類義語 各種各様《かくしゅかくよう》・十人十色《じゅうにんといろ》・千人千色《せんにんせんしょく》・百人百態《ひゃくにんひゃくたい》・百人百様《ひゃくにんひゃくよう》

格調高雅　かくちょう－こうが

意味 詩歌・文章の体裁や調子が、上品で優雅なこと。

構成 「格調」は、詩歌・文章の体裁や調子。「高雅」は、気高く、みやびやか。上品で優雅。

用例 格調高雅、意趣卓逸、一読して作者の才の非凡を思わせるものばかりである。〈中島敦、山月記〉

廓然無聖　かくねん－むしょう

意味 仏教で、何事にもとらわれない広々とした世界で、聖者も凡夫も平等無差別であるということ。禅の悟りの境地。

構成 「廓然」は、心が広くさっぱりしているようす。「無聖」は、「聖」なるものと他のものとの区別がないこと。

用例 頭の中は常に活動して、廓然無聖などと乙《おつ》な理窟を考え込んでいる。〈夏目漱石、吾輩は猫である〉

注意 「無聖」を「むしょう」と読むのは、仏教用語の慣用。「むせい」と読むのは、誤り。

格物究理　かくぶつ－きゅうり

意味 一つ一つの事物について調べ、道理や法則をきわめること。

構成 「格物」は、ここでは一つ一つの事物について道理をきわめること。「格物致知」の構成欄参照。「究理」は、事物の道理や法則を調べきわめること。

用例 彼の心に描く「黒船」とは、およそ三つのものを載せて来る。耶蘇教《やそきょう》はその一つ、格物究理の洋学はその一つ、交易による世界一統もまたその一つである。〈島崎藤村、夜明け前〉

類義語 格物致知《かくぶつちち》・致知格物《ちちかくぶつ》

格物致知　かくぶつ－ちち

（致知格物《ちちかくぶつ》）

意味 一つ一つの事物について調べ、道理や本質をきわめることにより、知識や学問を深めること。

構成 「格物」「致知」ともに、『大学』で説かれている自己修養についての八か条の一つ。解釈は、大きく分けて次の二説が代表的。(1)南宋の朱熹の説。「格」を「至」と解し、全ての事物には理があるから、その理をきわめて行く（物に格る）ことによって、自分の天賦の英知を悟りきわめる（知を致す）ことができる。〈大学章句〉(2)明の王守仁（王陽明）の説。「格」を「正」と解し、自分の意志で事物を正しくする（物を格す）ことによって、自分の生まれながらに有する良知をきわめ明らかにする（知を致す）ことができる。〈伝習録、中〉

出典 其《そ》の心を正しくせんと欲する者は、先《ま》づ其の意を誠にす。其の意を誠にせんと欲する者は、先づ其の知を致す。知を致すは物に格《いた》る（格す）に在り。〈大学〉

用例 これくらいの古稀の逸品となると、美術品か骨董品であって、飲むよりは眼で見て愉《たの》しむものかもしれないが、そうと知るとこちらも格物致知の衝動がこみ

あげてくる。〈開高健、食後の花束〉
類義語 格物究理《かくぶつきゅうり》・致知格物《ちちかくぶつ》

革命易姓　かくめい-えきせい

⇩易姓革命《えきせいかくめい》
用例 漢末からは特に盛んになつて、革命易姓、国家興亡の如《ごと》きことは、単に人為のみで出来るものではない。〈幸田露伴、太公望〉

駆込訴訟　かけこみ-そしょう

意味 江戸時代、町役人などの手を経ずに、奉行所や領主などに直接訴えること。
構成 「駆込」は江戸時代、町役人などの手を経ずに、奉行所や領主などに直接訴えること。「訴訟」は訴え。
用例 長二が押上堤《おしあげづつみ》で幸兵衛夫婦を殺害したと南の町奉行へ駆込訴訟をしたので、〈三遊亭円朝、名人長二〉
表記 「駆」の代わりに異体字の「駈」を書くこともあるが、現在では常用漢字の「駆」を用いるのが普通。

加減乗除　か-げん-じょう-じょ

意味 ①算術の四則。足し算・引き算・掛け算・割り算。②転じて、他者からの影響。
構成 「加減」は、ここでは足し算と引き算。「乗除」は、掛け算と割り算。
用例 ①自《みづか》ら論じて自ら駁《ばく》し、生涯の事業を加減乗除すれば零に均《ひと》しきのみ。〈福沢諭吉、文明論之概略〉②だから僕は君の作品に於《お》いて作品からマンの加減乗除を考えません。〈太宰治、虚構の春〉

嘉言善行　かげん-ぜんこう

意味 よいことばとよい行い。立派なことばと立派な行い。
構成 「嘉言」は、よいことば。立派なことば。「善行」は、よい行い。立派な行い。
出典 嘉言を述べ、善行を紀《さを》む。〈小学、外篇〉
用例 殆《ほとん》ど嘉言善行を見聞きしたような慰めを、自分に与えてくれるのである。〈森鷗外、青年〉

寡言沈黙　かげん-ちんもく

⇩沈黙寡言《ちんもくかげん》
用例 これが平生寡言沈黙の人たる博士が、天賦の雄弁を発揮する時である。〈森鷗外、里芋の芽と不動の目〉

花紅柳緑　かこう-りゅうりょく

⇩桃紅柳緑《とうこうりゅうりょく》

加持祈禱　かじ-きとう

意味 ①病気や災難などを除くために、神仏の加護を祈ること。②人に害を与えるように呪《のろ》いをかけること。
構成 「加持」は、ここでは災いを除くためなどに神仏に祈ること。祈願。本来は真言密教で行う祈禱。「加」は、諸仏大悲の力が行者に加わること。「持」は、行者の信心に仏が応じて互いに通じ合うこと。「祈禱」は、神仏に祈ること。また、その儀式。「禱」も、祈る。
用例 ①あらゆる加持祈禱を試み、わざわざ多賀の大社まで代参のものをやって病気全快を祈らせたことや、〈島崎藤村、夜明け前〉②さすがの婆の加持祈禱でも、そのまわりにいる人間には、害を加える事が出来ません。〈芥川竜之介、妖婆〉

家常茶飯　かじょう-さはん

⇩日常茶飯《にちじょうさはん》
出典 道楷《どうかい》云ふ、仏祖の文句、家常茶飯のごとしと。〈五灯会元〉
用例 しかし多くの自殺者を見ていたお陰には、自殺をすることが家常茶飯のように思われて、大した恐怖をも感じなかった。〈菊池寛、身投げ救助業〉

過小評価　かしょう-ひょうか

意味 実質より低く価値判断をすること。

みくびること。

構成 「過小」は、小さすぎること。「評価」は、価値をきめること。

用例 日本の航空戦力に対する非常な過小評価が因となっていた。〈阿川弘之、山本五十六〉

注意 「過小」を「過少」と書くのは、誤り。

対義語 過大評価《かだいひょうか》

過剰防衛 かじょう-ぼうえい

意味 不当な暴行を加えられた時、認められた限度を超えて、腕力・武器などで反撃すること。

構成 「過剰」は、度を過ごしていること。「防衛」は、防ぎ守ること。

用例 警察は、過剰防衛の疑いがかなりあるっていうんです。〈菊田一夫、君の名は〉

対義語 正当防衛《せいとうぼうえい》

花晨月夕 かしん-げっせき

《花朝月夕《かちょうげっせき》》

意味 ①花の咲いた朝と月の出ている夜。転じて、春の朝と秋の夜の楽しいひと時。②陰暦二月十五日を花晨、八月十五日を月夕という。

構成 「花晨」「花朝」は、花の咲いた朝。「晨」も、朝。「月夕」は、月の出ている夕べ。月夜。

出典 花晨月夕は彩霞《さいか》に乗りて碧落《へきらく》に登るがごとし。〈画舫約〉

用例 ①壮挙をも企て得ないし、下劣をも恥じないし、花晨月夕の興も尽きはてようし、夫婦としても、朋友としても、親子としても、通用しない人間になるでしょう。〈夏目漱石、創作家の態度〉

注意 「月夕」を「げつゆう」と読むのは、誤り。「夕」の音読みは「せき」。

類義語 花鳥月露《かちょうげつろ》・花鳥風月《かちょうふうげつ》

佳人才子 かじん-さいし

⇩才子佳人《さいしかじん》

用例 最も無惨なは村の佳人才子たる女《まあ》ッ子兄《なせ》アが屈境の出合い場所として夜陰に乗じて社殿《やしろ》の椽《えん》にコソコソ忍び合う事である。〈内田魯庵、社会百面相、電影〉

臥薪嘗胆 がしん-しょうたん

意味 たきぎの上に寝て、苦いきもをなめる。①かたきを討つため、自分の身を苦しめてその志が衰えないように励ますことのたとえ。②目的を達成するために苦労に耐えることのたとえ。

構成 漢文訓読では、「薪に臥《ふ》して胆を嘗《な》む」と読む。「臥薪」は、たきぎの上に寝ること。「臥」は、横になる。「薪」は、たきぎ。「嘗胆」は、苦いきもをなめること。「嘗」は、なめる。「胆」は、内臓の一つ、胆嚢《たんのう》。

故事 中国の春秋時代、呉王夫差《ふさ》は、父の仇である越王句践《こうせん》を討つという復讐心をかきたてるため、薪の上に寝起きするという苦しみを自らに課し、ついに会稽山《かいけいざん》の一戦で句践を破り降伏させた。ところが、夫差に敗れた句践は、その恥を忘れないために苦い胆を身近においてなめ、苦心の末に夫差を滅ぼしたという故事による。また、「臥薪」「嘗胆」ともに越王句践の故事とする説もある。

出典 夫差《ふさ》讎《あだ》を復せんと志し、朝夕《ちょうせき》薪中《しんちゅう》に臥し、出入するごとに人をして呼ばしめて曰《い》はく、夫差、而《なんじ》越人の而の父を殺ししを忘れたるか、と。〈十八史略、春秋戦国、呉〉呉既に越を赦《ゆる》す。越王句践国に反《かへ》り、乃《すなは》ち身を苦しめ思ひを焦がし、胆を坐に置き、坐臥《ざが》するごとに即《すなは》ち胆を仰ぎ、飲食するにも亦《ま》た胆を嘗《な》むるなり。曰はく、女《なんぢ》会稽の恥を忘れたるか、と。〈史記、越世家〉

用例 ①あまりにも腕前の差がひどかったならば、その時には臥薪嘗胆、鞍馬山《くらまやま》にでもはいって一心に剣術の修行をする事だ。〈太宰治、お伽草紙〉②陰性の植物よりホルモン液を抽出する研究をはじめ、臥薪嘗胆十五年、一昨年ついにその

大発明を完成されたのが、〈石坂洋次郎、石中先生行状記〉
類義語 座薪懸胆《ざしんけんたん》

佳人薄命　かじん-はくめい

《美人薄命《びじんはくめい》》
意味 美人はとかく不幸せであること。また、美人はとかく短命であること。
構成 「佳人」「美人」は、美しい女性。美人。「薄命」は、運命に恵まれないこと。また、短命であること。
出典 古《いにしへ》より佳人多く命薄し、門を閉じて春尽き楊花《ようか》落つ。〈北宋、蘇軾、薄命佳人の詩〉
用例 あるいはまた、佳人薄命、懐玉有罪、など言って、私をして、いたく赤面させ、狼狽させて私に大酒のませる悪戯者《いたずらもの》まで出て来た。〈太宰治、懶惰の歌留多〉
類義語 才子多病《さいしたびょう》

雅俗混交　がぞく-こんこう

意味 優雅と卑俗とが入り交じっていること。上品でみやびやかなことと、下品でひなびたこととが入り交じっていること。
構成 「雅俗」はここでは優雅・上品と卑俗・下品。「混交」は、入り交じること。
用例 そこで眼が醒めた。腋《きわ》の下から汗が出ている。妙に雅俗混淆な夢を見たものだと思った。〈夏目漱石、草枕〉
表記 従来は「雅俗混淆」と書くのが普通であったが、現在では常用漢字の「交」に書き換える。
類義語 雅俗折衷《がぞくせっちゅう》

雅俗折衷　がぞく-せっちゅう

意味 ①風雅なものと卑俗なものとを交ぜ用いること。②雅俗折衷体（文）。小説などで、文語体（雅文）で書かれた地の文の中に、口語体（俗文）の会話を混ぜたもの。明治二十〜三十年代における、文語体から言文一致へと移行する過渡期に生じたもの。幸田露伴の「五重塔」、尾崎紅葉の「金色夜叉」、樋口一葉の「たけくらべ」などがその例。
構成 「雅俗」は優雅・上品と卑俗・下品。また、雅文と俗文。「折衷」は、あれこれと取捨して調和させ、そのほどよいところをとること。
用例 ②わが国にていにしえより小説に用い来りし文体は一定ならねど、要するに雅と俗と雅俗折衷の三体の外にあらじ。〈坪内逍遥、小説神髄〉
表記 「雅俗折中」とも書く。
類義語 雅俗混交《がぞくこんこう》

家族団欒　かぞく-だんらん

⇩一家団欒《いっかだんらん》
用例 家族団欒の光景のいやらしい複製としか思えないのだった。私は他人の中で晴れ晴れと死にたいと思った。〈三島由紀夫、仮面の告白〉

過大評価　かだい-ひょうか

意味 実質より高く価値判断をすること。
構成 「過大」は、大きすぎること。「評価」は、価値を決めること。
用例 この熊ン蜂理論はしかし、あとから見れば明らかに、日本の潜水艦戦力に関する山本の過大評価であった。〈阿川弘之、山本五十六〉
対義語 過小評価《かしょうひょうか》

花朝月夕　かちょう-げっせき

⇩花晨月夕《かしんげっせき》

花鳥月露　かちょう-げつろ

意味 花と鳥と月夜におりる露。自然の美しい景色のたとえ。
構成 「花鳥」は、花と鳥。「月露」は、月夜の露。
用例 詩歌の大部分を占むべき恋愛も人情も度外にして置いて、世相にも触れず

に、ただ単に花鳥月露、四季の節物を取扱ふのみで、〈幸田露伴、芭蕉入門〉

類義語 花晨月夕《かしんげっせき》・花朝月夕《かちょうげっせき》・花鳥風月《かちょうふうげつ》

花鳥諷詠 かちょう-ふうえい

意味 四季の変化によって生ずる自然界や人間界の現象を、無心に客観的に句にすることが、俳句の根本であるとする主張。高浜虚子が提唱し、ホトトギス派の基本理念となった。

構成 「花鳥」は、花と鳥。転じて、天地自然の美しい景色。「諷詠」は、ここでは詩歌を作ること。

用例 栴堂《せんどう》は客観写生を喧《やかま》しく言ったから、彼を崇拝するぬいが、花鳥諷詠に心をひき入れられたのは当然である。〈松本清張、菊枕〉

花鳥風月 かちょう-ふうげつ

意味 ①花と鳥と、風と月。自然の美しい景色のたとえ。②転じて、自然の風物を楽しみ、それを題材とした詩歌や絵画などをたしなむ風流。

構成 「花鳥」は、花と鳥。「風月」は、風と月。

用例 ①信長の平素には花鳥風月をたのしむ趣味はほとんどないのである。〈司馬遼太郎、国盗り物語〉②花鳥風月の遊びも、雪の野路の巡礼も、恋のなやみや嬉しさも、みんな遠くにうたかたのように消えてしまった。〈倉田百三、出家とその弟子〉

類義語 花晨月夕《かしんげっせき》・花朝月夕《かちょうげっせき》・花鳥月露《かちょうげつろ》

活火激発 かっか-げきはつ

意味 盛んに燃えさかる炎が、激しくわき起こること。

構成 「活火」は、盛んに燃えている火。「激発」は、ここでは激しく起こること。

用例 時を要するは此の導火線の準備にこそあらめ。活火激発の機は必ず瞬時ならざる可《べ》からず、〈島崎藤村、春〉

類義語 活気横溢《かっきおういつ》・活発婉麗《かっぱつえんれい》・活発発地《かっぱつはっち》・活発轆地《かっぱつろくち》

隔靴搔痒 かっか-そうよう

意味 靴を隔ててかゆい所をかく。はがゆいこと、もの足りないことのたとえ。靴の上からでは、かゆい所に手が届かず、はがゆくもどかしいことからいう。

構成 漢文訓読では、「靴を隔てて痒《かゆ》きを搔く」と読む。「隔靴」は、靴をへだてること。「搔痒」は、かゆい所をかくこと。「搔」は、かく、ひっかくこと。「痒」は、かゆい。かゆいところ。

出典 詩の題を著《あらは》さざるは、靴を隔てて痒《かゆ》きを搔くがごとし。〈南宋、阮閲、詩話総亀〉

用例 如何《いか》に智足りて意足らず、意足りて手足らず、隔靴搔痒の憂ひを抱かしむるものあるにせよ、〈芥川竜之介、木曾義仲論〉

用法 「隔靴搔痒の感がある」などの形で用いられることが多い。

表記 「隔靴搔癢」とも書く。

対義語 麻姑搔痒《まこそうよう》

活気横溢 かっき-おういつ

意味 生き生きとした気分が、あふれんばかりにみなぎっていること。

構成 「活気」は、生き生きとした気分。「横溢」は、水などがみなぎりあふれること。「横」「溢」ともに、満ちあふれる。

用例 日本はこの戦争に必ず勝つ、このように国内に活気横溢して負けるはずはない、〈太宰治、惜別〉

類義語 活火激発《かっかげきはつ》・活発婉麗《かっぱつえんれい》・活発発地《かっぱつはっち》・活発轆地《かっぱつろくち》

対義語 萎靡因循《いびいんじゅん》・萎靡沈滞《いびちんたい》

恪勤精励 かっきん-せいれい

⇩精励恪勤《せいれいかっきん》

渇仰随喜　かつごう-ずいき

《随喜渇仰《ずいきかつごう》》

意味 仏教で、心から喜んで仏道に帰依し、仏を厚く信仰すること。また、他人の姿や行動に好意を寄せ、心からあこがれ慕うこと。

構成 「渇仰」は、仏教で、のどがかわいては水を欲し、山に対しては高いことを慕い仰ぐように、仏を慕い求めること。転じて、心からあこがれ慕うこと。「随喜」は、仏教で、他人のする善行を見て、これに同感し喜びの心を生ずること。転じて、他人の行動に好意を寄せること。

用例 あわれ何若丸とか名乗る山門の児として悪僧ばらが渇仰随喜の的にもなりそうな美しく勇ましい児ぶりであった。〈岡本綺堂、玉藻の前〉

注意 「渇仰」を「かつごう」と読むのは、仏教用語の慣用だが、最近では「かつぎょう」とも読む。

類義語 欣求浄土《ごんぐじょうど》

確乎不動　かっこ-ふどう

《確乎不抜《かっこふばつ》》

意味 しっかりとして動かし変えることのできないこと。意志や精神などが堅固で動じないようす。

構成 「確乎」は、しっかりして動かないようす。たしかなようす。「乎」は、状態を表す語に付いて、語調を強める助字。「不動」「不抜」は、堅くて動かないこと。意志や城などの堅固なことにいう。

用例 殿様が、御自分の腕前に確乎不動の自信を持っていたならば、なんの異変も起こらず、〈太宰治、水仙〉

表記 「確固不動」とも書く。

類義語 意志堅固《いしけんご》・確乎不抜《かっこふばつ》・鉄心石腸《てっしんせきちょう》・鉄腸強胆《てっちょうごうたん》・不昧不落《ふまいふらく》・不落不昧《ふらくふまい》

確乎不抜　かっこ-ふばつ

⇩確乎不動《かっこふどう》

出典 確乎として其《そ》れ抜くべからざるは潜竜《せんりょう》なり。〈易経、乾〉

用例 威武も屈すること能《あた》はず、貧賤も奪ふこと能はず、確乎不抜、内に存するものを云《い》ふなり。〈福沢諭吉、文明論之概略〉

活殺自在　かっさつ-じざい

意味 ①生かすも殺すも思うまま。②転じて、自分の思いのままに、自由に振る舞うこと。

構成 「活殺」は、生かすことと殺すこと。「自在」は、心のままなこと。思いのまま。

用例 ①今は活殺自在ですからお望みならば消し去ります。〈川口松太郎、新吾十番勝負〉②全く映画的なもののすべてが活殺自在に少しの無駄もなくそこに操られている。〈南部修太郎、文芸作品の映画化〉

類義語 七擒七縦《しちきんしちしょう》・七縦七擒《しちしょうしちきん》・生殺与奪《せいさつよだつ》

活殺生死　かっさつ-しょうじ

意味 仏教で、生かすことと殺すこと、生きることと死ぬこと。命有るものの生き死に。また、生と死とを繰り返すこと。

構成 「活殺」は、生かすことと殺すこと。「生死」は、生きていることと死ぬこと。また、生と死とを繰り返すこと。

用例 わが見るは動く世ならず、動く世を動かぬ物の助けにて、よそながら窺《うかが》う世なり。活殺生死の乾坤《けんこん》を定裏《じょうり》に拈出《ねんしゅつ》して、五彩の色相を静中に描く世なり。〈夏目漱石、薤露行〉

注意 「生死」を「しょうじ」と読むのは、仏教用語の慣用。「せいし」と読むのは、誤り。

合掌瞑目　がっしょう-めいもく

《瞑目合掌《めいもくがっしょう》》

意味 両方の手のひらを合わせ、目をつぶること。またそのような形でおがむこ

と。

構成「合掌」は、両方の手のひらを合わせること。神仏などをおがむときに行う礼。「瞑目」は、目をつぶること。

用例 崩れ落ちた瓦《かわら》の山のわきで、合掌瞑目して一心に祈っている初老の婦人。〈井伏鱒二、黒い雨〉

類義語 合掌礼拝《がっしょうらいはい》

合掌礼拝 がっしょう-らいはい

意味 両方の手のひらを合わせ、神仏をおがむこと。

構成「合掌」は、両方の手のひらを合わせること。神仏などをおがむときに行う礼。「礼拝」は、神仏をおがむこと。

用例 勝さんは手洗鉢《ちょうずばち》のわきから万両《まんりょう》の葉をとって来て死人の枕元《まくらもと》に置き、陸男さんと並んで合掌礼拝した。〈井伏鱒二、黒い雨〉

注意「礼拝」は、仏教では「らいはい」、キリスト教では「れいはい」と読むのが一般的。

類義語 合掌瞑目《がっしょうめいもく》・瞑目合掌《めいもくがっしょう》

合従連衡 がっしょう-れんこう

意味 ①中国古代、蘇秦《そしん》の合従策と張儀《ちょうぎ》の連衡策。②転じて、国際間の同盟。また、時勢に応じた外交政策。あるいは、利害に従って、団結・離反すること。

構成「合従」は、中国の戦国時代、燕《えん》・斉・楚《そ》・韓・魏《ぎ》・趙《ちょう》の六国が南北(縦)に同盟を結んで、西方の強国秦《しん》に対抗した外交策。遊説家であった蘇秦《そしん》が提唱した。「従」は、縦。「連衡」は、さきの六国がそれぞれ秦と東西(横)に同盟して、自国の保全をはかろうとした外交策。張儀《ちょうぎ》が提唱した。「衡」は、横。

出典 日夜合離《ごうり》し、以《もっ》て文章を成し、以て能《よ》く合従し、又善《よ》く連衡す。〈荀子、賦〉

用例 ②合従連衡の戦争に忙《せわ》しき世なれば、貴族といえども自らその身を安んずるを得ず。〈福沢諭吉、文明論之概略〉

注意「合従」を「ごうじゅう」と読むのは、誤り。

表記「合縦連衡」「合従連横」「合縦連横」とも書く。

類義語 雲集霧散《うんしゅうむさん》・集散離合《しゅうさんりごう》・離合集散《りごうしゅうさん》

豁然大悟 かつぜん-たいご

意味 仏教で、疑いや迷いが解け、悟りを開くこと。心が開けたように大いに悟りを得ること。

構成「豁然」は、ここでは疑いや迷いなどがからっと解け開くようす。「大悟」は大いに悟ること。煩悩を脱し真理をさとる。迷いを打破して真実の知見を開くこと。

出典 道安《どうあん》の般若《はんにゃ》を講ずるを聞き、豁然大悟たり。〈祖庭事苑〉

用例 うんそうだと豁然大悟して、それから早速長い髪を切って男の着物をきてHierophilus の講義をききに行った。〈夏目漱石、吾輩は猫である〉

類義語 今是昨非《こんぜさくひ》・昨非今是《さくひこんぜ》

闊達豪放 かったつ-ごうほう

（豪放闊達《ごうほうかったつ》）

意味 心が大きく、小事にこだわらないようす。度量が広く、豪快なようす。

構成「闊達」は心が広くて、小事にこせこせしないこと。「闊」は、広い。「豪放」は、気性がおおまかで、細かいことにこだわらないこと。

用例 ああ、闊達豪放なる滝の白糸！〈泉鏡花、義血侠血〉

表記 (1)「闊」の代わりに異体字の「濶」を書くこともあるが、現在では、印刷物などでは「闊」を用いるのが普通。(2)「豁達豪放」「豪放豁達」とも書く。

類義語 闊達自在《かったつじざい》・闊達無礙《かったつむげ》・明快闊達《めいかいかったつ》

闊達自在　かったつ－じざい

[意味] 度量が広く、細事にこだわらないようす。思いのままにのびのびしているようす。

[構成] 「闊達」は、心が広くて、小事にこせこせしないこと。「闊」は、広い。「自在」は、心のままなこと。

[用例] 闊達自在、些〻《いささ》かの道学者臭も無いのに子路は驚く。〈中島敦、弟子〉

[表記] (1)「闊」の代わりに異体字の「濶」を書くこともあるが、現在では、印刷物などでは「闊」を用いるのが普通。(2)「豁達自在」とも書く。

[類義語] 闊達豪放《かったつごうほう》・闊達無礙《かったつむげ》・豪放闊達《ごうほうかったつ》・明快闊達《めいかいかったつ》

闊達無礙　かったつ－むげ

[意味] 度量が広く、細事にこだわらないようす。思いのままにのびのびしているようす。

[構成] 「闊達」は、心が広くて、小事にこせこせしないこと。「闊」は、広い。「無礙」は、自由自在でさまたげのないこと。「礙」は、さまたげ。

[用例] 悟空《ごくう》の闊達無碍の働きを見ながら俺はいつも思う。〈中島敦、悟浄歎異〉

[注意] 「礙」の音読みは本来「がい」だが、この場合は慣用的に「げ」と読む。

[表記] (1)「闊」の代わりに異体字の「濶」を書くこともあるが、現在では、印刷物などでは「闊」を用いるのが普通。(2)「礙」の代わりに、異体字の「碍」を書くこともある。(3)「豁達無礙」とも書く。

[類義語] 闊達豪放《かったつごうほう》・闊達自在《かったつじざい》・豪放闊達《ごうほうかったつ》・明快闊達《めいかいかったつ》

闊達明朗　かったつ－めいろう

⇩明朗闊達《めいろうかったつ》

活発婉麗　かっぱつ－えんれい

[意味] 生き生きとしてしなやかで美しいこと。

[構成] 「活発」は、もと、「活潑」で、魚などが生き生きとしてはねること。ぴちぴちとびはねること。転じて、精神の働きや動作などが生き生きとして、元気のよいこと。「潑」は、はねる。「婉麗」は、しとやかで美しいこと。「婉」は、しとやか。

[用例] 総じて活潑婉麗なるから、ひたすら情を写さんとて事実を枉《ま》ぐることも多かるべし。〈坪内逍遥、小説神髄〉

[表記] 従来は「活潑婉麗」と書くのが普通であったが、現在では常用漢字の「発」に書き換える。

[類義語] 活火激発《かっかげきはつ》・活気横溢《かっきおういつ》・活発発地《かっぱつはっち》・活発轆地《かっぱつろくち》

活発発地　かっぱつはっ－ち

[意味] 魚がはねるように勢いがよいこと。非常に元気のよいことのたとえ。

[構成] 「活発発」は、もと「活潑潑」で、魚がはねるように勢いがよく滞りないこと。「地」は語尾にそえて語調をととのえる助字。

[出典] 此の一節は、子思《しし》喫緊《きっきん》人の為にする処、活潑潑地。読者其《そ》れ思ひを致せ。〈中庸、十二章、詩に云ふ、鳶飛んで天に戻る、章句〉

[用例] 幸徳らは死ぬるどころか活潑潑地に生きている。〈徳富蘆花、謀叛論〉

[注意] 「かっはつはっち」「かっぱつぱっち」とも読む。

[表記] 従来は「活潑潑地」と書くのが普通であったが、現在では常用漢字の「発」に書き換える。

[類義語] 活火激発《かっかげきはつ》・活気横溢《かっきおういつ》・活発婉麗《かっぱつえんれい》・活発轆地《かっぱつろくち》

活発轆地　かっぱつ－ろくち

[意味] 魚が生き生きと水面を跳びはね、車が音を立てて勢いよく走っていくこと。生き生きとして元気の良いことのたとえ。

構成「活発」は、もと「活潑」で、魚などが生き生きとしてはねること。ぴちぴちととびはねること。転じて、精神の働きや動作などが生き生きとして、元気のよいこと。「轆」は、車が進む音の形容。転じて、車が音を立てて進むようす。

用例 問いに対する答えの速やかなること、応変自由なること、鐘の撞木《しゅもく》に鳴るごとく、木霊《こだま》の音を返すがごとく、活潑轆地の境涯を捉えました。〈岡本かの子、鯉魚〉

表記 従来は「活潑轆地」と書くのが普通であったが、現在では常用漢字の「発」に書き換える。

類義語 活火激発《かっかげきはつ》・活気横溢《かっきおういつ》・活発婉麗《かっぱつえんれい》・活発発地《かっぱつはっち》

割腹自殺　かっぷく－じさつ

意味 自分で腹を切って、自らの命を絶つこと。

構成「割腹」は、腹を切ること。切腹。「自殺」は、自分で自分の生命を絶つこと。自害。

用例 四谷区青葉町六の自宅八畳の間に於《お》いて、軍刀を以《も》って割腹自殺を遂げ、〈三島由紀夫、憂国〉

家庭円満　かてい－えんまん

意味 家族の生活が、問題なく穏やかに営まれていること。

構成「家庭」は、家族の生活のようす。「円満」は、不満や不自由などの欠けたところがなく、穏やかで問題のないこと。

用例 家庭円満、妻子と共に、おしるこ万才を叫んで、ボオドレエルの紹介文をしたためる滅茶もさることながら、〈太宰治、如是我聞〉

類義語 家内安全《かないあんぜん》

我田引水　がでん－いんすい

意味 自分の田に水を引き込むこと。自分の都合のよいように言ったり、行ったりすることのたとえ。自分に好都合になるように事を取りはからうことのたとえ。

構成「我田」は、自分の所有する田。「引水」は、水を引き込むこと。

用例 従って往々はなはだしく手前勝手な我田引水と思われそうな所説のあることは、自分でも認められ〈寺田寅彦、科学と文学〉

類義語 得手勝手《えてかって》

瓜田李下　かでん－りか

⇩李下瓜田《りかかでん》

用例 あっちが顔のいい上にあんなにはねッかえりで、瓜田李下の嫌疑なんぞにかまわない処へ〈三宅花圃、藪の鶯〉

家内安全　かない－あんぜん

意味 家屋や家族の者に災害や病気などといった問題がなく、平穏であること。

構成「家内」は、家の中。家族。「安全」は、危なげがないこと。また、家の中にいる者。

用例 濡《ぬ》れ縁の絵馬を二人は一緒に眺めた。家内安全。子供が早くできますように。〈加賀乙彦、湿原〉

類義語 家庭円満《かていえんまん》

家内狼藉　かない－ろうぜき

意味 家の中が散らかって、乱雑になっていること。

構成「家内」は、家の中。「狼藉」は、ものが散らばっているようす。「狼」も「藉」も、乱雑。一説に、狼が草を藉いて寝たあとの乱雑さから転じたともいう。

用例 譬《たと》へば裏表に戸締まりもなくして家内狼藉なる其の家の門前に、二十「イン／チ」の大砲一坐を備ふるも盗賊の防禦に適す可《べ》からざるが如《ごと》し。〈福沢諭吉、文明論之概略〉

歌舞音曲　かぶ－おんきょく

注意「藉」を「籍」と書くのは、誤り。

意味 ①歌を歌い、舞を舞い、音楽を奏でること。②歌や舞や音楽を楽しむこと。遊興。
構成「歌舞」は、歌い舞うこと。また、歌と舞。「音曲」は、音楽。
用例 ①歌舞音曲にも堪能《たんのう》なかたです。〈司馬遼太郎、国盗り物語〉②鷺山《さぎやま》に華麗な城館をつくり、そこで歌舞音曲にあけくれている。〈司馬遼太郎、国盗り物語〉
注意「音曲」は、本来は慣用的に「おんぎょく」と読むが、現在では「おんきょく」の方が一般的。
類義語 歌舞歓楽《かぶかんらく》

歌舞歓楽 かぶ-かんらく

意味 歌や舞といった遊びを楽しむこと。遊興。
構成「歌舞」は、歌い舞うこと。また、歌と舞。「歓楽」は、よろこび楽しむこと。
用例 橋の畔《ほとり》へ出ると、神田川の水が落ち合うところで、歌舞歓楽の区域の一角が水の方へ突き出て居る。〈島崎藤村、家〉
注意「歓」を「勧」「観」と書くのは、誤り。「歓」は「よろこぶ」、「勧」は「すすめる」、「観」は「みる」の意味。
類義語 歌舞音曲《かぶおんきょく》

寡聞浅学 かぶん-せんがく

《浅学寡聞《せんがくかぶん》》
意味 見聞が狭く、学識の深くないこと。
構成「寡聞」は、見聞が狭いこと。「寡」は、少ない。「浅学」は、知識が少ないこと。あさい学問。学識の深くないこと。
用例 貧道、寡聞浅学の故を以《もっ》て固辞再三に及べども不聴《きかず》。〈夢野久作、ドグラ・マグラ〉
用法 謙遜の表現として用いられることが多い。
類義語 浅学短才《せんがくたんさい》・浅学非才《せんがくひさい》
対義語 博聞強記《はくぶんきょうき》

我利私欲 がり-しよく

⇩私利私欲《しりしよく》
用例 またこの不同不二の乾坤《けんこん》を建立《こんりゅう》し得るの点において、我利私慾の羈絆《きはん》を掃蕩《そうとう》するの点において、〈夏目漱石、草枕〉

画竜点睛 がりょう-てんせい

意味 ①竜を描いて、最後に瞳を書き入れる。最後の大切なところに手を加え、物事を完成することのたとえ。②転じて、わずかなことで全体が引き立ってくることのたとえ。
構成 漢文訓読では、「竜を画きて睛《ひとみ》を点ず」と訓読する。「画竜」は、描かれた竜。「点睛」は、瞳を描き入れること。「点」は、ちょっと書き入れる。「睛」は瞳・目玉。
故事 中国の六朝《りくちょう》時代、梁《りょう》の名画家の張僧繇《ちょうそうよう》が竜を描いたが、瞳だけは書き入れなかった。しばらくたって、周囲の人の望みに応じて瞳を書き入れたところ、絵の竜が本物になって、天に飛び去ったという故事による。
出典 又金陵の安楽寺の四白竜、眼睛を点ぜず。毎《つね》に云《い》ふ、睛を点ずれば即《すなは》ち飛び去らんと。人以《も》って妄誕《もうたん》と為《な》す。固く請ふ。之《これ》に点ずるに、須臾《しゅゆ》にして雷電壁を破り、両竜雲に乗り、騰去《とうきょ》して天に上る。二竜の未だ眼に点ぜざる者は見在《げんざい》す。〈歴代名画記、張僧繇〉
用例 ①ところがこの好奇心が遺憾なく満足さるべき画竜点睛の名前までいよいよ読み進んだ時、自分は突然驚いた。名あてには重吉の姓と名がはっきり書いてあった。〈夏目漱石、手紙〉
用法「画竜点睛を欠く」の形で、最後の仕上げができていないで、肝心なところが抜けているため、精彩がないことを表すことが多い。
注意 (1)「画竜」は、「がりゅう」とも読む。(2)「睛」を「晴」と書くのは、誤り。「睛」は「ひとみ」、「晴」は「はれ」の意味。

か

迦陵頻伽　かりょう－びんが

意味 梵語《ぼんご》からの音訳語。①仏教で、ヒマラヤ山中に住むとも、極楽にいるともいう想像上の鳥の名。比類なく美しい声で鳴き、顔は美女に似ているという。「好声鳥」「妙声鳥」「美音鳥」などと漢訳される。②雅楽の曲名。迦陵頻伽が伝えた舞であるといい、仏供養の法会などで演ぜられる。略して、「迦陵」「頻伽」とも言う。

構成 「迦」「陵」「頻」「伽」は、梵語《ぼんご》の音を表す当て字。

出典 山谷曠野《さんこくこうや》、多く迦陵頻伽有り。妙声音を出だし、天のごとく人のごとく、緊那羅《きんなら》等、能《よ》く及ぶ者無し。〈正法念経〉

用例 ①天井の片方には、飛翔する天人と、その奏でる琵琶や笛の絵が描かれていた。別の天井には白い牡丹を捧げ持つ迦陵頻伽が羽搏《はばた》いていた。〈三島由紀夫、金閣寺〉②うぐいすの音に、迦陵頻伽の楽の音が華やかにひびき、鳥舞の少女たちは春の精のように舞う。〈田辺聖子、新源氏物語〉

表記 「伽陵頻迦」「迦陵毘迦」とも書く。

臥竜鳳雛　がりょう－ほうすう

意味 地中に潜む竜と、鳳凰のひな。将来大成する素質のある、すぐれた人物のたとえ。また、まだ世に出ない傑出した人材のたとえ。

構成 「臥竜」は、まだ雲雨を得ないため天にのぼれず、地に潜み隠れている竜。また、寝ている竜。「臥」は、横になる。「鳳雛」は、鳳凰のひな。

故事 中国の三国時代、諸葛亮《しょかつりょう》と龐統《ほうとう》は、それぞれ優れた才能を持ちながら、仕官することなく民間にあった。後、彼らが「臥竜」「鳳雛」にたとえられているのを耳にした劉備《りゅうび》が、二人を召し抱えたので、彼らは名参謀として活躍したという故事による。

出典 徳公嘗《かつ》て孔明に謂《い》ひて臥竜と為し、士元を鳳雛と為《な》す。〈資治通鑑、漢紀、献帝、建安十二年〉

注意 「臥竜」は、「がりゅう」とも読む。

類義語 孔明臥竜《こうめいがりょう》・伏竜鳳雛《ふくりょうほうすう》

華麗奔放　かれい－ほんぽう

意味 きわめてはなやかで思うままに振る舞うこと。

構成 「華麗」は、はなやかで美しいこと。「奔放」は、思うままに勝手に振る舞うこと。

用例 夫人の華麗奔放、放縦不羈の生活を伝聞して居た人々は、新聞の報道を少しも疑わなかった。〈菊池寛、真珠夫人〉

類義語 絢爛華麗《けんらんかれい》・絢爛豪華《けんらんごうか》・豪華絢爛《ごうかけんらん》・荘厳華麗《そうごんかれい》・荘厳美麗《そうごんびれい》・壮大華麗《そうだいかれい》・美麗荘厳《びれいそうごん》

苛斂誅求　かれん－ちゅうきゅう

意味 税金や借金などを厳しく取り立てること。

構成 「苛斂」は、厳しく租税などをとりたてること。「苛」は、きびしくする、また、責め立てる。「斂」は、収める。集める。「誅求」は、租税や貨財などを厳しく取り立てること。「誅」は、責める。

用例 公平無私な官吏や苛斂誅求を事とせぬ政治家の皆無だった当時のこととて、孔子の公正な方針と周到な計画とは極《ご》く短い期間に驚異的な治績を挙げた。〈中島敦、弟子〉

類義語 秋霜烈日《しゅうそうれつじつ》

夏炉冬扇　かろ－とうせん

《冬扇夏炉《とうせんかろ》》

意味 夏の火ばちと冬のうちわ。無益・無用のもののたとえ。役に立たない言論や才能などのたとえ。君主の信望を失った臣下や、相手からの愛情を失った女性のたとえとして用いられることもある。

構成 「夏炉」は、夏の火ばち。「冬扇」は、冬

のうちわ。
出典 夏を以《も》って炉を進め、冬を以て扇を奏す。得るを欲せざる所の事を為《な》し、聞くを欲せざる所の語を献ず。〈論衡、逢遇〉
用例 特に時候を論ぜざる見せ物と異なりて、渠《かれ》の演芸はおのずから夏炉冬扇のきらいあり。〈泉鏡花、義血俠血〉
類義語 牛溲馬勃《ぎゅうしゅうばぼつ》・陶犬瓦鶏《とうけんがけい》

簡易軽便 かんい-けいべん

意味 手軽で便利なこと。また、礼儀作法などにうるさくないこと。
構成 「簡易」は、たやすいこと。複雑でないこと。やさしいこと。また、礼儀作法などにうるさくないこと。「軽便」は、手軽で便利なこと。また、簡単なこと。
用例 帝自《みづか》ら玉簾の内より進み出《い》でられ、国々を巡らせ給い、簡易軽便を本として万民を撫育《ぶいく》せられるようにと申し上げたものがある。〈島崎藤村、夜明け前〉
注意 「易」は、「やさしい」の意味の場合、音読みでは「い」と読む。「えき」と読むのは、「かわる、かえる」の意味の場合で、ここでは誤り。

敢為邁往 かんい-まいおう

意味 目的に向かって困難をものともせず、自ら思い切って、まっしぐらに進んで行くこと。
構成 「敢為」は、思い切ってすること。勇気を奮って行うこと。自ら進んで行うこと。また、無理して行うこと。敢行。「邁往」は、勇み立ってゆくこと。勇んで進むこと。勇往。「邁」は、進む。
用例 従来の徳育法及び現今とても教育上では好んで義務を果たす敢為邁往の気象を奨励するようですが〈夏目漱石、現代日本の開化〉
類義語 直往邁進《ちょくおうまいしん》

閑雲孤鶴 かんうん-こかく

⇩閑雲野鶴《かんうんやかく》

閑雲野鶴 かんうん-やかく

《閑雲孤鶴《かんうんこかく》》
意味 大空を静かに流れる雲と野に遊ぶ鶴。世俗にわずらわされず、自由に自己の意のままに悠々と過ごす境遇のたとえ。また、自適の生活を送る隠士などの開放された心境のたとえ。
構成 「閑雲」は、大空を静かに流れる雲。何にも束縛されることのない、自由な生活のたとえ。「閑」は、静か。「野鶴」「孤鶴」は、野に一匹で遊ぶ鶴。転じて、官に仕えず、世を避け隠れている人のたとえ。
用例 そして十幾ヶ月の間閑雲野鶴を伴として暮らしたが、〈石川啄木、葬列〉

檻猿籠鳥 かんえん-ろうちょう

《籠鳥檻猿《ろうちょうかんえん》》
意味 おりに入れられた猿と、かごの中の鳥。自由を奪われて思うままにならない境遇のたとえ。
構成 「檻猿」は、おりの中の猿。「籠鳥」は、かごの中の鳥。ともに自由を奪われた者のたとえ。「檻」は、おり。「籠」は、かご。
故事 中国の唐の時代、白居易《はくきょい》と友人の元稹《げんしん》は、ともに左遷の憂き目にあった。その際の自由を奪われた身の上を、白居易がたとえたことばによる。
出典 籠鳥檻猿倶《とも》に未だ死せず、人間《じんかん》相《あひ》見るは是《こ》れ何《いづ》れの年ぞ。〈唐、白居易、微之に与ふる書〉
類義語 自縄自縛《じじょうじばく》・楚囚南冠《そしゅうなんかん》・手枷足枷《てかせあしかせ》

感応道交 かんおう-どうこう

⇩かんのう-どうこう

感慨多端 かんがい-たたん

意味 身にしみて深く心に感じることが多いこと。
構成 「感慨」は、身にしみて深く心に感じること。「多端」は、ここでは、たくさんの

兆し。
用例 三人はその時と今とを胸に比較して感慨多端であったが、しかも互いに避けて面《おも》てにあらわさなかった。〈田山花袋、蒲団〉
注意 「慨」を「概」と書くのは、誤り。「慨」は「なげく」、「概」は、「概算」のように、「おおよそ」の意味。
類義語 感慨無量《かんがいむりょう》

感慨悲慟 かんがい-ひどう

意味 非常に悲しみ嘆くこと。
構成 「感慨」は、ここでは悲しみ嘆くこと。「悲慟」は、非常に悲しみ嘆くこと。「慟」は、身を震わせて大声で泣くこと。慟哭。
用例 あれには樗牛《ちょぎゅう》が月夜か何かに、三保《みほ》の松原の羽衣の松の下へ行って、大いに感慨悲慟するところがあった。〈芥川竜之介、樗牛の事〉
注意 (1)「慨」を「概」と書くのは、誤り。「慨」は「なげく」、「概」は、「概算」のように、「おおよそ」の意味。(2)「慟」を「動」「働」と書くのは、誤り。

感慨無量 かんがい-むりょう

意味 ことばで言い表すことができないくらい、深く身にしみて感ずること。略して「感無量」ともいう。
構成 「感慨」は、深く心に感じてしみじみとした思いにひたること。「無量」は、はかり知れないほど多いこと。ここでは、言い表すことができないこと。
用例 お玉はそういう我が子の姿を仰ぎ見て、長い後家暮らしを回想し、感慨無量なものがあった。〈石坂洋次郎、石中先生行状記〉
注意 (1)「慨」を「概」と書くのは、誤り。「慨」は「なげく」、「概」は、「概算」のように、「おおよそ」の意味。(2)「無量」を「無料」と書くのは、誤り。
類義語 感慨多端《かんがいたたん》

干戈弓馬 かんか-きゅうば

意味 たてとほこ、弓と馬。たてとほこを持ち、弓を射、馬を走らせて戦うことから、戦いのたとえ。
構成 「干戈」は、たてとほこ。転じて、武器の総称。また、武器を持って戦うこと。戦争。「弓馬」は、弓と馬。転じて、弓術と馬術。武芸。武芸者。または、弓を射、馬を走らせること。戦争。
用例 幻詭猥雑《げんきわいざつ》の談に、干戈弓馬の事を挿み、慷慨節義《こうがいせつぎ》の譚に、神仙縹緲《しんせんひょうびょう》の趣を交ゆ。〈幸田露伴、運命〉
類義語 弓馬槍剣《きゅうばそうけん》・弓馬刀槍《きゅうばとうそう》・車馬剣戟《しゃばけんげき》・刀槍矛戟《とうそうぼうげき》・砲刃矢石《ほうじんしせき》

鰥寡孤独 かん-か-こ-どく

意味 妻に先立たれた夫と、夫に先立たれた妻と、両親を失った子どもと、ひとり者。身寄りもなく困窮している人々のたとえ。
構成 「鰥」は、老いて妻のない夫。「寡」は、老いて夫のない妻。「孤」は、幼年にして父のない子、「独」は、老年にして子のない者。いずれも身寄りのない困窮の者をいう。
出典 老いて妻無きを鰥と曰《い》ひ、老いて夫無きを寡と曰ひ、幼にして父無きを孤と曰ひ、老いて子無きを独と曰ふ。〈孟子、梁恵王下〉
用例 鰥寡孤独、実《まこと》に頼るところなき者へは救助も尤《もっと》もなれども、〈福沢諭吉、学問のすすめ〉
類義語 三界無宿《さんがいむしゅく》・天涯孤独《てんがいこどく》

轗軻数奇 かんか-すうき

意味 人の不運なようす。
構成 「轗軻」は、車の行きなやむようす。転じて、事が思うようにならないようす。人の不運なこと。「数奇」は、ふしあわせ。不運。

用例 彼が生路は概《おお》ね平滑《へいかつ》なりしに、轗軻数奇なるは我が身の上なりければなり。〈森鷗外、舞姫〉
表記 「轗軻」は、「輡軻」「坎軻」「坎坷」などとも書く。
類義語 轗軻不遇《かんかふぐう》・轗軻落魄《かんからくはく》

干戈騒乱 かんか−そうらん

意味 戦争などの騒ぎが起こって、世の中の秩序が乱れること。
構成 「干戈」は、たてとほこ。転じて、武器の総称。また、武器を持って戦うこと。戦争。「騒乱」は、騒ぎ乱れること。騒ぎが起きて世の中の秩序が乱れること。
用例 数十百年干戈騒乱の間、全く之《これ》を僧侶の手に任したるは、学問の不面目と云《い》はざるを得ず。〈福沢諭吉、文明論之概略〉
類義語 戦国乱世《せんごくらんせい》

閑花素琴 かんか−そきん

意味 静かに美しく咲いた花と、装飾のない簡素な琴。閑静な春の雰囲気を醸し出すもののたとえ。
構成 「閑花」は、静かに咲く花。「閑」は、静か。「素琴」は、装飾のない琴。
用例 閑花素琴の春を司どる人の歌めく天《あめ》が下に住まずして、半滴の気韻《きいん》だに帯びざる野卑の言語を臚列《ろれつ》するとき、〈夏目漱石、虞美人草〉

轗軻不遇 かんか−ふぐう

意味 世に受け入れられず、物事が思うようにならないこと。
構成 「轗軻」は、車が進まないようす。転じて、物事が思うようにならないようす。志がかなえられず、不運なこと。「不遇」は、時世に合わないこと。転じて、不運。世に受け入れられないこと。
用例 孟子《もうし》が轗軻不遇に終はりしも、帰する所は同一理なり。〈石橋忍月、罪過論〉
表記 「轗軻」は、「輡軻」「坎軻」「坎坷」などとも書く。
類義語 轗軻数奇《かんかすうき》・轗軻落魄《かんからくはく》

轗軻落魄 かんか−らくはく

意味 物事が思うようにならず、不運にも落ちぶれること。
構成 「轗軻」は、車が進まないようす。転じて、物事が思うようにならないようす。志がかなえられず、不運なこと。「落魄」は、落ちぶれること。
用例 偶然めぐり会った吉良常に連れられやっと轗軻落魄の身をここへ落ちつけた彼の心は「デカ虎」に対する復讐の思いにかられていた。〈尾崎士郎、人生劇場残侠篇〉
表記 「轗軻」は、「輡軻」「坎軻」「坎坷」などとも書く。
類義語 轗軻数奇《かんかすうき》・轗軻不遇《かんかふぐう》

侃侃諤諤 かんかん−がくがく

意味 剛直で遠慮せずに正論をはくようす。忌憚なく直言するようす。また、遠慮することなく、盛んに意見を述べ議論するようす。
構成 「侃侃」は、剛直なようす。強く正しいようす。「諤諤」は、はばかることなく直言するようす。「侃諤」ともいう。
出典 朝《ちょう》にて下大夫と言ふときは、侃侃如たり。上大夫と言ふときは、誾誾如《ぎんぎんじょ》たり。〈論語、郷党〉千羊の皮は一狐の掖《えき》に如かず。千人の諾諾は一士の諤諤に如かず。〈史記、商君伝〉
用例 南雲部隊が帰途についたことを知った「長門《ながと》」の司令部では、幕僚たちが侃々諤々の議論を始めていた。〈阿川弘之、山本五十六〉
用法 「侃侃諤諤の議論」の形で用いられることが多い。
注意 喧喧囂囂《けんけんごうごう》（大勢の人が口やかましく騒ぎたてるようす）と混同されやすいが、別の意味。
類義語 直言極諫《ちょくげんきょっかん》・廷諍面折《ていそうめんせつ》・面

折廷諍《めんせつていそう》

緩急剛柔 かんきゅう-ごうじゅう

意味 寛大に接したり、厳しく接したり、時には頑固に、時には柔和に接すること。相手に対して、適切な対応が自在にできること。

構成「緩急」は、ゆるやかであることと、きびしいこと。「剛柔」は、かたいことと、やわらかいこと。強いこととやさしいこと。

用例 応接掛りは普段の真裸体に似ず、袴羽織《はかまはおり》にチャント脇差《わきざし》を挟して緩急剛柔、ツマリ学医の面目云々《うんぬん》を楯《たて》にして剛情な理屈を言うから、〈福沢諭吉、福翁自伝〉

緩急自在 かんきゅう-じざい

意味 ゆるやかな状態と厳しい状態と、遅いと速いとを、思いのままに操れること。

構成「緩急」は、ゆるやかであることと、きびしいこと。「自在」は、思いのままであること。

用例 これらのシーンの推移のテンポは緩急自在で、実に目にも止まらぬような機微なものがある。〈寺田寅彦、映画時代〉

用法「緩急自在の投球」などの形で、よい意味で用いられることが多い。

類義語 縦横自在《じゅうおうじざい》・縦横無礙《じゅうおうむげ》・縦横無尽《じゅうおうむじん》・自由自在《じゆうじざい》・如意自在《にょいじざい》

汗牛充棟 かんぎゅう-じゅうとう

《充棟汗牛《じゅうとうかんぎゅう》》

意味 牛車に載せて引かせると牛が汗をかき、室内に積み重ねると棟木までとどく。きわめて蔵書の多いことのたとえ。

構成 漢文訓読では、「牛に汗し棟に充《み》つ」と読む。「汗牛」は、蔵書が多くて、牛車に載せて引かせると牛が汗をかくこと。「充棟」は、蔵書が多くて、室内に積み重ねると棟木までとどくこと。

出典 其《そ》の書為《た》るや、処《を》れば則《すなは》ち棟宇《とう》に充ち、出《い》づれば則ち牛馬に汗す。〈唐、柳宗元、陸文通先生墓表〉

用例 稗史《はいし》は其《そ》の類、其の数幾千万とも限りをしらず、汗牛充棟なんどと言はむはなかなかにおろかなるばかりになむ。〈坪内逍遥、小説神髄〉

類義語 浩瀚大冊《こうかんたいさつ》・載籍浩瀚《さいせきこうかん》

感興籠絡 かんきょう-ろうらく

意味 興味を引き起こさせ、思いのままに心を引きつけてしまうこと。

構成「感興」は、物に感じ興を催すこと。興味・おもしろみを感ずること。また、おもしろみ。「籠絡」は、からみまつわること。転じて、他人を自分の方にまるめこんで、自由にすること。うまく言いくるめて、自分の思うままにすること。

用例 其《そ》の人心を感興籠絡すること遥かに外間に属する事物の如《ごと》くなる能《あた》はざるを以《もっ》て、自ら詩の真髄に列することを得ざるなり。〈坪内逍遥、小説神髄〉

閑居徒然 かんきょ-とぜん

意味 ひまで何もすることがなく、退屈していること。

構成「閑居」は、ひまでいること。「閑」は、静か、ひま。「徒然」は、何もすることがなく退屈なようす。

用例 利章は「浮浪の身の上なれば、御ことわり可申歟《もうすべきか》とも存じ候《さうら》えども、閑居徒然の折柄、御尋《おたずね》に預《あずかり》候わば、面談可申《もうすべく》候」と返事をした。〈森鷗外、栗山大膳〉

艱苦辛苦 かんく-しんく

⇩艱難辛苦《かんなんしんく》

用例 主を打って立ち退《の》いたる非道の汝《なんじ》を打つ為《ため》に、十年に近い年月を、艱苦辛苦の裡《うち》に過ごしたわ。〈菊池寛、敵討以上〉

簡潔明瞭　かんけつ－めいりょう

⇩簡単明瞭《かんたんめいりょう》

用例 自分の取る新聞などは、死人何十人と題して、一日に変死した人間の年齢、戸籍、死因を六号活字で一行ずつに書くことがある。簡潔明瞭の極みである。〈夏目漱石、三四郎〉

頑固一徹　がんこ－いってつ

意味 非常にかたくなで、一度思い込んだら、どうしても自分の考えや態度を変えようとしないこと。

構成 「頑固」は、心が狭く、凝り固まっていて、他のことを認めようとしないこと。また、悟りの悪いこと。「一徹」は、ひとすじに思い込むこと。「頑固」「一徹」ともに、かたくななこと。

用例 父は頑固一徹の学者気質で、世俗のことには、とんと、うとく、〈太宰治、葉桜と魔笛〉

注意 「徹」を「撤」と書くのは、誤り。「徹」は「貫き通す」、「撤」は、「撤回」のように、「取り除く」の意味。

類義語 一言居士《いちげんこじ》・一徹短慮《いってつたんりょ》・頑固偏狭《がんこへんきょう》・漱石枕流《そうせきちんりゅう》・短慮一徹《たんりょいってつ》・枕流漱石《ちんりゅうそうせき》・偏狭頑固《へんきょうがんこ》

眼光炯炯　がんこう－けいけい

意味 目がきらきらと光り輝くようす。眼光の鋭いようす。

構成 「眼光」は、目の光。転じて、物事の真相を見分ける力。「炯炯」は、光り輝くようす。眼光のするどいようす。

用例 お旦那は、出陣の武士の如《ごと》く、眼光炯炯、口をへの字型にぎゅっと引き結び、〈太宰治、お伽草紙〉

類義語 眼光紙背《がんこうしはい》

眼光紙背　がんこう－しはい

意味 目の光が紙の裏にまで通ること。読書の理解力の鋭いことのたとえ。また、文字の表面だけでなく、言外に含まれた奥深い意味まで理解することのたとえ。

構成 「眼光」は、目の光。転じて、物事の真相を見分ける力。「紙背」は、紙の裏。また、文書の背面。転じて、その文章の中に含まれている言外の深い意味。

出典 書を読み眼紙背に透り、識慮高卓《しきりょこうたく》、議論人の意表に出づ。〈塩谷世弘、安井仲平の東遊を送る序〉

用例 親父さんは、にわかに居ずまいを直し、眼光紙背に徹せんばかりの目つきで、一冊一冊手にとって見た。〈五木寛之、風に吹かれて〉

用法 「眼光紙背に徹す」「眼光紙背に透る」などの形で用いられることが多い。

類義語 眼光炯炯《がんこうけいけい》

眼高手低　がんこう－しゅてい

意味 理想は高いが、実力・技量が及ばないこと。批評はできるが、実際の創作力には乏しいこと。

構成 漢文訓読では、「眼高く手低し」と読む。「眼高」は、目が高いところを見ていること。転じて、理想の高いこと。また、物に対する価値判断能力があること。「手低」は、技能が低いこと。「手」は、技能。

用例 そうしてその自信が又一方では、絶えず眼高手低の歎《なげ》きを抱いている我々に、我々自身の自信を呼び起こす力としても働いていた。〈芥川竜之介、あの頃の自分の事〉

簡古素朴　かんこ－そぼく

意味 余分な修飾がなく、昔ながらのありのままのようす。

構成 「簡古」は、余分なものがなく、すっきりとして、古色を帯びていること。「素朴」は、原始のままで人為の飾りのないこと。飾りがなくありのままなこと。

用例 それは「べれんの国の若君様、今は

いずこにましますか、御褒《おほ》め讃《たた》え給《たま》え」と云《い》う、簡古素朴な祈禱《きとう》だった。〈芥川竜之介、じゅりあの・吉助〉

表記 従来は「簡古素樸」とも書いたが、現在では常用漢字の「朴」を用いるのが普通。

類義語 簡浄素朴《かんじょうそぼく》・簡明素朴《かんめいそぼく》・剛健質実《ごうけんしつじつ》・剛健質朴《ごうけんしつぼく》・質実剛健《しつじつごうけん》・質朴剛健《しつぼくごうけん》

対義語 豪華絢爛《ごうかけんらん》

換骨奪胎 かんこつ–だったい

意味 人間が凡骨を仙骨に変え、胎盤を取り去り、人間の体から仙人の体に生まれ変わること。古人や他人の詩や文章を本にして、新たに創意を加えて作り変え、自分独自の作品を仕上げることのたとえ。

構成 漢文訓読では、「骨を換え胎を奪う」と読む。「換骨」は、仙人になろうとする者が、金丹の薬を飲んで、凡骨を仙骨に変えること。「奪胎」「脱胎」はもとの胎盤を取り去ること。人間の体から仙人の体に生まれ変わること。「換骨」「奪胎」ともに道家の説から出たことば。

出典 其《そ》の意を易《か》へずして其の語を造る、之《これ》を換骨法と謂《い》ひ、其の意を規範として之を形容す、之を奪胎法と謂ふ。〈冷斎夜話〉

用例 白楽天《はくらくてん》の長慶集《ちょうけいしゅう》は「嵯峨《さが》日記」にも掲げられた芭蕉の愛読書の一つである。こう云《い》う詩集などの表現法を換骨奪胎することは必ずしも稀《まれ》ではなかったらしい。〈芥川竜之介、芭蕉雑記〉

表記 まれに「換骨脱胎」とも書く。

頑固偏狭 がんこ–へんきょう

⇩偏狭頑固《へんきょうがんこ》

用例 離騒《りそう》は頑固偏狭な人のように取り做《な》されている屈原《くつげん》の作で此《これ》も史記よりは遥かに古い。〈幸田露伴、太公望〉

冠婚葬祭 かん–こん–そう–さい

意味 元服（成人式）・結婚・葬式・祖先の祭礼という四つの重要な礼式。また、慶弔の儀式一般の総称。

構成 「冠」は、元服（成人式）。「婚」は、結婚。「葬」は、葬式。「祭」は、祖先の祭礼。

出典 其《そ》の之《これ》を行ふには、貨力辞譲飲食、冠昏喪祭、射御朝聘《しゃぎょちょうへい》を以《もっ》てす。〈礼記、礼運〉

用例 政府の議院、学者の集会、商人の会社、市民の寄合より、冠婚葬祭、開業開店等の細事に至るまでも、〈福沢諭吉、学問のすすめ〉

表記 まれに「冠婚喪祭」とも書く。

寒山枯木 かんざん–こぼく

意味 ものさびしい山と枯れた木々。冬枯れのさびしい風景のたとえ。

構成 「寒山」は、ひっそりとしてさびしい山。「枯木」は、かれて葉を落とした木。

用例 屋根附きの中風薬の金看板なぞ見える小さな町だが、今までの寒山枯木に対して、血の通う人間に逢《あ》う歓びは覚える。〈岡本かの子、東海道五十三次〉

類義語 秋風蕭条《しゅうふうしょうじょう》・秋風落莫《しゅうふうらくばく》・満目荒涼《まんもくこうりょう》・満目蕭条《まんもくしょうじょう》・満目蕭然《まんもくしょうぜん》

寒山拾得 かんざん–じっとく

意味 ①中国唐の憲宗時代の高僧、寒山と拾得。②変人・奇人のたとえ。

構成 「寒山」「拾得」は、ともに、寒山寺に住んだという中国唐の憲宗時代の高僧。奇行が多く、独特の詩を作り、蘇州郊外の寒山寺に住んだという。『寒山子詩集』がある。故事欄参照。

故事 寒山は貧しい身なりをし、寒岩の洞穴を住まいとしたこともあるという。拾得は、寒山の弟子。もと孤児で、天台山の国清寺の高僧豊干《ぶかん》に拾われ養われたという。「拾得」の名は、それに基づくとされる。この二人は文殊・普賢の二菩薩の

生まれ変わりといわれ、昔からよく画題とされているが、風変わりな服装や奇行といった狂人ぶりが話題となることも多い。ただし、この二人の実在を疑問視する向きもある。

出典 寒山は文珠《もんじゅ》、拾得は普賢《ふげん》。状《じょう》貧子のごとく、又風狂に似たり。〈高僧伝〉

用例 ①屏風《びょうぶ》の寒山拾得や、漆《うるし》と蒔絵《まきえ》の調度や、あざやかな畳縁《たたみべり》や、〈三島由紀夫、花ざかりの森〉②また、寒山拾得の如《ごと》く、あまり非凡な恰好《かっこう》をして人の神経を混乱させ圧倒するのも悪い事であるから、〈太宰治、服装について〉

注意 「拾得」は、人名として「じっとく」と読むのが慣用。「しゅうとく」と読むのは、誤り。

頑執妄排 がんしゅう–もうはい

意味 分別なく、ただ一つのことに執着して他を排除すること。

構成 「頑執」は、かたくなにこだわること。「妄排」は、むやみに退けること。

用例 前者を主張するものから見れば攘夷《じょうい》は実に頑執妄排であり、後者を主張するものから見れば開港は屈従そのものである。〈島崎藤村、夜明け前〉

表記 「頑執盲排」とも書く。

類義語 頑迷固陋《がんめいころう》・頑冥不霊《がんめいふれい》・頑陋至愚《がんろうしぐ》・刻舟求剣《こくしゅうきゅうけん》・固陋頑迷《ころうがんめい》・冥頑不霊《めいがんふれい》

感情移入 かんじょう–いにゅう

意味 物語の登場人物や他人などに対して、それがさも自分であるかのように、一緒になって心を動かすこと。

構成 「感情」は、心の動き。「移入」は、別のところに移して入れること。

用例 それらの人びとの心を何度も観察し、時には感情移入したこともある彼女には、多少の耐性はできている筈《はず》であった。〈筒井康隆、エディプスの恋人〉

簡浄素朴 かんじょう–そぼく

⇩簡明素朴《かんめいそぼく》

用例 世に伝うるマロリーの『アーサー物語』は簡浄素樸という点において珍重すべき書物ではあるが〈夏目漱石、薤露行〉

勧奨懲戒 かんしょう–ちょうかい

意味 善行を勧め、悪行をこらしめること。

構成 「勧奨」は、善いことをすすめること。「懲戒」は、悪いことをこらしめ、いましめること。

用例 曰《い》はく人の気格を高尚になす事、曰はく人を勧奨懲誡なす事、曰はく正史の補遺となる事、曰はく文学の師表となる事、〈坪内逍遥、小説神髄〉

注意 (1)「勧」を「観」「歓」と書くのは、誤り。「勧」は「すすめる」、「観」は「みる」、「歓」は「よろこぶ」の意味。(2)「懲」を「徴」と書くのは、誤り。「懲」は「こらしめる」、「徴」は「特徴」のように、「しるし」の意味。

表記 従来は「勧奨懲誡」と書くのが普通であったが、現在では常用漢字の「戒」に書き換える。

類義語 勧善懲悪《かんぜんちょうあく》・懲悪勧善《ちょうあくかんぜん》・天網恢恢《てんもうかいかい》・破邪顕正《はじゃけんしょう》・撥乱反正《はつらんはんせい》

干将莫邪 かんしょう–ばくや

意味 中国古代の二ふりの名剣の名。名剣の代名詞として使われる。

構成 故事欄参照。

故事 「干将」は、中国春秋時代の呉(楚《そ》ともいう)の刀工。「莫邪」はその妻。呉王の闔閭《こうりょ》の命令により、干将は刀を作ったが、最初はうまくいかなかった。妻の莫邪が自分の髪の毛と爪を切って炉に入れたところ、黄金と鉄がよく溶けなじんで、みごとな陰陽二本の名剣ができあがった。陽剣を「干将」、陰剣を「莫邪」と名づけたという。

出典 闔閭の干将莫邪・鋸関辟閭《きょかんへきりょ》は、此れ皆《みな》古《いにしへ》の良剣なり。〈荀子、性悪〉・〈呉越春秋、闔閭内伝〉

用例 鋭意奮発して「一口剣」の主人公のようになりて、千錬々《せんれんれん》万鍛々《ばんたんたん》干将莫邪を作り得たりとするもまた益なし。〈坪内逍遥、小説三派〉

注意 「莫」を「漠」と書くのは、誤り。

顔色容貌　がんしょく-ようぼう

《容貌顔色《ようぼうがんしょく》》

意味 顔かたち。容姿。また、顔や姿のようす。

構成 「顔色」は、顔つき。容姿。「容貌」は、顔かたち。

用例 顔色容貌の活潑愉快なるは人の徳義の一箇条にして、人間交際において最も大切なるものなり。〈福沢諭吉、学問のすすめ〉

類義語 顔貌風姿《がんぼうふうし》・人相風体《にんそうふうてい》

寛仁大度　かんじん-たいど

意味 心が広くあわれみ深いこと。

構成 「寛仁」は、心が広くあわれみ深いこと。人情が厚いこと。「大度」は、大きな度量。心が広く大きいこと。

出典 寛仁にして人を愛し、意豁如《かつじょ》たり。常に大度有り、家人の生産作業を事とせず。〈漢書、高帝紀上〉

用例 日本では寛仁大度の皇帝陛下がことごとく罪を宥《ゆる》して反省の機会を与えられた〈徳冨蘆花、謀叛論〉

閑人適意　かんじん-てきい

意味 世俗を離れ、思いのままに風流な暮らしをすること。また、その人。

構成 「閑人」は、ひまな人。また、世俗のことに煩わされず、風流に生きている人。「閑」は、静か。ひま。「適意」は、心にかなうこと。思うとおりになること。

用例 濃く甘く、湯加減に出た、重い露を、舌の先へ一しずくずつ落として味わって見るのは閑人適意の韻事である。〈夏目漱石、草枕〉

勧善懲悪　かんぜん-ちょうあく

《懲悪勧善《ちょうあくかんぜん》》

意味 善い事をすすめ、悪い事をこらしめること。

構成 漢文訓読では、「善を勧め悪を懲らしむ」と読む。「勧善」は、善をすすめること。善い事をするようにすすめはげますこと。「懲悪」は、悪行、または悪人をこらしめること。

出典 悪を懲らしめて善を勧む。聖人に非《あら》ずんば、誰か能《よ》く之《これ》を脩《をさ》めん。〈春秋左氏伝、成公十四年〉

用例 然《しか》して小説家が教導の目的とする所は通常勧善懲悪を旨《むね》とするなるが、〈坪内逍遥、小説神髄〉

用法 小説や芝居などで、善が勝利し、悪が敗北する、という筋書きをいうことが多い。

注意 (1)「勧」を「観」「歓」と書くのは、誤り。「勧」は「すすめる」、「観」は「みる」、「歓」は「よろこぶ」の意味。(2)「懲」を「徴」と書くのは、誤り。「懲」は「こらしめる」、「徴」は「特徴」のように、「しるし」の意味。

類義語 勧奨懲戒《かんしょうちょうかい》・天網恢恢《てんもうかいかい》・破邪顕正《はじゃけんしょう》・撥乱反正《はつらんはんせい》

完全燃焼　かんぜん-ねんしょう

意味 最後まで燃え尽きる。十分に力の限りを尽くすことのたとえ。

構成 「完全」は、欠けたところがないこと。「燃焼」は、燃えること。転じて、力の限りを尽くすこと。

用例 トーチランプの先から次第に紅から紫へ色を変えて吐き出される焰《ほのお》のように、余分な感情をすべて完全燃焼させたあとの、〈石原慎太郎、化石の森〉

類義語 一生懸命《いっしょうけんめい》・一所懸命《いっしょけんめい》・全力投球《ぜんりょくとうきゅう》・不惜身命《ふしゃくしんみょう》

完全無欠　かんぜん-むけつ

意味 十分に整っていて、少しも欠点のないこと。

構成「完全」も「無欠」も、十分に整っていて、欠けた所がないこと。

用例 あの人は完全無欠な、誰も動かしようのない宝石なんです。〈三島由紀夫、近代能楽集、班女〉

類義語 完全無比《かんぜんむひ》・金甌無欠《きんおうむけつ》

完全無比　かんぜん-むひ

意味 十分に整っていて、他に匹敵するものがないこと。

構成「完全」は、十分に整っていて、欠けた所がないこと。「無比」は、比べるものがないこと。匹敵するものがないこと。

用例 お縫《ぬい》は心からほめちぎって、新吾を完全無比の人格者と信じている。〈川口松太郎、新吾十番勝負〉

類義語 完全無欠《かんぜんむけつ》・金甌無欠《きんおうむけつ》

閑窓読書　かんそう-どくしょ

意味 もの静かな窓辺で書物を読むこと。

構成「閑窓」は、静かな窓。「閑」は、静か。「読書」は、書物を読むこと。

用例 二十二日、同じく閑窓読書の他なし。〈幸田露伴、突貫紀行〉

乾燥無味　かんそう-むみ

⇩無味乾燥《むみかんそう》

用例 生徒の噂《うわさ》に依《よ》ると、この人の講義は乾燥無味で欠《あくび》を誘う代わり、義理明晰で曖昧な処がないと云《い》う。〈二葉亭四迷、其面影〉

観測気球　かんそく-ききゅう

意味 ①高層の大気の状態を観測するための気球。②転じて、相手の意見や反応を探るために流す声明のたとえ。

構成「観測」は、自然現象の変化や移り変わりを注意して見、測定すること。「気球」は、空気より軽い気体を満たして空中に揚げる球形の袋。

用例 ②おとなしい女でも、観測気球を揚げて、男の心の気流を試すことぐらいは、〈獅子文六、娘と私〉

注意「観」を「勧」「歓」と書くのは、誤り。「観」は「みる」、「勧」は「すすめる」、「歓」は「よろこぶ」の意味。

簡素清貧　かんそ-せいひん

意味 飾らず質素で、貧しいながらも心清らかであること。

構成「簡素」は、簡略で質素なこと。「清貧」は、清廉のため貧しいこと。貧しいながらむさぼらず、心清らかであること。

用例 わたしたちの衷情《ちゅうじょう》としては、今まで通りの簡素清貧に甘んじていて頂きたかったけれど。〈島崎藤村、夜明け前〉

類義語 勤倹質素《きんけんしっそ》・質素倹約《しっそけんやく》

対義語 奢侈淫佚《しゃしいんいつ》・贅沢華奢《ぜいたくかしゃ》

官尊民卑　かんそん-みんぴ

意味 政府や官吏をたっとび、人民をいやしむこと。また、世間一般のそういう考え方、気風。

構成「官尊」は、政府や役所、役人をたっとぶこと。「民卑」は、人民をいやしむこと。

用例 これが官尊民卑の旧習に気づいた上のことであるなら、とにもかくにも進歩と言わねばならなかった。〈島崎藤村、夜明け前〉

寒暖飢飽　かんだん-きほう

意味 寒さ、暖かさ、飢え、満腹といった日常生活の苦しみや楽しみ。苦楽。

構成「寒暖」は、寒さと暖かさ。「飢飽」は、食に飢えることと腹一杯に食べること。

出典 今、悉《ことごと》く置きて目前に在り、寒煖饑飽を同《とも》にするを得たり。〈唐、白居易、微之に与ふる書〉

表記 従来は「寒煖饑飽」と書くのが普通

であったが、現在では常用漢字の「暖」「飢」に書き換える。

簡単明瞭　かんたん-めいりょう

《簡潔明瞭《かんけつめいりょう》》

意味 単純ではっきりとしていて、要領を得てわかりやすいこと。

構成 「簡単」「簡潔」は、要領を得ていて単純で、わかりやすいこと。「明瞭」は、はっきりとしていること。あきらかなこと。

用例 科学上の、一見簡単明瞭なように見える命題でもやはりほんとうの理解は存外困難である。〈寺田寅彦、相対性原理側面観〉

類義語 簡浄素朴《かんじょうそぼく》・簡明率直《かんめいそっちょく》・簡明素朴《かんめいそぼく》・簡明直截《かんめいちょくせつ》・単純明快《たんじゅんめいかい》・直截簡明《ちょくせつかんめい》

対義語 複雑怪奇《ふくざつかいき》・複雑多岐《ふくざつたき》・複雑多様《ふくざつたよう》

歓天喜地　かんてん-きち

意味 天によろこび地によろこぶ。立ったり座ったりして大喜びすること。

構成 「歓天」は、天に向かって喜ぶこと。「喜地」は、地に向かって喜ぶこと。

出典 当時只《た》だ権を得、且つ天に歓び地に喜びて、相留まり家に在つて宿歇す。〈水滸伝、二回〉

用例 漆桶《しっつう》を抜くがごとく痛快なる悟りを得て歓天喜地の至境に達したのさ。〈夏目漱石、吾輩は猫である〉

注意 「歓」を「勧」「観」と書くのは、誤り。「歓」は「よろこぶ」、「勧」は「すすめる」、「観」は「みる」の意味。

類義語 有頂天外《うちょうてんがい》・喜色満面《きしょくまんめん》

撼天動地　かんてん-どうち

意味 ①天地をゆり動かすこと。転じて、活動の目ざましいこと。大事業などにいう。②また、音声が非常に大きいことの形容。

構成 漢文訓読では、「天を撼《ごう》かし地を動かす」と読む。「撼天」は、天を動かすこと。「動地」は、地を動かすこと。「撼」も「動」もゆすること。ゆり動かすこと。

用例 ①吾々日本人民をして殆《ほと》んど撼天動地の憤懣《ふんまん》を懐《だい》かしむるにも頓着《とんちゃく》せず。〈馬場辰猪、条約改正論〉

注意 「撼」を「感」と書くのは、誤り。

環堵蕭然　かんと-しょうぜん

意味 家が非常に狭く、貧しくものさびしいようす。

構成 「環堵」は、家を囲んでいる塀や垣。転じて、周囲に垣をめぐらした小さな家。貧しい住居。「環」は、めぐること。めぐらすこと。「堵」は、一丈（周代では約二・二五メートル）の垣を板（版）といい、五板を「堵」という。四方それぞれ一堵の家の意味。「蕭然」はものさびしいようす。

出典 環堵蕭然として、風日を蔽《おお》はず。〈東晋、陶潜、五柳先生伝〉

注意 「蕭」を「粛」と書くのは、誤り。

艱難苦労　かんなん-くろう

意味 なやむことと、苦しむこと。苦労すること。

構成 「艱難」は、苦しみ、なやみ。また、なやむこと。「艱」と「難」は同義。「苦労」は、苦しみ、力を尽くすこと。

用例 亡き御両親様、此の身が此の世に出《い》でし幼き時より、朝夕の艱難苦労あそばしてお育て下さりました甲斐《かい》もなく、〈三遊亭円朝、後の業平文治〉

類義語 艱苦辛苦《かんくしんく》・艱難辛苦《かんなんしんく》・艱難辛困《かんなんしんこん》・苦行難行《くぎょうなんぎょう》・困苦艱難《こんくかんなん》・辛苦艱難《しんくかんなん》・天歩艱難《てんぽかんなん》・難行苦行《なんぎょうくぎょう》

艱難辛苦　かんなん-しんく

《艱苦辛苦《かんくしんく》・艱難辛困《かんなんしんこん》・辛苦艱難《しんくかんなん》》

意味 なやむことと、苦しむこと。苦労す

ること。
構成「艱難」「艱苦」は、苦しみ、悩み。また、悩むこと。「艱」は、悩み。「辛苦」「辛困」は、からさとにがさ。転じて、つらく苦しいこと。
用例 われらは、艱難辛苦をともにして室町将軍家の再興に奔走した。〈司馬遼太郎、国盗り物語〉
類義語 艱難苦労《かんなんくろう》・苦行難行《くぎょうなんぎょう》・困苦艱難《こんくかんなん》・天歩艱難《てんぽかんなん》・難行苦行《なんぎょうくぎょう》

艱難辛困 かんなん-しんこん

⇩艱難辛苦《かんなんしんく》
用例 同行もなくさまよひあるき。死ぬにもましな艱難辛困。〈尾崎紅葉、二人比丘尼色懺悔〉

奸佞邪知 かんねい-じゃち

《邪知奸佞《じゃちねいかん》・佞奸邪知《ねいかんじゃち》》
意味 心がねじけていて、悪知恵を働かせて上手にこびへつらうこと。また、その人。
構成「奸佞」「佞奸」は、心がねじけていて、口先がうまく上手にこびへつらうこと。また、その人。「奸」は、心がねじけていて正しくないこと。「佞」は、人にへつらう、おもねる。「邪知」は、悪知恵。
用例 身代わりの友を救う為《ため》に走るのだ。王の奸佞邪智を打ち破る為に走るのだ。〈太宰治、走れメロス〉
表記 (1)従来は「奸佞邪智」と書くのが普通であったが、現在では常用漢字の「知」に書き換える。(2)「姦佞邪知」とも書く。
類義語 海千山千《うみせんやません》・狡猾奸佞《こうかつかんねい》・狡猾剽悍《こうかつひょうかん》・狡猾老獪《こうかつろうかい》・狡知佞弁《こうちねいべん》

感応道交 かんのう-どうこう

意味 仏教で、衆生(生命のある全てのもの)が仏を感じようとすれば、仏はすぐにそれに応じ、衆生と仏の心が通じて、通い合うこと。
構成 漢文訓読では、「感応の道交はる」と読む。「感応」は衆生が仏を感じようとすれば、仏はすぐにそれに応じること。
出典 始めて今日に於いて、感応道交す。〈法華文句〉
用例 翁のこれほどの血の愛の合図をもってしても何の感応道交も無かった。〈岡本かの子、富士〉
注意「感応」は、「かん」と「おう」が結びついて「かんのう」と読むのが慣用だが、最近では「かんおう」とも読む。
類義語 以心伝心《いしんでんしん》・神会黙契《しんかいもっけい》・拈華微笑《ねんげみしょう》・不立文字《ふりゅうもんじ》・黙契秘旨《もっけいひし》

肝脳塗地 かんのう-とち

意味 肝臓や脳が泥にまみれること。死者の腹から内蔵が飛び出し、頭が割られて脳が出て、泥にまみれているようす。戦場などで悲惨な死に方をすることのたとえ。
構成 漢文訓読では、「肝脳地に塗《まみ》る」と読む。「肝脳」は、肝臓と脳。「塗地」は、土にまみれ汚れること。「塗」は、まみれること。転じて、戦いに負けるようす。
出典 天下の民をして肝脳地に塗《まみ》れ、父子をして骨を中野に暴《さら》さしむるもの、勝《あ》げて数ふべからず。〈史記、劉敬伝〉
用法「肝脳地に塗る」と訓読した形で用いられることが多い。
類義語 絶痛絶苦《ぜっつうぜっく》・乱離骨灰《らりこっぱい》

汗馬刀槍 かんば-とうそう

意味 戦場において、馬に汗をかかせて骨を折り、刀ややりを使って戦い、戦功をたてること。
構成「汗馬」は、馬に汗をかかせてほねをおること。戦功をたてること。「刀槍」は、刀とやり。戦場で戦うこと。
用例 しかも義仲《よしなか》、已《すで》に覇を北陸に称す、汗馬刀槍、其《そ》の掌中《しょうちゅう》にあり、鉄騎

甲兵、其の令下にあり。〈芥川竜之介、木曾義仲論〉

玩物喪志　がんぶつ–そうし

意味 ①無用なものをもてあそんで本心を失うこと。②転じて、珍宝などを度を越して愛好するあまり、正しい心を失うこと。③また、学問上、細かな部分に力を注いで、真に習得すべき大切なものを見失うこと。

構成 「玩物」は、無用なものをもてあそぶこと。「玩」は、もてあそぶ。「喪志」は、本心を失うこと。「喪」は、失う。

出典 人を玩《もてあそ》ぶは徳を喪《うしな》ひ、物を玩ぶは志を喪ふ。〈書経、旅獒〉

用例 ②諸人争って奇書をあがなう。いまだ玩物喪志のそしりあるを免れず。〈内田魯庵、緑蔭茗話〉

類義語 恍然自失《こうぜんじしつ》・忘我混沌《ぼうがこんとん》・無我夢中《むがむちゅう》

感孚風動　かんぷ–ふうどう

意味 人の心を感動させ、感化すること。

構成 「感孚」は、相手のまごころを感動させること。「孚」は、まこと。「風動」は、風が草木を動かすようになびき動かすこと。感化すること。

用例 彼の奇異譚《きいたん》の時好に投じてめでもてはやさるるのみにあらで且《か》つよく感孚風動する至大の効力あるをば見つ。〈坪内逍遥、小説神髄〉

感奮興起　かんぷん–こうき

意味 心に感じて発奮すること。

構成 「感奮」は、感激して奮い立つこと。「興起」は、奮い起こすこと。

用例 詩は人間を感奮興起させる。人間に人生を見る目を与えてくれる。〈下村湖人、論語物語〉

類義語 悔悟憤発《かいごふんぱつ》

顔貌風姿　がんぼう–ふうし

意味 顔かたち。容姿。また、顔や姿のようす。

構成 「顔貌」は、顔かたち。面もち。「風姿」は、すがたかたち。ようす。身なり。

用例 その代わりお勢と同年配頃の娘に逢《あ》えば、叮嚀《ていねい》にその顔貌風姿を研窮《けんきゅう》する。〈二葉亭四迷、浮雲〉

類義語 顔色容貌《がんしょくようぼう》・人相風体《にんそうふうてい》・容貌顔色《ようぼうがんしょく》

頑迷固陋　がんめい–ころう

（固陋頑迷《ころうがんめい》）

意味 頑固でものの見方が狭く、道理をわきまえないこと。また、自分の考えに固執して、正しい判断ができないこと。

構成 「頑迷」は、かたくなで道理をわきまえないこと。「固陋」は、考えが狭くてかたくななこと。頑固で見方が狭いこと。また、自分の考えに固執して、他人の意見を聞き入れず、正しい判断ができないこと。わからずや。「陋」は、心・考えが狭い。

用例 若い女性の羞恥心《しゅうちしん》というものは、時と場合によっては頑迷固陋の気性と隣合わせになるものだ。〈井伏鱒二、黒い雨〉

表記 「頑冥固陋」とも書く。

類義語 頑執妄排《がんしゅうもうはい》・頑冥不霊《がんめいふれい》・頑陋至愚《がんろうしぐ》・刻舟求剣《こくしゅうきゅうけん》・冥頑不霊《めいがんふれい》

簡明率直　かんめい–そっちょく

意味 飾りけがなく、簡潔でわかりやすいこと。

構成 「簡明」は、簡潔でわかりやすいこと。簡単明瞭。「率直」は、飾りけがなく、ありのままなこと。素直で飾りけがないこと。

用例 要は、吾妻鏡の簡明率直な記述の含蓄を知れば足りるのである。〈小林秀雄、西行〉

類義語 簡潔明瞭《かんけつめいりょう》・簡浄素朴《かんじょうそぼく》・

簡単明瞭《かんたんめいりょう》・簡明素朴《かんめいそぼく》・簡明直截《かんめいちょくせつ》・単純明快《たんじゅんめいかい》・直截簡明《ちょくせつかんめい》

簡明素朴　かんめい－そぼく

《簡浄素朴《かんじょうそぼく》》

意味　余分な修飾がなく、簡潔でわかりやすいこと。

構成　「簡明」「簡浄」は、簡潔でわかりやすいこと。「素朴」は、原始のままで人為の飾りのないこと。飾りがなくありのままなこと。

用例　ひそかに気遣うのは、私の加えた文章上の斧鉞《ふえつ》が、却《かえ》って簡明素朴な調子を傷つけ〈久米正雄、受験生の手記〉

表記　従来は「簡明素樸」とも書いたが、現在では常用漢字の「朴」を用いるのが普通。

類義語　（「余分な修飾がない」の意味で）簡古素朴《かんこそぼく》・剛健質実《ごうけんしつじつ》・剛健質朴《ごうけんしつぼく》・質実剛健《しつじつごうけん》・質朴剛健《しつぼくごうけん》（「わかりやすい」の意味で）簡潔明瞭《かんけつめいりょう》・簡明直截《かんめいちょくせつ》・簡明率直《かんめいそっちょく》・単純明快《たんじゅんめいかい》・単明瞭《かんたんめいりょう》・直截簡明《ちょくせつかんめい》

簡明直截　かんめい－ちょくせつ

⇩直截簡明《ちょくせつかんめい》

用例　それを簡明直截に疑わず規定しているのは、日本百科大辞典だけであつたから、〈太宰治、津軽〉

頑冥不霊　がんめい－ふれい

《冥頑不霊《めいがんふれい》》

意味　かたくなで道理に暗く、頭の働きがすぐれていないこと。

構成　「頑冥」「冥頑」は、かたくなで道理に暗いこと。「不霊」は、賢くないこと。

出典　夫《そ》れ天子の命吏《めいり》に傲《ごお》りて、其《そ》の言を聴かず、徙《うつ》りて以《もっ》て之《これ》を避けざると、冥頑不霊にして民物の害を為《な》す者とは、皆《みな》殺すべし。〈唐、韓愈、鱷魚の文〉

用例　依然たる君が頑冥不霊のほど想いやられて情けなく候《そうろう》。〈国木田独歩、無窮〉

類義語　頑執妄排《がんしゅうもうはい》・頑迷固陋《がんめいころう》・頑陋至愚《がんろうしぐ》・刻舟求剣《こくしゅうきゅうけん》・固陋頑迷《ころうがんめい》

顔面蒼白　がんめん－そうはく

意味　顔が青白くなること。精神的・肉体的に衝撃的なことを体験し、顔から血の気が引いて青白くなること。また、大変なショックを受けたようすのたとえ。

構成　「顔面」は、顔。顔色。「蒼白」は、青白いこと。

用例　岸井左馬之助は顔面蒼白。わなわなと袴をつかんだ手がふるえはじめた。〈池波正太郎、鬼平犯科帳、本所・桜屋敷〉

類義語　吃驚仰天《きっきょうぎょうてん》・瞠若驚嘆《どうじゃくきょうたん》・茫然自失《ぼうぜんじしつ》

冠履転倒　かんり－てんとう

意味　かんむりとくつが、その置き場所を換えること。立場や価値などの、上下の位置が転倒することのたとえ。

構成　「冠履」は、かんむりと、くつ。「履」は、はきもの。「転倒」は、上下関係が逆になること。

用例　中学の教師を養成するんなら、ちゃんと高等師範と云《い》うものがある。高等師範を廃止しろなんて云うのは、それこそ冠履顚倒だ。〈芥川竜之介、あの頃の自分の事〉

表記　従来は「冠履顚倒」と書くのが普通であったが、現在では常用漢字の「転」に書き換える。

類義語　主客転倒《しゅかくてんとう》・本末転倒《ほんまつてんとう》

頑陋至愚　がんろう－しぐ

意味　かたくなで心がいやしく、非常におろかなこと。

構成　「頑陋」は、心がかたくなで道理をわきまえず、いやしいこと。「至愚」は、非常におろかなこと。「陋」は、いやしい。

用例　二、三の人物を挙げてこれを論ずれ

ば、西洋にも頑陋至愚の民あり、亜細亜にも智徳俊英の士あり。〈福沢諭吉、文明論之概略〉

類義語 頑執妄排《がんしゅうもうはい》・頑迷固陋《がんめいころう》・頑冥不霊《がんめいふれい》・刻舟求剣《こくしゅうきゅうけん》・固陋頑迷《ころうがんめい》・冥頑不霊《めいがんふれい》

閑話休題　かんわ-きゅうだい

意味 それはさておき。さて。無駄話はやめ、話を本筋にもどして、という意味。

構成 「閑話」は、無駄話。また、無用の話をすること。「閑」は、ひま。「休題」は、説くことをやめ話を転ずること。「題」は、説く。

出典 且つ閑話を把へて休題す、只《た》だ正話を説くのみ。〈水滸伝、九回〉

用例 閑話休題、朝晩に見る愛鷹《あしたか》を越えての富士の山の眺めは、これは一つ愛鷹のてっぺんに登って其処《こそ》から富士に対して立ったならばどんなにか壮観であろうという空想を生むに至った。〈若山牧水、四辺の山より富士を仰ぐ記〉

き

奇異荒唐　きい-こうとう

意味 普通とは異なって珍しく、でたらめなこと。

構成 「奇異」は、普通と変わっていて珍しいこと。「荒唐」は、とりとめがないこと。「荒」「唐」ともに、ここでは、むなしくとりとめがないこと。

用例 其《そ》の皮相なる脚色につきて彼の物語を評するときには、奇異荒唐、架空無稽、只《ただ》よのつねなる奇異譚《きいたん》と相異なることなきに似たれど、〈坪内逍遥、小説神髄〉

類義語 (「普通とは異なる」の意味で)奇怪怪《ききかいかい》・奇想天外《きそうてんがい》・奇怪千万《きっかいせんばん》・奇妙奇態《きみょうきたい》・不可思議《ふかしぎ》(「でたらめな」の意味で)架空無稽《かくうむけい》・荒唐不稽《こうとうふけい》・荒唐無稽《こうとうむけい》・笑止千万《しょうしせんばん》・無稽荒唐《むけいこうとう》

気韻生動　きいん-せいどう

意味 文章や書画などに気品のある趣があり、生き生きとして真に迫っていること。

構成 「気韻」は、文章や書画などのけだかい風格。気品。「生動」は、生き生きとして真に迫っていること。

出典 故に気韻生動、天成に出で、人其《そ》の巧を窺《うかが》ふ莫《な》きは、之《これ》を神品と謂《い》ふ。〈図絵宝鑑〉

用例 精彩があつて、気韻生動権威故意《けんいこい》を排し我を立てんとするよりの計謀的《けいぼうてき》宣伝もあり、〈幸田露伴、武田信玄〉

類義語 光炎万丈《こうえんばんじょう》・峻抜雄健《しゅんばつゆうけん》・雄健蒼勁《ゆうけんそうけい》

気宇広大　きう-こうだい

⇩気宇壮大《きうそうだい》

用例 さすがに、N君の気宇広大の蛮声には、度胆を抜かれたものらしい。〈太宰治、津軽〉

表記 従来は「気宇宏大」と書くのが普通であったが、現在では常用漢字の「広」に書き換える。

気宇壮大　きう-そうだい

《気宇広大《きうこうだい》》

意味 心意気や度量が、立派で大きいこと。

構成 「気宇」は、心の広さ。度量。「宇」は、ここでは、心。「壮大」「広大」は、立派で強く大きいこと。

用例 ユネスコなどにも、気宇壮大な世界的規模の図書館網の計画がある。〈朝日新聞、天声人語、一九八八年一一月二一日〉

類義語 幕天席地《ばくてんせきち》・抜山蓋世《ばつざんがいせい》

気炎万丈 きえん-ばんじょう

意味 勢いや意気が非常に盛んであること。大いに気炎をあげるようす。

構成 「気炎」は、勢いや意気の盛んなことのたとえ。また、意気。気勢。「万丈」は、気炎の高さの表現。気炎をあげるのを、燃えあがる炎の高さにたとえたもの。

用例 我が輩は両三日前に会ったが其《そ》の時は大得意で気焔万丈だッたが、馬鹿な奴サ。〈内田魯庵、社会百面相、猟官〉

注意 「万丈」を「まんじょう」と読むのは、誤り。

表記 従来は「気焔万丈」と書くのが普通であったが、現在では常用漢字の「炎」に書き換える。

類義語 意気軒昂《いきけんこう》・意気昂然《いきこうぜん》・意気衝天《いきしょうてん》

機会均等 きかい-きんとう

意味 ①外交政策上、主として経済活動に関し、ある国に与えたと同一の待遇を他の国々にも平等に与えること。②全ての人に同一の機会を平等に与えること。

構成 「機会」は、何かを行うのに好都合な時機。「均等」は、平等で差のないこと。

用例 ②奥さん、いけませんね。貴女は、皆に機会均等だと云《い》ひながら、青木君兄弟にばかり、いやに好意を持ち過ぎますね。〈菊池寛、真珠夫人〉

奇怪千万 きかい-せんばん

⇨きっかい-せんばん

危機一髪 きき-いっぱつ

意味 一本の髪の毛で重い物を引いていて、今にも切れそうなこと。非常に危険な状態のたとえ。

構成 「危機」は、生死が分かれるほどの危険な折。「一髪」は、一本の髪の毛。一説に、それほどのわずかなすきまのたとえ。

出典 漢氏より以来、群儒区区として、百孔千瘡《ひゃっこうせんそう》を修補し、乱れ随《したが》ひて失ふ。其《そ》の危ふきこと一髪もて千鈞《せんきん》を引くがごとし。〈唐、韓愈、孟尚書に与ふる書〉

用例 非常に冷静な態度で雲の上へ出、うまく敵の戦闘機群をかわして、危機一髪ブインに下りた。〈阿川弘之、山本五十六〉

用法 そこで踏みとどまって最悪の状態を脱することを表すのに用いられることが多い。

表記 「危機一発」と書くのは、誤用。

類義語 絶体絶命《ぜったいぜつめい》・万死一生《ばんしいっせい》・必死危急《ひっしききゅう》

奇奇怪怪 きき-かいかい

意味 きわめてあやしいこと。非常に不思議なこと。

構成 「奇怪」は、あやしいこと。それぞれの字を重ねて用いて、強調したもの。

用例 日本の知識階級全部の混乱の源をなしている奇奇怪怪の場所でもあった。〈横光利一、厨房日記〉

類義語 奇異荒唐《きいこうとう》・奇想天外《きそうてんがい》・奇怪千万《きっかいせんばん》・奇妙奇態《きみょうきたい》・不可思議《ふかしぎ》

危急存亡 ききゅう-そんぼう

意味 存続するか滅亡するかの分かれ目になる危険に直面すること。生きるか死ぬかの瀬戸際。

構成 「危急」は、危険がさし迫って危ない状態。「存亡」は、存続することと滅びること。

出典 今、天下三分し、益州疲弊す。此《これ》誠に危急存亡の秋《とき》なり。〈文選、諸葛亮、出師の表〉

用例 我が一身の大事は前に横たはりて、洵《まこと》に危急存亡の秋《とき》なるに、この行ひありしをあやしみ、又誹《そし》る人もあるべけれ

ど、〈森鷗外、舞姫〉

類義語 国歩艱難《こくほかんなん》・国家存亡《こっかそんぼう》

起居挙動 ききょ－きょどう

意味 ふだんの動作。また、日常の生活。

構成 「起居」も「挙動」も、立ち居ふるまい。動作。

用例 起居挙動から物の言いざままでそれに似せ、急に三味線を擲却《てききゃく》して、唐机の上に孔雀《くじゃく》の羽を押し立てる。〈二葉亭四迷、浮雲〉

類義語 挙止進退《きょししんたい》・挙措進退《きょそしんたい》・起居振舞《たちいふるまい》

義気凜然 ぎき－りんぜん

意味 おとこぎに富んて、勇ましいようす。

構成 「義気」は、正義を守ろうとする心。義俠心。「凜然」は、りりしいようす。

用例 何様して中々義気凜然たるもので、扇ヶ谷《おうぎがやつ》定正の柱石の臣であった。〈幸田露伴、今川義元〉

規矩準縄 き－く－じゅん－じょう

意味 ぶんまわしと、さしがねと、みずもりと、すみなわ。標準・法則・手本などのたとえ。

構成 「規」は、円を描く器具。コンパス。「矩」は、方形を描く器具。さしがね。「準」は、水平をはかる器具。みずもり。「縄」は、垂直をはかる器具。すみなわ。

出典 聖人既に目力を竭《つ》くし、之《これ》を継ぐに規矩準縄を以《も》ってし、以て方員平直《ほうえん》を為《な》す。〈孟子、離婁上〉

用例 彼《か》の工《たくみ》が規矩準縄もてものするごとく強《し》ひて意を枉《ま》げ筆を矯《た》めて脚色を結構なさまくせば、世の人情と風俗とを自在に写しいだすを得じ。〈坪内逍遥、小説神髄〉

類義語 規矩標準《きくひょうじゅん》・規則縄墨《きそくじょうぼく》

規矩標準 きく－ひょうじゅん

意味 ぶんまわしや、さしがねなど、手本・模範・規準となるもの。

構成 「規」は、円を描く器具。コンパス。「矩」は、方形を描く器具。さしがね。転じて、法則。手本。「標準」は、手本。基準。

用例 およそ社会の中堅をもってみずから任じ、社会救済の原動力、社会矯正の規矩標準をもってみずから任じていた中流知識階級の人道主義者〈有島武郎、片信〉

類義語 規矩準縄《きくじゅんじょう》・規則縄墨《きそくじょうぼく》

機嫌気褄 きげん－きづま

意味 愉快・不愉快の感情。

構成 「機嫌をとる」と「着物の褄をとる」（長い着物の袖を掲げること）に、「気分」の「気」を加えて成立したことば。

用例 さて文三には人の機嫌気褄を取るなどという事は出来ぬ。〈二葉亭四迷、浮雲〉

用法 「機嫌気褄をとる」の形で用いられることが多い。

類義語 喜怒哀愁《きどあいしゅう》・喜怒哀楽《きどあいらく》・悲喜憂苦《ひきゆうく》

貴顕紳士 きけん－しんし

意味 世に知られた、身分と品格の高い男子。

構成 「貴顕」は、身分が高く、世に知られていること。「顕」は、明らか。「紳士」は、教養があり品格の高い男子。

用例 まさに豪華の二字につきるこのサロンは、日本の皇族はじめ世界各国の貴顕紳士が集い寄って、歓談するところであった。〈柴田錬三郎、怪談累ヶ淵、天皇屋敷〉

類義語 淑女紳士《しゅくじょしんし》・紳士淑女《しんししゅくじょ》・大官貴顕《たいかんきけん》

気候風土 きこう－ふうど

《風土気候《ふうどきこう》》

意味 各地における気象や土地の状態。

構成 「気候」は、温度・降雨などの気象の状態。「風土」は、地味・地形などの土地の

状態。

【用例】文明の性格は気候風土の影響を受けることが極めて大きく、東西よりも南北に大きな差異を生ずる。〈石原完爾、最終戦争論、戦争史大観〉

鬼哭啾啾　きこく–しゅうしゅう

【意味】死者の魂が小声で悲しそうに泣くようす。非常に不気味なようす。
【構成】「鬼哭」は、亡霊が泣くこと。「鬼」は、死者の亡霊。「啾啾」は、泣くようす。
【出典】新鬼は煩冤《はんえん》し旧鬼は哭《こく》し、天陰《くも》り雨湿《うるほ》ふとき声啾啾たり。〈唐、杜甫、兵車行〉
【用例】鬼哭啾々、死屍累々《ししるいるい》。二人は慄然《りつぜん》としてあたりを見廻《みまわ》した。〈海野十三、十八時の音楽浴〉

気骨稜稜　きこつ–りょうりょう

【意味】信念に忠実に、きびしく貫徹しようとする気概にあふれるようす。
【構成】「気骨」は、信念を守って他に屈しない気性。「稜稜」は、態度の角立っていかめしいようす。「稜」は、かど。
【用例】些《いささ》か詭弁派《きべんは》的な享受家《きょうらくか》の宰予《さいよ》。気骨稜々たる慷慨家《こうがいか》の公良孺《こうりょうじゅ》。〈中島敦、弟子〉
【類義語】熱烈峻厳《ねつれつしゅんげん》

旗鼓堂堂　きこ–どうどう

【意味】軍隊が整然としていかめしく、士気盛んなようす。
【構成】「旗鼓」は、戦場で軍隊を指揮し、号令を伝えるのに用いる軍旗と太鼓。転じて、軍隊。「堂堂」は、いかめしく立派なようす。
【用例】五十余人の一隊は、昔の言葉で言えば、旗鼓堂々、数台のトラックをつらねて乗り込んできたが、〈尾崎士郎、人生劇場望郷篇〉
【類義語】士気高揚《しきこうよう》

奇策縦横　きさく–じゅうおう

【意味】人の意表をついた奇抜なはかりごとを、思いのままに行うこと。
【構成】「奇策」は、人が驚くような奇抜な計画。奇謀。「縦横」は、自由自在にふるまうこと。
【用例】革命の中期には卓抜な行動家があらわれ、奇策縦横の行動をもって雷電風雨のような行動をとる。〈司馬遼太郎、世に棲む日々〉
【類義語】機知奇策《きちきさく》・機謀権略《きぼうけんりゃく》・機略縦横《きりゃくじゅうおう》・神機妙算《しんきみょうさん》・神算鬼謀《しんさんきぼう》

跪座低頭　きざ–ていとう

【意味】ひざまずいてすわり、頭をたれること。丁寧な、また卑屈な応対・態度などをいう。

【構成】「跪座」は、ひざまずいてすわること。「跪」は、ひざまずく。「低頭」は、頭をたれること。

【用例】従来、徳川将軍の時代にも稀《まれ》に外国使節の謁見を許したが、しかし将軍の態度は頗《すこぶ》る尊大であったのに、その跪坐低頭の礼をすら免じ、〈島崎藤村、夜明け前〉

【表記】従来は「跪坐低頭」と書くのが普通であったが、現在では常用漢字の「座」に書き換える。

【類義語】平伏叩頭《へいふくこうとう》・北面稽首《ほくめんけいしゅ》・匍匐膝行《ほふくしっこう》

起死回生　きし–かいせい

《回生起死《かいせいきし》》
【意味】死にかけた病人の生命をとりもどすこと。また、失敗した事業など、ほとんど手のつけようもなく衰えたものを再び盛んにすること。
【構成】「起死」も、「回生」も、死人を再び生き返らせること。
【出典】霊薬千名、神農の嘗《こころ》みる所、死を

き

起こし生に回《かへ》し、陰を旋《めぐ》らし陽を斡《めぐ》らす。〈明、劉基、郁離子〉
用例 突然蘇《よみがえ》った記憶が起死回生の力をもたらすこともあるということを言わねばならぬ。〈三島由紀夫、金閣寺〉
類義語 巻土重来《けんどちょうらい》
対義語 再起不能《さいきふのう》

旗幟鮮明 きし-せんめい

意味 旗じるしが鮮やかで、はっきりしていること。主張や立場がはっきりしていることのたとえ。
構成 「旗幟」は、はたとのぼり。転じて、表だって示された主張や立場。「鮮明」は、はっきりしていて、まぎらわしくないようす。
用例 君はいつもああ云《い》う風にもの云えば好いのだ。あれは旗幟鮮明で好い。〈芥川竜之介、佐藤春夫氏〉
類義語 一目瞭然《いちもくりょうぜん》・灼然炳乎《しゃくぜんへいこ》・明明白白《めいめいはくはく》

鬼手仏心 きしゅ-ぶっしん

意味 鬼のような恐ろしい手と、仏のように慈愛に満ちた心。外科医が手術するときや、警察官が犯罪者を逮捕するときなどの心構えを述べたことば。
構成 「鬼手」は、鬼のような手。「仏心」は、如来《にょらい》の心。慈悲深い心。
用例 正常な精神状態を保った〝鬼手仏心〟の外科医の手に操られて初めてメスは、障害の代価に病巣をえぐり取る〝名刀〟となり得るのである。〈大鐘稔彦、されど贖罪の日々〉
用法 一九九八年、小渕恵三首相の所信表明演説に用いられて以来、厳しい経済改革を行わなければならないときなど、経済の方面についても用いられるようになった。

起承転結 き-しょう-てん-けつ

意味 ①漢詩で、絶句・律詩の構成についていう語。絶句の第一の起句で詩想を起こし、第二の承句で前の句を承け、第三の転句で情趣を一転し、第四の結句で全体を結びまとめる。律詩では、二句を一組として考える。②転じて、散文の構成に応用したり、物事の順序にもたとえる。
構成 「起」は、おこす。「承」は、うける。「転」は、かわる。「結」は、むすぶ。
出典 余復た作詩の成法を問ふに、起承転合の四字有り。絶句を以《もっ》て之《これ》を言へば、第一句は是《こ》れ起、第二句は是れ承、第三句は是れ転、第四句は是れ合。〈詩法源流〉
用例 ①時には人から勧められる事もあり、たまには自ら進む事もあって、ふと十七字を並べて見たりまたは起承転結の四句ぐらい組み合せないとも限らないけれども〈夏目漱石、思い出す事など〉②話は、起承転結の転を乗り越えた様子だった。〈藤本義一、にっぽん口八丁〉

気象勇健 きしょう-ゆうけん

意味 気性が勇ましくすこやかなこと。
構成 「気象」は、ここでは、生まれつきの性格。気だて。気性。「勇健」は、勇ましくすこやかなこと。
用例 気象勇健な「アルゼリイ」種の馬匹が南佐久《みなみさく》の奥へ入りましたのは、この時のことで。〈島崎藤村、藁草履〉

喜色満面 きしょく-まんめん

意味 喜びの気持ちが、顔全体にあふれ出ているようす。
構成 「喜色」は、うれしそうな顔つき。「満面」は、顔全体。
用例 院代勝俣秀吉は喜色満面となり、しかしいくらかいぶかしげに言った。〈北杜夫、楡家の人びと〉
類義語 有頂天外《うちょうてんがい》・歓天喜地《かんてんきち》

疑心暗鬼 ぎしん-あんき

意味 疑いの心をもって見たり考えたり

していると、ありもしない恐ろしいことが心に浮かんでくること。

構成「疑心暗鬼を生ず」の略。「暗鬼」は、暗がりにいて姿のよく見えない化け物。妄想から生じるおそれのたとえ。

出典 此の章は猶《な》ほ諺《ことわざ》に曰《い》はく、疑心暗鬼を生ずと言ふがごときなり。心疑ふ所有れば、其《そ》の人鉄を窃《ぬす》まずと雖《いへど》も、而《しか》も我疑心を以《もっ》て之《これ》を視れば、則《すなは》ち其の件件皆《みな》疑ふべし。〈列子、説府、人鉄を亡ふ者有り其の隣の子を意ふ、鬳斎口義〉

用例 つまり疑心暗鬼とかいう譬《たと》えの通りで、怖いと思っているから、少し怪しい奴が立ち廻《まわ》ると、それが金蔵らしく思われるのです。〈岡本綺堂、半七捕物帳、廻り灯籠〉

類義語 呉牛喘月《ごぎゅうぜんげつ》

貴賤雅俗 きせん－がぞく

意味 身分の高い人と低い人。身分の高い人も低い人も全て。

構成「貴賤」も、「雅俗」も、身分の高い人と低い人。「貴人」「賤人」「雅人」「俗人」の略。

用例 臨機応変に貴賤雅俗を写し分かつに便なり。〈坪内逍遥、小説神髄〉

類義語 貴賤上下《きせんしょうか》・貴賤男女《きせんだんじょ》・貴賤貧富《きせんひんぷ》・貴賤老少《きせんろうしょう》・貴賤老若《きせんろうにゃく》・上下貴賤《しょうかきせん》・男女老幼《なんにょろうよう》・貧富貴賤《ひんぷきせん》・老若貴賤《ろうにゃくきせん》・老若男女《ろうにゃくなんにょ》・老若貧富《ろうにゃくひんぷ》・老幼男女《ろうようなんにょ》

貴賤上下 きせん－しょうか

⇩上下貴賤《しょうかきせん》

用例 政府たるものは人民の委任を引き受け、その約束に従って一国の人をして貴賤上下の別なく何《いづ》れもその権義を逞《たくま》しうせしめざるべからず、〈福沢諭吉、学問のすすめ〉

貴賤男女 きせん－だんじょ

意味 身分の高い人、低い人、男性・女性。それらの人みな。全ての人々。

構成「貴賤」は、身分の高い人と低い人。「男女」は、男性と女性。

用例 其《そ》の日は貴賤男女の見物をゆるし貧者に剰《あま》れる金を施し、〈幸田露伴、五重塔〉

類義語 貴賤上下《きせんしょうか》・貴賤雅俗《きせんがぞく》・貴賤貧富《きせんひんぷ》・貴賤老少《きせんろうしょう》・貴賤老若《きせんろうにゃく》・上下貴賤《しょうかきせん》・男女老幼《なんにょろうよう》・貧富貴賤《ひんぷきせん》・老若貴賤《ろうにゃくきせん》・老若男女《ろうにゃくなんにょ》・老若貧富《ろうにゃくひんぷ》・老幼男女《ろうようなんにょ》

貴賤貧富 きせん－ひんぷ

⇩貧富貴賤《ひんぷきせん》

用例 人は生まれながらにして貴賤貧富の別なし。〈福沢諭吉、学問のすすめ〉

貴賤老少 きせん－ろうしょう

意味 身分の高い人・低い人、老人・若者。それらの人みな。全ての人々。

構成「貴賤」は、身分の高い人と低い人。「老少」は、老人と若者。

用例「貴賤老少、口々相伝、前言往行、存して忘れず」などというのは、人間の暮らしとは思えない。〈小林秀雄、蘇我馬子の墓〉

類義語 貴賤上下《きせんしょうか》・貴賤雅俗《きせんがぞく》・貴賤男女《きせんだんじょ》・貴賤貧富《きせんひんぷ》・貴賤老若《きせんろうにゃく》・上下貴賤《しょうかきせん》・男女老幼《なんにょろうよう》・貧富貴賤《ひんぷきせん》・老若貴賤《ろうにゃくきせん》・老若男女《ろうにゃくなんにょ》・老若貧富《ろうにゃくひんぷ》・老幼男女《ろうようなんにょ》

貴賤老若 きせん－ろうにゃく

⇩老若貴賤《ろうにゃくきせん》

用例 その辺はたしかに知らんが、とにかく貴賤老若の別なく河へ飛び込む。〈夏目漱石、吾輩は猫である〉

奇想天外 きそう－てんがい

意味 きわめて奇抜な思いつき。ふつうの人の想像も及ばないような考え。

構成「奇想」は、奇抜な着想。「天外」は、は

るかに遠いところ。転じて、思いもよらないところ。

用例 あっというような奇想天外の手を指してやるんだと、まるで通り魔に憑かれて、坂田はふと眼を窓外にそらした。〈織田作之助、聴雨〉

類義語 奇異荒唐《きいこうとう》・奇奇怪怪《ききかいかい》・奇怪千万《きっかいせんばん》・奇妙奇態《きみょうきたい》・不可思議《ふかしぎ》

気息奄奄　きそく－えんえん

意味 息も絶え絶えなようす。

構成 「気息」は、呼吸。「奄奄」は、息がふさがって絶えそうなようす。

出典 劉が日西山に薄《せま》り、気息奄奄たり。〈文選、李密、陳情の表〉

用例 一敗また起《た》つ能《あた》わざるの神経衰弱に罹《かか》って、気息奄々として今や路傍に呻吟《しんぎん》しつつあるは必然の結果としてまさに起こるべき現象でありましょう。〈夏目漱石、現代日本の開化〉

注意 「奄奄」を「延延」と書くのは、誤り。

類義語 残息奄奄《ざんそくえんえん》・半死半生《はんしはんしょう》・半生半死《はんしょうはんし》・満身創痍《まんしんそうい》・薬石無功《やくせきむこう》

規則縄墨　きそく－じょうぼく

意味 守り従わなければならないきまり。

構成 「規則」は、きまり。「縄墨」は、大工が直線を印するのに用いる器具。転じて、法則。標準。

用例 其《そ》の教へに形あれば亦《ま》たこれを試験するにも有形の規則縄墨あり。〈福沢諭吉、文明論之概略〉

類義語 規矩準縄《きくじゅんじょう》・規矩標準《きくひょうじゅん》

機知奇策　きち－きさく

意味 その場に応じて働く才知による奇抜なはかりごと。

構成 「機知」は、その場に応じて素早く働く才知。「奇策」は、人が驚くような奇抜なはかりごと。

用例 右門一流の疾風迅雷的な行動と、人の意表をつく機知奇策によって、〈佐々木味津三、右門捕物帖、卍のいれずみ〉

表記 従来は「機智奇策」と書くのが普通であったが、現在では常用漢字の「知」に書き換える。

類義語 奇策縦横《きさくじゅうおう》・機謀権略《きぼうけんりゃく》・機略縦横《きりゃくじゅうおう》・神機妙算《しんきみょうさん》・神算鬼謀《しんさんきぼう》

対義語 常套手段《じょうとうしゅだん》

機知縦横　きち－じゅうおう

意味 その場に応じて働く才知を、思いのままに発揮すること。

構成 「機知」は、その場に応じて素早く働く才知。「縦横」は、自由自在にふるまうこと。

用例 彼がいかに豪胆にして機智縦横の人物であるかということを説くための一例として、〈尾崎士郎、人生劇場残侠篇〉

表記 従来は「機智縦横」と書くのが普通であったが、現在では常用漢字の「知」に書き換える。

類義語 機知頓才《きちとんさい》

機知頓才　きち－とんさい

意味 その場その場に応じて才知や知恵がよく働くこと。機転がきくこと。

構成 「機知」は、その場に応じて素早く働く才知。「頓才」は、その場に応じてよく働く知恵。

用例 ここをもて機智頓才ある庖人《ほうじん》は、時に巧妙の庖刀を下して意表にいづる塩梅《あんばい》をなすことあり。〈坪内逍遥、小説神髄〉

表記 従来は「機智頓才」と書くのが普通であったが、現在では常用漢字の「知」に書き換える。

類義語 機知縦横《きちじゅうおう》

奇怪千万　きっかい－せんばん

意味 きわめてあやしいこと。非常に不思議なこと。

構成 「奇怪」は、あやしいこと。理にかな

わぬこと。「千万」は、程度がはなはだしいこと。

出典 二度の勅使を背く条、奇怪千万。〈天神記、五〉

用例 近ごろ奇怪千万の出来事で、西瓜《すいか》が人間の生首に変わるなどとは、どう考えても判断の付かないことではないか。〈岡本綺堂、西瓜〉

注意 (1)「奇怪」は、この語の場合、慣用的に「きっかい」と読むが、最近では「きかい」とも読む。(2)「千万」を「せんまん」と読むのは、誤り。

類義語 奇異荒唐《きいこうとう》・奇奇怪怪《ききかいかい》・奇想天外《きそうてんがい》・奇妙奇態《きみょうきたい》・不可思議《ふかしぎ》

吃喝嫖賭　きっかつ-ひょうと

意味 食べること・酒を飲むこと・女性と遊ぶこと・賭博の四道楽。

構成 「吃」は、食べること。「喝」は、飲むこと。「嫖」は、女性と遊ぶこと。「賭」は、ばくち。

用例 吃喝嫖賭の道楽にも、全然遠のいてしまったのである。〈芥川竜之介、奇遇〉

吉凶禍福　きっきょう-かふく

意味 幸いと災い。幸不幸。

構成 「吉凶」は、幸いと災い。「禍福」は、災いと幸い。

用例 吉凶禍福は皆定数ありて、飲笑哭も悉《ことごと》く天意に因るかと疑はる。〈幸田露伴、運命〉

吃驚仰天　きっきょう-ぎょうてん

意味 非常に驚くこと。

構成 「吃驚」も「仰天」も、びっくりすること。

用例 大坂城中のものは皆顔色を失い、吃驚仰天して叡慮《えいりょ》のいずれにあるやを知らない。〈島崎藤村、夜明け前〉

注意 俗に、「びっくりぎょうてん」とも読む。

類義語 顔面蒼白《がんめんそうはく》・瞠若驚嘆《どうじゃくきょうたん》・茫然自失《ぼうぜんじしつ》

佶屈聱牙　きっくつ-ごうが

意味 堅苦しくて耳に入りにくいこと。難しくて読みにくい文章の形容。

構成 「佶屈」は、とどこおって、堅苦しいこと。「佶」は、真っ直ぐでない。「聱牙」は、ことばがごつごつしていて、難しいこと。「聱」は、ことばの聞こえないこと。「牙」は、歯並びが正しくないこと。

出典 周誥《しゅうこう》・殷盤《いんばん》は佶屈聱牙なり。〈唐、韓愈、進学の解〉

用例 時に佶屈聱牙な文字、筆致を意識して用いるのは愚衆また通俗に対する抵抗手段であろう。〈唐木順三、齋藤子雲のこと〉

表記 「詰屈聱牙」とも書く。

吉辰良日　きっしん-りょうじつ

意味 よい日。めでたい日。吉日。

構成 「吉辰」も「良日」も、よい日。吉日。「辰」は、ここでは、日。

用例 吉辰良日のことにつき前以《もっ》て相談のあった折に、青山の家としては来る九月のうちを選んだのもそのためであった。〈島崎藤村、夜明け前〉

類義語 黄道吉日《こうどうきちにち》・大安吉日《たいあんきちじつ》

喜怒哀愁　き-ど-あい-しゅう

意味 喜び・怒り・悲しみ・憂い。人間の感情の総称。

構成 「喜」は、喜び。「怒」は、怒り。「哀」は、悲しみ。「愁」は、憂い。

用例 凡《すべ》ての人間の喜怒哀愁とは、何の渉《かかわ》りもなく、六月は暮れて行った。〈菊池寛、真珠夫人〉

類義語 機嫌気褄《きげんきづま》・喜怒哀楽《きどあいらく》・悲喜憂苦《ひきゆうく》

喜怒哀楽　き-ど-あい-らく

意味 喜び・怒り・悲しみ・楽しみ。人間の感情の総称。

構成 「喜」は、喜び。「怒」は、怒り。「哀」

は、悲しみ。「楽」は、楽しみ。
[出典] 喜怒哀楽の未《いま》だ発せざる、之《これ》を中と謂《い》ふ。〈中庸〉
[用例] それは、もはや人間の心ではなかった。喜怒哀楽の情の上にあって、ただ鉄槌《てっつい》を振るっている勇猛精進の菩薩心であった。〈菊池寛、恩讐の彼方に〉
[類義語] 機嫌気褄《きげんきづま》・喜怒哀愁《きどあいしゅう》・悲喜憂苦《ひきゆうく》

機謀権略 きぼう－けんりゃく

[意味] その場の状況に応じたはかりごと。
[構成] 「機謀」「権略」ともに、その場その場の変化に応じたはかりごと。「権」は、ここでは、間に合わせ。
[用例] 私は掏賊《すり》だ、はじめから敵に対しては、機謀権略、反間苦肉、有《あら》ゆる辣手段《らつしゅだん》を弄して差し支えないと信じた。〈泉鏡花、婦系図〉
[類義語] 奇策縦横《きさくじゅうおう》・機知奇策《きちきさく》・機略縦横《きりゃくじゅうおう》・神機妙算《しんきみょうさん》・神算鬼謀《しんさんきぼう》

奇妙奇態 きみょう－きたい

[意味] 珍しくて、不思議なようす。
[構成] 「奇妙」も「奇態」も、珍しくて不思議なこと。
[用例] ……とにかく奇妙奇態だろう。変妙不可思議だろう。しかし、これを学理的に説明すると、何でもないことなんだよ。〈夢野久作、ドグラ・マグラ〉
[類義語] 奇異荒唐《きいこうとう》・奇奇怪怪《ききかいかい》・奇想天外《きそうてんがい》・奇怪千万《きっかいせんばん》・不可思議《ふかしぎ》

帰命頂礼 きみょう－ちょうらい

[意味] ①仏教で、頭を地につけて神仏の足を拝する礼。インド古代の最敬礼。②転じて、身命をささげて仏・法・僧の三宝に帰依すること。
[構成] 「帰命」は、梵語《ぼんご》からの音訳語「南無」の意訳。心から仏を信仰すること。「頂礼」は、尊者の前にひれ伏して、頭を地につけ、その足下で拝むこと。
[用例] ②帰命頂礼熊野三所の権現《ごんげん》、分けては日吉山王、王子の眷属《けんぞく》、総じては上は梵天帝釈《ぼんてんたいしゃく》、下は堅牢地神、〈芥川竜之介、俊寛〉
[注意] 「帰命」を「きみょう」、「頂礼」を「ちょうらい」と読むのは、仏教用語の慣用。「きめい」「ちょうれい」と読むのは、誤り。
[類義語] 一心精進《いっしんしょうじん》・只管打座《しかんたざ》・精進勇猛《しょうじんゆうみょう》・大死一番《だいしいちばん》・勇猛精進《ゆうみょうしょうじん》

鬼面仏心 きめん－ぶっしん

[意味] 外見は鬼のようにいかめしいが、内心は仏のように慈悲深いこと。
[構成] 「鬼面」は、鬼の顔。「仏心」は、如来《にょらい》の心。慈悲深い心。
[対義語] 人面獣心《じんめんじゅうしん》

脚下照顧 きゃっか－しょうこ

《照顧脚下《しょうこきゃっか》》
[意味] 自分の足もとをよく見るべきこと。他に対して意見を述べる前に、まず自分のことを戒めなければならないことのたとえ。
[構成] 「脚下」は、足もと。「照顧」は、反省してよく確かめること。
[用例] 柔道教師が、「脚下照顧」とある額の下でさけび、〈野坂昭如、アメリカひじき〉

牛飲馬食 ぎゅういん－ばしょく

[意味] 牛が水を飲み、馬が草を食う。盛んに飲食することのたとえ。
[構成] 「牛飲」は、牛が水を飲むこと。「馬食」は、馬が草を食うこと。
[用例] ぼくは盛んに、牛飲馬食、二番の虎さんや、水泳の安さんなんかと一緒に、殆ど、最後まで残って、たしか飯を五杯以上は食いました。〈田中英光、オリンポスの果実〉
[類義語] 鯨飲馬食《げいいんばしょく》・暴飲暴食《ぼういんぼうしょく》

九夏三伏 きゅうか－さんぷく

意味 夏の最も暑い時期。

構成 「九夏」は、夏の三か月。九十日間。「三伏」は、夏の暑い時。夏至の後、三番目の庚の日を初伏、四番目を中伏、立秋後の最初の庚の日を末伏といい、あわせて三伏という。「伏」は、金気が伏蔵すること。

用例 九夏三伏の暑熱にも怯《めげ》ず土佐炭紅々《あかあか》と起こして、今年十六の伜《せがれ》の長次と職人一人を相手として他念なく働いたお庇《かげ》で、〈幸田露伴、名工出世譚〉

鳩居鵲巣 きゅうきょ－じゃくそう

意味 ①ハトは自分の巣を作らず、カササギの巣に住む。転じて、女性が結婚して、夫の家で一家を作ること。②仮の住まい。

構成 「鳩居」は、ハトがそこに住むこと。「鵲巣」は、カササギの巣。

出典 維《こ》れ鵲巣有れば、維れ鳩之《これ》に居《を》り。〈詩経、召南、鵲巣〉

救国済民 きゅうこく－さいみん

《救世済民《きゅうせいさいみん》》

意味 国や世の中を救い、人々を苦しみから救うこと。

構成 「救国」「救世」は、国や世の中を救うこと。「済民」は、民を苦しみから救済すること。

用例 治国平天下という表現は、泰平のときにこそふさわしい。おなじ意味ながら、いまの世なら、救国済民と言いかえたまえ。〈司馬遼太郎、世に棲む日々〉

類義語 経国済民《けいこくさいみん》・経世済民《けいせいさいみん》

窮山幽谷 きゅうざん－ゆうこく

⇩深山幽谷《しんざんゆうこく》

九死一生 きゅうし－いっしょう

意味 ①ほとんど死を避けがたい状況で、幸運にも助かること。②生命を投げ出して、必死の覚悟でするること。

構成 「九死」は、十のうち九が死ぬ危険のあること。「一生」は、わずかに十のうち一だけが生きる可能性のあること。

用例 ①幸いに文治は二度も難船して、九死一生の難儀をしたが、肌身離さず持っていた金は失わぬ。〈三遊亭円朝、後の業平文治〉

類義語 万死一生《ばんしいっせい》

牛溲馬勃 ぎゅうしゅう－ばぼつ

意味 牛の小便と、馬の大便。役に立たないもののたとえ。

構成 「牛溲」は、牛の小便。一説に、雑草の一種。「馬勃」は、馬の大便。一説に、湿地や腐った木に生じるきのこの一種。

出典 玉札丹砂《ぎょくさつたんしゃ》、赤箭青芝《せきせんせいし》、牛溲馬勃、敗鼓《はいこ》の皮も、倶《とも》に収めて並びに蓄《たくは》へ、用を待ちて遺《のこ》すこと無き者は、医師の良なり。〈唐、韓愈、進学の解〉

用例 牛溲馬勃亦《ま》た必ずしも『きたなき』の一語を以て排し去るを得んや。〈正岡子規、俳句問答〉

類義語 夏炉冬扇《かろとうせん》・陶犬瓦鶏《とうけんがけい》・冬扇夏炉《とうせんかろ》

鳩首協議 きゅうしゅ－きょうぎ

⇩鳩首凝議《きゅうしゅぎょうぎ》

鳩首凝議 きゅうしゅ－ぎょうぎ

《鳩首協議《きゅうしゅきょうぎ》・鳩首謀議《きゅうしゅぼうぎ》》

意味 頭を寄せ集めてよく相談すること。

構成 「鳩首」は、頭を寄せ集めて話し合うこと。「鳩」は、ここでは、集める。「凝議」「協議」「謀議」は、よくよく相談すること。

用例 阿久津弁護士が月岡弁護士を振り向き、弁護士たちは鳩首凝議を始めた。〈加賀乙彦、湿原〉

鳩首謀議 きゅうしゅ－ぼうぎ

き

⇩鳩首凝議《きゅうしゅぎょうぎ》

用例 配下の者を集め鳩首謀議をこらしながら、出入り禁止の厳重な見まわりをしていましたものでしたから、〈佐々木味津三、右門捕物帖、生首の進物〉

急所弱所　きゅうしょ－じゃくしょ

意味 そこを攻められると生命にかかわるような弱点。

構成 「急所」は、身体の中でそこを害すると命にかかわる大事なところ。「弱所」は、弱点。

用例 ひょっとしたら、さすがの御老人も、天衣無縫の将軍家に、その急所弱所を見破られて〈太宰治、右大臣実朝〉

救世済民　きゅうせい－さいみん

⇩救国済民《きゅうこくさいみん》

用例 目下盛業中の救世済民の説教こそ前の世からの天職だと、〈石川淳、張柏端〉

類義語 経国済民《けいこくさいみん》・経世済民《けいせいさいみん》

旧態依然　きゅうたい－いぜん

意味 昔のままの状態で変わらないこと。

構成 「旧態」は、昔のままの状態。「依然」は、前と変わらないこと。

用例 自分でつくって自分の手でうちあげる花火師の仕事だけが、旧態依然として残されていることも故あるかなである。〈尾崎士郎、人生劇場風雲篇〉

類義語 旧套墨守《きゅうとうぼくしゅ》・保守退嬰《ほしゅたいえい》

対義語 面目一新《めんぼくいっしん》

九腸寸断　きゅうちょう－すんだん

意味 はらわたの全てがちぎれるほどの思い。非常な悲しみのたとえ。

構成 「九腸」は、全てのはらわた。「九」は、数のきわまり。転じて、数の多いこと。全て。「寸断」は、ずたずたに切り裂くこと。

九鼎大呂　きゅうてい－たいりょ

意味 大きなかなえや、大きな釣り鐘。非常に貴重な物、重い地位・名望のたとえ。

構成 「九鼎」は、中国古代、夏の禹王が九州(中国全土)から献上させた銅で鋳た、大きなかなえ。夏・殷・周と伝えた、伝国の宝物。九つとも一つともいう。「大呂」は、同じく中国古代、周の大廟に備えた大きなつり鐘。

出典 毛先生一たび楚《そ》に至りて、趙《ちょう》をして九鼎・大呂より重からしむ。〈史記、平原君伝〉

用例 他人の膳より食ふ間は、自ら思ふこと塵の如く、我奮ふ時は、自ら九鼎大呂の重きを知る。〈宮崎湖処子、帰省〉

類義語 至大至重《しだいしじゅう》

急転直下　きゅうてん－ちょっか

意味 形勢が急に変わって、解決に向かうこと。

構成 「急転」は、急に転回すること。転じて、形勢が急に変わること。「直下」は、まっすぐに下ること。転じて、解決に向かうこと。

用例 事件はほとんど急転直下の勢いでまたたく間にケリがついてしまった。漁夫たちの大勝利に終わったのである。〈島木健作、鰊漁場〉

旧套墨守　きゅうとう－ぼくしゅ

意味 古い習慣をかたくなに守って改めないこと。

構成 「旧套」は、古い慣習や形式。ありきたりのやり方。「套」は、ここでは、古くさい。「墨守」は、自分の説を堅く守って改めないこと。中国古代の思想家・墨子がよく城を守った故事による。

類義語 旧態依然《きゅうたいいぜん》・保守退嬰《ほしゅたいえい》

義勇任侠　ぎゅう－にんきょう

意味 忠義と、勇気と、おとこぎ。

構成 「義勇」は、正義の心から発する勇気。忠義と勇気。「任侠」は、おとこだて。おとこぎ。

用例 日本のは義勇任侠などの血脈が終始一貫して居る。〈幸田露伴、侠客の種類〉

類義語 義理人情《ぎりにんじょう》

弓馬槍剣　きゅうば―そうけん

意味 弓術・馬術・槍術・剣術。広く、武芸一般。

構成 「弓」は、弓術。「馬」は、馬術。「槍」は、槍術。「剣」は、剣術。

用例 彼は大抵の場合勝者であった。元より弓馬槍剣と云《い》ったような、武士に必須な技術に於《お》いては彼の技倆《ぎりょう》は忽《たちま》ちに上達して、〈菊池寛、忠直卿行状記〉

類義語 干戈弓馬《かんかきゅうば》・弓馬刀槍《きゅうばとうそう》・車馬剣戟《しゃばけんげき》・刀槍矛戟《とうそうぼうげき》・砲刃矢石《ほうじんしせき》

弓馬刀槍　きゅうば―とうそう

意味 弓術・馬術・剣術・槍術。広く、武芸一般。

構成 「弓」は、弓術。「馬」は、馬術。「刀」は、剣術。「槍」は、槍術。

用例 人の言《い》うところには、丹後守《たんごのかみ》は、弓馬刀槍の武芸に精通し、和漢内外の書物を読みつくし、〈中里介山、大菩薩峠、三輪の神杉の巻〉

類義語 干戈弓馬《かんかきゅうば》・弓馬槍剣《きゅうばそうけん》・車馬剣戟《しゃばけんげき》・刀槍矛戟《とうそうぼうげき》・砲刃矢石《ほうじんしせき》

恐悦至極　きょうえつ―しごく

意味 かしこまって喜ぶこと。他人に喜びをいう時の敬語。また、自分の喜びをいう謙譲語。

構成 「恐悦」は、つつしんで喜ぶこと。「至極」は、この上もないこと。

用例 「だらしも何もあった話じゃありません」と、恐悦至極の体たらくに〈谷崎潤一郎、幇間〉

注意 「至極」を「しきょく」と読むのは、誤り。

類義語 恐恐謹言《きょうきょうきんげん》・恐惶謹言《きょうこうきんげん》・恐惶嘆願《きょうこうたんがん》・惶恐再拝《こうきょうさいはい》・再拝稽首《さいはいけいしゅ》・誠恐誠惶《せいきょうせいこう》・誠惶誠恐《せいこうせいきょう》・頓首再拝《とんしゅさいはい》・妄言多謝《もうげんたしゃ》

鏡花水月　きょうか―すいげつ

意味 鏡に映った花と、水に映った月。ともに見るだけで取ることのできないものであることから、詩歌などに表せない、幽玄ですぐれた味わいのたとえ。

構成 「鏡花」は、鏡に映った花。「水月」は、水に映った月。

出典 詩に解すべくして解すべからざること、鏡花水月のごときもの有り。〈詩家直説〉

狂歌乱舞　きょうか―らんぶ

意味 非常に興奮した声で歌い、羽目を外して舞うこと。

構成 「狂歌」は、非常に興奮した声で歌うこと。「乱舞」は、羽目を外して舞い踊ること。

用例 流れて鉱夫となり、買うものも売るものも、我が世夢ぞと狂歌乱舞するのである。〈国木田独歩、空知川の岸辺〉

類義語 狂酔乱舞《きょうすいらんぶ》

対義語 悲歌慷慨《ひかこうがい》

叫喚地獄　きょうかん―じごく

意味 ①仏教で、罪を犯したものが絶え間ない苦しみを受けて泣き叫ぶという地獄。無間地獄《むげんじごく》。八大地獄の一つ。②転じて、非常に悲惨な境遇。

構成 「叫喚」は、叫びわめくこと。「地獄」は、生前に悪事をした者が死後落ちて責め苦しめられる所。

用例 ①妄語《もうご》して他人を罰せしめ愉快と心得た奴《やつ》は、死して大叫喚地獄の双逼悩部《そうひょくのうぶ》に落ち、〈南方熊楠、十二支考、虎に関する史話と伝説民俗〉

類義語 阿鼻叫喚《あびきょうかん》・阿鼻地獄《あびじごく》・焦熱地獄《しょうねつじごく》・八大地獄《はちだいじごく》・八万地獄《はちまんじごく》・八万奈落《はちまんならく》・無間地獄《むげんじごく》・無間奈

落《むげんならく》成〉

澆季混濁 ぎょうき−こんだく

意味 道徳や人情が軽薄になり、乱れた末の世。

構成「澆季」は、道徳が薄れ人情が軽薄になった末世。「澆」は、薄い。「季」は、ここでは、末。「混濁」は、世の中がにごり乱れること。

用例 ただおのが住む世を、かく観じ得て、霊台方寸のカメラに澆季溷濁の俗界を清くうららかに収め得れば足る。〈夏目漱石、草枕〉

注意 (1)「澆」を「尭」と書くのは、誤り。(2)「季」を「李」と書くのは、誤り。

表記 従来は「澆季溷濁」とも書いたが、現在は常用漢字の「混」を用いるのが普通。

類義語 澆季末世《ぎょうきまっせ》・末世澆季《まっせぎょうき》・末法末世《まっぽうまっせ》

澆季末世 ぎょうき−まっせ

⇩末世澆季《まっせぎょうき》

恐恐謹言 きょうきょう−きんげん

⇩恐惶謹言《きょうこうきんげん》

用例 何卒《なにとぞ》参上いたし候《さうらふ》節は彼の死人御返し下さるべく願ひ上げ候。恐々謹言。直江山城守兼続《かねつぐ》。〈尾崎士郎、石田三成〉

狂喜乱舞 きょうき−らんぶ

意味 非常に喜んで興奮し、羽目を外して舞うこと。

構成「狂喜」は、喜んで非常の興奮すること。「乱舞」は、羽目を外して舞い踊ること。

用例 競技場は興奮のるつぼと化す。まさに狂喜乱舞、「すばらしいドラマだった」と、五輪復興の立役者クーベルタン男爵が記している。〈読売新聞、編集手帳、一九九〇年九月二〇日〉

類義語 欣喜雀躍《きんきじゃくやく》・踊躍歓喜《ゆやくかんぎ》

恐懼感激 きょうく−かんげき

意味 ありがたさに恐れ謹み、深く感じ入って心が奮い立つこと。

構成「恐懼」は、非常に恐れる。おそれつつしむ。「感激」は、深く感じて心が奮い立つこと。

用例 聖詔《せいしょう》を発せられまして、今日の時機は実《まこと》に外《そと》各国との交誼を厚うし、内《うち》国運の発展を要し、国民の努力自彊《じきょう》を要する旨《むね》を宣明せられましたるは、誠に恐懼感激に堪えぬ次第でございます。〈桂太郎、第二十五回帝国議会施政方針演説〉

狂言綺語 きょうげん−きご

意味 道理にもとる、人の気を引くように飾ったことば。儒教や仏教の立場から、小説などの文をいやしんでいったもの。また、すさび事、管弦の遊びなどにも言う。

構成「狂言」は、道理にもとることば。「綺語」は、巧みに偽り飾ったことば。

出典 願はくは今生世俗文字の業、狂言綺語の過ちを以《も》って、転じて将来世世讃仏乗の因、転法輪の縁と為《な》さんことを。〈唐、白居易、香山寺白氏洛中集記〉

用例 単に作者のつづった狂言綺語だと言い捨ててしまう気にはなれない。〈永井荷風、腕くらべ〉

凶険無道 きょうけん−むどう

意味 よこしまで道徳に背く悪い行い。

構成「凶険」は、よこしまで腹黒いこと。「無道」は、道徳に背くこと。

用例 汝ら沙門の恐るる如《ごと》き、兇険無道の悪魔ならんか、〈芥川竜之介、るしへる〉

表記 従来は「兇険無道」と書くのが普通であったが、現在では常用漢字の「凶」に書き換える。

類義語 邪見放逸《じゃけんほういつ》・醜悪奸邪《しゅうあくかんじゃ》・不埒千万《ふらちせんばん》・放辟邪侈《ほうへきじゃし》

恐惶謹言　きょうこう－きんげん

《恐恐謹言《きょうきょうきんげん》》

意味 おそれかしこまって、謹んで申し上げること。目上の人に対する手紙などで末尾に書き、最大の敬意を表すのに用いることば。

構成 「恐惶」「恐恐」は、おそれかしこまること。「惶」は、ここでは、おそれる。「謹言」は、謹んで申し上げること。

用例 重陽の佳日、中国軍政府最高主席委員長チャンスカヤ・カイモヴィッチ・シャノフ恐惶謹言頓首々々恭々しく曰《もう》す。〈海野十三、軍用鮫〉

類義語 恐悦至極《きょうえつしごく》・恐惶嘆願《きょうこうたんがん》・惶恐再拝《こうきょうさいはい》・再拝稽首《さいはいけいしゅ》・誠恐誠惶《せいきょうせいこう》・誠惶誠恐《せいこうせいきょう》・頓首再拝《とんしゅさいはい》・妄言多謝《もうげんたしゃ》

恐惶嘆願　きょうこう－たんがん

意味 おそれかしこまりながら、心からお願いすること。

構成 「恐惶」は、非常におそれかしこまること。「惶」は、ここでは、おそれる。「嘆願」は、実情を説明して心からお願いすること。

用例 今日の形勢に立ち至り候《さうらふ》段、恐惶嘆願の外無御座《ござなく》候。〈菊池寛、乱世〉

驚魂悸魄　きょうこん－きはく

意味 たいへん心を驚かし、動揺させること。

構成 「驚魂」は、心を驚かすこと。「悸魄」は、心が動揺すること。「悸」は、おそれる。「魄」は、たましい。

用例 『秘密』に戦慄せんことなり、『不思議』に驚魂悸魄せんことなり。〈国木田独歩、岡本の手帳〉

教唆扇動　きょうさ－せんどう

意味 人を教えそそのかし、おだてあおること。

構成 「教唆」は、教えてそそのかすこと。「唆」は、そそのかす。「扇動」は、おだてあおること。「扇」は、もと「煽」で、あおる。

用例 すでに一妓《いちぎ》の情婦ありと聞けば、該妓《がいぎ》を教唆煽動して、妬心《としん》を引き起こさせしめ〈戸田欽堂、情海波瀾〉

表記 従来は「教唆煽動」と書くのが普通であったが、現在では常用漢字の「扇」に書き換える。

驕奢淫逸　きょうしゃ－いんいつ

意味 度を超えて、ぜいたくにふけること。

構成 「驕奢」は、おごってぜいたくすること。「驕」「奢」ともに、おごる。「淫逸」は、度を超えて楽しみにふけること。「淫」は、おぼれる。「逸」は、ここでは、みだら。

出典 驕奢淫佚は、自《よ》りて邪なる所なり。〈春秋左氏伝、隠公三年〉

用例 寺院の富用無益のこと、僧侶の驕奢淫逸乱行帰惰《らんぎょうきだ》なること、罪人の多く出ること、田地境界訴訟の多きこと等は、〈島崎藤村、夜明け前〉

表記 従来は「驕奢淫佚」と書くのが普通であったが、現在では常用漢字の「逸」に書き換える。

類義語 豪奢遊蕩《ごうしゃゆうとう》・奢侈淫佚《しゃしいんいつ》・奢侈荒唐《しゃしこうとう》・贅沢華奢《ぜいたくかしゃ》・贅沢三昧《ぜいたくざんまい》

行住座臥　ぎょう－じゅう－ざ－が

意味 行くこと・止まること・座ること・横になること。日常の動作。仏教で、これを四威儀という。

構成 「行」は、行くこと。「住」は、止まること。「座」は、座ること。「臥」は、横になる。

出典 行住坐臥、諸諸の苦悩を受く。〈心地

観経〉
用例 ところが非常に健康な人は行住坐臥ともにわが身体の存在を忘れている。〈夏目漱石、野分〉
表記 従来は「行住坐臥」と書くのが普通であったが、現在では常用漢字の「座」に書き換える。
類義語 行屎走尿《こうしそうにょう》

拱手傍観 きょうしゅ－ぼうかん

⇩袖手傍観《しゅうしゅぼうかん》
用例 それまで去就に迷って拱手傍観していました諸将も続々と北条勢に来たり投じ、〈太宰治、右大臣実朝〉

強食弱肉 きょうしょく－じゃくにく

⇩弱肉強食《じゃくにくきょうしょく》
用例 他人を処罰する思想からは強食弱肉の半獣世界が引き出され、軍国主義や特権主義が跋扈《ばっこ》して、〈与謝野晶子、新婦人協会の請願運動〉

協心戮力 きょうしん－りくりょく

《戮力協心《りくりょくきょうしん》・同心戮力《どうしんりくりょく》・戮力同心《りくりょくどうしん》》
意味 心を一つにして、力を合わせること。
構成 「協心」「同心」は、心を合わせること。「戮力」は、力を合わせること。
出典 諸君、苟《いやしく》も先の将軍の恩を忘れずんば、則《すなわ》ち協心戮力して、讒人《ざんじん》を誅除《ちゅうじょ》し、以《もっ》て旧図《きゅうと》を全うせよ。〈頼山陽、日本外史、源氏後記、北条氏〉
用例 内、国力を充実し、外、国運を伸張するの所以《ゆえん》の途は、一に挙国一致協心戮力するの外《ほか》なきを確信するものでありまして、〈岡田啓介、第六十八回帝国議会施政方針演説〉
類義語 一致協力《いっちきょうりょく》・一致団結《いっちだんけつ》・協力一致《きょうりょくいっち》・二人三脚《ににんさんきゃく》

狂酔乱舞 きょうすい－らんぶ

意味 非常に酔い、羽目を外して舞うこと。
構成 「狂酔」は、大いにに酔うこと。泥酔。「乱舞」は、羽目を外して舞い踊ること。
用例 狂酔乱舞のかぎりをつくした「狸《たぬき》の饗宴《きょうえん》」が、「哀れさよ、八百屋お七の哀れさよ」と世にも悲しいサノサ節の合唱に終わって、〈尾崎士郎、人生劇場残侠篇〉
類義語 狂歌乱舞《きょうからんぶ》

共存共栄 きょうぞん－きょうえい

意味 自他ともに生存し、繁栄すること。
構成 「共存」は、ともに生存すること。「共栄」は、ともに繁栄すること。
用例 人が、誰だって構わないが、同情、博愛、共存共栄、社会主義と云《い》う風な美徳を帯びて、〈葉山嘉樹、万福追想〉

怯懦暗愚 きょうだ－あんぐ

意味 臆病で道理に暗く、おろかなこと。
構成 「怯懦」は、いくじがないこと。「怯」は、おびえる。「懦」は、いくじがない。「暗愚」は、道理に暗くおろかなこと。
用例 義元《よしもと》の子の氏真《うじまさ》が怯懦闇愚の目前主義の人で、雪達磨《ゆきだるま》が溶けるように家が衰えたのだから、〈幸田露伴、今川義元〉
表記 従来は「怯懦闇愚」と書くのが普通であったが、現在では常用漢字の「暗」に書き換える。

兄弟弟子 きょうだい－でし

意味 兄と弟のような関係の門人。師を同じくする学生同士。
構成 「兄弟」は、兄と弟。「弟子」は、師に従って学ぶ者。門人。
用例 何故《なぜ》なったってお前さん、溝《どぶ》の中へ投り込まれて黙っている奴《やつ》はねえ、殊に相手は剣術遣い、兄弟弟子も沢山有りましょう、〈三遊亭円朝、業平文治漂流奇談〉

驚天動地 きょうてん－どうち

【意味】天を驚かし、地を動かすこと。大いに世を驚かすことのたとえ。
【構成】漢文訓読では、「天を驚かし地を動かす」と読む。「驚天」は、天を驚かすこと。「動地」は、地を動かすこと。
【出典】憐れむべし荒壠窮泉《こうろうきゅうせん》の骨、曾《かつ》て驚天動地の文有り。〈唐、白居易、李白の墓の詩〉
【用例】話題は当然、さきに京でおこった驚天動地の将軍弑逆《しいぎゃく》事件に触れた。〈司馬遼太郎、国盗り物語〉
【類義語】回天動地《かいてんどうち》・震天駭地《しんてんがいち》・震天動地《しんてんどうち》

共同戦線 きょうどう-せんせん

【意味】本来、主義や主張の異なる二つ以上の団体などが、共通の目的に対して作る、協力する態勢や組織。
【構成】「共同」は、ともにすること。「戦線」は、戦場で、最前線の戦闘部隊が保っている地点を結んだ、仮想の線。
【用例】どうでしょうぼくと共同戦線を張りませんか。一緒に主治医に会って病状を聞きだすのです。〈加賀乙彦、湿原〉
【類義語】呉越同舟《ごえつどうしゅう》・大同団結《だいどうだんけつ》

狂悖暴戻 きょうはい-ぼうれい

【意味】道理に反するほどに狂おしく、乱暴であること。

【構成】「狂悖」は、狂って道理にそむくこと。「悖」は、もとる。「暴戻」は、乱暴で道理に反すること。「戻」は、ここでは、もとる。反する。

【用例】狂悖暴戻、余りに其《そ》の家門の栄達を図るに急にして彼等が荘園を奪つて毫《ごう》も意とせざりし、〈芥川竜之介、木曾義仲論〉

【注意】「暴」は、「あばれる」という意味の場合、音読みでは「ぼう」と読む。「ばく」と読むのは「暴露」のように「さらす」の意味の場合で、ここでは誤り。

【類義語】凶暴剽悍《きょうぼうひょうかん》・荒怠暴恣《こうたいぼうし》・殺伐激越《さつばつげきえつ》・暴戻恣睢《ぼうれいしき》

強迫観念 きょうはく-かんねん

【意味】忘れようとしても頭にこびりついて離れない、不合理で不安な思い。
【構成】「強迫」は、強く迫ること。「観念」は、頭の中で思い描くこと。
【用例】私の講演は勿論《もちろん》不出来なものだった。自己嫌悪に駆られながら喋《しゃべ》っている上に、「神国日本」という言葉が強迫観念のように頭にこびりついていたからなおさらである。〈五木寛之、風に吹かれて〉
【注意】「観」を「勧」「歓」と書くのは、誤り。「観」は「みる」、「勧」は「すすめる」、「歓」は「よろこぶ」の意味。

器用貧乏 きよう-びんぼう

【意味】何事につけても一応は上手にできるため、都合よく使われてかえって大成しないこと。

【構成】「器用」は、手先がよくきいて何事にも巧みなこと。「貧乏」は、貧しいこと。

【用例】器用貧乏と、持ったが病の酒癖とで、歌沢の師匠もやれば俳諧の点者もやると云《い》う具合に、〈芥川竜之介、老年〉

驕兵必敗 きょうへい-ひっぱい

【意味】おごる兵隊は必ず敗れる。国力の大きさや兵員の多いことを誇示する軍隊は、必ず敗れること。

【構成】「驕兵」は、国力や兵力の大きさを過信し、敵をあなどる軍隊。「驕」は、おごる。「必敗」は、必ず敗れること。

【出典】国家の大を恃《たの》み、人庶《じんしょ》の衆《おお》きを矜《ほこ》り、威を敵に見せんと欲する者は、之《これ》を驕兵と謂《い》ひ、兵驕《おご》る者は必ず滅す。〈漢書、魏相伝〉

凶暴剽悍 きょうぼう-ひょうかん

【意味】悪くて荒々しく、素速いこと。

【構成】「凶暴」は、悪くて荒々しいこと。「剽悍」は、素速くて荒々しいこと。「剽」は、

素早い。「悍」は、荒々しい。

用例 匈奴《きょうど》の額せまく兇暴剽悍な戦士たちはしばしば駐屯所と労働部隊の天幕村に夜襲をかけて〈開高健、流亡記〉

注意 「暴」は、「あばれる」という意味の場合、音読みでは「ぼう」と読む。「ばく」と読むのは「暴露」のように「さらす」の意味の場合で、ここでは誤り。

表記 従来は「兇暴剽悍」と書くのが普通であったが、現在では常用漢字の「凶」に書き換える。

類義語 狂悖暴戻《きょうはいぼうれい》・荒怠暴恣《こうたいぼうし》・殺伐激越《さつばつげきえつ》・暴戻恣睢《ぼうれいしき》

興味索然 きょうみ-さくぜん

意味 おもしろみや関心が、尽きてなくなること。

構成 「興味」は、おもしろみ。関心。「索然」は、尽きてなくなるようす。

用例 其《そ》の中にも此の歌は字余りにしたるがため面白き者に有之候《これありさうらふ》。若《も》し「思ふ」といふをつめて「もふ」など吟じ候はんには興味索然と致し候。〈正岡子規、歌よみに与うる書〉

類義語 乾燥無味《かんそうむみ》・無味乾燥《むみかんそう》・無味単調《むみたんちょう》

対義語 興味津津《きょうみしんしん》

興味津津 きょうみ-しんしん

意味 おもしろみや関心が尽きず、あふれ出るようす。

構成 「興味」は、おもしろみ。関心。「津津」は、多くてあふれるようす。

用例 山中良子は、興味津々という表情をしてみせた。〈曾野綾子、太郎物語大学編〉

表記 「興味深深」と書くのは、誤用。

対義語 興味索然《きょうみさくぜん》

驍勇無双 ぎょうゆう-むそう

意味 天下に並ぶものがないほど、強く勇ましいこと。

構成 「驍勇」は、強く勇ましいこと。勇猛。「驍」は、ここでは、強い。「無双」は、並ぶものがないこと。

用例 驍勇無双の秀康卿の子と生れ、徳川の家には嫡々の自分であると思うと、〈菊池寛、忠直卿行状記〉

類義語 勇壮活発《ゆうそうかっぱつ》・勇猛果敢《ゆうもうかかん》・勇猛果断《ゆうもうかだん》・勇猛無比《ゆうもうむひ》

狂瀾怒濤 きょうらん-どとう

意味 荒れて怒り狂う大きな波。物事や世情の大いに乱れることのたとえ。

構成 「狂瀾」は、荒れ狂う波。「怒濤」は、怒り狂う大波。「瀾」「濤」ともに、波。

用例 仲居がのどをそらせて哄笑《こうしょう》し、壁も崩れよとばかりに罵《のの》しり、かつ笑いたてる箸拳《はしけん》の狂瀾怒濤、〈開高健、新しい天体〉

表記 「狂乱怒濤」とも書く。

類義語 海内紛擾《かいだいふんじょう》・混迷乱擾《こんめいらんじょう》・天下多事《てんかたじ》

協力一致 きょうりょく-いっち

⇩一致協力《いっちきょうりょく》

用例 諸君の将来が、協力一致と相互扶助との観念によって導かれ、現代の悪制度の中にあっても、それに動かされないだけの堅固な基礎を作り、〈有島武郎、小作人への告別〉

梟盧一擲 きょうろ-いってき

意味 思い切ってさいころを投げる。大勝負に出ることのたとえ。

構成 「梟盧」は、ばくち。「梟」は、すごろくのさいころの目で、一。「盧」は、同じく六。「一擲」は、すごろくのさいころなどを、思い切って投げること。「擲」は、投げる。

用例 梟盧一擲と云《い》う冒険的思想は、戦争にも博奕《ばくち》にも通じた同一の根本思想である。〈幸田露伴、侠客の種類〉

類義語 一六勝負《いちろくしょうぶ》・一擲乾坤《いってきけんこん》・乾

坤一擲《けんこんいってき》

巨眼赭髯 きょがん-しゃぜん

意味 大きな目と赤いひげを持つ立派な男。男性のたくましいようす。

構成 「巨眼」は、きわめて大きい目。「赭髯」は、赤いひげ。

用例 骨格の逞《たく》ましい巨眼赭髯の中年の偉丈夫である。〈中島敦、李陵〉

虚虚実実 きょきょ-じつじつ

意味 戦いなどの時、相手に対して、さまざまな計略や手段を尽くすこと。秘術を尽くすこと。

構成 「虚」は、うそ。「実」は、まこと。それぞれの字を重ねて用い、強調したもの。

用例 これらはしかしみな、虚々実々、目的は出来るだけ有利な新協定への道つくりであって、〈阿川弘之、山本五十六〉

類義語 譎詐百端《けっさひゃくたん》・権謀術策《けんぼうじゅっさく》・権謀術数《けんぼうじゅっすう》・手練手管《てれんてくだ》・反間苦肉《はんかんくにく》

局外中立 きょくがい-ちゅうりつ

意味 交戦国のいずれをも援助せず、戦争に影響する行動を避ける国家の立場。また、対立するいずれにも属さない立場のたとえ。

構成 「局外」は、そのことに関係のない立場。「中立」は、二者の間に立ってどちらにもかたよらないこと。

用例 もしこの規則に背くなら、それは国際法から見て局外中立の法度《はっと》を破るものであるから、敵視せらるるに至ることは勿論《もちろん》である。〈島崎藤村、夜明け前〉

曲学阿世 きょくがく-あせい

（阿世曲学《あせいきょくがく》）

意味 真理を曲げて、時世におもねること。

構成 「曲学」は、真理をまげて時世に迎合すること。「阿世」は、時世におもねること。「阿」は、おもねる。

出典 固曰《い》はく、公孫子、正学を務めて以《もっ》て言へ。曲学以て世に阿《おも》ねる無かれ、と。〈史記、儒林伝〉

用例 一日に四合というのを、三合と書きかえるのは、曲学阿世の徒のすることです。〈井伏鱒二、黒い雨〉

注意 一九五〇年、吉田茂首相が、東京大学総長の南原繁の全面講和論を非難した際に用いられたことばとして有名。

旭日昇天 きょくじつ-しょうてん

意味 朝日が天に昇ること。勢いが盛んなことのたとえ。

構成 「旭日」は、朝日。「昇天」は、天に昇ること。

用例 尾張の織田信長はどうじゃ。ちかごろ、旭日昇天の勢いじゃと申すではないか。〈司馬遼太郎、国盗り物語〉

用法 「旭日昇天の勢い」という形で用いられることが多い。

類義語 飛竜乗雲《ひりゅうじょううん》

玉石混交 ぎょくせき-こんこう

意味 玉と石が入り交じっていること。善悪・賢愚が区別なく入り交じることのたとえ。

構成 「玉石」は、玉と石。善いものと悪いもの。賢者と愚者などのたとえ。「混交」は、入り交じっていること。

出典 真偽顛倒《てんとう》し、玉石混淆す。〈抱朴子、尚博〉

用例 景樹《かげき》の歌がひどく玉石混淆である処は俳人でいふと蓼太に比するが適当と被思候《おもはれさうらふ》。〈正岡子規、歌よみに与うる書〉

表記 従来は「玉石混淆」と書くのが普通であったが、現在では常用漢字の「交」に書き換える。

類義語 玉石同架《ぎょくせきどうか》

玉石同架 ぎょくせき-どうか

き

意味 玉と石が、同じ棚の中に混じり合っていること。価値のあるものとないものが、区別なく入り交じることのたとえ。
構成 「玉石」は、玉と石。価値のあるものとないもの、善いものと悪いものなどのたとえ。「同架」は、同じ棚やたんすの中などに入り交じっていること。
用例 居間の飾りはいふまでもなく、納戸も蔵も、長持《ながもち》の中も簞笥《たんす》の内も、古物を以《も》って充満して、玉石同架、ものの大小を論ぜず。〈泉鏡花、水鶏の里〉
類義語 玉石混交《ぎょくせきこんこう》

曲直正邪 きょくちょくーせいじゃ

⇩正邪曲直《せいじゃきょくちょく》
用例 しかるに後者は之《これ》に反して、醜美善悪曲直正邪、〈坪内逍遥、小説神髄〉

曲直是非 きょくちょくーぜひ

⇩是非曲直《ぜひきょくちょく》
用例 みづから悟りをひらきて反省取捨するにはいたらずとも、事の曲直是非当否はおぼろげながらに判じ得べし。〈坪内逍遥、小説神髄〉

跼天蹐地 きょくてんーせきち

意味 高い天の下でも背をかがめ、厚い大地の上でも抜き足さし足で歩くこと。びくびく恐れて天地の間に身の置き所のないことのたとえ。略して「跼蹐」ともいう。
構成 「跼天」は、天を恐れて背をかがめること。体を曲げて背を丸く縮めるようす。「蹐地」は、地を恐れて抜き足すること。音をたてないように歩くようす。
出典 天を蓋《けだ》し高しと謂《い》ふも、敢《あ》へて局《きょく》せずんばあらず。地を蓋し厚しと謂ふも、敢へて蹐《せき》せずんばあらず。〈詩経、小雅、正月〉
用例 今や、跼天蹐地の孤児は漸《やうや》くに青雲の念燃ゆるが如《ごと》くなる青年となれり。〈芥川竜之介、木曾義仲論〉
類義語 萎縮震慄《いしゅくしんりつ》・細心翼翼《さいしんよくよく》・小心小胆《しょうしんしょうたん》・小心翼翼《しょうしんよくよく》・戦戦恐恐《せんせんきょうきょう》・戦戦慄慄《せんせんりつりつ》・風声鶴唳《ふうせいかくれい》

曲筆舞文 きょくひつーぶぶん

⇩舞文曲筆《ぶぶんきょくひつ》
用例 以上の極大極小の理論は、専ら筆者なる伊藤整氏の曲筆舞文のもたらした効果である。〈伊藤整、伊藤整氏の生活と意見〉

曲眉豊頬 きょくびーほうきょう

意味 美しい眉と、ふっくらとしたほお。美人の形容。
構成 「曲眉」は、美しく曲がった眉。「豊頬」は、豊かなほお。
出典 曲眉豊頬、清声にして便体《べんたい》。〈唐、韓愈、李愿の盤谷に帰るを送る序〉
用例 面は白玉の如《ごと》く唇は丹花をあざむき、曲眉豊頬まことに人間以外の仙姿、〈幸田露伴、血紅星〉
類義語 朱唇皓歯《しゅしんこうし》・明眸皓歯《めいぼうこうし》

局面打開 きょくめんーだかい

意味 行き詰まった状態を切り開いて、新しい方向を見いだすこと。
構成 「局面」は、碁や将棋の盤面。また、その勝負のようす。転じて、物事や事件のなりゆき。「打開」は、行き詰まった状態から解決への道を切り開くこと。
用例 仕官も思い通りにならないとすると、局面打開という意味で、何かやり出すにきまっています。〈菊池寛、吉良上野の立場〉
類義語 現状打破《げんじょうだは》

玉楼金殿 ぎょくろうーきんでん

⇩金殿玉楼《きんでんぎょくろう》
用例 迷へる人は、緑の甍《いらか》、朱の玉垣、金銀の柱、朱欄干、瑪瑙《めのう》の階《きざはし》、花唐戸。玉楼金殿を空想して、〈泉鏡花、春昼〉

挙国一致 きょこくーいっち

意味 全国民が一つになって、同じ態度を取ること。
構成 「挙国」は、国中の者残らず。全国民。「一致」は、一つになること。
用例 金を守るに専らなる資本家も喜んで軍事公債に応じ、挙国一致、千載一遇の壮挙は着々として実行されている。〈田山花袋、田舎教師〉

挙止進退 きょし－しんたい

《挙措進退《きょそしんたい》》
意味 ふだんの動作。
構成 「挙止」「挙措」は、立ち居振る舞い。「進退」は、進むことと退くこと。行動すること。
用例 其《そ》の挙止進退気儘《きまま》に己が意の欲する処に任せ〈宮崎湖処子、日本情交之変遷〉
類義語 起居挙動《ききょきょどう》・起居振舞《たちいふるまい》

虚実混交 きょじつ－こんこう

意味 うそとまことが入り交じっていること。
構成 「虚実」は、うそとまこと。「混交」は、入り交じっていること。
用例 それは新聞の記事は虚実混淆しているかも知れん。〈二葉亭四迷、其面影〉
表記 従来は「虚実混淆」と書くのが普通であったが、現在では常用漢字の「交」に書き換える。
類義語 幻詭猥雑《げんきわいざつ》

虚実皮膜 きょじつ－ひまく

意味 芸は虚構と事実との中間にその真実を宿すということ。近松門左衛門の芸術論。
構成 「虚実」は、うそとまこと。「皮膜」は、皮と薄皮。転じて、区別できないほどの微妙な違い。
用例 虚実皮膜を生きる文学者はふつうの人々とは違う倫理感覚を持っているのか。〈毎日新聞、余録、二〇〇二年九月二六日〉
注意 「きょじつひにく」とも読む。

去就進退 きょしゅう－しんたい

⇩進退去就《しんたいきょしゅう》
用例 貴処《あなた》は堂々たる代議士だから去就進退は世を動かすに足りますから……〈内田魯庵、社会百面相、鉄道国有〉

虚心坦懐 きょしん－たんかい

意味 心にわだかまりがなく落ち着いているようす。
構成 「虚心」は、わだかまりのない心。「虚」は、ここでは、からっぽ。空虚。「坦懐」は、好悪の情などにとらわれない平らかな心。「坦」は、平ら。
用例 虚心坦懐に、もう一っぺんこの画を見てくれ、〈小林秀雄、真贋〉
注意 「坦」を「担」と書くのは、誤り。「坦」は「平ら」、「担」は「になう」で、別の意味。
類義語 虚心平気《きょしんへいき》・虚静恬淡《きょせいてんたん》・虚無恬淡《きょむてんたん》・枯淡虚静《こたんきょせい》

虚心平気 きょしん－へいき

意味 わだかまりがなく、心が穏やかなこと。
構成 「虚心」は、わだかまりのない心。「虚」は、ここでは、からっぽ。空虚。「平気」は、落ち着いて穏やかな心。平常心。
出典 大抵読書は、須《すべか》らく是《こ》れ虚心平気、優游玩味《ゆうゆうがんみ》すべし。〈南宋、朱熹、胡伯逢に答ふる書〉
用例 幾多の書を読み幾多の事物に接し、虚心平気活眼を開き、もって真実の在るところを求めなば、〈福沢諭吉、学問のすすめ〉
類義語 虚心坦懐《きょしんたんかい》・虚静恬淡《きょせいてんたん》・虚無恬淡《きょむてんたん》・枯淡虚静《こたんきょせい》

虚静恬淡 きょせい－てんたん

意味 心静かでわだかまりがなく、あっさりしていること。
構成 「虚静」は、無念無想で心を落ち着けていること。「虚」は、ここでは、からっ

き

ぽ。空虚。「恬淡」は、無欲であっさりしていること。「恬」は、平気でいること。

出典 夫《そ》れ虚静恬淡、寂寞無為《せきばくむい》なる者は、万物の本なり。〈荘子、天道〉

類義語 虚心坦懐《きょしんたんかい》・虚心平気《きょしんへいき》・虚無恬淡《きょむてんたん》・枯淡虚静《こたんきょせい》

挙措進退　きょそ－しんたい

⇩挙止進退《きょししんたい》

用例 挙措進退、どこにも軽々しい風が見えない。〈中山義秀、原田甲斐〉

虚誕妄説　きょたん－もうせつ

意味 でたらめな言説。

構成 「虚誕」も「妄説」も、でたらめな言説。虚言。「誕」は、ここでは、いつわり。

用例 殊に近世儒学の盛んなるに及びて、俗間に行はるる神仏者流の虚誕妄説を排して人心の蠱惑《こわく》を払ひたるが如《ごと》きは、其《そ》の功最も少なからず。〈福沢諭吉、文明論之概略〉

類義語 造言飛語《ぞうげんひご》・飛語巷説《ひごこうせつ》・漫語放言《まんごほうげん》・妄言綺語《もうげんきご》・妄誕無稽《もうたんむけい》・流言飛語《りゅうげんひご》

挙動不審　きょどう－ふしん

意味 ふだんの動作が疑わしいこと。

構成 「挙動」は、立ち居ふるまい。行動。「不審」は、疑わしいこと。

用例 江戸馴れない山出しの中間が道に迷ってうろうろしていたので、挙動不審と認められたのも無理はないと八太郎は思った。〈岡本綺堂、西瓜〉

毀誉褒貶　きよ－ほうへん

意味 ほめることと、そしること。

構成 「毀」と「貶」は、そしること。「誉」と「褒」は、ほめること。

用例 東京の女学校長で、あらゆる毀誉褒貶を一身に集めたことのある人である。〈森鷗外、青年〉

類義語 雲翻雨覆《うんぽんうふく》・翻雲覆雨《ほんうんふくう》

虚無恬淡　きょむ－てんたん

意味 是非や対立を超越し、無欲であっさりしていること。

構成 「虚無」は、道家で説く、有無相対を超越した絶対の境地。「恬淡」は、無欲であっさりしていること。「恬」「淡」ともに、あっさりしている。

用例 やや虚無恬淡の情趣を述べているのは、常陸《ひたち》移住以後四五年も過ぎ、生活にもいくらか安定を得て、〈真山青果、林子平の父〉

類義語 虚心坦懐《きょしんたんかい》・虚心平気《きょしんへいき》・虚静恬淡《きょせいてんたん》・枯淡虚静《こたんきょせい》

虚礼虚文　きょれい－きょぶん

意味 うわべだけの礼儀や飾り。

構成 「虚礼」は、形式だけで心のこもらない礼儀。「虚文」は、うわべの飾り。

用例 弱い奴《やつ》が甲冑《かっちゅう》とし強い奴が利器とする虚礼虚文というものは、理非は兎《と》も角《かく》も一体嫌いでござれば、〈幸田露伴、血紅星〉

類義語 外交辞令《がいこうじれい》・社交辞令《しゃこうじれい》・美辞麗句《びじれいく》

義理人情　ぎり－にんじょう

意味 体面やなさけ。社会生活上、果たすべきつとめ。

構成 「義理」は、対人関係の上で、人が他に対して立場上務めなければならないと意識された行動の基準。「人情」は、人間に自然に備わっている感情。

用例 おれは他人でも、庄五郎とはふだんから兄弟同様にしていたんだから、そのあとの世話をしてやるのが義理人情というものだ。〈岡本綺堂、半七捕物帳、三つの声〉

類義語 義勇任侠《ぎゆうにんきょう》

機略縦横　きりゃく－じゅうおう

意味 その場その場の状況に応じて、はかりごとを思いのままに操ること。

構成「機略」は、その場に応じたはかりごと。「縦横」は、自由自在に操ること。
用例 精力絶倫、機略縦横、血もなく、涙も無いといったような超努級のガッチリ屋が、〈夢野久作、山羊髯編輯長〉
類義語 奇策縦横《きさくじゅうおう》・機知奇策《きちきさく》・機謀権略《きぼうけんりゃく》・神機妙算《しんきみょうさん》・神算鬼謀《しんさんきぼう》

岐路亡羊 きろ－ぼうよう

⇩多岐亡羊《たきぼうよう》

議論百出 ぎろん－ひゃくしゅつ

意味 さまざまな意見を出し、活発に論ずること。
構成「議論」は、意見を出し合って論ずること。「百出」は、種々さまざまに現れ出ること。
用例 皆がよると触ると君らの噂《うわさ》やら、臆測やらで、議論百出するよ。〈横光利一、旅愁〉
類義語 談論風発《だんろんふうはつ》

錦衣玉食 きんい－ぎょくしょく

意味 立派な着物と、上等の食物。衣食のぜいたくな生活、富貴な身分のたとえ。
構成「錦衣」は、美しい服。「玉食」は、ぜいたくな食べもの。
用例 されば、都びとが錦衣玉食し、大廈高楼《たいかこうろう》に住居すというも、〈福沢諭吉、福翁百話〉
表記「金衣玉食」とも書く。
類義語 金襴緞子《きんらんどんす》・軽裘肥馬《けいきゅうひば》・肥馬軽裘《ひばけいきゅう》
対義語 悪衣悪食《あくいあくしょく》・粗衣粗食《そいそしょく》

金烏玉兎 きんう－ぎょくと

意味 太陽と月。太陽には三本足のからすが、月にはうさぎが住むという伝説による。
構成「金烏」は、太陽の別名。「玉兎」は、月の別名。
出典 金烏東に上りて人皆《みな》貴なり、玉兎西に沈みて仏祖迷ふ。〈禅林類聚〉

金甌無欠 きんおう－むけつ

意味 少しも欠けたところのない黄金のかめ。物事の完全なことのたとえ。特に、外国の侵略を受けたことのない独立した堅固な国家のたとえ。
構成「金甌」は、黄金で作ったかめ。「無欠」は欠けたところのないこと。
出典 独り言へらく、我が国家猶《な》ほ金甌《きんおう》の一傷欠無きがごとし。〈南史、朱异伝〉
用例 古今の通論を聞くに、我が邦《くに》を金甌無欠万国に絶すと称して意気揚々たるが如《ごと》し。〈福沢諭吉、文明論之概略〉
類義語 完全無欠《かんぜんむけつ》・完全無比《かんぜんむひ》

槿花一日 きんか－いちじつ

《槿花一朝《きんかいっちょう》》
意味 ムクゲの花は朝に開いてその日の夕方にしぼむ。はかないことのたとえ。
構成「槿花」は、ムクゲの花。「一日」「一朝」は、朝から夕方。わずか一日。
出典 松樹の千年も終《つひ》に是《こ》れ朽ち、槿花の一日も自ら栄と為《な》す。〈唐、白居易、放言の詩〉
用例 槿花一朝の夢、あるいは槿花一日の栄とも。朝に開き夕べにしぼむ。はかない栄華のたとえだ。〈読売新聞、編集手帳、一九八九年七月七日〉
注意 この熟語の場合は、「一日」は、慣用的に「いちじつ」と読む。「いちにち」と読むのは、誤り。
類義語 黄粱一炊《こうりょういっすい》・人生朝露《じんせいちょうろ》・電光朝露《でんこうちょうろ》・飛花落葉《ひからくよう》

槿花一朝 きんか－いっちょう

⇩槿花一日《きんかいちじつ》
用例 もちろん、その話を聞いた京在住の識者のほとんどは、他愛もない槿花一朝の夢物語として、一笑に付している。〈松本利明、春日局〉

き

金科玉条 きんか-ぎょくじょう

意味 ①金や玉のような立派な法律。②転じて、絶対と信じて疑わないで守り続けるもの。

構成 「金科」は、大切な法令。「玉条」は、貴ぶべき法律。

出典 懿律嘉量《いりつかりょう》、金科玉条、神卦霊兆《しんかれいちょう》、古文畢《ことごと》く発し、炳煥《へいかん》として照燿《しょうよう》し、宣《あま》ねく臻《いた》らざる靡《な》し。〈文選、揚雄、劇秦美新〉

用例 ②金閣が焼けたら、こいつらの世界は変貌し、生活の金科玉条はくつがえされ、列車時刻表は混乱し、〈三島由紀夫、金閣寺〉

欣喜雀躍 きんき-じゃくやく

意味 喜びのあまりこおどりすること。

構成 「欣喜」は、喜ぶこと。「雀躍」は、すずめが跳ねるように、こおどりして喜ぶようす。非常に喜ぶようす。

用例 あの人から伝え聞いては、浅間《あさま》しくも、欣喜雀躍している。〈太宰治、駆込み訴え〉

類義語 狂喜乱舞《きょうきらんぶ》・踊躍歓喜《ゆやくかんぎ》

勤倹質素 きんけん-しっそ

意味 仕事に励んでつつましく、ぜいたくをしないこと。

構成 「勤倹」は、仕事に努め励むことと節約すること。「質素」は、衣食住にぜいたくをしないこと。

用例 統一力の不足を明らかに暴露致しておりました上に、勤倹質素の生活に堪え得ないため、刻々に物資の不足を来し、〈夢野久作、暗黒公使〉

類義語 簡素清貧《かんそせいひん》・質素倹約《しっそけんやく》

対義語 奢侈淫佚《しゃしいんいつ》・贅沢華奢《ぜいたくかしゃ》

謹厳実直 きんげん-じっちょく

《実直謹厳《じっちょくきんげん》》

意味 きわめて誠実で、正直なこと。

構成 「謹厳」は、つつしみ深くおごそかなこと。「実直」は、まじめで正直なこと。

用例 通路をへだてた席にグレイの背広を着た男がすわっている。大学の教授か、校長先生とでもいった謹厳実直そうなタイプ。〈阿刀田高、愛の墓標、醜い顔〉

注意 「謹厳」を「きんごん」と読むのは、誤り。

類義語 恪勤精励《かっきんせいれい》・精励恪勤《せいれいかっきん》・清廉恪勤《せいれんかっきん》・方正謹厳《ほうせいきんげん》

対義語 放縦懶惰《ほうしょうらんだ》

勤倹小心 きんけん-しょうしん

意味 仕事に励みつつましく、注意深いこと。

構成 「勤倹」は、仕事に努め励むことと節約すること。「小心」は、細かなことにまでよく行きとどく心。

用例 渠《かれ》はついにその責任のために石を巻き、鉄を捩《ね》じ、屈すべからざる節を屈して、勤倹小心の婦人となりぬ。〈泉鏡花、義血俠血〉

勤倹尚武 きんけん-しょうぶ

意味 仕事に励みつつましく、武芸・武徳を尊ぶこと。

構成 「勤倹」は、仕事に努め励むことと、節約すること。「尚武」は、武芸の徳を重んずること。

用例 如何《いか》に父は真事《まこと》しやかに「勤倹尚武」を教えたであろう。〈芥川竜之介、大導寺信輔の半生〉

類義語 勤倹力行《きんけんりっこう》・謹厚慎重《きんこうしんちょう》・重厚謹厳《じゅうこうきんげん》

勤倹力行 きんけん-りっこう

意味 仕事に励みつつましく、精一杯努力すること。

構成 「勤倹」は、仕事に努め励むことと節約すること。「力行」は、努力して実行すること。

用例 実行教(富士講)の信徒が、この際、

何か特殊な勤倹力行と困苦に堪えることをもって天地の恩に報いねばならないということを言い出し、〈島崎藤村、夜明け前〉

類義語 勤倹尚武《きんけんしょうぶ》・謹厚慎重《きんこうしんちょう》・重厚謹厳《じゅうこうきんげん》

近郷近在 きんごう-きんざい

《近在近郷《きんざいきんごう》》

意味 都市に近い村里。また、近くの村里の全て。

構成 「近郷」「近在」ともに、都市に近い田舎。また、近くの村里の至るところ。

用例 近郷近在から、三十人に近い石工があつめられた。工事は、枯れ葉を焼く火のように進んだ。〈菊池寛、恩讐の彼方に〉

類義語 近所合壁《きんじょがっぺき》

謹厚慎重 きんこう-しんちょう

意味 つつしみ深く温厚で、注意深いこと。

構成 「謹厚」は、つつしみ深くて人情に厚いこと。「慎重」は、注意深くて軽々しく行動しないこと。

用例 謹厚慎重とも言いたい菅のような友達でも、熱ある病の為《ため》には前後を顧みなくなるのであろう。〈島崎藤村、春〉

注意 「慎重」を「しんじゅう」と読むのは、誤り。

類義語 勤倹尚武《きんけんしょうぶ》・勤倹力行《きんけんりっこう》・重厚謹厳《じゅうこうきんげん》

緊褌一番 きんこん-いちばん

意味 心を引き締めて奮い立つこと。

構成 「緊褌」は、ふんどしを締め直すこと。「緊」は、締める。「褌」は、ふんどし。転じて、心を引き締めて発奮すること。「一番」は、思い切ってするようす。

用例 そして、其等《それら》の轍《てつ》をふまないためにも、今こそ我々は緊褌一番すべきであると。〈中島敦、光と風と夢〉

類義語 心機一転《しんきいってん》

近在近郷 きんざい-きんごう

⇩近郷近在《きんごうきんざい》

用例 こうしている中に、近在近郷の人々は了海《りょうかい》さまの大事じゃと申して、段々駈《か》け附けて参りまする。〈菊池寛、敵討以上〉

金枝玉葉 きんし-ぎょくよう

意味 王や皇帝の一門。皇族。美しい樹木にたとえていう。

構成 「金枝」は、金の枝。「玉葉」は、玉の葉。

出典 聖祚《せいそ》彊《きは》まり無く、慶楽《けいがく》章に伝へ、金枝繁茂し、玉葉延長す。〈唐、蕭倣、享太廟楽章〉

用例 殊に宮中の奥深く育てられた金枝玉葉の御身で、〈島崎藤村、夜明け前〉

類義語 一天万乗《いってんばんじょう》

琴瑟調和 きんしつ-ちょうわ

意味 琴と琴との音が調和すること。夫婦・親子・兄弟・友人などの仲がよいことのたとえ。

構成 「琴瑟」は、琴(五弦・七弦)と瑟(二十五弦)。「調和」「相和」は、音楽の調子を合わせること。

出典 妻子好合し、瑟琴を鼓《こ》するがごとく、兄弟既に翕《あ》ひ、和楽して且つ湛《たの》しむ。〈詩経、小雅、常棣〉

用例 寒月君の代わりにこの泥棒を差し出しても必ず満身の愛を捧げて琴瑟調和の実を挙げらるるに相違ない。〈夏目漱石、吾輩は猫である〉

類義語 偕老同穴《かいろうどうけつ》・形影一如《けいえいいちにょ》・合歓綢繆《ごうかんちゅうびゅう》・比翼連理《ひよくれんり》

禽獣草木 きんじゅう-そうもく

《草木禽獣《そうぼくきんじゅう》》

意味 鳥獣と植物。命あるもの全て。

構成 「禽獣」は、鳥やけもの。「禽」は、鳥。「草木」は、草と木。転じて、植物。

用例 仏陀《ぶっだ》の愛は禽獣草木にまでも及

んだのである。〈西田幾多郎、善の研究〉
類義語 山川草木《さんせんそうもく》

錦繡綾羅 きん-しゅう-りょう-ら

《綾羅錦繡《りょうらきんしゅう》》

意味 高貴な服。また、美しくぜいたくな着物のたとえ。

構成 「錦」は、数種の染糸で模様を織り出した厚い絹布。「繡」は、縫い取りした布。「綾」は、いろいろな模様を織り出した絹。「羅」は、薄い絹物。

用例 其《そ》の肆頭《しとう》の書籍は世間の虚栄を増長せしむる錦繡綾羅と違って、皆有用なる知識の糧《かて》、霊魂の糧である。〈内田魯庵、丸善炎上の記、灰燼十万巻〉

類義語 衣香襟影《いこうきんえい》・紅脂白粉《こうしはくふん》

金城鉄壁 きん-じょう-てっ-ぺき

意味 金や鉄で作った城壁で固めた城。きわめて堅固な物事のたとえ。

構成 「金城」も「鉄壁」も、堅固な城壁。

出典 金城破るべからず、鉄壁奪ふべからず。〈北宋、徐積、倪復に和する詩〉

用例 この西村勘九郎、いかなる敵をも寄せつけぬ金城鉄壁の城を作ってさしあげる自信はござりまする。〈司馬遼太郎、国盗り物語〉

類義語 金城湯池《きんじょうとうち》・堅牢堅固《けんろうけんご》・金剛不壊《こんごうふえ》・難攻不落《なんこうふらく》・不壊金剛《ふえこんごう》・要害堅固《ようがいけんご》

金城湯池 きん-じょう-とう-ち

意味 城壁と堀とを備えた守りの堅い城。きわめて守りの堅いことのたとえ。

構成 「金城」は、金で作った堅固な城壁。「湯池」は、熱湯の池。堅固な城の堀のたとえ。

出典 必ず将《まさ》に城を嬰《めぐ》らして固守せんとし、皆《みな》金城湯池と為《な》す、攻むべからざるなり。〈漢書、蒯通伝〉

用例 名将がまもれば土の掻《か》きあげ一重《ひとえ》の砦《とりで》も名城となり、愚将がまもれば金城湯池も一日で陥《お》ちる。〈司馬遼太郎、国盗り物語〉

類義語 金城鉄壁《きんじょうてっぺき》・堅牢堅固《けんろうけんご》・金剛不壊《こんごうふえ》・難攻不落《なんこうふらく》・不壊金剛《ふえこんごう》・要害堅固《ようがいけんご》

近所合壁 きん-じょ-がっ-ぺき

意味 隣近所。

構成 「近所」は、近いところ。「合壁」は、壁一つ隔てた隣家。

用例 元来この主人は近所合壁有名な変人で現にある人はたしかに神経病だとまで断言したくらいである。〈夏目漱石、吾輩は猫である〉

類義語 近郷近在《きんごうきんざい》・近在近郷《きんざいきんごう》

錦心繡腸 きん-しん-しゅう-ちょう

意味 錦のような心と縫い取りしたような腸。美しくすぐれた思想や詩文のたとえ。

構成 「錦心」は、美しいこころ。転じて、すぐれた思想。「繡腸」は、美しい思想。転じて、すぐれた詩文。「腸」は、ここでは、腹の中にあるもの。

用例 観じ来たれば古往今来の詩遂に是《こ》れ漆桶不会《しっとうふえ》、罵《のの》り去れば錦心繡腸の客も未だ抜舌の罪囚たるに過ぎず、〈幸田露伴、血紅星〉

類義語 繡口錦心《しゅうこうきんしん》

近親相姦 きん-しん-そう-かん

意味 親子や兄弟など、血縁関係の非常に近い男女の、社会通念に反する性的関係。

構成 「近親」は、親類。「相姦」は、社会通念に反する間柄での性的関係。

用例 近親相姦禁忌《きんき》の許す範囲に於《お》いて、実際は其《そ》の数は無限といってよい。〈中島敦、南東譚、幸福〉

金泥精描 きん-でい-せい-びょう

意味 金の顔料を用いて、くわしく細やか

き

に絵を描くこと。

構成 「金泥」は、金粉をにかわで溶かしたもの。書画を描くのに用いる。「精描」は、くわしく細やかに絵を描くこと。

用例 金泥精描の騰竜《とうりゅう》は目貫《めぬき》を打つたるかとばかり雲間に耀《かがや》ける横物の一幅。〈尾崎紅葉、金色夜叉〉

類義語 彫虫篆刻《ちょうちゅうてんこく》

金殿玉楼　きんでん-ぎょくろう

《玉楼金殿《ぎょくろうきんでん》》

意味 黄金や玉で飾った立派な御殿。

構成 「金殿」は、黄金で飾った立派な御殿。「玉楼」は、美しい御殿。立派な御殿。

出典 九枝の灯火 金殿に朝し、三素の雲中 玉楼に侍す。〈唐、李商隠、韓録琴の宮人の入道を送るに和する詩〉

用例 美しき女を数多《あまた》侍《はべ》らせ、金殿玉楼に栄耀《えよう》の夢を見つくさむ事、偏《ひと》へにわが学問と武芸にこそよれ。〈夢野久作、白くれない〉

対義語 土階三等《どかいさんとう》

勤王攘夷　きんのう-じょうい

意味 天皇に忠勤を尽くし、外国人を追い払うこと。江戸末期、勤王の志士が唱えた主張。

構成 「勤王」は、天皇に忠義を尽くすこと。「攘夷」は、追い払うこと。「夷」は、異民族。「攘」は、追い払うこと。

用例 新思想を導いた蘭学者にせよ、局面打破を事とした勤王攘夷の処士にせよ、時の権力からいえば謀叛人《むほんにん》であった。〈徳冨蘆花、謀叛論〉

注意 「攘」を「壌」と書くのは、誤り。「攘」は「はらう」、「壌」は、「土壌」のように、「つち」の意味。

表記 「勤皇攘夷」とも書く。

勤王討幕　きんのう-とうばく

意味 天皇に忠勤を尽くし、幕府を打ち倒すこと。

構成 「勤王」は、天皇に忠義を尽くすこと。「討幕」は、徳川幕府を打ち倒すこと。

用例 勤王討幕の声は、潮のように、天下に充ち満ちておりまするぞ。〈菊池寛、時勢は移る〉

表記 「勤皇討幕」とも書く。

金波銀波　きんぱ-ぎんぱ

《銀波金波《ぎんぱきんぱ》》

意味 月光に照り映えて金色や銀色に見える波。また、落日に照り映える光。

構成 「金波」は、月光・落日に映って金色に見える波。「銀波」は、月光・落日に映って銀色に見える波。

出典 金波素沫《そまつ》を揚げ、銀浪緑萍《りょくへい》に翻る。〈南朝梁、武帝、十喩、炎のごとしの詩〉

用例 忘れもしません、その晩は十六夜で、空には円い大きなお月様が照っており、しずかにないだ水面には金波銀波が美しく耀《かがや》いておりました。〈石坂洋次郎、石中先生行状記〉

銀波金波　ぎんぱ-きんぱ

⇩金波銀波《きんぱぎんぱ》

用例 池面に銀波金波きらめき散って、座頭の妻の泣く名月の夜は、今がちょうど人の出盛りでした。〈佐々木味津三、右門捕物帖、明月一夜騒動〉

僅有絶無　きんゆう-ぜつむ

《絶無僅有《ぜつむきんゆう》》

意味 ほとんどないこと。

構成 「僅有」は、わずかしかないこと。「絶無」は、絶えていて存在しないこと。

用例 現社会に僅有絶無というようになっているらしい、男子の貞操は、縦《たと》い尊重すべきものであるとしても、〈森鷗外、青年〉

類義語 空前絶後《くうぜんぜつご》・千載一遇《せんざいいちぐう》

対義語 平平凡凡《へいへいぼんぼん》・平凡陳腐《へいぼんちんぷ》

金襴緞子　きんらん-どんす

意味 高価な織物のたとえ。
構成「金襴」は、織物の名。錦の類で、繻子《しゅす》の地に平金糸を織り、絹糸で模様を表したもの。「襴」は、着物の一種。「緞子」は、練った絹糸で織った、厚くてつやのある上等の絹織物。
用例 金襴緞子の帯締めながら、花嫁御寮《はなよめごりょう》はなぜ泣くのだろ。〈蕗谷虹児、花嫁人形〉
類義語 錦衣玉食《きんいぎょくしょく》・軽裘肥馬《けいきゅうひば》・肥馬軽裘《ひばけいきゅう》

銀鱗躍動　ぎんりん－やくどう

意味 魚がうろこを銀色に輝かせて生き生きと泳ぎ回ること。勢いよく活動することのたとえ。
構成「銀鱗」は、銀色に光る魚のうろこ。「躍動」は、勢いよく活動すること。
用例 最近、貴殿ノ文章発見シ、世界ニ類ナキ銀鱗躍動、マコトニ間一髪、アヤウク、ハカナキ、高尚ノ美ヲ蔵シ居ルコト観破仕《つかまつ》り、〈太宰治、虚構の春〉
類義語 元気溌剌《げんきはつらつ》・生気溌剌《せいきはつらつ》

勤労奉仕　きんろう－ほうし

意味 社会の利益や公共の作業のために、無償で労働すること。
構成「勤労」は、つとめ働くこと。「奉仕」は、自分を棄てて他人のために尽力すること。
用例 学徒は動員され、女子どもも勤労奉仕に出る。〈壺井栄、二十四の瞳〉

く

空空寂寂　くうくう－じゃくじゃく

意味 ひっそりとしてさびしいようす。
構成「空寂」は、ひっそりとしてさびしいようす。それぞれの字を重ねて用いて、強調したもの。
用例 この姿のおかげで老人は空々寂々の境にいつまでもいるわけにゆかなくなった。〈国木田独歩、二老人〉
類義語 荒涼索莫《こうりょうさくばく》・四顧寥廓《しこりょうかく》

空空漠漠　くうくう－ばくばく

意味 広くて、とりとめのないようす。
構成「空漠」は、とりとめもなく広いようす。それぞれの字を重ねて用いて、強調したもの。
用例 自分が折り折り話しかけても只《ただ》『ハア』『そう』と答へらるるだけで、沈々黙々、空々漠々、三日でも斯《こ》うして待ちますよといはぬ計り、〈国木田独歩、湯ヶ原ゆき〉
注意「漠漠」を「莫莫」と書くのは、誤り。
類義語 曖昧模糊《あいまいもこ》・有耶無耶《うやむや》・雲煙

模糊《うんえんもこ》・五里霧中《ごりむちゅう》
【対義語】一目瞭然《いちもくりょうぜん》・明明白白《めいめいはくはく》

空前絶後　くうぜん-ぜつご

【意味】過去にも例がなく、将来にも起こりそうにないと思われる、非常にまれなこと。
【構成】「空前」は、過去に先例がないこと。「絶後」は、将来に同様の物事がないこと。
【出典】且つ顧は前に冠《かん》とし、張は後に絶して、道子は乃《すなは》ち兼ねて之《これ》を有す。〈宣和画譜、道釈二、呉道元〉
【用例】げにや、シェークスピヤは空前絶後の大詩人ならん。〈坪内逍遥、『マクベス評釈』の緒言〉
【類義語】僅有絶無《きんゆうぜつむ》・絶無僅有《ぜつむきんゆう》・千載一遇《せんざいいちぐう》
【対義語】平平凡凡《へいへいぼんぼん》・平凡陳腐《へいぼんちんぷ》

偶像崇拝　ぐうぞう-すうはい

【意味】①神や仏の像などを宗教的象徴として尊重し崇拝すること。②転じて、あるものを絶対的な権威として盲信すること。
【構成】「偶像」は、神仏にかたどって作った像。絵画や聖人の遺物などもその対象となる。「崇拝」は、あがめ敬うこと。
【用例】①その時一方ではルネッサンスの美術家達は、キリスト教の仮面の下に、ギリシア人に則《のっと》って新しい偶像崇拝教を起こしていた。〈小林秀雄、偶像崇拝〉②詩を尊貴なものとするのは一種の偶像崇拝である。〈石川啄木、食うべき詩〉
【対義語】偶像破壊《ぐうぞうはかい》

偶像破壊　ぐうぞう-はかい

【意味】①神や仏の像などを宗教的象徴として崇拝する習慣や風習を、排撃すること。②転じて、あるものを絶対的な権威として盲信することを排撃すること。
【構成】「偶像」は、神仏にかたどって作った像。絵画や聖人の遺物などもその対象となる。「破壊」は、こわすこと。
【用例】①偶像破壊とかいう言葉のキリスト教的な意味に、あまりこだわるのはよくないだろう。〈小林秀雄、偶像崇拝〉②故人のような劇壇の偶像破壊者までを更に偶像扱いにすることは感心しないが、〈島崎藤村、桃の雫〉
【対義語】偶像崇拝《ぐうぞうすうはい》

空即是色　くう-そくぜ-しき

【意味】仏教で、この世の全ての物には実体がなく、それがそのまま一切の存在であり、その本来の姿であるということ。
【構成】「空」は、実体のないこと。「色」は形に表れた全てのもの。
【出典】色空に異ならず、空色に異ならず。色即是空、空即是色。〈般若心経〉
【用例】「色即是空、空即是色というわけですね」また、言いそうなことを言った。〈長与善郎、竹沢先生と云う人〉
【類義語】色即是空《しきそくぜくう》

空中分解　くうちゅう-ぶんかい

【意味】①飛行中の航空機などが事故のため空中でばらばらに壊れること。②転じて、計画などが中途でだめになること。
【構成】「空中」は、空の中。「分解」は、いくつもの部分にばらばらに分かれること。
【用例】①後刻、陽子が学校（山脇高女）より帰って来て、真っ赤になって敵機が落ちた事、それが途中で空中分解してばらばらになった事を話す。〈海野十三、海野十三敗戦日記〉
【類義語】瓦解土崩《がかいどほう》・土崩瓦解《どほうがかい》

空中楼閣　くうちゅう-ろうかく

【意味】空中に立つ高い建物。空想的な文章や議論などのたとえ。
【構成】「空中」は、空の中。「楼閣」は、高い建物。
【出典】夢渓筆談に、登州四面海に臨む。春

夏の時は、遥かに空際の城市楼台の状有るを見る。土人之《これ》を海市と謂《い》ふと。今言行の虚構なる者を称して、空中の楼閣と曰《い》ふは、此の事を用ゐるなり。〈通俗編〉

用例 お前は段々私から離れて行って、実質のない幻影に捕らえられ、そこに、奇怪な空中楼閣を描き出すようになる。〈有島武郎、惜みなく愛は奪ふ〉

空理空論 くうり－くうろん

意味 実際とかけ離れていて役に立たない理論や考え。

構成 「空理」は、実際とかけ離れた役に立たない理論。「空論」は、実際とかけ離れた無益な議論。

用例 見受けたところ、四体を労せず実事に従わず空理空論に日を暮らしている人らしいな。〈中島敦、弟子〉

用法 非難することばとして用いられることが多い。

苦学力行 くがく－りっこう

意味 働いて学資を得ながら、苦労努力して学問に励むこと。

構成 「苦学」は、苦労して学ぶこと。働いて学資を得ながら勉強すること。「力行」は、努力して行うこと。

用例 病弱だった田宮さんと、苦学力行の父との間に〝暗い谷間〟があったのかもしれない。〈読売新聞、編集手帳、一九八八年四月一〇日〉

注意 「力行」は、「りきこう」「りょっこう」とも読む。

類義語 蛍窓雪案《けいそうせつあん》・雪案蛍窓《せつあんけいそう》

苦行難行 くぎょう－なんぎょう

⇩難行苦行《なんぎょうくぎょう》

用例 彼らはその苦行難行に対して世間から何らの物質的報酬を得ていません。〈夏目漱石、道楽と職業〉

苦心惨憺 くしん－さんたん

意味 さまざまに心を砕き痛めて、工夫をこらすこと。

構成 「苦心」は、心を砕いて考えること。「惨憺」は、心を悩ませるようす。また、ことを行う際の苦労について言うことから、工夫をこらすようす。

用例 自分の顔があまり日本人過ぎるのをこの上もなく不幸に感じて、成るたけ西洋臭くしようと苦心惨憺しているらしく、〈谷崎潤一郎、痴人の愛〉

類義語 悪戦苦闘《あくせんくとう》・意匠惨憺《いしょうさんたん》・孤軍奮闘《こぐんふんとう》

九年面壁 くねん－めんぺき

⇩面壁九年《めんぺきくねん》

九分九厘 くぶ－くりん

意味 九十九パーセント。ほとんど完全に近いこと。ほとんど間違いのないこと。

構成 「分」は、ここでは数の単位で、十分の一。「九分」は、九十パーセント。「厘」は、ここでは数の単位で、百分の一。「九厘」は、九パーセント。

用例 又夫子《ふうし》の行われるところは九分九厘まで我々の誰もが取って以《もっ》て範とすべきものだ。〈中島敦、弟子〉

用法 将来を予想する場合に用いられることが多い。

注意 「きゅうぶきゅうりん」と読むのは、誤り。

類義語 十中八九《じっちゅうはっく》

君子豹変 くんし－ひょうへん

意味 ①立派な人物は、自分の過ちを悟った時には、すぐにそれを鮮やかに改めて善に移るということ。②転じて、態度や主張を急に変えること。

構成 漢文訓読では、「君子は豹変す」と読む。「君子」は、学徳のある立派な人。「豹変」は、豹の毛皮の模様がはっきりしているように、過ちを改め善に移ることが顕著であること。

出典 君子は豹変すとは、其《そ》の文蔚《つう》たるなり。〈易経、革〉

用例 ②心中では翻然《ほんぜん》旗色を変えて、君子豹変と出掛くるつもりで承知したであろうが、〈福地桜痴、増訂もしや草紙〉

用法 本来は良い方向に変わることをいうが、現在では悪い方に変わることにも用いられる。

群集心理 ぐんしゅう－しんり

意味 多くの人が群がり集まるという状態に置かれることによって生まれる、特殊な心理状態。一人の行為が、たちまち大勢の人に伝播し、同一の行動をとらせてしまう心理的傾向。

構成 「群集」は、群がり集まること。また、群がり集まった多くの人々。「心理」は、心の働きや状態。

用例 大講堂にあつまっている学生の群集心理は何時《いつ》のまにか方向を変えていたのである。〈尾崎士郎、人生劇場青春篇〉

用法 批判的な意味合いで用いられることが多い。

表記 「群衆心理」とも書く。

群衆妄覚 ぐんしゅう－もうかく

意味 人が集団となった時、共通の関心を引く対象に対して類似の仕方で反応するようになり、ありもしないことをあたかもあるかのように皆が思ってしまうこと。

構成 「群衆」は、群がり集まった多くの人々。「妄覚」は、実在しないものを実在するかのように錯覚すること。

用例 一人が首だというのを聞かされると、一種の暗示を受けたような形で、これも首のように見えてしまった。それがいわゆる群衆妄覚だ。〈岡本綺堂、西瓜〉

群雄割拠 ぐんゆう－かっきょ

意味 多くの英雄・実力者がそれぞれ一地方の土地を分かち取り、そこを本拠地として互いに対立して覇を競うこと。中国や日本の戦国時代などを、群雄割拠の時代という。

構成 「群雄」は、多くの英雄。「割拠」は、各人が土地を分かち取り、そこを本拠として勢力を張ること。

用例 それから九百年後、戦国の群雄割拠は下剋上《げこくじょう》の世の中を生み出した。〈松本利明、春日局〉

類義語 竜攘虎搏《りゅうじょうこはく》・竜闘虎争《りゅうとうこそう》・竜騰虎闘《りゅうとうことう》

け

鯨飲馬食 げいいん－ばしょく

意味 鯨のように飲み、馬のように食べる。多量の酒を飲み、大食するたとえ。

構成 「鯨飲」は、鯨が水を飲むように大いに酒を飲むこと。「馬食」は、馬のように大食いすること。

用例 彼らは、バタビアに着いて安心すると、鯨飲馬食に近い状態で何でも口にしたのである。〈綱淵謙錠、航〉

用法 批判的な意味合いで用いられることが多い。

類義語 牛飲馬食《ぎゅういんばしょく》・暴飲暴食《ぼういんぼうしょく》

形影一如 けいえい－いちにょ

意味 ①物の形と影が全く同じであるように、その人の心の善悪がそのまま行動に表れること。また、心と行動とがぴったりと合うこと。②転じて、夫婦などが、むつまじくいつも一緒にいること。

構成 「形影」は、物の形と影。常に伴いあって離れないもの。「一如」は、同一であること。

用例 ①考えが高すぎて手足がこれに伴わない生活と、その時々に満ち足りた形影一如の生活とは一体どちらがましなものであろうか……。〈石坂洋次郎、若い人〉

注意 「一如」を「いちじょ」と読むのは、誤り。

類義語 偕老同穴《かいろうどうけつ》・琴瑟調和《きんしつちょうわ》・合歓綢繆《ごうかんちゅうびゅう》・比翼連理《ひよくれんり》

慧眼無双　けいがん−むそう

意味 物事の真偽・善悪を見抜く眼力が非常に優れていること。

構成 「慧眼」は、この世の真理を見抜く優れた心の目。「慧」は、賢い。「無双」は、並ぶものがないこと。また、それほどに優れていること。

用例 さすがは慧眼無双、そちひとりおらばと名宰相が折り紙つけただけのことがあって、〈佐々木味津三、右門捕物帖、献上博多人形〉

軽裘肥馬　けいきゅう−ひば

（肥馬軽裘《ひばけいきゅう》）

意味 上等な皮ごろもと肥えた立派な馬。富貴なようすのたとえ。また、富貴な人が外出するときのぜいたくな装いのたとえ。

構成 「軽裘」は、軽くて暖かな皮ごろも。「肥馬」は、肥えた馬。

出典 子曰《い》はく、赤《せき》の斉に適《ゆ》くや、肥馬に乗り、軽裘を衣《き》たり、と。〈論語、雍也〉

類義語 錦衣玉食《きんいぎょくしょく》・金襴緞子《きんらんどんす》

軽挙妄動　けいきょ−もうどう

意味 事の善悪や結果などを考えずに、軽はずみで向こう見ずな行動をとること。

構成 「軽挙」は、軽々しく行動すること。「妄動」は、後先を考えず無分別に行動すること。

出典 軽挙妄動して、以《も》って天下の老姦巨猾《ろうかんきょかつ》を図らんと欲するは難し。〈頼山陽、日本政記、九条廃帝論〉

用例 いずれも軽挙妄動することなく、何分の御沙汰を待たれいと云《い》うのである。〈森鷗外、堺事件〉

用法 「軽挙妄動はすべきでない」などの形で、戒め・非難のことばとして用いられることが多い。

類義語 軽佻粗暴《けいちょうそぼう》・短慮軽率《たんりょけいそつ》

対義語 隠忍自重《いんにんじちょう》

契合一致　けいごう−いっち

意味 意味がぴったりと合うこと。

構成 「契合」は、割り符を合わせたようにぴったりと合うこと。「契」は、割り符。「一致」も、二つ以上のものが、食い違いなくぴったりと合うこと。

用例 いわゆる物我《ぶつが》なるものは契合一致しなければならん訳になります。〈夏目漱石、文芸の哲学的基礎〉

鶏口牛後　けいこう−ぎゅうご

意味 牛の尻になるよりは、鶏の口になる方がよい。たとえ小さな集団であっても、その中の長になる方が、大きな集団の末端となるよりはよいことのたとえ。

構成 「寧ろ鶏口と為るとも、牛後と為ること無かれ」の略。「鶏口」は、鶏の口。「牛後」は、牛の尻。

故事 中国戦国時代の遊説家蘇秦《そしん》が、韓の恵宣王《けいせんおう》に、たとえ小国であっても一国の王としての権威を保つことこそが大切であり、大国の秦《しん》に屈してその臣下に成り下がるよりはよいと説いたときに、たとえとして用いたことばによる。結局、韓・魏《ぎ》・趙《ちょう》・燕《えん》・斉《せい》・楚《そ》の六国が蘇秦の献策（合従策）に従い、彼は六国の宰相となった。

出典 鄙諺《ひげん》に曰《い》はく、寧《むし》ろ鶏口と為《な》るとも、牛後と為ること無かれ、と。今、西面して臂《ひじ》を交へて秦に臣事す。何ぞ牛後に異ならんや。〈史記、蘇秦伝〉

用法 一般には、「鶏口となるとも牛後となるなかれ」という形で用いられることが多い。

が多い。

傾国傾城　けいこく-けいせい

⇩傾城傾国《けいせいけいこく》

経国済民　けいこく-さいみん

《経世済民《けいせいさいみん》》

意味 国や世の中をよく治め、人々を苦しみから救うこと。

構成 「経国」「経世」は、国や世の中をよく治めること。「経」は、治める。「済民」は、人々を苦しみから救済すること。

用例 「経済」という語は、経国済民から出ておって、太宰春台《だざいしゅんだい》の「経済録」などが適当の用法であることは勿論《もちろん》であるから、〈穂積陳重、法窓夜話〉

注意 現代語の「経済」は、この語に基づくが、意味用法は異なる。

類義語 救国済民《きゅうこくさいみん》・救世済民《きゅうせいさいみん》

経史子集　けいし-ししゅう

意味 経書・歴史書・諸子類・詩文集。昔の中国の書籍分類法。

構成 「経」は、儒家の経典。「史」は、歴史書。「子」は、儒家以外の諸派の思想書類。「集」は、詩文集。

出典 今、崇文《すうぶん》録する所の書、経史子集を具《そな》ふ。〈事物紀源、経籍芸文部、四部〉

用例 抽斎《ちゅうさい》渋江道純は経史子集や医籍を渉猟《しょうりょう》して考証の書を著したばかりでなく、〈森鷗外、渋江抽斎〉

霓裳羽衣　げいしょう-うい

意味 ①虹のようなもすそと、羽のような衣。仙人の着物。②唐の玄宗皇帝が作ったといわれる、天女を歌った舞曲の名。唐の詩人白居易《はくきょい》の「長恨歌《ちょうごんか》」の中に登場することで有名。

構成 「霓裳」は、虹のように美しいもすそ。転じて、仙人の衣。「霓」は、虹。「羽衣」は、仙人や天女などが着て空を飛ぶといわれる、鳥の羽で作った衣服。

出典 漁陽の鞞鼓《へいこ》地を動かして来たり、驚破す霓裳羽衣の曲。〈唐、白居易、長恨歌〉

用例 高く跳ね軽く躍《をど》れば面影の、霓裳羽衣を舞ひをさめ。〈北村透谷、髑髏舞〉

傾城傾国　けいじょう-けいこく

⇩けいせい-けいこく

敬神崇仏　けいしん-すうぶつ

意味 神を敬い、仏をあがめること。

構成 「敬神」は、神を敬うこと。「崇仏」は、仏をあがめること。

用例 故右大将さまも、なかなかに御信心深く、敬神崇仏をその御政綱《ごせいこう》の第一に置かれて、〈太宰治、右大臣実朝〉

傾城傾国　けいせい-けいこく

《傾国傾城《けいこくけいせい》》

意味 男がおぼれて、町も国も顧みぬまでに心酔させるほどの絶世の美女。

構成 「傾城」は、町を危うくさせること。「傾国」は、国を危うくさせること。それぞれ単独でも、絶世の美女の意味を表す。

故事 中国の前漢の時代、武帝《ぶてい》の李夫人の美しさをうたった李延年《りえんねん》の歌にある「北方に佳人有り、絶世にして独立す。一顧すれば人の城を傾け、再顧すれば人の国を傾く」ということばによる。

用例 にっこりと笑むえくぼのうちには、傾城傾国の力を蓄う。〈坪内逍遥、妹と背かがみ〉

用法 我が国では、歌舞によって客を楽しませる女性の意味で用いられることもある。

注意 「けいじょうけいこく」とも読む。

類義語 妖姿媚態《ようしびたい》

経世済民　けいせい-さいみん

⇩経国済民《けいこくさいみん》

用例 経世済民の実務につきて、自《みずか》ら施し行いたる政策の後人の模範とすべきも

のも〈山路愛山、経済雑論〉

類義語 救国済民《きゅうこくさいみん》・救世済民《きゅうせいさいみん》

形勢不利 けいせい－ふり

意味 物事の成り行きや勢力関係が、自分の側にとってよくないこと。

構成 「形勢」は、物事のありさま、ようす。変化していく物事の成り行き。対立する物事の勢力関係。「不利」は、条件・立場などがよくないこと。

用例 ために連合軍の形勢不利となり墺軍《おうぐん》は大王に対して有力なる部隊を差し向ける事となったのである。〈石原完爾、最終戦争論、戦争史大観〉

蛍窓雪案 けいそう－せつあん

（雪案蛍窓《せつあんけいそう》）

意味 ホタルの光や窓の雪などの明かりで、勉強すること。貧しさの中で苦労して学問に励むことのたとえ。略して「蛍案」「蛍雪」ともいう。

構成 故事欄参照。「案」は、机。

故事 「蛍窓」は、中国の六朝《りくちょう》時代、晋《しん》の車胤《しゃいん》が、貧しかったためにホタルを集めて薄い練り絹の袋に入れ、その光によって読書した故事による。「雪案」は、同じく貧しかった晋《しん》の孫康《そんこう》が、窓からさしこむ雪明かりで読書したという故事による。

出典 蛍窓雪案の間、宜《よろ》しく勤めて古昔《こせき》の聖賢の書を看るべし。〈宋、王安石、勧学の文、古文真宝前集注〉

類義語 苦学力行《くがくりっこう》

軽重深浅 けいちょう－しんせん

意味 軽い、重い、深い、浅いの程度。物事の度合い。

構成 「軽重」は、軽いか重いか。「深浅」は、深いか浅いか。

用例 釈迦《しゃか》の説いた教によれば、我々人間の霊魂は、その罪の軽重深浅に従い、あるいは小鳥となり、あるいは牛となり、あるいはまた樹木となるそうである。〈芥川竜之介、おぎん〉

注意 「軽重」を「けいじゅう」と読むのは、誤り。

類義語 難易軽重《なんいけいちょう》

軽佻粗暴 けいちょう－そぼう

意味 言動が軽はずみで、荒々しいこと。

構成 「軽佻」は、心が浮ついていて考えが浅く、言動が軽はずみなようす。「佻」も、軽い。「粗暴」は、態度や行動が荒々しいこと。

用例 参禅以後は人間が一変したということで、以前の軽佻粗暴はその面影もなく、自《おの》ずから至人の妙境が現れて来たそうです。〈中里介山、大菩薩峠、甲賀一刀流の巻〉

注意 「暴」は、「あばれる」という意味の場合、音読みでは「ぼう」と読む。「ばく」と読むのは「暴露」のように「さらす」の意味の場合で、ここでは誤り。

類義語 軽挙妄動《けいきょもうどう》・短慮軽率《たんりょけいそつ》

軽佻浮薄 けいちょう－ふはく

意味 心が浮ついていて、軽はずみなようす。薄っぺらなようす。

構成 「軽佻」は、心が浮ついていること。また、考えが浅く、言動が軽はずみなこと。「佻」も、軽い。「浮薄」は、心が軽々しくてしっかりしていないこと。また、軽はずみで移り気なこと。

用例 僕たちはみんな軽佻浮薄で、あのじいさんだけが本当の恋を知っていると言いたそうな口ぶりが癪《しゃく》にさわるよ。〈三島由紀夫、近代能楽集、綾の鼓〉

類義語 軽薄才子《けいはくさいし》

対義語 重厚謹厳《じゅうこうきんげん》

敬天愛人 けいてん－あいじん

意味 天を敬い、人を愛すること。

構成 「敬天」は、天をおそれ敬うこと。「愛人」は、人を愛し慈しむこと。

用例 道は天地自然のものなれば、講学の道は敬天愛人を目的とし、身を修するに克己を以て終始すべし。〈西郷隆盛、南洲遺訓〉

用法 西郷隆盛が、学問の道の目的とし、座右の銘としたことで有名。用例欄参照。

軽薄才子 けいはく-さいし

意味 態度・行動が軽々しい、上っ面だけの人間。うわべだけ調子を合わせることで、世間をうまく渡っていく人。また、自分の権勢利益のためにうわべだけ調子を合わす、抜け目のない人。

構成 「軽薄」は、思慮が浅はかで、軽々しいこと。うわべだけ調子がよくて真心のないこと。不実なこと。「才子」は、才知の優れた人。気が利いて抜け目のない人。

用例 彼は自己の幸福のために、どうかして翩々《へんぺん》たる軽薄才子になりたいと心から神に念じているのである。〈夏目漱石、彼岸過迄〉

類義語 軽佻浮薄《けいちょうふはく》

軽薄短小 けいはく-たんしょう

意味 軽くて薄く、短く小さいようす。また、中身がなく薄っぺらで値打ちがないこと。

構成 「軽薄」は、ここでは、軽く薄いこと。また、中身がなく薄っぺらで値打ちがないこと。「短小」は、短く小さいこと。

用例 大山村がめざした農業は、一つの作物がダメになっても他の作物が補うムカデ型だ。軽労働で、しかも収益性の高い軽薄短小農業だった。〈朝日新聞、天声人語、一九八六年一〇月六日〉

用法 電気製品などの軽量化・小型化に対して批判的に用いられることが多い。また、文化・精神の傾向について用いられることもある。

注意 「短小」を「短少」と書くのは、誤り。

対義語 重厚長大《じゅうこうちょうだい》

瓊葩繡葉 けいは-しゅうよう

意味 玉のように美しい花と、ぬいとりのように美しい葉。美しく咲き誇る草花。春の美しい景色のたとえ。

構成 「瓊葩」は、玉のように麗しい花。「瓊」は、玉。「葩」は、花。「繡葉」は、刺繡のように美しい葉。

用例 又春の日に瓊葩綉葉の間、和気香風の中に、臥榻《がとう》を据えてその上に臥そべり、〈二葉亭四迷、浮雲〉

表記 「繡」の代わりに異体字の「綉」を書くこともあるが、現在では、印刷物などでは「繡」を用いるのが普通。

軽妙洒脱 けいみょう-しゃだつ

意味 軽快巧みでしゃれていること。また、あっさりしている中に面白味があり、洗練されていること。

構成 「軽妙」は、軽快で巧みなこと。あっさりとしていて妙味のあること。「洒脱」は、さっぱりしていて俗気のないこと。

用例 弥次《やじ》さんと喜多八《きたはち》の、軽妙洒脱なやりとりの巧妙さが、全篇の眼目だけに、〈川口松太郎、鶴八鶴次郎〉

用法 人の言動、また創作活動などをほめる場合に用いられることが多い。

類義語 滑稽洒脱《こっけいしゃだつ》

対義語 野卑滑稽《やひこっけい》

鶏鳴狗盗 けいめい-くとう

意味 ①鶏の鳴きまねをして人を欺いたり、狗のまねをして物を盗むような卑しい人。くだらない技能を持つ人のたとえ。②転じて、一見くだらない技能でも役に立つことがあるたとえ。

構成 「鶏鳴」は、鶏の鳴き声。「狗盗」は、犬のまねをして人を欺いて盗みを働く者。こそどろ。

故事 中国の戦国時代、斉《せい》の孟嘗君《もうしょうくん》が秦《しん》の昭王に捕らえられた際、犬のまねをして物を盗むのが得意な食客と、鶏の

鳴きまねを得意とする食客を利用して、無事に逃れた故事による。

出典 孟嘗君《もうしょうくん》は特《た》だ雞鳴狗盗の雄のみ。〈宋、王安石、孟嘗君伝を読む〉（「雞」は、「鶏」と同じ）

用例 ①自《みずか》ら嘲《あざけ》って「鶏鳴狗盗」と諷《ふう》するかんじがないでもない。〈尾崎士郎、人生劇場望郷篇〉

戯作三昧 げさく-ざんまい

意味 たわむれの詩文に熱中すること。また、娯楽小説に夢中になって取り組むこと。

構成 「戯作」は、たわむれに作る詩文。また、江戸時代に行われた娯楽小説の総称。「三昧」は、梵語《ぼんご》からの音訳語で、一つの物事に熱中するようす。

用例 どうして戯作三昧の心境が味到されよう。どうして戯作者の厳かな魂が理解されよう。〈芥川竜之介、戯作三昧〉

注意 「昧」を「味」「眛」と書くのは、誤り。

月下氷人 げっか-ひょうじん

意味 月下老と氷上人。ともに縁結びの神。男女の縁をとりもつ人のことをいう。仲人。媒酌人。

構成 故事欄参照。

故事 「月下」は、月下老。中国の唐の時代に、韋固《いこ》が旅先で、月明かりの下で大きな袋にもたれて読書している不思議な老人に出会った。その老人は、袋の中の赤い縄は縁結びの糸で、夫婦となるものの足をつなぐのだと語ったという故事による。「氷人」は、氷上人。晋《しん》の令狐策《れいこさく》が、氷の上に立って氷の下の人と話をした夢を見た。それをある人物に話したところ、氷の上と下というのは陽と陰で男女を表し、あなたが近く男女の結婚の仲立ちをする前兆だといわれたという故事による。

出典 韋固、少《わか》くして未だ娶《めと》らず。宋の城に旅次し、異人に遇ふ。嚢《ふくろ》に倚りて坐し、月下に向かひて書を検《けみ》す。固問ふ。答へて曰《い》はく、天下の婚のみ、と。〈続幽怪録、定婚店〉令狐策、夢に氷上《ひょうじょう》に立ち、氷下の人と語る。紞《たん》曰はく、氷上は陽たり、氷下は陰たり。陰陽の事ならん。士如《も》し妻を帰《めと》らば、冰の未だ泮《と》けざるに迨《およ》べとは、婚姻の事ならん。〈晋書、芸術、索紞伝〉

用例 まるでもう、自分の更生の大恩人か、月下氷人のように振る舞い、もっともらしい顔をして自分にお説教めいた事を言ったり、〈太宰治、人間失格〉

結跏趺座 けっか-ふざ

意味 仏教で、座禅をする時の正しい座り方。左右の足を互いに反対のももの上に置いて、足を組む姿勢。

構成 「跏」は、足の裏。「趺座」は、両足の甲を反対側のももの上に置いて、足を組んで座ること。「趺」は、足の甲。

用例 薄暗い底の台の上に結跏趺坐したまま睡《ねむ》っている僧形《そうぎょう》がぼんやり目前に浮かび上がってきた。〈中島敦、悟浄出世〉

表記 従来は「結跏趺坐」と書くのが普通であったが、現在では常用漢字の「座」に書き換える。

月卿雲客 げっけい-うんかく

意味 公卿や殿上人。また、高位や高官にある人。

構成 「月卿」は、大臣。王や皇帝を日にたとえるのに対して、大臣を月にたとえていう。我が国では公卿（三位以上の人）をいう。「雲客」は、雲の上人。すなわち、殿上人（五位以上の人、及び六位の蔵人）。

用例 上は月卿雲客から下は乞食非人《こつじきひにん》まで、あらゆる身分の人間を写して来たからでございます。〈芥川竜之介、地獄変〉

注意 (1)「雲客」は、慣用的に「うんかく」と読む。「うんきゃく」と読むのは、誤り。(2)「雲客」を「雲閣」と書くのは、誤り。

類義語 王公貴人《おうこうきじん》・王侯将相《おうこうしょうしょう》・高位高官《こういこうかん》

譎詐百端　けっさ‐ひゃくたん

意味 さまざまに人を欺くこと。
構成 「譎詐」は、偽り欺くこと。「譎」も、いつわる。「百端」は、いろいろさまざまであるようす。
用例 慶喜《よしのぶ》の人物を評して、「譎詐百端の心術」の人であるとなし、〈島崎藤村、夜明け前〉
類義語 虚虚実実《きょきょじつじつ》・権謀術策《けんぼうじゅつさく》・権謀術数《けんぼうじゅっすう》・手練手管《てれんてくだ》・反間苦肉《はんかんくにく》

欠席裁判　けっせき‐さいばん

意味 当事者のいないところで、その人の利害に関わることを決めてしまうこと。
構成 「欠席」は、会合などに出ないこと。「裁判」は、ここでは、正邪・曲直を判定すること。
用例 それがためにすでに欠席裁判が行われ死刑の宣告を受けているということであった。〈尾崎士郎、人生劇場愛欲篇〉

結髪風姿　けっぱつ‐ふうし

意味 髪を結った姿。さわやかで凜々しい姿。
構成 「結髪」は、髪を結うこと。「風姿」は、すがたかたち。身なり。
用例 人様々の顔の相好《そうごう》、おもいおもいの結髪風姿、聞覩《ぶんと》に聚《あつ》まる衣香襟影は紛然雑然として千態万状、〈二葉亭四迷、浮雲〉

月鼈雲泥　げつべつ‐うんでい

⇨雲壌月鼈《うんじょうげつべつ》
用例 推量したとは月鼈雲泥、天地の相違、節廻し、あげさげ、呼吸の続くところから、第一その清らかな涼しい声という者は、到底この少年の咽喉《のど》から出たものではない。〈泉鏡花、高野聖〉

狷介孤高　けんかい‐ここう

（孤高狷介《ここうけんかい》）
意味 自分の意志をかたくなに守って他に和合せず、一人超然としていること。
構成 「狷介」は、固く心に守る所があって、他に屈従しないこと。「狷」は、信念は強いが心が狭いこと。「介」は、ここでは、一人。「孤高」は、ひとり世俗から離れて超然としていること。
用例 むしろ遊里と市井《しせい》に放浪した狷介孤高な無頼漢と云《い》った風がある。〈亀井勝一郎、美術遍歴〉
類義語 狷介不羈《けんかいふき》・狷介不屈《けんかいふくつ》

狷介不羈　けんかい‐ふき

意味 自分の意志を固く守って他に束縛されないこと。
構成 「狷介」は、固く心に守る所があって、他に屈従しないこと。「狷」は、信念は強いが心が狭いこと。「介」は、ここでは、一人。「不羈」は、束縛されないこと。「羈」は、つなぐ。束縛する。
用例 我々独立の志ある狷介不羈の学士が集まって大学の卑屈無気力を一掃してはどうだい。〈内田魯庵、社会百面相〉
表記 「羈」の代わりに、異体字の「覊」を書くこともある。
類義語 狷介孤高《けんかいここう》・狷介不屈《けんかいふくつ》・孤高狷介《ここうけんかい》

狷介不屈　けんかい‐ふくつ

意味 自分の意志を固く守って志を変えず、他に屈しないこと。
構成 「狷介」は、固く心に守る所があって、他に屈従しないこと。「狷」は、信念は強いが心がせまいこと。「介」は、ここでは、一人。「不屈」は、屈しないこと。困難にあっても志を曲げず貫くこと。
用例 幼い頃《ころ》からの許婚者《いいなずけ》であった、狷介不屈な父親の厳命に抗し難く、〈柴田錬三郎、怪談累ヶ淵、高橋お伝〉

類義語 狷介孤高《けんかいここう》・狷介不羈《けんかいふき》・孤高狷介《ここうけんかい》

権貴栄達　けんき－えいだつ

意味 栄えて権力を得、高い地位に進むこと。

構成 「権貴」は、権力があって地位が高いこと。「栄達」は、栄えて高い地位に進むこと。

用例 権貴栄達の士は人を人と思わざるに於《お》いて得たるが如《ごと》し。〈夏目漱石、吾輩は猫である〉

注意 「けんきえいたつ」とも読む。

類義語 白日昇天《はくじつしょうてん》・立身栄達《りっしんえいだつ》・立身出世《りっしんしゅっせ》

元気潑剌　げんき－はつらつ

（生気潑剌《せいきはつらつ》）

意味 体に活力がみなぎって生き生きとしているようす。

構成 「元気」「生気」は、心身の活動の根本の気力。また、その気力の盛んなこと。「潑剌」は、魚が勢いよく跳びはねるようす。転じて、生き生きとしているようす。「潑」は、水がはねる。

用例 そういうおたくも、からきし元気潑剌じゃないね。〈織田作之助、土曜夫人〉

表記 「元気潑溂」とも書く。

類義語 銀鱗躍動《ぎんりんやくどう》

対義語 倦怠疲労《けんたいひろう》・疲労困憊《ひろうこんぱい》

牽強付会　けんきょう－ふかい

意味 自分に都合のいいように無理にこじつけること。

構成 「牽強」「付会」ともに、道理に合わないことをこじつけること。「付」は、くっつける。

用例 恐らく牽強附会の説でございましょう。いや、跡方《あとかた》もない嘘《うそ》と申した方が、宜《よろ》しい位でございます。〈芥川竜之介、地獄変〉

表記 「牽強附会」とも書く。

類義語 郢書燕説《えいしょえんせつ》・堅白異同《けんぱくいどう》・堅白同異《けんぱくどうい》・断章取義《だんしょうしゅぎ》

幻詭猥雑　げんき－わいざつ

意味 現実には考えられないような不思議な事柄が、ごたごたと入り乱れていること。

構成 「幻詭」は、人を惑わす、幻想的で不思議な事柄。「猥雑」は、ごたごたと入り乱れるようす。

用例 幻詭猥雑の談に、干戈弓馬《かんばきゅうそう》の事を挿み、慷慨節義の譚に、神仙縹緲の趣を交ゆ。〈幸田露伴、運命〉

類義語 虚実混交《きょじつこんこう》

賢愚正邪　けんぐ－せいじゃ

意味 賢く正しいか、愚かでよこしまであるかということ。人物の能力・性質をいうことば。

構成 「賢愚」は、賢いか愚かかということ。「正邪」は、正しいかよこしまであるかということ。

用例 なる程自分は凡人かも知れぬ。併《しか》し人の賢愚正邪は実のある話をした上で分かるものである。〈森鷗外、栗山大膳〉

賢君忠臣　けんくん－ちゅうしん

意味 賢く英明な君主や、忠義の心を持った家臣。

構成 「賢君」は、賢い君主。「忠臣」は、忠義にあふれた家臣。

用例 太史《たいし》となりながらこのことに着手せず、賢君忠臣の事蹟《じせき》を空しく地下に埋もれしめる不甲斐なさを慨《なげ》いて泣いた。〈中島敦、李陵〉

類義語 賢良方正《けんりょうほうせい》・明君賢相《めいくんけんしょう》

対義語 貪官汚吏《たんかんおり》・暴君暴吏《ぼうくんぼうり》

懸軍長駆　けんぐん－ちょうく

意味 軍隊や馬を走らせて、遠く敵地に軍兵を進めること。また、後方の連絡のないままに敵地の奥深く入り込むこと。

【構成】「懸軍」は、根拠地や本隊を離れて、遠地や敵地の奥深く軍隊を進めること。「長駆」は、軍隊や馬などを遠くまで走らせること。
【用例】彼が粟津《あはづ》の敗死は既に彼が、懸軍長駆、白旗をひるがへして洛陽に入れるの日に兆《きざ》したり。〈芥川竜之介、木曾義仲論〉
【類義語】遠御長駕《えんぎょちょうが》・懸軍万里《けんぐんばんり》・転戦千里《てんせんせんり》

懸軍万里　けんぐん－ばんり

【意味】軍隊が根拠地や本隊を遠く離れて、遠地に軍兵を進めること。また、後方の連絡のないままに奥深く入り込むこと。

【構成】「懸軍」は、根拠地や本隊を離れて、遠地や敵地の奥深く軍隊を進めること。「万里」は、極めて長い距離。

【用例】懸軍万里、計を帷幄《いあく》の中にめぐらし、勝ちを千里の外に決する将略《しょうりゃく》に於《お》いては我義仲に比肩する能《あた》はず。〈芥川竜之介、木曾義仲論〉

【注意】「万里」を「まんり」と読むのは、誤り。

【類義語】遠御長駕《えんぎょちょうが》・懸軍長駆《けんぐんちょうく》・転戦千里《てんせんせんり》

元軽白俗　げんけい－はくぞく

【意味】中唐の詩人元稹《げんじん》の詩は軽薄で、白居易《はくきょい》の詩は卑俗である。両人の詩風をそしったことば。
【構成】「元」「白」は、それぞれ中国唐代の詩人の元稹と白居易。「軽」は、軽薄、「俗」は、卑俗。
【出典】郊寒島瘦《こうかんとうそう》、元軽白俗。〈宋、蘇軾、柳子玉を祭る文〉
【用例】前代は元軽白俗、ただ綺麗なものが好きであって、白楽天に影響されたことはそれは恐ろしいものであった。〈幸田露伴、芭蕉入門〉

喧喧囂囂　けんけん－ごうごう

【意味】大勢が口々にやかましく騒ぎ立てるようす。
【構成】「喧喧」も「囂囂」も、声のやかましいようす。
【用例】いや、またこの騒ぎで、世論は喧喧囂囂ですな。〈円地文子、食卓のない家〉
【注意】最近では、大いに議論する意味の「侃侃諤諤《かんかんがくがく》」と混同され、「喧喧諤諤」とも言われるようになった。これは本来は誤用であるが、「喧喧囂囂」と同義として使われている。

蹇蹇匪躬　けんけん－ひきゅう

【意味】臣下が君主のために心を苦しめて仕えること。忠義を尽くすこと。
【構成】「蹇蹇」は、悩み苦しむようす。「匪躬」は、一身の利害をかえりみないこと。「匪」は、「非」と同じく否定の語。「躬」は、自分の身。
【出典】王臣の蹇蹇たるは、躬《み》の故に匪《あら》ず。〈易経、蹇〉
【用例】斯《か》くて寝ても起きても蹇々匪躬の誠を捧げたが〈矢田挿雲、江戸から東京へ〉
【類義語】七生報国《しちしょうほうこく》・尽忠報国《じんちゅうほうこく》・擲身報国《てきしんほうこく》・報国尽忠《ほうこくじんちゅう》

拳拳服膺　けんけん－ふくよう

【意味】両手でものをささげ持つように、心にしっかり留めて常に忘れないでいること。
【構成】「拳拳」は、ささげ持つようす。「服膺」は、胸につける意味から、心にしっかり留めて忘れないこと。よく心に覚えて守ること。「服」は、ここでは、つける。「膺」は、胸。
【出典】子曰《い》はく、回の人と為《な》りや、中庸を択《えら》び、一善を得れば、則《すなは》ち拳拳服膺して、之《これ》を失はず、と。〈中庸〉
【用例】大人もそう思ってさえいれば、一生幸福に暮らせるのに相違ない。こりゃ初子さんなんぞは殊に拳々服膺すべき事かも知れませんぜ。〈芥川竜之介、路上〉

類義語 銘肌鏤骨《めいきるこつ》

言行一致 げんこう-いっち

意味 ことばにして言った内容と、その人の行動が同じであること。

構成 「言行」は、ことばと行い。「一致」は、ぴったり重なること。一つになること。

用例 言行一致が大切じゃと真面目な顔で説かねばならず、その度毎に怪しく心が騒ぐ。〈国木田独歩、酒中日記〉

対義語 言行齟齬《げんこうそご》

言行齟齬 げんこう-そご

意味 ことばにして言った内容と、その人の行動とが食い違うこと。

構成 「言行」は、ことばと行い。「齟齬」は、物事の食い違うこと。「齟」「齬」ともに、上下の歯がかみ合わないこと。

用例 何ぞ其《そ》の言の美にして其の事の醜なるや。言行齟齬するの甚《はなは》だしきものと云《い》ふ可《べ》し。〈福沢諭吉、文明論之概略〉

類義語 羊頭狗肉《ようとうくにく》

対義語 言行一致《げんこういっち》

元亨利貞 げん-こう-り-てい

意味 易の乾（天）の卦の持つ四つの徳。

構成 「元」は、万物の根元、「亨」は、万物の長、「利」は、万物によろしきを得させること、「貞」は、万物を成就させること。この四つの徳に仁義礼智または春夏秋冬を当てる。

堅甲利兵 けんこう-りへい

意味 堅固なよろいと、鋭い武器。きわめてすぐれた武器・武装。強い兵力のたとえ。

構成 「堅甲」は、堅固なよろい。「利兵」は、鋭利な武器。「兵」は、ここでは、武器。

出典 梃《てい》を制《と》りて以《もっ》て秦楚《しんそ》の堅甲利兵を撻《う》たしむべし。〈孟子、梁恵王上〉

言語挙動 げんご-きょどう

意味 口にすることばと、体の動き。

構成 「言語」は、口で言うことば。「挙動」は、行為・行動。

用例 彼の cynic な言語挙動は始終僕に不愉快を感ぜしめるが、〈森鷗外、ヰタ・セクスアリス〉

類義語 言辞行儀《げんじぎょうぎ》

乾坤一擲 けんこん-いってき

（一擲乾坤《いってきけんこん》）

意味 天下を賭けて一度さいころを振ること。運を天に任せて、のるかそるかの大勝負をすること。

構成 「乾坤」は、天と地。「一擲」は、すごろくのさいなどを投げること。全てを一度に投げ出すこと。

出典 誰か君主に勧めて馬首を回《めぐ》らし、真に一擲乾坤を賭《と》するを成さん。〈唐、韓愈、鴻溝を過ぐる詩〉

用例 時政《ときまさ》公の乾坤一擲の御意気ものすごく、すすめやすすめと戦法も何もあったものでなく、〈太宰治、右大臣実朝〉

類義語 一六勝負《いちろくしょうぶ》・一擲乾坤《いってきけんこん》・梟盧一擲《きょうろいってき》

剣山刀樹 けんざん-とうじゅ

意味 ①仏教で、地獄にあるという剣の山と刀の林。②転じて、罪による責め苦。

構成 「剣山」は、たくさんの剣の先を上にして立てた山。「刀樹」は、葉が刀となっている木の林。

用例 ①あとは一面に紅蓮《ぐれん》大紅蓮の猛火が剣山刀樹も爛《ただ》れるかと思う程渦を巻いて居りました。〈芥川竜之介、地獄変〉

言辞行儀 げんじ-ぎょうぎ

意味 ことば遣いと、動作の作法。

構成 「言辞」は、ことば。ことば遣い。「行儀」は、礼式作法。立ち居振る舞いの作法。

用例 言辞行儀の端々自らさにもあらざる、畢竟《ひっきょう》これ何者と、鴫沢《しぎさわ》は容易に

その一斑をも推し得ざるなりけり。〈尾崎紅葉、金色夜叉〉
類義語 言語挙動《げんごきょどう》

現状維持 げんじょう-いじ

意味 現在の状態を保ち続けること。また、現在の状況が変化せずに保たれること。
構成 「現状」は、現在の状況・状態。「維持」は、物事をそのままの状態で保つこと。
用例 いきなり思いがけない選択をせまられて、ためらった。けっきょく、現状維持が勝をしめ、〈安部公房、砂の女〉
対義語 現状打破《げんじょうだは》

見性成仏 けんしょう-じょうぶつ

意味 仏教で、自分の本性を見つめることができれば、すでに仏と同じ悟りを開いたものであるということ。
構成 「見性」は、自分の本性を見きわめること。悟りを開くこと。「成仏」は、ここでは、世俗の煩悩を超えて悟りを開くこと。仏になること。
出典 直ちに人心を指せば、見性成仏、教外別伝、文字を立てず。〈悟性論〉
用例 僕の自覚心と名づけるのは独仙君の方で云《い》う、見性成仏とか、自己は天地と同一体だとか云《い》う悟道《ごどう》の類ではない。〈夏目漱石、吾輩は猫である〉
注意 「見性」を「けんしょう」、「成仏」を「じょうぶつ」と読むのは、仏教用語の慣用。「けんせい」「せいぶつ」と読むのは、誤り。
類義語 即心即仏《そくしんそくぶつ》・転迷開悟《てんめいかいご》

現状打破 げんじょう-だは

意味 現在の状況を打ち破ること。
構成 「現状」は、現在の状況・状態。「打破」は、打ち破ること。
用例 動物中に行われる現状打破の本能を際立って著しいものと認めたのではなかったろうか。〈有島武郎、惜みなく愛は奪ふ〉
類義語 局面打開《きょくめんだかい》
対義語 現状維持《げんじょういじ》

厳正中立 げんせい-ちゅうりつ

意味 厳格に公正な立場を守り、争っている者のどちらにもかたよらないこと。
構成 「厳正」は、厳しく公正を守ること。「中立」は、二者の間に立ってどちらにもかたよらないこと。
用例 この一隊だけは政府党の警官たちをも監視し牽制する厳正中立の鉄甲である。〈横光利一、旅愁〉
類義語 公平無私《こうへいむし》・是是非非《ぜぜひひ》・無私無偏《むしむへん》

現世利益 げんぜ-りやく

意味 神仏の加護によって授かる利福を、この世において達成すること。
構成 「現世」は、現在の世。「利益」は、神仏の加護によって授かる恵み。
用例 現世利益の為《ため》に神に祈る如《ごと》きはいうに及ばず、徒《いたずら》に往生を目的として念仏するのも真の宗教心ではない。〈西田幾多郎、善の研究〉
注意 「現世」を「げんぜ」、「利益」を「りやく」と読むのは、仏教用語からきた慣用。「げんせい」「りえき」と読むのは、誤り。

倦怠疲労 けんたい-ひろう

意味 だるさと疲れ。嫌になって体に力が入らなくなること。
構成 「倦怠」は、飽きて怠けること。嫌気がさすこと。だれること。「疲労」は、疲れること。
用例 そしてそのあとに続く死滅と同然の倦怠疲労。〈有島武郎、或る女〉
類義語 困窮疲弊《こんきゅうひへい》・困窮疲労《こんきゅうひろう》・疲労困憊《ひろうこんぱい》
対義語 元気溌剌《げんきはつらつ》

巻土重来 けんど-ちょうらい

意味 ①一度敗れた軍が勢力を盛り返し、砂ぼこりを巻き上げて再び反攻すること。②転じて、一度失敗したものが、勢力を蓄え準備を整えて巻き返すこと。

構成 「巻土」は、土煙を巻き上げることで、勢いの盛んなこと。「重来」は、再びやって来ること。再起して反攻すること。

出典 江東の子弟才俊多し、捲土重来未だ知るべからず。〈唐、杜牧、烏江亭に題する詩〉

用例 ①隅田《すみだ》城は、かんたんに、おしつぶされるのではあるまいか。そうなれば、わしが、捲土重来の余地は、全くない。〈柴田錬三郎、戦国旋風記〉②父が捲土重来の野心も夢と消えて、放浪の東京で病気で亡くなることになり、〈葛西善蔵、暗い部屋にて〉

注意 「重来」は、本来は慣用的に「ちょうらい」と読んだが、最近では「じゅうらい」とも読む。

表記 従来は「捲土重来」とも書いたが、現在では常用漢字の「巻」を用いるのが普通。

類義語 回生起死《かいせいきし》・起死回生《きしかいせい》

対義語 再起不能《さいきふのう》

堅忍持久 けんにん-じきゅう

意味 我慢強く堪え忍んで、長く持ちこたえること。

構成 「堅忍」は、しっかりと堪え忍ぶこと。我慢強くすること。「持久」は、長く持ちこたえること。

用例 目下日本は未曾有《みぞう》の国難に際会《さいかい》し、従って政府、国民ともに、口を開けば非常時と堅忍持久とで終始しております。〈阿川弘之、山本五十六〉

類義語 堅忍不抜《けんにんふばつ》・曠日持久《こうじつじきゅう》

堅忍不抜 けんにん-ふばつ

意味 我慢強く堪え忍んで、心を動かさないこと。

構成 「堅忍」は、しっかりと堪え忍ぶこと。「不抜」は、抜き取られないこと。固くて動かないこと。ここでは、意志が固いことをいう。

出典 古《いにしへ》の大事を立つる者は、唯《ただ》に超世の才有るのみならず、亦《ま》た必ず堅忍不抜の志有り。〈北宋、蘇軾、晁錯論〉

用例 私は堅忍不抜の愛などというものをからっきし持ち合わせていない。〈壇一雄、火宅の人〉

注意 「抜」を「技」と書くのは、誤り。

類義語 堅忍持久《けんにんじきゅう》・曠日持久《こうじつじきゅう》

堅白異同 けんぱく-いどう

⇩堅白同異《けんぱくどうい》

用例 「知らないでも帰依している。」「そんな堅白異同の弁を試みたって行けない。」〈森鷗外、独身〉

堅白同異 けんぱく-どうい

《堅白異同《けんぱくいどう》》

意味 こじつけや、詭弁《きべん》。

構成 「堅白同異の弁」の略。故事欄参照。

故事 中国の戦国時代、趙《ちょう》の公孫竜《こうそんりゅう》の唱えた詭弁。「目で石を見ると、その色の白いのは分かるが、堅いことは分からない。手で石に触ると、その堅いことは分かるが、白いことは分からない。したがって、この世には堅くて白い石というのは同時に成り立たない」というもの。

出典 趙《ちょう》に亦《ま》た公孫竜有り。堅白同異の弁を為《な》す。〈史記、孟子荀卿伝〉

類義語 郢書燕説《えいしょえんせつ》・牽強付会《けんきょうふかい》・断章取義《だんしょうしゅぎ》

厳父慈母 げんぷ-じぼ

意味 父親は厳しく、母親はいつくしみ深いということ。また、厳しい父と、やさしい母。

構成 「厳父」は、厳格な父親。「慈母」は、愛情深い母親。

用例 厳父慈母と俗にも申しますに、あなたがかあいがッてばかりおやンなさいますから、ほんとに逆さまになッてしまッ

て、〈徳冨蘆花、不如帰〉

言文一致 げんぶん-いっち

《言文一途《げんぶんいっと》》

意味 日常用いる話しことばで文章を書くこと。明治初期に言文一致運動が起こり、二葉亭四迷《ふたばていしめい》・山田美妙《やまだびみょう》・尾崎紅葉《おざきこうよう》らが小説に試み、その後次第に普及。明治末期以降に確立し、現在の口語文に至った。

構成 「言文」は、話しことばと書きことば。口語と文語。「一致」「一途」は、一つになること。「途」は、道。

用例 彼の父は洋筆や万年筆でだらしなく綴られた言文一致の手紙などを、自分の伜《せがれ》から受け取る事は平生からあまり喜んでいなかった。〈夏目漱石、明暗〉

言文一途 げんぶん-いっと

⇩言文一致《げんぶんいっち》

権謀術策 けんぼう-じゅっさく

⇩権謀術数《けんぼうじゅっすう》

用例 いまや権謀術策を恣《ほしいまま》にする妖《あや》しの人物、〈北杜夫、楡家の人びと〉

権謀術数 けんぼう-じゅっすう

《権謀術策《けんぼうじゅっさく》》

意味 巧みに人をあざむく策略。人知を尽くしたたくらみ。

構成 「権謀」は、その場その時の変化に応じた策略。「術数」「術策」は、はかりごと。たくらみ。「数」は、ここでは、方法。

出典 其《そ》の他、権謀術数、一切以《もっ》て功名を就《な》すの説と、夫《か》の百家衆技の流とは、世を惑わし民を誣《し》ひ仁義を充塞する所以の者なり。〈南宋、朱熹、大学章句序〉

用例 亮政は、北近江の守護大名京極家の下級の侍の家にうまれ、権謀術数のかぎりをつくして主家の京極家を乗っ取ってしまい、〈司馬遼太郎、国盗り物語〉

類義語 虚虚実実《きょきょじつじつ》・譎詐百端《けっさひゃくたん》・手練手管《てれんてくだ》・反間苦肉《はんかんくにく》

賢母良妻 けんぼ-りょうさい

⇩良妻賢母《りょうさいけんぼ》

用例 旧式な賢母良妻主義に人間の活動を束縛する不自然な母性中心説を加味してこの上人口の増殖を奨励するような軽佻《けいちょう》な流行を見ないようにしたいものである。〈与謝野晶子、母性偏重を排す〉

肩摩轂撃 けんま-こくげき

意味 人の肩と肩が触れ合い、車の轂《こしき》（車輪の中央部）と轂がぶつかり合う。往来などの混み合うことのたとえ。都市の雑踏をいう。

構成 「肩摩」は、肩と肩がこすれ合うこと。「轂撃」は、車の轂と轂が打ち合うこと。「轂」は、車軸を通す車輪の中心部分。

出典 車は轂撃し、人は肩摩す。〈戦国策、斉〉

用例 ことに六時の神戸急行は乗客が多く、二等室も時の間に肩摩轂撃の光景となった。〈田山花袋、蒲団〉

絢爛華麗 けんらん-かれい

意味 きらびやかに輝いて、華やかで美しいようす。

構成 「絢爛」は、きらびやかで極めて美しいこと。「絢」は、あや。「爛」は、あきらか。「華麗」は、華やかで美しいこと。

用例 あの鼈甲《べっこう》牡丹《ぼたん》のように、絢爛華麗な文章だけを取っても、優に明治文学の代表者として、推す価値が十分だと思うのです。〈菊池寛、真珠夫人〉

類義語 華麗奔放《かれいほんぽう》・絢爛豪華《けんらんごうか》・豪華絢爛《ごうかけんらん》・荘厳華麗《そうごんかれい》・荘厳美麗《そうごんびれい》・壮大華麗《そうだいかれい》・美麗荘厳《びれいそうごん》

絢爛豪華 けんらん-ごうか

⇩豪華絢爛《ごうかけんらん》

用例 金竜、腹中に入るとは、なんと絢爛豪華な夢なのであろう。〈松本利明、春日

局〉

賢良方正 けんりょう－ほうせい

意味 賢く善良で、行いがきちんとして正しいこと。また、中国で、漢代以後の官吏登用試験の科目の名。

構成 「賢良」は、賢くて善良なこと。「方正」は、きちんとして正しいこと。

用例 賢良方正の士を挙げて政《まつりごと》を任し、民の苦楽を察して適宜の処置を施し、〈福沢諭吉、学問のすすめ〉

類義語 賢君忠臣《けんくんちゅうしん》・明君賢相《めいくんけんしょう》

牽攣乖隔 けんれん－かいかく

意味 心は互いに強く引き合っていながら、体は遠く離れていること。強い友情で結ばれた者同士が、遠く離れて暮らしている状態をいう。

構成 「牽攣」は、引き合うこと。「牽」「攣」ともに、引っぱる。「乖隔」は、遠く離れていること。「乖」は、そむく。離れる。

故事 唐の詩人白居易《はくきょい》と親友の元稹《げんしん》は、ともに左遷されて都を離れた。そのとき、白居易が元稹に贈った手紙の中で、お互いが遥かな遠方にいることを嘆いた詩による。

出典 牽攣乖隔、各《おのおの》白首《はくしゅ》ならんと欲す。〈唐、白居易、微之に与ふる書〉

堅牢堅固 けんろう－けんご

意味 堅くて丈夫なこと。

構成 「堅牢」も「堅固」も、堅くて丈夫なようす。「牢」は、ここでは、かたい。

類義語 金城鉄壁《きんじょうてっぺき》・金城湯池《きんじょうとうち》・不壊金剛《ふえこんごう》・要害堅固《ようがいけんご》・難攻不落《なんこうふらく》・金剛不壊《こんごうふえ》

こ

高位高官 こうい－こうかん

意味 高い地位・官職。また、その人。

構成 「高位」は、高い地位。「高官」は、高い官職。

用例 もともとそれに価せぬ身分のものが、にわかに高位高官に昇ると、その官位に負けて命を失うとも言われて居りますから、〈太宰治、右大臣実朝〉

類義語 王公貴人《おうこうきじん》・王侯将相《おうこうしょうしょう》・月卿雲客《げっけいうんかく》

対義語 無位無官《むいむかん》

行雲流水 こううん－りゅうすい

意味 ①空行く雲や流れる水のように、心に固執するところなく、物に応じ事に従って行動すること。自然のままに生きる人生態度や心境のたとえ。②また、決まった形がなくさまざまに、また自由に移り変わること。

構成 「行雲」は、空行く雲。「流水」は、流れる水。

出典 嘗《かつ》て自ら謂《い》ふ、文を作るは行雲流

水のごとし。〈宋史、蘇軾伝〉
用例 ①このさきは行雲流水、風月を友にして諸国を歩くさ。〈司馬遼太郎、国盗り物語〉②西洋の開化は行雲流水のごとく自然に働いているが、〈夏目漱石、現代日本の開化〉

光炎万丈　こうえん-ばんじょう

意味 炎が高く輝き昇ること。詩文などに勢いがあってすばらしいことのたとえ。
構成 「光炎」は、輝く炎。「万丈」は、非常に長い、また、非常に高いようす。
出典 李杜文章在り、光炎万丈長し。〈唐、韓愈、張籍に調る詩〉
注意 「万丈」を「まんじょう」と読むのは、誤り。
表記 従来は「光焔万丈」と書くのが普通であったが、現在では常用漢字の「炎」に書き換える。
類義語 気韻生動《きいんせいどう》・峻抜雄健《しゅんばつゆうけん》・雄健蒼勁《ゆうけんそうけい》

慷慨激越　こうがい-げきえつ

意味 非常に激しく、世の不義・不正などを憤り嘆くこと。
構成 「慷慨」は、世の不義・不正を憤り嘆くこと。「慷」「慨」ともに、嘆く。「激越」は、感情が高ぶって、声や行動の激しいこと。
用例 何だか様子が違うわいと思っとると、平生とはまるで別人のような能弁で以《もっ》て、慷慨激越な演説をおっ始めたんじゃ。〈石川啄木、我等の一団と彼〉
注意 「慨」を「概」と書くのは、誤り。「慨」は「なげく」、「概」は、「概算」のように、「おおよそ」の意味。
類義語 慷慨悲憤《こうがいひふん》・慷慨憤激《こうがいふんげき》・慷慨憂憤《こうがいゆうふん》・嘆息嗟嘆《たんそくさたん》・沈痛慷慨《ちんつうこうがい》・悲歌慷慨《ひかこうがい》・悲憤慷慨《ひふんこうがい》

慷慨忠直　こうがい-ちゅうちょく

意味 国家や主君への忠義心から、世の不義・不正を憤り嘆くこと。
構成 「慷慨」は、世の不義・不正を憤り嘆くこと。「慷」「慨」ともに、嘆く。「忠直」は、忠義で正直なこと。
用例 井伊大老《いいたいろう》は夷狄《いてき》を恐怖する心から慷慨忠直の義士を憎み、おのれの威力を示そうがために奸謀《かんぼう》を廻《めぐ》らし、〈島崎藤村、夜明け前〉
注意 「慨」を「概」と書くのは、誤り。「慨」は「なげく」、「概」は、「概算」のように、「おおよそ」の意味。
類義語 慨世憂国《がいせいゆうこく》・憂国慨世《ゆうこくがいせい》

慷慨悲憤　こうがい-ひふん

⇩悲憤慷慨《ひふんこうがい》
用例 国内のことに空しく慷慨悲憤している連中などの、梯子《はしご》をかけても及ばないところにその着眼と規模とがあって、〈中里介山、大菩薩峠、駒井能登守の巻〉

慷慨憤激　こうがい-ふんげき

意味 世の不義・不正などを感情を高ぶらせて激しく嘆き憤ること。
構成 「慷慨」は、世の不義・不正を憤り嘆くこと。「慷」「慨」ともに、嘆く。「憤激」は、激しく憤ること。
注意 「慨」を「概」と書くのは、誤り。「慨」は「なげく」、「概」は、「概算」のように、「おおよそ」の意味。
類義語 慷慨激越《こうがいげきえつ》・慷慨悲憤《こうがいひふん》・慷慨憂憤《こうがいゆうふん》・嘆息嗟嘆《たんそくさたん》・沈痛慷慨《ちんつうこうがい》・悲歌慷慨《ひかこうがい》・悲憤慷慨《ひふんこうがい》

豪快奔放　ごうかい-ほんぽう

意味 小事にこだわらず、元気盛んに堂々と思うままに振る舞うようす。
構成 「豪快」は、元気盛んで小事にこだわらないようす。堂々として力強く、見ていて気持ちがよいようす。「奔放」は、思うままに振る舞うこと。
用例 豪快奔放を旗印にしたお国柄のはずなのに鬼殺し、熊倒しを湯で割ってす

するあたり、優にやさしいところもうかがえる。〈開高健、新しい天体〉

類義語 剛毅果断《ごうきかだん》・広壮豪宕《こうそうごうとう》・豪胆無比《ごうたんむひ》・大胆不敵《だいたんふてき》・大胆奔放《だいたんほんぽう》

慷慨憂憤 こうがい-ゆうふん

意味 世の不義・不正を憂え憤り嘆くこと。

構成 「慷慨」は、世の不義・不正を憤り嘆くこと。「慷」「慨」ともに、嘆く。「憂憤」は、憂え憤ること。

用例 漢文で、「慷慨憂憤の士を以《も》って狂人と為《な》す、悲しからずや」としてある。〈島崎藤村、家〉

注意 「慨」を「概」と書くのは、誤り。「慨」は「なげく」、「概」は、「概算」のように、「おおよそ」の意味。

類義語 慷慨激越《こうがいげきえつ》・慷慨悲憤《こうがいひふん》・慷慨憤激《こうがいふんげき》・嘆息嗟嘆《たんそくさたん》・沈痛慷慨《ちんつうこうがい》・悲歌慷慨《ひかこうがい》・悲憤慷慨《ひふんこうがい》

好学尚武 こうがく-しょうぶ

意味 文武をそろって好み尊ぶこと。

構成 「好学」は、学問を好むこと。「尚武」は、武芸を尊び重んじること。「尚」は、とうとぶ。

用例 自ずとそなわる風格に、好学尚武の精神が強く、諸大名の人望も高く、〈川口松太郎、新吾十番勝負〉

類義語 知勇兼備《ちゆうけんび》・文武兼備《ぶんぶけんび》・文武両道《ぶんぶりょうどう》

豪華絢爛 ごうか-けんらん

《絢爛豪華《けんらんごうか》》

意味 きらびやかで美しく、ぜいたくで華やかなようす。

構成 「豪華」は、ぜいたくで華やかなこと。華やかで立派なようす。「絢爛」は、きらびやかで極めて美しいようす。「絢」は、あや。「爛」は、あきらか。

用例 一方に於《お》いては鎌倉はじまって以来の豪華絢爛たる大祭礼の御準備が着々とすすめられ、〈太宰治、右大臣実朝〉

類義語 華麗奔放《かれいほんぽう》・絢爛華麗《けんらんかれい》・荘厳華麗《そうごんかれい》・荘厳美麗《そうごんびれい》・壮大華麗《そうだいかれい》・美麗荘厳《びれいそうごん》

対義語 簡古素朴《かんこそぼく》

狡猾奸佞 こうかつ-かんねい

意味 ずるがしこく立ち回ること。

構成 「狡猾」は、悪賢く、ずるいこと。「奸佞」は、心がねじけていてずるがしこく、人にへつらうこと。

用例 「サツカレー」の小説を読んで正直なるものの馬鹿らしきを知りぬ、狡猾奸佞なるものの世に珍重せらるべきを知りぬ、〈夏目漱石、人生〉

表記 「狡猾姦佞」とも書く。

類義語 海千山千《うみせんやません》・奸佞邪知《かんねいじゃち》・狡猾剽悍《こうかつひょうかん》・狡猾老獪《こうかつろうかい》・狡知佞弁《こうちねいべん》・邪知奸佞《じゃちかんねい》・佞奸邪知《ねいかんじゃち》

狡猾剽悍 こうかつ-ひょうかん

意味 悪賢くてしかもその行動が素早く強引に行われること。

構成 「狡猾」は、悪賢く、ずるいこと。「剽悍」は素早くて荒々しいこと。「剽」は素早い。「悍」は、荒々しい。

用例 今の外人の狡猾慓悍なるは公卿幕吏《こうけいばくり》の比に非《あら》ず。〈福沢諭吉、文明論之概略〉

表記 「剽」の代わりに、異体字の「慓」を書くこともある。

類義語 海千山千《うみせんやません》・奸佞邪知《かんねいじゃち》・狡猾奸佞《こうかつかんねい》・狡猾老獪《こうかつろうかい》・狡知佞弁《こうちねいべん》・邪知奸佞《じゃちかんねい》・佞奸邪知《ねいかんじゃち》

狡猾老獪 こうかつ-ろうかい

意味 経験豊富で悪賢いこと。

構成 「狡猾」は、悪賢く、ずるいこと。「狡」「猾」ともに、ずるい。「老獪」は、経験を積んでいて悪賢いこと。また、世事に長じていて悪賢いこと。「獪」は、ずるい。

用例 せっかくの阿久津弁護士の奇襲が、

狡猾老獪な検事の逆襲にあってついえていく。〈加賀乙彦、湿原〉

類義語 海千山千《うみせんやません》・奸佞邪知《かんねいじゃち》・狡猾奸佞《こうかつかんねい》・狡猾剽悍《こうかつひょうかん》・狡知佞弁《こうちねいべん》・邪知奸佞《じゃちかんねい》・佞奸邪知《ねいかんじゃち》

効果覿面　こうか-てきめん

意味 期待通りの結果・効き目がすぐに現れること。

構成 「効果」は、ある行為によってもたらされるよい結果のこと。また、効き目。「覿面」は、報い・効果などがすぐに現れること。「覿」は、示す。

用例 殊にこいつは効果覿面の睡眠剤だからね。〈三島由紀夫、仮面の告白〉

注意 「覿面」を「適面」と書くのは、誤り。

高歌放吟　こうか-ほうぎん

《放吟高歌《ほうぎんこうか》》

意味 大きな声であたり構わず思う存分に歌うこと。周囲を無視して、えらそうな態度をとることのたとえ。

構成 「高歌」は、詩や歌などを声高らかに吟ずること。「放吟」は、あたり構わず思う存分に歌うこと。

用例 高歌放吟しているやつがある。そんな了簡《りょうけん》で一国の政治に関与することが出来ますか、〈尾崎士郎、人生劇場離愁篇〉

用法 現在では、悪い意味で用いられることが多い。

類義語 高談闊歩《こうだんかっぽ》

紅顔可憐　こうがん-かれん

意味 若々しくかわいらしい若者。また、いじらしい愛らしさを持った美人、あるいは少年。

構成 「紅顔」は、つやつやして若々しい顔。また、そのような美人、または、少年。「可憐」は、かわいらしいこと。いじらしいこと。

出典 此の翁《おきな》の白頭真《さま》に憐れむべし、伊《こ》れ昔紅顔の美少年。〈唐、劉希夷、白頭を悲しむ翁に代はる詩〉

用法 「紅顔憐れむべし」と訓読した形で用いられると、時の推移を嘆く意味となる。本来は、こちらが原義。

類義語 容顔美麗《ようがんびれい》

校勘商量　こうかん-しょうりょう

意味 異本などを引き比べて考察し、書物の異同を正しく定めること。

構成 「校勘」は、数種の異本を比べ合わせて、その異同を正しく定めること。「商量」は、引き比べて考えること。

用例 晋風子《しんぷうし》の如《ごと》き叮嚀正実《ていねいせいじつ》の人の校勘商量を要し、〈幸田露伴、芭蕉入門〉

黄巻青帙　こうかん-せいちつ

意味 種々の書物。

構成 「黄巻」も「青帙」も、書物。「黄巻」は、古代の書物は、黄檗《おうばく》（ミカン科の落葉高木）で染めた黄色の紙を用いてしみを防いだのでいう。「帙」は、和とじの書物を包む覆い。

用例 余のごときは黄巻青帙の間に起臥《がき》して書斎以外にいかなる出来事が起こるか知らんでも済む天下の逸民である。〈夏目漱石、趣味の遺伝〉

浩瀚大冊　こうかん-たいさつ

意味 書物の非常に大部なようす。また、分量の多いようす。

構成 「浩瀚」は、書物のページ数や巻数、また分量の多いこと。「浩」「瀚」ともに、広い、大きい。「大冊」は、大きな書物。また、ページ数の多い書物。

用例 その全著作を集めるとしたら驚くばかりの浩瀚大冊を成そう。〈島崎藤村、市井にありて〉

類義語 汗牛充棟《かんぎゅうじゅうとう》・載籍浩瀚《さいせきこうかん》・充棟汗牛《じゅうとうかんぎゅう》

合歓綢繆　ごうかん-ちゅうびゅう

意味 男女がむつみ合うこと。夫婦仲が非

常によいこと。

構成 「合歓」は、喜びを共にすること。男女または夫婦が共寝すること。「綢繆」は、むつみ合うこと。なれ親しむこと。「綢」「繆」ともに、まとわりつく。

用例 合歓綢繆を全うせざるもの詩家の常ながら、特に厭世詩家に多きを見て思うところあり。〈北村透谷、厭世詩家と女性〉

注意 「歓」を「勧」「観」と書くのは、誤り。「歓」は「よろこぶ」、「勧」は「すすめる」、「観」は「みる」の意味。

類義語 偕老同穴《かいろうどうけつ》・琴瑟調和《きんしつちょうわ》・形影一如《けいえいいちにょ》・比翼連理《ひよくれんり》

傲岸不屈 ごうがん-ふくつ

意味 おごりたかぶってへりくだらず、志や態度を変えないこと。

構成 「傲岸」は、おごり高ぶること。「傲」は、おごる。「岸」は、音を合わせるために添えられたもの。「不屈」は、人や物事に屈しないこと。

用例 美奈子は、息を切らしながら、とぎれとぎれに云《い》った。傲岸不屈な荘田も、遉《さすが》に黙ってしまった。〈菊池寛、真珠夫人〉

類義語 傲岸不遜《ごうがんふそん》・傲岸無礼《ごうがんぶれい》・傲慢不羈《ごうまんふき》・傲慢不遜《ごうまんふそん》・高慢無礼《こうまんぶれい》・傲慢無礼《ごうまんぶれい》・傲慢磊落《ごうまんらいらく》・尊大不遜《そんだいふそん》・無礼傲慢《ぶれいごうまん》

傲岸不遜 ごうがん-ふそん

意味 思い上がって人を見下し、へりくだらないこと。

構成 「傲岸」は、おごり高ぶること。「傲」は、おごる。「岸」は、音を合わせるために添えられたもの。「不遜」は、思い上がってへりくだらないこと。「遜」は、へりくだる。

用例 光秀《みつひで》はいちいち鄭重《ていちょう》に答礼した。信長の、公卿を公卿ともおもわぬ傲岸不遜さからみれば非常なちがいであり、〈司馬遼太郎、国盗り物語〉

類義語 傲岸不屈《ごうがんふくつ》・傲岸無礼《ごうがんぶれい》・傲慢不羈《ごうまんふき》・傲慢不遜《ごうまんふそん》・高慢無礼《こうまんぶれい》・傲慢無礼《ごうまんぶれい》・傲慢磊落《ごうまんらいらく》・尊大不遜《そんだいふそん》・無礼傲慢《ぶれいごうまん》

対義語 温厚篤実《おんこうとくじつ》・平身低頭《へいしんていとう》・平伏叩頭《へいふくこうとう》

傲岸無礼 ごうがん-ぶれい

意味 思い上がり威張っていて、礼儀知らずなこと。

構成 「傲岸」は、おごり高ぶること。「傲」は、おごる。「岸」は、音を合わせるために添えられたもの。「無礼」は、礼儀をわきまえないこと。

用例 親鸞《しんらん》の苦悩を、温泉宿の二階で、座談に供している傲岸無礼を思った。彼は恥じた。〈丹羽文雄、蛇と鳩〉

類義語 傲岸不屈《ごうがんふくつ》・傲岸不遜《ごうがんふそん》・傲慢不羈《ごうまんふき》・傲慢不遜《ごうまんふそん》・高慢無礼《こうまんぶれい》・傲慢無礼《ごうまんぶれい》・傲慢磊落《ごうまんらいらく》・尊大不遜《そんだいふそん》・無礼傲慢《ぶれいごうまん》

厚顔無恥 こうがん-むち

意味 厚かましくて恥知らずなようす。

構成 「厚顔」は、厚かましいこと。面の皮が厚いこと。「無恥」は、恥を知らないこと。恥を恥とも思わないこと。

出典 豈《あ》に芳杜《ほうと》をして顔を厚くし、薜茘《へいれい》をして恥無からしむべけんや。〈文選、孔稚珪、北山移文〉

用例 兄の死を冷眼視するほど、彼女が厚顔無恥であるとしたならば、〈菊池寛、真珠夫人〉

類義語 傍若無人《ぼうじゃくぶじん》・唯我独尊《ゆいがどくそん》

剛毅果断 ごうき-かだん

意味 心が強く、思い切りよく事を行うこと。また、決断力のあること。

構成 「剛毅」は、心が強く屈しないこと。「果断」は、思い切りがよいこと。

用例 剛毅果断にしていささかも言辞を飾らず、思うところは率直に述べたとい

う森の気性を〈犬塚孝明、森有礼〉

表記「剛気果断」とも書く。

類義語 豪快奔放《ごうかいほんぽう》・広壮豪宕《こうそうごうとう》・豪胆無比《ごうたんむひ》・大胆不敵《だいたんふてき》・大胆奔放《だいたんほんぽう》

対義語 優柔不断《ゆうじゅうふだん》

綱紀粛正 こうき-しゅくせい

意味 国家の規律を整え、政治の方針や政治家・役人の態度の乱れを戒め正すこと。また、一般に乱れた規律を厳しく正すこと。

構成「綱紀」は、国家を治める大法と細則。また、一般に規律。「綱」は太いつな、「紀」は細いつな。「粛正」は、厳しく正すこと。また、戒め正すこと。

用例 官庁の綱紀粛正を要望する程度で、そろそろ会期切れをむかえようとしていた。〈小松左京、明日泥棒〉

対義語 綱紀廃弛《こうきはいし》

綱紀頽弛 こうき-たいし

⇩綱紀廃弛《こうきはいし》

好機到来 こうき-とうらい

⇩時機到来《じきとうらい》

用例 好機到来。今宵《こよい》、それがし、十艘《じっそう》の軍船に、武器兵糧を積んで、貴陣へ下ることに相成《あいな》るべく、〈柴田錬三郎、戦国旋風記〉

綱紀廃弛 こうき-はいし

《綱紀頽弛《こうきたいし》》

意味 国や社会の法令・規律などが守られず、廃れゆるむこと。

構成「綱紀」は、国家を治める大法と細則。また、一般に規律。「綱」は太いつな、「紀」は、細いつな。「廃弛」「頽弛」は、すたれゆるむこと。「頽」は、くずれる。

出典 朝政は崩壊し、綱紀は廃弛し、危亡の禍隧《お》ちざること髪のごとし。〈漢書、王莽伝上〉

類義語 混濁腐乱《こんだくふらん》・堕落腐敗《だらくふはい》・腐敗堕落《ふはいだらく》

対義語 綱紀粛正《こうきしゅくせい》

剛毅木訥 ごうき-ぼくとつ

意味 心が強くしっかりしていて、無口で飾り気がないこと。

構成「剛毅」は、心が強く屈しないこと。「木訥」は、飾り気がなくて無口なこと。無骨で口才がないこと。

出典 剛毅木訥は仁に近し。〈論語、子路〉

用例 剛毅木訥にして決行敢為《けっこうかんい》の風あり。〈山路愛山、論史漫筆〉

用法 好意的な意味で用いられることが多い。

表記「剛毅朴訥」とも書く。

類義語 剛健質実《ごうけんしつじつ》・志操堅固《しそうけんご》・質実剛健《しつじつごうけん》・聡明剛毅《そうめいごうき》

対義語 巧言令色《こうげんれいしょく》

恒久不変 こうきゅう-ふへん

意味 いつまでも変わらないこと。

構成「恒久」は、いつまでも続くこと。「不変」は、変化しないこと。

用例 しかしその物質の総和は恒久不変であると考える。〈寺田寅彦、ルクレチウスと科学〉

類義語 一定不変《いっていふへん》・永遠不変《えいえんふへん》・永久不変《えいきゅうふへん》・永劫不変《えいごうふへん》・常住不断《じょうじゅうふだん》・千古不易《せんこふえき》・千古不抜《せんこふばつ》・万古不易《ばんこふえき》・万世不易《ばんせいふえき》・万代不易《ばんだいふえき》・万代不変《ばんだいふへん》

対義語 有為転変《ういてんぺん》・千変万化《せんぺんばんか》

恒久平和 こうきゅう-へいわ

意味 永久に変わらない平和。

構成「恒久」は、永久に変わらないこと。「平和」は、戦争がなくて世の中が平穏であること。

用例 W・フルブライト氏が下院議員選に初当選したのは、第二次大戦中だった。一九四三年二月の初演説で「恒久平和の

ための国際連合機関創設」を提唱している〈読売新聞、編集手帳、一九九五年二月一一日〉

惶恐再拝 こうきょう-さいはい

意味 恐れ入って二度お辞儀すること。手紙の末尾に記して、敬意を表すことば。

構成 「惶恐」は、恐れ入ること。「惶」も、おそれる。「再拝」は、二度お辞儀すること。敬意や謝意などの深いことを表すときにする動作。

出典 伏して惶恐を増し、愈《ますます》再拝す。〈唐、韓愈、兵部李侍郎に上る書〉

類義語 恐悦至極《きょうえつしごく》・恐恐謹言《きょうきょうきんげん》・恐惶謹言《きょうこうきんげん》・恐惶嘆願《きょうこうたんがん》・再拝稽首《さいはいけいしゅ》・誠恐誠惶《せいきょうせいこう》・誠惶誠恐《せいこうせいきょう》・頓首再拝《とんしゅさいはい》・妄言多謝《もうげんたしゃ》

剛強正大 ごうきょう-せいだい

意味 力強く、立派で堂々としていること。

構成 「剛強」は、たけだけしく強いこと。「正大」は、言行・態度が正しく堂々としていること。

用例 剛強正大の政府を建立《こんりゅう》して今の吾が国を救はんことにや、〈国木田独歩、岡本の手帳〉

類義語 剛強無双《ごうきょうむそう》・剽悍無比《ひょうかんむひ》

剛強無双 ごうきょう-むそう

意味 この上なく勇ましく強いこと。

構成 「剛強」は、たけだけしく強いこと。勇猛なこと。「無双」は、並ぶ者のないこと。二つとないこと。

用例 剛強無双の上に、徳川家には嫡々たる忠直卿に正面から事を計っては、如何《いか》なる大変をひき起こすかも分からぬので、〈菊池寛、忠直卿行状記〉

類義語 剛強正大《ごうきょうせいだい》・剽悍無比《ひょうかんむひ》

高吟放歌 こうぎん-ほうか

⇩放歌高吟《ほうかこうぎん》

用例 しづ心ある風流男あれば、あたりかまはぬ高吟放歌相撲綱引き鬼ごっこ〈坪内逍遥、当世書生気質〉

康衢通逵 こうく-つうき

意味 往来の激しいにぎやかな通り、本道。また、正統な道。正当なやり方。

構成 「康衢」は、道が四方八方に通じているにぎやかな大通り。「康」は五方、「衢」は四方に通じる道。「通逵」は、通り道、街道。「逵」は、九方に通じる道。

用例 然《しか》るに奇とすべきは、其《そ》の人が康衢通逵をばかり歩いていずに、往々径《こみち》に由って行くことをもしたと云《い》う事である。〈森鴎外、渋江抽斎〉

類義語 四衢八街《しくはちがい》・四通八達《しつうはったつ》

高潔無比 こうけつ-むひ

意味 比べるものがないほど気高く清らかで汚れのないこと。

構成 「高潔」は、気高く清らかで汚れのないこと。「無比」は、比べるものがないこと。

用例 けれども私は、高潔無比のお心をあてにしながら、ひと思いに私の運を、あなたのお手にゆだねます。〈太宰治、猿面冠者〉

類義語 清麗高雅《せいれいこうが》

対義語 俗臭芬芬《ぞくしゅうふんぷん》

剛健質実 ごうけん-しつじつ

⇩質実剛健《しつじつごうけん》

用例 天皇陛下は剛健質実、実に日本男児の標本たる御方である。〈徳冨蘆花、謀叛論〉

剛健質朴 ごうけん-しつぼく

⇩質朴剛健《しつぼくごうけん》

用例 剛健質朴を以《も》って天下に鳴った一高の生徒たちにカルメンと持てはやされる一人の少女が居る。〈夢野久作、東京人の堕落時代〉

巧言令色 こうげん−れいしょく

意味 うまいことばと愛想のいい表情。上手にしゃべり、顔色を和らげて、人にこびへつらうことのたとえ。

構成 「巧言」は、口先だけで中身の伴わない、巧みに飾り立てたことば。「令色」は、人に気に入られるように愛想良くした顔の表情。

出典 巧言令色、鮮《すくな》し仁。〈論語、学而〉

用例 近頃の君の葉書に一つとして見るべきものがない。非常に惰弱《だじゃく》になって巧言令色である。〈太宰治、虚構の春〉

類義語 阿諛迎合《あゆげいごう》・阿諛追従《あゆついしょう》・阿諛弁佞《あゆべんねい》・内股膏薬《うちまたこうやく》・市気匠気《しきしょうき》・八方美人《はっぽうびじん》・二股膏薬《ふたまたこうやく》

対義語 剛毅木訥《ごうきぼくとつ》

孝行恩愛 こうこう−おんあい

意味 子が親を敬い、慈しみ尽くすこと。また、親に対するように、あるものを慈しみ、尽くすこと。

構成 「孝行」は、子が親を敬い、よく仕えること。また、親に対するように、あるものを慈しみ、尽くすこと。「恩愛」は、慈しみ。情け。

用例 大殿様が良秀《よしひで》の娘を御贔屓《ごひいき》になつたのは、全くこの猿を可愛がった、孝行恩愛の情を御賞美《ごしょうび》なすったので、〈芥川竜之介、地獄変〉

高材逸足 こうざい−いっそく

《高材疾足《こうざいしっそく》》

意味 優れた才能。また、その持ち主。

構成 「高材」は、優れた才能。「逸足」「疾足」は、足が速いこと。転じて、優れた才能。「逸」「疾」は、ここでは、速い。

用例 此の時にして、高材逸足の士、其《そ》の手腕を振るはむとする、〈芥川竜之介、木曾義仲論〉

高材疾足 こうざい−しっそく

⇩高材逸足《こうざいいっそく》

広才博識 こうさい−はくしき

⇩博学広才《はくがくこうさい》

用例 当代無双の宏才博識として朝野に尊崇《そんすう》されているこの古入道に対しては、〈岡本綺堂、玉藻の前〉

光彩陸離 こうさい−りくり

意味 光が入り乱れて、まばゆいほどに美しいようす。

構成 「光彩」は、美しい光。また、輝くばかりに美しい彩り。「陸離」は、光の入り乱れて美しいようす。

用例 女の背中いっぱいに広がっている帯は決して黒っぽいものでもない。光彩陸離たるやたらに奇麗なものだ。〈夏目漱石、趣味の遺伝〉

高山流水 こうざん−りゅうすい

意味 ①人知ではかり知ることのできないほど優れている音楽、演奏のたとえ。また、自分をよく理解してくれる親友のたとえ。②清らかな自然のたとえ。

構成 「高山」は、高い山。「流水」は、流れる水。故事欄参照。

故事 中国の春秋時代、琴の名手伯牙《はくが》が高い山に登ることを思いながら琴を弾くと、彼の演奏をよく理解していた友人の鍾子期《しょうしき》は「あの高い泰山のようだ」と評し、流水を思いながら弾くと「滔々と流れる大河のようだ」と評した、という故事による。

出典 伯牙善《よ》く琴を鼓し、鍾子期善く聴く。伯牙琴を鼓し、志《こころざし》高山に登るに在れば、鍾子期曰《い》はく、善いかな。峩峩《がが》として泰山《たいざん》のごとし、と。志流水に在れば、鍾子期曰はく、善いかな。洋洋として江河のごとし、と。伯牙の念《おも》ふ所は、鍾子期必ず之《これ》を得たり。〈列子、湯問〉

用例 ②かりにわたしの志が高山流水に在るにもせよ、いやしくも世俗の塵《ちり》にま

みれてものを書こうと肚《はら》を据えた以上〈石川淳、葦手〉
[類義語] 山光水色《さんこうすいしょく》・山紫水明《さんしすいめい》・山容水態《さんようすいたい》

更始一新　こうし－いっしん

《一新更始《いっしんこうし》》
[意味] 新たに物事を始めるにあたって、古いものを全て新しくすること。
[構成] 「更始」は、古いものを改めて新しく始めること。「一新」は、古いものをすっかり改めて新しくすること。
[用例] 今や更始一新、王政復古の日に当たり、眼前の急務は何よりまずこの弊習を打ち破るにある。〈島崎藤村、夜明け前〉
[類義語] 一新紀元《いちしんきげん》・面目一新《めんもくいっしん》

公私混同　こうし－こんどう

[意味] 公事と私事とを一つに扱ってしまい、けじめのないこと。
[構成] 「公私」は、社会的なことと個人的なこと。「混同」は、区別すべきものを一つに扱って、けじめのないこと。
[用例] でも、会社の車をそういうことに使うなんて、公私混同していると、〈源氏鶏太、停年退職〉

行屎走尿　こうし－そうにょう

[意味] ①便所で用を足すこと。②転じて、日常生活。
[構成] 「屎」は、大便。「尿」は、小便。
[用例] ①彼は之《ゆ》く所に同化して、行屎走尿の際にも、完全たる芸術家として存在し得るだろう。〈夏目漱石、草枕〉
[類義語] 行住座臥《ぎょうじゅうざが》

曠日持久　こうじつ－じきゅう

[意味] 長い間、持ちこたえること。また、長い間、何もせずに過ごすこと。
[構成] 「曠日」は、何もせずに日が過ぎること。「曠」は、むなしい。「持久」は、持ちこたえること。
[出典] 今、強趙《きょうちょう》の兵を得て以《もっ》て燕将《えんしょう》を杜《と》づれば、曠日持久数歳にして、士大夫余子の力をして溝塁《こうるい》に尽くさしめん。〈戦国策、趙〉
[用例] 此の儘《まま》に曠日持久せば、鎮台益々《ますます》士兵を募り、其《そ》の兵数非常に増加すべし。〈矢野竜渓、浮城物語〉
[類義語] 堅忍持久《けんにんじきゅう》・堅忍不抜《けんにんふばつ》

紅脂白粉　こうし－はくふん

[意味] べにと、おしろい。女性の化粧。美人のたとえ。また、芸妓。
[構成] 「紅脂」は、赤いべに。「白粉」は、おしろい。
[用例] 紅脂白粉はまるで忘れつ、帯に苦労をせしはむかし、下駄に鼻緒を選《えら》みしもむかし、羽織の色がどうであろうと、着物の取り合わせがどうであろうと一切女のたしなみを捨て、〈幸田露伴、対髑髏〉
[類義語] 衣香襟影《いこうきんえい》・錦繡綾羅《きんしゅうりょうら》・紅脂白粉《こうしはくふん》・綾羅錦繡《りょうらきんしゅう》

豪奢遊蕩　ごうしゃ－ゆうとう

[意味] 思う存分ぜいたくをして、好き放題に遊ぶこと。
[構成] 「豪奢」は、非常にぜいたくで派手なようす。「奢」は、ぜいたくする。「遊蕩」は、しまりなく遊び、酒や女遊びにふけること。また、道楽にふけること。「蕩」は、しまりがない。
[用例] 氏元が豪奢遊蕩の中心は彼だといわれている。義元の時よりは二、三倍の誅求《ちゅうきゅう》があるのも、皆彼のためだといわれている。〈菊池寛、三浦右衛門の最後〉
[類義語] 驕奢淫逸《きょうしゃいんいつ》・奢侈淫佚《しゃしいんいつ》・奢侈荒唐《しゃしこうとう》・贅沢華奢《ぜいたくかしゃ》・贅沢三昧《ぜいたくざんまい》

強情我慢　ごうじょう－がまん

[意味] 意地っ張りで、自分の考えなどを押し通して他に従わないこと。
[構成] 「強情」は、意地っ張りで頑固なこ

と。「我慢」は、ここでは、自分の考えなどを押し通して他に従わないこと。

用例 人づき合いの悪い男、議論においてけっして他人に負けない男、たかだか強情我慢の変屈人としてしか知られていなかった。〈中島敦、李陵〉

攻城野戦 こうじょう-やせん

《野戦攻城《やせんこうじょう》》

意味 城を攻めたり、平原で戦ったりすること。戦い全般をいう。

構成 「攻城」は、城を攻めること。「野戦」は、平原で戦うこと。

出典 攻城野戦には、未だ嘗《かつ》て王の先となり矢石《しせき》を被らずんばあらざるなり。〈戦国策、趙〉

用例 戦国時代の文献を読むと、攻城野戦英雄雲のごとく、十八貫の鉄の棒を苧殻《おがら》のごとく振り回す勇士や、敵将の首を引き抜く豪傑はたくさんいるが、〈菊池寛、三浦右衛門の最後〉

高所大所 こうしょ-たいしょ

⇩大所高所《たいしょこうしょ》

用例 ちっと眼を高所大所に向けてみろ。〈有島武郎、星座〉

公序良俗 こうじょ-りょうぞく

意味 公共の秩序と善良な風俗。法律制定の基本理念で、法解釈やその適用の基準ともなり、犯罪の違法性は、実質的にはこの公序良俗に反することによる。

構成 「公序」は、公共の秩序。「良俗」は、善良な風俗。

用例 現在においては、すべての法律関係は公序良俗によって支配されるべきであり〈我妻栄、新訂民法総則〉

黄塵万丈 こうじん-ばんじょう

意味 黄色の土煙が、空高く舞い上がっているようす。風が激しく吹くようす。また、激しい戦闘のたとえ。

構成 「黄塵」は、黄色の土煙。「万丈」は、ここでは、非常に高く上がること。「丈」は、昔の長さの単位。

用例 此処《ここ》の気候はたいへん不順で、黄塵万丈のものすごい風が吹いて、〈阿川弘之、雲の墓標〉

注意 「万丈」を「まんじょう」と読むのは、誤り。

傲世逸俗 ごうせい-いつぞく

意味 世に対して自分は高い境地にあり、質が違うのだと自らをおごり、俗世間から逃れること。

構成 「傲世」は、世におごって高くとまること。「傲」は、おごる。「逸俗」は、ここでは、世間から逃れること。「逸」は、ここでは、世間から隠れる。

用例 どんなに二人は種々の高尚なことを語り合ったろう。傲世逸俗を以《もっ》て自ら任じた青年の気風はいかに操《みさお》の心を動かしたろう。〈島崎藤村、春〉

恍然自失 こうぜん-じしつ

意味 物事に心を奪われて、うっとりとして我を忘れてしまうこと。また、ぼうっとして我を忘れてしまうこと。

構成 「恍然」は、物事に心を奪われてうっとりとしているようす。また、ぼうっとして我を忘れているようす。「自失」は、我を忘れること。

類義語 玩物喪志《がんぶつそうし》・忘我混沌《ぼうがこんとん》・無我夢中《むがむちゅう》

広壮豪宕 こうそう-ごうとう

意味 意気盛んで気持ちが大きく、小さなことにこだわらないで思うままに振る舞うこと。

構成 「広壮」は、広く大きいこと。「豪宕」は、気持ちが大きく、小さなことにこだわらないこと。「豪」は、ここでは、すぐれる。「宕」は、ひろい。

用例 但《ただ》し従来の文体には宏壮豪宕の情

態をば叙するに不便の廉《かど》もあれば、〈坪内逍遥、小説神髄〉
表記 従来は「宏壮豪宕」と書くのが普通であったが、現在では常用漢字の「広」に書き換える。
類義語 豪快奔放《ごうかいほんぽう》・剛毅果断《ごうきかだん》・豪胆無比《ごうたんむひ》・大胆不敵《だいたんふてき》・大胆奔放《だいたんほんぽう》

荒怠暴恣 こうたい-ぼうし

意味 心がすさんでなすべきことを怠り、手荒く勝手気ままに振る舞うこと。
構成 「荒怠」は、投げやりで、なすべき仕事を怠ること。「暴恣」は、手荒く、勝手気ままに振る舞うこと。「恣」は、ほしいまま。
用例 弾者の荒怠暴恣の心状をこれ程明らかに映し出したものはない。〈中島敦、弟子〉
注意 「暴」は、「あばれる」という意味の場合、音読みでは「ぼう」と読む。「ばく」と読むのは「暴露」のように「さらす」の意味の場合で、ここでは誤り。
類義語 狂悖暴戻《きょうはいぼうれい》・凶暴剽悍《きょうぼうひょうかん》・殺伐激越《さつばつげきえつ》・暴戻恣睢《ぼうれいしき》

広大無辺 こうだい-むへん

意味 広く大きくて果てしないこと。また、限りなく広々としていること。
構成 「広大」は、広く大きいこと。「無辺」は、広々と果てしないこと。限りないこと。
用例 広大無辺な暗夜の実在を感知せしめるのは、こういう晩だ。〈島崎藤村、海へ〉
用法 恩沢・愛情・知恵などの深いことを、比喩的に表現するのに用いられることもある。
表記 従来は「宏大無辺」と書くのが普通であったが、現在では常用漢字の「広」に書き換える。
類義語 深遠博大《しんえんはくだい》・深厚博大《しんこうはくだい》

高談闊歩 こうだん-かっぽ

意味 辺り構わず声高に話しながら、ゆったりと大股に歩くこと。無遠慮で勝手気ままに振る舞うことのたとえ。
構成 「高談」は、辺り構わず声高に話をすること。「闊歩」は、ゆったりと大股に歩くこと。転じて、威張って歩くこと。「闊」は、ゆったりとしている。
出典 曩時《のうじ》、累息《るいそく》の民をして闊歩高談し、危懼《きく》の心無きを得さしめんと欲す。〈三国志、魏志、文帝紀、注〉
表記 「闊」の代わりに異体字の「濶」を書くこともあるが、現在では、印刷物などでは「闊」を用いるのが普通。
類義語 高歌放吟《こうかほうぎん》・放吟高歌《ほうぎんこうか》

高談笑語 こうだん-しょうご

意味 辺り構わず声高に笑いながら話すこと。
構成 「高談」は、辺り構わず声高に話をすること。「笑語」は、笑いながら話すこと。
用例 それは高談笑語でこそなけれ、やや放れた能登守《のとのかみ》の立ち聞くところまで、尋常に聞こえる話しぶりでありました。〈中里介山、大菩薩峠、如法闇夜の巻〉

豪胆無比 ごうたん-むひ

意味 他に比べるものがないほど度胸が据わっていて、物に動じないで思い切った行動をとること。
構成 「豪胆」は、度胸が据わっていて、物に驚いたり動じたりしないで思い切った行動をとること。「無比」は、比べるものがないこと。
用例 真に思い切ったる豪胆無比の御裁決、三浦さまほどの御大身も何もかも、いっさい、御眼中に無く、〈太宰治、右大臣実朝〉
類義語 豪快奔放《ごうかいほんぽう》・剛毅果断《ごうきかだん》・広壮豪宕《こうそうごうとう》・大胆不敵《だいたんふてき》・大胆奔放《だいたんほんぽう》

狡知佞弁 こうち-ねいべん

意味 ずるくこざかしくて、口先だけ達者

なこと。また、そのようなことば。
構成「狡知」は、ずるくこざかしいこと。また、悪賢い知恵。「狡」は、ずるい。「佞弁」は、心がねじけていて口先の巧みなこと。また、へつらいのことば。おべっか。「佞」は、へつらう。
用例 私はあくまで狡智佞弁の弟になって兄たちを欺《あざむ》いていなければならぬ、〈太宰治、東京八景〉
表記 従来は「狡智佞弁」と書くのが普通であったが、現在では常用漢字の「知」に書き換える。
類義語 海千山千《うみせんやません》・奸佞邪知《かんねいじゃち》・狡猾奸佞《こうかつかんねい》・狡猾剽悍《こうかつひょうかん》・狡猾老獪《こうかつろうかい》・邪知奸佞《じゃちかんねい》・佞奸邪知《ねいかんじゃち》

高枕安眠 こうちん-あんみん

意味 枕を高くして安らかに眠ること。すっかり油断して無警戒なことのたとえ。
構成「高枕」は、枕を高くすること。「安眠」は、安らかに眠ること。
用例 印度《いんど》の人はこの貴き典籍を守りこの旧《ふる》き国風を存して高枕安眠の其《その》間に、政権をば既に西洋人に奪われて、〈福沢諭吉、文明論之概略〉

孝悌忠信 こうてい-ちゅうしん

《忠信孝悌《ちゅうしんこうてい》》
意味 よく父母や目上の人に仕え、真心を尽くして偽りのないこと。
構成「孝」は、よく父母に仕えること。「悌」は、年長者に対して従順なこと。「忠」は、真心を尽くすこと。「信」は、誠実で人を欺かないこと。それぞれ儒家の徳目。
出典 凡《およ》そ孝悌忠信は賢良儁材《けんりょうしゅんざい》なり。〈管子、立政〉
用例 兄が苦い顔して叱ったから、私が反問して「兄さんは如何《いかが》なさる」と尋ねると、真面目に「死に至るまで孝悌忠信」とただ一言で、〈福沢諭吉、福翁自伝〉
表記「孝弟忠信」とも書く。

黄道吉日 こうどう-きちにち

意味 ①陰陽道で、何をするにも良いとされる日。②転じて、一般に、日柄のよい日。
構成「黄道」は、地球から見て、太陽が運行するように見える軌道。「吉日」は、良い日。めでたい日。
用例 ②寧《むし》ろ黄道吉日をば待ちまして、唯今以《も》って、東京に逗留《とうりゅう》いたして居りまする次第で。〈泉鏡花、婦系図〉
注意「吉日」は、「きちじつ」「きつじつ」「きつにち」とも読む。
類義語 吉辰良日《きっしんりょうじつ》・大安吉日《たいあんきちじつ》

叩頭三拝 こうとう-さんぱい

意味 頭を地にすりつけて何度も拝礼すること。敬意や謝意の非常に深いことを表す行為。
構成「叩頭」は、頭で地をたたく意から、頭を地にすりつけてお辞儀をすること。「三拝」は、三度繰り返してお辞儀をすること。
用例 世に時めいて故郷へ足を踏み入れようとするやつを叩頭三拝して迎えるなぞというさもしい了簡《りょうけん》ではない。〈尾崎士郎、人生劇場風雲篇〉

豪宕俊逸 ごうとう-しゅんいつ

意味 豪快で小さなことにこだわらず、しかもその才能が優れ秀でていること。
構成「豪宕」は、意気盛んで気持ちが大きく、小さなことにこだわらないこと。「豪」は、ここでは、すぐれる。「宕」は、ひろい。「俊逸」は、才能が優れ秀でていること。また、その人。「逸」は、ここでは、すぐれる。抜きん出る。
用例 しかし何様しても其《そ》の豪宕俊逸の風は芭蕉の詩風とは大層の距離があるから、芭蕉が青蓮を好きそうには夢にも思えぬ。〈幸田露伴、芭蕉入門〉
類義語 豪放磊落《ごうほうらいらく》・磊磊落落《らいらいらくらく》・磊

落闊達《らいらくかったつ》・磊落豪宕《らいらくごうとう》・磊落不羈《らいらくふき》

行動半径 こうどう－はんけい

意味 軍艦・軍用機などが基地を出発してから、燃料を補給せず基地に帰還しうる行動距離。また、人などの行動しうる範囲。

構成 「行動」は、事を行うこと。「半径」は、円または球の中心から、円周上または球面上の一点までの直線。また、その距離。

用例 動力の大革命が行なわれ小型戦闘機の行動半径が大いに飛躍すれば、〈石原完爾、最終戦争論、戦争史大観〉

荒唐不稽 こうとう－ふけい

⇩荒唐無稽《こうとうむけい》

用例 其《そ》の荒唐不稽、ホーマルのヲデッセーによりて希蠟《ギリシャ》時代を回顧するが如きものあるに〈竹越与三郎、学者の新版図〉

荒唐無稽 こうとう－むけい

《無稽荒唐《むけいこうとう》・荒唐不稽《こうとうふけい》》

意味 言動に根拠がなく、でたらめなこと。また、まったく現実的ではないこと。

構成 「荒唐」は、言説によりどころがなくとりとめのないこと。でたらめ。「荒」「唐」ともに、ここでは、むなしくとりとめがないこと。「無稽」「不稽」は、根拠がないこと。「稽」は、ここでは、考え。

用例 また、荒唐無稽で不自然な筋でも、ふと、ひとところ、人生の真実を教えられたりする。〈田辺聖子、新源氏物語〉

類義語 架空無稽《かくうむけい》・奇異荒唐《きいこうとう》・笑止千万《しょうしせんばん》

紅灯緑酒 こうとう－りょくしゅ

《緑酒紅灯《りょくしゅこうとう》》

意味 歓楽街などの華やかなようす。また、華やかな歓楽街で、ほしいままにうま酒を飲み遊興にふけること。また、そのような生活。

構成 「紅灯」は、赤い提灯。ここでは、歓楽街の華やかな明かり。「緑酒」は、緑色に澄んだ上等の酒。美酒。

用例 細君を携えて湯治に行く楽、紅灯緑酒美人の膝《ひざ》を枕《まくら》にする楽、目黒の茶屋に俳句会を催して粟飯《あわめし》の腹を鼓する楽、〈正岡子規、墨汁一滴〉

狡兎三窟 こうと－さんくつ

意味 ずる賢いウサギは三つの隠れ穴を持っている。難を逃れるのに巧みなことのたとえ。また、身をかたく保つことのたとえ。

構成 「狡兎」は、ずるいウサギ。「三窟」は、三つの隠れ穴。

出典 狡兎は三窟有りて、僅《わず》かに其《そ》の死を免《まぬか》るるを得るのみ。〈戦国策、斉〉

黄白青銭 こうはく－せいせん

意味 お金。金銭。

構成 「黄白」は、こがねとしろがねで、お金。「青銭」は、青銅の銭。

用例 黄白青銭が智識《ちしき》の匹敵でない事はこれで十分理解出来るだろう。〈夏目漱石、吾輩は猫である〉

好評嘖嘖 こうひょう－さくさく

意味 口々によい評判を言いはやすこと。

構成 「好評」は、よい評判。「嘖嘖」は、口々にやかましくうわさをするようす。口々にほめるようす。

用例 愛読者大会の文士劇は、好評嘖々であった。〈菊池寛、話の屑籠〉

類義語 拍手喝采《はくしゅかっさい》・名声赫赫《めいせいかくかく》

対義語 非難囂囂《ひなんごうごう》

光風霽月 こうふう－せいげつ

意味 ①雨後に吹くさわやかな風と、雨上がりに夜空に輝く月。②転じて、心にわだかまりがなく、さっぱりとしてすがすがしいことのたとえ。③世の中がよく治まっていることのたとえ。

構成 「光風」は、雨上がりに日光を浴びて

こ

草木を吹く風。また、太陽に輝く若葉・青葉に吹く風。春光うららかな日に吹く風。「霽月」は、雨後の晴れ渡った空に輝く月。「霽」は、晴れる。

出典 其《そ》の人品甚《はなは》だ高く、胸懐灑落《きょうかいしゃらく》、光風霽月のごとし。〈宋史、周敦頤伝〉

用例 ②不意に、かんからと大笑すると、光風霽月な声音《こわね》でいいました。〈佐々木味津三、右門捕物帖、卍のいれずみ〉

類義語 （①の意味で）清光素色《せいこうそしょく》・清風明月《せいふうめいげつ》（③の意味で）鼓腹撃壌《こふくげきじょう》

公平無私　こうへい-むし

意味 かたよらず平等で、個人的な判断に走らないこと。

構成 「公平」は、物事の全てを差別せず平等に扱うこと。「無私」は、個人的な感情に左右されることがないこと。

出典 正直なる者は道に順《したが》ひて行ひ、理に順《したが》ひて言ひ、公平無私なり。〈韓詩外伝、七〉

用例 冷ややかな眼ですべてを描いたいわゆる公平無私にいくばくの価値があるかは私の久しい前からの疑問である。〈芥川竜之介、日光小品〉

類義語 厳正中立《げんせいちゅうりつ》・是是非非《ぜぜひひ》・無私無偏《むしむへん》

対義語 依怙贔屓《えこひいき》

豪放闊達　ごうほう-かったつ

⇩闊達豪放《かったつごうほう》

用例 豪放闊達な和尚の眼にも、いつか微笑を伴った涙が、睫毛《まつげ》の下に輝いていました。〈芥川竜之介、捨児〉

興亡盛衰　こうぼう-せいすい

《盛衰興亡《せいすいこうぼう》》

意味 国家などが、起こったり滅んだり、盛んになったり衰えたりをくり返すこと。

構成 「興亡」は、国家などが起こったり滅んだりすること。「盛衰」は、盛んになったり衰えたりすること。

用例 国家は各《おのおの》その一部の使命を充《み》たす為《ため》に興亡盛衰する者であるらしい〈西田幾太郎、善の研究〉

用法 どちらかといえば、結末が滅ぶ側へと傾く場合に用いられることが多い。

類義語 一栄一辱《いちえいいちじょく》・一栄一落《いちえいいちらく》・一盛一衰《いっせいいっすい》・栄枯盛衰《えいこせいすい》・栄枯転変《えいこてんぺん》・七転八起《しちてんはっき》・消長盛衰《しょうちょうせいすい》・消長遷移《しょうちょうせんい》・盛衰栄枯《せいすいえいこ》

豪放磊落　ごうほう-らいらく

意味 心が大きく、細かなことにこだわらないこと。

構成 「豪放」は、気性が大きく、細かなことにこだわらないこと。「磊落」は、大きな石がうず高く積み重なっているようす。転じて、心が大きく小事にこだわらないこと。「磊」は、石のごろごろしているようす。

用例 もっと諧謔《かいぎゃく》に富み豪放磊落な禅僧らしい禅僧であったら、〈三島由紀夫、金閣寺〉

用法 器量の大きな人物を誉める場合に用いられることが多い。

類義語 豪宕俊逸《ごうとうしゅんいつ》・磊磊落落《らいらいらくらく》・磊落闊達《らいらくかったつ》・磊落豪宕《らいらくごうとう》・磊落不羈《らいらくふき》

高邁奇偉　こうまい-きい

意味 普通の人よりも、人格などがはるかに高くすぐれて立派なこと。

構成 「高邁」は、普通の人よりもはるかに遠くかけ離れていて立派なこと。「邁」は、人よりすぐれる。「奇偉」は、普通の人とは異なっていて立派なこと。ともに、人柄・人格などについていう。

用例 草木の神にも高邁奇偉の君が一言の評を賜はるの誉を得させたく思ひ侍《はべ》りしに、〈幸田露伴、血紅星〉

類義語 威風堂堂《いふうどうどう》・威風凜然《いふうりんぜん》・威風凜凜《いふうりんりん》・容貌魁偉《ようぼうかいい》

傲慢不羈 ごうまん－ふき

意味 おごり高ぶって他人の言うことを聞かないこと。

構成 「傲慢」は、おごり高ぶって他人を侮ること。「傲」は、おごる。「慢」は、あなどる。「不羈」は、何ものにも束縛されないこと。「羈」は、つなぐ。束縛する。

用例 生の神経の過敏なる悪質は之《これ》を母より受け、傲慢不羈なる性は、之を父よりもらひたり。〈北村透谷、石坂ミナ宛書簡一八八七年八月十八日〉

表記 「羈」の代わりに、異体字の「覊」を書くこともある。

類義語 傲岸不屈《ごうがんふくつ》・傲岸不遜《ごうがんふそん》・傲岸無礼《ごうがんぶれい》・傲慢不遜《ごうまんふそん》・高慢無礼《こうまんぶれい》・傲慢無礼《ごうまんぶれい》・傲慢磊落《ごうまんらいらく》・尊大不遜《そんだいふそん》・無礼傲慢《ぶれいごうまん》

傲慢不遜 ごうまん－ふそん

意味 おごり高ぶって他人を見下した態度をとること。

構成 「傲慢」は、おごり高ぶって他人を侮ること。「傲」は、おごる。「慢」は、あなどる。「不遜」は、思い上がってへり下らないこと。「遜」は、へりくだる。

用例 今日世の有り様を見るに、或《ある》いは傲慢不遜にして人に厭《いと》はるる者あり、或いは人に勝つことを欲して人に厭はるる者あり、〈福沢諭吉、学問のすすめ〉

類義語 傲岸不屈《ごうがんふくつ》・傲岸不遜《ごうがんふそん》・傲岸無礼《ごうがんぶれい》・傲慢不羈《ごうまんふき》・高慢無礼《こうまんぶれい》・傲慢無礼《ごうまんぶれい》・傲慢磊落《ごうまんらいらく》・尊大不遜《そんだいふそん》・無礼傲慢《ぶれいごうまん》

対義語 温厚篤実《おんこうとくじつ》・平身低頭《へいしんていとう》・平伏叩頭《へいふくこうとう》

高慢無礼 こうまん－ぶれい

⇩傲慢無礼《ごうまんぶれい》

用例 日頃《ひごろ》、日本のあらゆる現代作家を冷笑している高慢無礼の驕児《きょうじ》も、その特異の才能の片鱗《へんりん》を、ちらっと見せただけで、〈太宰治、ろまん灯籠〉

傲慢無礼 ごうまん－ぶれい

《高慢無礼《こうまんぶれい》・無礼傲慢《ぶれいごうまん》》

意味 おごり高ぶって他人を侮り、礼儀を尽くさないこと。

構成 「傲慢」「高慢」は、おごり高ぶって他人を侮ること。「傲」は、おごる。「慢」は、あなどる。「無礼」は、礼儀を知らないこと。

用例 忽《たちま》ち傲慢無礼の暴行を我が庶民に加えたのである。気に入った婦女子と見れば相手かまわず誘拐《ゆうかい》する。〈五味康祐、二人の武蔵〉

類義語 傲岸不屈《ごうがんふくつ》・傲岸不遜《ごうがんふそん》・傲岸無礼《ごうがんぶれい》・傲慢不羈《ごうまんふき》・傲慢不遜《ごうまんふそん》・傲慢磊落《ごうまんらいらく》・尊大不遜《そんだいふそん》

対義語 温厚篤実《おんこうとくじつ》

傲慢磊落 ごうまん－らいらく

意味 おごり高ぶって他人を侮り、細かなことを軽んじること。

構成 「傲慢」は、おごり高ぶって他人を侮ること。「磊落」は、大きな石がうず高く積み重なっているようす。転じて、心が大きく小事にこだわらないようす。ここでは、本来気を使うべきことについても気にしないという良くない意味で使われる。「磊」は、石がごろごろしているようす。

用例 生の血統中にも、亦《ま》た温良なる好性質をもつ者は一人もなし。況《いは》んや、生の父は傲慢磊落の人にして、生の母は極めて甚《はなは》だしき神経質なるに於《お》いてをや。〈北村透谷、石坂ミナ宛書簡一八八七年八月十八日〉

類義語 傲岸不屈《ごうがんふくつ》・傲岸不遜《ごうがんふそん》・傲岸無礼《ごうがんぶれい》・傲慢不羈《ごうまんふき》・傲慢不遜《ごうまんふそん》・高慢無礼《こうまんぶれい》・傲慢無礼《ごうまんぶれい》・尊大不遜《そんだいふそん》・無礼傲慢《ぶれいごうまん》

孔明臥竜 こうめい－がりょう

【意味】まだ志をのばす機会を得ないでひそみ隠れている英雄のたとえ。

【構成】「孔明」は、蜀漢《しょっかん》の名宰相諸葛亮《しょかつりょう》の字《あざな》。「臥竜」は、寝ている竜。「臥」は、横になる。

【故事】中国の三国時代、諸葛亮がまだ志を得ず、田野に隠れていたとき、徐庶《じょしょ》が劉備《りゅうび》に、諸葛亮は淵《ふち》にひそむ竜のように世に隠れたすぐれた人材である、とすすめた故事による。

【出典】諸葛孔明は臥竜なり、将軍豈《あ》に之《これ》を見るを願はんや。〈三国志、蜀志、諸葛亮伝〉

【注意】「臥竜」は、「がりゅう」とも読む。

【類義語】臥竜鳳雛《がりょうほうすう》・伏竜鳳雛《ふくりょうほうすう》

公明正大 こうめい-せいだい

【意味】心が潔白で隠し立てがなく、正しく立派であること。

【構成】「公明」は、私心がなく公平であり、隠し立てのないこと。「正大」は、意志や言語が正々堂々として立派なこと。

【用例】この三人の願いは、傍から見ても、それぞれ筋が通っている。公明正大な望みと言うべきである。〈三島由紀夫、橋づくし〉

【対義語】専断偏頗《せんだんへんぱ》・不正不公《ふせいふこう》

紅毛碧眼 こうもう-へきがん

《碧眼紅毛《へきがんこうもう》》

【意味】赤毛に青い眼。その身体的特徴から西洋人、欧米人をいう。

【構成】「紅毛」は、赤毛。江戸時代にはオランダを紅毛国と呼んでいた。転じて、西洋人、欧米人。「碧眼」は、青い眼。転じて、西洋人。「碧」は、青緑。

【用例】その檻《おり》の前には「おらんだ人」と肩書きのある紅毛碧眼の異国人が蝙蝠傘《こうもりがさ》をさした日本の遊女と腕を組んで、〈長与善郎、青銅の基督〉

【類義語】紫髯緑眼《しぜんりょくがん》

強欲非道 ごうよく-ひどう

【意味】ひどく欲張りで、欲を満たすためには人の道にそむくことも辞さないこと。

【構成】「強欲」は、飽くことを知らないひどい欲張り。「非道」は、人の道にそむくこと。

【用例】敵討ということをほめ上げるために、世間は後世に俺を強欲非道の人間にしないではおかないのだ。〈菊地寛、吉良上野の立場〉

【表記】従来は「強慾非道」と書くのが普通であったが、現在では常用漢字の「欲」に書き換える。

【類義語】貪欲吝嗇《どんよくりんしょく》・貪吝刻薄《どんりんこくはく》

【対義語】無欲恬淡《むよくてんたん》

黄粱一炊 こうりょう-いっすい

【意味】①おおあわを炊きあげるほどの時間。ほんの短い時間のたとえ。②転じて、人生の短くはかないことのたとえ。

【構成】「黄粱一炊の夢」の略。「黄粱」は、粟の一種。おおあわ。「一炊」は、穀類を炊き上げること。転じて、炊き上げるのに要する短い時間。

【故事】中国の唐の時代、盧生《ろせい》という若者が、上京の途中、邯鄲《かんたん》というところで、飯を炊きあげるわずかな時間に一生涯の全てを夢に見てしまい、富貴や名声を得てもそれが短くはかないものであることを悟ったという故事による。

【出典】盧生、欠伸《けんしん》して悟《さ》むるに、其《そ》の身方《まさ》に邸舎《ていしゃ》に偃《ふ》し、呂翁其の傍らに坐《ざ》し、主人黍《きび》を蒸して未だ熟せず、触類《しょくるい》故《とも》のごとくなるを見る。生、蹶然《けつぜん》として興《た》ちて曰《い》はく、豈《あ》に其れ夢寐《むび》なるか、と。〈唐、沈既済、沈中記〉

【用例】日本の繁栄期、あれは黄粱一炊の夢だったのかな？〈山田風太郎、あと千回の晩飯、黄粱一炊の夢〉

【類義語】槿花一日《きんかいちじつ》・槿花一朝《きんかいっちょう》・人生朝露《じんせいちょうろ》・電光朝露《でんこうちょうろ》・飛花落葉《ひからく》

荒涼索莫 こうりょう－さくばく

【意味】荒れ果ててものさびしいこと。

【構成】「荒涼」は、荒れ果ててものさびしいようす。「索莫」は、ものさびしいようす。

【用例】その三厩《みまや》竜飛《たっぴ》間の荒涼索莫たる各部落でさえ、烈風に抗し、怒濤《どとう》に屈せず、懸命に一家を支え、〈太宰治、津軽〉

【表記】「荒涼索漠」「荒涼索寞」とも書く。

【類義語】空空寂寂《くうくうじゃくじゃく》・四顧寥廓《しこりょうかく》

高楼大廈 こうろう－たいか

⇩大廈高楼《たいかこうろう》

甲論乙駁 こうろん－おつばく

【意味】一方が意見を述べたのに対しても う一方が反駁し、議論が尽きることなく、まとまらないこと。
【構成】「甲論」は、甲（一方）が、自分の意見を述べたてること。「乙駁」は、乙（もう一方）が、それに対して非難攻撃すること。「駁」は、ここでは、非難する。
【用例】李白がよい杜甫がよいと贔屓々々《ひいきひいき》に云ぃひ出した段には、甲論乙駁は免れない。〈幸田露伴、芭蕉入門〉
【類義語】賛否両論《さんぴりょうろん》・諸説紛紛《しょせつふんぷん》
【対義語】衆議一決《しゅうぎいっけつ》・衆口一致《しゅうこういっち》・満場一致《まんじょういっち》

高論卓説 こうろん－たくせつ

《名論卓説《めいろんたくせつ》》
【意味】すぐれた立派な議論や意見。
【構成】「高論」「名論」は、すぐれた議論。「卓説」は、すぐれて立派な説・意見。「卓」は、ここでは、すぐれる。
【用例】諸君の高論卓説も伺ったが、猶《おな》大問題じゃから十分御研究を願って〈内田魯庵、社会百面相〉
【用法】自分が相手と異なる意見を述べようとするとき、いったん相手を立てるために用いられることが多い。

孤影蕭然 こえい－しょうぜん

【意味】たった一人でものさびしいようす。
【構成】「孤影」は、たった一人のさびしい姿。「蕭然」は、ものさびしいようす。
【用例】六月の十日というに孤影蕭然として東海道列車に乗りぬ。〈徳冨蘆花、不如帰〉
【表記】「孤影悄然」とも書く。

呉越同舟 ごえつ－どうしゅう

【意味】①仲の悪い者同士が一緒にいること。②また、仲の悪い者同士が特別な事情により、力を合わせて事に当たること。
【構成】「呉越」は、春秋時代の呉の国と越の国と。呉王夫差と越王句践とは隣国同士で長い間争い続けた敵同士であったため、仲の悪い者同士のたとえ。「同舟」は、同じ舟に一緒に乗ること。
【出典】夫《そ》れ呉人と越人とは相悪《あひにく》むなり。其《そ》の舟を同じうして済《わた》りて風に遇《あ》ふに当たれば、其の相救ふや、左右の手のごとし。〈孫子、九地〉
【用例】①いよいよカイロ行の一団は、千鶴子《ちづこ》の組も真紀子の組も呉越同舟で三台の自動車に分乗した。〈横光利一、旅愁〉②ペテン師集団と警察が一体となって、財界の大物の葬儀を行っているのだ。呉越同舟とはよくいったものだ。〈藤本義一、にっぽん口八丁〉
【類義語】共同戦線《きょうどうせんせん》・大同団結《だいどうだんけつ》

古往今来 こおう－こんらい

【意味】昔から今まで。昔からずっと。
【構成】「古今往来」の「今」と「往」とを入れ替えた表現。「古今」は、昔と今。「往来」は、行き来すること。
【出典】古往今来、邈《ばく》なるかな、悠なるかな。〈西晋、潘岳、西征の賦〉
【用例】一人にて同時に二人の人生を送ったお人など、古往今来、地に存在したた

めしがございませぬ。〈司馬遼太郎、国盗り物語〉

狐疑逡巡　こぎ-しゅんじゅん

意味 疑い深くて決心がつけられず、ためらうこと。

構成 「狐疑」は、疑い深くて決心がつけられないこと。狐が凍った川を渡るとき、水のない所を確かめてから渡るといわれることによる。「逡巡」は、しりごみすること、ためらうこと。「逡」は、しりごみする。

用例 僕には昔から何だか中心点が二あって、始終その二点の間を彷徨《ほうこう》しているような気がしたです。だから事に当たって何時《つい》も狐疑逡巡する。〈二葉亭四迷、其面影〉

類義語 首鼠両端《しゅそりょうたん》・遅疑逡巡《ちぎしゅんじゅん》・躊躇逡巡《ちゅうちょしゅんじゅん》・佇立低徊《ちょりつていかい》

故旧新知　こきゅう-しんち

意味 古くからの知り合いと、新しい知り合い。現時点における全ての知り合い。

構成 「故旧」は、古いなじみの知り合い。「新知」は、新しい知り合い。

用例 余が博士を辞退した手紙が同じく新聞紙上で発表されたときもまた余は故旧新知もしくは未知の或《あ》るものからわざわざ賛成同情の意義に富んだ書状を幾通も受け取った。〈夏目漱石、博士問題とマードック先生と余〉

類義語 親戚故旧《しんせきこきゅう》・親戚知友《しんせきちゆう》・親戚朋友《しんせきほうゆう》・知己朋友《ちきほうゆう》

呉牛喘月　ごぎゅう-ぜんげつ

意味 南方の暑い呉の国の牛は、涼しい月を見ても太陽と間違えて暑さにあえぐ。むやみに恐れること、また、取り越し苦労をすることのたとえ。

構成 漢文訓読では「呉牛、月に喘《あへ》ぐ」と読む。「呉牛」は、中国東南地方の呉の国の牛。「喘月」は、月を見てあえぐこと。「喘」は、あえぐ。

故事 中国の六朝《りくちょう》時代、西晋《せいしん》の武帝の家臣満奮《まんぷん》は、風を恐れる人物であった。あるとき、武帝が窓に一見すきまだらけに見えるおおいをつけたとき、実際にはそれが風を通さないにもかかわらず、満奮は風を恐れた。これを笑った武帝に対して彼が、「自分がこうして風を恐れるのは、呉の牛が月を見ても暑がるのと同じようなものです」と答えた故事による。

出典 満奮風を畏る。晋の武帝座に在り。北窗《ほくそう》に琉璃《るり》の屛《びょう》を作《な》す。実は密《ひそ》かに似て疎なり。奮難色有り。帝笑ひて之《これ》を問ふ。奮答へて曰《い》はく、臣猶ほ呉牛月を見て喘ぐがごとし、と。〈世説新語、言語〉

類義語 疑心暗鬼《ぎしんあんき》

孤笈飄然　こきゅう-ひょうぜん

意味 学ぶ心を持ってさまようこと。何にも縛られることなく、自分の求めるものをのびのびと追求するようす。

構成 「孤笈」は、一つの書物を入れる袋。「飄然」は、あちこちさまよい歩くこと。

用例 無限の離愁を抱きつつ、孤笈飄然として英京に去れり。〈芥川竜之介、開化の殺人〉

極悪凶猛　ごくあく-きょうもう

意味 この上もなく悪くたけだけしいこと。

構成 「極悪」は、この上もなく悪いこと。「凶猛」は、悪くたけだけしいこと。

用例 汝がこれを以て極悪兇猛の鬼物となす条、甚《はなは》だ以《も》って不審なり。〈芥川竜之介、るしへる〉

注意 「極悪」を「きょくあく」と読むのは、誤り。

表記 従来は「極悪兇猛」と書くのが普通であったが、現在では常用漢字の「凶」に書き換える。

類義語 悪逆非道《あくぎゃくひどう》・悪逆無道《あくぎゃくむどう》・

こ

極悪大罪《ごくあくたいざい》・極悪非道《ごくあくひどう》・極悪無道《ごくあくむどう》・大悪無道《たいあくむどう》・大逆非道《たいぎゃくひどう》・大逆無道《たいぎゃくむどう》・無法千万《むほうせんばん》・無理非道《むりひどう》

極悪大罪 ごくあく－たいざい

意味 この上もなく悪い大きな罪。

構成 「極悪」は、この上もなく悪いこと。「大罪」は、大きな罪。

用例 小心なる遊佐はこの非常手段を極悪大罪と心安からず覚ゆるなれど、〈尾崎紅葉、金色夜叉〉

注意 「極悪」を「きょくあく」と読むのは、誤り。

類義語 悪逆非道《あくぎゃくひどう》・悪逆無道《あくぎゃくむどう》・極悪凶猛《ごくあくきょうもう》・極悪非道《ごくあくひどう》・極悪無道《ごくあくむどう》・大悪無道《たいあくむどう》・大逆非道《たいぎゃくひどう》・大逆無道《たいぎゃくむどう》・無法千万《むほうせんばん》・無理非道《むりひどう》

極悪非道 ごくあく－ひどう

《極悪無道《ごくあくむどう》》

意味 この上もなく悪く、道理や人情にそむいていること。

構成 「極悪」は、この上もなく悪いこと。「非道」は、道理や人情にそむいていること。

用例 生きた男を捕らえて釜うでにする。孕《はら》み女の腹を割く。鬼女とも悪魔とも譬《たと》えようもない極悪非道の罪業をかさねて、〈岡本綺堂、玉藻の前〉

注意 「極悪」を「きょくあく」と読むのは、誤り。

類義語 悪逆非道《あくぎゃくひどう》・悪逆無道《あくぎゃくむどう》・極悪凶猛《ごくあくきょうもう》・極悪大罪《ごくあくたいざい》・大悪無道《たいあくむどう》・大逆非道《たいぎゃくひどう》・大逆無道《たいぎゃくむどう》・無法千万《むほうせんばん》・無理非道《むりひどう》

極悪無道 ごくあく－むどう

⇩極悪非道《ごくあくひどう》

用例 関白さまの、極悪無道の御乱行がはじまりましたのは。〈柴田錬三郎、殺生関白〉

国士無双 こくし－むそう

意味 一国中に匹敵する者がないほどすぐれている人。

構成 「国士」は、国中で一番すぐれた人。「無双」は、並ぶ者がないほどすぐれていること。

故事 中国の前漢の高祖劉邦《りゅうほう》が項羽《こうう》と戦っていたころ、項羽のもとではその才能が認められないことに不満を持った韓信《かんしん》は、劉邦の元に身を寄せた。しかしここでもまたなかなか登用されないことに不満を持って韓信が逃亡したとき、劉邦が追おうとしなかったのに対して、家臣の蕭何《しょうか》が自ら引き留める役を買って出て、「韓信は国士無双であるから失ってはなりません」と言った故事による。

出典 蕭何曰《い》はく、諸将は得《え》易《やす》きのみ。信のごとき者に至りては、国士無双なり、と。〈史記、淮陰侯伝〉

類義語 海内無双《かいだいむそう》・天下一品《てんかいっぴん》・天下第一《てんかだいいち》・天下無双《てんかむそう》・天下無敵《てんかむてき》・天下無類《てんかむるい》・当代第一《とうだいだいいち》・当代無双《とうだいむそう》

刻舟求剣 こくしゅう－きゅうけん

意味 かたくなで融通がきかないこと。

構成 漢文訓読では、「舟に刻みて剣を求む」と読む。「刻舟」は、船べりに印を刻みつけること。「求剣」は、剣を探すこと。

故事 中国の戦国時代、舟から川の中に剣を落とした者が、落とした場所の目印として船べりに印をつけ、船が動いていることを考えもせずに、船が止まったところでその目印を頼りに剣を探したという故事による。

出典 楚人《そひと》に江を渉《わた》る者有り。其《そ》の剣、舟中《しゅうちゅう》より水に墜《お》つ。遽《には》かに其の舟に刻して曰《い》はく、是れ吾が剣の従《よ》りて墜つる所なり、と。舟止まる。其の刻する所の者に従ひ、水に入りて之《これ》を求む。舟已《すで》に行き、而して剣は行かず。剣を求

むること此《か》くのごときは、亦《ま》た惑《まど》ひならずや。〈呂氏春秋、察今〉
用例 これらの諸人物を以《もっ》て、ただちに日本人の軽重を推計せんとするのは、それこそ刻舟求剣のしたり顔なる穿鑿《せんさく》に近い。〈太宰治、お伽草紙〉
類義語 頑執妄排《がんしゅうもうはい》・頑迷固陋《がんめいころう》・頑冥不霊《がんめいふれい》・頑陋至愚《がんろうしぐ》・固陋頑迷《ころうがんめい》・冥頑不霊《めいがんふれい》

黒甜郷裡 こくてん－きょうり

意味 眠りの世界。
構成 「黒甜」は、昼寝。中国北方の方言だという。「郷裡」は、ある区切られた世界の中。「裡」は、内。
用例 いつの間にか眠くなって、つい黒甜郷裡に遊んだ。おやと思って眼《め》が醒《さ》めたら、二叉《ふたまた》の黒甜郷裡から庭の敷石の上へどたりと落ちていた。〈夏目漱石、吾輩は猫である〉
用法 「黒甜郷裡に遊ぶ」は、眠ることをいう。

酷薄無慙 こくはく－むざん

《無慙酷薄《むざんこくはく》》
意味 きわめて不人情で、乱暴なこと。また、悪いことをしても心に恥じないこと。
構成 「酷薄」は、きわめて不人情なこと。「無慙」は、乱暴なこと、悪いことをしても心に恥じないこと。「慙」は、恥ずかしく思う。
用例 しかし酔うと、酷薄無慙な気持になる桂子は、そんな私の心づかいなど鼻で笑う。〈田中英光、野狐〉
表記 「慙」の代わりに、異体字の「慚」を書くこともある。
類義語 破戒無慙《はかいむざん》・無慙無愧《むざんむき》・冷酷無慙《れいこくむざん》

国歩艱難 こくほ－かんなん

意味 国勢がふるわず、国が不安な状態になっていること。
構成 「国歩」は、国家の運命。「艱難」は、苦しみや悩み。「艱」は、苦しみ。
用例 内には政府の分裂し外には諸外国に侮《あなど》らるる国歩艱難の時に当たって、〈島崎藤村、夜明け前〉
類義語 危急存亡《ききゅうそんぼう》・国家存亡《こっかそんぼう》

極楽往生 ごくらく－おうじょう

意味 ①仏教で、死後生まれ変わって理想世界である極楽に行くこと。②この上もない楽しみを味わうこと。
構成 「極楽」は、仏教における理想の世界。「往生」は、死ぬこと。
用例 ①かの一向宗の輩《やから》は自から認めて凡夫と称し、他力に依頼して極楽往生を求め、一心一向に弥陀《みだ》を念じて〈福沢諭吉、文明論之概略〉②じゃ、今夜は極楽往生としとくかね。〈横光利一、旅愁〉
注意 「極楽」を「ごくらく」、「往生」を「おうじょう」と読むのは、仏教用語の慣用。「きょくらく」「おうせい」と読むのは、誤り。

極楽浄土 ごくらく－じょうど

意味 仏教で、理想の世界。
構成 「極楽」は、仏教で、理想の世界。「浄土」は、極楽と同じ。ともに、煩悩・迷い・罪悪などのない世界。
用例 あたかも極楽浄土にでもいるような満悦した面もちで、殊さらゆっくりと大型のスプーンでジェリーをすくった。〈北杜夫、楡家の人びと〉
注意 「極楽」を「ごくらく」と読むのは、仏教用語の慣用。「きょくらく」と読むのは、誤り。
類義語 西方浄土《さいほうじょうど》・十万億土《じゅうまんおくど》

極楽蜻蛉 ごくらく－とんぼ

意味 極楽を飛び回るとんぼ。何も考えずのんきに日を送る人のたとえ。
構成 「極楽」は、仏教における理想の世

界。「蜻蛉」は、とんぼ。すいすいと飛び回るようすを、のんきで何も考えない人間の形容としたもの。

用法 のんきな人に対して、批判的な意味合いで用いられることが多い。

注意 「極楽」を「ごくらく」と読むのは、仏教用語の慣用。「きょくらく」と読むのは、誤り。

国利民福 こくり－みんぷく

意味 国家の利益と人民の幸福。国家と国民にとって利益となること。

構成 「国利」は、国の利益。「民福」は、民の幸福。

用例 人民の意志に出るものなりしにもせよ、国利民福に至大の関係にあるにもせよ〈竹越与三郎、政海之新潮〉

刻露清秀 こくろ－せいしゅう

意味 山がはっきり見え、清らかなこと。秋のさっぱりとした景色のたとえ。

構成 「刻露」は、山の形がはっきりしていること。「露」は、現れること。「刻」は、はっきりとしていること。「清秀」は、秋の山が清らかで美しいこと。

出典 刻露清秀、四時《しいじ》の景、愛すべからざる無し。〈北宋、欧陽脩、豊楽亭の記〉

孤軍重囲 こぐん－じゅうい

意味 助けのない軍勢が、敵に幾重にも囲まれている状態。ひとりぼっちで味方のいない状態のたとえ。

構成 「孤軍」は、助けのない軍勢。「重囲」は、幾重にも囲まれていること。

用例 高柳君はこの園遊会において孤軍重囲のうちに陥《おちい》ったのである。〈夏目漱石、野分〉

類義語 孤軍奮闘《こぐんふんとう》・孤立無援《こりつむえん》・四面楚歌《しめんそか》・無援孤立《むえんこりつ》

孤軍奮闘 こぐん－ふんとう

意味 助けのない軍勢が、ふるい戦うこと。たった一人で全力を尽くして頑張ることのたとえ。

構成 「孤軍」は、助けのない孤立した軍勢。「奮闘」は、ふるい戦うこと。

用例 漠北からの使者が来て李陵の軍の健在を伝えた時、さすがは名将李広の孫と李陵の孤軍奮闘を讃えたのも又同じ連中ではないのか。〈中島敦、李陵〉

用法 不利な状況の中で努力する者を称える場合に用いられることが多い。

類義語 （「たった一人で」の意味で）無援孤立《むえんこりつ》・孤軍重囲《こぐんじゅうい》・孤立無援《こりつむえん》・四面楚歌《しめんそか》（「全力を尽くして」の意味で）悪戦苦闘《あくせんくとう》・意匠惨憺《いしょうさんたん》・苦心惨憺《くしんさんたん》

虎渓三笑 こけい－さんしょう

意味 会話に夢中になって、他の一切のことを忘れてしまうこと。

構成 「虎渓」は、中国の名山廬山《ろざん》の、東林寺の前にある谷。「三笑」は、三人が顔を見合わせて笑うこと。故事欄参照。

故事 中国の六朝《りくちょう》時代、東晋《とうしん》の慧遠法師《えおんほうし》は、廬山の東林寺にいて、安居・禁足の誓いを守って虎渓を渡ったことはなかった。ある日、訪ねてきた詩人の陶潜《とうせん》・道士の陸修静《りくしゅうせい》の二人を見送りに出たとき、話に夢中になって思わず虎渓を渡ってしまい、誓いを破ったことに気づいて、三人で顔を見合わせて大笑いしたという故事による。画題として名高いが、三者の生没年が合わず、作り話とされる。

出典 陶元亮《とうげんりょう》栗里山《りつりざん》の南に居り、陸修静《りくしゅうせい》も、亦《ま》た有道の士なり。遠師嘗《かつ》て此の二人を送り、与《とも》に語りて合道し、覚えずして之《これ》を過ぎ、因《よ》りて相《あひ》大いに笑ふ。〈廬山記〉

孤高狷介 ここう－けんかい

⇩狷介孤高《けんかいここう》

用例 いっこくな官吏、孤高狷介、読書、追及、倦《う》まざる史家、癇癪《かんしゃく》持ちの父親として一生を終わりました。〈太宰治、虚構の春〉

五穀豊穣 ごこく-ほうじょう

意味 全ての穀物が豊かに実ること。
構成 「五穀」は、米・麦・粟・黍・豆の五種の主要な穀物。「豊穣」は、豊かに実ること。「穣」は、実る。
用例 津山は美作《みまさか》平野の中心地で、五穀豊穣で産業にもめぐまれ、〈川口松太郎、新吾十番勝負〉
類義語 豊年満作《ほうねんまんさく》

古今東西 ここん-とうざい

《東西古今《とうざいここん》》
意味 昔も今も、東も西も。ありとあらゆる時代と場所。
構成 「古今」は、昔と今。「東西」は東洋と西洋。昔から今に至るまでの、東洋でも西洋でも、全ての時代と場所とを網羅していう。
用例 古今東西に渉《わた》ってあてはまるように、作家も時代も離れて、作物の上にのみあらわれた特性をもってする事であります。〈夏目漱石、創作家の態度〉

古今独歩 ここん-どっぽ

意味 昔から今までに並ぶ者がないほどすぐれていること。
構成 「古今」は、昔と今。「独歩」は、非常にすぐれていて、並ぶ者がないこと。
用例 僕には、モオツァルトという古今独歩の音楽家に課せられた或《あ》る単純で深刻な行為の問題だけが見える。〈小林秀雄、モオツァルト〉
類義語 古今無双《ここんむそう》・古今無類《ここんむるい》

古今無双 ここん-むそう

《古今無類《ここんむるい》》
意味 昔から今までに比べるものがないほどすぐれていること。
構成 「古今」は、昔と今。「無双」「無類」は、並ぶ者がないほどすぐれていること。
用例 古今無双の射の名手たる夫子が、弓を忘れ果てられたとや？〈中島敦、名人伝〉
類義語 古今独歩《ここんどっぽ》

古今無類 ここん-むるい

⇩古今無双《ここんむそう》
用例 マーク・アントニーが「古今無類の物笑いの種」であり、「このくらい歴史に馬鹿を曝《さら》した人間はない」と云《い》う教師の批評を、〈谷崎潤一郎、痴人の愛〉

虎視眈眈 こし-たんたん

意味 虎が獲物を狙って鋭い目で見張っていること。厳しく機会を狙っていることのたとえ。
構成 「虎視」は、虎が鋭い目であたりを見渡すこと。「眈眈」は、恐ろしい目をした虎が下を見下ろしているようす。
出典 顚《さかしま》に頤《やしな》はるるも吉なり。虎視眈眈たり。其《そ》の欲逐逐《ちくちく》たり。咎め無し。〈易、頤〉
用例 社内にあって良い地位を虎視眈々とねらっている連中ならば、たとえば編輯長《へんしゅうちょう》の前ではあくまで慇懃《いんぎん》であってもらいたいものだが、〈織田作之助、青春の逆説〉
用法 「虎視眈々として狙う」などの形で、すきがあればすぐにでも襲いかかる準備ができている状況を表すことが多い。
類義語 垂涎三尺《すいぜんさんじゃく》・野心満満《やしんまんまん》・竜驤虎視《りゅうじょうこし》

後生大事 ごしょう-だいじ

意味 来世で安楽を得るために、今目の前にある物事を大切にしてそこにしがみつくこと。また、非常に物事を大切にすること。
構成 「後生」は、仏教で、来世。「大事」は、

大切にすること。

用例 堅く言いきかされた母の言葉を後生大事に守って叱られることだけが無性に恐ろしい。〈円地文子、女坂〉

用法 小心な人間の形容として用いられることが多い。

注意 「後生」を「ごしょう」と読むのは、仏教用語からきた慣用。「ごせい」「こうせい」と読むのは、誤り。

類義語 固着観念《こちゃくかんねん》・固定観念《こていかんねん》・固陋蠢愚《ころうしゅんぐ》・先入僻見《せんにゅうへきけん》

孤城落月　こじょう-らくげつ

意味 孤立した城と、西方に傾く月。ひどく心細いようすのたとえ。また、落ちぶれたようすのたとえ。

構成 「孤城」は、孤立して助けのない城。「落月」は、西に傾いた月。

用例 「呑のみ込みの半助」こそは、孤城落月の「吉良常」にとって唯一無二の掛け替えのない子分なのである。〈尾崎士郎、人生劇場青春篇〉

類義語 孤城落日《こじょうらくじつ》

孤城落日　こじょう-らくじつ

意味 孤立した城と、西に沈む夕日の光。ひどく心細いようすのたとえ。また、落ちぶれたようすのたとえ。

構成 「孤城」は、孤立して助けのない城。「落日」は、夕日の光がさびしくさしていること。

出典 遥かに知る漢使蕭関《しょうかん》の外、愁へて見る孤城落日の辺。〈唐、王維、韋評事を送る詩〉

用例 だから日本の探偵小説は現在、物の見事に行き詰まっている。孤城落日である。〈夢野久作、探偵小説の真使命〉

類義語 孤城落月《こじょうらくげつ》

古色蒼然　こしょく-そうぜん

意味 古びた色合いがはっきり現れているようす。年代を経た趣が歴然としているようす。

構成 「古色」は、古めかしい趣。「蒼然」は、古びた色の形容。

用例 柱の釘に懸けた手拭《てぬぐ》い、いずれを見ても皆年数物、その証拠には手擦《てず》れていて古色蒼然たり。〈二葉亭四迷、浮雲〉

故事来歴　こじ-らいれき

意味 昔から伝わっている事柄や、その由来。

構成 「故事」は、昔から伝わっている事柄、先例。「来歴」は、由来。

用例 若い神官は親切に神社に関するさまざまな故事来歴を教えてくれた。〈円地文子、食卓のない家〉

牛頭馬頭　ごず-めず

意味 仏教で、体は人間だが、頭は牛や馬のそれであるという地獄の番兵。

構成 「牛頭」は、牛の頭をした地獄の番兵。「馬頭」は、馬の頭をした地獄の番兵。

用例 兎《と》に角《かく》そう云《い》ういろいろの人間が、火と煙とが逆捲《さかま》く中を、牛頭馬頭の獄卒に虐《さいな》まれて、〈芥川竜之介、地獄変〉

注意 「牛頭」を「ごず」、「馬頭」を「めず」と読むのは、仏教用語の慣用。「ぎゅうとう」「ばとう」と読むのは、誤り。

類義語 悪鬼羅刹《あっきらせつ》・異類異形《いるいいぎょう》・怨霊怪異《おんりょうかいい》・怪力乱神《かいりょくらんしん》・狐狸妖怪《こりようかい》・山精木魅《さんせいもくみ》・魑魅魍魎《ちみもうりょう》・妖異幻怪《よういげんかい》・妖怪変化《ようかいへんげ》

五臓六腑　ごぞう-ろっぷ

意味 五つの内蔵と、六つのはらわた。腹の中の全ての臓器。

構成 「五臓」は、心臓・腎臓・肺臓・肝臓・脾臓《ひぞう》の五つの内蔵。「六腑」は、大腸・小腸・胃・胆・膀胱《ぼうこう》・三焦の六つの器官。三焦は、上・中・下の腹中の三つの器官・みのわた。

用例 机をはさんで対座していると、机の上に五臓六腑ずんとさらけ出して、要《い》る

なら持って行けというような感じがあった。〈阿川弘之、山本五十六〉

用法 「五臓六腑にしみわたる」のように、体内全てを表すのに用いられることが多い。

類義語 四肢《しし》五体《ごたい》

誇大妄想 こだい-もうそう

意味 現実離れしたおおげさな考え。また、そのような考えを抱くこと。

構成 「誇大」は、おおげさなこと。「妄想」は、現実離れした考え。

用例 『世の中を救うとでも言うのか?』『救う? 僕は誇大妄想狂じゃ無いよ。』〈石川啄木、我等の一団と彼〉

枯淡虚静 こたん-きょせい

意味 欲がなく、さっぱりしてしぶい趣があり、わだかまりがないこと。

構成 「枯淡」は、俗気や派手なところがなく、あっさりしてしぶい趣があること。「虚静」は、心静かでわだかまりがなく、さっぱりしていること。

用例 既に早く的を離れた彼の心は、ますます枯淡虚静の域にはいって行ったようである。〈中島敦、名人伝〉

類義語 虚心坦懐《きょしんたんかい》・虚心平気《きょしんへいき》・虚静恬淡《きょせいてんたん》・虚無恬淡《きょむてんたん》

固着観念 こちゃく-かんねん

⇩固定観念《こていかんねん》

用例 私は今度もみじめな固着観念にさいなまれて汽車に揺られていた。それは園子に接吻《せっぷん》するまでは決して某村を離れないぞと考えることだった。〈三島由紀夫、仮面の告白〉

国家経綸 こっか-けいりん

意味 国を治めるための制度や計画。

構成 「国家」は、国。「経綸」は、制度、または計画を立てて国を治めること。また、その制度・計画。「経」は、糸をそろえて分けること。「綸」は、筋の整った糸。

用例 皇軍の向かふ所敵無く、如何《いか》に叙勲を奏するも之《これ》に伴ふ国家経綸の大策なからずんば、〈阿川弘之、山本五十六〉

国家権力 こっか-けんりょく

意味 国が持つ、人を押さえつけて自由に支配する力。また、そういう力をもつ国そのもの。

構成 「国家」は、国。「権力」は、人を押さえつけて自由に支配する力。

用例 警察という国家権力——暴力を使って「紛争」を収拾しようとした大学側は被害者でなく、明らかに加害者、〈高野悦子、二十歳の原点〉

用法 特に人民を押さえつけるという意味に力点が置かれて用いられることが多い。

国家存亡 こっか-そんぼう

意味 国が滅びるか否か。また、国が滅亡するのを救い、存続させることができるかどうか。

構成 「国家」は、国。「存亡」は、存続することと滅亡すること。また、滅亡しようとするものを助けて存続させること。

用例 貴様たちは国家存亡を賭《か》けたこの一戦に、今日まで従軍志願を積極的になさなかったのは何ごとであるか。〈井伏鱒二、黒い雨〉

用法 「国家存亡の危機」などの形で、非常事態を表すのに用いられることが多い。

類義語 危急存亡《ききゅうそんぼう》・国歩艱難《こくほかんなん》

克己復礼 こっき-ふくれい

意味 自分の欲望に打ち勝って、社会の法則に従うこと。

構成 「克己」は、おのれに勝つこと。「克」は、勝つ。「復礼」は、礼(社会の法則)に立ち返ること。また、礼を実践すること。

出典 子曰《い》はく、己に克《か》ち礼に復《かへ》るを

仁と為《な》す、と。〈論語、顔淵〉

用例 徳譬《たと》へば経書に記したる克己復礼の四字を示して其《そ》の字義を知らしむるも、固《もと》より未だ道を伝へたりと云《い》ふ可《べ》からず。〈福沢諭吉、文明論之概略〉

注意「己」を「已」「巳」と書くのは、誤り。

類義語 隠忍自重《いんにんじちょう》

刻苦精進 こっく-しょうじん

意味 力を尽くし、心を労して懸命に努力すること。

構成「刻苦」は、力を尽くし、心を労すること。「精進」は、心をひとすじにして懸命に努力すること。

用例 かれの天稟《てんぴん》の楽才と、刻苦精進して夙《はや》く鬱然《うつぜん》一家をなし、世の名利をよそにその志す道に悠々自適せし生涯とに他ならぬ。〈太宰治、盲人独笑〉

注意「精進」を「しょうじん」と読むのは、仏教用語からきた慣用。「せいしん」と読むのは、誤り。

類義語 刻苦精励《こっくせいれい》・刻苦勉励《こっくべんれい》・彫心鏤骨《ちょうしんるこつ》・粉骨砕身《ふんこつさいしん》・粒粒辛苦《りゅうりゅうしんく》

刻苦精励 こっく-せいれい

⇩刻苦勉励《こっくべんれい》

用例 刻苦精励これに当たる人でなくては、到底この事業を完成することはできぬという事にも一致した。〈穂積陳重、法窓夜話〉

刻苦勉励 こっく-べんれい

《刻苦精励《こっくせいれい》》

意味 力を尽くし、心を労してつとめはげむこと。

構成「刻苦」は、力を尽くし、心を労すること。「勉励」「精励」は、つとめはげむこと。

用例 文字は初め其《そ》の形を見て之《これ》を模することを習ふより後其の義を解するに至る迄《まで》刻苦勉励過多の年数を費やさざれば之を利用する能《あた》わず。〈森有礼、教育論〉

用法 社会的な成功を得るために努力することを表すのに用いられることが多い。

類義語 刻苦精進《こっくしょうじん》・彫心鏤骨《ちょうしんるこつ》・粉骨砕身《ふんこつさいしん》・粒粒辛苦《りゅうりゅうしんく》

滑稽詼諧 こっけい-かいかい

⇩滑稽諧謔《こっけいかいぎゃく》

用例 俳諧というのは元来滑稽詼諧というほどの意味で、厳正に言えば一の名詞では無い。〈幸田露伴、芭蕉入門〉

滑稽諧謔 こっけい-かいぎゃく

《滑稽詼諧《こっけいかいかい》》

意味 巧みに面白く言いこなして、たわむれおどけること。

構成「滑稽」は、巧みに面白く言いこなすこと。「諧謔」「詼諧」は、たわむれおどけること。「諧」「謔」「詼」全て、たわむれる。

用例 かたはら滑稽諧謔をも含蓄なしたる小説なり。〈坪内逍遥、小説神髄〉

表記「滑稽詼諧」とも書く。

滑稽洒脱 こっけい-しゃだつ

意味 巧みに面白く言いこなしていて、しかもさっぱりしていて俗っぽさのないこと。

構成「滑稽」は、巧みに面白く言いこなすこと。「洒脱」は、さっぱりしていて俗気のないこと。

用例「今を春べ」の古歌を翻案して、閑寂《かんじゃく》と滑稽洒脱と謙退《けんたい》と自恃《じじ》の意のこもっているのみでは無く、〈幸田露伴、芭蕉入門〉

注意「洒」を「酒」と書くのは、誤り。

類義語 軽妙洒脱《けいみょうしゃだつ》

対義語 野卑滑稽《やひこっけい》

木端微塵 こっぱ-みじん

意味 こなごなに砕けること。
構成 「木端」は、木の切れ端。軽いもの、つまらないもののたとえ。「微塵」は、細かな塵。
用例 みんなどうして生きて行っているのかまるで僕には見当がつかない。みんな人間は木端微塵にされたガラスのようだ。〈原民喜、鎮魂歌〉
表記 「木葉微塵」とも書く。
類義語 七華八裂《しちけはちれつ》・四分五散《しぶんごさん》・四分五裂《しぶんごれつ》

固定観念 こていーかんねん

《固着観念《こちゃくかんねん》》
意味 強く思い込んでなかなか変えられない考え。
構成 「固定」「固着」は、一か所にくっついて動かないこと、また、そのようにすること。変わらないこと。「観念」は、物事に対する考え。
用例 自分の病状は本当は非常に悪く、ただ此所《ここ》の医者どもにはわからないのだという固定観念に縛られていた。〈福永武彦、草の花〉
用法 一つの思いにとらわれている状態を批判する意味合いで用いられることが多い。
注意 「観」を「勧」「歓」と書くのは、誤り。「観」は「みる」、「勧」は「すすめる」、「歓」は「よろこぶ」の意味。
類義語 後生大事《ごしょうだいじ》・固陋蠢愚《ころうしゅんぐ》・先入僻見《せんにゅうへきけん》

孤灯一穂 ことうーいっすい

意味 たった一つ、ぽつんとともっているともしび。孤独でさびしいようすのたとえ。
構成 「孤灯」は、ぽつんと一つともっているともしび。「一穂」は、一つ。「穂」は、稲穂などのような形をしたものを数えるときに添えて使う接尾語。
用例 簷馬《えんば》の玻璃《はり》に透りては玉玲瓏《ぎょくれいろう》、座賞の人に影を添えて孤灯一穂の光を奪い、〈二葉亭四迷、浮雲〉
類義語 孤灯読書《ことうどくしょ》

孤灯読書 ことうーどくしょ

意味 たった一つのともしびの下で、一人きりで本を読むこと。さびしく独学することのたとえ。
構成 「孤灯」は、ぽつんと一つともっているともしび。「読書」は本を読んで学問をすること。
用例 秋夜聴雨の幽感、孤灯読書の余情まことに然《さ》もあったろうと、人をして涙を墜《お》とさしむるに足るものがある。〈幸田露伴、今川義元〉
類義語 孤灯一穂《ことういっすい》

小春日和 こはるーびより

意味 十一月ごろの、春のように暖かく晴れた天気。
構成 「小春」は、陰暦十月の別称。十月の気候が春に似ていることからいう。「日和」は、晴れてよい天気。
用例 秋から冬に成る頃《ころ》の小春日和は、この地方での最も忘れ難い、最も心地の好い時の一つである。〈島崎藤村、千曲川のスケッチ〉

五風十雨 ごふうーじゅうう

意味 五日に一度風が吹き、十日に一度雨が降る。適当な時期に風雨のあること。気候の望ましく順調なこと。
構成 「五風」は、五日に一度風が吹くこと。「十雨」は、十日に一度雨が降ること。
出典 五日に一たび風あり、十日に一たび雨あり。〈論衡、是応〉
用例 今年は雨も風も、五風十雨の譬《たと》えの通りに順調だった。〈島木健作、生活の探究〉

鼓腹撃壌 こふくーげきじょう

意味 腹つづみをうつことと、地面を踏み

こ

ならすこと。人々が平和で安楽な生活を喜んでいる状態のたとえ。太平の世のたとえ。
[構成]「鼓腹」は、満腹になった腹をたたくこと。食に満ち足りているようすをいう。「撃壌」は、足で地面を踏み鳴らして拍子をとること。「壌」は、土。
[故事]中国の古代、伝説の名君とされる五帝の一人の尭《ぎょう》が、お忍びで国のようすを視察に出かけたところ、老人が満腹して腹をたたき土を打ちながら、「わしは自然のままに幸せに暮らしている。帝の力などなんでわしに関係があるだろうか」と歌っていた。これを見て尭は、自国の人民が安らかに暮らしていることに満足したという故事による。
[出典]老人有り、哺《ほ》を含み、腹を鼓《つづみ》うち、壌《つち》を撃ちて歌ひて曰《い》はく、日出でて作《な》し、日入りて息《いこ》ひ、井を鑿《うが》ちて飲み、田を耕して食らふ、帝力何ぞ我に有らんや、と。〈十八史略、五帝〉
[用例]その世の乱れを、なんとかおさめて将軍家の御栄えを昔日にもどし、下万民が鼓腹撃壌できる太平の世を将来したいものでありまするな。〈司馬遼太郎、国盗り物語〉
[注意]「壌」を「譲」と書くのは、誤り。「壌」は「つち」、「譲」は、「譲渡」のように、「ゆずる」の意味。
[類義語]光風霽月《こうふうせいげつ》

鼓舞激励 こぶ－げきれい

[意味]大いにはげまして元気づけること。
[構成]「鼓舞」は、元気づけること。「激励」は、はげましてふるい立たせること。
[用例]先生こそは最も僕を感激せしめ、僕を鼓舞激励して下さった一人であった。〈太宰治、惜別〉
[類義語]叱咤激励《しったげきれい》・切切偲偲《せっせつしし》

五分五分 ごぶ－ごぶ

[意味]五十パーセントと五十パーセント。どちらも同じくらいで差がないこと。

[構成]「五分」は、半分。それを二つ重ねたことで両者が半分半分の状態で差がないことを示す。

[用例]両方が五分五分で秤《はかり》にかけたら重い軽いはないはずである。〈岡本綺堂、箕輪心中〉

枯木寒岩 こぼく－かんがん

[意味]枯れ木と、冷たい岩。冷たく枯れ果てた状態のたとえ。また、そのように心に暖かみのない人間のたとえ。

[構成]「枯木」は、枯れ木。「寒岩」は、冬の寒さに凍りついた岩。ともに、冷たく生命感の失われたもの。

[用例]枯木寒岩に、よる三冬暖気なしといふ工合に意を斂《をさ》めて寂然《せきぜん》と済まし居らるるべしとは思へず、〈幸田露伴、対髑髏〉

[表記]「古木寒巌」とも書く。

[類義語]枯木死灰《こぼくしかい》・冷酷無情《れいこくむじょう》・冷淡無情《れいたんむじょう》

枯木死灰 こぼく－しかい

[意味]枯れた木と、冷え切った灰。人情味のない人、浮世離れした人のたとえ。
[構成]「枯木」は、枯れた木。「死灰」は、冷え切った灰。「死」は、ここでは、火の消えたこと。
[用例]枯木死灰の如《ごと》き今の和尚さんの身体の中にも、一度はそうした血が廻《めぐ》っていたのだと思うと、〈葛西善蔵、暗い部屋にて〉
[類義語]枯木寒岩《こぼくかんがん》・無情冷酷《むじょうれいこく》・冷酷無情《れいこくむじょう》

孤立支離 こりつ－しり

[意味]それぞれがばらばらでまとまりがなく、助けるものがないこと。

[構成]「孤立」は、ひとりぼっちで助けるものがないこと。「支離」は、ばらばらでまとまりがないこと。「支」は、枝。

用例 したがってこの孤立支離の弊を何とかして矯《た》めなければならなくなる。〈夏目漱石、道楽と職業〉

孤立無援 こりつ-むえん

《無援《むえん》孤立《こりつ》》

意味 ひとりぼっちで助けるものがないこと。

構成 「孤立」は、ひとりぼっちで助けるものがないこと。「無援」は、助けるものがないこと。

用例 もはや頼みの朝倉がほろびて御当家は孤立無援である。〈司馬遼太郎、国盗り物語〉

用法 非常に心細い状況を表すのに用いられることが多い。

類義語 孤軍重囲《こぐんじゅうい》・孤軍奮闘《こぐんふんとう》・四面楚歌《しめんそか》

五里霧中 ごりむ-ちゅう

意味 五里四方にわたって霧に閉ざされたような状態。見通しが悪く全く見当をつけられない状態のたとえ。

構成 「五里」は五里四方。「霧中」は、霧の中にあるように何も見えない状態をいう。

故事 中国の後漢の時代、張楷《ちょうかい》という人物が、道術によって五里四方にわたる深い霧を発生させたという故事による。

出典 張楷、字は公超。……性道術を好み、能《よ》く五里の霧を作《な》す。〈後漢書、張楷伝〉

用例 今度の事件だけは、彼が喜んでいるのか悲しんでいるのか全く五里霧中であった。〈円地文子、食卓のない家〉

類義語 曖昧模糊《あいまいもこ》・有耶無耶《うやむや》・雲煙模糊《うんえんもこ》・空空漠漠《くうくうばくばく》

狐狸妖怪 こり-ようかい

意味 人間をたぶらかすあやしげなものの総称。

構成 「狐狸」は、キツネとタヌキ。ともに人間を化かすといわれる。「妖怪」は、超自然的な力を持って人間をたぶらかす化け物。

用例 そなたの体にはわしの法華経が、五臓六腑にまでしみ入っている。人間はおろか狐狸妖怪といえども、〈司馬遼太郎、国盗り物語〉

類義語 悪鬼羅刹《あっきらせつ》・異類異形《いるいいぎょう》・怨霊怪異《おんりょうかいい》・怪力乱神《かいりょくらんしん》・牛頭馬頭《ごずめず》・山精木魅《さんせいもくみ》・魑魅魍魎《ちみもうりょう》・妖異幻怪《よういげんかい》・妖怪変化《ようかいへんげ》

固陋頑迷 ころう-がんめい

⇩頑迷固陋《がんめいころう》

固陋蠢愚 ころう-しゅんぐ

意味 愚かでかたくななこと。

構成 「固陋」は、かたくなで見識がないこと。「陋」は、知識が狭い。「蠢愚」は、無知で愚かなこと。「蠢」は、ここでは、おろか。

用例 其《そ》の所業固《もと》より乱暴過激、或《あるい》は固陋蠢愚なるものありと雖《いへど》も、〈福沢諭吉、文明論之概略〉

類義語 後生大事《ごしょうだいじ》・固着観念《こちゃくかんねん》・固定観念《こていかんねん》・先入僻見《せんにゅうへきけん》

狐狼盗難 ころう-とうなん

意味 人に害をなす動物と、盗みにあう災難。人間に危害を加えるものの総称。

構成 「狐狼」は、キツネとオオカミ。ともに人間に害をなす動物。「盗難」は、金品を奪われる災難。

用例 葵《あおい》の紋のついた提灯《ちょうちん》さえあれば如何《いか》なる山野を深夜独行するとも狐狼盗難に出逢《であ》うことはないとまで信ぜられていたほどの三百年来の主人を失ったことをも忘れさせた。〈島崎藤村、夜明け前〉

困窮疲弊 こんきゅう-ひへい

⇩困窮疲労《こんきゅうひろう》

用例 同時に、この困窮疲弊からも宿場を護《まも》らねばならない。〈島崎藤村、夜明け前〉

困窮疲労 こんきゅう-ひろう

《困窮疲弊《こんきゅうひへい》》

意味 貧しさに疲れ果てていること。

構成 「困窮」は、困り果てることと、極めて貧しいこと。「疲労」「疲弊」は、疲れ果てること。

用例 そうでなくてさえ、困窮疲労の声は諸国に満ちて来た。江戸の方を見ると、参勤交代廃止以来の深刻な不景気に加えて、〈島崎藤村、夜明け前〉

類義語 倦怠疲労《けんたいひろう》・疲労困憊《ひろうこんぱい》

困窮零落 こんきゅう-れいらく

意味 極めて貧しい状態に落ちぶれはてること。

構成 「困窮」は、困り果てることと、極めて貧しいこと。「零落」は、落ちぶれること。「零」は、ここでは、こぼれる。

用例 斯《か》くの如《ごと》く困窮零落しては菓子も喫《た》べられません。〈三遊亭円朝、政談月の鏡〉

類義語 拓落失路《たくらくしつろ》・落花流水《らっかりゅうすい》

困苦艱難 こんく-かんなん

意味 多くの苦しみや悩み。

構成 「困苦」は、困り苦しむこと。「艱難」は、苦しみや悩み。「艱」は、悩み。

用例 さぞ難儀したであろう、さぞ困苦艱難したであろう、〈三遊亭円朝、後の業平文治〉

類義語 艱苦辛苦《かんくしんく》・艱難苦労《かんなんくろう》・艱難辛苦《かんなんしんく》・艱難辛困《かんなんしんこん》・苦行難行《くぎょうなんぎょう》・辛苦艱難《しんくかんなん》・天歩艱難《てんぽかんなん》・難行苦行《なんぎょうくぎょう》

困苦窮乏 こんく-きゅうぼう

⇩困苦欠乏《こんくけつぼう》

用例 困苦窮乏の月日ばかりが続きました。八年間、その間に私は、二十も年をとりました。〈太宰治、老アルトハイデルベルヒ〉

困苦欠乏 こんく-けつぼう

《困苦窮乏《こんくきゅうぼう》》

意味 必要なものが足りず苦しむこと。

構成 「困苦」は、困り苦しむこと。「欠乏」「窮乏」は、必要なものが足りないこと。

用例 食品などに依《よ》って、ようやくに日々の生活を支え、その困苦欠乏は決して少なくはなかったのであるが、〈穂積陳重、法窓夜話〉

欣求浄土 ごんぐ-じょうど

意味 仏教で、極楽浄土に往生することを願い求めること。

構成 「欣求」は、願い求めること。「浄土」は、仏教における理想の世界。

用例 なにとぞ欣求浄土の誓願に免じて、この希望を叶《かな》えていただけないか。〈辻邦生、西行花伝〉

注意 「欣求」を「ごんぐ」と読むのは、仏教用語の慣用。「きんきゅう」と読むのは、誤り。

類義語 渇仰随喜《かつごうずいき》・随喜渇仰《ずいきかつごう》

金剛不壊 こんごう-ふえ

《不壊金剛《ふえこんごう》》

意味 決して壊れないくらい堅固なこと。

構成 「金剛」は、五行の金の気で、極めて堅固なこと。「不壊」は、壊れない。

用例 金剛不壊の金閣と、あの科学的な火とは、お互いにその異質なことをよく知っていて、〈三島由紀夫、金閣寺〉

注意 「不壊」を「ふえ」と読むのは、仏教用語からきた慣用。「ふかい」と読むのは、誤り。

類義語 金城鉄壁《きんじょうてっぺき》・金城湯池《きんじょうとうち》・堅牢堅固《けんろうけんご》・難攻不落《なんこうふらく》・要害堅固《ようがいけんご》

金剛力士 こんごう-りきし

意味 金剛杵《こんごうしょ》を持って仏法を守護する勇猛な二神。密迹《みっしゃく》金剛と那羅延《ならえん》金剛。仁王ともいう。前者は、口を開いた阿仁王《あにおう》、後者は、口を閉じた吽仁王《うんにおう》のことであり、それぞれ門の左、右、に立つ。

構成「金剛」は、五行の金の気。この場合は金剛杵という杖。「力士」は、力の強い男。

用例 後ろを見ると、うす暗い中に、一体の金剛力士が青蓮花《あおれんげ》を踏みながら、左手の杵《きね》を高くあげて、胸のあたりに燕《つばくら》の糞《くそ》をつけたまま、寂然《せきぜん》と境内の昼を守っている。〈芥川竜之介、偸盗〉

用法「金剛力士のように」などの形で、比喩的な意味合いで用いられることが多い。

言語道断　ごんごーどうだん

意味 ことばで述べられないほどひどいこと。

構成「言語」は、ことば。「道断」は、言うにたえない、もってのほか。「道」は、ここでは、言う。

用例 もしあるとすれば答案を調べずに点数をつける乱暴な教員と同じもので、言語道断の不心得であります。〈夏目漱石、文芸の哲学的基礎〉

用法 悪いことをした相手をとがめるのに用いられることが多い。

注意「言語」は、普通は「げんご」と読むが、この熟語の場合は、慣用的に「ごんご」と読む。「げんご」と読むのは、誤り。

表記「言語同断」とも書くが、「同断」は、同じであると判断する意味で、本来は誤用。

今是昨非　こんぜーさくひ

⇩昨非今是《さくひこんぜ》

出典 実《まこと》に途《みち》に迷うこと、未だ遠からず。今の是にして、昨の非なりしを覚る。〈東晋、陶潜、帰去来の辞〉

懇切丁寧　こんせつーていねい

（丁寧懇切《ていねいこんせつ》）

意味 まごころがこもっていて、細かな注意が行き届いていること。

構成「懇切」は、まごころがこもっていて手厚いこと。「懇」は、心がこもっている。「丁寧」は、細かな注意が行き届いていること。

用例 おまえらのような奴《やつ》に、そんなに懇切丁寧に教えてられるか。〈曾野綾子、太郎物語高校編〉

用法 必要以上に世話を焼く者に対して、批判的な意味合いで用いられることもある。

類義語 慇懃丁重《いんぎんていちょう》

渾然一体　こんぜんーいったい

意味 全てがすっかり混じり合って一つになっていること。

構成「渾然」は、ひとまとまりになっているようす。「一体」は、一つになっているようす。

出典 五行具《そな》はらば、則《すなわ》ち造化発育の具、備はらざること無し。故に又此《これ》に即《つ》きて之《これ》を推本《すいほん》すれば、以《もっ》て其《そ》の渾然一体は、無極の妙に非《あら》ざること莫《な》し。〈南宋、朱熹、太極図説〉

用例 不気味な空気音や、暗闇や、体の疲れや眠りへの欲望や、そんなものが渾然一体となって、私の胃を鉄の輪のように締めつけていた。〈村上春樹、世界の終りとハードボイルド・ワンダーランド〉

類義語 三位一体《さんみいったい》・相即不離《そうそくふり》・表裏一体《ひょうりいったい》

混濁腐乱　こんだくーふらん

意味 世の中が乱れ、腐りただれること。

構成「混濁」は、世の中が乱れること。「腐乱」は、腐りただれること。「乱」は、もと「爛」で、ただれる。

用例 少なくも戦乱の世を治平に導くの

こ

一礎石を置いたもので、東山以来の、溷濁腐爛の空気の中に一陣の清風を捲《ま》き起こしたものであった。〈幸田露伴、今川義元〉

表記 (1)従来は「混濁腐爛」と書くのが普通であったが、現在では常用漢字の「乱」に書き換える。(2)従来は「溷濁腐爛」とも書いたが、現在では常用漢字の「混」を用いるのが普通。

類義語 綱紀頽弛《こうきたいし》・綱紀廃弛《こうきはいし》・堕落腐敗《だらくふはい》・腐敗堕落《ふはいだらく》

蒟蒻問答　こんにゃく－もんどう

意味 相手のことばを深読みしてなされるとんちんかんな会話。的はずれの議論。

構成 「蒟蒻」は、サトイモ科の植物から作られる固いゼリー状の食品。「問答」は、問いと答えを繰り返すこと。

故事 禅寺の住職の代理をする羽目になった蒟蒻屋の亭主と、禅僧とのとんちんかんな禅問答を題材とした落語の題名から。

用例 もし善意をもって蒟蒻問答的に解釈してやれば主人は見性自覚《けんしょうじかく》の方便としてかように鏡を相手にいろいろな仕草を演じているのかも知れない。〈夏目漱石、吾輩は猫である〉

類義語 揣摩憶測《しまおくそく》・憶測揣摩《おくそくしま》

混迷乱擾　こんめい－らんじょう

意味 心がくらみ、乱れること。

構成 「混迷」は、心がくらむこと。「混」は、もと「昏」で、暗い。「乱擾」は、乱れること。「擾」は、乱れる。騒ぐ。

用例 彼は実にこの昏迷乱擾せる一根の悪障を抉《くじ》り去りて、猛火に燬《や》かんことを冀《こいねが》へり。〈尾崎紅葉、続続金色夜叉〉

表記 従来は「昏迷乱擾」と書くのが普通であったが、現在では常用漢字の「混」に書き換える。

類義語 海内紛擾《かいだいふんじょう》・狂瀾怒濤《きょうらんどとう》・天下多事《てんかたじ》

金輪奈落　こんりん－ならく

意味 物事の限度。底の底までどこまでも。断じて。

構成 「金輪」は、四輪の一つ。この世界の地層は、下から空輪・風輪・水輪・金輪と分けられ、金輪が大地であるという。転じて、大地の下底、物事の限度。「奈落」は、梵語《ぼんご》からの音訳語で、地獄。

用例 鬼と見て我をお頼みか、金輪奈落其《そ》の様な義は御免蒙《こうむ》る。〈泉鏡花、風流仏〉

さ

斎戒沐浴　さいかい－もくよく

（沐浴斎戒《もくよくさいかい》）

意味 神聖な儀式のために、飲食や行動を慎み、身を清めること。また、心身を清らかにして事に当たろうとすること。

構成 「斎戒」は、神を祭るときなどに飲食や行動を慎み、けがれに触れぬようにすること。「沐浴」は、髪を洗い、入浴すること。「沐」は、髪を洗う。

用例 さすがに遊蕩《ゆうとう》をつつしんで武士は斎戒沐浴するので廓《くるわ》にくり出す大名、旗本の姿はなく、吉原はあたかも開店休業。〈五味康祐、柳生天狗党〉

類義語 精進潔斎《しょうじんけっさい》・六根清浄《ろっこんしょうじょう》・和敬清寂《わけいせいじゃく》

才学博通　さいがく－はくつう

意味 学問に広く通じていること。

構成 「才学」は、学問。「博通」は、広く通じていること。

用例 東堕は才学博通の人で、善《よ》く古《いにしえ》を暁《さと》っていたから、〈幸田露伴、太公望〉

類義語 該博深遠《がいはくしんえん》・広才博識《こうさいはくしき》・博学偉才《はくがくいさい》・博学広才《はくがくこうさい》・博学才穎《はくがくさいえい》・博学卓識《はくがくたくしき》・博学多才《はくがくたさい》・博学多識《はくがくたしき》・博学能文《はくがくのうぶん》・博識多才《はくしきたさい》・博聞強記《はくぶんきょうき》・博覧強記《はくらんきょうき》・博覧多識《はくらんたしき》

才学非凡 さいがく－ひぼん

意味 学問において人並み優れた力を持っていること。

構成 「才学」は、学問。「非凡」は、人並み優れていること。

用例 才学非凡で、しかも精悍《せいかん》の気に満ちている頼長《よりなが》の前途を、〈岡本綺堂、玉藻の前〉

類義語 才気煥発《さいきかんぱつ》・脱俗超凡《だつぞくちょうぼん》

才気煥発 さいき－かんぱつ

意味 状況に素早く反応して、才能が発揮されるようす。知恵の働きがはっきり表れ出ているようす。

構成 「才気」は、知恵のはたらき。「煥発」は、表に輝き表れていること。「煥」は、光り輝く。

用例 あのころの紫の上は、少女ながらに個性の手ごたえがあった。打てばひびく才気煥発の面白さがありながら、〈田辺聖子、新源氏物語〉

用法 若く前途が有望な者を表すのに用いられることが多い。一方、才能はあるがまごころがないという批判的な意味合いでも用いられる。

類義語 才学非凡《さいがくひぼん》・脱俗超凡《だつぞくちょうぼん》

猜忌邪曲 さいき－じゃきょく

意味 他人をねたみそねむ、よこしまで曲がった考え。

構成 「猜忌」は、他人をねたんだりにくんだりすること。「猜」は、ねたむ。「忌」は、にくむ。「邪曲」は、よこしまで曲がっていること。

用例 必ず猜忌邪曲など起こさぬように其等には汝《なんじ》から能《よ》く云《い》い含めて遣るがよいとの細かい御諭《おさとし》し、〈幸田露伴、五重塔〉

再起不能 さいき－ふのう

意味 再び力を得て活動を始めることができない状態。

構成 「再起」は、再び立ち上がること。失敗した者や重病であった者などが、力をとりもどして活動を始めること。「不能」は、不可能であること。

用例 信秀は、この敗戦でほとんど再起不能にちかい打撃をうけ、その後めだった活動が熄《や》んだ。〈司馬遼太郎、国盗り物語〉

才芸器量 さいげい－きりょう

意味 人間の才知や度量。

構成 「才芸」は、才知と技芸。「器量」は、才能と度量。

用例 平民たりとも武事を好む者はその才芸器量に応じすべて士族となす事、〈島崎藤村、夜明け前〉

対義語 起死回生《きしかいせい》・巻土重来《けんどちょうらい》

最後通牒 さいご－つうちょう

意味 ①国際文書の一つ。外交交渉が不成立に終わろうとするとき、相手国に最後の要求を出し、その無条件受諾を要求するもの。受諾しなければ、自由行動に移るとの意を含む。②転じて、交渉相手に一方的に突きつける要求のたとえ。

構成 「最後」は、最終。「通牒」は、公文書で通知すること。

用例 ①日本政府にとってアメリカの最後通牒と判断された。〈吉村昭、戦艦武蔵〉②いついかなる程度の地震暴風津波洪水が来るか今のところ容易に予知することができない。最後通牒も何もなしに突然襲来するのである。〈寺田寅彦、天災と国防〉

歳歳年年 さいさい－ねんねん

⇩年年歳歳《ねんねんさいさい》

再三再四　さいさん－さいし

意味 幾度も繰り返し。何度も何度も。

構成 「再三」は、二度も三度も。「再四」は、三度も四度も。数字を重ねることで繰り返しを強調したもの。

用例 驚いて連れて行くと、また、ひょろひょろと帰って来、それを再三再四繰りかえしていたと、云《い》う。〈武田麟太郎、釜ヶ崎〉

用法 何度働きかけても応答がない相手をとがめる場合に用いられることが多い。

才子佳人　さいし－かじん

《佳人才子《かじんさいし》》

意味 才知にすぐれた男性と、美しい女性。理想的な男女。

構成 「才子」は、才知のすぐれた男性。「佳人」は、美しい女性。

用例 われわれは団体行動を中止して、才子佳人のために杯を挙げよう！〈尾崎士郎、人生劇場青春篇〉

妻子眷属　さいし－けんぞく

意味 妻や子をはじめとする自分の身内の者全て。

構成 「妻子」は、妻と子。「眷属」は、一族、身内。

用例 国に残る妻子眷属のことが気にかかるものあらば、それもまたお心任せ。〈中里介山、大菩薩峠、竜神の巻〉

用法 自分が守らねばならない者たちを表すのに用いられることが多い。

表記 「妻子眷族」とも書く。

類義語 一族郎党《いちぞくろうとう》・一味徒党《いちみととう》・一家眷属《いっかけんぞく》・親戚眷属《しんせきけんぞく》・親類縁者《しんるいえんじゃ》

才子多病　さいし－たびょう

意味 才知のすぐれた人は、とかく病気がちであるということ。

構成 「才子」は、才知のすぐれた人。「多病」は、病気がちで身体が弱いこと。

用例 美人薄命にして才子多病、大声は里耳《りじ》に入らず、陽春白雪の歌は和する者なし。〈末広鉄腸、雪中梅〉

類義語 佳人薄命《かじんはくめい》・美人薄命《びじんはくめい》

罪障消滅　ざいしょう－しょうめつ

意味 仏教で、生まれ変わって極楽へ行くのに妨げとなる悪い行いが、消え去ること。

構成 「罪障」は、極楽往生の妨げとなるような悪い行い。「消滅」は消えてなくなること。

用例 これで罪障消滅、後生安楽《ごしょうあんらく》と随喜《ずいき》の涙にくれているものばかりであります。〈中里介山、大菩薩峠、東海道の巻〉

最上無二　さいじょう－むに

意味 この世に二つとなく、最もすばらしいこと。

構成 「最上」は、最もよいこと。「無二」は、この世に同じものは二つとないくらいすばらしいこと。

用例 彼らは知らず識《し》らず代弁者にたよることを余儀なくされた。単に余儀なくされたばかりでなく、それにたよることを最上無二の方法であるとさえ信じていた。〈有島武郎、宣言一つ〉

類義語 至大至高《しだいしこう》

才色兼備　さいしょく－けんび

意味 女性が、すぐれた才能と、美しい容姿とを兼ね備えていること。

構成 「才色」は、すぐれた才能と、美しい容姿。「兼備」は、兼ね備えていること。

用例 今から三十五年の昔のことである田舎の退役軍人の家で大事の一人むすこに才色兼備の嫁をもらった。〈寺田寅彦、からすうりの花と蛾〉

用法 男性の視点から見て、女性を誉めるのに用いられることが多い。

細心翼翼　さいしん-よくよく

用例 憐れむべきは誠実律儀なる賈人《こじん》、純良無垢なる青年、細心翼々たる循吏、〈内田魯庵、如是放語〉

⇩小心翼翼《しょうしんよくよく》

祭政一致　さいせい-いっち

意味 神を祭ることと、国家の政治を行うこととは一体であるという考え方。また、その政治形態。

構成 「祭政」は、神を祭ることと、政治。「一致」は、一つであること。

用例 平田派諸先輩の学者達が祭政一致の企てに手を焼いたことをも、〈島崎藤村、夜明け前〉

類義語 政教一致《せいきょういっち》

対義語 政教分離《せいきょうぶんり》

載籍浩瀚　さいせき-こうかん

意味 書物が非常に大部なこと。また、書物の数がきわめて多いこと。

構成 「載籍」は、書物。「載」は、書き記す。「浩瀚」は、書物が非常に大部・大冊なこと。また、多量なこと。「浩」「瀚」ともに、広い。

類義語 汗牛充棟《かんぎゅうじゅうとう》・浩瀚大冊《こうかんたいさつ》・充棟汗牛《じゅうとうかんぎゅう》

洒掃応対　さいそう-おうたい

意味 掃除と、来客の接待。若者が学ぶべき作法。

構成 「洒掃」は、水をまき、ほうきで掃いて、掃除すること。「洒」は、水を注ぐ。「応対」は、来客の接待。

出典 子游《しゆう》曰《い》はく、子夏《しか》の門人小子《しょうし》は、洒埽応対進退に当たりては、則《すなわ》ち可なり、と。〈論語、子張〉（「埽」は、「掃」と同じ）

洒掃薪水　さいそう-しんすい

意味 掃除や炊事をすること。日常の家事。

構成 「洒掃」は、水をまき、ほうきで掃いて、掃除すること。「洒」は、水を注ぐ。「薪水」は、たきぎを取ったり、水を汲んだりして、炊事をすること。「薪」は、たきぎ。

用例 身の上の苦労をさせたり、小供の世話をさせたりするばかりで何一つ洒掃薪水の労に酬《むく》いた事はない。〈夏目漱石、吾輩は猫である〉

災難即滅　さいなん-そくめつ

意味 わざわいが直ちに消え失せること。

構成 「災難」は、わざわい。「即滅」は、すぐに消えてなくなること。

用例 この夜は別して身を浄め、御灯の数を献《ささ》げて、災難即滅、怨敵退散の祈願を籠《こ》めたりしが、〈尾崎紅葉、金色夜叉〉

再拝稽首　さいはい-けいしゅ

用例 天帝が文王に太公望《たいこうぼう》を賜わるとの御言葉があったので、文王は有難いことと御承《おう》けをする、太公望もまた後の方で再拝稽首する。〈幸田露伴、太公望〉

⇩頓首再拝《とんしゅさいはい》

才弁縦横　さいべん-じゅうおう

意味 すぐれた才知や弁舌を、思いのままに巧みに操ることができること。

構成 「才弁」は、才知と弁舌。「縦横」は、思いのままにふるまうようす。

用例 才弁縦横の若い二人を前にして、巧言は徳を紊《みだ》るという言葉を考え、矜《ほこ》らかに我が胸中一片の冰心《ひょうしん》を恃《たの》むのである。〈中島敦、弟子〉

西方浄土　さいほう-じょうど

意味 仏教で、西方の十万億もの仏の国を越えたかなたにあるという、極楽世界。

構成 「西方」は西の方角。「浄土」は、仏教における理想の世界。

用例 この世では禽獣《きんじゅう》の生を享《う》けたが、貴い霊場を棲《す》み家として、朝夕経文

を耳にした為《ため》に、来世には西方浄土に生まれるのだ。〈谷崎潤一郎、二人の稚児〉
【注意】「西方」を「さいほう」と読むのは、仏教用語の慣用。「せいほう」と読むのは、誤り。
【類義語】極楽浄土《ごくらくじょうど》・十万億土《じゅうまんおくど》

済民救世　さいみん－きゅうせい

【用例】我が諸作は多くは此の憂世の情に発せしもの、縦令《たとひ》済民救世の志ある仁人君子の域たる能《あた》はざるも〈内田魯庵、社会百面相、附録『破垣』に就て〉

昨非今是　さくひ－こんぜ

《今是昨非《こんぜさくひ》》
【意味】今までの間違いに気づき、今になって正しいことを悟ったこと。
【構成】「昨非」は、昨日までは間違っていたこと。「今是」は、今は正しいこと。
【用例】昨非今是、過ちて改むるにはばかるなかれ、とて、超然として脱走の夢を破り、〈福沢諭吉、丁丑公論〉
【類義語】豁然大悟《かつぜんたいご》

左顧右視　さこ－うし

【意味】むやみに左右を見渡すこと。ぐずぐずしているようすのたとえ。

【構成】「左顧」は、左の方を振り返って見ること。「右視」は、右の方を見ること。

【類義語】右往左往《うおうさおう》・右顧左眄《うこさべん》・左顧右眄《さこうべん》・左視右瞻《さしうせん》・左眄右顧《さべんうこ》

左顧右眄　さこ－うべん

⇩右顧左眄《うこさべん》
【用例】とつおいつする癖《くせ》に、既に決心したとなると、男のように左顧右眄しないで、〈森鷗外、青年〉

左視右瞻　さし－うせん

⇩左瞻右視《させんうし》

座食逸飽　ざしょく－いっぽう

【意味】何もしないで、腹一杯食べる。働かずぶらぶらして安楽な暮らしをすることのたとえ。

【構成】「座食」は、働かずに食うこと。「逸飽」は、満腹して満ち足りた状況を楽しむこと。「逸」は、ここでは、安んずる。

【用例】農民は国の本なれども、工商の二民は僅《わづ》かに賦を出すか出さずして坐食飽逸、理に於《お》いてあるまじきことなりとて、頻《しき》りに工商を咎《とが》むれども、〈福沢諭吉、文明論之概略〉

【表記】従来は「坐食逸飽」と書くのが普通であったが、現在では常用漢字の「座」に書き換える。

【類義語】拱手傍観《きょうしゅぼうかん》・袖手傍観《しゅうしゅぼうかん》・酔生夢死《すいせいむし》・走尸行肉《そうしこうにく》

座薪懸胆　ざしん－けんたん

【意味】たきぎの上に座り、苦いきもを寝床の上に懸けて寝起きのたびになめる。①かたきを討つため、自分の身を苦しめてその志が衰えないように励ますことのたとえ。②目的を達成するために苦労に耐えることのたとえ。

【構成】漢文訓読では、「薪《たきぎ》に座して胆《きも》を懸く」と読む。「座薪」は、たきぎの上に座ること。「懸胆」は、寝床の上に苦いきもを懸けておくこと。寝起きのたびになめて、恨みを忘れないためという。「胆」は、内臓の一つ、胆嚢《たんのう》。

【故事】「臥薪嘗胆《がしんしょうたん》」の故事欄参照。

【表記】従来は「坐薪懸胆」と書くのが普通であったが、現在では常用漢字の「座」に書き換える。

【類義語】臥薪嘗胆《がしんしょうたん》

左瞻右視　させん－うし

《左視右瞻《さしうせん》》
【意味】左右を見渡してばかりいること。他人の心や周囲の情勢をうかがってぐずぐずしているようすのたとえ。

構成「左瞻」「左視」は、左の方を見ること。「右視」「右瞻」は、右の方を見ること。「瞻」は、見る。
用例 彼は益々《ますます》急に左瞻右視して窺《うかが》ひつ。〈尾崎紅葉、続金色夜叉〉
類義語 右往《うおう》左往《さおう》・右顧左眄《うこさべん》・左顧右視《さこうし》・左顧右眄《さこうべん》・左眄右顧《さべんうこ》

雑然紛然　ざつぜん-ふんぜん

《紛然《ふんぜん》雑然《ざつぜん》》
意味 いろいろ入り交じってごたごたとしていること。
構成「雑然」は、いろいろ入り交じっていること。「紛然」は、入り乱れてごたごたしていること。
用例 すべてが実に雑然紛然としている。成る程ここには建築物として立派なものがある。しかしその一つでも殆《ほと》んど他と調和したものがない。〈島崎藤村、海へ〉
類義語 種種雑多《しゅじゅざった》・参差錯落《しんしさくらく》・紛擾雑駁《ふんじょうざっぱく》

殺伐激越　さつばつ-げきえつ

意味 楽音などが荒々しく激しいこと。
構成「殺伐」は、人を殺すほどに荒々しいこと。「激越」は、楽音などが激しいこと。
用例 誠に殺伐激越、南音に非《あら》ずして北声に類するものだ。弾者の荒怠暴恣《こうたいぼうし》の心状をこれ程明らかに映し出したものはない。〈中島敦、弟子〉
類義語 狂悖暴戻《きょうはいぼうれい》・凶暴剽悍《きょうぼうひょうかん》・荒怠暴恣《こうたいぼうし》・暴戻恣睢《ぼうれいしき》

左眄右顧　さべん-うこ

⇩右顧左眄《うこさべん》
用例 諸君、須《すべから》く今の社会を左眄右顧して一考せよ、今の社会には内行最も謹まざるものが却って道義を飾って君子顔する事なきや、〈内田魯庵、社会百面相、附録『破垣』に就て〉

沙羅双樹　さら-そうじゅ

意味 釈迦《しゃか》が涅槃《ねはん》に入る際、その四方に二本ずつあったという木。釈迦が涅槃に入るや、時ならぬ白い花を開いたという。
構成「沙羅」は、梵語《ぼんご》からの音訳語。「双樹」は、二本の木。
用例 私は親鸞《しんらん》や日蓮《にちれん》と一しょに、沙羅双樹の花の陰も歩いています。〈芥川竜之介、神々の微笑〉

三界乞食　さんがい-こつじき

意味 仏教で、他人の助けなしには、この世界のどこにも食が得られない状態。
構成「三界」は、この世。世界。「乞食」は、食を乞い求めること。
用例 最後は三界乞食の境界に没入《はい》る覚悟があれば、それで可。〈島崎藤村、春〉
注意「三界」を「さんがい」、「乞食」を「こつじき」と読むのは、仏教用語の慣用。「さんかい」「きつしょく」などと読むのは、誤り。

三界無宿　さんがい-むしゅく

意味 仏教で、この世界のどこにも住む家がないこと。
構成「三界」は、この世。世界。「無宿」は、住む家がないこと。
用例 もう歳も歳だし、子供も大きくなったし、それに三界無宿の身で、今少し何とか考えねばならぬのだが、〈若山牧水、貧乏首尾無し〉
注意「三界」を「さんがい」と読むのは、仏教用語の慣用。「さんかい」と読むのは、誤り。
類義語 鰥寡孤独《かんかこどく》・天涯孤独《てんがいこどく》

三角関係　さんかく-かんけい

意味 三者の間の関係。特に、三人の男女間の複雑な恋愛関係。
構成「三角」は、三者。「関係」は、ここでは、もっぱら恋愛関係を示す。
用例 たとえば三角関係などは近代的恋

愛の一例ですからね。〈芥川竜之介、或恋愛小説〉

山岳重畳 さんがく－ちょうじょう

[意味] 山々が幾重にも連なっていること。
[構成] 「山岳」は、山々。「重畳」は、幾重にも重なること。
[用例] この近江の大半を占める大湖は、東岸を平野とし、西岸を山岳重畳の地帯としている。〈司馬遼太郎、国盗り物語〉
[注意] 「重畳」を「じゅうじょう」と読むのは、誤り。

三寒四温 さんかん－しおん

[意味] 冬季・晩秋・初春のころ、三日ほど寒い日が続けばその後四日ほど暖かい日が続くこと。中国北部や朝鮮半島北部などによく現れる気候現象。
[構成] 「三寒」は、寒い日が三日続くこと。「四温」は、暖かい日が四日続くこと。
[用例] 三寒四温の温に向いたが、近ごろになく、小春日和になりそうな、朝でもあった。〈川端康成、舞姫〉
[用法] だんだん春が近づくことを表すのに用いられることが多い。

散官遊職 さんかん－ゆうしょく

[意味] 名ばかりでほとんど仕事のない官職。
[構成] 「散官」は、位階のみあって実際の職務のない官吏・官職。「遊職」は、ろくに仕事のない官職。
[用例] すべて古式な散官遊職は続々廃止されて、西洋陸軍の制度に旗本の士を改造する方針が立てられた。〈島崎藤村、夜明け前〉

残虐非道 ざんぎゃく－ひどう

⇩残虐無道《ざんぎゃくむどう》
[用例] 何の理由もないのに残虐非道の所業を敢《あ》えてして少しも憚《はばか》らないというのが、どうやら人間の嘘いつわりのないところらしい。〈高橋義孝、死と日本人〉

残虐無道 ざんぎゃく－むどう

《残虐非道《ざんぎゃくひどう》》
[意味] 道徳にそむいてむごたらしいこと。
[構成] 「残虐」は、むごたらしいこと。「残」は、ここでは、思いやりがない。「無道」「非道」は、道徳にそむいていること。
[用例] 私たちの怨みの内容が、どんなに深刻な、残虐無道な校長先生のなさり方に対する反抗であるのかを、〈夢野久作、少女地獄〉
[類義語] 残酷非道《ざんこくひどう》・残忍酷薄《ざんにんこくはく》・残忍薄行《ざんにんはっこう》・残忍非道《ざんにんひどう》・残忍冷酷《ざんにんれいこく》・暴虐非道《ぼうぎゃくひどう》

三綱五常 さんこう－ごじょう

[意味] 三つと五つとに数えあげられる、人として守るべき大切な道。
[構成] 「三綱」は、君臣・父子・夫婦の道。「五常」は、仁・義・礼・智・信。
[用例] 絶間無き騒動の中に狼藉《ろうぜき》として戯れ遊ぶ為体《ていたらく》は、三綱五常も糸瓜《へちま》の皮と地に塗《まみ》れて、〈尾崎紅葉、金色夜叉〉

山光水色 さんこう－すいしょく

[意味] 山や水の景色。山水の美。
[構成] 「山光」は、山の景色。「水色」は、水の景色。
[用例] 山岳地の宿屋は、山光水色の美しさを呼び物にして、〈小島烏水、上高地風景保護論〉
[類義語] 高山流水《こうざんりゅうすい》・山紫水明《さんしすいめい》・山容水態《さんようすいたい》

山高水長 さんこう－すいちょう

[意味] 山が高く、川が長い。人品節操の高潔なことをたとえていう、ほめことば。
[構成] 「山高」は、山が高いこと。「水長」は、川の流れが長いこと。
[出典] 歌に曰《い》はく、雲山蒼蒼《そうそう》として、江水泱泱《おうおう》たり、先生の風、山高く水長し、

さ

と。〈北宋、范仲淹、厳先生祠堂記〉

残酷非道　ざんこく－ひどう

意味　道理や人情にそむいてむごいこと。

構成　「残酷」は、むごいこと。「残」は、ここでは、思いやりがない。「非道」は、道理や人情にそむくこと。

用例　あの狂人焚殺《ふんさつ》の絵に描いてあるような残酷非道な精神病者の取扱い方が、二十世紀の今日においても、〈夢野久作、ドグラ・マグラ〉

類義語　残虐非道《ざんぎゃくひどう》・残虐無道《ざんぎゃくむどう》・残忍非道《ざんにんひどう》・残忍酷薄《ざんにんこくはく》・残忍薄行《ざんにんはっこう》・残忍冷酷《ざんにんれいこく》・暴虐非道《ぼうぎゃくひどう》

三三五五　さんさん－ごご

意味　人や家などがあちらこちらにばらばらに散らばっているようす。

構成　あちらに「三」人、こちらに「五」人というところから。

出典　岸上誰が家の遊冶郎《ゆうやろう》ぞ、三三五五垂楊に映ず。〈唐、李白、採蓮曲〉

用例　路傍には同じように屋台店が並んでいるが、ここでは酔漢の三々五々隊をなして歩むこともなく、彼処では珍しからぬ血まみれ喧嘩もここでは殆ど見られない。〈永井荷風、濹東綺譚〉

三思九思　さんし－きゅうし

意味　何度も繰り返しじっくりと考えること。

構成　「三思」も、「九思」も、何度もじっくり考えること。「三」と「九」とを重ねることで、何度も考えるという意を強調したもの。

用例　芭蕉は平生一句一語にも三思九思していたのである。〈幸田露伴、芭蕉入門〉

類義語　審念熟慮《しんねんじゅくりょ》・千思万考《せんしばんこう》・沈思黙考《ちんしもっこう》

山紫水明　さんし－すいめい

意味　山が紫色に見え、川が透き通って見えること。山水の景色の、日に映えて清く美しいようすのたとえ。

構成　「山紫」は、山が日に映えて美しく紫色に見えること。「水明」は、川が清く透き通っていること。

用例　前は瀬戸内海、うしろは石槌山《いしづちやま》、山紫水明の場所です。〈川口松太郎、新吾十番勝負〉

用法　四季折々の自然の美しさを表すのに用いられることが多い。

類義語　高山流水《こうざんりゅうすい》・山光水色《さんこうすいしょく》・山容水態《さんようすいたい》

三者鼎立　さんしゃ－ていりつ

意味　三つのものが並び立って対立すること。

構成　「三者」は、三つのもの。「鼎立」は、かなえの三本の足のように並び立って、対立すること。「鼎」は、かなえ。

三十六計　さんじゅうろっ－けい

意味　①さまざまな計略をめぐらすこと。②転じて、あれこれ計画せずに、逃げること。

構成　「三十六計逃《に》ぐるに如《し》かず」の略。「三十六計」は、あれこれ計画すること。

出典　予、又戯《たはむ》れて曰《い》はく、兵法に在りて如何《いかん》、と。淵才《えんさい》曰はく、三十六計、走るを上計と為《な》す、と。〈冷斎夜話〉

用例　①とてもむだと悟っては、もはや争はず、韓信《かんしん》流に負けて匍匐《ほふく》し、さもなければ三十六計のその髄一をとりて逃げつ。〈徳冨蘆花、不如帰〉

用法　「三十六計逃げるが勝ち」という形で、なまじ策略をめぐらすよりも簡単に行動した方がよいことを表すことが多い。

斬新奇抜　ざんしん－きばつ

意味　非常に新しく、普通でないこと。

構成「斬新」は、非常に新しいこと。「奇抜」は、なみなみでないこと、思いもよらないこと。
用例 正直のところを言うとけっして吾が輩の独創でもなければ、斬新奇抜な療法でもないのだ。〈夢野久作、ドグラ・マグラ〉
対義語 平平凡凡《へいへいぼんぼん》・平凡陳腐《へいぼんちんぷ》

山精木魅　さんせい-もくみ

意味 山の霊と木の精。山野の自然の精霊たちの総称。
構成「山精」は、山の精霊。「木魅」は、木の精霊。
用例 夜は山精木魅の出《い》でて遊ぶを想はしむる、陰森凄幽《いんしんせいゆう》の気を凝《こ》らすに反してこの霽朗《せいろう》なる昼間の山容水態《さんようすいたい》は、明媚《めいび》争《いかで》か画《が》も如《し》かん、〈尾崎紅葉、続続金色夜叉〉
類義語 悪鬼羅刹《あっきらせつ》・異類異形《いるいいぎょう》・怨霊怪異《おんりょうかいい》・怪力乱神《かいりょくらんしん》・牛頭馬頭《ごずめず》・狐狸妖怪《こりようかい》・魑魅魍魎《ちみもうりょう》・妖異幻怪《よういげんかい》・妖怪変化《ようかいへんげ》

三世因果　さんぜ-いんが

意味 仏教で、過去・現在・未来の三世にわたって、善悪の報いを受けるということ。
構成「三世」は、過去・現在・未来。「因果」は、悪行や善行が原因となって、それにふさわしい報いを受けること。
用例 曲亭の作はをさをさ三世因果の説によれり。「八丈綺談」「春蝶奇縁」「累解脱」等を見てもしるけし。〈坪内逍遥、小説三派〉
注意「三世」を「さんぜ」と読むのは、仏教用語の慣用。
類義語 因果因縁《いんがいんねん》・因果応報《いんがおうほう》・因果覿面《いんがてきめん》・応報覿面《おうほうてきめん》・輪回応報《りんねおうほう》

三世十方　さんぜ-じっぽう

意味 仏教で、限りなく広い時間と空間の全て。
構成「三世」は、過去・現在・未来。「十方」は、宇宙。
用例 おいらの目も安物じゃねえが、み仏のおん目は、三世十方お見通しだぜ。〈佐々木味津三、右門捕物帖、開運女人地蔵〉

三千世界　さんぜん-せかい

意味 ①仏教で、須弥山《しゅみせん》を囲む広大な世界。②転じて、広い世界全体。
構成「三千」は、千の三乗。我々の住んでいる世界が千集まって「小千世界」となり、それがさらに千集まって「中千世界」となり、それがさらに千集まって「大千世界」となる。「世界」は、広い世界全体。
用例 ②美濃の斎藤道三ほどの悪党は、三千世界をかけめぐってもまず居まい、というようなわるくちを言いふらした。〈司馬遼太郎、国盗り物語〉

山川草木　さんせん-そうもく

意味 自然の景色や植物の総称。
構成「山川」は、山と川。山水の景色。「草木」は、草と木。転じて、植物。
用例 でありますから老若男女、山川草木、豚も鶏も同じにやられるのです。〈石原完爾、最終戦争論、戦争史大観〉
用法 都市などの人工的なものに対置する存在として用いられることが多い。
類義語 禽獣草木《きんじゅうそうもく》・草木禽獣《そうもくきんじゅう》

残息奄奄　ざんそく-えんえん

意味 息も絶え絶えで、今にも死にそうなこと。
構成「残息」は、死ぬ間際の呼吸。「奄奄」は、息がふさがって絶えそうなようす。
注意「奄奄」を「延延」と書くのは、誤り。
類義語 気息奄奄《きそくえんえん》・半死半生《はんしはんしょう》・半生半死《はんしょうはんし》・満身創痍《まんしんそうい》・薬石無功《やくせきむこう》

三段論法　さんだん−ろんぽう

意味 大前提と小前提から結論を導き出す推論の形式。
構成「三段」は、三つの段階。「論法」は、議論の方法。
用例 ヘルシウムマットン博士の御所説は実に三段論法の典型であります。まず博士の神学を挙げて二度之《これ》を満場に承認せしめこれを以《もっ》て大前提とし次にビヂテリアンが之に背くことを述べて小前提とし最后《さいご》にビヂテリアンが故に神に背くことを断定し〈宮沢賢治、ビヂテリアン大祭〉

残忍酷薄　ざんにん−こくはく

意味 むごくて思いやりがなく、情が薄いこと。
構成「残忍」は、むごいこと。「残」は、ここでは、思いやりがない。「残」「忍」ともに、ここでは、思いやりがない。「酷薄」は、むごくて情が薄いこと。
用例 これが為《ため》に慰めらるるとにはあらねど、その行へる残忍酷薄の人の道に欠けたるを知らざるにあらぬ貫一は、〈尾崎紅葉、金色夜叉〉
表記「残忍刻薄」とも書く。
類義語 残虐非道《ざんぎゃくひどう》・残虐無道《ざんぎゃくむどう》・残酷非道《ざんこくひどう》・残忍薄行《ざんにんはっこう》・残忍非道《ざんにんひどう》・残忍冷酷《ざんにんれいこく》・暴虐非道《ぼうぎゃくひどう》

残忍薄行　ざんにん−はっこう

意味 むごくて人情味がないこと。
構成「残忍」は、むごいこと。「残」「忍」ともに、ここでは、思いやりがない。「薄行」は、人情味のないしうち。
用例 残忍薄行の男よと名立てられ、遂には身にふりかかる禍のあらんかと恐ろしく、魏国へ走りし例もあり。〈尾崎紅葉、二人比丘尼色懺悔〉
類義語 残虐非道《ざんぎゃくひどう》・残虐無道《ざんぎゃくむどう》・残酷非道《ざんこくひどう》・残忍酷薄《ざんにんこくはく》・残忍非道《ざんにんひどう》・残忍冷酷《ざんにんれいこく》・暴虐非道《ぼうぎゃくひどう》

残忍非道　ざんにん−ひどう

意味 道理や人情に背き、むごいこと。
構成「残忍」は、むごいこと。「残」「忍」ともに、ここでは、思いやりがない。「非道」は、道理や人情にそむくこと。
用例 この何よりも身近で親しい残忍非道な幻影に私は身を打ちまかせた。〈三島由紀夫、仮面の告白〉
類義語 残虐非道《ざんぎゃくひどう》・残虐無道《ざんぎゃくむどう》・残酷非道《ざんこくひどう》・残忍酷薄《ざんにんこくはく》・残忍薄行《ざんにんはっこう》・残忍冷酷《ざんにんれいこく》・暴虐非道《ぼうぎゃくひどう》

残忍冷酷　ざんにん−れいこく

意味 情愛が薄くむごいこと。
構成「残忍」は、むごいこと。「残」「忍」ともに、ここでは、思いやりがない。「冷酷」は、情愛がうすくむごいこと。
用例 大恩ある叔父を執念深く附け狙って殺すというような残忍冷酷を極めた、〈夢野久作、復讐〉
類義語 残虐非道《ざんぎゃくひどう》・残虐無道《ざんぎゃくむどう》・残酷非道《ざんこくひどう》・残忍酷薄《ざんにんこくはく》・残忍薄行《ざんにんはっこう》・残忍非道《ざんにんひどう》・暴虐非道《ぼうぎゃくひどう》

残念至極　ざんねん−しごく

意味 これ以上ないほど心残りなこと。
構成「残念」は、思いが残ること。「至極」は、きわまり。最上。
用例 青年日本の姿は遂に見られないのであるか。残念至極である。〈海野十三、海野十三敗戦日記〉
注意「至極」を「しきょく」と読むのは、誤り。
類義語 遺憾千万《いかんせんばん》・無念千万《むねんせんばん》

三拝九拝　さんぱい−きゅうはい

意味 何度もおじぎをする。①深い敬意を表すこと。②卑屈なまでに人のご機嫌をとることのたとえ。

構成「三拝」も「九拝」も、ともに何度もおじぎをすること。三と九とを重ねることで何度もおじぎをすることを強調したもの。
用例 ①よっぽど信仰の深い僧侶《そうりょ》さんが、三拝九拝しながら写したもんですね。〈夢野久作、悪魔祈禱書〉②プルウストだって出版屋には三拝九拝だったじゃないか、〈太宰治、もの思う葦〉

残杯冷炙 ざんぱい-れいしゃ

意味 飲み残しの酒と冷えた肉。ひどい待遇をされて、恥辱をうけることのたとえ。
構成「残杯」は、飲み残しの酒。「冷炙」は、焼きざましのあぶり肉。「炙」は、あぶった肉。
用例 私はもう、二十年ちかくも大鰐《おおわに》温泉を見ないが、いま見ると、やはり浅虫《あさむし》のように都会の残杯冷炙に宿酔してあれている感じがするであろうか。〈太宰治、津軽〉
類義語 刀杖瓦石《とうじょうがせき》・煩労汚辱《はんろうおじょく》

三百代言 さんびゃく-だいげん

意味 ①わずかな金銭で動く低級な弁護士。②転じて、口先で人をごまかす者を卑しめていう。
構成「三百」は、わずかな金銭。「代言」は、明治初期に無免許だった代言人の略。後には、弁護士の旧称。
用例 ①「法律相談」の主人は、知合いの弁護士の名前だけ借用して、手近な三百代言をやっている。〈尾崎士郎、人生劇場青春篇〉②人の金を当てにするなと言ったのは三百代言になるなという意味なんだよ。〈井上靖、射程〉
用法 口のうまい者に対して、批判的な意味合いで用いられることが多い。
類義語 擠陥讒誣《せいかんざんぶ》・朝三暮四《ちょうさんぼし》

賛否両論 さんぴ-りょうろん

意味 賛成と、反対と、両方の意見。
構成「賛否」は、賛成と、反対。「両論」は、両方の意見。
用例 初め賛否両論の間に立って彼は迷っていたが、〈阿川弘之、山本五十六〉
用法 事の是非を決めかねるような場面で用いられることが多い。
類義語 甲論乙駁《こうろんおつばく》・諸説紛紛《しょせつふんぷん》
対義語 衆議一決《しゅうぎいっけつ》・衆口一致《しゅうこういっち》・満場一致《まんじょういっち》

讒謗罵詈 ざんぼう-ばり

⇩罵詈讒謗《ばりざんぼう》
用例 斯《か》く申さば讒謗罵詈礼を知らぬしれ者と思ふ人もあるべけれど実際なれば致し方無之《これなく》候《さうらふ》。〈正岡子規、歌よみに与うる書〉

三位一体 さんみ-いったい

意味 ①キリスト教で、神・キリスト・聖霊の三者は元来一つのものであるとする考え。②転じて、三つの異なるものが、一つになること。
構成「三位」は、三つのもの。特にキリスト教では、神・キリスト・聖霊の三者。「一体」は、一つになること。
用例 ①この奇蹟を信ぜざることを得ないとすれば、三位一体のドグマも信ぜられない筈《はず》がなくなると云《い》うのである。〈森鷗外、青年〉②当時、野球とアメリカと民主主義は、三位一体のごとき印象で私たちの周囲に充満していた。〈五木寛之、風に吹かれて〉
注意「三位」は、慣用的に「さんみ」と読む。「三」の古い音読みが「さむ」に近いため、直後の「位」がそれと結びついて「み」と読まれるようになったもの。
類義語 渾然一体《こんぜんいったい》・相即不離《そうそくふり》・表裏一体《ひょうりいったい》

三面記事 さんめん-きじ

意味 新聞の社会記事。

構成「三面」は、第三ページ。「記事」は、事実をありのままに書き記した文。昔、新聞が四面構成の折には、第三面に社会記事を載せたことからいう。

用例 とくに、強盗事件の記事がのっている、いわゆる三面記事には、最大の注意をはらった。〈井上ひさし、ブンとフン〉

三面六臂　さんめん-ろっぴ

意味 ①顔が三つ、腕が六本あること。②転じて、一人で何人分もの働きをすること。

構成「三面」は、三つの顔。「六臂」は、六本の腕。転じて、何人分もの働きをすることをいう。

用例 ①或《あ》るいは牛頭《ごず》、或いは馬頭《めず》、或いは三面六臂の鬼の形が、音のせぬ手を拍《た》き、声の出ぬ口を開いて、私を虐《さいな》みに参りますのは、〈芥川竜之介、地獄変〉②三面六臂の目ざましい働きをした処が、急に味方の勝利になるではなし、〈尾崎紅葉、二人比丘尼色懺悔〉

類義語 八面六臂《はちめんろっぴ》

山容水態　さんよう-すいたい

意味 山水の景色。

構成「山容」は、山の姿。「水態」は、川・池・沼・湖などの水の姿。

用例 この霽朗《せいろう》なる昼間の山容水態は、明媚《めいび》争《いかで》か画《が》も如《し》かん、〈尾崎紅葉、続続金色夜叉〉

類義語 高山流水《こうざんりゅうすい》・山光水色《さんこうすいしょく》・山紫水明《さんしすいめい》

し

自愛自重　じあい-じちょう

⇩自重自愛《じちょうじあい》

用例 御忙しいことと察してる　偏《ひとへ》に自愛自重を惟《こ》れ祈る〈阿川弘之、山本五十六〉

思案投首　しあん-なげくび

意味 いい考えが浮かばなくて困っていること。

構成「思案」は、思い。考え。「投首」は、ほとほと困っているようす。

用例 一ぱし作者気どりの思案投首のていでいるほどなのだから、〈石川淳、葦手〉

用法 複数の人間が集まって、なすすべがなく困っている状態を表すのに用いられることが多い。

注意「投首」を「とうしゅ」と読むのは、誤り。

詩歌管弦　しいか-かんげん

意味 漢詩・和歌・音楽。また、風流なものの総称。

構成「詩歌」は、漢詩と和歌。「管弦」は、笛などの管楽器と、琴などの弦楽器。転じて、音楽。

用例 その代わりまた、詩歌管絃の道に長じてさえ居りますれば、無位無官の侍《さむらい》でも、身に余るような御褒美《ごほうび》を受けた事がございます。〈芥川竜之介、邪宗門〉

表記 従来は「詩歌管絃」と書くのが普通であったが、現在では常用漢字の「弦」に書き換える。

尸位素餐 しい-そさん

意味 位についているだけで、職責を果たさず、いたずらに俸禄を得ていること。

構成「尸位」は、人がかたしろとなって、仮に神霊の位につくこと。転じて、職責を果たさず、空しく位にあること。「尸」は、祖先を祀るとき、霊の代わりになる者。「素餐」は、いたずらに食を得ていること。「餐」は、食べ物。

出典 雲曰《い》はく、今、朝廷の大臣、上は主を匡《ただ》す能《あた》はず、下は以《もっ》て民を益する亡《な》し。皆《みな》尸位素餐なり、と。〈漢書、朱雲伝〉

用例 何分徳川氏二百余年の太平が大毒を成して、其《そ》の武家や武士は皆尸位素餐、〈横河秋濤、開化の入口〉

類義語 徒食無為《としょくむい》・伴食宰相《ばんしょくさいしょう》・伴食大臣《ばんしょくだいじん》・無為徒食《むいとしょく》・無芸大食《むげいたいしょく》

私怨私欲 しえん-しよく

意味 個人のうらみや欲望。

構成「私怨」は、個人のうらみ。「私欲」は、個人の欲望。

用例 私怨私欲のための殺人でなく、国家のために、止むを得ざるに出でた殺人であるから、〈菊池寛、仇討禁止令〉

用法 個人的な感情に基づく行動を批判する意味合いで用いられることが多い。

表記 従来は「私怨私慾」と書くのが普通であったが、現在では常用漢字の「欲」に書き換える。

四海兄弟 しかい-けいてい

意味 世界中の人々がみな、兄弟のように親しいこと。

構成「四海」は、四方の海。転じて、天下。「兄弟」は、きょうだい。

出典 君子敬して失ふこと無く、人と恭《うやうや》しくして礼有らば、四海の内、皆《みな》兄弟なり。君子何ぞ兄弟無きを患《うれ》へんや。〈論語、顔淵〉

用例 一視同仁《いっしどうじん》四海兄弟と云《い》へば、此《こ》の地球は恰《あたか》も一家の如《ごと》く、地球上の人民は等しく兄弟の如くにして、〈福沢論吉、文明論之概略〉

注意「兄弟」は慣用的に「けいてい」と読む。「きょうだい」と読むのは誤り。

類義語 四海同胞《しかいどうほう》

四海天下 しかい-てんか

意味 全世界。世間の全て。

構成「四海」「天下」ともに、世界・世間全てをいう。

用例 うららかな春日は一流れの雲も見えぬ深き空より四海天下を一度に照らして、〈夏目漱石、吾輩は猫である〉

類義語 一天四海《いってんしかい》

四海同胞 しかい-どうほう

意味 世界中の人々は皆兄弟のように、親しい関係にあるということ。

構成「四海」は、四方の海。転じて、天下。「同胞」は、同じ母から生まれたもの。兄弟姉妹。

用例 それは人類が一にならんとする傾向である。四海同胞の理想を実現せんとする人類の心である。〈徳冨蘆花、謀叛論〉

類義語 四海兄弟《しかいけいてい》

四角四面 しかく-しめん

意味 非常にまじめで融通がきかないこと。

構成「四角」は、ここでは、四つの角がは

っきりしていること。「四面」は、ここでは、四つの面がはっきりしていること。併せて、はっきりしすぎて融通がきかないことを表す。

用例 学校を出た頃《ころ》の彼は、非常に四角四面で、始終堅苦しく構えていたから、〈夏目漱石、硝子戸の中〉

類義語 杓子定規《しゃくしじょうぎ》・馬鹿正直《ばかしょうじき》

自画自賛 じが-じさん

意味 自分で自分をほめること。

構成 「自画」は、自分で描いた絵。「自賛」は、もと「自讃」で、自分で自分のほめことばを書くこと。「讃」は、ほめことば。

用例 やたらに続けて唄うのである。私は奇妙に思った。まるで、自画自讃ではないか。〈太宰治、作家の手帖〉

表記 従来は「自画自讃」と書くのが普通であったが、現在では常用漢字の「賛」に書き換える。

自家撞着 じか-どうちゃく

《自己撞着《じこどうちゃく》》

意味 自分の言動が前と後とでくいちがって、つじつまがあわないこと。

構成 「自家」「自己」は、自分。「撞着」は、つきあたること。

出典 須弥山《しゅみせん》は高くして嶺《ねみ》を見《あらは》さず、大海の水は深くして底を見さず。土を簸《あ》げ塵を揚げ尋ぬる処無く、頭《かう》べを回《めぐ》らして撞着す自家底。〈禅林類聚〉

用例 なあんだ、若旦那。自家撞着していますぜ。さっきご自分で批評がきらひだなんておっしやってた癖《くせ》に、〈太宰治、お伽草紙〉

注意 「撞着」は、「とうちゃく」「どうじゃく」とも読む。

類義語 自家撲滅《じかぼくめつ》・自己矛盾《じこむじゅん》

対義語 終始一貫《しゅうしいっかん》・首尾一貫《しゅびいっかん》

自家撲滅 じか-ぼくめつ

意味 自分の言動が、前後でくいちがって矛盾していること。自分で自分の言動に反することをすること。

構成 「自家」は、自分の家。転じて、自分。「撲滅」は、うちほろぼすこと。

用例 「マアそれは今言ッても無駄だ、お前さんが腹を極めてからの事にしよう」ト自家撲滅、文三はフト首を振り揚げて、〈二葉亭四迷、浮雲〉

類義語 自家撞着《じかどうちゃく》・自己撞着《じこどうちゃく》・自己矛盾《じこむじゅん》

自家薬籠 じか-やくろう

意味 自分の薬箱の中にある薬品。自分の思うままにできるもののたとえ。また、自分に手なずけて、思うままにできる人物のたとえ。

構成 「自家」は、自分の家。転じて、自分。「薬籠」は、ここでは「薬籠中の物」の略で、薬箱の中の薬品。

用例 如何《いか》なる良家の夫人、令嬢でも、一度狙ったら最後、必ず自家薬籠中のものとして終《しま》う手腕に至っては団員の斉《ひと》しく舌を巻いておるところであります。〈夢野久作、暗黒公使〉

用法 「自家薬籠中の物」という形で、いつでも思うままに利用できるものを表すのに用いられることが多い。

只管打座 しかん-たざ

意味 他のことを考えず、ただひとすじに座禅すること。

構成 「只管」は、ただひたすら。いちずに一つのことに専念すること。「打座」は、仏教で、座禅すること。

用例 山中独居の禅僧が、面壁数年、只管打坐に徹しても、かすみを食って生きられるはずはない。〈水上勉、一休〉

注意 「打座」を「だざ」と読むのは、誤り。

表記 従来は「只管打坐」と書くのが普通であったが、現在では常用漢字の「座」に書き換える。

類義語 一心精進《いっしんしょうじん》・帰命頂礼《きみょうちょうらい》・

し

精進勇猛《しょうじんゆうみょう》・大死一番《だいしいちばん》・勇猛精進《ゆうみょうしょうじん》

士気高揚 しき-こうよう

【意味】兵士の意気を盛んにすること。また、人々の意気を高くあげること。

【構成】「士気」は、兵士の元気。また、一般の人の意気。「高揚」は、高くあげること。盛んにすること。

【用例】乗組員の士気昂揚のために多少の意義はあったが、〈吉村昭、戦艦武蔵〉

【用法】現在では、スポーツや営業活動など、集団の意気が盛んになることにも用いられる。

【注意】「士気」を「志気」と書くのは、誤り。

【表記】従来は「士気昂揚」と書くのが普通であったが、現在では常用漢字の「高」に書き換える。

【類義語】旗鼓堂堂《きこどうどう》

市気匠気 しき-しょうき

【意味】こびへつらい、相手に気に入られようとする気持ち。

【構成】「市気」は、こびへつらう気持ち。「市」は、町。俗世間。「匠気」は、意識して好評を得ようとする気持ち。「匠」は、もくろみ、技巧。

【用例】市気匠気のある絵画がなぜ下品かと云《い》うと、その画面に何らの理想があらわれておらんからである。〈夏目漱石、文芸の哲学的基礎〉

【類義語】阿諛迎合《あゆげいごう》・阿諛追従《あゆついしょう》・阿諛弁佞《あゆべんねい》・内股膏薬《うちまたこうやく》・巧言令色《こうげんれいしょく》・八方美人《はっぽうびじん》・二股膏薬《ふたまたこうやく》

時期尚早 じき-しょうそう

【意味】まだ時期が早過ぎること。適当な時期がまだ来ていないこと。

【構成】「時期」は、とき。ころあい。「尚早」は、まだ早いこと。

【用例】まだ病院はそんな祝典をあげるほど安泰ではないとして、時期尚早としてこの案を取りあげてくれなかったのだ。〈北杜夫、楡家の人びと〉

【表記】「時機尚早」と書くこともあるが、一般には誤用とされる。

【対義語】時機到来《じきとうらい》

色即是空 しき-そくぜ-くう

【意味】仏教で、この世の全ての有形の事物の本質は、空無であるということ。

【構成】「色」は、仏教で、形に表れた全てのもの。「空」は、実体がないこと。「即是」は、とりもなおさず～である、という意味。世の中の全ての物事は因縁によって生起する仮の姿で、実体がないという仏教の考え方による。

【出典】色空に異ならず、空色に異ならず。色即是空、空即是色。〈般若心経〉

【用例】人生は空《くう》かも知れないが、そして色即是空かも知れないが、このよろこびは何処からくる。〈武者小路実篤、友情〉

【類義語】空即是色《くうそくぜしき》

時機到来 じき-とうらい

《好機到来《こうきとうらい》》

【意味】ちょうどよい機会がめぐってくること。

【構成】「時機」「好機」は、適当な時期、ころあい。「到来」は、やってくること。

【用例】二日目の朝、見知り越しの金貸しが来てお政を連れ出して行く。時機到来……今日こそは、と領《くび》を延ばしているとも知らずして帰ッて来たか、〈二葉亭四迷、浮雲〉

【注意】「時機」を「時期」と書くのは、誤り。

【対義語】時期尚早《じきしょうそう》

自給自足 じきゅう-じそく

【意味】自分の必要品を自分で生産して間に合わせること。

【構成】「自給」は、自分の力で供給すること。「自足」は、自分自身を満足させること。

用例 みんな糞尿はこびをきらったが、行助はよろこんでこの仕事をやった。自給自足の少年院の畑に、化学肥料を施すほどの予算はなかった。〈立原正秋、冬の旅〉

四衢八街　しく-はちがい

意味 大通りが、四方八方に通じた大きな都市。交通の便がよく、にぎわう町のたとえ。

構成 「四衢」は、四方に通じる大通り。「八街」は、八方に通じる道。「衢」「街」ともに、大路。

用例 名におお阪の四衢八街、悄然《しょうぜん》として淋《さび》しげに一棟《ひとむね》高く聳《そび》えしは、おお、あれこそはお天守じゃなア。〈坪内逍遥、桐一葉〉

類義語 康衢通逵《こうくつうき》・四通八達《しつうはったつ》

四苦八苦　しく-はっく

意味 非常な苦痛。

構成 もと仏教語で、「四苦」は、生・老・病・死の四つの苦しみのこと。「八苦」は、「四苦」に愛別離苦《あいべつりく》(愛する者との別れの苦しみ)・怨憎会苦《おんぞうえく》(怨み憎む者に会う苦しみ)・求不得苦《ぐふとくく》(求めているものを得られない苦しみ)・五陰盛苦《ごおんじょうく》(心身を形成する五つの要素から生じる苦しみ)を加えたもの。

用例 車に火をかけたら、必定《ひつじょう》その女めは肉を焼き骨を焦がして、四苦八苦の最期を遂げるであらう。〈芥川竜之介、地獄変〉

類義語 七転八倒《しちてんばっとう》・七難八苦《しちなんはっく》・千荊万棘《せんけいばんきょく》・千辛万苦《せんしんばんく》

舳艫千里　じくろ-せんり

意味 きわめて多くの船が、前後相重なって長く続くこと。

構成 「舳艫」は、船のへさき(船首)と、とも(船尾)。「千里」は、はてしなく続くこと。前の船の船尾に後の船の船首が連なるように、果てしなく続くようす。

出典 舳艫千里、樅陽《しょうよう》に薄《せま》りて出づ。盛唐樅陽の歌を作る。〈漢書、武帝紀〉

至険至難　しけん-しなん

意味 この上なくけわしく、困難なこと。

構成 「至」は、この上なく、という意味で、「険」「難」をそれぞれに強調する語。「険難」は、けわしく困難なこと。

用例 大老がこの至険至難を凌《しの》ぎ切ったのは、この国に取っての大功と言わねばなるまい。こんな風に言う人もあった。〈島崎藤村、夜明け前〉

類義語 難透難徹《なんとうなんてつ》

自己暗示　じこ-あんじ

意味 特定の観念などを持つように、自分で自分に暗示をかけること。

構成 「自己」は、自分自身。「暗示」は、ひそかにそれとなく示すこと。心理学では、感覚・観念・意図・行動などが、ことばなどによって理性に訴えることなく、伝達される現象。

用例 高いところに立っているという自覚、三千メートルの高所に立ったという自己暗示が、空の星を、平面感覚から立体感覚に昇格させたのではなかった。〈新田次郎、孤高の人〉

注意 「己」を「已」「巳」と書くのは、誤り。

試行錯誤　しこう-さくご

意味 試みと失敗とを繰り返しながら、最適な方法を見いだしていくこと。

構成 英語 trial and error の訳語。「試行」は、ためしに行うこと。「錯誤」は、まちがうこと。あやまり。

用例 彼らは大学や病院や衛生試験所に送られて試行錯誤、〈開高健、パニック〉

自業自悔　じごう-じかい

意味 自分が犯した悪事や失敗を、自分自身でくやむこと。

構成「自業」は、自分のなした悪事。「自悔」は、自分自身をくやむこと。
用例不了簡《ふりょうけん》の挙動、自業自悔、親類の外は町内にても他人への面会は憚《はばか》り多く、〈島崎藤村、夜明け前〉
注意「自業」を「じごう」と読むのは、仏教用語からきた慣用。「じぎょう」と読むのは、誤り。

自業自得　じごう-じとく

意味仏教で、自分が犯した悪事や失敗によって、自分の身にその報いを受けること。
構成「自業」は、自分のなした悪事。「自得」は、自分自身に受けること。
出典異人悪を作《な》すに非《あら》ず、人苦報を受くるに非ず。自業自ら果を得たり。衆生《しゅじょう》皆《みな》此《か》くのごとし。〈正法念経〉
用例「ふん、」と兎は軽蔑し、「自業自得じゃないの。ケチンボだから罰が当たったんだわ。」〈太宰治、お伽草紙〉
用法本来は、よい行為にはよい報いが来るという意味も含まれるが、現在では悪い意味に限定して用いられる。
注意「自業」を「じごう」と読むのは、仏教用語からきた慣用。「じぎょう」と読むのは、誤り。
類義語悪因悪果《あくいんあっか》・天罰覿面《てんばつてきめん》

至孝貞淑　しこう-ていしゅく

意味女性が家庭を守り、この上なく親孝行で、しとやかなこと。
構成「至孝」は、この上なく親孝行なこと。「貞淑」は、女性が正しく節操を守り、しとやかなこと。
用例月若干の収入をもて父を養ひ、事《つか》へて至孝貞淑の娘なるよし、〈泉鏡花、鐘声夜半録〉
類義語温良貞淑《おんりょうていしゅく》

四公六民　しこう-ろくみん

意味民衆が収益の四割を税として朝廷や幕府に納め、あとの六割を自分たちの生活に役立てること。

構成「四公」は、収入の四割の課税。「六民」は、実収の六割だけが民衆の収入となること。

用例可哀《かわい》そうなのは百姓で、四公六民の掟《おきて》によって、あがり高の四割を将軍や大名に取られ、残りで生活を立てて行く。〈川口松太郎、新吾十番勝負〉

自己犠牲　じこ-ぎせい

意味自分自身を捨て、他人のために尽くすこと。

構成「自己」は、自分自身。ここでは、自分で自分を。「犠牲」は、いけにえにする。転じて、他者のために一身を捨てること。

用例私は、自分が利己主義者だから、そういう自己犠牲の美しさに、人一倍、感じてしまうのである。〈獅子文六、娘と私〉

注意「己」を「已」「巳」と書くのは、誤り。

類義語人身御供《ひとみごくう》

自己嫌厭　じこ-けんえん

⇩自己嫌悪《じこけんお》
用例喬《たかし》は堪らない自己嫌厭に堕ちるのだった。生活に打ち込まれた一本の楔《くさび》がどんなところにまで歪《ひず》みを及ぼして行っているか、〈梶井基次郎、ある心の風景〉

自己嫌悪　じこ-けんお

《自己嫌厭《じこけんえん》》
意味自分で自分を憎み嫌うこと。また、その状態。
構成「自己」は、自分自身。ここでは、自分で自分を。「嫌悪」「嫌厭」は、にくみきらうこと。
用例父から疎《うと》んじられているのを考えると、自己嫌悪がさきにたった。そして、自己嫌悪と並行して劣等感が彼を苛《いじ》めていた。〈立原正秋、冬の旅〉
用法「自己嫌悪に陥る」「自己嫌悪に襲われる」という形で用いられることが多

い。

注意 (1)「悪」は、「にくむ」という意味の場合、音読みでは「お」と読む。「あく」と読むのは、誤り。(2)「己」を「已」「巳」と書くのは、誤り。

対義語 自己陶酔《じことうすい》

事後承諾 じご-しょうだく

意味 物事がすんだ後で、それについて説明し、認めてもらうこと。

構成 「事後」は、事の起こったあと。「承諾」は、聞き入れること。

用例 お願い。今は聞かないでよ、必ず事後承諾はもらいますから。〈曾野綾子、太郎物語大学編〉

自己韜晦 じこ-とうかい

意味 自分の才能・知識や本心を包み隠して、人に知られないようにすること。

構成 「自己」は、自分自身。「韜晦」は、才知学問などを包み隠して外にあらわさないこと。「韜」は、包む。「晦」は、ここでは、ごまかす。

用例 スタンダールは自己韜晦の名人だったというような通念を一人間理解の常識を鵜呑《うの》みにしているような人達にはけっして納得できないのである。〈杉山英樹、独断について〉

注意 「己」を「已」「巳」と書くのは、誤り。

自己陶酔 じこ-とうすい

意味 自分で自分自身のすばらしさに、うっとりすること。

構成 「自己」は、自分自身。「陶酔」は、気持ちよく酔うこと。うっとりすること。

用例 それでいいと思うわ。たとえそれが自己陶酔であっても、読んでいる人が楽しくなり、美しくあればそれでいい……。〈新田次郎、孤高の人〉

注意 「己」を「已」「巳」と書くのは、誤り。

対義語 自己嫌悪《じこけんお》

自己撞着 じこ-どうちゃく

⇩自家撞着《じかどうちゃく》

用例 それを非難するのは、海軍が陸軍のようでなかったといって非難することになって、自己撞着の面が出て来るが、〈阿川弘之、山本五十六〉

自己弁護 じこ-べんご

意味 自分で自分について言い訳して、かばい助けること。

構成 「自己」は、自分自身。「弁護」は、言い訳してかばい助けること。

用例 言行一致の美名を得る為《ため》にはまず自己弁護に長じなければならぬ。〈芥川竜之介、侏儒の言葉〉

注意 「己」を「已」「巳」と書くのは、誤り。

自己満足 じこ-まんぞく

意味 自分で自分自身の状態に満足すること。

構成 「自己」は、自分自身。「満足」は、満ち足りること。

用例 時々真田は、これは徒労だ、単なる自己満足の蒐集《しゅうしゅう》だと思った。〈伊藤整、氾濫〉

注意 「己」を「已」「巳」と書くのは、誤り。

自己矛盾 じこ-むじゅん

意味 自分自身の中で、言動が前後でくいちがって、つじつまが合わないこと。

構成 「自己」は、自分自身。「矛盾」は、つじつまが合わないこと。

用例 私は女として、私大生として差別されながら、自らも差別意識をもって差別しているのである。この自己矛盾……。〈高野悦子、二十歳の原点〉

用法 「自己矛盾をきたす」「自己矛盾に陥る」という形で用いられることが多い。

注意 「己」を「已」「巳」と書くのは、誤り。

類義語 自家撞着《じかどうちゃく》・自家撲滅《じかぼくめつ》・自己撞着《じこどうちゃく》

【対義語】終始一貫《しゅうしいっかん》・首尾一貫《しゅびいっかん》

自己抑制　じこ－よくせい

【意味】自分自身の感情や言動を自分で抑えとどめること。
【構成】「自己」は、自分自身。「抑制」は、おさえつけて、とどめること。
【用例】笑っているからといって、苦しみがない訳ではない。むしろ、もっと厳しい自己抑制や、自己との戦いがある。〈曾野綾子、太郎物語高校編〉
【注意】「己」を「已」「巳」と書くのは、誤り。

四顧寥廓　しこ－りょうかく

【意味】あたり四方が、ただうつろにひろがっているようす。
【構成】「四顧」は、あたりを見回すこと。「寥廓」は、うつろで大きいようす。「寥」「廓」ともに、からりと広い。
【用例】四顧寥廓として、ただ山水と明月とあるのみ。〈泉鏡花、義血侠血〉
【類義語】空空寂寂《くうくうじゃくじゃく》・荒涼索莫《こうりょうさくばく》

士魂商才　しこん－しょうさい

【意味】武士のいさぎよい精神と、商人としてぬけめなく利潤を追及してゆく才能とを合わせ持っていること。
【構成】「士魂」は、武士のいさぎよい精神。「商才」は、商人のぬけめない才能。「和魂洋才」をもじってできた語とされる。
【用例】『士魂商才』などという掛軸を、陸軍大臣からもらったりして、巨万の富を残したと伝えられる伝一翁も、四十代までは何を企てても、芽が出なかったのである。〈武田泰淳、士魂商才〉
【類義語】和魂漢才《わこんかんさい》・和魂洋才《わこんようさい》

自在不羈　じざい－ふき

【意味】自分の思いのままに行動し、誰にも束縛されないこと。

【構成】「自在」は、自分の思いのままなこと。「不羈」は、束縛されないこと。「羈」は、つなぐ。束縛する。

【用例】同時代の他の歌人の歌よりは、古代の言語に着しているより時代の言語に即して居ることは誰の眼にも着く。自在不羈、〈幸田露伴、芭蕉入門〉

【表記】「羈」の代わりに、異体字の「覊」を書くこともある。

【類義語】自由奔放《じゆうほんぽう》・不羈自由《ふきじゆう》・奔放自在《ほんぽうじざい》・奔放自由《ほんぽうじゆう》

自作自演　じさく－じえん

【意味】自分で筋書きを作ったり作曲したりして、自分で演じること。また、計画から実行まで、一切自分で行うこと。
【構成】「自作」は、自分の力で作ること。「自演」は、自分で演じること。
【用例】「物を考える脳髄」に自作自演さした一大恐怖ノンセンス劇のドン詰めでなくて何であろう。〈夢野久作、ドグラ・マグラ〉
【用法】強盗に襲われたかのように自分自身で細工して、警察に被害届けを出すような場合にも用いられる。

自殺行為　じさつ－こうい

【意味】自分で自分自身を失い、滅ぼすような行い。
【構成】「自殺」は、自分自身を自分で殺すこと。「行為」は、行い。
【用例】しかしそれはミッドウェー海戦以来の教訓が示すように、ほとんど自殺行為に近く、活路はただ一つ、夜戦を挑むことだけであった。〈吉村昭、戦艦武蔵〉
【類義語】自暴自棄《じぼうじき》

屍山血河　しざん－けつが

【意味】死骸の山や血の河ができること。激しい戦闘のたとえ。

【構成】「屍山」は、死体が折り重なって山のようになること。「屍」は、死体。「血河」は、血が多く流れて川のようになること。

用例 屍山血河の力攻めをしても陥《お》ちなかった稲葉山城が、猿の敵地におけるごく日常的な調略活動のつみかさねの結果、ころりと陥ちたのである。〈司馬遼太郎、新史太閤記〉
注意 「血河」は、「けっか」とも読む。
表記 まれに「尸山血河」とも書く。
類義語 死屍累累《ししるいるい》

時時刻刻 じじ-こくこく

意味 一刻一刻、時刻を追って。また、次第次第に。
構成 「時刻」の「時」と「刻」とを、それぞれに重ねて強調したもの。
用例 人間は変わって行く。時々刻々と変わって行く不思議な生き物だ。〈宮本輝、錦繍〉
用法 「時々刻々と迫る」などの形で、ある瞬間が刻一刻と迫ってくるような時にも用いられる。
注意 「刻刻」は、「こっこく」とも読む。

四肢五体 しし-ごたい

意味 からだ全体。
構成 「四肢」は、両手両足。「五体」は、仏教で、身体の五つの部分。筋・脈・肉・骨・皮膚。または、右膝・左膝・右手・左手・頭首。
用例 氤氳《いんうん》たる瞑氛《めいふん》が散るともなしに四肢五体に纏綿《てんめん》して、依々《いい》たり恋々《れんれん》たる心持ちである。〈夏目漱石、草枕〉
類義語 五臓六腑《ごぞうろっぷ》

獅子身中 しし-しんちゅう

意味 ①獅子の体内に寄生する害虫。もと、仏教で、仏法を害する仏徒のたとえ。②転じて、味方でありながら、味方に害をなすもの、裏切り者のたとえ。
構成 「獅子身中の虫」の省略。「獅子」は、ライオン。「身中」は、体内。
出典 獅子身中の虫、自ら獅子の肉を食らひ、余外《よがい》の虫に非《あら》ざるがごとし。〈梵網経〉
用例 ②こういう奴《やつ》のあるのは、塾のためには獅子身中の虫というものだ。〈福沢諭吉、福翁自伝〉
用法 「獅子身中の虫」という形で用いられることが多い。「獅子身中の虫、獅子を食らう」ともいう。

師資相承 しし-そうしょう

意味 学問や技芸などを先生から弟子が受け継ぐこと。
構成 「師資」は、先生。師匠。「資」は、たすけ。また、「師資」で、先生と弟子の意味ともいう。「相承」は、次々に受け継ぐこと。

子子孫孫 しし-そんそん

意味 子から孫へと続く限り、末代まで。
構成 「子孫」の「子」と「孫」とを、それぞれに重ねて強調したもの。
用例 川を渡る時には、いかなる用があろうとも火打袋の口をあけてはならぬと子々孫々に伝えて家憲にしようと思った。〈太宰治、新釈諸国噺〉
注意 「孫孫」は、「そんぞん」とも読む。
類義語 永劫未来《えいごうみらい》・生生世世《しょうじょうせぜ》・万劫末代《まんごうまつだい》・未来永劫《みらいえいごう》

事実無根 じじつ-むこん

意味 事実に基づいておらず、根拠のないこと。
構成 「事実」は、ことの真相・実態。「無根」は、よりどころがないこと。
用例 けれども矢須子が広島の第二中学校の奉仕隊の炊事部に勤務していたというのは事実無根である。〈井伏鱒二、黒い雨〉
対義語 証拠歴然《しょうこれきぜん》

事事物物 じじ-ぶつぶつ

意味 一つ一つの物事の全て。
構成 「事物」は、ものごと。それぞれの字を重ねて、強調したもの。

し

出典 事事物物、皆《みな》定理有り。〈伝習録、上〉
用例 自分の経験はすべてが新しくって、かつ痛切であるが、その新しい痛切の事々物々が何だか遠方にある。〈夏目漱石、坑夫〉

獅子奮迅 しし-ふんじん

意味 獅子がふるいたち暴れ回ること。勢いの激しいことのたとえ。
構成 「獅子」は、ライオン。「奮迅」は、ふるい立って勢いの激しいようす。
出典 諸仏獅子奮迅の力。〈法華経〉
用例 めくらめっぽう獅子奮迅の人の子の姿には、神も哀《あわ》れと思ったか、ついに憐愍《れんびん》を垂れてくれた。〈太宰治、走れメロス〉
表記 「獅子奮進」とも書くが、「奮進」は、ふるい立って進むの意味で、本来は誤用。
類義語 努力奮励《どりょくふんれい》・奮闘努力《ふんとうどりょく》・奮励努力《ふんれいどりょく》・勇往邁進《ゆうおうまいしん》・力戦奮闘《りきせんふんとう》

至純至高 しじゅん-しこう

意味 この上なく純粋で高い水準であること。
構成 「至」は、この上なく、という意味で、「純」「高」をそれぞれに強調する語。「純高」は、まじりけがなく、高い水準であること。
用例 ありとあらゆるものに磨かれたり、削られたりして鍛えられたあげく、ついに至純至高の御馳走《ごちそう》があった。〈開高健、新しい天体〉
類義語 至純至精《しじゅんしせい》・純一無垢《じゅんいつむく》・純一無雑《じゅんいつむざつ》・純一無上《じゅんいつむじょう》・純粋清浄《じゅんすいせいじょう》・純精無雑《じゅんせいむざつ》・清浄無垢《せいじょうむく》・無垢清浄《むくせいじょう》

至純至精 しじゅん-しせい

意味 この上なく純粋で清らかなこと。
構成 「至」は、この上なく、という意で、「純」「精」をそれぞれに強調する語。「純精」は、まじりけがなく、清らかなこと。
用例 至純至精の感情が、泉のように流れ出して来る事を誰でも知ってるはずだ。君はあれを虚偽と思うか。〈夏目漱石、明暗〉
類義語 至純至高《しじゅんしこう》・純一無垢《じゅんいつむく》・純一無雑《じゅんいつむざつ》・純一無上《じゅんいつむじょう》・純粋清浄《じゅんすいせいじょう》・純精無雑《じゅんせいむざつ》・清浄無垢《せいじょうむく》・無垢清浄《むくせいじょう》

史上空前 しじょう-くうぜん

意味 歴史上、これまでに前例がないこと。
構成 「史上」は、歴史上。「空前」は、前例がないこと。
用例 このときの織田軍の戦死者は五千人といわれ、この規模の戦闘では戦国史上空前の敗北とされた。〈司馬遼太郎、国盗り物語〉
類義語 人跡未踏《じんせきみとう》・前人未到《ぜんじんみとう》・前人未発《ぜんじんみはつ》

自縄自縛 じじょう-じばく

意味 自分の縄で自分を縛る。自分の心がまえや言行に縛られて、自分の身動きが取れなくなることのたとえ。
構成 「自縄」は、自分で自分に縄をかけること。「自縛」は、自分で自分をしばること。
用例 優婉《ゆうえん》に円滑に男を自分のかけた陥穽《かんせい》の中におとしいれて、自縄自縛の苦い目にあわせているに違いない。〈有島武郎、或る女〉
用法 「自縄自縛に陥る」という形で用いられることが多い。
類義語 檻猿籠鳥《かんえんろうちょう》・楚囚南冠《そしゅうなんかん》・手枷足枷《てかせあしかせ》・籠鳥檻猿《ろうちょうかんえん》

至上命令 しじょう-めいれい

意味 絶対に守らなければならない最高の命令。

構成「至上」は、これ以上なく最高であること。「命令」は、指図。
用例 ほんとのことを言うのが一番強い、と断言した竹万の気魄《きはく》を思うと、それは動かし難い至上命令のようなものであった。〈石坂洋次郎、石中先生行状記〉

四書五経 ししょ-ごきょう
意味 儒教の経典として尊ばれた四書と五経。
構成「四書」は、大学・中庸・論語・孟子の四つの経典。「五経」は、易経・書経・詩経・礼記・春秋の五つの経典。
用例 三年前までは、町や屋敷の子弟に四書五経の素読《そどく》を教えたものである。〈田山花袋、田舎教師〉

事序繽紛 じじょ-ひんぷん
意味 事の順序が入り乱れること。
構成「事序」は、ことの順序。「繽紛」は、入り乱れるようす。「繽」は、乱れる。
用例 前後錯乱して脚色整はず、事序繽紛として情通ぜず、〈坪内逍遥、小説神髄〉

死屍累累 しし-るいるい
意味 死体がたくさん重なり合って、むごたらしいようす。
構成「死屍」は、死体。「累累」は、物が重なりあって、たくさんあるようす。
用例 死屍累々とはあの事ですね。それが皆夫婦なんだから実際気の毒ですよ。〈夏目漱石、門〉
類義語 屍山血河《しざんけつが》

時世時節 じせい-じせつ
意味 時代のなりゆき。
構成「時世」「時節」ともに、ここでは、時代のなりゆき、世のありさま。
用例 何ごとも時世時節だ、仕方があるまいよ。〈尾崎士郎、人生劇場青春篇〉

自然天然 しぜん-てんねん
⇩天然自然《てんねんしぜん》
用例 抛《ほう》って置いて自然天然寂光院《じゃっこういん》に往来で邂逅《かいこう》するのを待つよりほかに仕方がない。〈夏目漱石、趣味の遺伝〉

自然淘汰 しぜん-とうた
意味 ①ダーウィンの進化論で、生物のうち、外界の状況に適したものだけが生き残り、適さないものは滅びていくこと。②転じて、長い間に、劣悪なものは滅び、優良なものだけが自然に生き残ること。
構成「自然」は、本来のままで人工の加わらない状態。「淘汰」は、本来は、よりすぐること。転じて、生物の、環境に適したものが栄え、適しないものが滅びていくこと。「淘」は、細かい物を水に入れて揺り動かし、良い物と悪い物を選び分けること。「汰」は、水で洗って悪い部分を取り去ること。
用例 ①ほとんど他の動物と比較にならないほどの生存競争の苦痛や、自然淘汰の迫害等を体験して来たはずで、〈夢野久作、ドグラ・マグラ〉②それがだんだんに三十一文字の短歌形式に固定して来たのは、やはり一種の自然淘汰の結果であって、〈寺田寅彦、俳句の形式とその進化〉
用法 ①の意味の場合、現在では「自然選択」ということが多い。
注意「淘」を「陶」と書くのは、誤り。
類義語 適者生存《てきしゃせいぞん》

紫髯緑眼 しぜん-りょくがん
意味 赤茶色のほおひげと、青い目。西方の異民族の顔の形容。
構成「紫髯」は、赤茶色のひげ。「髯」は、ほおひげ。「緑眼」は、青い目。
出典 君聞かずや胡笳《こか》の声の最も悲しきを、紫髯緑眼の胡人吹く。〈唐、岑参、胡笳の歌、顔真卿の使ひして河隴に赴くを送る〉
類義語 紅毛碧眼《こうもうへきがん》・碧眼紅毛《へきがんこうもう》

志操堅固 しそう-けんご

意味 自分の志や思想・主義などを固く守り、変えないこと。
構成 「志操」は、こころざしとみさお。意志と節操。「堅固」は、ゆるぎなく固いこと。
用例 一つおぼえの芸で、戦中戦後を通じて終始一貫、志操堅固だよ。〈石川淳、前財〉
類義語 剛毅木訥《ごうきぼくとつ》・剛健質実《ごうけんしつじつ》・質実剛健《しつじつごうけん》・聡明剛毅《そうめいごうき》

自存独立 じそん-どくりつ

⇩独立自存《どくりつじそん》
用例 私は子供を「物」だとも「道具」だとも思っていない。一個の自存独立する人格者だと思っています。〈与謝野晶子、平塚・山川・山田三女史に答う〉

時代感覚 じだい-かんかく

意味 その時代の特徴や動向をつかみとる感覚。
構成 「時代」は、区切られたひとまとまりの期間。「感覚」は、物事をとらえる心の働き。
用例 現代の時代感覚とのズレは如何《いかん》ともし難く、ただそれだけの風俗小説ではもう今日の作品として他愛がなさ過ぎる……。〈織田作之助、世相〉

時代錯誤 じだい-さくご

意味 あまりに保守的で、現代の思想や傾向に適合しないこと。時代遅れなこと。アナクロニズム。
構成 「時代」は、区切られたひとまとまりの期間。「錯誤」は、間違うこと。誤り。
用例 この青年の隊伍《たいご》に紛れ込んだ先生は、歩調においてすでに時代錯誤である。〈夏目漱石、三四郎〉

至大至高 しだい-しこう

意味 これ以上ないほど大きく高いこと。
構成 「至」は、この上なく、の意味で、「大」「高」をそれぞれに強調する語。
用例 この還元的感化は文芸が吾人に与え得る至大至高の感化であります。〈夏目漱石、文芸の哲学的基礎〉
類義語 最上無二《さいじょうむに》

至大至剛 しだい-しごう

意味 このうえないほど大きく強いこと。
構成 「至」は、この上なく、の意味で、「大」「剛」をそれぞれ強調する語。
出典 敢《あ》へて問ふ、何をか浩然の気と謂《い》ふ、と。曰《い》はく、言ひ難きなり。其《そ》の気たるや、至大至剛、直を以《もつ》てすること害すること無ければ、則《すなは》ち天地の間に塞《ふた》がる、と。〈孟子、公孫丑上〉
用例 当代の日本に大和民族が至大至剛の注意と研究とを需要す可《べ》き最重最急なる二問題あり、〈志賀重昂、「日本人」が懐抱する処の旨義を告白す〉

至大至重 しだい-しじゅう

意味 この上なく大きく、重要なこと。
構成 「至」は、この上なく、の意味で、「大」「重」をそれぞれ強調する語。「重」は、ここでは、重要なこと。大切なこと。
用例 真にこれを文明の精神と言ふべき至大至重のものなり。蓋《けだ》しその物とは何ぞや。云《い》はく、人民独立の気力、即《すなは》ちこれなり。〈福沢諭吉、学問のすすめ〉
注意 「至重」は、「しちょう」とも読む。
類義語 九鼎大呂《きゅうていたいりょ》

時代思潮 じだい-しちょう

意味 その時代の一般的な思想の傾向。
構成 「時代」は、区切られたひとまとまりの期間。「思潮」は、その時代の思想の流れや傾向。
用例 何、これが時代思潮です、先生はあまり昔風だから、何でもむずかしく解釈なさるんです。〈夏目漱石、吾輩は猫である〉

舌先三寸 したさき-さんずん

《舌先三分《したさきさんぶ》》

意味 心がこもらず、口先だけであること。また、そのことば。

構成 「舌三寸」に同じ。「三寸」「三分」は、ほんの少しの長さ。「寸」「分」は、昔の長さの単位。

用例 舌先三寸で外国商人と取り引きする才覚の持主であってみれば、十四五の小娘を口説いて、わがものにするのは、造作のないわざであった。〈柴田錬三郎、怪談累ヶ淵、高橋お伝〉

用法 「舌先三寸に胸三寸」という形で、軽い思いつきや考えが物事を決定してしまうことを表すこともある。

舌先三分 したさき-さんぶ

⇩舌先三寸《したさきさんずん》

用例 「じゃあその教頭、媒酌人《ばいしゃくにん》も遣《や》るんだな。」と舌尖三分で切り附けたが、一向に感じないで、〈泉鏡花、婦系図〉

(「尖」は、「先」と同じ)

七擒七縦 しちきん-しちしょう

《七縦七擒《しちしょうしちきん》》

意味 捕らえたり放したりを何度も繰り返すこと。戦争がうまく、敵を自分の思いのままにすること。

構成 「七擒」は、七回捕らえる。「擒」は、とりこにする。「七縦」は、七回放す。「縦」は、釈放する。

故事 三国時代、蜀《しょく》の諸葛亮《しょかつりょう》が、南方に遠征して孟獲《もうかく》と戦ったとき、捕らえては釈放することを何度も繰り返したので、最後には孟獲は自分からすすんで孔明に従ったという故事による。

出典 亮笑ひて縦《ゆる》し、更に戦はしめ、七たび縦して七たび擒《と》らふ。〈三国志、蜀志、諸葛亮伝、注〉

用例 この時蟷螂《かまきり》君《くん》は必ず羽根を広げたまま仆《たお》れる。その上をうんと前足で抑えて少しく休息する。それからまた放す。放しておいてまた抑える。七擒七縦孔明の軍略で攻めつける。〈夏目漱石、吾輩は猫である〉

類義語 活殺自在《かっさつじざい》・生殺与奪《せいさつよだつ》

七華八裂 しちけ-はちれつ

意味 仏教で、七つや八つに裂け破れること。細かに裂き破れること。

構成 「七華」は、七つに裂き破ること。「華」は、ここでは、裂く。「八裂」は、八つに裂くこと。

用例 何も、わからない。滅茶苦茶《めちゃくちゃ》に、それこそ七花八裂である。〈太宰治、八十八夜〉

注意 「七華」を「しちけ」と読むのは、仏教用語の慣用。「しちか」と読むのは、誤り。

表記 「七花八裂」と書くこともあるが、「花」には裂けるの意味はなく、本来は誤用。

類義語 木端微塵《こっぱみじん》・四分五散《しぶんごさん》・四分五裂《しぶんごれつ》

七重欄盾 しちじゅう-らんじゅん

意味 七層に重なる手すり。幾重にも手すりをめぐらした立派な建物のたとえ。

構成 「七重」は、七層に重なること。「欄盾」は、手すり。縦のものを「欄」といい、横のものを「盾」という。

出典 七重欄盾、七宝蓮花。〈南朝梁、元帝、摂山栖霞寺碑〉

用例 七重欄盾などの言葉もある。和歌にも詠《よ》んでいる。奈良の寺々の伽藍《がらん》の荘厳さがこの言葉で出て来る。「七堂伽藍」がそれで利く。〈幸田露伴、芭蕉入門〉

類義語 高楼大廈《こうろうたいか》・大廈高楼《たいかこうろう》

七縦七擒 しちしょう-しちきん

⇩七擒七縦《しちきんしちしょう》

七生報国 しちしょう-ほうこく

意味 幾度もこの世に生まれ変わり、国の恩に報いること。国の恩を非常に感じていることのたとえ。

構成「七生」は、仏教で、七たび（幾度も）生まれ変わること。「報国」は、国の恩に報いること。

出典誠なるかな、誠なるかな、斃《たふ》れて已まず、七たび人間に生まれて国恩に報ぜん。〈広瀬武夫、正気の歌〉

用例いや一度死したるのみにては足らず、七度生まれ変わる、七生報国だ。〈加賀乙彦、湿原〉

類義語蹇蹇匪躬《けんけんひきゅう》・尽忠報国《じんちゅうほうこく》・擲身報国《てきしんほうこく》・報国尽忠《ほうこくじんちゅう》

七転八起 しちてん-はっき

意味幾度ころげてもその度ごとに起き上がること。失敗を重ねても屈せずに立ち上がるたとえ。また、人生の浮き沈みの激しいことのたとえ。

構成「七転」は、七たびころげること。「八起」は、八たび起き上がること。「七」「八」は、回数が多いことをいう。

用例恥もかく。名誉も得る。七転八起。一栄恥辱。棺に白布を蓋《おお》うにいたって、初めて其《そ》の名誉が定まるんだ。〈坪内逍遥、当世書生気質〉

用法一般には、訓読して「七転び八起き」という形で用いることが多い。

表記従来は「七顛八起」と書くのが普通であったが、現在では常用漢字の「転」に書き換える。

類義語一栄一辱《いちえいいちじょく》・一栄一落《いちえいいちらく》・一盛一衰《いっせいいっすい》・栄枯盛衰《えいこせいすい》・栄枯転変《えいこてんぺん》・興亡盛衰《こうぼうせいすい》・消長盛衰《しょうちょうせいすい》・消長遷移《しょうちょうせんい》・盛衰栄枯《せいすいえいこ》・盛衰興亡《せいすいこうぼう》

七転八倒 しちてん-ばっとう

意味幾度もころがり倒れること。苦痛に堪えられず、ころげまわるようす。

構成「七転」は、七たびころげること。「八倒」は、八たび倒れること。「七」「八」は、回数が多いことをいう。

出典只《ただ》だ、商の季《すゑ》に当たり、七顛八倒し、上下崩頽《じょうげほうたい》す。〈朱子語類、孟子〉

用例七転八倒の苦しみをする。からだ全体が疼痛《とうつう》の塊《かたまり》のようになるのである。〈井伏鱒二、黒い雨〉

注意「しってんばっとう」とも読む。

表記従来は「七顛八倒」と書くのが普通であったが、現在では常用漢字の「転」に書き換える。

類義語四苦八苦《しくはっく》・七難八苦《しちなんはっく》・千荊万棘《せんけいばんきょく》・千辛万苦《せんしんばんく》

七堂伽藍 しちどう-がらん

意味仏教で、七つの建物がそろった、りっぱな寺。

構成「七堂」は、寺院に備わる七つの建物。普通、金堂（本堂）・講堂・塔・経蔵・鐘楼・僧坊・食堂をいい、禅宗では、山門・仏殿・法堂・庫裏・僧堂・浴室・東司（便所）をいう。一説に、「七堂」の七は、必ずしも七つの数を示さず、「悉《しつ》」に通じて、完備している意とされる。「伽藍」は、梵語《ぼんご》からの音訳語で、僧が住んでいる所。つまり、寺。

用例紫の袈裟《けさ》をかけて、七堂伽藍に住んだところで何程のこともあるまい、〈泉鏡花、高野聖〉

類義語堂宇伽藍《どううがらん》・塔堂伽藍《とうどうがらん》・堂塔伽藍《どうとうがらん》

七難八苦 しちなん-はっく

意味さまざまな苦難や災難。

構成「七難」は、仏教で、七種類の災い。火・水・羅刹《らせつ》・刀杖《とうじょう》・鬼・枷鎖《かさ》・怨賊《おんぞく》。「八苦」は、人生の八つの苦しみ。生苦・老苦・病苦・死苦・愛別離苦《あいべつりく》・怨憎会苦《おんぞうえく》・求不得苦《ぐふとくく》・五陰盛苦《ごおんじょうく》。

用例われに七難八苦を与え給《たま》えと、神に祈った山中鹿之助《やまなかしかのすけ》に少々でもあやかるような男になれと……。〈子母沢寛、勝海舟〉

類義語四苦八苦《しくはっく》・七転八倒《しちてんばっとう》・千荊万棘《せんけいばんきょく》・千辛万苦《せんしんばんく》

自重自愛　じちょう-じあい

意味　自分で自分のからだを大切にすること。（自愛自重《じあいじちょう》）

構成　「自重」「自愛」ともに、自分で自分のからだを大切にすること。

用例　麾下《きか》一同、益々自重自愛、日夜訓練ニ努メ、艦隊ノ威力ヲ最高度ニ維持シ、〈阿川弘之、山本五十六〉

注意　「自重」を「じじゅう」と読むのは、誤り。

対義語　自暴自棄《じぼうじき》

四通八達　しつう-はったつ

意味　①諸方に道が通じて便利なこと。交通が非常に便利なことのたとえ。②転じて、往来が激しく、にぎやかなこと。

構成　「四通」は、道路が四方に通じること。「八達」は、道路が八方に通じること。

出典　斉《せい》の国たるや、其《そ》の塗《みち》の出づる所、四通八達、游士《ゆうし》の湊《あつ》まる所なり。〈子華子、問党〉

用例　①地下鉄の四通八達、地下街のとめどない展開、大阪は彼の知らないうちにすっかり変わってしまった。〈開高健、新しい天体〉

類義語　康衢通逵《こうくつうき》・四衢八街《しくはちがい》

悉皆成仏　しっかい-じょうぶつ

意味　仏教で、一切の生き物が全て仏となること。

構成　「悉皆」は、全て。「悉」は、ことごとく。「成仏」は、仏となること。

出典　草木国土、悉皆成仏す。〈涅槃経〉

用例　見性《けんしょう》した日に、嬉《うれ》しさの余り、裏の山へ馳《か》け上って、草木国土《そうもくこくど》悉皆成仏と大きな声を出して叫んだ。〈夏目漱石、門〉

注意　「成仏」を「じょうぶつ」と読むのは、仏教用語の慣用。「せいぶつ」と読むのは、誤り。

質疑応答　しつぎ-おうとう

意味　質問とそれに対する答え。

構成　「質疑」は、疑問を問いただすこと。「応答」は、疑問に答えること。

用例　二人の研究発表に対しては、ほかの会員からも質疑応答があり、〈石坂洋次郎、石中先生行状記〉

類義語　一問一答《いちもんいっとう》

失敬千万　しっけい-せんばん

意味　きわめて失礼であること。

構成　「失敬」は、敬意を欠くこと。「千万」は、程度がはなはだしいこと。

用例　てんから亭主の云《い》う方がもっともだなんて失敬千万な事を云うな。〈夏目漱石、坊っちゃん〉

用法　相手に対する非難の気持ちを込めて用いられることが多い。

注意　「千万」を「せんまん」と読むのは、誤り。

類義語　失礼至極《しつれいしごく》・失礼千万《しつれいせんばん》・無礼至極《ぶれいしごく》・無礼千万《ぶれいせんばん》

日月星辰　じつげつ-せいしん

⇩にちげつ-せいしん

実事求是　じつじ-きゅうぜ

意味　事実に基づいて、物事の真相や真理をたずね求めること。中国清朝の考証学は、これを学風とした。

構成　「実事」は、実際の事柄。「求是」は、真実をたずね求めること。

出典　河間献王徳、孝景の前二年を以《もっ》て立ち、学を修め古《いにしへ》を好み、実事是を求む。〈漢書、河間献王徳伝〉

用例　安易にボイコット論を振りかざさず実情に即して物事に対処するよう、「実事求是」を求める努力をすべきではないだろうか。〈北海道新聞、社説、一九九四年九月九日〉

類義語　真相究明《しんそうきゅうめい》

し

質実剛健 しつじつ-ごうけん

《剛健質実《ごうけんしつじつ》》

[意味] 飾り気がなくまじめで、心が強くしっかりしていること。

[構成] 「質実」は、飾り気がなくて、誠実なこと。「剛健」は、強くしっかりしていること。

[用例] 私の父は、私を質実剛健な九州男子に育てたかったらしい。〈五木寛之、風に吹かれて〉

[類義語] (「質実」の意味で)簡古素朴《かんこそぼく》・簡浄素朴《かんじょうそぼく》・簡明素朴《かんめいそぼく》・剛健質朴《ごうけんしつぼく》・質朴剛健《しつぼくごうけん》(「剛健」の意味で)剛毅木訥《ごうきぼくとつ》・志操堅固《しそうけんご》・聡明剛毅《そうめいごうき》

[対義語] 奢侈文弱《しゃしぶんじゃく》

嫉視反目 しっし-はんもく

《反目嫉視《はんもくしっし》》

[意味] ねたんで見つめ、にらみ合うこと。

[構成] 「嫉視」は、ねたみ見ること。「反目」は、にらみ合うこと。

[用例] 女性間の嫉視反目(姑《しゅうとめ》と嫁、妻と小姑《こじゅうと》の関係はいうまでもあるまい。私はよく婦人から同性中に心を許し合うことの出来る友人のないことを聞かされる)はそこから生まれ出る。〈有島武郎、惜みなく愛は奪ふ〉

[類義語] 畏怖嫌厭《いふけんえん》

[対義語] 和気藹藹《わきあいあい》

実践躬行 じっせん-きゅうこう

[意味] 実際に自分自身でしっかりと実行すること。

[構成] 「実践」は、実際に行うこと。「躬行」は、自分自身で行うこと。「躬」は、自ら。

[用例] この人の学問の特長は、物質に対する解釈の新しさと実践躬行にあった。〈大原富江、婉という女〉

質素倹約 しっそ-けんやく

[意味] 衣食住などにぜいたくをせず、つつましいこと。

[構成] 「質素」は、飾り気がないこと。「倹約」は、つつましく、むだ使いをしないこと。

[用例] けれども青砥《あおと》は、決して卑しい守銭奴《しゅせんど》ではない。質素倹約、清廉潔白《せいれんけっぱく》の官吏である。〈太宰治、新釈諸国噺〉

[類義語] 簡素清貧《かんそせいひん》・勤倹質素《きんけんしっそ》

[対義語] 奢侈淫佚《しゃしいんいつ》・贅沢華奢《ぜいたくかしゃ》

叱咤激励 しった-げきれい

[意味] 大声でしかりつけながら、励ますこと。

[構成] 「叱咤」は、大声でしかりつけること。「叱」「咤」ともに、しかる。「激励」は、はげまし奮い立たせること。

[用例] 叱咤激励しようという人々は、エレキギターのかわりに何を彼らに持たせようというのか。〈五木寛之、風に吹かれて〉

[類義語] 鼓舞激励《こぶげきれい》・切切偲偲《せっせつしし》

叱咤怒号 しった-どごう

[意味] 大声でさけび、しかりつけること。

[構成] 「叱咤」は、大声でしかりつけること。「叱」「咤」ともに、しかる。「怒号」は、大声でさけぶこと。

[用例] 然るに酒酣《たけなわ》に耳熱して来ると、温鍾馗《おんしょうき》は二公子を白眼に視《み》て、叱咤怒号する。〈森鷗外、魚玄機〉

[類義語] 咆哮搏撃《ほうこうはくげき》

失地回復 しっち-かいふく

[意味] 敗戦などによって奪われた土地を取り戻すこと。また、失敗などによって生じた損失を取り返すこと。

[構成] 「失地」は、うしなった土地。「回復」は、取り戻すこと。

[用例] 失地回復をあせってやがる。〈開高健、パニック〉

[表記] 従来は「失地恢復」と書くのが普通であったが、現在では常用漢字の「回」に書き換える。

類義語 汚名返上《おめいへんじょう》・名誉回復《めいよかいふく》・名誉挽回《めいよばんかい》

十中八九 じっちゅう-はっく

意味 全体の八割・九割。大部分。

構成 「十中」は、十のうち。「八九」は、八割・九割。

用例 光秀《みつひで》がくわだてていることの十中八九は、自分の家臣とその家族を煉獄《れんごく》のなかにたたきこむことになるであろう。〈司馬遼太郎、国盗り物語〉

用法 「十に八九を中《あ》つ」と訓読するときには、十のうち八九まで的中するという意味になる。

類義語 九分九厘《くぶくりん》

実直謹厳 じっちょく-きんげん

⇩謹厳実直《きんげんじっちょく》

用例 あの男ならば、実直謹厳が袴をはいて歩いているようなもの、〈南條範夫、無頼武士道〉

七珍万宝 しっちん-まんぽう

意味 さまざまな宝。よろずの宝。

構成 「七珍」は、金や銀などの、七つの珍重すべき宝。七つの内容については、諸説がある。「万宝」は、多数の宝。

用例 わいろで蔵は埋まり、死後に残した財産は、七珍万宝、料足《りょうそく》八万貫でございます。〈唐木順三、応仁四話〉

七転八倒 しってん-ばっとう

⇩しちてん-ばっとう

疾風迅雷 しっぷう-じんらい

意味 速い風と激しい雷。事態が急変したり、行動が敏速なようすなどのたとえ。

構成 「疾風」は、速度のはやい風。「迅雷」は、激しい雷。

出典 君子の居は、恒《つね》に戸に当たり、寝は恒に東首す。若《も》し疾風迅雷甚雨有れば、則《すなは》ち必ず変ず。〈礼記、玉藻〉

用例 疾風迅雷的に関所取り払いの処断をつけてしまおうというつもりらしく、〈佐々木味津三、京へ上った退屈男〉

類義語 疾風怒濤《しっぷうどとう》・紫電一閃《しでんいっせん》・電光石火《でんこうせっか》

疾風怒濤 しっぷう-どとう

意味 速い風と荒れ狂う波。時代や物事が激しく変化することのたとえ。

構成 「疾風」は、速度のはやい風。「怒濤」は、荒れ狂う波。ドイツ語「シュトルム・ウント・ドラング」の訳語で、十八世紀後半、ゲーテらを中心に展開された文学革新運動をいう。

用例 この疾風怒濤の如《ごと》き接待は、津軽人の愛情の表現なのである。〈太宰治、津軽〉

類義語 疾風迅雷《しっぷうじんらい》・紫電一閃《しでんいっせん》・電光石火《でんこうせっか》

櫛風沐雨 しっぷう-もくう

《櫛風浴雨《しっぷうよくう》・沐雨櫛風《もくうしっぷう》・風櫛雨沐《ふうしつうもく》》

意味 風で髪をくしけずり、雨で髪を洗うこと。戸外で風雨にさらされながら苦労することのたとえ。

構成 漢文訓読では、「風に櫛《くしけづ》り雨に沐す」と読む。「櫛風」「風櫛」は、風で髪をとかすこと。「沐雨」「浴雨」「雨沐」は、雨で髪を洗うこと。「沐」は、髪を洗うこと。「浴」は、体を洗うこと。

出典 櫛風沐雨、周旋征伐、王室に劬労《くろう》すること二十有余歳。〈晋書、文帝紀〉

用例 三十年間の櫛風沐雨で、銅《あかがね》のように焼け爛《ただ》れた幸太郎の双頬《そうきょう》を、大粒の涙が、ほろりほろりと流れた。〈菊池寛、仇討ち三態〉

櫛風浴雨 しっぷう-よくう

⇩櫛風沐雨《しっぷうもくう》

用例 徳川家康は乱世の後を承《う》け櫛風浴雨、艱難《かんなん》を憚《はばか》らずして遂《つい》に三百年の

太平を開き、〈福沢諭吉、文明論之概略〉

失望落胆　しつぼう‐らくたん

《落胆失望《らくたんしつぼう》》

意味　望みを失って、がっかりすること。

構成　「失望」は、希望をなくすこと。「落胆」は、力を落とすこと。

用例　午前中の失望落胆から、すぐ立ち直り、元気一杯だ。〈加賀乙彦、湿原〉

類義語　意気消沈《いきしょうちん》・意気阻喪《いきそそう》・萎靡沈滞《いびちんたい》・戦意喪失《せんいそうしつ》・沈滞萎靡《ちんたいいび》

対義語　得意満面《とくいまんめん》

質朴剛健　しつぼく‐ごうけん

《剛健質朴《ごうけんしつぼく》》

意味　誠実で飾り気がなく、心身が強くしっかりとしていること。

構成　「質朴」は、誠実で飾り気がないこと。「剛健」は、強くしっかりとしていること。また、勇ましく、物に屈しないこと。

用例　質朴剛健でたのもしい気風だ。〈夏目漱石、吾輩は猫である〉

類義語　簡古素朴《かんこそぼく》・簡浄素朴《かんじょうそぼく》・簡明素朴《かんめいそぼく》・剛健質実《ごうけんしつじつ》・質実剛健《しつじつごうけん》

失礼至極　しつれい‐しごく

《無礼至極《ぶれいしごく》》

意味　この上なく礼儀にはずれていること。

構成　「失礼」「無礼」は、礼儀に合っていないこと。「至極」は、その状態がきわめてはなはだしいこと。「至」「極」ともに、この上なく、きわめて。

用例　たいていのご婦人ならばそういって、少なくも右門の失礼至極な無作法を叱責《しっせき》するはずなのに、〈佐々木味津三、怪談累ケ淵、青眉の女〉

注意　「至極」を「しきょく」と読むのは、誤り。

類義語　失敬千万《しっけいせんばん》・失礼千万《しつれいせんばん》・無礼至極《ぶれいしごく》・無礼千万《ぶれいせんばん》

失礼千万　しつれい‐せんばん

《無礼千万《ぶれいせんばん》》

意味　きわめて礼儀にはずれていること。

構成　「失礼」「無礼」は、礼儀にはずれていること。「千万」は、程度がはなはだしいこと。

用例　失礼千万な。——小夜《さよ》や、用があるからちょっと出て御出《おいで》、おいいないのか。〈夏目漱石、虞美人草〉

用法　相手に対する非難の気持ちを込めて用いられることが多い。

注意　「千万」を「せんまん」と読むのは、誤り。

類義語　失敬千万《しっけいせんばん》・失礼至極《しつれいしごく》・無礼至極《ぶれいしごく》

紫電一閃　しでん‐いっせん

意味　刀剣を一振りするとき、一瞬ひらめく鋭い光。非常に短い時間のたとえ。また、短時間に事態が急激に変化することのたとえ。

構成　「紫電」は、紫色のいなずま。転じて、ひらめく刀剣の光。「一閃」は、一瞬のひらめき。

用例　紫電一閃、抜き討ちに、右横の倉橋《くらはし》又右衛門《またえもん》を袈裟《けさ》懸けにズーンと斬り下げていたのである。〈五味康祐、如月剣士〉

類義語　疾風迅雷《しっぷうじんらい》・疾風怒濤《しっぷうどとう》・電光石火《でんこうせっか》

士農工商　し‐のう‐こう‐しょう

意味　人民を職分上から分けた四階級で、官吏・農民・職人・商人をいう。日本では、近世封建社会の身分制で、武士・農民・職人・商人をいう。

構成　「士」は、官吏。日本では、武士。「農」は、農民。「工」は、職人。「商」は、商人。

出典　古《いにしえ》は四民有り。士民有り、商民有り、農民有り、工民有り。〈春秋穀梁伝、成公

元年〉

用例 既に平民へ苗字乗馬を許せしが如《ごと》きは開闢《かいびゃく》以来の一美事、士農工商四民の位を一様にするの基ここに定まりたりと言うべきなり。〈福沢諭吉、学問のすすめ〉

地盤沈下 じばん-ちんか

意味 ①地表面が沈下する現象。②転じて、今まで保っていた勢力が衰えること。

構成 「地盤」は、地殻の表層部。「沈下」は、沈み下ること。

用例 ②「おまえ、知らんのか？――関西は、このごろ地盤沈下で大変なんだ」兄は苦い顔をして腕を組んだ。〈小松左京、日本沈没〉

至微至妙 しび-しみょう

意味 この上なく細かい趣があって、巧みなこと。きわめて微妙なこと。

構成 「至」は、この上なくという意味で、「微妙」をそれぞれに強調する語。「微妙」は、細かい趣があって、巧みなこと。

用例 渠《かれ》らは無言の数秒の間に、不能語、不可説なる至微至妙の霊語を交えたりき。〈泉鏡花、義血侠血〉

類義語 周到綿密《しゅうとうめんみつ》・周密精到《しゅうみつせいとう》・精妙巧緻《せいみょうこうち》・微妙巧緻《びみょうこうち》・綿密周到《めんみつしゅうとう》

慈悲忍辱 じひ-にんにく

意味 仏教で、いつくしみの心が深く、どんな苦難をも耐え忍ぶこと。僧として必ず守るべき道。

構成 「慈悲」は、いつくしみの心を持つこと。「忍辱」は、侮辱・困難を耐え忍ぶこと。「辱」は、はずかしめ。

用例 慈悲忍辱を説く聖者が、今、衆人環視の中で自分の子を捕らえて食った。〈中島敦、悟浄出世〉

注意 「忍辱」を「にんにく」と読むのは、仏教用語の慣用。「にんじょく」と読むのは、誤り。

四百四病 しひゃくし-びょう

意味 人間のかかる一切の病気。人間の身体を構成する地・水・火・風の四つの元素の不調により、それぞれの元素に百一病がおこり、合わせて四百四病となるという。

構成 「四百四」種の「病」ということ。

用例 一七五〇年にドクトル・リチャード・ラッセルがブライトンの海水に飛び込めば四百四病即席全快と大袈裟《おおげさ》な広告を出したのは遅い遅いと笑ってもよろしい。〈夏目漱石、吾輩は猫である〉

四分五散 しぶん-ごさん

⇩四分五裂《しぶごれつ》

用例 七花八裂《しちけはちれつ》、四分五散、拾収すべからざる勢に陥《おちい》って潰乱《かいらん》した。〈幸田露伴、今川義元〉

四分五裂 しぶん-ごれつ

《四分五散《しぶごさん》》

意味 ちりぢりばらばらに分かれ散ること。秩序なく分裂して乱れるようす。

構成 「四分」は、四つに分かれる。「五裂」「五散」は、五つに分かれる。「四」「五」は、程度がはなはだしいことを示す。

出典 洛《らく》乃《すなは》ち四分五裂し、戦争の地、以《もつ》て自ら安んじ難し。〈三国志、魏志、司馬朗伝〉

用例 英吉利《イギリス》はこの国の四分五裂するのを待ってるが、仏蘭西《フランス》にかぎって決してそんなことはないなんて、〈島崎藤村、夜明け前〉

用法 国や地方、組織や団体などの状態を表すほか、人の意見や立場がさまざまに分かれることにも用いられる。

注意 「四分」は「しぶ」とも読む。

類義語 木端微塵《こっぱみじん》・七華八裂《しちけはちれつ》

し

自分本位 じぶん-ほんい

意味 自分自身を全ての基準にすること。何よりも自分を大切にすること。

構成 「本位」は、基準。

用例 なにが自分本位だ、のぶ公なんぞになにがわかる、〈山本周五郎、さぶ〉

用法 悪い意味でしか用いない「得手勝手」と異なり、よい意味でも悪い意味でも用いられる。

類義語 党利党略《とうりとうりゃく》・鼻元思案《はなもとじあん》

自暴自棄 じぼう-じき

意味 自分を大切にせず、やけになること。なげやりな行動をして、自分自身を損なうこと。

構成 「自暴」は、なげやりな行動をして、自分自身を損なうこと。「自棄」は、自分自身を見捨てること。

出典 自ら暴する者は与《とも》に言ふ有るべからざるなり。自ら棄つる者は与に為《な》す有るべからざるなり。言、礼儀を非《そし》る、之《これ》を自暴と謂《い》ふなり。吾が身仁《じん》に居《を》り義に由《よ》る能《あた》はざる、之を自棄と謂ふなり。〈孟子、離婁上〉

用例 なにかしら自分の一生を五十年と見きわめてタカが五十年という態度で自暴自棄にあそびまわっているようでもあるし、〈司馬遼太郎、国盗り物語〉

注意 「暴」は、「あばれる」という意味の場合、音読みでは「ぼう」と読む。「ばく」と読むのは「暴露」のように「さらす」の意味の場合で、ここでは誤り。

類義語 自殺行為《じさつこうい》

対義語 自重自愛《じちょうじあい》

四方八方 しほう-はっぽう

意味 あらゆる方角。

構成 「四方」は、東・西・南・北。「八方」は、東西南北と乾《いぬい》（北西）・坤《ひつじさる》（南西）・艮《うしとら》（北東）・巽《たつみ》（南東）。四方と四隅。

用例 それ見たまえ、君が博士になるかならないかで、四方八方へ飛んだ影響が及んでくるよ。〈夏目漱石、吾輩は猫である〉

揣摩憶測 しま-おくそく

《憶測揣摩《おくそくしま》》

意味 根拠もないのに、勝手に自分の心で他人の心を推し量ること。根拠のない当て推量。

構成 「揣摩」は、自分の心で他人の心を推し量ること。「揣」「摩」ともに、推し量る。「憶測」は、いい加減な当て推量。

用例 敵艦隊や輸送船団の行衛《ゆくえ》がまだはっきりしないので、人々の揣摩憶測はそれだけ盛んだった。〈中山義秀、テニヤンの末日〉

表記 従来は「揣摩臆測」と書くのが普通であったが、現在では常用漢字の「憶」に書き換える。

類義語 蒟蒻問答《こんにゃくもんどう》

四民同等 しみん-どうとう

⇩四民平等《しみんびょうどう》

用例 この一身の自由を妨げんとする者あらば政府の官吏も憚《はばか》るに足らず。ましてこのごろは四民同等の基本も立ちしことなれば、〈福沢諭吉、学問のすすめ〉

四民平等 しみん-びょうどう

《四民同等《しみんどうとう》》

意味 人民は全て身分の差別がなく、対等であるということ。

構成 「四民」は、人民の四階級で、官吏（日本では、武士）・農民・職人・商人。「平等」「同等」は、差別がないこと。

用例 四民平等の徴兵制度を無視して今更封建的な旧士族制を回復するとは何事ぞとなし、〈島崎藤村、夜明け前〉

四面楚歌 しめん-そか

意味 周囲全てから楚の国の歌が聞こえる。孤立して四方がみな敵であることのたとえ。

構成「四面」は、四方、周囲全て。「楚歌」は、中国楚の地方の歌。
故事 中国の前漢の初め、楚《そ》の項羽《こうう》が垓下《がいか》という場所で漢軍に囲まれたとき、周囲がみな楚の地方の歌を歌うのを聞き、漢がすでに楚を降伏させたと嘆いた故事による。
出典 夜、漢軍の四面皆《みな》楚歌するを聞き、項王乃《すなわ》ち大いに驚きて曰《い》はく、漢皆已《すで》に楚を得たるか。是《こ》れ何ぞ楚人の多きや、と。〈史記、項羽本紀〉
用例 今まで空うそぶいていた夏村も四面楚歌に陥《おちい》ってくると威丈高《いたけだか》とならざるを得なかった。〈尾崎士郎、人生劇場青春篇〉
類義語 孤軍重囲《こぐんじゅうい》・孤軍奮闘《こぐんふんとう》・孤立無援《こりつむえん》・無援孤立《むえんこりつ》

自問自答　じもん-じとう

意味 自分で自分に問い掛け、自分で答えること。
構成「自問」は、自分で自分に尋ねること。「自答」は、その問いに自分で答えること。
用例 加藤は自問自答には馴《な》れていた。山へなぜ登るかの自問自答を、雪洞の中で一晩やったこともあった。〈新田次郎、孤高の人〉

杓子定規　しゃくし-じょうぎ

意味 曲がっているひしゃくの柄を、無理に定規として用いようとすること。一つの基準にこだわって、応用や融通のきかないことのたとえ。
構成「杓子」は、ひしゃく。「定規」は、直線を引くときなどに、あてがう道具。
用例 物があってその物を説明するために定義を作るとなると勢いその物の変化を見越してその意味を含ましたものでなければいわゆる杓子定規とかでいっこう気の利かない定義になってしまいます。〈夏目漱石、現代日本の開化〉
用法「杓子を定規にする」という形でも用いられる。
類義語 四角四面《しかくしめん》・馬鹿正直《ばかしょうじき》

灼然炳乎　しゃくぜん-へいこ

意味 きわめて明らかなようす。
構成「灼然」「炳乎」ともに、明らかなようす。「然」「乎」は、副詞や形容詞などの下に添えて、状態を表す。
用例 かくのごとく顕著に灼然炳乎として遠慮なくはあらわれて来ない。〈夏目漱石、吾輩は猫である〉
注意「灼然」を「しゃくねん」と読むのは、誤り。
類義語 一目瞭然《いちもくりょうぜん》・旗幟鮮明《きしせんめい》・明明白白《めいめいはくはく》

弱肉強食　じゃくにく-きょうしょく

《強食弱肉《きょうしょくじゃくにく》》
意味 弱者の肉を強者が食べること。強大なものが、弱小なものを侵し、しいたげることのたとえ。
構成「弱肉」は、弱い者の肉。「強食」は、強者の食べ物。
出典 夫《そ》れ鳥は俛《ふ》して啄《ついば》み、仰《あふ》いで四顧す。夫れ獣は深居《しんきょ》して簡出《かんしゅつ》す。物の己が害を為《な》すを懼《おそ》るればなり。猶《な》ほ且つ脱せず。弱の肉は、彊の食なり。〈唐、韓愈、浮屠文暢師を送る序〉（「彊」は、「強」と同じ）
用例 新しいブンよ、おまえのとびだしてきたこの世界は弱肉強食、実力がものをいう世界なのだ。〈井上ひさし、ブンとフン〉

寂滅為楽　じゃくめつ-いらく

意味 仏教で、煩悩から脱却し生死を超越した境地に行き着いて、はじめて真の楽しみの世界が開けるということ。
構成「寂滅」は、仏教で、煩悩から脱却し、生死を超越すること。「為楽」は、楽しみをなすこと。また、人間が死ぬこと。生死の苦に対して、涅槃《ねはん》を楽とする考え方

による。
出典 諸行無常《しょぎょうむじょう》、是《こ》れ生滅の法、生滅滅已、寂滅為楽。〈涅槃経〉
用例 祇園精舎《ぎおんしょうじゃ》の鐘の声、浮屠《ふと》氏は聞きて寂滅為楽の響きなりといへれど、〈坪内逍遥『マクベス評釈』の緒言〉
注意 「寂滅」を「じゃくめつ」と読むのは、仏教用語の慣用。「せきめつ」と読むのは、誤り。
類義語 安心立命《あんじんりつめい》

邪見放逸 じゃけん-ほういつ

意味 仏教で、仏道にそむいて、まちがった考え方をし、勝手に振る舞うこと。また、無慈悲に荒々しく勝手にふるまうこと。
構成 「邪見」は、仏教の五見の一つで、因果の道理を無視する、まちがった考え。また、無慈悲に荒々しく取り扱うこと。「放逸」は、仏教で、仏道にそむき、勝手に振る舞うこと。「放」「逸」ともに、ここでは、ほしいまま。
用例 此の理を知らずして破戒無慚《はかいむざん》邪見放逸の者を人中の鬼畜といって、鬼の畜生という事じゃ、〈三遊亭円朝、菊模様皿山奇談〉
類義語 凶険無道《きょうけんむどう》・醜悪奸邪《しゅうあくかんじゃ》・不埒千万《ふらちせんばん》・放辟邪侈《ほうへきじゃし》

社交辞令 しゃこう-じれい

（外交辞令《がいこうじれい》）
意味 交際の上での儀礼的な応対のことば。付き合いのための、本心からではないほめことば。
構成 「社交」「外交」は、世間の付き合い。「辞令」は、応対のことば。
用例 それは、もはや、軽薄なる社交辞令ではなかった。私は、しんからそれ一つに期待をかけた。〈太宰治、親友交歓〉
注意 「辞令」を「辞礼」と書くのは、誤り。
類義語 虚礼虚文《きょれいきょぶん》・美辞麗句《びじれいく》

奢侈淫佚 しゃし-いんいつ

意味 ぜいたくで貪欲なこと。
構成 「奢侈」は、度を超えたぜいたく。「奢」は、華美なこと。「侈」は、豊かなこと。「淫佚」は、欲の深いこと。
用例 従って王子公孫《おうじこうそん》も酒池肉林《しゅちにくりん》に荒亡《こうぼう》し、引いては釈迦《しゃか》全体が奢侈淫佚の風に靡《なび》いて行った。〈高木卓、遣唐使〉
類義語 驕奢淫逸《きょうしゃいんいつ》・豪奢遊蕩《ごうしゃゆうとう》・奢侈荒唐《しゃしこうとう》・贅沢華奢《ぜいたくかしゃ》・贅沢三昧《ぜいたくざんまい》
対義語 簡素清貧《かんそせいひん》・勤倹質素《きんけんしっそ》・質素倹約《しっそけんやく》

奢侈荒唐 しゃし-こうとう

意味 ぜいたくを尽くして、でたらめなこと。
構成 「奢侈」は、度を超えたぜいたく。「奢」は、華美なこと。「侈」は、豊かなこと。「荒唐」は、とりとめがないこと。でたらめなこと。「荒」「唐」ともに、ここでは、むなしくとりとめがないこと。
用例 秀美精雅《しゅうびせいが》は奢侈荒唐の如《ごと》くなれども、全国人民の生計を謀《はか》れば日に秀美に進まんことを願はざる可《べ》からず。〈福沢諭吉、文明論之概略〉
類義語 驕奢淫逸《きょうしゃいんいつ》・豪奢遊蕩《ごうしゃゆうとう》・奢侈淫佚《しゃしいんいつ》・贅沢華奢《ぜいたくかしゃ》・贅沢三昧《ぜいたくざんまい》

奢侈文弱 しゃし-ぶんじゃく

意味 ぜいたくを尽くし、学問や芸術ばかりにふけって、心身が弱々しいこと。
構成 「奢侈」は、度を超えたぜいたく。「奢」は、華美なこと。「侈」は、豊かなこと。「文弱」は、学問・芸術などにばかりふけり、心身が弱々しいこと。
用例 父の教えた所によれば、古い一冊の玉篇《ぎょくへん》の外に漢和辞典を買うことさえ、やはり「奢侈文弱」だった！〈芥川竜之介、大導寺信輔の半生〉

対義語 質実剛健《しつじつごうけん》

洒洒落落 しゃしゃ-らくらく

意味 性質、行動などがきわめてさっぱりとしていて、こだわりのないこと。

構成 「洒落」は、心がさっぱりとして、こだわりのないようす。それぞれの字を重ねて、強調した語。

用例 洒々落々として愛すべく尊ぶべき少女であって見れば、仮令《たとい》道徳を飾り物にする偽《にせ》君子、磊落《らいらく》を粧う似而非《えせ》豪傑には、〈二葉亭四迷、浮雲〉

注意 「洒落」を「しゃれ」と読むと、気のきいた、いきな言動やおしゃれの意味になるが、「洒洒落落」は、しゃれの意味では用いない。

邪宗異端 じゃしゅう-いたん

⇩異端邪宗《いたんじゃしゅう》

用例 耶蘇教《やそきょう》なぞはもう大嫌いで、邪宗異端なんてことを言いつづけて、〈島崎藤村、海へ〉

邪知奸佞 じゃち-かんねい

⇩奸佞邪知《かんねいじゃち》

邪知暴虐 じゃち-ぼうぎゃく

意味 悪知恵を働かせ、むごたらしい行いをすること。

構成 「邪知」は、悪知恵。「暴虐」は、むごたらしい行い。

用例 メロスは激怒した。必ず、かの邪智暴虐の王を除かなければならぬと決意した。〈太宰治、走れメロス〉

注意 「暴」は、「あばれる」という意味の場合、音読みでは「ぼう」と読む。「ばく」と読むのは「暴露」のように「さらす」の意味の場合で、ここでは誤り。

表記 従来は「邪智暴虐」と書くのが普通であったが、現在では常用漢字の「知」に書き換える。

類義語 怜悧狡猾《れいりこうかつ》

寂光浄土 じゃっこう-じょうど

意味 仏教で、仏の住む所。解脱して、窮極の悟りに達した境界。

構成 「寂光」は、解脱し、悟りに達した境界。「浄土」は、煩悩・迷い・罪悪などのない清らかな世界。極楽。

用例 寂光浄土の極楽へ、地獄の獄卒どもが練ってきたように、それは殺風景なものであった。〈吉川英治、神州天馬侠〉

遮二無二 しゃに-むに

意味 あとさきを考えずに、強引にことを運ぶようす。がむしゃらに。

構成 「二」は、次の意味で、「遮二」は、二をさえぎること。「無二」は、二がないこと。あとさきの見通しがないまま行うことをいう。

用例 遮二無二津田を突き破ろうとしたお延《のぶ》は立ちどまった。夫がそれほど自分をごまかしていたのでないと考える拍子に気が抜けたので、一息に進むつもりの彼女は進めなくなった。〈夏目漱石、明暗〉

車馬剣戟 しゃば-けんげき

意味 車や馬、剣やほこ。広く戦争の用具一般をいう。

構成 「車馬」は、車と馬。「剣戟」は、剣とほこ。

用例 ならば手柄にその白刃をふりかざして、法師の後に従うた聖衆の車馬剣戟と力を競うて見るがよいわ。〈芥川竜之介、邪宗門〉

類義語 干戈弓馬《かんかきゅうば》・弓馬槍剣《きゅうばそうけん》・弓馬刀槍《きゅうばとうそう》・刀槍矛戟《とうそうぼうげき》・砲刃矢石《ほうじんしせき》

殊域同嗜 しゅいき-どうし

意味 外国人同士でありながら、趣味・嗜好が同じであること。また、異なる領域・分野に所属していながら、趣味・嗜好が同じであること。

構成「殊域」は、地域を異にする外国。「同嗜」は、趣味が同じであること。「殊」は、ここでは、異なる。「嗜」は、好み。
用例 わたくしはこれを読んで私《ひそ》かに殊域同嗜の人を獲《え》たと思った。〈森鷗外、渋江抽斎〉
類義語 万国共通《ばんこくきょうつう》・普遍妥当《ふへんだとう》

醜悪奸邪 しゅうあく-かんじゃ

意味 容貌がみにくく、心がよこしまなこと。
構成「醜悪」は、みにくいこと。「奸邪」は、心がねじけて正しくないこと。
用例 若《も》しただ読者を感動して非常の注意を促すべき非凡の資格を有したらむには、醜悪奸邪の人物といへども得て主人公となすべきなり。〈坪内逍遥、小説神髄〉
表記「醜悪姦邪」とも書く。
類義語 凶険無道《きょうけんむどう》・邪見放逸《じゃけんほういつ》・不埒千万《ふらちせんばん》・放辟邪侈《ほうへきじゃし》

自由意志 じゆう-いし

意味 他からの束縛・強制・支配を受けないで、自分の責任において決定する心のあり方。
構成 英語 free will の訳語。「自由」は、他からの束縛・強制・支配を受けないこと。「意志」は、多くの動機・目標・手段から一つを選択し、その実現を欲する気持ちや考え。
用例 私は夏休みにどこかへ行こうかとKに相談しました。Kは行きたくないような口振りを見せました。無論彼は自分の自由意志でどこへも行ける身体ではありませんが、〈夏目漱石、こころ〉

縦横自在 じゅうおう-じざい

意味 他に妨げるものがなく、思いのままに振る舞うこと。
構成「縦横」は、縦と横。転じて、思いのままに振る舞うこと。「自在」は、思いのまま。
用例 その作品には縦横自在に筆が振ってあるにもかかわらず、何となく古雅で、〈島崎藤村、桃の雫〉
類義語 緩急自在《かんきゅうじざい》・縦横無礙《じゅうおうむげ》・縦横無尽《じゅうおうむじん》・自由自在《じゆうじざい》・如意自在《にょいじざい》

縦横無礙 じゅうおう-むげ

意味 少しも妨げるものがなく、思いのままに振る舞えること。
構成「縦横」は、縦と横。転じて、思いのままに振る舞うこと。「無礙」は、さえぎるものがないこと。「礙」は、さまたげ。
用例 しかしあの奇怪な逃避行の地獄の世界で彼を縦横無碍にひきずりまわした青子も、目方の無い蝶のように音なく消え去って行ったたみよ子も、〈円地文子、食卓のない家〉
注意「礙」の音読みは本来「がい」だが、この場合は慣用的に「げ」と読む。
表記「礙」の代わりに、異体字の「碍」を書くこともある。
類義語 緩急自在《かんきゅうじざい》・縦横自在《じゅうおうじざい》・縦横無尽《じゅうおうむじん》・自由自在《じゆうじざい》・如意自在《にょいじざい》

縦横無尽 じゅうおう-むじん

意味 思いのままに振る舞うこと。思う存分。
構成「縦横」は、縦と横。転じて、思いのままに振る舞うこと。「無尽」は、限りがないこと。
用例 この時つくつく君《くん》は悲鳴を揚げて、薄い透明な羽根を縦横無尽に振るう。〈夏目漱石、吾輩は猫である〉
類義語 緩急自在《かんきゅうじざい》・縦横自在《じゅうおうじざい》・縦横無礙《じゅうおうむげ》・自由自在《じゆうじざい》・如意自在《にょいじざい》

自由闊達 じゆう-かったつ

意味 心が広く、のびやかで物事にこだわらないこと。

構成「自由」は、他の制約を受けず、思う存分のびやかであること。「闊達」は心が広くて、小事にこせこせしないこと。「闊」は、広い。

用例卑屈に、おどおどして来て、やりきれない思いをするのである。自由闊達に、意見の開陳など、とてもできないのである。〈太宰治、酒ぎらい〉

用法周囲の事情を顧みない「自由奔放」と異なり、さまざまな事情に柔軟に対応できる心の広さをいう場合に用いられる。

表記(1)「闊」の代わりに異体字の「濶」を書くこともあるが、現在では、印刷物などでは「闊」を用いるのが普通。(2)「自由豁達」とも書く。

類義語海闊天空《かいかつてんくう》・天空海闊《てんくうかいかつ》

衆議一決　しゅうぎ-いっけつ

意味多人数の議論の末、意見が一つにまとまること。

構成「衆議」は、多人数の議論。「一決」は、一つに決まること。

用例雪森厚夫と親しい池端和香子を同行させることに衆議一決し、そのため入院中の池端和香子を一月初旬に脱院させる手筈とした。〈加賀乙彦、湿原〉

類義語異口同音《いくどうおん》・衆口一致《しゅうこういっち》・満場一致《まんじょういっち》

対義語甲論乙駁《こうろんおつばく》・賛否両論《さんぴりょうろん》・諸説紛紛《しょせつふんぷん》

十逆五悪　じゅうぎゃく-ごあく

意味仏教で、人間の犯すありとあらゆる罪。

構成「十逆」は、仏教で、人間として禁じられている十種の罪悪。殺生《せっしょう》・偸盗《ちゅうとう》・邪婬《じゃいん》・妄語《もうご》・両舌《りょうぜつ》・悪口《あっこう》・綺語《きご》・貪欲・瞋恚《しんい》・邪見。「五悪」は、仏教で、いましめを破る五種の悪行。殺生・偸盗・邪婬・妄語・飲酒。

用例首を刎《は》ねられる前の盗人でも、乃至《ないし》は十王の庁へ引き出された、十逆五悪の罪人でも、ああまで苦しそうな顔を致しますまい。〈芥川竜之介、地獄変〉

羞月閉花　しゅうげつ-へいか

意味月がはじらい、花が閉じるほどの美しさ。きわめて美しい女性の形容。

構成「羞月」は、はじらいを含んだ月。「羞」は、恥じる。「閉花」は、閉じた花。

用例桃李《とうり》の唇匂《にお》やかなる、実に嬋妍《せんけん》と艶《つや》やかにして沈魚落雁《ちんぎょらくがん》羞月閉花という姿に、女ながらもお月は手を突いてお村の顔に見惚《みと》れる程でございます。〈三遊亭円朝、業平文治漂流奇談〉

類義語沈魚落雁《ちんぎょらくがん》

終古一定　しゅうこ-いってい

意味いつまでも変わらないものとして扱うこと。

構成「終古」は、いつまでも、永久に。「一定」は、一つに定まっていること。

用例二三の主義を終古一定のものとして、万事をこれで律せんとするのみならず、〈夏目漱石、創作家の態度〉

類義語十年一日《じゅうねんいちじつ》・千年一日《せんねんいちじつ》

衆口一致　しゅうこう-いっち

意味多くの人々の意見や評判が一つにまとまること。

構成「衆口」は、多くの人々のことばや評判。「一致」は、一つにまとまること。

用例それからまた七部集とは何々を指すかに就いていても異論が有って、衆口一致して居るのでは無い。〈幸田露伴、芭蕉入門〉

類義語異口同音《いくどうおん》・衆議一決《しゅうぎいっけつ》・満場一致《まんじょういっち》

対義語甲論乙駁《こうろんおつばく》・賛否両論《さんぴりょうろん》・諸説紛紛《しょせつふんぷん》

重厚謹厳　じゅうこう-きんげん

意味つつしみ深く、重々しく落ち着いていること。

〔構成〕「重厚」は、重々しく落ち着いていること。「謹厳」は、つつしみ深くおごそかなこと。
〔用例〕重厚謹厳で一指も軽々しく動かさないという風がありながら、日常は至極平民的で如才なく、〈菊池寛、M侯爵と写真師〉
〔類義語〕勤倹尚武《きんけんしょうぶ》・勤倹力行《きんけんりっこう》・謹厚慎重《きんこうしんちょう》
〔対義語〕軽佻浮薄《けいちょうふはく》

繡口錦心 しゅうこう-きんしん

〔意味〕縫い取りしたような口と錦のような心。美しいことばと美しい思想のたとえ。美文や文才のすぐれた人をほめていう。
〔構成〕「繡口」は、縫い取りしたような美しい口の意から、詩文などの豊かな才能のたとえ。「繡」は、刺繡、縫い取り。「錦心」は、にしきのように美しい心の意から、美しい思想のたとえ。
〔出典〕眩耀《げんよう》文を為《つく》り、瑣砕《ささい》偶を排し、黄を抽き白に対し、哈哢《ごうろう》飛走す。駢四儷六《べんしれいろく》、錦心繡口なり。〈唐、柳宗元、乞巧の文〉
〔用例〕繡口錦心の士ここに因りて節を敗り名を堕《お》とす、始めは一念の差たり遂に畢世《ひっせい》贖《つぐな》ふ莫《な》きを致す、〈幸田露伴、対髑髏〉
〔類義語〕錦心繡腸《きんしんしゅうちょう》

重厚長大 じゅうこう-ちょうだい

〔意味〕重々しく落ち着いて、すぐれていること。
〔構成〕「重厚」は、重々しく落ち着いていること。「長大」は、たけが高く、大きいこと。転じて、すぐれていること。
〔用例〕釜石の現場も、重厚長大の時代から、いやおうなく軽薄短小の時代への変化の波に洗われている。〈朝日新聞、天声人語、一九八七年二月二一日〉
〔対義語〕軽薄短小《けいはくたんしょう》

集散離合 しゅうさん-りごう

⇩離合集散《りごうしゅうさん》
〔用例〕各集団の間に集散離合が行われてその数を減じ、恐らく二個の勢力に分かれ、〈石原完爾、最終戦争論・戦争史大観〉

終始一貫 しゅうし-いっかん

〔意味〕始めから終わりまで、主義・主張・方法などを貫いて変えないこと。
〔構成〕「終始」は、始めから終わりまで継続すること。「一貫」は、一つの態度・方法を貫くこと。
〔出典〕公は其《そ》の終始を包《か》ね、一以《もっ》て之《これ》を貫く。備はれりと謂《い》ふべし。〈漢書、王莽伝上〉
〔用例〕僕などは終始一貫父母未生《ふもみしょう》以前からただ今に至るまで、かつて自説を変じた事のない男だ。〈夏目漱石、吾輩は猫である〉
〔類義語〕首尾一貫《しゅびいっかん》・首尾貫徹《しゅびかんてつ》・初志貫徹《しょしかんてつ》・脈絡通徹《みゃくらくつうてつ》
〔対義語〕自家撞着《じかどうちゃく》・自己矛盾《じこむじゅん》・支離滅裂《しりめつれつ》・前後矛盾《ぜんごむじゅん》

自由自在 じゆう-じざい

〔意味〕思いのまま。心のままに振る舞うようす。
〔構成〕「自由」は、他の制約を受けず、思う存分のびやかであること。「自在」は、思いのまま。
〔出典〕問ふ、牛頭《ごず》未だ見ず、四祖の時如何《いかん》、と。師曰《い》はく、自由自在、と。曰はく、見後如何、と。師曰はく、自由自在、と。〈景徳伝灯録、二十三、衡州華光範禅師〉
〔用例〕諸君は四つ目垣とはいかなる者であるか御承知であろう。風通しのいい、簡便な垣である。吾が輩などは目の間から自由自在に往来する事が出来る。〈夏目漱石、吾輩は猫である〉
〔類義語〕緩急自在《かんきゅうじざい》・縦横自在《じゅうおうじざい》・縦横無礙《じゅうおうむげ》・縦横無尽《じゅうおうむじん》・如意自

し

在《にょいじざい》

十字砲火　じゅうじ-ほうか

意味 さまざまな方向から集中し、交錯する砲火。また、さまざまな方向から攻撃が集中することのたとえ。

構成 「十字」は、左右に交錯すること。「砲火」は、大砲や鉄砲を発射したときに出る火。また、弾丸。

用例 さらに地球上での雷の数百倍という大電流をともなう放電が十字砲火をまじえているのだった。〈小松左京、さよならジュピター〉

用法 「十字砲火を浴びる」などの形で、比喩的に用いられることがある。

類義語 集中砲火《しゅうちゅうほうか》

袖手傍観　しゅうしゅ-ぼうかん

《拱手傍観《きょうしゅぼうかん》》

意味 ふところ手をしたまま、そばで見ていること。何もしないで、なりゆきにまかせたまま見物していることのたとえ。

構成 「袖手」「拱手」ともに、ふところ手をすること。「傍観」は、そのことに関係しないでそばでただ見ているだけであること。

出典 袖手傍観し、敢《あ》へて一言して之《これ》を匡救《きょうきゅう》する無し。〈頼山陽、日本政記、一條天皇論〉

用例 傍《かたは》らに人あるを憚《はばか》るべし。いかなる場合にても、人の岸に臨むを見て袖手傍観するものあらむや。〈泉鏡花、鐘声夜半録〉

注意 「観」を「勧」「歓」と書くのは、誤り。「観」は「みる」、「勧」は「すすめる」、「歓」は「よろこぶ」の意味。

類義語 座食逸飽《ざしょくいっぽう》・酔生夢死《すいせいむし》・走尸行肉《そうしこうにく》

周章狼狽　しゅうしょう-ろうばい

意味 あわてふためくこと。

構成 「周章」「狼狽」ともに、あわてふためくこと。

用例 能因法師《のういんほうし》は、茶店のハチといふ飼犬に吠《ほ》えられて、周章狼狽であった。〈太宰治、富岳百景〉

衆人環座　しゅうじん-かんざ

意味 多くの人が輪になって座ること。

構成 「衆人」は、大勢の人々。「環座」は、輪になって座ること。

用例 「いや好男子の御入来だが、喰《く》い掛けたものだからちょっと失敬しますよ」と迷亭君は衆人環座の裏《うち》にあって臆面もなく残った蒸籠《せいろ》を平らげる。〈夏目漱石、吾輩は猫である〉

表記 従来は「衆人環坐」と書くのが普通であったが、現在では常用漢字の「座」に書き換える。

衆人環視　しゅうじん-かんし

意味 多くの人々が、周囲からじっと見守っていること。

構成 「衆人」「衆目」は、大勢の人々。また、その視線。「環視」は、周囲から見守ること。

用例 慈悲忍辱《じひにんにく》を説く聖者が、今、衆人環視の中で自分の子を捕らえて食った。〈中島敦、悟浄出世〉

用法 「衆人環視の的」「衆人環視にさらされる」などの形で、見られる側にとって迷惑な状況を表すのに用いられることが多い。

注意 「環視」を「監視」と書くのは、誤り。

修身斉家　しゅうしん-せいか

意味 身を修め、行いを正して、家庭を整え治めること。

構成 「修身」は、自分の行いを正して善に進むこと。「斉家」は、家庭を整え、治めること。「斉」は、整える。

出典 其《そ》の家を斉《ととの》へんと欲する者は、先《ま》づ其の身を脩《をさ》む。〈大学〉（「脩」は、「修」と同じ）

用例 昨今はそいつを漢学の道徳で行こうなんという連中があるが、それなら修身斉家治国平天下《ちこくへいてんか》で、解決は直ぐに附く。〈森鷗外、青年〉

縦説横説 じゅうせつ－おうせつ

意味 さまざまな方面から議論すること。また、思うままに勝手な議論をすること。

構成 「縦説」は、縦から説くこと。「横説」は横から説くこと。転じて、さまざまな方面から説くこと。また、思いのままに説くこと。

出典 縦説横説、流暢にして窮《きは》まらず。〈古賀侗菴、富士山の図に題す〉

用例 固《もと》より朱註《しゅちゅう》をば顧みない。都《すべ》て古義に従って縦説横説した。〈森鷗外、渋江抽斎〉

周旋奔走 しゅうせん－ほんそう

（奔走周旋《ほんそうしゅうせん》）

意味 取り持つために、あちこち走りまわること。

構成 「周旋」は、めぐり回って、取り持つこと。「奔走」は、あちこち走りまわること。「奔」も、走る。

用例 三十三カ村の人民総代として半蔵等が寝食も忘れるばかりに周旋奔走した山林事件は意外にもつれた形のものとなって行った。〈島崎藤村、夜明け前〉

類義語 右往左往《うおうさおう》・東行西走《とうこうせいそう》・東走西馳《とうそうせいち》・東奔西走《とうほんせいそう》・南船北馬《なんせんほくば》・北馬南船《ほくばなんせん》

秋霜烈日 しゅうそう－れつじつ

意味 秋の冷たい霜と、夏の強い日光。刑罰・権力などが極めてきびしいことのたとえ。

構成 「秋霜」は、秋の霜。「烈日」は、夏の強い日光。

用例 あるいは、かえって、一般の秋霜烈日の厳を増したのではないかと思った。〈石川啄木、雲は天才である〉

類義語 苛斂誅求《かれんちゅうきゅう》

周知徹底 しゅうち－てってい

意味 余すところなく、よく知れわたらせること。

構成 「周知」は、あまねく知れわたること。「徹底」は、余すところなく行き届くこと。

用例 三月からポスターや車内放送で事前のPRを始め、周知徹底を図る。〈読売新聞、編集手帳、一九九九年二月一四日〉

注意 「徹」を「撤」と書くのは、誤り。「徹」は「貫き通す」、「撤」は、「撤回」のように、「取り除く」の意味。

集中砲火 しゅうちゅう－ほうか

意味 一か所に砲弾を集中させること。一つの物事や人物に、一斉に非難や批判を浴びせることのたとえ。

構成 「集中」は、一か所に集めること。「砲火」は、鉄砲や大砲を発射したときに出る火。また、弾丸。

用例 新聞社とテレビ局のカメラの集中砲火で、あそこで混雑にまぎれて逃走されたら事なので、大急ぎで片手錠をはめ署内に連れこみました。〈加賀乙彦、湿原〉

類義語 十字砲火《じゅうじほうか》

秋天一碧 しゅうてん－いっぺき

意味 秋の空が見渡す限り青一色であること。澄み切った秋の空の形容。

構成 「秋天」は、秋の空。「一碧」は、見渡す限り青一色であること。「碧」は、青緑。

用例 秋天一碧の下、嘎々《かつかつ》と蹄《ひづめ》の音を響かせて草原となく丘陵となく狂気のように馬を駆《か》けさせる。〈中島敦、李陵〉

類義語 一碧万頃《いっぺきばんけい》

充棟汗牛 じゅうとう－かんぎゅう

⇩汗牛充棟《かんぎゅうじゅうとう》

し

周到綿密 しゅうとう－めんみつ

《綿密周到《めんみつしゅうとう》》

意味 細かくよく行き届いて手落ちがないこと。

構成 「周到」は、あまねく行きわたる。よく行き届いて手落ちがないこと。「綿密」は、細かく行き届くこと。

用例 むろん、すぐにも詮議《せんぎ》に押し入るだろうと思われたのに、つねに周到綿密、目の光らせどころにそつがないのです。〈佐々木味津三、右門捕物帖、首つり五人男〉

類義語 至微至妙《しびしみょう》・周密精到《しゅうみつせいとう》・精妙巧緻《せいみょうこうち》・微妙巧緻《びみょうこうち》

対義語 杜撰脱漏《ずさんだつろう》

縦塗横抹 じゅうと－おうまつ

意味 気の向くままに塗りつけること。

構成 「縦横塗抹」の「横」と「塗」とを入れ替えた表現。「縦横」は、縦と横。自由自在なようす。「塗抹」は、塗ることと塗り消すこと。

用例 得々の状は乱筆御判読も出来兼ぬる縦塗横抹の書翰紙《しょかんがみ》に溢《あふ》れ〈徳冨蘆花、思出の記〉

衆怒衆賤 しゅうど－しゅうせん

意味 多くの人の怒りやさげすみ。

構成 「衆怒」は、多くの人の怒り。「衆賤」は、多くの人のさげすみ。

用例 何ぞ乃《すなは》ち淫風日に熾《さか》んにして天理淪亡《りんぼう》するや当《まさ》に悲しむべく当に憾《うら》むべきの行を以て反《かへ》って計を得たりとなし而《しか》して衆怒衆賤の事恬《てん》として羞《はぢ》を知らず、〈幸田露伴、対髑髏〉

十人十色 じゅうにん－といろ

《千人千色《せんにんせんしょく》》

意味 人の性格・嗜好・考えなどが一人一人違っていること。

構成 「十人」「千人」は、さまざまな人々。「十色」「千色」は、さまざまな個性。「色」は、種類。

用例 猫の社会に這入《はい》って見るとなかなか複雑なもので十人十色という人間界の語はそのままここにも応用が出来るのである。〈夏目漱石、吾輩は猫である〉

注意 「十色」を「じっしょく」「じゅっしょく」と読むのは、誤り。

類義語 各種各様《かくしゅかくよう》・各人各様《かくじんかくよう》・千人千色《せんにんせんしょく》・百人百態《ひゃくにんひゃくたい》・百人百様《ひゃくにんひゃくよう》

十年一日 じゅうねん－いちじつ

《千年一日《せんねんいちじつ》》

意味 長い年月の間少しも変化せず、同じ状態であること。

構成 「十年」「千年」は、長い年月のたとえ。「一日」は、短い時間のたとえ。長い年月が短い時間のように思われるほど、変化がないこと。

用例 先生は十年一日のごとく高等学校に教鞭を執って薄給と無名に甘んじている。しかし真正の学者である。〈夏目漱石、三四郎〉

用法 どちらかといえば、少しも変化や成長がないという、悪い意味で用いられることが多い。

注意 この熟語の場合は、「一日」は慣用的に「いちじつ」と読む。「いちにち」と読むのは、誤り。

類義語 終古一定《しゅうこいってい》

対義語 一日千秋《いちじつせんしゅう》

秋風蕭条 しゅうふう－しょうじょう

意味 夏の盛りを過ぎて草木も枯れ、秋風が吹くものさびしいようす。また、盛んだった勢いが衰えて、ものさびしくなることのたとえ。

構成 「秋風」は、秋に吹く風。「蕭条」は、もののさびしいようす。また、草木が枯れしおれるようす。

用例 秋風蕭条の記。日清の戦争に世は武

士のものとなりぬ。市川学窓に古賢を友とし、岸本僅かに余喘《よぜん》を保ち、菅また悄然、〈島崎藤村、春〉

類義語 寒山枯木《かんざんこぼく》・秋風落莫《しゅうふうらくばく》・満目荒涼《まんもくこうりょう》・満目蕭条《まんもくしょうじょう》・満目蕭然《まんもくしょうぜん》

秋風落莫 しゅうふう-らくばく

意味 秋風が吹いて、ものさびしいこと。

構成 「秋風」は、秋に吹く風。「落莫」は、ものさびしいようす。

用例 社会の感情を維持するの具は、一切《いっさい》此の怪偉人のために蹂躙《じゅうりん》せられ、秋風落莫の情に堪《た》へざりき。〈竹声与三郎、新日本史〉

表記 「秋風落寞」「秋風落漠」とも書く。

類義語 寒山枯木《かんざんこぼく》・秋風蕭条《しゅうふうしょうじょう》・満目荒涼《まんもくこうりょう》・満目蕭条《まんもくしょうじょう》・満目蕭然《まんもくしょうぜん》

自由奔放 じゆう-ほんぽう

《奔放自由《ほんぽうじゆう》》

意味 周りを気にかけず、自分の心の欲するままに振る舞うこと。

構成 「自由」は、心のまま。思うまま。「奔放」は、思うままに勝手に振る舞うこと。

用例 傍の鮎太など眼中においていない表情たっぷりの自由奔放なものであった。〈井上靖、あすなろ物語〉

用法 さまざまな事情に柔軟に対応できる心の広さをいう「自由闊達」と異なり、周囲の事情を顧みない場合に用いられる。

類義語 自在不羈《じざいふき》・不羈自由《ふきじゆう》・奔放自在《ほんぽうじざい》・奔放自由《ほんぽうじゆう》

十万億土 じゅうまん-おくど

意味 ①仏教で、現世から極楽浄土に至るまでの間に、無数にあるという仏の国の総称。②転じて、その向こうにあるという極楽の世界。③非常に離れている土地。

構成 「十万億仏土」の略。「十万億」は、非常に大きな数で、無数を意味する。「仏土」は、仏の住む国。

出典 是《これ》より西の方、十万億仏土を過ぐれば、世界有り、名づけて極楽と曰《い》ふ。〈阿弥陀経〉

用例 ①この身もはるか西方、十万億土のかなたの極楽に生まれる望みは、疑えぬところとなりました。〈田辺聖子、新源氏物語〉②おばばはもう十万億土へ行ってしもうた。おおかた蓮《はす》の上でな、おぬしの来るのを、待ち焦がれている事じゃろう。〈芥川竜之介、偸盗〉③いまはもう、いっそ、母のほうで、そのチベットとやらの十万億土へ行ってしまいたい気持である。〈太宰治、花火色〉

類義語 極楽浄土《ごくらくじょうど》・西方浄土《さいほうじょうど》

周密精到 しゅうみつ-せいとう

意味 細部まで十分に行き届いていること。注意が細かいところまで行き渡って、手落ちのないこと。

構成 「周密」も「精到」も、細かいところまで全て、よく行き届いていること。

用例 老若男女、善悪正邪の心の中の内幕をば洩《も》らす所なく描《か》きいだして周密精到、人情を灼然《しゃくぜん》として見えしむるを我が小説家の務めとはするなり。〈坪内逍遥、小説神髄〉

類義語 至微至妙《しびしみょう》・周到綿密《しゅうとうめんみつ》・精妙巧緻《せいみょうこうち》・微妙巧緻《びみょうこうち》・綿密周到《めんみつしゅうとう》

対義語 杜撰脱漏《ずさんだつろう》

自由民権 じゆう-みんけん

意味 人民が何の束縛・強制・支配も受けず、自分の意志で政治に参加できる権利。我が国では、一八七四年(明治七年)、板垣退助・副島種臣らが提出した「民選議院設立建白書」に端を発し、国会開設、憲法制定などを要求して起こった政治運動の主張。

構成「自由」は、社会生活において他からの一切の拘束なしに自分の意志によって行動できること。「民権」は、政治上における人民の権利。

用例 薫《かおる》さんの父というのは自由民権というような事を云《い》った政客の一人だった。〈志賀直哉、冬の往来〉

類義語 主権在民《しゅけんざいみん》

襲名披露 しゅうめい－ひろう

意味 子や弟子が、親や師匠などの名や名跡(代々受け継ぐ家名)を継いだことを、広く人々に知らせること。

構成「襲名」は、親や師匠の名を受け継ぐこと。「披露」は、広く人々に発表すること。おひろめ。

用例 これは私の襲名披露のとき、奥さんからいただいた莨《たばこ》入れでございます。〈三島由紀夫、近代能楽集、綾の鼓〉

注意「披」を「被」と書くのは、誤り。

衆目環視 しゅうもく－かんし

用例 無遠慮にも本来の狂態を衆目環視の裡《うち》に露出して平々然と談笑を縦《ほしいまま》にしている。〈夏目漱石、吾輩は猫である〉

衆目衆耳 しゅうもく－しゅうじ

意味 多くの人の目と耳。大衆の関心のたとえ。

構成「衆目」は、多くの人の目。「衆耳」は、多くの人の耳。

用例 其《そ》の費やすところの労力は直ちに有形の楼閣となりて、ニコライの高塔の如《ごと》く衆目を引くべきにあらず。衆目衆耳の聳動《しょうどう》することなき事業にして、或《あ》るいは大いに世界を震ふことあるなり。〈北村透谷、人生に相渉るとは何の謂ぞ〉

主客転倒 しゅかく－てんとう

意味 ①主人と客人の立場が逆転すること。②転じて、物事の大小・軽重・本末などを取り違えること。

構成「主客」は、主人と客人。転じて、重要なものと軽いもの。「転倒」は、さかさまになること。

用例 ②一種横柄な態度で、番頭が酒をはかってやる。その主客転倒の風景が、家の格式を語っているのか。〈宇野千代、或る一人の女の話〉

注意「しゅきゃくてんとう」とも読む。

表記 従来は「主客顚倒」と書くのが普通であったが、現在では常用漢字の「転」に書き換える。

類義語 冠履転倒《かんりてんとう》・本末転倒《ほんまつてんとう》

樹下石上 じゅか－せきじょう

⇩じゅげ－せきじょう

主義主張 しゅぎ－しゅちょう

意味 考えや行動の基盤となる一定の方針や意見。

構成「主義」は、一定の方針。「主張」は、いつも持ち続けている意見。

用例 私は、或る主義主張があって、その主義主張を創作に依《よ》って世に示して居るのではない。〈夏目漱石、予の描かんと欲する作品〉

主客転倒 しゅきゃく－てんとう

⇩しゅかく－てんとう

淑女紳士 しゅくじょ－しんし

⇩紳士淑女《しんししゅくじょ》

用例 一枚の成人教育課程終了者群の写真も無い。淑女紳士の写真だけである。〈宮本百合子、ロンドン一九二九年〉

熟読玩味 じゅくどく－がんみ

意味 文章をよく読み込んで、内容をじっくり考えて深く味わうこと。

構成「熟読」は、繰り返し詳しく読むこと。内容をよく味わって読むこと。「玩味」は、じっくり味わうこと。詩文などを読んで、その意味・道理・趣などをよく考

え味わうこと。

出典 凡《およ》そ語孟を看るは、且つ須《すべか》らく熟読玩味し、聖人の言語を将《もっ》て己に切すべし。〈小学、外篇〉

用例 若《も》し此の様なる不都合をば一々熟読玩味すべき文章の上にあらはしなば、〈坪内逍遥、小説神髄〉

注意 「玩味」を「玩身」と書くのは、誤り。

表記 「熟読含味」とも書く。

類義語 熟読三思《じゅくどくさんし》・咀嚼玩味《そしゃくがんみ》

熟読三思　じゅくどく-さんし

意味 文章を繰り返し読んで、内容を幾度も考えてじっくり思案すること。

構成 「熟読」は、繰り返し詳しく読むこと。内容をよく味わって読むこと。「三思」は、三回思うこと。転じて、幾度も考え、じっくり思案すること。

用例 ああいうものを探されて、熟読三思せらるることを君にお勧めしたいと思います。〈島崎藤村、桃の雫〉

類義語 熟読玩味《じゅくどくがんみ》・咀嚼玩味《そしゃくがんみ》

熟慮断行　じゅくりょ-だんこう

意味 念を入れて十分に考えた上で、思い切って実行すること。

構成 「熟慮」は、十分に念を入れて考えをめぐらすこと。「断行」は、思い切ってすること。

用例 記憶のすばらしさ、熟慮断行という言葉が実によくあてはまるような万事の処理のしかた、〈岸田国士、暖流〉

対義語 因循姑息《いんじゅんこそく》・直情径行《ちょくじょうけいこう》

樹下石上　じゅげ-せきじょう

意味 ①仏教で、木の下や石の上といった、山野・路傍などに野宿すること。②転じて、仏道の修行をすること。また、出家の身の上であること。

構成 「樹下」は、木の下。「石上」は、石の上。

出典 仏法の盛なるといふは、面面樹下石上に坐《ざ》すといへども、各《おのおの》如法に悟り、如法に証するをいふ。〈明慧伝〉

用例 ①坊主の慣用する手段を試みるがよい。一所不住の沙門《しゃもん》雲水行脚《あんぎゃ》の衲僧《のうそう》は必ず樹下石上を宿とすとある。〈夏目漱石、吾輩は猫である〉

注意 「樹下」を「じゅげ」と読むのは、仏教用語の慣用だが、最近では「じゅか」とも読む。

類義語 一所不住《いっしょふじゅう》・雲水行脚《うんすいあんぎゃ》・雲水不住《うんすいふじゅう》

主権在民　しゅけん-ざいみん

意味 国家を治める最高権力が、国民に存在すること。

構成 「主権」は、国民及び領土を治める、最高で独立・絶対の権力。国家の統治権。「在民」は、国民にこそあること。

用例 主権在民を宣言しようと、彼は始皇帝からまぬがれることはできないのだ。〈開高健、流亡記〉

類義語 自由民権《じゆうみんけん》

取捨選択　しゅしゃ-せんたく

意味 よいものや必要なものを選び取り、悪いものや不必要なものを捨てること。

構成 「取捨」は、取ることと、捨てること。「選択」は、よいものを選び出すこと。

用例 小説戯曲の材料は七分まで、徳義的批判に訴えて取捨選択せられるのであります。〈夏目漱石、教育と文芸〉

種種雑多　しゅじゅ-ざった

意味 さまざまなものが、入り交じっていること。

構成 「種種」は、いろいろ。さまざま。「雑多」は、いろいろ入り交じっていること。

用例 何から手を着けていいかも分からないほど種々雑多な事が新住職としての彼を待っていた。〈島崎藤村、夜明け前〉

注意 「しゅしゅざった」とも読む。

類義語 （「さまざまな」の意味で）千違万

別《せんいばんべつ》・千差万別《せんさばんべつ》・千姿万態《せんしばんたい》・千状万態《せんじょうばんたい》・千態万状《せんたいばんじょう》・千態万様《せんたいばんよう》（「入り交じった」の意味で）雑然紛然《ざつぜんふんぜん》・参差錯落《しんしさくらく》・紛擾雑駁《ふんじょうざっぱく》・紛然雑然《ふんぜんざつぜん》

衆生済度　しゅじょう-さいど

意味　仏教で、仏道によって、多くの人々の迷いを救い、悟りを得させること。

構成　「衆生」は、全ての生きもの。また、人類。「済度」は、仏道によって、迷い苦しむ人々を、悟りの境地である彼岸に救い渡すこと。「済」は、救う。「度」は、渡す。

用例　論者必ず評して言はん、宗教の大趣意は衆生済度に在りて人を殺すに在らず、〈福沢諭吉、学問のすすめ〉

注意　「衆生」を「しゅじょう」と読むのは、仏教用語の慣用。「しゅうせい」と読むのは、誤り。

類義語　諸人救済《しょじんきゅうさい》・摂取不捨《せっしゅふしゃ》

朱唇皓歯　しゅしん-こうし

意味　赤いくちびると白い歯。美人の形容。

構成　「朱唇」は、赤いくちびる。「皓歯」は、白い歯。「皓」は、白。

出典　朱脣皓歯嫭《こ》にして以《もっ》て姱《か》なり、徳を比して好く間に習ひて以て都《と》なり。〈楚辞、大招〉

用例　明眸《めいぼう》明水を凝らし、朱唇皓歯、生けるがごとく、笑うがごとき者は麗人の写真なり。〈増山守正、西京繁昌記〉

表記　従来は「朱脣皓歯」とも書いたが、現在では常用漢字の「唇」を用いるのが普通。

類義語　曲眉豊頬《きょくびほうきょう》・明眸皓歯《めいぼうこうし》

首鼠両端　しゅそ-りょうたん

意味　どちらともつかず、ぐずぐずして決断できないこと。

構成　「首鼠」は、穴から首だけ出して外をうかがっているネズミ。進退去就を容易に決しないことのたとえ。また一説に、「躊躇」の音の変化したものともいう。「両端」は、ふた心。どちらか一方に決める際に、両方のようすをうかがい、利益のある方を狙うこと。

出典　怒りて曰《い》はく、長孺《ちょうじゅ》と共に一老禿翁《とくおう》、何ぞ首鼠両端を為《な》す、と。〈史記、武安侯伝〉

用例　二人が昨日は右、今日は左という風に強力なものへ結びつく機縁を求めて首鼠両端の態度を持たねばならなくなったことも〈尾崎士郎、石田三成〉

用法　「首鼠両端を持す」の形で用いられることが多い。

類義語　狐疑逡巡《こぎしゅんじゅん》・遅疑逡巡《ちぎしゅんじゅん》・躊躇逡巡《ちゅうちょしゅんじゅん》・佇立低徊《ちょりつていかい》

受胎告知　じゅたい-こくち

意味　キリスト教で、天使ガブリエルがマリアを訪れ、神の子であるイエスを受胎したことを告げたこと。キリスト教美術における代表的なテーマの一つ。

構成　「受胎」は、妊娠すること。「告知」は、告げ知らせること。

用例　「来迎図《らいごうず》」は、キリスト教で言えば「受胎告知図」と言った意味合いのものだが、私達は、もう「来迎」も「告知」も信じていない。〈小林秀雄、偶像崇拝〉

酒池肉林　しゅち-にくりん

意味　酒が池のように、肉が林のように、たくさんあること。飲食物が非常に豊富で、ぜいたくを極めることのたとえ。

構成　「酒池」は、酒で満たした池。池のような多量の酒。「肉林」は、つるした肉が、林のようにたくさんあること。

故事　中国古代の暴君とされる殷《いん》の紂王《ちゅうおう》が、池に酒を満たし、林のように肉をつるし、男女を裸にして、その間を追いかけ回らせ、昼夜を問わず飲食にふけったという故事による。

出典　沙丘に戯れ、酒を以《もっ》て池と為《な》し、

肉を懸けて林と為し、男女をして倮《ら》にして其《そ》の間に相逐《あひを》はしめ、長夜の飲を為す。〈史記、殷本紀〉

用例 かの者におだてられて酒池肉林の生活にふけっている。あのようなことでは、とうてい国は保てませぬ。〈司馬遼太郎、国盗り物語〉

出家遁世 しゅっけ-とんせい

意味 仏教で、世俗の生活を捨て、仏道に入ること。

構成 「出家」「遁世」ともに、世俗の生活を捨て、仏道に入ること。「遁」は、逃れる。

用例 才兵衛《さいべえ》の悪評はいよいよ高く、いまは出家遁世して心静かに山奥の庵《いおり》で念仏三昧《ねんぶつざんまい》の月日を送っている師匠の鰐口《わにぐち》の耳にもはいり、〈太宰治、新釈諸国噺〉

出処進退 しゅっしょ-しんたい

《進退出処《しんたいしゅっしょ》》

意味 ①政治の世界に進んで官職に就くことと、辞めて民間に退くこと。②社会における身の処し方。身のふり方。

構成 「出処」は、世に出て官に就くことと、仕えずに家にいること。「処」は、官に就かずに家にいること。「進退」は、出て仕えることと、退いて民間にいること。

出典 功名成就、居《を》らずして去る。其《そ》の出処進退は又庶《ちか》からんや。〈北宋、王安石、欧陽文忠公を祭る文〉

用例 ①国に道無ければ身を退《しりぞ》いて以《も》ってこれを避けた。こうした出処進退の見事さは未だ判《わか》らぬと見える。〈中島敦、弟子〉②自分は暗いながら初さんの顔を見て考えた。御免蒙《こうむ》ろうかしらと考えた。こう云《い》う時の出処進退は、全く相手の思わく一つできまる。〈夏目漱石、坑夫〉

用法 ②の意味で、「出処進退を明らかにする」「出処進退をわきまえる」という形で用いられることが多い。

表記 「出所進退」とも書くが、「出所」は、出た所、所《よし》を出るの意味で、本来は誤用。

類義語 去就進退《きょしゅうしんたい》・進退去就《しんたいきょしゅう》

出没自在 しゅつぼつ-じざい

意味 思いのままに現れたり隠れたりすること。

構成 「出没」は、出たりひっこんだりすること。「自在」は、思いのまま。

用例 元利五百余円の責めを負ひながら、奸智《かんち》を弄《ろう》し、雄弁を揮《ふる》ひ、大胆不敵に構へて出没自在の計を出し、〈尾崎紅葉、金色夜叉〉

類義語 神出鬼没《しんしゅつきぼつ》

首尾一貫 しゅび-いっかん

《首尾貫徹《しゅびかんてつ》》

意味 一つの態度や原理で、初めから終わりまで貫くこと。

構成 「首尾」は、初めから終わりまで。「一貫」「貫徹」は、一つの態度や原理で全てを貫き通すこと。

用例 舟火事を写したものとして立派な雄篇である。首尾一貫前後相待って渾然《こんぜん》と出来上がっている。〈夏目漱石、コンラッドの描きたる自然について〉

類義語 終始一貫《しゅうしいっかん》・初志貫徹《しょしかんてつ》・脈絡通徹《みゃくらくつうてつ》

対義語 自家撞着《じかどうちゃく》・自己矛盾《じこむじゅん》・支離滅裂《しりめつれつ》・前後矛盾《ぜんごむじゅん》

首尾貫徹 しゅび-かんてつ

⇩首尾一貫《しゅびいっかん》

用例 この感覚より来る者を物の真相となすに由るので、少しく考えて見れば直ちにその首尾貫徹せぬことが明らかになる。〈西田幾多郎、善の研究〉

注意 「徹」を「撤」と書くのは、誤り。「徹」は「貫き通す」、「撤」は、「撤回」のように、「取り除く」の意味。

純一無垢 じゅんいつ-むく

《純一無雑《じゅんいつむざつ》》

意味 心身の汚れやけがれがないこと。

構成 「純一」は、一つのものだけから成ること。「無垢」「無雑」は、余分なものやけがれたものがないこと。「垢」は、あか。

用例 法術の修行とは、かくのごとく己の気持を純一無垢、かつ強烈なものに統一する法を学ぶに在る。〈中島敦、悟浄歎異〉

類義語 至純至高《しじゅんしこう》・至純至精《しじゅんしせい》・純一無上《じゅんいつむじょう》・純粋清浄《じゅんすいせいじょう》・純精無雑《じゅんせいむざつ》・清浄無垢《せいじょうむく》・無垢清浄《むくせいじょう》

純一無雑　じゅんいつ-むざつ

⇩純一無垢《じゅんいつむく》

用例 彼は雨の中に、百合《ゆり》の中に、再現の昔のなかに、純一無雑に平和な生命を見出した。〈夏目漱石、それから〉

純一無上　じゅんいつ-むじょう

意味 この上もなく混じり気がないこと。

構成 「純一」は、一つのものだけから成り、混じり気がないこと。「無上」は、この上もないこと。

用例 これが男女関係の純一無上の要件である。然《しか》るに女性は必要に逼《せま》れるままに、誤ってこの本能的欲求を智的生活の要求に妥協させてしまった。〈有島武郎、惜みなく愛は奪ふ〉

注意 「無上」を「無情」「無常」と書くのは、誤り。

類義語 至純至高《しじゅんしこう》・至純至精《しじゅんしせい》・純一無垢《じゅんいつむく》・純一無雑《じゅんいつむざつ》・純粋清浄《じゅんすいせいじょう》・純精無雑《じゅんせいむざつ》・清浄無垢《せいじょうむく》・無垢清浄《むくせいじょう》

純潔無垢　じゅんけつ-むく

⇩純真無垢《じゅんしんむく》

用例 処女のように純潔無垢な将軍の空想を刺戟《しげき》して、将軍に唾壺《だこ》を撃砕する底《てい》の感激を起こさしめたのである。〈森鷗外、余興〉

注意 「純潔」を「純血」と書くのは、誤り。

蓴羮鱸膾　じゅんこう-ろかい

意味 じゅんさいの吸い物と、鱸《ろ》のなます。故郷の食べ物のたとえ。

構成 「蓴羮」は、じゅんさいの吸い物。「鱸膾」は、鱸《ろ》のなます。「鱸」は、ハゼに似た淡水魚。和名の「すずき」とは別の魚。

故事 中国の六朝《りくちょう》時代、晋《しん》の張翰《ちょうかん》が、秋風が吹くのを感じて、故郷の名産であったじゅんさいの吸い物と鱸のなますを思い出し、それを味わおうとして官をやめて帰郷した故事による。

出典 秋風の起こるを見るに因《よ》りて、乃《すなは》ち呉中の菰菜《こさい》蓴羮鱸魚の膾《なます》を思ひて曰《い》はく、人生志に適するを貴ぶ。何ぞ能《よ》く数千里に羈宦《きかん》せられ、以《もっ》て名爵《めいしゃく》を要《もと》めんや、と。遂《つひ》に駕を命じて帰る。〈晋書、文苑、張翰伝〉

用例 噫《ああ》麻衣葛巾竹外に一榻《いっとう》の茶客と談《かた》り、蓴羮鱸膾炉辺に半日を酒徒と楽しむに如《し》かんや。〈幸田露伴、露団々〉

用法 「蓴羮鱸膾を思う」は、故郷に帰りたいと思うことを表す。

春日遅遅　しゅんじつ-ちち

意味 春の太陽の運行が、ゆっくりとのどかなこと。また、春の日が、うららかで静かなこと。

構成 「春日」は、春の太陽。「遅遅」は、ゆっくりとしてのどかなようす。

出典 春日遅遅として、卉木萋萋《きぼくせいせい》たり。〈詩経、小雅、出車〉

用例 春の国会は九日からのたりのたりして、きのうやっと審議を再開した。十三日間続いた空転。春日遅々。国会は春らんまんである。〈毎日新聞、余録、一九九〇年三月二三日〉

類義語 春風駘蕩《しゅんぷうたいとう》

順従謙黙　じゅんじゅう-けんもく

意味 相手にすなおに従い、控え目であまり自説などを主張しないこと。

構成「順従」は、すなおにしたがうこと。「謙黙」は、控え目であまりしゃべらないこと。

用例 其《そ》の危懼《きぐ》の地に在りて、順従謙黙する者は皆偽なり、凶悍《きょうかん》信虎の如《ごと》き者、誠を以《もっ》て之《これ》に事《つか》ふるも、猶《なほ》未だ感動し易からず、〈幸田露伴、武田信玄〉

類義語 唯唯諾諾《いいだくだく》

春秋戦国　しゅんじゅう－せんごく

意味 中国古代の春秋時代と、次の戦国時代との併称。

構成「春秋」は、周の東遷から晋の大夫、韓・魏・趙が独立するまでの時代。「戦国」は、韓・魏・趙が晋を分割してから、秦の始皇帝が天下を統一するまでの時代。

用例 宦官《かんがん》の起源は兎《と》に角《かく》、春秋戦国時代となると、宦官は已《すで》に政治上で可《か》なり勢力を占めて来た。〈桑原隲蔵、支那の宦官〉

春宵一刻　しゅんしょう－いっこく

意味 春の夜が、ほんのわずかな時間でも莫大なお金に値するほど、貴重なものであること。

構成「春宵一刻直《あたい》千金」の略。「春宵」は、春の夜。「一刻」は、ほんのわずかな時間。「刻」は、昔の時間の単位。

出典 春宵一刻直《あたひ》千金、花に清香有り月に陰有り。〈北宋、蘇軾、春夜詩〉

用例「春宵一刻、価千金、か。」と、また、言わなくてもいい事を呟《つぶや》いてみる。〈太宰治、お伽草紙〉

類義語 一刻千金《いっこくせんきん》

純情可憐　じゅんじょう－かれん

⇩純真可憐《じゅんしんかれん》

純真可憐　じゅんしん－かれん

《純情可憐《じゅんじょうかれん》》

意味 心身にけがれがなく、愛らしいこと。

構成「純真」「純情」は、けがれがなく自然のままであること。「可憐」は、愛らしいこと。

用例 自分のプライドも何も、全部捨て売りにしても悔いない王子さま。けなげでもあり、また純真可憐な王子さま。〈太宰治、ろまん灯籠〉

注意「純真」を「純心」と書くのは、誤り。

類義語 一徹無垢《いってつむく》・純潔無垢《じゅんけつむく》・純真無垢《じゅんしんむく》

純真無垢　じゅんしん－むく

《純潔無垢《じゅんけつむく》》

意味 心身が清らかで私欲や雑念がなく、自然のままであること。

構成「純真」「純潔」は、清らかで自然のままであること。「無垢」は、けがれがないこと。

用例 犬は忠実無比、少年は純真無垢。いい一対じゃのう。〈井上ひさし、青葉繁れる〉

注意「純真」を「純心」と書くのは、誤り。

類義語 一徹無垢《いってつむく》・純潔無垢《じゅんけつむく》・純情可憐《じゅんじょうかれん》・純真可憐《じゅんしんかれん》

純粋清浄　じゅんすい－せいじょう

意味 混じり気やけがれがなく、ひとすじで邪念のないこと。

構成「純粋」は、まじりけがないこと。「清浄」は、清らかでけがれのないこと。また、邪念や私心のないこと。

用例 きたなきものを盛つては居らず、あはれ男児の醇粋清浄の血を流さむなれば愍然《びんぜん》ともこそ照覧あれ〈幸田露伴、五重塔〉

表記 従来は「醇粋清浄」とも書いたが、現在では常用漢字の「純」を用いるのが普通。

類義語 至純至高《しじゅんしこう》・至純至精《しじゅんしせい》・純一無垢《じゅんいつむく》・純一無雑《じゅんいつむざつ》・純一無上《じゅんいつむじょう》・純精無雑《じゅんせいむざつ》・清浄無垢《せいじょうむく》・無垢清浄《むくせいじょう》

純精無雑　じゅんせい-むざつ

意味 混じり気がなく、すぐれていること。

構成「純精」は、混じり気がなくすぐれていること。「無雑」は、混じり気がないこと。

用例 元来孔孟の本説は修心倫常の道なり。畢竟《ひっきょう》無形の仁義道徳を論ずるものにて、之《これ》を心の学と云《い》ふも可なり。道徳も純精無雑なれば之を軽んず可《べ》から ず。〈福沢諭吉、文明論之概略〉

類義語 至純至高《しじゅんしこう》・至純至精《しじゅんしせい》・純一無垢《じゅんいつむく》・純一無雑《じゅんいつむざつ》・純一無上《じゅんいつむじょう》・純粋清浄《じゅんすいせいじょう》・清浄無垢《せいじょうむく》・無垢清浄《むくせいじょう》

峻抜雄健　しゅんばつ-ゆうけん

意味 詩文や書画などが、抜きん出ていてすばらしいこと。

構成「峻抜」は、高く抜きん出ること。「峻」は、山が高く険しい。「雄健」は、詩文書画などのすぐれて、力強いこと。

用例 別に活動の力あるから、所謂《いわゆる》華文に必要なる簡易の品格、明晰の品格はいへばさらなり、峻抜雄健なる勢力あり〈坪内逍遥、小説神髄〉

類義語 気韻生動《きいんせいどう》・光炎万丈《こうえんばんじょう》・雄健蒼勁《ゆうけんそうけい》

春風駘蕩　しゅんぷう-たいとう

意味 ①春風がのどかに吹くようす。②転じて、人の性格や態度がゆったりしているようす。

構成「春風」は、春に吹く風。「駘蕩」は、景色ののどかなようす。

用例 ②決して私の予期していたような春風駘蕩たるものではなく、痛々しいくらいに、まじめで、むきなものであった。〈太宰治、惜別〉

注意「蕩」を「湯」と書くのは、誤り。

類義語 春日遅遅《しゅんじつちち》

淳風美俗　じゅんぷう-びぞく

意味 人情が厚く、素直で飾ったところのない立派な風俗。

構成「淳風」は、人情が厚く、飾ったところのない風俗。すなおな気風。「淳」は、人情が厚い。「美俗」は、立派な風俗。

用例 又国民道徳の淵源《えんげん》たる敬神崇祖の美風を涵養《かんよう》すると共に、一般の淳風美俗を維持するに力を致し、〈田中義一、第五十四回帝国議会施政方針演説〉

表記 従来は「醇風美俗」とも書いたが、現在では人名用漢字の「淳」を用いるのが普通。

順風満帆　じゅんぷう-まんぱん

意味 船が追い風を帆いっぱいにはらむこと。物事が順調に運ぶことのたとえ。

構成「順風」は、船の進行方向に向かって吹く風。追い風。「満帆」は、帆をいっぱいに張ること。

用例 海上は静穏で、順風満帆。本州の最北端尻屋崎《しりやざき》をはるかに観望しつつ蝦夷地《えぞち》に向かったが、〈綱淵謙錠、航〉

注意「満帆」を「まんぽ」と読むのは、誤り。この熟語は音読みで読み、「帆」の音読みは「はん」で、それが前の「まん」にひきずられて「ぱん」となる。

類義語 一路順風《いちろじゅんぷう》・一路平安《いちろへいあん》・上昇気流《じょうしょうきりゅう》・平安一路《へいあんいちろ》

対義語 天歩艱難《てんぽかんなん》

叙位叙勲　じょい-じょくん

意味 位階や勲章を賜ること。また、位階や勲章を与えられること。

構成「叙位」は、位を授け位階を賜ること。「叙勲」は、勲等を授け勲章を賜ること。

用例 噴火の予知は下鶴会長のいうように依然、むずかしい。政府に叙位叙勲を申請しようか。〈毎日新聞、余録、一九九一年五月二五日〉

し

上意下達　じょうい―かたつ

意味 主君の心が下々の者にまで行き届くこと。また、組織の上級者や政府の意向が、下級者または民衆にまで行きわたること。
構成 「上意」は、主君の心。「下達」は、上の者の意向が下の者に届くこと。
出典 国の創建に当たりて、上意下達、下情上通、歓然として間無し。〈頼山陽、日本政記、正親町天皇〉
用例 落ち着いて慌てず騒がず、しかもきびきびと仕事を進めてもらいたいのであります。いわゆる上意下達・下意上達、〈吉村昭、戦艦武蔵〉
注意 (1)「上意」を「上位」と書くのは、誤り。(2)「下達」を「げたつ」と読むのは、誤り。
対義語 下意上達《かいじょうたつ》

硝煙弾雨　しょうえん―だんう

⇩砲煙弾雨《ほうえんだんう》
用例 もっとも、世の中も、硝煙弾雨の時代に入っていた。〈獅子文六、青春怪談〉

上下貴賤　しょうか―きせん

《貴賤上下《きせんしょうか》》
意味 上位の者と下位の者。身分の高い者と身分の低い者。
構成 「上下」は、君主と臣下。「貴賤」は、身分の高い者と身分の低い者。
用例 数千百年の古《いにしへ》より和漢の学者先生が、上下貴賤の名分とて喧《やかま》しく言いしも、詰まるところは他人の魂を我が身に入れんとするの趣向ならん。〈福沢諭吉、学問のすすめ〉
注意 「上下」を「じょうげ」と読むのは、誤り。
類義語 貴賤雅俗《きせんがぞく》・貴賤男女《きせんだんじょ》・貴賤貧富《きせんひんぷ》・貴賤老少《きせんろうしょう》・貴賤老若《きせんろうにゃく》・男女老幼《なんにょろうよう》・貧富貴賤《ひんぷきせん》・老若貴賤《ろうにゃくきせん》・老若男女《ろうにゃくなんにょ》・老若貧富《ろうにゃくひんぷ》・老幼男女《ろうようなんにょ》

消化不良　しょうか―ふりょう

意味 ①胃や腸の中で、食物がよくこなれていないこと。②転じて、外から受け入れた知識・技術などを、十分に理解して自分のものにできてはいないこと。
構成 「消化」は、胃や腸の中で、食物をこなすこと。「不良」は、状態がよくないこと。
用例 ②やりきれない、慢性の消化不良のような感情になる。損をするのは、いつも僕だ。〈大江健三郎、死者の奢り〉

条件反射　じょうけん―はんしゃ

意味 生物が、ある刺激に対応して、本能的ではないが無意識に、一定の反応をすること。
構成 「条件」は、物事の成立に必要な事柄。「反射」は、知覚神経に受けた刺激に対して、無意識のうちに一定の反応をすること。
用例 言葉に対する羞恥心《しゅうちしん》というのは、その意味に対しての羞恥というよりも、むしろその言葉の響きに対して長い間に培われた条件反射的羞恥なのである。〈藤原正彦、若き数学者のアメリカ〉

照顧脚下　しょうこ―きゃっか

⇩脚下照顧《きゃっかしょうこ》

小国寡民　しょうこく―かみん

意味 国土が小さく人民の少ないこと。中国古代の思想家・老子が理想とした国の姿。
構成 「小国」は、小さな国。「寡民」は、人民の少ないこと。
出典 小国寡民、人に什佰《じゅうはく》の器有りて用ゐざらしむ。〈老子、八十〉
用例 日本人口の自然増は過去最低の四〇万人。が、「小国寡民」の理想へまい進

の証拠だ、と言ってだれが信じよう。〈毎日新聞、近事片々、一九九一年八月一五日〉
注意「小」を「少」と書くのは、誤り。

証拠歴然　しょうこ-れきぜん

意味 ある事実を認定するための根拠が、明白であること。
構成「証拠」は、証明のよりどころ。「歴然」は、明らかなようす。
用例 すでに叛逆の証拠歴然、もしこの者を生虜《いけど》って鎌倉に連れ帰らば、〈太宰治、右大臣実朝〉
対義語 事実無根《じじつむこん》

正直一徹　しょうじき-いってつ

意味 うそいつわりを言うことなく、ひとすじに貫き通そうとする性格。
構成「正直」は、うそいつわりを言わないこと。「一徹」は、思いこんだら、あくまで通そうとすること。
用例 庄助は正直一徹で聞こえた男で、こんな場合に一策を案じるという風の人ではなかったから、〈島崎藤村、夜明け前〉
注意「徹」を「撤」と書くのは、誤り。「徹」は「貫き通す」、「撤」は、「撤回」のように、「取り除く」の意味。
類義語 真実一路《しんじついちろ》

笑止千万　しょうし-せんばん

意味 ①たいへん気の毒なこと。②この上もなく笑うべきこと。ばかばかしいこと。
構成「笑止」は、気の毒に思うこと。また、笑うべきこと。普通ではないことの意味である「勝事《しょうじ・しょうし》」の変化したことばという。「千万」は、程度がはなはだしいこと。この上もないこと。
用例 ②あなたがたから見て笑止千万な事もその時の私には実際大困難だったのです。〈夏目漱石、こころ〉
注意「千万」を「せんまん」と読むのは、誤り。
類義語 架空無稽《かくうむけい》・奇異荒唐《きいこうとう》・荒唐不稽《こうとうふけい》・荒唐無稽《こうとうむけい》・無稽荒唐《むけいこうとう》

生死無常　しょうじ-むじょう

意味 仏教で、生きることも死ぬことも、一切のものには定まりがないこと。人生のはかないこと。
構成「生死」は、生きることと、死ぬこと。「無常」は、一切のものが生滅・変転して不変なものがないこと。
用例 生死無常の有り様を思ふに、此の世のことはとてもかくても候。なう後世をたすけ給《たま》へと申すなり。〈小林秀雄、無常という事〉
注意 (1)「生死」を「しょうじ」と読むのは、仏教用語の慣用だが、最近では「せいし」とも読む。(2)「無常」を「無上」「無情」と書くのは、誤り。
類義語 諸行無常《しょぎょうむじょう》・無常迅速《むじょうじんそく》・老少不定《ろうしょうふじょう》

盛者必衰　じょうしゃ-ひっすい

意味 仏教で、どんなに勢いの盛んなものも、必ず衰えること。世の無常をいう。
構成「盛者」は、勢いの盛んなもの。「必衰」は、必ず衰えること。
用例 その後の一世紀の、ビザンチン帝国の後退に次ぐ後退は、いかに盛者必衰は歴史の理《ことわり》とはいえ印象的である。〈塩野七生、コンスタンティノープルの陥落〉
注意「盛者」を「じょうしゃ」と読むのは、仏教用語の慣用。「せいじゃ」と読むのは、誤り。
類義語 会者定離《えしゃじょうり》・生者必滅《しょうじゃひつめつ》

生者必滅　しょうじゃ-ひつめつ

意味 仏教で、命ある者は必ず死ぬこと。
構成「生者」は、生きている者。「必滅」は、必ず滅びること。
用例 生者必滅の道を説き聞かして、もしもの変が起こった時取り乱さないくらい

の覚悟をさせるのも、夫の妻に対する義務ではあるまいかと考え出した。〈夏目漱石、吾輩は猫である〉

注意「生者」を「しょうじゃ」と読むのは、仏教用語の慣用。「せいじゃ」と読むのは、ここでは誤り。

類義語 会者定離《えしゃじょうり》・盛者必衰《じょうしゃひっすい》

常住座臥 じょうじゅう－ざが

意味 座るときにも寝るときにも、常に。

構成「常住」は、事物が変化せずに永遠に存在すること。「住」は、とどまる。「無常」の対義語。「座臥」は、座ったり寝たりすること。

用例 常住坐臥国家の事以外を考えてならないという人はあるかも知れないが、そう間断なく一つ事を考えている人は事実あり得ない。〈夏目漱石、私の個人主義〉

表記 従来は「常住坐臥」と書くのが普通であったが、現在では常用漢字の「座」に書き換える。

類義語 四六時中《しろくじちゅう》・朝朝暮暮《ちょうちょうぼぼ》・日常座臥《にちじょうざが》・二六時中《にろくじちゅう》

常住不断 じょうじゅう－ふだん

意味 常に絶えることがないこと。

構成「常住」は、事物が変化せずに永遠に存在すること。「住」は、とどまる。「無常」の対義語。「不断」は、常に絶えることがないこと。

用例 恋というものは、常住不断の苦しみでございます。〈三島由紀夫、近代能楽集、綾の鼓〉

類義語 一定不変《いっていふへん》・永遠不変《えいえんふへん》・永久不変《えいきゅうふへん》・永劫不変《えいごうふへん》・恒久不変《こうきゅうふへん》・万古不易《ばんこふえき》・千古不易《せんこふえき》・千古不抜《せんこふばつ》・万世不易《ばんせいふえき》・万代不易《ばんだいふえき》・万代不変《ばんだいふへん》

上昇気流 じょうしょう－きりゅう

意味 ①大気中で上方に向かう空気の流れ。②鳥がそれにのって高く上がることから、転じて、全て順調なようすのたとえ。

構成「上昇」は、上にのぼること。「気流」は、大気中に起きる空気の流れ。

用例 ①春を迎えた草や、上昇気流に乗った鳥のように、すべては順調の一語につきた。〈星新一、人民は弱し官吏は強し〉

用法「上昇気流に乗る」の形で、比喩的に用いられることが多い。

類義語 一路順風《いちろじゅんぷう》・一路平安《いちろへいあん》・順風満帆《じゅんぷうまんぱん》・平安一路《へいあんいちろ》

情状酌量 じょうじょう－しゃくりょう

意味 ①刑事裁判において、裁判官が被告人に有利な事情をくみとって刑罰を軽くすること。②転じて、事情をくみとって手加減すること。

構成「情状」は、ありさま。事情。実情。「酌量」は、酒・米などを計量すること。転じて、事情をくみとって手加減すること。

用例 ①こんにちでいえば情状酌量、罪一等を減じられて八丈島へ流されることになりました。〈岡本綺堂、半七捕物帳、大阪屋花鳥〉②私はリチャードに情状酌量の余地ありと認め、再試験をしてやることにしたが、〈藤原正彦、若き数学者のアメリカ〉

生生世世 しょうじょう－せぜ

意味 仏教で、現世も来世も。いつの世にも。

構成「生生」は、生まれ生まれて永遠に流転すること。「世世」は、過去・現在・未来。

出典 順帝泣きて指を弾ず。唯《た》だ願はくは後身、生生世世、復《ま》た天王の因縁を作《な》さざらんことを。〈南史、王敬則伝〉

用例 それがしが縄目を赦《と》いてたまはった御恩は、生々世々忘却つかまつるまじい。〈芥川竜之介、きりしとほろ上人伝〉

注意「生生」を「しょうじょう」、「世世」を「せぜ」と読むのは、仏教用語の慣用。ともに「せいせい」と読むのは、誤り。

類義語 永劫未来《えいごうみらい》・子子孫孫《ししそんそん》・万

劫末代《まんごうまつだい》・未来永劫《みらいえいごう》

生生流転　しょうじょう-るてん

意味 仏教で、万物が常に生じ、常に変化すること。

構成 「生生」は、万物が次々に生ずること。「流転」は、絶え間なく変化すること。

用例 彼を旅へいざなう要因を、従来あまりに諸行無常や生々流転といった観念で考えすぎていると思う。〈山本健吉、俳句の世界〉

注意 (1)「生生」を「しょうじょう」と読むのは、仏教用語の慣用だが、現在では「せいせい」とも読む。(2)「流転」を「るてん」と読むのは、仏教用語の慣用。「りゅうてん」と読むのは、誤り。

類義語 有為転変《ういてんぺん》・泡沫夢幻《ほうまつむげん》・夢幻泡沫《むげんほうまつ》

小人閑居　しょうじん-かんきょ

意味 徳のない者はひまでいると、よくないことをすること。

構成 「小人閑居して不善を為す」の略。「小人」は、人徳のない者。「閑居」は、家にいてひまなこと。「閑」は、ひま。

出典 小人間居して不善を為《な》し、至らざる所無し。〈大学〉（「間」は、「閑」と同じ）

用例 夫婦差し向かいの家庭、殊に植民地あたりの家庭は先《ま》ず用が無いものだ。用が無いから、ソコデ小人閑居して不善を為す、〈内田魯庵、家庭の読書室〉

表記 「小人間居」とも書く。

焦心苦慮　しょうしん-くりょ

意味 心をいためて苦しみ悩むこと。

構成 「焦心」は、心をいらだたせること。「苦慮」は、苦しみ悩むこと。

用例 自分の魂を打ち込んで焦心苦慮したことがまるで水の泡になってしまったことを慨《なげ》いても歎《なげ》いても足りないで〈近松秋江、霜凍る宵〉

注意 「焦心」を「小心」「傷心」と書くのは、誤り。

類義語 懊悩焦慮《おうのうしょうりょ》・懊悩呻吟《おうのうしんぎん》・懊悩輾転《おうのうてんてん》・懊悩煩悶《おうのうはんもん》・辛苦心労《しんくしんろう》・精思苦到《せいしくとう》・煩悶懊悩《はんもんおうのう》

精進潔斎　しょうじん-けっさい

意味 仏教で、肉食を断ち、心身を清めること。

構成 「精進」は、肉食を避けて菜食し、心身を清めること。「潔斎」は、神仏に祈願する前などに、飲食・行為などを慎み、不浄を避けて心身を清らかにすること。ものいみ。

用例 精進潔斎もいろいろです。火の気を一切お遣いにならないで、水でといた蕎麦粉《そばこ》に、果実ぐらいで済ませ、木食の行をなさる方もあります。〈島崎藤村、夜明け前〉

注意 (1)「精進」を「しょうじん」と読むのは、仏教用語の慣用。「せいしん」と読むのは、誤り。(2)「斎」を「斉」と書くのは、誤り。「斎」は「ものいみ」、「斉」は「ひとしい」の意味。

類義語 斎戒沐浴《さいかいもくよく》・沐浴斎戒《もくよくさいかい》・六根清浄《ろっこんしょうじょう》・和敬清寂《わけいせいじゃく》

小心小胆　しょうしん-しょうたん

意味 気が小さく、臆病なこと。

構成 「小心」は、気が小さいこと。「小胆」は、胆力が小さいこと。臆病。また、度量の狭いこと。

用例 人がらはお鷹匠《たかじょう》上がりの生地そのままにきわめて小心小胆であること、小胆なくらいだから性行はごくごくの温厚篤実で、〈佐々木味津三、右門捕物帖、生首の進物〉

類義語 萎縮震慄《いしゅくしんりつ》・跼天蹐地《きょくてんせきち》・細心翼翼《さいしんよくよく》・小心翼翼《しょうしんよくよく》・戦戦恐恐《せんせんきょうきょう》・戦戦慄慄《せんせんりつりつ》・風声鶴唳《ふうせいかくれい》

正真正銘　しょうしん-しょうめい

《真正真銘《しんしょうしんめい》》

意味 全くうそいつわりのないこと。本物であること。
構成 「正真」「真正」も「正銘」「真銘」も、いつわりの全くないこと。まこと。
用例 砂の斜面に、しみをつくった。正真正銘、まぎれもない水だ！……男は、わめき、宙を泳いで駈《か》けよった。〈安部公房、砂の女〉
注意 (1)「正真正銘」は、「しょうじんしょうめい」とも読む。(2)「真正真銘」を「しんせいしんめい」と読むのは、誤り。

小身微禄 しょうしん-びろく

意味 わずかな俸給をいただくだけの、身分が低い者。
構成 「小身」は、低い身分。「微禄」は、わずかばかりの俸給。
用例 小身微禄の身を以《も》ってしても、旗を天下に立てようと志した信長は、戦乱を治平に導くの第一線に立って、〈幸田露伴、今川義元〉
注意 (1)「小」を「少」と書くのは、誤り。(2)「微」を「徴」と書くのは、誤り。「微」は「わずか」、「徴」は「特徴」のように、「しるし」の意味。
対義語 王公貴人《おうこうきじん》・王侯将相《おうこうしょうしょう》

精進勇猛 しょうじん-ゆうみょう

⇩勇猛精進《ゆうみょうしょうじん》
用例 積むべき贖罪《しょくざい》のあまりに小さかった彼は、自分が精進勇猛の気を試すべき難業にあうことを祈っていた。〈菊池寛、恩讐の彼方に〉

小心翼翼 しょうしん-よくよく

《細心翼翼《さいしんよくよく》》
意味 ①慎み深く、小さなことまでよく気を配るようす。②細かなところに気を配りすぎて、びくびくするようす。
構成 「小心」「細心」は、小さなことまで気を遣うこと。「翼翼」は、敬い慎むようす。また、びくびくするようす。
出典 維《こ》れ此の文王、小心翼翼たり。〈詩経、大雅、大明〉
用例 ②そんなに嘲笑《ちょうしょう》されずにすむかも知れぬ、などと小心翼々、臆病無類の愚作者は、ひとり淋《さび》しくうなずいた。〈太宰治、鉄面皮〉
用法 本来は①の意味であるが、現在では、②の意味で用いられることが多い。
類義語 萎縮震慄《いしゅくしんりつ》・跼天蹐地《きょくてんせきち》・小心小胆《しょうしんしょうたん》・戦戦恐恐《せんせんきょうきょう》・戦戦慄慄《せんせんりつりつ》・風声鶴唳《ふうせいかくれい》
対義語 鷹揚自若《おうようじじゃく》・従容自若《しょうようじじゃく》・神色自若《しんしょくじじゃく》・泰然自若《たいぜんじじゃく》・湛然不動《たんぜんふどう》

少数精鋭 しょうすう-せいえい

意味 よく訓練された人を数少なくえりすぐって、事にあたること。またその人々。
構成 「少数」は、数少ないこと。「精鋭」は、よく訓練された兵士や軍隊など。
用例 いくら少数精鋭でも、いろいろやっかいなことが起こって、そういったことから話が洩れていく可能性もあるな。〈小松左京、日本沈没〉
対義語 人海戦術《じんかいせんじゅつ》・多士済済《たしせいせい》

少壮気鋭 しょうそう-きえい

意味 若々しい意気ごみに満ちて、血気盛んなこと。
構成 「少壮」は、年若く血気盛んなこと。「気鋭」は、意気ごみが鋭いこと。
用例 利勝《としかつ》は、三代の幕閣《ばっかく》は少壮気鋭の者を抜擢《ばってき》して固めたい。〈松本利明、春日局〉
注意 (1)「少」を「小」と書くのは、誤り。(2)「気鋭」を「気英」と書くのは、誤り。
類義語 少壮有為《しょうそうゆうい》・前程万里《ぜんていばんり》・前途多望《ぜんとたぼう》・前途有為《ぜんとゆうい》・前途有望《ぜんとゆうぼう》・前途洋洋《ぜんとようよう》・有為多望《ゆういたぼう》

少壮有為 しょうそう-ゆうい

[意味] 年若く有能で、血気盛んなこと。
[構成] 「少壮」は、年若く血気盛んなこと。また、その才能があること。「有為」は、活躍すること。
[用例] 彼の知る名古屋藩士で田中寅三郎、丹羽淳太郎なぞの少壮有為な人達の名はその人の口から出ることもある。〈島崎藤村、夜明け前〉
[注意] (1)「少」を「小」と書くのは、誤り。(2)「有為転変《ういてんぺん》」のように、仏教用語の場合は「有為」は「うい」と読むのが慣用だが、それ以外では「ゆうい」と読む。
[類義語] 少壮気鋭《しょうそうきえい》・前程万里《ぜんていばんり》・前途多望《ぜんとたぼう》・前途有為《ぜんとゆうい》・前途有望《ぜんとゆうぼう》・前途洋洋《ぜんとようよう》・有為多望《ゆういたぼう》

消長盛衰　しょうちょう－せいすい

[意味] 栄えることと、衰えること。
[構成] 「消長」は、消えることと生ずること。「盛衰」は、栄えることと衰えること。
[用例] 陰陽の消長盛衰の往来、由って信のぶるところ由って屈するところを肉とし血とし、〈幸田露伴、血紅星〉
[注意] 「消長」を「少長」と書くのは、誤り。
[類義語] 一栄一辱《いちえいいちじょく》・一栄一落《いちえいいちらく》・一盛一衰《いっせいいっすい》・栄枯盛衰《えいこせいすい》・栄枯転変《えいこてんぺん》・興亡盛衰《こうぼうせいすい》・七転八起《しちてんはっき》・消長遷移《しょうちょうせんい》・盛衰栄枯《せいすいえいこ》・盛衰興亡《せいすいこうぼう》

消長遷移　しょうちょう－せんい

[意味] 栄えたり衰えたりして、移り変わること。
[構成] 「消長」は、消えることと生ずること。「遷移」は、移り変わること。
[用例] そうしてこの四種の理想が、時代により、個人により、その勢力の消長遷移に影響を受けつつあるは疑うべからざる事実であります。〈夏目漱石、文芸の哲学的基礎〉
[注意] 「遷」を「選」と書くのは、誤り。
[類義語] 一栄一辱《いちえいいちじょく》・一栄一落《いちえいいちらく》・一盛一衰《いっせいいっすい》・栄枯盛衰《えいこせいすい》・栄枯転変《えいこてんぺん》・興亡盛衰《こうぼうせいすい》・七転八起《しちてんはっき》・消長盛衰《しょうちょうせいすい》・盛衰栄枯《せいすいえいこ》・盛衰興亡《せいすいこうぼう》

情緒纏綿　じょうちょ－てんめん

[意味] 折にふれて起こる思いが、深く離れがたいこと。
[構成] 「情緒」は、思いにつれて起こる、さまざまな感情。感情の動き。「纏綿」は、心にまつわりついて離れないようす。情愛の深いこと。
[用例] 今度は一つあなたの話を聴かせて下さい、情緒纏綿たるロマンスを。〈尾崎士郎、人生劇場夢現篇〉
[注意] 「緒」の音読みは本来「しょ」だが、「情緒」「端緒」などの場合は、慣用的に「ちょ」と読む。

祥月命日　しょうつき－めいにち

[意味] 一周忌以後、死者が死んだ月日と同じ月日。
[構成] 「祥月」は、一周忌以後、死者が死んだ月に当たる月。「命日」は、人が死んだ日に当たる、毎月のその日。
[用例] 祥月命日ではなかったが、父の命日が来たので、一家はそろって墓参に出かけた。〈三島由紀夫、潮騒〉
[注意] 「祥月」は、慣用的に、「月」だけを訓読みして「しょうつき」と読む。「しょうげつ」と読むのは、誤り。

常套手段　じょうとう－しゅだん

[意味] いつも決まって使うありふれた方法。
[構成] 「常套」は、常に用いられて変化なくありふれていること。「手段」は、方法。手立て。
[用例] 看守にとがめられぬよう、顔を攻撃しないのが彼らの常套手段だった。〈加賀乙彦、湿原〉
[対義語] 機知奇策《きちきさく》・神機妙算《しんきみょうさん》・神算鬼謀《しんさんきぼう》・創意工夫《そういくふう》

頌徳頌功 しょうとく－しょうこう

意味 仁徳と功業をほめたたえること。

構成 「頌徳」は、仁徳をほめたたえること。「頌功」は、功業をほめたたえること。

用例 英雄だの豪傑だのといふものは、頌徳頌功の議は後世からこそ色々に奉献されるが、〈幸田露伴、今川義元〉

焦熱地獄 しょうねつ－じごく

意味 ①仏教で、罪を犯して死んだ者に炎熱の苦しみを与える地獄。炎熱地獄。八大地獄の一つ。②転じて、非常に悲惨な境遇。

構成 「焦熱」は、こがし焼くこと。「地獄」は、生前に悪事をした者が死後落ちて責め苦しめられる所。

用例 ①地獄には誰でも知っている通り、剣の山や血の池の外にも、焦熱地獄という焰《ほのお》の谷や極寒地獄という氷の海が、〈芥川竜之介、杜子春〉

類義語 阿鼻叫喚《あびきょうかん》・阿鼻地獄《あびじごく》・叫喚地獄《きょうかんじごく》・八大地獄《はちだいじごく》・八万地獄《はちまんじごく》・八万奈落《はちまんならく》・無間地獄《むげんじごく》・無間奈落《むげんならく》

商売繁昌 しょうばい－はんじょう

意味 商いの業績が上がり、にぎわいさかえること。

構成 「商売」は、売り買い。「繁昌」は、にぎわいさかえること。

用例 長崎は異人群集の地、商売繁昌の港なり。〈夢野久作、白くれない〉

表記 「商売繁盛」とも書く。

類義語 千客万来《せんきゃくばんらい》

嘯風弄月 しょうふう－ろうげつ

意味 風に向かって詩歌を吟じ、月をながめて楽しむこと。自然の美を味わい、風流な心にひたること。

構成 「嘯風」は、風に向かって詩を口ずさむこと。「嘯」は、口ずさむ。「弄月」は、月を眺めて楽しむこと。「弄」は、ここでは、眺めて楽しむ。

用例 私は彼の実作が必ずしも「嘯風弄月」と縁を切ってしまったものとは感じない。〈中村真一郎、雲のゆき来〉

類義語 風流韻事《ふうりゅういんじ》・風流三昧《ふうりゅうざんまい》

枝葉末節 しよう－まっせつ

意味 樹木の主要ではない部分。物事の主要でないところ、本質的でない些細《ささい》な事柄のたとえ。

構成 「枝葉」は、枝と葉。「末節」は、木の先の方にある節。全て幹に対して主要ではない部分。

用例 今こそ枝葉末節を捨てて政道の大本に立ちかえられるべき時ではないかと心得ます。〈尾崎士郎、石田三成〉

従容自若 しょうよう－じじゃく

意味 ゆったりとして落ち着き払い、心の動じないようす。

構成 「従容」は、ゆったりと落ち着いているようす。「従」は、ここでは、ゆるやか。「自若」は、どっしりとして心の動じないようす。

用例 従容自若として懐中から紙を取り出して、「後日のために一札を立て置きたい、筆はないか」〈中里介山、大菩薩峠、壬生と島原の巻〉

注意 「従容」を「じゅうよう」と読むのは、誤り。

類義語 鷹揚自若《おうようじじゃく》・神色自若《しんしょくじじゃく》・泰然自若《たいぜんじじゃく》・湛然不動《たんぜんふどう》

対義語 小心翼翼《しょうしんよくよく》・戦戦恐恐《せんせんきょうきょう》・戦戦慄慄《せんせんりつりつ》

逍遥徘徊 しょうよう－はいかい

意味 気ままにぶらぶら歩き回ること。

構成 「逍遥」は、気ままに歩くこと。「徘徊」は、ぶらぶら歩き回ること。

用例 尤《もっと》も冷淡なる哲学者と雖《いへど》も恋愛の猛勢に駆《か》られて逍遥徘徊せし少壮

なりし時の霊魂が負うたる債《おひめ》を済《かへ》す能《あた》わずと。〈北村透谷、厭世詩家と女性〉

笑裏蔵刀　しょうり－ぞうとう

意味　外見は柔和でありながら、内心は陰険であること。

構成　漢文訓読では、「笑裏に刀を蔵す」と読む。「笑裏」は、笑いの中。「蔵刀」は、刃物のように人を傷つけるものを隠し持っていること。

出典　伝灯録に、疎山《そざん》の僧匡仁《きょうにん》謂《い》ふ、潙山《きざん》元来笑裏に刀有りと。〈通俗編、言笑、笑中刀〉

生老病死　しょうろう－びょうし

意味　仏教で、人間の免れ得ない四つの苦しみ。

構成　「生」は、この世に生まれてくること。「老」は、年を取ること。「病」は、病気にかかること。「死」は、死ぬこと。

用例　法華教徒の道三が、生老病死の体苦を解脱《げだつ》して、戦場において仏果をうるとは、武将の心意気をしめしたもの、〈中山義秀、斎藤道三〉

注意　「生老」を「しょうろう」と読むのは、仏教用語の慣用。「せいろう」と読むのは、誤り。

書画骨董　しょが－こっとう

意味　書画・刀剣・陶器などの古道具。

構成　「書画」は、書と絵画。「骨董」は、つまらないごたごたしたもの。転じて、古道具。美術的な古い書画・刀剣・陶器など。一説に、「古銅」の転音という。

用例　書画骨董などをいじくったりして、半分は遊びながらに世を送っていたらしいのです。〈岡本綺堂、青蛙堂鬼談〉

注意　「画」は、「絵画」のように「えがく」の意味の場合は、音読みでは「が」と読む。「かく」と読むのは、「区画」のように、「かぎる」の意味の場合で、ここでは誤り。

諸行無常　しょぎょう－むじょう

意味　仏教で、この世の万物は常に変転し、しばらくもそのままにとどまってはいないこと。人間の世のはかないことをいう。

構成　「諸行」は、もろもろの変化するものの意味で、万物。「無常」は、いっさいのものが変転して、定まらないこと。

出典　幷《はあ》せて無常の偈《げ》を説きて曰《い》はく、諸行無常《しょぎょうむじょう》、是生滅法《ぜしょうめっぽう》、生滅滅已《しょうめつめつい》、寂滅為楽、と。〈景徳伝灯録、一、釈迦牟尼仏〉

用例　諸行無常を観じ出家遁世するのは、上品な事で、昔の偉い人はたいていこれをやっているのです。〈太宰治、新釈諸国噺〉

注意　「無常」を「無上」「無情」と書くのは、誤り。

類義語　生死無常《しょうじむじょう》・無常迅速《むじょうじんそく》・老少不定《ろうしょうふじょう》

諸国漫遊　しょこく－まんゆう

意味　多くの国々を心のままにあちらこちら旅行して回ること。

構成　「諸国」は、多くの国々。「漫遊」は、心のままにあちらこちら旅行して回ること。

用例　兵法者の諸国漫遊と云《い》っても、旅費は彼らみずからが支払うのである。〈五味康祐、二人の武蔵〉

類義語　天下周遊《てんかしゅうゆう》・武者修行《むしゃしゅぎょう》

初志貫徹　しょし－かんてつ

意味　初めからの志を貫き通すこと。

構成　「初志」は、最初に心に決めた志。「貫徹」は、貫き通すこと。

用例　ますます初志貫徹の意志に燃え、このまま獄死するとも悔いまじと、歯を食いしばって〈水上勉、城〉

用法　途中で望みを妨げるようなできごとがあっても、それを乗り越えて初めの志を遂げるような場合に用いられる。

注意「徹」を「撤」と書くのは、誤り。「徹」は「貫き通す」、「撤」は、「撤回」のように、「取り除く」の意味。
類義語 終始一貫《しゅうしいっかん》・首尾一貫《しゅびいっかん》・首尾貫徹《しゅびかんてつ》・脈絡通徹《みゃくらくつうてつ》

諸事万端 しょじ-ばんたん

意味 さまざまなこと全て。

構成「諸事」は、さまざまなこと。「万端」は、何もかも、全て。

用例 あなた方は博士と云《い》うと諸事万端人間いっさい天地宇宙の事を皆知っているように思うかも知れないが全くその反対で、〈夏目漱石、道楽と職業〉

用法「諸事万端整う」などの形で用いられることが多い。

注意「万端」を「まんたん」と読むのは、誤り。

諸子百家 しょし-ひゃっか

意味 中国の春秋戦国時代に輩出した、多くの思想家や、その学派。また、その著書。特に、その中から儒家を除いていう場合もある。老子・荘子・墨子・荀子・韓非子など。
構成「諸子」は、多くの思想家たち。「百家」は、それぞれ主張を異にする、多くの学者や学派。
出典 凡《およ》そ諸子百八十九家、四千三百二十四篇なり。〈漢書、芸文志〉
用例 論衡《ろんこう》の説には、経書は久しく欠けて、その佚文《いつぶん》が諸子百家に出て居る。〈内藤湖南、支那古典学の研究法に就きて〉
注意 (1)「諸子」を「諸氏」と書くのは、誤り。(2)「百家」を「百科」と書くのは、誤り。
類義語 百家争鳴《ひゃっかそうめい》

処女航海 しょじょ-こうかい

意味 ①新造船が初めて海を渡ること。②転じて、初めての経験のたとえ。
構成「処女」は、未婚の女性。転じて、初めて物事を経験すること。「航海」は、船で海を渡ること。
用例 ①この国では初めて二隻の新艦を製し、清輝、筑波と名づけ、明治十二年の春にその処女航海を試みて大変な評判を取った頃である。〈島崎藤村、夜明け前〉
類義語 開眼供養《かいげんくよう》

諸人救済 しょじん-きゅうさい

意味 多くの人を救い助けること。
構成「諸人」は、多くの人々。「救済」は、救い助けること。
用例 彼は自分の道心が定まって、もう動かないのを自覚すると、師の坊の許しを得て、諸人救済の大願を起こし、諸国雲水の旅に出たのであった。〈菊池寛、恩讐の彼方に〉
注意「諸人」を「しょにん」と読むのは、誤り。
類義語 衆生済度《しゅじょうさいど》・摂取不捨《せっしゅふしゃ》

諸説紛紛 しょせつ-ふんぷん

意味 さまざまな意見や論説が入り乱れて、収拾がつかないようす。
構成「諸説」は、さまざまな意見や論説。「紛紛」は、入り混じって乱れるようす。
用例 問　諸君の生命は永遠なりや？ 答　我らの生命に関しては諸説紛々として信ずべからず。〈芥川竜之介、河童〉
用法 確実な意見が見いだせないような場面で用いられることが多い。
注意「紛紛」を「粉粉」と書くのは、誤り。
類義語 甲論乙駁《こうろんおつばく》・賛否両論《さんぴりょうろん》
対義語 衆議一決《しゅうぎいっけつ》・衆口一致《しゅうこういっち》・満場一致《まんじょういっち》

諸善万徳 しょぜん-ばんとく

意味 さまざまな善行・善事や恩恵。
構成「諸善」は、さまざまな善事・善行。「万徳」は、あらゆる恩恵。
用例 悪魔よ、退け、わが心はＤＳ《でうす》が諸善万徳を映すの鏡なり。〈芥川竜之介、るしへる〉

【注意】「万徳」を「まんとく」と読むのは、誤り。

女尊男卑　じょそん-だんぴ

【意味】女性を尊び、男性を女性より低く見ること。また、そのような社会の慣習。

【構成】「女尊」は、女性を尊ぶこと。「男卑」は、男性を低く見ること。

【用例】東洋の女性が不当に圧迫せられ、退嬰した状態を、男尊女卑と云《い》うならば、確に西洋の人間は、女尊男卑であると云えましょう。〈宮本百合子、男女交際より家庭生活へ〉

【対義語】男尊女卑《だんそんじょひ》

蜀犬吠日　しょっけん-はいじつ

【意味】蜀の地は山が高く、また霧が多くて太陽があまり見えないので、犬が太陽を見て吠える。見識の狭い者がすぐれた人物を非難することのたとえ。

【構成】漢文訓読では、「蜀犬日に吠ゆ」と読む。「蜀犬」は、蜀（現在の四川省西部）に住んでいる犬。「吠日」は、太陽を見て吠えること。

【出典】蜀中の山高く霧重く、日を見る時少なし。日出に至る毎《ごと》に、則《すなわ》ち群犬疑ひて之《これ》に吠ゆるなり。〈唐、柳宗元、韋中立に答へて師道を論ずる書〉

【類義語】夜郎自大《やろうじだい》

職権濫用　しょっけん-らんよう

【意味】①正当な職務を逸脱して、職務ではない行為をし、公務の適正を汚すこと。②与えられた権限をむやみに振り回すこと。

【構成】「職権」は、官吏が職務上持っている権限。「濫用」は、みだりに用いること。

【用例】そういう公私混同はいかんよ。社長の職権濫用だ。〈城山三郎、乗取り〉

【用法】本来は法律用語で①の意味だが、②の意味でも広く用いられる。

【表記】「職権乱用」とも書くが、本来は当て字。

【類義語】越権行為《えっけんこうい》

白河夜船　しらかわ-よふね

【意味】京都の白川を、夜、船で通る。ぐっすりと寝込んでいて、なにごとにも気が付かないことのたとえ。

【構成】「白河」は、京都の地名。白川。「夜船」は、夜に船で通ること。京都を見物したというそをついた人が、白川はどうだったかと聞かれて、川の名前と勘違いして、「夜、船で通ったから何も知らない」と答えたという話から。

【用例】眉間の傷も冴えやかなわが早乙女主水之介は、うしろの柱によりかかって、いとも安らかに白河夜船です。〈佐々木味津三、旗本退屈男、身延に現れた退屈男〉

【注意】「夜船」は、「よぶね」とも読む。

自力更生　じりき-こうせい

【意味】他人の力に頼らず、自分一人の力で生活を改め、立ち直ること。

【構成】「自力」は、他人の力に頼らず、自分の力で行うこと。「更生」は、生まれ変わること。

【用例】中国が日本政府の援助を謝絶し、同時にすべての外国からの援助を受ける意思がない、と日本政府に伝えたからだ。自力更生の精神で困難を克服する決意、という発表だった。〈朝日新聞、天声人語、一九八八年一二月一四日〉

【用法】罪や過ちを犯した者が、他人の指導や支援を受けずに、自分の努力で立ち直ることを表すのに用いられることが多い。

【注意】「更生」を「更正」と書くのは、誤り。

私利私欲　しり-しよく

（我利私欲《がりしよく》）

【意味】自分の利益や欲望。また、それを満たすことだけを考えて、行動すること。

【構成】「私利」「我利」は、自分一人だけの利

益。「私欲」は、個人の欲望。
用例 父には、私利私欲というものがないのね。あくまで日本人を将来の食糧危機から救おうと、そのことだけを純粋に考えているんです。〈笹沢佐保、逃亡岬〉
用法 「私利私欲にかられる」「私利私欲に走る」などの形で、個人的な感情に基づく行動を批判する意味合いで用いられることが多い。
表記 従来は「私利私慾」と書くのが普通であったが、現在では常用漢字の「欲」に書き換える。
対義語 無欲無私《むよくむし》

支離滅裂 しり−めつれつ

意味 統一がなく、ばらばらでまとまりのないこと。めちゃくちゃなようす。
構成 「支離」は、こわれて不完全なこと。「滅裂」は、破れ砕けて全くその形を失うこと。
用例 その支離滅裂な叫び、酒に濁って血走ったその目の奥に、城木は人間の持つもっとも原初的な感情、死への恐怖の情をちらと垣間《かいま》見たような気がした。〈北杜夫、楡家の人びと〉
対義語 終始一貫《しゅうしいっかん》・首尾一貫《しゅびいっかん》・脈絡通徹《みゃくらくつうてつ》・理路整然《りろせいぜん》

思慮分別 しりょ−ふんべつ

意味 物事の道理をわきまえ、深く思いをめぐらして判断すること。また、その判断。
構成 「思慮」は、注意深く思い考えること。「分別」は、物事の道理をわきまえること。また、その判断力。
用例 「ええと、お酒はありますか。」N君は、思慮分別ありげな落ちついた口調で婆さんに尋ねた。〈太宰治、津軽〉
注意 「分別」は、「判断、判断力」の意味の場合は「ふんべつ」と読む。「ぶんべつ」と読むのは、「わける」意味の場合で、ここでは誤り。

四六時中 しろくじ−ちゅう

意味 一日中。
構成 「四六時」は、二十四時間で、一日。「中」は、そのあいだじゅう。
用例 婆様はあまり母様のほうへお遊びに参りませず四六時中、離れ座敷のお部屋にばかりいらっしゃいますので、〈太宰治、葉〉
用法 昔は、一日を十二刻と数えたので、「二六時中」を用いた。
類義語 常住座臥《じょうじゅうざが》・朝朝暮暮《ちょうちょうぼぼ》・日常座臥《にちじょうざが》・二六時中《にろくじちゅう》

神韻縹渺 しんいん−ひょうびょう

意味 芸術作品などで、奥深くきわめてすぐれた趣のあるようす。
構成 「神韻」は、人格や詩文などの、きわめてすぐれた趣。「神」は、ここでは理性ではかれないほどすぐれた働き。「縹渺」は、遠くかすかなようす。
用例 また一幅の名画に対するとせよ、我々はその全体において神韻縹渺として霊気人を襲う者あるを見る、〈西田幾多郎、善の研究〉
表記 「神韻縹緲」とも書く。

心猿意馬 しんえん−いば

⇩意馬心猿《いばしんえん》

深遠博大 しんえん−はくだい

意味 はかり知れないほど、奥深く広く大きいようす。
構成 「深遠」は、奥が深くて容易に知りがたいこと。「博大」は、広く大きいこと。
用例 我々の理想および情意が深遠博大となるに従って、いよいよ自然の真意義を理会することができる。〈西田幾多郎、善の研究〉
類義語 広大無辺《こうだいむへん》・深厚博大《しんこうはくだい》

人海戦術　じんかい‐せんじゅつ

【意味】①多数の兵員を繰り出して、数の力によって敵陣を破る攻撃方法。②転じて、機械力によらず大勢の人々を動員して仕事を成し遂げようとするやり方。
【構成】「人海」は、人が多く集まっていることのたとえ。「戦術」は、戦いの方法。
【用例】②彼らは豊富な資金と人海戦術で、その商店街を徹底的に痛めつけた。〈生島治郎、追いつめる〉
【対義語】少数精鋭《しょうすうせいえい》

心外千万　しんがい‐せんばん

【意味】非常に残念であること。

【構成】「心外」は、残念なこと。「千万」は、程度がはなはだしいこと。

【用例】有事の秋《とき》に仲間はずれにされるなど、心外千万でござる。中座など毛頭思い寄らぬ。〈菊池寛、仇討禁止令〉

【用法】相手に対する非難の気持ちを込めて用いられることが多い。

【注意】「千万」を「せんまん」と読むのは、誤り。

神会黙契　しんかい‐もっけい

【意味】黙っていても意思が通じ合うこと。語らないうちに自然に気持ちが一致すること。
【構成】「神会」は、心で納得すること。「神」は、ここでは、心。「黙契」は、話さなくても意思が通じ合うこと。「契」は、もと、割り符の意味で、ここでは、割り符のようにぴったり合うこと。
【用例】渠《かれ》らが十年語りて尽くすべからざる心底の磅礴《ほうはく》は、実にこの瞬息《しゅんそく》において神会黙契されけるなり。〈泉鏡花、義血俠血〉
【類義語】以心伝心《いしんでんしん》・感応道交《かんのうどうこう》・拈華微笑《ねんげみしょう》・不立文字《ふりゅうもんじ》・黙契秘旨《もっけいひし》

心願成就　しんがん‐じょうじゅ

⇩大願成就《たいがんじょうじゅ》
【用例】わたしのためには、あたかも心願成就、こんな愉快なことはありません。〈福沢諭吉、福翁自伝〉

心機一転　しんき‐いってん

【意味】あるきっかけから、気持ちががらりと変わること。

【構成】「心機」は、心の動き。「一転」は、がらりと変わること。

【用例】戸籍はぎんです、でも私の現在の気持は吟子にぴったりなのです。心機一転して新しい女性として進みたいのです。〈渡辺淳一、花埋み〉

【用法】よい方向に気持ちが変わる場合に用いられることが多い。

【注意】「心機」を「心気」と書くのは、誤り。

【類義語】緊褌一番《きんこんいちばん》

心悸亢進　しんき‐こうしん

【意味】心臓病・精神的興奮・肉体的過労などのため、心臓の鼓動が激しく、急速になること。
【構成】「心悸」は、心臓の鼓動。動悸。「亢進」は高ぶり進むこと。「亢」は、高ぶる。
【用例】強度の神経衰弱の一つの徴候ともおもわれるこうした心悸亢進に、太田はその年の夏から悩まされはじめたのである。〈島木健作、癩〉
【表記】「心悸昂進」とも書く。

仁義忠孝　じんぎ‐ちゅうこう

⇩忠孝仁義《ちゅうこうじんぎ》
【用例】本居宣長《もとおりのりなが》などは、仁義忠孝などとおのれが行なわずに事々しく説き勧めぬが神道の特色なり、と言えり。〈南方熊楠、神社合祀に関する意見〉

仁義道徳　じんぎ‐どうとく

【意味】人として守るべき正しい道。また、その道にかなう生き方をすること。

【構成】「仁義」は、広く人を愛し、物事の正

しい筋道にかなう生き方。「道徳」は、人の行うべき正しい道。【用例】元来孔孟の本説は修心倫常の道なり。畢竟《ひっきょう》無形の仁義道徳を論ずるものにて、之《これ》を心の学と云《い》ふも可なり。〈福沢諭吉、文明論之概略〉

神機妙算 しんき－みょうさん

【意味】すぐれたはかりごと。
【構成】「神機」は、人知では及ばないほどのすぐれたはかりごと。「妙算」は、巧みなはかりごと。
【用例】今申し上げし画策は先《ま》づ難しく候《さうらふ》。猶《なほ》神機妙算湧くが如く候へども今晩小生方へ夜襲有之《これあり》候やう偵知《ていち》致し候に就き〈内田魯庵、社会百面相、虚業家尺牘数則〉
【類義語】奇策縦横《きさくじゅうおう》・機知奇策《きちきさく》・機謀権略《きぼうけんりゃく》・機略縦横《きりゃくじゅうおう》・神算鬼謀《しんさんきぼう》
【対義語】常套手段《じょうとうしゅだん》

辛苦艱難 しんく－かんなん

⇩艱難辛苦《かんなんしんく》
【用例】ノブ子の涙ながらの物語によって、同人が小生と愛児嬢次のため非常な辛苦艱難と闘いながら、よく貞節を守り通して来ました事実を、〈夢野久作、暗黒公使〉

辛苦心労 しんく－しんろう

【意味】つらく苦しい思いや心配ごと。また、それに悩まされること。

【構成】「辛苦」は、つらく苦しい思い。「心労」は、思いわずらうこと。心配。

【用例】うかうかとして月日を重ねたが、父の死後便りのない母親の辛苦心労を見るに付け聞くに付け、小供心にも心細くもまた悲しく、〈二葉亭四迷、浮雲〉

【注意】(1)「辛苦」を「心苦」と書くのは、誤り。(2)「心労」を「辛労」と書くのは、誤り。

【類義語】懊悩焦慮《おうのうしょうりょ》・懊悩呻吟《おうのうしんぎん》・懊悩輾転《おうのうてんてん》・懊悩煩悶《おうのうはんもん》・焦心苦慮《しょうしんくより》・精思苦到《せいしくとう》・煩悶懊悩《はんもんおうのう》

人権蹂躙 じんけん－じゅうりん

【意味】国家権力が職権を利用して国民の基本的人権を踏みにじること。また、一般に、人権を無視するような不当な取り扱いをすること。

【構成】「人権」は、人が生まれながらにして持っているとされる生命・自由・平等などの権利。「蹂躙」は、踏みにじること。「蹂」「躙」ともに、踏みにじる。

【用例】唯《ただ》往事に較《くら》べて量がずっと減っただけで、依然こんな人権蹂躙は絶え間がない。〈細井和喜蔵、女工哀史〉

真剣勝負 しんけん－しょうぶ

【意味】①本物の刀を抜いて切り合い、生死を賭けて争うこと。②転じて、命がけで物事を行うこと。

【構成】「真剣」は、本物の刀。「勝負」は、勝ち負けを争うこと。

【用例】①二人は長いこと刀を合せていた。だが、真剣勝負は経験がないので、二人とも固く構えて、ただ火のような呼吸を洩《も》らすばかりだった。〈石坂洋次郎、石中先生行状記〉②倫の日常には弛緩《しかん》した寛《くつ》ろぎが少しもない。いつでも、鷹揚《おうよう》に身体をほぐしているようで真剣勝負のような気魄《きはく》がしんにすわっている。〈円地文子、女坂〉

深厚博大 しんこう－はくだい

【意味】はかり知れないほど深く厚みがあって、広く大きいこと。
【構成】「深厚」は、深く厚いこと。「博大」は、広くて大きいこと。
【用例】それで著書の趣味が深厚博大であればあるほど、深厚博大の趣味があらわれる訳になりますから、〈夏目漱石、創作家の態度〉
【類義語】広大無辺《こうだいむへん》・深遠博大《しんえんはくだい》

真言秘密　しんごん-ひみつ

意味 仏教で、広義には、真言密教の秘密の法門。真言陀羅尼は深遠な意味や内容を持ち、仏の内証・秘密の法であることからいう。一般には、三密の中の口密（文句を明らかにして、誤りをなくすこと）をいう。

構成 「真言」は、仏教の真言宗。「秘密」は、人に知られてはいけない隠しごと。また、人間の理解を超えていること。

用例 拙僧《せっそう》は望み通りに、真言秘密の御祈禱をしてやって、出て来た孩児《ややこ》はこれこれの処に埋めなさい……とまで指図をしておいたが〈夢野久作、いなか、の、じけん〉

注意 「言」は、「げん」と読むことが多いが、「真言」は、「しんごん」と読むのが慣用。「しんげん」と読むのは、誤り。

類義語 一子相伝《いっしそうでん》・奥義秘伝《おうぎひでん》・父子《ふし》相伝《そうでん》・黙契秘旨《もっけいひし》

人材登用　じんざい-とうよう

意味 才能のある人を引き上げ、用いること。

構成 「人材」は、才能のある人。「登用」は、人材を引き上げ用いること。

用例 新内閣の組織を改め、大いに人材登庸の道を開き、商工業に関する諸税を課することから鉱山を開き運輸を盛んにすることまで、〈島崎藤村、夜明け前〉

表記 従来は「人材登庸」とも書いたが、現在では常用漢字の「用」を用いるのが普通。

類義語 握髪吐哺《あくはつとほ》・草廬三顧《そうろさんこ》・吐哺握髪《とほあくはつ》

辛酸甘苦　しんさん-かんく

意味 ①つらさや楽しみ。②転じて、経験を積み、世事・人情によく通じていること。

構成 「辛酸」は、からさとすっぱさ。転じて、つらく苦しいこと。「甘苦」は、甘さと苦さ。転じて、楽しみと苦しみ。

用例 ①就中《なかんづく》小説の如《ごと》きは元来その種類さまざまありて辛酸甘苦いろいろなるを五味を愛憎する心をもて頭くだしに評し去るは豈《あ》に心なきの極みならずや〈二葉亭四迷、浮雲〉

神算鬼謀　しんさん-きぼう

意味 人知では及ばないほどの巧みなはかりごと。

構成 「神算」も「鬼謀」も、人知では及ばないほどの巧みなはかりごと。「神」「鬼」は、人知を超えた才能のたとえ。「算」「謀」ともに、はかりごと。

用例 そこに正成の面目躍如とした、神算鬼謀を進言出来る場があった。〈松本利明、春日局〉

類義語 奇策縦横《きさくじゅうおう》・機知《きち》奇策《きさく》・機謀《きぼう》権略《けんりゃく》・機略縦横《きりゃくじゅうおう》・神機妙算《しんきみょうさん》

対義語 常套手段《じょうとうしゅだん》

深山幽谷　しんざん-ゆうこく

《窮山幽谷《きゅうざんゆうこく》》

意味 人里を遠く離れた、奥深い山や谷。

構成 「深山」「窮山」は、奥深い山。「窮」は、ここでは、果て。「幽谷」は、奥深い谷。「幽」は、奥深くて静か。

出典 吾が庭に寝《い》ぬる者は、深山幽谷を願はず。〈列子、黄帝〉

用例 われ知らず深山幽谷の中へ迷い入ったような寂寥に襲われたかと思うと、だしぬけに日本海の怒濤を前にするような烈しい圧迫感におさえつけられた。〈尾崎士郎、石田三成〉

紳士協定　しんし-きょうてい

意味 互いに相手を信頼して結ぶ取り決め。紳士の約束。

構成 英語のgentlemen's agreementの訳。「紳士」は、教養があり品位の高い男

性。「協定」は、話し合って決めること。約束。
用例 いいのよ、これは会長と僕の紳士協定よ。〈沢木耕太郎、一瞬の夏〉
類義語 一諾千金《いちだくせんきん》

参差錯落 しんし-さくらく

意味 ①いろいろなものが、ふぞろいに入り混じっているようす。②転じて、変化に富んで美しいようす。
構成 「参差」は、長短・高低入り混じってふぞろいなようす。「錯落」は、入り混じること。「錯」は混じること。「落」は、ちりぢりになること。
用例 ②強《し》いて西洋風にしたいなら、寧《むし》ろ反対に軒の高さどころか、あらゆる建築の様式を一軒ずつ別にさせて、ヴェネチアの町のように参差錯落たる美観を造るようにでも心掛けたら好かろう。〈森鷗外、妄想〉
注意 「参差」を「さんさ」と読むのは、誤り。
類義語 雑然紛然《ざつぜんふんぜん》・種種雑多《しゅじゅざった》・紛擾雑駁《ふんじょうざっぱく》・紛然雑然《ふんぜんざつぜん》

紳士淑女 しんし-しゅくじょ

《淑女紳士《しゅくじょしんし》》
意味 教養があり品位の高い男性と女性。
構成 「紳士」は、教養があり品位の高い男性。「淑女」は、教養があり品位の高い女性。
用例 品のいい紳士淑女の対話も胸のうちでは始終突き当たっている。〈夏目漱石、虞美人草〉
類義語 貴顕紳士《きけんしんし》・大官貴顕《たいかんきけん》

真実一路 しんじつ-いちろ

意味 うそ偽りのないまごころをもってひとすじの道を進んでゆくこと。
構成 「真実」は、まこと。うそいつわりがないこと。「一路」は、ひとすじの道。
用例 疑わずに真実一路に邁進《まいしん》することこそ、悠久の大義に生きる道である。〈田辺聖子、私の大阪八景〉
類義語 正直一徹《しょうじきいってつ》

人事不省 じんじ-ふせい

意味 意識を失った状態。
構成 「人事」は、人の行うこと。また、行うべき事柄。「不省」は、わきまえないこと。
出典 戴思恭云《い》ふ、暑風とは、夏月卒倒し、人事を省みざる者、是《これ》なり。〈朱震亨、丹渓心法、中暑〉
用例 幾時間かの人事不省の後に意識がはっきりしてみると、葉子は愛子とのいきさつをただ悪夢のように思い出すばかりだった。〈有島武郎、或る女〉
用法 「昏睡」とほぼ同義だが、「昏睡」より多少幅広く用いられ、一時的に意識を失う「失神」と同じような意味で用いられることもある。
注意 「不省」を「ふしょう」と読むのは、誤り。
類義語 意識朦朧《いしきもうろう》・前後不覚《ぜんごふかく》・茫然自失《ぼうぜんじしつ》

唇歯輔車 しんし-ほしゃ

《輔車唇歯《ほしゃしんし》》
意味 唇と歯、ほお骨と下あごの骨。密接な関係にあること、互いに助け合うことのたとえ。
構成 「唇歯」は、唇と歯。転じて、互いの利害関係が非常に密接な物事のたとえ。「輔車」は、ほお骨と下あごの骨。一説に、車輪を補強する添え木と車輪。転じて、二つのものが互いに助け合う関係のたとえ。
出典 諺《ことわざ》に謂《い》ふ所の、輔車相依《あいよ》り、唇亡《ほろ》ぶれば歯寒しとは、其《そ》れ虞《ぐ》・虢《かく》を之《こ》れ謂ふなり。〈春秋左氏伝、僖公五年〉
用例 唇亡《ほろ》ンデ歯寒シ、と。お屋形様とかの者とは唇歯輔車の間柄でござります。〈司馬遼太郎、国盗り物語〉

斟酌折衷 しんしゃく-せっちゅう

意味 人の心中や物事の事情などをくみ取り、その中間を取って、ほどよく処理すること。

構成 「斟酌」は、人の心中や物事の事情などをくみ取って、ほどよく処理すること。「斟」「酌」ともに、汲む。「折衷」は、あれこれと(相反する意見を)取捨して、その中間のほどよい意見を取ること。「衷」は、中。

用例 作者が十分意を注ぎて斟酌折衷をなさざる時には、人間に似て人間ならざる異様の怪物を造ることあり。〈坪内逍遥、小説神髄〉

表記 「斟酌折中」とも書く。

神社仏閣 じんじゃ-ぶっかく

意味 神道の神を祀るところや、仏教の寺。

構成 「神社」は、もと、神のやしろ。転じて、神道の神を祀るところ。「仏閣」は、寺の建物。

用例 京都には、こういう時に泣きに行くための神社仏閣が沢山ある。〈三島由紀夫、金閣寺〉

伸縮自在 しんしゅく-じざい

意味 ①伸びたり縮んだり思いのままにできること。②転じて、なんでも思いのままに扱うことのできること。

構成 「伸縮」は、伸び縮み。「自在」は、思いのまま。

用例 ①つまり、途方もなく大きなものもあれば、途方もなく小さいものもある、――われわれは、そういう伸縮自在な任務の中にいるということになりますな。〈尾崎士郎、人生劇場離愁篇〉

神出鬼没 しんしゅつ-きぼつ

意味 神わざのように、思いのままに現れたり消えたりすること。きわめて巧妙に出没すること。

構成 「神鬼出没」の「鬼」と「出」を入れ替えた表現。「神鬼」は、天地の神霊と死者の霊魂。人の耳目では理解し難い、超人的な能力を持つ存在。「出没」は、現れたり消えたりすること。

出典 嘗《かつ》て重囲を犯し、成を決して独り戦う。実《まこと》に神出鬼没と謂《い》ふべし。〈唐、崔致遠、桂園筆耕集〉

用例 健脚だけでは、こうは神出鬼没の往復はできない。〈司馬遼太郎、国盗り物語〉

注意 「神出」を「進出」と書くのは、誤り。

類義語 出没自在《しゅつぼつじざい》

尋常一様 じんじょう-いちよう

意味 普通で、他と特に変わりがないこと。

構成 「尋常」は、普通であること。「一様」は、全て同じようすであること。

用例 そこで初めてこの戦災が、尋常一様のものでないということを防衛課長も察知したというのである。〈井伏鱒二、黒い雨〉

類義語 千編一律《せんぺんいちりつ》・平平凡凡《へいへいぼんぼん》・平凡陳腐《へいぼんちんぷ》

真正真銘 しんしょう-しんめい

⇩正真正銘《しょうしんしょうめい》

用例 真正真銘の悲劇喜劇もこれに増した痛烈な事件はあるまい。〈横光利一、厨房日記〉

信賞必罰 しんしょう-ひつばつ

意味 賞すべき者は必ず賞し、罪ある者は必ず罰すること。賞罰を正しく行うこと。

構成 「信賞」は、賞を与えるべき者に賞を与えること。「必罰」は、罰を加えるべき者に罰を加えること。

出典 狐氏対《こた》へて曰《い》はく、信賞必罰、其《そ》れ以《もっ》て戦はしむるに足る、と。〈韓非子、

外儲説右上〉

用例 そもそも法の威力の真の根拠は、その社会的価値であって、「信賞必罰」というが如《ごと》きは、単にその威力を確実ならしめる所以《ゆえん》に過ぎぬ。〈穂積陳重、法窓夜話〉

類義語 論功行賞《ろんこうこうしょう》

心象風景 しんしょう-ふうけい

意味 想像力の働きによって心に描かれた、具体的な風景。

構成 「心象」は、英語imageの訳語。想像力の働きによって具体的な情景を心に描くこと。「風景」は、景色。ながめ。

用例 それは私がこの異様な暗闇の中で水音を聞きながら勝手に作りあげた心象風景なのかもしれなかった。〈村上春樹、世界の終りとハードボイルド・ワンダーランド〉

針小棒大 しんしょう-ぼうだい

意味 針のように小さなことを棒のように大きくいうこと。小さな事を大げさに誇張していうことのたとえ。

構成 「針小」は、針のように小さいこと。「棒大」は、棒のように大きいこと。

用例 この話は彼等の話の要点だけであって、作り話や針小棒大と思われるところは皆削った。〈夢野久作、東京人の堕落時代〉

注意 「棒大」を「膨大」と書くのは、誤り。

類義語 大言壮語《たいげんそうご》

神色自若 しんしょく-じじゃく

意味 内心や外見が落ちついていて、物事に動じないようす。

構成 「神色」は、精神と顔色。「自若」は、どっしりとして動じないようす。

用例 モニカは神色自若としてその前に進み、跪《ひざまず》き、先《ま》づその像を手にとってじっと打ち眺めた。〈長与善郎、青銅の基督〉

類義語 鷹揚自若《おうようじじゃく》・従容自若《しょうようじじゃく》・泰然自若《たいぜんじじゃく》・湛然不動《たんぜんふどう》

対義語 小心翼翼《しょうしんよくよく》・戦戦恐恐《せんせんきょうきょう》・戦戦慄慄《せんせんりつりつ》

身心一如 しんしん-いちにょ

（心身一如《しんしんいちにょ》）

意味 身も心も一体であること。平等で差別がないものであることのたとえ。

構成 「身心」「心身」は、肉体と精神。「一如」は、ただ一つであること。

注意 「一如」を「いちじょ」と読むのは、誤り。

類義語 物我一体《ぶつがいったい》・物心一如《ぶっしんいちにょ》

心身一如 しんしん-いちにょ

⇩身心一如《しんしんいちにょ》

新進気鋭 しんしん-きえい

意味 ある分野に新しく加わって、その意気込みが盛んで勢いがあること。また、その人。

構成 「新進」は、ある分野に新しく加わること。また、その人。「気鋭」は、意気込みが盛んで勢いがあること。

用例 新進気鋭の演劇研究者の眼から観《み》たらば、我が劇壇の進歩は実に遅々たるもので、実際歯がゆいに相違ない。〈岡本綺堂、綺堂むかし語り〉

用法 学問や芸術などの分野で、有望な若手を誉めるときに用いられることが多い。

人心恟恟 じんしん-きょうきょう

意味 人々の心が恐れ騒ぐようす。

構成 「人心」は、人の心。民衆の心理。「恟恟」は、恐れるさま。びくびくするようす。

用例 高松藩の上下は、外敵の侵入に混乱し、人心恟々として、毎日のように城中で評定《ひょうじょう》が行われた。〈菊池寛、仇討禁止令〉

人身攻撃 じんしん-こうげき

意味 個人的な事情や行動に立ち入って、

人を非難すること。

構成「人身」は、対象となるその人。「攻撃」は、言論などで人を責めとがめること。

用例 もちろん人身攻撃ではないので、ただ批評に過ぎないのです。〈夏目漱石、私の個人主義〉

心神耗弱 しんしん-こうじゃく

意味 精神の機能が衰弱して、正常な判断や行動ができない状態。

構成「心神」は、精神。心。「耗弱」は、すり減らされて弱ってしまうこと。

用例 犯行否認の事実関係を争うことは避け、もっぱら心神耗弱論で行くつもりらしい。〈加賀乙彦、湿原〉

注意「耗弱」を「もうじゃく」と読むのは、誤り。

類義語 心神喪失《しんしんそうしつ》

人心収攬 じんしん-しゅうらん

意味 多くの人の心をしっかりとつかみとり信頼されること。

構成「人心」は、人の心。「収攬」は、とり収めること。

用例 敏景は人心収攬にもっとも才があったらしく、越前の言いつたえでは、「一粒の豆を得ても掌を連ねて士とともにこれを食い、〈司馬遼太郎、国盗り物語〉

心神喪失 しんしん-そうしつ

意味 精神機能の障害のため、判断や行動にたいへんな支障を生じた状態。

構成「心神」は、精神。心。「喪失」は、失うこと。

用例 そんな具合じゃ、心神喪失か何かで、無罪放免なんじゃないの？〈曾野綾子、太郎物語大学編〉

類義語 心神耗弱《しんしんこうじゃく》

人生羈旅 じんせい-きりょ

意味 人生という旅。人の一生を旅にたとえた言い方。

構成「人生」は、人の一生。「羈旅」は、旅行。

用例 人生羈旅の別れ路に立つ彼半蔵のようなものもある。〈島崎藤村、夜明け前〉

表記「羈」の代わりに、異体字の「覊」を書くこともある。

類義語 人生行路《じんせいこうろ》

人生行路 じんせい-こうろ

意味 人生という旅の道のり。人の一生を旅にたとえた言い方。

構成「人生」は、人の一生。「行路」は、道。道程。

用例 最も現実に即した人生行路の途上に於ける詩篇なのであります。〈岡本かの子、恋愛といふもの〉

類義語 人生羈旅《じんせいきりょ》

人生朝露 じんせい-ちょうろ

意味 人の一生は、日が出ればすぐに乾いてしまう朝の露のようである。人生がはかないことのたとえ。

構成「人生」は、人の一生。「朝露」は、朝の露。

出典 人生は朝露のごとし。何ぞ久しく自ら苦しむこと此《か》くのごときや。〈漢書、蘇武伝〉

用例 次の日に亡くなった。人生朝露のごとしといえあまりのことに自分は自失しそうだと書いてあった。〈横光利一、睡蓮〉

類義語 槿花一日《きんかいちじつ》・槿花一朝《きんかいっちょう》・黄粱一炊《こうりょういっすい》・電光朝露《でんこうちょうろ》・飛花落葉《ひからくよう》

親戚眷属 しんせき-けんぞく

意味 同じ血筋の者や、親しく付き合う者たち全て。

構成「親戚」は、同じ血筋の者。親類。「眷属」は、一族や親しく付き合う者たち。

用例 護送の役をする同心は、傍でそれを

し

聞いて、罪人を出した親戚眷属の悲惨な境遇を細かに知ることができた。〈森鷗外、高瀬舟〉

用法「わずらわしい存在」という意味合いを含んで用いられることもある。

類義語 一族郎党《いちぞくろうとう》・一味徒党《いちみととう》・一家眷属《いっかけんぞく》・妻子眷属《さいしけんぞく》・親類縁者《しんるいえんじゃ》

親戚故旧 しんせき-こきゅう

意味 同じ血筋の者や、古くからのなじみの友人たち。

構成「親戚」は、同じ血筋の者。「故旧」は、古くからのなじみの友人。

用例 十月に学問所の明教堂が落成して、安井家の祝筵《しゅくえん》に親戚故旧が寄り集まったときには、〈森鷗外、安井夫人〉

類義語 故旧新知《こきゅうしんち》・親戚知友《しんせきちゆう》・親戚朋友《しんせきほうゆう》・知己朋友《ちきほうゆう》

人跡絶無 じんせき-ぜつむ

意味 人のいた形跡が全くないこと。また、人が全くいないこと。

構成「人跡」は、人の足跡。また、単に、人。「絶無」は、全くないこと。

用例 これはまた人跡絶無の大森林であるからその趣はさらに深いが、〈国木田独歩、武蔵野〉

表記 従来は「人蹟絶無」と書くのが普通であったが、現在では常用漢字の「跡」に書き換える。

親戚知友 しんせき-ちゆう

⇩親戚朋友《しんせきほうゆう》

用例 花の頃には親戚知友を招いてこれを賞した。〈森鷗外、渋江抽斎〉

親戚朋友 しんせき-ほうゆう

《親戚知友《しんせきちゆう》》

意味 同じ血筋の者や、友人たち。

構成「親戚」は、同じ血筋の者。親類。「朋友」「知友」は、友人。

用例 親戚朋友に逢《あ》うて我が輩の学問は東京に残し置きたりと言い訳するなどの奇談もあるべし。〈福沢諭吉、学問のすすめ〉

類義語 故旧新知《こきゅうしんち》・親戚故旧《しんせきこきゅう》・知己朋友《ちきほうゆう》

人跡未踏 じんせき-みとう

意味 人がまだ足を踏み入れたことがないこと。

構成「人跡」は、人の足跡。また、単に、人。「未踏」は、まだ足を踏み入れたことがないこと。

用例 つまり我々の頭の中には人跡未踏の巨大な象の墓場のごときものが埋まっておるわけですな。〈村上春樹、世界の終りとハードボイルド・ワンダーランド〉

表記 従来は「人蹟未踏」と書くのが普通であったが、現在では常用漢字の「跡」に書き換える。

類義語 史上空前《しじょうくうぜん》・前人未到《ぜんじんみとう》・前人未発《ぜんじんみはつ》

神仙縹渺 しんせん-ひょうびょう

意味 仙人のように、はるかに遠く浮き世ばなれしているようす。

構成「神仙」は、人間世界から抜け出て、不老長生の世界に住む人。神通力を得た仙人。「縹緲」は、はるかに遠いようす。

用例 幻詭猥雑《げんきわいざつ》の談に、干戈弓馬《かんかきゅうば》の事を挿み、慷慨節義《こうがいせつぎ》の譚《たん》に、神仙縹緲の趣を交ゆ。〈幸田露伴、運命〉

表記「神仙縹緲」とも書く。

真相究明 しんそう-きゅうめい

意味 事件などの本当の事情を、徹底的に明らかにすること。

構成「真相」は、真実の姿。「究明」は、きわめ明らかにすること。

用例 どうせ、自分でこの事件の真相究明にのりだすつもりなら、一介の弁護士としてよりも、検事としてのほうが、〈高木彬光、検事霧島三郎〉

類義語 実事求是《じつじきゅうぜ》

深層心理 しんそう－しんり

意味 奥深くに隠れている心の働き。外に現れない無意識の心の働き。

構成 「深層」は、幾重にも奥深くに隠れている部分。「心理」は、心の働き。

用例 何故《なぜ》なら、猿の脳には人間の深層心理や記憶に対応することができるほどの複雑なファンクションが備わってはおらんからです。〈村上春樹、世界の終りとハードボイルド・ワンダーランド〉

迅速果敢 じんそく－かかん

⇩迅速果断《じんそくかだん》

用例 この決心処置は迅速果敢しかも適切敏捷《びんしょう》に行われナポレオンを嫉視《しっし》ないし軽視していた諸将を心より敬服せしめるに至った。〈石原完爾、最終戦争論、戦争史大観〉

迅速果断 じんそく－かだん

《迅速果敢《じんそくかかん》》

意味 速やかに決断し、思い切って行動すること。

構成 「迅速」は、速い。速やか。「果断」「果敢」は、決断力に富むこと。思い切りがよいこと。

用例 岡田は「目下の急務は国内に残されたる全力を集結して迅速果断に戦力強化を図るべし」と上奏するにとどまった。〈勝田龍夫、重臣たちの昭和史〉

類義語 速戦即決《そくせんそっけつ》・即断即決《そくだんそっけつ》・即決即断《そっけつそくだん》

対義語 遅疑逡巡《ちぎしゅんじゅん》・躊躇逡巡《ちゅうちょしゅんじゅん》

進退去就 しんたい－きょしゅう

《去就進退《きょしゅうしんたい》》

意味 その職に留まるか否かの、身のふりかた。

構成 「進退」は、進むことと退くこと。「去就」は、去ることと、就き止まること。いずれの道かの選択を迫られている状態にあって、どう対処するかをいう。

用例 お勢の心一ツで進退去就を決しさえすればイサクサは無い。〈二葉亭四迷、浮雲〉

用法 「進退去就に迷う」などの形で用いられることが多い。

類義語 出処進退《しゅっしょしんたい》・進退出処《しんたいしゅっしょ》

進退出処 しんたい－しゅっしょ

⇩出処進退《しゅっしょしんたい》

用例 其《そ》の進退出処の直截簡明なること固《もと》より怪しむに足らざるなり。〈中江兆民、二将軍三伯〉

身体髪膚 しんたい－はっぷ

意味 からだの全て。

構成 「身体」は、からだ。「髪膚」は、かみの毛や、はだ。

出典 身体髪膚、之《これ》を父母に受く。敢《あ》へて毀傷《きしょう》せざるは孝の始めなり。〈孝経、開宗明義章〉

用例 何も身体髪膚を父母に受くなどと堅くるしい理窟をいうのではないが、〈正岡子規、死後〉

用法 「身体髪膚を父母に受く」という形で、親から与えられた身体を傷つけるべきではないことをいう時に用いられることが多い。

進退両難 しんたい－りょうなん

意味 次にとるべき手段がなく、行き詰まってしまうこと。

構成 「進退」は、進むことと退くこと。「両難」は、二つとも困難なこと。

用例 こうなると従業員と館主との対立の板ばさみになって進退両難に陥《おちい》ったのは半助であった。〈尾崎士郎、人生劇場愛欲篇〉

類義語 寸進尺退《すんしんしゃくたい》

人畜無害 じんちく－むがい

意味 何に対しても害にならないこと。
構成 「人畜」は、人と家畜。「無害」は、害がないこと。
用例 思い余って、同じような白い粉、しかも人畜無害というから、これを食べられんもんかと、〈野坂昭如、ラ・クンパルシータ〉
用法 必ずしもよい意味には用いられず、相手にこれといってとりえがないときに用いられることが多い。

尽忠報国 じんちゅう-ほうこく

《報国尽忠《ほうこくじんちゅう》》
意味 忠義をつくして自分の国に報いること。まごころをもって国のために尽くすこと。
構成 「尽忠」は、忠義を尽くすこと。「報国」は、自分の国に報いること。
用例 いずれも江戸の方で浪士の募集に応じ、尽忠報国をまっこうに振りかざし、京都の市中を騒がす攘夷党《じょういとう》の志士浪人に対抗して、〈島崎藤村、夜明け前〉
類義語 蹇蹇匪躬《けんけんひきゅう》・七生報国《しちしょうほうこく》・擲身報国《てきしんほうこく》

陣中見舞 じんちゅう-みまい

意味 ①戦場にいる人を訪ね、慰問すること。②転じて、多忙な仕事にたずさわっている人を訪ね、慰労すること。
構成 「陣中」は、陣屋のうち。また、戦場。「見舞」は、慰問すること。
用例 ①使いに持たせてケーキとか鮨《すし》とか、朱塗りの二重弁当とか、陣中見舞の差し入れがとどく。〈阿川弘之、山本五十六〉

慎重居士 しんちょう-こじ

意味 何事にもつつしんで軽々しくしない人。
構成 「慎重」は、つつしんで軽々しくしないこと。「居士」は、出家せずに家にいて仏道の修行をする男子。法名・雅号の下に添える称号としても用いられる。
用例 海野は慎重居士のほうだ。気の弱いところもあるし、自尊心も強い。〈阿刀田高、愛の墓標、薄闇〉
注意 「慎重」を「しんじゅう」と読むのは、誤り。

新陳代謝 しんちん-たいしゃ

意味 ①生物の体内で、必要な物質が摂取され、不要な物質が排泄《はいせつ》される作用。②転じて、新しいものと古いものとが入れ替わること。
構成 「新陳」は、新しいものと古いもの。「代謝」は、入れ替わること。
用例 ①冗談じゃない、とうに呼吸を、新陳代謝をとめていたかもしれないんです。〈北杜夫、楡家の人びと〉②こう云《い》う偶像にもまた常に新陳代謝や生存競争が行われている。〈夏目漱石、それから〉
注意 「代謝」は、現在では「たいしゃ」と読むのが慣用。「だいしゃ」と読むのは、誤り。

震天駭地 しんてん-がいち

《震天動地《しんてんどうち》》
意味 天を震わせ、地を動かす。勢いや音が、激しく大きいことのたとえ。
構成 「震天」は、天を震わせること。「駭地」は、地を動かすこと。「駭」は、ここでは、動かす。
類義語 回天動地《かいてんどうち》・驚天動地《きょうてんどうち》

震天動地 しんてん-どうち

⇩震天駭地《しんてんがいち》

陣頭指揮 じんとう-しき

意味 ①陣列の先頭に立って戦闘の指揮をとること。②転じて、人の先頭に立って導くこと。
構成 「陣頭」は、軍陣のまっさき。陣列の先頭。「指揮」は、指図すること。
用例 ②布川の陣頭指揮で全員がくるくる働いた。夜九時すぎ、やっと仕事じま

いになった。〈加賀乙彦、湿原〉

類義語 率先躬行《そっせんきゅうこう》・率先垂範《そっせんすいはん》・率先励行《そっせんれいこう》

心頭滅却 しんとう-めっきゃく

意味 心の動きを止めて、何も考えない、悟りの境地にいたること。

構成 「心頭」は、こころ。頭は「……のあたり」という意味を添える接尾語。「滅却」は、滅ぼして消し去ること。

出典 安禅《あんぜん》必ずしも山水を須《もち》ひず、心中を滅し得て火自ずから涼し。〈唐、杜荀鶴、夏日悟空上人の院に題する詩〉

用例 誰をも愛さず、それこそ心頭滅却に似た恬淡《てんたん》の心境だったのですが、〈太宰治、風の便り〉

用法 「心頭滅却すれば火もまた涼し」のように、心の持ち方次第で何にでも耐えうるという強い意志を表すことが多い。

類義語 則天去私《そくてんきょし》・大悟徹底《たいごてってい》・無想無念《むそうむねん》・無念無想《むねんむそう》・明鏡止水《めいきょうしすい》

審念熟慮 しんねん-じゅくりょ

意味 自分の思いを明らかにするために、十分に念を入れて考えること。

構成 「審念」は、思いを明らかにすること。「熟慮」は、十分に念を入れて考えること。

用例 審念熟慮して屈托《くったく》して見たが、詮《せん》ずる所は旧《もと》の木阿弥《もくあみ》。〈二葉亭四迷、浮雲〉

類義語 三思九思《さんしきゅうし》・千思万考《せんしばんこう》・沈思黙考《ちんしもっこう》

人品骨柄 じんぴん-こつがら

意味 人柄や人格。

構成 「人品」は、人柄や人格。「骨柄」は、骨格や人相から感じられる人柄、品性。

用例 まず、人品骨柄、器量がいいか悪いかできまる。〈林芙美子、放浪記〉

新婦新郎 しんぷ-しんろう

⇩新郎新婦《しんろうしんぷ》

用例 彼女と俊吉との姿が、恰《あたか》も新婦新郎の写真の如《ごと》く、一しょにはっきり焼きつけられていた。〈芥川竜之介、秋〉

人物月旦 じんぶつ-げったん

意味 人物の批評。

構成 「人物」は、ひと。「月旦」は、月のついたち。故事欄参照。

故事 中国の後漢の時代、許劭《きょしょう》が、毎月のついたちに友人たちと集まって、郷里の人物について批評し合った故事による。

出典 初め劭、靖と倶《とも》に高名有り。好んで共に郷党《きょうとう》の人物を覈論《かくろん》し、毎月輒《すなわ》ち其《そ》の品題を更《か》ふ。故に汝南《じょなん》の俗に月旦の評有り。〈後漢書、許劭伝〉

用例 行くところ行くところ、すべて人物月旦はなやかである。〈太宰治、もの思う葦〉

神仏混交 しんぶつ-こんこう

意味 神と仏を一緒に祭ること。神は仏が命あるものを救うために仮に姿を現したものであるという本地垂迹《ほんじすいじゃく》説から、神道と仏教とを同じものとする。

構成 「神仏」は、神と仏。「混交」は、入り交じって区別がつかなくなること。

用例 むかしは日輪寺も氷川《ひかわ》神社も一緒でありましたが、明治の初年に神仏混淆を禁じられたので、〈島崎藤村、夜明け前〉

表記 従来は「神仏混淆」と書くのが普通であったが、現在では常用漢字の「交」に書き換える。

類義語 本地垂迹《ほんじすいじゃく》

身辺雑事 しんぺん-ざつじ

意味 身の回りの日常的なさまざまなことがら。

構成 「身辺」は、身の回り。「雑事」は、日常的なさまざまなことがら。つまらない俗事。

用例 専属副官とは多く応召中尉で、司令

官の身辺雑事の処理に任ずる。〈大岡昇平、ながい旅〉
類義語 家常茶飯《かじょうさはん》・日常茶飯《にちじょうさはん》

深謀遠慮 しんぼう-えんりょ

《遠謀深慮《えんぼうしんりょ》・遠慮深謀《えんりょしんぼう》・深慮遠謀《しんりょえんぼう》》
意味 深く考えをめぐらし、遠い将来のことまで考えること。また、考え深いはかりごと。
構成 「深」「遠」「謀」「慮」の四文字がさまざまな結びつき方をして生まれたことば。「深」は、考えが深いこと。「遠」は、遠い将来のことまで考えること。「謀」は、はかりごと。「慮」は、考え。
出典 深謀遠慮、行軍用兵の道、曩《さき》の時の士に及ぶ非《あら》ざるなり。〈前漢、賈誼、過秦論〉
用例 兄春長《はるなが》の輔佐にささげてきた是盛《これもり》は、深謀遠慮の軍師として名があった。〈柴田錬三郎、戦国旋風記〉
注意 「遠慮」は、現代語としては、人に気を遣って控えめにすることの意味だが、ここでは別の意味。
対義語 短慮軽率《たんりょけいそつ》

人面獣心 じんめん-じゅうしん

意味 人の顔をしていながら、心は獣のように無情なこと。外面は人間だが内面はけもののように、義理や人情をわきまえぬもののたとえ。
構成 「人面」は、人の顔。「獣心」は、けものの心。
用例 人面獣心の曲者《くせもの》だなどと申すものもございました。〈芥川竜之介、地獄変〉
対義語 鬼面仏心《きめんぶっしん》

森羅万象 しんら-ばんしょう

意味 天地間に存在する万物や、あらゆる現象。宇宙間のありとあらゆる事物。
構成 「森羅」は、樹木が限りなく茂り並ぶこと。「万象」は、万物や、あらゆる現象。
用例 いかに記憶を失っていたとはいえ、全宇宙の森羅万象の中でも特に自分の注意を惹《ひ》くものとして存在したはずなのだ。〈筒井康隆、エディプスの恋人〉
注意 「万象」を「まんしょう」「まんぞう」と読むのは、誤り。
類義語 有象無象《うぞうむぞう》

深慮遠謀 しんりょ-えんぼう

⇩深謀遠慮《しんぼうえんりょ》
用例 あの、ひとすじ縄でいかぬ深慮遠謀の源氏の大臣《おとど》の胸の内、解いてみれば、まずざっとこんなところかな。〈田辺聖子、新源氏物語〉

親類縁者 しんるい-えんじゃ

意味 同じ血筋の者や身内の者。
構成 「親類」は、同じ血筋の者。「縁者」は、ゆかりのある者。身内の者。
用例 美夜の病室の前には親類縁者がしゃがんだり椅子に腰かけたりしていた。〈円地文子、女坂〉
類義語 一族郎党《いちぞくろうとう》・一味徒党《いちみととう》・一家《いっか》眷属《けんぞく》・妻子《さいし》眷属《けんぞく》・親戚《しんせき》眷属《けんぞく》

蜃楼海市 しんろう-かいし

⇩海市蜃楼《かいししんろう》
用例 それにしてもこの疑念は何処から生じたもので有ろう。天より降ッたか地より沸いたか、抑《そもそ》もまた文三の僻《ひが》みから出た蜃楼海市か、〈二葉亭四迷、浮雲〉

新郎新婦 しんろう-しんぷ

《新婦新郎《しんぷしんろう》》
意味 新しく夫婦になった者。花婿と花嫁。
構成 「新郎」は、花婿。「新婦」は、花嫁。
用例 何《ど》うか皆様、新郎新婦の前途を祝うて御乾杯を願います。〈菊池寛、真珠夫人〉

す

酔眼朦朧　すいがん−もうろう

意味 酒に酔ってとろりとした目つきになり、物がはっきり見えないこと。

構成 「酔眼」は、酒に酔った時の視点の定まらない目つき。「朦朧」は、ぼんやりとして物事の確かでないこと。「朦」「朧」ともに、月光のうすぼんやりとしたようす。

出典 酔眼朦朧として帰路を覓《もと》め、松江《しょうこう》煙雨《えんう》晩《おそ》く疎疎《そそ》たり。〈北宋、蘇軾、杜介魚を送る詩〉

用例 敬之進は覚束《おぼつか》ない足許《あしもと》で、ややともすれば往来の真ん中へ倒れそうに成る。酔眼朦朧、星の光すらその瞳には映りそうにも見えなかった。〈島崎藤村、破戒〉

類義語 半睡半醒《はんすいはんせい》・半醒半睡《はんせいはんすい》

随喜渇仰　ずいき−かつごう

⇩渇仰随喜《かつごうずいき》

用例 従来僧侶でさえあれば善男善女に随喜渇仰されて、一生食うに困らず、〈島崎藤村、夜明け前〉

酔生夢死　すいせい−むし

意味 酒に酔ったような気持ちで生き、夢を見ているような気持ちで死ぬこと。何もなすことなく、空しく一生を送ることのたとえ。

構成 「酔生」は、酒に酔ったような気持ちで生きること。「夢死」は、夢を見ているような気持ちで死ぬこと。

出典 高才明智なりと雖《いへど》も、見聞に膠《びゅう》せられ、酔生夢死して、自らは覚《さと》らざるなり。〈程頤、明道先生行状〉

用例 人は或《ある》いはかくの如《ごと》き人々を酔生夢死の徒と呼んで唾棄《だき》するかも知れない。〈有島武郎、惜みなく愛は奪ふ〉

類義語 拱手傍観《きょうしゅぼうかん》・走尸行肉《そうしこうにく》・座食逸飽《ざしょくいっぽう》・袖手傍観《しゅうしゅぼうかん》

垂涎三尺　すいぜん−さんじゃく

意味 食べ物を欲しがって、大いによだれを流すこと。物を手に入れたいと深く望むようすのたとえ。

構成 「垂涎」は、食物を欲しがりよだれを垂らすこと。「三尺」は、ここでは、程度がはなはだしいことを表す。「尺」は、昔の長さの単位。

用例 古本屋で明《みん》時代の王羲之《おうぎし》の珍しい拓本を見つけて、垂涎三尺去る能《あた》わずと云《い》った風に惚《ほ》れ切って了《しま》った。〈長与善郎、竹沢先生といふ人〉

類義語 虎視眈眈《こしたんたん》・野心満満《やしんまんまん》・竜驤虎視《りゅうじょうこし》

翠帳紅閨　すいちょう−こうけい

意味 かわせみの羽で飾り、赤く塗り飾った女性の寝室。

構成 「翠帳」は、かわせみの羽で飾ったとばり。「紅閨」は、赤く塗り飾ったへや。ともに、女性の美しい寝室をいう。

用例 西村勘九郎正利が、土岐頼芸の遊宴《ゆうえん》の席に伺候《しこう》した時、深芳野《みよしの》は「班女」を舞っていた。「翠帳紅閨枕をならぶる」なまめかしいくだりである。〈中山義秀、斎藤道三〉

垂直思考　すいちょく−しこう

意味 既成の概念の中だけで、考えをめぐらすこと。

構成 「垂直」は、水平面に対して直角であること。ここでは、既成の概念の中に止まることのたとえ。「思考」は、思い考えること。イギリスの心理学者デボノが提唱した考え方。

対義語 水平思考《すいへいしこう》

水滴石穿　すいてき‐せきせん

⇩点滴穿石《てんてきせんせき》

出典 一日一銭なれば、千日一千。縄鋸《ひき》きて木断ち、水滴《したた》りて石穿《うが》たる。〈鶴林玉露〉

水天髣髴　すいてん‐ほうふつ

意味 水と空とが接していて、どこまでが水でどこまでが空か明らかでないようす。

構成 「水天」は、水と天。また、海と空。「髣髴」は、ぼんやりとして明らかでないようす。

出典 雲か山か呉か越か。水天髣髴青一髪《せいいっぱつ》。〈頼山陽、天草洋に泊する詩〉

用例 狂乱激浪《きょうらんげきろう》を水天髣髴の間に認めて惶忙《こうぼう》退回したる如《ごと》く〈幸田露伴、露団々〉

表記 「水天彷彿」とも書く。

類義語 雲煙縹渺《うんえんひょうびょう》・煙波縹渺《えんぱひょうびょう》・煙波渺茫《えんぱびょうぼう》

水平思考　すいへい‐しこう

意味 既成の概念にとらわれることなく、自由な角度から考えをめぐらすこと。

構成 「水平」は、静かな水面のように平らなこと。ここでは、既成の概念にとらわれないことのたとえ。「思考」は、思い考えること。イギリスの心理学者デボノが提唱した考え方。

用例 デボノ博士の水平思考もかなわぬじつにすばらしい考え方ではあるまいか。〈井上ひさし、ブンとフン〉

対義語 垂直思考《すいちょくしこう》

酔歩蹣跚　すいほ‐まんさん

意味 酒に酔い、よろめきながら歩くこと。

構成 「酔歩」は、酔っぱらって歩くこと。千鳥足。「蹣跚」は、よろめくようす。

用例 神尾主膳《かみおしゅぜん》は、さし置いた伯耆《ほうき》の安綱《やすつな》の刀を持って酔歩蹣跚として、逃げて行くお銀様の後を追いかけました。〈中里介山、大菩薩峠、お銀様の巻〉

注意 「蹣跚」は、「ばんさん」「はんさん」とも読む。

衰老病死　すいろう‐びょうし

意味 年老いて体力が衰えることと、病気で死ぬこと。

構成 「衰老」は、年老いて精気や体力が衰えること。「病死」は、病気で死ぬこと。

用例 不死不朽、彼と与《とも》にあり。衰老病死、我と与にあり。〈北村透谷、一夕観〉

類義語 老病生死《ろうびょうせいし》

頭寒足熱　ずかん‐そくねつ

意味 頭を冷やし、足を暖めること。健康法の一つ。

構成 「頭寒」は、頭部を冷やすこと。「足熱」は、足部を暖めること。

用例 頭寒足熱は延命息災の徴と傷寒論にも出ている通り、濡《ぬ》れ手拭《てぬぐ》いは長寿法において一日も欠くべからざる者である。〈夏目漱石、吾輩は猫である〉

杜撰脱漏　ずさん‐だつろう

意味 物事のやり方が粗雑で、誤りや手抜かりが多いこと。

構成 「杜撰」は、詩文・著述などが、根拠がなく誤りの多いこと。中国宋の杜黙の詩が、多く規則に合わなかったことに基づく。「撰」は、詩文を作る。「脱漏」は、漏れて抜け出すこと。

類義語 粗製濫造《そせいらんぞう》・粗鹵迂遠《そろうえん》・杜黙詩撰《ともくしさん》

対義語 周到綿密《しゅうとうめんみつ》・周密精到《しゅうみつせいとう》・精妙巧緻《せいみょうこうち》

頭脳明晰　ずのう‐めいせき

意味 頭の働きがすぐれていること。才知の明らかなこと。

構成 「頭脳」は、頭の働き。才能と知恵。

「明晰」は、明らかではっきりしていること。「晰」も、明らか。

用例 はっ、いたって頭脳明晰であります。その明晰なオツムで考えましたところ、この刑務所にはいった方が、どう考えても快適でありますので、〈井上ひさし、ブンとフン〉

寸進尺退 すんしん-しゃくたい

意味 ある事柄が固定した状態で、進むことも退くこともできないこと。

構成 「寸進」は、わずかに進むこと。「尺退」は、わずかに退くこと。「寸」も「尺」も、昔の長さの単位。ここでは、ともにわずかであること。

用例 今は日耳曼《ゼルマン》帝国が其《そ》の進路を遮《さへ》ぎり、恰《あたか》も猛虎の嵎《ぐう》を負ふが如《ごと》きの形勢なるが故に、寸進尺退、一歩も動くこと能《あた》はず。〈徳富蘇峰、将来之日本〉

類義語 進退両難《しんたいりょうなん》

寸善尺魔 すんぜん-しゃくま

意味 わずかなよいことにも大きな邪魔が入る。よいことは、とかく妨げが多くて成就しがたいことのたとえ。

構成 「寸善」は、わずかなよいこと。「尺魔」は、大きな邪魔。「寸」「尺」ともに、昔の長さの単位。十寸が一尺。

用例 人間の一生は地獄でございまして、寸善尺魔、とは、まったく本当の事でございますね。一寸の仕合せには一尺の魔物が必ずくっついてまいります。〈太宰治、ヴィヨンの妻〉

せ

誠意誠心 せいい-せいしん

⇩誠心誠意《せいしんせいい》

用例 誠意誠心申し上げて居ることが、お分かりにならない。〈菊池寛、真珠夫人〉

臍下丹田 せいか-たんでん

意味 へその下あたりの下腹部。ここに力を込めると、健康を得て、勇気を生ずるという。

構成 「臍下」は、へその下。「臍」は、へそ。「丹田」は、東洋医学で、へその下あたりの下腹部。

出典 下丹田は、人命の根本、精神の蔵する所、玉気の元なり。臍下の三寸に在り。〈雲笈七籤、上清黄庭内景経、脾長章、注〉

用例 吹岡は心を落ちつけるために、ぐっと臍下丹田に力を入れた。〈尾崎士郎、人生劇場愛欲篇〉

擠陥讒誣 せいかん-ざんぶ

意味 悪意をもって人を陥れ、無実の罪を言い立ててそしること。

「擠陥」は、悪意をもって人を罪に陥れること。「擠」は、押し落とす。「陥」は、おとしいれる。「讒誣」は、無実の罪を言い立ててそしること。「讒」は、そしる。「誣」は、ないことを有るように言う。

【用例】官界につきものの朋党比周《ほうとうひしゅう》の擠陥讒誣による地位(或《ある》いは生命)の不安定からも免れることが出来た。〈中島敦、李陵〉

【類義語】三百代言《さんびゃくだいげん》・朝三暮四《ちょうさんぼし》

生気潑剌 せいき－はつらつ

⇩元気潑剌《げんきはつらつ》

【用例】自分の仕事は「述ベル」ことに尽きる。事実、彼は述べただけであった。しかし何と生気潑剌たる述べ方であったか？〈中島敦、李陵〉

政教一致 せいきょう－いっち

【意味】宗教と、政治とは一体であるという考え方。また、その政治形態。

【構成】「政教」は、政治と、宗教。「一致」は、一つであること。

【用例】明治憲法時代の政教一致がどんなものであったか、をふり返って見ることが必要である。〈宮沢俊義、憲法講話〉

【類義語】祭政一致《さいせいいっち》

【対義語】政教分離《せいきょうぶんり》

誠恐誠惶 せいきょう－せいこう

《誠惶誠恐《せいこうせいきょう》》

【意味】この上なく恐れかしこまること。臣下が君主に奉る上奏文に用いることば。

【構成】「誠恐」「誠惶」ともに、心から恐れかしこまること。「惶」は、おそれる。

【出典】臣植、誠恐誠惶、頓首頓首、死罪死罪。〈文選、曹植、躬を責めて詔に応ずる詩を上る〉

【用例】何卒《なにとぞ》平生の心事御了解《ごりょうかい》被成下《くだしなされ》大納言様御手筋を以《もっ》て乍恐《おそれながら》朝廷へ御取成《おとりなし》寛大の御汰沙只管《ひたすら》奉《たてまつり》歎願《たんがん》誠恐誠惶〈菊池寛、乱世〉

【類義語】恐悦至極《きょうえつしごく》・恐恐謹言《きょうきょうきんげん》・恐惶謹言《きょうこうきんげん》・恐惶嘆願《きょうこうたんがん》・惶恐再拝《こうきょうさいはい》・再拝稽首《さいはいけいしゅ》・頓首再拝《とんしゅさいはい》・妄言多謝《もうげんたしゃ》

政教分離 せいきょう－ぶんり

【意味】政治と宗教とを分け離すこと。

【構成】「政教」は、政治と宗教。「分離」は、分け離すこと。

【用例】諸外国の例なぞに鑑《かん》みて、政教分離の方針を執《と》るに至ったのであろう。〈島崎藤村、夜明け前〉

【対義語】祭政一致《さいせいいっち》・政教一致《せいきょういっち》

晴好雨奇 せいこう－うき

⇩雨奇晴好《うきせいこう》

晴耕雨読 せいこう－うどく

【意味】晴れた日には外出して耕作し、雨の日には家にいて読書すること。俗事にわずらわされない、満ち足りた生活や境遇のたとえ。

【構成】「晴耕」は、晴れた日に田畑を耕すこと。「雨読」は、雨の日に書を読むこと。

【用例】年を取るにつれて激職にはたえられず、領国へ引きこもり、晴耕雨読の隠居生活が理想なのです。〈川口松太郎、新吾十番勝負〉

【類義語】安居楽業《あんきょらくぎょう》

誠惶誠恐 せいこう－せいきょう

⇩誠恐誠惶《せいきょうせいこう》

清光素色 せいこう－そしょく

【意味】清らかな月の白い光。

【構成】「清光」は、清らかな光。特に月の光をいう。「素色」は、白色。「素」は、白。

【用例】蒼空一面にてりわたる清光素色、唯だ亭々皎々《ていていきょうきょう》として雫《しずく》も滴《したた》るばかり。〈二葉亭四迷、浮雲〉

【類義語】光風霽月《こうふうせいげつ》・清風明月《せいふうめいげつ》

生殺与奪　せいさつ－よだつ

意味　生かしたり殺したり、与えたり奪ったり、どのようにでも思いのままにできること。

構成　「生殺」は、生かすことと殺すこと。「与奪」は、与えることと奪うこと。

出典　蓋《けだ》し生殺与奪は、天子の権なり。〈元史、張珪伝〉

用例　勝利者が敗北者の上に有する権利は絶対無限である。主人は奴隷に対して生殺与奪の権を持っている。〈大杉栄、奴隷根性論〉

類義語　活殺自在《かっさつじざい》・七擒七縦《しちきんしちしょう》・七縦七擒《しちしょうしちきん》

生死一如　せいし－いちにょ

意味　生きることと死ぬこととは、不可分のものであるということ。

構成　「生死」は、生きることと死ぬこと。「一如」は、一つになって分かれていないこと。

用例　僕は生死一如とは考えない。死はどこまでも生の壊滅後に来る暗黒世界だと、観念の眼を閉じて居るけれど、〈岡本かの子、鶴は病みき〉

注意　「一如」を「いちじょ」と読むのは、誤り。

精思苦到　せいし－くとう

意味　細かに考えて、苦しみの末に行き着いたところ。

構成　「精思」は、細かに考え、思いを深くこらすこと。「苦到」は、苦しんで到り着いたところ。

用例　彼の句に同じ句でありながら甲と乙との少しずつ相違のある句の伝わっているのは、彼が精思苦到して定め兼ねた消息を語るもので無くて何であろう。〈幸田露伴、芭蕉入門〉

類義語　懊悩焦慮《おうのうしょうりょ》・懊悩呻吟《おうのうしんぎん》・懊悩輾転《おうのうてんてん》・懊悩煩悶《おうのうはんもん》・焦心苦慮《しょうしんくりょ》・辛苦心労《しんくしんろう》・煩悶懊悩《はんもんおうのう》

生死無常　せいし－むじょう

⇩しょうじ－むじょう

正邪曲直　せいじゃ－きょくちょく

《曲直正邪《きょくちょくせいじゃ》》

意味　正しいことと、まちがっていること。物事の正不正。

構成　「正邪」は、正しいこととよこしまなこと。「曲直」は、曲がったことと真っ直ぐなこと。

用例　賀茂の糺《ただす》の神は、正邪曲直をただして下さるにちがいなかった。〈田辺聖子、新源氏物語〉

類義語　正邪善悪《せいじゃぜんあく》・是非曲直《ぜひきょくちょく》・是非善悪《ぜひぜんあく》・善悪邪正《ぜんあくじゃせい》・是非正邪《ぜひせいじゃ》・善悪正邪《ぜんあくせいじゃ》・善悪是非《ぜんあくぜひ》・善悪美醜《ぜんあくびしゅう》・理非曲直《りひきょくちょく》

静寂閑雅　せいじゃく－かんが

⇩幽寂閑雅《ゆうじゃくかんが》

用例　その都度隠寮をのぞいて、妻子の嬌声《きょうせい》がきこえるけしきに、静寂閑雅だった寛海師のころが追慕され、〈水上勉、金閣炎上〉

正邪善悪　せいじゃ－ぜんあく

⇩善悪正邪《ぜんあくせいじゃ》

清浄潔白　せいじょう－けっぱく

⇩清廉潔白《せいれんけっぱく》

用例　仮初《かりそ》めにも人の物を貪《むさぼ》らず、人の金を借用せず、ただの百文も借りたことはないその上に、品行は清浄潔白にして俯仰天地に愧《は》じずという、〈福沢諭吉、福翁自伝〉

清浄無垢　せいじょう－むく

《無垢清浄《むくせいじょう》》

意味　清らかで、心や体がけがれていないこと。

せ

構成「清浄」は、清らかで邪念や私心がないこと。「無垢」は、心や体のけがれがないこと。「垢」は、あか。
用例 由来子供は――殊に少女は二千年前の今月今日、ベツレヘムに生まれた赤児のように清浄無垢のものと信じられている。〈芥川竜之介、少年〉
類義語 至純至高《しじゅんしこう》・至純至精《しじゅんしせい》・純一無垢《じゅんいつむく》・純一無雑《じゅんいつむざつ》・純一無上《じゅんいつむじょう》・純粋清浄《じゅんすいせいじょう》・純精無雑《じゅんせいむざつ》

精神一到　せいしん-いっとう

意味 精神を集中して物事に当たれば、どんな困難でも成し遂げられないことはないということ。
構成「精神一到何事か成らざらん」の略。「一到」は、非常に集中する。「一」は、ここでは、ひたすら。「到」は、極まる。
出典 陽気の発する処、金石も亦《ま》た透る。精神一到、何事か成らざらん。〈朱子語類、八〉
用例 なんでも出来ると思う、精神一到何事不成《なにごとかならざらん》というような事を、事実と思っている。〈夏目漱石、教育と文芸〉
類義語 一念発起《いちねんほっき》・一心発起《いっしんほっき》・一心不乱《いっしんふらん》・熱烈峻厳《ねつれつしゅんげん》・真一文字《まいちもんじ》・無二無三《むにむさん》

聖人君子　せいじん-くんし

意味 知恵があり徳のすぐれた、理想的な人物。
構成「聖人」は、知恵も徳もすぐれた人。世間の模範と仰がれる人物。「君子」は、才知・徳行のすぐれた人。
用例 聖人君子でない山本提督のこと、これはまたこのぐらい賭けごと、勝負ごとの好きな人も珍しかった。〈阿川弘之、山本五十六〉
類義語 聖人賢者《せいじんけんじゃ》

聖人賢者　せいじん-けんじゃ

意味 知恵があり徳のすぐれた、理想的な人物。
構成「聖人」は、知恵も徳もすぐれた人。世間の模範と仰がれる人物。「賢者」は、聖人に次ぐすぐれた人。賢い人。
用例 聖人賢者の真似をして、したり顔に腕組みなんかしている奴《やつ》は、やっぱり本当の聖人賢者である、なんて、いやな事が書かれてあったが、〈太宰治、鉄面皮〉
類義語 聖人君子《せいじんくんし》

誠心誠意　せいしん-せいい

《誠意誠心《せいいせいしん》》
意味 自分の利害を考えない真心。また、その心で接すること。
構成「誠心」「誠意」ともに、真心を尽くすこと。
用例 お岩は、誠心誠意良人につくして来たつもりであった。〈柴田錬三郎、怪談累ヶ淵、四谷怪談・お岩〉

精神統一　せいしん-とういつ

意味 心の働きを、一点に集中すること。
構成「精神」は、心。「統一」は、一つにまとめること。
用例 人間には関心すべき種々の事柄があまりに多いがゆえに精神統一が至難であるに反し、野獣は心を労すべき多くの瑣事《さじ》を有《も》たず、〈中島敦、悟浄歎異〉

盛衰栄枯　せいすい-えいこ

⇩栄枯盛衰《えいこせいすい》
用例 官許遊郭の根元こそはこの島原、島原の歴史にもまた相当の盛衰栄枯があって、〈中里介山、大菩薩峠、壬生と島原の巻〉

盛衰興亡　せいすい-こうぼう

⇩興亡盛衰《こうぼうせいすい》
用例 自分の知らぬ結ばれたもの、それは必ずこの地上にはあると彼は思い、盛衰興亡とは廻された番の勤めのことだと感じて、〈横光利一、旅愁〉

正正堂堂　せいせい－どうどう

意味 ①軍旗が整って陣構えが大きいようす。士気奮い勢いのある軍隊のたとえ。②転じて、正面から取り組んで、明らかに物事を行う態度のたとえ。

構成 「正正」は、整っているようす。「堂堂」は、大きく立派なようす。

出典 正正の旗を邀《むか》うる無かれ、堂堂の陣を撃つ勿《な》かれ。〈孫子、軍争〉

用例 ①光秀《みつひで》でさえ武田軍の正々堂々の軍容とその鬼神も避けるような勇猛さを思うとき、ほのかな戦慄を覚えざるをえない。〈司馬遼太郎、国盗り物語〉②巴里《パリ》にいた時代にはなかった卑屈らしい表情が、現在の生活があまり正々堂々としたものでないのを物語っている。〈大仏次郎、宗方姉妹〉

生生流転　せいせい－るてん

⇩しょうじょう－るてん

清窓浄机　せいそう－じょうき

⇩明窓浄机《めいそうじょうき》

用例 清窓浄机、われこそ秀才と、書物ひらいて端座しても、ああ、その窓のそと、号外の鈴の音が通るよ。〈太宰治、懶惰の歌留多〉

精粗利鈍　せいそ－りどん

意味 物事の細かいことと粗いことと、鋭いことと鈍いこと。

構成 「精粗」は、細かいことと粗いこと。「利鈍」は、鋭いことと鈍いこと。

用例 拙《つたな》き人の自己が道具の精粗利鈍を疑ふやうなるをりを指して云《い》へる語なることを。〈幸田露伴、鼠頭魚釣り〉

贅沢華奢　ぜいたく－かしゃ

意味 必要以上に金銭を費やした、華やかなぜいたく。

構成 「贅沢」は、必要以上に金銭を費やして物事を行うこと。「贅」は、むだ。「華奢」は、ここでは、華やかなぜいたく。「奢」は、おごる。

用例 義元は贅沢花奢の今川家育ち故、漸く寒気に向かひ候、毎事御不弁心痛候、と信虎の朝夕不自由なのに同情して心配して遣っているように聞こえ、〈幸田露伴、武田信玄〉

注意 「華奢」を「きゃしゃ」と読むのは、誤り。

表記 「贅沢花奢」とも書く。

類義語 驕奢淫逸《きょうしゃいんいつ》・豪奢遊蕩《ごうしゃゆうとう》・奢侈淫佚《しゃしいんいつ》・奢侈荒唐《しゃしこうとう》・贅沢三昧《ぜいたくざんまい》

対義語 簡素清貧《かんそせいひん》・勤倹質素《きんけんしっそ》・質素倹約《しっそけんやく》

贅沢三昧　ぜいたく－ざんまい

意味 心のままにぜいたくにふけること。

構成 「贅沢」は、必要以上に金銭を費やして物事を行うこと。「贅」は、むだ。「三昧」は、梵語《ごぼん》からの音訳語で、一つの物事に熱中するようす。

用例 贅沢三昧わがまま三昧に育った人とどう違うと君は思う。〈夏目漱石、明暗〉

注意 「味」を「昧」「眛」と書くのは、誤り。

類義語 驕奢淫逸《きょうしゃいんいつ》・豪奢遊蕩《ごうしゃゆうとう》・奢侈淫佚《しゃしいんいつ》・奢侈荒唐《しゃしこうとう》・贅沢華奢《ぜいたくかしゃ》

精忠無二　せいちゅう－むに

意味 世の中に二つとないほどの純粋な忠義の心。

構成 「精忠」は、まじりけのない忠義の心。「無二」は、二つとないこと。

用例 口先ばかりでも何でも景気のいいことは雷同し易いから、精忠無二の長州出兵論よりも、景気のよい人達の唱える出兵論が、〈中里介山、大菩薩峠、駒井能登守の巻〉

青天白日　せいてん－はくじつ

《白日青天《はくじつせいてん》》

【意味】真っ青な空に明るく輝く太陽。心が潔癖で後ろ暗いところのないたとえ。

【構成】「青天」は、青空。「白日」は、明るく輝く太陽。

【出典】孟子のごときは、則《すなわ》ち青天白日のごとく、垢《あか》の洗ふべきもの無し。〈朱子全書、諸子〉

【用例】彼は青天白日の下に、尋常の態度で、相手に公言し得る事でなければ自己の誠でないと信じたからである。〈夏目漱石、それから〉

【表記】「晴天白日」とも書くが、「晴天」は晴れた空の意味で、本来は誤用。

世道人心 せいどう-じんしん

⇩せどう-じんしん

正当防衛 せいとう-ぼうえい

《正当防御《せいとうぼうぎょ》》

【意味】不当な暴行を加えられた時、自己を守るために、やむをえず腕力・武器などで防ぐこと。

【構成】「正当」は、道理に合っていること。「防衛」「防御」は、防ぎ守ること。

【用例】或《あ》るいは自分が死ぬか敵が死ぬかの局面に立たされて、果たして正当防衛の名の下に相手を殺し得るか。〈福永武彦、草の花〉

【対義語】過剰防衛《かじょうぼうえい》

正当防御 せいとう-ぼうぎょ

⇩正当防衛《せいとうぼうえい》

【用例】屁《へ》を勘定するのは人身攻撃の方針で、屁をひるのは正当防禦の方針で、こうやって観海寺の石段を登るのは随縁放曠《ずいえんほうこう》の方針である。〈夏目漱石、草枕〉

【表記】従来は「正当防禦」と書くのが普通であったが、現在では常用漢字の「御」に書き換える。

斉東野語 せいとう-やご

【意味】斉の国の東部の田舎者のことば。愚かで信ずるに足りないことばのたとえ。

【構成】「斉東」は、斉の国の東部。「斉」は、中国春秋戦国時代の国名。「野語」は、田舎者のことば。

【類義語】斉東野人《せいとうやじん》・田夫野嫗《でんぷやおう》・田夫野人《でんぷやじん》・野人田夫《やじんでんぷ》

斉東野人 せいとう-やじん

【意味】斉の国の東部の田舎者。愚かで信ずるに足りない者のたとえ。

【構成】「斉東」は、斉の国の東部。「斉」は、中国春秋戦国時代の国名。「野人」は、田舎者。

【出典】此れ君子の言に非《あら》ず。斉東野人の語なり。〈孟子、万章上〉

【用例】愚にも附かぬ斉東野人の語であるが、島根は何万円で買収された、〈内田魯庵、社会百面相、電影〉

【類義語】斉東野語《せいとうやご》・田夫野嫗《でんぷやおう》・田夫野人《でんぷやじん》・野人田夫《やじんでんぷ》

成敗利害 せいばい-りがい

【意味】現実的な損得。

【構成】「成敗」は、成功と失敗。「利害」は、利益と損害。

【用例】水戸の党派争いは殆《ほと》んど宗教戦争に似ていて、成敗利害の外にあるものだと言った人もある。〈島崎藤村、夜明け前〉

【注意】「成敗」は、「せいばい」と読む慣用。「せいはい」と読むのは、誤り。

清風明月 せいふう-めいげつ

【意味】すがすがしく涼しい風と、明るく清らかな月。風雅な遊びのたとえ。また、明るい夜景のたとえ。

【構成】「清風」は、清らかな風。すがすがしい風。「明月」は、晴れた夜の曇りのない月。

【用例】儒教は人を風雅に導き、仙骨《せんこつ》を帯びしめ、清風明月の間に遊ばしめんとする、〈外山正一、日本絵画の未来〉

注意「明月」を「名月」と書くのは、誤り。
類義語 光風霽月《こうふうせいげつ》・清光素色《せいこうそしょく》

精妙巧緻 せいみょう-こうち

《微妙巧緻《びみょうこうち》》
意味 きわめて細かく、巧みで抜かりがないこと。
構成「精妙」「微妙」は、非常に細かくすぐれていること。「巧緻」は、巧みで細かく抜かりがないこと。
用例 ビザンチンの美術大観、某々名家の蒐集《しゅうしゅう》した画臢《がよう》等、其《そ》の製版摺刷の精妙巧緻は今猶《なお》眼底に残って忘れられない。〈内田魯庵、丸善炎上の記、灰燼十万巻〉
類義語 至微至妙《しびしみょう》・周到綿密《しゅうとうめんみつ》・周密精到《しゅうみつせいとう》・綿密周到《めんみつしゅうとう》
対義語 杜撰脱漏《ずさんだつろう》

整理整頓 せいり-せいとん

意味 整えおさめて、きちんとすること。
構成「整理」は、整えおさめること。「整頓」は、整えること。
用例 信夫は級長になってから、毎日教室の整理整頓の点を黒板に書く。〈三浦綾子、塩狩峠〉

精力絶倫 せいりょく-ぜつりん

意味 心身の活動力が群を抜いてすぐれていること。
構成「精力」は、心身の活動力。根気。「絶倫」は、人並みはずれてすぐれていること。「倫」は、同類。
用例 梅謙次郎博士は、非常に鋭敏な頭脳を持っておって、精力絶倫且《か》つ非常に討論に長じた人であった。〈穂積陳重、法窓夜話〉
用法 特に、性的能力についていうことが多い。

勢力伯仲 せいりょく-はくちゅう

意味 勢いが相互に類似して優劣のないこと。
構成「勢力」は、勢い。威力。「伯仲」は、人物や技量などが互いに劣らないこと。もと、「伯」は長男、「仲」は次男。
用例 昨年の夏以来大乱に至ったこと、そして両陣の勢力伯仲して、争乱は長くつづくであろうこと、〈唐木順三、応仁四話〉

精励恪勤 せいれい-かっきん

《恪勤精励《かっきんせいれい》》
意味 力を尽くして職務に忠実に励むこと。
構成「精励」は、力を尽くして務め励むこと。「恪勤」は、職務を忠実に務めること。「恪」は、つつしむ。
用例 私はナオミの愛に溺《おぼ》れてはいましたけれど、会社の仕事は決して疎《おろそ》かにしたことはなく、依然として精励恪勤な模範的社員だったので、〈谷崎潤一郎、痴人の愛〉
類義語 謹厳実直《きんげんじっちょく》・実直謹厳《じっちょくきんげん》・清廉恪勤《せいれんかっきん》・方正謹厳《ほうせいきんげん》

清麗高雅 せいれい-こうが

意味 清らかでうるわしく、上品で優美なこと。文章や人物などについていう。
構成「清麗」は、清らかでうるわしいこと。「高雅」は、上品で優美なこと。
用例 それは、清麗高雅、真珠の如《ごと》き美貌を持った若き夫人の立ち姿であった。〈菊池寛、真珠夫人〉
類義語 高潔無比《こうけつむひ》・品性高潔《ひんせいこうけつ》
対義語 佞悪醜穢《ねいあくしゅうわい》

清廉恪勤 せいれん-かっきん

意味 心が清く私欲がなく、職務に忠実に励むこと。
構成「清廉」は、心が清く正しいこと。また、自分の利欲に心を動かされないこと。「廉」は、清く正しい。「恪勤」は、職務を忠実に務めること。「恪」は、つつしむ。
用例 一見してすぐ清廉恪勤の士だというこのわかるような男は大抵《たいてい》人間の

せ

寸法がきまっているものだ。〈尾崎士郎、石田三成〉
注意 「精励恪勤《せいれいかっきん》」から出たことばと思われる。
類義語 （「私欲がない」の意味で）清浄潔白《せいじょうけっぱく》・清廉潔白《せいれんけっぱく》・品行方正《ひんこうほうせい》（「職務に忠実な」の意味で）恪勤精励《かっきんせいれい》・謹厳実直《きんげんじっちょく》・実直謹厳《じっちょくきんげん》・精励恪勤《せいれいかっきん》・方正謹厳《ほうせいきんげん》

清廉潔白 せいれん-けっぱく
（清浄潔白《せいじょうけっぱく》）
意味 心が清く正しく、自分の利害に心を動かされないこと。
構成 「清廉」「清浄」は、心が清く正しいこと。また、自分の利欲に心を動かされないこと。「廉」は、清く正しい。「潔白」は、心や行為の清く正しいこと。
用例 けれども青砥《あおと》は、決して卑しい守銭奴《しゅせんど》ではない。質素倹約、清廉潔白の官吏である。〈太宰治、新釈諸国噺〉
類義語 清廉恪勤《せいれんかっきん》・品行方正《ひんこうほうせい》
対義語 佞悪醜穢《ねいあくしゅうわい》

碩学大儒 せきがく-たいじゅ
意味 知識の広くすぐれた学者や儒者。
構成 「碩学」は、すぐれた学者や儒者。大学者。「碩」は、大きい。「大儒」は、すぐれた儒者。
用例 孟子《もうし》以後宋《そう》の世の儒者又は日本の碩学大儒にても、後世に向《お》いては矜《ほこ》る可《べ》しと雖《いへど》も、孔子以上の古聖に対しては一言もある可からず。〈福沢諭吉、文明論之概略〉
注意 「大儒」は、「だいじゅ」とも読む。
類義語 泰山北斗《たいざんほくと》

赤手空拳 せきしゅ-くうけん
⇩徒手空拳《としゅくうけん》
用例 赤手空拳を以《もっ》て東京に赴くも、我が前途を如何《いかん》にせん。〈矢野竜渓、浮城物語〉

責任転嫁 せきにん-てんか
意味 当然なさなければならないつとめを、他の人になすりつけること。
構成 「責任」は、当然なさなければならないつとめ。「転嫁」は、自分の過失や責任を他の人に塗りつけること。
用例 私は一度ならず、二度、財前教授に断層撮影を要請したのです、責任転嫁などとは心外です。〈山崎豊子、白い巨塔〉
類義語 白紙委任《はくしいにん》

世間周知 せけん-しゅうち
意味 世の中に、広く知れ渡っていること。
構成 「世間」は、世の中。「周知」は、広く人の間に知れ渡ること。
用例 御本家水戸殿においては、義公様以来、夙《つと》に尊王のお志深く、烈公様にも、いろいろ王事に尽くされもしたことは、世間周知のことでございます。〈菊池寛、仇討禁止令〉
類義語 天下御免《てんかごめん》・天下周知《てんかしゅうち》

是是非非 ぜぜ-ひひ
意味 正しいことは正しいと認め、正しくないことは正しくないと認める。全て私心に左右されることなく、道理によって公平に判断すること。
構成 「是是」は、正しいことを正しいと認めること。「非非」は、正しくないことは正しくないと認めること。
出典 是を是とし非を非とする、之《これ》を智と謂《い》ひ、是を非として非を是とする、之を愚と謂ふ。〈荀子、脩身〉
用例 彼の気質の中には政治家の泣き言の意味でない本来の意味の是々非々の態度を示そうとする傾向があった。〈太宰治、ロマネスク〉
類義語 厳正中立《げんせいちゅうりつ》・公平無私《こうへいむし》・無私無偏《むしむへん》

せ

世態人情　せたい－にんじょう

《人情世態《にんじょうせたい》》

意味 世のありさまや、人々の心情。

構成 「世態」は、世のありさま。世相。「人情」は、人々の心。人の感情。

用例 瀬下は流行小唄の作者である。もちろん、そのせいではないが一種の世態人情に通じていて、〈尾崎士郎、人生劇場離愁篇〉

類義語 世道人心《せどうじんしん》・人情風俗《にんじょうふうぞく》・風俗人情《ふうぞくにんじょう》

雪案蛍窓　せつあん－けいそう

⇩蛍窓雪案《けいそうせつあん》

折花攀柳　せっか－はんりゅう

意味 女性たちと遊ぶこと。色街で遊ぶこと。

構成 「折花」は、花を手折ること。「攀柳」は、柳の枝を引き寄せて折り取ること。「攀」は、引き寄せる。「折花」「攀柳」ともに、女性たちと遊ぶことのたとえ。

用例 彼が折花攀柳の遊宴を恣《ほしいまま》にしたるが如《ごと》き、彼が一豎子《いちじゅし》の私怨よりして関白基房《もとふさ》の輦車《れんしゃ》を破れるが如き、〈芥川竜之介、木曾義仲論〉

類義語 柳巷花街《りゅうこうかがい》

切磋琢磨　せっ－さ－たく－ま

意味 ①学問に励み、道徳を磨くこと。②友人などと交わって、互いに励まし合いながら学や徳を磨くこと。

構成 「切」は、骨や角を刃物で切ること。「磋」は、象牙をやすりで磨くこと。「琢」は、玉を槌《つち》や鑿《のみ》で打ち削ること。「磨」は、石をやすりで磨くこと。

出典 斐《ひ》たる有る君子、切するがごとく磋するがごとく、琢するがごとく磨するがごとし。〈詩経、衛風、淇奥〉

用例 ①千有余年の沿革に由り先人の遺物を伝へて之《これ》を切磋琢磨することなれば、〈福沢諭吉、文明論之概略〉②己は詩によって名を成そうと思いながら、進んで師に就《っ》いたり、求めて詩友と交わって切磋琢磨に努めたりすることをしなかった。〈中島敦、山月記〉

表記 「切瑳琢磨」とも書く。

切歯痛憤　せっし－つうふん

意味 歯ぎしりして、非常に憤り嘆くこと。

構成 「切歯」は、歯を食いしばること。「痛憤」は、ひどく憤ること。

用例 北条足利にもまさる逆謀というの外はない、これには切歯痛憤、言うべき言葉もないという意味のことが書いてあったという。〈島崎藤村、夜明け前〉

類義語 切歯扼腕《せっしやくわん》

切歯扼腕　せっし－やくわん

意味 歯ぎしりして、自分の腕を強くつかむ。非常にくやしがるようすのたとえ。

構成 「切歯」は、歯を食いしばること。「扼腕」は、自分の腕を強くつかむこと。

出典 天下の遊士、日夜腕を搤《やく》して目を瞋《いか》らし歯を切らし、以《も》って従《しょう》の便を言ひ、以て人主に説かざる莫《な》し。〈戦国策、魏〉（「搤」は、「扼」と同じ）

用例 わが一族の若輩の切歯扼腕の情もいまは制すべきではない、老骨奮起一番して必ずこの幕府の奸《かん》を除かなければならぬ、〈太宰治、右大臣実朝〉

類義語 切歯痛憤《せっしつうふん》

摂取不捨　せっしゅ－ふしゃ

意味 仏教で、仏が生きているもの全てを見捨てず、救い上げること。

構成 「摂取」は、仏が慈悲によって生きているもの全てを救うこと。「不捨」は、仏が生きているものを見すてることはないということ。

出典 一一高名は、偏《あまね》く十方世界を照らし、念仏衆生《ねんぶつしゅじょう》、摂取して捨てず。〈観

無量寿経〉

用例 蕉翁《しょうおう》も高処より下りて方便をもて摂取不捨の慈願を楽しまんとする如《ごと》きさま見えて心苦しく、〈幸田露伴、芭蕉入門〉

類義語 衆生済度《しゅじょうさいど》・諸人救済《しょじんきゅうさい》

切切偲偲 せつせつ－しし

意味 ねんごろに事細かに善を勧め、励ますこと。

構成 「切切」は、ねんごろにつとめるようす。「偲偲」は、善を勧め励ますようす。

出典 子曰《い》はく、切切偲偲、怡怡如《いいじょ》たるは、士と謂《い》ふべし。朋友には切切偲偲、兄弟には怡怡たり、と。〈論語、子路〉

類義語 鼓舞激励《こぶげきれい》・叱咤激励《しったげきれい》

絶対安静 ぜったい－あんせい

意味 病人やけが人を、寝たままで少しも動かさないようにし、刺激を避けて安らかで落ち着いた状態を保たせること。

構成 「絶対」は、どんな場合でも必ず。「安静」は、体を動かさないで平静にすること。

用例 それだけ言うと、左山は絶対安静に躰《からだ》を保つ必要を知っているらしく、あとは一言も喋《しゃべ》らず、身動きもしなかった。〈井上靖、あすなろ物語〉

絶体絶命 ぜったい－ぜつめい

意味 体も命も尽き極まること。追いつめられてどうにも逃れようのない、差し迫った状態。

構成 「絶体」は、体が追いつめられること。「絶命」は、命が絶えること。

用例 男はもう絶体絶命になったらしく、着ている布子をするりと脱いで、素裸のままでまた駆け出した。〈岡本綺堂、半七捕物帳、松茸〉

注意 「絶体」を「絶対」と書くのは、誤り。

類義語 危機一髪《ききいっぱつ》・万死一生《ばんしいっせい》・必死危急《ひっしききゅう》

絶対服従 ぜったい－ふくじゅう

意味 どんな場合であっても、あらゆる命令に無条件に従うこと。

構成 「絶対」は、どんな場合でも必ず。「服従」は、命令をよく聞いて従うこと。

用例 家来、領民に対しては統制への絶対服従を強いていた。〈司馬遼太郎、国盗り物語〉

絶痛絶苦 ぜっつう－ぜっく

意味 体や心がこの上なく痛んで苦しいこと。

構成 「絶痛」は、体や心がたいへん痛むこと。「絶苦」は、体や心が非常に苦しいこと。「絶」は、この上ない。

用例 彼は終に心を許し肌身を許せし初恋を擲《なげう》ちて、絶痛絶苦の悶々の中に一生最も楽しかるべき大礼を挙げ畢《を》はんぬ。〈尾崎紅葉、金色夜叉〉

類義語 肝脳塗地《かんのうとち》・乱離骨灰《らりこっぱい》

雪膚花貌 せっぷ－かぼう

⇩花顔雪膚《かがんせっぷ》

絶無僅有 ぜつむ－きんゆう

⇩僅有絶無《きんゆうぜつむ》

出典 此れ尭舜禹湯《ぎょうしゅんうとう》の勉強して力行せし所にて、秦漢以来の絶無にして僅かに有る所なり。〈北宋、蘇軾、神宗に上る書〉

用例 父を知っていた人は勿論《もちろん》、父の事を聞いたことのある人は絶無僅有で、〈森鷗外、津下四郎左衛門〉

絶類抜群 ぜつるい－ばつぐん

意味 人並みはずれてすぐれていること。

構成 「絶類」は、同類からかけ離れてすぐれていること。「抜群」は、「多くの中から抜きんでてすぐれていること。

用例 八宗九宗の碩徳達虎豹鶴鷺と勝ぐれたまへる中にも絶類抜群にて、譬へば

獅子王孔雀王、我等が頼む此寺の塔も絶類抜群にて奈良や京都はいざ知らず上野浅草芝山内、〈幸田露伴、五重塔〉

類義語 超軼絶塵《ちょういつぜつじん》

世道人心　せどう–じんしん

意味 人の世の道徳と、世間の人の心。

構成 「世道」は、人がこの世で守るべき道。「人心」は、世間一般の人の心。

出典 歴代流伝の旧書内に、性学治法を闡明《せんめい》にし世道人心に関繋《かんけい》する者有らば、自ら当《まさ》に首先購覓《しゅせんこうべき》すべし。〈清、高宗、乾隆三十七年諭〉

用例 始めて文芸が世道人心に至大の関係があるのを悟るのであります。〈夏目漱石、文芸の哲学的基礎〉

注意 「世道」は、「せいどう」とも読む。

類義語 世態人情《せたいにんじょう》・人情世態《にんじょうせたい》・人情風俗《にんじょうふうぞく》・風俗人情《ふうぞくにんじょう》

是非曲直　ぜひ–きょくちょく

《曲直是非《きょくちょくぜひ》》

意味 正しいことと、間違っていること。

構成 「是非」は、道理にかなうことと、かなわないこと。「曲直」は、曲がったことと、真っ直ぐなこと。

用例 過去の是非曲直を弁難するとも何の益がない、この際は大きく目を開いて万国に対しても恥じないような大根底を打ち建てねばならない、〈島崎藤村、夜明け前〉

類義語 曲直正邪《きょくちょくせいじゃ》・正邪曲直《せいじゃきょくちょく》・是非善悪《ぜひぜんあく》・正邪善悪《せいじゃぜんあく》・是非正邪《ぜひせいじゃ》・善悪邪正《ぜんあくじゃせい》・善悪正邪《ぜんあくせいじゃ》・善悪是非《ぜんあくぜひ》・善悪美醜《ぜんあくびしゅう》・理非曲直《りひきょくちょく》

是非正邪　ぜひ–せいじゃ

意味 正しいことと、間違っていること。物事の正不正。

構成 「是非」は、道理にかなうこととかなわないこと。「正邪」は、正しいこととよこしまなこと。

用例 唯《ただ》自然の成り行きに任ず可《べ》きのみ。故に書を著して宗旨の是非正邪を論じ、〈福沢諭吉、文明論之概略〉

類義語 曲直正邪《きょくちょくせいじゃ》・曲直是非《きょくちょくぜひ》・正邪曲直《せいじゃきょくちょく》・正邪善悪《せいじゃぜんあく》・是非曲直《ぜひきょくちょく》・是非善悪《ぜひぜんあく》・善悪邪正《ぜんあくじゃせい》・善悪正邪《ぜんあくせいじゃ》・善悪是非《ぜんあくぜひ》・善悪美醜《ぜんあくびしゅう》・理非曲直《りひきょくちょく》

是非善悪　ぜひ–ぜんあく

《善悪是非《ぜんあくぜひ》》

意味 よいことと、悪いこと。物事のよしあし。

構成 「是非」は、道理にかなうこととかなわないこと。「善悪」は、よいことと悪いこと。

用例 言葉や文章の上では、報告され想定された事件に対して、是非善悪を論ずるのは容易であるが、ナマの事実が与えられた場合、〈石坂洋次郎、石中先生行状記〉

類義語 曲直正邪《きょくちょくせいじゃ》・曲直是非《きょくちょくぜひ》・正邪曲直《せいじゃきょくちょく》・正邪善悪《せいじゃぜんあく》・是非曲直《ぜひきょくちょく》・是非正邪《ぜひせいじゃ》・善悪邪正《ぜんあくじゃせい》・善悪正邪《ぜんあくせいじゃ》・善悪美醜《ぜんあくびしゅう》・理非曲直《りひきょくちょく》

善悪邪正　ぜんあく–じゃせい

⇩善悪正邪《ぜんあくせいじゃ》

用例 またその事件が徳義的平面において吾人に善悪邪正の刺戟《しげき》を与えるならば、どうして両者をもって没交渉とする事ができよう。〈夏目漱石、文芸と道徳〉

善悪正邪　ぜんあく–せいじゃ

《善悪邪正《ぜんあくじゃせい》・正邪善悪《せいじゃぜんあく》》

意味 よいことと、悪いこと。物事のよしあし。物事の正不正。

構成 「善悪」は、よいことと悪いこと。「正邪」は、正しいこととよこしまなこと。

用例 君子はさらなり、老若男女、善悪正

邪の心の中の内幕をば洩らす所なく描きいだして周密精到、〈坪内逍遥、小説神髄〉
類義語 曲直正邪《きょくちょくせいじゃ》・曲直是非《きょくちょくぜひ》・正邪曲直《せいじゃきょくちょく》・是非曲直《ぜひきょくちょく》・是非正邪《ぜひせいじゃ》・是非善悪《ぜひぜんあく》・善悪是非《ぜんあくぜひ》・善悪美醜《ぜんあくびしゅう》・理非曲直《りひきょくちょく》

善悪是非 ぜんあく－ぜひ
⇩是非善悪《ぜひぜんあく》
用例 彼女の有《も》っている善悪是非の分別はほとんど学問や経験と独立している。〈夏目漱石、彼岸過迄〉

善悪美醜 ぜんあく－びしゅう
意味 よいことと悪いこと。また、美しいことと醜いこと。
構成 「善悪」は、よいことと悪いこと。「美醜」は、美しいことと醜いこと。
用例 お前が外界と交渉していた時のように、善悪美醜というような見方で、強いて私を理解しようとしてはならぬ。〈有島武郎、惜みなく愛は奪ふ〉
類義語 曲直正邪《きょくちょくせいじゃ》・曲直是非《きょくちょくぜひ》・正邪曲直《せいじゃきょくちょく》・正邪善悪《せいじゃぜんあく》・是非曲直《ぜひきょくちょく》・是非正邪《ぜひせいじゃ》・是非善悪《ぜひぜんあく》・善悪邪正《ぜんあくじゃせい》・善悪正邪《ぜんあくせいじゃ》・善悪是非《ぜんあくぜひ》・理非曲直《りひきょくちょく》

戦意喪失 せんい－そうしつ
意味 戦おうとする気持ちを失うこと。また、広くなにかをしようという気持ちを失うこと。
構成 「戦意」は、戦おうとする気持ち。「喪失」は、失うこと。
用例 このビラを運んだ搭乗員が事実上、戦争犯罪を犯したと言ったが、戦意喪失をくわだてたのが戦争犯罪か。〈大岡昇平、ながい旅〉
類義語 意気消沈《いきしょうちん》・意気阻喪《いきそそう》・萎靡沈滞《いびちんたい》・失望落胆《しつぼうらくたん》・沈滞萎靡《ちんたいいび》・落胆失望《らくたんしつぼう》
対義語 百折不撓《ひゃくせつふとう》・不撓不屈《ふとうふくつ》

千違万別 せんい－ばんべつ
⇩千差万別《せんさばんべつ》
用例 国々の方言があり身分の高下がありなどして、それはそれは千違万別である。〈夏目漱石、倫敦消息〉

善因善果 ぜんいん－ぜんが
意味 善行には必ずよい報いがあること。
構成 「善因」は、よい結果を招く原因となる行い。「善果」は、善行に基づくよい報い。
出典 是《こ》の故に善果は善因より生ず。〈瓔珞本業経〉
用例 悪といい善というも、モノの片面ずつにすぎぬ。善の中に悪あり、悪の中に善あり、悪因悪果をひるがえして善因善果にする者こそ、〈司馬遼太郎、国盗り物語〉
注意 「善果」は、「ぜんか」と読むのは、誤り。「ぜんが」と読むのが慣用。
対義語 悪因悪果《あくいんあっか》

浅学寡聞 せんがく－かぶん
⇩寡聞浅学《かぶんせんがく》
用例 余輩《よはい》未だ浅学寡聞、この取捨の疑問に至り一々当否を論じてその箇条を枚挙する能《あた》はざるは固《もと》より自ら懺悔《ざんげ》するところなれども、〈福沢諭吉、学問のすすめ〉

浅学短才 せんがく－たんさい
⇩浅学非才《せんがくひさい》
用例 しかし浄海入道になると、浅学短才の悲しさに、俊寛も無気味に思うているのじゃ。〈芥川竜之介、俊寛〉

浅学非才 せんがく－ひさい
《浅学短才《せんがくたんさい》》
意味 学識が浅く才知が乏しいこと。
構成 「浅学」は、学識の深くないこと。「非才」は、才知のないこと。「短才」は、才知

の薄いこと。
用例 これを車夫馬丁の酒と軽蔑しているのは浅学菲才といってよいことである。〈開高健、新しい天体〉
表記 従来は「浅学菲才」（「菲」は、うすい）とも書いたが、現在では常用漢字の「非」を用いるのが普通。
類義語 寡聞浅学《かぶんせんがく》・浅学寡聞《せんがくかぶん》
対義語 博学広才《はくがくこうさい》・博学多才《はくがくたさい》

禅機縦横　ぜんき－じゅうおう

意味 禅の無我の境地の心の動きを、思うがままに操れること。
構成 「禅機」は、禅の修業によって得た無我の境から生ずる心の動き。「縦横」は、思うままに操れること。
用例 一つは義元方の大原和尚が和尚とは云《い》え中々の人物で、禅機縦横で而《しか》も枯淡ではないらしい者だったから、〈幸田露伴、今川義元〉

千客万来　せんきゃく－ばんらい

意味 多数の客が入れかわり立ちかわりやって来て、商売などが繁盛すること。
構成 「千万客来」の「万」と「客」とを入れ替えた表現。「千万」は、きわめて数の多いこと。「客来」は、客が来ること。
用例 おかげで亭主どのの不景気な面を夢に見ることもなくなり、店の商いも千客万来の繁昌をいたしたということでござる。〈石坂洋次郎、石中先生行状記〉
注意 「万来」を「まんらい」と読むのは、誤り。
類義語 商売繁昌《しょうばいはんじょう》

千軍万馬　せんぐん－ばんば

意味 多くの軍隊と軍馬。また、多くの激しい戦い。また、その経験のあること。
構成 「千万軍馬」の「万」と「軍」とを入れ替えた表現。「千万」は、きわめて数の多いこと。「軍馬」は、兵士と馬。
出典 麾下《きか》悉《ことごと》く白袍《はくほう》を置く。向かう所、披靡《ひび》す。謡《うた》ひて曰《い》はく、千軍万馬、白袍を避く、と。〈唐、李肇、国史補〉
用例 見るからに千軍万馬を往来した猛将らしい面魂《つらだましい》をそなえ、黒皮おどしの挂甲《かいこう》をつけ、〈柴田錬三郎、謀叛〉
注意 「万馬」を「まんば」と読むのは、誤り。

千荊万棘　せんけい－ばんきょく

意味 たくさんのいばらや、とげ。数多くの困難や障害のたとえ。
構成 「千万荊棘」の「万」と「荊」とを入れ替えた表現。「千万」は、きわめて数の多いこと。「荊棘」は、いばらのとげ。
用例 彼らが千荊万棘を蹈《ふ》まえた艱難辛苦──中々一朝一夕に説き尽くせるものではない。〈徳冨蘆花、謀叛論〉
注意 「万棘」を「まんきょく」と読むのは、誤り。
類義語 四苦八苦《しくはっく》・七転八倒《しちてんばっとう》・七難八苦《しちなんはっく》・千辛万苦《せんしんばんく》

先決問題　せんけつ－もんだい

意味 まず第一に解決すべき事柄。
構成 「先決」は、まず解決すべきこと。「問題」は、解決すべき事柄。
用例 次に、一層《いっそ》洋行する気はないかと云《い》われた。代助は好いでしょうと云って賛成した。けれども、これにも、やっぱり結婚が先決問題として出て来た。〈夏目漱石、それから〉

鮮血淋漓　せんけつ－りんり

⇩流血淋漓《りゅうけつりんり》
用例 若かりし日の治三郎が、西三河一帯に根をおろした鍋武一門に勝負を挑み、鮮血淋漓たる中に男の意地を立てとおしたときには、〈尾崎士郎、人生劇場望郷篇〉

前言往行　ぜんげん－おうこう

意味 昔の聖人賢人のことばや行い。
構成 「前言」は、古人の言い残したこと

ば。「往行」は、古人の行い。
〔出典〕君子以て多く前言往行を識《しる》して、以《もっ》て其《そ》の徳を蓄《たくは》ふ。〈易経、大蓄〉
〔用例〕口々相伝、前言往行、存して忘れず」などというのは、人間の暮らしとは思えない。〈小林秀雄、蘇我馬子の墓〉

千言万語　せんげん-ばんご

〔意味〕多くのことばを尽くして言うこと。また、そのことば。
〔構成〕「千万言語」の「万」と「言」とを入れ替えた表現。「千万」は、数のきわめて多いこと。「言語」は、ことば。
〔出典〕千言万語の会する無く、又流鶯《りゅうおう》を逐《を》ひて短牆《たんしょう》を過ぐ。〈唐、鄭谷、燕詩〉
〔用例〕彼が千言万語の舌を弄《ろう》して倦《う》まざるは、畢竟《ひっきょう》利の一字を掩《おほ》はんが為《ため》のみ。〈尾崎紅葉、金色夜叉〉
〔注意〕「万語」を「まんご」と読むのは、誤り。

千紅万紫　せんこう-ばんし

⇩千紫万紅《せんしばんこう》
〔出典〕枝上流鶯《りゅうおう》早く、千紅万紫香《かんば》し。〈広群芳楽、御製春日観花詩〉
〔用例〕例へば千紅万紫一時に開きて其《そ》の色を闘はすも秋夜の凄涼《せいりょう》冬野の閑寂に及ばざるが如し。〈内田魯庵、詩文の感応力〉

前後緩急　ぜんご-かんきゅう

〔意味〕物事の先と後、遅いことと速いこと。物事の順序。
〔構成〕「前後」は、先と後。「緩急」は、遅いことと速いこと。
〔用例〕何《いづ》れを前と為《な》し何れを後と為す可《べ》からず。前後緩急の別なく、難易軽重の差なし。〈福沢諭吉、文明論之概略〉
〔類義語〕遅速緩急《ちそくかんきゅう》

先刻承知　せんこく-しょうち

〔意味〕前から知っていること。

〔構成〕「先刻」は、かねて。前から。「承知」は、知っていること。

〔用例〕又おぬしほどの者が尾張《おわり》公の指示なくして、左様な申し出をいたすはずのないことぐらいは先刻承知じゃぞ。〈五味康祐、柳生天狗党〉

戦国乱世　せんごく-らんせい

〔意味〕戦争で乱れた世の中。
〔構成〕「戦国」「乱世」ともに、戦争で乱れた世の中。
〔用例〕戦国乱世の世になってからは、諸国は強い者の斬りとり次第になり、〈司馬遼太郎、国盗り物語〉
〔類義語〕干戈騒乱《かんかそうらん》

善後処置　ぜんご-しょち

（善後措置《ぜんごそち》）

〔意味〕失敗したことなどの後始末をつけるための手当て・手続き。

〔構成〕「善後」は、失敗したことなどの後始末をよくすること。「処置」「措置」は、物事をとりはからって始末すること。

〔用例〕無気力な城代家老は、平左衛門に任せきりで、善後処置の判断も出来ない。〈川口松太郎、新吾十番勝負〉

善後措置　ぜんご-そち

⇩善後処置《ぜんごしょち》
〔用例〕或る重大な事件が昨日来、ワーナー調査団に発生して目下極力善後措置に努力中だとは知っていたが……。〈海野十三、地球発狂事件〉

前後撞着　ぜんご-どうちゃく

〔意味〕物事の前後のつじつまが合わないこと。

〔構成〕「前後」は、物事の前と後。「撞着」は、つじつまが合わないこと。矛盾。「撞」は、突く。

〔用例〕私は思わず発したこの質問が、如何《いか》に前後撞着した、トンチンカンなもので

あったかを気付くと同時に、〈夢野久作、少女地獄〉

類義語 前後矛盾《ぜんごむじゅん》・撞着矛盾《どうちゃくむじゅん》・矛盾撞着《むじゅんどうちゃく》

千古万古 せんこ-ばんこ

意味 大昔から現在までの長い間。昔からずっと。

構成 「千古」も「万古」も、ともに遠い昔から現在に至るまでの長い間。

用例 セクスピヤも千古万古セクスピヤではつまらない。偶《たま》には股倉《またぐら》からハムレットを見て、君こりや駄目だよくらいに云《い》ふ者がないと、〈夏目漱石、吾輩は猫である〉

注意 「万古」を「まんこ」と読むのは、誤り。

類義語 千古無窮《せんこむきゅう》

千古不易 せんこ-ふえき

（千古不抜《せんこふばつ》）

意味 永遠に変わらないこと。

構成 「千古」は、遠い昔から現在に至るまでの長い間。「不易」「不抜」は、変わらないこと。「易」は、変わる。「抜」は動かす。

用例 俳諧《はいかい》の用語で言えば、一時流行でなくて千古不易の方に属する作を味わう余裕は、〈森鷗外、青年〉

注意 「易」は、「かわる、かえる」の意味の場合、音読みでは「えき」と読む。「い」と読むのは、やさしいの意味の場合で、ここでは誤り。

類義語 一定不変《いっていふへん》・永遠不変《えいえんふへん》・永久不変《えいきゅうふへん》・永劫不変《えいごうふへん》・恒久不変《こうきゅうふへん》・常住不断《じょうじゅうふだん》・万古不易《ばんこふえき》・万世不易《ばんせいふえき》・万代不易《ばんだいふえき》・万代不変《ばんだいふへん》

前後不覚 ぜんご-ふかく

意味 物事の前後が区別できなくなるくらいに、正体をなくすこと。

構成 「前後」は、物事の前後。「不覚」は、意識がないこと。

用例 私は自ら進んで三本目の酒を求めていた。ついに酔い崩れて前後不覚にその場に倒れてしまった。〈三木清、語られざる哲学〉

類義語 意識朦朧《いしきもうろう》・人事不省《じんじふせい》・茫然自失《ぼうぜんじしつ》

千古不朽 せんこ-ふきゅう

（千古不滅《せんこふめつ》）

意味 永久に滅びないこと。

構成 「千古」は、遠い昔から現在に至るまでの長い間。「不朽」「不滅」は、いつまでもなくならないこと。「朽」は、腐る。

用例 僕から見れば、博士は千古不朽の大発明をしたように思うが、〈海野十三、宇宙女囚第一号〉

類義語 永遠不滅《えいえんふめつ》・千古不磨《せんこふま》・万古不磨《ばんこふま》・万世不朽《ばんせいふきゅう》・万代不朽《ばんだいふきゅう》・不朽不滅《ふきゅうふめつ》・不死不朽《ふしふきゅう》

千古不抜 せんこ-ふばつ

⇩千古不易《せんこふえき》

用例 それ小説の文の体はもとより千古不抜ならず、風俗人情進化すれば其《そ》の進化せし度に応じていくらか改良せざるべからず。〈坪内逍遥、小説神髄〉

千古不磨 せんこ-ふま

⇩万古不磨《ばんこふま》

用例 これが吾輩のいわゆる、自白心理だ。問うに落ちずして語るに落ちるという千古不磨の格言のあらわれだ。〈夢野久作、ドグラ・マグラ〉

千古不滅 せんこ-ふめつ

⇩千古不朽《せんこふきゅう》

用例 人は山頂の雪を、千古不滅と形容する。富士山には消えないという意味の「万年雪」の名がある。〈小島烏水、高山の雪〉

千古無窮 せんこ-むきゅう

意味 大昔から現在までの長い間、尽きき

わまることがないこと。また、永遠。

構成 「千古」は、遠い昔から現在に至るまでの長い間。「無窮」は、きわまりがないこと。永久。

用例 書画は五百年を閲《けみ》した後にも依然として力を保っているらしい。のみならず文章も千古無窮に力を保つかどうかは疑問である。〈芥川竜之介、侏儒の言葉〉

類義語 千古万古《せんこばんこ》

前後矛盾　ぜんご-むじゅん

意味 話や行いが、前後で互いに食い違っていること。

構成 「前後」は、前と後。「矛盾」は、前後のつじつまが合わないこと。

出典 前後矛盾し、糊塗《こと》して事を了《を》ふ。〈福恵全書、蒞任部、事を上司に承く〉

用例 前後矛盾した文句などあっても、その箇所々々の気持に嘘がなく、三四年来の交際の間にも、これほどじかべたに三好の心に触れたような感じはもてなかったことを思った。〈里見弴、多情仏心〉

類義語 前後撞着《ぜんごどうちゃく》・撞着矛盾《どうちゃくむじゅん》・矛盾撞着《むじゅんどうちゃく》

対義語 終始一貫《しゅうしいっかん》・首尾一貫《しゅびいっかん》・脈絡通徹《みゃくらくつうてつ》

善根福種　ぜんこん-ふくしゅ

意味 仏教で、よい報いを受けるもととなる行い。

構成 「善根」「福種」ともに、よい報いを招くもととなる行い。

用例 皆汝の善根福種になるぢや、十兵衛が手には職人もあるまい、〈幸田露伴、五重塔〉

潜在意識　せんざい-いしき

意味 自覚されることなく活動する心の働き。

構成 「潜在」は、外に現れないで、内に潜んでいること。「意識」は、心の働き。

用例 君は段々私の意識の閾《しきみ》を踏み越えて、潜在意識の奥底に隠れて仕舞《しま》おうとしていたのだ。〈有島武郎、生まれ出づる悩み〉

千載一遇　せんざい-いちぐう

意味 千年に一度しか出会えないような珍しいこと。二度とない好機。また、機会の得難いことのたとえ。

構成 「千載」は、千年。「載」は、ここでは「歳」に同じ。「一遇」は、一度会うこと。

出典 夫《そ》れ万歳一期、有生の通塗《つうと》、千載一遇は、賢者の嘉会《かかい》。之《これ》に遇《あ》ひて欣《よろこ》ぶ無き能《あた》はず。〈文選、袁宏、三国名臣序賛〉

用例 千載一遇の好機会、逸してなるものか、というような気になって、〈二葉亭四迷、平凡〉

注意 「千載」を「せんさい」と読むのは、誤り。

表記 「千歳一遇」とも書く。

類義語 僅有絶無《きんゆうぜつむ》・空前絶後《くうぜんぜつご》・絶無僅有《ぜつむきんゆう》

千差万別　せんさ-ばんべつ

（千違万別《せんいばんべつ》）

意味 それぞれがきわめてさまざまに異なっていること。

構成 「千万差別」「千万違別」の真ん中の二文字を入れ替えた表現。「千万」は、きわめて数の多いこと。「差別」「違別」は、異なること。

出典 問ふ、至理無言なり、如何《いかん》ぞ信を通ぜん、と。師曰《い》はく、千差万別、と。〈景徳伝灯録、二十三、潭州宝応清進禅師〉

用例 吾々の生活は千差万別であるから、吾々の惰性《だせい》も商売により職業により、年齢により、気質により、両性によりて各《おのおの》異なるであろう。〈夏目漱石、趣味の遺伝〉

注意 「万別」を「まんべつ」と読むのは、誤り。

類義語 種種雑多《しゅじゅざった》・千姿万態《せんしばんたい》・千状万態《せんじょうばんたい》・千態万状《せんたいばんじょう》・千態万様

《たいばんよう》・千緒万端《せんちょばんたん》

千山万岳　せんざん−ばんがく

意味　きわめて多くの山々。
構成　「千万山岳」の「万」と「山」とを入れ替えた表現。「千万」は、数のきわめて多いこと。「山岳」は、山。
出典　蹈破す千山万岳の煙、鑾輿《らんよ》今日何《いづ》れの辺にか到る。〈斎藤監物、児島高徳桜樹に書するの図に題する詩〉
用例　「踏み破る千山万岳の煙」とか云《い》う、詩をうたう声が起こっていた。〈芥川竜之介、奇怪な再会〉
注意　「万岳」を「まんがく」と読むのは、誤り。
類義語　千山万水《せんざんばんすい》

千山万水　せんざん−ばんすい

意味　きわめて多くの山や川。
構成　「千万山水」の「万」と「山」とを入れ替えた表現。「千万」は、数のきわめて多いこと。「山水」は、山と川。
出典　到れば即《すなは》ち千山万水、復《ま》た路有らず。〈続幽怪録拾遺〉
用例　千山万水を越えるには、このくらいの足を持たなければならなかったのだろうと思い直しながらも、〈有吉佐和子、孟姜女考〉
注意　「万水」を「まんすい」と読むのは、誤り。
類義語　千山万岳《せんざんばんがく》

千思万考　せんし−ばんこう

意味　いろいろと思い考えること。
構成　「千万思考」の「万」と「思」とを入れ替えた表現。「千万」は、数のきわめて多いこと。「思考」は、思うことと考えること。
用例　二時間ばかりと云《い》うものは黙坐して腕を拱《く》んで、沈吟して嘆息して、千思万考、〈二葉亭四迷、浮雲〉
注意　「万考」を「まんこう」と読むのは、誤り。
類義語　三思九思《さんしきゅうし》・審念熟慮《しんねんじゅくりょ》・沈思黙考《ちんしもっこう》
対義語　無念無想《むねんむそう》

千紫万紅　せんし−ばんこう

（千紅万紫《せんこうばんし》）
意味　紫や紅のさまざまな彩りの花。きわめて色彩の豊かなようすのたとえ。
構成　「千万紫紅」の「万」と「紫」とを入れ替えた表現。「千万」は、数のきわめて多いこと。「紫紅」は、色とりどりの花の色。
用例　「千紫万紅」と云う言葉は、春の野の花を形容したものであろうが、〈谷崎潤一郎、吉野葛〉
注意　「万紅」を「まんこう」と読むのは、誤り。

千姿万態　せんし−ばんたい

⇩千状万態《せんじょうばんたい》
用例　それらの間をおもいおもいな趣向にいろどった屋形船が、千姿万態の娘たちをひとりずつすだれの奥にちらつかさせて、〈佐々木味津三、右門捕物帖、へび使い小町〉

浅酌低唱　せんしゃく−ていしょう

⇩浅斟低唱《せんしんていしょう》
用例　高きところに酒池肉林の豪を誇る者、画簾《がれん》密なる中に浅酌低唱の興をむさぼる者〈陸羯南、秋夜倦読誌〉

千秋万歳　せんじゅう−ばんざい

意味　①千年万年の非常に長い年月。②転じて、人の長生きを祈ることば。「いつまでも健康であるように」との意味。
構成　「千万秋歳」の「万」と「秋」とを入れ替えた表現。「千万」は、数のきわめて多いこと。「秋歳」は、年。「秋」「歳」ともに、年。
出典　今、巫祝《ふしゅく》の人を祝するや、若《なんぢ》をして千秋万歳ならしめんと曰《い》ふ。〈韓非

子、顕学〉
用例 ①我々国民に取ってまことに喜悦に堪えませんことで、千秋万歳、皆さんの毎日お歌いになる君が代の唱歌にもさざれ石の巌となりて苔のむすまでと申して御座います通りであります。〈田山花袋、田舎教師〉②まづ以《も》って伊達家の行く末、千秋万歳と祝い申すぞ。〈真山青果、原田甲斐の最期〉
注意 ⑴「千秋」は、この語の場合、「せんじゅう」と読む慣用。「せんしゅう」と読むのは、誤り。⑵「万歳」を「まんさい」と読むのは、誤り。
類義語 兆載永劫《ちょうさいえいごう》

千状万態　せんじょう−ばんたい

《千姿万態《せんしばんたい》》
意味 姿かたちのきわめてさまざまであること。
構成 「千万状態」「千万姿態」の真ん中の二文字を入れ替えた表現。「千万」は、数のきわめて多いこと。「状態」「姿態」は、物事のありさま。
出典 徐《おもむ》ろにして定視するに及べば、則《すなは》ち千状万態、筆簡にして意足る。〈北宋、欧陽脩、薛公期の画に題す〉
用例 人心は千状万態殆《ほとん》ど定法《じょうほう》なきが如《ごと》くに見ゆるも、これを達観する時は古今に通じ東西に亙《わた》りて偉大なる統一力が支配しているようである。〈西田幾多郎、善の研究〉
注意 「万態」を「まんたい」と読むのは、誤り。
類義語 種種雑多《しゅじゅざった》・千違万別《せんいばんべつ》・千差万別《せんさばんべつ》・千態万状《せんたいばんじょう》・千態万様《せんたいばんよう》・千緒万端《せんちょばんたん》

専心一意　せんしん−いちい

⇩一意専心《いちいせんしん》
用例 薩州《さっしゅう》が斯《か》く反覆せるものは、専心一意、唯《ただ》禁闕《きんけつ》の権を取らんとするにありしなり。〈竹越与三郎、新日本史〉

全身全霊　ぜんしん−ぜんれい

意味 体と精神の全て。体力と精神力の全て。
構成 「全身」は、体力の全て。「全霊」は、精神力の全て。
用例 木部《きべ》の全身全霊を爪の先想いの果てまで自分のものにしなければ、死んでも死ねない様子が見えたので、母もとうとう我(が)を折った。〈有島武郎、或る女〉

浅斟低唱　せんしん−ていしょう

《浅酌低唱《せんしゃくていしょう》》
意味 適度に酒を飲みながら、小声に歌って楽しむこと。酒盛りがほどよく盛り上がることのたとえ。
構成 「浅斟」「浅酌」は、静かにほどよく酒を飲むこと。「斟」「酌」ともに、酒を汲む。「低唱」は、低い声で歌うこと。
出典 鎖金帳下《さきんちょうか》において、浅斟低唱するのみ。陶之《これ》を愧《は》づ。〈古今事文類聚〉

千辛万苦　せんしん−ばんく

意味 数々の難儀。非常に多くの苦難。
構成 「千万辛苦」の「万」と「辛」とを入れ替えた表現。「千万」は、数のきわめて多いこと。「辛苦」は、つらく苦しいこと。
用例 去りて北亜米利加《きたアメリカ》の地方に来たり、千辛万苦を嘗《な》めて漸《ようや》く自立の端を開きしことあり。〈福沢諭吉、文明論之概略〉
注意 「万苦」を「まんく」と読むのは、誤り。
類義語 四苦八苦《しくはっく》・七転八倒《しちてんばっとう》・七難八苦《しちなんはっく》・千荊万棘《せんけいばんきょく》

前人未到　ぜんじん−みとう

意味 今までだれも到達したことのないこと。
構成 「前人」は、昔からの人々。「未到」は、到達したことのないこと。
用例 西行とは、こういうパラドックスを

歌の唯一の源泉と恃《たの》み、前人未到の境に分入った人である。〈小林秀雄、西行〉

表記 「前人未踏」とも書く。

類義語 史上空前《しじょうくうぜん》・人跡未踏《じんせきみとう》・前人未発《ぜんじんみはつ》

前人未発　ぜんじん-みはつ

意味 今までだれも発表したことのないこと。

構成 「前人」は、昔の人。「未発」は、発表したことがないこと。

用例 しかし芭蕉の付け合を見ずに、蕪村の小説的構想などを前人未発のやうに賞揚するのは甚だしい片手落ちの批判である。〈芥川竜之介、芭蕉雑記〉

類義語 史上空前《しじょうくうぜん》・人跡未踏《じんせきみとう》・前人未到《ぜんじんみとう》

先制攻撃　せんせい-こうげき

意味 相手の機先を制して攻めること。

構成 「先制」は、機先を制すること。「攻撃」は、相手を攻めること。

用例 急速に移動し、長駆アメリカ艦隊を先制発見し、先制攻撃をかけ得る、足の長い、性能のいい飛行機が、どうしても要るという事になって来たのである。〈阿川弘之、山本五十六〉

戦戦恐恐　せんせん-きょうきょう

意味 びくびくして、恐れつつしむこと。

構成 「戦戦」は、恐れおののくこと。「恐恐」は、もと「兢兢」で、つつしむこと。

出典 戦戦兢兢として、深淵に臨むがごとく、薄氷を履《ふ》むがごとし。〈詩経、小雅、小旻〉

用例 家内は、顔を伏せてくすくす笑っている。私は、それどころでないのである。胸中、戦戦兢兢たるものがあった。〈太宰治、美少女〉

表記 従来は「戦戦兢兢」と書くのが普通であったが、現在では常用漢字の「恐」に書き換える。

類義語 萎縮震慄《いしゅくしんりつ》・跼天蹐地《きょくてんせきち》・細心翼翼《さいしんよくよく》・小心小胆《しょうしんしょうたん》・小心翼翼《しょうしんよくよく》・戦戦慄慄《せんせんりつりつ》・風声鶴唳《ふうせいかくれい》

対義語 鷹揚自若《おうようじじゃく》・従容自若《しょうようじじゃく》・神色自若《しんしょくじじゃく》・泰然自若《たいぜんじじゃく》・湛然不動《たんぜんふどう》

宣戦布告　せんせん-ふこく

意味 他国に対し戦争を始める意志を通告し、国民に公布すること。

構成 「宣戦」は、戦争を始める意志を相手国に通告すること。「布告」は、告示して一般に知らせること。

用例 十二月九日、山本は四国の南を南下中の「長門《ながと》」の上で、米英二国の対日宣戦布告を知った。〈阿川弘之、山本五十六〉

用法 他人と敵対する意志を示す場合に、比喩的に使われることも多い。

戦戦慄慄　せんせん-りつりつ

意味 びくびくして、ふるえ恐れること。

構成 「戦戦」は、恐れおののくこと。「慄慄」は、恐れふるえること。「戦慄」を重ねてできたことば。

出典 尭戒《ぎょうかい》に曰《い》はく、戦戦慄慄として、日に一日を慎め。人山に躓《つま》く莫《な》く、垤《ありづか》に躓く、と。〈淮南子、人間訓〉

類義語 萎縮震慄《いしゅくしんりつ》・跼天蹐地《きょくてんせきち》・細心翼翼《さいしんよくよく》・小心小胆《しょうしんしょうたん》・小心翼翼《しょうしんよくよく》・戦戦恐恐《せんせんきょうきょう》・風声鶴唳《ふうせいかくれい》

対義語 鷹揚自若《おうようじじゃく》・従容自若《しょうようじじゃく》・神色自若《しんしょくじじゃく》・泰然自若《たいぜんじじゃく》・湛然不動《たんぜんふどう》

先祖伝来　せんぞ-でんらい

（祖先伝来《そせんでんらい》・父祖伝来《ふそでんらい》）

意味 先祖から引き継いで、伝えてきたこと。

構成 「先祖」「祖先」「父祖」は、代々の家系。「伝来」は、代々伝えてきたこと。

用例 大刀老人は、とうとう先祖伝来の大

切な一幅を売払って、金の工面をしようときめた。〈夏目漱石、永日〉

用法 特に、土地や財産・宝物などについていうことが多い。

千態万状 せんたい-ばんじょう

《千態万様《せんたいばんよう》》

意味 きわめてさまざまであること。

構成 「千万態状」「千万態様」の真ん中の二文字を入れ替えた表現。「千万」は、数のきわめて多いこと。「態状」「態様」は、物事のありさま。

出典 浮屠《ふと》湧現《ゆうげん》し、千態万状なり。〈南朝梁、武帝、竜教寺の碑〉

用例 ある人が根本的にあるものを握っていて、千態万状の所作にことごとくこのあるものを応用する。〈夏目漱石、創作家の態度〉

注意 「万状」を「まんじょう」と読むのは、誤り。

類義語 種種雑多《しゅじゅざった》・千違万別《せんいばんべつ》・千差万別《せんさばんべつ》・千姿万態《せんしばんたい》・千状万態《せんじょうばんたい》・千緒万端《せんちょばんたん》

千態万様 せんたい-ばんよう

⇩千態万状《せんたいばんじょう》

用例 お前は地球の地殻のようなものだ。千態万様の相に分かれて、地殻は目まぐるしい変化を現じてはいるが、〈有島武郎、惜みなく愛は奪ふ〉

前代未聞 ぜんだい-みもん

意味 これまで聞いたこともない珍しいこと。きわめて珍しいこと。

構成 「前代」は、前の世代。「未聞」は、まだ聞いたことがないこと。

用例 山門のなかに遊廓があるなんて、前代未聞の現象だ。〈夏目漱石、坊っちゃん〉

注意 「未聞」を「みぶん」と読むのは、誤り。

千朶万朶 せんだ-ばんだ

意味 きわめて多くの花。

構成 数のきわめて多いことを表す「千万」を、花がかたまりになって咲いている枝を表す「朶」に加えたもの。

出典 黄四娘家《こうしじょうか》花蹊《みち》に満つ、千朶万朶枝を圧して低《た》る。〈唐、杜甫、花を尋ぬる絶句〉

用例 陽春の四月の時に会うて千朶万朶一時に花さいた其《そ》れ一つ。〈徳冨蘆花、黒潮〉

注意 「万朶」を「まんだ」と読むのは、誤り。

専断偏頗 せんだん-へんぱ

意味 公平でない判断で、勝手に物事を執り行うこと。

構成 「専断」は、自分一人の考えで勝手に決めること。「偏頗」は、かたよって公平でないこと。「頗」は、公平でない。

用例 全国の神官と共に各宗の僧侶をして布教に従事せしめるようなことは長く続かなかった。専断偏頗の訴えはそこから起こって来て、教義の紛乱も絶えることがない。〈島崎藤村、夜明け前〉

類義語 依怙贔屓《えこひいき》・不正不公《ふせいふこう》

対義語 公明正大《こうめいせいだい》

全知全能 ぜんち-ぜんのう

意味 完全な知識と能力。全てを理解し、あらゆることを行うことができる神のような力。

構成 「全」は、完全であること。「知能」は、知識と能力。

用例 古代の神は全智全能と崇められている。ことに耶蘇教《やそきょう》の神は二十世紀の今日までもこの全智全能の面を被っている。〈夏目漱石、吾輩は猫である〉

表記 従来は「全智全能」と書くのが普通であったが、現在では常用漢字の「知」に書き換える。

千緒万端 せんちょ-ばんたん

意味 たくさんの事柄。
構成 「千万緒端」の「万」と「緒」とを入れ替えた表現。「千万」は、数のきわめて多いこと。「緒端」は、はじめ、おこり。
用例 人の心の働きは千緒万端、朝は夕に異なり、夜は昼に同じからず。〈福沢諭吉、文明論之概略〉
注意 (1)「緒」の音読みは、本来「しょ」だが、この場合は慣用的に「ちょ」と読む。(2)「万端」を「まんたん」と読むのは、誤り。
類義語 種種雑多《しゅじゅざった》・千違万別《せんいばんべつ》・千差万別《せんさばんべつ》・千姿万態《せんしばんたい》・千状万態《せんじょうばんたい》・千態万状《せんたいばんじょう》・千態万様《せんたいばんよう》

扇枕温被　せんちん-おんぴ

意味 枕をあおぎ、夜着を温める。あれこれ気を配って親孝行をするたとえ。
構成 漢文訓読では、「枕を扇《あを》ぎ被を温む」と読む。「扇枕」は、夏に枕をあおいで冷やすこと。「扇」は、あおぐ。「温被」は、冬に夜着を温めること。「被」は、ここでは、夜着。
出典 延《えん》親に事《つか》へて色養し、夏は則《すなは》ち枕席を扇《あふ》ぎ、冬は則ち身を以《もつ》て被を温む。〈晋書、王延伝〉

前程万里　ぜんてい-ばんり

意味 未来がはてしなく開けること。将来がきわめて有望なことのたとえ。
構成 「前程」は、行く先の道。将来。「万里」は、きわめて長い距離。「里」は、昔の距離の単位。
出典 滉《こう》、歎《たん》じて曰《い》はく、此の児は前程万里と謂《い》ふべきなり、と。〈南楚新聞〉
注意 「万里」を「まんり」と読むのは、誤り。
類義語 少壮気鋭《しょうそうきえい》・少壮有為《しょうそうゆうい》・前途多望《ぜんとたぼう》・前途有為《ぜんとゆうい》・前途有望《ぜんとゆうぼう》・前途洋洋《ぜんとようよう》・有為多望《ゆういたぼう》

前途多難　ぜんと-たなん

意味 将来に多くの困難が待ち受けていること。
構成 「前途」は、行く先の道。将来。「多難」は、困難が多いこと。
用例 しかし、停年後の就職については、今日一日の経験だが、まことに前途多難なのだ。〈源氏鶏太、停年退職〉
類義語 暗雲低迷《あんうんていめい》・前途遼遠《ぜんとりょうえん》
対義語 前途有望《ぜんとゆうぼう》・前途洋洋《ぜんとようよう》

前途多望　ぜんと-たぼう

⇩前途有望《ぜんとゆうぼう》
用例 だから日本の文壇は前途多望、大いに楽観すべき現象に充ちていると思います。〈夏目漱石、文壇の趨勢〉

前途有為　ぜんと-ゆうい

意味 将来、活躍できる才能があること。
構成 「前途」は、行く先の道。将来。「有為」は、活躍する才能があること。
用例 前途有為の若者を大勢死なせて、俺のような奴は無間地獄に堕ちるべきだが、地獄でも入れてくれんかも知れん。〈阿川弘之、山本五十六〉
注意 「有為転変《ういてんぺん》」のように、仏教用語の場合は「有為」は「うい」と読むのが慣用だが、それ以外では「ゆうい」と読む。
類義語 少壮気鋭《しょうそうきえい》・少壮有為《しょうそうゆうい》・前程万里《ぜんていばんり》・前途多望《ぜんとたぼう》・前途有望《ぜんとゆうぼう》・前途洋洋《ぜんとようよう》・有為多望《ゆういたぼう》

前途有望　ぜんと-ゆうぼう

《前途多望《ぜんとたぼう》》
意味 将来に大いに見込みがあること。
構成 「前途」は、行く先の道。将来。「有望」「多望」は、大いに見込みがあること。
用例 ぼくは建築家になるつもりで、ちょっと秀才みたいなところがあるから、前途有望だと見こんでいるのかも知れない。〈石川淳、処女懐胎〉
類義語 少壮気鋭《しょうそうきえい》・少壮有為《しょうそうゆうい》・前程万里《ぜんていばんり》・前途多望《ぜんとたぼう》・前途有為《ぜんと》

《ゆうい》・前途洋洋《ぜんとようよう》・有為多望《ゆういたぼう》
対義語 前途多難《ぜんとたなん》・前途遼遠《ぜんとりょうえん》

前途洋洋 ぜんと-ようよう

意味 将来の可能性が広く開け、希望に満ちあふれていること。

構成 「前途」は、行く先の道。将来。「洋洋」は、水の満ちて盛んなようす。ここでは、将来が広々と開けていることのたとえ。

用例 寿輔は帰国すると参謀本部に勤めた。いわゆる天保銭組で、前途洋々たるものがあった。〈石坂洋次郎、石中先生行状記〉

類義語 少壮気鋭《しょうそうきえい》・少壮有為《しょうそうゆうい》・前程万里《ぜんていばんり》・前途多望《ぜんとたぼう》・前途有為《ぜんとゆうい》・前途有望《ぜんとゆうぼう》・有為多望《ゆういたぼう》

対義語 前途多難《ぜんとたなん》・前途遼遠《ぜんとりょうえん》

前途遼遠 ぜんと-りょうえん

意味 行く先の道がなおはるかに遠い。将来になお幾多の困難が予想されて、目的地への到達が容易でないこと。

構成 「前途」は、行く先の道。将来。「遼遠」は、はるかに遠いこと。「遼」は、はるか。

用例 一方は親の脛《すね》を噛《かじ》ってる前途遼遠の書生だし、一方は下女奉公でもして暮らそうという貧しい召し使いなんだから、〈夏目漱石、行人〉

類義語 暗雲低迷《あんうんていめい》・前途多難《ぜんとたなん》

対義語 前途有望《ぜんとゆうぼう》・前途洋洋《ぜんとようよう》

善男善女 ぜんなん-ぜんにょ

意味 ①仏法に帰依している男女。信仰の深い男女。②転じて、広く罪のない人々。

構成 「善男」は、仏法に帰依した男性。「善女」は、仏法に帰依した女性。

用例 ある人も言ったように、従来僧侶でさえあれば善男善女に随喜渇仰されて、一生食うに困らず、〈島崎藤村、夜明け前〉②これは何もわたし一人の地上楽園たるばかりではない。同時に又天下に充満した善男善女の地上楽園である。〈芥川竜之介、侏儒の言葉〉

注意 「善男」を「ぜんなん」、「善女」を「ぜんにょ」と読むのは、仏教用語からきた慣用。「ぜんだん」「ぜんじょ」と読むのは、誤り。

先入僻見 せんにゅう-へきけん

意味 最初に知ったことによって作り上げられた、固定的でかたよった見方。

構成 「先入」は、知識として先に入っていること。「僻見」は、かたよった見方。「僻」は、かたよる。

用例 これも偶々《たまたま》人が一種の先入僻見を以《も》って愛の働き方を見ている証拠にはならないだろうか。〈有島武郎、惜みなく愛は奪ふ〉

類義語 後生大事《ごしょうだいじ》・固着観念《こちゃくかんねん》・固定観念《こていかんねん》・固陋蠢愚《ころうしゅんぐ》

千人千色 せんにん-せんしょく

⇩十人十色《じゅうにんといろ》

用例 人のくちびるは千人千色、似たのは二つとないはずじゃ！〈佐々木味津三、右門捕物帖、毒色のくちびる〉

千年一日 せんねん-いちじつ

⇩十年一日《じゅうねんいちじつ》

用例 ひとり角力《ずもう》とか、何が何やら十年一日どころか千年一日の如《ごと》き陳腐な男女闘争をせずともよかった。〈太宰治、メリイ・クリスマス〉

専売特許 せんばい-とっきょ

意味 ①ある人の工業的な考察・発明に対し、その使用権を一定期間、その人またはは継承者に認める行政行為。②転じて、その人のみがなしうると、その集団の構成員が認めた行いのたとえ。

構成 「専売」は、特定の人や会社だけが独占的に売ること。「特許」は、新しい発明について、特許法に基づいて独占権を与えること。

【用例】②なにも単独行がおれの専売特許でもあるまいし。〈新田次郎、孤高の人〉
【類義語】創意工夫《そういくふう》

浅薄愚劣　せんぱく－ぐれつ

【意味】知恵・能力・学問などのひどく劣っていること。
【構成】「浅薄」は、思慮の足りないこと。「愚劣」は、愚かで劣っていること。
【用例】世間見ずの坊ちゃんの浅薄愚劣なる世界観を、さもさも大人ぶって表白した筋書である。〈夏目漱石、明治座の所感を虚子君に問れて〉
【類義語】単樸浅近《たんぼくせんきん》

鮮美透涼　せんび－とうりょう

【意味】鮮やかで美しく、清らかに澄んでいること。
【構成】「鮮美」は、鮮やかで美しいこと。「透涼」は、清く透き通っていること。
【用例】鮮美透涼なる彼に対して、撓《たわ》み易く折れ易き我如何《いか》に赧然《たんぜん》たるべきぞ。〈北村透谷、一夕観〉
【類義語】八面玲瓏《はちめんれいろう》

千編一律　せんぺん－いちりつ

【意味】多くの詩文が、皆似た調子であること。また、物事の変化に乏しいこと。
【構成】「千編」は、詩文の数のきわめて多いこと。「一律」は、同じ調子。単調で変化のないこと。
【出典】千篇一律にして、詩道未だ成らず。〈芸苑巵言〉
【用例】寄席に出る芸人の中には未だに吉原の遊廓《ゆうかく》通いなぞの千篇一律な話を持ち出すものがある。〈島崎藤村、市井にありて〉
【表記】従来は「千篇一律」と書くのが普通であったが、現在では常用漢字の「編」に書き換える。
【類義語】尋常一様《じんじょういちよう》・平平凡凡《へいへいぼんぼん》・平凡陳腐《へいぼんちんぷ》

千変万化　せんぺん－ばんか

【意味】非常にめまぐるしく変化すること。変化きわまりないこと。
【構成】「千万変化」の「万」と「変」とを入れ替えた表現。「千万」は、数のきわめて多いこと。「変化」は、変わり改まること。
【出典】千変万化、窮極《きゅうきょく》すべからず。〈列子、周穆王〉
【用例】これが経《たていと》となり緯《よこいと》となり千変万化錯綜して現今のように混乱した開化と云《い》う不可思議な現象ができるのであります。〈夏目漱石、現代日本の開化〉
【注意】「万化」を「まんか」と読むのは、誤り。
【類義語】動揺流転《どうようるてん》
【対義語】一定不変《いっていふへん》・永遠不変《えいえんふへん》・恒久不変《こうきゅうふへん》

千万無量　せんまん－むりょう

【意味】はかり知れないほど多いこと。

【構成】「千万」は、数のきわめて多いこと。「無量」は、はかれないほど多量なこと。

【用例】されば恋の功徳《くどく》こそ、千万無量とも申してよかろう。〈芥川竜之介、邪宗門〉

【注意】「千万」を「せんばん」と読むのは、誤り。

【類義語】無数無量《むすうむりょう》・無量無数《むりょうむすう》・無量無辺《むりょうむへん》

先憂後楽　せんゆう－こうらく

【意味】上に立つ者は、民衆に先立って天下のことを憂え、民衆がみな安泰な生活を送るようになった後に、楽しむものだということ。
【構成】漢文訓読では、「先に憂ひて後に楽しむ」と読む。「先憂」は、先に憂えること。「後楽」は、後に遅れて楽しむこと。
【出典】天下の憂《うれ》ひに先んじて憂へ、天下の楽しみに後れて楽しむと曰《い》はんか。〈北宋、范仲淹、岳陽楼の記〉
【用例】大体において先憂後楽の方針で行

かないと、部員は仕事はいっしょにやってくれるものではない。〈扇谷正造、鉛筆ぐらし〉

千里同風 せんり－どうふう

意味 ①千里四方に同じ風が吹く。世の中の太平なようす。②転じて、広い地域が同じ風俗であること。

構成 「千里」は、はるかに遠い所。また、千里四方。「里」は、昔の距離の単位。「同風」は、同じ風。また、同じ風俗。

出典 夫《そ》れ千里風を同じうせず、百里雷をともにせず。〈論衡、雷虚〉

用例 ①改暦の嘉儀《かぎ》か、千里同風、めでたく申し納め候《さうらふ》。〈中川静、書翰文精義〉

類義語 安穏無事《あんのんぶじ》・太平無事《たいへいぶじ》・天下太平《てんかたいへい》・天下治平《てんかちへい》・天下平泰《てんかへいたい》・万民太平《ばんみんたいへい》・無事太平《ぶじたいへい》

千両役者 せんりょう－やくしゃ

意味 たいへん演技がすぐれた俳優。また、非常に才能がある人物。

構成 「千両」は、昔の貨幣の単位。「両」は、価値の高いこと。「役者」は、俳優。

用例 次の時間がくると、倫理の教室は湧きかえるようなさわぎだ。夏村大蔵は今こそ千両役者である。〈尾崎士郎、人生劇場青春篇〉

対義語 大根役者《だいこんやくしゃ》

全力投球 ぜんりょく－とうきゅう

意味 ①力いっぱい球を投げること。②転じて、全力で事に当たること。

構成 「全力」は、ありったけの力。「投球」は、野球などで球を投げること。

用例 ②私は自己の演技は常に行っているが、他者への演技はしていない。常に全力投球であり、まじめであり、正直である。〈高野悦子、二十歳の原点〉

類義語 一生懸命《いっしょうけんめい》・一所懸命《いっしょけんめい》・完全燃焼《かんぜんねんしょう》・不惜身命《ふしゃくしんみょう》

善隣友好 ぜんりん－ゆうこう

意味 隣国と友好関係を保つこと。

構成 「善隣」は、隣国または隣人と仲良くすること。「友好」は、友だちのよしみ。

用例 最初は善隣友好の範囲を遠く出づる事は適当であるまい。〈石原完爾、最終戦争論、戦争史大観〉

そ

粗衣粗食 そい－そしょく

意味 粗末な衣服と、粗末な食べ物。質素な生活のたとえ。

構成 「粗衣」は、粗末な衣服。「粗食」は、粗末な食べ物。

用例 先《ま》ず自己の墓を築いて置いて粗衣粗食で激しく労働しつつ無言の行をやるというあの修道院の内の僧侶《そうりょ》達に自分の身を譬《たと》えて見たこともある。〈島崎藤村、新生〉

類義語 （「粗末な」の意味で）悪衣悪食《あくいあくしょく》・草根木皮《そうこんぼくひ》・粗酒粗餐《そしゅそさん》（「質素な」の意味で）一汁一菜《いちじゅういっさい》・粗酒粗餐《そしゅそさん》

対義語 錦衣玉食《きんいぎょくしょく》・暖衣飽食《だんいほうしょく》・飽衣美食《ほういびしょく》

素意大略 そい－たいりゃく

意味 ふだんから大きなはかりごとをめぐらしていること。

構成 「素意」は、ふだんからの考え。平素の意志。「大略」は、大きなはかりごと。ま

た、秀でた才知。
用例 翁のごとき、素意大略の人なければ、此道《しどう》かく速やかに開くべからず、是《これ》もまた天助なるべし。〈菊池寛、蘭学事始〉

創意工夫　そうい－くふう

意味 新しい思いつきを見いだし、それを行うためによい方法を得ようとして、思考をめぐらすこと。
構成 「創意」は、新しい思いつき。独創的な考え。「工夫」は、思慮をめぐらしてよい方法を得ようとすること。
用例 私はすすめられて、ここの奥さんの創意工夫に依《よ》るものだというナマズの蒲焼《かばやき》にも箸《はし》をつけた。〈太宰治、やんぬる哉〉
類義語 専売特許《せんばいとっきょ》
対義語 常套手段《じょうとうしゅだん》

創業守成　そうぎょう－しゅせい

意味 新たに事業を始めることと、それを守って維持していくこと。
構成 「創業」は、新たに事業を始めること。「守成」は、創業の後をうけて、その事業を固め守ること。
故事 中国の唐の太宗《たいそう》が、あるとき、臣下に向かって、王朝を打ち立てるのと、それを維持していくのと、どちらが難しいか尋ねた。太宗とともに唐の建国に携わった臣下は、打ち立てるのが難しいと答え、後になって仕えた臣下は、維持していく方が難しいと答えた。そこで太宗は、どちらも難しいが、創業の困難さは過ぎ去ったことだから、これからは力を合わせて王朝を維持していこう、と語ったという故事による。
出典 嘗《かつ》て侍臣《じしん》に問ふ、創業と守成と孰《いず》れか難きと。〈十八史略、唐、太宗〉

瘦軀長身　そうく－ちょうしん

⇩長身瘦軀《ちょうしんそうく》
用例 着物も帯も氏の瘦軀長身にぴったり合っている。〈岡本かの子、鶴は病みき〉

造言飛語　ぞうげん－ひご

⇩流言飛語《りゅうげんひご》
用例 新聞なぞでもちょっと骨のある意見を発表すると造言蜚語だといって責任者の追究をはじめる、〈尾崎士郎、人生劇場　夢現篇〉

相互扶助　そうご－ふじょ

意味 互いに助け合うこと。ロシアの無政府主義者、クロポトキンの学説の基本的な概念。
構成 「相互」は、互いに働きかけ合うこと。「扶助」は、助けること。
用例 クロポトキンは、動物の諸階級を通じて相互扶助が重要な役目を演じていることを論じた後に、〈大杉栄、動物界の相互扶助〉

荘厳華麗　そうごん－かれい

（荘厳美麗《そうごんびれい》・美麗荘厳《びれいそうごん》）
意味 おごそかで気高く、きわめて華やかなこと。
構成 「荘厳」は、気高くおごそかなこと。「華麗」「美麗」は、華やかで美しいこと。
用例 ナポレオン・ボナパルトのこの大遠征の規模作戦の雄大さは、彼の全生涯を通じて最も荘厳華麗を極めていた。〈横光利一、ナポレオンと田虫〉
注意 「荘厳」を「そうげん」と読むのは、誤り。
類義語 華麗奔放《かれいほんぽう》・絢爛華麗《けんらんかれい》・絢爛豪華《けんらんごうか》・豪華絢爛《ごうかけんらん》・荘厳華麗《そうごんかれい》・壮大華麗《そうだいかれい》・美麗荘厳《びれいそうごん》

荘厳美麗　そうごん－びれい

⇩荘厳華麗《そうごんかれい》
用例 最初は、あのように荘厳美麗に感ぜられた七重の羅網《らもう》も、七重の行樹《こうじゅ》も、何の感銘をも、おかんの心に与えな

かった。〈菊池寛、極楽〉

草根木皮 そうこん－ぼくひ

意味 草の根と木の皮。漢方薬の原料。また、飢饉の時にかろうじて口にすることができる、粗末な食物。

構成 「草根」は、草の根。「木皮」は、木の皮。

出典 泗州《ししゅう》災いを被《かう》むり、道殣《どうきん》相《あひ》望み、食する所の者、草根木皮のみ。〈金史、食貨志二〉

用例 風聞を信じ、神仏を信じ、卜筮《ぼくぜい》を信じ、父母の大病に按摩《あんま》の説を信じて草根木皮を用い、〈福沢諭吉、学問のすすめ〉

注意 「木皮」は、「もくひ」とも読む。

類義語 悪衣悪食《あくいあくしょく》・粗衣粗食《そいそしょく》

走尸行肉 そうし－こうにく

意味 走る死体と、歩く肉体。生きていながら役に立たない者のたとえ。

構成 「走尸」は、走る死体。「尸」は、死体。「行肉」は、歩く肉体。「行」は、ここでは、歩く。

出典 走尸行肉の中《うち》に遊嬉《ゆうき》し、以《もっ》て計を得たりと為《な》すは、虱《しらみ》の褌《こん》に棲《す》むと何ぞ択《えら》ばん。〈安井息軒、三計塾の記〉

用例 自分も亦《また》沐猴《もっこう》にあらず、鸚鵡《おうむ》にあらず、食ふて寝ておきて又食ふといふ様な走尸行肉となるを愧《は》づるものなれば、〈正岡子規、読書弁〉

類義語 拱手傍観《きょうしゅぼうかん》・座食逸飽《ざしょくいっぽう》・袖手傍観《しゅうしゅぼうかん》・酔生夢死《すいせいむし》

相思相愛 そうし－そうあい

意味 互いに慕い合い、愛し合うこと。

構成 「相思」は、互いに思い合うこと。「相愛」は、互いに愛し合うこと。

用例 源氏を見上げる紫の上。ほんとうに、相思相愛の理想的な恋人同士にみえた。〈田辺聖子、新源氏物語〉

造次顛沛 ぞうじ－てんぱい

意味 あわただしいとっさの場合や、重大な決断を迫られている時。

構成 「造次」は、あわただしい、わずかの間。「造」は、ここでは、あわただしい。「次」は、ここでは、場合。「顛沛」は、つまづき倒れる。また、そのようなとっさの場合。危急の場合。「顛」は、ここでは、あわてる。「沛」は、ここでは、たおれる。

出典 君子は食を終ふるの間も仁に違《たが》ふこと無く、造次にも必ず是《ここ》に於《お》いてし、顛沛にも必ず是に於いてす。〈論語、里仁〉

用例 金井君は自然派の小説を読む度に、その作中の人物が、行住坐臥《ぎょうじゅうざが》造次顛沛、何に就けても性欲的写象を伴うのを見て、〈森鷗外、ヰタ・セクスアリス〉

蒼生万民 そうせい－ばんみん

意味 あらゆる人民。

構成 「蒼生」は、人民。あおひとくさ。人の増えるのを草の生い茂るのにたとえて言ったもの。「万民」は、あらゆる人民。

用例 いや、これが決して私闘であってはならない、蒼生万民のために戦うことであらねばならない。〈島崎藤村、夜明け前〉

注意 「万民」を「まんみん」と読むのは、誤り。

類義語 天下蒼生《てんかそうせい》・天下万民《てんかばんみん》

漱石枕流 そうせき－ちんりゅう

《枕流漱石《ちんりゅうそうせき》》

意味 石で口を洗い、流れを枕とすること。負け惜しみの強いことのたとえ。

構成 漢文訓読では、「石に漱《くちすす》ぎ流れに枕す」と読む。「漱石」は、石で口を洗うこと。「枕流」は、流れを枕とすること。故事欄参照。

故事 中国の六朝《りくちょう》時代、晋《しん》の孫楚《そんそ》が、自分の風流な生活のことを「石に枕し流れに漱ぐ」と言おうとしたが、「石に漱ぎ流れに枕す」と言い間違えてしまった。ところが彼は、石に口すすぐは歯を磨くため、流れに枕するは耳を洗うため

と強弁して、ついに誤りを認めなかった故事。夏目漱石のペンネームは、これによる。また、「流石《さすが》」の語も、これに基づく。

出典 楚、少時《しょうじ》隠居せんと欲し、済に請こひて曰《い》はく、当《まさ》に石に枕し流れに漱《くちすす》がんと欲すといふべきを、誤りて石に漱《すす》ぎ流れに枕すと云ふ。……楚曰はく、流れに枕する所以《ゆえん》は、其《そ》の耳を洗はんと欲《ほっ》すればなり。石に漱ぐ所以は、其の歯を砺《みが》かんと欲すればなり、と。〈晋書、孫楚伝〉

用例 政府の説明も、言い逃れ、負け惜しみのたぐいである。ただし、出来は「漱石枕流」にはるかに及ばない。〈朝日新聞、天声人語、一九九六年四月五日〉

類義語 一言居士《いちげんこじ》・一徹短慮《いってつたんりょ》・頑固一徹《がんこいってつ》・頑固偏狭《がんこへんきょう》・短慮一徹《たんりょいってつ》・偏狭頑固《へんきょうがんこ》

蒼然暮色 そうぜん－ぼしょく

⇩暮色蒼然《ぼしょくそうぜん》

相即不離 そうそく－ふり

意味 一見対立する二つのものが、実は融合し、ぴったり一体となっていること。

構成 「相即」は、二つの別のものが密接に融合していること。「不離」は、ぴったりくっついて離れないこと。

用例 空間と時間との相即不離が明らかにせられる。〈和辻哲郎、風土〉

類義語 渾然一体《こんぜんいったい》・三位一体《さんみいったい》・表裏一体《ひょうりいったい》

壮大華麗 そうだい－かれい

意味 立派で大きく、きわめて華やかなこと。

構成 「壮大」は、大きく立派なこと。「華麗」は、華やかで美しいこと。

用例 その野望たるや、平原の天にかかる虹のように壮大華麗といっていい。〈司馬遼太郎、国盗り物語〉

類義語 華麗奔放《かれいほんぽう》・絢爛華麗《けんらんかれい》・絢爛豪華《けんらんごうか》・豪華絢爛《ごうかけんらん》・荘厳華麗《そうごんかれい》・荘厳美麗《そうごんびれい》・美麗荘厳《びれいそうごん》

桑田碧海 そうでん－へきかい

意味 桑畑が青い海に変わる。世の中の移り変わりが激しいことのたとえ。

構成 「桑田」は、桑畑。「碧海」は、青い海。

故事 元来は、麻姑《まこ》という仙人が長生きをして、東海が三度も桑畑に変わったのを見た、という伝説によるが、さまざまな詩で同様のことが歌われている。

出典 節物風光相待たず、桑田碧海須臾《しゅゆ》にして改まる。〈唐、盧照鄰、長安古意〉

用例 ここにおいてか桑田碧海の変は、士族の上よりして直ちに平民豪族の上に落ち来たり。〈竹越三郎、新日本史〉

用法 「桑田碧海の変」などの形で用いられることが多い。

造反有理 ぞうはん－ゆうり

意味 反逆には道理があるということ。毛沢東のことば。

構成 「造反」は、体制や権力に反逆すること。「有理」は、道理があること。

用例 「第一軍団司令部」「T大闘争勝利」「世界革命万歳」「造反有理」といくつも重なっている。〈加賀乙彦、湿原〉

聡明英知 そうめい－えいち

意味 聖人の四つの徳。深遠な道理に通じ、すぐれた才知があること。

構成 「聡」は、あらゆることを聞き分けること。「明」は、あらゆることを見分けること。「英」は、もと「叡」で、あらゆることに通じていること。「知」は、あらゆることを知っていること。

出典 古の聡明叡智、神武にして殺さざる者かな。〈易経、繫辞上〉

用例 遂によく其《そ》の大業を成したるは、直ちに私徳の功に非《あら》ず、所謂《いわゆる》聡明叡知の働きと称す可《べ》きものなり。〈福沢諭吉、

〈文明論之概略〉

表記 従来は「聡明叡知」と書くのが普通であったが、現在では常用漢字の「英知」に書き換える。

類義語 聡明剛毅《そうめいごうき》

聡明剛毅 そうめい-ごうき

意味 道理に通じ、心が強く屈しないこと。

構成 「聡明」は、道理に深く通じていること。「剛毅」は、物欲がなく、意志が強いこと。

用例 永楽帝《えいらくてい》篡奪《さんだつ》して功を成す、而《しか》も聡明剛毅、政《まつりごと》を為《な》す甚《はなは》だ精、〈幸田露伴、運命〉

類義語 (「道理に通じた」の意味で)聡明英知《そうめいえいち》・(「心が強い」の意味で)剛毅木訥《ごうきぼくとつ》・剛健質実《ごうけんしつじつ》・志操堅固《しそうけんご》・質実剛健《しつじつごうけん》

草木禽獣 そうもく-きんじゅう

⇩禽獣草木《きんじゅうそうもく》

出典 山に草木禽獣有り。〈唐、韓愈、原人〉

用例 草木禽獣といへるごとき、一切五官に触るべきものは、五官を経てくるに違いない。〈中江兆民、続一年有半〉

草廬三顧 そうろ-さんこ

意味 礼を尽くして人材を求めるたとえ。故事欄参照。

構成 「草廬」は、草ぶきの庵。「三顧」は、三度訪問すること。

故事 中国の三国時代、劉備《りゅうび》が諸葛亮《しょかつりょう》が賢者であることを聞き、その草庵を三度も訪問して、出仕を請うた故事による。

出典 先帝、臣の卑鄙《ひひ》なるを以《もっ》てせず、猥《みだ》りに自ら枉屈《おうくつ》し、三たび臣を草廬の中《うち》に顧み、臣に諮《はか》るに当世の事を以てす。〈文選、諸葛亮、出師の表〉

類義語 握髪吐哺《あくはつとほ》・人材登用《じんざいとうよう》・吐哺握髪《とほあくはつ》

俗言俚語 ぞくげん-りご

⇩俚言俗語《りげんぞくご》

用例 仮令《たとひ》俗言俚語ありとも、其《そ》の文章に神ありなば、他の画絵にも音楽にもまた詩歌にも恥ぢざるべき一大美術といふべきなり。〈坪内逍遥、小説神髄〉

粟散辺地 ぞくさん-へんち

⇩粟散辺土《ぞくさんへんど》

用例 茫々たる巨海に船渡りして、粟散辺地の扶桑《ふそう》に跡をとどめ、迷える衆生《しゅじょう》を導かんと〈花田清輝、鳥獣戯話〉

粟散辺土 ぞくさん-へんど

《粟散辺地《ぞくさんへんち》》

意味 国土の果ての地にある粟粒《あわつぶ》を散らしたような小国。日本を指していう。

構成 「粟散」は、粟粒のように散らばる小国。小さくて多いことのたとえ。「辺土」は、国土の果ての地。

用例 この粟散辺土の中にも、おれほどの苦を受けているものは、恒河沙《ごうがしゃ》の数より多いかも知れぬ。〈芥川竜之介、俊寛〉

類義語 粟粒芥顆《ぞくりゅうかいか》

俗臭芬芬 ぞくしゅう-ふんぷん

意味 下品な感じが盛んに漂うこと。俗っぽさが強く感じられること。

構成 「俗臭」は、いやしい気風。「芬芬」は、強い臭いが広がること。

用例 一言一動俗臭芬々として、甚《はなは》だ正視に堪えなかった。〈坂口安吾、閑山〉

注意 「芬芬」を「紛紛」と書くのは、誤り。

類義語 品性下劣《ひんせいげれつ》・野卑滑稽《やひこっけい》

対義語 高潔無比《こうけつむひ》

即身成仏 そくしん-じょうぶつ

意味 仏教で、凡夫も悟りを開けば、現世の肉体のまま仏になれること。

構成 「即身」は、生身のまま。「成仏」は、人

が修行して、悟りを開くこと。

用例 真言《しんごん》、天台は、即身成仏。——などと申しいずれも現世を穢土《えど》(けがれた国)として否定し、〈司馬遼太郎、国盗り物語〉

即心即仏 そくしん-そくぶつ

意味 仏教で、現在の迷いの心と生身のままで、そのまま仏となること。

構成 「即身」は、迷いの心そのまま。「即仏」は、生身でそのまま仏となること。

用例 あが悪い事をしたと悔悟《かいご》して出家になるも、即《すなわ》ち即心即仏じゃ、〈三遊亭円朝、菊模様皿山奇談〉

類義語 見性成仏《けんしょうじょうぶつ》・転迷開悟《てんめいかいご》

速戦即決 そくせん-そっけつ

意味 すぐさま決戦し、その場で決着をつけること。

構成 「速戦」は、すみやかに決戦すること。持久戦の反対語。「即決」は、その場ですぐに決定すること。

用例 敵地での合戦は速戦即決がよく、〈司馬遼太郎、国盗り物語〉

類義語 迅速果敢《じんそくかかん》・迅速果断《じんそくかだん》・即断即決《そくだんそっけつ》・即決即断《そっけつそくだん》

即断即決 そくだん-そっけつ

(即決即断《そっけつそくだん》)

意味 その場で直ちに決めること。

構成 「即断」「即決」ともに、その場ですぐに決定すること。

用例 裁決者たる者は物事に拘《かか》わらず、即断即決、しかも的を射た答を出さねばならぬ場合に多く遭遇する。〈松本利明、春日局〉

類義語 迅速果敢《じんそくかかん》・迅速果断《じんそくかだん》・速戦即決《そくせんそっけつ》

対義語 遅疑逡巡《ちぎしゅんじゅん》・躊躇逡巡《ちゅうちょしゅんじゅん》

俗談平語 ぞくだん-へいご

⇩俗談平話《ぞくだんへいわ》

用例 芭蕉も俗談平語を用いているが、ただムヤミに俗談平語を用いたのでは無い、〈幸田露伴、芭蕉入門〉

俗談平話 ぞくだん-へいわ

(俗談平語《ぞくだんへいご》・平談俗語《へいだんぞくご》・平談俗話《へいだんぞくわ》)

意味 世間話などの日常の話。芭蕉は俳諧《はいかい》について、俗談平話を用いることによってその文芸性を高めることができると説いた。

構成 「平」「俗」「談」「話」の四文字がさまざまな結びつき方をして生まれたことば。「平俗」は、ふだん。「談話」は、話。

用例 侏離《しゅり》甚《はなは》だしき俚語《りご》たりとも、其《そ》の機々に相応じて用ふれば敢へて妨げなく、かへりて趣き深かるべし。さはあれ我が国の俗談平話は、〈坪内逍遥、小説神髄〉

用法 専門的で難解なことば遣いと対比して用いられることが多い。

類義語 俗言俚語《ぞくげんりご》・俚言俗語《りげんぞくご》・俚語俗言《りごぞくげん》

則天去私 そくてん-きょし

意味 自然の道理に従い、私心を捨て去ること。自我を去って自然の中に物事を見極めること。夏目漱石が晩年に到達した文学観で、その未完の作品、「明暗」の中に示されている。

構成 「則天」は、自然の道理を手本として、それに従うこと。「天」は、自然の道理。「去私」は、私心を捨て去ること。

用例 わが心の働きと思うのが、ことごとく天意なのだ、逆に則天去私と言っても同じことだ。〈里見弴、大同無門〉

類義語 心頭滅却《しんとうめっきゃく》・大悟徹底《たいごてってい》・無想無念《むそうむねん》・無念無想《むねんむそう》・明鏡止水《めいきょうしすい》

俗用多端 ぞくよう-たたん

意味 雑事に追われて忙しいこと。

構成 「俗用」は、世の中の雑事。俗事。「多

端」は、用事が多くて忙しいこと。

【用例】いつになったら考えが纏《まと》まるか、自分でもちょいと見当がつかない。殊にこの頃のように俗用多端じゃ〈芥川竜之介、路上〉

【類義語】多岐多端《たきたたん》・多事多端《たじたたん》・多事多難《たじたなん》

【対義語】悠悠閑閑《ゆうゆうかんかん》・悠悠閑適《ゆうゆうかんてき》・悠悠自適《ゆうゆうじてき》

粟粒芥顆　ぞくりゅう－かいか

【意味】粟のように小さな細かなつぶ。

【構成】「粟粒」は、粟つぶ。「芥」は、小さいこと。「顆」は、つぶ。

【用例】粟粒芥顆のうちに蒼天もある、大地もある。〈夏目漱石、一夜〉

【類義語】粟散辺地《ぞくさんへんち》・粟散辺土《ぞくさんへんど》

粗枝大葉　そし－たいよう

【意味】あらく大きな枝と葉。細かいきまりにとらわれず、自由に筆力をふるう文章のたとえ。

【構成】「粗枝」は、あらくまばらな枝。「大葉」は、大きな葉。

【出典】書序は恐らく是《こ》れ孔安国《こうあんこく》の做《な》すにあらず、漢の文は粗枝大葉なり。〈朱子語類、七十八、尚書〉

【用例】纔《わづ》かに粗枝大葉の論を終へたるに止《とど》まり、説のいまだ尽くさざるもの猶《な》ほ多けれども〈河上肇、貧乏物語〉

【表記】まれに「麤枝大葉」とも書く。

咀嚼玩味　そしゃく－がんみ

【意味】食べ物をよくかみこなし、よく味わう。詩文などをよく読んで、その意味・道理・趣などを考え味わうことのたとえ。

【構成】「咀嚼」は、食物をかみこなすこと。「咀」「嚼」ともに、かむ。「玩味」は、食物をよくかみしめて味わうこと。「玩」も、味わう。

【用例】十分に咀嚼玩味して融解会得《ゆうげえとく》すると、アハハと笑い出したい光景が想い得られるのである。〈幸田露伴、芭蕉入門〉

【類義語】熟読玩味《じゅくどくがんみ》・熟読三思《じゅくどくさんし》

楚囚南冠　そしゅう－なんかん

【意味】捕らわれて他郷にあること。

【構成】「楚囚」は、楚の国の囚人。転じて、捕らわれて他郷にあるもの。「南冠」は、南方の地方（楚の国）の人の冠。

【故事】中国の春秋時代、楚の鍾儀《しょうぎ》は晋《しん》に捕らわれたが、故国の冠を外さないでいることで、楚国の威厳を保った。その結果、釈放されたという故事による。

【出典】晋侯《しんこう》軍府を観、鍾儀を見る。之《これ》を問ひて曰《い》はく、南冠して縶《つな》がるる者は誰ぞ、と。有司《ゆうし》対《こた》へて曰はく、鄭人《ていひと》の献ずる所の楚囚なり、と。之を税《と》かしむ。〈春秋左氏伝、成公九年〉

【類義語】檻猿籠鳥《かんえんろうちょう》・自縄自縛《じじょうじばく》・手枷足枷《てかせあしかせ》・籠鳥檻猿《ろうちょうかんえん》

粗酒粗餐　そしゅ－そさん

【意味】粗末な酒と、粗末な食事。

【構成】「粗酒」は、粗末な酒。「粗餐」は、粗末な食事。

【用法】他人にごちそうする時の謙称として用いられることが多い。

【類義語】一汁一菜《いちじゅういっさい》・粗衣粗食《そいそしょく》

【対義語】美酒佳肴《びしゅかこう》

粗製濫造　そせい－らんぞう

【意味】粗雑な作りの品物を、むやみに作ること。

【構成】「粗製」は、品物を粗末に作ること。「濫造」は、いいかげんに多量に作ること。

【用例】粗製濫造を咎《とが》めているような場合で無いと。〈島崎藤村、海へ〉

【表記】「粗製乱造」とも書くが、本来は当て字。

【類義語】杜撰脱漏《ずさんだつろう》・粗鹵迂遠《そろうえん》・杜黙詩撰《ともくしさん》

祖先崇拝　そせん－すうはい

【意味】子孫がその先祖を祭り、尊敬すること。

【構成】「祖先」は、先代までの人々。「崇拝」は、あがめ拝する。

【用例】祖先の霊があるかのように背後を顧みて、祖先崇拝をして、義務があるかのように、徳義の道を踏んで、〈森鷗外、かのように〉

祖先伝来　そせん－でんらい

⇩先祖伝来《せんぞでんらい》
【用例】しまいには、住んでいる祖先伝来の家屋敷まで、人手に渡すようになってしまったのです。〈菊池寛、勝負事〉

即決即断　そっけつ－そくだん

⇩即断即決《そくだんそっけつ》
【用例】即決即断の好きな信長は、了西《りょうさい》の困惑している顔を見て、愛敬《あいきょう》を見せながら〈井伏鱒二、かるさん屋敷〉

率先躬行　そっせん－きゅうこう

【意味】人に先立って自ら行うこと。

【構成】「率先」は、人に先立ってすること。「躬行」は、自分自身で実際に行うこと。「躬」は、自ら。

【用例】決して吝嗇《りんしょく》な人ではないのである。国のために質素倹約を率先躬行していたわけなのである。〈太宰治、新釈諸国噺〉

【注意】「率」を「卒」と書くのは、誤り。

【類義語】陣頭指揮《じんとうしき》・率先垂範《そっせんすいはん》・率先励行《そっせんれいこう》

率先垂範　そっせん－すいはん

【意味】人に先立って物事を行い、模範を示すこと。

【構成】「率先」は、人に先立ってすること。「垂範」は、模範を示すこと。

【用例】率先垂範の美風は兵と全く同一生活の体験の中から生まれ出るべき筈《はず》である。〈石原完爾、最終戦争論、戦争史大観〉

【注意】「率」を「卒」と書くのは、誤り。

【類義語】陣頭指揮《じんとうしき》・率先躬行《そっせんきゅうこう》・率先励行《そっせんれいこう》

率先励行　そっせん－れいこう

【意味】人に先立ってはげみ行うこと。

【構成】「率先」は、人に先立ってすること。「励行」は、はげみ行うこと。

【注意】「率」を「卒」と書くのは、誤り。

【類義語】陣頭指揮《じんとうしき》・率先躬行《そっせんきゅうこう》・率先垂範《そっせんすいはん》

粗鹵迂遠　そろ－うえん

【意味】粗末で役に立たないこと。
【構成】「粗鹵」は、粗末なこと。「鹵」は、おろそか。「迂遠」は、回りくどく、実際の役に立たないこと。
【用例】権力不平均の害を述ぶるに当たりて、自づから粗鹵迂遠の弊なきを得ず。〈福沢諭吉、文明論之概略〉
【類義語】杜撰脱漏《ずさんだつろう》・粗製濫造《そせいらんぞう》・杜黙詩撰《ともくしさん》

粗鹵狭隘　そろ－きょうあい

【意味】粗末で狭苦しいこと。

【構成】「粗鹵」は、粗末なこと。「鹵」は、おろそか。「狭隘」は、見識や視野などの狭いこと。

【用例】世の学者は頻りに洋学に向かひ、其《その》の研究する所固《もと》より粗鹵狭隘なりと雖《いへど》も、西洋文明の一斑は彷沸《ほうふつ》として窺《うかが》ひ得たるがごとし。〈福沢諭吉、文明論之概略〉

尊尚親愛　そんしょう－しんあい

【意味】尊敬し、親しみ愛すること。

【構成】「尊尚」は、とうとぶこと。「尚」は、ここでは、とうとぶ。「親愛」は、親しみいつくしむこと。

【用例】仮令《たとい》その人と為《な》りはどう有ろうとも叔母は叔母、有恩の人に相違ないか

ら、尊尚親愛して水乳の如《ごと》くシックリと和合したいとこそ願え。〈二葉亭四迷、浮雲〉

樽俎折衝 そんそ‐せっしょう

意味 敵国の君臣や使者と、宴会の席の談笑の間に外交の交渉をすること。兵力を用いず、外交によって談判すること。

構成 「樽俎」は、酒樽と、肉料理を乗せる台。転じて、宴席をいい、引いて国際間の会見をいう。「折衝」は、国際上のかけひき。

出典 千丈の城も、之《これ》を尊俎の間に抜き、百尺の衝も、之を衽席《じんせき》の上に折る。〈戦国策、斉〉（「尊俎」は、「樽俎」と同じ）

用例 一人で樽俎折衝の役目を引き受けた母の骨折りは、並たいていの事ではなかったのである。〈徳富蘆花、思出の記〉

尊大不遜 そんだい‐ふそん

意味 おごり高ぶり、へりくだらないこと。

構成 「尊大」は、おごり高ぶること。「不遜」は、思い上がって、へりくだらないこと。「遜」は、へりくだる。

用例 ことに生計向きに不自由のないものが、比較的貧しい階級から受けがちな尊大不遜の誤解を恐れた。〈夏目漱石、明暗〉

類義語 傲岸不屈《ごうがんふくつ》・傲岸不遜《ごうがんふそん》・傲岸無礼《ごうがんぶれい》・傲慢不羈《ごうまんふき》・傲慢不遜《ごうまんふそん》・高慢無礼《こうまんぶれい》・傲慢無礼《ごうまんぶれい》・傲慢磊落《ごうまんらいらく》・無礼傲慢《ぶれいごうまん》

尊王攘夷 そんのう‐じょうい

意味 王室を尊び、異民族を打ち払うこと。

構成 「尊王」は、王室を尊ぶこと。「攘夷」は、異民族を追い払うこと。「攘」は、追い払うこと。「夷」は、異民族。

出典 但《た》だ尊皇攘夷のみ、春秋の大儀と雖《いへど》も、而《しか》も王は唯諾趨伏《いだくすうふく》の尊ぶべきに非《あら》ず、夷は一身両臂《いっしんりょうひ》の攘《はら》ふべきに非ず。〈経学歴史、経学変古時代〉

用例 あの水戸藩士、藤田東湖《ふじたとうこ》、戸田蓬軒《とだほうけん》等の率先して唱え初めた尊王攘夷は、幾多《いくた》の屈折を経て、到頭この実行運動にまで来た。〈島崎藤村、夜明け前〉

注意 「尊皇」は、「そん」と「おう」が結びついて「そんのう」と読む。

表記 「尊皇攘夷」とも書く。

た

大悪無道 たいあく‐むどう

意味 道徳にそむく、きわめてひどい悪い行い。

構成 「大悪」は、きわめて悪いこと。「無道」は、道徳にそむくこと。

用例 大悪無道、夫を殺して奸夫《かんぷ》を引入れ、財産を押領《おうりょう》いたしたのみならず、〈三遊亭円朝、名人長二〉

類義語 悪逆非道《あくぎゃくひどう》・悪逆無道《あくぎゃくむどう》・極悪凶猛《ごくあくきょうもう》・極悪大罪《ごくあくたいざい》・極悪非道《ごくあくひどう》・極悪無道《ごくあくむどう》・大逆非道《たいぎゃくひどう》・大逆無道《たいぎゃくむどう》・無法千万《むほうせんばん》・無理非道《むりひどう》

大安吉日 たいあん‐きちじつ

意味 陰陽道で、全てがうまくいく最もよい日。

構成 「大安」は、大いに安らかなこと。「吉日」は、よい日。

用例 九月一日は大安吉日ゆえ、この日を御登城日に決定致しましょう。〈川口松太郎、新吾十番勝負〉

類義語 吉辰良日《きっしんりょうじつ》・黄道吉日《こうどうきちにち》

大異小同 だいい-しょうどう

意味 細かい点では一致するが、大きな点では全く異なっていること。

構成 「大異」は、根本的には大きく異なること。「小同」は、細かい点では異ならないこと。

用例 唱歌の伝ふる史伝の事蹟はやや本色を失ひつつ、其《そ》の本来の伝記に比すれば大異小同なるに至らむ。〈坪内逍遥、小説神髄〉

対義語 大同小異《だいどうしょうい》

大廈高楼 たいか-こうろう

《高楼大廈《こうろうたいか》》

意味 高い建物と大きな家。大きくて立派な家。

構成 「大廈」は、大きな家屋。「高楼」は、二階建て以上の高い建物。

用例 その建築物は、身体に相応して見れば、われわれ人間の石造や煉瓦《れんが》造りの大廈高楼よりも遥《はる》かに宏大である。〈大杉栄、動物界の相互扶助〉

注意 「大廈」を「大夏」と書くのは、誤り。

類義語 七重欄楯《しちじゅうらんじゅん》

大喝一番 だいかつ-いちばん

意味 最初に大きな声で怒鳴りつけて。

構成 「大喝」は、大声で怒鳴りつけること。「一番」は、真っ先に。

用例 これを見て怒り心頭に発し、屍体《したい》を投げ棄《す》てて大喝一番『わが天業を妨ぐるかッ』と叫ぶなり、〈夢野久作、ドグラ・マグラ〉

類義語 大喝一声《だいかついっせい》・大声疾呼《たいせいしっこ》・励声一番《れいせいいちばん》

大喝一声 だいかつ-いっせい

意味 大きな声で一回、怒鳴りつけること。

構成 「大喝」は、大声で怒鳴りつけること。「一声」は、ひとこえ。

用例 悟空《ごくう》また同じく本相を顕《あらわ》し、大喝一声するよと見るまに、身の高さ一万丈、頭は泰山《たいざん》に似て眼は日月のごとく、〈中島敦、悟浄歎異〉

類義語 大喝一番《だいかついちばん》・大声疾呼《たいせいしっこ》・励声一番《れいせいいちばん》

大官貴顕 たいかん-きけん

意味 地位や身分が高く、世に知られている人。

構成 「大官」は、地位の高い官職。「貴顕」は、身分が高く、世に知られていること。また、その人。

用例 新政府の大官貴顕と聞こえた三条、岩倉、鍋島、毛利、東久世の諸邸を回礼したと伝えらるることすら、〈島崎藤村、夜明け前〉

類義語 貴顕紳士《きけんしんし》・淑女紳士《しゅくじょしんし》・紳士淑女《しんししゅくじょ》

大願成就 たいがん-じょうじゅ

《心願成就《しんがんじょうじゅ》》

意味 ①仏教で、多くの人々に悟りを得させるという大きな願望を遂げること。②転じて一般に、大きな願望が遂げられること。

構成 「大願」「心願」は、神仏にかける願い。大きな願望。「成就」は、成し遂げること。

用例 ①いかに、御自身の悪業とはいえ、大願成就を目前に置きながら、お果てなさるること、いかばかり無念であろう。〈菊池寛、恩讐の彼方に〉

注意 「成就」を「せいしゅう」と読むのは、誤り。

大器晩成 たいき-ばんせい

意味 大きな器は、できあがるのに時間がかかること。大人物は若い時には頭角を現さず、大成するのが遅いことのたとえ。

構成 「大器」は、大きな器。転じて、偉大な人物。「晩成」は、遅くできあがること。年とってからできあがること。
出典 大方は隅《すみ》無く、大器は晩成す。〈老子、四十一〉
用例 僕は、孤独なんだ。大器晩成の自信があるんだ。〈太宰治、失敗園〉

大義名分 たいぎ-めいぶん

意味 ①人として、また、臣下として行わなければならない大きな道理と本分。②ある行動を起こすための、正当な理由。
構成 「大義」は、大きな道理。「名分」は、身分などに伴う本分。
出典 先《ま》づ大義名分を説き、遂《つひ》に我が神武天皇以下二千三百年間の事に及ぶと云ふ。〈蒲生褧亭、近世偉人伝、梅田雲濱〉
用例 ①従来の行きがかりを捨て、勤王の士を重く用い、大義名分を明らかにすることによって、時代の暗礁を乗り切ろうとしている。〈島崎藤村、夜明け前〉②すべて、仕事には、大義名分が立たなけゃ、勝っても、勝った方が負けとなるんだよ。〈黒島伝治、武装せる市街〉
用法 「大義名分が立たない」などの形で、行動の理由づけがないという意味で用いられることが多い。
注意 「名分」を「明分」と書くのは、誤り。

大逆非道 たいぎゃく-ひどう

（大逆無道《たいぎゃくむどう》）
意味 たいへん人道にそむき、道理を無視した行為。
構成 「大逆」は、人道に非常に反した罪悪。主君や父の殺害、墓地の破壊などをいう。「非道」「無道」は、道理にはずれること。道徳や人情にそむくこと。
用例 半殺しにしたは実に大逆非道な奴《やつ》で、捨て置かれぬと云《い》う其《そ》の癇癖《かんぺき》を耐《こら》え耐えて六月の晦日《みそか》まで待ちました。〈三遊亭円朝、業平文治漂流奇談〉
類義語 悪逆非道《あくぎゃくひどう》・悪逆無道《あくぎゃくむどう》・極悪非道《ごくあくひどう》・極悪凶猛《ごくあくきょうもう》・極悪大罪《ごくあくたいざい》・極悪無道《ごくあくむどう》・大悪無道《たいあくむどう》・無法千万《むほうせんばん》・無理非道《むりひどう》

大逆無道 たいぎゃく-むどう

⇩大逆非道《たいぎゃくひどう》
出典 今、項羽義帝を江南に放殺《ほうさつ》す。大逆無道なり。〈史記、高祖紀〉
用例 慶喜公や会津桑名のみが大逆無道の汚名を負わせられるのは何の事かと言って、木曾福島の武士なぞはそれを口惜しがっている。〈島崎藤村、夜明け前〉

大慶至極 たいけい-しごく

意味 この上もなくめでたいこと。
構成 「大慶」は、大いにめでたいこと。「至極」は、この上もないこと。
用例 わけのわからぬ客を相手に、二円の収入あり。まず大慶至極。〈林芙美子、放浪記〉
注意 「至極」を「しきょく」と読むのは、誤り。

大言壮語 たいげん-そうご

意味 おおげさに言《い》うこと。おおぼらを吹くこと。また、そのことば。
構成 「大言」は、おおげさにいうこと。高慢なことば。「壮語」は、意気さかんなことば。強がって大袈裟にいうことば。
用例 大言壮語して村人を辟易《へきえき》させていた男には似合わない静かな死であった。〈有吉佐和子、華岡青洲の妻〉
用法 高慢な人の言説に対して、批判的に用いられることが多い。
類義語 針小棒大《しんしょうぼうだい》

大悟徹底 たいご-てってい

意味 仏教で、迷妄を打破して真理を悟得し、全く疑念がなくなること。
構成 「大悟」は、煩悩を脱し真理を悟ること。「徹底」は、くまなくゆきとどくこと。
用例 死に対する覚悟に就いてだけは、こ

の未熟で気障《きざ》な青年も、大悟徹底した高僧と似通ったものを有《も》っていた。〈中島敦、光と風と夢〉

注意 「徹」を「撤」と書くのは、誤り。「徹」は「貫き通す」、「撤」は、「撤回」のように、「取り除く」の意味。

類義語 心頭滅却《しんとうめっきゃく》・則天去私《そくてんきょし》・無想無念《むそうむねん》・無念無想《むねんむそう》・明鏡止水《めいきょうしすい》

大根役者 だいこん-やくしゃ

意味 演技の才能に乏しい俳優。

構成 「大根」は、野菜の一種。「役者」は、俳優。大根が白いことから、素人《しろうと》に掛けたことばという。また、大根は決して食あたりを起こさないことから、当たらない役者のことをいうともいう。

用例 川上音次郎の如き大根役者ですらも候補者に立ちたることあり。〈宮武外骨、面白半分〉

対義語 千両役者《せんりょうやくしゃ》

泰山北斗 たいざん-ほくと

意味 ①泰山と北斗星。仰ぎ尊ばれる者のたとえ。②転じて、その道の権威。略して「泰斗」ともいう。

構成 「泰山」は、中国の山東省にある山。中国の五岳の一つ。「北斗」は、北斗星。

出典 愈《ゆ》の没してより、其《そ》の言大いに行はれ、学者之《これ》を仰ぐこと、泰山北斗のごとしと云ふ。〈新唐書、韓愈伝、賛〉

用例 ②彼の平和主義の泰山北斗たるブライト氏が、去年六月会て人に向かひて欧州の現状を説きたる一節を〈徳富蘇峰、将来之日本〉

類義語 碩学大儒《せきがくたいじゅ》

大山鳴動 たいざん-めいどう

意味 大きな山全体が鳴り響く。前触れの騒ぎだけ大きくて、結果は思いのほか小さいことのたとえ。

構成 「大山」は、大きな山。「鳴動」は、鳴り響くこと。ホラティウスの「山々が産気づいて、滑稽な二十日鼠が一匹生まれる」という西洋のことわざからできたことば。

用例 大山鳴動鼠一匹の類で、案外寛大な御処置になろうなどと、噂《うわさ》している向きが多いようです。〈子母沢寛、勝海舟〉

用法 「大山鳴動して鼠一匹」の形で用いられることが多い。

表記 「泰山鳴動」「太山鳴動」とも書く。「泰山」「太山」は、中国山東省にある山で、大きな山のたとえとして用いる。

類義語 竜頭蛇尾《りゅうとうだび》

大死一番 だいし-いちばん

意味 ①仏教で、これまでの自己の一切を放擲して、心を無にして仏法に帰依すること。②転じて、一度死んだつもりになって奮起すること。

構成 「大死」は、完全に死ぬこと。「一番」は、ここでは、ひとまず。

用例 ①「大死一番乾坤《けんこん》新たなり」と独仙君は目くばせをする。寒月君にはちっとも通じない。〈夏目漱石、吾輩は猫である〉

注意 「大死」は、「たいし」とも読む。

類義語 一心精進《いっしんしょうじん》・帰命頂礼《きみょうちょうらい》・只管打座《しかんたざ》・精進勇猛《しょうじんゆうみょう》・勇猛精進《ゆうみょうしょうじん》

大慈大悲 だいじ-だいひ

（大悲大慈《だいひだいじ》）

意味 仏教で、広く果てしない仏の慈悲。特に観世音菩薩《かんぜのんぼさつ》を指していうこともある。

構成 「大慈」は、生命ある全てのものに楽を与えること。「大悲」は、生命ある全てのものの苦を取り除くこと。

用例 わたしのように腑甲斐《ふがい》ないものは、大慈大悲の観世音菩薩も、お見放しなすったものかも知れません。〈芥川竜之介、藪の中〉

大所高所 たいしょ-こうしょ

《高所《こうしょ》大所《たいしょ》》
[意味]細部にとらわれない大きな観点・視野。偏見や私情を捨てた広い視野。
[構成]「大所」は、大きな立場。「高所」は、高い立場。
[用例]大所高所に立ったものが、道草を道草として描くということは無駄なことでもあるし〈唐木順三、『明暗』論〉
[用法]「大所高所に立つ」「大所高所から」などの形で用いられることが多い。

大声疾呼　たいせい－しっこ

[意味]大きな声で口ばやに叫ぶこと。
[構成]「大声」は、大きな声。「疾呼」は、口早に激しく叫ぶこと。
[出典]則《すなは》ち将《まさ》に其《そ》の声を大にし、疾呼して其の仁ならんことを望まんとす。〈唐、韓愈、後十九日復た宰相に上る書〉
[用例]なるほど貴様は社会主義労働運動の急を大声疾呼したさ。けれども、貴様の大声疾呼の後ろはからっぽだったじゃないか。〈有島武郎、星座〉
[類義語]大喝一番《だいかついちばん》・大喝一声《だいかついっせい》・励声一番《れいせいいちばん》

大政復古　たいせい－ふっこ

[意味]昔のように、天皇が行う政治体制にかえすこと。
[構成]「大政」は、天下の政治。特に天皇が行う政治をいう。「復古」は、過去の思想や伝統などに根拠を求め、昔の体制にかえすこと。
[用例]大政復古の当時、帝には国是の確定を列祖神霊に告ぐるため、〈島崎藤村、夜明け前〉
[類義語]大政奉還《たいせいほうかん》

大政奉還　たいせい－ほうかん

[意味]政権を天皇にお返しすること。
[構成]「大政」は、天下の政治。特に天皇が行う政治をいう。「奉還」は、上へお返しすること。
[用例]十五代将軍が大政奉還の噂《うわさ》の民間に知れ渡ると共に、種々な流言のしきりに伝わって来る頃《ころ》だ。〈島崎藤村、夜明け前〉
[類義語]大政復古《たいせいふっこ》

泰然自若　たいぜん－じじゃく

[意味]落ち着いて物事に動じないようす。
[構成]「泰然」は、安らかなようす。「自若」は、どっしりとして心の動じないようす。
[出典]矢石《しせき》の前に至ると雖《いへど》も、泰然自若たり。〈金史、顔盞門都伝〉
[用例]こういういわば絶体絶命の場合、伝説的な英雄ならば焦燥をふかく蔵《かく》して外貌は泰然自若としているのであろう。〈司馬遼太郎、国盗り物語〉
[類義語]鷹揚自若《おうようじじゃく》・従容自若《しょうようじじゃく》・神色自若《しんしょくじじゃく》・湛然不動《たんぜんふどう》
[対義語]小心翼翼《しょうしんよくよく》・戦戦恐恐《せんせんきょうきょう》・戦戦慄慄《せんせんりつりつ》

大胆巧妙　だいたん－こうみょう

[意味]度胸があり、優れて上手なこと。

[構成]「大胆」は、度胸があって物事に憶しないこと。「巧妙」は、優れて上手なこと。

[用例]ところがその近代科学の泰斗《たいと》へポメニアス氏の偉大なる脳髄《のうずい》は、すこぶる大胆巧妙を極めたトリックを使って、〈夢野久作、ドグラ・マグラ〉

大胆不敵　だいたん－ふてき

[意味]度胸があって恐れ知らずなこと。

[構成]「大胆」は、度胸があって物事に憶しないこと。「不敵」は、恐れを知らず敵を敵とも思わないこと。

[用例]かの大胆不敵なる外国人に逢《あ》って、胆をぬかるるは無理ならぬことなり。〈福沢諭吉、学問のすすめ〉

[用法]よい意味にも悪い意味にも用いられる。

[類義語]豪快奔放《ごうかいほんぽう》・剛毅果断《ごうきかだん》・広壮

た

豪宕《こうそうごうとう》・豪胆無比《ごうたんむひ》・大胆奔放《だいたんほんぽう》

大胆奔放 だいたん－ほんぽう

意味 度胸があり、周囲にとらわれずに思い通りに振る舞うこと。

構成 「大胆」は、度胸があること。「奔放」は、勢いがよいこと。転じて、周囲にとらわれず、思いどおりに振る舞うこと。

用例 当時病天才の名をほしいままにした高山樗牛《ちょぎゅう》らの一団はニイチェの思想を標榜《ひょうぼう》して「美的生活」とか「清盛論」というような大胆奔放な言説をもって思想の維新を叫んでいた。〈有島武郎、或る女〉

類義語 豪快奔放《ごうかいほんぽう》・剛毅果断《ごうきかだん》・広壮豪宕《こうそうごうとう》・豪胆無比《ごうたんむひ》・大胆不敵《だいたんふてき》・抜山蓋世《ばつざんがいせい》

大同小異 だいどう－しょうい

意味 少しの相違はあっても、だいたいにおいては同じであること。

構成 「大同」は、だいたいは同じであること。「小異」は、小さな違いであること。

出典 大同にして、小同と異なる、此を之《こ》れ小同異と謂《い》ふ。万物畢《ことごと》く同じく畢く異なる、此を之れ大同異と謂ふ。〈荘子、天下〉

用例 三時間目も、四時間目も昼過ぎの一時間も大同小異であった。最初の日に出た級は、いずれも少々ずつ失敗した。〈夏目漱石、坊っちゃん〉

注意 「小異」を「小違」と書くのは、誤り。

対義語 大異小同《だいいしょうどう》

大同団結 だいどう－だんけつ

意味 意見が異なる幾つかの団体・政党などが、共通の目的に向かって一つに結束すること。

構成 「大同」は、だいたいはよく一致すること。「団結」は、多くの人々が一つに結束すること。

用例 もうとっくに大同団結を遂げている様子で、さきに日本に亡命して来た康有為《こうゆうい》一派の改善主義は、孫文《そんぶん》一派の民族革命の思想と相容れず、〈太宰治、惜別〉

類義語 共同戦線《きょうどうせんせん》・呉越同舟《ごえつどうしゅう》

大悲大慈 だいひ－だいじ

⇩大慈大悲《だいじだいひ》

用例 明朗完璧の虚言に、いちど素直にだまされて了《しま》いたいものさね。このひそやかの祈願こそ、そのまま大悲大慈の帝王の祈りだ。〈太宰治、創生記〉

大兵肥満 たいひょう－ひまん

意味 大きな体で太っていること。また、その人。

構成 「大兵」は、体がたくましく大きいこと。「肥満」は、太っていること。

用例 妻は尋常より小さきに、夫は勝《すぐ》れたる大兵肥満にて、彼の常に心遣ひありげの面色なるに引き替へて、生きながら布袋《ほてい》を見る如《ごと》き福相したり。〈尾崎紅葉、金色夜叉〉

注意 「大兵」を「だいへい」と読むのは、誤り。

台風一過 たいふう－いっか

意味 台風が過ぎ去ること。また、その後の晴天。

構成 「台風」は、熱帯性低気圧にともなう暴風雨。「一過」は、さっと通り過ぎること。

用例 台風一過の言葉どおり、翌朝は見事な秋晴れであった。光の中で水は急速に引いていた。〈渡辺淳一、花埋み〉

太平無事 たいへい－ぶじ

《無事太平《ぶじたいへい》》

意味 世の中が平和で、変わった事件などがないこと。

構成 「太平」は、世の中がよく治まること。「無事」は、変わった事件などがない

こと。

用例 そりゃ泰平無事な日なら、いくら無能のものでも上に立つ御武家様で威張っていられる。〈島崎藤村、夜明け前〉

表記 「泰平無事」とも書く。

類義語 安穏無事《あんのんぶじ》・千里同風《せんりどうふう》・天下太平《てんかたいへい》・天下治平《てんかちへい》・天下平泰《てんかへいたい》・万民太平《ばんみんたいへい》

高手小手 たかて-こて

意味 両手を背の後ろに回し、首から肘《ひじ》、手首にかけて厳重に縛り上げること。また、そのようす。

構成 「高手」は、人を縛り上げる時にいうことばで、肘から肩まで。「小手」は、手首から肘まで。

用例 なにしろ、高手小手にくくされたまま、おっぽり込まれたんで、危うくおぼれようとしたところを、〈佐々木味津三、右門捕物帖、曲芸三人娘〉

多感多恨 たかん-たこん

⇩多情多恨《たじょうたこん》

用例 多感多恨にして日夜心神を労する吾輩ごとき者は仮令《たとい》猫といえども主人以上に休養を要するは勿論《もちろん》の事である。〈夏目漱石、吾輩は猫である〉

多感多愁 たかん-たしゅう

意味 物事に感じやすく、憂いが多いこと。

構成 「多感」は、物事に感じやすいこと。「多愁」は、憂いが多いこと。「感」「愁」それぞれに「多」を添えて意味を強めたことば。

用例 この多感多愁は脈々として終わりまで君の内部に流れていたものではなかったろうかと思う。〈島崎藤村、桃の雫〉

類義語 多感多恨《たかんたこん》・多感多情《たかんたじょう》・多情多感《たじょうたかん》・多情多恨《たじょうたこん》

対義語 冷淡無情《れいたんむじょう》

多感多情 たかん-たじょう

⇩多情多感《たじょうたかん》

用例 多感多情であった三十何年の生涯をその晩ほど想い浮かべたことはなかったのである。〈島崎藤村、並木〉

多岐多端 たき-たたん

意味 多方面にわたって仕事が多くて忙しいこと。

構成 「多岐」は、枝道が多いこと。転じて、多方面。「多端」は、仕事が多いこと。「端」は、糸口。「岐」「端」それぞれに「多」を添えて意味を強めたことば。

用例 元来斎藤茂吉氏の仕事ほど、多岐多端に渡っているものはない。〈芥川竜之介、文芸的な、余りに文芸的な〉

類義語 俗用多端《ぞくようたたん》・多事多端《たじたたん》・多事多難《たじたなん》

多岐多様 たき-たよう

意味 多方面にわたって、さまざまなおもむきがあること。

構成 「多岐」は、枝道が多いこと。転じて、多方面。「多様」は、種々のおもむき、ありさまであること。「岐」「様」それぞれに「多」を添えて意味を強めたことば。

用例 その意味で、反映画的な或《あ》るいは非映画的な多岐多様の文芸的内容を持っている文芸作品などよりも、〈南部修太郎、文芸作品の映画化〉

類義語 多種多面《たしゅためん》・多趣多様《たしゅたよう》・多種多様《たしゅたよう》・多様多趣《たようたしゅ》・多様多種《たようたしゅ》

多岐亡羊 たき-ぼうよう

（岐路亡羊《きろぼうよう》）

意味 枝道の多いところで、逃げた羊を見失う。学問の道があまり多方面になり過ぎると、真理を得ることが難しいことのたとえ。また、方針や進路などの選択に迷うことのたとえ。

構成 漢文訓読では「岐《き》多くして羊を亡

《な》ふ」「岐路にて羊を亡ふ」と読む。「多岐」「岐路」は、いくつにも分かれた枝道。「亡羊」は、羊を失うこと。

故事 中国の戦国時代、楊朱《ようしゅ》の隣人が枝道の多いところで逃げた羊を見失ってしまったことを聞き、楊朱が笑顔を失ったという故事による。

出典 大道は多岐を以《もっ》て羊を亡《うしな》ひ、学者は多方を以て生を喪《うしな》ふ。〈列子、説符〉

用例 世人をしてその帰着するところを知らず、多岐亡羊の感を起こさしむるに至れり。〈正岡子規、獺祭書屋俳話〉

卓上演説 たくじょう-えんぜつ

意味 宴席で、各自の席で行う簡単な演説。テーブルスピーチ。

構成 「卓上」は、机や食卓の周辺。「演説」は、多くの人々の前で自分の意見、主義・主張などを説明すること。

用例 それから英語で卓上演説をするのを、何よりの楽しみにしている。何か云《い》っては、あとでさも可笑《おか》しそうに、げらげら笑う癖がある。〈夏目漱石、それから〉

拓落失路 たくらく-しつろ

意味 落ちぶれて、出世の道を失うこと。

構成 「拓落」は、落ちぶれること。「失路」は、出世の道を失うこと。

用例 一緒に種々な事業を経営した直樹の父は、彼の留守中に亡くなった。意気相投じた達雄は、最早拓落失路の人と成った。〈島崎藤村、家〉

類義語 困窮零落《こんきゅうれいらく》・落花流水《らっかりゅうすい》

対義語 立身栄達《りっしんえいだつ》・立身出世《りっしんしゅっせ》

多芸多才 たげい-たさい

意味 多くの方面に豊かな才能や技術を持っていること。

構成 「多芸」は、多くの技芸に達していること。「多才」は才能が豊かであること。

用例 鎗屋町の跡に碁会所を開きたいという多芸多才な日向照之進は弓夫が遠縁のものに当たるから、〈島崎藤村、夜明け前〉

対義語 無芸大食《むげいたいしょく》

蛇行匍匐 だこう-ほふく

意味 蛇のように身体を曲げて、腹ばいになって進むこと。

構成 「蛇行」は、蛇のように曲がりくねること。転じて、身体を曲げて進むこと。「匍匐」は、腹ばいになること。

用例 それは邯鄲《かんたん》の歩みを学ばないうちに寿陵《じゅりょう》の歩みを忘れてしまい、蛇行匍匐して帰郷したと云《い》う「韓非子」中の青年だった。〈芥川竜之介、歯車〉

他言無用 たごん-むよう

意味 秘密にすべき事柄を他にもらしてはいけないということ。

構成 「他言」は、ほかの人に漏らすこと。「無用」は、してはいけない、ということ。

用例 例の組のこと、生涯他言無用だぞ。〈藤沢周平、用心棒日月抄、黒幕の死〉

注意 (1)「他言」は本来、慣用的に「たごん」と読むが、最近では「たげん」とも読む。(2)「他言」を「多言」と書くのは、誤り。

類義語 門外不出《もんがいふしゅつ》

多士済済 たし-せいせい

意味 優れた人物が多いようす。

構成 「多士」は、多くの人材。「済済」は、数が多いようす。

出典 済済たる多士、文王以《もっ》て寧《やす》し。〈詩経、大雅、文王〉

用例 多士済々のお役所には、下にも上にも、うの目たかの目がそろっているから、〈森鷗外、不思議な鏡〉

用法 本来、優秀な人材が多くいることをいうが、単に、さまざまな人物が集まっていることをいう場合に用いられることもある。

注意 (1)「済済」を「斉斉」と書くのは、誤り。(2)「たしさいさい」とも読むが、本来

は誤り。

対義語 少数精鋭《しょうすうせいえい》

多事多端 たじ－たたん

意味 仕事・事件などが多く、たいへん忙しいこと。

構成 「多事」は、仕事が多いこと。「多端」は、仕事・事件などが多くて忙しいこと。「端」は、糸口。「事」「端」それぞれに「多」を添えて意味を強めたことば。

用例 他方では新しい日本の民主政治を建設するための選挙さわぎが、同じ時期に同じ国の中で渦を巻いていた。多事多端な春であった。〈石川達三、風にそよぐ葦〉

類義語 俗用多端《ぞくようたたん》・多岐多端《たきたたん》・多事多難《たじたなん》

対義語 悠悠閑閑《ゆうゆうかんかん》・悠悠閑適《ゆうゆうかんてき》・悠悠自適《ゆうゆうじてき》

多事多難 たじ－たなん

意味 事件や困難が多いこと。

構成 「多事」は、事件が多く、平穏を欠くこと。「多難」は、困難が多いこと。「事」「難」それぞれに「多」を添えて意味を強めたことば。

用例 しかし乍《なが》ら聖戦大建設の前途尚《なお》多事多難と存じます。〈北杜夫、楡家の人びと〉

類義語 俗用多端《ぞくようたたん》・多岐多端《たきたたん》・多事多端《たじたたん》

多種多面 たしゅ－ためん

意味 さまざまな種類や、さまざまな方面にわたっていること。

構成 「多種」は、種類が多いこと。「多面」は、さまざまな方面。「種」「面」それぞれに「多」を添えて意味を強めたことば。

用例 作家が評家に呈出《ていしゅつ》する答案はかくのごとく多種多面である。〈夏目漱石、作物の批評〉

類義語 多岐多様《たきたよう》・多趣多様《たしゅたよう》・多種多様《たしゅたよう》・多様多趣《たようたしゅ》・多様多種《たようたしゅ》

多種多様 たしゅ－たよう

《多様多種《たようたしゅ》》

意味 さまざまな種類があり、ありさまもさまざまであること。

構成 「多種」は、種類が多いこと。「多様」は、さまざまなようすであること。「種」「様」それぞれに「多」を添えて意味を強めたことば。

用例 若《も》し自然にあの絢爛《けんらん》な多種多様があり、独り人間界にそれがなかったならば、宇宙の美と真とはその時に崩れるといってもいいだろう。〈有島武郎、惜みなく愛は奪ふ〉

類義語 多岐多様《たきたよう》・多種多面《たしゅためん》・多趣多様《たしゅたよう》・多様多趣《たようたしゅ》

多趣多様 たしゅ－たよう

《多様多趣《たようたしゅ》》

意味 さまざまな趣で、さまざまなありさまであること。

構成 「多趣」は、趣がさまざまであること。「多様」は、さまざまなようすであること。「趣」「様」それぞれに「多」を添えて意味を強めたことば。

用例 けれども道中は、道草を食うべく余儀なくされるだけそれだけ多趣多様で面白かった。〈夏目漱石、思い出す事など〉

類義語 多岐多様《たきたよう》・多種多面《たしゅためん》・多種多様《たしゅたよう》・多様多趣《たようたしゅ》

多情多感 たじょう－たかん

《多感多情《たかんたじょう》》

意味 感情が豊かで、物事に感じやすいこと。

構成 「多情」は感情が豊かなこと。「多感」は、物事に感じやすいこと。「情」「感」それぞれに「多」を添えて意味を強めたことば。

出典 多情多感自ら忘れ難く、祇《た》だ有り風流共に古《いにしへ》より長し。〈唐、陸亀蒙、自ら遣る詩〉

用例 多情多感で天才型のこの学者は魅惑を覚えるものを何でも溺愛《できあい》する性質であった。〈岡本かの子、小町の芍薬〉

類義語 多感多恨《たかんたこん》・多感多愁《たかんたしゅう》・多情多恨《たじょうたこん》

対義語 冷淡無情《れいたんむじょう》

多情多恨 たじょう-たこん

《多感多恨《たかんたこん》》

意味 物事に感じやすく、感情が豊かで、うらみや悲しみ・後悔の気持ちなどが多いこと。

構成 「多情」「多感」は、感情が豊かで、物事に感じやすいこと。「多恨」は、うらみが多いこと。「情」「感」「恨」それぞれに「多」を添えて意味を強めたことば。

用例 そうだろう、芸術家は本来多情多恨だから、泣いた事には同情するが、話はもっと早く進行させたいものだね。〈夏目漱石、吾輩は猫である〉

類義語 多感多愁《たかんたしゅう》・多感多情《たかんたじょう》・多情多感《たじょうたかん》

対義語 冷淡無情《れいたんむじょう》

多情仏心 たじょう-ぶっしん

意味 感情が豊かで感じやすい心が、そのまま仏の慈悲の心であるということ。また、情が多くて移り気であるが、情け深くて薄情なことができないこと。

構成 「多情」は、心に感じることが多いこと。また、移り気であること。「仏心」は、仏の慈悲の心。転じて、情け深いこと。

用例 薄情なまねはできないで、深はまりをするようなところは、どうも多情仏心の星ですよ。〈里見弴、多情仏心〉

起居振舞 たちい-ふるまい

意味 日常動作における身のこなし。挙動。

構成 「起居」は、立ったりすわったりすること。「振舞」は、動作。

用例 背は高く、面長で、風采《ふうさい》の立派なことは先代菖助《しょうすけ》に似、起居振舞も寛《ゆる》やかな感じのする働き盛りの人が半蔵等の前に来て寛《くつろ》いだ。〈島崎藤村、夜明け前〉

表記 「立居振舞」とも書く。

類義語 起居挙動《ききょきょどう》・挙止進退《きょししんたい》・挙措進退《きょそしんたい》

脱俗超凡 だつぞく-ちょうぼん

意味 世俗を超越し、凡人の域を抜き出ていること。

構成 「脱俗」は、世俗を抜け出すこと。「超凡」は、凡人の域を超え出ること。

用例 首縊《くびくくり》の力学と云《い》う脱俗超凡な演題なのだから傾聴する価値があるさ。〈夏目漱石、吾輩は猫である〉

類義語 才学非凡《さいがくひぼん》・才気煥発《さいきかんぱつ》

他人行儀 たにん-ぎょうぎ

意味 親しい人に対して、そうでない人に対する時のように、よそよそしい行動や態度を取ること。

構成 「他人」は、身内のように親しくしていない人。「行儀」は、立居振舞。

用例 もうそれだけで、私とその少女の間に、一切の他人行儀が無くなった。ありがたいものだと思った。〈太宰治、津軽〉

多様多種 たよう-たしゅ

⇩多種多様《たしゅたよう》

用例 すなわちこの種類の個人主義は、いっさいの個人が社会の中に互いに調和しつつ発達し、その多様多種なることがかえって文明の富と美との保証になると信じている。〈大杉栄、近代個人主義の諸相〉

多様多趣 たよう-たしゅ

⇩多趣多様《たしゅたよう》

用例 多様多趣の形態を取って萌《も》え出ずるというドフリスの実験報告は、私の個性の欲求をさながらに翻訳して見せてくれる。〈有島武郎、惜みなく愛は奪ふ〉

多様複雑　たよう-ふくざつ

⇩複雑多様《ふくざつたよう》

用例 音を構成する単音の種類または音の構造が、これまで考えられていたよりも、もっと多様複雑になるのである。〈橋本進吉、国語音韻の変遷〉

堕落腐敗　だらく-ふはい

⇩腐敗堕落《ふはいだらく》

用例 市政のアラを往来から数え立てて、その堕落腐敗の原因はどこにあるかと見まわして来ると、その罪は東京市民が負わねばならぬ。〈夢野久作、街頭から見た新東京の裏面〉

他力本願　たりき-ほんがん

意味 ①仏教で、阿弥陀如来《あみだにょらい》の本願力によって極楽への往生を遂げること。②転じて、自分の力は尽くさず、他人の力で事を成し遂げようとすること。

構成 「他力」は、他人の力。仏教で、自分以外の阿弥陀如来の力をかりること。「本願」は、仏教で、菩薩が全ての生き物を教化するためにたてた請願。

出典 他力と言ふ者は、如来本願の力なり。仏教に他力宗有り。専ら阿弥陀仏の本願の力に依り、以《もっ》て彼の土を得証す、浄土宗のごときは是《これ》なり。〈教行信証〉

用例 ①国元の母親から譲られた浄土真宗の他力本願を信じる芽が少しずつ生活の上に萌え出ようとしていたが、〈円地文子、女坂〉②現在の日本の防衛構想は、あまりにも他力本願であり、一辺倒であり、根本的なイマジネーションを欠いておる。〈小松左京、明日泥棒〉

注意 「他力」を「たりき」と読むのは、仏教用語の慣用。「たりょく」と読むのは、誤り。

他流試合　たりゅう-じあい

意味 武芸などで、他の流儀の人と試合をすること。

構成 「他流」は、他の流儀。「試合」は、武芸などで勝負を争うこと。

用例 私はちょうど他流試合でもする人のようにKを注意して見ていたのです。〈夏目漱石、こころ〉

暖衣飽食　だんい-ほうしょく

（飽食暖衣《ほうしょくだんい》）

意味 着物を十分に着て暖かくし、飽きるほど食べること。満ち足りた生活、またはぜいたくな暮らしをすることのたとえ。

構成 「暖衣」は、あたたかな着物。「飽食」は、飽きるほどの十分な食事。

出典 臣、暖衣飽食を得、敝車駑馬《へいしゃどば》、以《も》つて其《そ》の身に奉ず。〈説苑、臣術〉

用例 彼の幸福は、決して暖衣飽食して富家に飼われ養われて居る生活のなかには感じられなかったのです。〈岡本かの子、慈悲〉

類義語 飽衣美食《ほういびしょく》

対義語 悪衣悪食《あくいあくしょく》・粗衣粗食《そいそしょく》

断崖絶壁　だんがい-ぜっぺき

意味 切り立った険しい崖。また、危機的な状況のたとえ。

構成 「断崖」「絶壁」ともに、切り立った険しい崖。

用例 南北から断崖絶壁が落ち込み、岩石や樹木が谷の底を隠している。〈笹沢佐保、逃亡岬〉

用法 「断崖絶壁に立たされる」という形で、比喩的に用いられることもある。

類義語 壁立千仞《へきりつせんじん》

短褐孤剣　たんかつ-こけん

意味 粗末な着物と一振りの剣。貧しい身なりの孤独な武士のたとえ。

構成 「短褐」は、身分の低い者が着る、たけの短い粗末な着物。「孤剣」は、一振りの剣。転じて、簡単な武装。また、ただ一

人で助けのない武士。

用例 短褐孤剣、飄然《ひょうぜん》として天下に放浪したり。〈芥川竜之介、木曾義仲論〉

類義語 短褐穿結《たんかつせんけつ》

短褐穿結 たんかつ-せんけつ

意味 粗末な着物をつづり合わせること。貧しい人や身分の低い人の粗末な姿のたとえ。

構成 「短褐」は、身分の低い者が着る、たけの短い粗末な着物。「穿結」は、ぼろぼろの衣服をつづり合わせること。

出典 短褐穿結し、簞瓢《たんぴょう》屢《しばしば》空しきも、晏如《あんじょ》たり。〈東晋、陶潜、五柳先生伝〉

類義語 短褐孤剣《たんかつこけん》

貪官汚吏 たんかん-おり

意味 不正な官僚。悪い役人。

構成 「貪官」は、欲の深い官僚。「汚吏」は、悪いことをする役人。「吏」は、官吏・役人。

類義語 暴君暴吏《ぼうくんぼうり》

対義語 賢君忠臣《けんくんちゅうしん》・明君賢相《めいくんけんしょう》

断簡零墨 だんかん-れいぼく

意味 ちぎれてばらばらになった断片的な文書。わずかに残った文書の一部分。

構成 「断簡」は、断片の文書。「簡」は、もと、竹簡・木簡。ここでは、文書。「零墨」は、一滴の墨。転じて、墨で書いたもののわずかに残ったきれはし。

用例 「侏儒《しゅじゅ》の言葉」欄は、死後も本誌のつづく限り、存続させたいと思う。未発表の断簡零墨もあるようだし、書簡などもあるから、〈菊池寛、芥川の事ども〉

簞食瓢飲 たんし-ひょういん

意味 竹の器に入れた飯と、瓢簞の器に入れた水。粗末な食事のたとえ。清貧な生活を送るたとえ。

構成 「簞食」は、竹で作った器に盛った食事。「瓢飲」は、瓢簞を割って作った器に入れた水。

故事 孔子の高弟・顔回《がんかい》が、貧しくていつも粗末な食事しかできない境遇にありながら、そこに安んじて学問に励んだという故事による。

出典 子曰《い》はく、賢なるかな回や。一簞の食、一瓢の飲、陋巷《ろうこう》に在り、と。〈論語、雍也〉

用例 首陽山《しゅようざん》に薇《び》を採るは伯夷《はくい》叔斉《しゅくせい》が生活を保たんが為なり。簞食瓢飲は顔回が生活を保たんが為なり。〈徳富蘇峰、将来之日本〉

注意 「簞食」を「たんしょく」と読むのは、誤り。

単純明快 たんじゅん-めいかい

意味 複雑ではなく、はっきりしていてわかりやすいこと。

構成 「単純」は、まじりけのないこと。「明快」は、文章・思想・議論などがわかりやすくはっきりしていること。

用例 めしの盛りかたが多かったかすくなかったか、ただそれだけで殴りあうのである。単純明快な殴りあいであった。〈立原正秋、冬の旅〉

類義語 簡潔明瞭《かんけつめいりょう》・簡浄素朴《かんじょうそぼく》・簡単明瞭《かんたんめいりょう》・簡明率直《かんめいそっちょく》・簡明素朴《かんめいそぼく》・簡明直截《かんめいちょくせつ》・直截簡明《ちょくせつかんめい》

対義語 複雑怪奇《ふくざつかいき》・複雑多岐《ふくざつたき》・複雑多様《ふくざつたよう》

断章取義 だんしょう-しゅぎ

意味 詩文の一部分だけを切り取り、作者の本意、詩文全体の意にかかわらず、勝手に解釈して用いること。

構成 漢文訓読では「章を断ち義を取る」と読む。「断章」は、詩文の中からその一章を切り取ること。「取義」は、その意味を取ること。

出典 章を断じ義を取り、上下相成る。〈孝経、開宗明義章、伝〉

用例 はははは、面白い説じゃ。断章取義

すれば、そう解しても差しつかえはなかろう。〈海音寺潮五郎、柳沢騒動〉
注意 「取義」を「主義」と書くのは、誤り。
類義語 郢書燕説《えいしょえんせつ》・牽強付会《けんきょうふかい》・堅白同異《けんぱくどうい》・堅白異同《けんぱくいどう》

男女同権 だんじょ－どうけん
意味 男女の法律的権利や社会的待遇が同等であること。
構成 「男女」は、男性と女性。「同権」は、権利が互いに同じであること。
用例 「けんそんするなよ。これから日本は、馬でも犬でも、男女同権だってさ」と一ばん若いお客が、呶鳴《どな》るように言いまして、〈太宰治、ヴィヨンの妻〉

湛然不動 たんぜん－ふどう
意味 静かに落ち着いて揺るがないこと。
構成 「湛然」は、静かで安らかなようす。「不動」は、揺るがないこと。
用例 すべて意識の統一は変化の上に超越して湛然不動でなければならぬ、〈西田幾多郎、善の研究〉
類義語 鷹揚自若《おうようじじゃく》・従容自若《しょうようじじゃく》・神色自若《しんしょくじじゃく》・泰然自若《たいぜんじじゃく》
対義語 小心翼翼《しょうしんよくよく》・戦戦恐恐《せんせんきょうきょう》・戦戦慄慄《せんせんりつりつ》

澹然無極 たんぜん－むきょく
意味 この上なく静かで安らかなこと。
構成 「湛然」は、静かで安らかなようす。「無極」は、きわまりないこと。
用例 「楽しみ全くして始めて志を得たといえる。志を得るとは軒冕《けんべん》の謂《い》いではない。」と。澹然無極とでもいうのがこの老人の理想なのであろう。〈中島敦、弟子〉
類義語 無事息災《ぶじそくさい》・無事平穏《ぶじへいおん》・平安無事《へいあんぶじ》・平穏無事《へいおんぶじ》・無憂無風《むゆうむふう》

嘆息嗟嘆 たんそく－さたん
意味 ため息をついてひどく嘆くこと。
構成 「嘆息」は、なげいてため息をつくこと。「嗟嘆」は、声を長く引いて嘆くこと。
用例 嘆息嗟嘆の声高し。〈菊池寛、義民甚兵衛〉
類義語 慷慨激越《こうがいげきえつ》・慷慨悲憤《こうがいひふん》・慷慨憤激《こうがいふんげき》・慷慨憂憤《こうがいゆうふん》・沈痛慷慨《ちんつうこうがい》・悲歌慷慨《ひかこうがい》・悲憤慷慨《ひふんこうがい》

男尊女卑 だんそん－じょひ
意味 昔、社会の慣習上、男性を尊び、女性を男性より低く見たこと。
構成 「男尊」は、男性を尊ぶこと。「女卑」は、女性を低く見ること。
出典 男女の別は、男は尊《たか》く女は卑《ひく》し。〈列子、天瑞〉
用例 生みの母に対する尊敬だけは極端に男尊女卑の彼等でも有《も》っているのである。〈中島敦、李陵〉
対義語 女尊男卑《じょそんだんぴ》

単刀直入 たんとう－ちょくにゅう
意味 ①ただ一振りの刀を持って単身、敵陣に切り込むこと。②転じて、前置き、予告なしにいきなり要点に迫るたとえ。遠まわしにせず、直接要点に突き入ること。
構成 「単刀」は、一振りの刀。「直入」は、遠回りせず、すぐに入ること。
出典 単刀趣《すみ》やかに入れば、則《すなは》ち凡聖情尽きて体真常を露《あら》はす。〈景徳伝灯録、九、潭州潙山霊祐禅師〉
用例 ぼくは単刀直入にきりこんだ。ふいに話しかけられたので太郎はおびえたように体を起こした。〈開高健、裸の王様〉
注意 「単刀」を「短刀」と書くのは、誤り。
類義語 一刀両断《いっとうりょうだん》・問答無益《もんどうむえき》・問答無用《もんどうむよう》

単樸浅近 たんぼく－せんきん
意味 単純で素朴すぎて、あさはかで俗っぽいこと。
構成 「単樸」は、単純で素朴なこと。「浅

近」は、浅薄で卑近なこと。
[用例] 奇異譚《きいたん》にまれフヘイブルにまれ、あまりに単樸浅近にて興味うすかるものなんどは、いつしか輿論《よろん》にしりぞけられ、〈坪内逍遥、小説神髄〉
[類義語] 浅薄愚劣《せんはくぐれつ》

短慮一徹 たんりょ-いってつ

⇩一徹短慮《いってつたんりょ》
[用例] 九月二十六日には、短慮一徹の長沼五郎宗政さまが、御ところに於《お》いて大声を張り挙げ思うさま将軍家の悪口を申し上げたという、〈太宰治、右大臣実朝〉

短慮軽率 たんりょ-けいそつ

[意味] 考えがあさはかで、行動が軽はずみなこと。
[構成] 「短慮」は、浅はかな考え。「軽率」は、軽はずみなこと。
[注意] 「率」を「卒」と書くのは、誤り。
[類義語] 軽挙妄動《けいきょもうどう》・軽佻粗暴《けいちょうそぼう》
[対義語] 隠忍自重《いんにんじちょう》・深謀遠慮《しんぼうえんりょ》

談論風発 だんろん-ふうはつ

[意味] 盛んに語り合い、激しく議論すること。
[構成] 「談論」は、盛んに話し、議論すること。「風発」は、風の起こるように激しくことばを発すること。
[用例] 先生の雄心は年と共に銷磨《しょうま》し尽くすようなものでもない。客が訪ねて行くと、談論風発する。〈島崎藤村、千曲川のスケッチ〉
[類義語] 議論百出《ぎろんひゃくしゅつ》

ち

知恵才覚 ちえ-さいかく

[意味] 物事の道理がよく分かり、機転がきくこと。
[構成] 「知恵」は、物事の道理が分かり、適切に処理する心の働き。「才覚」は、才知があって、機転がきくこと。
[用例] 昇は所謂《いわゆる》才子で、頗《すこぶ》る智慧才覚が有ッてまた能《よ》く智慧才覚を鼻に懸ける。〈二葉亭四迷、浮雲〉
[表記] 従来は「智慧才覚」と書くのが普通であったが、現在では常用漢字の「知恵」に書き換える。
[類義語] 知恵分別《ちえふんべつ》

知恵分別 ちえ-ふんべつ

[意味] 物事の道理がよく分かり、適切に判断することのできる力。
[構成] 「知恵」は、物事の道理が分かり、適切に処理する心の働き。「分別」は、物事の道理をわきまえること。判断力。
[用例] 我々はこの智慧分別とは反対のことを行う場合がある。それを悪というだ

けだ。〈遠藤周作、沈黙〉

表記 従来は「智慧分別」と書くのが普通であったが、現在では常用漢字の「知恵」に書き換える。

類義語 知恵才覚《ちえさいかく》

治外法権　ちがいほう－けん

意味 ①外国の領土にいながら、その国の法律の適用を受けず、自国の法律に従うことを許される、国際法上の特権。②転じて、規定の範囲外。

構成 「治外法」は、国外を自国内の法で治めること。「権」は、権利。

出典 彼は則《すなわ》ち其《そ》の治外法権を申《の》べ、而《しか》して我は則ち徒《いたずら》に重法を守りて以《もっ》て自ら困《くる》しむ。〈周礼政要、諭刑〉

用例 ②それで税金もかからないのだから、治外法権も同じである。ああいうところからは、容赦なく寄附を要求せねばならぬ。〈三島由紀夫、金閣寺〉

遅疑逡巡　ちぎ－しゅんじゅん

意味 ぐずぐずして決まらず、ためらい続けること。

構成 「遅疑」は、ぐずぐずしていて決まらないこと。「逡巡」は、ためらうこと。

用例 「遅疑逡巡」か「深情け」か。その名からは判然とせぬ「居座り台風19号」の動機。列島の南から北へ、西から東へと暴風・大雨の被害を重ね広げる。〈毎日新聞、近事片々、一九九七年九月一六日〉

類義語 狐疑逡巡《こぎしゅんじゅん》・首鼠両端《しゅそりょうたん》・躊躇逡巡《ちゅうちょしゅんじゅん》・佇立低徊《ちょりつていかい》

対義語 迅速果断《じんそくかだん》・即断即決《そくだんそっけつ》

知己朋友　ちき－ほうゆう

意味 自分の心や真価を知ってくれる友人。

構成 「知己」は、自分の心や真価をよく知ってくれる人。親友。「朋友」は、友だち。

用例 江戸へ参れば知己朋友は幾人もいて、だんだん面白くなって来た。〈福沢諭吉、福翁自伝〉

注意 「己」を「已」「巳」と書くのは、誤り。

類義語 故旧新知《こきゅうしんち》・親戚故旧《しんせきこきゅう》・親戚知友《しんせきちゆう》・親戚朋友《しんせきほうゆう》

知行一致　ちこう－いっち

意味 知識と行為とに食い違いがなく、知っていて行わないことがないこと。

構成 「知行」は、知識と行為。「一致」は、食い違いがなく同じになること。

用例 知行一致の境界に住している人には、迥《はる》かに劣っている。己は此の己に酌をしてくれる芸者にも劣っている。〈森鷗外、余興〉

注意 「知行」を「ちぎょう」と読むのは、日本で「武士の領地」を意味する場合で、ここでは誤り。

類義語 知行合一《ちこうごういつ》

知行合一　ちこう－ごういつ

意味 中国、明の王陽明が唱えた学説で、知識と行為とは同一体のもので、真の知は必ず行いをともない、知っていて行わないのは真の知ではないとする説。宋の朱子学の先知後行説に対して、道徳的実践や体験による知識の確認を重視したもの。

構成 「知行」は、知識と行為。「合一」は、合わさって一つになること。

出典 理を吾が心に求むるは、此れ聖門の知行合一の教へにして、吾子《ごし》又何ぞ疑はん。〈伝習録、中〉

用例 行わないのだから、知らないのも同じだ。何事でもすべて知行合一でなければいけない。〈勝海舟、氷川清話〉

注意 「知行」を「ちぎょう」と読むのは、日本で「武士の領地」を意味する場合で、ここでは誤り。

類義語 知行一致《ちこういっち》

地水火風　ち－すい－か－ふう

意味 仏教で、宇宙万物を成り立たせる四

つの要素。

構成 大地、水、火、風の四つを並べたもの。

用例 古代の人が言った地水火風というようなことまで、しきりと彼の想像に上って来たのも、あの車の上であった。〈島崎藤村、新生〉

遅速緩急　ちそく–かんきゅう

意味 遅いか速いか、緩やかか厳しいか。

構成 「遅速」は、遅いことと速いこと。「緩急」は、緩やかなことと、厳しいこと。

用例 其《そ》の功用に遅速緩急の別ありと雖《いへ》ども、共に人身のためには欠く可《べ》からざるは同様なり。〈福沢諭吉、文明論之概略〉

類義語 前後緩急《ぜんごかんきゅう》

致知格物　ちち–かくぶつ

⇩格物致知《かくぶつちち》

用例 父子《ふし》君臣《くんしん》夫婦《ふうふ》長幼《ちょうよう》朋友《ほうゆう》の五倫を主眼として、致知格物より始めて誠意《せいい》正心《せいしん》修身《しゅうしん》治国《ちこく》平天下《へいてんか》に至る者なれば〈西村茂樹、日本道徳論〉

蟄居屏息　ちっきょ–へいそく

意味 家に閉じこもり、息をひそめて、隠世すること。

構成 「蟄居」は、虫などが地中に隠れているように、世を退いて一室に謹慎すること。「屏息」は、息をひそめて過ごすこと。

類義語 蟄居閉門《ちっきょへいもん》・閉門蟄居《へいもんちっきょ》

蟄居閉門　ちっきょ–へいもん

《閉門蟄居《へいもんちっきょ》》

意味 家に閉じこもり門を閉じて、来客や家人の出入りを止めること。

構成 「蟄居」は、虫などが地中に隠れているように、世を退いて一室に謹慎すること。「閉門」は、門を閉じて、来客や家人の出入りを止めること。江戸時代の武士に科せられた刑罰の一つ。

用例 お父御さまの蟄居閉門が一日も早く解かれるようにと、こっそりご祈願かけにほこら回りをしていらっしゃるとこういうんですよ。〈佐々木味津三、右門捕物帖、のろいのわら人形〉

類義語 蟄居屏息《ちっきょへいそく》

秩序整然　ちつじょ–せいぜん

意味 物事の順序が正しく整っていること。

構成 「秩序」は、物事の正しい順序。「整然」は、きちんと整っていること。

用例 日本、古来ノコノ日常語ガ、スベテヲ語リツクシテイル。首尾ノ一貫、秩序整然。〈太宰治、創生記〉

対義語 物情騒然《ぶつじょうそうぜん》

知徳兼備　ちとく–けんび

意味 知識と道徳をかねそなえていること。

構成 「知徳」は、知識と道徳。「兼備」は、かねそなえていること。

用例 お豊が必ずしも知徳兼備の賢婦人ならざるをも知らざるにはあらざりき。〈徳冨蘆花、不如帰〉

魑魅魍魎　ちみ–もうりょう

意味 種々の妖怪や、化け物。

構成 「魑魅」は、山林の異気から生じて、人を害する怪物。「魍魎」は、山水木石の精気から出る怪物。三歳ぐらいの幼児に似て、赤黒色で、耳が長く目が赤くて、よく人の声をまねて人をだますという。

出典 魑魅魍魎、能《よ》く旃《せん》に逢《あ》ふ。〈文選、張衡、西京賦〉

用例 畜生道の地獄の絵を、月夜に映したような怪しの姿が板戸一枚、魑魅魍魎というのであろうか、ざわざわと木の葉が戦《そよ》ぐ気色だった。〈泉鏡花、高野聖〉

類義語 悪鬼羅刹《あっきらせつ》・異類異形《いるいいぎょう》・怨霊《おんりょう》怪異《かいい》・怪力乱神《かいりょくらんしん》・牛頭馬頭《ごずめず》・狐狸妖怪《こりようかい》・山精木魅《さんせいもくみ》・妖異幻怪《よういげんかい》・妖怪変化《ようかいへんげ》

ち

ち

茶番狂言 ちゃばん－きょうげん

意味 ①ありふれたことを素材として、おもしろおかしく見せる劇。江戸時代、歌舞伎役者たちの慰労の趣向から始まったといわれる。②転じて、すぐに底の割れるような、ばかばかしい行為や物事のたとえ。茶番劇。

構成 「茶番」は、茶の準備や給仕をする役。「狂言」は、滑稽な劇。

用例 ②実に悲惨な、愚かしい茶番狂言を見ているような気がして、ああ、もう、この人も落ち目だ。〈太宰治、駆込み訴え〉

忠君愛国 ちゅうくん－あいこく

意味 君主に忠義を尽くし、国を愛し大切にすること。

構成 「忠君」は、君主に忠義を尽くすこと。「愛国」は、国を愛し大切にすること。

出典 温公は忠君愛国の心有りて、変通の術を知らず。〈南宋、陳傅良、蘇黄門の章子厚を論ずる疏に跋する文〉

用例 恋はうつくしかろ、孝もうつくしかろ、忠君愛国も結構だろう。〈夏目漱石、草枕〉

類義語 仁義忠孝《じんぎちゅうこう》・忠孝仁義《ちゅうこうじんぎ》

知勇兼備 ちゆう－けんび

意味 知恵と勇気をかねそなえていること。

構成 「知勇」は、知恵と勇気。「兼備」は、かねそなえていること。

用例 このように覚丹《かくたん》に高く評価されている源九郎は、よほど智勇兼備の名将にちがいない。〈井伏鱒二、さざなみ軍記〉

表記 従来は「智勇兼備」と書くのが普通であったが、現在では常用漢字の「知」に書き換える。

類義語 好学尚武《こうがくしょうぶ》・文武兼備《ぶんぶけんぴ》・文武両道《ぶんぶりょうどう》

忠孝仁義 ちゅうこう－じんぎ

《仁義忠孝《じんぎちゅうこう》》

意味 主君に対する忠義と親孝行、思いやりと正義。

構成 「忠孝」は、主君に忠義を尽くすことと、親に孝行を尽くすこと。「仁義」は、思いやりの心と人間としてふみ行うべき正しい道。

用例 殊に自分は児童の教員、又倫理を受け持っているので常に忠孝仁義を説かねばならず、善悪邪正を説かねばならず、〈国木田独歩、酒中日記〉

類義語 忠君愛国《ちゅうくんあいこく》

忠臣孝子 ちゅうしん－こうし

意味 忠義心に富んだ家来と、親孝行な子。心から忠誠を尽くす臣下と、よく父母に仕える子。

構成 「忠臣」は、忠義心に富んだ家来。「孝子」は、よく父母に仕えて孝行を尽くす子。

用例 したがって突拍子もない偉い人間すなわち模範的な忠臣孝子その他が世の中には現にいるという観念がどこかにあったに違ない。〈夏目漱石、文芸と道徳〉

類義語 忠臣貞女《ちゅうしんていじょ》

対義語 乱臣賊子《らんしんぞくし》

忠信孝悌 ちゅうしん－こうてい

⇩孝悌忠信《こうていちゅうしん》

用例 何となれば八犬士は仁義礼智忠信孝悌といふ形而上《けいじじょう》の性質をば、細かに解剖分析して形而下の場合に応用なし、〈坪内逍遥、小説神髄〉

忠臣貞女 ちゅうしん－ていじょ

意味 忠義心に富んだ家来と、節操の正しい女性。

構成 「忠臣」は、忠義心に富んだ家来。「貞女」は、操が正しい女性。

出典 生死終始をして一のごとくならしめ、一に以《も》って人願《じんがん》を為《な》すに足るは、是《これ》忠臣孝子の極みなり。〈荀子、礼論〉

用例 即《すなわ》ち忠臣貞女とかいうが如《ごと》きものを完全なものとして孝子は親の事、忠臣は君の事、貞女は夫の事をばかり考えていた。〈夏目漱石、教育と文芸〉
類義語 忠臣孝子《ちゅうしんこうし》

躊躇逡巡 ちゅうちょ-しゅんじゅん

意味 決心がつかず、ぐずぐずとためらうこと。
構成 「躊躇」は、ためらうこと。「逡巡」は、しりごみすること。
用例 明日の出陣も、総指揮の成田殿が亡くなれば、躊躇逡巡して沙汰止みになるのは、目にみえるようだった。〈菊池寛、仇討禁止令〉
類義語 狐疑逡巡《こぎしゅんじゅん》・首鼠両端《しゅそりょうたん》・遅疑逡巡《ちぎしゅんじゅん》・佇立低徊《ちょりつていかい》
対義語 迅速果断《じんそくかだん》・即断即決《そくだんそっけつ》

中途半端 ちゅうと-はんぱ

意味 物事が完成にまで達しないこと。どっちつかずで、徹底しないこと。
構成 「中途」は、道のなかば。「半端」は、どちらともつかないこと。
用例 彼は金持ちになるか、偉くなるか、二つのうちどっちかに中途半端な自分を片付けたくなった。〈夏目漱石、道草〉

中肉中背 ちゅうにく-ちゅうぜい

意味 普通の身長で、普通の体格であること。
構成 「中肉」は、太りすぎもせず、やせすぎもしない程よい肉づき。「中背」は、身長が高くもなく低くもないこと。
用例 三寸の中肉中背の人物で、色は黒かった。〈井上靖、射程〉

知勇弁力 ちゆう-べんりょく

意味 知恵と勇気をもって、適正に物事を判断し、処理する力。
構成 「知勇」は、知恵と勇気。「弁力」は、物事をわきまえ、適正に処理する能力。
用例 幾多の智勇弁力の徒が既に、平氏政府の敵となれる、〈芥川竜之介、木曾義仲論〉
表記 従来は「智勇弁力」と書くのが普通であったが、現在では常用漢字の「知」に書き換える。

昼夜兼行 ちゅうや-けんこう

意味 昼夜の別なく、休まずに行くこと。また、夜を日についで、仕事に従事すること。
構成 「昼夜」は、昼も夜も。「兼行」は、二日の行程を一日で行くこと。
出典 白衣をして櫓を揺《ゆ》るがしめ、商賈人《しょうこじん》の服を作り、昼夜兼行し、羽置く所の江辺の屯候《とんこう》に至り、尽《ことごと》く之《これ》を収縛《しゅうばく》す。〈三国志、呉志、呂蒙伝〉
用例 正香は二昼夜兼行でその難を遁《のが》れて来たことを半蔵の前に白状したのであった。〈島崎藤村、夜明け前〉
類義語 不眠不休《ふみんふきゅう》

忠勇義烈 ちゅうゆう-ぎれつ

意味 勇気に富み、忠義・正義の心が強く激しいこと。
構成 「忠勇」は、忠義と勇気。「義烈」は、忠義・正義の心が強く、激しいこと。
用例 忠勇義烈なる将士は今や過半万歳声裡《り》に凱歌《がいか》を奏し国民の歓喜何ものか之《これ》に若《し》かん。〈夏目漱石、吾輩は猫である〉
類義語 忠勇無双《ちゅうゆうむそう》

忠勇無双 ちゅうゆう-むそう

意味 並ぶものが無いほど、忠義の心が厚く、勇気に富んでいること。
構成 「忠勇」は、忠義と勇気。「無双」は、並ぶものがないほど優れていること。
用例 征戦以来幾万の忠勇無双の将兵は命をまとに奮戦し護国の神となりましぬ。〈阿川弘之、山本五十六〉
類義語 忠勇義烈《ちゅうゆうぎれつ》

懲悪勧善　ちょうあく－かんぜん

⇩勧善懲悪《かんぜんちょうあく》

超軼絶塵　ちょういつ－ぜつじん

意味　馬などが群れから抜け出て、非常に軽やかに速く走ること。優れた人物のたとえ。

構成　「超軼」は、なみはずれてすぐれていること。「絶塵」は、塵を絶つの意味で、塵一つ立てず、馬などが非常に軽やかに速く走ることのたとえ。

出典　是《か》くのごとき者は、超軼絶塵。其《そ》の所を知らず。〈荘子、徐無鬼〉

用例　山谷の詩を評して、超軼絶塵、独り万物の表に立つ、〈幸田露伴、芭蕉入門〉

類義語　絶類抜群《ぜつるいばつぐん》

朝雲暮雨　ちょううん－ぼう

意味　朝の雲と、夕暮れの雨。転じて、男女の契り・情交をいう。

構成　「朝雲」は、朝の雲。「暮雨」は、夕暮れの雨。

故事　「雲雨巫山《うんうふざん》」の故事欄参照。

出典　妾は巫山の陽、高丘の阻《そ》に在り。旦《あした》には朝雲と為《な》り、暮には行雨と為り、朝朝暮暮、陽台の下にあり。〈文選、宋玉、高唐の賦序〉

用例　相対して心の禅話を弄《ろう》する無し、朝雲暮雨、愁いに勝《た》えず。〈水上勉、一休〉

類義語　雲雨巫山《うんうふざん》・巫山雲雨《ふざんうんう》

朝憲紊乱　ちょうけん－びんらん

意味　国家のきまりを乱すこと。

構成　「朝憲」は、朝廷の掟。国家の法律。国法。「紊乱」は、犯しみだすこと。

用例　平民新聞は朝憲紊乱の嫌疑を以《もっ》て告発せられたり。〈木下尚江、良人の告白〉

注意　「朝憲」を「朝権」と書くのは、誤り。

類義語　風紀紊乱《ふうきびんらん》・風俗壊乱《ふうぞくかいらん》

兆載永劫　ちょうさい－ようごう

意味　仏教で、きわめて長い年月。

構成　「兆載」は、兆をもって数えるほどの歳月。「永劫」は、長久の時間。

用例　また仏様の兆載永劫の御苦労を思えば、感謝の念と衆生《しゅじょう》を哀れむ愛とが常に胸に溢《あふ》れていなくてはなりませんからな。〈倉田百三、出家とその弟子〉

注意　「永劫」を「ようごう」と読むのは、仏教用語の慣用だが、最近は「えいごう」とも読む。

類義語　千秋万歳《せんじゅうばんざい》

朝三暮四　ちょうさん－ぼし

意味　①偽って人をごまかすこと。また、目の前の利に惹《ひ》かれて、結局は同じになることに気づかない愚かしさをいう。②転じて、変わりやすく一定しないこと。③一定しないものをやりくりするところから、転じて、生計、暮らし。

構成　「朝三」は、朝に三つ。「暮四」は、夕暮れに四つ。故事欄参照。

故事　中国の春秋時代、猿を飼っていた宋《そう》の狙公《そこう》が、食料不足のとき、猿たちに「今日から朝に三つ夕方に四つのとちの実をやる」といったら怒ったので、「では、朝四つ夕方三つやろう」といって偽ったという故事による。

出典　先《ま》づ之《これ》を誑《たぶら》かして曰《い》はく、若《なんぢ》に芧《しょ》を与ふるに、朝に三にして暮には四にせん、足るか、と。衆狙《しゅうそ》皆起《た》ちて怒る。〈列子、黄帝〉

用例　①吾人は決して人の弱点を把《と》り来たりて、之《これ》に朝三暮四の満足を与えんと欲するに非ず。〈中江兆民、天事的必要人為的必要〉

類義語　三百代言《さんびゃくだいげん》・擠陥讒誣《せいかんざんぶ》

長袖善舞　ちょうしゅう－ぜんぶ

意味　長い袖の着物を着た者は、よく舞うことができる。資力のある者は、何事をなすにもなしやすいことのたとえ。

構成　「長袖」は、長い袖の衣服を着ている

人。身分の高い人や舞姫などをいう。「善舞」は、よく舞うこと。
出典 鄙諺《ひげん》に曰《い》はく、長袖《ちょうしゅう》善《よ》く舞ひ、多銭善く賈《か》ふ、と。此れ多資の工を為《な》し易きを言ふなり。〈韓非子、五蠹〉

長身痩軀　ちょうしん－そうく

《痩軀長身《そうくちょうしん》》
意味 背丈が高く、体つきがやせていること。
構成 「長身」は、背丈が高いこと。「痩軀」は、体つきがやせていること。
用例 待つ間もなく、長身痩軀の、いかにも芸術家らしいイギリス人が入って来た。〈柴田錬三郎、怪談累ケ淵、天皇屋敷〉

彫心鏤骨　ちょうしん－るこつ

意味 心に彫り付け、骨に刻みこむこと。非常に苦労して成し遂げるたとえ。特に、詩文などを苦心してみがきあげることのたとえ。
構成 「彫心」は、心に彫り付けること。「鏤骨」は、骨に刻み込むこと。
用例 彫心鏤骨の苦しみも、厭《と》い申さぬ覚悟で御座る。杉田氏も、お志をお捨てなされないで、お始めなされい。〈菊池寛、蘭学事始〉
類義語 刻苦精進《こっくしょうじん》・刻苦精励《こっくせいれい》・刻苦勉励《こっくべんれい》・粉骨砕身《ふんこつさいしん》・粒粒辛苦《りゅうりゅうしんく》

彫虫篆刻　ちょうちゅう－てんこく

意味 虫の形を彫ったり、篆書を刻んだりする。細部にこだわって飾り立てた文章表現のたとえ。
構成 「彫虫」は、虫の形を彫刻すること。「篆刻」は、篆書を彫刻すること。「篆」は、篆書で、古い漢字の字体の一つ。
出典 童子、雕虫篆刻して、俄《には》かにして曰《い》はく、壮夫は為《な》さざるなり、と。〈法言、吾子〉
用例 雕虫篆刻の技倆《ぎりょう》をふるい円機活法《えんきかっぽう》やら佩文韻府《はいぶんいんぷ》やらを切り抜き糊《のり》張り色々の事して別荘を褒《ほ》めたつるような詩人は滅多にないという世ではなし、〈幸田露伴、血紅星〉
表記 従来は「雕虫篆刻」とも書いたが、現在では常用漢字の「彫」を用いるのが普通。
類義語 金泥精描《きんでいせいびょう》

喋喋喃喃　ちょうちょう－なんなん

意味 小声でよくしゃべること。
構成 「喋喋」は、よどみなくしゃべるようす。「喃喃」は、小さな声で絶えず言うようす。
用例 代わって褥《しとね》についた振は喋々喃々、障子の外が白むまで家光に可愛がられたのであった。〈松本利明、春日局〉

丁丁発止　ちょうちょう－はっし

意味 刀などを互いに打ち合う音。また、互いに負けじと激しく議論を戦わせることのたとえ。
構成 「丁丁」は、物を続けて打ち合わせる音の形容。「発止」は、堅い物どうしが打ち当たる音の形容。
用例 山賊退治の拙い一幕だ。だんまりで演《や》れば丁々発止の竜闘虎争の息使いも渋い写実で凄かったろうに、〈織田作之助、猿飛佐助〉
表記 「丁丁発矢」「打打発止」「打打発矢」とも書く。

朝朝暮暮　ちょうちょう－ぼぼ

意味 毎朝、毎晩。いつもいつも。
構成 「朝暮」は、朝と晩。それぞれの字を重ねて、くり返しを強調したもの。
出典 旦《あした》に朝雲と為《な》り、暮れには行雨と為り、朝朝暮暮、陽台の下《もと》にあり。〈文選、宋玉、高唐の賦序〉
用例 非役の華族は己を敬する者なきを憂ひ、朝々暮々憂ひありて楽しみあることなし。〈福沢諭吉、学問のすすめ〉

類義語 常住座臥《じょうじゅうざが》・四六時中《しろくじちゅう》・日常座臥《にちじょうざが》・二六時中《にろくじちゅう》

長汀曲浦 ちょうてい-きょくほ

意味 長く伸びたなぎさと、曲がりくねった入り江。海岸の美しい景色。

構成「長汀」は、長く伸びたなぎさ。「曲浦」は、曲がりくねっている入り江。

用例 長汀曲浦五里に亙《わた》る行路の絶勝は、須臾《しゅゆ》にして長連の銀屏と化して、虹汀が彩管に擬《なぞら》ふかと疑はる。〈夢野久作、ドグラ・マグラ〉

類義語 白砂青松《はくさせいしょう》

跳梁跋扈 ちょうりょう-ばっこ

（跋扈跳梁《ばっこちょうりょう》）

意味 気ままにはね回り、のさばること。悪人などがわがもの顔に振る舞うことのたとえ。

構成「跳梁」は、おどりあがってはねる。転じて、気ままに振る舞うこと。「跋扈」は、強くてわがままにふるまうこと。のさばること。「跋」は、こえる。「扈」は、魚を取る水中の竹かご。大魚はそれをおどり越えて脱し去るのでいう。

用例 倉庫内には異様な臭気がただよっている。そして、鼠《ねずみ》が跳梁跋扈した。〈火野葦平、魔の河〉

類義語 横行闊歩《おうこうかっぽ》・横行跋扈《おうこうばっこ》・飛揚跋扈《ひようばっこ》

朝令暮改 ちょうれい-ぼかい

意味 朝、命令を出して、夕方にはそれを改め変える。むやみに命令や法律を変えることのたとえ。

構成「朝令」は、その日の朝に命令を出すこと。「暮改」は、その日の夕方に訂正すること。

出典 賦斂《ふれん》時ならず、朝に令して暮に改む。〈漢書、食貨志上〉

用例 しどろもどろの、朝令暮改。こんなものでいいのかしら。〈太宰治、古典竜頭蛇尾〉

直往邁進 ちょくおう-まいしん

意味 ひたすらに勇み立って、真っ直ぐに進んでいくこと。

構成「直往」は、一直線にひたすら進むこと。「邁進」は、勇み立って、進んでいくこと。「邁」は、勢いよく進む。

用例 直往邁進、一気に楚《そ》軍団を衝《つ》けば、潰走《かいそう》するのは必定《ひつじょう》です。〈海音寺潮五郎、孫子〉

類義語 敢為邁往《かんいまいおう》

直言極諫 ちょくげん-きょっかん

意味 思うことをはばからず言い、厳しくいさめること。

構成「直言」は、思うことをはばからずに言うこと。「極諫」は、厳しくいさめること。

類義語 侃侃諤諤《かんかんがくがく》・廷諍面折《ていそうめんせつ》・面折廷諍《めんせつていそう》

対義語 阿諛迎合《あゆげいごう》・阿諛追従《あゆついしょう》

直情径行 ちょくじょう-けいこう

意味 他人の思惑や周囲の事情などを考えずに、思うことや感情をそのまま行動に表すこと。また、そのような性格。

構成「直情」は、感情をありのままに出すこと。「径行」は、少しも遠慮せず思ったままに行うこと。「径」は、近道。転じて、直接に。

出典 直情にして径行する者有り、戎狄《じゅうてき》の道なり。〈礼記、檀弓下〉

用例 大将は思いこんだら直情径行で、果敢に断行してしまう。〈田辺聖子、新源氏物語〉

類義語 猪突猛進《ちょとつもうしん》・暴虎馮河《ぼうこひょうが》

対義語 因循姑息《いんじゅんこそく》・熟慮断行《じゅくりょだんこう》

直情真気 ちょくじょう-しんき

意味 偽りのない、本当のありのままの気持ち。

構成「直情」は、ありのままの気持ち。「真気」は、偽りのない本当の気持ち。
用例 直情真気の文、修飾して態を為《な》すことを敢《あ》えてせぬものである。〈幸田露伴、太公望〉

直截簡明 ちょくせつ-かんめい

《簡明直截《かんめいちょくせつ》》
意味 まわりくどくなく、簡潔で分かりやすいこと。
構成「直截」は、きっぱりと言い切ること。「截」は、切る。「簡明」は、簡潔で明瞭なこと。
用例 木村は直截簡明だが、心では可《か》なり同情しているらしく、眼をパチパチ屢叩《しばたた》きながら、泣き笑いに似た表情を見せた。〈久米正雄、万年大学生〉
注意「直截」を「ちょくさい」と読むのは、誤り。また、「直接」と書くのは、誤り。
類義語 簡潔明瞭《かんけつめいりょう》・簡浄素朴《かんじょうそぼく》・簡単明瞭《かんたんめいりょう》・簡明率直《かんめいそっちょく》・簡明素朴《かんめいそぼく》・単純明快《たんじゅんめいかい》

直立不動 ちょくりつ-ふどう

意味 真っ直ぐに立ち、じっとして動かないこと。また、そのような姿勢。
構成「直立」は、真っ直ぐに立つこと。「不動」は、じっとして動かないこと。
用例 やがて彼は襟を正して、直立不動の姿勢をとって、それにむかって長い挙手の礼をしました。〈竹山道雄、ビルマの竪琴〉

猪突猛進 ちょとつ-もうしん

意味 すさまじい勢いで、向こう見ずに進むこと。
構成「猪突」は、いのししのようにまっしぐらに突進すること。「猛進」は、激しい勢いで進んでゆくこと。
用例 それに今度の捜査でも間柄警部の働きはめざましかった。猪突猛進気味の肥野警部補が雪森厚夫から何かを聞きだすと、〈加賀乙彦、湿原〉
類義語 直情径行《ちょくじょうけいこう》・暴虎馮河《ぼうこひょうが》

佇立低徊 ちょりつ-ていかい

意味 ためらいのために、長い間立ちつくしたり、行きつ戻りつしたりすること。
構成「佇立」は、長い間立ち尽くすこと。「低徊」は、頭を垂れて物思いにふけりながら、行きつ戻りつすること。「低」「徊」ともに、さまよう。
用例 此の満目傷心の惨状に感慨禁ずる能《あた》わず、暫《しば》らくは焼けた材木の上を飛び飛び、余熱に煽《あお》られつつ彼方此方《かなたこなた》に佇立低徊していた。〈内田魯庵、丸善炎上の記、灰燼十万巻〉
表記「佇立低回」と書くこともあるが、本来は当て字。
類義語 狐疑逡巡《こぎしゅんじゅん》・首鼠両端《しゅそりょうたん》・遅疑逡巡《ちぎしゅんじゅん》・躊躇逡巡《ちゅうちょしゅんじゅん》

佇立瞑目 ちょりつ-めいもく

意味 目をつぶって、長い間立ちつくすこと。また、深い悲しみのために、目を閉じたままたたずむこと。
構成「佇立」は、長い間立ちつくすこと。「瞑目」は、目をつぶること。
用例 果たしてその言の如《ごと》くなったことを知った時、老聖人は佇立瞑目すること暫《しば》し、やがて潸然《さんぜん》として涙下った。〈中島敦、弟子〉
類義語 俯首流涕《ふしゅりゅうてい》

治乱興廃 ちらん-こうはい

⇩治乱興亡《ちらんこうぼう》
出典 国の治乱興廃する所以《ゆえん》、知るべきのみ。〈頼山陽、日本政記、正親町天皇論〉
用例 徳川時代のお家騒動や、一国の治乱興廃の跡を尋ねると、必ず蔭《かげ》に物凄い妖婦の手管《てくだ》がないことはない。〈谷崎潤一郎、痴人の愛〉

治乱興亡 ちらん-こうぼう

《治乱興廃《ちらんこうはい》》

意味 世の中がよく治まることと、乱れること。盛んになることと、滅びること。
構成 「治乱」は、治まることと乱れること。「興亡」「興廃」は、興ることと滅びること。
出典 嗟《あ》、夫《そ》れ治乱興亡の迹《あと》、人君たる者以《も》って鑒《かんが》みるべし。〈北宋、欧陽脩、朋党論〉
用例 余談だが、日本史の治乱興亡を通じて、なぜ天皇家が生き残ってきたかといえば、この血族信仰のおかげである。〈司馬遼太郎、国盗り物語〉
類義語 一治一乱《いっちいちらん》

沈毅雄武 ちんき-ゆうぶ

意味 気性が落ち着いていて強く、勇敢であること。
構成 「沈毅」は、落ち着いていて強いこと。「雄武」は、男らしく勇ましいこと。
用例 晴信後に信玄と号する沈毅雄武の豪傑も、齢《よわい》はまだ若かったし、〈幸田露伴、今川義元〉

沈魚落雁 ちんぎょ-らくがん

意味 魚や雁もその人の前では恥じらって、身を隠すこと。美人のたとえ。
構成 「沈魚」は、魚が水底に沈むこと。「落雁」は、雁が地上に降りること。
故事 もと、美人を見ても魚鳥は逃げるだけだとして、人間の美醜の差別を否定した『荘子』のことばに基づく。後に「鳥」が「雁」に変化し、意味も変化した。
出典 毛嬙《もうしょう》・麗姫《りき》は、人の美とする所なり。魚之《これ》を見て深く入り、鳥之を見て高く飛び、麋鹿《びろく》之を見て決驟《けっしゅう》す。四者孰《いず》れか天下の正色を知らん。〈荘子、斉物論〉
用例 桃李の唇匂やかなる、実に嬋娟《せんけん》と艶やかにして沈魚落雁羞月閉花《しゅうげつへいか》という姿に、女ながらもお月は手を突いてお村の顔に見惚《みと》れる程でございます。〈三遊亭円朝、業平文治漂流奇談〉
類義語 羞月閉花《しゅうげつへいか》

沈思黙考 ちんし-もっこう

意味 だまって深く物事を考えること。
構成 「沈思」は、思いに沈むこと。「黙考」は、だまって考えること。
用例 ひどく弱って、頭をかかえ、いよいよ腐って沈思黙考、地平は知らず、きょとんと部屋の窓の外、〈太宰治、喝采〉
類義語 三思九思《さんしきゅうし》・審念熟慮《しんねんじゅくりょ》・千思万考《せんしばんこう》

沈滞萎靡 ちんたい-いび

⇩萎靡沈滞《いびちんたい》

用例 是《これ》が為に国民の創造力や企業心を沈滞萎靡せしむることがあってはならぬのでありまして、〈林銑十郎、第七十回帝国議会施政方針演説〉

沈着冷静 ちんちゃく-れいせい

（冷静沈着《れいせいちんちゃく》）

意味 落ち着いていて、動じないこと。
構成 「沈着」は、落ち着いていること。「冷静」は、感情に動かされないこと。
用例 沈着冷静でいながら人間味も豊かな、トレヴィザンの人柄を間近かに知ることができたのである。〈塩野七生、コンスタンティノープルの陥落〉

沈痛慷慨 ちんつう-こうがい

意味 深く心に悲しみ、いきどおり嘆くこと。
構成 「沈痛」は、深く心に悲しみ痛むこと。「慷慨」は、いきどおり嘆くこと。「慷」「慨」ともに、嘆く。
用例 酒が始まってから酷《ひど》く青木は真面目に成って、沈痛慷慨な語気でもって、〈島崎藤村、春〉
注意 「慨」を「概」と書くのは、誤り。「慨」は「なげく」、「概」は、「概算」のように、「おおよそ」の意味。
類義語 慷慨激越《こうがいげきえつ》・慷慨悲憤《こうがいひふん》・慷

概憤激《こうがいふんげき》・慷慨憂憤《こうがいゆうふん》・嘆息嗟嘆《たんそくさたん》・悲歌慷慨《ひかこうがい》・悲憤慷慨《ひふんこうがい》

珍味佳肴 ちんみ－かこう

[意味] 珍しくて上等な料理。立派なごちそう。

[構成] 「珍味」は、珍しい味わいの食物・料理。「佳肴」は、おいしい食べ物。

[用例] 珍味佳肴に打ちとけの大愉快を尽くさせ給《たま》へば、髭《ひげ》むしやの鳥居さまが口から、〈樋口一葉、われから〉

[類義語] 美酒佳肴《びしゅかこう》・美味佳肴《びみかこう》・美味珍膳《びみちんぜん》

沈黙寡言 ちんもく－かげん

《寡言沈黙《かげんちんもく》》

[意味] 落ち着いていて、口数の少ないこと。

[構成] 「沈黙」は、落ち着いて口数の少ないこと。「寡言」は、無口なこと。

[用例] また二ツには、定溜《じょうだまり》の席にあって、ひたすら沈黙寡言で押し通すわけにも参らぬ。〈船橋聖一、花の生涯〉

枕流漱石 ちんりゅう－そうせき

⇩漱石枕流《そうせきちんりゅう》

つ

追善供養 ついぜん－くよう

[意味] 仏教で、死者の冥福を祈って、その霊に物を供えて祭ること。また、死者の年忌などに遺族などが仏事を営むこと。

[構成] 「追善」は、仏教で、死者の冥福を祈って、その善事・善徳を慕い追想すること。「供養」は、死者の霊に物を供えて祭ること。

[用例] 表向きは得体の知れないお文の魂のための追善供養を営むということにした。〈岡本綺堂、半七捕物帳、お文の魂〉

[注意] 「供養」を「くよう」と読むのは、仏教用語の慣用。「きょうよう」と読むのは、誤り。

痛快無比 つうかい－むひ

[意味] 比べるものがないほど、非常に愉快なこと。

[構成] 「痛快」は、きわめて愉快なこと。「無比」は、比べるものがないこと。

[用例] 重囲を突破して、千里に横行する、痛快無比の状を叙《じょ》せり。〈幸田露伴、囲碁雑考〉

痛烈無比 つうれつ－むひ

[意味] 比べるものがないほど、きわめて激しいこと。

[構成] 「痛烈」は、非常に激しいこと。「無比」は、比べるものがないこと。

[用例] ますます名人の捕り物さばきに痛烈無比な精彩を添えることになりましたから、〈佐々木味津三、右門捕物帖、曲芸三人娘〉

津津浦浦 つつ－うらうら

[意味] いたる所の津や浦。国中いたる所。国のすみずみまで。

[構成] 「津」は、港。「浦」は、海岸。それぞれの字を重ねて、数が多いことを強調したもの。

[用例] 大御所病む、の悲報は、千代田城内はおろか江戸中に、全国津々浦々にも衝撃を与えた。〈松本利明、春日局〉

[注意] 「つづうらうら」とも読む。

て

低徊趣味　ていかい－しゅみ

意味　世俗の雑事から逃れ、ゆったりと余裕ある気分で人生を眺め、東洋的な詩的境地に遊ぼうとする処世態度。夏目漱石が、「草枕」や、高浜虚子の「鶏頭」の序文で提唱した文学観。

構成　「低徊」は、頭を垂れて物思いにふけりながら、行きつ戻りつすること。転じて、一つの事柄を考える時、突き詰めることはせず、余裕のある態度で、いろいろと考えめぐらすこと。「低」「徊」ともに、さまよう。「趣味」は、ここでは、好み。傾向。

用例　すでに、あたりは黄昏《たそがれ》はじめ、東の空に宵の月がかかっている。光秀は低徊趣味のある男だ。〈司馬遼太郎、国盗り物語〉

表記　「低回趣味」と書くこともあるが、本来は当て字。

亭主関白　ていしゅ－かんぱく

意味　夫が家の中で、絶対の権力を握っていること。

構成　「亭主」は、夫。「関白」は、もと、中古に天皇を補佐し政務を執行した最高の位。転じて、威力・権力の最も強い者。

用例　姉の亡夫は、伯母のそれとちがって、亭主関白ではなかった。二人は、よく愛し合った夫婦だった。〈獅子文六、娘と私〉

用法　批判的な意味で用いられることが多い。

貞操観念　ていそう－かんねん

意味　女性は肉体的純潔を保って、堅い操を守らなければいけないという考え方。

構成　「貞操」は、女性の変わらないかたい節操。肉体的純潔を保つこと。「観念」は、物事に対する考え。

用例　ノブ子の純日本式貞操観念を理解する事が出来ず、一種のヒステリーと考えましたらしく、〈夢野久作、暗黒公使〉

注意　「観」を「勧」「歓」と書くのは、誤り。「観」は「みる」、「勧」は「すすめる」、「歓」は「よろこぶ」の意味。

廷諍面折　ていそう－めんせつ

《面折廷諍《めんせつていそう》》

意味　君主の面前で政治上のことなどについて争いいさめること。

構成　「廷諍」は、朝廷などの、多数の面前で、君主の非を強くいさめること。「廷」は、朝廷。「諍」は、いさめる。「面折」は、面と向かって、人の過失・欠点を責めること。

出典　面折廷諍するに于《お》いては、臣、君に如《し》かず。〈後漢書、王陵伝〉

表記　「廷争面折」と書くこともあるが、本来は当て字。

類義語　侃侃諤諤《かんかんがくがく》・直言極諫《ちょくげんきょっかん》

低頭平身　ていとう－へいしん

⇩平身低頭《へいしんていとう》

用例　江戸の昔、或《あ》る有名な侠客《きょうかく》は、ボロボロの百姓おやじに訪問を受けた時、わざわざ土間に降りて、低頭平身して挨拶《あいさつ》をした。〈夢野久作、東京人の堕落時代〉

丁寧懇切　ていねい－こんせつ

⇩懇切丁寧《こんせつていねい》

用例　それがまことに丁寧懇切をきわめたやり方だったので、娘も、これなら首くくりや身投げの必要もあるまいと、〈石坂洋次郎、石中先生行状記〉

程門立雪　ていもん－りっせつ

意味　弟子が師を厚く尊重すること。

構成「程門」は、北宋の学者・程頤《いてい》の家の門。「立雪」は、雪が積もること。故事欄参照。

故事 北宋の游酢《ゆうさく》と楊時《ようじ》が始めて伊川《いせん》先生（程頤）に面会した時、伊川が目をつぶって座っていたので二人はその場に立ったままで去らないでいた。やがて伊川が目を開けてそのことに気づき、帰ってよいと告げた時には、門の外に雪が一尺も積もっていたという故事による。

出典 伊川瞑目《めいもく》して坐《ざ》す。二子侍《じ》す。既に覚めて曰《い》はく、尚《な》ほ此に在るや、且《しばら》く休まん、と。門を出《い》づれば、門外雪深きこと一尺なり。〈朱子語類〉

手枷足枷 てかせ-あしかせ

意味 手にはめる刑具と、足にはめる刑具。自由な行動を厳しく束縛するもののたとえ。

構成「枷」は、罪人をこらしめる刑具で、「手枷」は手にはめる刑具、「足枷」は足にはめる刑具。

用例 幾時代かの伝習はその抗しがたい手枷足枷で女を捉《とら》えた。そして、この国の女を変えた。〈島崎藤村、夜明け前〉

類義語 檻猿籠鳥《かんえんろうちょう》・自縄自縛《じじょうじばく》・楚囚南冠《そしゅうなんかん》・籠鳥檻猿《ろうちょうかんえん》

適材適所 てきざい-てきしょ

意味 ある仕事に適した才能のあるものを、そのものにふさわしい地位に就けること。

構成「適材」は、ふさわしい人材。「適所」は、ふさわしい場所。

出典 専ら適才を適所に任ずるを以《もっ》て目的と為《な》す。〈清国行政法汎論、中央官庁〉

「才」は、「材」と同じ。

用例 適切な協力の方法が考えられなかっただろうか？……人間には、適材適所ってことがある〈安部公房、砂の女〉

適者生存 てきしゃ-せいぞん

意味 外界の状態に適合する生物は繁栄し、そうでないものは自然に絶滅すること。イギリスのスペンサーによって提唱され、ダーウィンの『種の起源』に見える考え方。

構成「適者」は、その事に当たるのにうまくあてはまるもの。「生存」は、生き残ること。

用例 適者生存とかいう学問上の言葉を、一番手っ取り早く説明するのは電車の昇降であるが、それにしても東京のはあまり極端である。〈夢野久作、街頭から見た新東京の裏面〉

類義語 自然淘汰《しぜんとうた》

擲身報国 てきしん-ほうこく

意味 一身をなげうって国家のために尽くすこと。

構成「擲身」は、身をなげうつこと。「擲」は、なげうつ。「報国」は、国家のために尽くすこと。

用例 擲身報国は官吏たるものの一特権だが、木村さんのようなまじめな信者にしこたま金を造ってもらわんじゃ、〈有島武郎、或る女〉

類義語 蹇蹇匪躬《けんけんひきゅう》・七生報国《しちしょうほうこく》・尽忠報国《じんちゅうほうこく》・報国尽忠《ほうこくじんちゅう》

敵前逃亡 てきぜん-とうぼう

意味 敵陣の前で逃げ出すこと。

構成「敵前」は、敵のいる前。「逃亡」は、逃げて姿を隠すこと。

用例 それが恐怖のためか他の理由によるものかはわからないが、とにかく、この敵前逃亡によって柳は完璧に内藤に敗れたのだ。〈沢木耕太郎、一瞬の夏〉

徹骨徹髄 てっこつ-てつずい

意味 心の奥底にしみ込むこと。また、物事の底の底まで達すること。

構成「骨髄に徹す」という句を四字熟語

にして、強調したことば。骨や髄にまで達すること。

用例 人間は吾が身が怖ろしい悪党であると云《い》う事実を徹骨徹髄に感じた者でないと苦労人とは云えない。〈夏目漱石、吾輩は猫である〉

注意 「徹」を「撤」と書くのは、誤り。「徹」は「貫き通す」、「撤」は、「撤回」のように、「取り除く」の意味。

鉄心石腸 てっしん-せきちょう

意味 意志が鉄石のように堅くて、容易には動かすことのできないこと。意志の強いことのたとえ。

構成 「鉄心」は、鉄のように意志の強固な心。「石腸」は、石のように意志の強固な心。

出典 僕、本より鉄心石腸を以《もっ》て公を待つ。〈北宋、蘇軾、李公択に与ふる書〉

用例 汝は状《かた》ち豆よりも小なれども鉄心石腸万鈞《ばんきん》より重し。〈内田魯庵、社会百面相、矮人巨人〉

類義語 意志堅固《いしけんご》・確乎不動《かっこふどう》・確乎不抜《かっこふばつ》・鉄腸強胆《てっちょうごうたん》・不昧不落《ふまいふらく》・不落不昧《ふらくふまい》

鉄腸強胆 てっちょう-ごうたん

意味 鉄のように堅く強い心。

構成 「鉄腸」は、鉄の腸。非常に堅く容易には動かすことのできない心。「強胆」は、強い胆。強い心。

用例 実に三人の命は風前の灯火の如《ごと》くであります。流石《さすが》に鉄腸強胆な文治も、思わず声を挙げまして、〈三遊亭円朝、後の業平文治〉

類義語 意志堅固《いしけんご》・確乎不動《かっこふどう》・確乎不抜《かっこふばつ》・鉄心石腸《てっしんせきちょう》・不昧不落《ふまいふらく》・不落不昧《ふらくふまい》

徹頭徹尾 てっとう-てつび

意味 初めから終わりまで。残らず。

構成 「頭尾を徹す」という句を四字熟語にして強調したことば。頭から尾まで貫くこと。

出典 誠は物の終始とは、猶《な》ほ俗に徹頭徹尾と言ふがごとし。〈程子、中庸解〉

用例 野だの云《い》う事は言語はあるが意味がない、漢語をのべつに陳列するぎりで訳が分からない。分かったのは徹頭徹尾賛成致しますと云う言葉だけだ。〈夏目漱石、坊っちゃん〉

注意 「徹」を「撤」と書くのは、誤り。「徹」は「貫き通す」、「撤」は、「撤回」のように、「取り除く」の意味。

類義語 一伍一什《いちごいちじゅう》・一部始終《いちぶしじゅう》

手練手管 てれん-てくだ

意味 思うままに人をだます手立て。

構成 「手練」も「手管」も、ともに人をだます巧みな手際。

用例 女の方にも手練手管があるように、山にもいろいろな見せかけがあるそうだ。〈尾崎士郎、人生劇場風雲篇〉

類義語 虚虚実実《きょきょじつじつ》・譎詐百端《けっさひゃくたん》・権謀術策《けんぼうじゅっさく》・権謀術数《けんぼうじゅつすう》・反間苦肉《はんかんくにく》

天衣無縫 てんい-むほう

（無縫天衣《むほうてんい》）

意味 天女の着ている衣服は縫い目がなく、自然に作られていてすばらしいこと。詩文などが、ごく自然に作られて巧みなことのたとえ。また、人柄が飾り気がなく、純真で無邪気なことのたとえ。

構成 「天衣」は、天上界の人が着ている衣服。「無縫」は、縫い目がないこと。

出典 仰ぎて空中を視る。人有り冉冉《ぜんぜん》として下りて曰《い》はく、吾は天上の織女なり、と。徐《おもむ》ろに其《そ》の衣を視るに、並びに縫《ほう》無し。〈霊怪録、郭翰〉

用例 さすがの御老人も、天衣無縫の将軍家に、その急所弱所を見破られて謂《い》わば奮起一番、筆を洗ってその名文をお書き

はじめになったのではあるまいか、〈太宰治、右大臣実朝〉

類義語 天真爛漫《てんしんらんまん》・天真流露《てんしんりゅうろ》

天涯孤独 てんがい-こどく

意味 この世に一人も身寄りがなく、ひとりぼっちであること。

構成 「天涯」は、空の果て。また、はるかに遠いところ。ここでは、この世の果て。「孤独」は、ひとりぼっちであること。

用例 その背後姿は、天涯孤独の寒々とした感じだった。〈井上靖、あすなろ物語〉

類義語 鰥寡孤独《かんかこどく》・三界無宿《さんがいむしゅく》

天下一品 てんか-いっぴん

意味 この広い世界に比べるものがないほどの品物。最高の品物や人物。

構成 「天下」は、全世界。また、全国。「一品」は、ただ一つしかない品。優れた品物・人物のたとえ。

用例 世阿弥《ぜあみ》の能楽に関する著書など、いわゆる文章としてはずいぶん奇妙なものであるが、しかしまた実に天下一品の名文だと思うのである。〈寺田寅彦、科学と文学〉

用法 食物・技量などを大げさにほめる場合に用いられることが多い。

類義語 海内無双《かいだいむそう》・国士無双《こくしむそう》・天下第一《てんかだいいち》・天下無双《てんかむそう》・天下無敵《てんかむてき》・天下無類《てんかむるい》・当代第一《とうだいだいいち》・当代無双《とうだいむそう》

天涯万里 てんがい-ばんり

意味 空の果てのように、はるかに遠いこと。

構成 「天涯」は、空の果て。また、はるかに遠いところ。「万里」は、きわめて距離の遠いこと。「里」は、昔の距離の単位。

用例 天涯万里という言葉をそのまま宛て嵌《は》め得るような遠い旅路の末に、〈島崎藤村、海へ〉

類義語 一望千里《いちぼうせんり》・波濤万里《はとうばんり》・平沙万里《へいさばんり》・沃野千里《よくやせんり》

天下国家 てんか-こっか

意味 全世界、一国全体。また、それにかかわる大きなこと。

構成 「天下」は、全世界。また、全国。「国家」は、一国全体。

用例 酔って天下国家を論ずるか。安さん、きょうは、ぼく、酔っぱらうぜ。〈山本有三、路傍の石〉

天下御免 てんか-ごめん

意味 無理なことでも実行することを公然と許されていること。世間一般に公認されていること。

構成 「天下」は、全世界。また、全国。「御免」は、許す。許される。容赦。

用例 百姓でも町人でも、かたき討ちは天下御免だ。〈岡本綺堂、半七捕物帳、吉良の脇指〉

類義語 世間周知《せけんしゅうち》・天下周知《てんかしゅうち》

天下周知 てんか-しゅうち

意味 世間一般に知れわたっていること。

構成 「天下」は、全世界。また、全国。「周知」は、よく知れわたること。

用例 上様の御実子は天下周知であり、御実母お鯉《こい》の方は大奥第一の権勢者でありながら、なぜ正式御対面の儀がないのか。〈川口松太郎、新吾十番勝負〉

類義語 世間周知《せけんしゅうち》・天下御免《てんかごめん》

天下周遊 てんか-しゅうゆう

意味 世界中、または全国をあまねく旅行すること。

構成 「天下」は、全世界。また、全国。「周遊」は、あまねく旅行すること。

用例 そういう積もりで孔子は天下周遊の旅に出たのである。〈中島敦、弟子〉

類義語 諸国漫遊《しょこくまんゆう》・武者修行《むしゃしゅぎょう》

天下蒼生 てんか-そうせい

意味 国中の人民。万民。

構成「天下」は、全世界。また、全国。「蒼生」は、人民。
出典 天下蒼生を誤る者は、未だ必ずしも此人《しじん》に非《あら》ずんばあらざるなり。〈晋書、王衍伝〉
用例 孔子が嘆じたのは天下蒼生の為《ため》だったが、子路の泣いたのは天下の為ではなく孔子一人の為である。〈中島敦、弟子〉
類義語 蒼生万民《そうせいばんみん》・天下万民《てんかばんみん》

天下第一 てんか-だいいち

意味 全世界、または全国に並ぶものがないほど、優れていること。
構成「天下」は、全世界。また、全国。「第一」は、最高。
用例 趙《ちょう》の邯鄲《かんたん》の都に住む紀昌《きしょう》という男が、天下第一の弓の名人になろうと志を立てた。〈中島敦、名人伝〉
類義語 海内無双《かいだいむそう》・国士無双《こくしむそう》・天下一品《てんかいっぴん》・天下無双《てんかむそう》・天下無敵《てんかむてき》・天下無類《てんかむるい》・当代第一《とうだいだいいち》・当代無双《とうだいむそう》

天下太平 てんか-たいへい

（天下平泰《てんかへいたい》）
意味 世の中がよく治まって平和なこと。
構成「天下」は、全世界。また、全国。「太平」「平泰」は、きわめて安らかなこと。平和。
出典 言ひて之《これ》を履《ふ》むは、礼なり。行ひて之を楽しむは楽なり。君子は此の二者を力《つと》めて、以《もっ》て南面して立つ。夫《そ》れ是《ここ》を以て天下太平なるなり。〈礼記、仲尼燕居〉
用例 それじゃ天下太平なものでありそうだのに、やっぱり夫婦喧嘩も兄弟喧嘩もありました。〈夏目漱石、創作家の態度〉
表記「天下泰平」とも書く。
類義語 安穏無事《あんのんぶじ》・千里同風《せんりどうふう》・太平無事《たいへいぶじ》・天下治平《てんかちへい》・万民太平《ばんみんたいへい》・無事太平《ぶじたいへい》
対義語 天下多事《てんかたじ》

天下多事 てんか-たじ

意味 多くの事件が起こり、世の中が不穏で騒々しいこと。
構成「天下」は、全世界、また、全国。「多事」は、さまざまな事件が起こり、平穏でないこと。
用例 抽斎《ちゅうさい》は天下多事の日に際会《さいかい》して、書偶《たまたま》政事に及び、武備に及んだが、此《か》くの如《ごと》きは固《もと》より其《そ》の本色では無かった。〈森鷗外、渋江抽斎〉
類義語 海内紛擾《かいだいふんじょう》・狂瀾怒濤《きょうらんどとう》・混迷乱擾《こんめいらんじょう》
対義語 天下太平《てんかたいへい》

天下治平 てんか-ちへい

意味 世の中がたいへん平和なこと。
構成「天下」は、全世界。また、全国。「治平」は、よく治まって平和なこと。
用例 関が原の一戦で勝つに及んで、天下治平の機運は熟した。〈幸田露伴、今川義元〉
類義語 安穏無事《あんのんぶじ》・千里同風《せんりどうふう》・太平無事《たいへいぶじ》・天下太平《てんかたいへい》・天下平泰《てんかへいたい》・万民太平《ばんみんたいへい》・無事太平《ぶじたいへい》

天下万民 てんか-ばんみん

意味 世の中のあらゆる人民。
構成「天下」は、全世界。また、全国。「万民」は、あらゆる人民。
用例「天下万民の道徳をただす」というところに信長の気持ちがあるにしても、そのしつこさは世の常とはいえない。〈司馬遼太郎、国盗り物語〉
類義語 蒼生万民《そうせいばんみん》・天下蒼生《てんかそうせい》

天下平泰 てんか-へいたい

⇩天下太平《てんかたいへい》
用例 先秦《せんしん》学を滅ぼしてより丘墓《きゅうぼ》に蔵され、天下平泰にして其《そ》の潜書を発す、〈幸田露伴、太公望〉

天下無双 てんか－むそう

⇩天下無敵《てんかむてき》

出典 李広の才気、天下無双なり。自ら其《そ》の能を負《たの》み、数《しばしば》虜《えびす》と敵戦す。〈史記、李将軍伝〉

用例 当今天下無双の強者と申すは、いづくの国の大将でござらうぞ。〈芥川竜之介、きりしとほろ上人伝〉

天下無敵 てんか－むてき

《天下無双《てんかむそう》・天下無類《てんかむるい》》

意味 世の中に並ぶものがないほど優れていること。

構成 「天下」は、全世界。また、全国。「無敵」「無双」「無類」は、匹敵するものがいないこと。

用例 三ヶ津の総芸頭とまで、讃《たた》えられた坂田藤十郎は傾城買の上手として、やつしの名人としては天下無敵の名を擅《ほしいまま》にしていた。〈菊池寛、藤十郎の恋〉

類義語 海内無双《かいだいむそう》・国士無双《こくしむそう》・天下一品《てんかいっぴん》・天下第一《てんかだいいち》・当代第一《とうだいだいいち》・当代無双《とうだいむそう》

天下無類 てんか－むるい

⇩天下無敵《てんかむてき》

用例 左近は天下無類の剣客。時に至らばお上に弓引く輩《やから》を斬る。〈五味康祐、如月剣士〉

天空海闊 てんくう－かいかつ

《海闊天空《かいかつてんくう》》

意味 ①空や海がどこまでも広々としていること。②転じて、性格・気質がからりとしていて、何のわだかまりもないこと。

構成 「天空」は、空がからりと晴れ上がってどこまでも広いこと。「海闊」は、海が広々として果てしないこと。「闊」は、広い。

出典 海闊は魚の躍るに従ひ、天空は鳥の飛ぶに任す。〈清、沈勇、古今詩話〉

用例 ①人間とは天空海濶の世界を、我からと縮めて、己れの立つ両足以外には、どうあっても踏み出せぬように、小刀細工で自分の領分に縄張りをするのが好きなんだと断言せざるを得ない。〈夏目漱石、吾輩は猫である〉

表記 「闊」の代わりに異体字の「濶」を書くこともあるが、現在では、印刷物などでは「闊」を用いるのが普通。

類義語 自由闊達《じゆうかったつ》

電光石火 でんこう－せっか

意味 稲妻と、石を打ち合わせたときに出る光。非常に速いことのたとえ。

構成 「電光」は、稲光。「石火」は、石を打ち合わせたときに出る光。

出典 此の事、石火を撃つがごとく、電光を閃《ひら》めかすに似たり。〈五灯会元〉

用例 性格からいえば信長は、その軍を行《や》ること電光石火で、なにごとにつけ激しい男だ。〈司馬遼太郎、国盗り物語〉

用法 「電光石火のごとく」「電光石火に」の形で、迅速なようすをいうことが多い。

類義語 疾風迅雷《しっぷうじんらい》・疾風怒濤《しっぷうどとう》・紫電一閃《しでんいっせん》

電光朝露 でんこう－ちょうろ

意味 稲妻と、朝の露。きわめてはかないもののたとえ。

構成 「電光」は、稲光。「朝露」は、朝の露。

用例 電光朝露の世の形見にせむと、心を尽して描き初めしが、如何《いか》なる故にかありけむ、その亡骸《なきがら》みるみるうちに壊乱して、〈夢野久作、ドグラ・マグラ〉

類義語 槿花一日《きんかいちじつ》・槿花一朝《きんかいっちょう》・黄粱一炊《こうりょういっすい》・人生朝露《じんせいちょうろ》・飛花落葉《ひからくよう》

天災地変 てんさい－ちへん

意味 天地の起こす災い。暴風・地震・落

雷・洪水などの災害。
構成「天地災変」の「地」と「災」とを入れ替えた表現。「天地」は、自然。「災変」は、わざわい。
出典 加ふるに比年《ひねん》以来、天災地変、都《す》べて秦涼《しんりょう》に在り。〈魏書、崔浩伝〉
用例 不吉な鬼気がただよい、おそろしい天災地変でも起こるのではなかろうかと、ひそかに懸念していた苦労性の人も無いわけではなかったのでございますが、〈太宰治、右大臣実朝〉
類義語 天変地異《てんぺんちい》

天資英邁 てんし-えいまい

意味 生まれつき、才知が非常に優れていること。
構成「天資」は、生まれつきの性質。「英邁」は、他に比べて、才知が非常に優れていること。「邁」は、ここでは、人より優れる。
用例 王の年長ずるに及びて天資英邁、よく祖先の遺業を承けて国内を威服したるのみならず、〈福沢諭吉、文明論之概略〉
類義語 英姿颯爽《えいしさっそう》・英邁闊達《えいまいかったつ》・英明闊達《えいめいかったつ》

転瞬倏忽 てんしゅん-しゅっこつ

意味 きわめて短い時間。
構成「転瞬」は、まばたきをすること。「瞬」は、まばたき。「倏忽」は、たちまち。「倏」「忽」ともに、たちまち。転じて、きわめて短い間。
用例 机の上の書類を取って懐《ふところ》に入れる。長押《なげし》から中折れの帽を取って被《かむ》るのである。転瞬倏忽の間に梯子段《はしごだん》を降りるのである。〈森鷗外、青年〉
注意「倏忽」は、「しゅくこつ」とも読む。

天井桟敷 てんじょう-さじき

意味 劇場で、後方最上階の下等な席。舞台から最も遠い席なので、演技が見づらいうえに、台詞も聞き取りにくいが、見巧者《みこうじゃ》が多く集まるところ。
構成「天井」は、屋根裏を隠すために部屋の上部に太い桟を方形に組み、板を張ったもの。「桟敷」は、左右に一段高くした見物席。
用例 天井桟敷で聞く音も、そこで聞こえる本当の音であることでは、平土間で聞く音と何のかわりもない。〈大森荘蔵、真実の百面相〉

天壌無窮 てんじょう-むきゅう

意味 天地とともに、永久にきわまりのないこと。
構成「天壌」は、天と地。「壌」は、土。「無窮」は、きわまりのないこと。永遠であること。
出典 宝祚《ほうそ》の隆、当《まさ》に天壌と窮《きは》まり無かるべき者なり。〈日本書紀、神代紀下〉
用例 万邦に比類なき天壌無窮の民は、さまざまな怪力乱神にとりすがっていた。〈開高健、青い月曜日〉
注意「壌」を「譲」と書くのは、誤り。「壌」は「つち」、「譲」は、「譲渡」のように、「ゆずる」の意味。
類義語 天地長久《てんちちょうきゅう》・天長地久《てんちょうちきゅう》

転生輪回 てんしょう-りんね

⇩輪回転生《りんねてんしょう》
用例 仏説に転生輪回と云《い》う事がある。だから貉《むじな》の魂も、もとは人間の魂だったかも知れない。〈芥川竜之介、貉〉

天神地祇 てんじん-ちぎ

意味 天上にいる神々と大地に住む神々。
構成「天神」は、天の神々。昊天上帝《こうてんじょうてい》を主とする。「地祇」は、大地の神々。后土《こうど》を主とする。
用例 凡民に至るまで、いずれも日本国の天神地祇の御裔《みすえ》なりという有り難さを言わず説かずに悟らしむるの道なり。〈南方熊楠、神社合祀に関する意見〉
注意「てんしんちぎ」とも読む。

天人冥合　てんじん－めいごう

意味 天の意志と人の言行とが、知らず知らずのうちに一致すること。人の言行の善悪に応じて、天が禍福を降すという考え方による。

構成「天人」は、天と人。また、天意と人道。「冥合」は、知らず知らずのうちに一致すること。

天真瀾漫　てんしん－らんまん

意味 生まれつきの素直な心そのままで、包み隠しのないこと。無邪気で屈託のないこと。

構成「天真」は、天から与えられた純粋な性質。「瀾漫」は、喜びの情があふれるようす。

出典 嘗《かつ》て自ら一幅を写すに長さ丈余、高さ五寸許《ばか》りなるべし。天真爛漫、物表に超出す。〈明、陶宗儀、輟耕録、狷潔〉

用例 自分にはそれが天真爛漫の子供らしく見えたり、または玉のように玲瓏《れいろう》な詩人らしく見えたりした。〈夏目漱石、行人〉

表記「天真爛漫」とも書く。

類義語 天衣無縫《てんいむほう》・天真流露《てんしんりゅうろ》・無縫天衣《むほうてんい》

天真流露　てんしん－りゅうろ

意味 生まれつきの素直な心そのままに、自然のままの姿があらわれ出ていること。

構成「天真」は、天から与えられた純粋の性質。「流露」は、奥底まで表れ見えること。「露」は、ここでは、あらわにする。

用例 殊に時雄が最も厭《いや》に感じたのは、天真流露という率直なところが微塵《みじん》もなく、〈田山花袋、蒲団〉

類義語 天衣無縫《てんいむほう》・天真瀾漫《てんしんらんまん》・無縫天衣《むほうてんい》

転戦千里　てんせん－せんり

意味 はるか遠く、あちこちと移りながら戦うこと。

構成「転戦」は、あちこちと移りながら戦うこと。「千里」は、はるかに遠いたとえ。「里」は、昔の距離の単位。

用例 転戦千里、矢尽き道窮まるに至るも尚《なお》全軍空弩《くうど》を張り、白刃を冒《おか》して死闘している。〈中島敦、李陵〉

類義語 遠御長駕《えんぎょちょうが》・懸軍長駆《けんぐんちょうく》・懸軍万里《けんぐんばんり》

恬淡寡欲　てんたん－かよく

意味 心静かで無欲なこと。あっさりしていて、物事に執着しないこと。

構成「恬淡」は、あっさりしていて、心静かで無欲なようす。「恬」は、あっさりしている。「寡欲」は、欲が少ないこと。「寡」は、少ない。

表記 従来は「恬淡寡慾」と書くのが普通であったが、現在では常用漢字の「欲」に書き換える。

類義語 無欲恬淡《むよくてんたん》・無欲無私《むよくむし》

対義語 貪欲吝嗇《どんよくりんしょく》

天地開闢　てんち－かいびゃく

意味 天と地ができて、世界が開け始めること。世界の初め。

構成「天地」は、天と地。「開闢」は、開き分かれること。古代中国では、もと天と地は一つで混沌としていたが、やがて二つに分かれてできあがったと考えられた。

用例 このパラドックスを道破した者は天地開闢以来吾が輩のみであろうと考えると、自分ながら満更《まんざら》な猫でもないと云《い》う虚栄心も出るから、〈夏目漱石、吾輩は猫である〉

類義語 開闢草昧《かいびゃくそうまい》・天地晦冥《てんちかいめい》・天地混沌《てんちこんとん》

天地晦冥　てんち－かいめい

意味 天と地が暗闇に覆われていること。

世界が暗黒であること。
構成「天地」は、天と地。「晦冥」は、暗闇。「晦」「冥」ともに、暗い。
用例「すなわち高天原《たかまのはら》皆暗く、葦原中国《あしはらのなかつくに》ことごとに闇《くら》し」というのも、噴煙降灰による天地晦冥の状を思わせる。〈寺田寅彦、神話と地球物理学〉
類義語 開闢草昧《かいびゃくそうまい》・天地開闢《てんちかいびゃく》・天地混沌《てんちこんとん》

天地玄黄 てんち-げんこう

意味 ①天の色が黒で、地の色が黄であること。天と地の正しい色をいう。古来、文字の教科書として重用されてきた『千字文《せんじもん》』の最初にある句。②転じて、天地。宇宙。
構成「天玄地黄」の「玄」と「地」とを入れ替えた表現。「玄」は、黒。
出典 文言に曰《い》はく、夫《そ》れ玄黄とは、天地の雑なり。天は玄にして地は黄なり、と。〈易経、坤〉
用例 ②なるほど天地玄黄を三寸裏に収めるほどの霊物だけあって、到底吾が輩の手に合わない、〈夏目漱石、吾輩は猫である〉

天地混沌 てんち-こんとん

意味 天地がまだ分離していない、不分明な状態。世界の原初のようす。
構成「天地」は、天と地。世界。「混沌」は、世界の初め、万物がまだ形成されていない不分明な状態。
出典 天地を洞同《どうどう》し、渾沌として樸《ぼく》を為《な》す。〈淮南子、詮言訓〉
用例 天地渾沌として日月も未だ成らざりし先高天原《たかまがはら》に出現ましませしに因《よ》りて、〈尾崎紅葉、金色夜叉〉
表記 従来は「天地渾沌」とも書いたが、現在では常用漢字の「混」を用いるのが普通。
類義語 開闢草昧《かいびゃくそうまい》・天地開闢《てんちかいびゃく》・天地晦冥《てんちかいめい》

天地神明 てんち-しんめい

意味 天地のあらゆる神々。
構成「天地」は、天と地。「神明」は、神々。
用例 天地神明に誓っても、深芳野《みよしの》を、常人一人分の心と体をもって愛していることは、〈司馬遼太郎、国盗り物語〉
用法「天地神明に誓って」「天地神明に賭《か》けて」などの形で、決してうそはつかないという場面で用いられることが多い。

天地長久 てんち-ちょうきゅう

⇩天長地久《てんちょうちきゅう》

天地万象 てんち-ばんしょう

⇩天地万物《てんちばんぶつ》
用例 造物主は天地万象を造りて私なし。〈坪内逍遥、小説神髄〉

天地万物 てんち-ばんぶつ

《天地万象《てんちばんしょう》・天地万有《てんちばんゆう》》
意味 この世の中に存在するあらゆる現象・事物。
構成「天地」は、天と地。この世の中。「万物」「万象」「万有」は、天地に存在するありとあらゆるもの。「象」は、ここでは、形。「有」は、ここでは、存在するもの。
用例 究理学とは天地万物の性質を見てその働きを知る学問なり。〈福沢諭吉、学問のすすめ〉

天地万有 てんち-ばんゆう

⇩天地万物《てんちばんぶつ》
用例 天地万有は神が作ったそうな、して見れば人間も神の御製作であろう。〈夏目漱石、吾輩は猫である〉

天長地久 てんちょう-ちきゅう

《天地長久《てんちちょうきゅう》》
意味 天地が永久に尽きないこと。天地が永遠であること。

構成 漢文訓読では、「天は長く地は久し」と読む。「天長」は、天の悠久なこと。「地久」は、大地が永久に存在すること。また、「天地長久」の真ん中二文字を入れ替えた表現とも説明できる。

出典 天は長く地は久し。天地の能《よ》く長く且つ久しき所以《ゆゑん》の者は、其《そ》の自ら生きざるを以て、故に能く長生す。〈老子、七〉

用例 流鏑馬《やぶさめ》に使う二メートル近い弓と鏑矢《かぶらや》を贈り、木箱に「天長地久の鏑矢」と墨痕《ぼっこん》鮮やかにしたためた。「邪悪なものを退治し、恒久平和を祈るという意味を込めて」弓矢の贈り物になったという。〈毎日新聞、余録、二〇〇二年二月一九日〉

類義語 天壌無窮《てんじょうむきゅう》

点滴穿石 てんてき-せんせき

《水滴石穿《すいてきせきせん》》

意味 したたり落ちる水のしずくが固い石に穴をあける。小さな力でも根気よく続ければ、大きなことを成し遂げることができることのたとえ。

構成 漢文訓読では、「点滴石を穿《うが》つ」「水滴りて石穿たる」と読む。「点滴」「水滴」は、したたり落ちるしずく。「穿石」「石穿」は、石に穴をあけること。「穿」は、穴をあける。

用法 「点滴石を穿《うが》つ」という訓読した形で用いられることが多い。

輾転反側 てんてん-はんそく

意味 眠れないで、何度も寝返りを打つこと。もと、恋しい人のことを思って眠れないようす。

構成 「輾転」も「反側」も、寝返りを打つこと。「輾」は、半転。「転」は、一回転。

出典 之《これ》を求むれども得ず、寤寐《ごび》思服《しふく》す。悠なるかな悠なるかな、輾転反側す。〈詩経、周南、関雎〉

用例 横になりはしたがいつまでも寝つかれないで二時近くまで言葉どおりに輾転反側しつつ、〈有島武郎、或る女〉

注意 「輾転」を「転転」と書くのは、誤り。

天然自然 てんねん-しぜん

《自然天然《しぜんてんねん》》

意味 人の手の加わらない、本来のままの状態。また、ひとりでに物事が起こること。

構成 「天然」も「自然」も、人為の加わらない、天がつくったあるがまま。

用例 僕はこれで天然自然のつもりなんですからね。〈夏目漱石、明暗〉

天罰覿面 てんばつ-てきめん

意味 悪事に対して天の加える罰が、たちどころに現れること。

構成 「天罰」は、悪事に対して天の加える罰。「覿面」は、結果・効果などが目の前にすぐに現れること。「覿」は、示す。

用例 ところが天罰覿面とはこの事であったろうか。こうした彼の不正直さが根こそげ曝露《ばくろ》する時機が来た。〈夢野久作、木魂〉

注意 「覿面」を「適面」と書くのは、誤り。

類義語 悪因悪果《あくいんあっか》・自業自得《じごうじとく》

田夫野嫗 でんぷ-やおう

意味 田舎に住む男女。粗野で無教養な人のたとえ。

構成 「田夫」は、農夫。「野嫗」は、田舎に住む粗野な女性。

用例 其《そ》の教へに於《お》いて信心帰依《しんじんきえ》の表に現われたる所は、無智無学の田夫野嫗が涙を垂れて泣くものあるに過ぎず。〈福沢諭吉、文明論之概略〉

類義語 斉東野語《せいとうやご》・斉東野人《せいとうやじん》・田夫野人《でんぷやじん》・田夫野老《でんぷやろう》・野人田夫《やじんでんぷ》

田夫野人 でんぷ-やじん

⇩田夫野老《でんぷやろう》

用例 田夫野人の為《ため》に欺《あざむ》かれて、このまま断絶する家へ誰が嫁に来る。〈尾崎紅葉、金色夜叉〉

田夫野老 でんぷ－やろう

《田夫野人《でんぶやじん》》

意味 田舎に住んでいる人。粗野で無教養な人のたとえ。

構成 「田夫」は、農夫。「野老」「野人」は、田舎に住む粗野な人。

出典 天下以《もっ》て真の宰相と為《な》し、田夫野老、皆《みな》号して司馬相公と為す。〈宋史、司馬光伝〉

類義語 斉東野語《せいとうやご》・斉東野人《せいとうやじん》・田夫野媼《でんぶやおう》

天変地異 てんぺん－ちい

意味 天地に現れる自然の災害や、不思議な現象。

構成 「天変」は、天空に現れる異変。日食・月食・隕石・大雨・暴風など。「地異」は、地上に起こる異変。洪水・地震・津波・火山の噴火など。

用例 すこしの天変地異でも直《す》ぐそれを何かの暗示に結びつけて言いたがるのは昔からの村の人達の癖《くせ》だ。〈島崎藤村、夜明け前〉

類義語 天災地変《てんさいちへん》

天歩艱難 てんぽ－かんなん

意味 天の運行が順調でないこと。時の運に恵まれず、困難の多いことのたとえ。

構成 「天歩」は、天の運行・時のめぐりあわせ。また、国家の運命。「艱難」は、苦しみ・悩み。「艱」は、苦しむ。また、難儀。

出典 天歩艱難なるに、之《こ》の子《こ》猶《はか》らず。〈詩経、小雅、白華〉

用例 そのとき、意味もなしに「天歩艱難」という高貴な単語が心に浮び、「天歩艱難々々々々」とくりかえし呟《つぶや》きながら歩いた。〈三島由紀夫、金閣寺〉

類義語 艱苦辛苦《かんくしんく》・艱難苦労《かんなんくろう》・艱難辛苦《かんなんしんく》・艱難辛困《かんなんしんこん》・苦行難行《くぎょうなんぎょう》・困苦艱難《こんくかんなん》・辛苦艱難《しんくかんなん》・難行苦行《なんぎょうくぎょう》

対義語 一路順風《いちろじゅんぷう》・順風満帆《じゅんぷうまんぱん》

転迷開悟 てんめい－かいご

意味 仏教で、迷いを転じて悟りを開くこと。煩悩がもたらすさまざまな迷いや悩みから解脱し、悟りの境地に達すること。

構成 「転迷」は、迷いや悩みを捨てること。「開悟」は、真理を悟ること。

用例 葬礼、法事、会式に専念して、作善の道を講ずるでもなく、転迷開悟を勧めるでもなく、〈島崎藤村、夜明け前〉

類義語 見性成仏《けんしょうじょうぶつ》・即心即仏《そくしんそくぶつ》

天網恢恢 てんもう－かいかい

意味 天が悪人を捕らえるために張る網は広大で、その目は粗くて大きいが、決して取り逃がすことはないということ。善は栄え、悪は必ず滅びることをいう。

構成 「天網恢恢疎《そ》にして失わず」「天網恢恢疎にして漏らさず」の略。「天網」は、天が悪人を捕らえるために張る網。「恢恢」は、広く大きくゆったりしているようす。

出典 天の道は争はずして善《よ》く勝ち、言はずして善く応じ、召さずして自づから来たり、繟然《たんぜん》として、善く謀《はか》り、天網恢恢、疎にして失はず。〈老子、七十三〉

用例 天誅《てんちゅう》も骨が折れるな。これで天網恢々疎にして洩《も》らしちまったり、何かしちゃ、つまらないぜ。〈夏目漱石、坊っちゃん〉

注意 「網」を「綱」と書くのは、誤り。

類義語 勧奨懲戒《かんしょうちょうかい》・勧善懲悪《かんぜんちょうあく》・懲悪勧善《ちょうあくかんぜん》・破邪顕正《はじゃけんしょう》・撥乱反正《はつらんはんせい》

天佑神助 てんゆう－しんじょ

意味 天や神の助け。神の御加護。

構成「天佑」は、天の助け。「佑」は、助ける。「神助」は、神の助け。
用例 日本の海軍として、心配していたことは次々に一つずつ解消して行き、事が成ったあと、これは「天佑神助」という言葉で表現された。〈阿川弘之、山本五十六〉
表記「天祐神助」とも書く。

天理人道 てんり－じんどう

意味 天の道理と、人の踏み行うべき道。世の中で正しいとされるものごと。
構成「天理」は、万事万物が調和を保って存在するための自然の道理。天のおきて。「人道」は、人が踏み行うべき正しい道。
用例 国内上流の士君子、売奴の旧悪習を悪《にく》み、天理人道を唱えて事件に及びしことにて、〈福沢諭吉、文明論之概略〉
類義語 天理人情《てんりにんじょう》

天理人情 てんり－にんじょう

意味 天の道理と、人の情。世の中で正しいとされたり、人に受け容れられたりするものごと。
構成「天理」は、万事万物が調和を保って存在するための自然の道理。天のおきて。「人情」は、人の心。思いやり。人間らしい心。
用例 天理人情にさえ叶《かな》ふ事ならば、一命をも抛《なげう》って争ふべきなり。〈福沢諭吉、学問のすすめ〉
類義語 天理人道《てんりじんどう》

と

東夷西戎 とうい－せいじゅう

意味 中国周辺に住んでいた異民族。昔の中国人が、彼らを卑しんで呼んだことば。また、日本の東国・西国の武士。昔、京都の人が、彼らをあざけって呼んだことば。
構成「東夷」は、東方の未開の異民族。「西戎」は、西方の未開の異民族。「夷」は東、「戎」は西の異民族をいい、ともに蔑称。
出典 其《そ》れ東夷・北狄《ほくてき》・西戎・南蛮《なんばん》に在りては、大と雖《いへど》も子と曰《い》ふ。〈礼記、曲礼下〉
用例 東夷西戎、並び起こり、三色旗は日一日より平安の都に近づかむとす。〈芥川竜之介、木曾義仲論〉
類義語 夷蛮戎狄《いばんじゅうてき》・南蛮北狄《なんばんほくてき》

当意即妙 とうい－そくみょう

意味 即座に機転をきかして、その場面、場合にぴったりかなった対応をすること。
構成「当意」は、心にぴったりあてはまる

こと。「即妙」は、その場ですぐ、巧みに働く才能・知恵。とっさの機転がきくこと。用例 そのあとの信長の処置が、この男にしかできぬ率直さと、当意即妙な政治的配慮に富んだものであった。〈司馬遼太郎、国盗り物語〉
類義語 臨機応変《りんきおうへん》

堂宇伽藍　どうう－がらん

意味 広大で壮麗な寺の建物。
構成 「堂宇」は、広大壮麗な建物。「宇」は、建物。「伽藍」は、仏道を修行する所。寺の建物。
用例 広大なる堂宇伽藍は、いまし、迫った落日の赤々とした陽光に照りはえて、〈佐々木味津三、右門捕物帖、京人形大尽〉
類義語 七堂伽藍《しちどうがらん》・塔堂伽藍《とうどうがらん》・堂塔伽藍《どうとうがらん》

同軌同文　どうき－どうぶん

《同文同軌《どうぶんどうき》》
意味 王者が天下を統一すること。また、天下が統一されていること。
構成 「同軌」は、車の車輪の間隔を同じにすること。「同文」は、文字を統一すること。
出典 今、天下、車は軌《き》を同じくし、書は文を同じくし、行ひは倫《りん》を同じくす。〈中庸〉

陶犬瓦鶏　とうけん－がけい

意味 せとものの犬と、かわらのにわとり。無用なもののたとえ。
構成 「陶犬」は、せとものの犬。「瓦鶏」は、かわらのにわとり。
出典 夫《そ》れ陶犬は夜を守るの警《そな》へ無く、瓦鶏は晨《あした》を司《つかさど》るの益無し。〈金楼子、立言上〉
用例 それよこれやで脳はズキズキ、医者も薬も、陶犬瓦鶏。〈巌谷小波、妹背貝〉
類義語 夏炉冬扇《かろとうせん》・牛溲馬勃《ぎゅうしゅうばぼつ》・冬扇夏炉《とうせんかろ》

桃源洞裡　とうげん－どうり

意味 桃源郷のある洞窟の内側。俗世や時代の流れから隔絶して、小さく理想的な共同体の中でのんびりと生きている世界のたとえ。
構成 「桃源」は、東晋の陶淵明が「桃花源の記」の中で描いた仙境。秦の遺民が住んでいたという。転じて、俗世間を離れた別天地。理想郷。「洞裡」は、洞穴の中。
用例 悠々たる桃源洞裡の逸眠《いつみん》を貪《むさぼ》れる彼等公卿《こうけい》にして、かかる痛烈なる打撃の其《そ》の政治的生命の上に加えられたるを見る、〈芥川竜之介、木曾義仲論〉
類義語 武陵桃源《ぶりょうとうげん》

同工異曲　どうこう－いきょく

《異曲同工《いきょくどうこう》》
意味 ①音楽の演奏や詩文の創作などで、その技量・手際は同等であっても、作品の趣や味わいが異なること。②転じて、一見異なっているように見えるが、同じようなやり方によっていること。
構成 「同工」は、同じ技量・手際。「異曲」は、調子の違っている曲。
出典 下は荘騒・太史の録する所、子雲・相如の同工異曲なるに逮《およ》ぶ。〈唐、韓愈、進学解〉
用例 ②中学の頃《ころ》は感激して読んだのだが、この頃ではどれも同工異曲なので、すぐ眠くなる。〈曾野綾子、太郎物語大学編〉
用法 独創性のない作品を批判するときに用いられることが多い。

韜光晦迹　とうこう－かいせき

《晦迹韜光《かいせきとうこう》》
意味 自分の才徳を包み隠して、外に現さないこと。
構成 漢文訓読では、「光を韜《つつ》み、迹《あと》を晦《くら》ます」と読む。「韜光」は、才徳を隠して外に現さないこと。「韜」は、包み隠す。形跡「晦迹」は、隠居して身を隠すこと。形跡

をくらますこと。「晦」は、くらます。「迹」は、「跡」に同じ。
表記「韜光晦跡」とも書く。
類義語 和光同塵《わこうどうじん》

東行西走 とうこう–せいそう

⇩東奔西走《とうほんせいそう》
出典 東行西走、其《そ》の犬馬を喪《うしな》ふ。〈易林、鼎〉

桃紅柳緑 とうこう–りゅうりょく

《花紅柳緑《かこうりゅうりょく》・柳緑桃紅《りゅうりょくとうこう》》
意味 紅色の桃の花と、鮮やかな緑色の柳。色彩の美しい春景色のたとえ。
構成「桃紅」「花紅」は、桃の花の紅色。「柳緑」は、柳の葉の緑色。
出典 桃紅復《ま》た宿雨を含み、柳緑更《さら》に春煙を帯ぶ。〈唐、王維、田園楽詩〉
類義語 柳暗花明《りゅうあんかめい》・柳緑花紅《りゅうりょくかこう》

東西古今 とうざい–ここん

⇩古今東西《ここんとうざい》
用例 作者たらむ人は東西古今の稗史《はいし》を閲《みけ》してみづから其《そ》の得失を考ふべし。〈坪内逍遥、小説神髄〉

瞠若驚嘆 どうじゃく–きょうたん

意味 驚いて目を見張り、大いに感心すること。
構成「瞠若」は、目を見張って驚くようす。「瞠」は、目を見張る。「若」は、状態を表す助字。「驚嘆」は、ひどく感心すること。
用例 いまさらながら日本の不思議な力に瞠若驚歎したように私には見受けられた。〈太宰治、惜別〉
表記 従来は「瞠若驚歎」と書くのが普通であったが、現在では常用漢字の「嘆」に書き換える。
類義語 顔面蒼白《がんめんそうはく》・吃驚仰天《きっきょうぎょうてん》・茫然自失《ぼうぜんじしつ》

同床異夢 どうしょう–いむ

《同床各夢《どうしょうかくむ》》
意味 夫婦が一緒に寝ながら、それぞれが違った夢を見ること。生活を共にしたり、共同して一つの事に当たりながら、意見・目的などを異にすることのたとえ。
構成「同床」は、寝床を共にすること。「異夢」「各夢」は、それぞれが違った夢を見ること。
出典 牀を同じうして各《おのおの》夢を做《な》す、周公旦《しゅうこうたん》も学び得ること能《あた》はず。〈南宋、陳亮、朱元晦に与ふる書〉（「牀」は、「床」と同じ）
用例 陸軍の防空部隊が探照灯の照射訓練をやっているのを、ロシヤの武官と通訳三人、同床異夢の思いで眺めながら帰って来た。〈阿川弘之、米内光政〉

同床各夢 どうしょう–かくむ

⇩同床異夢《どうしょういむ》

刀杖瓦石 とうじょう–がせき

意味 刀や棒でたたかれたり、瓦や石を投げつけられたりすること。周囲からひどい迫害や仕打ちを受けることのたとえ。
構成「刀杖瓦石の難」の略。「刀杖」は、刀剣と棒。「瓦石」は、屋根がわらと石。
用例 されば町を行けば、心ない童部《わらわべ》に嘲《あざけ》らるるは元より、刀杖瓦石の難に遭《あ》うた事も、度々ござるげに聞き及んだ。〈芥川竜之介、奉教人の死〉
類義語 残杯冷炙《ざんぱいれいしゃ》・煩労汚辱《はんろうおじょく》

道心堅固 どうしん–けんご

意味 道義心を堅く守り、何があっても変えないこと。
構成「道心」は、物事の善悪是非を判断して正義に従う心。「堅固」は、堅いこと。
用例 だが、道心堅固な若君は、女などには見向きもせず、学問や剣術の修業に余念がなかった。〈石坂洋次郎、石中先生行状

記〉

同心戮力　どうしん‐りくりょく

⇩協心戮力《きょうしんりくりょく》

出典 心を同じくして力を戮《あ》はせ、国の為に害を除く。〈後漢書、臧洪伝〉

用例 それを同心戮力して隠蔽《いんぺい》している筈《はず》だというような態度を取って来る。〈森鷗外、青年〉

冬扇夏炉　とうせん‐かろ

⇩夏炉冬扇《かろとうせん》

東走西馳　とうそう‐せいち

意味 東に西に、あちこち忙しく走り回ること。

構成 「東西走馳」の「西」と「走」とを入れ替えた表現。「東西」は、東と西。あちこち。「走馳」は、走り回ること。

用例 或《あ》いは活潑なる営業に従事して日夜寸暇を得ず、東走西馳、家事を忘るる者もあらん。〈福沢諭吉、文明論之概略〉

類義語 右往左往《うおうさおう》・周旋奔走《しゅうせんほんそう》・東行西走《とうこうせいそう》・東奔西走《とうほんせいそう》・南船北馬《なんせんほくば》・北馬南船《ほくばなんせん》・奔走周旋《ほんそうしゅうせん》

刀槍矛戟　とうそう‐ぼうげき

意味 手に持って戦う武器。

構成 「刀槍」は、刀と槍。「矛戟」は、矛と戟。「戟」は、えだ歯のある矛。

用例 矢ばかりではない。全軍の刀槍矛戟の類も半ばは折れ欠けて了《しま》った。文字通り刀折れ矢尽きたのである。〈中島敦、李陵〉

類義語 干戈弓馬《かんかきゅうば》・弓馬槍剣《きゅうばそうけん》・弓馬刀槍《きゅうばとうそう》・車馬剣戟《しゃばけんげき》・砲刃矢石《ほうじんしせき》

当代第一　とうだい‐だいいち

意味 今の世、またはその時代において最も優れていること。

構成 「当代」は、今の世。現代。また、過去のある時代。「第一」は、最も優れたもの。

用例 貴公は新吾を知らぬからそういうが、自分たちは彼の実技を知っているのだ。当代第一の名剣士が彼だろう。〈川口松太郎、新吾十番勝負〉

類義語 海内無双《かいだいむそう》・国士無双《こくしむそう》・天下一品《てんかいっぴん》・天下第一《てんかだいいち》・天下無双《てんかむそう》・天下無敵《てんかむてき》・天下無類《てんかむるい》・当代無双《とうだいむそう》

当代無双　とうだい‐むそう

意味 今の世、またはその時代において、並ぶ者がないほど優れていること。

構成 「当代」は、今の世。現代。また、過去のある時代。「無双」は、並ぶ者がない。また、それほど優れていること。

用例 当代無双の宏才博識《こうさいはくしき》として朝野に尊崇《そんすう》されているこの古入道に対しては、〈岡本綺堂、玉藻の前〉

類義語 海内無双《かいだいむそう》・国士無双《こくしむそう》・天下一品《てんかいっぴん》・天下第一《てんかだいいち》・天下無双《てんかむそう》・天下無敵《てんかむてき》・天下無類《てんかむるい》・当代第一《とうだいだいいち》

撞着矛盾　どうちゃく‐むじゅん

⇩矛盾撞着《むじゅんどうちゃく》

用例 その本性、稀《まれ》に見る稚純《ちじゅん》の士でありく乍《なが》ら、作風のみは大人君子の風格を学び備えて居る為《ため》にその二者の間隙《かんげき》や撞着矛盾が接触する者に誤解を与える。〈岡本かの子、鶴は病みき〉

道聴塗説　どうちょう‐とせつ

意味 道で聞きかじったことを、すぐに知ったかぶりをして道で話すこと。

構成 「道聴」は、道で聞くこと。「塗説」は、路上で説くこと。

出典 子曰《い》はく、道に聴きて塗《みち》に説くは、徳を之《これ》棄つるなり、と。〈論語、陽貨〉

用例 そうした道聴塗説は、今にも、鍋の煮え湯へ、火のおちそうなうわさばかりであったが。〈吉川英治、松のや露八〉

塔堂伽藍　とうどう－がらん

⇩堂塔伽藍《どうとうがらん》

用例 この立派な塔堂伽藍に、鐘楼《しょうろう》のないのはいかにも残念。〈川口松太郎、新吾十番勝負〉

堂塔伽藍　どうとう－がらん

《塔堂伽藍《とうどうがらん》》

意味 寺院の立派な建物の総称。

構成 「堂塔」「塔堂」は、堂と塔。転じて寺の建物。「伽藍」は、仏道を修行する所。寺の建物。

用例 織田軍五万が山上、山腹、谷々に跳梁《ちょうりょう》し、手あたり次第に堂塔伽藍を焼き、〈司馬遼太郎、国盗り物語〉

類義語 七堂伽藍《しちどうがらん》・堂宇伽藍《どううがらん》

唐突千万　とうとつ－せんばん

意味 あまりにも突然なようす。また、突然すぎて不自然なこと。

構成 「唐突」は、不意。突然。「千万」は、この上もない。程度がはなはだしいこと。

用例 ナニ絶交して貰《もら》いたいと……何だ、唐突千万な。何だと云《い》ッて絶交しようと云うんだ。〈二葉亭四迷、浮雲〉

用法 相手に対する非難の気持ちを込めて用いられることが多い。

注意 「千万」を「せんまん」と読むのは、誤り。

同腹一心　どうふく－いっしん

意味 志を同じくすること。

構成 「同腹」も「一心」も、一致した心を持つこと。

用例 自分等は籤《くじ》引きによって生死の二組に分れたが、初めより同腹一心の者だから、〈森鷗外、堺事件〉

類義語 一蓮托生《いちれんたくしょう》・連帯責任《れんたいせきにん》

同文同軌　どうぶん－どうき

⇩同軌同文《どうきどうぶん》

同文同種　どうぶん－どうしゅ

意味 文字も人種も同じであること。

構成 「同文」は、文字が同じであること。「同種」は、人種が同じであること。

用例 たとい欧米の文化でも、一度同文同種の日本を経由したものを採用する方が、〈桑原隲蔵、大師の入唐〉

用法 日本と中国との関係について用いられることが多い。

東奔西走　とうほん－せいそう

《東行西走《とうこうせいそう》》

意味 目的達成のためにあちこち忙しく走り回ること。

構成 「東西奔走」「東西行走」の真ん中の二文字を入れ替えた表現。「東西」は、東と西。あちこち。「奔走」「行走」は、動き回る。

用例 彼は妻子を故郷におき、自分は工場の宿直室に寝泊まりして、昼夜をわかたず東奔西走した。〈開高健、裸の王様〉

用法 「南船北馬」と違って、必ずしも遠くまで出かけていくという意味ではなく、とにかく一か所にとどまらず忙しくしているようすをいう。

類義語 右往左往《うおうさおう》・周旋奔走《しゅうせんほんそう》・東走西馳《とうそうせいち》・南船北馬《なんせんほくば》・北馬南船《ほくばなんせん》・奔走周旋《ほんそうしゅうせん》

動揺流転　どうよう－るてん

意味 揺れ動き、絶え間なく変化すること。

構成 「動揺」は、揺れ動くこと。「流転」は、絶え間なく変化すること。

用例 又或《あ》る時は眼もくらむばかりかがやかしい、瞬間も動揺流転をやめぬ或るものとして私にせまる。〈有島武郎、惜みなく愛は奪う〉

類義語 千変万化《せんぺんばんか》

党利党略　とうり－とうりゃく

意味 自分の所属する政党・党派の利益のためにめぐらす策略。
構成 「党利」は、自分の所属する政党・党派の利益。「党略」は、政党・党派が用いる策略。
用例 しかし党利党略ではなくて、血の結びつきによる政権争いだから、日本人よりはずっと純粋な首班選挙が行われるだろう。〈戸川幸夫、アフリカ人ムヒンデ〉
用法 批判的な意味で用いられることが多い。
類義語 自分本位《じぶんほんい》・鼻元思案《はなもとじあん》

土階三等　どかい－さんとう

意味 宮殿の入り口にある土の階段が、三段しかないこと。宮殿の質素なことのたとえ。
構成 「土階」は、土の階段。「三等」は、三段。
故事 中国古代の聖人の一人、尭《ぎょう》の宮殿は質素で、草ぶきの平屋で、入り口の階段も土で造って三段しかなかったという故事による。
出典 平陽に都す。茆茨《ぼうし》剪《き》らず、土階三等のみ。〈十八史略、五帝、尭〉
対義語 金殿玉楼《きんでんぎょくろう》

得意満面　とくい－まんめん

意味 自分の望み通りになり、誇らしげに満足した表情が顔全体に表れるようす。
構成 「得意」は、事が望み通りになって、満足するようす。また、おごるようす。「満面」は、顔いっぱい。顔じゅう。
用例 信夫は得意満面という顔つきで、元気よくバタバタと廊下をかけて外に遊びに出た。〈三浦綾子、塩狩峠〉
類義語 意気揚揚《いきようよう》
対義語 失望落胆《しつぼうらくたん》

独学孤陋　どくがく－ころう

意味 師や学友を持たずただ一人で学問をして、見識が狭くかたくなになってしまうこと。
構成 「独学」は、師につかず自分一人で学問すること。「孤陋」は、世間からかけ離れ、見識が狭いこと。「陋」は、知識が狭い。
出典 独学にして友無ければ、則《すなわ》ち孤陋にして寡聞なり。〈礼記、学記〉
用法 学問を志す際に陥ってはならない状態を表すのに用いられる。

独学自尊　どくがく－じそん

意味 師につかず一人で学問をして、自己の品格を保つこと。また、一人で学問をして、自分を優れた者であると思い込み、尊大にかまえること。
構成 「独学」は、師につかず自分一人で学問すること。「自尊」は、自重して、自分自身の品位を落とさないようにすること。また、自分を優れた者であると思い込み、尊大にかまえること。うぬぼれること。
用例 おれは師についたことがなく、独学自尊で一派を編み出し、放生一真流の流祖となったが、〈川口松太郎、新吾十番勝負〉
用法 好意的な意味合いでも、批判的な意味合いでも用いられる。

篤実温厚　とくじつ－おんこう

⇩温厚篤実《おんこうとくじつ》
用例 好い心地もしなければツイ不吉な顔もしたくなる。が其処《そこ》は篤実温厚だけに、何時《いつ》も思い返してジッと辛抱している。〈二葉亭四迷、浮雲〉

読書三昧　どくしょ－ざんまい

意味 書物に熱中すること。
構成 「読書」は、書物を読むこと。「三昧」は、梵語《ぼんご》からの音訳語で、一つの物事に熱中するようす。
用例 ただ、毎日この新築の書斎に閉じこもって、銀行家と云《い》うよりは若隠居にでもふさわしそうな読書三昧に耽《ふけ》ってい

たのです。〈芥川竜之介、開化の良人〉

注意「昧」を「味」「眛」と書くのは、誤り。

読書百遍　どくしょ-ひゃっぺん

意味 何度も繰り返して読めば、意味の通じないところも、自然にわかってくること。

構成「読書百遍義自ずから現る」の省略。

出典 魏略《ぎりゃく》に曰《い》はく、人従ひ学ぶ者有り。遇、肯《あ》へて教へずして云ふ、必ず先《ま》づ読むこと百遍なるべし、と。読書百遍にして義自ずから見《あら》はるるを言ふ。〈三国志、魏志、董遇伝、注〉

用例 読書百遍という様な言葉が、今日、もう本当に死語と化してしまっているなら、読書という言葉も瀕死《ひんし》の状態にあると言っていいでしょう。〈小林秀雄、読書週間〉

類義語 韋編三絶《いへんさんぜつ》

独断専行　どくだん-せんこう

意味 自分一人の判断だけで、勝手に物事を行うこと。

構成「独断」は、自分一人の考えで決めること。「専行」は、自分だけの判断で勝手に行うこと。

用例 〝独断専行〟でバリケードを築いたと説明し、やっと布川一郎は渋面《じゅうめん》を消したが、〈加賀乙彦、湿原〉

用法 批判的な意味合いで用いられることが多い。

表記 従来は「独断擅行」と書くのが普通であったが、現在では常用漢字の「専」に書き換える。

特筆大書　とくひつ-たいしょ

意味 ことさらに目立つように大きく書き記すこと。また、強調して書くこと。

構成「特筆」は、特に目立つように書き記すこと。「大書」は、大きな文字で書くこと。

用例 津軽の歴史に特筆大書すべき光栄ある記録とでも言わなければならなくなる。〈太宰治、津軽〉

独立自全　どくりつ-じぜん

意味 他に左右されることなく、それ自体で完結していること。

構成「独立」は、他に束縛されずに存在すること。「自全」は、それ自体で完結していること。自らを全うすること。

用例 この時にはまだ主客の対立なく、知情意の分離なく、単に独立自全の純活動あるのみである。〈西田幾多郎、善の研究〉

類義語 一国一城《いっこくいちじょう》・自存独立《じそんどくりつ》・独立自尊《どくりつじそん》・独立自存《どくりつじそん》・独立独行《どくりつどっこう》・独立独歩《どくりつどっぽ》

独立自存　どくりつ-じそん

《自存独立《じそんどくりつ》》

意味 他の何物にも影響を受けることなく、それ自体として自らの力で存在していること。

構成「独立」は、他に束縛されずに存在すること。「自存」は、それ自体として自らの力で存在すること。

用例 理は独立自存であって、時間、空間、人に由《よ》って異なることなく、顕滅《けんめつ》用不用に由りて変ぜざる者である。〈西田幾多郎、善の研究〉

類義語 一国一城《いっこくいちじょう》・自存独立《じそんどくりつ》・独立自全《どくりつじぜん》・独立自存《どくりつじそん》・独立独行《どくりつどっこう》・独立独歩《どくりつどっぽ》

独立自尊　どくりつ-じそん

意味 人の力を借りず何事も自分で行い、自己の尊厳を維持してゆくこと。

構成「独立」は、他の力を借りないこと。「自尊」は、自己の品位を保つこと。ただし、行きすぎると、うぬぼれにつながることもある。

用例 床《とこ》には諭吉《ゆきち》から直接に貰《もら》った独立自尊の軸物がよく懸かっていた。〈横光利一、旅愁〉

類義語 一国一城《いっこくいちじょう》・独立自全《どくりつじぜん》・独立自尊《どくりつじそん》・独立独行《どくりつどっこう》・独立独歩《どくりつどっぽ》

独立独行 どくりつ－どっこう

意味 他の力を借りず、また他の支配を受けることなく、自分の信念を実行すること。

構成 「独立」は、他の力を借りないこと。「独行」は、他人に頼らず自分の力だけで行うこと。また、自らの信念を守り、世俗に左右されないこと。

用例 そういう時期こそ本当の独立独行という言葉の適当に使える時期じゃないでしょうか。人から月給を貰《もら》う心配もなければ朝起きて人にお早うと言わなければ機嫌が悪いという苦労もない。〈夏目漱石、道楽と職業〉

類義語 一国一城《いっこくいちじょう》・自存独立《じそんどくりつ》・独立自全《どくりつじぜん》・独立自尊《どくりつじそん》・独立自存《どくりつじそん》・独立独歩《どくりつどっぽ》

独立独歩 どくりつ－どっぽ

意味 他の力を借りず、また他の支配を受けることなく、自分の信じた道を進んでいくこと。

構成 「独立」は、他の力を借りないこと。「独歩」は、一人で歩くこと。他人の力を借りず自分一人で行うこと。

用例 あの昂然《こうぜん》とした独立独歩の足どりで、早くこの戸を明け放てと告げに来る人のように。〈島崎藤村、夜明け前〉

類義語 一国一城《いっこくいちじょう》・自存独立《じそんどくりつ》・独立自全《どくりつじぜん》・独立自尊《どくりつじそん》・独立自存《どくりつじそん》・独立独行《どくりつどっこう》

独立不羈 どくりつ－ふき

《不羈独立《ふきどくりつ》》

意味 他人を頼ることなく何事も自分自身の力で行い、他に束縛されないこと。

構成 「独立」は、他の力を借りないこと。「羈」は、つなぐ。束縛する。「不羈」は、束縛されないこと。

用例 子路《しろ》が他の所では飽くまで人の下風に立つを潔しとしない独立不羈の男であり、一諾千金の快男児であるだけに、〈中島敦、弟子〉

表記 「羈」の代わりに、異体字の「覊」を書くこともある。

類義語 不羈不絆《ふきふはん》・不羈奔放《ふきほんぽう》・不屈不絆《ふくつふはん》・奔放不羈《ほんぽうふき》

独立不撓 どくりつ－ふとう

意味 他人を頼ることなく何事も自分自身の力で行い、困難にあってもくじけないこと。

構成 「独立」は、他の力を借りないこと。「撓」は、たわむ。「不撓」は、くじけないこと。「撓」は、たわむ。

注意 「不撓」を「ふぎょう」「ふじょう」と読むのは、誤り。

類義語 百折不撓《ひゃくせつふとう》・不屈不撓《ふくつふとう》・不撓不屈《ふとうふくつ》

徒手空拳 としゅ－くうけん

《赤手空拳《せきしゅくうけん》》

意味 手に何も持たないこと。特に、武器を持たずに立ち向かうこと。また、人の援助を借りないことや、自身の地位・資金などがないことのたとえ。

構成 「徒手」「赤手」は、手に何も持たないこと。「徒」は、空しい。「赤」は、ここでは、むき出し。「空拳」は、こぶしだけで、何も持っていないこと。

用例 人間、志をたてる場合に、光秀《みつひで》のように徒手空拳の分際の者と、信長のように最初から地盤のある者とでは、〈司馬遼太郎、国盗り物語〉

徒食無為 としょく－むい

⇩無為徒食《むいとしょく》

用例 道雅《みちまさ》が一本立ちで世間を渡る力のない徒食無為な人間でありながら、充分な衣食を与えられ、〈円地文子、女坂〉

怒髪上指　どはつ－じょうし

意味 髪の毛が逆立って上を指すこと。非常に激しく怒っているようす。

構成 「怒髪」は、怒って髪の毛が逆立つこと。「上指」は、上を指す。

用例 兼平《かねひら》彼の討たるるを見て怒髪上指し奮然として箭《や》八筋に敵八騎を射て落とし、終《つい》に自《みずか》ら刀鋒を口に銜《くふ》み馬より逆に落ちて死す。〈芥川竜之介、木曾義仲論〉

類義語 怒髪衝天《どはつしょうてん》

怒髪衝天　どはつ－しょうてん

意味 髪の毛が天を突くくらいに逆立つこと。激怒しているようす。

構成 漢文訓読では、「怒髪天を衝《つ》く」と読む。「怒髪」は、怒って髪の毛が逆立つこと。「衝天」は、天を突く。非常に高く立ち上っていることのたとえ。

類義語 怒髪上指《どはつじょうし》

吐哺握髪　とほ－あくはつ

⇩握髪吐哺《あくはつとほ》

用例 正に吐哺握髪の礼を払って、学芸に携わる人々を迎え、〈渡辺一夫、ガーター勲章について〉

土崩瓦解　どほう－がかい

《瓦解土崩《がかいどほう》》

意味 土が崩れ落ち、瓦が次々と滑り落ちてばらばらに砕けること。物事が根本的に崩れて手の付けようのないことのたとえ。

構成 「土崩」は、土が崩れ落ちるようにもろく崩れること。「瓦解」は、継ぎ目の不完全な屋根瓦が次々と滑り落ちて砕け散ること。転じて、一部分の崩れから全体が崩れることをいう。

出典 秦の積衰《せきすい》し、天下、土崩瓦解す。〈史記、秦始皇本紀〉

用例 もしほんとうに土崩瓦解に成功しているのなら、それはかえって僕の思う壺《つぼ》だ。〈太宰治、道化の華〉

類義語 空中分解《くうちゅうぶんかい》

杜黙詩撰　ともく－しさん

意味 詩や文章に誤りが多く、いいかげんなこと。略して「杜撰《ずさん》」ともいう。

構成 「杜黙」は、中国宋代の詩人。「詩撰」は、詩文を作ること。「撰」一字で、詩を作ること。故事欄参照。

故事 中国の北宋《ほくそう》の時代、杜黙《ともく》は、当時、有名な詩人であったが、その詩の多くは定型詩の規則に合っていなかったという故事による。

出典 杜黙詩を為《つく》り、多く律に合はず。故に事の格に合はざる者を言ひて杜撰と為《な》す。〈野客叢書、八、杜撰〉

類義語 杜撰脱漏《ずさんだつろう》・粗製濫造《そせいらんぞう》・粗鹵迂遠《そろうえん》

努力奮励　どりょく－ふんれい

⇩奮励努力《ふんれいどりょく》

用例 是れ全く官民一致努力奮励の結晶とも云うべきでありまして、此の事実を茲《ここ》に報告し得ることは、政府の深く喜ぶ所であります、〈浜口雄幸、第五十七回帝国議会施政方針演説〉

頓首再拝　とんしゅ－さいはい

《再拝稽首《さいはいけいしゅ》》

意味 頭で地面を叩くようにして深々とお辞儀をすること。敬意・謝意などの深いことを表すときに行う。また、手紙などの末尾に書いて敬意を表すことば。

構成 「頓首」「稽首」は、頭で地面を叩くようにするお辞儀。「再拝」は、二度お辞儀をすること。丁寧にお辞儀をすること。転じて、「頓首」「稽首」「再拝」全て、手紙の末尾につけて敬意を表すことば。

出典 句践《こうせん》、頓首再拝す。〈史記、仲尼弟子伝〉

用例 さればこれなる下人一匹、些少《さしょう》ながらご進物としてさし上げそうろうまま、一服盛りにでもご手料理くだされたくそうろう　頓首再拝〈佐々木味津三、右門捕物帖、七化け役者〉
類義語 恐悦至極《きょうえつしごく》・恐恐謹言《きょうきょうきんげん》・恐惶謹言《きょうこうきんげん》・恐惶嘆願《きょうこうたんがん》・惶恐再拝《こうきょうさいはい》・誠恐誠惶《せいきょうせいこう》・誠惶誠恐《せいこうせいきょう》・妄言多謝《もうげんたしゃ》

貪欲吝嗇 どんよく‐りんしょく

意味 非常に欲が深く、けちなこと。
構成 「貪欲」は、飽くことなく欲が深いこと。「吝嗇」は、過度に物惜しみすること。「吝」「嗇」ともに、けち。
用例 被治者流の節倹勉強は其《そ》の形を改めて貪欲吝嗇と為《な》り、治者流の活潑敢為《かっぱつかんい》は其の性を変じて浪費乱用と為り、〈福沢諭吉、文明論之概略〉
表記 従来は「貪慾吝嗇」と書くのが普通であったが、現在では常用漢字の「欲」に書き換える。
類義語 強欲非道《ごうよくひどう》・貪吝刻薄《どんりんこくはく》
対義語 恬淡寡欲《てんたんかよく》・無欲恬淡《むよくてんたん》

貪吝刻薄 どんりん‐こくはく

意味 欲深くけちで、冷酷なこと。
構成 「貪吝」は、欲深くけちなこと。「吝」は、物惜しみする。「刻薄」は、残忍で薄情なこと。「刻」は、ここでは、厳しい。むごい。
用例 心目を娯楽するが故に友愛温情の風を起こし、気格高尚なるが故に貪吝刻薄の状を伏す。〈坪内逍遥、小説神髄〉
類義語 強欲非道《ごうよくひどう》・貪欲吝嗇《どんよくりんしょく》

な

内剛外柔 ないごう‐がいじゅう

⇩外柔内剛《がいじゅうないごう》
用例 文字どおり内剛外柔、――胸に白刃の光を呑《の》んで表には和《なご》やかに微笑をわすれぬ立川親分の風格には、ぬきさしのならぬものが醫《げか》をひそめている。〈尾崎士郎、人生劇場望郷篇〉

内柔外剛 ないじゅう‐がいごう

《外剛内柔《がいごうないじゅう》》
意味 内面は弱いのに、外面だけ強そうに見えること。また、そのように振る舞うこと。
構成 「内柔」は、内面が弱いこと。「外剛」は、外面が強いこと。
出典 内は柔にして外は剛、内は小人にして外は君子。〈易経、否〉
用例 私人としては、小鳥を飼うような柔らかさ、やさしさも持っている。その内柔外剛の性格は、検事の一つの理想として、〈高木彬光、検事霧島三郎〉
対義語 外柔内剛《がいじゅうないごう》

内政干渉　ないせい-かんしょう

意味　他国の政治・外交などに口出しして、主権を侵害すること。

構成　「内政」は、国内の政治。「干渉」は、他人のやることに口出しすること。また、そのようにして自分の思い通りにしようとしたり、妨害したりすること。

用例　清朝《しんちょう》を支持し列国の分割を防止せむとせらるる御意見も、つまるところは他国に対する内政干渉であって、会の目的としては甚《はなは》だ面白くない。〈太宰治、惜別〉

内典外典　ないてん-がいてん

意味　①国内の書籍と国外の書籍。内外にわたっての全ての書物。②仏教の書籍と、それ以外の書籍。ただし、この場合は「ないてんげてん」と読む。

構成　「内典」は、国内の書籍。また、仏教の書籍。「外典」は、「がいてん」と読めば国外の書籍。「げてん」と読めば、仏教以外の書籍。

用例　②内供《ないぐ》は、内典外典《ないてんげてん》の中に、自分と同じような鼻のある人物を見出して、せめても幾分の心やりにしようとさえ思った事がある。〈芥川竜之介、鼻〉

注意　「外典」は、仏教では慣習的に「げてん」と読む。

内憂外患　ないゆう-がいかん

意味　①国内に生じる災い・心配事と、外国から受ける災い・心配事。内外に問題が多く悩みの多いこと。②転じて、内部（家庭・組織内）に起こる心配事と、外部からの災い。

構成　「内憂」は、国内に生じる心配事。「外患」は、外国から受ける災難。「憂」も「患」も、憂える。

出典　内憂有るに非《あら》ずんば、必ず外患有らん。〈管子、戒〉

用例　①社会は戦時の空気の中に包まれていて、内憂外患の噂《うわさ》がこもごも到《いた》るという時に、〈島崎藤村、夜明け前〉②内憂外患こもごも至るか。そろそろ第二会社の設計も必要となってきたな。〈梅崎春生、砂時計〉

南無三宝　なむ-さんぼう

意味　仏教で、仏に帰依し、救いを求めること。また、窮地に立たされた時や失敗した時などに発することば。三宝よ、危急を救いたまえという意から。略して「南無三」ともいう。

構成　「南無」は、仏を拝むときに、仏や経典の名の前につけて、仏に対する絶対的信頼を表すことば。「三宝」は、仏・法（仏の教え）・僧。これらに救いを求めることから「南無」の後につけられた。

用例　南無三宝三十銭、支出する小遣いがないから払う訳に往《ゆ》かない。〈泉鏡花、いろ扱い〉

注意　「なむさんぼう」とも読む。

難易軽重　なんい-けいちょう

意味　難しいか易しいか、軽んずべきか重んずべきか。物事の程度・価値を問うことば。

構成　「難易」は、難しいか易しいか。「軽重」は、軽いか重いか。

用例　前後緩急の別なく、難易軽重の差なし。〈福沢諭吉、文明論之概略〉

注意　(1)「易」は、「やさしい」の意味の場合、音読みでは「い」と読む。「えき」と読むのは、「かわる、かえる」の意味の場合で、ここでは誤り。(2)「軽重」を「けいじゅう」と読むのは、誤り。

類義語　軽重深浅《けいちょうしんせん》

難行苦行　なんぎょう-くぎょう

（苦行難行《くぎょうなんぎょう》）

意味　①大変な苦痛・困難を伴う修行。②転じて、ひどく苦労すること。

構成　「難行」も「苦行」も、心身を苦しめて

仏道を修行すること。
出典 我、釈迦如来《しゃかにょらい》を無量劫《むりょうこう》に見、難行苦行し、功を積み徳を累《かさ》ね、菩薩《ぼさつ》の道を求む。〈法華経〉
用例 ①この教えに献身する人々は、真理をつかむために勇猛心をふるいおこして、あらゆる難行苦行をもあえてしています。〈竹山道雄、ビルマの竪琴〉
類義語 艱苦辛苦《かんくしんく》・艱難苦労《かんなんくろう》・艱難辛苦《かんなんしんく》・艱難辛困《かんなんしんこん》・困苦艱難《こんくかんなん》・辛苦艱難《しんくかんなん》・天歩艱難《てんぽかんなん》

難攻不落 なんこう－ふらく

意味 ①しっかりと守られていて攻めるのが難しく、なかなか陥落しないこと。②転じて、相手の意志が固くて、容易には承知しないこと。
構成 「難攻」は、攻めるのが難しいこと。「不落」は、城などが陥落しないこと。
用例 ①前面に稲葉山がそそり立ち、難攻不落といわれる道三《どうさん》築くところの稲葉山城が見えた。〈司馬遼太郎、国盗り物語〉②難攻不落と見えた「自信の城」の哀れにも惨《みじ》めな降服が、〈里見弴、多情仏心〉
類義語 金城鉄壁《きんじょうてっぺき》・金城湯池《きんじょうとうち》・堅牢堅固《けんろうけんご》・金剛不壊《こんごうふえ》・不壊金剛《ふえこんごう》・要害堅固《ようがいけんご》

南洽北暢 なんこう－ほくちょう

意味 王や皇帝の恩恵と威徳が、隅々まで行き渡ること。
構成 「南洽」は、南に広まる。「北暢」は、北に達する。「洽」は、広くいきわたる。「暢」は、ここでは、届く。
出典 是《こ》れ沢《たく》南に洽《あまね》くして、威《い》北に暢《の》ぶるなり。〈漢書、終軍伝〉
類義語 恩沢洪大《おんたくこうだい》

南船北馬 なんせん－ほくば

《北馬南船《ほくばなんせん》》
意味 ①中国の南方では船で、北方では馬で移動すること。②転じて、各地を忙しく駆け回って活躍すること。あちこち旅行すること。
構成 「南船」「北馬」は、それぞれ昔の中国の交通手段の形態をいう。南方地域は、川が多いので船により、北方地域は山野が多いので馬によった。
用例 ②功名に忙しくて南船北馬、殆《ほと》んど寧日《ねいじつ》なかッた時は忘れておったですが、〈内田魯庵、社会百面相、電影〉
用法 「南船北馬の大活躍」などの形で用いられることが多い。また、「東奔西走」と違って、遠方の各地まで旅行する場合に用いられる。
類義語 右往左往《うおうさおう》・周旋奔走《しゅうせんほんそう》・東行西走《とうこうせいそう》・東走西馳《とうそうせいち》・東奔西走《とうほんせいそう》・奔走周旋《ほんそうしゅうせん》

難透難徹 なんとう－なんてつ

意味 やり遂げることが困難であること。
構成 「難透」も「難徹」も、やり遂げることが困難であること。
用例 公園はすこぶる閑静だが、その手前三丁ばかりのところが非常の雑沓《ざっとう》な通りで、初学者たる余にとっては難透難徹の難関である、〈夏目漱石、自転車日記〉
注意 「徹」を「撤」と書くのは、誤り。「徹」は「貫き通す」、「撤」は、「撤回」のように、「取り除く」の意味。
類義語 至険至難《しけんしなん》

南都北嶺 なんと－ほくれい

《北嶺南都《ほくれいなんと》》
意味 奈良の諸寺と比叡山。また、奈良の興福寺と比叡山の延暦寺。
構成 「南都」は、奈良。特に興福寺をいう。「北嶺」は、比叡山。特に延暦寺をいう。
用例 更に恐るべき一勢力とは何ぞや。曰《い》はく南都北嶺の僧兵也《なり》。〈芥川竜之介、木曾義仲論〉

男女老幼 なんにょ－ろうよう

⇩老若男女《ろうにゃくなんにょ》
用例 われに等しき避難者は、男女老幼、雨具も無きが多く、陸続として、約二十町の間を引ききりなしに渡り行くのである。〈伊藤左千夫、水害雑録〉

南蛮鴃舌　なんばん-げきぜつ

意味 南方に住んでいる文明の開けていない人々が話している、意味の通じないことば。
構成 「南蛮」は、南方に住んでいる文明の開けていない人々。「鴃舌」は、もずの鳴き声をいい、ただやかましくて意味のわからないことばのたとえ。
出典 今や、南蛮鴃舌の人、先王の道を非とす。〈孟子、滕文公上〉
用例 孟子《もうし》は楚人《そひと》を南蛮鴃舌の人と罵《ののし》った。〈桑原隲蔵、晋室の南渡と南方の開発〉

南蛮渡来　なんばん-とらい

意味 昔、ポルトガル人やスペイン人などが、東南アジアを経由して海を渡って日本にやって来て、さまざまなものをもたらしたこと。また、彼らがもたらした異国風の珍しい品物や文化。
構成 「南蛮」は、南方の野蛮人。昔、タイ・ルソン・ジャワその他の東南アジア地方をいう。また、それらの地方を経由して日本にやって来たポルトガル人やスペイン人などをいう。「渡来」は、外国から海を渡って来ること。
用例 これこそ南蛮渡来の油薬、とくとごろうじませい。〈佐々木味津三、右門捕物帖、献上博多人形〉

南蛮北狄　なんばん-ほくてき

意味 南方の異民族と、北方の異民族。
構成 「南蛮」は、南方の異民族。「北狄」は、北方の異民族。
用例 南蛮北狄の女のように、凄《すさ》まじい顔がはやるかも知れぬ。〈芥川竜之介、俊寛〉
類義語 夷蛮戎狄《いばんじゅうてき》・東夷西戎《とういせいじゅう》

に

肉食妻帯　にくじき-さいたい

意味 僧侶が肉を食べ、妻をめとること。かつて浄土真宗以外の宗派では、この二つを禁止していた。
構成 「肉食」は、肉を食べること。「妻帯」は、妻をめとること。
用例 肉食妻帯が僧侶《そうりょ》に禁ぜられていた時分の事であるから、〈芥川竜之介、孤独地獄〉
注意 「肉食」を「にくじき」と読むのは、仏教用語の慣用だが、最近では「にくしょく」とも読む。

二者選一　にしゃ-せんいつ

⇩二者択一《にしゃたくいつ》
用例 つまり、自分には、二者選一の力さえ無かったのです。〈太宰治、人間失格〉

二者択一　にしゃ-たくいつ

（二者選一《にしゃせんいつ》）
意味 二つのものから一つを選ぶこと。
構成 「二者」は、二つの物事。「択一」「選

一」は、いずれか一つを選ぶこと。

用例 二者択一の答えを求められ、口ごもらずに即決できる自信と決断を、私は正直うらやましいと思う。〈五木寛之、風に吹かれて〉

二重人格　にじゅう－じんかく

意味 ①一人の人間が全く異なった二つの人格を持っていること。両人格は、交互に活動するが、互いに連絡はない。②転じて、場面や状況によって人間性の変わること。また、善悪二面を併せ持つ人柄。

構成 「二重」は、二つが重なること。「人格」は、独立した個人としての特性の総体。人柄。人間性。

用例 ②お雪はわたくしの二重人格の一面だけしか見ていない。〈永井荷風、濹東綺譚〉

二束三文　にそく－さんもん

意味 数が多くても値段が安いこと。また、売値が非常に安いこと。

構成 「二束」は、ふたたば。「三文」は、一文銭三つ。ごく安価なこと。

用例 兄はそれから道具屋を呼んで来て、先祖代々の瓦落《がらく》多《た》を二束三文に売った。〈夏目漱石、坊っちゃん〉

用法 物を投げ売りする時の値段について用いられることが多い。

表記 「二足三文」とも書くが、誤用とも、金剛草履が二足で三文の値段だったことからともいう。

類義語 一文半銭《いちもんはんせん》・一紙半銭《いっしはんせん》

日月星辰　にちげつ－せいしん

意味 太陽と月と星。

構成 「日月」は、太陽と月。「星辰」は、星。「辰」も、星。

出典 日月星辰を暦象《れきしょう》し、敬《つつ》しんで人時を授く。〈書経、尭典〉

用例 小は我々の一喜一憂より大は日月星辰の運行に至るまで皆この統一に由《よ》らぬものはない。〈西田幾多郎、善の研究〉

注意 「じつげつせいしん」とも読む。

日常座臥　にちじょう－ざが

意味 寝ている時も座っている時も。常日ごろ。普段。いつも。

構成 「日常」は、常日ごろ。普段。「座臥」は、座ったり寝たりすること。

用例 東野の言動は、日常坐臥の生活そのものが芸と見え、それにはパリ以来久慈や矢代の絶えず悩まされたものだった。〈横光利一、旅愁〉

表記 従来は「日常坐臥」と書くのが普通であったが、現在では常用漢字の「座」に書き換える。

類義語 常住座臥《じょうじゅうざが》・四六時中《しろくじちゅう》・二六時中《にろくじちゅう》・朝朝暮暮《ちょうちょうぼぼ》

日常茶飯　にちじょう－さはん

（家常茶飯《かじょうさはん》）

意味 毎日の食事。ありふれた普通のことや、何でもない平凡なことのたとえ。

構成 「日常」「家常」は、常日ごろ。普段。「茶飯」は、茶と飯。食事のたとえ。

用例 大体あのような患者は精神科医にとって日常茶飯のことだし、それをにこやかに堪えられぬような医者はそもそも失格なのだ。〈北杜夫、楡家の人びと〉

用法 現在では、「日常茶飯事《にちじょうさはんじ》」の言い方が一般的。

注意 「茶飯」を「ちゃめし」と読むのは、誤り。

類義語 身辺雑事《しんぺんざつじ》

日進月歩　にっしん－げっぽ

意味 日ごと月ごとに絶えず進歩すること。進歩の度合いが急速であること。

構成 「日月進歩」の「月」と「進」とを入れ替えた表現。「日月」は、日ごと月ごと。「進歩」は、前進すること。

用例 今や維新と言い、日進月歩の時と言

って、国学にとどまる平田門人ごときはあたかも旧習を脱せざるもののように見做《なみ》さるるのも止むを得なかった。〈島崎藤村、夜明け前〉

二人三脚　ににん－さんきゃく

【意味】①二人が横に並び、互いの内側の足の足首をひもで縛って固定して離れないようにし、三本足のようにして走る競技。②転じて、二人が力を合わせて事にあたることのたとえ。

【構成】「二人」は、ふたり。「三脚」は、三本の足。

【用例】②わたしがこの世に生まれたそのときから、わたしと組んで二人三脚を続けてきた。〈尾崎一雄、虫のいろいろ〉

【類義語】一致協力《いっちきょうりょく》・一致団結《いっちだんけつ》・協心戮力《きょうしんりくりょく》・協力一致《きょうりょくいっち》・同心戮力《どうしんりくりょく》・戮力協心《りくりょくきょうしん》・戮力同心《りくりょくどうしん》

二枚看板　にまい－かんばん

【意味】人の注目を集める自慢の人材が二人いること。また、その二人。

【構成】「二枚」は、二人ということ。「看板」は、宣伝のためにそのものの名称や内容などを記して掲げる板。転じて、人の気持ちをひきつける人や事柄。

【用例】鶴八鶴次郎の二枚看板で売り出した二人じゃないか。〈川口松太郎、鶴八鶴次郎〉

柔和温順　にゅうわ－おんじゅん

【意味】優しくおとなしくて素直なこと。優しく穏やかなこと。

【構成】「柔和」は、優しい。おとなしい。「温順」は、優しくて素直。おとなしくて素直。

【用例】名主の跡目は悴《せがれ》惣次郎、誠に柔和温順の人でお父さんは道楽のみを致しましたが、それには引きかえ惣次郎は堅くって内気ですから〈三遊亭円朝、真景累ヶ淵〉

【類義語】温良優順《おんりょうゆうじゅん》・温和丁寧《おんわていねい》

如意自在　にょい－じざい

【意味】自分の思いのままになること。

【構成】「如意」も「自在」も、思い通りになること。

【用例】嬢様は如意自在、男はより取って、飽けば、息をかけて獣にするわ、〈泉鏡花、高野聖〉

【注意】「如意」を「じょい」と読むのは、誤り。

【類義語】緩急自在《かんきゅうじざい》・縦横自在《じゅうおうじざい》・縦横無礙《じゅうおうむげ》・縦横無尽《じゅうおうむじん》・自由自在《じゆうじざい》

如意宝珠　にょい－ほうじゅ

【意味】仏教で、何でも願いごとが思うままになるという珠。釈迦の遺骨が変じてできたという。民衆の願いを成就させてくれる仏の徳の象徴とされた。略して、「宝珠」「如意珠」ともいう。

【構成】「如意」は、思い通りになること。「宝珠」は、大切な宝玉。

【用例】竜女がお前様に惚《ほ》れましてエンゲージいたしたく此方《こっち》からは如意宝珠あげます程に〈幸田露伴、真美人〉

【注意】「如意」を「にょい」、「宝珠」を「ほうじゅ」と読むのは、仏教用語の慣用。「じょい」「ほうしゅ」と読むのは、誤り。

如是我聞　にょぜ－がもん

【意味】このように私は聞いているという意味で、仏教の経文の書き出しのことば。釈迦が入滅した後、弟子たちが仏説を結集するときに、記憶力抜群で、釈迦の説法を最も多く聞いた阿難《あなん》が、釈迦の指示により仏の説であることを示すために、諸経の開巻にこの四字を置いた。

【構成】漢文訓読では、「是《か》くのごとく我は聞けり」と読む。「如是」は、このように。「我聞」は、私は聞いている。

【出典】如是我聞とは、総《す》べて已の聞くを

顕《あら》はすを謂《い》ふ。〈仏地経論〉

用例 私がこの如是我聞という世間的に言って、明らかに愚挙らしい事を書いて発表しているのは、〈太宰治、如是我聞〉

注意 「如是」を「じょぜ」と読むのは、誤り。

女人禁制 にょにん-きんせい

意味 特定の場所に女性の出入を禁じること。昔、女性には身にけがれがあり、また、修行の妨げになるとされて、神聖な場所への出入が禁じられていた。明治の初めまで高野山・比叡山などで行われた。

構成 「女人」は、女性。「禁制」は、行為を禁止すること。

用例 高山霊場の女人禁制は言うまでもなく、普通民家の造り酒屋にある酒蔵のようなところにまで女は遠ざけられていたことを想像して見るがいい。〈島崎藤村、夜明け前〉

注意 「にょにんきんぜい」とも読む。

如法暗夜 にょほう-あんや

意味 全くの闇夜《やみよ》。真の暗闇。

構成 「如法」はここでは、全くの。文字通りの。「暗夜」は、真っ暗な夜。暗夜。

用例 如法闇夜の中に何者も見えないように、何者の返事もありません。〈中里介山、大菩薩峠、如法闇夜の巻〉

注意 「如法」を「じょほう」と読むのは、誤り。

表記 従来は「如法闇夜」と書くのが普通であったが、現在では常用漢字の「暗」に書き換える。

類義語 暗澹冥濛《あんたんめいもう》・陰陰滅滅《いんいんめつめつ》・晦渋混濁《かいじゅうこんだく》

二律背反 にりつ-はいはん

意味 論理学で、二つの命題が同じように妥当に見えながら、互いに矛盾し両立し得ないこと。

構成 「二律」は、二つの原理・法則。「背反」は、背き合って両立し得ないこと。

用例 力の余る彼女の二律背反は、一方には、はけ口のない嫌悪の念を高ぶらせてもいった。〈石坂洋次郎、若い人〉

二六時中 にろくじ-ちゅう

意味 一日中。

構成 「二六時」は、昔の十二刻で、一日。「中」は、そのあいだじゅう。

用例 兄さんは書物を読んでも、理窟《りくつ》を考えても、飯を食っても、散歩をしても、二六時中何をしても、そこに安住する事ができないのだそうです。〈夏目漱石、行人〉

用法 現在では、一日を二十四時間と数えるので、「四六時中」が用いられる。

類義語 常住座臥《じょうじゅうざが》・四六時中《しろくじちゅう》・朝朝暮暮《ちょうちょうぼぼ》・日常座臥《にちじょうざが》

人情世態 にんじょう-せたい

⇩世態人情《せたいにんじょう》

用例 畢竟《ひっきょう》、小説の旨《むね》とする所は専ら人情世態にあり。〈坪内逍遥、小説神髄〉

人情風俗 にんじょう-ふうぞく

（風俗人情《ふうぞくにんじょう》）

意味 人の感情と社会のならわし。

構成 「人情」はここでは、人の心。「風俗」は、社会のならわし。風習。

用例 実際にはヨーロッパと日本では、所謂《いわゆる》人情風俗が違うからね。〈円地文子、食卓のない家〉

類義語 世態人情《せたいにんじょう》・世道人心《せどうじんしん》・人情世態《にんじょうせたい》

人相風体 にんそう-ふうてい

意味 人の顔つきと身なり。

構成 「人相」は、人の顔つき。容貌。「風体」は、身なり。外見。

用例 女はなおも疑わしげに阿久津の人相風体を見回した。〈加賀乙彦、湿原〉

に

用法 素性のはっきりしない人物に対して、悪い意味で用いられることが多い。
注意 「にんそうふうたい」とも読む。
類義語 顔色容貌《がんしょくようぼう》・顔貌風姿《がんぼうふうし》・容貌顔色《ようぼうがんしょく》

ね

佞悪醜穢 ねいあく－しゅうわい

意味 心が曲がって性質が悪く、醜く汚らわしいこと。
構成 「佞悪」は、心が曲がっていること。「佞」は、心がねじけている。「醜穢」は、醜く汚らわしいこと。「穢」は、けがれる。
用例 ギリシヤ神話に於《お》いて、最も佞悪醜穢の魔物は、やはりあの万蛇頭のメデウサであろう。〈太宰治、お伽草紙〉
対義語 清麗高雅《せいれいこうが》・清廉潔白《せいれんけっぱく》

佞奸邪知 ねいかん－じゃち

⇩奸佞邪知《かんねいじゃち》
用例 決してかのエデンの園の蛇の如《ごと》く、佞奸邪智にして、恐ろしい破滅の誘惑を囁《ささや》くような性質のものでは無いように思われる。〈太宰治、お伽草紙〉

熱烈峻厳 ねつれつ－しゅんげん

意味 激しく情熱を傾け、妥協を許さない厳しさを持つこと。
構成 「熱烈」は、物事に熱中したり、感情が高ぶったりして、激しく興奮すること。「峻厳」は、極めて厳しいこと。
用例 百姓や町人はどうなってもいい、そんな学問のどこに熱烈峻厳な革新の気魄《きはく》が求められましょうか。〈島崎藤村、夜明け前〉
類義語 (「情熱を傾ける」の意味で)一念発起《いちねんほっき》・一心不乱《いっしんふらん》・一心発起《いっしんほっき》・精神一到《せいしんいっとう》・真一文字《まいちもんじ》・無二無三《むにむさん》(「妥協を許さない」の意味で)気骨稜稜《きこつりょうりょう》

拈華微笑 ねんげ－みしょう

意味 仏教で、文字やことばによらず、心から心に伝わること。
構成 「拈」は、つまむ。ひねる。「微笑」は、ほほえむ。
故事 釈迦《しゃか》が霊鷲山《れいしゅうざん》で説法した時、花をつまんでその意を示したところ、迦葉《かしょう》だけがその意を悟って微笑したので、仏教の真理を授けたという故事による。
出典 世尊《せそん》霊山会上《りょうぜんえじょう》に在り、華を拈《ひね》り衆に示す。是《こ》の時、衆皆《みな》寂然《じゃくねん》たり。惟《た》だ迦葉尊者《かしょうそんじゃ》のみ、破顔微笑す。〈五灯会元〉
用例 「拈華微笑」の昔はもちろん、百数十行に亙《わた》る新聞記事さえ他人の気もちと

応じない時にはとうてい合点のできるものではない。〈芥川竜之介、十本の針〉

注意 「微笑」を「みしょう」と読むのは、仏教用語の慣用。「びしょう」と読むのは、誤り。

類義語 以心伝心《いしんでんしん》・感応道交《かんのうどうこう》・神会黙契《しんかいもっけい》・不立文字《ふりゅうもんじ》・黙契秘旨《もっけいひし》

年功序列 ねんこう-じょれつ

意味 年齢や勤続年数が増すにしたがって地位や賃金が上がること。また、その体系。

構成 「年功」は、多年の功労。「序列」は、順序をつけて並べること。

用例 技術が同等だと仮定すれば、あとは黙って年功序列を待つか、〈新田次郎、孤高の人〉

年中行事 ねんちゅう-ぎょうじ

意味 毎年、一定の時期に決まって行われる儀式や催し。初め、宮中の公事を指したが、のち、民間の行事・祭事も指すようになった。

構成 「年中」は、一年間。「行事」は、決まって行う事柄。

用例 二月の十四日には鳥追い祭がある。雪国らしい子供の年中行事である。〈川端康成、雪国〉

注意 「ねんじゅうぎょうじ」とも読む。

年年歳歳 ねんねん-さいさい

（歳歳年年《さいさいねんねん》）

意味 毎年毎年。来る年も来る年も。

構成 「年年」「歳歳」ともに、来る年も来る年も。毎年。

出典 年年歳歳花相似たり、歳歳年年人同じからず。〈唐、劉廷芝、白頭を悲しむ翁に代はる詩〉

用例 その苦痛は無論鈍痛ではありましたが、年々歳々感ずる痛みには相違なかったのであります。〈夏目漱石、私の個人主義〉

念仏三昧 ねんぶつ-ざんまい

意味 仏教で、一心に念仏を唱えること。

構成 「念仏」は、「南無阿弥陀仏」を唱えること。「三昧」は、梵《ぼん》語《ご》からの音訳語で、一つの物事に熱中するようす。

用例 才兵衛の悪評はいよいよ高く、いまは出家遁世して心静かに山奥の庵《いおり》で念仏三昧の月日を送っている師匠の鰐口《わにぐち》の耳にもはいり、〈太宰治、新釈諸国噺〉

注意 「昧」を「味」「眛」と書くのは、誤り。

は

稗官野史 はいかん-やし

意味 民間のこまごまとした物語や説話などを集め記録した書物。

構成 「稗官」は、昔の中国で、政治の参考にするために民間の説話・風聞などを集めて為政者に奉ることを任務とした下級役人。「野史」は、正史に対して、民間の人の書いた歴史書。

用法 小説をいやしめて言う時にも用いられる。

排斥擠陥 はいせき-せいかん

意味 人を押しのけ、陥れること。

構成 「排斥」は、押しのける。退ける。「擠陥」は、悪意をもって人を罪に陥れること。「擠」は、おしのける。

用例 漢初以来の骨肉相《あい》喰《は》む内乱や功臣連の排斥擠陥の跡を例に引いてこう言われた時、李陵《りりょう》はほとんど返す言葉に窮した。〈中島敦、李陵〉

背徳没倫 はいとく-ぼつりん

意味 道徳に背き、人としての道に外れること。
構成 漢文訓読では、「徳に背《そむ》き倫を没す」と読む。「背徳」は、道徳に背くこと。「没倫」は、人としての道に外れること。
用例 この覩《み》易き理由はあるにも関《かか》はらず無教育の青年男女が一時の劣情に駆られて、漫《みだ》りに合卺《ごうきん》の式を挙ぐるは悖徳没倫のはなはだしき所為である。〈夏目漱石、吾輩は猫である〉
表記 従来は「悖徳没倫」と書くのが普通であったが、現在では常用漢字の「背」に書き換える。
類義語 非義非道《ひぎひどう》・不義非道《ふぎひどう》・不義不正《ふぎふせい》・不義不貞《ふぎふてい》・不義不徳《ふぎふとく》・不正不義《ふせいふぎ》・不忠不義《ふちゅうふぎ》・不貞不義《ふていふぎ》

杯盤酒肴 はいばん-しゅこう

意味 宴会のための酒や料理。
構成 「杯盤」は、杯と皿。「酒肴」は、酒と、酒のさかな。
用例 その混雑の間をくぐり、お辞儀の頭の上を踏み越さぬばかりに杯盤酒肴を座敷へはこぶ往来も見るからに忙しい。〈寺田寅彦、竜舌蘭〉

杯盤狼藉 はいばん-ろうぜき

意味 酒席の後、杯や皿があたり一面に散乱しているようす。また、宴会が乱れているようす。
構成 「杯盤」は、杯と皿。「狼藉」は、ものが散らばっているようす。「狼」も「藉」も、乱雑。一説に、狼が草を藉いて寝たあとの乱雑さから転じたともいう。
出典 杯盤狼藉、堂上、燭《しょく》滅す。〈史記、滑稽伝〉
用例 座敷は杯盤狼藉とした有り様で、会員が引き上げて間もない証拠には、人いきれや煙草の臭いが、畳の上にまだ低く漂い流れていた。〈石坂洋次郎、石中先生行状記〉
用法 酒中・酒後の乱れてだらしない状態を表すのに用いられることが多い。
注意 「藉」を「籍」と書くのは、誤り。

廃仏毀釈 はいぶつ-きしゃく

意味 仏教を廃し、釈迦の教えを捨てる。仏教を排斥すること。中国では三武一宗（北魏の太武帝、北周の武帝、唐の武宗、後周の世宗）の仏教弾圧、日本では明治初年の神仏分離令をきっかけに各地で起こった仏教排斥運動が有名。
構成 漢文訓読では、「仏を廃して釈を毀《やぶ》る」と読む。「廃仏」は、仏教を廃すること。「毀釈」は、釈迦の教えを破壊し、捨て去ること。
用例 これは水戸の廃仏毀釈に一歩を進めたもので、言わば一種の宗教改革である。〈島崎藤村、夜明け前〉
表記 まれに「廃仏棄釈」と書くこともある。

破戒無慙 はかい-むざん

意味 仏教で、仏道に帰依した者が、戒めを破って良心に恥じないこと。
構成 「破戒」は、仏道に帰依して戒めを受けた者が、その戒めを破ること。「無慙」は、悪いことをして心に恥じないこと。
用例 女のもとへ通いつづける破戒無慙の僧の一念も、ひとしく情熱という怪物に支えられているのだろうか。〈瀬戸内晴美、比較〉
表記 「慙」の代わりに、異体字の「慚」を書くこともある。
類義語 酷薄無慙《こくはくむざん》・無慙酷薄《むざんこくはく》・無慙無愧《むざんむき》・冷酷無慙《れいこくむざん》

馬鹿正直 ばか-しょうじき

意味 うそいつわりを言わないが、度が過ぎてかえって融通がきかないこと。愚直であること。
構成 「馬鹿」は、おろかなこと。「正直」は、うそいつわりを言わないこと。
用例 馬鹿正直なだけに熱心な男だもん

だから、とうとう成功した。〈夏目漱石、行人〉

類義語 四角四面《しかくしめん》・杓子定規《しゃくしじょうぎ》

破顔一笑　はがん－いっしょう

意味 顔をほころばせて、にっこりと笑うこと。

構成 「破顔」は、顔をほころばせて笑うこと。「一笑」は、一度笑うこと。

用例 「桂君じゃアないか」と声を掛けた。後ろを振り向いて破顔一笑したのはまさしく正作。〈国木田独歩、非凡なる凡人〉

類義語 呵呵大笑《かかたいしょう》・捧腹絶倒《ほうふくぜっとう》

破顔微笑　はがん－みしょう

意味 顔をほころばせて、ほほえみ笑うこと。

構成 「破顔」は、顔をほころばせて笑うこと。「微笑」は、ほほえむこと。

出典 惟《た》だ迦葉尊者《かしょうそんじゃ》のみ、破顔微笑す。〈五灯会元〉

用例 いくつもの霊魂が産婦の枕もとに詰めかけて、おれがおれがと争うであろうと言っているのは読者をしておのずから破顔微笑させるものがある。〈寺田寅彦、ルクレチウスと科学〉

注意 「はがんびしょう」とも読む。

類義語 嫣然一笑《えんぜんいっしょう》

博引旁証　はくいん－ぼうしょう

意味 広く例を挙げ、全てにわたって証拠を示して論ずること。

構成 「博引」は、広く例を引用すること。「博」は、広い。「旁証」は、あまねく証拠を示すこと。「旁」は、ここでは、あまねく。

用例 衒学《げんがく》の輩《やから》が博引旁証して功者振りたる解釈ものを読まんよりは〈内田魯庵、緑蔭茗話〉

表記 「博引傍証」とも書くが、この場合の「傍」は、「旁」の当て字として用いられたもの。

博学偉才　はくがく－いさい

⇩博学広才《はくがくこうさい》

用例 年十三で詩、易、春秋に通じたと云《い》われた俊士で、博学偉才、「達旨」の一文、今に赫《かがや》いている。〈幸田露伴、太公望〉

博学広才　はくがく－こうさい

（広才博識《こうさいはくしき》・博学偉才《はくがくいさい》）

意味 広く学問や知識に通じていて、才知の優れていること。

構成 「博学」「博識」は、広く学問に通じていて、多くの事を知っていること。「広才」「偉才」は、大きくすぐれた才知。

用例 少納言入道信西は博学宏才を以《もっ》て世に認められている。〈岡本綺堂、玉藻の前〉

注意 「はくがくこうざい」とも読む。

表記 従来は「博学宏才」と書くのが普通であったが、現在では常用漢字の「広」に書き換える。

類義語 該博深遠《がいはくしんえん》・才学博通《さいがくはくつう》・博学才穎《はくがくさいえい》・博学卓識《はくがくたくしき》・博学多才《はくがくたさい》・博学多識《はくがくたしき》・博学能文《はくがくのうぶん》・博識多才《はくしきたさい》・博聞強記《はくぶんきょうき》・博覧強記《はくらんきょうき》・博覧多識《はくらんたしき》

対義語 浅学非才《せんがくひさい》

博学才穎　はくがく－さいえい

意味 広く学問に通じていて、才知が非常に優れていること。

構成 「博学」は、広く学問に通じていて、多くの事を知っていること。「才穎」は、才知が非常に優れていること。

用例 隴西《ろうせい》の李徴《りちょう》は博学才穎、天宝の末年、若くして名を虎榜《こぼう》に連ね、ついで江南尉《こうなんい》に補せられたが、〈中島敦、山月記〉

表記 「穎」の代わりに異体字の「頴」を書くこともあるが、現代では、印刷物などでは「穎」を用いるのが普通。

類義語 該博深遠《がいはくしんえん》・広才博識《こうさいはくしき》・才学博通《さいがくはくつう》・博学偉才《はくがくいさい》・博学広才《はくがくこうさい》・博学卓識《はくがくたくしき》・博学多才《はくがくたさい》・博学多

は

識《はくがくたしき》・博学能文《はくがくのうぶん》・博識多才《はくしきたさい》・博聞強記《はくぶんきょうき》・博覧強記《はくらんきょうき》・博覧多識《はくらんたしき》

博学卓識　はくがく－たくしき

意味　広く学問に通じていて、優れた見識のあること。

構成　「博学」は、広く学問に通じていて、多くの事を知っていること。「卓識」は、優れた見識。

用例　試しに想へ今の文壇誰か学海居士を推して博学卓識の文人とせざらん。〈坪内逍遥、小説三派〉

類義語　該博深遠《がいはくしんえん》・広才博識《こうさいはくしき》・才学博通《さいがくはくつう》・博学偉才《はくがくいさい》・博学広才《はくがくこうさい》・博学才穎《はくがくさいえい》・博学多才《はくがくたさい》・博学多識《はくがくたしき》・博学能文《はくがくのうぶん》・博識多才《はくしきたさい》・博聞強記《はくぶんきょうき》・博覧強記《はくらんきょうき》・博覧多識《はくらんたしき》

博学多才　はくがく－たさい

《博識多才《はくしきたさい》》

意味　知識が豊富で、豊かな才能に恵まれていること。

構成　「博学」「博識」は、広く学問に通じていて、多くの事を知っていること。「多才」は、多くの才能に恵まれていること。

出典　性は剛毅、威望有り、博学多才、親に事《つか》ふるに孝、喪に居《を》りて礼を尽くす。〈晋書、東安王繇伝〉

用例　識者は必ず博学多才なる耶蘇《やそ》の教師を入れて、宗教と共に其《その》文学技芸を学び、以《もっ》て我文明を達せんとするの意見なる可《べ》し。〈福沢諭吉、文明論之概略〉

類義語　該博深遠《がいはくしんえん》・広才博識《こうさいはくしき》・才学博通《さいがくはくつう》・博学偉才《はくがくいさい》・博学広才《はくがくこうさい》・博学才穎《はくがくさいえい》・博学卓識《はくがくたくしき》・博学多識《はくがくたしき》・博学能文《はくがくのうぶん》・博聞強記《はくぶんきょうき》・博覧強記《はくらんきょうき》・博覧多識《はくらんたしき》

対義語　浅学非才《せんがくひさい》

博学多識　はくがく－たしき

⇩博覧多識《はくらんたしき》

用例　如何《いか》なる博学多識の大学の先生も〈徳富蘇峰、将来之日本〉

博学能文　はくがく－のうぶん

意味　知識が豊富で、文章を作るのがうまいこと。

構成　「博学」は、広く学問に通じていて、多くの事を知っていること。「能文」は、文章を書く才能があること。

用例　奇書を歴覧し、水経注四十巻を撰《せん》すとある通り、博学能文の人であった。〈幸田露伴、太公望〉

類義語　該博深遠《がいはくしんえん》・広才博識《こうさいはくしき》・才学博通《さいがくはくつう》・博学偉才《はくがくいさい》・博学広才《はくがくこうさい》・博学才穎《はくがくさいえい》・博学卓識《はくがくたくしき》・博学多才《はくがくたさい》・博学多識《はくがくたしき》・博識多才《はくしきたさい》・博聞強記《はくぶんきょうき》・博覧強記《はくらんきょうき》・博覧多識《はくらんたしき》

白虹貫日　はくこう－かんじつ

⇩はっこう－かんじつ

白砂青松　はくさ－せいしょう

意味　白い砂と青い松。海岸の美しい景色の形容。

構成　「白砂」は、白い砂。「青松」は、青々とした松。

用例　街道のすぐ下で白い波をうねらせ、このあたり、白砂青松――山陽道でも眺望のとりわけ美しい所だ。〈五味康祐、柳生天狗党〉

注意　「はくしゃせいしょう」とも読む。

表記　従来は「白沙青松」とも書いたが、現在では常用漢字の「砂」を用いるのが普通。

類義語　長汀曲浦《ちょうていきょくほ》

白紙委任　はくし－いにん

意味　条件をつけないで、全てを任せること。

構成　「白紙」は、あらかじめ自分の意見を

持っていないこと。「委任」は、ゆだね任せること。
用例 塩見から三津田への名義変更は、その手続きを塩見が白紙委任したことになっている。〈石原慎太郎、化石の森〉
類義語 責任転嫁《せきにんてんか》

博識多才　はくしきーたさい

⇩博学多才《はくがくたさい》
用例 どんな博識多才の名士だって、君、九年も戸を出なかったら、京都の事情にも暗くなりますね。〈島崎藤村、夜明け前〉

薄志弱行　はくしーじゃっこう

意味 意志が弱く、実行力に乏しいこと。
構成 「薄志」は、意志が弱い。意気地がない。「弱行」は、実行力・勇気の乏しいこと。
用例 私はお前の薄志弱行が歯痒《はがゆ》いのだ。論語に『汝今画《なんじはいまかぎれり》』とある――自分の力を自分で見切りをつけていることだ。〈佐藤春夫、都会の憂鬱〉
用法 自分の精神的な弱さを指摘・反省する意味で用いられることが多い。
類義語 意志薄弱《いしはくじゃく》
対義語 意志堅固《いしけんご》

白日昇天　はくじつーしょうてん

意味 真昼に天に昇る。仙人になること。また、急に富貴になること。
構成 「白日」は、真昼。また、輝く太陽。「昇天」は、天に昇る。転じて、物事が盛んになること。
出典 行を積み功を樹《た》て、徳を累《かさ》ね善を増せば、乃《すなは》ち白日に昇天し、長《とこし》へに世上に生くるに至る。〈魏書、釈老志〉
類義語 権貴栄達《けんきえいだつ》・立身栄達《りっしんえいだつ》・立身出世《りっしんしゅっせ》

白日青天　はくじつーせいてん

⇩青天白日《せいてんはくじつ》
用例 記者は、白日青天の下に此《か》くの如《ごと》く無残に曝《さら》し出されている東京市政の破綻《はたん》を見て、無限の感慨に打たれざるを得なかった。〈夢野久作、街頭から見た新東京の裏面〉

白紙撤回　はくしーてっかい

意味 一度決定したものを、全てなかったこととすること。
構成 「白紙」はここでは、何もなかったもとの状態。「撤回」は、一度出したものをひっこめること。
用例 スト派学生は処分の白紙撤回と学長団交を要求し〈加賀乙彦、湿原〉
注意 「撤」を「徹」と書くのは、誤り。「撤」は「貫き除く」、「徹」は、「徹夜」のように、「貫き通す」の意味。

白砂青松　はくしゃーせいしょう

⇩はくさーせいしょう

拍手喝采　はくしゅーかっさい

意味 手をたたいてほめそやすこと。
構成 「拍手」は、手をたたく。「喝采」は、やんやとほめそやす。
用例 そのような勇ましい画面が出ると、皆大よろこびで拍手喝采したものだ。〈太宰治、惜別〉
類義語 好評嘖嘖《こうひょうさくさく》・名声赫赫《めいせいかくかく》
対義語 非難囂囂《ひなんごうごう》

白昼公然　はくちゅうーこうぜん

意味 真っ昼間であるにもかかわらず、おおっぴらであること。また、あたりかまわず大胆なようす。堂々としたようす。また高慢なようす。
構成 「白昼」は、真昼。「公然」は、おおっぴら。
用例 この間深夜御来訪になって山の芋を持って行かれた泥棒君である。おや今度は白昼公然と玄関からおいでになったな。〈夏目漱石、吾輩は猫である〉
用法 悪いことを平気でする者に対して、

批判的な意味で用いられることが多い。

幕天席地 ばくてん‐せきち

意味 天を幕とし、地を敷物として、その間に寝起きすること。気持ちの非常に大きいことのたとえ。

構成 「幕天」は、天を屋根のかわりの幕とすること。「席地」は、地を座席の敷物とすること。

出典 行くに轍跡《てっせき》無く、居るに室廬《しつろ》無く、天を幕とし地を席とし、意の如《ゆ》く所を縦《ほしいまま》にす。〈西晋、劉伶、酒徳頌〉

用例 墨西哥《メキシコ》経綸を抛棄《ほうき》し、暫《しばら》く幕天席地の志をつつんでお吉が希望のままに銀行会社の配当に喜憂し〈内田魯庵、くれの廿八日〉

類義語 気宇広大《きうこうだい》・気宇壮大《きうそうだい》・抜山蓋世《ばつざんがいせい》

博聞強記 はくぶん‐きょうき

意味 広く聞き知って、よく記憶していること。

構成 「博聞」は、広く聞き知っていて物知りであること。「強記」は、物覚えのよいこと。

出典 聡明睿智《そうめいえいち》なる者は、之《これ》を守るに愚を以《もっ》てし、博聞強記なる者は、之を守るに浅きを以てす。〈韓詩外伝、三〉

用例 一体御主人の博聞強記は好いが、科学を遣《や》っている癖《くせ》に仏法の本なんかを読むのは分からないて。〈森鷗外、独身〉

用法 「博覧強記」と違い、話題が豊かな場合に用いられることが多い。

類義語 該博深遠《がいはくしんえん》・広才博識《こうさいはくしき》・才学博通《さいがくはくつう》・博学偉才《はくがくいさい》・博学広才《はくがくこうさい》・博学才穎《はくがくさいえい》・博学多識《はくがくたしき》・博学卓識《はくがくたくしき》・博学能文《はくがくのうぶん》・博学多才《はくがくたさい》・博識多才《はくしきたさい》・博覧強記《はくらんきょうき》・博覧多識《はくらんたしき》

対義語 寡聞浅学《かぶんせんがく》

白旄黄鉞 はくぼう‐こうえつ

意味 白い旗飾りのついた指揮用の旗と、黄金で飾ったまさかり。王や皇帝が自ら征伐することをいう。

構成 「白旄」は、白い旗飾りのついた指揮用の旗。「黄鉞」は、黄金で飾ったまさかり。

故事 中国古代、周の武王《ぶおう》が殷《いん》の紂王《ちゅうおう》を伐《う》つ時、右に白旄をとってさしまねき、左に黄鉞を杖ついたという故事による。

出典 太宗十八にして義兵を挙げ、白旄黄鉞、両京を定む。〈唐、白居易、七徳の舞詩〉

用例 有力なる征北軍を組織し、白旄黄鉞、粛々として、怒濤《どとう》の如《ごと》く来たり迫る革命軍を、討たしめたり。〈芥川竜之介、木曾義仲論〉

伯楽一顧 はくらく‐いっこ

意味 伯楽が目をかけることによって、名馬が見いだされること。賢者が名君・賢相に見いだされて重用されることのたとえ。また、世にうもれていた人が、実力者にその才能を見いだされ力を発揮することのたとえ。

構成 「伯楽」は、馬の善し悪しを見分ける名人。転じて、人物を見抜く眼力のある人。「一顧」は、ちょっとかえりみる。ここでは、人から目をかけられること。

出典 数《しばしば》、伯楽一顧の価を蒙《かうむ》る。〈後漢書、隗囂伝〉

博覧強記 はくらん‐きょうき

意味 広く見知って、よく記憶していること。

構成 「博覧」は、広く古今東西の書物を読んで、物知りであること。「強記」は、物覚えのよいこと。記憶力にすぐれること。

用例 流石《さすが》、博覧強記を以《もっ》て自負している先生にも、この名ばかりはなんのことだかわからない。〈芥川竜之介、手巾〉

用法 「博聞強記」と違い、知識が豊かな場合に用いられることが多い。

類義語 該博深遠《がいはくしんえん》・広才博識《こうさいはくしき》・才学博通《さいがくはくつう》・博学偉才《はくがくいさい》・博学広才《はくがくこうさい》・博学才穎《はくがくさいえい》・博学卓識《はくがくたくしき》・博学多才《はくがくたさい》・博学多識《はくがくたしき》・博学能文《はくがくのうぶん》・博識多才《はくしきたさい》・博聞強記《はくぶんきょうき》・博覧多識《はくらんたしき》

博覧多識　はくらん－たしき

《博学多識《はくがくたしき》》

意味 広く学問や知識に通じていて、多くの物事を知っていること。

構成 「博覧」「博学」は、広くさまざまな知識に通じていること。「多識」は、多く物事を知っていること。物知り。

用例 これは一門皆学者だった博覧多識の去来には徳山の棒よりも手痛かったであろう。〈芥川竜之介、芭蕉雑記〉

類義語 該博深遠《がいはくしんえん》・広才博識《こうさいはくしき》・才学博通《さいがくはくつう》・博学偉才《はくがくいさい》・博学広才《はくがくこうさい》・博学才穎《はくがくさいえい》・博学卓識《はくがくたくしき》・博学多才《はくがくたさい》・博学能文《はくがくのうぶん》・博識多才《はくしきたさい》・博聞強記《はくぶんきょうき》・博覧強記《はくらんきょうき》

薄利多売　はくり－たばい

意味 商品一つあたりの利益を少なくして大量に販売すること。全体として利益をあげる商法の一つ。

構成 「薄利」は、利益の少ないこと。「多売」は、大量に売ること。

用例 「薄利多売主義」とか「負けぬ代わりに安い」という看板は、こんなのに比べるととても廻《ま》わりクドくて問題にならぬ。〈夢野久作、街頭から見た新東京の裏面〉

馬耳東風　ばじ－とうふう

意味 心地よい春風が馬の耳を吹き抜けても、馬は何の感動も示さない。人の意見や批評を少しも心に留めず、聞き流すことのたとえ。

構成 「東風、馬耳を射る」の略。「東風」は、春風。「馬耳」は、馬の耳。

出典 世人《せじん》此《これ》を聞き皆《みな》頭《かうべ》を掉《ふ》る、東風の馬耳を射るがごとき有り。〈唐、李白、王十二の寒夜独酌して懐ひ有るに答ふる詩〉

用例 質素倹約、友人にケチと言われても馬耳東風、祖先を敬するの念厚く、亡父の命日にはお墓の掃除などして、〈太宰治、家庭の幸福〉

破邪顕正　はじゃ－けんしょう

意味 仏教で、邪説・邪道を打ち破って、正道を明らかにすること。一般に、誤った考え方を打ち破って、正しい考え方を明らかにすること。悪を破って、正義を明らかにすること。

構成 「破邪」は、邪説・邪道を破ること。「顕正」は、正しい仏の教えを明らかに示すこと。

出典 論三有りと雖《いへど》も、義は但《ただ》二轍《にてつ》。一に曰《い》はく顕正、二に曰はく破邪。破邪は則《すなは》ち下《しも》沈淪《ちんりん》を拯《すく》ひ、顕正は則ち上《かみ》大法を弘《ひろ》む。〈三論玄義〉

用例 ただ切るのではありません。破邪顕正の剣ならお許し下さるでしょう〈川口松太郎、新吾十番勝負〉

類義語 勧奨懲戒《かんしょうちょうかい》・勧善懲悪《かんぜんちょうあく》・懲悪勧善《ちょうあくかんぜん》・天網恢恢《てんもうかいかい》・撥乱反正《はつらんはんせい》

破綻百出　はたん－ひゃくしゅつ

意味 言動などについて、欠点やほころびが次々に出てくること。また、物事がうまくゆかなくなるようなことが、次から次へと現れ出ること。

構成 「破綻」は、破れほころびること。物事がうまくゆかなくなること。「綻」は、ほころびる。「百出」は、いろいろ様々に現れ出ること。次から次へと現れ出ること。

用例 分別識《しき》りはそれを行《ぎゃう》りとげようとするから、破綻百出だ。〈鈴木大拙、東洋的な見方〉

注意 「破綻」を「はじょう」と読むのは、誤

り。

八大地獄　はち－だい－じごく

意味 仏教で、代表的な八つの大地獄。

構成 「八」は、八つの、「大」は、大きな。「地獄」は、生前に悪事をした者が死後落ちて苦しめられる所。

用例 金に困るとなおさら酒を飲みたいたちで、そのために不義理の借金が山積して年の瀬を迎えるたびに、さながら八大地獄を眼前に見るような心地が致す。〈太宰治、新釈諸国噺〉

類義語 阿鼻叫喚《あびきょうかん》・阿鼻地獄《あびじごく》・叫喚地獄《きょうかんじごく》・焦熱地獄《しょうねつじごく》・八万地獄《はちまんじごく》・八万奈落・無間地獄《むげんじごく》・無間奈落《むげんならく》

八万地獄　はちまん－じごく

意味 仏教で、人が持つ八万四千の煩悩《ぼんのう》が起こす悪業によって受ける数多くの苦しみを、地獄にたとえていうことば。

構成 「八万」は、「八万四千」の略で、数が多いことを表し、ここでは人が持つ八万四千の煩悩をいう。「地獄」は、生前に悪事をした者が死後落ちて責め苦しめられる所。

類義語 阿鼻叫喚《あびきょうかん》・阿鼻地獄《あびじごく》・叫喚地獄《きょうかんじごく》・焦熱地獄《しょうねつじごく》・八大地獄《はちだいじごく》・八万奈落《はちまんならく》・無間地獄《むげんじごく》・無間奈落《むげんならく》

八万奈落　はちまん－ならく

意味 仏教で、人が持つ八万四千の煩悩がなす悪業によって受ける数多くの苦しみを、地獄にたとえていうことば。

構成 「八万」は、「八万四千」の略で、数が多いことを表し、ここでは、人が持つ八万四千の煩悩。「奈落」は、梵語《ぼんご》からの音訳語で、地獄。

用例 八万奈落の涯《はて》をさまよいつつ浮かぼうとして浮かび得ぬ幽鬼の声……〈夢野久作、あやかしの鼓〉

類義語 阿鼻叫喚《あびきょうかん》・阿鼻地獄《あびじごく》・叫喚地獄《きょうかんじごく》・焦熱地獄《しょうねつじごく》・八大地獄《はちだいじごく》・八万地獄《はちまんじごく》・無間地獄《むげんじごく》・無間奈落《むげんならく》

八面玲瓏　はちめん－れいろう

意味 どの方面から見ても曇りがなく、美しく透き通っているようす。心中にわだかまりがなく、晴れ晴れとして清らかなたとえ。また、多くの人との交際を円満に処理するようすのたとえ。

構成 「八面」は、あらゆる方面。「玲瓏」は、透き通るように美しいようす。

出典 洞房《どうぼう》葯《よろいぐさ》を編み、屋《おく》荷《はす》を編む。八面玲瓏として月を得ること多し。〈元、馬熙、窓を開きて雨を看る詩〉

用例 死生を超越した八面玲瓏の働きをするのだぞ……〈夢野久作、暗黒公使〉

類義語 鮮美透涼《せんびとうりょう》

八面六臂　はちめん－ろっぴ

意味 ①八つの顔と六つの腕を持っている仏像。②転じて、一人で数人分の手腕を発揮すること。あらゆる方面にめざましい働きを示すことのたとえ。

構成 「八面」は、八つの顔。「六臂」は、六つの腕。

用例 ②拾うやら、鼻をかんでやるやら、八面六臂のすさまじい働きをして、〈太宰治、桜桃〉

用法 「八面六臂の大活躍」などの形で用いられることが多い。

類義語 三面六臂《さんめんろっぴ》

抜苦与楽　ばっく－よらく

意味 ①仏教で、仏や菩薩《ぼさつ》が生命のある全てのものの苦しみを取り除き、安楽を与えること。②転じて、一般に、苦しみを除いて、安楽を与えること。

構成 「抜苦」は、苦しみを取り除くこと。「与楽」は、安楽を与えること。

用例 ①我が抜苦与楽の説法を疑ふ事な

く一図に有りがたがって盲信すれば此の世からの極楽往生決して難きにあらず。〈内田魯庵、為文学者経〉

八紘一宇 はっこう-いちう

意味 全世界を統一して、一軒の家のような和やかな状態にすること。太平洋戦争の時、日本の海外政策を正当化するために用いられた標語。

構成 「八紘」は、天地の八方の隅。転じて、全世界。「一宇」は、一軒の家。「宇」は、家。

出典 八紘を掩《おお》ひて宇《いえ》と為《な》す。〈日本書紀、神武紀〉

用例 八紘一宇だとか東亜の盟主だとかいう誇りも美名も消えうせ、〈尾崎士郎、人生劇場夢現篇〉

白虹貫日 はっこう-かんじつ

意味 白色の虹が太陽を貫く現象。真心が天に通じた時に現れるという。また、君主（太陽）が兵（白色の虹）に危害を加えられる兆候、革命の起きる前兆を表すともいう。

構成 漢文訓読では、「白虹日を貫く」と読む。「白虹」は、白い色の虹。「貫日」は、太陽を貫く。

出典 夫《そ》れ専諸《せんしょ》の王僚《おうりょう》を刺すや、彗星《すいせい》月を襲ひ、聶政《しょうせい》の韓傀《かんかい》を刺すや、白虹日を貫く。〈戦国策、魏〉

注意 「はくこうかんじつ」とも読む。

跋扈跳梁 ばっこ-ちょうりょう

⇩跳梁跋扈《ちょうりょうばっこ》

用例 ただの一度も妖怪退治や妖怪探索に着手したことはないらしく、かれらの跋扈跳梁に任しておいた形がある。〈岡本綺堂、半七捕物帳、柳原堤の女〉

抜山蓋世 ばつざん-がいせい

意味 力は山をも抜き取り、意気は世の中全体を覆うほど盛んである。力や気力の強大なことのたとえ。

構成 漢文訓読では、「山を抜き、世を蓋《おお》ふ」と読む。「力は山を抜き、気は世を蓋《おお》ふ」の略。

故事 中国の前漢の初め、楚《そ》の項羽《こうう》が、漢の劉邦《りゅうほう》に垓下《がいか》という土地で囲まれて最期を悟った時に作った歌の中で、自らの力と意気の盛んなさまをいったことばによる。

出典 力は山を抜き、気は世を蓋《おお》ふ。時利あらず、騅《すい》逝《ゆ》かず。騅の逝かざる奈何《いかん》すべき。虞《ぐ》や虞や若《なんじ》を奈何せん。〈史記、項羽本紀〉

用例 卿等が其《そ》の美を以《もっ》てすれば、天下にまた無き無上権を有して、抜山蓋世の英雄をすら、掌中に籠《ろう》するならずや、〈泉鏡花、醜婦を呵す〉

類義語 気宇広大《きうこうだい》・気宇壮大《きうそうだい》・大胆奔放《だいたんほんぽう》・幕天席地《ばくてんせきち》

跋山渉水 ばつざん-しょうすい

意味 山を越え、川を渡る。多くの困難を経て、長い旅路を行くことのたとえ。

構成 「跋」は、越える。「跋山」は、山を踏み越えること。「渉」は、渡る。「渉水」は、川を渡ること。

用例 東西洋の交通いまだ開けざりしや、インドに赴く者、みな跋山渉水、陸路によれり。〈三宅雪嶺、我観小景〉

八方美人 はっぽう-びじん

意味 ①どこから見ても美しい人。②転じて、誰とでも愛想よくつき合う人。

構成 「八方」は、あらゆる方角。「美人」は、顔かたちの美しい女性。

用例 ②泰造には深いところがない。思索的なところがない。八方美人である。〈宮本百合子、海流〉

用法 誰とでもうまく付き合う者に対して、批判的な意味で用いられることが多い。

類義語 阿諛迎合《あゆげいごう》・阿諛追従《あゆついしょう》・阿諛弁佞《あゆべんねい》・内股膏薬《うちまたこうやく》・巧言令色《こうげんれいしょく》

は

くしょ・市気匠気《しきしょうき》・二股膏薬《ふたまたこうやく》

潑墨淋漓　はつぼく－りんり

意味 画面に墨を注ぎ、その筆勢があふれ出ているようす。書画などの描法が自在で、勢いのあるようす。

構成 「潑墨」は、水墨画の描法の一つで、墨を注ぎ、そのかたまりをぼかす方法。「淋漓」は、勢いよくあふれしたたるようす。

用例 片鱗《へんりん》を潑墨淋漓の間に点じて、虬竜《きゅうりょう》の怪を、楮毫《ちょごう》のほかに想像せしむるがごとく、〈夏目漱石、草枕〉

類義語 墨痕淋漓《ぼっこんりんり》

発菩提心　はつ－ぼだいしん

意味 仏教で、悟りを開こうとする心。また、仏道を修めようとする心を起こすこと。

構成 「発」は、起こす。「菩提心」は、悟りを開こうとする心。仏道を修めようとする心。「菩提」は、梵語《ぼんご》からの音訳語で、悟りを開くこと。

用例 まさか発菩提心という訳じゃありますまいね。〈宮本百合子、一本の花〉

類義語 一念発心《いちねんほっしん》

抜本塞源　ばっぽん－そくげん

意味 木の根を抜き取り、源をふさぐこと。物事を処理するのに、その根本の原因を取り除くこと。

構成 「抜本」は、原因を取り除くこと。「塞源」は、原因をふさぎとめること。

出典 伯父若《も》し冠を裂き冕《べん》を毀《こぼ》ち、本を抜き源を塞《ふさ》ぎ、専ら謀主を棄つれば、戎狄《じゅうてき》と雖《いへど》も、其《そ》れ何ぞ余一人有らん。〈春秋左氏伝、昭公九年〉

用例 藤原氏退治の政策としてこれを見れば、真に抜本塞源の手段なりと言わざるべからず。〈山路愛山、為朝論〉

撥乱反正　はつらん－はんせい

意味 世の乱れを治めて、正しい平和な世に返すこと。

構成 漢文訓読では、「乱を撥《さを》めて正に反《かへ》す」と読む。「撥乱」は、乱れた世を治める。「撥」は、治める。「反正」は、正しい道に戻す。「反」は、返す。

出典 乱世を撥《さを》めて諸《これ》を正に反《かへ》すは、春秋より近きは莫《な》し。〈春秋公羊伝、哀公十四年〉

用例 彼は唱難鼓義《しょうなんこぎ》の位置より一転して撥乱反正の位置に立ちたりき。〈芥川竜之介、木曾義仲論〉

類義語 勧奨懲戒《かんしょうちょうかい》・勧善懲悪《かんぜんちょうあく》・懲悪勧善《ちょうあくかんぜん》・天網恢恢《てんもうかいかい》・破邪顕正《はじゃけんしょう》

波濤万里　はとう－ばんり

意味 海に隔てられたはるかな距離。海を越えて行く、はるかに遠い道のり。

構成 「波濤」は、大波。「万里」は、一万里。転じて、極めて距離の遠いことのたとえ。

用例 学問があって、宗教のために身を犠牲にして、波濤万里《はとうばんり》を越えて、合衆国から家兄とともに日本の然《しか》も僻陬《へきすう》の地に来る位、〈泉鏡花、名媛記〉

類義語 一望千里《いちぼうせんり》・天涯万里《てんがいばんり》・平沙万里《へいさばんり》・沃野千里《よくやせんり》

鼻元思案　はなもと－じあん

意味 自分だけの勝手な考え。

構成 「鼻元」は、思案をめぐらしている本人を、象徴的に表したもの。「思案」は、考え。

用例 それはお神の鼻元思案で、銀子が今までにしてもらったダイヤの指環に、古珊瑚《さんご》や翡翠《ひすい》の帯留、〈徳田秋声、縮図〉

注意 「はなもとしあん」とも読む。

類義語 自分本位《じぶんほんい》・党利党略《とうりとうりゃく》

爬羅剔抉　はら－てっけつ

意味 かき集めてえぐり出す意味から、人

の秘密や欠点などをあばき出すこと。また、隠れた人材をさがし出すこと。

構成「爬」は、爪でかくこと。「羅」は、網にかけて取るように残らず捕らえること。「剔」「抉」はともに、えぐり出すこと。

出典 小善を占《し》むる者は率《おおむ》ね以《もっ》て録し、一芸に名ある者は庸《もち》ゐざること無し。爬羅剔抉、垢《あか》を刮《けず》り光を磨す。〈唐、韓愈、進学解〉

用例 爬羅剔抉、これを根本的に退治せねばやまぬほど、神経を痛めつつあるではないか。〈徳富蘇峰、国民自覚論〉

注意「剔抉」は、「てきけつ」とも読む。

類義語 悪口雑言《あっこうぞうごん》・讒謗罵詈《ざんぼうばり》・罵詈讒謗《ばりざんぼう》・罵詈雑言《ばりぞうごん》

波瀾曲折　はらん-きょくせつ

意味 物事が複雑に変化していて、すんなりとはいかないこと。起伏・変化があり、事情が込み入っているようす。

構成「波瀾」は、大波小波。転じて、変化・曲折・起伏など、物事が複雑で、平穏でないことをいう。「曲折」は、折れ曲がるの意味から、筋道が入り組んで変化の多いこと。また転じて、込み入った事情。

用例 同じ見せられるなら、もう少し面白い波瀾曲折のある碁が見たいと思った。〈夏目漱石、彼岸過迄〉

表記「波乱曲折」とも書く。

類義語 波瀾万丈《はらんばんじょう》

波瀾万丈　はらん-ばんじょう

意味 波の起伏がたいへん激しいこと。変化の非常に激しいことのたとえ。

構成「波瀾」は、大波小波。転じて、変化・曲折・起伏など、物事の平穏でないことをいう。「万丈」は、非常に長いこと。また、非常に高い・深いこと。「丈」は、昔の長さの単位。

用例 ハプニングの連続である。VTR車のなかのディレクターは、床をはいずりまわってよろこぶ。波瀾万丈の大番組だ。〈井上ひさし、ブンとフン〉

表記「波乱万丈」とも書く。

類義語 波瀾曲折《はらんきょくせつ》

罵詈讒謗　ばり-ざんぼう

《讒謗罵詈《ざんぼうばり》》

意味 口汚く悪口を言って、ののしりそしること。また、そのことば。

構成「罵詈」は、口汚くののしること。「罵」「詈」ともに、ののしる。「讒謗」は、そしること。「讒」「謗」ともに、そしる。

用例 そう思うたら、今でも不思議な気がするくらい、ありとあらゆる罵詈讒謗が、口を衝《つ》いて溢《ふあ》れて来た。〈芥川竜之介、俊寛〉

類義語 悪口雑言《あっこうぞうごん》・爬羅剔抉《はらてっけつ》・罵詈雑言《ばりぞうごん》

罵詈雑言　ばり-ぞうごん

意味 口汚く悪口を言って、ののしること。また、そのことば。

構成「罵詈」は、口汚くののしること。「罵」「詈」ともに、ののしる。「雑言」は、種々の悪口を言ってののしること。また、そのことば。

用例 相手に対する罵詈雑言を金切り声でわめき散らすのであるが、〈石坂洋次郎、石中先生行状記〉

注意「雑言」は、本来、慣用的に「ぞうごん」と読むが、この熟語の場合は、最近では「ぞうげん」とも読む。

類義語 悪口雑言《あっこうぞうごん》・讒謗罵詈《ざんぼうばり》・爬羅剔抉《はらてっけつ》・罵詈讒謗《ばりざんぼう》

蛮烟瘴霧　ばんえん-しょうむ

意味 未開の地にただようといわれた毒熱の気を含んだ靄《もや》や霧。人体に害を与えるものとして恐れられた。

構成「蛮烟」は、未開の地にただようもや。「瘴霧」は、人に熱病を起こさせる悪気を含んだ霧。「瘴」は、山川に生ずるという毒気。特に、中国南方地方の川や湖

沼に多いとされた。
用例 W君は向こうの山腹に添うて虫のように匐《は》う水蒸気の群を私に指して見せ、所謂《いわゆる》「蛮烟瘴霧」とはあの事だろう、〈島崎藤村、海へ〉

半解半知 はんかい-はんち

⇩一知半解《いっちはんかい》
用例 半解半知の飛び揚がりものが、名分は無用と聞きて早く既《です》にその職分を忘れ、〈福沢諭吉、学問のすすめ〉

反間苦肉 はんかん-くにく

意味 ①敵情を探ったり、敵を陥れたりするための策略。また、そのような任務を帯びた者。間者。スパイ。②転じて、敵を仲違いさせ混乱に陥れるために身を犠牲にして行う策略。また、目的達成のためのあらゆる手段。
構成 「反間」は、敵に仕えて敵情を探ったり、逆に、敵の間者を利用して我が用をさせ、敵同士の仲を裂く「反間の計」。「苦肉」は、自分の身を傷つけて敵陣に逃げ込み、あざむいて敵情を探る「苦肉の計」。
用例 ①反間苦肉の密告が図星に当たったものであるが、むろん、これは卑怯とも何とも言いようのない所業で、〈夢野久作、ドグラ・マグラ〉
類義語 虚虚実実《きょきょじつじつ》・譎詐百端《けっさひゃくたん》・権謀術策《けんぼうじゅっさく》・権謀術数《けんぼうじゅっすう》・手練手管《てれんてくだ》

半官半民 はんかん-はんみん

意味 政府と民間とが共同出資して事業を行うこと。また、そのような事業形態。
構成 「半官」は、半ばは官営であること。「半民」は、半ばは民営であること。
用例 きっと向こうが資本がありませんでと斯《こ》う云《い》うからね、そしたらどうでしょう半官半民風にやろうじゃありませんかと斯うやって呉《く》れ給《たま》え。〈宮沢賢治、税務署長の冒険〉

反抗憤怒 はんこう-ふんぬ

意味 逆らって憤り怒ること。
構成 「反抗」は、逆らうこと。「憤怒」は、憤り怒ること。
用例 ややもすると、青木はその不安に激せられて、反抗憤怒の態度を示したが、〈島崎藤村、春〉
注意 (1)「はんこうふんど」とも読む。(2)「抗」を「坑」と書くのは、誤り。

万国共通 ばんこく-きょうつう

意味 世界中どこでも通じ、あてはまること。
構成 「万国」は、世界中のあらゆる国。「共通」は、いずれにもあてはまり通じること。
用例 ところが、これだけは万国共通の論理だよ。郷に入れば郷に従うのは当然さ。〈横光利一、旅愁〉
類義語 殊域同嗜《しゅいきどうし》・普遍妥当《ふへんだとう》

万古不易 ばんこ-ふえき

⇩万世不易《ばんせいふえき》
用例 凡《すべ》て世の中の物は変ずるという側から見れば、刹那々々《せつなせつな》に変じて已《や》まない。併《しか》し変じないという側から見れば、万古不易である。〈森鷗外、追儺〉

万古不磨 ばんこ-ふま

（千古不磨《せんこふま》）
意味 永久になくならないこと。
構成 「万古」「千古」は、永久に。いつまでも。「不磨」は、すりへってなくならない。
用例 尊厳なる我が国体の下に万古不磨の欽定《きんてい》憲法が厳として存するのでありまして、〈林銑十郎、第七十回帝国議会施政方針演説〉
類義語 永遠不滅《えいえんふめつ》・千古不朽《せんこふきゅう》・千古不滅《せんこふめつ》・万世不朽《ばんせいふきゅう》・万代不朽《ばんだいふきゅう》・不朽不滅《ふきゅうふめつ》・不死不朽《ふしふきゅう》

盤根錯節　ばんこん－さくせつ

意味 複雑に入り組んでいる木の根と木の節。事情が複雑で、解決が非常に困難な事柄のたとえ。

構成 「盤根」は、わだかまっている木の根。「盤」は、複雑に入り組んでいること。「錯節」は、入り組んだ木の節。「錯」は、混じる。

出典 槃根錯節に遇《あ》はずんば、何を以《もっ》て利器を別たんや。〈後漢書、虞詡伝〉（「槃」は、「盤」と同じ）

用例 名もない町人の妻ではあるが、だんだん彼も附き合って見て、盤根錯節を物ともしないその稀《まれ》な気質を彼も知っていた。〈島崎藤村、夜明け前〉

表記 「槃根錯節」とも書く。

類義語 多様複雑《たようふくざつ》・複雑怪奇《ふくざつかいき》・複雑多岐《ふくざつたき》・複雑多様《ふくざつたよう》・複雑蟠纏《ふくざつばんてん》

万死一生　ばんし－いっせい

意味 ①ほとんど死を避けがたい状況で、幸運にも助かること。②生命を投げ出して、必死の覚悟ですること。③非常に生命の危険なこと。

構成 ①は、「万死に一生を得」「万死を出でて一生に遇う」の略。②は、「万死一生を顧みず」の略。③は、「万死を出でて一生の望み無し」の略。いずれも、生きる可能性が一に対して、死ぬ可能性が一万ということ。

出典 ②人臣万死を出でて一生の計を顧みず。〈文選、司馬遷、任少卿に報ずる書〉③万死を出でて一生の望み無し。〈後漢書、耿恭伝〉

用例 ①私が三十七歳のとき酷《ひど》い熱病に罹《かか》って、万死一生の幸いを得た其《そ》のとき〈福沢諭吉、福翁自伝〉

注意 「一生」は、普通は「いっしょう」と読むが、この熟語の場合、「いっせい」とも読む。

類義語 （①②の意味で）危機一髪《ききいっぱつ》・九死一生《きゅうしいっしょう》（③の意味で）絶体絶命《ぜったいぜつめい》・必死危急《ひっしききゅう》

半死半生　はんし－はんしょう

（半生半死《はんしょうはんし》）

意味 半ば死に、半ば生きている状態。死にかかっていること。生死の境にあること。

構成 「半死」は、半ば死ぬ。「半生」は、半ば生きている。

出典 柳門の桐、高さ百尺にして枝無し。……其《そ》の根は半ば死し半ば生く。〈文選、枚乗、七発〉

用例 考えてみると、峰吉もまた半死半生の思いでいるのではないだろうか。〈三浦綾子、塩狩峠〉

注意 (1)「半死」は、「はんじ」とも読む。(2)「半生」は、この熟語では慣用的に「はんしょう」あるいは「はんじょう」と読むが、現在では「はんせい」とも読む。

類義語 気息奄奄《きそくえんえん》・残息奄奄《ざんそくえんえん》・満身創痍《まんしんそうい》・薬石無功《やくせきむこう》

半獣半人　はんじゅう－はんじん

（半人半獣《はんじんはんじゅう》）

意味 半ばは獣の形をしていて、半ばは人の形をしていること。神話・伝説に出てくる神々などについていう。また、獣のような性質・性格を持つ人のたとえ。

構成 「半獣」は、半ば獣。「半人」は、半ば人間。

用例 よし見つかっても半獣半人の坑夫共に軽蔑されるのは無念である。〈夏目漱石、坑夫〉

半生半死　はんしょう－はんし

⇩半死半生《はんしはんしょう》

用例 一飛一躍《いっぴいちやく》出《い》でては人の肉を啖《くら》ひ、半生半死入りては我と腸《はらわた》を劈《つんざ》く。〈尾崎紅葉、金色夜叉〉

伴食宰相　ばんしょく-さいしょう

意味　その職にふさわしい実権・実力が伴わない名前だけの大臣。職にありながら職責を尽くさない大臣。

構成　「伴食」は、主客のお供をして御馳走になること。転じて、無能なのに高官にある者をそしっていうことば。「宰相」は、昔、王や皇帝の補佐をして役人を統率し、政治を行った人。現在では、首相。

故事　中国の唐の時代、盧懐慎《ろかいしん》は姚崇《ようすう》とともに国務をつかさどったが、役人としての能力は崇に及ばないと思い、何事にもへりくだって崇を表に立てて、自らは万事控え目にふるまった。そこで、人々が盧懐慎のことを「伴食宰相」と言った故事による。

出典　懐慎《かいしん》、紫微令《しびれい》の姚崇《ようすう》と枢密《すうみつ》を対掌《たいしょう》す。懐慎自ら以為《おも》へらく、吏道《どうり》は崇に及ばずと。事毎《ことごと》に皆之《これ》を推譲《すいじょう》す。時人《じじん》之を伴食宰相と謂《い》ふ。〈旧唐書、盧懐慎伝〉

類義語　尸位素餐《しいそさん》・徒食無為《としょくむい》・伴食大臣《ばんしょくだいじん》・無為徒食《むいとしょく》・無芸大食《むげいたいしょく》

伴食大臣　ばんしょく-だいじん

意味　その職にふさわしい実権・実力が伴わない名前だけの大臣。職にありながら職責を尽くさない大臣。

構成　「伴食」は、主客のお供をして御馳走になること。転じて、無能なのに高官にある者をそしっていうことば。「大臣」は、役人を統率し、政治を行う高官。

用例　頭数を揃えた伴食大臣位容易なものは無かろう〈内田魯庵、社会百面相、変哲家〉

類義語　尸位素餐《しいそさん》・徒食無為《としょくむい》・伴食宰相《ばんしょくさいしょう》・無為徒食《むいとしょく》・無芸大食《むげいたいしょく》

半信半疑　はんしん-はんぎ

意味　半ば信じ、半ば疑うこと。疑いの晴れないこと。どうしても信じ切れないこと。

構成　「半信」は、半ば信じる。「半疑」は、半ば疑う。

出典　茲《ここ》に因《よ》りて休和を請ひ、虜往き騎来たり過ぐ。半疑半信を兼ぬれば、城を築くに嵯峨たり。〈中唐、元稹、古築城曲〉

用例　私は今でも半信半疑の眼でじっと自分の心を眺めている。〈夏目漱石、硝子戸の中〉

半人半獣　はんじん-はんじゅう

⇩半獣半人《はんじゅうはんじん》

用例　そして半人半獣の怪物が現存し得ざるゆえんを説いているのである。〈寺田寅彦、ルクレチウスと科学〉

半身不随　はんしん-ふずい

意味　身体の左右どちらか半分が麻痺《まひ》し、自由に動かない状態。

構成　「半身」は、体の半分。「不随」は、身体が思うように動かないこと。

出典　或いは半身不随し、或いは六脈《りくみゃく》沈伏《ちんぷく》す。〈明、王肯堂、証治準縄〉

用例　静岡の実家には現に半身不随の老を泣く父があり、〈二葉亭四迷、其面影〉

半睡半醒　はんすい-はんせい

⇩半醒半睡《はんせいはんすい》

用例　現《うつつ》ともなく夢ともないような、いやな半睡半醒の状態が、暫《しばら》らく続いた。〈菊池寛、真珠夫人〉

万世一系　ばんせい-いっけい

意味　永遠に同一の血統が続くこと。

構成　「万世」は、万代。永久。「一系」は、一つの系統・血筋。

用例　皇帝はこうして地方的英雄の出現する危機をのぞいてしまうと、万世一系を宣言した。〈開高健、流亡記〉

用法　日本の皇室について用いられるこ

とが多い。
注意「万世」を「まんせい」と読むのは、誤り。

半醒半睡　はんせい-はんすい

（半睡半醒《はんすいはんせい》）
意味 半ば目覚め、半ば眠った状態。うつらうつらしている状態。
構成「半醒」は、半ば目覚める。「半睡」は、半ば眠る。
用例 朝早く男が来て雨戸を引く音のために、いったん破りかけられたその夢は、半醒半睡の間に、辛うじて持続した。〈夏目漱石、明暗〉
類義語 酔眼朦朧《すいがんもうろう》

万世不易　ばんせい-ふえき

（万古不易《ばんこふえき》・万代不易《ばんだいふえき》）
意味 永遠に変わらないこと。
構成「万世」「万古」「万代」は、遠い昔から現在に至るまでの長い間。「不易」は、変わらないこと。「易」は、変わる。
出典 士大夫は以《も》って道を為《な》し、官人は以て守りと為し、百姓は以て俗と為し、万世易《か》ふ能《あた》はざるなり。〈荀子、正論〉
用例 しかもこの秩序たる、実に万世不易のものである。〈大杉栄、クロポトキン総序〉
注意 (1)「万世」を「まんせい」と読むのは、誤り。(2)「易」は、かわる、かえるの意味の場合、音読みでは「えき」と読む。「い」と読むのは「やさしい」の意味の場合で、ここでは誤り。
類義語 一定不変《いっていふへん》・永遠不変《えいえんふへん》・永久不変《えいきゅうふへん》・永劫不変《えいごうふへん》・恒久不変《こうきゅうふへん》・常住不断《じょうじゅうふだん》・千古不易《せんこふえき》・千古不抜《せんこふばつ》・万代不変《ばんだいふへん》

万世不朽　ばんせい-ふきゅう

⇩万代不朽《ばんだいふきゅう》
注意「万世」を「まんせい」と読むのは、誤り。

万代不易　ばんだい-ふえき

⇩万世不易《ばんせいふえき》
用例 丸様がお世継ぎにでも立ったなら、万民は狂喜するでしょう。それこそ徳川家は万代不易です。〈川口松太郎、新吾十番勝負〉
注意「万代」を「まんだい」と読むのは、誤り。

万代不朽　ばんだい-ふきゅう

（万世不朽《ばんせいふきゅう》）
意味 いつまでも変わったり滅びたりしないで、残ること。
構成「万代」「万世」は、はてしなく長い時間。「不朽」は、いつまでも朽ちないこと。
用例 とにかく、斯《こ》んな田舎警察にも、万代不朽の調書を残してやってくれ給《たま》え。〈小栗虫太郎、失楽園殺人事件〉
注意「万代」を「まんだい」と読むのは、誤り。
類義語 永遠不滅《えいえんふめつ》・千古不朽《せんこふきゅう》・千古不磨《せんこふま》・千古不滅《せんこふめつ》・万古不磨《ばんこふま》・不朽不滅《ふきゅうふめつ》・不死不朽《ふしふきゅう》

万代不変　ばんだい-ふへん

意味 いつまでも変わらないこと。
構成「万代」は、はてしなく長い時間。「不変」は、変わらない。
用例 ただ好みが違っているのじゃ。しかし好みと云《い》うものも、万代不変とは請け合われぬ。〈芥川竜之介、俊寛〉
注意「万代」を「まんだい」と読むのは、誤り。
類義語 一定不変《いっていふへん》・永遠不変《えいえんふへん》・永久不変《えいきゅうふへん》・永劫不変《えいごうふへん》・恒久不変《こうきゅうふへん》・常住不断《じょうじゅうふだん》・千古不易《せんこふえき》・千古不抜《せんこふばつ》・万古不易《ばんこふえき》・万世不易《ばんせいふえき》・万代不易《ばんだいふえき》

半知半解　はんち-はんかい

⇩一知半解《いっちはんかい》

万夫不当　ばんぷ-ふとう

意味 一万人の男にも勝つ力があること。誰も相手になることができないくらい強いことのたとえ。

構成 「万夫」は、大勢の男。「不当」は、戦って相手になることができないこと。

用例 元来この隣国の大将は、獅子王をも手打ちにすると聞こえた、万夫不当の剛の者でおぢゃれば、〈芥川竜之介、きりしとほろ上人伝〉

類義語 一人当千《いちにんとうせん》・一騎当千《いっきとうせん》・蓋世不抜《がいせいふばつ》・百戦練磨《ひゃくせんれんま》

繁文縟礼　はんぶん-じょくれい

意味 わずらわしい飾りや、こまごまとした形式・作法。

構成 「繁文」は、うるさいほど多い飾り。また、こまごまとした規則。「文」は、ここでは、飾り。「縟礼」は、こまごまとした礼儀作法。「縟」は、込み入っていること。

用例 皇居九門の警衛は撤去されるという風に、多くの繁文縟礼が改められた時、〈島崎藤村、夜明け前〉

用法 形式張ったものを批判するときに用いられることが多い。

万民太平　ばんみん-たいへい

意味 全ての人民が、安らかで平和に暮らすことができること。

構成 「万民」は、全ての人民。「太平」は、安らかで平和なこと。

用例 万民太平を謳《うた》うか、または兄弟墻《かき》に鬩《せめ》ぐのその間に、〈福沢諭吉、学問のすすめ〉

表記 「万民泰平」とも書く。

類義語 安穏無事《あんのんぶじ》・千里同風《せんりどうふう》・太平無事《たいへいぶじ》・天下太平《てんかたいへい》・天下治平《てんかちへい》・天下平泰《てんかへいたい》・無事太平《ぶじたいへい》

反面教師　はんめん-きょうし

意味 いましめとなるような、悪い手本。また、その人。

構成 「反面」は、反対の側面。「教師」は手本となる人。他人の悪い面を自らのいましめとすることをいう。

用例 まさしくわが反面教師である元医学部長と病院長は、まだ官僚的なスジ論を楯に、居直っている。〈野坂昭如、卑怯者の思想〉

反目嫉視　はんもく-しっし

⇩嫉視反目《しっしはんもく》

用例 この右大臣さまの御時は、源家存亡の重大時期で、はじめから終りまでただもう、反目嫉視陰謀の坩堝《るつぼ》だったなどと〈太宰治、右大臣実朝〉

煩悶懊悩　はんもん-おうのう

⇩懊悩煩悶《おうのうはんもん》

用例 仮りにその謙遜《けんそん》な門弟の筆になり、後人の忠実な模写であるとしたところが、白雲の胸を刺して煩悶懊悩せしむるには充分でしょう。〈中里介山、大菩薩峠、流転の巻〉

盤楽遊嬉　ばんらく-ゆうき

意味 あそび楽しむこと。

構成 「盤楽」は、楽しむこと。「盤」は、ここでは、楽しむ。「遊嬉」は、あそび楽しむこと。

用例 或《あるい》は鄙俗虚浮《ひぞくきょふ》の事、盤楽遊喜の物と雖《いえど》も、よく其《そ》の内情を探りて其の帰する所の功能を察すれば、亦《また》以《もつ》て文明中の箇条に入る可《べ》きもの多し。〈福沢諭吉、文明論之概略〉

万里鵬程　ばんり-ほうてい

⇩鵬程万里《ほうていばんり》

万緑一紅　ばんりょく-いっこう

意味 木の葉の緑が一面広がる中に、赤い花がたった一つ咲いていること。多くの平凡なものの中に、一つのすぐれたもの

が存在することのたとえ。また、男性の中にただ一人の女性がいることのたとえ。

構成 「万緑」は、たくさんの緑の葉。「一紅」は、たった一つの赤い花。元来は、「万緑叢中紅一点」という。

煩労汚辱　はんろう－おじょく

意味 心をわずらい疲れさせるものと、恥やけがれ。

構成 「煩労」は、わずらい疲れること。「汚辱」は、恥やけがれ。

用例 精神的には導かれ守られる代わりに、世俗的な煩労汚辱を一切己が身に引き受けること。〈中島敦、弟子〉

類義語 残杯冷炙《ざんぱいれいしゃ》・刀杖瓦石《とうじょうがせき》

ひ

被害妄想　ひがい－もうそう

意味 自分が害を受けるという、根拠のない思いこみ。

構成 「被害」は、害を受けること。「妄想」は、でたらめな考え。根拠のない思いこみ。

用例 この意識は次第に組織が自分を迫害するという被害妄想に発展していくのでありますが、〈加賀乙彦、湿原〉

用法 相手の不安や不満がいわれのないものであるとして、なだめる場合に用いられることが多い。

悲歌慷慨　ひか－こうがい

意味 悲しんで歌い、憤り嘆くこと。不遇な環境に置かれた人間が、やるせない思いをぶちまけること。

構成 「悲歌」は、悲しんで歌うこと。「慷慨」は、いきどおりなげくこと。

出典 是《ここ》に於いて項王乃《すなは》ち悲歌忼慨し、自ら詩を為《つく》りて曰《い》はく、……。〈史記、項羽本紀〉（「忼」は、「慷」と同じ）

用例 いわゆる豪傑や君子や聖人が、盛んに大言壮語、悲歌慷慨して〈内田魯庵、社会百面相〉

注意 「慨」を「概」と書くのは、誤り。「慨」は「なげく」、「概」は、「概算」のように、「おおよそ」の意味。

類義語 慷慨激越《こうがいげきえつ》・慷慨悲憤《こうがいひふん》・慷慨憂憤《こうがいゆうふん》・嘆息嗟嘆《たんそくさたん》・沈痛慷慨《ちんつうこうがい》・悲憤慷慨《ひふんこうがい》

対義語 狂歌乱舞《きょうからんぶ》

飛花落葉　ひか－らくよう

意味 散り落ちる花と葉。ものの命がはかなく移ろうことのたとえ。

構成 「飛花」は、花が飛び散ること。「落葉」は、葉が落ちること。いずれも命がはかなく移ろうことを感じさせるもの。

用例 実に飛花落葉の感慨で胸が一杯になって、総身の活気が一度にストライキを起こしたように元気がにわかに滅入《めい》ってしまいまして、〈夏目漱石、吾輩は猫である〉

類義語 槿花一日《きんかいちじつ》・槿花一朝《きんかいっちょう》・黄粱一炊《こうりょういっすい》・人生朝露《じんせいちょうろ》・電光朝露《でんこうちょうろ》

媚眼秋波　びがん－しゅうは

意味 色目を使い、こびること。

構成「媚眼」は、女性のこびる目つき。「秋波」は、秋の澄みわたった波の美しさを美人の目元にたとえていうことば。
類義語 暗送秋波《あんそうしゅうは》

非義非道 ひぎ-ひどう

⇩不義非道《ふぎひどう》
用例 彼等の非義非道を働いて暴利を貪《さむぼ》る所以《ゆえん》の者は、やはり旨いものを食い、好い女を自由にして、好きな栄耀《えよう》がして見たいと云《い》う、〈尾崎紅葉、金色夜叉〉

悲喜憂苦 ひき-ゆうく

意味 悲しみと喜び、うれいと苦しみなどのさまざまな感情。
構成「悲喜」は、悲しみと喜び。「憂苦」は、うれいや苦しみ。
用例 ただ現在に活動し、ただ現在に義務をつくし現在に悲喜憂苦を感ずるのみで、〈夏目漱石、倫敦消息〉
類義語 機嫌気褄《きげんきづま》・喜怒哀愁《きどあいしゅう》・喜怒哀楽《きどあいらく》

卑怯千万 ひきょう-せんばん

意味 きわめて臆病で、心がいやしく曲がっていること。
構成「卑怯」は、気が弱く物事を恐れること。また、心のあり方がいやしく曲がっていること。「千万」は、程度がはなはだしいこと。
用例 卑怯千万な虚偽の申し立てなどは、命に換えてもさせんつもりだ。〈泉鏡花、義血侠血〉
用法 相手に対する非難の気持ちを込めて用いられることが多い。
注意「千万」を「せんまん」と読むのは、誤り。

比肩随踵 ひけん-ずいしょう

意味 肩を並べたり、かかとを接したりする。次々に続いて絶えないことのたとえ。
構成「比肩」は、肩を並べること。「随踵」は、かかとを接すること。転じて、次から次へと人が続くこと。また、物事が次から次へ続いて絶えないこと。「踵」は、かかと。
出典 尭《ぎょう》・舜《しゅん》・桀《けつ》・紂《ちゅう》は、千世にして一たび出《い》づるも、是《こ》れ比肩随踵して生ずるなり。〈韓非子、難勢〉

備荒貯蓄 びこう-ちょちく

意味 凶作や天災の準備のためにたくわえること。また、そのたくわえ。
構成「備荒」は、凶年の準備のためにあらかじめ用意しておくこと。「貯蓄」は、たくわえること。
用例 半分は手附かずに月を越しの、備荒貯蓄として毎月積み立てられるに違い無い。〈尾崎紅葉、隣の女〉

飛語巷説 ひご-こうせつ

意味 世間に飛び交ううわさ。特に、無責任なものや、いい加減なものをいう。
構成「飛語」は、根も葉もないうわさ。「巷説」は、世間のうわさ。
用例 彼が赤袴三百の童子をして、飛語巷説を尋ねしめしが如《ごと》き、平氏が天下に対して其《そ》の同情を失墜したる亦《ま》た宜《うべ》ならずとせず。〈芥川竜之介、木曾義仲論〉
注意「飛語」を「非語」と書くのは、誤り。
表記 従来は「蜚語巷説」と書くのが普通であったが、現在では常用漢字の「飛」に書き換える。
類義語 虚誕妄説《きょたんもうせつ》・造言飛語《ぞうげんひご》・漫語放言《まんごほうげん》・妄言綺語《もうげんきご》・妄誕無稽《もうたんむけい》・流言飛語《りゅうげんひご》

皮骨連立 ひこつ-れんりつ

意味 骨と皮だけが連なっているように見えること。身体が病み衰えているようす。
構成「皮骨」は、皮と骨。「連立」は、つらな

り立つこと。
用例 すぐに病床にまゐりて、皮骨連立したまひたる体を見まゐらせて、且《か》つ愁ひ、且つ悦ぶ。〈芥川竜之介、芭蕉雑記〉

飛耳長目 ひじ－ちょうもく

意味 遠方のことを見聞することができる耳や目。遠い所や隠れている物事をも知り得る能力。また、書物をいう。
構成 「飛耳」は、遠方のことをよく聞き分ける耳。「長目」は、遠方のことをよく見通すことができる目。
出典 一に曰《い》はく長目。二に曰はく飛耳。〈管子、九守〉
用例 また、清盛入道の飛耳長目――六波羅《ろくはら》童と呼んで市人に恐れられている赤い直垂《ひたたれ》を着た十四、五歳の少年らが〈吉川英治、親鸞〉

誹刺風戒 ひし－ふうかい

意味 相手の悪い点を挙げて、それとなくいましめさとすこと。
構成 「誹刺」は、悪く言うこと。「誹」は、そしる。「風戒」は、それとなくいましめさとすこと。
用例 されば模写主意の小説には、求めずして誹刺諷誡の法そなはり、〈坪内逍遥、小説神髄〉
表記 従来は「誹刺諷誡」と書くのが普通であったが、現在では常用漢字の「風戒」に書き換える。

美酒佳肴 びしゅ－かこう

意味 うまい酒とうまい料理。上等の酒食。
構成 「美酒」は、うまい酒。「佳肴」は、うまい料理。
用例 寝台には赤い小さな机が置かれ、その上に美酒佳肴がならべられて、数刻前から客を待ち顔である。〈太宰治、竹青〉
用法 ぜいたくなものの形容として、批判的に用いられることもある。
類義語 珍味佳肴《ちんみかこう》・美味佳肴《びみかこう》・美味珍膳《びみちんぜん》
対義語 粗酒粗餐《そしゅそさん》

美辞麗句 びじ－れいく

意味 美しく飾りたてたことば。
構成 「美辞」も、「麗句」も、美しいことば。
用例 ぼくの番になったら、美辞麗句を連ね、あなたに認められようと思っていたのに、〈田中英光、オリンポスの果実〉
用法 美しく技巧をこらして、うわべだけ飾りすぎた表現という意味で用いられることが多い。
類義語 外交辞令《がいこうじれい》・虚礼虚文《きょれいきょぶん》・社交辞令《しゃこうじれい》

美人薄命 びじん－はくめい

⇩佳人薄命《かじんはくめい》
用例 美人薄命と云《い》ふ諺《ことわざ》もあるくらいだからこの女の寿命も容易に保険はつけられない。〈夏目漱石、趣味の遺伝〉

皮相浅薄 ひそう－せんぱく

意味 物事をうわべだけで判断し、思慮が足りないこと。
構成 「皮相」は、表面だけで物を見ること。「浅薄」は、思慮の浅いこと。
用例 そして、三十代のひとりとして、四十代のヒューマニズムを皮相浅薄のものと見なし〈中島健蔵、現代のヒューマニズム〉

悲壮淋漓 ひそう－りんり

意味 悲しい中にも勇ましく、勢いがあること。
構成 「悲壮」は、悲しい中にも勇ましさが感じられること。「淋漓」は、元気や筆勢などの盛んなようす。
用例 富麗の文あり、豪宕《ごうとう》の文あり、或《ある》ひは悲壮淋漓たる、或ひは優婉閑雅《ゆうえんかんが》なるあり。〈坪内逍遥、小説神髄〉

尾大不掉 びだい－ふとう

意味 獣の尾があまりに大きすぎて、自分では振ることができないこと。上の者より下の者の勢力が強くて抑えがたいことのたとえ。
構成 「尾大」は、獣の尾が大きいこと。「不掉」は、振ることができないこと。「掉」は、振り上げる。
出典 末大なれば必ず折れ、尾大なれば、掉《ふ》るはず。〈春秋左氏伝、昭公十一年〉
用例 山陽外史、足利の政《まつりごと》を評して尾大不掉とて其《そ》の大失策とせり。〈福沢諭吉、文明論之概略〉

吃驚仰天 びっくり-ぎょうてん
⇩きっきょう-ぎょうてん

筆硯紙墨 ひっけん-しぼく
意味 文章を書くための道具。
構成 「筆硯」は、筆とすずり。「紙墨」は、紙と墨。全て、文章を書く際に必要なもの。
用例 小川君の書斎は、裏二階にあった。明窓《めいそう》浄机《じょうき》、筆硯紙墨、皆極精良、とでもいうような感じで、あまりに整頓されすぎていて、〈太宰治、母〉

筆耕硯田 ひっこう-けんでん
意味 硯の田を筆で耕して暮らすこと。文章を書くことで生計を立てることのたとえ。
構成 「筆耕」も、「硯田」も、いずれも文章で生計を立てること。筆を、田を耕すための道具に、硯を、田に見立てている。

必死危急 ひっし-ききゅう
意味 必ず死ぬような危険な状態が迫っていること。
構成 「必死」は、必ず死ぬような状況。「危急」は、危険が迫っている状態。
用例 今、敵は眼前に迫っている。必死危急の場合である。〈菊地寛、乱世〉
類義語 危機《きき》一髪《いっぱつ》・絶体絶命《ぜったいぜつめい》・万死一生《ばんしいっせい》

匹夫匹婦 ひっぷ-ひっぷ
意味 平凡な男女。
構成 「匹夫」は、身分の低い男性。「匹婦」は、身分の低い女性。
出典 匹夫匹婦も強死《きょうし》すれば、其《そ》の魂《こん》魄《ぱく》、猶《な》ほ能《よ》く人に憑依《ひょうい》して、以《もっ》て淫厲《いんれい》を為《な》す。〈春秋左氏伝、昭公七年〉
用例 かくのごとき屈辱は匹夫匹婦といえども恥ずるところ。〈海音寺潮五郎、孫子〉

人身御供 ひとみ-ごくう
意味 ①人をいけにえにして神に供えること。また、そのもの。②転じて、他人のために犠牲になること。
構成 「人身」は、人間の身体。「御供」は、神に供えること。
用例 ①彼等は霊験あらたかな神の前に捧げられた人身御供のように、〈菊地寛、忠直卿行状記〉②自分の取り引きのために、他人を人身御供にするようなものではないか？〈佐左木俊郎、猟奇の街〉
用法 ②の意味では、不当に犠牲になる、という批判的な意味で用いられることもある。
注意 「人身」を「じんしん」、「御供」を「おんとも」などと読むのは、誤り。
類義語 自己犠牲《じこぎせい》

非難囂囂 ひなん-ごうごう
意味 欠点や過失をなじる声が、激しく上がるようす。
構成 「非難」は、欠点や過失をなじること。「囂囂」は、声が多くてやかましいようす。
対義語 好評嘖嘖《こうひょうさくさく》・拍手喝采《はくしゅかっさい》・名声《めいせい》赫赫《かくかく》

肥馬軽裘 ひば-けいきゅう
⇩軽裘肥馬《けいきゅうひば》

被髪左衽 ひはつ-さじん

意味 髪をざんばらに下げ、着物を左前に着ること。異民族の未開な風俗をいう。

構成 「被髪」は、髪を結ばず、冠もつけないこと。未開な風俗。「左衽」は、着物を着るのにえりを左前にすること。中国人が右前に合わせるのに対し、未開人の衣服の着方。

出典 子曰《い》はく、管仲《かんちゅう》は桓公《かんこう》を相《たす》けて、諸侯に覇たらしめ、天下を一匡《いっきょう》して、民今に到るまで、其の賜《し》を受く。管仲微《な》かりせば、吾其《そ》れ被髪左衽せん、と。〈論語、憲問〉

用例 人類を大別して二とす。一はすなわち夷狄《いてき》にして、被髪左衽の俗を有するものなり。〈山路愛山、経済雑論〉

類義語 未開野蛮《みかいやばん》・野蛮草昧《やばんそうまい》・野蛮未開《やばんみかい》

悲憤慷慨 ひふん－こうがい

《慷慨悲憤《こうがいひふん》》

意味 悲しみいきどおり、激しく嘆くこと。

構成 「悲憤」は、悲しみいきどおること。「慷慨」は、いきどおり嘆くこと。「慷」「慨」ともに、嘆く。

用例 彼らは革命の失敗者として、清盛を罵《ののし》り、平家の一門を呪い、陰謀の周密でなかったことを後悔し、悲憤慷慨に夜を徹することが多かった。〈菊地寛、俊寛〉

用法 世の中の乱れや、自分の力不足を嘆く場合に用いられることが多い。

注意 「慨」を「概」と書くのは、誤り。「慨」は「なげく」、「概」は、「概算」のように、「おおよそ」の意味。

類義語 慷慨激越《こうがいげきえつ》・慷慨憤激《こうがいふんげき》・慷慨憂憤《こうがいゆうふん》・嘆息嗟嘆《たんそくさたん》・沈痛慷慨《ちんつうこうがい》・悲歌慷慨《ひかこうがい》

誹謗中傷 ひぼう－ちゅうしょう

意味 でたらめな悪口を言って、相手をそしり、傷つけること。

構成 「誹謗」は、悪口を言いたてること。「誹」「謗」ともに、そしる。「中傷」は、悪口を言って傷つけること。

用例 怠役、不正製作、誹謗中傷、煽動《せんどう》、迷走企図、その他の一つとして、タバコは厳禁なのである。〈加賀乙彦、湿原〉

美味佳肴 びみ－かこう

意味 上等なうまい料理。ごちそう。

構成 「美味」も、「佳肴」も、ともにうまい料理。

用例 食卓には今度も美味佳肴が堆《うずたか》く載っている。〈中島敦、南東譚、幸福〉

類義語 珍味佳肴《ちんみかこう》・美酒佳肴《びしゅかこう》・美味珍膳《びみちんぜん》

美味珍膳 びみ－ちんぜん

意味 うまい料理や珍しい料理。ごちそう。

構成 「美味」は、うまい料理。「珍膳」は、珍しい料理。

用例 先刻より色々の美味珍膳を侑《すす》められたるは嬉しけれども、〈幸田露伴、血紅星〉

類義語 珍味佳肴《ちんみかこう》・美酒佳肴《びしゅかこう》・美味佳肴《びみかこう》

微妙巧緻 びみょう－こうち

⇩精妙巧緻《せいみょうこうち》

用例 千変万化極まりなき微妙巧緻の好文章は、希世の大家の手になりたる小説の文に越えたるものなし。〈坪内逍遥、小説神髄〉

微妙複雑 びみょう－ふくざつ

⇩複雑微妙《ふくざつびみょう》

用例 種々微妙複雑な問題の氾濫にすっかり吃驚したのである。〈中島敦、章魚木の下で〉

眉目温厚 びもく－おんこう

意味 顔つきが穏やかで優しげなこと。

構成 「眉目」は、顔つき。「温厚」は穏やか

で手厚いこと。

用例 容《かたち》は痩《や》せたれど未だ老いの衰へも見えず、眉目温厚にして、頗《すこぶ》る古井《こせい》波無きの風あり。〈尾崎紅葉、金色夜叉〉

類義語 温厚質実《おんこうしつじつ》・温厚篤実《おんこうとくじつ》・温柔敦厚《おんじゅうとんこう》・温順篤実《おんじゅんとくじつ》・温良恭倹《おんりょうきょうけん》・温良篤厚《おんりょうとっこう》・温和篤厚《おんわとっこう》・篤実温厚《とくじつおんこう》

眉目秀麗　びもく－しゅうれい

意味 顔立ちがすぐれて美しいこと。

構成 「眉目」は、顔のようす。顔立ち。「秀麗」は、すぐれて美しいこと。

用例 そこの主人は、額の広い、眉目秀麗な、まだ若い人であったが、〈三浦哲郎、帰郷〉

用法 男性の顔立ちを誉めるのに用いられることが多い。

類義語 眉目清秀《びもくせいしゅう》・眉目端正《びもくたんせい》・容姿端麗《ようしたんれい》・容貌端正《ようぼうたんせい》

眉目俊秀　びもく－しゅんしゅう

意味 顔つきに、才知が感じられること。

構成 「眉目」は、顔のようす。顔立ち。「俊秀」は、才知がすぐれていること。

用例 姿と顔とかほどまで似ない人の、清は眉目俊秀なる一個白面の好男子。〈泉鏡花、通夜物語〉

用法 男性の顔立ちを誉めるのに用いられることが多い。

眉目清秀　びもく－せいしゅう

意味 顔つきが清らかですぐれていること。

構成 「眉目」は、顔のようす。顔立ち。「清秀」は、清らかですぐれていること。

用例 せめてブルドッグでも召し連れていれば多少の参考になるところだが、選《よ》りに選って眉目清秀のセパードかなんかを引っぱっているから、〈夢野久作、超人鬚野博士〉

用法 男性の顔立ちを誉めるのに用いられることが多い。

類義語 眉目秀麗《びもくしゅうれい》・眉目端正《びもくたんせい》・容姿端麗《ようしたんれい》・容貌端正《ようぼうたんせい》

眉目端正　びもく－たんせい

意味 顔立ちがきちんと整っていること。

構成 「眉目」は、顔のようす。顔立ち。「端正」は、整ってきちんとしていること。

用例 眉目端正な顔が、迫り視るべからざる程の気高い美しさを具えて、〈森鷗外、魚玄機〉

用法 男性の顔立ちを誉めるのに用いられることが多い。

類義語 眉目秀麗《びもくしゅうれい》・眉目清秀《びもくせいしゅう》・容姿端麗《ようしたんれい》・容貌端正《ようぼうたんせい》

百尺竿頭　ひゃくせき－かんとう

意味 百尺もの高さがあるさおの先端。仏教で、修行の結果到達した悟りの境地のたとえ。

構成 「百尺」は、大変な高さ。「尺」は、昔の長さの単位。「竿頭」は、さおの先端。

出典 百尺竿頭動かざる人、得入すと雖《いへど》も未だ真為《た》らず。〈景徳伝灯録、十、湖南長沙景岑禅師〉

用例 吾ら人類がこの大歴史中の単なる一頁を埋むべき材料に過ぎぬことを自覚するとき、百尺竿頭に上りつめたと自任する人間の自惚《うぬぼ》れはまた急に脱落しなければならない。〈夏目漱石、思い出す事など〉

用法 「百尺竿頭一歩を進む」は、すでに到達した高さのそのまた更に一歩先に進もうとすること。

注意 「百尺」を「ひゃくせき」と読むのは、仏教用語の慣用だが、現在では「ひゃくしゃく」とも読む。

百折不撓　ひゃくせつ－ふとう

意味 何度失敗しても、くじけることがないこと。

構成 「百折」は、何度も挫折すること。「不

撓」は、くじけないこと。「撓」は、くじける。

出典 百折不撓、大節に臨みて奪ふべからざるの風有り。〈後漢、蔡邕、橋大尉の碑〉

用例 貴婦人の独立不羈《どくりつふき》、百折不撓の気、世を奨励するもの多し、〈東海散士、佳人之奇遇〉

注意 「不撓」を「ふぎょう」「ふじょう」と読むのは、誤り。

類義語 独立不撓《どくりつふとう》・不屈不撓《ふくつふとう》・不撓不屈《ふとうふくつ》

対義語 戦意喪失《せんいそうしつ》

百戦練磨 ひゃくせん－れんま

意味 戦いの経験を充分に積んで、鍛えられていること。

構成 「百戦」は、何度も戦うこと。「練磨」は、ねりみがくこと。

用例 自分のは百戦錬磨の強敵であったから、ともすればこちらが参りそうであった。〈石坂洋次郎、石中先生行状記〉

表記 「百戦錬磨」とも書く。

類義語 一人当千《いちにんとうせん》・一騎当千《いっきとうせん》・蓋世不抜《がいせいふばつ》・万夫不当《ばんぷふとう》

百人百態 ひゃくにん－ひゃくたい

⇩百人百様《ひゃくにんひゃくよう》

百人百様 ひゃくにん－ひゃくよう

《百人百態《ひゃくにんひゃくたい》》

意味 人それぞれが、それぞれなりのようすで、みんな違うこと。

構成 「百人」は、さまざまな人々。「百様」「百態」は、さまざまであること。

用例 天下の英雄、将領たちの茶の立て方に百人百様の趣をかんじていた承兌も、これほど悠揚《ゆうよう》とした人間力の重さにうたれたことはない。〈尾崎士郎、石田三成〉

類義語 各種各様《かくしゅかくよう》・各人各様《かくじんかくよう》・十人十色《じゅうにんといろ》・千人千色《せんにんせんしょく》

百八煩悩 ひゃくはち－ぼんのう

意味 仏教で、人間の過去・現在・未来にわたる、全ての迷い。

構成 「百八」は、百八種。「煩悩」は、心を悩ませる迷い。仏教では、人間が抱く迷いの種類は百八あるという。

用例 百八煩悩を払うというなる長谷の寺の夜もすがらの鐘の音も、竜之助が尽きせぬ業障《ごうしょう》の闇《やみ》に届かなかった。〈中里介山、大菩薩峠、三輪の神杉の巻〉

類義語 意馬心猿《いばしんえん》・心猿意馬《しんえんいば》・煩悩具足《ぼんのうぐそく》

百万長者 ひゃくまん－ちょうじゃ

意味 百万もの富を蓄えた、大金持ち。

構成 「百万」は、ここでは、大金。「長者」は、金持ち。

用例 青年中村芳夫は、思いもかけぬ伯母の遺産を受け継いで一躍百万長者になった。〈夢野久作、婦人探索〉

百花斉放 ひゃっか－せいほう

意味 多くの花々が一斉に咲き開くこと。さまざまなものが一斉に本領を発揮することのたとえ。

構成 「百花」は、さまざまな花。「斉放」は、一斉に開くこと。たくさんの花が一斉に開くように、さまざまなものがすぐれた本姿を現すことをいう。

用例 日本はすしの百家争鳴、百花斉放した国であるが、いったい全国で何種類あることだろうか。〈開高健、新しい天体〉

類義語 百花繚乱《ひゃっかりょうらん》

百家争鳴 ひゃっか－そうめい

意味 ①中国の春秋戦国時代、多くの思想家が輩出して、さまざまの主張をくり広げたこと。②転じて、さまざまな人々が自由に議論しあうことのたとえ。

構成 「百家」は、諸子百家と呼ばれる、春秋・戦国時代の思想家たちの総称。「争鳴」は、競い合って声をあげること。議論

をくり広げること。

用例 ②百家争鳴のさわがしさになることと思われるが、〈開高健、新しい天体〉

類義語 諸子百家《しょしひゃっか》

百花繚乱 ひゃっか-りょうらん

意味 ①さまざまな花が咲き乱れていること。②転じて、すぐれた人・業績などが一時にたくさん出ること。

構成 「百花」は、さまざまな花。「繚乱」は、花が咲き乱れていること。「繚」は、まとわりつく。

用例 ①百花撩乱と咲き乱れておりました。〈田中英光、オリンポスの果実〉

表記 「百花撩乱」とも書く。

類義語 百花斉放《ひゃっかせいほう》

百鬼夜行 ひゃっき-やこう

意味 ①さまざまな化け物が夜歩き回ること。②転じて、多くの悪人がわがもの顔にはびこることのたとえ。

構成 「百鬼」は、さまざまなばけもの。「夜行」は、夜歩き回ること。

用例 ①さまざまの動物と異形の人類が、絡繹《らくえき》として森蔭に列を成せるその状は、げに百鬼夜行一幅の活図なり。〈泉鏡花、義血侠血〉②妓夫が夜鷹を大勢連れて来ていて、僕等はその百鬼夜行の姿をランプの下に見て、覚えず戦慄したこともある。〈森鷗外、ヰタ・セクスアリス〉

用法 乱れに乱れて収集がつかない状況を表すのに用いられることが多い。

注意 「夜行」は、本来は「やぎょう」と読むのが仏教用語の慣用だが、最近では「やこう」の方が一般的。

百発百中 ひゃっぱつ-ひゃくちゅう

意味 百回発射して百回全て命中する。狙ったものに全て当たること。全てに成功すること。

構成 「百発」は、百回も撃つこと。「百中」は、全て当たること。

出典 柳葉を去る者《こと》百歩にして之《これ》を射、百発百中す。〈戦国策、西周〉

用例 百歩を隔てて柳葉を射るに百発百中するという達人だそうである。〈中島敦、名人伝〉

剽悍無比 ひょうかん-むひ

意味 他に比べるものがないほど、すばしっこく荒々しくて、強いこと。

構成 「剽悍」は、すばしっこく荒々しいこと。「剽」は、すばやい。「悍」は、荒々しい。「無比」は、他にくらべるもののないこと。

用例 芹沢といえども剽悍無比なる新撰組の頭とまで立てられた男である、〈中里介山、大菩薩峠、壬生と島原の巻〉

類義語 剛強正大《ごうきょうせいだい》・剛強無双《ごうきょうむそう》

表敬訪問 ひょうけい-ほうもん

意味 敬意を表すために人を訪ねること。

構成 「表敬」は、敬意を表すこと。「訪問」は、人を訪ねること。

用例 夕方、私たちは韓国のコミッション事務局を訪れた。表敬訪問などという気の利いたものでなく、ただ秤《はかり》を借りるためだけに行ったのだ。〈沢木耕太郎、一瞬の夏〉

飛揚跋扈 ひよう-ばっこ

意味 気ままに振る舞ったり、わがもの顔に振る舞ったりすること。

構成 「飛揚」は、高く舞い上がること。気ままに振る舞うこと。「跋扈」は、のさばりはびこること。

類義語 横行闊歩《おうこうかっぽ》・横行跋扈《おうこうばっこ》・跳梁跋扈《ちょうりょうばっこ》・跋扈跳梁《ばっこちょうりょう》

表裏一体 ひょうり-いったい

意味 内面と外面とが、一つに結びついていること。

構成 「表裏」は、内面と外面。表と裏。「一体」は、一つに結びついていること。

【用例】表面のその強がりも、実は一皮むけば、われながら寒々とした志の萎えと、表裏一体をなしているのだ。〈中野好夫、ぼらのへそ〉

【類義語】渾然一体《こんぜんいったい》・三位一体《さんみいったい》・相即不離《そうそくふり》

比翼連理 ひよく-れんり

【意味】二羽一緒に空を飛ぶ鳥と、もともと二本なのに、つながって一つになった木。愛情の深く仲のよい夫婦のたとえ。

【構成】「比翼」は、いつも二羽一緒に空を飛ぶ鳥。「連理」は、二本の木の幹や枝がつながって一つになっていること。

【出典】天に在りては願はくは比翼の鳥と作《な》り、地に在りては願はくは連理の枝と為《な》らん。〈唐、白居易、長恨歌〉

【用例】双方から翼を交わした、比翼連理の風情がある。〈泉鏡花、人魚の祠〉

【類義語】偕老同穴《かいろうどうけつ》・琴瑟調和《きんしつちょうわ》・形影一如《けいえいいちにょ》・合歓綢繆《ごうかんちゅうびゅう》

飛竜乗雲 ひりゅう-じょううん

【意味】英雄が時に乗じて、勢いを得ること。

【構成】「飛竜」は、空を飛ぶ竜。竜は、英雄のたとえ。「乗雲」は、雲に乗って天に上ること。

ひ

【類義語】旭日昇天《きょくじつしょうてん》

美麗荘厳 びれい-そうごん

⇩荘厳華麗《そうごんかれい》

【用例】と言いかけて、美麗荘厳はこの人に向かって、よけいなことだと気がつきました。〈中里介山、大菩薩峠、他生の巻〉

卑陋暗黒 ひろう-あんこく

【意味】下品で文化的に劣っていること。

【構成】「卑陋」は、低く劣って下品なこと。「暗黒」は、世の中の道徳や文化が衰えていること。

【用例】恋愛は一見して卑陋暗黒なるが如《ごと》くに、其《そ》の実性の卑陋暗黒なる者にあらず。〈北村透谷、厭世詩家と女性〉

疲労困憊 ひろう-こんぱい

【意味】くたくたに疲れ果ててしまうこと。

【構成】「疲労」「困憊」ともに、疲れ果てること。「憊」は、疲れる。

【用例】おれは素人じゃあない、疲労困憊にいたるまで歩くようなばかな真似はしない、〈新田次郎、孤高の人〉

【注意】「困憊」を「こんばい」と読むのは、誤り。

【類義語】倦怠疲労《けんたいひろう》・困窮疲弊《こんきゅうひへい》・困窮疲労《こんきゅうひろう》

【対義語】元気潑剌《げんきはつらつ》

品行方正 ひんこう-ほうせい

【意味】行いがきちんとして正しいこと。

【構成】「品行」は、行い。「方正」は、きちんとして正しいこと。

【用例】僕はあなたと違って品行方正だから、夜遊びなんか滅多にした事はありませんよ。〈夏目漱石、彼岸過迄〉

【用法】きちんとしすぎている、という批判的な意味で用いられることもある。

【類義語】清浄潔白《せいじょうけっぱく》・清廉恪勤《せいれんかっきん》・清廉潔白《せいれんけっぱく》

【対義語】悪逆非道《あくぎゃくひどう》・悪漢無頼《あっかんぶらい》

品性下劣 ひんせい-げれつ

【意味】人柄や性格が卑しく劣っていること。

【構成】「品性」は、人柄や人品。「下劣」は、下品で劣っていること。

【用例】同時に下のほうでは養鶏場荒しの狐同然に品性下劣なぼくのエゴが、もはや眠っているこの女の子の自律制御系とは無関係に〈倉橋由美子、聖少女〉

【類義語】俗臭芬芬《ぞくしゅうふんぷん》・野卑滑稽《やひこっけい》

【対義語】品性高潔《ひんせいこうけつ》

品性高潔 ひんせい-こうけつ

意味 人柄や性格が気高く清らかなこと。
構成 「品性」は、人柄や人品。「高潔」は、気高く清らかで汚れのないこと。
類義語 高潔無比《こうけつむひ》・清麗高雅《せいれいこうが》
対義語 品性下劣《ひんせいげれつ》

貧富貴賤 ひんぷ－きせん

《貴賤貧富《きせんひんぷ》》
意味 ①貧しい者と富んでいる者、身分の高い者と身分の低い者。②転じて、財産や身分にかかわりなく全ての人々。
構成 「貧富」は、貧しい者と富んでいる者。「貴賤」は、身分の高い者と低い者。両極端にある者を対比していう。
用例 今日世界中に貧富貴賤の差ありて、〈福沢諭吉、学問のすすめ〉
用法 「貧富貴賤の別なく」などの形で用いられることが多い。
類義語 貴賤上下《きせんしょうか》・貴賤雅俗《きせんがぞく》・貴賤男女《きせんだんじょ》・貴賤老少《きせんろうしょう》・貴賤老若《きせんろうにゃく》・上下貴賤《しょうかきせん》・男女老幼《なんにょろうよう》・老若貴賤《ろうにゃくきせん》・老若男女《ろうにゃくなんにょ》・老若貧富《ろうにゃくひんぷ》・老幼男女《ろうようなんにょ》

ふ

布衣韋帯 ふい－いたい

意味 貧しい者が着る、布の着物と、皮の帯。貧しく、身分の低い者のたとえ。
構成 「布衣」は、布の着物。「韋帯」は、なめし皮の帯。いずれも貧しい者が着る。
用例 布衣韋帯の高平太は、却って彼等をして其《そ》の足元に膝行《しっこう》せしめむとしたるにあらずや。〈芥川竜之介、木曾義仲論〉

富貴栄華 ふうき－えいが

《富貴栄達《ふうきえいだつ》》
意味 家が富んで身分が高く、栄えること。
構成 「富貴」は、家が富んで身分が高いこと。「栄華」「栄達」は、身分が高くなり栄えること。
用例 其《そ》の一門の富貴栄華は、一に此の夫人に因って代表さるると称して可《よ》い。〈泉鏡花、婦系図〉
類義語 栄耀栄華《えいようえいが》・富貴福禄《ふうきふくろく》

富貴栄達 ふうき－えいだつ

⇩富貴栄華《ふうきえいが》
用例 千二百石取りの大身をとらえて、金運なしと空うそぶいたのも然《しか》り、富貴栄達の道がないからこそ退屈もしていると言うのに、〈佐々木味津三、京へ上った退屈男〉

風紀紊乱 ふうき－びんらん

意味 社会生活上の規律を乱すこと。
構成 「風紀」は、世に古くから行われてる生活上の規律。「紊乱」は、乱すこと。
用例 そこで、こうした大奥の風紀紊乱を一掃しようと、起《た》ちあがった人物に堀田正信なる硬骨の大名がいた。〈五味康祐、柳生天狗党〉
類義語 朝憲紊乱《ちょうけんびんらん》・風俗壊乱《ふうぞくかいらん》

富貴浮雲 ふうき－ふうん

意味 高い身分や富などは、浮き雲のように、はかなくあてにならないこと。
構成 「富貴」は、家が富んでいて身分が高いこと。「浮雲」は、はかなくあてにならないことのたとえ。
用例 秦皇《しんこう》の猛威と雖《いへど》も、秋毫《しゅうごう》の力を用ゐるに由《よし》なく、悽然として胆を落とし、富貴浮雲、人生朝露の歎を為《な》さざるを得ず。〈福沢諭吉、文明論之概略〉

富貴福禄 ふうき－ふくろく

意味 富や身分、幸福。

構成 「富貴」は、富と身分。「福禄」は、幸福。

用例 富貴福禄は唯《ただ》人々の働き次第にて、〈福沢諭吉、文明論之概略〉

類義語 栄耀栄華《えいようえいが》・富貴栄華《ふうきえいが》・富貴栄達《ふうきえいたつ》

風光明媚 ふうこう－めいび

意味 景色が清らかで明るく、美しいこと。

構成 「風光」は、景色。風景。「明媚」は、山水の景色の清らかで明るく美しいこと。「媚」は、ここでは、美しい。

用例 明石は晴れ晴れと眺めのよい、まさに風光明媚という浦で、〈田辺聖子、新源氏物語〉

風櫛雨沐 ふうしつ－うもく

⇩櫛風沐雨《しっぷうもくう》

風声鶴唳 ふうせい－かくれい

意味 かすかな風の音や、鶴の鳴き声。わずかな物音のたとえ。また、少しの物音にもこわがって驚くこと。

構成 「風声」は、風の音。「鶴唳」は、鶴の鳴き声。「唳」は、鶴や雁が鳴く。

出典 余衆《よしゅう》甲を棄て宵に遁《に》ぐ。風声鶴唳を聞き、皆以《も》って已《すで》に至ると為《な》す。〈晋書、謝玄伝〉

用例 そこは精神、吝嗇卑小《りんしょくひしょう》になっているものだから、それこそ風声鶴唳にも心を驚かし、外の足音にもいちいち肝を冷やして、〈太宰治、禁酒の心〉

注意 「鶴唳」を「かくるい」と読むのは、誤り。

類義語 萎縮震慄《いしゅくしんりつ》・跼天蹐地《きょくてんせきち》・細心翼翼《さいしんよくよく》・小心小胆《しょうしんしょうたん》・小心翼翼《しょうしんよくよく》・戦戦恐恐《せんせんきょうきょう》・戦戦慄慄《せんせんりつりつ》

風俗壊乱 ふうぞく－かいらん

意味 社会のよいならわしを、やぶり乱すこと。

構成 「風俗」は、社会のならわし。「壊乱」は、やぶり乱すこと。

用例 昔だったら男と女がこんな恰好《かっこう》で歩いてると、私たちは、風俗壊乱でしょっぴいて行ったものです。〈石坂洋次郎、石中先生行状記〉

類義語 朝憲紊乱《ちょうけんびんらん》・風紀紊乱《ふうきびんらん》

風俗人情 ふうぞく－にんじょう

⇩人情風俗《にんじょうふうぞく》

用例 小説の文の体はもとより千古不抜《せんこふばつ》ならず、風俗人情進化すれば其《そ》の進化せし度に応じていくらか改良せざるべからず。〈坪内逍遥、小説神髄〉

風土気候 ふうど－きこう

⇩気候風土《きこうふうど》

用例 フランスに来て初めて自分はフランスの風土気候の如何《いか》に感覚的であるかを知った。〈永井荷風、ふらんす物語、秋のちまた〉

風流韻事 ふうりゅう－いんじ

意味 自然を友として詩文を作る、高尚な遊び。

構成 「風流」は、自然を友として詩歌や書画などを作る高尚な遊び。「韻事」は、詩文。

用例 仙骨を帯びだしたご老体は風流韻事の感懐を託したみそひと文字、〈佐々木味津三、右門捕物帖、へび使い小町〉

類義語 嘯風弄月《しょうふうろうげつ》・風流三昧《ふうりゅうざんまい》

風流三昧 ふうりゅう－ざんまい

意味 詩歌や書画など、雅びやかな趣のあることに熱中すること。

構成 「風流」は、詩歌や書画など、雅びやかな趣のあること。「三昧」は、梵語《ぼんご》からの音訳語で、一つの物事に熱中するよ

うす。

【用例】まして女を伴っていったとなれば、風流三昧の遊興と噂《うわさ》されかねない〈田辺聖子、新源氏物語〉

【用法】実益のないことに無駄な労力を費やすという、批判的な意味で用いられることもある。

【注意】「昧」を「味」「眛」と書くのは、誤り。

【類義語】嘯風弄月《しょうふうろうげつ》・風流韻事《ふうりゅういんじ》

風林火山　ふう-りん-か-ざん

【意味】①風のように速く動き、林のように静かにとどまり、火のように激しく侵略し、動かないときには山のようにどっしりと構えること。軍を動かす際の心得として、武田信玄が軍旗に用いたことば。②また、広く物事に対処する際の心構えについてもいう。

【構成】「風」「林」「火」「山」の四者を、軍事、または広く物事に処する場合にたとえたもの。

【出典】其《そ》の疾《と》きこと風のごとく、其の徐《しづ》かなること林のごとく、侵掠《しんりゃく》すること火のごとく、動かざること山のごとし。〈孫子、軍争〉

武運長久　ぶうん-ちょうきゅう

【意味】戦いでの幸運がいつまでも続くこと。
【構成】「武運」は、いくさの勝敗の運命。「長久」は、長く久しいこと。永遠。
【用例】皇軍連勝、わが父息災、武男の武運長久を祈らぬ日はあらざりしなり。〈徳冨蘆花、不如帰〉
【用法】「武運長久を祈る」「武運長久を願う」などの形で用いられることが多い。

不易流行　ふえき-りゅうこう

【意味】変化することのないものと、変化してやまないもの。松尾芭蕉は、俳諧は、永遠に変わらないものと時に応じて変化するものとの両面に立脚しており、風雅の誠を求めて変化し続けていくことこそが俳諧の不変の価値を実現する、という不易流行論を説いた。
【構成】「不易」は、変わらないこと。「易」は、変わる。「流行」は、うつり変わること。
【用例】不易流行ということが、日本にはむかしからあるんだから、まア、出来れば結婚もするさ。〈横光利一、旅愁〉
【注意】「易」は、かわる、かえるの意味の場合、音読みでは「えき」と読む。「い」と読むのは、「やさしい」の意味の場合で、ここでは誤り。

不壊金剛　ふえ-こんごう

⇩金剛不壊《こんごうふえ》
【用例】其《そ》の驚絶の事実は、不壊金剛の真理となつて光明を放ち来たり申し候《さうらふ》。〈綱島梁川、予が見神の実験〉

浮華虚栄　ふか-きょえい

【意味】うわべばかり華美で、実質のない見栄を張ること。
【構成】「浮華」は、うわべばかり華美で実質のないこと。「虚栄」は見栄を張ること。
【用例】鏡は己惚《うぬぼ》れの醸造器であるごとく、同時に自慢の消毒器である。もし浮華虚栄の念をもってこれに対する時はこれほど愚物を煽動《せんどう》する道具はない。〈夏目漱石、吾輩は猫である〉
【類義語】有名無実《ゆうめいむじつ》

不可抗力　ふか-こうりょく

【意味】人の働きでは防げない力。
【構成】「不可抗」は、あらがい防ぐことができないこと。
【用例】唯《ただ》不可抗力の命令のように、何の反抗も示さずに忍従した。〈菊地寛、忠直卿行状記〉
【注意】「抗」を「坑」と書くのは、誤り。

不可思議　ふか-しぎ

【意味】考えてもわからないこと。怪しいこ

と。
構成「不可」は、できない。「思議」は、考えること。
用例林の奥の草原に、この世のものとも思えぬ不可思議の光景が展開されているのである。〈太宰治、お伽草紙〉
類義語奇異荒唐《きいこうとう》・奇奇怪怪《ききかいかい》・奇想天外《きそうてんがい》・奇怪千万《きっかいせんばん》・奇妙奇態《きみょうきたい》

不羈自由　ふき－じゆう

意味何の束縛もなく、自分の意志によって行動できること。
構成「不羈」は、束縛されないこと。「羈」は、つなぐ。束縛する。「自由」は、自分の意志によって行動すること。
用例人の一身も一国も、天の道理に基づきて不羈自由なるものなれば、〈福沢諭吉、学問のすすめ〉
表記「羈」の代わりに、異体字の「覊」を書くこともある。
類義語自在不羈《じざいふき》・自由奔放《じゆうほんぽう》・奔放自在《ほんぽうじざい》・奔放自由《ほんぽうじゆう》

不羈独立　ふき－どくりつ

⇩独立不羈《どくりつふき》
用例不羈独立もって他人に依頼せず、〈福沢諭吉、学問のすすめ〉

不義非道　ふぎ－ひどう

《非義非道《ひぎひどう》》
意味道理や人情にそむいて、正しくないこと。
構成「不義」「非義」は、義にそむくこと。人の道にはずれること。「非道」は、道理や人情にそむくこと。
用例剣道を鼻にかけ、不義非道に人を切り、流儀を汚す悪剣士です。〈川口松太郎、新吾十番勝負〉
類義語背徳没倫《はいとくぼつりん》・不義不正《ふぎふせい》・不義不貞《ふぎふてい》・不義不徳《ふぎふとく》・不正不義《ふせいふぎ》・不忠不義《ふちゅうふぎ》・不貞不義《ふていふぎ》

不義不正　ふぎ－ふせい

《不正不義《ふせいふぎ》》
意味正義に反すること。正しくないこと。
構成「不義」は、義にそむくこと。人の道にはずれること。「不正」は、正しくないこと。
用例不義不正をただすためには将軍にも反抗し、しかも御自分は一向に栄達を望まない。〈川口松太郎、新吾十番勝負〉
類義語背徳没倫《はいとくぼつりん》・非義非道《ひぎひどう》・不義非道《ふぎひどう》・不義不貞《ふぎふてい》・不義不徳《ふぎふとく》・不忠不義《ふちゅうふぎ》・不貞不義《ふていふぎ》

不義不貞　ふぎ－ふてい

《不貞不義《ふていふぎ》》
意味節操がなく、正しくないこと。
構成「不義」は、義にそむくこと。人の道にはずれること。「不貞」は、節操がないこと。不倫。
用例吾は彼の不義不貞を憤るが故に世上の恋なる者を疑ひ、かつ渾《す》べてこれを斥《しりぞ》けぬ。〈尾崎紅葉、続金色夜叉〉
用法特に、人妻に節操がないことをいう。
類義語背徳没倫《はいとくぼつりん》・非義非道《ひぎひどう》・不義非道《ふぎひどう》・不義不正《ふぎふせい》・不義不徳《ふぎふとく》・不正不義《ふせいふぎ》・不忠不義《ふちゅうふぎ》

不義不徳　ふぎ－ふとく

意味徳が備わっておらず、正しくないこと。
構成「不義」は、義にそむくこと。人の道にはずれること。「不徳」は、徳が備わっていないこと。
用例商人根性といへども決して不義不徳を容《ゆる》さんことは、武士の魂と敢《あ》へて異なるところは無い。〈尾崎紅葉、金色夜叉〉
類義語背徳没倫《はいとくぼつりん》・非義非道《ひぎひどう》・不義非道《ふぎひどう》・不義不正《ふぎふせい》・不義不貞《ふぎふてい》・不正不義《ふせいふぎ》・不忠不義《ふちゅうふぎ》・不貞不義《ふていふぎ》

不羈不絆　ふき–ふはん

意味 なにものにも束縛されないこと。

構成 「不羈」「不絆」ともに、束縛されないこと。「羈」「絆」ともに、つなぐ。

用例 不羈不絆の快男児が、超世の奇才を抱いて空しく三尺の蒿下《こうか》に槁死《こうし》することを得ず。〈芥川竜之介、木曾義仲論〉

表記 「羈」の代わりに、異体字の「覊」を書くこともある。

類義語 独立不羈《どくりつふき》・不羈独立《ふきどくりつ》・不羈奔放《ふきほんぽう》・不屈不絆《ふくつふはん》・奔放不羈《ほんぽうふき》

不羈奔放　ふき–ほんぽう

《奔放不羈《ほんぽうふき》》

意味 なにものにも束縛されず、思いのままに振る舞うこと。

構成 「不羈」は、束縛されないこと。「羈」は、つなぐ。束縛する。「奔放」は、勢いがよく、自由に振る舞うこと。

用例 ストゥルム・ウント・ドランクの不羈奔放なる沸騰ともなったのであった。〈中野好夫、浪漫主義〉

表記 「羈」の代わりに、異体字の「覊」を書くこともある。

類義語 独立不羈《どくりつふき》・不羈独立《ふきどくりつ》・不羈不絆《ふきふはん》・不屈不絆《ふくつふはん》

不義密通　ふぎ–みっつう

意味 男女が、人の道に外れた形でひそかに情を通ずること。不倫。

構成 「不義」は、義にそむくこと。人の道にはずれること。「密通」は、男女がひそかに情を通ずること。

用例 その幸之助と駆け落ちをしたとあれば、お北は明らかに不義密通である。〈岡本綺堂、半七捕物帳、白蝶怪〉

不朽不滅　ふきゅう–ふめつ

意味 決して朽ち果てたり、滅びたりしないこと。

構成 「不朽」は、朽ち果てないこと。「不滅」は、滅びないこと。

用例 彼れ独り勝手に不朽不滅の霊魂、〈中江兆民、続一年有半〉

類義語 永遠不滅《えいえんふめつ》・千古不朽《せんこふきゅう》・千古不磨《せんこふま》・千古不滅《せんこふめつ》・万古不磨《ばんこふま》・万世不朽《ばんせいふきゅう》・万代不朽《ばんだいふきゅう》・不死不朽《ふしふきゅう》

俯仰天地　ふぎょう–てんち

意味 上を見ても下を見ても、天から地まで全てに対して。

構成 「俯仰」は、うつむくこととあおむくこと。「天地」は、天と地。

用例 極めて科学的な、絶対にごまかしのない俯仰天地に恥じざる真実の記録と信ずる次第で〈夢野久作、ドグラ・マグラ〉

用法 「俯仰天地に恥じず」などの形で、何に対しても、どこにもやましいことがないことをいうことが多い。

不協和音　ふきょうわ–おん

意味 ①音楽で、融合せず不安定な感じを与える和音。②転じて、周りと調和せず、相違や対立を生じさせるもののたとえ。

構成 「協和」は、ぴったりと合うこと。

用例 ②だが、自分の人生にとって最も大事なこの夜、こんな俗悪な不協和音がまじっているのが不意に腹立たしくなってきた。〈遠藤周作、沈黙〉

複雑怪奇　ふくざつ–かいき

《複雑奇怪《ふくざつきかい》》

意味 入り組んでいて、あやしく不思議なこと。

構成 「複雑」は、入り組んでいて理解しにくいこと。「怪奇」「奇怪」は、あやしく不思議なこと。

用例 もっともらしく、且《か》つ、廻《まわ》りくどく、わざと難しい用語を用いて、人生を複雑怪奇なものに仕立て上げるのである。〈井上ひさし、ブンとフン〉

類義語 多様複雑《たようふくざつ》・盤根錯節《ばんこんさくせつ》・複雑多岐《ふくざつたき》・複雑多様《ふくざつたよう》・複雑蟠纏《ふくざつばんてん》

対義語 簡単明瞭《かんたんめいりょう》・単純明快《たんじゅんめいかい》

複雑奇怪 ふくざつ-きかい

⇩複雑怪奇《ふくざつかいき》

用例 ぼくは一体、人目を憚《はばか》ったのか、それともそうしたあなたが嫌いだったのか、それも判《わ》からぬ複雑奇怪な気持ちで、〈田中英光、オリンポスの果実〉

複雑多岐 ふくざつ-たき

意味 ①枝道が多く、入り組んでいて理解しにくいこと。②転じて、さまざまな分野にわたり入り組んでいて、理解しにくいこと。

構成 「複雑」は、入り組んでいて理解しにくいこと。「多岐」は、枝道が多いこと。「岐」は、分かれ道。

用例 ①時々、かすかに歌声のようなものを聴いたが、ついにめぐり会えなかった。それほど、この迷路は複雑多岐である。〈小栗虫太郎、人外魔境、水棲人〉②一たい今日の事件は手がかりが早く付き過ぎていて、判断の材料が複雑多岐を極め過ぎている。〈夢野久作、暗黒公使〉

類義語 多様複雑《たようふくざつ》・盤根錯節《ばんこんさくせつ》・複雑怪奇《ふくざつかいき》・複雑奇怪《ふくざつきかい》・複雑多様《ふくざつたよう》・複雑蟠纏《ふくざつばんてん》

対義語 簡単明瞭《かんたんめいりょう》・単純明快《たんじゅんめいかい》

複雑多様 ふくざつ-たよう

(多様複雑《たようふくざつ》)

意味 さまざまな状態が入り組んでいて、理解しにくいこと。

構成 「複雑」は、入り組んでいて理解しにくいこと。「多様」は、さまざまな状態。

用例 実験的現象として見た割れ目はなかなか在来の簡単な理論などでは追いつきそうもない複雑多様なものであって、〈寺田寅彦、自然界の縞模様〉

類義語 盤根錯節《ばんこんさくせつ》・複雑怪奇《ふくざつかいき》・複雑奇怪《ふくざつきかい》・複雑多岐《ふくざつたき》・複雑蟠纏《ふくざつばんてん》

対義語 簡単明瞭《かんたんめいりょう》・単純明快《たんじゅんめいかい》

複雑蟠纏 ふくざつ-ばんてん

意味 渦巻くようにもつれて、入り組んでいて理解しにくいこと。

構成 「複雑」は、入り組んでいて理解しにくいこと。「蟠纏」は、渦巻くようにもつれていること。「蟠」は、わだかまる。「纏」は、まつわる。

用例 そのおのおのには、内側のものと外側のものとの脈帯の襞《ひだ》が違っている。それすら、複雑蟠纏を極めているのに、〈岡本かの子、富士〉

類義語 多様複雑《たようふくざつ》・盤根錯節《ばんこんさくせつ》・複雑怪奇《ふくざつかいき》・複雑奇怪《ふくざつきかい》・複雑多岐《ふくざつたき》・複雑多様《ふくざつたよう》

複雑微妙 ふくざつ-びみょう

(微妙複雑《びみょうふくざつ》)

意味 何とも言い表しがたいほど、細かく入り組んでいること。

構成 「複雑」は、入り組んでいて理解しにくいこと。「微妙」は、何とも言い表しがたいほど細かいこと。

用例 その怪物の透明な肢体の各部がいろいろ複雑微妙な運動をしている。〈寺田寅彦、映画時代〉

不倶戴天 ふぐ-たいてん

意味 同じ空の下に暮らすことができないこと。激しく憎むことのたとえ。

構成 漢文訓読では、「倶《とも》には天を戴《いただ》かず」と読む。「不倶」は、一緒にすることができないこと。「戴天」は、同じ空の下で暮らすこと。

用例 おりょうは戸籍上では義母になっていたが、梶家にとっては謂《い》わば家を乗っ取った不倶戴天の仇敵《きゅうてき》と言っていい人物であった。〈井上靖、あすなろ物語〉

ふ

用法 「不倶戴天の仇敵」などの形で用いられることが多い。
類義語 意趣遺恨《いしゅいこん》

不屈不撓　ふくつ－ふとう

⇩不撓不屈《ふとうふくつ》
用例 大理論家ワグネルの不屈不撓の意志なぞ問題にしなかったニイチェは、〈小林秀雄、モオツァルト〉

不屈不絆　ふくつ－ふはん

意味 くじけることがなく、何の束縛も受けないこと。
構成 「不屈」は、くじけないこと。「不絆」は、束縛されないこと。
用例 しかも彼は其《そ》の淡々たる革命的精神と不屈不絆の野快とを以て、個性の自由を求め、〈芥川竜之介、木曾義仲論〉
類義語 独立不羈《どくりつふき》・不羈独立《ふきどくりつ》・不羈不絆《ふきふはん》・不羈奔放《ふきほんぽう》・奔放不羈《ほんぽうふき》

福徳円満　ふくとく－えんまん

意味 幸福と利益とが満ち足りて欠けることがないこと。また、精神的にも物質的にも恵まれていること。
構成 「福徳」は、幸福と利益。「円満」は、満ち足りて欠けることがないこと。
用例 近年とくに肥っていた。福徳円満の相になっていた。〈丹羽文雄、青麦〉
類義語 円満具足《えんまんぐそく》
対義語 不平不満《ふへいふまん》・欲求不満《よっきゅうふまん》

福利厚生　ふくり－こうせい

意味 企業が社員の福祉のため、住宅・保険・教育などに支出する賃金以外の諸給付。
構成 「福利」は、幸福と利益。「厚生」は、身体を健康にすること。
用例 社員こそが会社の宝だ、と公言しながら、その実ろくな福利厚生を社員に与えず、〈高橋三千綱、雪のドレス〉

伏竜鳳雛　ふくりょう－ほうすう

意味 地中に潜む竜と、鳳凰のひな。将来大成する素質のある、すぐれた人物のたとえ。
構成 「伏竜」は、まだ雲雨を得ないため天にのぼれず、地に潜み隠れている竜。「鳳雛」は、鳳凰のひな。
故事 中国の三国時代、劉備《りゅうび》が司馬徽《しばき》に政治のことについて尋ねた。司馬徽はこれに対して、今なすべきことを知っている人物として諸葛亮《しょかつりょう》と龐統《ほうとう》の名を挙げ、「二人は伏竜と鳳雛のようなものである」と答えたという故事による。
出典 此の間自づから伏竜鳳雛有り。〈三国志、蜀志、諸葛亮伝、注〉
注意 「ふくりゅうほうすう」とも読む。
類義語 臥竜鳳雛《がりょうほうすう》・孔明臥竜《こうめいがりょう》

武芸百般　ぶげい－ひゃっぱん

意味 あらゆる武技。
構成 「武芸」は、武道に関する技。「百般」は、あらゆる。全て。
用例 これはひとり剣法のみならず、武芸百般ことごとく同じであり、〈川口松太郎、新吾十番勝負〉

不言実行　ふげん－じっこう

意味 いちいち口に出さずに、実際に行うこと。
構成 「不言」は、口に出さないこと。「実行」は、実際に行うこと。
用例 このように誰にも知られず人生の片隅においてひそかに不言実行せられている小善こそ、この世のまことの宝玉ではなかろうかと思った。〈太宰治、惜別〉
用法 口はうまくないが実行力のある者に対して、肯定的な意味合いで用いられることが多い。
対義語 有言実行《ゆうげんじっこう》

不言不語　ふげん－ふご

意味 口に出すことが一切ないこと。

構成 漢文訓読では「言わず語らず」と読む。「不言」「不語」ともに、ことばを発しないこと。

用例 おしなべての男女もまた、社会のこの不言不語の強圧に対して柔順である。〈有島武郎、惜しみなく愛は奪う〉

富国強兵　ふこく–きょうへい

意味 国の経済力を高め、兵力を強くすること。また、国の経済力が高く、兵力が強いこと。

構成 「富国」は、国が富むこと。「強兵」は、兵力が強いこと。

用例 人民よく商売を勤め、政府よく戦ひ、人民よく利を得れば、之《これ》を富国強兵と称し、〈福沢諭吉、文明論之概略〉

無骨一徹　ぶこつ–いってつ

意味 不作法で、がんこなこと。

構成 「無骨」は、言動に失礼な点が多く、不作法なこと。「一徹」は、一つのことを思い込んだら貫き通すがんこさのあること。元来はあまりいい意味では用いられなかったが、虚飾にとらわれないという意味合いでやや良い意味にも使われる。

用例 とにかく運命に安んじたというあの気取り方が武骨一徹な正則《まさのり》の眼には歯の浮く程空々しいものに見えた。〈尾崎士郎、石田三成〉

用法 人当たりはよくないがまごころはある、という肯定的な意味合いで用いられることが多い。

注意 「徹」を「撤」と書くのは、誤り。「徹」は「貫き通す」、「撤」は、「撤回」のように、「取り除く」の意味。

表記 「武骨一徹」とも書く。

類義語 無骨一辺《ぶこついっぺん》

無骨一辺　ぶこつ–いっぺん

意味 ただひたすらに不作法なこと。

構成 「無骨」は、言動に失礼な点が多く、不作法なこと。「一辺」は、ただそれだけ。一辺倒。

用例 さぞ無骨一辺の人物と思っていたのが意外におだやかな相手なのに、武蔵《むさし》はちょっと肩すかしを喰った懐いがある。〈五味康祐、二人の武蔵〉

表記 「武骨一辺」とも書く。

類義語 無骨一徹《ぶこついってつ》

巫山雲雨　ふざん–うんう

⇩雲雨巫山《うんうふざん》

出典 漢水波浪遠く、巫山雲雨飛ぶ。〈唐、李白、江上巴東の故人に寄する詩〉

用例 それは下腹部にうずくまっていた巫山雲雨ならぬ皺《しわ》の醜怪な侏儒《しゅじゅ》の老巫女のせいかもしれない。〈金石範、虚夢譚〉

父子相伝　ふし–そうでん

⇩一子相伝《いっしそうでん》

用例 直ぐにも父子相伝の天職にとりかかりたかったのだが、任官後の彼に先《ま》ず課せられたのは暦の改正という大事業であった。〈中島敦、李陵〉

無事息災　ぶじ–そくさい

意味 何事もなく安らかなこと。

構成 「無事」は、何事もなく安らかなこと。「息災」は、災いがなくなること。「息」は、ここでは、止む。

用例 惣八郎は無事息災であった。事変の起こり易い狩り場などでも、彼は軽捷《びんしょう》に立ち廻《まわ》って、怪我《けが》一つ負わなかった。〈菊地寛、恩を返す話〉

類義語 澹然無極《たんぜんむきょく》・無事平穏《ぶじへいおん》・平安無事《へいあんぶじ》・平穏無事《へいおんぶじ》・無憂無風《むゆうむふう》

無事太平　ぶじ–たいへい

⇩太平無事《たいへいぶじ》

用例 高砂のうら舟に帆をあげて、四海波おだやかな葵《あおい》の御代を無事太平に送ればいいという世の中でしたから、〈佐々木

味津三、右門捕物帳、笛の秘密〉

不死不朽　ふし－ふきゅう

意味 死ぬことも滅びることもないこと。

構成 「不死」は、死なないこと。「不朽」は、朽ち果てないこと。滅びないこと。

用例 不死不朽、彼と与《とも》にあり。衰老病死、我と与にあり。〈北村透谷、一夕観〉

類義語 永遠不滅《えいえんふめつ》・千古不朽《せんこふきゅう》・千古不磨《せんこふま》・千古不滅《せんこふめつ》・万古不磨《ばんこふま》・万世不朽《ばんせいふきゅう》・万代不朽《ばんだいふきゅう》・不朽不滅《ふきゅうふめつ》

無事平穏　ぶじ－へいおん

⇩平穏無事《へいおんぶじ》

用例 いまはその憎む心でいっぱいなのだ、無事平穏にくらしている者を見れば、ただ憎悪をかきたてられるだけであろう。〈山本周五郎、さぶ〉

不惜身命　ふしゃく－しんみょう

意味 ①仏教で、自分の体や命を惜しまないで、仏道に尽くすこと。②転じて、国や主君などのために、体や命を惜しまないで尽くすこと。

構成 漢文訓読では、「身命を惜しまず」と読む。「不惜」は、惜しまない。「身命」は、身体と生命。

用例 ②天皇のため、祖国のため、喜んで一命を捨てるのは最高の美徳とされた。「不惜身命」は道徳の究極であった。〈亀井勝一郎、宗教と文学〉

注意 「不惜」を「ふしゃく」、「身命」を「しんみょう」と読むのは、仏教用語の慣用。「ふせき」「しんめい」と読むのは、誤り。

類義語 一生懸命《いっしょうけんめい》・一所懸命《いっしょけんめい》・完全燃焼《かんぜんねんしょう》・全力投球《ぜんりょくとうきゅう》

俯首流涕　ふしゅ－りゅうてい

意味 うつむいて涙を流すこと。

構成 「俯首」は、頭を垂れること。「俯」は、うつむく。「流涕」は、涙を流すこと。「涕」は、涙。

用例 これこそ己に対する孝の最大なものだとて、爾《なんじ》それ念《おも》えやと繰り返した時、遷《せん》は俯首流涕してその命に背かざるべきを誓ったのである。〈中島敦、李陵〉

類義語 佇立瞑目《ちょりつめいもく》

不承不承　ふしょう－ぶしょう

意味 気の進まないようす。いやいやながら。

構成 「不承」は、相手の言うことを受け入れたくないようす。それをくり返して強調したもの。

用例 せき立てられて西は不承不承に起きあがったが、〈尾崎士郎、人生劇場離愁篇〉

表記 「不承無精」「不承不精」などとも書く。

夫唱婦随　ふしょう－ふずい

意味 夫が先に言い出して、妻がこれに従う。封建社会にあって、妻が従順で夫婦仲の良いことをいう。

構成 「夫唱」は、夫が何かを言い出すこと。「婦随」は、妻がそれに従うこと。

出典 天下の理、夫は唱え、婦は随《したが》ふ。〈関尹子〉

用例 ほんとの夫唱婦随とはこういうことでございますよ。〈開高健、新しい天体〉

不正不義　ふせい－ふぎ

⇩不義不正《ふぎふせい》

用例 我は生まれて此の方、不正不義の振る舞いをした例はない、天我を憐れみたまいてお救い下さるか、〈三遊亭円朝、後の業平文治〉

不正不公　ふせい－ふこう

意味 正しくなく、公平でないこと。

構成 「不正」は、正しくないこと。「不公」は、公平でないこと。

用例 「コウカス」人種白人種の男子相合し、不正不公の羈軛《きやく》を脱して別に一世

界を開き、〈福沢諭吉、文明論之概略〉
類義語 依怙贔屓《えこひいき》・専断偏頗《せんだんへんぱ》
対義語 公明正大《こうめいせいだい》

不正不便 ふせい－ふべん

意味 不都合で正しくないこと。
構成 「不正」は、正しくないこと。「不便」は、便利でないこと。不都合。
用例 国法は不正不便なりと雖《いえど》も、その不正不便を口実に設けてこれを破るの理なし。〈福沢諭吉、学問のすすめ〉

不即不離 ふそく－ふり

（不離不即《ふりふそく》）
意味 ある程度の距離をおいたままにして、くっつきも離れもしない関係。
構成 漢文訓読では、「即っかず離れず」と読む。「不即」は、つかないこと。「不離」は、離れないこと。
用例 彼はお絹を振り放そうとは思わなかった。さりとて余りに接近するのも不安であった。つづめて言えば、不即不離というような甚《はなは》だあいまいな態度で、〈岡本綺堂、両国の秋〉
類義語 不偏不党《ふへんふとう》

父祖伝来 ふそ－でんらい

⇩先祖伝来《せんぞでんらい》
用例 諸君の子孫が此の父祖伝来の地で、諸君の記憶を讃《た》えることが出来るようになるか、その最後の危機が迫っているのですぞ。〈中島敦、光と風と夢〉

二股膏薬 ふたまた－こうやく

⇩内股膏薬《うちまたこうやく》
用例 前田家あたりから「二股膏薬」とのしられたにせよ、三十二歳でのこの措置は、なかなかの敏腕といえるだろう。〈杉本苑子、決断のとき〉

不知不徳 ふち－ふとく

意味 知恵がなく、徳が備わっていないこと。知徳ともに欠けていること。
構成 「不知」は、知恵がないこと。「不徳」は、徳が備わっていないこと。
用例 甚《はなは》だしきに至っては人望の属するを見て本人の不智不徳を卜《ぼく》すべき者なきに非《あら》ず、〈福沢諭吉、学問のすすめ〉
表記 従来は「不智不徳」と書くのが普通であったが、現在では常用漢字の「知」に書き換える。

付着重畳 ふちゃく－ちょうじょう

意味 いろいろなものが少しずつくっついていくこと。
構成 「付着」は、くっつくこと。「重畳」は、幾重にも重なるようす。
用例 段々と好いものが附着し重畳したり、又反対の場合には段々と悪いものが附着重畳して、〈幸田露伴、武田信玄〉
注意 「重畳」を「じゅうじょう」と読むのは、誤り。
表記 「附着重畳」とも書く。

不忠不義 ふちゅう－ふぎ

意味 臣下としての道を尽くさず、正しくないこと。
構成 「不忠」は、臣下としての道を尽くさないこと。「不義」は、正しくないこと。
用例 神祖の鴻恩《こうおん》も忘れるような不忠不義の輩《やから》はよろしく幽閉せしむべしとまで極言するものもある。〈島崎藤村、夜明け前〉
類義語 背徳没倫《はいとくぼつりん》・非義非道《ひぎひどう》・不義非道《ふぎひどう》・不義不正《ふぎふせい》・不義不貞《ふぎふてい》・不義不徳《ふぎふとく》・不正不義《ふせいふぎ》・不貞不義《ふていふぎ》

物我一体 ぶつが－いったい

意味 自分以外の物と自己とが、一つになること。
構成 「物我」は、自分以外の物と、自己。「一体」は、一つになること。
用例 この境涯においては未だ主客の分離なく、物我一体、ただ、一事実あるのみ

である。〈西田幾太郎、善の研究〉

類義語 心身一如《しんしんいちにょ》・身心一如《しんしんいちにょ》・物心一如《ぶっしんいちにょ》

物情騒然　ぶつじょう-そうぜん

意味 世間が騒がしいこと。

構成 「物情」は、世間のありさま。「騒然」は、騒がしいこと。

用例 ペリー来航以来、世間が物情騒然として来たため、〈柴田錬三郎、怪談累ケ淵、首斬り浅右衛門〉

用法 世の中が乱れ始めた状況を表すのに用いられることが多い。

対義語 秩序整然《ちつじょせいぜん》・平穏無事《へいおんぶじ》

物心一如　ぶっしん-いちにょ

意味 物質と精神とは一体であるという考え。

構成 「物心」は、物質と精神。「一如」は、一体であること。

用例 物心一如とそんな印度臭い思想に捕らわれろではないが、所謂《いわゆる》物質文明は今世紀の人を支配する精神の発動だと、〈二葉亭四迷、平凡〉

注意 「一如」を「いちじょ」と読むのは、誤り。

類義語 心身一如《しんしんいちにょ》・身心一如《しんしんいちにょ》・物我一体《ぶつがいったい》

物心両面　ぶっしん-りょうめん

意味 物質的なものと精神的なものの両方の方面。

構成 「物心」は、物と心。「両面」は、二つの方面。

用例 小さい姫を今後、生活全般、物心両面にわたって面倒を見、一人前に生《な》し立てて、しかるのち、機が熟し、心がよりそい、〈田辺聖子、新源氏物語〉

不貞不義　ふてい-ふぎ

⇒不義不貞《ふぎふてい》

用例 僕は寧《むし》ろ富山を不憫《ふびん》に思うです、貴方のような不貞不義の妻を有《も》った富山その人の不幸を愍《あわれ》まんけりゃならん、〈尾崎紅葉、続金色夜叉〉

普天率土　ふてん-そつと

意味 大空のおおっている下、大地の続く果て。そこまでの全ての土地。全世界。

構成 「普天」は、あまねく広い天。天下中。「率土」は、全ての国土。国中。

出典 故に詩に曰《い》はく、普天の下《もと》、王土《おうど》に非《あら》ざるは莫《な》く、率土の浜《ひん》、王臣《おうしん》に非ざるは莫し、と。〈春秋左氏伝、昭公七年〉

用例 士族と平民との名義上の区別は置けども、普天率土同一なる義務と同一なる権利とを享有《きょうゆう》し、〈北村透谷、明治文学管見〉

注意 「率土」は慣習的に「そつと」と読む。「そつど」と読むのは、誤り。

不撓不屈　ふとう-ふくつ

（不屈不撓《ふくつふとう》）

意味 決してくじけないこと。

構成 「不撓」「不屈」ともに、くじけないこと。「撓」は、くじける。

出典 楽昌《がくしょう》は、篤実《とくじつ》、撓《たゆ》まず詘《くっ》せず。〈漢書、叙伝下〉（「詘」は、「屈」と同じ）

用例 終始一貫せる彼の方針、あらゆる困難を排除して目的を確保した不撓不屈の精神、〈石原完爾、最終戦争論、戦争史大観〉

用法 最後まであきらめない人物を誉めるのに用いられることが多い。

注意 「不撓」を「ふぎょう」「ふじょう」と読むのは、誤り。

類義語 独立不撓《どくりつふとう》・百折不撓《ひゃくせつふとう》

対義語 戦意喪失《せんいそうしつ》

不同不二　ふどう-ふじ

意味 同じものが二つとないこと。

構成 「不同」は、同じでないこと。「不二」は、二つとないこと。

用例 またこの不同不二の乾坤《けんこん》を建立《こんりゅう》し得るの点において、〈夏目漱石、草枕〉

類義語 無二無三《むにむさん》・唯一不二《ゆいいつふじ》・唯一無二《ゆいいつむに》

不得要領 ふとく-ようりょう

意味 要点がはっきりしないこと。あいまいなこと。

構成 漢文訓読では、「要領を得ず」と読む。「不得」は、得られないこと。「要領」は、物事の重要なところ。要点。

出典 月氏《げっし》の要領を得る能《あた》はず。〈漢書、張騫伝〉

用例 みなは不得要領に薄笑いを浮かべるだけである。〈三島由紀夫、橋づくし〉

対義語 理路整然《りろせいぜん》・論旨明快《ろんしめいかい》

腐敗堕落 ふはい-だらく

〔堕落腐敗《だらくふはい》〕

意味 腐りやぶれて落ちること。精神や規律がゆるみ乱れて、道徳心を失うこと。

構成 「腐敗」は、腐りやぶれること。「堕落」は、落ちること。

用例 音に名高い江戸っ子の潔癖と義俠心《ぎきょうしん》は、こうした東京市政の腐敗堕落を見て何とも感じないのか。〈夢野久作、街頭から見た新東京の裏面〉

類義語 綱紀頽弛《こうきたいし》・綱紀廃弛《こうきはいし》・混濁腐乱《こんだくふらん》

舞文曲筆 ぶぶん-きょくひつ

〔曲筆舞文《きょくひつぶぶん》〕

意味 事実を曲げて文章を書くこと。ことさらに表現をもてあそんで書くこと。

構成 漢文訓読では、「文を舞わしめ筆を曲ぐ」と読む。「舞文」も、「曲筆」も、ともに事実を曲げて文章を書くこと。

用例 私個人の好みを言えば、冷静客観的に事実を述べた記事よりも、舞文曲筆といった類《たぐい》の記事に、より魅力を感じる。〈五木寛之、風に吹かれて〉

類義語 舞文潤飾《ぶぶんじゅんしょく》

舞文潤飾 ぶぶん-じゅんしょく

意味 事実を曲げ、美しく飾り立てて文章を書くこと。

構成 「舞文」は、事実を曲げて文章を書くこと。「潤飾」は、美しく飾り立てること。

用例 ただ、僕がここで言いたいのは、特に実朝《さねとも》に関する吾妻鏡編者等の舞文潤飾は、編者等の意に反し、〈小林秀雄、実朝〉

類義語 曲筆舞文《きょくひつぶぶん》・舞文曲筆《ぶぶんきょくひつ》

不平煩悶 ふへい-はんもん

意味 もだえ苦しみ、心が穏やかでないこと。

構成 「不平」は、心が穏やかでないこと。「煩悶」は、もだえ苦しむこと。

用例 嬉笑《きしょう》にも相感じ怒罵《どば》にも相感じ、愉快適悦、不平煩悶にも相感じ、〈二葉亭四迷、浮雲〉

類義語 不平不満《ふへいふまん》・欲求不満《よっきゅうふまん》

不平不満 ふへい-ふまん

意味 気に入らないことがあって、心が穏やかでないこと。

構成 「不平」は、心が穏やかでないこと。「不満」は、気に入らないこと。

用例 不平不満のタネがつきないという、困った性格まで受けついでいたのである。〈石坂洋二郎、石中先生行状記〉

用法 自分のことしか考えない身勝手さ、という批判的な意味で用いられることもある。

類義語 不平煩悶《ふへいはんもん》・欲求不満《よっきゅうふまん》

対義語 円満具足《えんまんぐそく》・福徳円満《ふくとくえんまん》

普遍妥当 ふへん-だとう

意味 全てのものに共通にうまくあてはまること。

構成 「普遍」は、全てのものに広くゆきわたること。「妥当」は、うまくあてはまること。

用例 科学の学的性質を明証の伴う普遍妥当性として規定し、〈三木清、消息一通〉

類義語 殊域同嗜《しゅいきどうし》・万国共通《ばんこくきょうつう》

普遍不易　ふへん－ふえき

意味 変わることなく、全てのものに広くゆきわたること。

構成「普遍」は、全てのものに広くゆきわたること。「不易」は、変わらないこと。「易」は、変わる。

用例 私に普遍不易に感ぜられるものは、私に内在する道徳性である。〈有島武郎、惜しみなく愛は奪ふ〉

注意「易」は、かわる、かえるの意味の場合、音読みでは「えき」と読む。「い」と読むのは「やさしい」の意味の場合で、ここでは誤り。

不偏不党　ふへん－ふとう

意味 どちらにもかたよらず、味方しないこと。

構成「不偏」は、かたよらないこと。「不党」は、味方しないこと。

出典 士は偏せず党せず。〈呂氏春秋、士容〉

用例 余は夏蜜柑を食いながら、目分量で一間幅の道路を中央から等分して、その等分した線の上を、綱渡りをする気分で、不偏不党に練って行った。〈夏目漱石、京に着ける夕〉

類義語 不即不離《ふそくふり》・不離不即《ふりふそく》

不味不落　ふまい－ふらく

《不落不味《ふらくふまい》》

意味 物欲に惑わされたり、品性が落ちたりしないこと。

構成「不味」は、物欲に惑わされないこと。「不落」は、堕落しないこと。

出典 頌《じゅ》に曰《い》はく、不落と不味と、両彩一賽《りょうさいいっさい》、不味と不落と、千錯万錯《せんしゃくばんしゃく》、と。〈無門関、二則〉

類義語 意志堅固《いしけんご》・確乎不動《かっこふどう》・確乎不抜《かっこふばつ》・鉄心石腸《てっしんせきちょう》・鉄腸強胆《てっちょうごうたん》

不眠不休　ふみん－ふきゅう

意味 全く眠らず、休みもしないこと。たいへんな努力をすること。

構成「不眠」は、眠らないこと。「不休」は、休まないこと。

用例 よく寝やがるな。呆《あき》れた奴《やつ》だ。奴《やっこ》さん、不眠不休で急行したんですよ。〈井上靖、あすなろ物語〉

類義語 昼夜兼行《ちゅうやけんこう》

不妄語戒　ふもうご－かい

意味 仏教で、うそをついてはならないという、いましめ。

構成「不妄語」は、うそをつかないこと。「妄語」は、うそ。「戒」は、いましめ。

用例 瑠璃光丸《るりこうまる》が上人の前に手をつかえて、生まれて始めて不妄語戒を犯したことを懺悔《ざんげ》したのは、〈谷崎潤一郎、二人の稚児〉

不落不味　ふらく－ふまい

⇩不味不落《ふまいふらく》

不埒千万　ふらち－せんばん

意味 全く道や法に従わず、許しがたいこと。

構成「不埒」は、境界の外にはみ出すこと。「埒」は、物事の範囲。限界。「千万」は、程度がはなはだしいこと。

用例 又、塙代奴が余の許しも受けいで、無作と他藩の恩賞を受けるとは不埒千万。〈夢野久作、名君忠之〉

用法 相手に対する非難の気持ちを込めて用いられることが多い。

注意「千万」を「せんまん」と読むのは、誤り。

類義語 凶険無道《きょうけんむどう》・邪見放逸《じゃけんほういつ》・醜悪奸邪《しゅうあくかんじゃ》・放辟邪侈《ほうへきじゃし》

不離不即　ふり－ふそく

⇩不即不離《ふそくふり》

用例 だからそう云《い》う問題に対しては永久に不離不即の平行を続けていたい、

〈葛西善蔵、悪魔〉

不立文字 ふりゅう-もんじ

意味 ことばや文章を用いないこと。文字や文章に表現しないこと。仏教で、道は文字で伝えるべきものではなく、心で伝えるべきものであるということ。

構成 「不立」は、用いないこと。「文字」は、ことばや文章。

用例 禅家不立文字の教へを盛んにして、天下の人民文字を忘るるに至らば如何《いかん》。〈福沢諭吉、文明論之概略〉

類義語 以心伝心《いしんでんしん》・感応道交《かんのうどうこう》・神会黙契《しんかいもっけい》・拈華微笑《ねんげみしょう》・黙契秘旨《もっけいひし》

武陵桃源 ぶりょう-とうげん

意味 戦乱に巻き込まれることなく、人々が穏やかに暮らす理想郷。ユートピア。故事欄参照。

構成 「武陵」は、土地の名。「桃源」は、桃の花が両岸に咲き乱れる川の水源。故事欄参照。

故事 東晋《とうしん》の陶潜《とうせん》の作品「桃花源記」による。武陵という土地に住む漁師がある日、両岸に桃の花が咲き乱れる川をさかのぼっていって洞窟を発見し、その中に入ってみたところ、その奥には、はるか昔に戦乱を避けてその土地にひそんだ人々の作る理想郷があったという。

用例 林檎《りんご》が赤く実ったりしており、犬が鳴き、子供が走って、武陵桃源という趣があった。〈石坂洋次郎、石中先生行状記〉

類義語 桃源洞裡《とうげんどうり》

無礼傲慢 ぶれい-ごうまん

⇩傲慢無礼《ごうまんぶれい》

用例 これまで述べた言葉のうちで一ばんひどい、無礼傲慢の暴言を、滅茶苦茶《めちゃくちゃ》に、わめき散らしてしまったのです。〈太宰治、駆込み訴え〉

無礼至極 ぶれい-しごく

⇩失礼至極《しつれいしごく》

用例 人の腰の物を借りて質に置くというのは無礼至極だろう。〈三遊亭円朝、業平文治漂流奇談〉

無礼千万 ぶれい-せんばん

⇩失礼千万《しつれいせんばん》

用例 祖父ならびに祖母の事は、作品構成の都合上、無礼千万にも割愛してしまっているのである。〈太宰治、ろまん灯籠〉

不老長寿 ふろう-ちょうじゅ

（不老長生《ふろうちょうせい》）

意味 老いることなく、長生きすること。

構成 「不老」は、老いることがないこと。「長寿」「長生」は、長生きすること。

用例 常に何かを握りしめる修練というものは、末梢神経《まっしょうしんけい》ならびに血管の毛細部まで刺戟《しげき》して、不老長寿の秘法となる。〈柴田錬三郎、塚原卜伝〉

類義語 不老不死《ふろうふし》

不老長生 ふろう-ちょうせい

⇩不老長寿《ふろうちょうじゅ》

用例 『呂氏春秋《りょししゅんじゅう》』には不老長生の術を学び成した者が、虎に食われぬ法を心得おらなくて虎に丸呑《の》みにされたとある。〈南方熊楠、十二支考、虎に関する史話と伝説民俗〉

不老不死 ふろう-ふし

意味 老いることなく、死ぬこともないこと。

構成 「不老」は、老いることがないこと。「不死」は、死ぬことがないこと。

出典 之《これ》を食らへば、皆《みな》老いず死せず。〈列子、湯問〉

用例 人間が不老不死になると、人口が非常に多くなり世界に充満して困るではないかということを心配する人があるかも知れない。〈石原完爾、最終戦争論、戦争史大観〉

類義語 不老長生《ふろうちょうせい》・不老長寿《ふろうちょうじゅ》

付和雷同 ふわーらいどう

意味 自分にしっかりした意見がなく、軽々しく他人の意見に同調すること。《雷同付和《らいどうふわ》》

構成 「付和」は、他人につき従うこと。「雷同」は、他人の意見を聞き、是非の分別なくすぐ同調すること。「雷」は、ここでは、速い。

用例 付和雷同してストするようなら、創造学科なんてつぶれちまえばいいんです。〈曾野綾子、太郎物語高校篇〉

用法 主体性のない者に対する批判的な意味で用いられることが多い。

表記 「附和雷同」とも書く。

類義語 雷同付加《らいどうふか》

紛華奢靡 ふんかーしゃび

意味 身分不相応に華やかで美しく、ぜいたくであること。

構成 「紛華」は、華やかで美しいこと。「奢靡」は、身分不相応なぜいたく。「奢」は、ぜいたく。「靡」は、華やか。

用例 少《わか》うして煙草《たばこ》を好み、好んで紛華奢靡の地に足を容《い》れ、〈森鷗外、渋江抽斎〉

文芸復興 ぶんげいーふっこう

意味 ①イタリアを中心として、中世の末から近世にかけて、古代ギリシャの思想を理想として起こった学問・技芸の革新運動。②転じて、広く学問や技芸の革新運動一般をいう。

構成 「文芸」は、学問と技芸。また、文学と芸術。「復興」は、再びおこすこと。

用例 ②いま日本では、文芸復興とかいう訳のわからぬ言葉が声高く叫ばれていて、いちまい五十銭の稿料でもって新作家を捜しているそうである。〈太宰治、猿面冠者〉

粉骨砕身 ふんこつーさいしん

意味 骨を粉にし、身を砕く。力の限り努力することのたとえ。

構成 「粉骨」は、骨を粉にする。「砕身」は、身を砕く。

出典 粉骨砕身するも、此の徳に報じ難し。〈禅林類纂〉

用例 こうなったら粉骨砕身、身をなげうって社長の政界入りをお手助けせにゃあ。〈三島由紀夫、近代能楽集、邯鄲〉

用法 仕事の上で、心を尽くして努力することを誓う場合に用いられることが多い。

類義語 刻苦精進《こっくしょうじん》・刻苦精励《こっくせいれい》・刻苦勉励《こっくべんれい》・彫心鏤骨《ちょうしんるこつ》・粒粒辛苦《りゅうりゅうしんく》

文質彬彬 ぶんしつーひんぴん

意味 外見の美と内面の実質とが程よく調和しているようす。

構成 「文質」は、外面にあらわれた美しさと、内面の実質。「彬彬」は、充分に備わって立派なようす。

出典 文質彬彬として然《しか》る後に君子なり。〈論語、雍也〉

用例 人間の智慧のすすむところ、富の力とあい俟《ま》って、文質彬彬、世はひらけ、生ゆたかに、歴史の上に証跡あきらかだ。〈石川淳、至福千年〉

紛擾雑駁 ふんじょうーざっぱく

意味 乱れて入り交じり、統一がないこと。

構成 「紛擾」は、乱れること。「雑駁」は、入り交じって統一のないこと。

用例 世の事物の紛擾雑駁なること殆《ほと》んど想像す可《べ》からざるに近し。〈福沢諭吉、文明論之概略〉

類義語 雑然紛然《ざつぜんふんぜん》・紛然雑然《ふんぜんざつぜん》・種種雑多《しゅじゅざった》・参差錯落《しんしさくらく》

焚書坑儒　ふんしょ-こうじゅ

意味　本を焼き、学者を生き埋めにする。言論を弾圧することのたとえ。

構成　「焚書」は、書物を焼くこと。「坑儒」は、学者を生き埋めにすること。

故事　武力で中国を統一した秦《しん》の始皇帝《しこうてい》は、不満を持つ者が生じることを恐れた。そこで宰相李斯《りし》の建言に従い、まず儒家《じゅか》の経典などの書物をすべて焼き払い、翌年には学者四百六十余人を生き埋めにして、思想統制を行ったという故事による。

出典　秦《しん》の始皇帝《しこうてい》、先代の典籍を滅ぼし、書を焚《や》き、儒《じゅ》を坑《あなうめ》にす。〈文選、孔安国、尚書序〉

用例　改名主のような人間は、何時《いつ》の世にも絶えた事はありません。焚書坑儒が昔だけあったと思うと、大きに違います。〈芥川竜之介、戯作三昧〉

注意　「坑」を「抗」と書くのは、誤り。

文人墨客　ぶんじん-ぼっかく

意味　書画や詩文などにすぐれた、風雅な人。

構成　「文人」も、「墨客」も、ともに書画詩文にすぐれた人。

用例　忠兵衛は詩文書画を善くして、多く文人墨客に交わり、財を捐《す》ててこれが保護者となつた。〈森鷗外、渋江抽斎〉

注意　「ぶんじんぼっきゃく」とも読む。

紛然雑然　ふんぜん-ざつぜん

⇩雑然紛然《ざつぜんふんぜん》

用例　擂《す》り鉢の中に攪《か》き廻《まわ》される里芋のごとく紛然雑然とゴロゴロしていてはどうしても浩さんらしくない。〈夏目漱石、趣味の遺伝〉

奮闘努力　ふんとう-どりょく

意味　力を尽くして奮い戦うこと。

構成　「奮闘」は、奮い戦うこと。「努力」は、力を尽くすこと。

用例　自我の能力と権威とを自覚し、多少の自己革命を経、さらに自己拡大のために奮闘努力する。〈大杉栄、鎖工場〉

類義語　獅子奮迅《ししふんじん》・努力奮励《どりょくふんれい》・奮励努力《ふんれいどりょく》・勇往邁進《ゆうおうまいしん》・力戦奮闘《りきせんふんとう》

噴薄激盪　ふんぱく-げきとう

意味　水などが激しく吹き出て、揺れ動くこと。

構成　「噴薄」は、激しく吹き出ること。「激盪」は、水が激しく揺れ動くこと。

用例　谿《たに》急に激折して、水これが為《ため》に鼓怒《どこ》し、咆哮《ほうこう》し、噴薄激盪して、奔馬《ほんば》の乱れ競ふが如《ごと》し。〈尾崎紅葉、続続金色夜叉〉

文武兼備　ぶんぶ-けんび

意味　学問と武術の両方の能力を兼ね備えていること。

構成　「文武」は、学問と武術。「兼備」は、兼ね備えていること。

用例　最高官を一人選んでもらいたい。それには武骨一辺の男ではこまる。文武兼備の男こそのぞましい。〈司馬遼太郎、国盗り物語〉

類義語　好学尚武《こうがくしょうぶ》・知勇兼備《ちゆうけんび》・文武両道《ぶんぶりょうどう》

文武両道　ぶんぶ-りょうどう

意味　学問と武術の両方の道で、すぐれた能力を持っていること。

構成　「文武」は、学問と武術。「両道」は、二つの道に能力を持っていること。

用例　文武両道、何やら彼やらに達した人は、幼時青年時に於《お》いても、〈幸田露伴、武田信玄〉

用法　現在では、勉強とスポーツの両方ですぐれていることを表すのに用いられる。

類義語　好学尚武《こうがくしょうぶ》・知勇兼備《ちゆうけんび》・文武

兼備《ぶんぶけんび》

憤懣焦燥 ふんまん-しょうそう

意味 憤りもだえ、焦ること。

構成 「憤懣」は、憤りもだえること。「懣」は、もだえる。「焦燥」は、焦ること。「燥」は、もと「躁」で、落ち着きのないこと。

用例 世の溷濁《こんだく》と諸侯の無能と孔子の不遇とに対する憤懣焦燥を幾年か繰り返した後、〈中島敦、弟子〉

表記 従来は「憤懣焦躁」と書くのが普通であったが、現在では常用漢字の「燥」に書き換える。

奮励努力 ふんれい-どりょく

《努力奮励《どりょくふんれい》》

意味 気力を奮い起こして、骨折り励むこと。

構成 「奮励」は、奮い励むこと。「努力」は、力を尽くすこと。

用例 あたしなぞも、なんとかケチになろうとして、奮励努力するのですが、〈獅子文六、青春怪談〉

類義語 獅子奮迅《ししふんじん》・奮闘努力《ふんとうどりょく》・勇往邁進《ゆうおうまいしん》・力戦奮闘《りきせんふんとう》

文明開化 ぶんめい-かいか

《開化文明《かいかぶんめい》》

意味 世の中が進歩し、便利になること。特に、明治期の日本が西洋文明を取り入れて、急速に発展したこと。

構成 「文明」は、人知や技術が向上し、社会制度が整備され、物質的・精神的に豊かになった状態。またそのような状態の産物。「開化」は、開け進むこと。

用例 ランプで物はよく見えるようになったが、字が読めないじゃ、まだほんとうの文明開化じゃねえ。〈新美南吉、おじいさんのランプ〉

対義語 未開野蛮《みかいやばん》・野蛮草昧《やばんそうまい》

へ

平安一路 へいあん-いちろ

⇩一路平安《いちろへいあん》

用例 夜は、概して平安一路な航海、月や星の美しい甲板《かんぱん》で、浴衣《ゆかた》がけや、スポオツドレスのあなたが、近くに仄白《ほのじろ》く浮いてみえるのを、〈田中英光、オリンポスの果実〉

平安無事 へいあん-ぶじ

⇩平穏無事《へいおんぶじ》

用例 平安無事ということは、社会生活の基調となりたがる。〈有島武郎、惜しみなく愛は奪ふ〉

弊衣破帽 へいい-はぼう

意味 破れた衣服と、破れた帽子。ぼろぼろな服装のたとえ。特に、旧制高等学校の学生がわざと着ていた、汚らしい服装。意図的に汚らしい姿をすることで、自己主張をしていた。

構成 「弊衣」は、破れた衣服。「破帽」は、破れた帽子。

用例 彼は常々典型的な往時の高等学生の恰好《かっこう》をしていた。といって、垢《あか》まみれの弊衣破帽でもない。〈北杜夫、楡家の人びと〉

類義語 弊衣蓬髪《へいいほうはつ》・蓬頭垢面《ほうとうこうめん》・蓬髪垢面《ほうはつこうめん》

弊衣蓬髪　へいい-ほうはつ

意味 破れた衣服と、手入れをしていない頭髪。見すぼらしい身なりのたとえ。

構成 「弊衣」は、破れた衣服。「蓬髪」は、伸びるに任せて手入れをしていない髪の毛。

類義語 弊衣破帽《へいいはぼう》・蓬頭垢面《ほうとうこうめん》・蓬髪垢面《ほうはつこうめん》

平穏無事　へいおん-ぶじ

（平安無事《へいあんぶじ》・無事平穏《ぶじへいおん》）

意味 何事もなく、穏やかなこと。

構成 「平穏」「平安」は、変わったこともなく穏やかなこと。「無事」は、何事もないこと。

用例 何らの罪悪もなく何らの不満もなき平穏無事なる世界は極めて平凡であって且《か》つ浅薄なる世界といわねばならぬ。〈西田幾太郎、善の研究〉

用法 争い乱れている状態と対比して用いられることが多い。

類義語 澹然無極《たんぜんむきょく》・無事息災《ぶじそくさい》・無憂無風《むゆうむふう》

対義語 物情騒然《ぶつじょうそうぜん》

並駕斉駆　へいが-せいく

意味 馬を並べて一緒に駆けること。

構成 「並駕」も、「斉駆」も、ともに馬を並べて駆けること。「駕」は、馬に乗る。「斉」は、そろう。

平衡感覚　へいこう-かんかく

意味 ①空間における身体の位置や釣り合いを感知する感覚。②転じて、バランスのとれた判断ができる能力。

構成 「平衡」は、かたよらないで平均のとれていること。「感覚」は、物事を感じとらえること。

用例 ①軽症のうちは視力が落ちたり平衡感覚に微妙な狂いが生じてくるくらいだが、〈沢木耕太郎、一瞬の夏〉

米穀菜蔬　べいこく-さいそ

意味 穀類と野菜。農作物。

構成 「米穀」は、米や穀類。「菜蔬」は、野菜。「蔬」は、食用となる植物の総称。

用例 金帛《きんぱく》を以《も》って謝することの出来ぬものも、米穀菜蔬を輸《おく》って包厨《ほうちゅう》を賑《にぎ》わした。〈森鷗外、渋江抽斎〉

平沙万里　へいさ-ばんり

意味 果てしなく広がっている砂漠。

構成 「平沙」は、砂原。砂漠。「万里」は、はるかな距離。また、広がり。

出典 平沙万里、人烟《じんえん》絶ゆ。〈唐、岑参、磧中の作〉

表記 「平沙」は、常用漢字を用いて「平砂」と書くこともある。

類義語 一望千里《いちぼうせんり》・天涯万里《てんがいばんり》・波濤万里《はとうばんり》・沃野千里《よくやせんり》

平身低頭　へいしん-ていとう

（低頭平身《ていとうへいしん》）

意味 身を低くかがめ、頭を低く垂れること。非常に恐れ入ることのたとえ。

構成 「平身」は、身を低くかがめること。「低頭」は、頭を低く垂れること。

用例 板の間のことをその場で指摘されるとなんとも、申し訳のない困り方でいきなり平身低頭して詫《わ》びを入れ、〈織田作之助、わが町〉

用法 相手に対して必要以上にへりくだっているようすを表すのに用いられることが多い。

対義語 傲岸不遜《ごうがんふそん》・傲慢不遜《ごうまんふそん》

平談俗語　へいだん-ぞくご

⇩俗談平話《ぞくだんへいわ》
用例 一般の読者にもわかり易く味わわれ易い平談俗語を主とすることであろうと思われるから、〈島崎藤村、桃の雫〉

平談俗話 へいだん-ぞくわ

⇩俗談平話《ぞくだんへいわ》
用例 文章上にて用ふる言語と、平談俗話に用ふる言語と、さながら氷炭《ひょうたん》の相違あり。〈坪内逍遥、小説神髄〉

平伏叩頭 へいふく-こうとう

意味 土下座したり、地面に頭をつけたりすること。相手に対してひどくうやうやしい態度をとることのたとえ。
構成 「平伏」は、土下座すること。「叩頭」は、地に頭を打ちつけること。
用例 領主をいまだに殿様と呼び、その前では平伏叩頭する習慣を維持している士族一派を、〈横光利一、厨房日記〉
類義語 跪座低頭《きざていとう》・北面稽首《ほくめんけいしゅ》・匍匐膝行《ほふくしっこう》
対義語 傲岸不遜《ごうがんふそん》・傲慢不遜《ごうまんふそん》

平平凡凡 へいへい-ぼんぼん

意味 きわめて特徴がなく、ありふれていること。
構成 「平凡」の「平」と「凡」とを、それぞれに重ねて強調したもの。
用例 その一見、平々凡々な、何でもない出来事の連続のように見える彼女の虚構の裡面《りめん》に脈動している摩訶不思議《まかふしぎ》な少女の心理作用の恐しさ。〈夢野久作、少女地獄〉
用法 どこといってとりえのないものに対して、批判的に、または、へりくだって用いられることが多い。
類義語 尋常一様《じんじょういちよう》・千編一律《せんぺんいちりつ》・平凡陳腐《へいぼんちんぷ》
対義語 僅有絶無《きんゆうぜつむ》・空前絶後《くうぜんぜつご》・斬新奇抜《ざんしんきばつ》

平凡陳腐 へいぼん-ちんぷ

意味 古臭くありふれていて、面白みのないこと。
構成 「平凡」は、ありふれていて、すぐれた点のないこと。「陳腐」は、古臭く面白みがないこと。
用例 渠《かれ》・悟空《ごくう》の眼にとって平凡陳腐なものは何一つない。〈中島敦、悟浄歎異〉
類義語 尋常一様《じんじょういちよう》・千編一律《せんぺんいちりつ》・平平凡凡《へいへいぼんぼん》
対義語 僅有絶無《きんゆうぜつむ》・空前絶後《くうぜんぜつご》・斬新奇抜《ざんしんきばつ》

閉門蟄居 へいもん-ちっきょ

⇩蟄居閉門《ちっきょへいもん》
用例 出仕を止められましたのは閉門蟄居とおなじと考えますので、わが家に籠《こ》もりまする。〈松本利明、春日局〉

平和共存 へいわ-きょうぞん

意味 多くの人々が協力して、穏やかにすごすこと。
構成 「平和」は、穏やかなこと。「共存」は、一緒に暮らしていくこと。
用例 能登《との》のブリと犀川《さいがわ》のゴリの美味な町、本妻と二号さんが平和共存する町、などと、夢見るような目つきで喋《しゃべ》りたてたあげく、〈五木寛之、風に吹かれて〉

碧眼紅毛 へきがん-こうもう

⇩紅毛碧眼《こうもうへきがん》
用例 その梯子《はしご》をのぼって来たのは、碧眼紅毛羅紗《らしゃ》の筒袖《つつそで》をつけた、おそろしい巨軀《きょく》の異人であった。〈柴田錬三郎、孤身漂流記〉

壁立千仭 へきりつ-せんじん

意味 岩が高く切り立っていること。
構成 「壁立」は、切り立っていること。「千仭」は、非常に深いこと。また、非常に高いこと。「仭」は、昔の長さの単位。
用例 脚下は文字どおり屏風《びょうぶ》のごとき

壁立千仞、遥《はる》か真下に糸のような細さに見える渓流をちょっと覗《のぞ》いただけで〈中島敦、名人伝〉

類義語 断崖絶壁《だんがいぜっぺき》

偏狭頑固 へんきょう－がんこ

（頑固偏狭《がんこへんきょう》）

意味 心がかたよって狭く、かたくななこと。

構成「偏狭」は、心がかたよって狭いこと。「頑固」は、かたくななこと。

用例 眼のあたりに多くのものの苦しみを見る半蔵等は、一概にそれらを偏狭頑固なものの声とは考えられなかった。〈島崎藤村、夜明け前〉

類義語 一言居士《いちげんこじ》・一徹短慮《いってつたんりょ》・頑固一徹《がんこいってつ》・漱石枕流《そうせきちんりゅう》・短慮一徹《たんりょいってつ》・枕流漱石《ちんりゅうそうせき》

変幻自在 へんげん－じざい

意味 思うがままにすばやく変わることができて、予想がつかないこと。

構成「変幻」は、まぼろしのように変化が速くて、はかり知ることができないこと。「自在」は、思うがままにできること。

用例 一人で二人分の人生を送るという変幻自在な生き方は不可能であった。〈司馬遼太郎、国盗り物語〉

変幻出没 へんげん－しゅつぼつ

意味 あちこちにまぼろしのようにたちまち現れ、たちまち消えること。

構成「変幻」は、まぼろしのようにたちまち現れ、たちまち消えること。「出没」は、現れたり消えたりすること。

用例 変幻出没の自由自在なることは、まったく眼にもとまらぬ早さである。〈尾崎士郎、人生劇場望郷篇〉

片言隻句 へんげん－せきく

（片言隻語《へんげんせきご》）

意味 わずかなことば。

構成「片言」「隻句」「隻語」全て、わずかなことば。「隻」は、ここでは、一つ。

用例 皇帝や現代について批判を下す人間があれば片言隻句をとらえてかたっぱしから投獄、〈開高健、流亡記〉

類義語 一行半句《いちぎょうはんく》・一言半句《いちごんはんく》・一字半句《いちじはんく》・片言半句《へんげんはんく》・片言半語《へんげんはんご》

片言隻語 へんげん－せきご

⇩片言隻句《へんげんせきく》

用例 片言隻語も漏《も》らさじと、筆を飛ばしておった。〈穂積陳重、法窓夜話〉

片言半句 へんげん－はんく

（片言半語《へんげんはんご》）

意味 わずかなことば。

構成「片言」「半句」「半語」全て、わずかなことば。

用例 私は不気嫌な答えかたをしてしまった。片言半句でも、ふるさとのことに触れられると、私は、したたか、しょげるのである。〈太宰治、新樹の言葉〉

類義語 一行半句《いちぎょうはんく》・一言半句《いちごんはんく》・一字半句《いちじはんく》・片言隻句《へんげんせきく》・片言隻語《へんげんせきご》

片言半語 へんげん－はんご

⇩片言半句《へんげんはんく》

用例 彼女はよく奇術師の片言半語に笑った。〈久米正雄、受験生の手記〉

偏旁冠脚 へん－ぼう－かん－きゃく

意味 漢字の部首のうち、代表的な四つの種類。また、部首全体をいう。

構成「偏」は、へん。漢字の左半分。「旁」は、つくり。漢字の右半分。「冠」は、かんむり。漢字の上半分。「脚」は、あし。漢字の下半分。

ほ

放逸遊惰　ほういつ―ゆうだ

⇩遊惰放逸《ゆうだほういつ》

用例 扨又《さてまた》放逸遊惰の徒の小説を読むは実に排悶の為《ため》なるべければ、〈坪内逍遥、小説神髄〉

飽衣美食　ほうい―びしょく

意味 良い着物を着て、うまいものを食べること。満ち足りた生活、またはぜいたくな暮らしをすることのたとえ。

構成 「飽衣」は、良い着物を好きなだけ着ること。「美食」は、うまいものを食べること。

用例 某外国に一百六十歳近い長寿者がありました。皇室ではそれをよみせられ、召し上げられて飽衣美食でもてなしました。〈岡本かの子、慈悲〉

用法 ぜいたくに慣れてしまった者に対して、批判的な意味合いを込めて用いられることが多い。

類義語 暖衣飽食《だんいほうしょく》・飽食暖衣《ほうしょくだんい》

対義語 悪衣悪食《あくいあくしょく》・粗衣粗食《そいそしょく》

暴飲暴食　ぼういん―ぼうしょく

意味 度を過ごしてむやみに飲んだり食べたりすること。

構成 「暴飲」は、度を過ごしてむやみに酒などを飲むこと。「暴食」は、度を過ごしてむやみに食べること。

用例 それだけ食いしん坊のぼくが、甘え放題に暴飲暴食させて貰《もら》ったから堪《たま》らない。〈田中英光、さようなら〉

注意 「暴」は、「あばれる」という意味の場合、音読みでは「ぼう」と読む。「ばく」と読むのは「暴露」のように「さらす」の意味の場合で、ここでは誤り。

類義語 牛飲馬食《ぎゅういんばしょく》・鯨飲馬食《げいいんばしょく》

砲煙弾雨　ほうえん―だんう

《硝煙弾雨《しょうえんだんう》》

意味 大砲や鉄砲をうち出すときの煙が一面にたちこめ、弾丸が雨のようにふりそそぐ。戦いの激しいことのたとえ。

構成 「砲煙」「硝煙」は、大砲や鉄砲を打つときに出る煙。「弾雨」は、雨の降り注ぐようにとんでくる弾丸。

用例 そよ吹く春風にも砲煙弾雨を偲《しの》び、咲きほこる桜を見ても戦場勇士の姿を思い出さねばならぬ。〈尾崎士郎、人生劇場夢現篇〉

表記 「煙」の代わりに異体字の「烟」を書くこともあるが、現在では常用漢字の「煙」を用いるのが普通。

報恩謝徳　ほうおん―しゃとく

意味 受けためぐみや恩に対してむくいようと、感謝の気持ちを持つこと。

構成 漢文訓読では、「恩に報ひ徳に謝す」と読む。「報恩」は、めぐみにむくいること。恩をかえすこと。「謝徳」は、恩徳（めぐみ）に感謝すること。

用例 報恩謝徳の厚志があらば、神明の加護もあろう。〈島崎藤村、夜明け前〉

法界悋気　ほうかい―りんき

意味 自分に無関係の他人のことにやきもちをやくこと。また、他人の恋をねたむこと。

構成 「法界」は、もと仏教で、「ほっかい」と読んで、意識・思考の対象となる全てのもの。転じて、縁故のない人。自分とは関わりのない他人。「悋気」は、やきもち。嫉妬心。

用例 課長殿は「見所のある奴《やつ》じゃ」ト御意《ぎょい》遊ばして御贔負《ごひいき》に遊ばすが、同僚の者は善く言わぬ。昇の考えでは皆法界悋気で善く言わぬのだという。〈二葉亭四迷、浮雲〉

放歌高吟　ほうか-こうぎん

《高吟放歌《こうぎんほうか》》

意味　大きな声で気ままに歌うこと。

構成　「放歌」は、声を張り上げて歌うこと。あたりかまわずに大声で歌うこと。「高吟」は、声高らかに詩歌を吟ずること。

用例　舎生達が真夜中すぎて、放歌高吟しながら舎に帰る途中でも、四つ辻の交番の巡査は、決して進修学舎の舎生を誰何《すいか》したり叱《しか》ったりしたことが無く、〈島崎藤村、市井にありて〉

忘我混沌　ぼうが-こんとん

意味　我を忘れ、物事の分別がつかないこと。

構成　「忘我」は、我を忘れること。うっとりすること。夢中になること。「混沌」は、物事の区別が明らかでないようす。

用例　それからというもの葉子は忘我渾沌の歓喜に浸るためには、〈有島武郎、或る女〉

表記　従来は「忘我渾沌」とも書いたが、現在では常用漢字の「混」を用いるのが普通。

類義語　玩物喪志《がんぶつそうし》・恍然自失《こうぜんじしつ》・無我夢中《むがむちゅう》

抱関撃柝　ほうかん-げきたく

意味　門番と夜回り。身分の低い者が行う役目をいう。

構成　「抱関」は、門番。「撃柝」は、夜回り。「関」は、門のかんぬき。「柝」は、拍子木。

出典　尊を辞して卑に居《を》り、富を辞して貧に居るは、悪《いず》くにか宜《よろ》しき。抱関撃柝なり。〈孟子、万章下〉

用例　月給は運不運にて、下落する事も騰貴《とうき》する事もあるものなり。抱関撃柝の輩《やから》時にあるいは公卿に優るの器を有す。〈夏目漱石、愚見数則〉

判官贔屓　ほうがん-びいき

意味　敗者や弱者、薄幸の者に対し、同情を寄せたり、応援したりすること。また、その気持ち。

構成　「判官」は、官職の名。ここでは検非違使《けびいし》（現在の警察官と裁判官を兼ねた職。平安時代、京都の治安維持のために創設。）の尉《じょう》（三等官）の職にあった源義経。「贔屓」は、特に目をかけて引き立てること。

故事　源義経《みなもとのよしつね》が、兄の頼朝《よりとも》にねたまれて滅んだという不幸に、世間の人々が同情を寄せた故事による。

用例　とりわけ江戸は、もと将軍家のお膝元、判官贔屓もよろしいところだ。〈安部公房、榎本武揚〉

注意　「はんがんびいき」と読むのは、誤用の定着したもの。

表記　(1)「屓」の代わりに、異体字の「屭」を書くこともある。(2)まれに「判官贔負」と書くこともある。

暴虐非道　ぼうぎゃく-ひどう

意味　無慈悲に人をしいたげ、人の道にはずれた残酷な行為を行うこと。

構成　「暴虐」は、無慈悲に人をしいたげること。むごい行いをすること。「非道」は、人情にそむくこと。残酷なこと。

用例　特に長崎では一六二九年以来、タケナカ・ウネメとよぶ奉行《ぶぎょう》が暴虐非道、人間にあるまじき拷問《ごうもん》を信徒たちに加え、〈遠藤周作、沈黙〉

注意　「暴」は、「あばれる」という意味の場合、音読みでは「ぼう」と読む。「ばく」と読むのは「暴露」のように「さらす」の意味の場合で、ここでは誤り。

類義語　残虐非道《ざんぎゃくひどう》・残虐無道《ざんぎゃくむどう》・残酷非道《ざんこくひどう》・残忍酷薄《ざんにんこくはく》・残忍薄行《ざんにんはっこう》・残忍非道《ざんにんひどう》・残忍冷酷《ざんにんれいこく》

放吟高歌　ほうぎん-こうか

⇩高歌放吟《こうかほうぎん》

ほ

暴君暴吏 ぼうくん–ぼうり

意味 乱暴で、人の道にはずれた行為をして、人民をしいたげ、苦しめる君主と役人。

構成 「暴君」「暴吏」は、乱暴で道にはずれた行為をして、民をしいたげる君主と役人。「君」は、君主。「吏」は、官吏・役人。

用例 一国の暴政は、必ずしも暴君暴吏の所為のみに非《あら》ず、その実は人民の無智をもって自ら招く禍なり。〈福沢諭吉、学問のすすめ〉

注意 「暴」は、「あばれる」という意味の場合、音読みでは「ぼう」と読む。「ばく」と読むのは「暴露」のように「さらす」の意味の場合で、ここでは誤り。

類義語 貪官汚吏《たんかんおり》

対義語 賢君忠臣《けんくんちゅうしん》・明君賢相《めいくんけんしょう》

妄言綺語 ぼうげん–きご

⇩もうげん–きご

妄言多謝 ぼうげん–たしゃ

⇩もうげん–たしゃ

咆哮搏撃 ほうこう–はくげき

意味 たけりほえ、襲いかかること。また、怒鳴りたて、殴りかかること。

構成 「咆哮」は、獣がほえたてること。たけりほえること。転じて、人がどなりたてること。「咆」「哮」ともに、ほえる。「搏撃」は、打ちたたくこと。殴ること。「搏」も、うつ。

用例 群虎《ぐんこ》一鹿《いちろく》を追ふ勢、咆哮搏撃の威を逞《たくま》しくする。〈幸田露伴、今川義元〉

類義語 叱咤怒号《しったどごう》

報国尽忠 ほうこく–じんちゅう

⇩尽忠報国《じんちゅうほうこく》

用例 一視同仁《いっしどうじん》四海兄弟《しかいけいてい》の大義と報国尽忠建国独立の大義とは、互ひに相戻《あひもと》りて相容れざるを覚るなり。〈福沢諭吉、文明論之概略〉

暴虎馮河 ぼうこ–ひょうが

意味 虎を素手で打ち、黄河を歩いて渡ること。血気の勇にはやって無謀な行動をすることや、向こう見ずな行為のたとえ。

構成 「暴虎」は、素手で虎を打つこと。「暴」は、ここでは、打つ。「馮河」は、舟に乗らずに、歩いて黄河を渡ること。「馮」は、歩いて川を渡る。

出典 暴虎馮河し、死して悔ゆること無き者は、吾は与《とも》にせざるなり。〈論語、述而〉

用例 男はどんなあぶない所へも出なくてはならないが、求めてあぶない事をしてはならない。暴虎馮河と云ぃってな。〈森鷗外・灰燼〉

用法 「暴虎馮河の勇」という形で用いられることが多い。

注意 「暴」は、「あばれる」という意味の場合、音読みでは「ぼう」と読む。「ばく」と読むのは「暴露」のように「さらす」の意味の場合で、ここでは誤り。

類義語 直情径行《ちょくじょうけいこう》・猪突猛進《ちょとつもうしん》

傍若無人 ぼうじゃく–ぶじん

意味 人前もはばからず、勝手に気ままに行動すること。人を人とも思わない振舞いをすること。

構成 漢文訓読では、「傍《かたはら》に人無きがごとし」と訓読する。「傍」は、そば。

出典 高漸離《こうぜんり》、筑《ちく》を撃つ。荊軻《けいか》和して市中に歌ひ、相《あひ》楽しむ。已《すで》にして相泣き、旁《かたはら》に人無き者のごとし。〈史記、刺客伝〉

用例 時々不調和に大きな声を出します。傍若無人に騒ぎます。〈夏目漱石、行人〉

用法 「傍若無人な態度」「傍若無人の振舞い」などの形で用いられることが多い。

注意 「無人」を「むじん」と読むのは、誤り。

表記「旁若無人」とも書く。
類義語 厚顔無恥《こうがんむち》・唯我独尊《ゆいがどくそん》

放縦懦弱 ほうしょう－だじゃく

意味 気ままで無気力なこと。
構成「放縦」は、わがまま。気まま。また、気ままに振る舞うこと。「縦」は、ここでは、気まま。「懦弱」は、弱いこと。意気地がないこと。無気力。「懦」は、意気地がない。
用例 人格を発現するのは一時の情欲に従うのではなく、最も厳粛なる内面の要求に従うのである。放縦懦弱とは正反対であって、かえって艱難辛苦《かんなんしんく》の事業である。〈西田幾多郎、善の研究〉
注意「ほうじゅうだじゃく」とも読む。
類義語 放縦懶惰《ほうしょうらんだ》

放縦不羈 ほうしょう－ふき

意味 何ものにも束縛されず、勝手気ままに振る舞うこと。
構成「放縦」は、わがまま。気まま。また、気ままに振る舞うこと。「縦」は、ここでは、気まま。「不羈」は、束縛されないこと。「羈」は、つなぐ。束縛する。
用例 夫人の華麗奔放、放縦不羈の生活を伝聞して居た人々は、新聞の報道を少しも疑わなかつた。〈菊池寛、真珠夫人〉
注意「ほうじゅうふき」とも読む。
表記「羈」の代わりに、異体字の「覊」を書くこともある。
類義語 放蕩不羈《ほうとうふき》・放蕩無頼《ほうとうぶらい》

放縦懶惰 ほうしょう－らんだ

意味 勝手気ままに振る舞い、仕事もせず遊興にふけること。
構成「放縦」は、わがまま。気まま。また、気ままに振る舞うこと。「縦」は、ここでは、気まま。「懶惰」は、なまけること。おこたること。「懶」「惰」ともに、なまける。
用例 こういう余儀ない事情はかれらを駆って放縦懶惰の高等遊民たらしめるよりほかはなかった。〈岡本綺堂、半七捕物帳、お文の魂〉
注意「ほうじゅうらんだ」とも読む。
類義語 放縦懦弱《ほうしょうだじゃく》
対義語 謹厳実直《きんげんじっちょく》・方正謹厳《ほうせいきんげん》

飽食暖衣 ほうしょく－だんい

⇩暖衣飽食《だんいほうしょく》
用例 あるいはまた精神病院裡に飽食暖衣するの幸福を得べし。〈芥川竜之介、馬の脚〉

砲刃矢石 ほう－じん－し－せき

意味 大砲、刀剣、弓矢、いしゆみの弾。戦争のたとえ。
構成「砲」は、大砲。「刃」は、刀剣。「矢」は、弓の矢。「石」は、弩（いしゆみ）で飛ばす石。いずれも武器。
用例 幕府方にはすでに砲刃矢石の間に相見る心が初めからない。〈島崎藤村、夜明け前〉
注意「矢石」を「やせき」と読むのは、誤り。この熟語は音読みで読み、「矢」の音読みは「し」。
類義語 干戈弓馬《かんかきゅうば》・弓馬槍剣《きゅうばそうけん》・弓馬刀槍《きゅうばとうそう》・車馬剣戟《しゃばけんげき》・刀槍矛戟《とうそうぼうげき》

方枘円鑿 ほうぜい－えんさく

意味 四角の柄に円い穴。円い穴に四角な柄はさしこめないことから、物の食い違って互いに合わないことのたとえ。
構成「方枘」は、四角の柄。「円鑿」は、円い穴。
出典 方枘《ほうぜい》を持し、圜鑿《えんさく》に入れんと欲す。其《そ》れ能《よ》く入らんや。〈史記、孟軻伝〉
（「圜鑿」は、「円鑿」と同じ）
用例 幕府の帰する所は方枘円鑿の勢を成したりき。〈福地桜痴、幕府衰亡論〉
類義語 方底円蓋《ほうていえんがい》

芳声嘉誉 ほうせい－かよ

意味 良い評判。

構成 「芳声」「嘉誉」ともに、良い評判。「芳」「嘉」ともに、よいこと、すぐれていることを表す。

用例 筆忽《たちま》ち禿《とく》し、紙を展《の》ぶれば紙忽ち縮む、芳声嘉誉の手に唾《つば》して得らるべきを知りながら、〈夏目漱石、人生〉

方正謹厳 ほうせい-きんげん

意味 行いが正しくまじめで、慎み深いようす。

構成 「方正」は、きちんとして正しいこと。「謹厳」は、慎み深くおごそかなこと。

用例 その為人《ひととなり》を問えば、方正謹厳、その行いを質《ただ》せば学問好き。〈泉鏡花、義血侠血〉

注意 「謹厳」を「謹言」と書くのは、誤り。

類義語 恪勤精励《かっきんせいれい》・謹厳実直《きんげんじっちょく》・実直謹厳《じっちょくきんげん》・精励恪勤《せいれいかっきん》・清廉恪勤《せいれんかっきん》

対義語 放縦懶惰《ほうしょうらんだ》

茫然自失 ぼうぜん-じしつ

意味 ①驚きのあまり、あっけにとられて、我を忘れること。②何かに心を奪われて、ぼんやりとして気が抜けるようす。

構成 「茫然」は、事の意外なのに驚き、あっけにとられるようす。また、気抜けしてぼんやりするようす。「自失」は、我を忘れること。

出典 子貢《しこう》茫然として自失し、家に帰りて淫思《いんし》すること七日。〈列子、仲尼〉

用例 ①人は夢を見るものなり、思ひも寄らぬ夢を見るものなり、覚めて後冷汗背に洽《あまね》く、茫然自失する事あるものなり、〈夏目漱石、人生〉②一月ばかりも寝食を忘れて、まるで茫然自失の状態にあった岸本は、人がこの自分を見たら何と思うであろうと気がつくように成った。〈島崎藤村、新生〉

表記 「呆然自失」とも書く。

類義語 (①の意味で)顔面蒼白《がんめんそうはく》・吃驚仰天《きっきょうぎょうてん》・瞠若驚嘆《どうじゃくきょうたん》(②の意味で)意識朦朧《いしきもうろう》・人事不省《じんじふせい》・前後不覚《ぜんごふかく》

妄誕無稽 ぼうたん-むけい

⇩もうたん-むけい

方底円蓋 ほうてい-えんがい

意味 四角い底の器物に、丸いふたをかぶせること。物事がお互いに合わないことのたとえ。

構成 「方底」は、四角い底。「円蓋」は、丸いふた。「方底而円蓋」で「ほうていにしてえんがい」ともいう。

出典 疎薄《そぼ》の人をして親厚《しんこう》の恩を節量《せつりょう》せしむるは、猶《な》ほ底を方にして蓋《ふた》を円《まる》くするがごとく、必ず合はず。〈顔氏家訓、兄弟〉

類義語 方枘円鑿《ほうぜいえんさく》

鵬程万里 ほうてい-ばんり

《万里鵬程《ばんりほうてい》》

意味 おおとりの飛んでいく道のりがきわまりないこと。遠い道程のたとえ。また、海上の極めて広いことの形容。人が海外に赴く際に、前途のはるかに遠いことをたとえていうこともある。

構成 「鵬程」は、おおとりの飛んで行くみちのり。遠い道程のたとえ。「鵬」は、想像上の大鳥の名。「程」は、道のり。道程。「万里」は、はるかに遠い距離。「里」は、昔の距離の単位。

故事 『荘子』に出てくる寓話による。北の海にいる幾千里あるとも知れぬ巨体を持つ「鯤《こん》」という魚が、鳥に変身したものを「鵬《ほう》」という。南の海に飛び立とうとして翼で海面をうつと、その波紋は三千里にもひろがり、その身は、九万里の高さにまで上るという。

出典 鵬程万里、杳渺《ようびょう》として際《きは》無し。〈斎藤拙堂、曳布瀑を観、摩耶山に遊ぶ記〉

蓬頭垢面　ほうとう-こうめん

（蓬髪垢面《ほうはつこうめん》）

意味 乱れた頭髪と、あかのついた顔。身だしなみに気をかけない無頓着な状態のたとえ。

構成「蓬頭」「蓬髪」は、よもぎのように乱れた髪。「垢面」は、あかまみれの顔。

出典 君子は其の衣冠を整へ、其《そ》の瞻視《せんし》を尊ぶ。何ぞ必ずしも蓬頭垢面して、然《しか》る後、賢と為《な》らんや。〈魏書、封軌伝〉

用例 蓬頭垢面、眼の光は溷《よど》むが如《ごと》く〈幸田露伴、露団々〉

注意「ほうとうくめん」とも読む。

類義語 弊衣破帽《へいいはぼう》・弊衣蓬髪《へいいほうはつ》

放蕩三昧　ほうとう-ざんまい

意味 勝手気ままに振る舞うこと。また、酒色にふけって品行が定まらないこと。

構成「放蕩」は、ほしいまま。わがまま。気まま。放逸。また、酒色などにふけって品行の定まらないこと。身持ちが悪いこと。道楽。「三昧」は、梵語《ぼんご》からの音訳語で、一つの物事に熱中するようす。また、あることをしたがるようす。

用例 伯父の放蕩三昧の経歴が恋の苦痛を知り始めた長吉の心には凡《すべ》て新しい何かの意味を以《もっ》て解釈されはじめた。〈永井荷風、すみだ川〉

注意「味」を「昧」と書くのは、誤り。

類義語 放逸遊惰《ほういつゆうだ》・遊惰放蕩《ゆうだほうとう》・流連荒亡《りゅうれんこうぼう》・遊惰放逸《ゆうだほういつ》

朋党比周　ほうとう-ひしゅう

意味 主義や利害を同じくする者同士が、仲間をつくり、他の者を排斥すること。また、悪事などをするために、仲間を作り親しみ合うこと。

構成「朋党」は、なかま。友だち。また、主義や利害を同じくする者同士が、一つに結び合って他の者を排斥する団体。「比周」は、かたよって一方に仲間入りすること。「比」は、ここでは、かたよって親しくする。「周」は、もと、正しい交際をする。ここでは、添え字として用いられたもの。

出典 朋党比周して、以《もっ》て主を弊《おお》ふ。〈韓非子、孤憤〉

用例 官界につきものの朋党比周の擠陥讒誣《せいかんざんぶ》による地位（或いは生命）の不安定からも免れることが出来た。〈中島敦、李陵〉

放蕩不羈　ほうとう-ふき

意味 何ものにも束縛されず、勝手気ままに振る舞うこと。

構成「放蕩」は、ほしいまま。わがまま。気まま。放逸。また、酒色などにふけって品行の定まらないこと。道楽。「不羈」は、束縛されないこと。「羈」は、つなぐ。束縛する。

出典 王長文、字《あざな》は徳叡《とくえい》。広漢の郪《せい》の人なり。少《わか》くして才学を以《もっ》て名を知らる。而《しか》れども放蕩不羈にして、州府・辟命《へきめい》皆就かず。〈晋書、王長文伝〉

表記「羈」の代わりに、異体字の「覊」を書くこともある。

類義語 放縦不羈《ほうしょうふき》・放蕩無頼《ほうとうぶらい》

放蕩無頼　ほうとう-ぶらい

意味 正業につかず、勝手気ままに振る舞ったり、酒色にふけったりして素行の悪いようす。

構成「放蕩」は、ほしいまま。わがまま。気まま。放逸。また、酒色などにふけって品行の定まらないこと。「蕩」は、だらしがない。「無頼」は、正業につかず素行の悪いようす。

用例 放蕩無頼の兄が、父にたびたび無心をした揚げ句、父が応ぜぬのを憤って、棍棒《こんぼう》を振って、〈菊池寛、若杉裁判長〉

類義語 放縦不羈《ほうしょうふき》・放蕩不羈《ほうとうふき》

豊年満作　ほうねん-まんさく

意味 農作物が豊かに実り、収穫の多いこと。**構成**「豊年」は、農作物がゆたかに実った年。また、農作物がゆたかに実ること。「満作」は、農作物が十分に実ること。**用例** 年も豊年満作で、村は総出の大祭り。〈唱歌、村祭〉**類義語** 五穀《ごこく》豊穣《ほうじょう》

蓬髪垢面 ほうはつ－こうめん

⇩蓬頭《ほうとう》垢面《こうめん》
用例 蓬髪垢面、ぼろぼろの洋服を着て、乱酔《らんすい》放吟《ほうぎん》して大道を濶歩《かっぽ》すれば、その男は英雄であり、〈太宰治、春の盗賊〉**注意**「ほうはつくめん」とも読む。

暴風怒濤 ぼうふう－どとう

意味 激しい風とさかまく荒波。**構成**「暴風」は、激しい風。嵐。「怒濤」は、さかまく荒波。**用例** 左様《さよう》な御気象をお持ち遊ばす方々で在《おわ》せられますから、ナニ暴風怒濤なんぞにビクとも為《な》さる気遣いはない、〈三遊亭円朝、根岸お行の松　因果塚の由来〉**注意**「暴」は、「あばれる」という意味の場合、音読みでは「ぼう」と読む。「ばく」と読むのは、「暴露」のように「さらす」の意味の場合で、ここでは誤り。

捧腹絶倒 ほうふく－ぜっとう

意味 腹をかかえて大笑いすること。**構成**「捧腹」は、手で腹をかかえること。「絶倒」は、ころげまわって笑うこと。また、大笑いして、息ができないようになって倒れること。**出典** 想ふに公、之《これ》を読まば、捧腹絶倒せん。〈艸山集、南紀澄公に復する書〉**用例** おどろきの余り、ひッという貧乏くさい悲鳴を挙げたので、満座抱腹絶倒して、博士のせっかくの正義の怒りも、悲しい結果になりました。〈太宰治、愛と美について〉**表記**「抱腹絶倒」とも書く。**類義語** 呵呵《かか》大笑《たいしょう》・破顔《はがん》一笑《いっしょう》

放辟邪侈 ほう－へき－じゃ－し

意味 わがまま勝手な、悪い行為。**構成**「放」は、ほしいまま、わがまま。「辟」は、かたよる。「邪」は、よこしま。「侈」は、ぜいたく。**出典** 苟《いやしく》も恒心無ければ、放辟邪侈、為《な》さざる無きのみ。〈孟子、梁恵王上〉**用例** 其《そ》の心は自暴自棄、其の行ひは放僻邪侈なりとも、私《ひそ》かに其の悪を蔽《おお》ふて外に公にせず。〈福沢諭吉、西洋事情〉**注意**「侈」を「移」と書くのは、誤り。**表記**「放僻邪侈」とも書く。**類義語** 凶険《きょうけん》無道《むどう》・邪見《じゃけん》放逸《ほういつ》・醜悪《しゅうあく》奸邪《かんじゃ》・不埒《ふらち》千万《せんばん》

泡沫夢幻 ほうまつ－むげん

《夢幻《むげん》泡沫《ほうまつ》》
意味 水のあわや、ゆめまぼろし。はかないもののたとえ。**構成**「泡沫」は、あわ・あぶく。転じて、はかないことのたとえ。「夢幻」は、ゆめまぼろし。物事のはかないことのたとえ。**用例** どうせ何でも泡沫夢幻だからね。さあ改めて、加賀節でも承ろう。〈芥川竜之介、世之助の話〉**類義語** 有為《うい》転変《てんぺん》・生生《しょうじょう》流転《るてん》

暴戻恣睢 ぼうれい－しき

意味 乱暴で、勝手に怒ってにらみつけること。極めて横暴な行為をいう。**構成**「暴戻」は、乱暴で道理に反すること。「戻」は、よじれる。「恣睢」は、勝手に振る舞ってにらみ怒るようす。目をむき出し、いばりちらすようす。「恣」は、ほしいまま。「睢」は、にらむ。**出典** 盗跖《とうせき》、日《ひび》に不辜《ふこ》を殺し、人の肉を肝にし、暴戻恣睢。〈史記、伯夷伝〉**注意**「暴」は、「あばれる」という意味の場

合、音読みでは「ぼう」と読む。「ばく」と読むのは「暴露」のように「さらす」の意味の場合で、ここでは誤り。
類義語 狂悖暴戻《きょうはいぼうれい》・凶暴剽悍《きょうぼうひょうかん》・荒怠暴恣《こうたいぼうし》・殺伐激越《さつばつげきえつ》

保革伯仲 ほかく－はくちゅう

意味 政治において、保守と革新の勢力が互角であること。
構成 「保革」は、保守と革新。「伯仲」は、才能または勢力などが似ていて、優劣を定めがたいこと。もと「伯」は、長男、「仲」は、次男。
用例 衆参同日選挙で自民党は大勝した。保革伯仲時代はやや鳴りをひそめていた改憲派はこの大勝で勢いをまし、〈朝日新聞、天声人語、一九八五年五月三日〉

北馬南船 ほくば－なんせん

⇩南船北馬《なんせんほくば》
用例 北馬南船とも申して、浙江《せっこう》・江蘇《こうそ》方面は一体に水利の便が開けて居る。〈桑原隲蔵、大師の入唐〉

北面稽首 ほくめん－けいしゅ

意味 北側を向いて敬礼すること。相手に対し、臣下の位置にいて、頭を地面につけて敬礼すること。
構成 「北面」は、北向きに座ること。転じて、臣下の位置にいること。君主が南向きに座るのに対し、臣下は礼として北向きにすわるのでいう。「稽首」は、頭を地面につけて敬礼すること。また、その敬礼。
用例 孔子の北面稽首の礼に対し、南子が再拝して応えると、夫人の身に着けた環佩《かんぱい》が璆然《きゅうぜん》として鳴ったとある。〈中島敦、弟子〉
類義語 跪座低頭《きざていとう》・平伏叩頭《へいふくこうとう》・匍匐膝行《ほふくしっこう》

北嶺南都 ほくれい－なんと

⇩南都北嶺《なんとほくれい》
用例 北嶺南都で積んだ学問では出離の道は得られなかったのです。〈倉田百三、出家とその弟子〉

輔車唇歯 ほしゃ－しんし

⇩唇歯輔車《しんしほしゃ》
用例 両国はいわゆる輔車唇歯の関係に在りながら、最近の如《ごと》く両国民の感情睽離《けいり》し、〈桑原隲蔵、大師の入唐〉

保守退嬰 ほしゅ－たいえい

意味 古い習慣に執着して、新しい物事を受け入れようとしないこと。
構成 「保守」は、古いことを守ること。「退嬰」は、後ろへ退くこと。「嬰」は、回る。
用例 慶長十八年すでに支倉《はせくら》六右衛門常長《つねなが》を特使としてローマに派遣して他藩の保守退嬰派を瞠若《どうじゃく》させたりなどして、〈太宰治、惜別〉
類義語 旧態依然《きゅうたいいぜん》・旧套墨守《きゅうとうぼくしゅ》

暮色蒼然 ぼしょく－そうぜん

《蒼然暮色《そうぜんぼしょく》》
意味 夕暮れの景色が暗くなっていくようす。
構成 「暮色」は、夕暮れの色・景色・気配。「蒼然」は、日暮れの薄暗いようす。
出典 蒼然たる暮色、遠きよりして至る。〈唐、柳宗元、始めて西山を得て宴游するの記〉
用例 遠くから見ていると暮色蒼然たる波の上に、白い肌が模糊《もこ》として動いている……〈夏目漱石、吾輩は猫である〉

墨痕淋漓 ぼっこん－りんり

意味 筆勢が、生き生きとして盛んなようす。
構成 「墨痕」は、墨のあと、書いた筆のあと。墨蹟。手跡。「淋漓」は、気力や筆勢などが盛んなようす。
用例 墨痕淋漓としたその真剣さは反《かえ》って彼女の胸に迫った。〈島崎藤村、夜明け前〉

類義語 潑墨淋漓《はつぼくりんり》

匍匐膝行　ほふく-しっこう

意味 身をかがめ、腹ばうようにして、ひざをついたままで進むこと。

構成 「匍匐」は、腹ばう。腹ばいになって進むこと。「膝行」は、ひざを地や床にすりつけながら進むこと。非常に恐れ慎むようす。

用例 第二第三第四ルバックの前を通る時でも、立って歩くことは許されなかった。必ず匍匐膝行して過ぎなければならないのである。〈中島敦、南東譚、幸福〉

用法 貴人の前へ恐縮して進み出るときなどに用いられることが多い。

類義語 跪座低頭《きざていとう》・平伏叩頭《へいふくこうとう》・北面稽首《ほくめんけいしゅ》

保養鬱散　ほよう-うっさん

意味 養生して、気晴らしをすること。休養をとり、気を晴らすこと。

構成 「保養」は、健康を保ち養うこと。身体を休めて、丈夫にすること。養生。「鬱散」は、気を晴らすこと。「鬱」は、気がふさぐ。

用例 この寥々《りょうりょう》たる山中に来たり宿れる客なれば、保養鬱散の為《ため》ならずして、湯治の目的なるを思ふべし。〈尾崎紅葉、続続金色夜叉〉

表記 「鬱」の代わりに異体字の「欝」を用いることもあるが、現在では、印刷物などでは「鬱」を用いるのが普通。

類義語 医鬱排悶《いうつはいもん》

翻雲覆雨　ほんうん-ふくう

《雲翻雨覆《うんぽんうふく》》

意味 手のひらを仰向けると雲がわき、手のひらを伏せると雨になる。人情の変わりやすいことのたとえ。

構成 「翻雲」「雲翻」は、手のひらを仰向けると雲がわくこと。「覆雨」「雨覆」は、手のひらを伏せると雨になること。

出典 手を翻《ひるがへ》せば雲と作《な》り手を覆《くつがへ》せば雨となる、紛紛たる軽薄《けいはく》何ぞ数ふるを須《もち》ゐん。〈唐、杜甫、貧交行〉

用例 あら玉の年のはじめ、互ひにめでたき顔突き合はせて、相変はりませずといふは、利益の交換、分配を意味せざるまでも、翻雲覆雨の測り難きにより、一度宛《つづ》念を入れ置くものなりと。〈斎藤緑雨、緑雨警語、両口一舌〉

用法 世の人情のほかに、男女間の情愛についても言う。

類義語 毀誉褒貶《きよほうへん》

本家本元　ほんけ-ほんもと

意味 ある物事を最初に始めた人。また、ある事柄が初めて生み出された場所。

構成 「本家」は、元祖。「本元」は、おおもと。本当のもと。

用例 流石《さすが》女性尊重の本家本元アメリカから輸入された事は争われぬ。〈夢野久作、東京人の堕落時代〉

本地垂迹　ほんじ-すいじゃく

意味 仏教で、日本の神々は、インドの仏や菩薩本体が人間を救うため、仮の姿となって出現したものだという考え方。

構成 「本地」は、仏・菩薩の本体。「垂迹」は、全ての生き物を救うために、その本体から仮の姿になって現れること。

出典 本《もと》に非《あら》ざれば以て迹《あと》を垂るる無く、迹に非ざれば以《も》って本を顕《あら》はす無し。本迹殊《こと》なりと雖《いへど》も、不思議は一なり。〈維摩経序〉

用例 両部習合説の次に本地垂迹説が起こり、その後になってアベコベに、神を本地として仏を垂迹とした説も起こって来たのであります。〈内藤湖南、大阪の町人学者富永仲基〉

注意 「垂迹」を「すいせき」と読むのは、誤り。

表記 「本地垂跡」とも書く。

類義語 神仏混交《しんぶつこんこう》

奔走周旋　ほんそう-しゅうせん

⇩周旋《しゅうせん》奔走《ほんそう》

用例 北原兄弟が奔走周旋の結果、間道通過のことに決した浪士の一行は片桐出立の朝を迎えた。〈島崎藤村、夜明け前〉

凡俗非議　ぼんぞく-ひぎ

意味 世間の人々が、話題にし非難するような事柄。

構成 「凡俗」は、俗世間の平凡な人。普通の人。「非議」は、そしり論ずること。批判すること。そしって、とやかく言うこと。

用例 昼には歓楽、夜には遊興、身を凡俗非議の外に置いて、死にまでその恣《ほしいまま》な姿を変えない人もある。〈有島武郎、惜みなく愛は奪ふ〉

煩悩具足　ぼんのう-ぐそく

意味 心をわずらわし、身を悩ませる欲望が備わっていること。

構成 「煩悩」は、心身を迷わせる欲望。心の迷い。「具足」は、備わっていること。

用例 煩悩具足の私たちは罪を作らずにはいられないような状態にいる。〈三木清、語られざる哲学〉

類義語 意馬心猿《いばしんえん》・心猿意馬《しんえんいば》・百八煩悩《ひゃくはちぼんのう》

奔放自在　ほんぽう-じざい

意味 何ものにも束縛されず、思いのままに振る舞うこと。

構成 「奔放」は、思うままに勝手に振る舞うこと。「自在」は、思いのまま。

用例 東京の大路を走るよりも、邪魔物のないのを、結局気楽そうに、奔放自在にハンドルを廻《まわ》した。〈菊池寛、真珠夫人〉

類義語 自在不羈《じざいふき》・自由奔放《じゆうほんぽう》・不羈自由《ふきじゆう》・奔放自由《ほんぽうじゆう》

奔放自由　ほんぽう-じゆう

⇩自由奔放《じゆうほんぽう》

用例 黒髪皎歯《こくはつこうし》　清麗真珠の如《ごと》く、艶容《えんよう》人魚の如き瑠璃子《るりこ》は、その聡明なる機智と、その奔放自由なる所作とを以《もっ》て、〈菊池寛、真珠夫人〉

奔放不羈　ほんぽう-ふき

⇩不羈奔放《ふきほんぽう》

用例 その最も奔放不羈な試みもまたシェイクスピアに見られるであろう。〈中野好夫、シェイクスピア管見〉

本末転倒　ほんまつ-てんとう

意味 物事の重要なことと、そうでないことを取り違えること。優先順位を誤ること。

構成 「本末」は、根本と末節。先にすべきものと、後回しにすべきもの。重要なものと、そうでないもの。「転倒」は、さかさまになること。ひっくり返ること。

用例 医師や薬剤師や古い看護人などをむこうに移すのは本末転倒のやり方だ。〈北杜夫、楡家の人びと〉

注意 「末」を「未」と書くのは、誤り。

表記 従来は「本末顛倒」と書くのが普通であったが、現在では常用漢字の「転」に書き換える。

類義語 冠履転倒《かんりてんとう》・主客転倒《しゅかくてんとう》

本領安堵　ほんりょう-あんど

意味 鎌倉・室町時代、武士や寺社の旧領地の所有権をそのまま公認したこと。

構成 「本領」は、もとから所有している土地。「安堵」は、土地の所有権などを認めること。

用例 われらを討ち申されて帰参なさるれば、本領安堵は疑いないところじゃ。〈菊池寛、仇討ち三態〉

ま

真一文字　まーいちもんじ

意味 ①「一」の字のように、まっすぐなようす。一直線。②わき目もふらぬようす。③全力を尽くして事にあたるようす。

構成 「真」は、完全な、まじりもののない、という意味を表す接頭語。「一文字」は、「一」の字の形のように、横にまっすぐなこと。

用例 ①真ん中へ小鼻の開いた鼻をかいて、真一文字に口を横へ引っ張った、〈夏目漱石、吾輩は猫である〉②鹿島を出ると、たった一日で江戸へ入り、青山百人町の松平屋敷へ、真一文字に飛んで行った。〈川口松太郎、新吾十番勝負〉③御者は真一文字に馬を飛ばして、雲を霞《かすみ》と走りければ、〈泉鏡花、義血俠血〉

用法 「口を真一文字に結ぶ」は、真剣なようすや緊張したようすを表す。

類義語 一念発起《いちねんほっき》・一心不乱《いっしんふらん》・一心発起《いっしんほっき》・精神一到《せいしんいっとう》・熱烈峻厳《ねつれつしゅんげん》・無二無三《むにむさん》

麻姑掻痒　まこーそうよう

意味 かゆい所に手が届く。物事が思うままになることのたとえ。

構成 「麻姑」は、中国伝説上の仙女の名。「掻痒」は、かゆいところをかくこと。「痒」は、かゆい。ちなみに、背中をかくのに使う「孫の手」は、「麻姑の手」から出たことば。

故事 中国の前漢の時代、蔡経《さいけい》が仙女麻姑のつめが鳥のように長いのを見て、かゆいところをそれでかいたら、さぞ気持ちがよいだろうと思ったという故事による。

出典 麻姑、鳥爪《ちょうそう》あり。……蔡経《さいけい》、之《これ》を見、心中念《おも》ひて言ふ、背大いに癢《かゆ》き時、此の爪《つめ》を得て以《もっ》て背を爬《か》かば当《まさ》に佳なるべしと。〈神仙伝、麻姑〉

用例 緻篇《ちへん》意匠《いしょう》巧全にして文章軽妙真に麻姑掻痒の快あり。〈末広鉄腸、訂正増補雪中梅〉

表記 「麻姑掻癢」とも書く。

対義語 隔靴掻痒《かっかそうよう》

末世澆季　まっせーぎょうき

《澆季末世《ぎょうきまっせ》》

意味 道徳や人情が軽薄になった末の世。

構成 「末世」は、末の世。「澆季」は、道徳が薄れ人情が軽薄になった末世。「澆」は、薄い。「季」は、ここでは、末。

用例 いかにこの嘘《うそ》が便宜であるかは、何年となく嘘をつき習った、末世澆季の今日では、私もこの嘘を真実と思い、〈夏目漱石、文芸の哲学的基礎〉

注意 「末世」は、「まっせい」とも読む。

類義語 澆季混濁《ぎょうきこんだく》・末法末世《まっぽうまっせ》

末法末世　まっぽうーまっせ

意味 仏教で、時代が下って、仏法がおとろえ、道徳がすたれた世をいう。

構成 「末法」は、釈迦の死後、正法（五百年間）、像法（千年間）に続く一万年。仏法がおとろえ、世が乱れる時期であるという。「末世」は、末法の世。仏法がおとろえすたれた時代。

用例 今の世は末法中の末法末世、諸宗の与える薬法療法ぐらいでは、いかんともしがたい。〈唐木順三、応仁四話〉

注意 「末」を「末」と書くのは、誤り。

類義語 澆季混濁《ぎょうきこんだく》・澆季末世《ぎょうきまっせ》・末世澆季《まっせぎょうき》

万劫末代　まんごうーまつだい

意味 遠い先の世まで。永遠に。

構成 「万劫」は、非常に長い時間。永久。「劫」は、仏教で、極めて長い時間。「末代」

ま

は、のちの世。後世。
注意 「末」を「未」と書くのは、誤り。
類義語 永劫未来《えいごうみらい》・子子孫孫《ししそんそん》・生生世世《しょうじょうせぜ》・未来永劫《みらいえいごう》

漫語放言 まんご−ほうげん

意味 深く考えず、言いたい放題にいうこと。また、そのことば。
構成 「漫語」は、とりとめのないことば。深く考えずにいうことば。「放言」は、言いたい放題に言うこと。無責任なことば。
用例 またこれを青くすれば世界中日本領になるだろうというような調子で、漫語放言、迚《とて》も寄り付かれない。〈福沢諭吉、福翁自伝〉
類義語 虚誕妄説《きょたんもうせつ》・造言飛語《ぞうげんひご》・飛語巷説《ひごこうせつ》・妄言綺語《もうげんきご》・妄誕無稽《もうたんむけい》・流言飛語《りゅうげんひご》

満場一致 まんじょう−いっち

意味 その場にいる人々の意見が、全員同じ方向にまとまること。
構成 「満場」は、場所いっぱい。その場所にみちみちているようす。また、その場所全体。「一致」は、くいちがいがなく、一つの趣旨にまとまること。
用例 厳粛な発言を行って満座を抑え、両派共これには異議無く、満場一致大喝采裡《だいかっさいり》に会の目的が可決され、〈太宰治、惜別〉
用法 「満場一致で可決される」の形で用いられることが多い。
類義語 異口同音《いくどうおん》・衆議一決《しゅうぎいっけつ》・衆口一致《しゅうこういっち》
対義語 甲論乙駁《こうろんおつばく》・賛否両論《さんぴりょうろん》・諸説紛紛《しょせつふんぷん》

満身創痍 まんしん−そうい

意味 ①全身が傷だらけになっていること。また、体のあちこちの具合がよくないこと。②転じて、精神的・肉体的にひどく傷つき疲れていることのたとえ。
構成 「満身」は、からだじゅう。全身。「創痍」は、刃物で受けたきず。「痍」は、切り傷。
用例 ①そうだな、ともかく満身創痍じゃけんな。歯はぐらつくし、尻は痛いし、熱は出るし、激痛が一日に一度は来ると云《い》うし。〈井伏鱒二、黒い雨〉②吹岡が、落ちつく場所もなく到頭、寒川のいるアパートの一室へ満身創痍というかんじで身をひそめるようになったのは一ト月ほど前である。〈尾崎士郎、人生劇場風雲篇〉
類義語 気息奄奄《きそくえんえん》・残息奄奄《ざんそくえんえん》・半死半生《はんしはんしょう》・半生半死《はんしょうはんし》・薬石無功《やく》

満目荒涼 まんもく−こうりょう

意味 目に見える限りの景色が、荒れ果ててものさびしいこと。
構成 「満目」は、目の届く限り。見渡す限り。「荒涼」は、荒れ果ててものさびしいこと。「涼」は、ものさびしい。
用例 雪の舞い狂う冬の海、満目荒涼とした風景の中に身をおいて、源氏は心まで凍ってゆきそうに思われる。〈田辺聖子、新源氏物語〉
表記 従来は「満目荒寥」とも書いたが、現在では常用漢字の「涼」を用いるのが普通。
類義語 寒山枯木《かんざんこぼく》・秋風蕭条《しゅうふうしょうじょう》・秋風落莫《しゅうふうらくばく》・満目蕭条《まんもくしょうじょう》・満目蕭然《まんもくしょうぜん》

満目蕭条 まんもく−しょうじょう

《満目蕭然《まんもくしょうぜん》》
意味 目に見える限りの景色が、荒れ果ててものさびしいこと。
構成 「満目」は、目の届く限り。見渡す限り。「蕭条」「蕭然」は、ものさびしいようす。
用例 満目蕭条——寒い季節がやって来た。〈島崎藤村、桃の雫〉

ま

類義語 寒山枯木《かんざんこぼく》・秋風蕭条《しゅうふうしょうじょう》・秋風落莫《しゅうふうらくばく》・満目荒涼《まんもくこうりょう》

満目蕭然 まんもく-しょうぜん

⇩満目蕭条《まんもくしょうじょう》

出典 国を去りて郷を懐《おも》ひ、讒《ざん》を憂《うれ》へ譏《そし》りを畏《おそ》れ、満目蕭然として、感極まりて悲しむ者有らん。〈北宋、范仲淹、岳陽楼の記〉

み

未開野蛮 みかい-やばん

《野蛮未開《やばんみかい》》

意味 文明が開けず、文化の発展が遅れていること。

構成 「未開」は、まだ人間の知識が進まず、土地が開けていないこと。「野蛮」は、人知が開けず、文化・文明が遅れていること。

用例 道徳の相違、風俗習慣の相違から来るものを一概に未開野蛮として、人を喰《く》った態度で臨んで来るような西洋人に、〈島崎藤村、夜明け前〉

類義語 被髪左衽《ひはつさじん》・野蛮草味《やばんそうまい》

対義語 文明開化《ぶんめいかいか》

三日天下 みっか-てんか

意味 わずかな期間、天下を取ること。また、権力や地位を保つ期間が、きわめて短いことのたとえ。

構成 「三日」は、きわめて短い期間のたとえ。「天下」は、天下を取ること。また、権力や地位を我がものとすること。

故事 明智光秀《あけちみつひで》は本能寺の変で、主君織田信長《おだのぶなが》を討って天下をとったが、十数日後に豊臣秀吉《とよとみひでよし》に討たれた故事による。

用例 よしんば勝ったところで、所謂《いわゆる》三日天下であって、ついには滅亡するものの如《ごと》く、われわれは教えられてきているのである。〈太宰治、如是我聞〉

注意 「天下」は、「でんか」とも読む。

三日坊主 みっか-ぼうず

意味 飽きやすく、長続きしないこと。また、そのような人。

構成 「三日」は、きわめて短い期間のたとえ。「坊主」は、他の語に添えて、他人に対する親しみ、またはあざけりの意味を表す語。

用例 いったい煩悶《はんもん》と云《い》う言葉は近頃《ちかごろ》だいぶはやるようだが、大抵は当座のもので、いわゆる三日坊主のものが多い。〈夏目漱石、野分〉

脈絡通徹 みゃくらく-つうてつ

意味 筋道が、始めから終わりまで一貫していて意味のよく通じること。矛盾がないこと。

構成 「脈絡」は、筋道、続きぐあい。「通徹」は、一貫していて、矛盾がないこと。

用例 小説を綴るに当たりて最もゆるかせにすべからざることは、脈絡通徹といふ事なり。〈坪内逍遥、小説神髄〉
注意 「徹」を「撤」と書くのは、誤り。「徹」は「貫き通す」、「撤」は、「撤回」のように、「取り除く」の意味。
類義語 終始一貫《しゅうしいっかん》・首尾一貫《しゅびいっかん》・首尾貫徹《しゅびかんてつ》・初志貫徹《しょしかんてつ》
対義語 支離滅裂《しりめつれつ》・前後矛盾《ぜんごむじゅん》

苗字帯刀 みょうじ-たいとう

意味 江戸時代、平民が特別に姓を称し、刀を帯びることを許され、武士階級の扱いを受けたこと。
構成 「苗字」は、その家の名。氏。姓。「帯刀」は、刀を身につけること。刀をさすこと。
用例 そんな大金の調達を申し付けるかわりには、新政府でそれ相応な待遇を与えなけりゃなるまい。こりゃ俺達の時代に藩から苗字帯刀を許したぐらいのことじゃ済むまいぞ。〈島崎藤村、夜明け前〉
表記 「名字帯刀」とも書く。

名聞利益 みょうもん-りやく

意味 仏教で、名誉や利益。世間において名声が広まり、物質的豊かさを得ること。略して「名利」とも言う。
構成 「名聞」は、名誉が世間に広まること。「利益」は、仏の恵み。また、もうけ。
用例 良沢《りょうたく》が、蘭学に志を立て申したは、真の道理を究めよう為《た》めで、名聞利益の為では、御座らぬゆえ、〈菊池寛、蘭学事始〉
用法 仏教では、煩悩を増大させる欲望として、悪い意味で用いられることが多い。
注意 「名聞」を「みょうもん」、「利益」を「りやく」と読むのは、仏教用語の慣用。「めいぶん」「りえき」と読むのは、誤り。
類義語 名聞利養《みょうもんりよう》

名聞利養 みょうもん-りよう

意味 仏教で、名誉や利益。世間において名声が広まり、物質的豊かさを得ること。略して「名利」とも言う。
構成 「名聞」は、名誉が世間に広まること。「利養」は、利をもって自分の身を養うこと。利益を得ること。
出典 凡夫《ぼんぷ》は名聞利養資生《しせい》の具に執着し、務めて以《も》って身を安んず。〈菩提心論〉
用例 世の人は此の理を識《し》らんによって諸々の貪欲執心《どんよくしゅうしん》が深くなって名聞利養に心を焦って貪《むさぼ》らんとする、〈三遊亭円朝、菊模様皿山奇談〉
用法 仏教では、煩悩を増大させる欲望として、悪い意味で用いられることが多い。
注意 「名聞」を「みょうもん」と読むのは、仏教用語の慣用。「めいぶん」と読むのは、誤り。
類義語 名聞利益《みょうもんりやく》

未来永劫 みらい-えいごう

〈永劫未来《えいごうみらい》〉
意味 もと、仏教で、これから先、いつまでもの意味。永遠。永久。
構成 「未来」は、まだ来ない時間。将来。「永劫」は、非常に長い時間。永久。「劫」は、仏教で、極めて長い時間。
用例 岑々《しんしん》たる頭《かしら》をおさえて未来永劫に試験制度を呪詛《じゅそ》することを記憶せよ。〈夏目漱石、三四郎〉
注意 「永劫」は、本来は「ようごう」と読むのが仏教用語の慣用だが、現在では「えいごう」の方が一般的。
類義語 子子孫孫《ししそんそん》・生生世世《しょうじょうせぜ》・万劫末代《まんごうまつだい》

未練未酌 みれん-みしゃく

意味 思い切りが悪く、同情心を持ったり、相手のことを思いやったりし続けること。

構成「未練」は、思い切りが悪く心残りなこと。「未酌」は、相手の心をくみ取れないこと。ただし、文字通り解釈すると、多く用いられる「未酌がない」の形では、相手の心をくみ取れなくない、つまりくみ取れる、となってしまうため、「未練」を強めるための語呂合わせに用いられたことばだともいう。

用例 鬼どもは一斉に「はっ」と答えながら、鉄の鞭《むち》をとって立ち上がると、四方八方から二匹の馬を、未練未釈なく打ちのめしました。〈芥川竜之介、杜子春〉

用法「未練未酌なし」の形で、同情心や斟酌《しんしゃく》する心が全くないこと、全く容赦しないことの意味で用いられることが多い。

表記「未練未釈」とも書くが、本来は誤用ともいう。

む

無為徒食 むい－としょく

《徒食無為《としょくむい》》

意味 ぶらぶらとして働きもせず、遊び暮らすこと。何もしないで、無駄に日々を過ごすこと。

構成「無為」は、何もしないで、ぶらぶらしていること。「徒食」は、働くこともせず、遊び暮らすこと。「徒」は、むだに。

用例 殿様やその一族は、百年の無為徒食ですっかり無力化し、〈司馬遼太郎、国盗り物語〉

類義語 尸位素餐《しいそさん》・伴食宰相《ばんしょくさいしょう》・伴食大臣《ばんしょくだいじん》・無芸大食《むげいたいしょく》

無位無冠 むい－むかん

⇩無位無官《むいむかん》

用例 無位無冠でも一人前の独立した人間だ。独立した人間が頭を下げるのは百万両より尊いお礼と思わなければならない。〈夏目漱石、坊っちゃん〉

無位無官 むい－むかん

《無位無冠《むいむかん》・無位無禄《むいむろく》》

意味 位階、官職がないこと。しかるべき地位も仕事もないこと。

構成「無位」は、位のないこと。社会的身分や地位がないこと。「無官」「無冠」「無禄」は、官職についていないこと。「冠」は、昔、官職についている人がかむった冠。「禄」は、給与。

用例 それがし、無位無官の卑しき田舎侍でござれば、ご対面もかないますまい。〈司馬遼太郎、国盗り物語〉

用法 他人に示すことができるような特別な地位や肩書きのない場合などに、謙称として用いられることもある。

対義語 高位高官《こういこうかん》

無為無策 むい－むさく

《無策無為《むさくむい》》

意味 何の対策もなく、何もできないこと。

構成「無為」は、何もしないこと。人の手を加えないこと。「無策」は、対策がないこと。策略がないこと。

用例 悦子の底知れないロマネスクな固定観念に対抗するに、三郎の硝子《ガラス》のような単純な魂以上に、無為無策な敵手は考えられない。〈三島由紀夫、愛の渇き〉

注意 (1)「無為」を「無意」と書くのは、誤

り。(2)「無策」を「無作」と書くのは、誤り。

類義語 無能無策《むのうむさく》

無為無能 むいーむのう

意味 何事もせず、何の役にも立たないこと。また、そのような人。

構成 「無為」は、何もしないこと。「無能」は、才能がないこと。役に立たないこと。

用例 無為無能なる閣下の警察の下に、この上どうして安んじている事が出来ましよう。〈芥川竜之介、二つの手紙〉

注意 「無為」を「無意」と書くのは、誤り。

類義語 無芸無能《むげいむのう》

無位無禄 むいーむろく

⇩無位無官《むいむかん》

用例 門閥あるも常に志を得ずして不平を抱く者歟《か》、又は無位無禄にして民間に雑居する貧書生歟、何《いづ》れも皆ことにさへ遇へば所得有りて所損なき身分の者より外《ほか》ならず。〈福沢諭吉、文明論之概略〉

注意 「禄」を「録」と書くのは、誤り。

無影無踪 むえいーむそう

意味 あとかたもないこと。影も形もないこと。

構成 「無影」は、姿・形がないこと。「無踪」は、あとかたもないこと。

類義語 雲散霧消《うんさんむしょう》・雲消霧散《うんしょうむさん》・海市蜃楼《かいししんろう》・蜃楼海市《しんろうかいし》

無益有害 むえきーゆうがい

⇩有害無益《ゆうがいむえき》

用例 それらのものとお前との間には無益有害な広い距離が挾まっている。〈有島武郎、惜みなく愛は奪ふ〉

無援孤立 むえんーこりつ

⇩孤立無援《こりつむえん》

無何有郷 むかうーきょう

⇩むかゆうーきょう

無学浅識 むがくーせんしき

⇩無学無識《むがくむしき》

用例 崔明《さいめい》が無学浅識の者ならば論は無いが、父の崔蘋《さいよ》の如《ごと》くに文集をこそ世に伝えていないが、既に才学文章ある人で、〈幸田露伴、太公望〉

無学無識 むがくーむしき

《無学浅識《むがくせんしき》・無学無知《むがくむち》》

意味 学問がなく、知識がないこと。

構成 「無学」は、学問がないこと。知識がないこと。「無識」「浅識」「無知」は、知識がないこと。

用例 講義終わり塾に帰って朋友相互に「今日の先生の卓説は如何《どう》だい。何だか吾々頓《とみ》に無学無識になったようだ」などと話したのは今に覚えています。〈福沢諭吉、福翁自伝〉

類義語 一文不通《いちもんふつう》・無学文盲《むがくもんもう》・無知愚昧《むちぐまい》・無知蒙昧《むちもうまい》

無学無知 むがくーむち

⇩無学無識《むがくむしき》

用例 無学無智な私などが、どのように堂々巡《めぐ》りをして考えたって、それが商品にならないのも分かり切ったことだった。〈葉山嘉樹、氷雨〉

表記 従来は「無学無智」と書くのが普通であったが、現在では常用漢字の「知」に書き換える。

無学文盲 むがくーもんもう

意味 学問がなく、文字を知らないこと。

構成 「無学」は、学問がないこと。知識がないこと。「文盲」は、文字が読めないこと。

用例 いかに伝六が無学文盲だっても、このぐれえの色文なら勘だけでもわかるんだ。〈佐々木味津三、右門捕物帖、因縁の女夫雛〉

用法 「文盲」は、視覚障害と文字の読み書

きができないことを結びつけた差別的なことばなので、現在ではあまり用いられない。

注意 「文盲」を「ぶんもう」と読むのは、誤り。

類義語 一文不通《いちもんふつう》・無学浅識《むがくせんしき》・無学無識《むがくむしき》・無学無知《むがくむち》・無知愚昧《むちぐまい》・無知蒙昧《むちもうまい》

無我夢中 むがーむちゅう

意味 ある物事に熱中して自分を忘れ、他のことをかえりみないこと。

構成 「無我」は、我を忘れること。「夢中」は、物事に熱中して、他をかえりみるゆとりのない状態。

用例 良平は少時《しばらく》無我夢中に線路の側を走り続けた。その内に懐《ふところ》の菓子包みが、邪魔になる事に気がついたから、〈芥川竜之介、トロッコ〉

注意 「夢中」を「無中」と書くのは、誤り。

類義語 玩物喪志《がんぶつそうし》・恍然自失《こうぜんじしつ》・忘我混沌《ぼうがこんとん》

無何有郷 むかゆうーきょう

意味 何もなく、はてしなく広々とした所。中国古代の思想家・荘子の説く理想郷。

構成 「無何有之郷」の略。「何有」は、「何か有らん」と訓読して、何があるだろうか、何もないの意味。「無何有」で、全く何もないこと。

出典 今、子《し》、大樹有りて、其《そ》の用無きを患《うれ》ふ。何ぞ之《これ》を無何有の郷、広莫《こうばく》の野に樹《た》て、彷徨《ほうこう》として其の側に為《な》す無く、逍遥《しょうよう》として其の下に寝臥《しんが》せざる。〈荘子、逍遥遊〉

用例 吾輩のような碌《ろく》でなしはとうに御暇を頂戴して無何有郷に帰臥《きが》してもいいはずであった。〈夏目漱石、吾輩は猫である〉

注意 「むかうきょう」とも読む。

無期延期 むきーえんき

意味 期限を定めずに、期日をのばすこと。

構成 「無期」は、期限がないこと。期限を定めないこと。「延期」は、定めた期日や期限をのばすこと。

用例 偕成社《かいせいしゃ》も焼け落ちた。出版企画中の「成層圏戦隊」もこれにて無期延期。〈海野十三、海野十三敗戦日記〉

無垢清浄 むくーせいじょう

⇩清浄無垢《せいじょうむく》

用例 召請し奉る。召請し奉る。貪《とん》瞋《しん》痴《ち》の三毒を壊滅せる無垢清浄の本体を。〈三島由紀夫、金閣寺〉

無稽荒唐 むけいーこうとう

⇩荒唐無稽《こうとうむけい》

用例 足下《そこもと》は中年まで専ら時代物ばかりを作り而《しか》も無稽荒唐のかきざま形の虚妄《きょもう》甚《はなは》だしく〈坪内逍遥、春廼家漫筆〉

無芸大食 むげいーたいしょく

意味 これといった特技や取り柄がないのに、食べることだけは人並み以上であること。

構成 「無芸」は、人に見せるような芸や特技がないこと。「大食」は、大食い。たくさん食べること。

用例 無芸大食とはこいつらのことですヨ〈開高健、新しい天体〉

用法 大食いなだけで、何の取り柄もないことへの蔑称として用いられるが、謙称として用いられることもある。

類義語 尸位素餐《しいそさん》・徒食無為《としょくむい》・伴食宰相《ばんしょくさいしょう》・伴食大臣《ばんしょくだいじん》・無為徒食《むいとしょく》

対義語 多芸多才《たげいたさい》

無芸無能 むげいーむのう

意味 何の取り柄や才能もないこと。

構成 「無芸」は、人に見せるような芸や特

技がないこと。役に立たないこと。「無能」は、才能がないこと。

用例 実に過ぐるの利を貪《むさぼ》るは君子のなさざるところなり。無芸無能、僥倖《ぎょうこう》に由って官途に就き、慢《みだ》りに給料を貪って奢侈《しゃし》の資となし、〈福沢諭吉、学問のすすめ〉

類義語 無為無能《むいむのう》

無間地獄　むげん-じごく

意味 仏教で、八大地獄の一つ。五逆罪(父・母・阿羅漢を殺すこと、僧侶の和合を破り仏道修行を妨げること、仏身を傷つけること)を犯した者が絶え間ない苦しみを受けるという地獄。地獄の中でも最も底の方にあり、最も苦しい地獄。叫喚地獄。

構成 「無間」は、苦しみの絶え間がないこと。「地獄」は、生前に悪事をした者が死後落ちて責め苦しめられる所。

用例 前途有為《ぜんとゆうい》の若者を大勢死なせて、俺のような奴は無間地獄に堕《お》ちるべきだが、地獄でも入れてくれんかも知れん。〈阿川弘之、山本五十六〉

注意 「無間」を「むげん」と読むのは、仏教用語の慣用。また、「むけん」とも読む。

類義語 阿鼻叫喚《あびきょうかん》・阿鼻地獄《あびじごく》・叫喚地獄《きょうかんじごく》・焦熱地獄《しょうねつじごく》・八大地獄《はちだいじごく》・八万地獄《はちまんじごく》・八万奈落《はちまんならく》・無間奈落《むげんならく》

無間奈落　むげん-ならく

意味 仏教で、八大地獄の一つ。五逆罪(父・母・阿羅漢を殺すこと、僧侶の和合を破り仏道修行を妨げること、仏身を傷つけること)を犯したものが、絶え間ない苦しみを受けるという地獄。地獄の中でも最も底の方にあり、最も苦しい地獄。

構成 「無間」は、すきまがないこと。ここでは、苦しみの絶え間がないこと。「奈落」は、梵語《ぼんご》からの音訳語で、地獄。

用例 血の池や、針の山や、無間奈落という白い煙のたちこめた底知れぬ深い穴や、〈太宰治、思い出〉

注意 「無間」を「むげん」と読むのは、仏教用語の慣用。また、「むけん」とも読む。

類義語 阿鼻叫喚《あびきょうかん》・阿鼻地獄《あびじごく》・叫喚地獄《きょうかんじごく》・焦熱地獄《しょうねつじごく》・八大地獄《はちだいじごく》・八万地獄《はちまんじごく》・八万奈落《はちまんならく》・無間地獄《むげんじごく》

夢幻泡沫　むげん-ほうまつ

⇩泡沫夢幻《ほうまつむげん》

用例 いやいや世間は無常のもので、実に夢幻泡沫で実なきものと云《い》って、実は真に無いものじゃ、〈三遊亭円朝、菊模様皿山奇談〉

無罪放免　むざい-ほうめん

意味 拘留中の容疑者・被告人を、罪がないものとして釈放すること。

構成 「無罪」は、罪がないこと。「放免」は、拘留中の容疑者・被告人を釈放すること。自由にしてやること。

用例 弁護士さんのお話によると僕はもう近い中に無罪放免になるそうですから帰ったら直ぐに働きます。〈夢野久作、巡査辞職〉

用法 裁判での用語のほかに、病気の疑いが晴れたときや、課せられていた仕事から解放されたときなどに用いられることもある。

無策無為　むさく-むい

⇩無為無策《むいむさく》

用例 六月には大危機が来るという話だが、その二ヶ月も前にこうして危機は到来して居り、政府は無策無為。〈海野十三、海野十三敗戦日記〉

無慙酷薄　むざん-こくはく

⇩酷薄無慙《こくはくむざん》

無慙無愧 むざん-むき

意味 悪いことをしても、心に恥じることなく平気でいること。
構成 「無慙」「無愧」ともに、悪いことをして心に恥じないこと。
用例 自分の内部の悪も見逃さなかったのですね。自分のことを、無慙無愧の極悪人と呼んで、〈丹羽文雄、蛇と鳩〉
表記 「慙」の代わりに、異体字の「慚」を書くこともある。
類義語 酷薄無慙《こくはくむざん》・破戒無慙《はかいむざん》・無慙酷薄《むざんこくはく》・冷酷無慙《れいこくむざん》

無始無終 むし-むしゅう

意味 始めもなく終わりもないこと。仏教で、無限の過去から永遠の未来にわたって、輪廻《りんね》が無限であること。
構成 「無始」は、はじめがないこと。無限の過去をいう。「無終」は、おわりがないこと。永遠の未来をいう。
用例 その動いてゆく先は、無始無終にわたる「永遠」の不可思議だという気がする。〈芥川竜之介、大川の水〉

無私無偏 むし-むへん

意味 自分の利益だけをはかることなく、公平・中正であること。
構成 「無私」は、私心がないこと。公平であること。「無偏」は、かたよらないこと。中正なこと。
出典 君に事《つか》ふるの道を問ふ。子曰《い》はく、私無し、と。人を使ふの道を問ふ。曰《い》はく、偏《かたよ》り無し、と。〈文中子〉
類義語 厳正中立《げんせいちゅうりつ》・公平無私《こうへいむし》・是是非非《ぜぜひひ》

武者修行 むしゃ-しゅぎょう

意味 昔、武士が諸国をめぐって試合をして武術をみがいたこと。また、その武士。
構成 「武者」は、武士。「修行」は、技芸を修め習うこと。
用例 叔父が安房《あわ》上総《かずさ》へ武者修行に出かけ、二刀流の剣客と仕合《しあい》をした話も矢張《やは》り僕を喜ばせたものである。〈芥川竜之介、本所両国〉
類義語 諸国漫遊《しょこくまんゆう》・天下周遊《てんかしゅうゆう》

矛盾撞着 むじゅん-どうちゃく

《撞着矛盾《どうちゃくむじゅん》》
意味 前後のつじつまが合わないこと。
構成 「矛盾」「撞着」ともに、前後のつじつまが合わないこと。「矛盾」は、本来、ほこと、たて。中国の戦国時代、楚に、この矛はどんな盾でも突き通す、この盾はどんな矛でも突き通せないと言って、矛と盾を一緒に売る者があったが、その矛でその盾を突いたらどうなるかと問われ、答えに窮したという故事（韓非子、難、一）から、つじつまの合わないこと。「撞」は、つきあたること。「着」は、助字。
用例 その説くところ、殆《ほとん》ど矛盾撞着して、不徹底な愚にもつかぬものであり、〈小林秀雄、平家物語〉
表記 従来は「矛楯撞着」とも書いたが、現在では常用漢字の「盾」を用いるのが普通。
類義語 前後撞着《ぜんごどうちゃく》・前後矛盾《ぜんごむじゅん》

無常迅速 むじょう-じんそく

意味 仏教で、世の中の移り変わりのすみやかなこと。また、人の死が早く訪れること。
構成 「無常」は、仏教で、一切のものが生滅・変転してさだまりがないこと。「迅速」は、非常にはやいこと。
出典 生死事大《しょうじじだい》、無常迅速。〈六祖壇経〉
用例 四季のうつりかわりの速いこと。年を老《と》るとそれが殊に早く感じられるものだ。この世は無常迅速というてある。〈倉田百三、出家とその弟子〉
注意 「無常」を「無上」「無情」と書くのは、誤り。
類義語 諸行無常《しょぎょうむじょう》・生死無常《しょうじむじょう》・老

む

少不定《ろうしょうふじょう》

無情冷酷　むじょう-れいこく

⇩冷淡無情《れいたんむじょう》

用例　無情冷酷……しかも横柄な駅員の態度である。精神興奮してる自分は、癪《しゃく》に障って堪《たま》らなくなった。〈伊藤左千夫、水害雑録〉

無数無量　むすう-むりょう

⇩無量無数《むりょうむすう》

用例　小説といふものは、宇宙に森羅星列《しんらせいれつ》せる無数無量の現象より、彼の百八の煩悩まで、今のあたり眼をもて見るが如《ごと》くに画《えが》きいだして〈坪内逍遥、小説神髄〉

無想無念　むそう-むねん

⇩無念無想《むねんむそう》

無知愚昧　むち-ぐまい

⇩無知蒙昧《むちもうまい》

用例　無智愚昧の衆生《しゅじょう》に対する、海よりも深い憐憫《れんびん》の情はその青紺色《せいこんしょく》の目の中にも一滴の涙さえ浮かべさせたのである。〈芥川竜之介、尼提〉

無知蒙昧　むち-もうまい

《無知愚昧《むちぐまい》》

意味　知識がなく、道理に暗いこと。

構成　「無知」は、知識がないこと。「蒙昧」「愚昧」は、物事の道理に暗いこと。

用例　その方どもの罪業は無知蒙昧の然《しか》らしめた所じゃによって、天上皇帝も格別の御宥免《ごゆうめん》を賜わせらるるに相違あるまい。〈芥川竜之介、邪宗門〉

用法　「無知蒙昧のやから」などの形で、他人を軽んじて言うときに用いられることが多い。

注意　(1)「無知」を「無恥」と書くのは、誤り。(2)「昧」を「味」「眛」と書くのは、誤り。

表記　従来は「無智蒙昧」と書くのが普通であったが、現在では常用漢字の「知」に書き換える。

類義語　一文不通《いちもんふつう》・無学浅識《むがくせんしき》・無学無識《むがくむしき》・無学無知《むがくむち》・無学文盲《むがくもんもう》

無二無三　むに-むさん

意味　①仏教で、仏になる道は一つで、他に道がないこと。②ただ一つであって、他に類がないこと。③わき目もふらずに。一散に。

構成　「無二亦無三」の略。漢文訓読では、「二も無く亦《ま》た三も無し」と読む。仏になる道は一つだけで、二つも三つもないということ。

出典　十方仏土《じっぽうぶつど》中、唯《た》だ一乗法有り、無二亦《ま》た無三。〈法華経〉

用例　③夢を携えたる人は、落とすまじと、ひしと燃ゆるものを抱きしめて行く。車は無二無三に走る。〈夏目漱石、虞美人草〉

類義語　(②の意味で)不同不二《ふどうふじ》・唯一不二《ゆいいつふじ》・唯一無二《ゆいいつむに》　(③の意味で)一念発起《いちねんほっき》・一心不乱《いっしんふらん》・一心発起《いっしんほっき》・精神一到《せいしんいっとう》・熱烈峻厳《ねつれつしゅんげん》・真一文字《まいちもんじ》

無念千万　むねん-せんばん

意味　くやしさが尋常ではないこと。非常に残念なこと。

構成　「無念」は、くやしいこと。残念。「千万」は、程度がはなはだしいこと。

用例　祝儀金とは名ばかり、これはいかにも無念千万のことであると言って、御継ぎ所に来ていた福島方の役人衆までが口唇《くちびる》を噛《か》んだことを語った。〈島崎藤村、夜明け前〉

注意　「千万」を「せんまん」と読むのは、誤り。

類義語　遺憾千万《いかんせんばん》・残念至極《ざんねんしごく》

無念無想　むねん-むそう

《無想無念《むそうむねん》》

意味 ①無我の境に入って、何も思わないこと。②何の考えもないこと。思慮のないこと。

構成 「無念」は、何も考えないこと。我を忘れている心持ち。「無想」は、心に何も思うところのないこと。

用例 ①斯《か》かる時、人は往々無念無想の裡《うち》に入るものである。利害の念もなければ越し方行く末の想もなく、恩愛の情もなく憎悪の悩もなく、〈国木田独歩、空知川の岸辺〉②ああ、無念無想の結果を見よ。僕は、とめどもなくだらだらと書いている。〈太宰治、道化の華〉

注意 「無想」を「夢想」と書くのは、誤り。

類義語 心頭滅却《しんとうめっきゃく》・則天去私《そくてんきょし》・大悟徹底《たいごてってい》・明鏡止水《めいきょうしすい》

対義語 千思万考《せんしばんこう》

無能無策 むのう－むさく

意味 何の対策もなく、何もできないこと。

構成 「無能」は、何もすることができないこと。無能力。「無策」は、対策がないこと。策略がないこと。

用例 義妹の置いて行ったおにぎりを頬張《ほおば》った。まったく無能無策である。〈太宰治、薄明〉

類義語 無為無策《むいむさく》・無策無為《むさくむい》

無病息災 むびょう－そくさい

意味 病気をせず、何のわざわいもないこと。健康で、無事であること。

構成 「無病」は、病気をしないこと。病気にかかっていないこと。健康であること。「息災」は、身の無事なこと。安らかであること。もとは、仏の力によって災いをとめること。「息」は、ここでは、とめる。

用例 この辺じゃ未だにこれを食えば、無病息災になると思っているんだ。〈芥川竜之介、湖南の扇〉

無法千万 むほう－せんばん

意味 人の道を非常にはずれること。また、非常に無礼であること。ひどく乱暴であること。

構成 「無法」は、法を無視し、道徳にはずれること。人の道をはずれること。乱暴なこと。無理なこと。「千万」は、程度がはなはだしいこと。

用例 恨みがあらば尋常に敵手《あいて》になろう。物取りならば財《かね》はくれる、訳も言わずに無法千万な、待たんか！〈尾崎紅葉、金色夜叉〉

用法 相手に対する非難の気持ちを込めて用いられることが多い。

注意 「千万」を「せんまん」と読むのは、誤り。

類義語 悪逆非道《あくぎゃくひどう》・悪逆無道《あくぎゃくむどう》・極悪凶猛《ごくあくきょうもう》・極悪大罪《ごくあくたいざい》・極悪非道《ごくあくひどう》・極悪無道《ごくあくむどう》・大悪無道《たいあくむどう》・大逆非道《たいぎゃくひどう》・大逆無道《たいぎゃくむどう》・無理非道《むりひどう》

無縫天衣 むほう－てんい

⇩天衣無縫《てんいむほう》

用例 出る杭《くい》うたれる。寝ていて転ぶうれいなし。無縫天衣。桃李言わざれども。絶望。豚に真珠。〈太宰治、懶惰の歌留多〉

無味乾燥 むみ－かんそう

《乾燥無味《かんそうむみ》》

意味 何の面白みも、うるおいもないこと。

構成 「無味」は、趣がないこと。面白みがないこと。「乾燥」は、うるおいのないこと。面白みのないこと。

用例 無味乾燥な田舎に、その青春時代を腐らせていったもどかしさや、苦しさや、残念さを考えると、〈菊池寛、青木の出京〉

用法 「無味乾燥な内容」など、話題や文章の評価に用いられることが多い。

類義語 興味索然《きょうみさくぜん》・無味単調《むみたんちょう》

無味単調　むみ－たんちょう

意味 趣や面白みがなく、これといった変化もなく単純なこと。

構成 「無味」は、趣がないこと。面白みがないこと。「単調」は、一本調子で、変化のないこと。

用例 無味単調な仇討《あだう》ちの旅に、彼はもう飽き飽きしていた。〈菊池寛、仇討ち三態〉

類義語 乾燥無味《かんそうむみ》・興味索然《きょうみさくぜん》・無味乾燥《むみかんそう》

無明長夜　むみょう－じょうや

意味 仏教で、人生や事物の真相に明らかでないために、さまざまな煩悩にとらわれ、真理に目覚めがたい状況が長いこと。

構成 「無明」は、仏教の十二因縁の一つ。邪見・俗念などに妨げられて、真理を知ることができないこと。「長夜」は、長い夜。真理に暗い状態に長くいることのたとえ。

用例 すべて無明長夜の闇にさまよい、わが身の卑小さを知らず驕《おご》りたかぶった源氏の罪である。〈田辺聖子、新源氏物語〉

注意 「無明」を「むみょう」、「長夜」を「じょうや」と読むのは、仏教用語の慣用。「むめい」「ちょうや」と読むのは、誤り。

無憂無風　むゆう－むふう

意味 心配や波乱がなく、平穏であること。

構成 「無憂」は、心配がないこと。「無風」は、風がないこと。転じて、波乱や騒ぎが起こらないこと。平穏なこと。

用例 もう、何がどうなってもいいんだ、というような、全く無憂無風の情態である。平和とは、こんな気持の事を言うのであろうか。〈太宰治、津軽〉

類義語 澹然無極《たんぜんむきょく》・無事息災《ぶじそくさい》・無事平穏《ぶじへいおん》・平安無事《へいあんぶじ》・平穏無事《へいおんぶじ》

無用有害　むよう－ゆうがい

⇩有害無益《ゆうがいむえき》

用例 なるほど無用有害の人間です。しかし私は他人の邪魔なり妨げにはならぬような用心だけはしております。〈大仏次郎、帰郷〉

無欲恬淡　むよく－てんたん

意味 あっさりとしていて欲がないこと。金品や利益などに執着しないこと。

構成 「無欲」は、欲望がないこと。「恬淡」は、心静かで無欲なこと。あっさりとしていること。「恬」は、心があっさりとしていること。

用例 辻平内は、無欲恬淡の奇人であって、門人たちから金品をうけず、したがって困窮はなはだしく、〈池波正太郎、女武芸者、剣の誓約〉

表記 (1)従来は「無欲」を「無慾」と書くのが普通であったが、現在では常用漢字の「欲」に書き換える。(2)従来は「恬淡」を「恬澹」とも書いたが、現在では常用漢字の「淡」を用いるのが普通。

類義語 恬淡寡欲《てんたんかよく》・無欲無私《むよくむし》

対義語 強欲非道《ごうよくひどう》・貪欲吝嗇《どんよくりんしょく》

無欲無私　むよく－むし

意味 自分の利益や欲望を求めないこと。

構成 「無欲」は、欲望がないこと。「無私」は、私心がないこと。自分の利益や欲を求めないこと。

用例 主水正《もんどのしょう》は真剣だった。無欲無私にして剣道一念、理想的武士の構えで、〈川口松太郎、新吾十番勝負〉

表記 従来は「無慾無私」と書くのが普通であったが、現在では常用漢字の「欲」に書き換える。

類義語 恬淡寡欲《てんたんかよく》・無欲恬淡《むよくてんたん》

対義語 私利私欲《しりしよく》

無理往生　むり－おうじょう

意味 強引に自分の意向に従わせること。

【構成】「無理」は、物事を強引に行うこと。「往生」は、「圧状《おうじょう》」の当て字。人を脅して無理に書かせた文書。転じて、無理におしつけて承知させること。

【用例】僕が傍《そば》に居ると智慧《ちえ》を付けて邪魔を為《す》ると思うものだから、遠くへ連れ出して無理往生に納得させる計《はかり》ごとだなと考え着くと、〈尾崎紅葉、金色夜叉〉

【類義語】無理心中《むりしんじゅう》

無理算段 むり－さんだん

【意味】①なんとか工夫して、物事の融通をはかること。②やりくりをして、金銭の都合をつけること。

【構成】「無理」は、事を強引に行うこと。「算段」は、方法手段。工夫。また、それを考えること。お金の都合をつけること。工面すること。

【用例】①今夜は、紫の上と三の宮が逢うとすれば、源氏には時間が出来るわけである。無理算段をして、二条の、朧月夜《おぼろづきよ》の邸へ忍んでゆく。〈田辺聖子、新源氏物語〉②やむをえず夫婦相談の結果、無理算段の借金をした上、〈夏目漱石、文芸の哲学的基礎〉

無理心中 むり－しんじゅう

【意味】①一緒に死ぬことに合意していない相手を殺して、自分も死ぬこと。強引に心中を成立させること。②よくない結果になることがわかっていながら、強引に相手を巻き込むことのたとえ。

【構成】「無理」は、物事を強引に行うこと。「心中」は、相愛の男女が一緒に自殺すること。また、ある人または物事とともに不利や災害をこうむったり、一緒に滅んだりすること。

【用例】①無理心中じゃないね。着衣の乱れもないし、格闘した形跡もない。やはり合意の上で、青酸カリをのんで死んだのだな。〈松本清張、点と線〉②天皇陛下と無理心中を企てたのか、否か。僕は知らぬ。〈徳冨蘆花、謀叛論〉

【類義語】無理往生《むりおうじょう》

無理難題 むり－なんだい

【意味】道理に合わない要求。いわれのない請求。実現や解決ができそうにない要求。言いがかり。

【構成】「無理」は、道理がないこと。いわれがないこと。「難題」は、言いがかり。

【用例】猪熊の爺には、酔った勢いで、よく無理難題を言いかけられた。〈芥川竜之介、偸盗〉

【用法】「無理難題をふっかける」などの形で用いられることが多い。

無理非道 むり－ひどう

【意味】人の道や、道理にはずれること。また、そのような行い。

【構成】「無理」は、道理がないこと。いわれがないこと。「非道」は、道理、または人情にそむくこと。

【用例】一札も入れさせ、今後無理非道のないように取り扱いたい、〈島崎藤村、夜明け前〉

【類義語】悪逆非道《あくぎゃくひどう》・悪逆無道《あくぎゃくむどう》・極悪凶猛《ごくあくきょうもう》・極悪大罪《ごくあくたいざい》・極悪非道《ごくあくひどう》・極悪無道《ごくあくむどう》・大悪無道《たいあくむどう》・大逆非道《たいぎゃくひどう》・大逆無道《たいぎゃくむどう》・無法千万《むほうせんばん》

無理無体 むり－むたい

【意味】道理や人の気持ちなどかまわず、強引に物事を行うこと。

【構成】「無理」も「無体」も、物事を強引に行うこと。無法。

【用例】無理無体に勧めて嫁にやったは悪かった。あア悪いことをした、不憫《ふびん》だった。〈伊藤左千夫、野菊の墓〉

無量無数 むりょう－むすう

《無数無量《むすうむりょう》》

【意味】量や数が非常に多いこと。はかれな

いほど、数え切れないほど多くあること。
構成「無量」は、はかれないほどに多大なこと。「無数」は、数限りなく多くあること。
用例 毎夜、毎夜、万朶《ばんだ》の花のごとく、ひらひら私の眉間《みけん》のあたりで舞い狂う、あの無量無数の言葉の洪水が、〈太宰治、めくら草紙〉
類義語 千万無量《せんまんむりょう》・無量無辺《むりょうむへん》

無量無辺 むりょう－むへん

意味 仏教で、空間・時間・数量・力量などが、はかり知れないほど、限りなく広大なことをいう。
構成「無量」は、多大ではかることができないことをいう。「無辺」は、広々として限りないこと。
出典 他経等しく、或いは云《い》ふ、衆僧《しゅうそう》を供養するは、其《そ》の徳最も勝《まさ》り、無量無辺なり。〈法華経〉
用例「でうす」無量無辺の御愛憐は、その都度「ろおれんぞ」が一命を救わせ給《たも》うたのみか、〈芥川竜之介、奉教人の死〉
類義語 千万無量《せんまんむりょう》・無数無量《むすうむりょう》・無量無数《むりょうむすう》

め

明快闊達 めいかい－かったつ

意味 明るくさっぱりとしていて心が広く、小さいことにこだわらないこと。
構成「明快」は、明るくて気持ちのよいこと。また、文章・思想・議論などが、はっきりしていてわかりやすいこと。「闊達」は、心が広くて、小事にこせこせしないこと。「闊」は、広い。
用例 気取りの無い率直さが荒っぽい土地の人気に投じたらしい。壮士連は悉《ことごと》く子路の明快闊達に推服した。〈中島敦、弟子〉
表記 (1)「闊」の代わりに異体字の「濶」を書くこともあるが、現在では、印刷物などでは「闊」を用いるのが普通。(2)「明快豁達」とも書く。
類義語 闊達豪放《かったつごうほう》・闊達自在《かったつじざい》・闊達無礙《かったつむげ》・豪放闊達《ごうほうかったつ》

冥頑不霊 めいがん－ふれい

⇩頑冥不霊《がんめいふれい》

明鏡止水 めいきょう－しすい

意味 曇りのない鏡と、静かな水面。心が明らかに澄んでいて、静かに落ち着いていることのたとえ。
構成「明鏡」は、曇りのない鏡。「止水」は、流れをとめ、静かにたたえている水。
出典 人の流沫《りゅうまつ》に鑑《かんが》みる莫《な》くして止水に鑑みるは、其《そ》の静かなるを以《も》ってなり。形を生鉄《せいてつ》に窺《うかが》ふ莫くして明鏡に窺ふは、其の易《たひ》らかなるを以てなり。〈淮南子、俶真訓〉
用例 俺の心境は明鏡止水、明月天に在り、水甕《みずがめ》に在りだ。〈夢野久作、超人鬚野博士〉
用法「明鏡止水の心境」などの形で用いられることが多い。
類義語 心頭滅却《しんとうめっきゃく》・則天去私《そくてんきょし》・大悟徹底《たいごてってい》・無想無念《むそうむねん》・無念無想《むねんむそう》
対義語 意馬心猿《いばしんえん》

銘肌鏤骨 めいき－るこつ

意味 肌に刻みつけ、骨に刻みちりばめる。深く心に覚えこんで忘れぬことのたとえ。
構成 漢文訓読では、「肌に銘し骨に鏤《ちりば》む」と読む。「銘肌」は、肌に刻みこむこと。「鏤骨」は、骨に刻みこむこと。

【出典】平昔《へいせき》の指を追思し、銘肌鏤骨、徒《た》だに古書の誡《いまし》め、目を経て耳を過ぐるのみに非《あら》ず。〈顔氏家訓、序致〉
【類義語】拳拳服膺《けんけんふくよう》

明君賢相　めいくん-けんしょう

【意味】賢明な君主と大臣。すぐれて立派な政治的指導者をいう。
【構成】「明君」は、賢明ですぐれた君主。「賢相」は、賢明な宰相。すぐれた大臣。
【用例】徳川の時に至り、其《そ》の初代には明君賢相輩出して、政府の体裁は一も間然す可《べ》きものなし。〈福沢諭吉、文明論之概略〉
【類義語】賢君忠臣《けんくんちゅうしん》・賢良方正《けんりょうほうせい》
【対義語】貪官汚吏《たんかんおり》・暴君暴吏《ぼうくんぼうり》

迷悟一如　めいご-いちにょ

【意味】仏教で、迷いと悟りとは、本来は同一のものであるということ。

【構成】「迷悟」は、迷うことと悟ること。「一如」は、一つになって分かれていないこと。一体であること。

【注意】「一如」を「いちじょ」と読むのは、誤り。

名所旧跡　めいしょ-きゅうせき

《名所古跡《めいしょこせき》》
【意味】景色がすぐれた地と、歴史的な事件や建造物などのあった場所。景色や遺跡で有名なところ。
【構成】「名所」は、有名なところ。景色のすぐれた地。「旧跡」「古跡」は、ある歴史的な事件や建造物などのあったあと。
【用例】旅行案内所でくれる簡略な地図には名所旧跡が記入してある。その中には「ゴーガンの家」もある。〈北杜夫、太平洋ひるね旅〉
【表記】(1)従来は「名所旧蹟」と書くのが普通であったが、現在では常用漢字の「跡」に書き換える。(2)「名所旧迹」とも書く。

名所古跡　めいしょ-こせき

⇩名所旧跡《めいしょきゅうせき》
【用例】僕の家なんか草深い百姓家で、近所の景色は平凡だし、名所古蹟がある訳じゃなし、〈谷崎潤一郎、痴人の愛〉

名声赫赫　めいせい-かくかく

【意味】すぐれた評判が、盛んに輝くこと。

【構成】「名声」は、すぐれた評判。名誉。「赫赫」は、盛んなようす。威光・名誉の輝くようす。

【注意】「めいせいかっかく」とも読む。

【類義語】好評嘖嘖《こうひょうさくさく》・拍手喝采《はくしゅかっさい》
【対義語】非難囂囂《ひなんごうごう》

明窓浄机　めいそう-じょうき

《清窓浄机《せいそうじょうき》》
【意味】気持ちのいい窓辺と、清らかな机。明るく清潔な書斎のたとえ。
【構成】「明窓」「清窓」は、気持ちのよい窓辺。「浄机」は、ほこりなどのついていない、清らかな机。
【出典】蘇子美《そしび》、嘗《かつ》て言ふ、明窓浄几、筆硯紙墨《ひっけんしぼく》、皆《みな》精良を極むるは、亦《また》自ら是《これ》人生の一楽。〈北宋、欧陽脩、試筆、書を学ぶを楽しみと為す〉
【用例】小川君の書斎は、裏二階にあった。明窓浄几、筆硯紙墨《ひっけんしぼく》、皆極精良、とでもいうような感じで、あまりに整頓されすぎていて、〈太宰治、母〉
【表記】従来は「明窓浄几」とも書いたが、現在では常用漢字の「机」を用いるのが普通。

名僧知識　めいそう-ちしき

【意味】仏道の悟りを開いた、すぐれた僧。

【構成】「名僧」は、すぐれた僧侶。「知識」は、ここでは、仏道の悟りを開いた、立派な僧。

【用例】此の趣を見れば、当時の名僧智識も天朝の官位を身に附け、〈福沢諭吉、文明論之概略〉

表記 従来は「名僧智識」と書くのが普通であったが、現在では常用漢字の「知」に書き換える。

明哲保身 めいてつ－ほしん

意味 聡明で、危険を避け、身を全うすること。

構成 漢文訓読では、「明哲身を保つ」と読む。「明哲」は、聡明で物事の道理に明らかなこと。「保身」は、身を全うすること。

出典 既に明且つ哲、以《もっ》て其《そ》の身を保つ。〈詩経、大雅、烝民〉

用例 何処《どこ》かしら明哲保身を最上智と考える傾向が、時々師の言説の中に感じられる。〈中島敦、弟子〉

用法 「保身」の意味が曲解されて、「自分の身の安全ばかりを考え、要領よく立ち回ること」の意味で用いられることもある。

明眸皓歯 めいぼう－こうし

意味 澄んだ瞳と白く美しい歯。美人の形容。

構成 「明眸」は、明るく澄んだ瞳。「眸」は、ひとみ。「皓歯」は、白く美しい歯。「皓」は、白い。

故事 中国の唐の時代、杜甫《ほと》が、「江頭《こうとう》に哀《かな》しむ」と題する詩中で、美女・楊貴妃《きひ》を形容したことばによる。

出典 明眸皓歯今何《いず》くにか在る、血汙《けつお》の遊魂《ゆうこん》帰り得ず。〈唐、杜甫、江頭に哀しむ詩〉

用例 振り向いて見ると、月光を浴びて明眸皓歯、二十ばかりの麗人がにっこり笑っている。〈太宰治、竹青〉

類義語 曲眉豊頬《きょくびほうきょう》・朱唇皓歯《しゅしんこうし》

明明白白 めいめい－はくはく

意味 非常にはっきりしていて、少しも疑う余地のないこと。

構成 「明明」も「白白」も、きわめて明らかなこと。また、「明白」の「明」と「白」とを、それぞれに重ねて強調したものともいう。

用例 考え直すって、直しようのない明々白々たる理由だが、狸《たぬき》が蒼《あお》くなったり、赤くなったりして、可愛想になったからひとまず考え直す事として引き下がった。〈夏目漱石、坊っちゃん〉

用法 「明明白白たる事実」などの形で用いられることが多い。

類義語 一目瞭然《いちもくりょうぜん》・旗幟鮮明《きしせんめい》・灼然炳乎《しゃくぜんへいこ》

対義語 曖昧模糊《あいまいもこ》・有耶無耶《うやむや》・空空漠漠《くうくうばくばく》

瞑目合掌 めいもく－がっしょう

⇒合掌瞑目《がっしょうめいもく》

用例 伊三次は、墓石もない小さな卒塔婆《そとば》前に瞑目合掌して、位牌と、彼女の形見となった小さな匂い袋を供えた。〈五味康祐、柳生天狗党〉

名誉回復 めいよ－かいふく

意味 一度失ったよい評判や評価、信用を取り戻すこと。

構成 「名誉」は、よい評判。名声。「回復」は、取り返すこと。

用例 わしは内匠頭《たくみのかみ》に殿中で斬られたために、強欲な意地悪爺《いじわるじじい》のように世間に思われた。わしの方が何か名誉回復のために仕返しでもしたいくらいだ。〈菊池寛、吉良上野の立場〉

用法 「名誉回復」は他人の名誉についても用いられるが、「名誉挽回」は、当事者本人の名誉についてしか用いられない。

表記 従来は「名誉恢復」と書くのが普通であったが、現在では常用漢字の「回」に書き換える。

類義語 汚名返上《おめいへんじょう》・失地回復《しっちかいふく》・名誉挽回《めいよばんかい》

名誉毀損 めいよ－きそん

意味 不当に他人の評価をおとしめたり、体面をつぶしたりすること。
構成「名誉」は、よい評判。名声。また、体面。世間体。「毀損」は、きずつけること。「毀」は、こわす。
用例 遺族に対する名誉毀損の故を以《も》って山本未亡人に告訴された。〈阿川弘之、山本五十六〉

名誉挽回 めいよ-ばんかい

意味 一度失ったよい評判や評価、信用を取り戻すこと。
構成「名誉」は、よい評判。名声。「挽回」は、もとに引き戻すこと。「挽」は、引っ張り戻す。
用例 これでよし、いまからでも名誉挽回が出来るかも知れぬ、と私は素直に喜んでいた。〈太宰治、善蔵を思う〉
用法「名誉挽回」は、当事者が本人の名誉を取り戻すことに限って用いられるが、「名誉回復」は、他人の名誉を元通りにすることについても用いられる。
注意「挽」を「晩」と書くのは、誤り。
類義語 汚名返上《おめいへんじょう》・失地回復《しっちかいふく》・名誉回復《めいよかいふく》

命令一下 めいれい-いっか

意味 指図が一度下されること。
構成「命令」は、いいつけ。指図。「一下」は、ひとたび下ること。
用例 東郷提督の命令一下で、露国のバルチック艦隊を一挙に撃滅なさるための、大激戦の最中だったのでございます。〈太宰治、葉桜と魔笛〉

明朗快活 めいろう-かいかつ

（快活明朗《かいかつめいろう》）
意味 明るくほがらかで、はきはきとして元気がよいこと。
構成「明朗」は、明るくてほがらかなこと。「快活」は、はきはきとして元気のよいこと。
表記 従来は「明朗快闊」と書くのが普通であったが、現在では常用漢字の「活」に書き換える。
類義語 闊達明朗《かったつめいろう》・明朗闊達《めいろうかったつ》

明朗闊達 めいろう-かったつ

（闊達明朗《かったつめいろう》）
意味 明るくほがらかで、心が広く、小事にこだわらないこと。
構成「明朗」は、明るくてほがらかなこと。「闊達」は、心が広くて、小事にこせこせしないこと。「闊」は、広い。
用例「ええ、これから防空演習の件について、いささか申し上げます」と、その声はまた明朗闊達であった。〈原民喜、壊滅への序曲〉
表記 (1)「闊」の代わりに異体字の「濶」を書くこともあるが、現在では、印刷物などでは「闊」を用いるのが普通。(2)「明朗豁達」とも書く。
類義語 快活明朗《かいかつめいろう》・明朗快活《めいろうかいかつ》

名論卓説 めいろん-たくせつ

⇩高論卓説《こうろんたくせつ》
用例 何かの話の具合で我々の人生観を話すことになってね、まア聴いて居給《たま》え名論卓説、滾々《こんこん》として尽きずだから。〈国木田独歩、牛肉と馬鈴薯〉

迷惑至極 めいわく-しごく

意味 厄介な目にあって、この上なく困ること。非常にめんどうなこと。
構成「迷惑」は、やっかいなめにあって困ること。嫌な思いをすること。めんどう。「至極」は、この上ないこと。
用例 肥後侯を斬ったのであろう。人違いなどとは、迷惑至極な臆測《おくそく》じゃ。〈芥川竜之介、忠義〉
注意「至極」を「しきょく」と読むのは、誤り。
類義語 迷惑千万《めいわくせんばん》

迷惑千万 めいわく-せんばん

意味 厄介な目にあって、この上なく困ること。非常にめんどうなこと。
構成 「迷惑」は、やっかいなめにあって困ること。嫌な思いをすること。めんどう。「千万」は、この上もないこと。非常に。
用例 実は迷惑千万であるが、この戦争を記述する上において必要であるからやむを得ない。〈夏目漱石、吾輩は猫である〉
用法 相手に対する非難の気持ちを込めて用いられることが多い。
注意 「千万」を「せんまん」と読むのは、誤り。
類義語 迷惑至極《めいわくしごく》

滅私奉公 めっし-ほうこう

意味 私心を捨て、主人や公のために力を尽くすこと。
構成 「滅私」は、私心を捨てること。自分の利害を考えないこと。「奉公」は、国や社会などの公、または、主人や主君などのために、奉仕すること。
出典 私を滅して公に奉ずる者は、以《もっ》て自ら明らかなるを得たり。〈中唐、元稹、崔稜尚書戸部侍郎を守るべきの制〉
用例 そりゃ悦《よろこ》んで、万歳と言って、滅私奉公だとか、聖戦だとかいう言葉を信じ切って、征《ゆ》ける人間はいいよ。〈福永武彦、草の花〉

免許皆伝 めんきょ-かいでん

意味 武術や技術などの奥義を、残らず弟子に伝えさずけること。また、その証書。
構成 「免許」は、ゆるすこと。また、一般にはゆるさない行為を、ある特定の場合に、特定の人に限りゆるすこと。「皆伝」は、全て伝授すること。
用例 十九の年に、免許皆伝を許されると、彼はただちに報復の旅に上ったのである。〈菊池寛、恩讐の彼方に〉
用法 本来、師から弟子に伝授する意味であるが、「免許皆伝を許される」「免許皆伝の腕前」など、伝授される側からの表現として用いられることが多い。

面従後言 めんじゅう-こうげん

意味 人の面前では、こびへつらって服従し、相手がいないところでは、悪口を言うこと。
構成 「面従」は、人の面前では、こびへつらい従うこと。「後言」は、当人の背後、当人の見ていないところで悪口を言うこと。陰口。
出典 予《われ》違《たが》はば汝《なんじ》弼《たす》けよ、汝、面従し、退きて後言《こうげん》有ること無かれ。〈書経、益稷〉
用例 今にして思えば面従後言の徒は意中に毒蛇を含んでいたのである。〈舟橋聖一、りつ女年譜〉
類義語 面従腹背《めんじゅうふくはい》

面従腹背 めんじゅう-ふくはい

意味 表面では服従しているようであるが、内心では反抗していること。
構成 「面従」は、人の面前では、こびへつらい従うこと。「腹背」は、心の中ではそむくこと。
用例 そんな本音をもちろん彼は表には出さない。「面従腹背」というのが今の彼の人生訓なのだ。〈遠藤周作、深い河〉
類義語 面従後言《めんじゅうこうげん》

面折廷諍 めんせつ-ていそう

⇩廷諍面折《ていそうめんせつ》
出典 今に於《お》いて面折廷争するは、臣、君に如《し》かず。〈史記、呂后本紀〉

面壁九年 めんぺき-くねん

(九年面壁《くねんめんぺき》)
意味 ①九年間の長い間、壁に向かって座禅を組んで修行すること。②転じて、長年わき目もふらずに勉学することのたとえ。

構成「面壁」は、壁に向かって座禅を組むこと。「九年」は、九年間。長い年月をいう。

故事 達磨大師《だるまだいし》が、嵩山《すうざん》の少林寺にこもり、長い年月、壁に向かって座禅をして精神を鍛え、悟りを開いたという故事による。

出典 達磨《だるま》彼に至り、亦《ま》た出で見えず。直ちに少林に過《ぎょ》りて、面壁九年、二祖に接し得たり。〈碧巌録、一則〉

用例 ①達磨大師の、面壁九年になぞらえて、わちきも操《みさお》を守るための修業をしようと、〈佐々木味津三、右門捕物帖、達磨を好く遊女〉②面壁九年。さらに想を練り、案を構え。雌伏。〈太宰治、懶惰の歌留多〉

綿密周到 めんみつ-しゅうとう

⇩周到綿密《しゅうとうめんみつ》

用例 ハワイ作戦に関しては、早くから綿密周到な計画を樹て、〈阿川弘之、山本五十六〉

面目一新 めんもく-いっしん

意味 ①それまでの世間の評価とは全く違う、高い評価を得るような状態にすること。②外見や内容を、以前とは全く変えて新しくすること。

構成「面目」は、世間体。世間から受ける評価。世間に対する名誉。人にあわせる顔。「一新」は、古いことを全部改めて全てを新しくすること。すっかり新しくすること。

用例 ①ぼくもまた、君に面目一新したところを見ていただきたいと切望しています。〈海音寺潮五郎、孫子〉

注意「面目」は、「名誉」の意味では「めんぼく」、「外見」の意味では「めんもく」と読むのが慣用。この熟語の場合、どちらの意味でも用いられるので、「めんぼくいっしん」とも読む。

類義語 一新紀元《いちしんきげん》・一新更始《いっしんこうし》・更始一新《こうしいっしん》

対義語 旧態依然《きゅうたいいぜん》

面目躍如 めんもく-やくじょ

意味 世間の評価に違わぬ活躍をし、生き生きとしていること。また、名声・世間体などがより一層よくなること。

構成「面目」は、世間体。世間から受ける評価。世間に対する名誉。人にあわせる顔。「躍如」は、勢いのよいこと。生き生きとしていること。「如」は、語尾に付いて形容詞を作る助字。

用例 ここら辺が江戸名物旗本退屈男の面目躍如たるところですが、安心いたせと言ったにも拘らず、風体怪しきそれなる血まみれ男を、ちゃんとそこの庭先へすて置いたままでしたから、〈佐々木味津三、続旗本退屈男〉

用法「面目躍如たる～」の形で用いられることが多い。

注意 (1)「面目」は、「名誉」の意味では「めんぼく」、「外見」の意味では「めんもく」と読むのが慣用。従ってこの熟語の場合、本来は「めんもく」と読むべきであるが、一般には「めんぼく」と読むこともある。(2)「躍如」を「やくにょ」と読むのは、誤り。

も

妄言綺語　もうげん－きご

意味　仏教で、でたらめのことを言って、嘘をつくこと。また、そのことば。

構成　「妄言」は、仏教の十悪の一つ。でたらめのことをいうこと。偽り。また、みだらなことば。「綺語」は、仏教の十悪の一つ。巧みに偽り飾ったことば。

出典　両舌・悪口・妄言・綺語・讒賊《ざんぞく》し闘乱す。善人を憎嫉《ぞうしつ》し、賢明を敗壊《はいえ》す。〈無量寿経、下〉

用例　唯《ただ》願うらくはかの如来《にょらい》大慈大悲我が小願の中に於《お》いて大神力を現じ給《たま》い妄言綺語の淤泥《おでい》を化して光明顕色の浄瑠璃《じょうるり》となし、〈宮沢賢治、二十六夜〉

注意　「ぼうげんきご」とも読む。

類義語　虚誕妄説《きょたんもうせつ》・造言飛語《ぞうげんひご》・飛語巷説《ひごこうせつ》・漫語放言《まんごほうげん》・妄誕無稽《もうたんむけい》・流言飛語《りゅうげんひご》

妄言多謝　もうげん－たしゃ

意味　でたらめなことを言ったのを、深くわびること。手紙で自分の意見や思いを述べた後に添えることば。

構成　「妄言」は、仏教の十悪の一つ。でたらめのことをいうこと。偽り。また、みだらなことば。「多謝」は、深く罪をわびること。

用例　妄言多謝十二月二十七日朝〈葛西善蔵、奇病患者〉

用法　謙遜して用いられることが多い。

注意　「ぼうげんたしゃ」とも読む。

類義語　恐悦至極《きょうえつしごく》・恐恐謹言《きょうきょうきんげん》・恐惶謹言《きょうこうきんげん》・恐惶嘆願《きょうこうたんがん》・惶恐再拝《こうきょうさいはい》・再拝稽首《さいはいけいしゅ》・誠恐誠惶《せいきょうせいこう》・誠惶誠恐《せいこうせいきょう》・頓首再拝《とんしゅさいはい》

妄誕無稽　もうたん－むけい

意味　根拠がなく、でたらめなこと。うそ偽り。

構成　「妄誕」は、うそ。偽り。「誕」は、ここでは、偽り。「無稽」は、よりどころがないこと。でたらめ。「稽」は、ここでは、考え。

用例　苟《かりそめ》にも妄誕無稽に類する時代ちがいの形容なんど描きいだすまじき事なりかし。〈坪内逍遥、小説神髄〉

注意　「ぼうたんむけい」とも読む。

類義語　虚誕妄説《きょたんもうせつ》・造言飛語《ぞうげんひご》・飛語巷説《ひごこうせつ》・漫語放言《まんごほうげん》・妄言綺語《もうげんきご》・流言飛語《りゅうげんひご》

孟母三遷　もうぼ－さんせん

意味　①孟子《もうし》の母が、環境が及ぼす感化を恐れて、孟子の教育のために、三か所に住居を移した故事。②転じて、子供の教育には、よい環境を選ぶことが大切であるということのたとえ。

構成　「孟母」は、戦国時代中期の儒家の学者、孟子（孟軻《もうか》）の母。「三遷」は、住居を三度変えること。

故事　中国の戦国時代、孟子《もうし》の母は最初、墓地の近くに住んでいた。しかし、子どもの教育のため、環境の及ぼす変化を恐れ、市場の近く、学校の近くへと三度、居を移した故事による。

出典　孟軻の母は、孟母と号す。其《そ》の舎《いへ》墓に近し。孟子の少《わか》きとき、嬉遊するに墓間の事を為《な》し、踊躍築埋《ゆうやくちくまい》す。……乃《すなは》ち去りて市の傍らに舎す。其の嬉戯するに賈人衒売《こじんげんばい》の事を為す。……復《ま》た徙《うつ》りて学宮の傍らに舎す。其の嬉遊するに乃ち俎豆《そとう》を設け、揖譲《ゆうじょう》進退す。孟母曰《い》はく、真に以《も》って吾が子を居《を》らしむべし、と。〈列女伝、母儀、鄒の孟軻の母の伝〉

用例　①幼いころから幾十回となく、孟母三遷の教えというものを聞かされて、それになみなみならぬ感激を覚えていた。

〈下村湖人、次郎物語〉

用法 ②の意味の場合は、特に「孟母三遷の教え」、略して「三遷の教え」ということが多い。

類義語 孟母断機《もうぼだんき》

孟母断機 もうぼ-だんき

意味 ①孟子《もうし》の母が織っていた織物を断ち切って、学問を中途でやめるのは、この断ち切った機織物と同様に役に立たないものだと孟子を戒めた故事。②転じて、学問を途中でやめてしまわないようにという戒め。

構成 「孟母」は、戦国時代中期の儒家の学者、孟子（孟軻《もうか》）の母。「断機」は、織りかけた機織物を断ち切ること。

故事 中国の戦国時代、孟子《もうし》が、まだ学業の完成しないうちに遊学から帰ってきた。すると母は、織っていた織物を途中で裁ち切って、学問を途中でやめるのはこれと同じようなことだ、といいましめた故事による。

出典 孟母方《まさ》に績《つむ》ぐ。問ひて曰《いわ》く、学至る所ありや、と。孟子曰はく、自若《じじゃく》たり、と。孟母刀を以《もっ》て其《そ》の織《しょく》を断つ。孟子懼《おそ》れて其の故を問ふ。孟母曰はく、子の学を廃するは、吾が斯《こ》の織を断つがごときなり、と。〈列女伝、母儀、鄒の孟軻の母の伝〉

用例 ①孟母断機ということが書いてあるが、孟子の母は、わが子が途中より帰ってきたとき、〈村井弦斎、近江聖人〉

用法 ②の意味の場合は、特に「孟母断機の戒め（教え）」、略して「断機の戒め（教え）」ということが多い。

類義語 孟母三遷《もうぼさんせん》

沐雨櫛風 もくう-しっぷう

⇩櫛風沐雨《しっぷうもくう》

出典 甚雨《じんう》に沐し、疾風に櫛《くしけず》りて、万国を置く。〈荘子、天下〉

用例 わが妻子わすれむと、あがき苦しみつつ、一度持たせられし旗の捨てがたくして、沐雨櫛風、ただ、ただ上へ、〈太宰治、HUMAN LOST〉

黙契秘旨 もくけい-ひし

⇩もっけい-ひし

黙思口吟 もくし-こうぎん

意味 黙って考え込んで、小声で口ずさむこと。

構成 「黙思」は、黙って考え込むこと。「口吟」は、口ずさむこと。「吟」は、口ずさむ。

用例 一路人影なし。独り歩み黙思口吟し、足にまかせて近郊をめぐる。〈国木田独歩、武蔵野〉

目食耳視 もくしょく-じし

意味 見た目のよさだけで食べ、耳で快く感じたものだけを見る。外見に心を奪われ、衣食本来の目的を離れてぜいたくになること。

構成 「目食」は、見た目のよさだけで食べること。転じて、外見に心を奪われること。「耳視」は、耳で快く感じたものだけを見ること。転じて、本来の目的を離れること。

出典 嗚呼《ああ》、衣服の奢《しゃ》し、日一日より甚《はなは》だし。以《もっ》て耳視して目食せざる者鮮《すく》なし。〈南宋、司馬光、迂書〉

沐浴斎戒 もくよく-さいかい

⇩斎戒沐浴《さいかいもくよく》

用例 さそくに沐浴斎戒いたしまして、焼き直したところ、〈佐々木味津三、右門捕物帖、毒を抱く女〉

黙契秘旨 もっけい-ひし

意味 ことばを交わすことなく、秘密にしたままで、互いに了解しあっている考え。

構成 「黙契」は、話さなくても意志が通じ合うこと。言わず語らずのうちに互いに

了解しあうこと。「秘旨」は、秘密の考え。用例 外に現われたところは、信虎国外に去り、信玄国内に拠ったことではあるが、父子の間に何様《どう》いう黙契秘旨があったかも知れない。〈幸田露伴、武田信玄〉 注意 「もくけいひし」とも読む。類義語 (「ことばを交わさずに」の意味で)以心伝心《いしんでんしん》・感応道交《かんのうどうこう》・神会黙契《しんかいもっけい》・拈華微笑《ねんげみしょう》・不立文字《ふりゅうもんじ》(「秘密に」の意味で)一子相伝《いっしそうでん》・奥義秘伝《おうぎひでん》・真言秘密《しんごんひみつ》・父子相伝《ふしそうでん》

物見遊山 ものみ－ゆさん

意味 気晴らしに外出して、いろいろなものを見物すること。行楽。構成 「物見」は、見物すること。観覧。「遊山」は、気晴らしに外出すること。行楽。用例 日曜日に物見遊山に出掛け汽車の中の空席を奪い取ろうがためには、プラットフォームから女子供を突き落とす事を辞さないのも、〈永井荷風、濹東綺譚〉 注意 「遊山」を「ゆうさん」と読むのは、誤り。

門外不出 もんがい－ふしゅつ

意味 ①書画・骨董といった貴重なものや貴重な資料、すぐれた技術などを秘蔵しておいて、決して他人に見せたり貸したりしないこと。大切なものを外に持ち出したり、公開したりしないこと。②一歩も外に出ないこと。構成 「門外」は、門の外。「不出」は、出ないこと。また、出さないこと。用例 ①また、門外不出の大事な資料を自由に閲覧させて下さった皆さんの御好志のほどは忘れ難い。〈太宰治、惜別〉②何か人目を憚《はばか》るわけがあると云《い》って、門外不出で暮らしているのである。〈森鷗外、護持院原の敵討〉 類義語 他言無用《たごんむよう》

門戸開放 もんこ－かいほう

意味 ①家の出入り口をあけはなすこと。②出入りや就職などの制限を取り除くこと。③経済的市場、その他に関して機会が均等であることを意味する外交用語。構成 「門戸」は、門と戸。家の出入り口。「開放」は、あけはなすこと。あけ広げること。用例 ③おなじころ、霧の深いロンドンでは、パーマストン外相が専門家を集めて、対清《たいしん》政策を研究し、門戸開放の計画を練っていた。〈陳舜臣、阿片戦争〉 注意 「開放」を「解放」と書くのは、誤り。

門前雀羅 もんぜん－じゃくら

意味 門の前に雀を捕る網を張ること。人の往来がないと、門の前に雀を捕るための網を張っておくことができるということから、退職したり、落ちぶれたりして、訪問者もなく、門前のさびしいようすのたとえ。構成 「門前雀羅を張る」の略。「門前」は、門の前。「雀羅」は、雀を捕る網。出典 賓客《ひんきゃく》亦《また》已《すで》に散じ、門前雀羅張る。〈唐、白居易、寓意詩〉 用例 私が一週間も居なかった日にゃ、門前雀羅を張るんだわ。手紙一ツ来ないんですもの。〈泉鏡花、婦系図〉

問答無益 もんどう－むえき

⇩問答無用《もんどうむよう》 用例 将軍家が危急の場合に一働きしないで、何とするか。もはや問答無益じゃ。〈菊池寛、仇討禁止令〉 注意 「もんどうむやく」とも読む。

問答無用 もんどう－むよう

《問答無益《もんどうむえき》》 意味 あれこれ受け答えする必要がないこと。また、事が既に定まっていること。構成 「問答」は、問うことと答えること。また、問いと答えを互いに繰り返すこと。「無用」「無益」は、役に立たないこと。

も

用をなさないこと。
用例 ハル・ノートを、野村と来栖《くるす》とが受け取る時には、その素振りは、もう問答無用、取りつく島もないというようなものであったと、〈阿川弘之、山本五十六〉
用法 相手の意見を聞く気がなく、一方的に自分の主張を通したり、話を終わらせるときなどに用いられることが多い。
類義語 一刀両断《いっとうりょうだん》・単刀直入《たんとうちょくにゅう》

や

薬石無功 やくせき-むこう

意味 あらゆる治療や薬を施しても、その効き目がないこと。人の病死にいう。
構成 漢文訓読では、「薬石功無し」と読む。「薬石」は、病気を治す薬と石製の針。また、「石」は、石を原料とする薬ともいう。転じて、薬剤の総称。また、病気の治療。「無功」は、効果がないこと。効き目がないこと。
出典 天、譴《けん》を示し、疚《やまひ》を躬《み》に降し、薬石功無く、弥留《びりゅう》斯《ここ》に迫れり。〈唐、宣宗、皇太子の位に即くを命ずる冊文〉
用法 「薬石功無し」の形で用いられることが多い。
表記 「薬石無効」とも書く。
類義語 気息奄奄《きそくえんえん》・残息奄奄《ざんそくえんえん》・半死半生《はんしはんしょう》・半生半死《はんしょうはんし》・満身創痍《まんしんそうい》

野人田夫 やじん-でんぷ

⇩田夫野老《でんぷやろう》
用例 野暮は「野夫」の音転であるという。すなわち通人粋客に対して、世態に通じない、人情を解しない野人田夫の意である。〈九鬼周造、「いき」の構造〉

野心満満 やしん-まんまん

意味 身分にふさわしくない望みをかなえようとする気概が、満ちあふれているようす。
構成 「野心」は、身分にふさわしくない望み。野望。「満満」は、満ちあふれること。
用例 基一郎は表面は何喰《く》わぬ顔をしていたが、実は野心満々として種々の手を打ちはじめていたのであった。〈北杜夫、楡家の人びと〉
類義語 虎視眈眈《こしたんたん》・垂涎三尺《すいぜんさんじゃく》・竜驤虎視《りゅうじょうこし》

野戦攻城 やせん-こうじょう

⇩攻城野戦《こうじょうやせん》
用例 信長の家来には、野戦攻城の荒武者はいても、その種のことはたれも知らない。〈司馬遼太郎、国盗り物語〉

野蛮草昧 やばん-そうまい

意味 文化が遅れ、世の秩序が乱れていること。
構成 「野蛮」は、人知が開けず、文化の遅れていること。「草昧」は、世の秩序が乱

れたままで、天下の定まらないときをいう。「草」は、ここでは、始め。「昧」は、暗い。
用例 孔子の時代は、明治を去ること二千有余年、野蛮草昧の世の中なれば、教えの趣意もその時代の風俗人情に従い、〈福沢諭吉、学問のすすめ〉
注意 「昧」を「味」「眛」と書くのは、誤り。
類義語 被髪左衽《ひはつさじん》・未開野蛮《みかいやばん》・野蛮未開《やばんみかい》
対義語 文明開化《ぶんめいかいか》

野蛮未開 やばん-みかい

⇩未開野蛮《みかいやばん》
用例 人間の心理遺伝は、その近い先祖たちの各個人個人の特徴を現わすと同時に、ずっと大昔の野蛮未開時代に、各方面から入れ混って来た、各人種の心理的特徴をも、併せて現わしておりますので、〈夢野久作、ドグラ・マグラ〉

野卑滑稽 やひ-こっけい

意味 下品でいやしく、常識をはずれていてばかばかしい感じがすること。
構成 「野卑」は、粗野で下品なこと。いやしいこと。「滑稽」は、常識をはずれていて、ばかげた感じがすること。おかしいこと。ばかばかしいこと。
用例 初め一概に野卑滑稽としか映らなかった胡地《こち》の風俗が、しかし、その地の実際の風土・気候等を背景として考えて見ると決して野卑でも不合理でもないことが、しだいに李陵《りりょう》にのみこめて来た。〈中島敦、李陵〉
表記 従来は「野鄙滑稽」と書くのが普通であったが、現在では常用漢字の「卑」に書き換える。
類義語 俗臭芬芬《ぞくしゅうふんぷん》・品性下劣《ひんせいげれつ》
対義語 軽妙洒脱《けいみょうしゃだつ》・滑稽洒脱《こっけいしゃだつ》

夜郎自大 やろう-じだい

意味 世間知らずで、知識や実力もないのに、人に対して尊大にかまえることのたとえ。
構成 「夜郎」は、国の名。漢代、中国の西南（今の貴州省北西部）に拠った異民族。西南夷の一つ。「自大」は、自分から誇り高ぶること。尊大にかまえること。
故事 中国の前漢の時代、西南夷《せいなんい》の中で勢力を誇っていた夜郎国の族長が、自国のみが大国だと思い込んで、漢の使者に向かって夜郎と漢との大小を尋ねたという故事による。
出典 滇王《てんおう》、漢の使者と言ひて曰《い》はく、漢は我が大なるに孰与《いず》れぞ、と。夜郎侯に及ぶも亦《ま》た然《しか》り。道の通ぜざるを以て、故に各《おのおの》以《もっ》て一州の主と為《な》りて、漢の広大なるを知らず。〈史記、西南夷伝〉
用例 日本は世界の田舎者であり、世間知らずであって、勝手放題の一人よがりとなったのである。所謂《いわゆる》中国人が云《い》う夜郎自大の類《たぐい》である。〈徳富蘇峰、敗戦学校〉
注意 「夜郎」を「野郎」と書くのは、誤り。
類義語 蜀犬吠日《しょっけんはいじつ》

や

ゆ

唯一不二 ゆいいつ－ふじ

⇩唯一無二《ゆいいつむに》

用例 天上皇帝とは、この天地を造らせ給《たも》うた、唯一不二の大御神じゃ。〈芥川竜之介、邪宗門〉

唯一無二 ゆいいつ－むに

《唯一不二《ゆいいつふじ》》

意味 ただ一つしかないこと。それだけで、他にはないこと。

構成 「唯一」は、ただ一つしかないこと。「無二」「不二」は、二つとないこと。

用例 ここの大将はおれだ。わしの陣にいる以上わしを唯一無二の大将と思え。〈司馬遼太郎、国盗り物語〉

類義語 不同不二《ふどうふじ》・無二無三《むにむさん》

唯我独尊 ゆいが－どくそん

意味 ①仏教で、宇宙間でただ自分だけが尊いこと。人格の尊厳を表したことば。釈迦が生まれてすぐ言ったと伝えられることば。②この世の中で、自分が一番偉いとして、うぬぼれること。また、自分のことしか関心がないようす。

構成 「天上天下《てんじょうてんげ》、唯我独尊」の略。「唯我」は、ただ自分だけがということ。「独尊」は、一人だけ尊いこと。

出典 其《そ》の生まるる時に当たり、……行くこと七歩、人の扶持《ふじ》無く、遍《あまね》く四方を観、手を挙げて言ふ、天上天下、唯我独尊。〈長阿含経〉

用例 ①それは母胎を離れた後、「唯我独尊」の獅子吼《ししく》をした仏陀《ぶつだ》よりもはるかに手《た》よりのないものである。〈芥川竜之介、続西方の人〉②あなたは唯我独尊のお態度で、てんで無関心の御様子だったではありませんか。〈太宰治、きりぎりす〉

類義語 厚顔無恥《こうがんむち》・傍若無人《ぼうじゃくぶじん》

有為多望 ゆうい－たぼう

意味 才能があり、将来の可能性にさまざまな希望が持てること。

構成 「有為」は、才能があること。役に立つこと。「多望」は、多くの希望が持てること。

用例 ことに葉子の母が前から木部を知っていて、非常に有為多望な青年だとほめそやしたり、〈有島武郎、或る女〉

注意 「有為転変《ういてんぺん》」のように、仏教用語の場合は「有為」は「うい」と読むのが慣用だが、それ以外では「ゆうい」と読む。

類義語 少壮気鋭《しょうそうきえい》・少壮有為《しょうそうゆうい》・前程万里《ぜんていばんり》・前途多望《ぜんとたぼう》・前途有為《ぜんとゆうい》・前途有望《ぜんとゆうぼう》・前途洋洋《ぜんとようよう》

勇往邁進 ゆうおう－まいしん

意味 目的に向かって、困難をものともせず、勇ましくまっしぐらに前進すること。

構成 「勇往」も「邁進」も、ひるまずに勇んで進むこと。気力が充実して勢いよく前進すること。「邁」は、進む。

用例 歩調をとって「勇往邁進ノ気概」を示して堂々と歩くことが、これほど難儀なものとは予想すらできないことであった。〈北杜夫、楡家の人びと〉

類義語 獅子奮迅《ししふんじん》・努力奮励《どりょくふんれい》・奮闘努力《ふんとうどりょく》・奮励努力《ふんれいどりょく》・力戦奮闘《りきせんふんとう》

有害無益 ゆうがい－むえき

《有害無用《ゆうがいむよう》》

意味 害があるばかりで、何の役にも立たないこと。

構成 「有害」は、害があること。不利益なこと。「無益」「無用」は、役に立たないこと。用をなさないこと。

類義語 有害無用《ゆうがいむよう》・無益有害《むえきゆうがい》・無用有害《むようゆうがい》

用例 高遠なる議論は世のために有害無益なるに似たれども、決して然《しか》らず。〈福沢諭吉、文明論之概略〉

有害無用 ゆうがい－むよう

⇩有害無益《ゆうがいむえき》

用例 部落にとって有害無用と一同から認められた者は、協議の上で之《これ》を処分することが出来るのである。〈中島敦、狐憑〉

雄気堂堂 ゆうき－どうどう

意味 強く勇ましい気力が、あふれているようす。

構成 「雄気」は、勇ましい気力。盛んな気性。「堂堂」は、勇気があふれて、他から犯されないようす。

出典 雄気堂堂斗牛《とぎゅう》を貫き、誓ひて真節を将《も》って君の讐《あだ》に報ゆ。〈南宋、岳飛、青泥市の寺壁に題する詩〉

注意 「雄気」を「勇気」と書くのは、誤り。

類義語 勇気百倍《ゆうきひゃくばい》・勇気凜然《ゆうきりんぜん》・勇気凜凜《ゆうきりんりん》・雄心勃勃《ゆうしんぼつぼつ》

勇気百倍 ゆうき－ひゃくばい

意味 勇ましい気力が非常に増大すること。

構成 「勇気」は、物事を恐れぬ、勇ましい気力。すぐれた度胸。「百倍」は、非常に多くなること。

用例 さらに勇気百倍、阿佐ヶ谷《あさがや》の省線踏切の傍なる屋台店にずいとはいり申し候《そうろう》。〈太宰治、花吹雪〉

類義語 雄気堂堂《ゆうきどうどう》・勇気凜然《ゆうきりんぜん》・勇気凜凜《ゆうきりんりん》・雄心勃勃《ゆうしんぼつぼつ》

勇気凜然 ゆうき－りんぜん

⇩勇気凜凜《ゆうきりんりん》

用例 紅軍の大将たる忠直卿は、自ら三間柄の大身の槍をリュウリュウと扱《しご》いて勇気凜然と出場した。〈菊池寛、忠直卿行状記〉

勇気凜凜 ゆうき－りんりん

（勇気凜然《ゆうきりんぜん》）

意味 勇ましい気力が、きっぱりと現れているようす。失敗や危険を恐れず、勇ましい気力で、物事に立ち向かっていこうとするようす。

構成 「勇気」は、物事を恐れぬ、勇ましい気力。「凜凜」「凜然」は、りりしいようす。勇気のさかんなようす。

用例 米友は勇気凜々として、竿《さお》を打ち振って行く手の群衆に道を開けと命令する。〈中里介山、大菩薩峠、間の山の巻〉

類義語 雄気堂堂《ゆうきどうどう》・勇気百倍《ゆうきひゃくばい》・雄心勃勃《ゆうしんぼつぼつ》

有言実行 ゆうげん－じっこう

意味 自分が口に出してやると言ったことを、実際に成し遂げること。

構成 「不言実行」をもじって作られたことば。「有言」は、口に出すこと。ことばにすること。「実行」は、実際に行うこと。

用例 これからは新藩主の責任において、有言実行なさらねばなりません。〈舟橋聖一、花の生涯〉

用法 強い意志のもと、言ったことは必ず守るという場合と、意志が弱いため、敢えて他人に言うことで、自分を追い込んで事を成し遂げるという場合とがある。

対義語 不言実行《ふげんじっこう》

雄健蒼勁 ゆうけん－そうけい

意味 勢いが盛んで力強いこと。詩文書画などにおいて、そのできばえがすぐれていて、力強いこと。

構成 「雄健」は、詩文書画などのすぐれて力強いこと。「蒼勁」は、勢いが盛んで力強いこと。

用例 航海の描写としては例の通り雄健蒼勁の極みを尽くしたものである。〈夏目漱石、コンラッドの描きたる自然について〉

類義語 気韻生動《きいんせいどう》・光炎万丈《こうえんばんじょう》・峻抜雄健《しゅんばつゆうけん》

憂国慨世　ゆうこく－がいせい

⇩慨世憂国《がいせいゆうこく》

用例 それは、病気にはかかわりのないことと思います。私の憂国慨世の志だ。医師のあなたでも、それはどうしようもない。〈南條範夫、無頼武士道〉

雄材大略　ゆうざい－たいりゃく

意味 すぐれた才能と並はずれた知恵。

構成 「雄材」は、すぐれた才能・能力。「大略」は、人並みはずれた知恵。「略」は、計略。知恵。

出典 武帝の雄材大略のごときは、文・景の恭倹《きょうけん》を改めず、以《もっ》て斯《こ》の民を済《すく》ふ。〈漢書、武帝紀、賛〉

用例 信玄の雄材大略を称する者までが、信玄は偉いことは偉いが、〈幸田露伴、武田信玄〉

幽寂閑雅　ゆうじゃく－かんが

《静寂閑雅《せいじゃくかんが》》

意味 もの静かで風雅な趣のあること。

構成 「幽寂」「静寂」は、ひっそりとしていて静かなこと。「閑雅」は、静かでみやびやかな趣のあること。「閑」は、静か。

用例 掃き浄めた朝の座敷で幽寂閑雅な気分に浸る。〈岡本かの子、東海道五十三次〉

注意 「ゆうせきかんが」とも読む。

類義語 幽趣佳境《ゆうしゅかきょう》

優柔不断　ゆうじゅう－ふだん

意味 思い切りが悪く、ぐずぐずしていること。決断力がないこと。

構成 「優柔」は、思い切りが悪く、ぐずぐずしていること。煮え切らないこと。「不断」は、決断できないこと。思い切りが悪いこと。

用例 源氏のやさしさからかもしれないけれど、そんな優柔不断な返事をされると、迷い多い女心はよけい迷ってしまう。〈田辺聖子、新源氏物語〉

注意 「不断」を「普段」と書くのは、誤り。

対義語 剛毅果断《ごうきかだん》

幽趣佳境　ゆうしゅ－かきょう

意味 奥ゆかしい趣や味わい深い境地。

構成 「幽趣」は、奥ゆかしい趣。「佳境」は、面白さのすぐれたところ。興味深いところ。味わい深い境地。

用例 夫《そ》れ人幽趣佳境に逢着《ほうちゃく》し神韻雅致《しんいんがち》に対峙《たいじ》するや、悠然として清絶高遠《せいぜつこうえん》の妙想を感起せざるはなし。〈坪内逍遥、小説神髄〉

類義語 静寂閑雅《せいじゃくかんが》・幽寂閑雅《ゆうじゃくかんが》

優勝劣敗　ゆうしょう－れっぱい

意味 優れている者は必ず勝ち、劣っている者は必ず負けること。

構成 「優勝」は、優れている者が勝つこと。「劣敗」は、劣っている者が負けること。

用例 腕の立つ者が優位に立ち、未熟者が下位につき、優勝劣敗の原則に従って行動する。〈川口松太郎、新吾十番勝負〉

雄心勃勃　ゆうしん－ぼつぼつ

意味 勇ましい心が、盛んにわきあがってくるようす。

構成 「雄心」は、勇ましい心。「勃勃」は、盛んにわきあがるようす。

用例 雄心勃勃と英俊の気象を有《たも》って居る身で、何で雌伏的態度を取ることが出来るものか。〈幸田露伴、今川義元〉

類義語 雄気堂堂《ゆうきどうどう》・勇気百倍《ゆうきひゃくばい》・勇気凜然《ゆうきりんぜん》・勇気凜凜《ゆうきりんりん》

融通無碍　ゆうずう－むげ

意味 とどこおりなく通じて、妨げのないこと。何のこだわりもなく、自由でのびのびとしていること。

構成 「融通」は、とどこおりなく通ずること。「無碍」は、自由でさまたげのないこ

と。「礙」は、さまたげる。

用例 無理な手を指しても融通無碍に軽くさばくのが坂田将棋の本領だという自信の方が強かったのだ。〈織田作之助、聴雨〉

注意 「礙」の音読みは本来「がい」だが、この場合は慣用的に「げ」と読む。

表記 「礙」の代わりに、異体字の「碍」を書くこともある。

幽寂閑雅 ゆうせき－かんが

⇩ゆうじゃく－かんが

勇壮活発 ゆうそう－かっぱつ

意味 勇ましく元気さかんなこと。

構成 「勇壮」は、勇ましく元気さかんなこと。「活発」は、生き生きとして元気のよいこと。

用例 金を借り倒す事は薩摩琵琶《さつまびわ》をうたうごとく勇壮活発を極めている。〈芥川竜之介、葱〉

表記 従来は「勇壮活潑」と書くのが普通であったが、現在では常用漢字の「発」に書き換える。

類義語 驍勇無双《ぎょうゆうむそう》・勇猛果敢《ゆうもうかかん》・勇猛果断《ゆうもうかだん》・勇猛無比《ゆうもうむひ》

有職故実 ゆうそく－こじつ

意味 古来の朝廷や武家の礼式・典故・官職・法令などのあり方。また、それを研究する学問。

構成 「有職」は、朝廷や武家などの儀式・法制などに明るい人。「故実」は、前代の儀式典礼・法令旧慣などの先例。

用例 禁中の紫雲殿で興子内親王の御即位の儀が、有職故実という朝廷や武家の古来からの礼式に従っていとも厳粛に、〈松本利明、春日局〉

注意 「有職」を「ゆうしょく」と読むのは、誤り。

遊惰放逸 ゆうだ－ほういつ

《放逸遊惰《ほういつゆうだ》》

意味 勝手気ままにあそび怠けるようす。

構成 「遊惰」は、あそび怠けること。「放逸」は、勝手気ままなこと。「逸」は、ここでは、ほしいまま。

用例 小説の寓意《ぐうい》の如《ごと》きは婦女稚童《ふじょちどう》のためにまうけたるものにあらざれば、遊惰放逸に日をくらせる凡庸の徒のためにせしならむ。〈坪内逍遥、小説神髄〉

用法 「遊惰放蕩」よりは、酒色などにふける意味合いは弱い。

類義語 放蕩三昧《ほうとうざんまい》・遊惰放蕩《ゆうだほうとう》・流連荒亡《りゅうれんこうぼう》

遊惰放蕩 ゆうだ－ほうとう

意味 あそび怠け、酒色などにふけって品行がおさまらないこと。

構成 「遊堕」は、あそび怠けること。「放蕩」は、酒色などにふけって品行がおさまらないこと。

用例 遂には遊惰放蕩に流れ、先祖の家督をも一朝の煙となす者なからず。〈福沢諭吉、学問のすすめ〉

用法 「遊惰放逸」よりも、酒色などにふける意味合いが強い。

類義語 放逸遊惰《ほういつゆうだ》・放蕩三昧《ほうとうざんまい》・遊惰放逸《ゆうだほういつ》・流連荒亡《りゅうれんこうぼう》

優美高妙 ゆうび－こうみょう

意味 みやびやかで美しく、高く優れていること。

構成 「優美」は、みやびやかで美しいこと。「高妙」は、高く優れていること。

用例 嗚呼《ああ》不幸なるは女性かな、厭世詩家《えんせいしか》の前に優美高妙を代表すると同時に、醜穢《しゅうわい》なる俗界の通弁となりて其《そ》の嘲弄《ちょうろう》する所となり、〈北村透谷、厭世詩家と女性〉

勇猛精進 ゆうみょう－しょうじん

《精進勇猛《しょうじんゆうみょう》》

意味 ①仏教で、勇ましく強い態度で難行を進んで修めること。②勇気を持って、心ひとすじに物事に打ち込むこと。

構成「勇猛」は、勇ましくて強いこと。勇気があって、たけだけしいこと。「精進」は、一心に仏道を修め努めること。また、物事に対して、心をひとすじにして進むこと。懸命に努力すること。

出典 勇猛精進にして、志願倦《う》むこと無し。〈無量寿経、上〉

用例 ①法話の茶請けに鮫《さめ》の煮凍《にこごり》を勧めたまひしに、勇猛精進なるべき中山派の若僧、人前も憚《はばか》らず捲《まく》り手に箸《はし》を挙げたり。〈泉鏡花、山僧〉②これから出掛けようと勇猛精進の大決心を起こして台所まで飛んで出たが「待てよ」と考えた。〈夏目漱石、吾輩は猫である〉

注意 (1)「勇猛」を「ゆうみょう」と読むのは、仏教用語の慣用。「ゆうもう」と読むのは、誤り。(2)「精進」を「しょうじん」と読むのは、仏教用語の慣用。「せいしん」と読むのは、誤り。

類義語 一心精進《いっしんしょうじん》・帰命頂礼《きみょうちょうらい》・只管打座《しかんたざ》・大死一番《だいしいちばん》

有名無実　ゆうめい-むじつ

意味 名前だけが立派で、実質がそれに伴わないこと。

構成「有名」は、名前が立派なこと。「無実」は、実質が伴わないこと。

出典 宣子《せんし》曰《い》はく、吾《われ》卿《けい》の名有りて其《そ》の実無し、と。〈国語、晋語、八〉

用例 自分の他に六名の委員が居ても多くは有名無実で、本気に世話を焼くものは自分の他に升屋の老人ばかり。〈国木田独歩、酒中日記〉

類義語 浮華虚栄《ふかきょえい》

勇猛果敢　ゆうもう-かかん

（勇猛果断《ゆうもうかだん》）

意味 勇ましく強く、思い切りがよいこと。

構成「勇猛」は、勇ましく強いこと。「果敢」「果断」は、決断力に富んでいること。

用例 イエニチェリ軍団の兵士たちは、スルタンの激励に応えて、勇猛果敢な戦いを展開していた。〈塩野七生、コンスタンティノープルの陥落〉

類義語 驍勇無双《ぎょうゆうむそう》・勇壮活発《ゆうそうかっぱつ》・勇猛無比《ゆうもうむひ》

勇猛果断　ゆうもう-かだん

⇩勇猛果敢《ゆうもうかかん》

用例 自分の生命にさえ一顧を与えない勇猛果断な男だ。〈葉山嘉樹、海に生くる人々〉

勇猛無比　ゆうもう-むひ

意味 他に匹敵するものがいないほど、勇ましくて強いこと。たぐいまれな強さ。

構成「勇猛」は、勇ましくて強いこと。勇気があって、たけだけしいこと。「無比」は、比べるものがないこと。比類が無いこと。

用例 ユーヂットは、操《みさお》を犠牲にしましたが、それは相手が、勇猛無比なホロフエルネスで、操を捨ててかからなければ、〈菊池寛、真珠夫人〉

類義語 驍勇無双《ぎょうゆうむそう》・勇壮活発《ゆうそうかっぱつ》・勇猛果断《ゆうもうかだん》

悠悠閑閑　ゆうゆう-かんかん

意味 ①のんびりしているようす。気の長いようす。のんきに構えるようす。②ゆったりとして静かに落ち着いているようす。

構成「悠悠」は、ひまなようす。のんびりとして落ち着いているようす。他と関わりなく、ゆったりとしたようす。「閑閑」は、ゆったりとしているようす。静かに落ち着いているようす。「閑」は、静か。

用例 ①作者が創作人物の名前を悠々閑々と思案する……などいう事は今のスピード時代には望まれない事かも知れな

い。〈夢野久作、創作人物の名前について〉②いわば悠々閑々と澄み渡った水の隣に、薄紙一重の界も置かず、たぎり返って渦巻き流れる水がある。〈有島武郎、或る女〉

【表記】「悠悠緩緩」「優優寛寛」「優優簡簡」などとも書く。

【類義語】悠悠閑適《ゆうゆうかんてき》・悠悠自適《ゆうゆうじてき》

【対義語】俗用多端《ぞくようたたん》・多事多端《たじたたん》

悠悠閑適 ゆうゆう-かんてき

【意味】ゆったりとして、心静かに楽しく過ごすこと。

【構成】「悠悠」は、ゆったりとしたようす。また、ひまなようす。「閑適」は、心静かに楽しく過ごすこと。「閑」は、静か。

【用例】猶《なお》其《そ》の平時の操業に於《お》けるが如《ごと》くにして、人心の優悠閑適なるを表するに適するものとす。〈坪内逍遥、小説神髄〉

【表記】「優悠閑適」「優游閑適」とも書く。

【類義語】悠悠閑閑《ゆうゆうかんかん》・悠悠自適《ゆうゆうじてき》

【対義語】俗用多端《ぞくようたたん》・多事多端《たじたたん》

悠悠自適 ゆうゆう-じてき

【意味】俗世間の諸事にわずらわされず、自分の思うままに、ゆったりと心静かに過ごすこと。

【構成】「悠悠」は、ひまなようす。のんびりとして落ち着いているようす。他と関わりなく、ゆったりとしたようす。「自適」は、自分の思うままに楽しむこと。自分の心に合うように生活すること。

【出典】香を焚《た》き仏に礼し、優游自適す。〈青山佩玄斉、大高源吾母に訣る書〉

【用例】自分は悠々自適できる隠遁《いんとん》した教授ではなく、二つの病院の長を勤める時間のない開業医にすぎないのだ。〈北杜夫、楡家の人びと〉

【用法】定年後の生活を表現する際などに、「悠悠自適の生活」「悠悠自適の毎日」といった形で用いられることが多い。

【表記】「優悠自適」「優游自適」とも書く。

【類義語】悠悠閑閑《ゆうゆうかんかん》・悠悠閑適《ゆうゆうかんてき》

【対義語】俗用多端《ぞくようたたん》・多事多端《たじたたん》

愉快活発 ゆかい-かっぱつ

【意味】楽しく生き生きとして、心地のよいこと。気分がよく、元気のあること。

【構成】「愉快」は、楽しくて気持ちのよいこと。「活発」は、生き生きとして、元気や勢いのよいこと。

【用例】生は人の意表に出づる議論を好みて、文章を造るに愉快活潑の気象をしければ、〈北村透谷、石坂ミナ宛書簡一八八七年八月十八日〉

【表記】従来は「愉快活潑」と書くのが普通であったが、現在では常用漢字の「発」に書き換える。

【類義語】愉快適悦《ゆかいてきえつ》

愉快適悦 ゆかい-てきえつ

【意味】楽しく心地よいこと。

【構成】「愉快」は、楽しくて気持ちのよいこと。「適悦」は、満足し、喜ぶこと。楽しくて気分のよいこと。

【用例】嬉笑《きしょう》にも相感じ怒罵《どば》にも相感じ、愉快適悦、不平煩悶《ふへいはんもん》にも相感じ、〈二葉亭四迷、浮雲〉

【類義語】愉快活発《ゆかいかっぱつ》

油断大敵 ゆだん-たいてき

【意味】気をゆるめて注意を怠ることは、失敗を招く原因となるので、強敵として十分に慎むべきであるということ。

【構成】「油断」は、気をゆるめて注意を怠ること。ある王が家来に油の容器を持たせ、一滴でも中の油をこぼせば、罰として命を断つと言ったという、「涅槃経《ねはんぎょう》」に見える故事に基づくという。「大敵」は、強い敵。

【用例】たけは、油断大敵でせえ、と言っただけで格別ほめもしなかった。〈太宰治、津軽〉

踊躍歓喜 ゆやく-かんぎ

意味 仏教で、おどりあがって、大いに喜ぶこと。信仰を得た際の喜びの表現。
構成 「踊躍」は、おどりあがって喜ぶこと。「歓喜」は、身も心も喜ぶこと。浄土宗では、死後の往生を前もって喜ぶことをいう。
用例 仏の救いを信ずるものの感ずる喜びですな、経にいわゆる踊躍歓喜の情ですな。〈倉田百三、出家とその弟子〉
注意 (1)「踊跳」を「ゆやく」、「歓喜」を「かんぎ」と読むのは、仏教用語の慣用。「ようやく」「かんき」と読むのは、誤り。(2)「歓」を「勧」「観」と書くのは、誤り。「歓」は「よろこぶ」、「勧」は「すすめる」、「観」は「みる」の意味。
表記 従来は「踴躍歓喜」とも書いたが、現在では、常用漢字の「踊」を用いるのが普通。
類義語 狂喜乱舞《きょうきらんぶ》・欣喜雀躍《きんきじゃくやく》

よ

余韻嫋嫋 よいん－じょうじょう

意味 楽曲の美しい響きが、後に長く残っているようす。美しい音色や声などが、細長く続いて絶えないようす。また、物事が終わった後まで残る感覚や風情、詩文などの言外の趣・余情のたとえ。
構成 「余韻」は、音の鳴り終わった後まで残っている、美しい響き。「嫋嫋」は、音声が細く長く響いて、とぎれないようす。
出典 余音嫋嫋として、絶えざること縷《る》のごとし。〈北宋、蘇軾、前赤壁の賦〉
用例 ああ、余韻嫋々、一鳥啼きて山さらに静かなりとはこの事だ、〈太宰治、津軽〉
表記 まれに「余音嫋嫋」と書くこともある。

妖異幻怪 ようい－げんかい

意味 この世のものとは思われないあやしいものや、尋常の能力では計り知れない不思議なこと。
構成 「妖異」「幻怪」ともに、あやしく不思議なこと。
用例 物思いしながら降神術をする巫女が妖異幻怪なることを云《い》い出すのを聞き味わっている。〈幸田露伴、芭蕉入門〉
類義語 悪鬼羅刹《あっきらせつ》・異類異形《いるいいぎょう》・怨霊《おんりょう》怪異《かいい》・怪力乱神《かいりょくらんしん》・牛頭馬頭《ごずめず》・狐狸妖怪《こりようかい》・山精木魅《さんせいもくみ》・魑魅魍魎《ちみもうりょう》・妖怪変化《ようかいへんげ》

用意周到 ようい－しゅうとう

意味 万事行き届いて、準備に手落ちのないこと。
構成 「用意」は、準備。支度。「周到」は、よく行き届いていて、手落ちのないこと。「周」は、あまねく。
用例 駅まで行く間、山地特有の驟雨《しゅうう》がきた。基一郎は用意周到に蝙蝠傘《こうもりがさ》を持っている。〈北杜夫、楡家の人びと〉
注意 「到」を「倒」と書くのは、誤り。
類義語 用意万端《よういばんたん》・用心堅固《ようじんけんご》

用意万端 ようい－ばんたん

意味 準備の全て。
構成 「用意」は、準備。支度。「万端」は、何もかも。全て。
用例 実際父の柩《ひつぎ》は、用意万端整えられていたものの中にはめ込まれたような、所を得すぎた感じで置かれていた。〈三島由紀夫、金閣寺〉

用法「用意万端整う」という形で用いられることが多い。
類義語 用意周到《ようい しゅうとう》・用心堅固《ようじん けんご》

要害堅固 ようがい－けんご

意味 険しい地形に軍勢を配し城を構えて、敵の攻撃に対する備えがかたいこと。
構成「要害」は、地勢が険しく、敵の攻撃を防ぐのに都合がよい場所。また、そのような場所に建てられた城や砦。味方にとっては要、敵にとっては害の意味。「堅固」は、かたいこと。しっかりとしていて頑丈なこと。
用例 謙信は三月十三日、小田原城の総攻撃を開始したが、城は要害堅固をもって知られ、しかも城兵よく防戦して容易に落ちなかった。〈井上靖、風林火山〉
注意「堅固」を「けんこ」と読むのは、誤り。
類義語 金城鉄壁《きんじょう てっぺき》・金城湯池《きんじょう とうち》・堅牢堅固《けんろう けんご》・金剛不壊《こんごう ふえ》・難攻不落《なんこう ふらく》・不壊金剛《ふえ こんごう》

妖怪変化 ようかい－へんげ

意味 ①化け物。自然界に宿る気や霊魂・動植物などが、怪しい姿・形をして現れ出たとされるもの。②並のものとはかけ離れた性質を持っている人や物のたとえ。
構成「妖怪」「変化」ともに、化け物。もののけ。特に「変化」は、動物などが姿を変えて現れたものをいう。
用例 ①にがいような匂いを放つ常緑樹の生垣、鬱蒼《うっ そう》とした木立の群れ、妖怪変化がたむろしていてもよさそうな広大なその墓地は、〈北杜夫、楡家の人びと〉②怪奇、冒険、ユーモア、ナンセンス、変態心理といったような読物の妖怪変化が、ウジャウジャと押し合いへし合いながら巣喰《すく》っている。〈夢野久作、探偵小説の正体〉
注意「変化」は、「化け物」の意味の場合は、慣用的に「へんげ」と読む。「へんか」と読むのは、「かわる、あらためる」の意味の場合で、ここでは誤り。
類義語 悪鬼羅刹《あっき らせつ》・異類異形《いるい いぎょう》・怨霊《おんりょう》・怪異《かいい》・怪力乱神《かいりょく らんしん》・牛頭馬頭《ごず めず》・狐狸妖怪《こり ようかい》・山精木魅《さんせい もくみ》・魑魅魍魎《ちみ もうりょう》・妖異幻怪《ようい げんかい》

陽関三畳 ようかん－さんじょう

意味 ①唐の詩人王維《おうい》の「元二《げんじ》の安西《あんせい》に使ひするを送る」詩の第四句(一説に第二句以下の三句)を、三回反復して歌うこと。別れの歌として広く愛唱された。②転じて、送別の歌。
構成「陽関」は、中国からシルクロードへの入口にある関所。「元二の安西に使ひするを送る」の詩に歌われているために、特に、この詩そのものを指す。「三畳」は、三回繰り返して歌うこと。「畳」は、ここでは、繰り返す。

容顔美麗 ようがん－びれい

意味 顔かたちが美しいこと。
構成「容顔」は、顔かたち。「美麗」は、美しくつややかであること。
用例 名門の中より特に慎重に撰《えら》び挙げられたいずれ劣らぬ容顔美麗、弓箭《きゅう せん》達者の勇士たちは、〈太宰治、右大臣実朝〉
類義語 紅顔可憐《こうがん かれん》

容姿端麗 ようし－たんれい

意味 顔立ちや姿が、きちんと整っていて美しいこと。
構成「容姿」は、姿かたち。顔立ちと姿。「端麗」は、整っていて美しいこと。
用例 元来が埼玉の名主の娘という名のとおった家に生れ、容姿端麗な上に当代一流の学識を備え、〈渡辺淳一、花埋み〉
用法 特に、女性についていう。
類義語 眉目秀麗《びもく しゅうれい》・眉目清秀《びもく せいしゅう》・眉目端正《びもく たんせい》・容貌端正《ようぼう たんせい》

よ

妖姿媚態 ようし-びたい

意味 あやしいまでにあでやかで美しく、なまめかしい姿。また、女性がその美しさを用いて、人にこびたり、人を誘惑したりすること。

構成 「妖姿」「媚態」ともに、なまめかしい姿。また、人の気を引くように色っぽく振る舞うようす。人にこびるようす。

出典 妖姿媚態、綽《しゃく》として余姸《よけん》有り。〈唐、孟棨、本事詩〉

注意 「妖姿」を「容姿」と書くのは、誤り。

類義語 傾国傾城《けいこくけいせい》・傾城傾国《けいせいけいこく》

用心堅固 ようじん-けんご

意味 心配りがしっかりとしていること。きわめて注意深いこと。

構成 「用心」は、心を配って気をつけること。警戒すること。「堅固」は、かたいこと。心がしっかりしていること。

用例 言ってみれば、生きる日から死ぬまで「化けの皮」をかぶって人生を押し渡ろうとする度胸のよさが彼を用心堅固な道徳家たらしめているのである。〈尾崎士郎、人生劇場望郷篇〉

注意 「堅固」を「けんこ」と読むのは、誤り。

類義語 用意周到《よういしゅうとう》・用意万端《よういばんたん》

羊頭狗肉 ようとう-くにく

意味 表の看板には羊の頭をつるしておいて、実際は犬の肉を売ること。良い品を看板に出しておきながら、悪い品を売ること。見せかけや宣伝だけが立派で、実際・実質がそれと一致しないことのたとえ。

構成 「羊頭を懸けて狗肉を売る」の略。「羊頭」は、羊の頭。「狗肉」は、犬の肉。

出典 無門《むもん》曰《い》はく、黄面の瞿曇《くどん》、傍若無人、良を圧して賤と為《な》し、羊頭を懸けて狗肉を売る、と。〈無門関、六則〉

用例 どうせ素人には中身を見分けるのは難しい。「羊頭狗肉」とまではいかないだろうが、輸入肉を高級和牛にされても見逃すかもしれない。〈朝日新聞、天声人語、二〇〇二年一月二六日〉

類義語 言行齟齬《げんこうそご》

容貌魁偉 ようぼう-かいい

意味 顔や姿のたくましく立派なようす。

構成 「容貌」は、顔かたち。姿。「魁偉」は、身体が大きくて立派なこと。

出典 身長八尺、容貌魁偉なり。〈後漢書、郭太伝〉

用例 容貌魁偉な大男が、湯帷子《ゆかたびら》に兵児帯《へこおび》で、ぬっとはいって来るのを見る。これが陸軍少将畑閣下である。〈森鷗外、余興〉

注意 「魁偉」を「怪異」と書くのは、誤り。

類義語 威風堂堂《いふうどうどう》・威風凛然《いふうりんぜん》・威風凛凛《いふうりんりん》・高邁奇偉《こうまいきい》

容貌顔色 ようぼう-がんしょく

⇩顔色容貌《がんしょくようぼう》

用例 表を飾るをもって人間交際の要となすときは、啻《ただ》に容貌顔色のみならず、衣服も飾り飲食も飾り、〈福沢諭吉、学問のすすめ〉

容貌端正 ようぼう-たんせい

意味 顔かたちが整っていて、きちんとしていること。

構成 「容貌」は、顔かたち。姿。「端正」は、整っていて、きちんとしていること。

用例 そうですねえ。容貌端正というような嬢さんです。〈森鷗外、キタ・セクスアリス〉

表記 「容貌端整」とも書く。

類義語 眉目秀麗《びもくしゅうれい》・眉目清秀《びもくせいしゅう》・眉目端正《びもくたんせい》・容姿端麗《ようしたんれい》

瑶林瓊樹 ようりん-けいじゅ

意味 宝石のように美しい林と木。品格が気高く、人並み外れてすぐれていることのたとえ。

構成「瑶林」は、玉《ぎょく》のように美しい林。「瓊樹」は、玉のように美しい樹木。「瑶」も「瓊」も、玉という美しい宝石。

出典 王衍《おうえん》は神姿高徹《しんしこうてつ》にして、瑶林瓊樹のごとしと。〈晋書、王戎伝〉

欲念邪意　よくねん－じゃい

意味 むやみにものを欲しがったり、不正を働こうとしたりする心。

構成「欲念」は、ものを欲しがる心。欲望の心。「邪意」は、正しくない心。邪念。

用例 神理を常として真心を尽くすを楽しみとするのみだから、すこしも片手落ちなどの欲念邪意があることはない。〈島崎藤村、夜明け前〉

表記 従来は「慾念邪意」と書くのが普通であったが、現在では常用漢字の「欲」に書き換える。

沃野千里　よくや－せんり

意味 土地の肥えた原野が、広々と続いていること。広大に開けた肥沃な平野のたとえ。

構成「沃野」は、肥えた土地。肥沃な田野。「千里」は、千里四方。「里」は、昔の距離の単位。

出典 沃野千里、蓄積饒多《ちくせきじょうた》、地勢形便《ちせいけいべん》、此《こ》れ所謂《いはゆる》天府《てんぷ》、天下の雄国《ゆうこく》なり。〈戦国策、秦〉

用例 こうして高い所に登って見ると、沃野千里という感があるねと、橋本に話しかけたが、〈夏目漱石、満韓ところどころ〉

類義語 一望千里《いちぼうせんり》・天涯万里《てんがいばんり》・波濤万里《はとうばんり》・平沙万里《へいさばんり》

抑揚頓挫　よくよう－とんざ

意味 ことばの調子を上げたり下げたり、また急にゆるやかにしたりすること。文章や演説などにおいて、平板で退屈な調子を避けるような効果をはかること。

構成「抑揚」は、文章やことばの調子を上げたり下げたりすること。「頓挫」は、文章やことばの調子を、急に変えてゆるやかにすること。

出典 抑揚有り、頓挫有り。〈文章軌範、将字集小序〉

用例 父親は県会議員をした人だけあって、言葉の抑揚頓挫が中々巧みであった。〈田山花袋、蒲団〉

注意「頓挫」は、勢いが急に弱まったり、物事が急に行き詰まったりすることで、悪い意味だが、「抑揚頓挫」はよい意味で用いられる。

欲求不満　よっきゅう－ふまん

意味 自分の願いや希望がかなえられず、いらいらしたりなどして精神的に不安定な状態。

構成「欲求」は、願いもとめること。「不満」は、満たされないこと。

用例 食費を倹約するため昼食はバナナだけですましたところ（日本でのバナナとはこちらでは価値がちがう）H嬢が欲求不満の現象を起こしたのでとりやめたという。〈北杜夫、太平洋ひるね旅〉

表記 従来は「慾求不満」と書くのが普通であったが、現在では常用漢字の「欲」に書き換える。

類義語 不平煩悶《ふへいはんもん》・不平不満《ふへいふまん》

対義語 円満具足《えんまんぐそく》・福徳円満《ふくとくえんまん》

余裕綽綽　よゆう－しゃくしゃく

意味 ゆったりと落ち着いているようす。心にゆとりのあるようす。

構成「余裕」は、ゆとりのあること。「綽綽」は、ゆったりとして落ち着いているようす。

出典 豈《あ》に綽綽然として余裕有らざらんや。〈孟子、公孫丑下〉

用例 もし明るい日で見たら、彼の面《おか》の色も余裕綽々として子供を相手にしているほどに見えたかも知れません。〈中里介山、大菩薩峠、甲賀一刀流の巻〉

ら

雷同付加　らいどう-ふか

意味 自分に定まった考えがないのに、むやみに他人の意見に賛成し、さらにその意見に乗じて自分の考えをつけ加えること。

構成 「雷同」は、自分の考えを持たず、他人の意見を聞いては、是非の分別もなくむやみに同意してしまうこと。雷が鳴ると、それに応じて万物が鳴り響くことからいう。「付加」は、つけ加えること。

用例 一つは故人が激賞したるを伝えきて、雷同附加するにも因るならめど、〈坪内逍遥、『マクベス評釈』の緒言〉

表記 「雷同附加」とも書く。

類義語 雷同付和《らいどうふわ》・付和雷同《ふわらいどう》

雷同付和　らいどう-ふわ

⇩付和雷同《ふわらいどう》

用例 信仰の点においても、趣味の点においても、あらゆる意見においても、かつて雷同附和の必要を認めない。また阿諛《あゆ》迎合《げいごう》の必要を認めない。〈夏目漱石、文壇の趨勢〉

磊磊落落　らいらい-らくらく

意味 度量が広く、小事にこだわらないようす。

構成 「磊磊」も「落落」も、心が大きく、小さなことにこだわらないようす。また、「磊落(心が大きく、小さなことにこだわらないようす)」を強めて言うために、それぞれの字を重ねたものともいう。

出典 大丈夫《だいじょうふ》事を行ふに、当に礌礌落落《らいらいらくらく》として日月の皎然《こうぜん》たるがごとくなるべし。(「礌礌」は、「磊磊」と同じ)〈晋書、石勒載記下〉

用例 民主の制は、磊々落々として、その胸中、半点の塵汚《じんお》なき者なり。〈中江兆民、三酔人経綸問答〉

類義語 豪宕俊逸《ごうとうしゅんいつ》・豪放磊落《ごうほうらいらく》・磊落闊達《らいらくかったつ》・磊落豪宕《らいらくごうとう》・磊落不羈《らいらくふき》

磊落闊達　らいらく-かったつ

意味 心が大きく、小事にこだわらないようす。

構成 「磊落」は、心が大きく、小さなことにこだわらないようす。「闊達」は心が広くて、小事にこせこせしないこと。「闊」は、広い。

用例 世俗的な虚栄心が無い訳ではないが、なまじいの仕官は却って己の本領たる磊落闊達を害するものだと思っている。〈中島敦、弟子〉

表記 「闊」の代わりに異体字の「濶」を書くこともあるが、現在では、印刷物などでは「闊」を用いるのが普通。

類義語 豪宕俊逸《ごうとうしゅんいつ》・豪放磊落《ごうほうらいらく》・磊磊落落《らいらいらくらく》・磊落豪宕《らいらくごうとう》・磊落不羈《らいらくふき》

磊落豪宕　らいらく-ごうとう

意味 心が大きく、小事にこだわらないようす。度量が広く、豪快なようす。

構成 「磊落」も「豪宕」も、心が大きく、小さなことにこだわらないようす。

用例 宰相の磊落豪宕な気性からいえば、内府も大納言も眼中にないかも知れぬ、〈尾崎士郎、石田三成〉

類義語 豪宕俊逸《ごうとうしゅんいつ》・豪放磊落《ごうほうらいらく》・磊磊落落《らいらいらくらく》・磊落闊達《らいらくかったつ》・磊落不羈《らいらくふき》

磊落不羈　らいらく-ふき

意味 度量が広く、豪快で、かつ非凡な才能を持っていること。

構成 「磊落」は、心が大きく、小さなことにこだわらないようす。「不羈」は、束縛できないこと。また、普通では律することができない非凡の才能。「羈」は、つなぐ。束縛する。

用例 これには磊落不羈もって鳴る結城《ゆうき》宰相も思わず眉《まゆ》を顫《ふる》わせたが、〈尾崎士郎、石田三成〉

表記 「羈」の代わりに、異体字の「羇」を書くこともある。

類義語 豪宕俊逸《ごうとうしゅんいつ》・豪放磊落《ごうほうらいらく》・磊磊落落《らいらいらくらく》・磊落闊達《らいらくかったつ》・磊落豪宕《らいらくごうとう》

落英繽紛 らくえいーひんぷん

⇩落花繽紛《らっかひんぷん》

出典 芳草鮮美《ほうそうせんび》、落英繽紛たり。〈東晋、陶潜、桃花源の記〉

落月屋梁 らくげつーおくりょう

《屋梁落月《おくりょうらくげつ》》

意味 沈みかけた月が、家屋の梁《はり》を照らすこと。友人のことを思う情が切実であることのたとえ。

構成 「落月」は、西の方角に沈みかけた月。「屋梁」は、家屋の梁。

故事 中国の唐の時代、杜甫《とほ》は、江南《こうなん》の地に流罪となった友、李白《りはく》を思う余り、彼の夢を見た。眼を覚ましても、李白の姿が頭に焼き付いて離れない。杜甫がその思いをうたった詩の中のことばによる。

出典 君、今、羅網《らもう》に在るに、何を以《も》って羽翼《うよく》有るや、落月屋梁に満ち、猶《なほ》疑ふ顔色を照らすか、と。〈唐、杜甫、李白を夢む二首、其の一〉

落胆失望 らくたんーしつぼう

⇩失望落胆《しつぼうらくたん》

用例 私はその懸命必死な恋に、破れた訳でありますから、その当座はかように落胆失望致したのも、無理はございません。〈菊池寛、ある恋の話〉

落花繽紛 らっかーひんぷん

《落英繽紛《らくえいひんぷん》》

意味 花びらが、ひらひらと盛んに乱れ散るようす。

構成 「落花」は、散り落ちる花びら。「繽紛」は、盛んに乱れ散るようす。

用例 微風吹き来る度毎に、おびただしく花びらこぼれ飛び散り、落花繽紛として屋台の内部にまで吹き込み、〈太宰治、花吹雪〉

注意 (1)「落花」を「落下」と書くのは、誤り。(2)「繽紛」を「繽粉」と書くのは、誤り。

類義語 落花流水《らっかりゅうすい》・落花狼藉《らっかろうぜき》

落花流水 らっかーりゅうすい

意味 ①散ってゆく花と、流れてゆく水。過ぎて行く春の景色のたとえ。②転じて、人の身の落ちぶれることのたとえ。

構成 「落花」は、散る花。「流水」は、流れる水。

出典 落花流水天台《てんだい》を認め、半酔閑吟《はんすい》独《かんぎん》り自ら来たる。〈唐、高駢、隠者を訪ひて遇はざる詩〉

用例 ①来るものは無意無心の春夏秋冬落花流水ちりて流れて寄せ返る波の年亦《また》一年。〈樋口一葉、別れ霜〉

注意 「落花」を「落下」と書くのは、誤り。

類義語 (①の意味で)落英繽紛《らくえいひんぷん》・落花繽紛《らっかひんぷん》・落花狼藉《らっかろうぜき》(②の意味で)困窮零落《こんきゅうれいらく》・拓落失路《たくらくしつろ》

落花狼藉 らっかーろうぜき

意味 ①花びらが散り乱れているようす。②転じて、物が散らばって入り乱れているようす。③花を散らすような乱暴な行いということから、花を女性に見立て、女性に対して、乱暴な振る舞いをすること。

構成 「落花」は、散り落ちた花びら。また は、散り落ちる花びら。「狼藉」は、ものが散らばっているようす。「狼」も「藉」も、乱雑。一説に、狼が草を藉《し》いて寝たあとの乱雑さから転じたともいう。また、我が国では、乱暴を働くこと。無法な行いをすることもいう。

出典 落花狼藉風狂ふ後、啼鳥竜鐘《ていちょうりゅうしょう》雨打つ時。〈和漢朗詠集、後江公、残春を惜しむ詩〉
用例 ①あたりの人々、かれ笑ひ、これ罵《ののし》るひまに、落花狼藉、なごりなく泥土に委ねたり。〈森鷗外、うたかたの記〉②ひととききまえの極楽山はたちまち騒然と落花狼藉阿鼻叫喚《あびきょうかん》の地獄山と変わりました。〈佐々木味津三、右門捕物帖、お蘭しごきの秘密〉③そう思いつつも据え膳食わぬは男の恥、と新一郎は、向きなおって、お花を抱きしめ、たちまち、落花狼藉。〈柴田錬三郎、怪談累ヶ淵、怪談累ヶ淵〉
注意 (1)「落花」を「落下」と書くのは、誤り。(2)「藉」を「籍」と書くのは、誤り。
類義語 (①の意味で)落英繽紛《らくえいひんぷん》・落花繽紛《らっかひんぷん》・落花流水《らっかりゅうすい》(③の意味で)乱暴狼藉《らんぼうろうぜき》

乱離骨灰 らりーこっぱい

意味 跡形もなく離れ散ること。こなごなになること。また、ひどい目にあうこと。立ち直れないような状態になること。
構成 「乱離」は、ばらばらになること。「骨灰」は、ちりぢりになること。いずれの語も、本来の意味ははっきりしない。
用例 敵の大将がきりきりと宙に舞いながら、味方の陣中へどうと落ちて、乱離骨灰になったのと、〈芥川竜之介、きりしとほろ上人伝〉
注意 (1)「らりこはい」とも読む。(2)「乱離」を、「らんり」と読むのは、誤り。(3)「骨灰」を「こっかい」と読むのは、誤り。
表記 「乱離粉灰」「羅利骨灰」「羅利粉灰」などとも書く。
類義語 肝脳塗地《かんのうとち》・絶痛絶苦《ぜっつうぜっく》

乱臣賊子 らんしんーぞくし

意味 ①もと、主君に背き国を乱す悪臣と、親に危害を加えるような不孝な子。転じて、主君を裏切り、謀反を企てる者。②人としての道を外れた裏切り者。
構成 「乱臣」は、主君に背き国を乱す悪臣。君主を殺す臣。「賊子」は、親に危害を加えるような不孝な子。また、「乱臣」と同じく、謀反人をいう。
出典 孔子春秋を成して、乱臣賊子懼《おそ》る。〈孟子、滕文公下〉
用例 ①諸君、西郷も逆賊であった。しかし今日となって見れば、逆賊でないこと西郷のごとき者があるか。幸徳らも誤って乱臣賊子となった。〈徳冨蘆花、謀叛論〉②吉田、原、早水、堀部などは、皆一種の興奮を感じたように、愈《いよ》手ひどく、乱臣賊子を罵殺《ばさつ》しにかかった。〈芥川竜之介、或日の大石内蔵助〉
対義語 忠臣孝子《ちゅうしんこうし》

乱筆乱文 らんぴつーらんぶん

意味 勝手なことをいい加減に書くこと。
構成 「乱筆」は、いい加減に書くこと。「乱文」は、勝手なことを書いた文章。
用例 いろいろ面倒な御願いで恐縮だが、なにとぞよろしく。乱筆乱文多謝。〈太宰治、虚構の春〉
用法 「乱筆乱文多謝」「乱筆乱文失礼」などの形で、手紙の最後に用いられることが多い。

乱暴狼藉 らんぼうーろうぜき

意味 ①暴力を振るうこと。②周りを気にせず、粗雑で無神経な振る舞いをすること。③道理に外れた、無法な行いをすること。
構成 「乱暴」は、荒々しく、粗雑な振る舞いをすること。暴力を振るうこと。また、心配りを欠いた、雑で無神経な発言や行動をすること。「狼藉」は、ものが散らばっているようす。「狼」も「藉」も、乱雑。一説に、狼が草を藉《し》いて寝たあとの乱雑さから転じたともいう。また、我が国では、乱暴を働くこと。無法な行いをすることもいう。
用例 ①お内儀様が御愁傷の中だから、そ

んな乱暴狼藉の真似をしちゃア済まねえと思って、〈三遊亭円朝、闇夜の梅〉②塾風は不規則といわんか不整頓といわんか、乱暴狼藉、まるで物事に無頓着。〈福沢諭吉、福翁自伝〉③後からは何《ど》れも是《これ》も想像の附かぬような乱暴狼藉、大それた寺社の徒輩が白昼の強盗で、思い思いに家財を奪う、〈山田美妙、太郎定綱〉

注意 (1)「暴」は、「あばれる」という意味の場合、音読みでは「ぼう」と読む。「ばく」と読むのは、「さらす」の意味の場合で、ここでは誤り。(2)「藉」を「籍」と書くのは、誤り。

類義語 落花狼藉《らっかろうぜき》

り

利害勘定 りがい-かんじょう

意味 利益と損害の割合を計算すること。

構成 「利害」は、利益と損害。「勘定」は、計算すること。

用例 単に利害勘定からいっても、私の父がこの土地に投入した資金と、その後の維持、改良、納税のために支払った金とを合算してみても、〈有島武郎、小作人への告別〉

利害失得 りがい-しっとく

⇩利害得失《りがいとくしつ》

用例 利害失得、之《これ》に酒客を置くのは、彼処《かしこ》の茶代に関する、と思うので。〈泉鏡花、千鳥川〉

利害得失 りがい-とくしつ

《利害失得《りがいしっとく》・利害得喪《りがいとくそう》》

意味 利益や利得と、損害や損失。

構成 「利害」は、利益と損害。「得失」「失得」「得喪」は、得ることと失うこと。利得と損失。

用例 余は、各種の万年筆の比較研究やら、一々の利害得失やらに就いて一言の意見を述べる事の出来ないのを大いに時勢後れの如《ごと》くに恥じた。〈夏目漱石、余と万年筆〉

類義語 一利一害《いちりいちがい》・一失一得《いっしついっとく》・一短一長《いったんいっちょう》・一長一短《いっちょういったん》・一得一失《いっとくいっしつ》

利害得喪 りがい-とくそう

⇩利害得失《りがいとくしつ》

用例 思い切らぬ訳にもゆかぬから、そこで悶々する。利害得喪、今はそのような事に頓着《とんちゃく》無い。〈二葉亭四迷、浮雲〉

李下瓜田 りか-かでん

《瓜田李下《かでんりか》》

意味 すももの花と、瓜《うり》の畑。疑いを受けやすい場所や境遇のたとえ。

構成 「李下」は、すももの花の下。「瓜田」は、瓜の畑の中。「田」は、ここでは、耕作地。すももの木の下で冠をかぶりなおそうと手を挙げると、すももを盗んでいるのではないかと疑いを招き、瓜畑の中でくつをはきなおそうとしてしゃがむと、瓜を盗んでいるのではないかと疑いを招く。いずれも、疑いを招きやすい場所のたとえ。

出典 君子は未然に防ぎ、嫌疑の間に処《を》らず。瓜田に履《くつ》を納《い》れず、李下に冠を正さず。〈文選、古楽府、君子行〉

用例 ことに李下瓜田のそしりもうるさし。君子だに危うきに近寄らずと言えり。〈坪内逍遥、妹と背かがみ〉

力戦奮闘　りきせん-ふんとう

意味 力を尽くして、奮い立って戦うこと。

構成 「力戦」は、一所懸命に戦うこと。「奮闘」は、奮い戦うこと。

用例 ぼくは力戦奮闘しました。癒やしがたい創《きず》を蒙《こうむ》りながらも、沈没してはいけないと力いっぱい頑張りました。〈尾崎一雄、すみっこ〉

類義語 獅子奮迅《ししふんじん》・努力奮励《どりょくふんれい》・奮闘努力《ふんとうどりょく》・奮励努力《ふんれいどりょく》・勇往邁進《ゆうおうまいしん》

六韜三略　りくとう-さんりゃく

意味 ①もと、中国古代の兵法書、『六韜』と『三略』。転じて、兵法の極意。②人生を歩む上で、また、社会で生活していく上で、役に立つ教え。人生訓。処世訓。

構成 「六韜」も「三略」も、書名。共に兵法の書。『六韜』は、周の呂尚(太公望)の著。「韜」は、「つつむ」「かくす」で、「六つの奥義」の意味。『三略』は、漢の高祖劉邦の功臣、張良の師黄石公の著。「略」は、「計略」「謀略」の意味。ただし、どちらも、後人の偽作とされる。

用例 ①万巻の経書を読み、六韜三略を窮め尽くし、乱世であれば、軍師にあるであろう。〈柴田錬三郎、柴錬水滸伝〉②論語に唾《つば》を吐きて梅暦《うめごよみ》を六韜三略とする当世の若檀那気質《わかだんなかたぎ》は其《そ》れとは反対にて愈々《いよいよ》頼もしからず。〈内田魯庵、為文学者経〉

注意 「六韜」を、「ろくとう」と読むのは、誤り。

戮力協心　りくりょく-きょうしん

⇩協心戮力《きょうしんりくりょく》

戮力同心　りくりょく-どうしん

⇩協心戮力《きょうしんりくりょく》

俚言俗語　りげん-ぞくご

(俗諺俚語《ぞくげんりご》・俚語俗言《りごぞくげん》)

意味 俗世間で用いられる卑俗なことば。

構成 「俚言」「俚語」「俗語」「俗言」全て、民間に通用している、通俗的なことば。

用例 今此の間の俚言俗語の転訛《てんか》侏離《しゅり》の甚《はなは》だしきをそがままに文になすべからず。〈坪内逍遥、小説神髄〉

注意 「俚」を「里」と書くのは、誤り。

類義語 俗談平語《ぞくだんへいご》・俗談平話《ぞくだんへいわ》・平談俗語《へいだんぞくご》・平談俗話《へいだんぞくわ》

離合集散　りごう-しゅうさん

(集散離合《しゅうさんりごう》)

意味 離れたり集まったりすること。

構成 「離合」も「集散」も、離れることと集まること。

用例 彼が牛楽座の下廻《したまわ》りから、一座の離合集散の慌ただしさの中でやっと今日の地位を築きあげるまでの苦心談に変わりだしたのである。〈尾崎士郎、人生劇場愛欲篇〉

類義語 雲集霧散《うんしゅうむさん》・合従連衡《がっしょうれんこう》

俚語俗言　りご-ぞくげん

⇩俚言俗語《りげんぞくご》

用例 歴史的から云《い》う本質には少し変わって来て、俚語俗言を用いた、必ずしも滑稽詼諧《こっけいかいかい》のものでは無い。〈幸田露伴、芭蕉入門〉

李絶杜律　りぜつ-とりつ

意味 唐の詩人李白は絶句にすぐれ、杜甫は律詩にすぐれている。唐の二大詩人の特徴を簡潔に評したことば。

構成 「李絶」は、李白は絶句にすぐれてい

るということ。「杜律」は、杜甫は律詩にすぐれていること。四句の絶句に対して、八句から成る律詩には、さまざまな規則があって制約が厳しい。

立身栄達　りっしん-えいだつ

意味 社会的な地位や、高い身分を得ること。立派な人になり栄達すること。

構成 「立身」は、立派な地位を得ること。「栄達」は、高い身分に達すること。

用例 正式御対面なぞ願わず、立身栄達の野心も捨て、愛情一筋に生きてはどうか。〈川口松太郎、新吾十番勝負〉

類義語 権貴栄達《けんきえいだつ》・白日昇天《はくじつしょうてん》・立身出世《りっしんしゅっせ》

対義語 拓落失路《たくらくしつろ》

立身出世　りっしん-しゅっせ

意味 高い地位や身分を得て、世間に知られること。

構成 漢文訓読では、「身を立て世に出《い》づ」と読む。「立身」は、立派な人になること。「出世」は、世間に出て成功し、世に認められる人物になること。

用例 清はおれをもって将来立身出世して立派なものになると思い込んでいた。〈夏目漱石、坊っちゃん〉

類義語 権貴栄達《けんきえいだつ》・白日昇天《はくじつしょうてん》・立身栄達《りっしんえいだつ》

対義語 拓落失路《たくらくしつろ》

理非曲直　りひ-きょくちょく

意味 道理や道徳にかなっていることと、かなわないこと。

構成 「理非」は、道理にかなっていることと、かなわないこと。筋道が立つことと、立たないこと。「曲直」は、曲がったことと、まっすぐなこと。よいことと悪いこと。

用例 天下の政道は理非曲直をただすにあり、不正を許して老中職がつとまろうか。〈川口松太郎、新吾十番勝負〉

類義語 曲直正邪《きょくちょくせいじゃ》・曲直是非《きょくちょくぜひ》・正邪曲直《せいじゃきょくちょく》・正邪善悪《せいじゃぜんあく》・是非曲直《ぜひきょくちょく》・是非正邪《ぜひせいじゃ》・是非善悪《ぜひぜんあく》・善悪邪正《ぜんあくじゃせい》・善悪正邪《ぜんあくせいじゃ》・善悪是非《ぜんあくぜひ》・善悪美醜《ぜんあくびしゅう》

柳暗花明　りゅうあん-かめい

意味 ①柳が暗く茂り、花が明るく咲いていること。春の美しい景色のたとえ。②色街のたとえ。

構成 「柳暗」は、柳が繁って暗いこと。「花明」は、花が咲いて明るいこと。

出典 山重水複《さんちょうすいふく》　路無きかと疑ひ、柳暗花明又一村。〈南宋、陸游、山西の村に遊ぶ詩〉

用例 ①拝啓　柳暗花明の好時節と相成《あいなり》候処《そうろうところ》いよいよ御壮健奉賀候《がしたてまつりそうろう》。〈夏目漱石、虞美人草〉②疑いは懸かる柳暗花明の里の夕べ、浮かるる先のありやと見れど〈樋口一葉、経つくえ〉

類義語 花紅柳緑《かこうりゅうりょく》・桃紅柳緑《とうこうりゅうりょく》・柳緑花紅《りゅうりょくかこう》・柳緑桃紅《りゅうりょくとうこう》

流汗滂沱　りゅうかん-ぼうだ

意味 汗が盛んに流れ落ちるようす。

構成 「流汗」は、流れる汗。「滂沱」は、血や汗・涙などが盛んに流れ落ちるようす。

用例 御者は縦横に鞭《むち》を揮《ふる》いて、激しく手綱《たづな》を掻《か》い繰《く》れば、馬背の流汗滂沱として掬《きく》すべく、〈泉鏡花、義血侠血〉

類義語 流汗淋漓《りゅうかんりんり》

流汗淋漓　りゅうかん-りんり

意味 汗が盛んに流れ落ちるようす。

構成 「流汗」は、流れる汗。「淋漓」は、血・汗などが盛んに流れ落ちるようす。

用例 おおかた流汗淋漓大童《おおわらわ》となって自転車と奮闘しつつある健気《けなげ》な様子に見とれているのだろう、〈夏目漱石、自転車日記〉

類義語 流汗滂沱《りゅうかんぼうだ》

流血淋漓　りゅうけつ−りんり

《鮮血淋漓《せんけつりんり》》

意味　流れ出る血が、盛んにしたたるようす。

構成　「流血」「鮮血」は、流れ出る血。「淋漓」は、血・汗などが盛んに流れるようす。

出典　鞭箠揮扑《べんすいきぼく》、流血淋漓。〈剪灯新話、牡丹灯記〉

用例　女王姿の狂女に一礼して流血淋漓たる場内を出で、〈夢野久作、ドグラ・マグラ〉

流言飛語　りゅうげん−ひご

《造言飛語《ぞうげんひご》》

意味　根拠のないうわさ。特に、無責任なものや、いい加減なものをいう。

構成　「流言」「造言」は、根も葉もないうわさ。「飛語」は、だれ言うともなく伝わった、根拠のないうわさ。

出典　或いは巧みに流言蜚語を布《し》き、或いは匿名文書を写す。〈明、文秉、先撥志始〉

用例　戦争中には軍の言論統制令で流言蜚語が禁じられ、回覧板組織その他で人の話の種も統制されている観があった。〈井伏鱒二、黒い雨〉

注意　「飛語」を「非語」と書くのは、誤り。

表記　従来は「流言蜚語」と書くのが普通であったが、現在では常用漢字の「飛」に書き換える。

類義語　虚誕妄説《きょたんもうせつ》・造言飛語《ぞうげんひご》・飛語巷説《ひごこうせつ》・漫語放言《まんごほうげん》・妄言綺語《もうげんきご》・妄誕無稽《もうたんむけい》

柳巷花街　りゅうこう−かがい

意味　女性が歌舞や飲食を提供して客をもてなす店の集まるところ。色街。

構成　「柳巷」は、柳のある町。色街にはよく柳が植えられたことからいう。「花街」は、花のような女性たちのいる町。

出典　便《すなは》ち柳巷花街を嫌ふ。〈北宋、黄庭堅、詞〉

類義語　折花攀柳《せっかはんりゅう》

竜驤虎視　りゅうじょう−こし

意味　竜が首をあげて天に昇り、虎が鋭い目を張り四方を見渡す。雄志を抱き他を併呑《へいどん》しようとして、静かに情勢をうかがうたとえ。また、竜や虎のように意気が盛んで、権力を持ち世の中を威圧することのたとえ。

構成　「竜驤」は、竜が天に昇ること。「虎視」は、虎が鋭い目をみはって四方を見渡すこと。転じて、雄志を抱き、他を併呑せんとして静かに情勢をうかがうことのたとえ。獲物をねらって機会をうかがうこと。

出典　亮の素志、進みて竜驤虎視し、四海を苞括《ほうかつ》せんと欲す。〈三国志、蜀志、諸葛亮伝、陳寿表〉

用例　我より彼に報ひずんば、彼必ず我に報ふることあるを以《も》って、勢ひ相互に竜驤虎視、武備機関を発達せしめざる可《べ》からず。〈徳富蘇峰、将来之日本〉

注意　「りょうじょうこし」とも読む。

類義語　虎視眈眈《こしたんたん》・垂涎三尺《すいぜんさんじゃく》・野心満満《やしんまんまん》

竜攘虎搏　りゅうじょう−こはく

意味　竜と虎とが互いに退け合うこと。互角の力をもった両雄が戦うたとえ。

構成　「竜」「虎」は、力に優劣がなくて、互いに対立し合う英雄・豪傑のたとえ。「攘」は、しりぞける。追い払うこと。「搏」は、うつ。手で殴りつけること。

用例　池川と私は交代で高座（教壇）の人となり、互いに火花を散らして竜攘虎搏の盛観を呈した。〈徳川夢声、夢声半代記〉

注意　(1)「りょうじょうこはく」とも読む。(2)「搏」を「博」と書くのは、誤り。

類義語　群雄割拠《ぐんゆうかっきょ》・竜闘虎争《りゅうとうこそう》・竜騰虎闘《りゅうとうことう》

竜頭鷁首　りゅうとう-げきしゅ

意味 竜の頭や鷁（サギに似た大きな鳥）の首を舟首に刻んだり描いたりして飾った舟。昔、貴人が乗った舟。

構成 「竜頭」は、竜の頭。「鷁首」は、鷁の首。

出典 竜頭鷁首、浮吹《ふすい》して以《もっ》て娯《たの》しむ。〈淮南子、本経訓〉

用例 安宅丸の船首には、平安の頃に貴人が乗った船の舳先に飾られた竜頭鷁首の巨大な彫り物が、海と空を睥睨《へいげい》していた。〈松本利明、春日局〉

注意 「りょうとうげきしゅ」とも読む。

竜闘虎争　りゅうとう-こそう

意味 竜と虎とが相争うこと。互角の力をもった両雄が激しい戦いをすることのたとえ。

構成 「竜」「虎」は、力に優劣がなくて、互いに対立し合う英雄・豪傑のたとえ。「竜闘」も「虎争」も、両雄または群雄の激しい戦いのたとえ。

用例 四百年近くも過ぎて終わった竜闘虎争の余焔《よえん》が今でもイキリ立とうというのだから〈幸田露伴、武田信玄〉

注意 「りょうとうこそう」とも読む。

類義語 群雄割拠《ぐんゆうかっきょ》・竜攘虎搏《りゅうじょうこはく》・竜騰虎闘《りゅうとうことう》

竜騰虎闘　りゅうとう-ことう

意味 竜と虎とが相争うこと。互角の力をもった両雄が力を尽くして戦うことのたとえ。

構成 「竜」「虎」は、力に優劣がなくて、互いに対立し合う英雄・豪傑のたとえ。「騰」は、天に勢いよくのぼること。転じて、勢いの盛んなこと。「闘」は、戦うこと。

用例 竜騰虎闘の壮観があるだろうと予期した交渉はかくのごとく散文的なる談判をもって無事に迅速に結了した。〈夏目漱石、吾輩は猫である〉

注意 「りょうとうことう」とも読む。

類義語 群雄割拠《ぐんゆうかっきょ》・竜攘虎搏《りゅうじょうこはく》・竜闘虎争《りゅうとうこそう》

竜頭蛇尾　りゅうとう-だび

意味 竜のような頭と、蛇のような尾。初めだけは盛んで、終わりは衰えてしまうことのたとえ。

構成 「竜頭」は、竜の頭。物事の初めがすばらしいことのたとえ。「蛇尾」は、蛇の尾。終わりがつまらないことのたとえ。

出典 似は則《すなわ》ち似、是は則ち未だ是ならず、只《た》だ恐る竜頭蛇尾なるを。〈碧巌録、十則〉

用例 起句が余りに荘厳であるから、如何《いか》なる名句をもってこれに次ぐも、到底竜頭蛇尾たるを免れないのである。〈穂積陳重、法窓夜話〉

注意 「りょうとうだび」とも読む。

類義語 大山鳴動《たいざんめいどう》

竜蟠虎踞　りゅうばん-こきょ

意味 ①竜がわだかまり、虎がうずくまること。地勢の険しいようすをいう。②転じて、英雄がたてこもって勢力をふるうようす。

構成 「竜蟠」は、竜がわだかまること。「虎踞」は、虎がうずくまること。

出典 ①其《そ》の山は竜蟠虎踞、起伏四百余里、此に至りて、郤蹲《げきそん》す。〈太平寰宇記〉②竜蟠虎踞す帝王の州、帝子《ていし》金陵古丘を訪《と》ふ。〈唐、李白、永王東巡歌〉

用例 ②文芸の野は互いに竜蟠虎踞して将《まさ》に風雲を齎《もたら》さんとし、〈内田魯庵、復活〉

注意 「りょうばんこきょ」とも読む。

竜門点額　りゅうもん-てんがく

意味 昔、中国で、官吏登用試験である進士《しんし》の試験に落第して帰ること。

構成 「竜門」は、黄河の途中にある急流の

名。ここを登ることのできた魚は、竜になるという。転じて、官吏登用試験のこと。「点額」は、竜門を登ることができずにひたいを打ちつけること。試験に落第してすごすごと帰ることをいう。

粒粒辛苦　りゅうりゅう－しんく

意味 ①米を作る農夫の苦労が、なみなみでないようす。②転じて、物事を成就させるのにこつこつと苦心努力をするようす。

構成 「粒粒」は、米の一粒一粒。「辛苦」は、辛く苦しいこと。「粒粒皆辛苦」の略。

出典 禾《いね》を鋤《す》きて日午に当たり、汗は滴《したた》る禾下の土。誰か知らん盤中《ばんちゅう》の飧《そん》、粒粒皆《みな》辛苦なるを。〈唐、李紳、農を憫む詩〉

用例 ②我等は、我が同胞が、粒粒辛苦の余に開拓したる経済的基礎を擁護し、〈黒島伝治、武装せる市街〉

注意 「粒粒」を「流流」と書くのは、誤り。

類義語 刻苦精進《こっくしょうじん》・刻苦精励《こっくせいれい》・刻苦勉励《こっくべんれい》・彫心鏤骨《ちょうしんるこつ》・粉骨砕身《ふんこつさいしん》

柳緑花紅　りゅうりょく－かこう

意味 ①柳が緑色に茂り、花が紅色に咲く。春の美しい景色のたとえ。②自然のままで人工を加えぬことのたとえ。③物事に自然の理のそなわっていることのたとえ。④物事がそれぞれに異なっていることのたとえ。⑤悟りをひらいた状態のたとえ。

構成 「柳緑」は、柳が茂って緑色であること。「花紅」は、花が咲いて紅色であること。

出典 秋至れば山寒く水冷ややかに、春来たれば柳は緑花は紅。〈五灯会元〉

用例 ③柳緑花紅、さまざまの文学があってこそよいのであり、独特の佳品の出ることを〈中野好夫、私小説の系譜〉⑤京伝は、このむなしさを徹底させて、ありのままの世界、柳緑花紅の世界に至る〈唐木順三、無用者の系譜〉

類義語 花紅柳緑《かこうりゅうりょく》・桃紅柳緑《とうこうりゅうりょく》・柳暗花明《りゅうあんかめい》・柳緑桃紅《りゅうりょくとうこう》

柳緑桃紅　りゅうりょく－とうこう

⇩桃紅柳緑《とうこうりゅうりょく》

流連荒亡　りゅうれん－こうぼう

意味 遊楽、狩猟、飲酒などにふけり、帰るのを忘れること。連日、遊興にふけること。

構成 「流連」は、遊楽にふけり帰るのを忘れること。居続け。「荒亡」は、狩猟や飲酒の楽しみにふけること。

出典 流連荒亡、諸侯の憂《うれ》ひと為《な》る。流れに従ひ下りて反《かへ》るを忘る、之《これ》を流と謂《い》ひ、流れに従ひ上りて反るを忘る、之を連と謂ひ、獣に従ひ厭《あ》く無き、之を荒と謂ひ、酒を楽しみ厭く無き、之を亡と謂ふ。〈孟子、梁恵王下〉

用例 如何《いか》に酒池肉林、流連荒亡の楽をなすも唯《ただ》生活の愉快を感ずるのみ。〈徳富蘇峰、将来之日本〉

注意 「荒亡」を「興亡」と書くのは、誤り。

類義語 放逸遊惰《ほういつゆうだ》・放蕩三昧《ほうとうざんまい》・遊惰放逸《ゆうだほういつ》・遊惰放蕩《ゆうだほうとう》

利用厚生　りよう－こうせい

意味 物を役立つように用いて、生活を豊かにすること。

構成 「利用」は、利益になるように物を用いること。「厚生」は、生活を豊かにすること。

出典 水・火・金・木・土・穀、惟《こ》れ修まり、徳を正しくし、用を利し、生を厚くし、惟れ和す。〈書経、大禹謨〉

用例 明治三年二月に定められた大学規則、および同年閏《うるう》十月の大学南校規則には「利用厚生学」という名称が用いられている。〈穂積陳重、法窓夜話〉

り

良妻賢母 りょうさい－けんぼ

《賢母《けんぼ》良妻《りょうさい》》

意味 夫に対してはよい妻であり、子どもに対しては賢明な母であること。

構成 「良妻」は、よい妻。「賢母」は、賢明な母。

用例 才色兼備、良妻賢母型にして、料理、お茶、お花、和裁、洋裁、と行くところ可《か》ならざるはなしの「掘り出し物」「目玉商品」というところらしかった。〈曽野綾子、太郎物語高校編〉

竜驤虎視 りょうじょう－こし

⇩りゅうじょう－こし

竜攘虎搏 りょうじょう－こはく

⇩りゅうじょう－こはく

良知良能 りょうち－りょうのう

意味 人が生まれながらにもっているすぐれた知恵・才能。天与の知力と才能。

構成 「良知」は、人が生まれつきもっているよい知恵。「良能」は、人が生まれつきもっているすぐれた能力。

出典 人の学ばずして能《よ》くする所の者は、其《そ》の良能なり。慮《おもんばか》らずして知る所の者は、其の良知なり。〈孟子、尽心上〉

表記 従来は「良智良能」と書くのが普通であったが、現在では常用漢字の「知」に書き換える。

竜頭鷁首 りょうとう－げきしゅ

⇩りゅうとう－げきしゅ

竜闘虎争 りょうとう－こそう

⇩りゅうとう－こそう

竜騰虎闘 りょうとう－ことう

⇩りゅうとう－ことう

竜頭蛇尾 りょうとう－だび

⇩りゅうとう－だび

竜蟠虎踞 りょうばん－こきょ

⇩りゅうばん－こきょ

良風美俗 りょうふう－びぞく

意味 美しく立派な風俗。

構成 「良風」は、よい風俗。「美俗」は、立派な風俗。

用例 或《あ》る者は、成金の金に委《まか》せての横暴が、世の良風美俗を破ると云《い》って憤慨した。〈菊池寛、真珠夫人〉

綾羅錦繡 りょうら－きんしゅう

⇩錦繡綾羅《きんしゅうりょうら》

用例 綾羅錦繡の姫様が玄関番の筆助君にやいのやいのを極め込んだ果ての〈内田魯庵、為文学者経〉

慮外千万 りょがい－せんばん

意味 きわめて意外なこと。思いもかけないひどいこと。

構成 「慮外」は、思いがけないこと。もってのほか。「千万」は、程度がはなはだしいこと。

用例 まともにそれと打ち突かったのは気の毒でもあり、慮外千万な出来事でもありました。〈中里介山、大菩薩峠、お銀様の巻〉

注意 「千万」を「せんまん」と読むのは、誤り。

緑酒紅灯 りょくしゅ－こうとう

⇩紅灯緑酒《こうとうりょくしゅ》

用例 彼の金力が物を云《い》うところは、到る処にあった。緑酒紅灯の巷《ちまた》でも、彼は自分の金の力が万能であるのを知った。〈菊池寛、真珠夫人〉

理路整然 りろ－せいぜん

意味 話や考え方などの筋道が、きちんと整っているようす。

構成「理路」は、物事の筋道や考え。論理。「整然」は、正しく整ったようす。
用例 恒太郎の反駁《はんばく》は、理路整然としていたが、しかし興奮している頼母《たのも》には、受け入れらるべくもなかった。〈菊池寛、仇討禁止令〉
注意「整然」を「整全」と書くのは、誤り。
対義語 支離滅裂《しりめつれつ》・不得要領《ふとくようりょう》

臨機応変 りんき‐おうへん

意味 その場に臨み、情勢の変化に応じて適切な処置をとること。時と場合によって適当に処理すること。
構成 漢文訓読では「機に臨み変に応ず」と読む。「臨機」は、その時・その場に直面すること。「応変」は、事情の変化に応じて物事を処理していくこと。
出典 資、性和厚《せいわこう》にして、機に臨み変に応じ、将士を輯穆《しゅうぼく》し、細務を総摂《そうせつ》す。〈宋史、蕭資伝〉
用例 詐《いつわ》るも悪し詐らざるも悪し、ただ朝夕臨機応変にて主人の寵愛を僥倖《ぎょうこう》するのみ。〈福沢諭吉、学問のすすめ〉
注意「臨機」を「臨気」と書くのは、誤り。
類義語 当意即妙《とういそくみょう》

臨戦態勢 りんせん‐たいせい

意味 戦いに臨む準備ができている状態。
構成「臨戦」は、戦争に直面すること。「態勢」は、物事に対する構えや状態。
用例 そのころ、アメリカ太平洋艦隊の主力は、すでに真珠湾において聯合艦隊以上の出師準備をととのえ、臨戦態勢に入っていた。〈阿川弘之、山本五十六〉

輪回応報 りんね‐おうほう

意味 生き物が次の世へと生まれ変わり続けても、それまでの行いの善悪に応じて禍福の報いを受けること。
構成「輪回」は、生命ある全てのものの霊魂が、地獄・餓鬼・畜生・修羅・人間・天上の六道に、転々と生を受け、永遠に迷い、苦しみの世界をめぐること。「応報」は、行為の善悪に対する報い。
用例 忽《たちま》ち輪回応報して可愛い我が子を殺し、ああ悪い事をしたと悔悟《かいご》して出家になるも、即《すなわ》ち即心即仏じゃ、〈三遊亭円朝、真景累ヶ淵〉
注意「輪回」を「りんね」と読むのは、仏教用語の慣用。「りん」と「え」が結びついて「りんね」と読む。「りんかい」「りんえ」と読むのは、誤り。
表記 従来は「輪廻応報」と書くのが普通であったが、現在では常用漢字の「回」に書き換える。
類義語 因果因縁《いんがいんねん》・因果応報《いんがおうほう》・因果覿面《いんがてきめん》・応報覿面《おうほうてきめん》・三世因果《さんぜいんが》

輪回転生 りんね‐てんしょう

（転生輪回《てんしょうりんね》）
意味 仏教で、車輪が回転し続けるように、一切の生物が迷いの世界を生きかわり死にかわりし続けること。
構成「輪回」は、生命のある全てのものの霊魂が、車輪がぐるぐると回転し続けるように、地獄・餓鬼・畜生・修羅・人間・天上の六道に転々と生を受け、永遠に迷い、苦しみの世界をめぐること。「転生」は、次の世で別の形に生まれ変わること。
用例 森君なんかは、輪回転生を信じんやろ。わしは死んでブタに生まれかわったらどないしょ、と思うたら気になってしやあなかったんや。〈森毅、人生二〇年説〉
注意 (1)「輪回」を「りんね」と読むのは、仏教用語の慣用。「りん」と「え」が結びついて「りんね」と読む。「りんかい」「りんえ」と読むのは、誤り。(2)「転生」を「てんしょう」と読むのは、仏教用語の慣用。「てんせい」と読むのは、誤り。
表記 従来は「輪廻転生」と書くのが普通であったが、現在では常用漢字の「回」に書き換える。
類義語 流転輪回《るてんりんね》

り

る

流転輪回　るてん-りんね

意味 生命ある全てのものの霊魂が迷いの世界で転々と生を受け、絶え間なく変化して永遠に迷うこと。

構成 「流転」は、絶え間なく変化すること。「輪回」は、あらゆる生き物の霊魂が、地獄・餓鬼・畜生・修羅・人間・天上の六道に、転々と生を受け、永遠に迷い、苦しみの世界をめぐること。

注意 (1)「流転」を「るてん」と読むのは、仏教用語の慣用。「りゅうてん」と読むのは、誤り。(2)「輪回」を「りんね」と読むのは、仏教用語の慣用。「りん」と「え」が結びついて「りんね」と読む。「りんかい」「りんえ」と読むのは、誤り。

表記 従来は「流転輪廻」と書くのが普通であったが、現在では常用漢字の「回」に書き換える。

類義語 転生《てんしょう》輪回《りんね》・輪回《りんね》転生《てんしょう》

縷縷綿綿　るる-めんめん

意味 ①細く長く続いていて絶えないようす。②転じて、こまごまと話が長く続くようす。

構成 「縷縷」は、糸のように細く長く続くようす。「綿綿」は、長く続いて絶えないようす。

用例 ②談話は縷々綿々として尽きず、それからそれと興に乗じて種種な昔話も出る。〈幸田露伴、不安〉

れ

冷汗三斗　れいかん-さんと

意味 冷や汗を大量にかくほど、非常に恥ずかしいこと。また、恐ろしいこと。

構成 「冷汗」は、冷や汗。「三斗」は、量の多いこと。「斗」は、昔の容積の単位。「三」は、数の多いことを表す。

用例 私は、まったく、冷汗三斗の思いであった。なぜ、酒飲みなどという不面目な種族の男に生れて来たか、と思った。〈太宰治、花燭〉

注意 「三斗」は、「さんど」とも読む。

冷却期間　れいきゃく-きかん

意味 情熱や興奮など、高揚した状態を沈めること。

構成 「冷却」は、冷たくすること。「期間」は、一定の時期から他の定められた時期に至るまでの間。時間や日数。

用例 少し冷却期間を置こうよ。そのほうが新鮮だし、なつかしくなる。〈阿刀田高、愛の墓標、心がわり〉

用法 「冷却期間を置く」などの形で用い

られることが多い。

冷酷無慙　れいこく-むざん

意味 きわめて無慈悲で残酷なこと。

構成「冷酷」は、情愛がうすくむごいこと。無慈悲なこと。「無慙」は、乱暴なこと。むごたらしいこと。

用例 あご鬚《げひ》と、素通しの金ぶち眼鏡の後に冷酷無慙な輝きを帯びている窪《くぼ》んだ眼の玉と、それから山高帽とよれよれのモーニングが彼の商売道具の一切であった。〈尾崎士郎、人生劇場愛欲篇〉

表記 (1)「冷酷無残」とも書く。(2)「慙」の代わりに、異体字の「慚」を書くこともある。

類義語 酷薄無慙《こくはくむざん》・破戒無慙《はかいむざん》・無慙酷薄《むざんこくはく》・無慙無愧《むざんむき》

冷酷無情　れいこく-むじょう

⇩冷淡無情《れいたんむじょう》

用例 何だって、あの男は冷酷無情なのかさっぱり判《わか》らない。無力なものをいじめるのが心持ちがいいのかも知れない。〈林芙美子、放浪記〉

霊魂不滅　れいこん-ふめつ

意味 人間の精神が、死後も滅びずに存続するという考え方。

構成「霊魂」は、たましい。肉体と別に存在すると考えられている精神。「不滅」は、滅びないこと。

用例 僕は霊魂不滅の説を信じないが、死者は鄭重《ていちょう》に葬るべきだと思っている。〈井伏鱒二、黒い雨〉

励声一番　れいせい-いちばん

意味 ここ一番という時に、大声をはりあげること。勢いのよい掛け声。

構成「励声」は、声を励ますこと。大声を出すこと。「一番」は、思い切ってするようす。

用例 判事総長は泰然自若、皇太子に向かって励声一番した。〈穂積陳重、法窓夜話〉

類義語 大喝一番《だいかついちばん》・大喝一声《だいかついっせい》・大声疾呼《たいせいしっこ》

冷静沈着　れいせい-ちんちゃく

⇩沈着冷静《ちんちゃくれいせい》

用例 原潜クルスクの乗組員は百十八人。選び抜かれた、冷静沈着な若者たちが中心だそうだ。〈朝日新聞、天声人語、二〇〇〇年八月一八日〉

冷淡無情　れいたん-むじょう

（無情冷酷《むじょうれいこく》・冷酷無情《れいこくむじょう》）

意味 情愛がなく、同情心のないこと。

構成「冷淡」「冷酷」は、情愛がないこと。「無情」は、同情心のないこと。

用例 いかに冷淡無情を商売の信条と心得ている廓者《くるわもの》でも、よもやこちらの赤誠が通じないことはあるまい。〈近松秋江、霜凍る宵〉

類義語 枯木寒岩《こぼくかんがん》・枯木死灰《こぼくしかい》

対義語 多感多愁《たかんたしゅう》・多情多感《たじょうたかん》・多情多恨《たじょうたこん》

零丁孤苦　れいてい-こく

意味 落ちぶれて助ける人もなく、一人で苦しむこと。

構成「零丁」は、落ちぶれて孤独なようす。失意のようす。「孤苦」は、一人で苦しむこと。

出典 零丁孤苦して、成立に至る。〈文選、李密、陳情の表〉

用例 昇は、官途を離れて零丁孤苦、みすぼらしい身に成ッたと云ッて文三を見括《みくび》ッて、〈二葉亭四迷、浮雲〉

注意「零丁」を「れいちょう」と読むのは、誤り。

霊肉一致　れいにく-いっち

意味 霊魂と肉体とは、同じように大切であるという考え方。キリスト教で肉体に対して霊魂の優位を説くのに対してい

う。

構成「霊肉」は、霊魂と肉体。「一致」は、ここでは、同じように大切であること。

用例 私はまだ肉交の経験なき純潔なる青年が、漫然たる霊肉一致の思想に甘やかされてその純潔を失うことをかぎりなく遺憾に思うものである。〈倉田百三、愛と認識との出発〉

怜悧狡猾 れいり-こうかつ

意味 小賢しく悪賢いこと。
構成「怜悧」は、利口。小賢しいこと。「狡猾」は、悪賢いこと。
用例 人間をおそれ、避け、ごまかしているのは、れいの俗諺《ぞくげん》の「さわらぬ神にたたりなし」とかいう怜悧狡猾の処世訓を遵奉《じゅんぽう》しているのと、同じ形だ、〈太宰治、人間失格〉
注意 (1)「怜」を「冷」と書くのは、誤り。(2)「悧」を「利」と書くのは、誤り。
類義語 邪知暴虐《じゃちぼうぎゃく》

連日連夜 れんじつ-れんや

意味 幾日も幾夜も続けて。
構成「連日」は、毎日。「連夜」は、毎夜。
用例 連日連夜、祝いの客が、使者が、田沼邸に殺到した。〈南條範夫、無頼武士道〉

連戦連勝 れんせん-れんしょう

意味 全く負けないで勝ち続けること。次々に戦ってそのたびごとに勝ち続けること。
構成「連戦」は、戦いを続けること。「連勝」は、勝ち続けること。
用例 その後もトルコ軍は、負け戦さを知らないかのように、連戦連勝をつづける。〈塩野七生、コンスタンティノープルの陥落〉
対義語 連戦連敗《れんせんれんぱい》

連戦連敗 れんせん-れんぱい

意味 全く勝たないで負け続けること。次々に戦って、そのたびごとに負け続けること。
構成「連戦」は、戦いを続けること。「連敗」は、負け続けること。
用例 敵軍の軍威強大にして、味方は連戦連敗し、国都に近きところまで攻め詰められ〈矢野竜渓、経国美談〉
対義語 連戦連勝《れんせんれんしょう》

連帯責任 れんたい-せきにん

意味 二人以上の人が、同一のことに共同の責任を負うこと。
構成「連帯」は、二人以上が連合して物事に当たること。「責任」は、引き受けてなすべき任務。
用例 あんたたちがやらなくても、あんたたちの仲間がやったんなら、連帯責任はある。〈加賀乙彦、湿原〉
類義語 一蓮托生《いちれんたくしょう》・同腹一心《どうふくいっしん》

廉恥功名 れんち-こうみょう

意味 正直で恥を知る者は、手柄を立て名をあげることができるということ。
構成「廉恥」は、正直で欲がなく、恥を知っていること。「功名」は、手柄による名誉。
用例 廉恥功名の心は身を払て尽き果て、又文学技芸等に志す可《べ》き余地を遺《のこ》さず、〈福沢諭吉、文明論之概略〉

ろ

老驥伏櫪　ろうき-ふくれき

意味 年老いた名馬は、使われないで馬小屋の中に寝ていても、なお千里をかける志を捨てない。英雄が年老いても大志を捨てないで、強い気力を持ち続けることのたとえ。

構成 「老驥」は、年老いた駿馬《しゅんめ》。年とった英雄のたとえ。「伏櫪」は、馬が馬小屋の中で寝ていること。才能を現さずに埋もれているたとえ。「櫪」は、馬小屋の床板。転じて、馬小屋。

出典 老驥《ろうき》櫪《れき》に伏するも、志《こころざし》千里に在り。烈士は暮年にして、壮心已《や》まず。〈三国魏、武帝、碣石篇〉

用例 さりながら老驥伏櫪の志は相止み申さず折節不審の義有之候《これありそうらう》へども〈有吉佐和子、華岡青洲の妻〉

老少不定　ろうしょう-ふじょう

意味 人の生命には定めがなく、老人も子どももいつ死ぬかわからないこと。

構成 「老少」は、老人と子ども。「不定」は、不確かなこと。定めがないこと。

出典 世人の愚なるや、老少不定の境に於《お》いて、千秋万歳の執を成す。〈観心略要集〉

用例 どうするって、仕方がないわ、ねえあなた。老少不定っていうくらいだから。〈夏目漱石、こころ〉

注意 「不定」を「ふじょう」と読むのは、仏教用語からきた慣用。「ふてい」と読むのは、ここでは誤り。

類義語 諸行無常《しょぎょうむじょう》・生死無常《しょうじむじょう》・無常迅速《むじょうじんそく》

籠鳥檻猿　ろうちょう-かんえん

⇩檻猿籠鳥《かんえんろうちょう》

老若貴賤　ろうにゃく-きせん

《貴賤老若《きせんろうにゃく》》

意味 老人・子ども・身分の高い者・身分の低い者。年齢や身分にかかわらない、あらゆる人々。

構成 「老若」は、老人と子ども。「貴賤」は、身分が高いことと、身分が低いこと。

用例 柵の外に立ちて列車の行くを送りしは独り間貫一《はざまかんいち》のみにあらず、そこもとに聚《つど》ひし老若貴賤の男女は皆個々の心をもて、〈尾崎紅葉、金色夜叉〉

注意 「老若」を「ろうにゃく」と読むのは、仏教用語からきた慣用だが、現在では「ろうじゃく」とも読む。

類義語 貴賤上下《きせんしょうか》・貴賤雅俗《きせんがぞく》・貴賤男女《きせんだんじょ》・貴賤貧富《きせんひんぷ》・貴賤老少《きせんろうしょう》・上下貴賤《しょうかきせん》・男女老幼《なんにょろうよう》・貧富貴賤《ひんぷきせん》・老幼男女《ろうようなんにょ》・老若男女《ろうにゃくなんにょ》・老若貧富《ろうにゃくひんぷ》

老若男女　ろうにゃく-なんにょ

《男女老幼《なんにょろうよう》・老幼男女《ろうようなんにょ》》

意味 老人・子ども・男・女。年齢や性別にかかわらない、あらゆる人々。

構成 「老若」「老幼」は、老人と子ども。「男女」は、男性と女性。

用例 外国使臣一行の異様な行装を見ようとして遠近から集まって来た老若男女の群は京都の町々を埋めた。〈島崎藤村、夜明け前〉

注意 「老若」を「ろうにゃく」、「男女」を「なんにょ」と読むのは、仏教用語からきた慣用だが、現在では「ろうじゃくだんじょ」とも読む。

類義語 貴賤上下《きせんしょうか》・貴賤雅俗《きせんがぞく》・貴賤男女《きせんだんじょ》・貴賤貧富《きせんひんぷ》・貴賤老少《きせんろうしょう》・貴賤老若《きせんろうにゃく》・上下貴賤《しょうかきせん》・貧富貴賤《ひんぷきせん》・老若貴賤《ろうにゃくきせん》・老若貧富《ろうにゃくひんぷ》

老若貧富　ろうにゃく-ひんぷ

意味 老人・子ども・貧乏人・金持ち。年齢

ろ

や貧富の差にかかわらない、あらゆる人々。

構成「老若」は、老人と子ども。「貧富」は、貧乏人と金持ち。

用例 名号を授ける人は、老若貧富を押しなべて少ない数ではありませんでした。〈中里介山、大菩薩峠、東海道の巻〉

注意「老若」を「ろうにゃく」と読むのは仏教用語からきた慣用だが、現在では「ろうじゃく」とも読む。

類義語 貴賤上下《きせんしょうか》・貴賤雅俗《きせんがぞく》・貴賤男女《きせんだんじょ》・貴賤貧富《きせんひんぷ》・貴賤老少《きせんろうしょう》・貴賤老若《きせんろうにゃく》・上下貴賤《しょうかきせん》・男女老幼《なんにょろうよう》・貧富貴賤《ひんぷきせん》・老若貴賤《ろうにゃくきせん》・老若男女《ろうにゃくなんにょ》・老幼男女《ろうようなんにょ》

老婆親切　ろうばーしんせつ

意味 年を取った女性がくどくどと必要以上に世話をやくこと。また、広く、必要以上の世話。老婆心。

構成「老婆」は、年を取った女性。「親切」は、思いやりがあること。

出典 師云《い》ふ、祇《た》だ老婆心切の為なり。〈景徳伝灯録、十二、鎮州臨済義玄禅師〉

用例 私はこれ以上をもうお前にいうまい。私は老婆親切の饒舌《じょうぜつ》の為《ため》に既に余りに疲れた。〈有島武郎、惜みなく愛は奪ふ〉

表記「老婆心切」とも書く。

老病生死　ろうびょうーせいし

意味 年とって病気になったり、死んだりすること。

構成「老病」は、年とって病気となること。「生死」は、生きて死ぬこと。

用例 如何《いか》にも苦も悲しみもない、老病生死の厄もない、平穏な無事な生活が、永遠に続いて行くのである。〈菊池寛、極楽〉

類義語 衰老病死《すいろうびょうし》

老幼男女　ろうようーなんにょ

⇩老若男女《ろうにゃくなんにょ》

用例 あの先年の「ええじゃないか」の騒動の折に笛太鼓の鳴り物入りで老幼男女の差別なくこの街道を踊り廻《まわ》ったほどの熱狂が見られるでもない。〈島崎藤村、夜明け前〉

六道輪回　ろくどうーりんね

意味 人間の霊魂が、天上・人間・修羅・地獄・餓鬼・畜生の六道の世界に転々と生を受け、永遠に迷いめぐること。

構成「六道」は、人間がそれぞれの業によって、死後に赴き住む六種の世界。天上・人間・修羅・地獄・餓鬼・畜生。「輪回」は、生命のある全てのものの霊魂が、六道に、転々と生を受け、永遠に迷い、苦しみの世界をめぐること。

注意「輪回」を「りんね」と読むのは、仏教用語の慣用。「りん」と「え」が結びついて「りんね」と読む。「りんかい」「りんえ」と読むのは、誤り。

表記 従来は「六道輪廻」と書くのが普通であったが、現在では常用漢字の「回」に書き換える。

六根清浄　ろっこんーしょうじょう

意味 仏教で、人間の肉体によって生ずる欲望や迷いを断ち切って、心身を清らかに保つこと。

構成「六根」は、人間が迷いを生ずる原因となる、眼・耳・鼻・舌・身・意の六つの感覚器官。「清浄」は、煩悩を離れ罪悪などがなく、心の清らかなこと。

出典 六根清浄なれば、善欲心生ず。〈智度論〉

用例 ここはなんともいえぬ、いいところだった。六根清浄というか、しんと打ち鎮まって、ひとりでに心あらたまる所である。〈幸田文、杉〉

注意「清浄」を「しょうじょう」と読むのは、仏教用語の慣用。「せいじょう」と読むのは、誤り。

類義語 斎戒沐浴《さいかいもくよく》・精進潔斎《しょうじんけっさい》・沐浴斎戒《もくよくさいかい》・和敬清寂《わけいせいじゃく》

炉辺歓談 ろへんーかんだん

意味 炉端でうちとけて楽しく話し合うこと。

構成 「炉辺」は、いろりのそば。炉端。「歓談」は、うちとけて話し合うこと。

用例 月夜の吹笛《すいてき》。春暁《しゅんぎょう》の朝寐《あさね》。冬夜の炉辺歓談。……なんと愉《たの》しげに、また、なんと数多くの項目を彼は数え立てたことだろう!〈中島敦、悟浄歎異〉

注意 「歓」を「勧」「観」と書くのは、誤り。「歓」は「よろこぶ」、「勧」は「すすめる」、「観」は「みる」の意味。

驢鳴犬吠 ろめいーけんばい

意味 驢馬が鳴き、犬がほえる。聞くに足りないもの、つまらない文章などのたとえ。

構成 「驢鳴」は、驢馬が鳴く声。「犬吠」は、犬がほえる声。

出典 唯《ただ》寒山寺一片の石のみ共に語るに堪《た》ふ。余は驢鳴犬吠のごときのみ。〈世説新語補、軽詆下〉

類義語 蛙鳴蟬噪《あめいせんそう》・街談巷語《がいだんこうご》・街談巷説《がいだんこうせつ》

論功行賞 ろんこうーこうしょう

意味 功績を調べ、その程度に応じて、賞を与えること。

構成 「論功」は、功績の程度を調べること。「行賞」は、賞を与えること。

出典 功を論じ賞を行ふに、各《おのおの》差有り。〈三国志、魏志、明帝紀〉

用例 ひときわすぐれて手がらのある勇士もあるであろう。論功行賞よろしきを得るように希望する。〈井伏鱒二、さざなみ軍記〉

注意 「行賞」を「功賞」と書くのは、誤り。

類義語 信賞必罰《しんしょうひつばつ》

論旨明快 ろんしーめいかい

意味 議論の趣旨が明らかでしっかりしていること。

構成 「論旨」は、議論の趣旨。議論の要点。「明快」は、文章・思想・議論などがはっきりしていること。

対義語 不得要領《ふとくようりょう》

わ

和気藹藹 わきーあいあい

意味 やわらいでむつまじい気分が、満ち満ちているようす。

構成 「和気」は、穏やかな気分。「藹藹」は、心のやわらいだようす。

出典 和気藹として寓《ぐう》に充つ。〈唐、李邕、春の賦〉

用例 中にはカメラの前で仲良くポーズを取っている恋人同士もいて和気藹々だ。〈藤原正彦、若き数学者のアメリカ〉

表記 「藹藹」は、「靄靄」とも書く。

対義語 嫉視反目《しっしはんもく》

和敬清寂 わけいーせいじゃく

意味 茶道で、主人と客が相互に心をやわらげて、つつしみ敬い合い、わび・さびの精神を重んじながら茶庭・茶室の雰囲気を清らかなものに保つ心得。

構成 「和敬」は、心をやわらげ、つつしみ敬うこと。「清寂」は、清らかで、わび・さびの精神を重んじること。

用例 それだけでこころのうちに和敬清

寂がほのぼのとひろがっていくようである。〈開高健、新しい天体〉
類義語 斎戒沐浴《さいかいもくよく》・精進潔斎《しょうじんけっさい》・沐浴斎戒《もくよくさいかい》・六根清浄《ろっこんしょうじょう》

和光同塵 わこう-どうじん

意味 才能や知恵をやわらげ隠して、俗世間の中に交わっていること。
構成 「和光」は、光をやわらげる。才知を隠すこと。「同塵」は、俗世間に歩調を合わせること。「塵」は、世俗のちり。
出典 其《そ》の光を和らげ、其の塵に同ず。〈老子、四〉
用例 宗謙の和光同塵は意味がちがうらしい。非常にすぐれた者が市井の塵とおなじ塵になって生きてゆくという老子の境地は宗謙にあっては逆で、そのことがくやしいという意味のようである。〈司馬遼太郎、花神〉
類義語 晦迹韜光《かいせきとうこう》・韜光晦迹《とうこうかいせき》

和魂漢才 わこん-かんさい

意味 日本固有の精神と、中国から伝来した学問。心にやまと心を持ち、教養として漢学を修めること。
構成 「和魂」は、わが国固有の精神。「漢才」は、漢学によって得た知識・才能。
出典 凡《およ》そ国学の要《もと》むる所は、論じて古今に渉《わた》り天人を究めんと欲すと雖《いへど》も、其《そ》の和魂漢才に非《あら》ざるよりは、其の閫奥《こんおう》を闚《み》る能《あた》はず。〈菅家遺誡〉
用例 和魂漢才ということもあって、日本には日本の長所がある。〈徳冨蘆花、黒潮〉
類義語 士魂商才《しこんしょうさい》・和魂洋才《わこんようさい》

和魂洋才 わこん-ようさい

意味 日本固有の精神と、西洋から伝来した学問。心にやまと心を持ち、教養として西洋の学問を修めること。明治以降、「和魂漢才」から生じたことば。
構成 「和魂」は、わが国固有の精神。「洋才」は、西洋の学問によって得た知識・才能。
用例 日本の国家社会で有用の材となるには、和魂洋才でなくてはいけません。〈森鷗外、なのりそ〉
類義語 士魂商才《しこんしょうさい》・和魂漢才《わこんかんさい》

和洋折衷 わよう-せっちゅう

意味 日本と西洋との様式を、ほどよく混ぜ合わせること。
構成 「和洋」は、日本と西洋の様式。「折衷」は、あれこれと取捨して調和させ、そのほどよいところをとること。
用例 男女サークル員がだんだんやって来てその炬燵《こたつ》のある和洋折衷の室《へや》はやがて一杯につまった。〈宮本百合子、一九三一年の春〉
表記 「和洋折中」とも書く。

書道に関する名言名句の宝庫

書道故事成語辞典

田中有　著

中国歴代の書論や史書・詩文などから、書法・文房四宝・書家に関する名言名句一五〇〇余を収録して、適切な解説並びに出典（書き下し文で掲載）を示す。従来の墨場必携や各種辞典には採られていない味わい深い語句を多数収録。見出し語は書き下し文（〔　〕内に原文）で五十音順に配列。巻末に原文見出し語第一字目の総画索引を付し、揮毫にも重宝。歴代書家八〇〇余名の「人物小伝」も付す。

A5判・上製函入・三八六頁・本体四、五〇〇円

『論語』と孔子のすべてがこの一冊に

論語と孔子の事典

江連隆　著

『論語』と孔子があわせてわかる、読んで楽しい、読みものふう事典。『論語』の名言名句を、現代的な視点からやさしく解説。孔子の生涯と人間像にスポットをあて、豊富な資料とともに紹介。さらに『論語』の原文を全て収録したほか、カラー口絵・付録（孔子家系図など）・索引（章句、事項、人名、地名）を付す。孔子の人間的魅力にふれつつ、磨きぬかれた古典中の古典『論語』の世界へいざなう。

A5判・上製函入・五〇八頁・本体五、二〇〇円

大修館書店　定価＝本体＋税五％（二〇〇五年六月現在）

現代生活に役立つ漢文の名言集

漢文名言辞典

鎌田正・米山寅太郎　著

漢文の珠玉の名言名句二三三八条を精選し、内容の上から適宜分類・配列したアンソロジー。まず「自然の観照」「人間のあり方」「人生の諸相」「社会のすがた」の四編に大別し、さらにそれぞれを内容別に細分類した。記述は、その言葉の由来、転義などをわかりやすく解説し、さらに正確な出典を明示した。また、「総合索引」「主要語句索引」「人名索引」の全てに総ルビを付け、徹底して引きやすさを図った。

A5判・上製函入・九二四頁・本体六、四〇〇円

漢詩は心のふるさと

漢詩名句辞典

鎌田正・米山寅太郎　著

中国の「詩経」から魯迅まで、日本の「懐風藻」から漱石までの漢詩の中から、珠玉の名句一一〇〇余を選んだ一大アンソロジー。内容により、四季・探美・学問・慕情・処世・懐旧などに分類、各句ごとに読み方・解釈・鑑賞を付し、原詩を添えた。付録として「漢詩についての」「作者解説」「出典解説」「漢詩参考年表」など参考資料を収め、さらに「詩句索引」「作者別詩題索引」「語句索引」と索引も充実。

A5判・上製函入・八六六頁・本体五、八〇〇円

[編者略歴]

田部井文雄（たべい　ふみお）

1929（昭和4）年、群馬県生まれ。東京教育大学卒業。元千葉大学教授。専攻は、漢文学。若いころより、『大漢和辞典』を始めとする漢和辞典や、高校国語教科書の編纂にたずさわる一方で、『唐詩三百首詳解』『中国自然詩の系譜』（大修館書店）、『陶淵明集全釈』（共著、明治書院）などの著書がある。

大修館《たいしゅうかん》 四字熟語辞典《よじじゅくごじてん》

NDC813 560p 19cm

初版第1刷――2004年6月15日
第6刷――2005年6月25日

編者――田部井文雄《たべいふみお》
発行者――鈴木一行
発行所――株式会社大修館書店
〒101-8466 東京都千代田区神田錦町3-24
電話03-3295-6231（販売部）03-3294-2352（編集部）
振替 00190-7-40504
[出版情報] http://www.taishukan.co.jp

装丁者――井之上聖子
印刷所――壮光舎印刷
製本所――関山製本社

ISBN4-469-02109-1 Printed in Japan

分類索引

(1)この索引は、本辞典に収録した全ての項目を、約300のキーワードで分類して検索できるようにしたものである。
(2)キーワードは、さらに22のカテゴリーに分類し、カテゴリーごとにまとめて配列した。
(3)冒頭にカテゴリーごとに分類したキーワードの一覧を置いて、検索の便宜を図った。

キーワード一覧（数字は、この分類索引内のページ数）

性格
誠実な 4
忠義な 4
貞淑な 4
不実な 4
気高い 4
下品な 4
悟った人 4
度量が広い 4
思いやりがある 4
温和な 4
丁寧な 5
厳しい 5
冷たい 5
傲慢な 5
威勢がいい 5
勇ましい 5
生き生きした 5
熱心な 5
怠ける 6
向こう見ずな 6
軽はずみな 6
思い切りがいい 6
意志の固い 6
我慢強い 6
慎重な 6
思い切りが悪い 6
臆病な 6
流されやすい 7
純情な 7
素朴な 7
のんきな 7
朗らかな 7
おどけた 7
こだわらない 7
融通がきかない 7
欲の深い 7
ずる賢い 7
保守的な 7

心の動き
楽しい 7
うれしい 7
笑う 8
感動する 8
夢中になる 8
願う 8
気晴らしする 8
なつかしい 8
驚く 8
感謝する 8
同情する 8
いたわる 8
怒る 8
憎む 8
嘆く 8
残念な 8
悲しい 9
恥ずかしい 9
不満な 9
不安な 9
落ち込む 9
悩む 9
煩悩 9
苦しむ 9
地獄の苦しみ 9
悲惨な 9
疲れ果てる 9
奮起する 9
改心する 9
意識を失う 9
心の奥底 10
いろいろな感情 10

行動
実行力がある 10
思い通り行動する 10
勢いがある 10
正義の行い 10
勝手な 10
乱暴な 10
残忍な 10
求める 10

悟りの境地 11
悟りを開く 11
清める 11
取り戻す 11
選ぶ 11

人間関係

家族 11
親子 11
夫婦・男女 11
友人 11
師弟 12
仲の良い 12
協力する 12
通じ合う 12
励ます 12
戒める 12
へりくだる 12
義理 12
おもねる 12
付き合いが悪い 12
失礼な 12
悪口を言う 12
争う 12

知恵

理解力がある 13
分別のある 13
頭の回転が速い 13
知識がある 13
忘れない 13
知識がない 13
理解力がない 13
頭が固い 13
じっくり考える 13
じっくり味わう 14
たくらむ 14
算数 14

才能

才能がある 14
才能がある人 14
思うままにできる 14
将来が有望な 14
兼ね備えた 14
才能を隠す 14
才能があだとなる 14
才能がない 14

人生

出世する 15
苦労する 15
努力する 15
無駄な努力 15
落ちぶれる 15
旅 15

運命

運命 15
幸運な 15
不運な 15
不幸な 15
運命の変転 16
危ない 16
はかない 16
報いを受ける 16

生活

普段の 16
健康な 16
不健康な 16
華やかな 16
ぜいたくな 16
にぎやかな 17
満ち足りた 17
落ち着いた 17
気ままな 17
つつましい 17
貧しい 17
孤独な 17
忙しい 17
便利な 18
食事 18
おいしい食事 18
たくさん食べる 18
飲酒 18
衣裳 18
おしゃれな 18
住居 18
立派な建物 18
名前 18
生活の知恵 18
高貴な 18

外見・容姿

外見 18
立派な外見 18
身なり 19
きちんとした 19
みすぼらしい 19
美しい女性 19

状態

最初の 19
最初から最後まで 19
最後の 19
変化しない 19
不安定な 19
とりあえずの 19
崩れる 19
自由な 20
不自由な 20
明るい 20
暗い 20
ひそかな 20
奥深い 20
新しい 20
古い 20
簡単な 20
難しい 20
はっきりした 20
はっきりしない 20
わかりにくい 20
入り交じった 20
入り組んだ 20
細かい 21
多い 21
数え切れない 21
わずかな 21
大きい 21
小さい 21
ほとんど 21
一体の 21
一致する 21
集中する 21
食い違う 21
かけ離れた 21

さまざまな 22
それぞれの 22
はるかな 22
近い 22
清らかな 22
純粋な 22
堅固な 22
落ち着く 22
騒がしい 22
激しい 22
外国の 22
知れ渡る 22
したたる 22

評価

最高の 22
完璧な 23
唯一の 23
すばらしい 23
価値がある 23
評判のよい 23
ちょうどよい 23
ありふれた 23
おもしろくない 23
物足りない 23
取るに足りない 23
でたらめな 23
役に立たない 24
価値がない 24
正しい 24
本当の 24
間違った 24
よこしまな 24
珍しい 24
独自の 24
奇妙な 24
過剰な 24
おおげさな 24
見かけだけの 24
最初だけの 25
重大な 25
めでたい 25
評価の基準 25
取り違える 25
断じてない 25

社会情勢

政治 25
平和な 25
実り豊かな 25
平等な 25
不平等な 25
乱れた 26
苛酷な 26
人々を救う 26
未開の 26
人事 26
情報 26

戦争

戦争 26
戦いに強い 26
武器 26

宗教

神々 26
教養 26
儀式 27
宗教の対立 27

魔物・災難

魔物 27
災難 27

自然・風景

美しい風景 27
美しい花 27
広々とした 27
さびしい 27
天文 27

時代・季節

時代 27
季節 27
気候 28

時間

いつも 28
いつまでも 28
続けて・何度も 28
すぐさま 28
一気に 28
短い時間 28
タイミング 28
時間の流れ 28

ことば

全てのことば 28
わずかなことば 28
ことばと行動 28
議論 28
強引な議論 29
詩文 29
読書 29
手紙 29
音声 29

学問・芸術

学問 29
書道 29
絵画 29
音楽 29
演劇 29

全ての

全てのもの 29
全ての人 30
全ての生き物 30
全世界 30
からだ全体 30

【性格】

誠実な
悪木盗泉《あくぼくとうせん》 3
一期一会《いちごいちえ》 15
一諾千金《いちだくせんきん》 18
温和勤勉《おんわきんべん》 57
恪勤精励《かっきんせいれい》 68
気骨稜稜《きこつりょうりょう》 91
謹厳実直《きんげんじっちょく》 110
剛健質朴《ごうけんしつぼく》 136
孝悌忠信《こうていちゅうしん》 141
山高水長《さんこうすいちょう》 166
至孝貞淑《しこうていしゅく》 176
実直謹厳《じっちょくきんげん》 187
質朴剛健《しつぼくごうけん》 188
修身斉家《しゅうしんせいか》 197
正直一徹《しょうじきいってつ》 209
仁義道徳《じんぎどうとく》 219
紳士協定《しんしきょうてい》 221
真実一路《しんじついちろ》 222
誠意誠心《せいいせいしん》 233
誠心誠意《せいしんせいい》 236
正正堂堂《せいせいどうどう》 237
青天白日《せいてんはくじつ》 237
精励恪勤《せいれいかっきん》 239
忠信孝悌《ちゅうしんこうてい》 280
白日青天《はくじつせいてん》 320
方正謹厳《ほうせいきんげん》 365
滅私奉公《めっしほうこう》 388
廉恥功名《れんちこうみょう》 418

忠義な
勤王攘夷《きんのうじょうい》 113
勤王討幕《きんのうとうばく》 113
賢君忠臣《けんくんちゅうしん》 124
蹇蹇匪躬《けんけんひきゅう》 125
慷慨忠直《こうがいちゅうちょく》 131
七生報国《しちしょうほうこく》 183
仁義忠孝《じんぎちゅうこう》 219
尽忠報国《じんちゅうほうこく》 228
精忠無二《せいちゅうむに》 237
尊王攘夷《そんのうじょうい》 264
尊王攘夷《そんのうじょうい》 264
大政復古《たいせいふっこ》 268
大政奉還《たいせいほうかん》 268
忠君愛国《ちゅうくんあいこく》 280
忠孝仁義《ちゅうこうじんぎ》 280
忠臣孝子《ちゅうしんこうし》 280
忠臣貞女《ちゅうしんていじょ》 280
忠勇義烈《ちゅうゆうぎれつ》 281
忠勇無双《ちゅうゆうむそう》 281
擲身報国《てきしんほうこく》 289
報国尽忠《ほうこくじんちゅう》 363

貞淑な
温良貞淑《おんりょうていしゅく》 56
至孝貞淑《しこうていしゅく》 176
忠臣貞女《ちゅうしんていじょ》 280
貞操観念《ていそうかんねん》 288

不実な
教唆扇動《きょうさせんどう》 101
舌先三寸《したさきさんずん》 182
舌先三分《したさきさんぶ》 183
佞悪醜穢《ねいあくしゅうわい》 315
排斥擠陥《はいせきせいかん》 316
背徳没倫《はいとくぼつりん》 316
非義非道《ひぎひどう》 333
不義非道《ふぎひどう》 344
不義不正《ふぎふせい》 344
不義不貞《ふぎふてい》 344
不義不徳《ふぎふとく》 344
不義密通《ふぎみっつう》 345
不正不義《ふせいふぎ》 349
不忠不義《ふちゅうふぎ》 350
不貞不義《ふていふぎ》 351
欲念邪意《よくねんじゃい》 404
乱臣賊子《らんしんぞくし》 407

気高い
高潔無比《こうけつむひ》 136
清浄潔白《せいじょうけっぱく》 235
清麗高雅《せいれいこうが》 239
清廉恪勤《せいれんかっきん》 239
清廉潔白《せいれんけっぱく》 240
善男善女《ぜんなんぜんにょ》 254
鮮美透涼《せんびとうりょう》 255
八面玲瓏《はちめんれいろう》 323
品行方正《ひんこうほうせい》 340
品性高潔《ひんせいこうけつ》 340
文質彬彬《ぶんしつひんぴん》 355
優美高妙《ゆうびこうみょう》 398

下品な
小身微禄《しょうしんびろく》 212
俗臭芬芬《ぞくしゅうふんぷん》 260
品性下劣《ひんせいげれつ》 340
抱関撃柝《ほうかんげきたく》 362
野卑滑稽《やひこっけい》 394

悟った人
雲中白鶴《うんちゅうはっかく》 42
聖人君子《せいじんくんし》 236
聖人賢者《せいじんけんじゃ》 236
名僧知識《めいそうちしき》 385

度量が広い
椀飯振舞《おうばんぶるまい》 52
大盤振舞《おおばんぶるまい》 53
大番振舞《おおばんぶるまい》 53
闊達豪放《かったつごうほう》 70
闊達自在《かったつじざい》 71
闊達無礙《かったつむげ》 71
寛仁大度《かんじんたいど》 82
豪放闊達《ごうほうかったつ》 143
明快闊達《めいかいかったつ》 384

思いやりがある
鬼手仏心《きしゅぶっしん》 92
鬼面仏心《きめんぶっしん》 96
敬天愛人《けいてんあいじん》 120
慈悲忍辱《じひにんにく》 189
情状酌量《じょうじょうしゃくりょう》 210
尊尚親愛《そんしょうしんあい》 263
大慈大悲《だいじだいひ》 267
大悲大慈《だいひだいじ》 269

温和な
温厚質実《おんこうしつじつ》 54
温厚淡泊《おんこうたんぱく》 54
温厚篤実《おんこうとくじつ》 54
温柔敦厚《おんじゅうとんこう》 54
温順篤実《おんじゅんとくじつ》 54
穏着沈黙《おんちゃくちんもく》 55
温良恭倹《おんりょうきょうけん》 56
温良貞淑《おんりょうていしゅく》 56
温良篤厚《おんりょうとっこう》 56

温良優順《おんりょうゆうじゅん》 56
温和勤勉《おんわきんべん》 57
温和丁寧《おんわていねい》 57
温和篤厚《おんわとっこう》 57
温和怜悧《おんわれいり》 57
春風駘蕩《しゅんぷうたいとう》 207
篤実温厚《とくじつおんこう》 304
柔和温順《にゅうわおんじゅん》 313
眉目温厚《びもくおんこう》 336

丁寧な

慇懃丁重《いんぎんていちょう》 36
慇懃無礼《いんぎんぶれい》 36
温和丁寧《おんわていねい》 57
懇切丁寧《こんせつていねい》 159
丁寧懇切《ていねいこんせつ》 288

厳しい

気骨稜稜《きこつりょうりょう》 91
厳父慈母《げんぷじぼ》 128
熱烈峻厳《ねつれつしゅんげん》 315

冷たい

枯木寒岩《こぼくかんがん》 156
枯木死灰《こぼくしかい》 156
他人行儀《たにんぎょうぎ》 273
無情冷酷《むじょうれいこく》 380
冷酷無情《れいこくむじょう》 417
冷淡無情《れいたんむじょう》 417

傲慢な

横行闊歩《おうこうかっぽ》 50
横行跋扈《おうこうばっこ》 51
驕兵必敗《きょうへいひっぱい》 103
高歌放吟《こうかほうぎん》 133
傲岸不屈《ごうがんふくつ》 134
傲岸不遜《ごうがんふそん》 134
傲岸無礼《ごうがんぶれい》 134
厚顔無恥《こうがんむち》 134
強情我慢《ごうじょうがまん》 138
傲世逸俗《ごうせいいつぞく》 139
高談闊歩《こうだんかっぽ》 140
傲慢不羈《ごうまんふき》 144
傲慢不遜《ごうまんふそん》 144
高慢無礼《こうまんぶれい》 144
傲慢無礼《ごうまんぶれい》 144
傲慢磊落《ごうまんらいらく》 144
自画自賛《じがじさん》 173
尊大不遜《そんだいふそん》 264
跳梁跋扈《ちょうりょうばっこ》 284
独学自尊《どくがくじそん》 304
馬耳東風《ばじとうふう》 322
跋扈跳梁《ばっこちょうりょう》 324
飛揚跋扈《ひようばっこ》 339
無礼傲慢《ぶれいごうまん》 354
放吟高歌《ほうぎんこうか》 362
傍若無人《ぼうじゃくぶじん》 363
唯我独尊《ゆいがどくそん》 395

威勢がいい

意気軒昂《いきけんこう》 8
意気昂然《いきこうぜん》 8
意気衝天《いきしょうてん》 8
気宇広大《きうこうだい》 88
気宇壮大《きうそうだい》 88
気炎万丈《きえんばんじょう》 89
旗鼓堂堂《きこどうどう》 91
銀鱗躍動《ぎんりんやくどう》 114
元気溌剌《げんきはつらつ》 124
士気高揚《しきこうよう》 174
生気溌剌《せいきはつらつ》 234
精力絶倫《せいりょくぜつりん》 239
幕天席地《ばくてんせきち》 321
抜山蓋世《ばつざんがいせい》 324

勇ましい

敢為邁往《かんいまいおう》 75
義気凜然《ぎきりんぜん》 90
気象勇健《きしょうゆうけん》 92
驍勇無双《ぎょうゆうむそう》 104
直往邁進《ちょくおうまいしん》 284
沈毅雄武《ちんきゆうぶ》 286
悲壮淋漓《ひそうりんり》 334
雄気堂堂《ゆうきどうどう》 396
勇気百倍《ゆうきひゃくばい》 396
勇気凜然《ゆうきりんぜん》 396
勇気凜凜《ゆうきりんりん》 396
雄心勃勃《ゆうしんぼつぼつ》 397
勇壮活発《ゆうそうかっぱつ》 398
勇猛果敢《ゆうもうかかん》 399
勇猛果断《ゆうもうかだん》 399
勇猛無比《ゆうもうむひ》 399

生き生きした

活火激発《かっかげきはつ》 68
活気横溢《かっきおういつ》 68
活発婉麗《かっぱつえんれい》 71
活発発地《かっぱつはっち》 71
活発轆地《かっぱつろくち》 71
撼天動地《かんてんどうち》 84
面目躍如《めんもくやくじょ》 389

熱心な

一念発起《いちねんほっき》 18
一心精進《いっしんしょうじん》 27
一心不乱《いっしんふらん》 28
一心発起《いっしんほっき》 28
格物究理《かくぶつきゅうり》 64
格物致知《かくぶつちち》 64
恪勤精励《かっきんせいれい》 68
眼光炯炯《がんこうけいけい》 79
眼光紙背《がんこうしはい》 79
帰命頂礼《きみょうちょうらい》 96
鳩首協議《きゅうしゅきょうぎ》 97
鳩首凝議《きゅうしゅぎょうぎ》 97
鳩首謀議《きゅうしゅぼうぎ》 97
九年面壁《くねんめんぺき》 116
戯作三昧《げさくざんまい》 122
三思九思《さんしきゅうし》 167
只管打座《しかんたざ》 173
精進勇猛《しょうじんゆうみょう》 212
真剣勝負《しんけんしょうぶ》 220
陣頭指揮《じんとうしき》 228
審念熟慮《しんねんじゅくりょ》 229
精神一到《せいしんいっとう》 236
精神統一《せいしんとういつ》 236
精励恪勤《せいれいかっきん》 239
清廉恪勤《せいれんかっきん》 239
切磋琢磨《せっさたくま》 241
千思万考《せんしばんこう》 249
率先躬行《そっせんきゅうこう》 263
率先垂範《そっせんすいはん》 263
率先励行《そっせんれいこう》 263
大死一番《だいしいちばん》 267
致知格物《ちちかくぶつ》 279
読書三昧《どくしょざんまい》 304
熱烈峻厳《ねつれつしゅんげん》 315

念仏三昧《ねんぶつざんまい》 316
風流三昧《ふうりゅうざんまい》 342
真一文字《まいちもんじ》 371
無二無三《むにむさん》 380
面壁九年《めんぺきくねん》 388
孟母三遷《もうぼさんせん》 390
孟母断機《もうぼだんき》 391
勇猛精進《ゆうみょうしょうじん》 398

怠ける

一暴十寒《いちばくじっかん》 19
紅灯緑酒《こうとうりょくしゅ》 142
放逸遊惰《ほういつゆうだ》 361
放縦懦弱《ほうしょうだじゃく》 364
放縦懶惰《ほうしょうらんだ》 364
放蕩三昧《ほうとうざんまい》 366
遊惰放逸《ゆうだほういつ》 398
遊惰放蕩《ゆうだほうとう》 398
流連荒亡《りゅうれんこうぼう》 413
緑酒紅灯《りょくしゅこうとう》 414

向こう見ずな

蜀犬吠日《しょっけんはいじつ》 217
直情径行《ちょくじょうけいこう》 285
猪突猛進《ちょとつもうしん》 285
暴虎馮河《ぼうこひょうが》 363
夜郎自大《やろうじだい》 394

軽はずみな

軽挙妄動《けいきょもうどう》 118
軽佻粗暴《けいちょうそぼう》 120
軽佻浮薄《けいちょうふはく》 120
軽薄才子《けいはくさいし》 121
軽薄短小《けいはくたんしょう》 121
短慮軽率《たんりょけいそつ》 277

思い切りがいい

一六勝負《いちろくしょうぶ》 22
一擲乾坤《いってきけんこん》 31
一刀両断《いっとうりょうだん》 32
快刀乱麻《かいとうらんま》 61
梟盧一擲《きょうろいってき》 104
偶像破壊《ぐうぞうはかい》 115
乾坤一擲《けんこんいってき》 126
豪快奔放《ごうかいほんぽう》 131
剛毅果断《ごうきかだん》 134
広壮豪宕《こうそうごうとう》 139
豪胆無比《ごうたんむひ》 140
豪宕俊逸《ごうとうしゅんいつ》 141
豪放磊落《ごうほうらいらく》 143
熟慮断行《じゅくりょだんこう》 202
迅速果敢《じんそくかかん》 227
迅速果断《じんそくかだん》 227
速戦即決《そくせんそっけつ》 261
即断即決《そくだんそっけつ》 261
即決即断《そっけつそくだん》 263
大胆巧妙《だいたんこうみょう》 268
大胆不敵《だいたんふてき》 268
大胆奔放《だいたんほんぽう》 269
単刀直入《たんとうちょくにゅう》 276
白昼公然《はくちゅうこうぜん》 320
抜本塞源《ばっぽんそくげん》 325
問答無益《もんどうむえき》 392
問答無用《もんどうむよう》 392
磊磊落落《らいらいらくらく》 405
磊落闊達《らいらくかったつ》 405
磊落豪宕《らいらくごうとう》 405
磊落不羈《らいらくふき》 405

意志の固い

意志堅固《いしけんご》 10
外柔内剛《がいじゅうないごう》 59
確乎不動《かっこふどう》 69
確乎不抜《かっこふばつ》 69
剛毅木訥《ごうきぼくとつ》 135
剛健質実《ごうけんしつじつ》 136
自己抑制《じこよくせい》 178
志操堅固《しそうけんご》 181
七転八起《しちてんはっき》 184
質実剛健《しつじつごうけん》 186
聡明剛毅《そうめいごうき》 260
鉄心石腸《てっしんせきちょう》 290
鉄腸強胆《てっちょうごうたん》 290
道心堅固《どうしんけんご》 301
内剛外柔《ないごうがいじゅう》 308
難攻不落《なんこうふらく》 310
不昧不落《ふまいふらく》 353
不落不昧《ふらくふまい》 353
老驥伏櫪《ろうきふくれき》 419

我慢強い

隠忍自重《いんにんじちょう》 37
堅忍持久《けんにんじきゅう》 128
堅忍不抜《けんにんふばつ》 128
曠日持久《こうじつじきゅう》 138
克己復礼《こっきふくれい》 153
水滴石穿《すいてきせきせん》 232
点滴穿石《てんてきせんせき》 297
独立不撓《どくりつふとう》 306
百折不撓《ひゃくせつふとう》 337
不屈不撓《ふくつふとう》 347
不撓不屈《ふとうふくつ》 351

慎重な

瓜田李下《かでんりか》 72
慎重居士《しんちょうこじ》 228
備荒貯蓄《びこうちょちく》 333
油断大敵《ゆだんたいてき》 400
用意周到《よういしゅうとう》 401
用意万端《よういばんたん》 401
用心堅固《ようじんけんご》 403
李下瓜田《りかかでん》 408
臨戦態勢《りんせんたいせい》 415

思い切りが悪い

萎靡因循《いびいんじゅん》 33
因循苟且《いんじゅんこうしょ》 36
因循姑息《いんじゅんこそく》 37
右往左往《うおうさおう》 38
右顧左眄《うこさべん》 38
狐疑逡巡《こぎしゅんじゅん》 147
左顧右視《さこうし》 164
左顧右眄《さこうべん》 164
左視右瞻《さしうせん》 164
左瞻右視《させんうし》 164
左眄右顧《さべんうこ》 165
首鼠両端《しゅそりょうたん》 203
遅疑逡巡《ちぎしゅんじゅん》 278
躊躇逡巡《ちゅうちょしゅんじゅん》 281
中途半端《ちゅうとはんぱ》 281
佇立低徊《ちょりつていかい》 285
優柔不断《ゆうじゅうふだん》 397

臆病な

萎縮震慄《いしゅくしんりつ》 11
怯懦暗愚《きょうだあんぐ》 102
跼天蹐地《きょくてんせきち》 106
細心翼翼《さいしんよくよく》 163

小心小胆《しょうしんしょうたん》 211
小心翼翼《しょうしんよくよく》 212
人心恟恟《じんしんきょうきょう》 224
戦戦恐恐《せんせんきょうきょう》 251
戦戦慄慄《せんせんりつりつ》 251
低頭平身《ていとうへいしん》 288
敵前逃亡《てきぜんとうぼう》 289
卑怯千万《ひきょうせんばん》 333
風声鶴唳《ふうせいかくれい》 342
平身低頭《へいしんていとう》 358

流されやすい

唯唯諾諾《いいだくだく》 7
意志薄弱《いしはくじゃく》 10
外剛内柔《がいごうないじゅう》 58
奢侈文弱《しゃしぶんじゃく》 192
順従謙黙《じゅんじゅうけんもく》 205
内柔外剛《ないじゅうがいごう》 308
薄志弱行《はくしじゃっこう》 320

純情な

一徹無垢《いってつむく》 31
純潔無垢《じゅんけつむく》 205
純情可憐《じゅんじょうかれん》 206
純真可憐《じゅんしんかれん》 206
純真無垢《じゅんしんむく》 206
天衣無縫《てんいむほう》 290
天真爛漫《てんしんらんまん》 295
天真流露《てんしんりゅうろ》 295
無縫天衣《むほうてんい》 381

素朴な

簡古素朴《かんこそぼく》 79
簡浄素朴《かんじょうそぼく》 81
簡明率直《かんめいそっちょく》 86
簡明素朴《かんめいそぼく》 87
剛健質実《ごうけんしつじつ》 136
剛健質朴《ごうけんしつぼく》 136
質実剛健《しつじつごうけん》 186
質朴剛健《しつぼくごうけん》 188
淳風美俗《じゅんぷうびぞく》 207

のんきな

極楽蜻蛉《ごくらくとんぼ》 149

朗らかな

快活明朗《かいかつめいろう》 57
闊達明朗《かったつめいろう》 71
明快闊達《めいかいかったつ》 384
明朗快活《めいろうかいかつ》 387
明朗闊達《めいろうかったつ》 387

おどけた

滑稽詼諧《こっけいかいかい》 154
滑稽諧謔《こっけいかいぎゃく》 154

こだわらない

雲煙過眼《うんえんかがん》 40
海闊天空《かいかつてんくう》 57
闊達明朗《かったつめいろう》 71
閑雲孤鶴《かんうんこかく》 75
閑雲野鶴《かんうんやかく》 75
閑人適意《かんじんてきい》 82
虚心坦懐《きょしんたんかい》 107
虚心平気《きょしんへいき》 107
虚静恬淡《きょせいてんたん》 107
虚無恬淡《きょむてんたん》 108
行雲流水《こううんりゅうすい》 130
枯淡虚静《こたんきょせい》 153
洒洒落落《しゃしゃらくらく》 193
自由闊達《じゆうかったつ》 195
天空海闊《てんくうかいかつ》 293
恬淡寡欲《てんたんかよく》 295
無欲恬淡《むよくてんたん》 382
無欲無私《むよくむし》 382
明朗闊達《めいろうかったつ》 387
融通無礙《ゆうずうむげ》 397

融通がきかない

四角四面《しかくしめん》 172
杓子定規《しゃくしじょうぎ》 191
独学孤陋《どくがくころう》 304
馬鹿正直《ばかしょうじき》 317
無骨一徹《ぶこついってつ》 348
無骨一辺《ぶこついっぺん》 348

欲の深い

我利私欲《がりしよく》 73
強欲非道《ごうよくひどう》 145
私利私欲《しりしよく》 217
貪官汚吏《たんかんおり》 275
貪欲吝嗇《どんよくりんしょく》 308
貪吝刻薄《どんりんこくはく》 308

ずる賢い

海千山千《うみせんやません》 40
奸佞邪知《かんねいじゃち》 85
狡猾奸佞《こうかつかんねい》 132
狡猾剽悍《こうかつひょうかん》 132
狡猾老獪《こうかつろうかい》 132
狡知佞弁《こうちねいべん》 140
狡兎三窟《こうとさんくつ》 142
三百代言《さんびゃくだいげん》 170
邪知奸佞《じゃちかんねい》 193
邪知暴虐《じゃちぼうぎゃく》 193
小人閑居《しょうじんかんきょ》 211
擠陥讒誣《せいかんざんぶ》 233
朝三暮四《ちょうさんぼし》 282
佞奸邪知《ねいかんじゃち》 315
怜悧狡猾《れいりこうかつ》 418

保守的な

旧態依然《きゅうたいいぜん》 98
旧套墨守《きゅうとうぼくしゅ》 98
時代錯誤《じだいさくご》 182
保守退嬰《ほしゅたいえい》 368

【心の動き】

楽しい

羽化登仙《うかとうせん》 38
花晨月夕《かしんげっせき》 66
花朝月夕《かちょうげっせき》 67
歌舞音曲《かぶおんきょく》 72
歌舞歓楽《かぶかんらく》 73
吃喝嫖賭《きっかつひょうと》 95
極楽往生《ごくらくおうじょう》 149
極楽浄土《ごくらくじょうど》 149
嘯風弄月《しょうふうろうげつ》 214
浅酌低唱《せんしゃくていしょう》 249
浅斟低唱《せんしんていしょう》 250
痛快無比《つうかいむひ》 287
盤楽遊嬉《ばんらくゆうき》 331
風流韻事《ふうりゅういんじ》 342
愉快活発《ゆかいかっぱつ》 400
愉快適悦《ゆかいてきえつ》 400

うれしい

有頂天外《うちょうてんがい》 39
歓天喜地《かんてんきち》 84
喜色満面《きしょくまんめん》 92
恐悦至極《きょうえつしごく》 99

狂喜乱舞《きょうきらんぶ》 100
欣喜雀躍《きんきじゃくやく》 110
心願成就《しんがんじょうじゅ》 219
大願成就《たいがんじょうじゅ》 265
踊躍歓喜《ゆやくかんぎ》 400

笑う

嫣然一笑《えんぜんいっしょう》 47
呵呵大笑《かかたいしょう》 62
高談笑語《こうだんしょうご》 140
虎渓三笑《こけいさんしょう》 150
破顔一笑《はがんいっしょう》 318
破顔微笑《はがんみしょう》 318
捧腹絶倒《ほうふくぜっとう》 367

感動する

感慨多端《かんがいたたん》 75
感慨無量《かんがいむりょう》 76
驚魂悸魄《きょうこんきはく》 101
情緒纏綿《じょうちょてんめん》 213
多感多恨《たかんたこん》 270
多感多愁《たかんたしゅう》 270
多感多情《たかんたじょう》 270
多情多感《たじょうたかん》 272
多情多恨《たじょうたこん》 273
多情仏心《たじょうぶっしん》 273

夢中になる

感興籠絡《かんきょうろうらく》 78
感情移入《かんじょういにゅう》 81
玩物喪志《がんぶつそうし》 86
興味津津《きょうみしんしん》 104
恍然自失《こうぜんじしつ》 139
虎渓三笑《こけいさんしょう》 150
自己陶酔《じことうすい》 177
忘我混沌《ぼうがこんとん》 362
無我夢中《むがむちゅう》 377

願う

哀訴嘆願《あいそたんがん》 1
一日三秋《いちじつさんしゅう》 17
一日千秋《いちじつせんしゅう》 17
一刻千秋《いっこくせんしゅう》 24
駆込訴訟《かけこみそしょう》 65
加持祈禱《かじきとう》 65
渇仰随喜《かつごうずいき》 69
合掌瞑目《がっしょうめいもく》 69
合掌礼拝《がっしょうらいはい》 70
恐惶嘆願《きょうこうたんがん》 101
敬神崇仏《けいしんすうぶつ》 119
現世利益《げんぜりやく》 127
欣求浄土《ごんぐじょうど》 158
自己暗示《じこあんじ》 175
随喜渇仰《ずいきかつごう》 231
千秋万歳《せんじゅうばんざい》 249
南無三宝《なむさんぼう》 309
瞑目合掌《めいもくがっしょう》 386

気晴らしする

医鬱排悶《いうつはいもん》 7
保養鬱散《ほよううっさん》 369
物見遊山《ものみゆさん》 392

なつかしい

蓴羹鱸膾《じゅんこうろかい》 205

驚く

回天動地《かいてんどうち》 61
顔面蒼白《がんめんそうはく》 87
吃驚仰天《きっきょうぎょうてん》 95
驚天動地《きょうてんどうち》 102
周章狼狽《しゅうしょうろうばい》 197
震天駭地《しんてんがいち》 228
震天動地《しんてんどうち》 228
瞠若驚嘆《どうじゃくきょうたん》 301
茫然自失《ぼうぜんじしつ》 365
慮外千万《りょがいせんばん》 414

感謝する

一言芳恩《いちごんほうおん》 16
一宿一飯《いっしゅくいっぱん》 26
恩沢洪大《おんたくこうだい》 55
恐懼感激《きょうくかんげき》 100
叩頭三拝《こうとうさんぱい》 141
南洽北暢《なんこうほくちょう》 310
報恩謝徳《ほうおんしゃとく》 361

同情する

判官贔屓《ほうがんびいき》 362
未練未酌《みれんみしゃく》 374

いたわる

安車蒲輪《あんしゃほりん》 5
乳母日傘《おんばひがさ》 55
孝行恩愛《こうこうおんあい》 137
自愛自重《じあいじちょう》 171
自重自愛《じちょうじあい》 185
陣中見舞《じんちゅうみまい》 228
扇枕温被《せんちんおんぴ》 253

怒る

叱咤怒号《しったどごう》 186
衆怒衆賤《しゅうどしゅうせん》 199
怒髪上指《どはつじょうし》 307
怒髪衝天《どはつしょうてん》 307
反抗憤怒《はんこうふんぬ》 327
咆哮搏撃《ほうこうはくげき》 363

憎む

意趣遺恨《いしゅいこん》 11
畏怖嫌厭《いふけんえん》 34
三角関係《さんかくかんけい》 165
私怨私欲《しえんしよく》 172
自己嫌厭《じこけんえん》 176
自己嫌悪《じこけんお》 176
嫉視反目《しっしはんもく》 186
衆怒衆賤《しゅうどしゅうせん》 199
反目嫉視《はんもくしっし》 331
不倶戴天《ふぐたいてん》 346
不承不承《ふしょうぶしょう》 349
法界悋気《ほうかいりんき》 361
迷惑至極《めいわくしごく》 387
迷惑千万《めいわくせんばん》 387

嘆く

慨世憂国《がいせいゆうこく》 60
慷慨激越《こうがいげきえつ》 131
慷慨忠直《こうがいちゅうちょく》 131
慷慨悲憤《こうがいひふん》 131
慷慨憤激《こうがいふんげき》 131
慷慨憂憤《こうがいゆうふん》 132
嘆息嗟嘆《たんそくさたん》 276
沈痛慷慨《ちんつうこうがい》 286
悲歌慷慨《ひかこうがい》 332
悲憤慷慨《ひふんこうがい》 336
憂国慨世《ゆうこくがいせい》 397

残念な

遺憾千万《いかんせんばん》 7
残念至極《ざんねんしごく》 169
自業自悔《じごうじかい》 175
笑止千万《しょうしせんばん》 209
心外千万《しんがいせんばん》 219

切歯痛憤《せっしつうふん》 241
切歯扼腕《せっしやくわん》 241
無念千万《むねんせんばん》 380

悲しい

哀毀骨立《あいきこつりつ》 1
愛別離苦《あいべつりく》 1
感慨悲慟《かんがいひどう》 76
鬼哭啾啾《きこくしゅうしゅう》 91
九腸寸断《きゅうちょうすんだん》 98
佇立瞑目《ちょりつめいもく》 285
悲壮淋漓《ひそうりんり》 334
俯首流涕《ふしゅりゅうてい》 349

恥ずかしい

残杯冷炙《ざんぱいれいしゃ》 170
刀杖瓦石《とうじょうがせき》 301
煩労汚辱《はんろうおじょく》 332
冷汗三斗《れいかんさんと》 416

不満な

衣繡夜行《いしゅうやこう》 11
不平煩悶《ふへいはんもん》 352
不平不満《ふへいふまん》 352
憤懣焦燥《ふんまんしょうそう》 357
欲求不満《よっきゅうふまん》 404

不安な

暗雲低迷《あんうんていめい》 5
疑心暗鬼《ぎしんあんき》 92
強迫観念《きょうはくかんねん》 103
挙動不審《きょどうふしん》 108
呉牛喘月《ごぎゅうぜんげつ》 147
前途多難《ぜんとたなん》 253
前途遼遠《ぜんとりょうえん》 254
白虹貫日《はっこうかんじつ》 324
半信半疑《はんしんはんぎ》 329

落ち込む

意気消沈《いきしょうちん》 8
意気阻喪《いきそそう》 8
萎靡沈滞《いびちんたい》 33
陰陰滅滅《いんいんめつめつ》 35
晦渋混濁《かいじゅうこんだく》 59
割腹自殺《かっぷくじさつ》 72
自殺行為《じさつこうい》 178
失望落胆《しつぼうらくたん》 188
地盤沈下《じばんちんか》 189
自暴自棄《じぼうじき》 190
戦意喪失《せんいそうしつ》 244
沈滞萎靡《ちんたいいび》 286
落胆失望《らくたんしつぼう》 406

悩む

懊悩焦慮《おうのうしょうりょ》 52
懊悩呻吟《おうのうしんぎん》 52
懊悩輾転《おうのうてんてん》 52
懊悩煩悶《おうのうはんもん》 52
思案投首《しあんなげくび》 171
焦心苦慮《しょうしんくりょ》 211
辛苦心労《しんくしんろう》 220
精思苦到《せいしくとう》 235
煩悶懊悩《はんもんおうのう》 331

煩悩

意馬心猿《いばしんえん》 33
心猿意馬《しんえんいば》 218
百八煩悩《ひゃくはちぼんのう》 338
煩悩具足《ぼんのうぐそく》 370
名聞利益《みょうもんりやく》 374
名聞利養《みょうもんりよう》 374
六道輪回《ろくどうりんね》 420

苦しむ

青息吐息《あおいきといき》 1
艱苦辛苦《かんくしんく》 78
寒暖飢飽《かんだんきほう》 83
艱難苦労《かんなんくろう》 84
艱難辛苦《かんなんしんく》 84
艱難辛困《かんなんしんこん》 85
苦行難行《くぎょうなんぎょう》 116
形勢不利《けいせいふり》 120
困苦艱難《こんくかんなん》 158
生老病死《しょうろうびょうし》 215
辛苦艱難《しんくかんなん》 220
進退両難《しんたいりょうなん》 227
寸進尺退《すんしんしゃくたい》 233
輾転反側《てんてんはんそく》 297
天歩艱難《てんぽかんなん》 298
内憂外患《ないゆうがいかん》 309
難行苦行《なんぎょうくぎょう》 309
跋山渉水《ばつざんしょうすい》 324
無理算段《むりさんだん》 383

地獄の苦しみ

阿鼻叫喚《あびきょうかん》 4
阿鼻地獄《あびじごく》 4
叫喚地獄《きょうかんじごく》 99
剣山刀樹《けんざんとうじゅ》 126
焦熱地獄《しょうねつじごく》 214
八大地獄《はちだいじごく》 323
八万地獄《はちまんじごく》 323
八万奈落《はちまんならく》 323
無間地獄《むげんじごく》 378
無間奈落《むげんならく》 378

悲惨な

肝脳塗地《かんのうとち》 85
四苦八苦《しくはっく》 175
屍山血河《しざんけつが》 178
死屍累累《ししるいるい》 181
七転八倒《しちてんばっとう》 184
七難八苦《しちなんはっく》 184
絶痛絶苦《ぜっつうぜっく》 242
千荊万棘《せんけいばんきょく》 245
千辛万苦《せんしんばんく》 250
乱離骨灰《らりこっぱい》 407

疲れ果てる

倦怠疲労《けんたいひろう》 127
困窮疲弊《こんきゅうひへい》 157
困窮疲労《こんきゅうひろう》 158
煩労汚辱《はんろうおじょく》 332
疲労困憊《ひろうこんぱい》 340

奮起する

悔悟憤発《かいごふんぱつ》 58
感奮興起《かんぷんこうき》 86
緊褌一番《きんこんいちばん》 111
心機一転《しんきいってん》 219
臍下丹田《せいかたんでん》 233

改心する

君子豹変《くんしひょうへん》 116
自力更生《じりきこうせい》 217

意識を失う

意識朦朧《いしきもうろう》 10
白河夜船《しらかわよふね》 217
人事不省《じんじふせい》 222
心神耗弱《しんしんこうじゃく》 225
心神喪失《しんしんそうしつ》 225
酔眼朦朧《すいがんもうろう》 231

前後《ぜんご》不覚《ふかく》 247
半睡《はんすい》半醒《はんせい》 329
半醒《はんせい》半睡《はんすい》 330
茫然《ぼうぜん》自失《じしつ》 365

心の奥底

心象《しんしょう》風景《ふうけい》 224
深層《しんそう》心理《しんり》 227
潜在《せんざい》意識《いしき》 248
二重《にじゅう》人格《じんかく》 312

いろいろな感情

機嫌《きげん》気褄《きづま》 90
喜怒《きど》哀愁《あいしゅう》 95
喜怒《きど》哀楽《あいらく》 95
世態《せたい》人情《にんじょう》 241
世道《せどう》人心《じんしん》 243
人情《にんじょう》世態《せたい》 314
人情《にんじょう》風俗《ふうぞく》 314
悲喜《ひき》憂苦《ゆうく》 333
風俗《ふうぞく》人情《にんじょう》 342

【行動】

実行力がある

行動《こうどう》半径《はんけい》 142
実践《じっせん》躬行《きゅうこう》 186
不言《ふげん》実行《じっこう》 347
有言《ゆうげん》実行《じっこう》 396

思い通り行動する

華麗《かれい》奔放《ほんぽう》 74
豪快《ごうかい》奔放《ほんぽう》 131
広壮《こうそう》豪宕《ごうとう》 139
傲慢《ごうまん》不羈《ふき》 144
自在《じざい》不羈《ふき》 178
自由《じゆう》奔放《ほんぽう》 200
出没《しゅつぼつ》自在《じざい》 204
伸縮《しんしゅく》自在《じざい》 223
神出《しんしゅつ》鬼没《きぼつ》 223
大胆《だいたん》奔放《ほんぽう》 269
独立《どくりつ》不羈《ふき》 306
不羈《ふき》自由《じゆう》 344
不羈《ふき》独立《どくりつ》 344
不羈《ふき》不絆《ふはん》 345
不羈《ふき》奔放《ほんぽう》 345
不屈《ふくつ》不絆《ふはん》 347
放縦《ほうしょう》不羈《ふき》 364
放蕩《ほうとう》不羈《ふき》 366
放蕩《ほうとう》無頼《ぶらい》 366
奔放《ほんぽう》自在《じざい》 370
奔放《ほんぽう》自由《じゆう》 370
奔放《ほんぽう》不羈《ふき》 370

勢いがある

旭日《きょくじつ》昇天《しょうてん》 105
飛竜《ひりゅう》乗雲《じょううん》 340

正義の行い

勧奨《かんしょう》懲戒《ちょうかい》 81
勧善《かんぜん》懲悪《ちょうあく》 82
綱紀《こうき》粛正《しゅくせい》 135
懲悪《ちょうあく》勧善《かんぜん》 282
天網《てんもう》恢恢《かいかい》 298
破邪《はじゃ》顕正《けんしょう》 322
撥乱《はつらん》反正《はんせい》 325

勝手な

得手《えて》勝手《かって》 46
我田《がでん》引水《いんすい》 72
事後《じご》承諾《しょうだく》 177
自己《じこ》弁護《べんご》 177
自作《じさく》自演《じえん》 178
自分《じぶん》本位《ほんい》 190
縦説《じゅうせつ》横説《おうせつ》 198
他力《たりき》本願《ほんがん》 274
党利《とうり》党略《とうりゃく》 303
独断《どくだん》専行《せんこう》 305
白紙《はくし》委任《いにん》 319
鼻元《はなもと》思案《じあん》 325
無理《むり》往生《おうじょう》 382
無理《むり》心中《しんじゅう》 383
無理《むり》難題《なんだい》 383
無理《むり》無体《むたい》 383
問答《もんどう》無益《むえき》 392
問答《もんどう》無用《むよう》 392

乱暴な

悪漢《あっかん》無頼《ぶらい》 3
狂歌《きょうか》乱舞《らんぶ》 99
狂酔《きょうすい》乱舞《らんぶ》 102
狂悖《きょうはい》暴戻《ぼうれい》 103
凶暴《きょうぼう》剽悍《ひょうかん》 103
荒怠《こうたい》暴恣《ぼうし》 140
殺伐《さつばつ》激越《げきえつ》 165
疾風《しっぷう》迅雷《じんらい》 187
疾風《しっぷう》怒濤《どとう》 187
遮二《しゃに》無二《むに》 193
暴君《ぼうくん》暴吏《ぼうり》 363
暴風《ぼうふう》怒濤《どとう》 367
暴戻《ぼうれい》恣睢《しき》 367
落花《らっか》狼藉《ろうぜき》 406
乱暴《らんぼう》狼藉《ろうぜき》 407

残忍な

悪逆《あくぎゃく》非道《ひどう》 2
悪逆《あくぎゃく》無道《むどう》 2
強食《きょうしょく》弱肉《じゃくにく》 102
極悪《ごくあく》凶猛《きょうもう》 147
極悪《ごくあく》大罪《たいざい》 148
極悪《ごくあく》非道《ひどう》 148
極悪《ごくあく》無道《むどう》 148
酷薄《こくはく》無慙《むざん》 149
残虐《ざんぎゃく》非道《ひどう》 166
残虐《ざんぎゃく》無道《むどう》 166
残酷《ざんこく》非道《ひどう》 167
残忍《ざんにん》酷薄《こくはく》 169
残忍《ざんにん》薄行《はっこう》 169
残忍《ざんにん》非道《ひどう》 169
残忍《ざんにん》冷酷《れいこく》 169
弱肉《じゃくにく》強食《きょうしょく》 191
十逆《じゅうぎゃく》五悪《ごあく》 195
大悪《たいあく》無道《むどう》 264
大逆《たいぎゃく》非道《ひどう》 266
大逆《たいぎゃく》無道《むどう》 266
貪吝《どんりん》刻薄《こくはく》 308
破戒《はかい》無慙《むざん》 317
半獣《はんじゅう》半人《はんじん》 328
半人《はんじん》半獣《はんじゅう》 329
暴虐《ぼうぎゃく》非道《ひどう》 362
無慙《むざん》酷薄《こくはく》 378
無慙《むざん》無愧《むき》 379
無法《むほう》千万《せんばん》 381
無理《むり》非道《ひどう》 383
冷酷《れいこく》無慙《むざん》 415

求める

握髪《あくはつ》吐哺《とほ》 2
暗中《あんちゅう》模索《もさく》 6

虎視眈眈《こしたんたん》 151
実事求是《じつじきゅうぜ》 185
真相究明《しんそうきゅうめい》 226
垂涎三尺《すいぜんさんじゃく》 231
草廬三顧《そうろさんこ》 260
吐哺握髪《とほあくはつ》 307
野心満満《やしんまんまん》 393
竜驤虎視《りゅうじょうこし》 411

悟りの境地

安心立命《あんじんりつめい》 5
廓然無聖《かくねんむしょう》 64
寂滅為楽《じゃくめついらく》 191
寂光浄土《じゃっこうじょうど》 193
心頭滅却《しんとうめっきゃく》 229
則天去私《そくてんきょし》 261
大悟徹底《たいごてってい》 266
百尺竿頭《ひゃくせきかんとう》 337
無想無念《むそうむねん》 380
無念無想《むねんむそう》 380
明鏡止水《めいきょうしすい》 384
唯我独尊《ゆいがどくそん》 395

悟りを開く

一念発心《いちねんほっしん》 19
厭離穢土《おんりえど》 55
豁然大悟《かつぜんたいご》 70
九年面壁《くねんめんぺき》 116
見性成仏《けんしょうじょうぶつ》 127
今是昨非《こんぜさくひ》 159
罪障消滅《ざいしょうしょうめつ》 162
昨非今是《さくひこんぜ》 164
沙羅双樹《さらそうじゅ》 165
悉皆成仏《しっかいじょうぶつ》 185
出家遁世《しゅっけとんせい》 204
即身成仏《そくしんじょうぶつ》 260
即心即仏《そくしんそくぶつ》 261
転迷開悟《てんめいかいご》 298
発菩提心《はつぼだいしん》 325
面壁九年《めんぺきくねん》 388

清める

斎戒沐浴《さいかいもくよく》 160
精進潔斎《しょうじんけっさい》 211
沐浴斎戒《もくよくさいかい》 391
六根清浄《ろっこんしょうじょう》 420
和敬清寂《わけいせいじゃく》 421

取り戻す

王政復古《おうせいふっこ》 51
汚名返上《おめいへんじょう》 53
回生起死《かいせいきし》 59
起死回生《きしかいせい》 91
巻土重来《けんどちょうらい》 127
失地回復《しっちかいふく》 186
文芸復興《ぶんげいふっこう》 355
名誉回復《めいよかいふく》 386
名誉挽回《めいよばんかい》 387

選ぶ

取捨選択《しゅしゃせんたく》 202
二者選一《にしゃせんいつ》 311
二者択一《にしゃたくいつ》 311

【人間関係】

家族

一族郎党《いちぞくろうとう》 18
一味徒党《いちみととう》 20
一家眷属《いっかけんぞく》 23
一家団欒《いっかだんらん》 23
家族団欒《かぞくだんらん》 67
家庭円満《かていえんまん》 72
家内安全《かないあんぜん》 72
家内狼藉《かないろうぜき》 72
賢母良妻《けんぼりょうさい》 129
妻子眷属《さいしけんぞく》 162
親戚眷属《しんせきけんぞく》 225
親戚故旧《しんせきこきゅう》 226
親戚知友《しんせきちゆう》 226
親戚朋友《しんせきほうゆう》 226
親類縁者《しんるいえんじゃ》 230
良妻賢母《りょうさいけんぼ》 414

親子

安車蒲輪《あんしゃほりん》 5
一子相伝《いっしそうでん》 25
乳母日傘《おんばひがさ》 55
厳父慈母《げんぷじぼ》 128
孝行恩愛《こうこうおんあい》 137
子子孫孫《ししそんそん》 179
扇枕温被《せんちんおんぴ》 253
父子相伝《ふしそうでん》 348
孟母三遷《もうぼさんせん》 390
孟母断機《もうぼだんき》 391

夫婦・男女

暗送秋波《あんそうしゅうは》 6
異体同心《いたいどうしん》 12
一生不犯《いっしょうふぼん》 26
一夫多妻《いっぷたさい》 33
陰陽和合《いんようわごう》 37
羽化登仙《うかとうせん》 38
雲雨巫山《うんうふざん》 40
偕老同穴《かいろうどうけつ》 62
琴瑟調和《きんしつちょうわ》 111
近親相姦《きんしんそうかん》 112
形影一如《けいえいいちにょ》 117
月下氷人《げっかひょうじん》 122
合歓綢繆《ごうかんちゅうびゅう》 133
三角関係《さんかくかんけい》 165
新婦新郎《しんぷしんろう》 229
新郎新婦《しんろうしんぷ》 230
相思相愛《そうしそうあい》 258
男女同権《だんじょどうけん》 276
男尊女卑《だんそんじょひ》 276
朝雲暮雨《ちょううんぼう》 282
亭主関白《ていしゅかんぱく》 288
貞操観念《ていそうかんねん》 288
肉食妻帯《にくじきさいたい》 311
女人禁制《にょにんきんせい》 314
媚眼秋波《びがんしゅうは》 332
比翼連理《ひよくれんり》 340
不義密通《ふぎみっつう》 345
巫山雲雨《ふざんうんう》 348
夫唱婦随《ふしょうふずい》 349
法界悋気《ほうかいりんき》 361

友人

意気投合《いきとうごう》 9
異体同心《いたいどうしん》 12
益者三友《えきしゃさんゆう》 45
屋梁落月《おくりょうらくげつ》 53
牽攣乖隔《けんれんかいかく》 130
高山流水《こうざんりゅうすい》 137
故旧新知《こきゅうしんち》 147
四海兄弟《しかいけいてい》 172
四海同胞《しかいどうほう》 172

親戚《しんせき》故旧《こきゅう》 226
親戚《しんせき》知友《ちゆう》 226
親戚《しんせき》朋友《ほうゆう》 226
知己《ちき》朋友《ほうゆう》 278
落月《らくげつ》屋梁《おくりょう》 406

師弟
兄弟《きょうだい》弟子《でし》 102
師資《しし》相承《そうしょう》 179
程門《ていもん》立雪《りっせつ》 288

仲の良い
一心《いっしん》同体《どうたい》 28
善隣《ぜんりん》友好《ゆうこう》 256
相互《そうご》扶助《ふじょ》 257
並駕《へいが》斉駆《せいく》 358
平和《へいわ》共存《きょうぞん》 359
炉辺《ろへん》歓談《かんだん》 421

協力する
一致《いっち》協力《きょうりょく》 29
一致《いっち》団結《だんけつ》 29
協心《きょうしん》戮力《りくりょく》 102
共存《きょうぞん》共栄《きょうえい》 102
共同《きょうどう》戦線《せんせん》 103
協力《きょうりょく》一致《いっち》 104
挙国《きょこく》一致《いっち》 106
呉越《ごえつ》同舟《どうしゅう》 146
唇歯《しんし》輔車《ほしゃ》 222
大同《だいどう》団結《だんけつ》 269
同心《どうしん》戮力《りくりょく》 302
二人《ににん》三脚《さんきゃく》 313
八紘《はっこう》一宇《いちう》 324
輔車《ほしゃ》唇歯《しんし》 368
戮力《りくりょく》協心《きょうしん》 409
戮力《りくりょく》同心《どうしん》 409

通じ合う
以心《いしん》伝心《でんしん》 12
下意《かい》上達《じょうたつ》 59
感応《かんのう》道交《どうこう》 85
上意《じょうい》下達《かたつ》 208
神会《しんかい》黙契《もっけい》 219
拈華《ねんげ》微笑《みしょう》 315
不立《ふりゅう》文字《もんじ》 354
黙契《もっけい》秘旨《ひし》 391

励ます
鼓舞《こぶ》激励《げきれい》 156
叱咤《しった》激励《げきれい》 186
切切《せつせつ》偲偲《しし》 242

戒める
一罰《いちばつ》百戒《ひゃっかい》 19
侃侃《かんかん》諤諤《がくがく》 77
脚下《きゃっか》照顧《しょうこ》 96
鶏口《けいこう》牛後《ぎゅうご》 118
照顧《しょうこ》脚下《きゃっか》 208
直言《ちょくげん》極諫《きょっかん》 284
廷諍《ていそう》面折《めんせつ》 288
誹刺《ひし》風戒《ふうかい》 334
不妄《ふもう》語戒《ごかい》 353
面折《めんせつ》廷諍《ていそう》 388
油断《ゆだん》大敵《たいてき》 400

へりくだる
温良《おんりょう》恭倹《きょうけん》 56
跪座《きざ》低頭《ていとう》 91
恐悦《きょうえつ》至極《しごく》 99
恐恐《きょうきょう》謹言《きんげん》 100
恐惶《きょうこう》謹言《きんげん》 101
恐惶《きょうこう》嘆願《たんがん》 101
惶恐《こうきょう》再拝《さいはい》 136
再拝《さいはい》稽首《けいしゅ》 163
自己《じこ》韜晦《とうかい》 177
誠恐《せいきょう》誠惶《せいこう》 234
誠惶《せいこう》誠恐《せいきょう》 234
粗酒《そしゅ》粗餐《そさん》 262
頓首《とんしゅ》再拝《さいはい》 307
表敬《ひょうけい》訪問《ほうもん》 339
平伏《へいふく》叩頭《こうとう》 359
北面《ほくめん》稽首《けいしゅ》 368
匍匐《ほふく》膝行《しっこう》 369
妄言《もうげん》多謝《たしゃ》 390

義理
義勇《ぎゆう》任侠《にんきょう》 98
義理《ぎり》人情《にんじょう》 108
天理《てんり》人道《じんどう》 299
天理《てんり》人情《にんじょう》 299

おもねる
阿世《あせい》曲学《きょくがく》 3
阿諛《あゆ》迎合《げいごう》 4
阿諛《あゆ》追従《ついしょう》 5
阿諛《あゆ》弁佞《べんねい》 5
内股《うちまた》膏薬《こうやく》 39
曲学《きょくがく》阿世《あせい》 105
巧言《こうげん》令色《れいしょく》 137
三拝《さんぱい》九拝《きゅうはい》 169
市気《しき》匠気《しょうき》 174
八方《はっぽう》美人《びじん》 324
媚眼《びがん》秋波《しゅうは》 332
二股《ふたまた》膏薬《こうやく》 350
付和《ふわ》雷同《らいどう》 355
面従《めんじゅう》後言《こうげん》 388
面従《めんじゅう》腹背《ふくはい》 388
雷同《らいどう》付加《ふか》 405
雷同《らいどう》付和《ふわ》 405

付き合いが悪い
狷介《けんかい》孤高《ここう》 123
狷介《けんかい》不羈《ふき》 123
狷介《けんかい》不屈《ふくつ》 123
孤高《ここう》狷介《けんかい》 150

失礼な
慇懃《いんぎん》無礼《ぶれい》 36
傲岸《ごうがん》無礼《ぶれい》 134
高慢《こうまん》無礼《ぶれい》 144
傲慢《ごうまん》無礼《ぶれい》 144
失敬《しっけい》千万《せんばん》 185
失礼《しつれい》至極《しごく》 188
失礼《しつれい》千万《せんばん》 188
無礼《ぶれい》傲慢《ごうまん》 354
無礼《ぶれい》至極《しごく》 354
無礼《ぶれい》千万《せんばん》 354

悪口を言う
悪口《あっこう》雑言《ぞうごん》 4
讒謗《ざんぼう》罵詈《ばり》 170
人身《じんしん》攻撃《こうげき》 224
爬羅《はら》剔抉《てっけつ》 325
罵詈《ばり》讒謗《ざんぼう》 326
罵詈《ばり》雑言《ぞうごん》 326
非難《ひなん》囂囂《ごうごう》 335
誹謗《ひぼう》中傷《ちゅうしょう》 336
名誉《めいよ》毀損《きそん》 386

争う
暗闘《あんとう》反目《はんもく》 6
群雄《ぐんゆう》割拠《かっきょ》 117

三者鼎立《さんしゃていりつ》 167
他流試合《たりゅうじあい》 274
丁丁発止《ちょうちょうはっし》 283
竜攘虎搏《りゅうじょうこはく》 411
竜闘虎争《りゅうとうこそう》 412
竜騰虎闘《りゅうとうことう》 412

【知恵】

理解力がある
傍目八目《おかめはちもく》 53
温故知新《おんこちしん》 54
温和怜悧《おんわれいり》 57
階前万里《かいぜんばんり》 60
快刀乱麻《かいとうらんま》 61
眼光紙背《がんこうしはい》 79
頭脳明晰《ずのうめいせき》 232
知恵才覚《ちえさいかく》 277
知恵分別《ちえふんべつ》 277
天井桟敷《てんじょうさじき》 294

分別のある
瓜田李下《かでんりか》 72
賢君忠臣《けんくんちゅうしん》 124
賢母良妻《けんぼりょうさい》 129
賢良方正《けんりょうほうせい》 130
高所大所《こうしょたいしょ》 139
思慮分別《しりょふんべつ》 218
辛酸甘苦《しんさんかんく》 221
水平思考《すいへいしこう》 232
聡明英知《そうめいえいち》 259
聡明剛毅《そうめいごうき》 260
大所高所《たいしょこうしょ》 267
知徳兼備《ちとくけんび》 279
知勇兼備《ちゆうけんび》 280
知勇弁力《ちゆうべんりょく》 281
明君賢相《めいくんけんしょう》 385
明哲保身《めいてつほしん》 386
李下瓜田《りかかでん》 408
利用厚生《りようこうせい》 413
良妻賢母《りょうさいけんぼ》 414
良知良能《りょうちりょうのう》 414

頭の回転が速い
機知縦横《きちじゅうおう》 94
機知頓才《きちとんさい》 94
慧眼無双《けいがんむそう》 118
当意即妙《とういそくみょう》 299
臨機応変《りんきおうへん》 415

知識がある
該博深遠《がいはくしんえん》 61
汗牛充棟《かんぎゅうじゅうとう》 78
広才博識《こうさいはくしき》 137
才学博通《さいがくはくつう》 160
充棟汗牛《じゅうとうかんぎゅう》 198
碩学大儒《せきがくたいじゅ》 240
先刻承知《せんこくしょうち》 246
泰山北斗《たいざんほくと》 267
博引旁証《はくいんぼうしょう》 318
博学偉才《はくがくいさい》 318
博学広才《はくがくこうさい》 318
博学才穎《はくがくさいえい》 318
博学卓識《はくがくたくしき》 319
博学多才《はくがくたさい》 319
博学多識《はくがくたしき》 319
博学能文《はくがくのうぶん》 319
博識多才《はくしきたさい》 320
博聞強記《はくぶんきょうき》 321
博覧強記《はくらんきょうき》 321
博覧多識《はくらんたしき》 322

忘れない
拳拳服膺《けんけんふくよう》 125
銘肌鏤骨《めいきるこつ》 384

知識がない
一文不通《いちもんふつう》 21
寡聞浅学《かぶんせんがく》 73
斉東野語《せいとうやご》 238
斉東野人《せいとうやじん》 238
浅学寡聞《せんがくかぶん》 244
浅学短才《せんがくたんさい》 244
浅学非才《せんがくひさい》 244
浅薄愚劣《せんぱくぐれつ》 255
単樸浅近《たんぼくせんきん》 276
田夫野媼《でんぷやおう》 297
田夫野人《でんぷやじん》 297
田夫野老《でんぷやろう》 298
不知不徳《ふちふとく》 350
無学浅識《むがくせんしき》 376
無学無識《むがくむしき》 376
無学無知《むがくむち》 376
無学文盲《むがくもんもう》 376
無想無念《むそうむねん》 380
無知愚昧《むちぐまい》 380
無知蒙昧《むちもうまい》 380
無念無想《むねんむそう》 380
無明長夜《むみょうじょうや》 382
野人田夫《やじんでんぷ》 393

理解力がない
一知半解《いっちはんかい》 29
岐路亡羊《きろぼうよう》 109
消化不良《しょうかふりょう》 208
多岐亡羊《たきぼうよう》 270
朝三暮四《ちょうさんぼし》 282
道聴塗説《どうちょうとせつ》 302
半解半知《はんかいはんち》 327
半知半解《はんちはんかい》 330
皮相浅薄《ひそうせんぱく》 334

頭が固い
一言居士《いちげんこじ》 15
一徹短慮《いってつたんりょ》 31
頑固一徹《がんこいってつ》 79
頑固偏狭《がんこへんきょう》 80
頑執妄排《がんしゅうもうはい》 81
頑迷固陋《がんめいころう》 86
頑冥不霊《がんめいふれい》 87
頑陋至愚《がんろうしぐ》 87
偶像崇拝《ぐうぞうすうはい》 115
刻舟求剣《こくしゅうきゅうけん》 148
後生大事《ごしょうだいじ》 151
固着観念《こちゃくかんねん》 153
固定観念《こていかんねん》 155
固陋頑迷《ころうがんめい》 156
固陋蠢愚《ころうしゅんぐ》 158
垂直思考《すいちょくしこう》 231
先入僻見《せんにゅうへきけん》 254
漱石枕流《そうせきちんりゅう》 258
短慮一徹《たんりょいってつ》 277
枕流漱石《ちんりゅうそうせき》 287
偏狭頑固《へんきょうがんこ》 360
冥頑不霊《めいがんふれい》 384

じっくり考える
結跏趺座《けっかふざ》 122

三思九思《さんしきゅうし》 167
自問自答《じもんじとう》 191
熟慮断行《じゅくりょだんこう》 202
審念熟慮《しんねんじゅくりょ》 229
沈思黙考《ちんしもっこう》 286
黙思口吟《もくしこうぎん》 391

じっくり味わう

熟読玩味《じゅくどくがんみ》 201
熟読三思《じゅくどくさんし》 202
咀嚼玩味《そしゃくがんみ》 262

たくらむ

暗中飛躍《あんちゅうひやく》 6
遠交近攻《えんこうきんこう》 47
遠謀深慮《えんぼうしんりょ》 48
遠慮近憂《えんりょきんゆう》 49
遠慮深謀《えんりょしんぼう》 49
合従連衡《がっしょうれんこう》 70
観測気球《かんそくききゅう》 83
奇策縦横《きさくじゅうおう》 91
機知奇策《きちきさく》 94
機謀権略《きぼうけんりゃく》 96
虚虚実実《きょきょじつじつ》 105
機略縦横《きりゃくじゅうおう》 108
譎詐百端《けっさひゃくたん》 123
欠席裁判《けっせきさいばん》 123
権謀術策《けんぼうじゅっさく》 129
権謀術数《けんぼうじゅっすう》 129
三十六計《さんじゅうろっけい》 167
神機妙算《しんきみょうさん》 220
神算鬼謀《しんさんきぼう》 221
深謀遠慮《しんぼうえんりょ》 230
深慮遠謀《しんりょえんぼう》 230
素意大略《そいたいりゃく》 256
手練手管《てれんてくだ》 290
反間苦肉《はんかんくにく》 327
誹謗中傷《ひぼうちゅうしょう》 336
雄材大略《ゆうざいたいりゃく》 397

算数

加減乗除《かげんじょうじょ》 65

【才能】

才能がある

一芸一能《いちげいいちのう》 14
一日千里《いちにちせんり》 18
一能一芸《いちのういちげい》 19
一斗百編《いっとひゃっぺん》 32
英姿颯爽《えいしさっそう》 44
英邁闊達《えいまいかったつ》 45
英明闊達《えいめいかったつ》 45
才学非凡《さいがくひぼん》 161
才気煥発《さいきかんぱつ》 161
才芸器量《さいげいきりょう》 161
三面六臂《さんめんろっぴ》 171
多芸多才《たげいたさい》 271
脱俗超凡《だつぞくちょうぼん》 273
天資英邁《てんしえいまい》 294
伯楽一顧《はくらくいっこ》 321
八面六臂《はちめんろっぴ》 323
抜山蓋世《ばつざんがいせい》 324
飛耳長目《ひじちょうもく》 334
百発百中《ひゃっぱつひゃくちゅう》 339

才能がある人

英俊豪傑《えいしゅんごうけつ》 44
英雄豪傑《えいゆうごうけつ》 45
佳人才子《かじんさいし》 66
高材逸足《こうざいいっそく》 137
高材疾足《こうざいしっそく》 137
才子佳人《さいしかじん》 162
少数精鋭《しょうすうせいえい》 212
千両役者《せんりょうやくしゃ》 256
多士済済《たしせいせい》 271
文人墨客《ぶんじんぼっかく》 356

思うままにできる

一弛一張《いっしいっちょう》 25
一張一弛《いっちょういっし》 30
円転滑脱《えんてんかつだつ》 48
円融滑脱《えんゆうかつだつ》 49
活殺自在《かっさつじざい》 69
闊達自在《かったつじざい》 71
緩急剛柔《かんきゅうごうじゅう》 78
緩急自在《かんきゅうじざい》 78
才弁縦横《さいべんじゅうおう》 163
自家薬籠《じかやくろう》 173
七擒七縦《しちきんしちしょう》 183
七縦七擒《しちしょうしちきん》 183
縦横自在《じゅうおうじざい》 194
縦横無礙《じゅうおうむげ》 194
縦横無尽《じゅうおうむじん》 194
自由自在《じゆうじざい》 196
生殺与奪《せいさつよだつ》 235
禅機縦横《ぜんきじゅうおう》 245
如意自在《にょいじざい》 313
変幻自在《へんげんじざい》 360
麻姑掻痒《まこそうよう》 371

将来が有望な

臥竜鳳雛《がりょうほうすう》 74
孔明臥竜《こうめいがりょう》 144
少壮気鋭《しょうそうきえい》 212
少壮有為《しょうそうゆうい》 212
前程万里《ぜんていばんり》 253
前途多望《ぜんとたぼう》 253
前途有為《ぜんとゆうい》 253
前途有望《ぜんとゆうぼう》 253
前途洋洋《ぜんとようよう》 254
大器晩成《たいきばんせい》 265
伏竜鳳雛《ふくりょうほうすう》 347
有為多望《ゆういたぼう》 395

兼ね備えた

好学尚武《こうがくしょうぶ》 132
才色兼備《さいしょくけんび》 162
士魂商才《しこんしょうさい》 178
多芸多才《たげいたさい》 271
知徳兼備《ちとくけんび》 279
知勇兼備《ちゆうけんび》 280
物心両面《ぶっしんりょうめん》 351
文武兼備《ぶんぶけんび》 356
文武両道《ぶんぶりょうどう》 356
和魂漢才《わこんかんさい》 422
和魂洋才《わこんようさい》 422

才能を隠す

晦迹韜光《かいせきとうこう》 60
韜光晦迹《とうこうかいせき》 300
和光同塵《わこうどうじん》 422

才能があだとなる

懐玉有罪《かいぎょくゆうざい》 58
器用貧乏《きようびんぼう》 103

才能がない

眼高手低《がんこうしゅてい》 79
大根役者《だいこんやくしゃ》 267

徒食無為《としょくむい》 306
無為徒食《むいとしょく》 375
無位無冠《むいむかん》 375
無位無官《むいむかん》 375
無為無策《むいむさく》 375
無為無能《むいむのう》 376
無位無禄《むいむろく》 376
無芸大食《むげいたいしょく》 377
無芸無能《むげいむのう》 377
無策無為《むさくむい》 378
無能無策《むのうむさく》 381

【人生】

出世する
衣錦還郷《いきんかんきょう》 9
栄耀栄華《えいようえいが》 45
権貴栄達《けんきえいたつ》 124
叙位叙勲《じょいじょくん》 207
白日昇天《はくじつしょうてん》 320
富貴栄華《ふうきえいが》 341
富貴栄達《ふうきえいたつ》 341
富貴福禄《ふうきふくろく》 342
立身栄達《りっしんえいたつ》 410
立身出世《りっしんしゅっせ》 410

苦労する
悪戦苦闘《あくせんくとう》 2
意匠惨憺《いしょうさんたん》 11
苦学力行《くがくりっこう》 116
苦心惨憺《くしんさんたん》 116
孤軍奮闘《こぐんふんとう》 150
自己犠牲《じこぎせい》 176
昼夜兼行《ちゅうやけんこう》 281
彫心鏤骨《ちょうしんるこつ》 283
万死一生《ばんしいっせい》 328
人身御供《ひとみごくう》 335
不眠不休《ふみんふきゅう》 353
力戦奮闘《りきせんふんとう》 409
粒粒辛苦《りゅうりゅうしんく》 413

努力する
一意攻苦《いちいこうく》 13
一意専心《いちいせんしん》 13
一意奮闘《いちいふんとう》 13
一生懸命《いっしょうけんめい》 26
一所懸命《いっしょけんめい》 27
臥薪嘗胆《がしんしょうたん》 66
完全燃焼《かんぜんねんしょう》 82
九死一生《きゅうしいっしょう》 97
局面打開《きょくめんだかい》 106
勤倹力行《きんけんりっこう》 110
勤労奉仕《きんろうほうし》 114
蛍窓雪案《けいそうせつあん》 120
刻苦精進《こっくしょうじん》 154
刻苦精励《こっくせいれい》 154
刻苦勉励《こっくべんれい》 154
座薪懸胆《ざしんけんたん》 164
試行錯誤《しこうさくご》 175
獅子奮迅《ししふんじん》 180
櫛風沐雨《しっぷうもくう》 187
櫛風浴雨《しっぷうよくう》 187
雪案蛍窓《せつあんけいそう》 241
専心一意《せんしんいちい》 250
全力投球《ぜんりょくとうきゅう》 256
創業守成《そうぎょうしゅせい》 257
努力奮励《どりょくふんれい》 307
風櫛雨沐《ふうしつうもく》 342
不惜身命《ふしゃくしんみょう》 349
粉骨砕身《ふんこつさいしん》 355
奮闘努力《ふんとうどりょく》 356
奮励努力《ふんれいどりょく》 357
沐雨櫛風《もくうしっぷう》 391
勇往邁進《ゆうおうまいしん》 395

無駄な努力
縁木求魚《えんぼくきゅうぎょ》 48
海底撈月《かいていろうげつ》 61

落ちぶれる
轗軻落魄《かんからくはく》 77
困窮零落《こんきゅうれいらく》 158
再起不能《さいきふのう》 161
拓落失路《たくらくしつろ》 271
蟄居屏息《ちっきょへいそく》 279
蟄居閉門《ちっきょへいもん》 279
閉門蟄居《へいもんちっきょ》 359
落花流水《らっかりゅうすい》 406
竜門点額《りゅうもんてんがく》 412

旅
一笠一杖《いちりゅういちじょう》 22
一路順風《いちろじゅんぷう》 22
一路平安《いちろへいあん》 22
一所不住《いっしょふじゅう》 27
雲水行脚《うんすいあんぎゃ》 42
雲水不住《うんすいふじゅう》 42
孤笈飄然《こきゅうひょうぜん》 147
樹下石上《じゅげせきじょう》 202
順風満帆《じゅんぷうまんぱん》 207
諸国漫遊《しょこくまんゆう》 215
処女航海《しょじょこうかい》 216
人生羇旅《じんせいきりょ》 225
人生行路《じんせいこうろ》 225
天下周遊《てんかしゅうゆう》 291
跋山渉水《ばつざんしょうすい》 324
平安一路《へいあんいちろ》 357
武者修行《むしゃしゅぎょう》 379

【運命】

運命
運否天賦《うんぷてんぷ》 42
天理人道《てんりじんどう》 299
天理人情《てんりにんじょう》 299
不可抗力《ふかこうりょく》 343

幸運な
一陽来復《いちようらいふく》 21
一路順風《いちろじゅんぷう》 22
一路平安《いちろへいあん》 22
九死一生《きゅうしいっしょう》 97
順風満帆《じゅんぷうまんぱん》 207
上昇気流《じょうしょうきりゅう》 210
天佑神助《てんゆうしんじょ》 298
万死一生《ばんしいっせい》 328
武運長久《ぶうんちょうきゅう》 343
平安一路《へいあんいちろ》 357

不運な
寸善尺魔《すんぜんしゃくま》 233

不幸な
佳人薄命《かじんはくめい》 67
轗軻数奇《かんかすうき》 76
轗軻不遇《かんかふぐう》 77
轗軻落魄《かんからくはく》 77
肝脳塗地《かんのうとち》 85
美人薄命《びじんはくめい》 334

人身御供《ひとみごくう》 335

運命の変転

一栄一辱《いちえいいちじょく》 13
一栄一落《いちえいいちらく》 13
一盛一衰《いっせいいっすい》 28
一治一乱《いっちいちらん》 29
雲翻雨覆《うんぽんうふく》 42
栄枯盛衰《えいこせいすい》 44
栄枯転変《えいこてんぺん》 44
活殺生死《かっさつしょうじ》 69
吉凶禍福《きっきょうかふく》 95
毀誉褒貶《きよほうへん》 108
興亡盛衰《こうぼうせいすい》 143
七転八起《しちてんはっき》 184
消長盛衰《しょうちょうせいすい》 213
消長遷移《しょうちょうせんい》 213
盛衰栄枯《せいすいえいこ》 236
盛衰興亡《せいすいこうぼう》 236
治乱興廃《ちらんこうはい》 285
治乱興亡《ちらんこうぼう》 285
波瀾曲折《はらんきょくせつ》 326
波瀾万丈《はらんばんじょう》 326
翻雲覆雨《ほんうんふくう》 369
優勝劣敗《ゆうしょうれっぱい》 397

危ない

一触即発《いっしょくそくはつ》 27
危機一髪《ききいっぱつ》 89
危急存亡《ききゅうそんぼう》 89
急所弱所《きゅうしょじゃくしょ》 98
国歩艱難《こくほかんなん》 149
国家存亡《こっかそんぼう》 153
絶体絶命《ぜったいぜつめい》 242
断崖絶壁《だんがいぜっぺき》 274
万死一生《ばんしいっせい》 328
必死危急《ひっしききゅう》 335
壁立千仞《へきりつせんじん》 359

はかない

有為転変《ういてんぺん》 38
雲散霧消《うんさんむしょう》 41
雲消霧散《うんしょうむさん》 42
会者定離《えしゃじょうり》 46
海市蜃楼《かいししんろう》 58
蝸牛角上《かぎゅうかくじょう》 63
槿花一日《きんかいちじつ》 109
槿花一朝《きんかいっちょう》 109
空即是色《くうそくぜしき》 115
黄粱一炊《こうりょういっすい》 145
色即是空《しきそくぜくう》 174
生死無常《しょうじむじょう》 209
盛者必衰《じょうしゃひっすい》 209
生者必滅《しょうじゃひつめつ》 209
生生流転《しょうじょうるてん》 211
諸行無常《しょぎょうむじょう》 215
人生朝露《じんせいちょうろ》 225
蜃楼海市《しんろうかいし》 230
電光朝露《でんこうちょうろ》 293
飛花落葉《ひからくよう》 332
富貴浮雲《ふうきふうん》 341
泡沫夢幻《ほうまつむげん》 367
無影無踪《むえいむそう》 376
夢幻泡沫《むげんほうまつ》 378
無常迅速《むじょうじんそく》 379
老少不定《ろうしょうふじょう》 419

報いを受ける

悪因悪果《あくいんあっか》 1
因果因縁《いんがいんねん》 35
因果応報《いんがおうほう》 36
因果覿面《いんがてきめん》 36
応報覿面《おうほうてきめん》 53
三世因果《さんぜいんが》 168
自業自得《じごうじとく》 176
善因善果《ぜんいんぜんか》 244
天罰覿面《てんばつてきめん》 297
輪回応報《りんねおうほう》 415

【生活】

普段の

家常茶飯《かじょうさはん》 65
起居挙動《ききょきょどう》 90
行住座臥《ぎょうじゅうざが》 101
挙止進退《きょししんたい》 107
挙措進退《きょそしんたい》 108
行屎走尿《こうしそうにょう》 138
洒掃応対《さいそうおうたい》 163
洒掃薪水《さいそうしんすい》 163
起居振舞《たちいふるまい》 273
日常座臥《にちじょうざが》 312
日常茶飯《にちじょうさはん》 312
年中行事《ねんちゅうぎょうじ》 316

健康な

医食同源《いしょくどうげん》 12
一病息災《いちびょうそくさい》 19
頭寒足熱《ずかんそくねつ》 232
不老長寿《ふろうちょうじゅ》 354
不老長生《ふろうちょうせい》 354
不老不死《ふろうふし》 354
無病息災《むびょうそくさい》 381

不健康な

佳人薄命《かじんはくめい》 67
気息奄奄《きそくえんえん》 94
才子多病《さいしたびょう》 162
残息奄奄《ざんそくえんえん》 168
四百四病《しひゃくしびょう》 189
心悸亢進《しんきこうしん》 219
衰老病死《すいろうびょうし》 232
絶対安静《ぜったいあんせい》 242
半死半生《はんしはんしょう》 328
半生半死《はんしょうはんし》 328
皮骨連立《ひこつれんりつ》 333
美人薄命《びじんはくめい》 334
暴飲暴食《ぼういんぼうしょく》 361
満身創痍《まんしんそうい》 372
薬石無功《やくせきむこう》 393
老病生死《ろうびょうせいし》 420

華やかな

華麗奔放《かれいほんぽう》 74
絢爛華麗《けんらんかれい》 129
絢爛豪華《けんらんごうか》 129
豪華絢爛《ごうかけんらん》 132
折花攀柳《せっかはんりゅう》 241
荘厳華麗《そうごんかれい》 257
荘厳美麗《そうごんびれい》 257
壮大華麗《そうだいかれい》 259
百花斉放《ひゃっかせいほう》 338
百花繚乱《ひゃっかりょうらん》 339
美麗荘厳《びれいそうごん》 340
柳巷花街《りゅうこうかがい》 411

ぜいたくな

衣裳道楽《いしょうどうらく》 11

驕奢《きょうしゃ》淫逸《いんいつ》 101
玉楼《ぎょくろう》金殿《きんでん》 106
錦衣《きんい》玉食《ぎょくしょく》 109
金殿《きんでん》玉楼《ぎょくろう》 113
金襴《きんらん》緞子《どんす》 113
軽裘《けいきゅう》肥馬《ひば》 118
豪奢《ごうしゃ》遊蕩《ゆうとう》 138
奢侈《しゃし》淫佚《いんいつ》 192
奢侈《しゃし》荒唐《こうとう》 192
奢侈《しゃし》文弱《ぶんじゃく》 192
酒池《しゅち》肉林《にくりん》 203
贅沢《ぜいたく》華奢《かしゃ》 237
贅沢《ぜいたく》三昧《ざんまい》 237
暖衣《だんい》飽食《ほうしょく》 274
長袖《ちょうしゅう》善舞《ぜんぶ》 282
肥馬《ひば》軽裘《けいきゅう》 335
百万《ひゃくまん》長者《ちょうじゃ》 338
紛華《ふんか》奢靡《しゃび》 355
飽衣《ほうい》美食《びしょく》 361
暴飲《ぼういん》暴食《ぼうしょく》 361
飽食《ほうしょく》暖衣《だんい》 364
目食《もくしょく》耳視《じし》 391

にぎやかな

肩摩《けんま》轂撃《こくげき》 129
康衢《こうく》通逵《つうき》 136
紅灯《こうとう》緑酒《りょくしゅ》 142
四衢《しく》八街《はちがい》 175
四通《しつう》八達《はったつ》 185
商売《しょうばい》繁昌《はんじょう》 214
千客《せんきゃく》万来《ばんらい》 245
比肩《ひけん》随踵《ずいしょう》 333
緑酒《りょくしゅ》紅灯《こうとう》 414

満ち足りた

安居《あんきょ》楽業《らくぎょう》 5
意気《いき》揚揚《ようよう》 9
円満《えんまん》具足《ぐそく》 49
鶏口《けいこう》牛後《ぎゅうご》 118
高枕《こうちん》安眠《あんみん》 141
自給《じきゅう》自足《じそく》 174
自己《じこ》満足《まんぞく》 177
晴耕《せいこう》雨読《うどく》 234
暖衣《だんい》飽食《ほうしょく》 274
得意《とくい》満面《まんめん》 304
福徳《ふくとく》円満《えんまん》 347
飽食《ほうしょく》暖衣《だんい》 364

落ち着いた

鷹揚《おうよう》自若《じじゃく》 53
寡言《かげん》沈黙《ちんもく》 65
高枕《こうちん》安眠《あんみん》 141
重厚《じゅうこう》謹厳《きんげん》 195
重厚《じゅうこう》長大《ちょうだい》 196
従容《しょうよう》自若《じじゃく》 214
神色《しんしょく》自若《じじゃく》 224
泰然《たいぜん》自若《じじゃく》 268
湛然《たんぜん》不動《ふどう》 276
沈毅《ちんき》雄武《ゆうぶ》 286
沈着《ちんちゃく》冷静《れいせい》 286
沈黙《ちんもく》寡言《かげん》 287
不言《ふげん》不語《ふご》 347
余裕《よゆう》綽綽《しゃくしゃく》 404
冷静《れいせい》沈着《ちんちゃく》 417

気ままな

閑花《かんか》素琴《そきん》 77
閑窓《かんそう》読書《どくしょ》 83
高吟《こうぎん》放歌《ほうか》 136
傲世《ごうせい》逸俗《いつぞく》 139
縦塗《じゅうと》横抹《おうまつ》 199
逍遥《しょうよう》徘徊《はいかい》 214
清窓《せいそう》浄机《じょうき》 237
低徊《ていかい》趣味《しゅみ》 288
放歌《ほうか》高吟《こうぎん》 362
明窓《めいそう》浄机《じょうき》 385
悠悠《ゆうゆう》閑閑《かんかん》 399
悠悠《ゆうゆう》閑適《かんてき》 400
悠悠《ゆうゆう》自適《じてき》 400

つつましい

一汁《いちじゅう》一菜《いっさい》 17
会釈《えしゃく》遠慮《えんりょ》 46
遠慮《えんりょ》会釈《えしゃく》 49
簡素《かんそ》清貧《せいひん》 83
勤倹《きんけん》質素《しっそ》 110
勤倹《きんけん》小心《しょうしん》 110
勤倹《きんけん》尚武《しょうぶ》 110
勤倹《きんけん》力行《りっこう》 110
謹厚《きんこう》慎重《しんちょう》 111
三拝《さんぱい》九拝《きゅうはい》 169
質素《しっそ》倹約《けんやく》 186
重厚《じゅうこう》謹厳《きんげん》 195
粗衣《そい》粗食《そしょく》 256
粗酒《そしゅ》粗餐《そさん》 262
箪食《たんし》瓢飲《ひょういん》 275
土階《どかい》三等《さんとう》 304

貧しい

悪衣《あくい》悪食《あくしょく》 1
環堵《かんと》蕭然《しょうぜん》 84
困苦《こんく》窮乏《きゅうぼう》 158
困苦《こんく》欠乏《けつぼう》 158
三界《さんがい》乞食《こつじき》 165
赤手《せきしゅ》空拳《くうけん》 240
草根《そうこん》木皮《ぼくひ》 258
粗鹵《そろ》狭隘《きょうあい》 263
短褐《たんかつ》孤剣《こけん》 274
短褐《たんかつ》穿結《せんけつ》 275
徒手《としゅ》空拳《くうけん》 306
布衣《ふい》韋帯《いたい》 341
弊衣《へいい》破帽《はぼう》 357
弊衣《へいい》蓬髪《ほうはつ》 358
蓬頭《ほうとう》垢面《こうめん》 365
蓬髪《ほうはつ》垢面《こうめん》 367

孤独な

鰥寡《かんか》孤独《こどく》 76
孤影《こえい》蕭然《しょうぜん》 146
孤軍《こぐん》重囲《じゅうい》 150
孤軍《こぐん》奮闘《ふんとう》 150
孤城《こじょう》落月《らくげつ》 152
孤城《こじょう》落日《らくじつ》 152
孤灯《ことう》一穂《いっすい》 155
孤灯《ことう》読書《どくしょ》 155
孤立《こりつ》無援《むえん》 157
三界《さんがい》無宿《むしゅく》 165
四面《しめん》楚歌《そか》 190
赤手《せきしゅ》空拳《くうけん》 240
短褐《たんかつ》孤剣《こけん》 274
天涯《てんがい》孤独《こどく》 291
徒手《としゅ》空拳《くうけん》 306
無援《むえん》孤立《こりつ》 376
門前《もんぜん》雀羅《じゃくら》 392
零丁《れいてい》孤苦《こく》 417

忙しい

右往左往《うおうさおう》 38
周旋奔走《しゅうせんほんそう》 198
造次顛沛《ぞうじてんぱい》 258
俗用多端《ぞくようたたん》 261
多岐多端《たきたたん》 270
多事多端《たじたたん》 272
多事多難《たじたなん》 272
東行西走《とうこうせいそう》 301
東走西馳《とうそうせいち》 302
東奔西走《とうほんせいそう》 303
南船北馬《なんせんほくば》 310
北馬南船《ほくばなんせん》 368
奔走周旋《ほんそうしゅうせん》 370

便利な

開化文明《かいかぶんめい》 57
簡易軽便《かんいけいべん》 75
文明開化《ぶんめいかいか》 357

食事

悪衣悪食《あくいあくしょく》 1
一汁一菜《いちじゅういっさい》 17
一宿一飯《いっしゅくいっぱん》 26
錦衣玉食《きんいぎょくしょく》 109
蓴羹鱸膾《じゅんこうろかい》 205
粗衣粗食《そいそしょく》 256
粗酒粗餐《そしゅそさん》 262
暖衣飽食《だんいほうしょく》 274
箪食瓢飲《たんしひょういん》 275
肉食妻帯《にくじきさいたい》 311
杯盤酒肴《はいばんしゅこう》 317
杯盤狼藉《はいばんろうぜき》 317
米穀菜蔬《べいこくさいそ》 358
飽衣美食《ほういびしょく》 361
飽食暖衣《ほうしょくだんい》 364

おいしい食事

珍味佳肴《ちんみかこう》 287
美酒佳肴《びしゅかこう》 334
美味佳肴《びみかこう》 336
美味珍膳《びみちんぜん》 336

たくさん食べる

牛飲馬食《ぎゅういんばしょく》 96
鯨飲馬食《げいいんばしょく》 117
尸位素餐《しいそさん》 172
酒池肉林《しゅちにくりん》 203
徒食無為《としょくむい》 306
伴食宰相《ばんしょくさいしょう》 329
伴食大臣《ばんしょくだいじん》 329
暴飲暴食《ぼういんぼうしょく》 361
無為徒食《むいとしょく》 375
無芸大食《むげいたいしょく》 377

飲酒

狂酔乱舞《きょうすいらんぶ》 102
酔眼朦朧《すいがんもうろう》 231
酔生夢死《すいせいむし》 231
酔歩蹣跚《すいほまんさん》 232
浅酌低唱《せんしゃくていしょう》 249
浅斟低唱《せんしんていしょう》 250
粗酒粗餐《そしゅそさん》 262
暴飲暴食《ぼういんぼうしょく》 361

衣裳

悪衣悪食《あくいあくしょく》 1
衣冠束帯《いかんそくたい》 8
衣錦還郷《いきんかんきょう》 9
衣香襟影《いこうきんえい》 9
衣繡夜行《いしゅうやこう》 11
衣裳道楽《いしょうどうらく》 11
円頂黒衣《えんちょうこくえ》 48
錦衣玉食《きんいぎょくしょく》 109
錦繡綾羅《きんしゅうりょうら》 112
金襴緞子《きんらんどんす》 113
軽裘肥馬《けいきゅうひば》 118
霓裳羽衣《げいしょううい》 119
暖衣飽食《だんいほうしょく》 274
長袖善舞《ちょうしゅうぜんぶ》 282
肥馬軽裘《ひばけいきゅう》 335
飽衣美食《ほういびしょく》 361
飽食暖衣《ほうしょくだんい》 364
綾羅錦繡《りょうらきんしゅう》 414

おしゃれな

軽妙洒脱《けいみょうしゃだつ》 121
滑稽洒脱《こっけいしゃだつ》 154

住居

鳩居鵲巣《きゅうきょじゃくそう》 97
玉楼金殿《ぎょくろうきんでん》 106
金殿玉楼《きんでんぎょくろう》 113
土階三等《どかいさんとう》 304

立派な建物

高楼大廈《こうろうたいか》 146
七重欄楯《しちじゅうらんじゅん》 183
七堂伽藍《しちどうがらん》 184
神社仏閣《じんじゃぶっかく》 223
大廈高楼《たいかこうろう》 265
堂宇伽藍《どううがらん》 300
塔堂伽藍《とうどうがらん》 303
堂塔伽藍《どうとうがらん》 303

名前

苗字帯刀《みょうじたいとう》 374

生活の知恵

夏下冬上《かかとうじょう》 63

高貴な

一天万乗《いってんばんじょう》 31
王公貴人《おうこうきじん》 50
王侯将相《おうこうしょうしょう》 51
貴顕紳士《きけんしんし》 90
金枝玉葉《きんしぎょくよう》 111
月卿雲客《げっけいうんかく》 122
高位高官《こういこうかん》 130
淑女紳士《しゅくじょしんし》 201
紳士淑女《しんししゅくじょ》 222
荘厳華麗《そうごんかれい》 257
荘厳美麗《そうごんびれい》 257
大官貴顕《たいかんきけん》 265
美麗荘厳《びれいそうごん》 340
竜頭鷁首《りゅうとうげきしゅ》 412

【外見・容姿】

外見

巨眼赭髯《きょがんしゃぜん》 105
紫髯緑眼《しぜんりょくがん》 181
人品骨柄《じんぴんこつがら》 229
痩軀長身《そうくちょうしん》 257
大兵肥満《たいひょうひまん》 269
中肉中背《ちゅうにくちゅうぜい》 281
長身痩軀《ちょうしんそうく》 283

立派な外見

威風堂堂《いふうどうどう》 34
威風凜然《いふうりんぜん》 34
威風凜凜《いふうりんりん》 34
高邁奇偉《こうまいきい》 143
容貌魁偉《ようぼうかいい》 403

身なり

顔色容貌《がんしょくようぼう》 82
顔貌風姿《がんぼうふうし》 86
結髪風姿《けっぱつふうし》 123
人相風体《にんそうふうてい》 314
容貌顔色《ようぼうがんしょく》 403

きちんとした

衣冠束帯《いかんそくたい》 8
整理整頓《せいりせいとん》 239
眉目秀麗《びもくしゅうれい》 337
眉目俊秀《びもくしゅんしゅう》 337
眉目清秀《びもくせいしゅう》 337
眉目端正《びもくたんせい》 337
容姿端麗《ようしたんれい》 402
容貌端正《ようぼうたんせい》 403

みすぼらしい

短褐孤剣《たんかつこけん》 274
短褐穿結《たんかつせんけつ》 275
弊衣破帽《へいいはぼう》 357
弊衣蓬髪《へいいほうはつ》 358
蓬頭垢面《ほうとうこうめん》 365
蓬髪垢面《ほうはつこうめん》 367

美しい女性

衣香襟影《いこうきんえい》 9
花顔雪膚《かがんせっぷ》 63
花顔柳腰《かがんりゅうよう》 63
迦陵頻伽《かりょうびんが》 74
曲眉豊頬《きょくびほうきょう》 106
錦繍綾羅《きんしゅうりょうら》 112
傾国傾城《けいこくけいせい》 119
傾城傾国《けいせいけいこく》 119
紅顔可憐《こうがんかれん》 133
紅脂白粉《こうしはくふん》 138
羞月閉花《しゅうげつへいか》 195
朱唇皓歯《しゅしんこうし》 203
翠帳紅閨《すいちょうこうけい》 231
雪膚花貌《せっぷかぼう》 242
沈魚落雁《ちんぎょらくがん》 286
明眸皓歯《めいぼうこうし》 386
容顔美麗《ようがんびれい》 402
妖姿媚態《ようしびたい》 403
綾羅錦繍《りょうらきんしゅう》 414

【状態】

最初の

開巻第一《かいかんだいいち》 57
開眼供養《かいげんくよう》 58
開口一番《かいこういちばん》 58
開闢草昧《かいびゃくそうまい》 62
史上空前《しじょうくうぜん》 180
処女航海《しょじょこうかい》 216
人跡絶無《じんせきぜつむ》 226
人跡未踏《じんせきみとう》 226
先決問題《せんけつもんだい》 245
前人未到《ぜんじんみとう》 250
前人未発《ぜんじんみはつ》 251
先制攻撃《せんせいこうげき》 251
大喝一番《だいかついちばん》 265
天地開闢《てんちかいびゃく》 295
天地晦冥《てんちかいめい》 295
天地混沌《てんちこんとん》 296
本家本元《ほんけほんもと》 369

最初から最後まで

一伍一什《いちごいちじゅう》 15
一部始終《いちぶしじゅう》 19
終始一貫《しゅうしいっかん》 196
首尾一貫《しゅびいっかん》 204
首尾貫徹《しゅびかんてつ》 204
初志貫徹《しょしかんてつ》 215
徹頭徹尾《てっとうてつび》 290
脈絡通徹《みゃくらくつうてつ》 373

最後の

画竜点睛《がりょうてんせい》 73
最後通牒《さいごつうちょう》 161

変化しない

一定不変《いっていふへん》 30
永遠不変《えいえんふへん》 43
永遠不滅《えいえんふめつ》 43
永久不変《えいきゅうふへん》 43
永劫不変《えいごうふへん》 43
現状維持《げんじょういじ》 127
恒久不変《こうきゅうふへん》 135
終古一定《しゅうこいってい》 195
十年一日《じゅうねんいちじつ》 199
常住不断《じょうじゅうふだん》 210
千古不易《せんこふえき》 247
千古不朽《せんこふきゅう》 247
千古不抜《せんこふばつ》 247
千古不磨《せんこふま》 247
千古不滅《せんこふめつ》 247
先祖伝来《せんぞでんらい》 251
千年一日《せんねんいちじつ》 254
祖先伝来《そせんでんらい》 263
天壌無窮《てんじょうむきゅう》 294
天地長久《てんちちょうきゅう》 296
天長地久《てんちょうちきゅう》 296
万古不易《ばんこふえき》 327
万古不磨《ばんこふま》 327
万世一系《ばんせいいっけい》 329
万世不易《ばんせいふえき》 330
万世不朽《ばんせいふきゅう》 330
万代不易《ばんだいふえき》 330
万代不朽《ばんだいふきゅう》 330
万代不変《ばんだいふへん》 330
不朽不滅《ふきゅうふめつ》 345
不死不朽《ふしふきゅう》 349
父祖伝来《ふそでんらい》 350
霊魂不滅《れいこんふめつ》 417

不安定な

一喜一憂《いっきいちゆう》 23
一進一退《いっしんいったい》 27
雲集霧散《うんしゅうむさん》 41
合従連衡《がっしょうれんこう》 70
集散離合《しゅうさんりごう》 196
酔歩蹣跚《すいほまんさん》 232
千変万化《せんぺんばんか》 255
桑田碧海《そうでんへきかい》 259
蛇行匍匐《だこうほふく》 271
朝令暮改《ちょうれいぼかい》 284
動揺流転《どうようるてん》 303
不協和音《ふきょうわおん》 345
付着重畳《ふちゃくちょうじょう》 350
離合集散《りごうしゅうさん》 409

とりあえずの

応急措置《おうきゅうそち》 50
応急手当《おうきゅうてあて》 50

崩れる

瓦解土崩《がかいどほう》 62

空中分解《くうちゅうぶんかい》 115
土崩瓦解《どほうがかい》 307

自由な
自由意志《じゆういし》 194
無罪放免《むざいほうめん》 378
門戸開放《もんこかいほう》 392

不自由な
傀儡政権《かいらいせいけん》 62
檻猿籠鳥《かんえんろうちょう》 75
自縄自縛《じじょうじばく》 180
楚囚南冠《そしゅうなんかん》 262
高手小手《たかてこて》 270
手枷足枷《てかせあしかせ》 289
半身不随《はんしんふずい》 329
籠鳥檻猿《ろうちょうかんえん》 419

明るい
光彩陸離《こうさいりくり》 137
白虹貫日《はっこうかんじつ》 324

暗い
暗雲低迷《あんうんていめい》 5
暗黒時代《あんこくじだい》 5
暗澹冥濛《あんたんめいもう》 6
陰陰滅滅《いんいんめつめつ》 35
晦渋混濁《かいじゅうこんだく》 59
開闢草昧《かいびゃくそうまい》 62
黒甜郷裡《こくてんきょうり》 149
蒼然暮色《そうぜんぼしょく》 259
如法暗夜《にょほうあんや》 314
暮色蒼然《ぼしょくそうぜん》 368

ひそかな
暗送秋波《あんそうしゅうは》 6
暗中飛躍《あんちゅうひやく》 6
暗闘反目《あんとうはんもく》 6
一子相伝《いっしそうでん》 25
奥義秘伝《おうぎひでん》 50
真言秘密《しんごんひみつ》 221
他言無用《たごんむよう》 271
父子相伝《ふしそうでん》 348
黙契秘旨《もっけいひし》 391
門外不出《もんがいふしゅつ》 392

奥深い
意味深長《いみしんちょう》 35
窮山幽谷《きゅうざんゆうこく》 97
鏡花水月《きょうかすいげつ》 99
深山幽谷《しんざんゆうこく》 221
深層心理《しんそうしんり》 227
静寂閑雅《せいじゃくかんが》 235
幽寂閑雅《ゆうじゃくかんが》 397
幽趣佳境《ゆうしゅかきょう》 397

新しい
一新紀元《いちしんきげん》 17
一新更始《いっしんこうし》 27
換骨奪胎《かんこつだったい》 80
局面打開《きょくめんだかい》 106
現状打破《げんじょうだは》 127
更始一新《こうしいっしん》 138
斬新奇抜《ざんしんきばつ》 167
新進気鋭《しんしんきえい》 224
新陳代謝《しんちんたいしゃ》 228
面目一新《めんもくいっしん》 389

古い
往事渺茫《おうじびょうぼう》 51
往事茫茫《おうじぼうぼう》 51
古色蒼然《こしょくそうぜん》 152
故事来歴《こじらいれき》 152
書画骨董《しょがこっとう》 215
祖先崇拝《そせんすうはい》 263
名所旧跡《めいしょきゅうせき》 385
名所古跡《めいしょこせき》 385
有職故実《ゆうそくこじつ》 398

簡単な
簡易軽便《かんいけいべん》 75
卓上演説《たくじょうえんぜつ》 271

難しい
至険至難《しけんしなん》 175
寸善尺魔《すんぜんしゃくま》 233
難攻不落《なんこうふらく》 310
難透難徹《なんとうなんてつ》 310

はっきりした
一目瞭然《いちもくりょうぜん》 21
簡潔明瞭《かんけつめいりょう》 79
簡浄素朴《かんじょうそぼく》 81
簡単明瞭《かんたんめいりょう》 84
簡明率直《かんめいそっちょく》 86
簡明素朴《かんめいそぼく》 87
簡明直截《かんめいちょくせつ》 87
旗幟鮮明《きしせんめい》 92
灼然炳乎《しゃくぜんへいこ》 191
証拠歴然《しょうこれきぜん》 209
単純明快《たんじゅんめいかい》 275
直截簡明《ちょくせつかんめい》 285
明明白白《めいめいはくはく》 386
論旨明快《ろんしめいかい》 421

はっきりしない
曖昧模糊《あいまいもこ》 1
有耶無耶《うやむや》 40
雲煙模糊《うんえんもこ》 41
往事渺茫《おうじびょうぼう》 51
往事茫茫《おうじぼうぼう》 51
空空漠漠《くうくうばくばく》 114
五里霧中《ごりむちゅう》 157
不得要領《ふとくようりょう》 352

わかりにくい
佶屈聱牙《きっくつごうが》 95
南蛮鴃舌《なんばんげきぜつ》 311
不得要領《ふとくようりょう》 352

入り交じった
雅俗混交《がぞくこんこう》 67
雅俗折衷《がぞくせっちゅう》 67
玉石混交《ぎょくせきこんこう》 105
玉石同架《ぎょくせきどうか》 105
虚実混交《きょじつこんこう》 107
幻詭猥雑《げんきわいざつ》 124
光彩陸離《こうさいりくり》 137
公私混同《こうしこんどう》 138
甲論乙駁《こうろんおつばく》 146
雑然紛然《ざつぜんふんぜん》 165
賛否両論《さんぴりょうろん》 170
事序繽紛《じじょひんぷん》 181
種種雑多《しゅじゅざった》 202
諸説紛紛《しょせつふんぷん》 216
参差錯落《しんしさくらく》 222
紛擾雑駁《ふんじょうざっぱく》 355
紛然雑然《ふんぜんざつぜん》 356

入り組んだ
迂余曲折《うよきょくせつ》 40
多様複雑《たようふくざつ》 274
盤根錯節《ばんこんさくせつ》 328
複雑怪奇《ふくざつかいき》 345

複雑奇怪《ふくざつきかい》 346
複雑多岐《ふくざつたき》 346
複雑多様《ふくざつたよう》 346
複雑蟠纒《ふくざつばんてん》 346

細かい

一点一画《いってんいっかく》 31
金泥精描《きんでいせいびょう》 112
木端微塵《こっぱみじん》 154
七華八裂《しちけはちれつ》 183
至微至妙《しびしみょう》 189
四分五散《しぶんごさん》 189
四分五裂《しぶんごれつ》 189
周到綿密《しゅうとうめんみつ》 199
周密精到《しゅうみつせいとう》 200
精妙巧緻《せいみょうこうち》 239
断簡零墨《だんかんれいぼく》 275
彫虫篆刻《ちょうちゅうてんこく》 283
繁文縟礼《はんぶんじょくれい》 331
微妙巧緻《びみょうこうち》 336
微妙複雑《びみょうふくざつ》 336
複雑微妙《ふくざつびみょう》 346
綿密周到《めんみつしゅうとう》 389

多い

舳艫千里《じくろせんり》 175
衆目衆耳《しゅうもくしゅうじ》 201
人海戦術《じんかいせんじゅつ》 219
千言万語《せんげんばんご》 246
千山万岳《せんざんばんがく》 249
千山万水《せんざんばんすい》 249
千思万考《せんしばんこう》 249
千朶万朶《せんだばんだ》 252
薄利多売《はくりたばい》 322

数え切れない

十万億土《じゅうまんおくど》 200
千万無量《せんまんむりょう》 255
無数無量《むすうむりょう》 380
無量無数《むりょうむすう》 383
無量無辺《むりょうむへん》 384

わずかな

一行知識《いちぎょうちしき》 14
一木一草《いちぼくいっそう》 20
一笑一顰《いっしょういっぴん》 26
一草一木《いっそういちぼく》 29
一顰一笑《いっぴんいっしょう》 32
風声鶴唳《ふうせいかくれい》 342

大きい

高楼大廈《こうろうたいか》 146
重厚長大《じゅうこうちょうだい》 196
大廈高楼《たいかこうろう》 265
大喝一番《だいかついちばん》 265
大喝一声《だいかついっせい》 265
大言壮語《たいげんそうご》 266
大声疾呼《たいせいしっこ》 268
大兵肥満《たいひょうひまん》 269
特筆大書《とくひつたいしょ》 305

小さい

小国寡民《しょうこくかみん》 208
粟散辺地《ぞくさんへんち》 260
粟散辺土《ぞくさんへんど》 260

ほとんど

九分九厘《くぶくりん》 116
十中八九《じっちゅうはっく》 187
大同小異《だいどうしょうい》 269

一体の

一蓮托生《いちれんたくしょう》 22
群集心理《ぐんしゅうしんり》 117
形影一如《けいえいいちにょ》 117
渾然一体《こんぜんいったい》 159
三位一体《さんみいったい》 170
心身一如《しんしんいちにょ》 224
身心一如《しんしんいちにょ》 224
生死一如《せいしいちにょ》 235
相即不離《そうそくふり》 259
同腹一心《どうふくいっしん》 303
表裏一体《ひょうりいったい》 339
物我一体《ぶつがいったい》 350
物心一如《ぶっしんいちにょ》 351
迷悟一如《めいごいちにょ》 385
連帯責任《れんたいせきにん》 418

一致する

異曲同工《いきょくどうこう》 9
異口同音《いくどうおん》 9
医食同源《いしょくどうげん》 12
契合一致《けいごういっち》 118
言行一致《げんこういっち》 126
言文一致《げんぶんいっち》 129
言文一途《げんぶんいっと》 129
祭政一致《さいせいいっち》 163
殊域同嗜《しゅいきどうし》 193
衆議一決《しゅうぎいっけつ》 195
衆口一致《しゅうこういっち》 195
大同小異《だいどうしょうい》 269
知行一致《ちこういっち》 278
知行合一《ちこうごういつ》 278
天人冥合《てんじんめいごう》 295
同工異曲《どうこういきょく》 300
同文同種《どうぶんどうしゅ》 303
万国共通《ばんこくきょうつう》 327
普遍妥当《ふへんだとう》 352
朋党比周《ほうとうひしゅう》 366
満場一致《まんじょういっち》 372
霊肉一致《れいにくいっち》 417

集中する

十字砲火《じゅうじほうか》 197
衆人環座《しゅうじんかんざ》 197
衆人環視《しゅうじんかんし》 197
集中砲火《しゅうちゅうほうか》 198
衆目環視《しゅうもくかんし》 201

食い違う

言行齟齬《げんこうそご》 126
自家撞着《じかどうちゃく》 173
自家撲滅《じかぼくめつ》 173
自己撞着《じこどうちゃく》 177
自己矛盾《じこむじゅん》 177
笑裏蔵刀《しょうりぞうとう》 215
前後撞着《ぜんごどうちゃく》 246
前後矛盾《ぜんごむじゅん》 248
大異小同《だいいしょうどう》 265
撞着矛盾《どうちゃくむじゅん》 302
二律背反《にりつはいはん》 314
方枘円鑿《ほうぜいえんさく》 364
方底円蓋《ほうていえんがい》 365
本末転倒《ほんまつてんとう》 370
矛盾撞着《むじゅんどうちゃく》 379
羊頭狗肉《ようとうくにく》 403

かけ離れた

雲壌月鼈《うんじょうげつべつ》 42
雲壌懸隔《うんじょうけんかく》 42
月鼈雲泥《げつべつうんでい》 123

さまざまな

種種《しゅじゅ》雑多《ざった》 202
諸子《しょし》百家《ひゃっか》 216
諸善《しょぜん》万徳《ばんとく》 216
支離《しり》滅裂《めつれつ》 218
千違《せんい》万別《ばんべつ》 244
千紅《せんこう》万紫《ばんし》 246
千差《せんさ》万別《ばんべつ》 248
千紫《せんし》万紅《ばんこう》 249
千姿《せんし》万態《ばんたい》 249
千状《せんじょう》万態《ばんたい》 250
千態《せんたい》万状《ばんじょう》 252
千態《せんたい》万様《ばんよう》 252
千緒《せんちょ》万端《ばんたん》 252
多岐《たき》多様《たよう》 270
多種《たしゅ》多面《ためん》 272
多種《たしゅ》多様《たよう》 272
多趣《たしゅ》多様《たよう》 272
多様《たよう》多趣《たしゅ》 273
多様《たよう》多種《たしゅ》 273
百家《ひゃっか》争鳴《そうめい》 338

それぞれの

一挙《いっきょ》一動《いちどう》 23
各種《かくしゅ》各様《かくよう》 63
各人《かくじん》各様《かくよう》 64
孤立《こりつ》支離《しり》 156
三三《さんさん》五五《ごご》 167
十人《じゅうにん》十色《といろ》 199
千人《せんにん》千色《せんしょく》 254
同床《どうしょう》異夢《いむ》 301
同床《どうしょう》各夢《かくむ》 301
二重《にじゅう》人格《じんかく》 312
百人《ひゃくにん》百態《ひゃくたい》 338
百人《ひゃくにん》百様《ひゃくよう》 338

はるかな

広大《こうだい》無辺《むへん》 140
西方《さいほう》浄土《じょうど》 163
三世《さんぜ》十方《じっぽう》 168
十万《じゅうまん》億土《おくど》 200
深遠《しんえん》博大《はくだい》 218
深厚《しんこう》博大《はくだい》 220
万里《ばんり》鵬程《ほうてい》 331
鵬程《ほうてい》万里《ばんり》 365
無何有《むかゆう》郷《きょう》 377
無期《むき》延期《えんき》 377

近い

一衣《いち》帯水《いたいすい》 13
一円《いちえん》一帯《いったい》 14
一牛《いちぎゅう》吼地《こうち》 14
一牛《いちぎゅう》鳴地《めいち》 14
近郷《きんごう》近在《きんざい》 111
近在《きんざい》近郷《きんごう》 111
近所《きんじょ》合壁《がっぺき》 112

清らかな

一味《いちみ》爽涼《そうりょう》 20

純粋な

至純《しじゅん》至高《しこう》 180
至純《しじゅん》至精《しせい》 180
自然《しぜん》天然《てんねん》 181
純一《じゅんいつ》無垢《むく》 204
純一《じゅんいつ》無雑《むざつ》 205
純一《じゅんいつ》無上《むじょう》 205
純粋《じゅんすい》清浄《せいじょう》 206
純精《じゅんせい》無雑《むざつ》 207
清浄《せいじょう》無垢《むく》 235
天然《てんねん》自然《しぜん》 297
無垢《むく》清浄《せいじょう》 377

堅固な

金科《きんか》玉条《ぎょくじょう》 110
金城《きんじょう》鉄壁《てっぺき》 112
金城《きんじょう》湯池《とうち》 112
堅牢《けんろう》堅固《けんご》 130
金剛《こんごう》不壊《ふえ》 158
直立《ちょくりつ》不動《ふどう》 285
難攻《なんこう》不落《ふらく》 310
不壊《ふえ》金剛《こんごう》 343
要害《ようがい》堅固《けんご》 402
竜蟠《りゅうばん》虎踞《こきょ》 412

落ち着く

一件《いっけん》落着《らくちゃく》 24
偃武《えんぶ》修文《しゅうぶん》 48
円満《えんまん》解決《かいけつ》 48
人心《じんしん》収攬《しゅうらん》 225
善後《ぜんご》処置《しょち》 246
善後《ぜんご》措置《そち》 246
本領《ほんりょう》安堵《あんど》 370
冷却《れいきゃく》期間《きかん》 416

騒がしい

蛙鳴《あめい》蟬噪《せんそう》 4
喧喧《けんけん》囂囂《ごうごう》 125
喋喋《ちょうちょう》喃喃《なんなん》 283
物情《ぶつじょう》騒然《そうぜん》 351
凡俗《ぼんぞく》非議《ひぎ》 370

激しい

痛烈《つうれつ》無比《むひ》 287
噴薄《ふんぱく》激盪《げきとう》 356

外国の

異国《いこく》情緒《じょうちょ》 9
異国《いこく》情調《じょうちょう》 10
異風《いふう》異俗《いぞく》 34
紅毛《こうもう》碧眼《へきがん》 145
紫髯《しぜん》緑眼《りょくがん》 181
南蛮《なんばん》鴃舌《げきぜつ》 311
南蛮《なんばん》北狄《ほくてき》 311
碧眼《へきがん》紅毛《こうもう》 359

知れ渡る

悪事《あくじ》千里《せんり》 2
周知《しゅうち》徹底《てってい》 198
世間《せけん》周知《しゅうち》 240
天下《てんか》御免《ごめん》 291
天下《てんか》周知《しゅうち》 291

したたる

鮮血《せんけつ》淋漓《りんり》 245
潑墨《はつぼく》淋漓《りんり》 325
墨痕《ぼっこん》淋漓《りんり》 368
流汗《りゅうかん》滂沱《ぼうだ》 410
流汗《りゅうかん》淋漓《りんり》 410
流血《りゅうけつ》淋漓《りんり》 411

【評価】

最高の

円熟《えんじゅく》無礙《むげ》 47
海内《かいだい》無双《むそう》 60
国士《こくし》無双《むそう》 148
古今《ここん》独歩《どっぽ》 151
古今《ここん》無双《むそう》 151
古今《ここん》無類《むるい》 151
最上《さいじょう》無二《むに》 162
至上《しじょう》命令《めいれい》 180

至大《しだい》至高《しこう》 182
至大《しだい》至剛《しごう》 182
天下《てんか》一品《いっぴん》 291
天下《てんか》第一《だいいち》 292
天下《てんか》無双《むそう》 293
天下《てんか》無敵《むてき》 293
天下《てんか》無類《むるい》 293
当代《とうだい》第一《だいいち》 302
当代《とうだい》無双《むそう》 302

完璧な

完全《かんぜん》無欠《むけつ》 83
完全《かんぜん》無比《むひ》 83
金甌《きんおう》無欠《むけつ》 109
全知《ぜんち》全能《ぜんのう》 252
免許《めんきょ》皆伝《かいでん》 388

唯一の

一枚《いちまい》看板《かんばん》 20
一世《いっせい》一代《いちだい》 28
僅有《きんゆう》絶無《ぜつむ》 113
空前《くうぜん》絶後《ぜつご》 115
絶無《ぜつむ》僅有《きんゆう》 242
千載《せんざい》一遇《いちぐう》 248
万緑《ばんりょく》一紅《いっこう》 331
不同《ふどう》不二《ふじ》 351
無二《むに》無三《むさん》 380
唯一《ゆいいつ》不二《ふじ》 395
唯一《ゆいいつ》無二《むに》 395

すばらしい

意趣《いしゅ》卓逸《たくいつ》 11
一読《いちどく》三嘆《さんたん》 18
一唱《いっしょう》三嘆《さんたん》 26
雲煙《うんえん》飛動《ひどう》 41
黄金《おうごん》時代《じだい》 51
格調《かくちょう》高雅《こうが》 64
嘉言《かげん》善行《ぜんこう》 65
気韻《きいん》生動《せいどう》 88
錦心《きんしん》繡腸《しゅうちょう》 112
光炎《こうえん》万丈《ばんじょう》 131
高山《こうざん》流水《りゅうすい》 137
繡口《しゅうこう》錦心《きんしん》 196
峻抜《しゅんばつ》雄健《ゆうけん》 207
神韻《しんいん》縹渺《ひょうびょう》 218
絶類《ぜつるい》抜群《ばつぐん》 242
善根《ぜんこん》福種《ふくしゅ》 248
超軼《ちょういつ》絶塵《ぜつじん》 282
天衣《てんい》無縫《むほう》 290
二枚《にまい》看板《かんばん》 313
無縫《むほう》天衣《てんい》 381
雄健《ゆうけん》蒼勁《そうけい》 396
瑶林《ようりん》瓊樹《けいじゅ》 403
良風《りょうふう》美俗《びぞく》 414

価値がある

一字《いちじ》千金《せんきん》 16
一諾《いちだく》千金《せんきん》 18
一攫《いっかく》千金《せんきん》 22
一刻《いっこく》千金《せんきん》 24
一顧《いっこ》万両《ばんりょう》 24
黄白《こうはく》青銭《せいせん》 142
春宵《しゅんしょう》一刻《いっこく》 206

評判のよい

好評《こうひょう》嘖嘖《さくさく》 142
頌徳《しょうとく》頌功《しょうこう》 214
拍手《はくしゅ》喝采《かっさい》 320
芳声《ほうせい》嘉誉《かよ》 364
名声《めいせい》赫赫《かくかく》 385

ちょうどよい

陰陽《いんよう》和合《わごう》 37
自然《しぜん》淘汰《とうた》 181
取捨《しゅしゃ》選択《せんたく》 202
斟酌《しんしゃく》折衷《せっちゅう》 223
勢力《せいりょく》伯仲《はくちゅう》 239
適材《てきざい》適所《てきしょ》 289
適者《てきしゃ》生存《せいぞん》 289
不即《ふそく》不離《ふり》 350
不偏《ふへん》不党《ふとう》 353
不離《ふり》不即《ふそく》 353
文質《ぶんしつ》彬彬《ひんぴん》 355
平衡《へいこう》感覚《かんかく》 358
和洋《わよう》折衷《せっちゅう》 422

ありふれた

家常《かじょう》茶飯《さはん》 65
常套《じょうとう》手段《しゅだん》 213
尋常《じんじょう》一様《いちよう》 223
身辺《しんぺん》雑事《ざつじ》 229
千編《せんぺん》一律《いちりつ》 255
俗言《ぞくげん》俚語《りご》 260
俗談《ぞくだん》平語《へいご》 261
俗談《ぞくだん》平話《へいわ》 261
日常《にちじょう》茶飯《さはん》 312
匹夫《ひっぷ》匹婦《ひっぷ》 335
平談《へいだん》俗語《ぞくご》 358
平談《へいだん》俗話《ぞくわ》 359
平平《へいへい》凡凡《ぼんぼん》 359
平凡《へいぼん》陳腐《ちんぷ》 359
俚言《りげん》俗語《ぞくご》 409
俚語《りご》俗言《ぞくげん》 409

おもしろくない

閑居《かんきょ》徒然《とぜん》 78
乾燥《かんそう》無味《むみ》 83
興味《きょうみ》索然《さくぜん》 104
無味《むみ》乾燥《かんそう》 381
無味《むみ》単調《たんちょう》 382

物足りない

隔靴《かっか》搔痒《そうよう》 68

取るに足りない

蛙鳴《あめい》蟬噪《せんそう》 4
有象《うぞう》無象《むぞう》 39
街談《がいだん》巷語《こうご》 61
街談《がいだん》巷説《こうせつ》 61
蝸牛《かぎゅう》角上《かくじょう》 63
鶏鳴《けいめい》狗盗《くとう》 121
枝葉《しよう》末節《まっせつ》 214
粟散《ぞくさん》辺地《へんち》 260
粟散《ぞくさん》辺土《へんど》 260
粟粒《ぞくりゅう》芥顆《かいか》 262
茶番《ちゃばん》狂言《きょうげん》 280
驢鳴《ろめい》犬吠《けんばい》 421

でたらめな

憶測《おくそく》揣摩《しま》 53
架空《かくう》無稽《むけい》 63
奇異《きい》荒唐《こうとう》 88
曲筆《きょくひつ》舞文《ぶぶん》 106
虚誕《きょたん》妄説《もうせつ》 108
群衆《ぐんしゅう》妄覚《もうかく》 117
荒唐《こうとう》不稽《ふけい》 142
荒唐《こうとう》無稽《むけい》 142
蒟蒻《こんにゃく》問答《もんどう》 160
事実《じじつ》無根《むこん》 179
揣摩《しま》憶測《おくそく》 190

奢侈荒唐《しゃしこうとう》 192
笑止千万《しょうしせんばん》 209
造言飛語《ぞうげんひご》 257
飛語巷説《ひごこうせつ》 333
舞文曲筆《ぶぶんきょくひつ》 352
舞文潤飾《ぶぶんじゅんしょく》 352
漫語放言《まんごほうげん》 372
無稽荒唐《むけいこうとう》 377
妄言綺語《もうげんきご》 390
妄誕無稽《もうたんむけい》 390
流言飛語《りゅうげんひご》 411

役に立たない

夏炉冬扇《かろとうせん》 74
牛溲馬勃《ぎゅうしゅうばぼつ》 97
拱手傍観《きょうしゅぼうかん》 102
空理空論《くうりくうろん》 116
座食逸飽《ざしょくいっぽう》 164
袖手傍観《しゅうしゅぼうかん》 197
酔生夢死《すいせいむし》 231
杜撰脱漏《ずさんだつろう》 232
責任転嫁《せきにんてんか》 240
走尸行肉《そうしこうにく》 258
粗製濫造《そせいらんぞう》 262
粗鹵迂遠《そろうえん》 263
陶犬瓦鶏《とうけんがけい》 300
冬扇夏炉《とうせんかろ》 302
杜黙詩撰《ともくしさん》 307
白紙委任《はくしいにん》 319
白紙撤回《はくしてっかい》 320
破綻百出《はたんひゃくしゅつ》 322
無益有害《むえきゆうがい》 376
無用有害《むようゆうがい》 382
有害無益《ゆうがいむえき》 395
有害無用《ゆうがいむよう》 396

価値がない

一文半銭《いちもんはんせん》 21
一紙半銭《いっしはんせん》 25
二束三文《にそくさんもん》 312
薄利多売《はくりたばい》 322

正しい

康衢通逵《こうくつうき》 136
公序良俗《こうじょりょうぞく》 139
公明正大《こうめいせいだい》 145
三綱五常《さんこうごじょう》 166
正当防衛《せいとうぼうえい》 238
正当防御《せいとうぼうぎょ》 238
大義名分《たいぎめいぶん》 266
天理人道《てんりじんどう》 299
天理人情《てんりにんじょう》 299

本当の

正真正銘《しょうしんしょうめい》 212
真正真銘《しんしょうしんめい》 223
直情真気《ちょくじょうしんき》 285

間違った

異端邪宗《いたんじゃしゅう》 12
異端邪説《いたんじゃせつ》 12
淫祠邪教《いんしじゃきょう》 36
近親相姦《きんしんそうかん》 112
言語道断《ごんごどうだん》 159
邪宗異端《じゃしゅういたん》 193
反面教師《はんめんきょうし》 331
不正不便《ふせいふべん》 350

よこしまな

悪木盗泉《あくぼくとうせん》 3
狂言綺語《きょうげんきご》 100
凶険無道《きょうけんむどう》 100
猜忌邪曲《さいきじゃきょく》 161
獅子身中《ししんちゅう》 179
邪見放逸《じゃけんほういつ》 192
醜悪奸邪《しゅうあくかんじゃ》 194
人面獣心《じんめんじゅうしん》 230
不埒千万《ふらちせんばん》 353
放辟邪侈《ほうへきじゃし》 367

珍しい

逸事奇聞《いつじきぶん》 25
異聞奇譚《いぶんきたん》 34
前代未聞《ぜんだいみもん》 252
南蛮渡来《なんばんとらい》 311

独自の

一国一城《いっこくいちじょう》 24
換骨奪胎《かんこつだったい》 80
斬新奇抜《ざんしんきばつ》 167
自存独立《じそんどくりつ》 182
専売特許《せんばいとっきょ》 254
創意工夫《そういくふう》 257
独立自全《どくりつじぜん》 305
独立自尊《どくりつじそん》 305
独立自存《どくりつじそん》 305
独立独行《どくりつどっこう》 306
独立独歩《どくりつどっぽ》 306
独立不羈《どくりつふき》 306
独立不撓《どくりつふとう》 306
不羈独立《ふきどくりつ》 344

奇妙な

寒山拾得《かんざんじっとく》 80
奇異荒唐《きいこうとう》 88
奇奇怪怪《ききかいかい》 89
奇想天外《きそうてんがい》 93
奇怪千万《きっかいせんばん》 94
奇妙奇態《きみょうきたい》 96
天変地異《てんぺんちい》 298
不可思議《ふかしぎ》 343

過剰な

意識過剰《いしきかじょう》 10
越権行為《えっけんこうい》 46
過小評価《かしょうひょうか》 65
過剰防衛《かじょうぼうえい》 66
過大評価《かだいひょうか》 67
職権濫用《しょっけんらんよう》 217
人権蹂躙《じんけんじゅうりん》 220
内政干渉《ないせいかんしょう》 309
尾大不掉《びだいふとう》 334
老婆親切《ろうばしんせつ》 420

おおげさな

誇大妄想《こだいもうそう》 153
針小棒大《しんしょうぼうだい》 224
大言壮語《たいげんそうご》 266
被害妄想《ひがいもうそう》 332

見かけだけの

外交辞令《がいこうじれい》 58
外剛内柔《がいごうないじゅう》 58
虚礼虚文《きょれいきょぶん》 108
空中楼閣《くうちゅうろうかく》 115
散官遊職《さんかんゆうしょく》 166
尸位素餐《しいそさん》 172
社交辞令《しゃこうじれい》 192
内柔外剛《ないじゅうがいごう》 308
伴食宰相《ばんしょくさいしょう》 329
伴食大臣《ばんしょくだいじん》 329

美辞麗句《びじれいく》 334
浮華虚栄《ふかきょえい》 343
有名無実《ゆうめいむじつ》 399
羊頭狗肉《ようとうくにく》 403

最初だけの

大山鳴動《たいざんめいどう》 267
竜頭蛇尾《りゅうとうだび》 412

重大な

一旦緩急《いったんかんきゅう》 29
一朝有事《いっちょうゆうじ》 30
撼天動地《かんてんどうち》 84
九鼎大呂《きゅうていたいりょ》 98
至大至重《しだいしじゅう》 182

めでたい

吉辰良日《きっしんりょうじつ》 95
黄道吉日《こうどうきちにち》 141
大安吉日《たいあんきちじつ》 264
大慶至極《たいけいしごく》 266

評価の基準

一利一害《いちりいちがい》 21
一失一得《いっしついっとく》 25
一短一長《いったんいっちょう》 29
一長一短《いっちょういったん》 30
一得一失《いっとくいっしつ》 32
規矩準縄《きくじゅんじょう》 90
規矩標準《きくひょうじゅん》 90
規則縄墨《きそくじょうぼく》 94
曲直正邪《きょくちょくせいじゃ》 106
曲直是非《きょくちょくぜひ》 106
軽重深浅《けいちょうしんせん》 120
賢愚正邪《けんぐせいじゃ》 124
正邪曲直《せいじゃきょくちょく》 235
正邪善悪《せいじゃぜんあく》 235
精粗利鈍《せいそりどん》 237
成敗利害《せいばいりがい》 238
是非曲直《ぜひきょくちょく》 243
是非正邪《ぜひせいじゃ》 243
是非善悪《ぜひぜんあく》 243
善悪邪正《ぜんあくじゃせい》 243
善悪正邪《ぜんあくせいじゃ》 243
善悪是非《ぜんあくぜひ》 244
善悪美醜《ぜんあくびしゅう》 244
前後緩急《ぜんごかんきゅう》 246
遅速緩急《ちそくかんきゅう》 279
難易軽重《なんいけいちょう》 309
利害勘定《りがいかんじょう》 408
利害失得《りがいしっとく》 408
利害得失《りがいとくしつ》 408
利害得喪《りがいとくそう》 408
理非曲直《りひきょくちょく》 410

取り違える

冠履転倒《かんりてんとう》 87
主客転倒《しゅかくてんとう》 201

断じてない

一上一下《いちじょういちげ》 17
金輪奈落《こんりんならく》 160

【社会情勢】

政治

易姓革命《えきせいかくめい》 46
傀儡政権《かいらいせいけん》 62
革命易姓《かくめいえきせい》 65
官尊民卑《かんそんみんぴ》 83
国家経綸《こっかけいりん》 153
国家権力《こっかけんりょく》 153
祭政一致《さいせいいっち》 163
四公六民《しこうろくみん》 176
自由民権《じゆうみんけん》 200
主権在民《しゅけんざいみん》 202
政教一致《せいきょういっち》 234
政教分離《せいきょうぶんり》 234
治外法権《ちがいほうけん》 278
天下国家《てんかこっか》 291
内政干渉《ないせいかんしょう》 309
半官半民《はんかんはんみん》 327

平和な

安寧秩序《あんねいちつじょ》 6
安穏無事《あんのんぶじ》 7
偃武修文《えんぶしゅうぶん》 48
王道楽土《おうどうらくど》 52
家庭円満《かていえんまん》 72
家内安全《かないあんぜん》 72
恒久平和《こうきゅうへいわ》 135
光風霽月《こうふうせいげつ》 142
五風十雨《ごふうじゅうう》 155
鼓腹撃壌《こふくげきじょう》 155
春日遅遅《しゅんじつちち》 205
春風駘蕩《しゅんぷうたいとう》 207
小国寡民《しょうこくかみん》 208
人畜無害《じんちくむがい》 227
千里同風《せんりどうふう》 256
太平無事《たいへいぶじ》 269
澹然無極《たんぜんむきょく》 276
秩序整然《ちつじょせいぜん》 279
天下太平《てんかたいへい》 292
天下治平《てんかちへい》 292
天下平泰《てんかへいたい》 292
同軌同文《どうきどうぶん》 300
桃源洞裡《とうげんどうり》 300
同文同軌《どうぶんどうき》 303
万民太平《ばんみんたいへい》 331
無事息災《ぶじそくさい》 348
無事太平《ぶじたいへい》 348
無事平穏《ぶじへいおん》 349
武陵桃源《ぶりょうとうげん》 354
平安無事《へいあんぶじ》 357
平穏無事《へいおんぶじ》 358
平和共存《へいわきょうぞん》 359
無憂無風《むゆうむふう》 382
和気藹藹《わきあいあい》 421

実り豊かな

五穀豊穣《ごこくほうじょう》 151
豊年満作《ほうねんまんさく》 366

平等な

一視同仁《いっしどうじん》 25
機会均等《きかいきんとう》 89
局外中立《きょくがいちゅうりつ》 105
厳正中立《げんせいちゅうりつ》 127
公平無私《こうへいむし》 143
五分五分《ごぶごぶ》 156
四民同等《しみんどうとう》 190
四民平等《しみんびょうどう》 190
是是非非《ぜぜひひ》 240
男女同権《だんじょどうけん》 276
保革伯仲《ほかくはくちゅう》 368
無私無偏《むしむへん》 379

不平等な

依怙贔屓《えこひいき》 46
士農工商《しのうこうしょう》 188

女尊男卑《じょそんだんぴ》 217
専断偏頗《せんだんへんぱ》 252
男尊女卑《だんそんじょひ》 276
亭主関白《ていしゅかんぱく》 288
女人禁制《にょにんきんせい》 314
不正不公《ふせいふこう》 349
乱れた
右往左往《うおうさおう》 38
海内紛擾《かいだいふんじょう》 60
家内狼藉《かないろうぜき》 72
干戈騒乱《かんかそうらん》 77
澆季混濁《ぎょうきこんだく》 100
澆季末世《ぎょうきまっせ》 100
狂瀾怒濤《きょうらんどとう》 104
綱紀頽弛《こうきたいし》 135
綱紀廃弛《こうきはいし》 135
混濁腐乱《こんだくふらん》 159
混迷乱擾《こんめいらんじょう》 160
春秋戦国《しゅんじゅうせんごく》 206
戦国乱世《せんごくらんせい》 246
造反有理《ぞうはんゆうり》 259
堕落腐敗《だらくふはい》 274
朝憲紊乱《ちょうけんびんらん》 282
天下多事《てんかたじ》 292
杯盤狼藉《はいばんろうぜき》 317
風紀紊乱《ふうきびんらん》 341
風俗壊乱《ふうぞくかいらん》 342
物情騒然《ぶつじょうそうぜん》 351
腐敗堕落《ふはいだらく》 352
末世澆季《まっせぎょうき》 371
末法末世《まっぽうまっせ》 371
苛酷な
苛斂誅求《かれんちゅうきゅう》 74
秋霜烈日《しゅうそうれつじつ》 198
絶対服従《ぜったいふくじゅう》 242
焚書坑儒《ふんしょこうじゅ》 356
命令一下《めいれいいっか》 387
人々を救う
悪人正機《あくにんしょうき》 2
一殺多生《いっさつたしょう》 25
感孚風動《かんぷふうどう》 86
救国済民《きゅうこくさいみん》 97
救世済民《きゅうせいさいみん》 98
経国済民《けいこくさいみん》 119
経世済民《けいせいさいみん》 119
国利民福《こくりみんぷく》 150
済民救世《さいみんきゅうせい》 164
衆生済度《しゅじょうさいど》 203
諸人救済《しょじんきゅうさい》 216
摂取不捨《せっしゅふしゃ》 241
先憂後楽《せんゆうこうらく》 255
抜苦与楽《ばっくよらく》 323
未開の
夷蛮戎狄《いばんじゅうてき》 33
東夷西戎《とういせいじゅう》 299
南蛮鴃舌《なんばんげきぜつ》 311
南蛮北狄《なんばんほくてき》 311
被髪左衽《ひはつさじん》 335
卑陋暗黒《ひろうあんこく》 340
未開野蛮《みかいやばん》 373
野蛮草昧《やばんそうまい》 393
野蛮未開《やばんみかい》 394
人事
握髪吐哺《あくはつとほ》 2
位階褫奪《いかいちだつ》 7
去就進退《きょしゅうしんたい》 107
出処進退《しゅっしょしんたい》 204
人材登用《じんざいとうよう》 221
信賞必罰《しんしょうひっばつ》 223
進退去就《しんたいきょしゅう》 227
進退出処《しんたいしゅっしょ》 227
草廬三顧《そうろさんこ》 260
吐哺握髪《とほあくはつ》 307
年功序列《ねんこうじょれつ》 316
福利厚生《ふくりこうせい》 347
論功行賞《ろんこうこうしょう》 421
情報
三面記事《さんめんきじ》 170

【戦争】

戦争
遠御長駕《えんぎょちょうが》 47
驕兵必敗《きょうへいひっぱい》 103
懸軍長駆《けんぐんちょうく》 124
懸軍万里《けんぐんばんり》 125
攻城野戦《こうじょうやせん》 139
黄塵万丈《こうじんばんじょう》 139
硝煙弾雨《しょうえんだんう》 208
千軍万馬《せんぐんばんば》 245
先制攻撃《せんせいこうげき》 251
宣戦布告《せんせんふこく》 251
転戦千里《てんせんせんり》 295
風林火山《ふうりんかざん》 343
砲煙弾雨《ほうえんだんう》 361
野戦攻城《やせんこうじょう》 393
六韜三略《りくとうさんりゃく》 409
臨戦態勢《りんせんたいせい》 415
戦いに強い
一人当千《いちにんとうせん》 18
一騎当千《いっきとうせん》 23
鎧袖一触《がいしゅういっしょく》 59
蓋世不抜《がいせいふばつ》 59
汗馬刀槍《かんばとうそう》 85
堅甲利兵《けんこうりへい》 126
剛強正大《ごうきょうせいだい》 136
剛強無双《ごうきょうむそう》 136
金剛力士《こんごうりきし》 158
万夫不当《ばんぷふとう》 331
百戦練磨《ひゃくせんれんま》 338
剽悍無比《ひょうかんむひ》 339
富国強兵《ふこくきょうへい》 348
武器
干戈弓馬《かんかきゅうば》 76
干将莫邪《かんしょうばくや》 81
弓馬槍剣《きゅうばそうけん》 99
弓馬刀槍《きゅうばとうそう》 99
車馬剣戟《しゃばけんげき》 193
刀槍矛戟《とうそうぼうげき》 302
白旄黄鉞《はくぼうこうえつ》 321
武芸百般《ぶげいひゃっぱん》 347
砲刃矢石《ほうじんしせき》 364

【宗教】

神々
天神地祇《てんじんちぎ》 294
天地神明《てんちしんめい》 296
教義
一生不犯《いっしょうふぼん》 26
陰陽五行《いんようごぎょう》 37

偶像崇拝《ぐうぞうすうはい》 115
元亨利貞《げんこうりてい》 126
西方浄土《さいほうじょうど》 163
受胎告知《じゅたいこくち》 203
地水火風《ちすいかふう》 278
肉食妻帯《にくじきさいたい》 311
如意宝珠《にょいほうじゅ》 313
如是我聞《にょぜがもん》 313
女人禁制《にょにんきんせい》 314
本地垂迹《ほんじすいじゃく》 369
霊肉一致《れいにくいっち》 417

儀式

悪魔調伏《あくまちょうぶく》 3
開眼供養《かいげんくよう》 58
加持祈禱《かじきとう》 65
冠婚葬祭《かんこんそうさい》 80
帰命頂礼《きみょうちょうらい》 96
祥月命日《しょうつきめいにち》 213
大安吉日《たいあんきちじつ》 264
追善供養《ついぜんくよう》 287

宗教の対立

異端邪宗《いたんじゃしゅう》 12
異端邪説《いたんじゃせつ》 12
淫祠邪教《いんしじゃきょう》 36
偶像破壊《ぐうぞうはかい》 115
邪宗異端《じゃしゅういたん》 193
神仏混交《しんぶつこんこう》 229
南都北嶺《なんとほくれい》 310
廃仏毀釈《はいぶつきしゃく》 317
北嶺南都《ほくれいなんと》 368

【魔物・災難】

魔物

悪魔調伏《あくまちょうぶく》 3
悪鬼羅刹《あっきらせつ》 3
異類異形《いるいいぎょう》 35
怨敵退散《おんてきたいさん》 55
怨霊怪異《おんりょうかいい》 56
怪力乱神《かいりょくらんしん》 62
鬼哭啾啾《きこくしゅうしゅう》 91
牛頭馬頭《ごずめず》 152
狐狸妖怪《こりようかい》 157
山精木魅《さんせいもくみ》 168
魑魅魍魎《ちみもうりょう》 279
百鬼夜行《ひゃっきやこう》 339
妖異幻怪《よういげんかい》 401
妖怪変化《ようかいへんげ》 402

災難

狐狼盗難《ころうとうなん》 157
天災地変《てんさいちへん》 293
蛮烟瘴霧《ばんえんしょうむ》 326

【自然・風景】

美しい風景

一碧万頃《いっぺきばんけい》 33
雨奇晴好《うきせいこう》 38
雲煙縹渺《うんえんひょうびょう》 41
煙波縹渺《えんぱひょうびょう》 48
煙波渺茫《えんぱびょうぼう》 48
金波銀波《きんぱぎんぱ》 113
銀波金波《ぎんぱきんぱ》 113
高山流水《こうざんりゅうすい》 137
光風霽月《こうふうせいげつ》 142
刻露清秀《こくろせいしゅう》 150
山岳重畳《さんがくちょうじょう》 166
山光水色《さんこうすいしょく》 166
山紫水明《さんしすいめい》 167
山容水態《さんようすいたい》 171
秋天一碧《しゅうてんいっぺき》 198
水天髣髴《すいてんほうふつ》 232
晴好雨奇《せいこううき》 234
清光素色《せいこうそしょく》 234
青天白日《せいてんはくじつ》 237
清風明月《せいふうめいげつ》 238
長汀曲浦《ちょうていきょくほ》 284
白砂青松《はくさせいしょう》 319
白日青天《はくじつせいてん》 320
風光明媚《ふうこうめいび》 342

美しい花

桜花爛漫《おうからんまん》 50
花紅柳緑《かこうりゅうりょく》 65
花晨月夕《かしんげっせき》 66
花朝月夕《かちょうげっせき》 67
花鳥月露《かちょうげつろ》 67
花鳥風月《かちょうふうげつ》 68
瓊葩繡葉《けいはしゅうよう》 121
桃紅柳緑《とうこうりゅうりょく》 301
落英繽紛《らくえいひんぷん》 406
落花繽紛《らっかひんぷん》 406
落花流水《らっかりゅうすい》 406
落花狼藉《らっかろうぜき》 406
柳暗花明《りゅうあんかめい》 410
柳緑花紅《りゅうりょくかこう》 413
柳緑桃紅《りゅうりょくとうこう》 413

広々とした

一望千里《いちぼうせんり》 20
雲煙縹渺《うんえんひょうびょう》 41
海闊天空《かいかつてんくう》 57
山岳重畳《さんがくちょうじょう》 166
神仙縹渺《しんせんひょうびょう》 226
天涯万里《てんがいばんり》 291
天空海闊《てんくうかいかつ》 293
波濤万里《はとうばんり》 325
平沙万里《へいさばんり》 358
沃野千里《よくやせんり》 404

さびしい

寒山枯木《かんざんこぼく》 80
空空寂寂《くうくうじゃくじゃく》 114
荒涼索莫《こうりょうさくばく》 146
四顧寥廓《しこりょうかく》 178
秋風蕭条《しゅうふうしょうじょう》 199
秋風落莫《しゅうふうらくばく》 200
満目荒涼《まんもくこうりょう》 372
満目蕭条《まんもくしょうじょう》 372
満目蕭然《まんもくしょうぜん》 373

天文

金烏玉兎《きんうぎょくと》 109
日月星辰《にちげつせいしん》 312

【時代・季節】

時代

暗黒時代《あんこくじだい》 5
黄金時代《おうごんじだい》 51
時世時節《じせいじせつ》 181
時代感覚《じだいかんかく》 182
時代錯誤《じだいさくご》 182
時代思潮《じだいしちょう》 182

季節

九夏三伏《きゅうかさんぷく》 97

春日遅遅《しゅんじつちち》 205
春宵一刻《しゅんしょういっこく》 206
春風駘蕩《しゅんぷうたいとう》 207

気候

気候風土《きこうふうど》 90
小春日和《こはるびより》 155
三寒四温《さんかんしおん》 166
疾風怒濤《しっぷうどとう》 187
台風一過《たいふういっか》 269
風土気候《ふうどきこう》 342
暴風怒濤《ぼうふうどとう》 367

【時間】

いつも

歳歳年年《さいさいねんねん》 161
常住座臥《じょうじゅうざが》 210
四六時中《しろくじちゅう》 218
朝朝暮暮《ちょうちょうぼぼ》 283
日常座臥《にちじょうざが》 312
二六時中《にろくじちゅう》 314
年年歳歳《ねんねんさいさい》 316

いつまでも

永遠偉大《えいえんいだい》 43
永遠無窮《えいえんむきゅう》 43
永劫回帰《えいごうかいき》 43
永劫未来《えいごうみらい》 43
永劫無極《えいごうむきょく》 44
古往今来《こおうこんらい》 146
子子孫孫《ししそんそん》 179
生生世世《しょうじょうせぜ》 210
千古万古《せんこばんこ》 247
千古無窮《せんこむきゅう》 247
千秋万歳《せんじゅうばんざい》 249
兆載永劫《ちょうさいようごう》 282
転生輪回《てんしょうりんね》 294
万劫末代《まんごうまつだい》 371
未来永劫《みらいえいごう》 374
無始無終《むしむしゅう》 379
輪回転生《りんねてんしょう》 415
流転輪回《るてんりんね》 416
縷縷綿綿《るるめんめん》 416

続けて・何度も

再三再四《さいさんさいし》 162
連日連夜《れんじつれんや》 418
連戦連勝《れんせんれんしょう》 418
連戦連敗《れんせんれんぱい》 418

すぐさま

悪事千里《あくじせんり》 2
効果覿面《こうかてきめん》 133
災難即滅《さいなんそくめつ》 163
疾風迅雷《しっぷうじんらい》 187
疾風怒濤《しっぷうどとう》 187
紫電一閃《しでんいっせん》 188
条件反射《じょうけんはんしゃ》 208
電光石火《でんこうせっか》 293
唐突千万《とうとつせんばん》 303
日進月歩《にっしんげっぽ》 312
変幻出没《へんげんしゅつぼつ》 360

一気に

一網打尽《いちもうだじん》 20
一気呵成《いっきかせい》 23
一挙両得《いっきょりょうとく》 24
一瀉千里《いっしゃせんり》 26
一石二鳥《いっせきにちょう》 28
急転直下《きゅうてんちょっか》 98

短い時間

一期一会《いちごいちえ》 15
一刻千金《いっこくせんきん》 24
一朝一夕《いっちょういっせき》 30
春宵一刻《しゅんしょういっこく》 206
転瞬倏忽《てんしゅんしゅっこつ》 294
三日天下《みっかてんか》 373
三日坊主《みっかぼうず》 373

タイミング

好機到来《こうきとうらい》 135
時期尚早《じきしょうそう》 174
時機到来《じきとうらい》 174

時間の流れ

烏兎匆匆《うとそうそう》 39
烏飛兎走《うひとそう》 40
時時刻刻《じじこくこく》 179

【ことば】

全てのことば

一語一句《いちごいっく》 15
一語半語《いちごはんご》 15
一言一句《いちごんいっく》 15
一言隻句《いちごんせきく》 16
一字一句《いちじいっく》 16
一句一語《いっくいちご》 24

わずかなことば

一行半句《いちぎょうはんく》 14
一言一行《いちげんいっこう》 14
一言半句《いちごんはんく》 16
一言芳恩《いちごんほうおん》 16
一字千金《いちじせんきん》 16
一字半句《いちじはんく》 17
一字褒貶《いちじほうへん》 17
一文不通《いちもんふつう》 21
片言隻句《へんげんせきく》 360
片言隻語《へんげんせきご》 360
片言半句《へんげんはんく》 360
片言半語《へんげんはんご》 360

ことばと行動

嘉言善行《かげんぜんこう》 65
言行一致《げんこういっち》 126
言行齟齬《げんこうそご》 126
言語挙動《げんごきょどう》 126
言辞行儀《げんじぎょうぎ》 126
前言往行《ぜんげんおうこう》 245

議論

異口同音《いくどうおん》 9
意思表示《いしひょうじ》 10
一問一答《いちもんいっとう》 21
開口一番《かいこういちばん》 58
侃侃諤諤《かんかんがくがく》 77
閑話休題《かんわきゅうだい》 88
起承転結《きしょうてんけつ》 92
鳩首協議《きゅうしゅきょうぎ》 97
鳩首凝議《きゅうしゅぎょうぎ》 97
鳩首謀議《きゅうしゅぼうぎ》 97
議論百出《ぎろんひゃくしゅつ》 109
喧喧囂囂《けんけんごうごう》 125
高論卓説《こうろんたくせつ》 146
蒟蒻問答《こんにゃくもんどう》 160
才弁縦横《さいべんじゅうおう》 163
三段論法《さんだんろんぽう》 169
三百代言《さんびゃくだいげん》 170
自己弁護《じこべんご》 177

質疑応答《しつぎおうとう》 185
衆口一致《しゅうこういっち》 195
主義主張《しゅぎしゅちょう》 201
人物月旦《じんぶつげったん》 229
樽俎折衝《そんそせっしょう》 264
卓上演説《たくじょうえんぜつ》 271
談論風発《だんろんふうはつ》 277
百家争鳴《ひゃっかそうめい》 338
満場一致《まんじょういっち》 372
名論卓説《めいろんたくせつ》 387
理路整然《りろせいぜん》 414
論旨明快《ろんしめいかい》 421

強引な議論

郢書燕説《えいしょえんせつ》 45
牽強付会《けんきょうふかい》 124
堅白異同《けんぱくいどう》 128
堅白同異《けんぱくどうい》 128
断章取義《だんしょうしゅぎ》 275

詩文

異曲同工《いきょくどうこう》 9
一瀉千里《いっしゃせんり》 26
一斗百編《いっとひゃっぺん》 32
花鳥諷詠《かちょうふうえい》 68
気韻生動《きいんせいどう》 88
曲筆舞文《きょくひつぶぶん》 106
虚実皮膜《きょじつひまく》 107
錦心繡腸《きんしんしゅうちょう》 112
戯作三昧《げさくざんまい》 122
元軽白俗《げんけいはくぞく》 125
嘯風弄月《しょうふうろうげつ》 214
粗枝大葉《そしたいよう》 262
断章取義《だんしょうしゅぎ》 275
同工異曲《どうこういきょく》 300
不易流行《ふえきりゅうこう》 343
舞文曲筆《ぶぶんきょくひつ》 352
舞文潤飾《ぶぶんじゅんしょく》 352
文人墨客《ぶんじんぼっかく》 356
偏旁冠脚《へんぼうかんきゃく》 360
陽関三畳《ようかんさんじょう》 402
李絶杜律《りぜつとりつ》 409

読書

韋編三絶《いへんさんぜつ》 34
開巻第一《かいかんだいいち》 57
汗牛充棟《かんぎゅうじゅうとう》 78
眼光紙背《がんこうしはい》 79
閑窓読書《かんそうどくしょ》 83
経史子集《けいしししゅう》 119
校勘商量《こうかんしょうりょう》 133
黄巻青帙《こうかんせいちつ》 133
浩瀚大冊《こうかんたいさつ》 133
孤灯読書《ことうどくしょ》 155
載籍浩瀚《さいせきこうかん》 163
四書五経《ししょごきょう》 181
充棟汗牛《じゅうとうかんぎゅう》 198
晴耕雨読《せいこううどく》 234
読書三昧《どくしょざんまい》 304
読書百遍《どくしょひゃっぺん》 305
内典外典《ないてんがいてん》 309
稗官野史《はいかんやし》 316

手紙

一筆啓上《いっぴつけいじょう》 32
音信不通《おんしんふつう》 55
恐恐謹言《きょうきょうきんげん》 100
恐惶謹言《きょうこうきんげん》 101
恐惶嘆願《きょうこうたんがん》 101
惶恐再拝《こうきょうさいはい》 136
再拝稽首《さいはいけいしゅ》 163
誠恐誠惶《せいきょうせいこう》 234
誠惶誠恐《せいこうせいきょう》 234
頓首再拝《とんしゅさいはい》 307
妄言多謝《もうげんたしゃ》 390
乱筆乱文《らんぴつらんぶん》 407

音声

音吐朗朗《おんとろうろう》 55
開口一番《かいこういちばん》 58
大喝一番《だいかついちばん》 265
大喝一声《だいかついっせい》 265
大声疾呼《たいせいしっこ》 268
抑揚頓挫《よくようとんざ》 404
励声一番《れいせいいちばん》 417

【学問・芸術】

学問

格物究理《かくぶつきゅうり》 64
格物致知《かくぶつちち》 64
蛍窓雪案《けいそうせつあん》 120
実事求是《じつじきゅうぜ》 185
碩学大儒《せきがくたいじゅ》 240
雪案蛍窓《せつあんけいそう》 241
泰山北斗《たいざんほくと》 267
知行一致《ちこういっち》 278
知行合一《ちこうごういつ》 278
致知格物《ちちかくぶつ》 279
独学孤陋《どくがくころう》 304
独学自尊《どくがくじそん》 304
文芸復興《ぶんげいふっこう》 355
焚書坑儒《ふんしょこうじゅ》 356

書道

永字八法《えいじはっぽう》 44
気韻生動《きいんせいどう》 88
断簡零墨《だんかんれいぼく》 275
筆硯紙墨《ひっけんしぼく》 335
筆耕硯田《ひっこうけんでん》 335
墨痕淋漓《ぼっこんりんり》 368

絵画

画竜点睛《がりょうてんせい》 73
金泥精描《きんでいせいびょう》 112

音楽

異曲同工《いきょくどうこう》 9
歌舞音曲《かぶおんきょく》 72
歌舞歓楽《かぶかんらく》 73
閑花素琴《かんかそきん》 77
琴瑟調和《きんしつちょうわ》 111
高山流水《こうざんりゅうすい》 137
詩歌管弦《しいかかんげん》 171
同工異曲《どうこういきょく》 300
不協和音《ふきょうわおん》 345
余韻嫋嫋《よいんじょうじょう》 401

演劇

襲名披露《しゅうめいひろう》 201
千両役者《せんりょうやくしゃ》 256
大根役者《だいこんやくしゃ》 267
茶番狂言《ちゃばんきょうげん》 280

【全ての】

全てのもの

一物一景《いちぶついっけい》 19
一切合切《いっさいがっさい》 24
事事物物《じじぶつぶつ》 179

七珍万宝《しっちんまんぽう》 187
四方八方《しほうはっぽう》 190
諸事万端《しょじばんたん》 216
普遍不易《ふへんふえき》 353

全ての人

貴賤雅俗《きせんがぞく》 93
貴賤上下《きせんしょうか》 93
貴賤男女《きせんだんじょ》 93
貴賤貧富《きせんひんぷ》 93
貴賤老少《きせんろうしょう》 93
貴賤老若《きせんろうにゃく》 93
上下貴賤《しょうかきせん》 208
蒼生万民《そうせいばんみん》 258
天下蒼生《てんかそうせい》 291
天下万民《てんかばんみん》 292
男女老幼《なんにょろうよう》 310
貧富貴賤《ひんぷきせん》 341
老若貴賤《ろうにゃくきせん》 419
老若男女《ろうにゃくなんにょ》 419
老若貧富《ろうにゃくひんぷ》 419
老幼男女《ろうようなんにょ》 420

全ての生き物

一木一草《いちぼくいっそう》 20
一切衆生《いっさいしゅじょう》 25
一草一木《いっそういちぼく》 29
有象無象《うぞうむぞう》 39
禽獣草木《きんじゅうそうもく》 111
山川草木《さんせんそうもく》 168
森羅万象《しんらばんしょう》 230
草木禽獣《そうもくきんじゅう》 260

全世界

一天四海《いってんしかい》 31
古今東西《ここんとうざい》 151
三千世界《さんぜんせかい》 168
四海天下《しかいてんか》 172
津津浦浦《つつうらうら》 287
天地玄黄《てんちげんこう》 296
天地万象《てんちばんしょう》 296
天地万物《てんちばんぶつ》 296
天地万有《てんちばんゆう》 296
東西古今《とうざいここん》 301
俯仰天地《ふぎょうてんち》 345
普天率土《ふてんそっと》 351

からだ全体

五臓六腑《ごぞうろっぷ》 152
四肢五体《ししごたい》 179
身体髪膚《しんたいはっぷ》 227
全身全霊《ぜんしんぜんれい》 250
徹骨徹髄《てっこつてつずい》 289

漢字索引

⑴この索引は、本辞典に収録した全ての項目を、その中に含まれる漢字1字から検索できるようにしたものである。
⑵漢字の配列は、原則として代表音の50音順、同音の場合は総画順とした。音のわからない漢字のために、末尾に総画検索を付した。
⑶同じ漢字を含む四字熟語の配列は、まず、その漢字が何文字目に含まれているかにより、その上で熟語の読み方の50音順とした。

【ア】

阿 阿世《あせい》曲学《きょくがく》 3
阿鼻《あび》叫喚《きょうかん》 4
阿鼻《あび》地獄《じごく》 4
阿諛《あゆ》迎合《げいごう》 4
阿諛《あゆ》追従《ついしょう》 5
阿諛《あゆ》弁佞《べんねい》 5
曲学《きょくがく》阿世《あせい》 105
蛙 蛙鳴《あめい》蟬噪《せんそう》 4

【アイ】

哀 哀毀《あいき》骨立《こつりつ》 1
哀訴《あいそ》嘆願《たんがん》 1
喜怒《きど》哀愁《あいしゅう》 95
喜怒《きど》哀楽《あいらく》 95
愛 愛別《あいべつ》離苦《りく》 1
自愛《じあい》自重《じちょう》 171
敬天《けいてん》愛人《あいじん》 120
忠君《ちゅうくん》愛国《あいこく》 280
孝行《こうこう》恩愛《おんあい》 137
自重《じちょう》自愛《じあい》 185
相思《そうし》相愛《そうあい》 258
尊尚《そんしょう》親愛《しんあい》 263
隘 粗鹵《そろ》狭隘《きょうあい》 263
曖 曖昧《あいまい》模糊《もこ》 1
藹 和気《わき》藹藹《あいあい》 421

【アク】

悪 悪衣《あくい》悪食《あくしょく》 1
悪因《あくいん》悪果《あっか》 1
悪逆《あくぎゃく》非道《ひどう》 2
悪逆《あくぎゃく》無道《むどう》 2
悪事《あくじ》千里《せんり》 2
悪戦《あくせん》苦闘《くとう》 2
悪人《あくにん》正機《しょうき》 2
悪木《あくぼく》盗泉《とうせん》 3
悪魔《あくま》調伏《ちょうぶく》 3
悪漢《あっかん》無頼《ぶらい》 3
悪鬼《あっき》羅刹《らせつ》 3
悪口《あっこう》雑言《ぞうごん》 4
極悪《ごくあく》凶猛《きょうもう》 147
極悪《ごくあく》大罪《たいざい》 148
極悪《ごくあく》非道《ひどう》 148
極悪《ごくあく》無道《むどう》 148
醜悪《しゅうあく》奸邪《かんじゃ》 194
善悪《ぜんあく》邪正《じゃせい》 243
善悪《ぜんあく》正邪《せいじゃ》 243
善悪《ぜんあく》是非《ぜひ》 244
善悪《ぜんあく》美醜《びしゅう》 244
大悪《たいあく》無道《むどう》 264
懲悪《ちょうあく》勧善《かんぜん》 282
佞悪《ねいあく》醜穢《しゅうわい》 315
勧善《かんぜん》懲悪《ちょうあく》 82
自己《じこ》嫌悪《けんお》 176
十逆《じゅうぎゃく》五悪《ごあく》 195
正邪《せいじゃ》善悪《ぜんあく》 235
是非《ぜひ》善悪《ぜんあく》 243
握 握髪《あくはつ》吐哺《とほ》 2
吐哺《とほ》握髪《あくはつ》 307

【アン】

安 安居《あんきょ》楽業《らくぎょう》 5
安車《あんしゃ》蒲輪《ほりん》 5
安心《あんじん》立命《りつめい》 5
安寧《あんねい》秩序《ちつじょ》 6
安穏《あんのん》無事《ぶじ》 7
大安《たいあん》吉日《きちじつ》 264
平安《へいあん》一路《いちろ》 357
平安《へいあん》無事《ぶじ》 357
家内《かない》安全《あんぜん》 72
高枕《こうちん》安眠《あんみん》 141
絶対《ぜったい》安静《あんせい》 242
本領《ほんりょう》安堵《あんど》 370
一路《いちろ》平安《へいあん》 22
案 思案《しあん》投首《なげくび》 172
雪案《せつあん》蛍窓《けいそう》 241
蛍窓《けいそう》雪案《せつあん》 120
鼻元《はなもと》思案《じあん》 325
暗 暗雲《あんうん》低迷《ていめい》 5
暗黒《あんこく》時代《じだい》 5
暗送《あんそう》秋波《しゅうは》 6
暗澹《あんたん》冥濛《めいもう》 6

暗中飛躍《あんちゅうひやく》 6
暗中模索《あんちゅうもさく》 6
暗闘反目《あんとうはんもく》 6
柳暗花明《りゅうあんかめい》 410
疑心暗鬼《ぎしんあんき》 92
怯懦暗愚《きょうだあんぐ》 102
自己暗示《じこあんじ》 175
如法暗夜《にょほうあんや》 314
卑陋暗黒《ひろうあんこく》 340

【イ】

井 ⇨セイ
以 以心伝心《いしんでんしん》 12
夷 夷蛮戎狄《いばんじゅうてき》 33
東夷西戎《とういせいじゅう》 299
勤王攘夷《きんのうじょうい》 113
尊王攘夷《そんのうじょうい》 264
衣 衣冠束帯《いかんそくたい》 8
衣錦還郷《いきんかんきょう》 9
衣香襟影《いこうきんえい》 9
衣繡夜行《いしゅうやこう》 11
衣裳道楽《いしょうどうらく》 11
悪衣悪食《あくいあくしょく》 1
一衣帯水《いちいたいすい》 13
錦衣玉食《きんいぎょくしょく》 109
粗衣粗食《そいそしょく》 256
暖衣飽食《だんいほうしょく》 274
天衣無縫《てんいむほう》 290
布衣韋帯《ふいいたい》 341
弊衣破帽《へいいはぼう》 357
弊衣蓬髪《へいいほうはつ》 358
飽衣美食《ほういびしょく》 361
円頂黒衣《えんちょうこくえ》 48
霓裳羽衣《げいしょうういi》 119
飽食暖衣《ほうしょくだんい》 364
無縫天衣《むほうてんい》 381
位 位階褫奪《いかいちだつ》 7
高位高官《こういこうかん》 130
三位一体《さんみいったい》 170
尸位素餐《しいそさん》 172
叙位叙勲《じょいじょくん》 207
無位無冠《むいむかん》 375
無位無官《むいむかん》 375
無位無禄《むいむろく》 376
自分本位《じぶんほんい》 190
囲 孤軍重囲《こぐんじゅうい》 150
医 医鬱排悶《いうつはいもん》 7
医食同源《いしょくどうげん》 12
依 依怙贔屓《えこひいき》 46
旧態依然《きゅうたいいぜん》 98
委 白紙委任《はくしいにん》 319
易 易姓革命《えきせいかくめい》 46
簡易軽便《かんいけいべん》 75
難易軽重《なんいけいちょう》 309
不易流行《ふえきりゅうこう》 343
革命易姓《かくめいえきせい》 65
千古不易《せんこふえき》 247
万古不易《ばんこふえき》 327
万世不易《ばんせいふえき》 330
万代不易《ばんだいふえき》 330
普遍不易《ふへんふえき》 353
威 威風堂堂《いふうどうどう》 34
威風凜然《いふうりんぜん》 34
威風凜凜《いふうりんりん》 34
為 有為転変《ういてんぺん》 38
敢為邁往《かんいまいおう》 75
無為徒食《むいとしょく》 375
無為無策《むいむさく》 375
無為無能《むいむのう》 376
有為多望《ゆういたぼう》 395
寂滅為楽《じゃくめついらく》 191
越権行為《えっけんこうい》 46
自殺行為《じさつこうい》 178
少壮有為《しょうそうゆうい》 212
前途有為《ぜんとゆうい》 253
徒食無為《としょくむい》 306
無策無為《むさくむい》 378
畏 畏怖嫌厭《いふけんえん》 34
韋 韋編三絶《いへんさんぜつ》 34
布衣韋帯《ふいいたい》 341
異 異曲同工《いきょくどうこう》 9
異口同音《いくどうおん》 9
異国情緒《いこくじょうちょ》 9
異国情調《いこくじょうちょう》 10
異体同心《いたいどうしん》 12
異端邪宗《いたんじゃしゅう》 12
異端邪説《いたんじゃせつ》 12
異風異俗《いふういぞく》 34
異聞奇譚《いぶんきたん》 34
異類異形《いるいいぎょう》 35
奇異荒唐《きいこうとう》 88
大異小同《だいいしょうどう》 265
妖異幻怪《よういげんかい》 401
堅白異同《けんぱくいどう》 128
邪宗異端《じゃしゅういたん》 193
同工異曲《どうこういきょく》 300
同床異夢《どうしょういむ》 301
怨霊怪異《おんりょうかいい》 56
堅白同異《けんぱくどうい》 128
大同小異《だいどうしょうい》 269
天変地異《てんぺんちい》 298
移 感情移入《かんじょういにゅう》 81
消長遷移《しょうちょうせんい》 213
萎 萎縮震慄《いしゅくしんりつ》 11
萎靡因循《いびいんじゅん》 33
萎靡沈滞《いびちんたい》 33
沈滞萎靡《ちんたいいび》 286
痍 満身創痍《まんしんそうい》 372
偉 永遠偉大《えいえんいだい》 43
博学偉才《はくがくいさい》 318
高邁奇偉《こうまいきい》 143
容貌魁偉《ようぼうかいい》 403
意 意気軒昂《いきけんこう》 8
意気昂然《いきこうぜん》 8
意気消沈《いきしょうちん》 8
意気衝天《いきしょうてん》 8
意気阻喪《いきそそう》 8
意気投合《いきとうごう》 9
意気揚揚《いきようよう》 9
意識過剰《いしきかじょう》 10
意識朦朧《いしきもうろう》 10
意志堅固《いしけんご》 10
意志薄弱《いしはくじゃく》 10
意思表示《いしひょうじ》 10
意趣遺恨《いしゅいこん》 11
意趣卓逸《いしゅたくいつ》 11
意匠惨憺《いしょうさんたん》 11
意馬心猿《いばしんえん》 33
意味深長《いみしんちょう》 35

一意攻苦《いちいこうく》 13
一意専心《いちいせんしん》 13
一意奮闘《いちいふんとう》 13
下意上達《かいじょうたつ》 59
上意下達《じょういかたつ》 208
誠意誠心《せいいせいしん》 233
戦意喪失《せんいそうしつ》 244
素意大略《そいたいりゃく》 256
創意工夫《そういくふう》 257
当意即妙《とういそくみょう》 299
得意満面《とくいまんめん》 304
如意自在《にょいじざい》 313
如意宝珠《にょいほうじゅ》 313
用意周到《よういしゅうとう》 401
用意万端《よういばんたん》 401
自由意志《じゆういし》 194
心猿意馬《しんえんいば》 218
潜在意識《せんざいいしき》 248
閑人適意《かんじんてきい》 82
誠心誠意《せいしんせいい》 236
専心一意《せんしんいちい》 250
欲念邪意《よくねんじゃい》 404
違 千違万別《せんいばんべつ》 244
維 現状維持《げんじょういじ》 127
遺 遺憾千万《いかんせんばん》 7
意趣遺恨《いしゅいこん》 11

【イキ】

域 殊域同嗜《しゅいきどうし》 193

【イチ】

一 一意攻苦《いちいこうく》 13
一意専心《いちいせんしん》 13
一衣帯水《いちいたいすい》 13
一意奮闘《いちいふんとう》 13
一栄一辱《いちえいいちじょく》 13
一栄一落《いちえいいちらく》 13
一円一帯《いちえんいったい》 14
一牛吼地《いちぎゅうこうち》 14
一牛鳴地《いちぎゅうめいち》 14
一行知識《いちぎょうちしき》 14
一行半句《いちぎょうはんく》 14
一芸一能《いちげいいちのう》 14
一言一行《いちげんいっこう》 14
一言居士《いちげんこじ》 15
一期一会《いちごいちえ》 15
一伍一什《いちごいちじゅう》 15
一語一句《いちごいっく》 15
一語半語《いちごはんご》 15
一言一句《いちごんいっく》 15
一言隻句《いちごんせきく》 16
一言半句《いちごんはんく》 16
一言芳恩《いちごんほうおん》 16
一字一句《いちじいっく》 16
一字千金《いちじせんきん》 16
一日三秋《いちじつさんしゅう》 17
一日千秋《いちじつせんしゅう》 17
一字半句《いちじはんく》 17
一字褒貶《いちじほうへん》 17
一汁一菜《いちじゅういっさい》 17
一上一下《いちじょういちげ》 17
一新紀元《いちしんきげん》 17
一族郎党《いちぞくろうとう》 18
一諾千金《いちだくせんきん》 18
一読三嘆《いちどくさんたん》 18
一日千里《いちにちせんり》 18
一人当千《いちにんとうせん》 18
一念発起《いちねんほっき》 18
一念発心《いちねんほっしん》 19
一能一芸《いちのういちげい》 19
一暴十寒《いちばくじっかん》 19
一罰百戒《いちばつひゃっかい》 19
一病息災《いちびょうそくさい》 19
一部始終《いちぶしじゅう》 19
一物一景《いちぶついっけい》 19
一望千里《いちぼうせんり》 20
一木一草《いちぼくいっそう》 20
一枚看板《いちまいかんばん》 20
一味爽涼《いちみそうりょう》 20
一味徒党《いちみととう》 20
一網打尽《いちもうだじん》 20
一目瞭然《いちもくりょうぜん》 21
一問一答《いちもんいっとう》 21
一文半銭《いちもんはんせん》 21
一文不通《いちもんふつう》 21
一陽来復《いちようらいふく》 21
一利一害《いちりいちがい》 21
一笠一杖《いちりゅういちじょう》 22
一蓮托生《いちれんたくしょう》 22
一六勝負《いちろくしょうぶ》 22
一路順風《いちろじゅんぷう》 22
一路平安《いちろへいあん》 22
一攫千金《いっかくせんきん》 22
一家眷属《いっかけんぞく》 23
一家団欒《いっかだんらん》 23
一喜一憂《いっきいちゆう》 23
一気呵成《いっきかせい》 23
一騎当千《いっきとうせん》 23
一挙一動《いっきょいちどう》 23
一挙両得《いっきょりょうとく》 24
一句一語《いっくいちご》 24
一件落着《いっけんらくちゃく》 24
一国一城《いっこくいちじょう》 24
一刻千金《いっこくせんきん》 24
一刻千秋《いっこくせんしゅう》 24
一顧万両《いっこばんりょう》 24
一切合切《いっさいがっさい》 24
一切衆生《いっさいしゅじょう》 25
一殺多生《いっさつたしょう》 25
一弛一張《いっしいっちょう》 25
一子相伝《いっしそうでん》 25
一失一得《いっしついっとく》 25
一視同仁《いっしどうじん》 25
一紙半銭《いっしはんせん》 25
一瀉千里《いっしゃせんり》 26
一宿一飯《いっしゅくいっぱん》 26
一笑一顰《いっしょういっぴん》 26
一生懸命《いっしょうけんめい》 26
一唱三嘆《いっしょうさんたん》 26
一生不犯《いっしょうふぼん》 26
一触即発《いっしょくそくはつ》 27
一所懸命《いっしょけんめい》 27
一所不住《いっしょふじゅう》 27
一進一退《いっしんいったい》 27
一新更始《いっしんこうし》 27
一心精進《いっしんしょうじん》 27
一心同体《いっしんどうたい》 28
一心不乱《いっしんふらん》 28
一心発起《いっしんほっき》 28

漢字索引

一世一代《いっせいいちだい》 28
一盛一衰《いっせいいっすい》 28
一石二鳥《いっせきにちょう》 28
一草一木《いっそういちぼく》 29
一短一長《いったんいっちょう》 29
一旦緩急《いったんかんきゅう》 29
一治一乱《いっちいちらん》 29
一致協力《いっちきょうりょく》 29
一致団結《いっちだんけつ》 29
一知半解《いっちはんかい》 29
一張一弛《いっちょういっし》 30
一朝一夕《いっちょういっせき》 30
一長一短《いっちょういったん》 30
一朝有事《いっちょうゆうじ》 30
一定不変《いっていふへん》 30
一擲乾坤《いってきけんこん》 31
一徹短慮《いってつたんりょ》 31
一徹無垢《いってつむく》 31
一点一画《いってんいっかく》 31
一天四海《いってんしかい》 31
一天万乗《いってんばんじょう》 31
一刀両断《いっとうりょうだん》 32
一得一失《いっとくいっしつ》 32
一斗百編《いっとひゃっぺん》 32
一筆啓上《いっぴつけいじょう》 32
一顰一笑《いっぴんいっしょう》 32
一夫多妻《いっぷたさい》 33
一碧万頃《いっぺきばんけい》 33
純一無垢《じゅんいつむく》 204
純一無雑《じゅんいつむざつ》 205
純一無上《じゅんいつむじょう》 205
真一文字《まいちもんじ》 371
唯一不二《ゆいいつふじ》 395
唯一無二《ゆいいつむに》 395
嫣然一笑《えんぜんいっしょう》 47
開口一番《かいこういちばん》 58
鎧袖一触《がいしゅういっしょく》 59
頑固一徹《がんこいってつ》 79
危機一髪《ききいっぱつ》 89
九死一生《きゅうしいっしょう》 97
協力一致《きょうりょくいっち》 104
梟盧一擲《きょうろいってき》 104
挙国一致《きょこくいっち》 106
槿花一日《きんかいちじつ》 109
槿花一朝《きんかいっちょう》 109
緊褌一番《きんこんいちばん》 111
形影一如《けいえいいちにょ》 117
契合一致《けいごういっち》 118
言行一致《げんこういっち》 126
乾坤一擲《けんこんいってき》 126
言文一致《げんぶんいっち》 129
言文一途《げんぶんいっと》 129
更始一新《こうしいっしん》 138
黄粱一炊《こうりょういっすい》 145
孤灯一穂《ことういっすい》 155
渾然一体《こんぜんいったい》 159
祭政一致《さいせいいっち》 163
三位一体《さんみいったい》 170
紫電一閃《しでんいっせん》 188
衆議一決《しゅうぎいっけつ》 195
終古一定《しゅうこいってい》 195
衆口一致《しゅうこういっち》 195
終始一貫《しゅうしいっかん》 196
秋天一碧《しゅうてんいっぺき》 198
十年一日《じゅうねんいちじつ》 199
首尾一貫《しゅびいっかん》 204
春宵一刻《しゅんしょういっこく》 206
正直一徹《しょうじきいってつ》 209
心機一転《しんきいってん》 219
真実一路《しんじついちろ》 222
尋常一様《じんじょういちよう》 223
心身一如《しんしんいちにょ》 224
身心一如《しんしんいちにょ》 224
政教一致《せいきょういっち》 234
生死一如《せいしいちにょ》 235
精神一到《せいしんいっとう》 236
千載一遇《せんざいいちぐう》 248
専心一意《せんしんいちい》 250
千年一日《せんねんいちじつ》 254
千編一律《せんぺんいちりつ》 255
大喝一番《だいかついちばん》 265
大喝一声《だいかついっせい》 265
大死一番《だいしいちばん》 267
台風一過《たいふういっか》 269
短慮一徹《たんりょいってつ》 277
知行一致《ちこういっち》 278
天下一品《てんかいっぴん》 291
同腹一心《どうふくいっしん》 303
破顔一笑《はがんいっしょう》 318
伯楽一顧《はくらくいっこ》 321
八紘一宇《はっこういちう》 324
万死一生《ばんしいっせい》 328
万世一系《ばんせいいっけい》 329
万緑一紅《ばんりょくいっこう》 331
表裏一体《ひょうりいったい》 339
無骨一徹《ぶこついってつ》 348
無骨一辺《ぶこついっぺん》 348
物我一体《ぶつがいったい》 350
物心一如《ぶっしんいちにょ》 351
平安一路《へいあんいちろ》 357
満場一致《まんじょういっち》 372
迷悟一如《めいごいちにょ》 385
命令一下《めいれいいっか》 387
面目一新《めんもくいっしん》 389
励声一番《れいせいいちばん》 417
霊肉一致《れいにくいっち》 417
開巻第一《かいかんだいいち》 57
精神統一《せいしんとういつ》 236
知行合一《ちこうごういつ》 278
天下第一《てんかだいいち》 292
当代第一《とうだいだいいち》 302
二者選一《にしゃせんいつ》 311
二者択一《にしゃたくいつ》 311

【イツ】

佚 奢侈淫佚《しゃしいんいつ》 192
逸 逸事奇聞《いつじきぶん》 25
放逸遊惰《ほういつゆうだ》 361
高材逸足《こうざいいっそく》 137
傲世逸俗《ごうせいいつぞく》 139
座食逸飽《ざしょくいっぽう》 164
意趣卓逸《いしゅたくいつ》 11
驕奢淫逸《きょうしゃいんいつ》 101
豪宕俊逸《ごうとうしゅんいつ》 141
邪見放逸《じゃけんほういつ》 192
遊惰放逸《ゆうだほういつ》 398
軼 超軼絶塵《ちょういつぜつじん》 282
溢 活気横溢《かっきおういつ》 68

【イン】

引 博引旁証《はくいんぼうしょう》 318
我田引水《がでんいんすい》 72
因 因果因縁《いんがいんねん》 35
因果応報《いんがおうほう》 36
因果覿面《いんがてきめん》 36
因循苟且《いんじゅんこうしょ》 36
因循姑息《いんじゅんこそく》 37
悪因悪果《あくいんあっか》 1
善因善果《ぜんいんぜんが》 244
萎靡因循《いびいんじゅん》 33
三世因果《さんぜいんが》 168
淫 淫祠邪教《いんしじゃきょう》 36
驕奢淫逸《きょうしゃいんいつ》 101
奢侈淫佚《しゃしいんいつ》 192
陰 陰陰滅滅《いんいんめつめつ》 35
陰陽五行《いんようごぎょう》 37
陰陽和合《いんようわごう》 37
飲 牛飲馬食《ぎゅういんばしょく》 96
鯨飲馬食《げいいんばしょく》 117
暴飲暴食《ぼういんぼうしょく》 361
簞食瓢飲《たんしひょういん》 275
隠 隠忍自重《いんにんじちょう》 37
慇 慇懃丁重《いんぎんていちょう》 36
慇懃無礼《いんぎんぶれい》 36
韻 気韻生動《きいんせいどう》 88
神韻縹渺《しんいんひょうびょう》 218
余韻嫋嫋《よいんじょうじょう》 401
風流韻事《ふうりゅういんじ》 342

【ウ】

右 右往左往《うおうさおう》 38
右顧左眄《うこさべん》 38
左顧右視《さこうし》 164
左顧右眄《さこうべん》 164
左視右瞻《さしうせん》 164
左瞻右視《させんうし》 164
左眄右顧《さべんうこ》 165
宇 気宇広大《きうこうだい》 88
気宇壮大《きうそうだい》 88
堂宇伽藍《どううがらん》 300
八紘一宇《はっこういちう》 324
羽 羽化登仙《うかとうせん》 38
霓裳羽衣《げいしょううい》 119
迂 迂余曲折《うよきょくせつ》 40
粗鹵迂遠《そろうえん》 263
雨 雨奇晴好《うきせいこう》 38
雲雨巫山《うんうふざん》 40
沐雨櫛風《もくうしっぷう》 391
雲翻雨覆《うんぽんうふく》 42
晴好雨奇《せいこううき》 234
晴耕雨読《せいこううどく》 234
風櫛雨沐《ふうしつうもく》 342
五風十雨《ごふうじゅうう》 155
櫛風沐雨《しっぷうもくう》 187
櫛風浴雨《しっぷうよくう》 187
硝煙弾雨《しょうえんだんう》 208
朝雲暮雨《ちょううんぼう》 282
巫山雲雨《ふざんうんう》 348
砲煙弾雨《ほうえんだんう》 361
翻雲覆雨《ほんうんふくう》 369
烏 ⇨オ

【ウツ】

鬱 医鬱排悶《いうつはいもん》 7
保養鬱散《ほよううっさん》 369

【ウン】

運 運否天賦《うんぷてんぷ》 42
武運長久《ぶうんちょうきゅう》 343
雲 雲雨巫山《うんうふざん》 40
雲煙過眼《うんえんかがん》 40
雲煙飛動《うんえんひどう》 41
雲煙縹渺《うんえんひょうびょう》 41
雲煙模糊《うんえんもこ》 41
雲散霧消《うんさんむしょう》 41
雲集霧散《うんしゅうむさん》 41
雲壌月鼈《うんじょうげつべつ》 42
雲壌懸隔《うんじょうけんかく》 42
雲消霧散《うんしょうむさん》 42
雲水行脚《うんすいあんぎゃ》 42
雲水不住《うんすいふじゅう》 42
雲中白鶴《うんちゅうはっかく》 42
雲翻雨覆《うんぽんうふく》 42
暗雲低迷《あんうんていめい》 5
閑雲孤鶴《かんうんこかく》 75
閑雲野鶴《かんうんやかく》 75
行雲流水《こううんりゅうすい》 130
朝雲暮雨《ちょううんぼう》 282
翻雲覆雨《ほんうんふくう》 369
月卿雲客《げっけいうんかく》 122
月鼈雲泥《げつべつうんでい》 123
巫山雲雨《ふざんうんう》 348
飛竜乗雲《ひりゅうじょううん》 340
富貴浮雲《ふうきふうん》 341

【エイ】

永 永遠偉大《えいえんいだい》 43
永遠不変《えいえんふへん》 43
永遠不滅《えいえんふめつ》 43
永遠無窮《えいえんむきゅう》 43
永久不変《えいきゅうふへん》 43
永劫回帰《えいごうかいき》 43
永劫不変《えいごうふへん》 43
永劫未来《えいごうみらい》 43
永劫無極《えいごうむきょく》 44
永字八法《えいじはっぽう》 44
兆載永劫《ちょうさいようごう》 282
未来永劫《みらいえいごう》 374
英 英姿颯爽《えいしさっそう》 44
英俊豪傑《えいしゅんごうけつ》 44
英邁闊達《えいまいかったつ》 45
英明闊達《えいめいかったつ》 45
英雄豪傑《えいゆうごうけつ》 45
落英繽紛《らくえいひんぷん》 406
聡明英知《そうめいえいち》 259
天資英邁《てんしえいまい》 294
栄 栄枯盛衰《えいこせいすい》 44
栄枯転変《えいこてんぺん》 44
栄耀栄華《えいようえいが》 45
一栄一辱《いちえいいちじょく》 13
一栄一落《いちえいいちらく》 13
権貴栄達《けんきえいだつ》 124
盛衰栄枯《せいすいえいこ》 236
富貴栄華《ふうきえいが》 341
富貴栄達《ふうきえいたつ》 341
立身栄達《りっしんえいだつ》 410
共存共栄《きょうぞんきょうえい》 102

浮華虚栄《ふかきょえい》 343
郢 郢書燕説《えいしょえんせつ》 45
詠 花鳥諷詠《かちょうふうえい》 68
影 形影一如《けいえいいちにょ》 117
孤影蕭然《こえいしょうぜん》 146
無影無踪《むえいむそう》 376
衣香襟影《いこうきんえい》 9
鋭 少数精鋭《しょうすうせいえい》 212
少壮気鋭《しょうそうきえい》 212
新進気鋭《しんしんきえい》 224
穎 博学才穎《はくがくさいえい》 318
衛 過剰防衛《かじょうぼうえい》 66
正当防衛《せいとうぼうえい》 238
嬰 保守退嬰《ほしゅたいえい》 368

【エキ】

易 ⇨イ
益 益者三友《えきしゃさんゆう》 45
無益有害《むえきゆうがい》 376
現世利益《げんぜりやく》 127
名聞利益《みょうもんりやく》 374
問答無益《もんどうむえき》 392
有害無益《ゆうがいむえき》 395

【エツ】

悦 恐悦至極《きょうえつしごく》 99
愉快適悦《ゆかいてきえつ》 400
越 越権行為《えっけんこうい》 46
呉越同舟《ごえつどうしゅう》 146
慷慨激越《こうがいげきえつ》 131
殺伐激越《さつばつげきえつ》 165
鉞 白旄黄鉞《はくぼうこうえつ》 321

【エン】

円 円熟無礙《えんじゅくむげ》 47
円頂黒衣《えんちょうこくえ》 48
円転滑脱《えんてんかつだつ》 48
円満解決《えんまんかいけつ》 48
円満具足《えんまんぐそく》 49
円融滑脱《えんゆうかつだつ》 49
一円一帯《いちえんいったい》 14
家庭円満《かていえんまん》 72
福徳円満《ふくとくえんまん》 347
方枘円鑿《ほうぜいえんさく》 364
方底円蓋《ほうていえんがい》 365
奄 気息奄奄《きそくえんえん》 94
残息奄奄《ざんそくえんえん》 168
延 無期延期《むきえんき》 377
炎 気炎万丈《きえんばんじょう》 89
光炎万丈《こうえんばんじょう》 131
怨 怨敵退散《おんてきたいさん》 55
怨霊怪異《おんりょうかいい》 56
私怨私欲《しえんしよく》 172
烟 蛮烟瘴霧《ばんえんしょうむ》 326
偃 偃武修文《えんぶしゅうぶん》 48
婉 活発婉麗《かっぱつえんれい》 71
援 無援孤立《むえんこりつ》 376
孤立無援《こりつむえん》 157
煙 煙波縹渺《えんぱひょうびょう》 48
煙波渺茫《えんぱびょうぼう》 48
雲煙過眼《うんえんかがん》 40
雲煙飛動《うんえんひどう》 41
雲煙縹渺《うんえんひょうびょう》 41
雲煙模糊《うんえんもこ》 41
硝煙弾雨《しょうえんだんう》 208
砲煙弾雨《ほうえんだんう》 361
猿 檻猿籠鳥《かんえんろうちょう》 75
心猿意馬《しんえんいば》 218
意馬心猿《いばしんえん》 33
籠鳥檻猿《ろうちょうかんえん》 419
遠 遠御長駕《えんぎょちょうが》 47
遠交近攻《えんこうきんこう》 47
遠謀深慮《えんぼうしんりょ》 48
遠慮会釈《えんりょえしゃく》 49
遠慮近憂《えんりょきんゆう》 49
遠慮深謀《えんりょしんぼう》 49
永遠偉大《えいえんいだい》 43
永遠不変《えいえんふへん》 43
永遠不滅《えいえんふめつ》 43
永遠無窮《えいえんむきゅう》 43
深遠博大《しんえんはくだい》 218
会釈遠慮《えしゃくえんりょ》 46
深謀遠慮《しんぼうえんりょ》 230
深慮遠謀《しんりょえんぼう》 230
該博深遠《がいはくしんえん》 61
前途遼遠《ぜんとりょうえん》 254
粗鹵迂遠《そろうえん》 263
厭 厭離穢土《おんりえど》 55
畏怖嫌厭《いふけんえん》 34
自己嫌厭《じこけんえん》 176
演 卓上演説《たくじょうえんぜつ》 271
自作自演《じさくじえん》 178
嫣 嫣然一笑《えんぜんいっしょう》 47
縁 縁木求魚《えんぼくきゅうぎょ》 48
親類縁者《しんるいえんじゃ》 230
因果因縁《いんがいんねん》 35
燕 郢書燕説《えいしょえんせつ》 45

【オ】

汚 汚名返上《おめいへんじょう》 53
貪官汚吏《たんかんおり》 275
煩労汚辱《はんろうおじょく》 332
烏 烏兎匆匆《うとそうそう》 39
烏飛兎走《うひとそう》 40
金烏玉兎《きんうぎょくと》 109

【オウ】

王 王公貴人《おうこうきじん》 50
王侯将相《おうこうしょうしょう》 51
王政復古《おうせいふっこ》 51
王道楽土《おうどうらくど》 52
勤王攘夷《きんのうじょうい》 113
勤王討幕《きんのうとうばく》 113
尊王攘夷《そんのうじょうい》 264
応 応急措置《おうきゅうそち》 50
応急手当《おうきゅうてあて》 50
応報覿面《おうほうてきめん》 53
感応道交《かんのうどうこう》 85
因果応報《いんがおうほう》 36
洒掃応対《さいそうおうたい》 163
質疑応答《しつぎおうとう》 185
臨機応変《りんきおうへん》 415
輪回応報《りんねおうほう》 415
往 往事渺茫《おうじびょうぼう》 51
往事茫茫《おうじぼうぼう》 51
右往左往《うおうさおう》 38
古往今来《こおうこんらい》 146
直往邁進《ちょくおうまいしん》 284
勇往邁進《ゆうおうまいしん》 395

極楽往生《ごくらくおうじょう》 149
前言往行《ぜんげんおうこう》 245
無理往生《むりおうじょう》 382
敢為邁往《かんいまいおう》 75
桜 桜花爛漫《おうからんまん》 50
黄 黄金時代《おうごんじだい》 51
黄巻青帙《こうかんせいちつ》 133
黄塵万丈《こうじんばんじょう》 139
黄道吉日《こうどうきちにち》 141
黄白青銭《こうはくせいせん》 142
黄粱一炊《こうりょういっすい》 145
白旄黄鉞《はくぼうこうえつ》 321
天地玄黄《てんちげんこう》 296
奥 奥義秘伝《おうぎひでん》 50
嫗 田夫野嫗《でんぷやおう》 297
横 横行闊歩《おうこうかっぽ》 50
横行跋扈《おうこうばっこ》 51
縦横自在《じゅうおうじざい》 194
縦横無礙《じゅうおうむげ》 194
縦横無尽《じゅうおうむじん》 194
活気横溢《かっきおういつ》 68
縦説横説《じゅうせつおうせつ》 198
縦塗横抹《じゅうとおうまつ》 199
奇策縦横《きさくじゅうおう》 91
機知縦横《きちじゅうおう》 94
機略縦横《きりゃくじゅうおう》 108
才弁縦横《さいべんじゅうおう》 163
禅機縦横《ぜんきじゅうおう》 245
懊 懊悩焦慮《おうのうしょうりょ》 52
懊悩呻吟《おうのうしんぎん》 52
懊悩輾転《おうのうてんてん》 52
懊悩煩悶《おうのうはんもん》 52
煩悶懊悩《はんもんおうのう》 331
甌 金甌無欠《きんおうむけつ》 109

【オク】

屋 屋梁落月《おくりょうらくげつ》 53
落月屋梁《らくげつおくりょう》 406
奥 ⇨オウ
億 十万億土《じゅうまんおくど》 200
憶 憶測揣摩《おくそくしま》 53
揣摩憶測《しまおくそく》 190

【オツ】

乙 甲論乙駁《こうろんおつばく》 146

【オン】

音 音信不通《おんしんふつう》 55
音吐朗朗《おんとろうろう》 55
歌舞音曲《かぶおんきょく》 72
異口同音《いくどうおん》 9
不協和音《ふきょうわおん》 345
恩 恩沢洪大《おんたくこうだい》 55
報恩謝徳《ほうおんしゃとく》 361
孝行恩愛《こうこうおんあい》 137
一言芳恩《いちごんほうおん》 16
温 温厚質実《おんこうしつじつ》 54
温厚淡泊《おんこうたんぱく》 54
温厚篤実《おんこうとくじつ》 54
温故知新《おんこちしん》 54
温柔敦厚《おんじゅうとんこう》 54
温順篤実《おんじゅんとくじつ》 54
温良恭倹《おんりょうきょうけん》 56
温良貞淑《おんりょうていしゅく》 56
温良篤厚《おんりょうとっこう》 56
温良優順《おんりょうゆうじゅん》 56
温和勤勉《おんわきんべん》 57
温和丁寧《おんわていねい》 57
温和篤厚《おんわとっこう》 57
温和怜悧《おんわれいり》 57
扇枕温被《せんちんおんぴ》 253
篤実温厚《とくじつおんこう》 304
柔和温順《にゅうわおんじゅん》 313
眉目温厚《びもくおんこう》 336
三寒四温《さんかんしおん》 166
穏 穏着沈黙《おんちゃくちんもく》 55
安穏無事《あんのんぶじ》 7
平穏無事《へいおんぶじ》 358
無事平穏《ぶじへいおん》 349

【カ】

下 下意上達《かいじょうたつ》 59
夏下冬上《かかとうじょう》 63
脚下照顧《きゃっかしょうこ》 96
月下氷人《げっかひょうじん》 122
樹下石上《じゅげせきじょう》 202
上下貴賤《しょうかきせん》 208
臍下丹田《せいかたんでん》 233
天下一品《てんかいっぴん》 291
天下国家《てんかこっか》 291
天下御免《てんかごめん》 291
天下周知《てんかしゅうち》 291
天下周遊《てんかしゅうゆう》 291
天下蒼生《てんかそうせい》 291
天下第一《てんかだいいち》 292
天下太平《てんかたいへい》 292
天下多事《てんかたじ》 292
天下治平《てんかちへい》 292
天下万民《てんかばんみん》 292
天下平泰《てんかへいたい》 292
天下無双《てんかむそう》 293
天下無敵《てんかむてき》 293
天下無類《てんかむるい》 293
李下瓜田《りかかでん》 408
上意下達《じょういかたつ》 208
品性下劣《ひんせいげれつ》 340
一上一下《いちじょういちげ》 17
瓜田李下《かでんりか》 72
貴賤上下《きせんしょうか》 93
急転直下《きゅうてんちょっか》 98
四海天下《しかいてんか》 172
地盤沈下《じばんちんか》 189
照顧脚下《しょうこきゃっか》 208
三日天下《みっかてんか》 373
命令一下《めいれいいっか》 387
化 羽化登仙《うかとうせん》 38
開化文明《かいかぶんめい》 57
消化不良《しょうかふりょう》 208
千変万化《せんぺんばんか》 255
文明開化《ぶんめいかいか》 357
妖怪変化《ようかいへんげ》 402
火 活火激発《かっかげきはつ》 68
地水火風《ちすいかふう》 278
風林火山《ふうりんかざん》 343
十字砲火《じゅうじほうか》 197
集中砲火《しゅうちゅうほうか》 198
電光石火《でんこうせっか》 293
戈 干戈弓馬《かんかきゅうば》 76

	干戈騒乱《かんかそうらん》	77
瓜	瓜田李下《かでんりか》	72
	李下瓜田《りかかでん》	408
加	加減乗除《かげんじょうじょ》	65
	加持祈禱《かじきとう》	65
	雷同付加《らいどうふか》	405
可	不可抗力《ふかこうりょく》	343
	不可思議《ふかしぎ》	343
	紅顔可憐《こうがんかれん》	133
	純情可憐《じゅんじょうかれん》	206
	純真可憐《じゅんしんかれん》	206
何	無何有郷《むかゆうきょう》	377
伽	七堂伽藍《しちどうがらん》	184
	堂宇伽藍《どううがらん》	300
	塔堂伽藍《とうどうがらん》	303
	堂塔伽藍《どうとうがらん》	303
	迦陵頻伽《かりょうびんが》	74
花	花顔雪膚《かがんせっぷ》	63
	花顔柳腰《かがんりゅうよう》	63
	花紅柳緑《かこうりゅうりょく》	65
	花晨月夕《かしんげっせき》	66
	花朝月夕《かちょうげっせき》	67
	花鳥月露《かちょうげつろ》	67
	花鳥諷詠《かちょうふうえい》	68
	花鳥風月《かちょうふうげつ》	68
	桜花爛漫《おうかいらんまん》	50
	閑花素琴《かんかそきん》	77
	鏡花水月《きょうかすいげつ》	99
	槿花一日《きんかいちじつ》	109
	槿花一朝《きんかいっちょう》	109
	折花攀柳《せっかはんりゅう》	241
	飛花落葉《ひからくよう》	332
	百花斉放《ひゃっかせいほう》	338
	百花繚乱《ひゃっかりょうらん》	339
	落花繽紛《らっかひんぷん》	406
	落花流水《らっかりゅうすい》	406
	落花狼藉《らっかろうぜき》	406
	雪膚花貌《せっぷかぼう》	242
	柳暗花明《りゅうあんかめい》	410
	柳巷花街《りゅうこうかがい》	411
	柳緑花紅《りゅうりょくかこう》	413
	羞月閉花《しゅうげつへいか》	195
価	過小評価《かしょうひょうか》	65
	過大評価《かだいひょうか》	67
佳	佳人才子《かじんさいし》	66
	佳人薄命《かじんはくめい》	67
	才子佳人《さいしかじん》	162
	珍味佳肴《ちんみかこう》	287
	美酒佳肴《びしゅかこう》	334
	美味佳肴《びみかこう》	336
	幽趣佳境《ゆうしゅかきょう》	397
果	因果因縁《いんがいんねん》	35
	因果応報《いんがおうほう》	36
	因果覿面《いんがてきめん》	36
	効果覿面《こうかてきめん》	133
	剛毅果断《ごうきかだん》	134
	迅速果敢《じんそくかかん》	227
	迅速果断《じんそくかだん》	227
	勇猛果敢《ゆうもうかかん》	399
	勇猛果断《ゆうもうかだん》	399
	悪因悪果《あくいんあっか》	1
	三世因果《さんぜいんが》	168
	善因善果《ぜんいんぜんが》	244
河	白河夜船《しらかわよふね》	217
	屍山血河《しざんけつが》	178
	暴虎馮河《ぼうこひょうが》	363
苛	苛斂誅求《かれんちゅうきゅう》	74
呵	呵呵大笑《かかたいしょう》	62
	一気呵成《いっきかせい》	23
科	金科玉条《きんかぎょくじょう》	110
架	架空無稽《かくうむけい》	63
	玉石同架《ぎょくせきどうか》	105
迦	迦陵頻伽《かりょうびんが》	74
枷	手枷足枷《てかせあしかせ》	289
夏	夏下冬上《かかとうじょう》	63
	夏炉冬扇《かろとうせん》	74
	九夏三伏《きゅうかさんぷく》	97
	冬扇夏炉《とうせんかろ》	302
家	家常茶飯《かじょうさはん》	65
	家族団欒《かぞくだんらん》	67
	家庭円満《かていえんまん》	72
	家内安全《かないあんぜん》	72
	家内狼藉《かないろうぜき》	72
	一家眷属《いっかけんぞく》	23
	一家団欒《いっかだんらん》	23
	国家経綸《こっかけいりん》	153
	国家権力《こっかけんりょく》	153
	国家存亡《こっかそんぼう》	153
	自家撞着《じかどうちゃく》	173
	自家撲滅《じかぼくめつ》	173
	自家薬籠《じかやくろう》	173
	出家遁世《しゅっけとんせい》	204
	百家争鳴《ひゃっかそうめい》	338
	本家本元《ほんけほんもと》	369
	修身斉家《しゅうしんせいか》	197
	諸子百家《しょしひゃっか》	216
	天下国家《てんかこっか》	291
華	華麗奔放《かれいほんぽう》	74
	豪華絢爛《ごうかけんらん》	132
	七華八裂《しちけはちれつ》	183
	拈華微笑《ねんげみしょう》	315
	浮華虚栄《ふかきょえい》	343
	紛華奢靡《ふんかしゃび》	355
	絢爛華麗《けんらんかれい》	129
	贅沢華奢《ぜいたくかしゃ》	237
	荘厳華麗《そうごんかれい》	257
	壮大華麗《そうだいかれい》	259
	栄耀栄華《えいようえいが》	45
	絢爛豪華《けんらんごうか》	129
	富貴栄華《ふうきえいが》	341
過	過小評価《かしょうひょうか》	65
	過剰防衛《かじょうぼうえい》	66
	過大評価《かだいひょうか》	67
	意識過剰《いしきかじょう》	10
	雲煙過眼《うんえんかがん》	40
	台風一過《たいふういっか》	269
跏	結跏趺座《けっかふざ》	122
軻	轗軻数奇《かんかすうき》	76
	轗軻不遇《かんかふぐう》	77
	轗軻落魄《かんからくはく》	77
嫁	責任転嫁《せきにんてんか》	240
禍	吉凶禍福《きっきょうかふく》	95
靴	隔靴搔痒《かっかそうよう》	68
廈	大廈高楼《たいかこうろう》	265
	高楼大廈《こうろうたいか》	146
嘉	嘉言善行《かげんぜんこう》	65
	芳声嘉誉《ほうせいかよ》	364
寡	寡言沈黙《かげんちんもく》	65
	寡聞浅学《かぶんせんがく》	73

鰥寡孤独《かんかこどく》 76
小国寡民《しょうこくかみん》 208
浅学寡聞《せんがくかぶん》 244
沈黙寡言《ちんもくかげん》 287
恬淡寡欲《てんたんかよく》 295
歌 歌舞音曲《かぶおんきょく》 72
歌舞歓楽《かぶかんらく》 73
狂歌乱舞《きょうからんぶ》 99
高歌放吟《こうかほうぎん》 133
詩歌管弦《しいかかんげん》 171
悲歌慷慨《ひかこうがい》 332
放歌高吟《ほうかこうぎん》 362
高吟放歌《こうぎんほうか》 136
四面楚歌《しめんそか》 190
放吟高歌《ほうぎんこうか》 362
蝸 蝸牛角上《かぎゅうかくじょう》 63
顆 粟粒芥顆《ぞくりゅうかいか》 262

【ガ】

牙 佶屈聱牙《きっくつごうが》 95
瓦 瓦解土崩《がかいどほう》 62
陶犬瓦鶏《とうけんがけい》 300
刀杖瓦石《とうじょうがせき》 301
土崩瓦解《どほうがかい》 307
我 我田引水《がでんいんすい》 72
我利私欲《がりしよく》 73
物我一体《ぶつがいったい》 350
忘我混沌《ぼうがこんとん》 362
無我夢中《むがむちゅう》 377
唯我独尊《ゆいがどくそん》 395
強情我慢《ごうじょうがまん》 138
如是我聞《にょぜがもん》 313
画 画竜点睛《がりょうてんせい》 73
自画自賛《じがじさん》 173
書画骨董《しょがこっとう》 215
一点一画《いってんいっかく》 31
臥 臥薪嘗胆《がしんしょうたん》 66
臥竜鳳雛《がりょうほうすう》 74
孔明臥竜《こうめいがりょう》 144
行住座臥《ぎょうじゅうざが》 101
常住座臥《じょうじゅうざが》 210
日常座臥《にちじょうざが》 312
雅 雅俗混交《がぞくこんこう》 67
雅俗折衷《がぞくせっちゅう》 67
貴賤雅俗《きせんがぞく》 93
格調高雅《かくちょうこうが》 64
静寂閑雅《せいじゃくかんが》 235
清麗高雅《せいれいこうが》 239
幽寂閑雅《ゆうじゃくかんが》 397
駕 並駕斉駆《へいがせいく》 358
遠御長駕《えんぎょちょうが》 47

【カイ】

介 狷介孤高《けんかいここう》 123
狷介不羈《けんかいふき》 123
狷介不屈《けんかいふくつ》 123
孤高狷介《ここうけんかい》 150
会 会釈遠慮《えしゃくえんりょ》 46
会者定離《えしゃじょうり》 46
機会均等《きかいきんとう》 89
神会黙契《しんかいもっけい》 219
遠慮会釈《えんりょえしゃく》 49
一期一会《いちごいちえ》 15
牽強付会《けんきょうふかい》 124
回 回生起死《かいせいきし》 59
回天動地《かいてんどうち》 61
輪回応報《りんねおうほう》 415
輪回転生《りんねてんしょう》 415
永劫回帰《えいごうかいき》 43
起死回生《きしかいせい》 91
失地回復《しっちかいふく》 186
名誉回復《めいよかいふく》 386
転生輪回《てんしょうりんね》 294
白紙撤回《はくしてっかい》 320
名誉挽回《めいよばんかい》 387
流転輪回《るてんりんね》 416
六道輪回《ろくどうりんね》 420
灰 枯木死灰《こぼくしかい》 156
乱離骨灰《らりこっぱい》 407
快 快活明朗《かいかつめいろう》 57
快刀乱麻《かいとうらんま》 61
豪快奔放《ごうかいほんぽう》 131
痛快無比《つうかいむひ》 287
明快闊達《めいかいかったつ》 384
愉快活発《ゆかいかっぱつ》 400
愉快適悦《ゆかいてきえつ》 400
明朗快活《めいろうかいかつ》 387
単純明快《たんじゅんめいかい》 275
論旨明快《ろんしめいかい》 421
戒 斎戒沐浴《さいかいもくよく》 160
破戒無慙《はかいむざん》 317
一罰百戒《いちばつひゃっかい》 19
勧奨懲戒《かんしょうちょうかい》 81
誹刺風戒《ひしふうかい》 334
不妄語戒《ふもうごかい》 353
沐浴斎戒《もくよくさいかい》 391
改 朝令暮改《ちょうれいぼかい》 284
芥 粟粒芥顆《ぞくりゅうかいか》 262
怪 怪力乱神《かいりょくらんしん》 62
奇怪千万《きっかいせんばん》 94
妖怪変化《ようかいへんげ》 402
怨霊怪異《おんりょうかいい》 56
奇奇怪怪《ききかいかい》 89
複雑怪奇《ふくざつかいき》 345
狐狸妖怪《こりようかい》 157
複雑奇怪《ふくざつきかい》 346
妖異幻怪《よういげんかい》 401
乖 牽攣乖隔《けんれんかいかく》 130
悔 悔悟憤発《かいごふんぱつ》 58
自業自悔《じごうじかい》 175
恢 天網恢恢《てんもうかいかい》 298
海 海千山千《うみせんやません》 40
海闊天空《かいかつてんくう》 57
海市蜃楼《かいししんろう》 58
海内紛擾《かいだいふんじょう》 60
海内無双《かいだいむそう》 60
海底撈月《かいていろうげつ》 61
四海兄弟《しかいけいてい》 172
四海天下《しかいてんか》 172
四海同胞《しかいどうほう》 172
人海戦術《じんかいせんじゅつ》 219
蜃楼海市《しんろうかいし》 230
天空海闊《てんくうかいかつ》 293
一天四海《いってんしかい》 31
処女航海《しょじょこうかい》 216
桑田碧海《そうでんへきかい》 259
界 三界乞食《さんがいこつじき》 165
三界無宿《さんがいむしゅく》 165
法界悋気《ほうかいりんき》 361

三千世界《さんぜんせかい》 168
皆 悉皆成仏《しっかいじょうぶつ》 185
免許皆伝《めんきょかいでん》 388
徊 低徊趣味《ていかいしゅみ》 288
逍遥徘徊《しょうようはいかい》 214
佇立低徊《ちょりつていかい》 285
晦 晦渋混濁《かいじゅうこんだく》 59
晦迹韜光《かいせきとうこう》 60
天地晦冥《てんちかいめい》 295
韜光晦迹《とうこうかいせき》 300
自己韜晦《じことうかい》 177
偕 偕老同穴《かいろうどうけつ》 62
開 開化文明《かいかぶんめい》 57
開巻第一《かいかんだいいち》 57
開眼供養《かいげんくよう》 58
開口一番《かいこういちばん》 58
開闢草昧《かいびゃくそうまい》 62
未開野蛮《みかいやばん》 373
天地開闢《てんちかいびゃく》 295
転迷開悟《てんめいかいご》 298
文明開化《ぶんめいかいか》 357
門戸開放《もんこかいほう》 392
局面打開《きょくめんだかい》 106
野蛮未開《やばんみかい》 394
階 階前万里《かいぜんばんり》 60
位階褫奪《いかいちだつ》 7
土階三等《どかいさんとう》 304
傀 傀儡政権《かいらいせいけん》 62
解 瓦解土崩《がかいどほう》 62
半解半知《はんかいはんち》 327
円満解決《えんまんかいけつ》 48
一知半解《いっちはんかい》 29
空中分解《くうちゅうぶんかい》 115
土崩瓦解《どほうがかい》 307
半知半解《はんちはんかい》 330
詼 滑稽詼諧《こっけいかいかい》 154
魁 容貌魁偉《ようぼうかいい》 403
壊 不壊金剛《ふえこんごう》 343
風俗壊乱《ふうぞくかいらん》 342
偶像破壊《ぐうぞうはかい》 115
金剛不壊《こんごうふえ》 158
懐 懐玉有罪《かいぎょくゆうざい》 58
虚心坦懐《きょしんたんかい》 107
獪 狡猾老獪《こうかつろうかい》 132
諧 滑稽諧謔《こっけいかいぎゃく》 154
滑稽詼諧《こっけいかいかい》 154
膾 蓴羹鱸膾《じゅんこうろかい》 205

【ガイ】

外 外交辞令《がいこうじれい》 58
外剛内柔《がいごうないじゅう》 58
外柔内剛《がいじゅうないごう》 59
局外中立《きょくがいちゅうりつ》 105
心外千万《しんがいせんばん》 219
治外法権《ちがいほうけん》 278
門外不出《もんがいふしゅつ》 392
慮外千万《りょがいせんばん》 414
内剛外柔《ないごうがいじゅう》 308
内柔外剛《ないじゅうがいごう》 308
内典外典《ないてんがいてん》 309
内憂外患《ないゆうがいかん》 309
有頂天外《うちょうてんがい》 39
奇想天外《きそうてんがい》 93
害 被害妄想《ひがいもうそう》 332
有害無益《ゆうがいむえき》 395
有害無用《ゆうがいむよう》 396
要害堅固《ようがいけんご》 402
利害勘定《りがいかんじょう》 408
利害失得《りがいしっとく》 408
利害得失《りがいとくしつ》 408
利害得喪《りがいとくそう》 408
一利一害《いちりいちがい》 21
人畜無害《じんちくむがい》 227
成敗利害《せいばいりがい》 238
無益有害《むえきゆうがい》 376
無用有害《むようゆうがい》 382
崖 断崖絶壁《だんがいぜっぺき》 274
涯 天涯孤独《てんがいこどく》 291
天涯万里《てんがいばんり》 291
街 街談巷語《がいだんこうご》 61
街談巷説《がいだんこうせつ》 61
四衢八街《しくはちがい》 175
柳巷花街《りゅうこうかがい》 411
慨 慨世憂国《がいせいゆうこく》 60
感慨多端《かんがいたたん》 75
感慨悲慟《かんがいひどう》 76
感慨無量《かんがいむりょう》 76
慷慨激越《こうがいげきえつ》 131
慷慨忠直《こうがいちゅうちょく》 131
慷慨悲憤《こうがいひふん》 131
慷慨憤激《こうがいふんげき》 131
慷慨憂憤《こうがいゆうふん》 132
憂国慨世《ゆうこくがいせい》 397
沈痛慷慨《ちんつうこうがい》 286
悲歌慷慨《ひかこうがい》 332
悲憤慷慨《ひふんこうがい》 336
蓋 蓋世不抜《がいせいふばつ》 59
抜山蓋世《ばつざんがいせい》 324
方底円蓋《ほうていえんがい》 365
該 該博深遠《がいはくしんえん》 61
駭 震天駭地《しんてんがいち》 228
鎧 鎧袖一触《がいしゅういっしょく》 59
礙 円熟無礙《えんじゅくむげ》 47
闊達無礙《かったつむげ》 71
縦横無礙《じゅうおうむげ》 194
融通無礙《ゆうずうむげ》 397

【カク】

各 各種各様《かくしゅかくよう》 63
各人各様《かくじんかくよう》 64
同床各夢《どうしょうかくむ》 301
角 三角関係《さんかくかんけい》 165
四角四面《しかくしめん》 172
蝸牛角上《かぎゅうかくじょう》 63
革 革命易姓《かくめいえきせい》 65
保革伯仲《ほかくはくちゅう》 368
易姓革命《えきせいかくめい》 46
恪 恪勤精励《かっきんせいれい》 68
精励恪勤《せいれいかっきん》 238
清廉恪勤《せいれんかっきん》 240
格 格調高雅《かくちょうこうが》 64
格物究理《かくぶつきゅうり》 64
格物致知《かくぶつちち》 64
致知格物《ちちかくぶつ》 279
二重人格《にじゅうじんかく》 312
覚 群衆妄覚《ぐんしゅうもうかく》 117
時代感覚《じだいかんかく》 182
前後不覚《ぜんごふかく》 247
知恵才覚《ちえさいかく》 277

平衡感覚《へいこうかんかく》 358
隔 隔靴掻痒《かっかそうよう》 68
雲壌懸隔《うんじょうけんかく》 42
牽攣乖隔《けんれんかいかく》 130
廓 廓然無聖《かくねんむしょう》 64
四顧寥廓《しこりょうかく》 178
赫 名声赫赫《めいせいかくかく》 385
閣 空中楼閣《くうちゅうろうかく》 115
神社仏閣《じんじゃぶっかく》 223
確 確乎不動《かっこふどう》 69
確乎不抜《かっこふばつ》 69
鶴 風声鶴唳《ふうせいかくれい》 342
雲中白鶴《うんちゅうはっかく》 42
閑雲孤鶴《かんうんこかく》 75
閑雲野鶴《かんうんやかく》 75
攫 一攫千金《いっかくせんきん》 22

【ガク】

学 曲学阿世《きょくがくあせい》 105
苦学力行《くがくりっこう》 116
好学尚武《こうがくしょうぶ》 132
才学博通《さいがくはくつう》 160
才学非凡《さいがくひぼん》 161
碩学大儒《せきがくたいじゅ》 240
浅学寡聞《せんがくかぶん》 244
浅学短才《せんがくたんさい》 244
浅学非才《せんがくひさい》 244
独学孤陋《どくがくころう》 304
独学自尊《どくがくじそん》 304
博学偉才《はくがくいさい》 318
博学広才《はくがくこうさい》 318
博学才穎《はくがくさいえい》 318
博学卓識《はくがくたくしき》 319
博学多才《はくがくたさい》 319
博学多識《はくがくたしき》 319
博学能文《はくがくのうぶん》 319
無学浅識《むがくせんしき》 376
無学無識《むがくむしき》 376
無学無知《むがくむち》 376
無学文盲《むがくもんもう》 376
阿世曲学《あせいきょくがく》 3
寡聞浅学《かぶんせんがく》 73
岳 山岳重畳《さんがくちょうじょう》 166
千山万岳《せんざんばんがく》 249
楽 極楽往生《ごくらくおうじょう》 149
極楽浄土《ごくらくじょうど》 149
極楽蜻蛉《ごくらくとんぼ》 149
伯楽一顧《はくらくいっこ》 321
盤楽遊嬉《ばんらくゆうき》 331
安居楽業《あんきょらくぎょう》 5
王道楽土《おうどうらくど》 52
衣裳道楽《いしょうどうらく》 11
歌舞歓楽《かぶかんらく》 73
喜怒哀楽《きどあいらく》 95
寂滅為楽《じゃくめついらく》 191
先憂後楽《せんゆうこうらく》 255
抜苦与楽《ばっくよらく》 323
諤 侃侃諤諤《かんかんがくがく》 77
額 竜門点額《りゅうもんてんがく》 412

【カツ】

活 活火激発《かっかげきはつ》 68
活気横溢《かっきおういつ》 68
活殺自在《かっさつじざい》 69
活殺生死《かっさつしょうじ》 69
活発婉麗《かっぱつえんれい》 71
活発発地《かっぱつはっち》 71
活発轆地《かっぱつろくち》 71
快活明朗《かいかつめいろう》 57
勇壮活発《ゆうそうかっぱつ》 398
愉快活発《ゆかいかっぱつ》 400
明朗快活《めいろうかいかつ》 387
喝 吃喝嫖賭《きっかつひょうと》 95
大喝一番《だいかついちばん》 265
大喝一声《だいかついっせい》 265
拍手喝采《はくしゅかっさい》 320
渇 渇仰随喜《かつごうずいき》 69
随喜渇仰《ずいきかつごう》 231
割 割腹自殺《かっぷくじさつ》 72
群雄割拠《ぐんゆうかっきょ》 117
滑 滑稽詼諧《こっけいかいかい》 154
滑稽諧謔《こっけいかいぎゃく》 154
滑稽洒脱《こっけいしゃだつ》 154
円転滑脱《えんてんかつだつ》 48
円融滑脱《えんゆうかつだつ》 49
野卑滑稽《やひこっけい》 394
褐 短褐孤剣《たんかつこけん》 274
短褐穿結《たんかつせんけつ》 275
猾 狡猾奸佞《こうかつかんねい》 132
狡猾剽悍《こうかつひょうかん》 132
狡猾老獪《こうかつろうかい》 132
怜悧狡猾《れいりこうかつ》 418
豁 豁然大悟《かつぜんたいご》 70
闊 闊達豪放《かったつごうほう》 70
闊達自在《かったつじざい》 71
闊達無礙《かったつむげ》 71
闊達明朗《かったつめいろう》 71
海闊天空《かいかつてんくう》 57
英邁闊達《えいまいかったつ》 45
英明闊達《えいめいかったつ》 45
横行闊歩《おうこうかっぽ》 50
高談闊歩《こうだんかっぽ》 140
豪放闊達《ごうほうかったつ》 143
自由闊達《じゆうかったつ》 195
明快闊達《めいかいかったつ》 384
明朗闊達《めいろうかったつ》 387
磊落闊達《らいらくかったつ》 405
天空海闊《てんくうかいかつ》 293

【ガツ】

月 ⇨ゲツ

【カン】

干 干戈弓馬《かんかきゅうば》 76
干戈騒乱《かんかそうらん》 77
干将莫邪《かんしょうばくや》 81
内政干渉《ないせいかんしょう》 309
甘 辛酸甘苦《しんさんかんく》 221
汗 汗牛充棟《かんぎゅうじゅうとう》 78
汗馬刀槍《かんばとうそう》 85
流汗滂沱《りゅうかんぼうだ》 410
流汗淋漓《りゅうかんりんり》 410
冷汗三斗《れいかんさんと》 416
充棟汗牛《じゅうとうかんぎゅう》 198
奸 奸佞邪知《かんねいじゃち》 85
佞奸邪知《ねいかんじゃち》 315
狡猾奸佞《こうかつかんねい》 132
邪知奸佞《じゃちかんねい》 193
醜悪奸邪《しゅうあくかんじゃ》 194

完 完全燃焼《かんぜんねんしょう》 82
完全無欠《かんぜんむけつ》 83
完全無比《かんぜんむひ》 83
肝 肝脳塗地《かんのうとち》 85
侃 侃侃諤諤《かんかんがくがく》 77
官 官尊民卑《かんそんみんぴ》 83
散官遊職《さんかんゆうしょく》 166
大官貴顕《たいかんきけん》 265
貪官汚吏《たんかんおり》 275
稗官野史《はいかんやし》 316
半官半民《はんかんはんみん》 327
判官贔屓《ほうがんびいき》 362
高位高官《こういこうかん》 130
無位無官《むいむかん》 375
冠 冠婚葬祭《かんこんそうさい》 80
冠履転倒《かんりてんとう》 87
衣冠束帯《いかんそくたい》 8
偏旁冠脚《へんぼうかんきゃく》 360
楚囚南冠《そしゅうなんかん》 262
無位無冠《むいむかん》 375
巻 巻土重来《けんどちょうらい》 127
開巻第一《かいかんだいいち》 57
黄巻青帙《こうかんせいちつ》 133
姦 近親相姦《きんしんそうかん》 112
看 一枚看板《いちまいかんばん》 20
二枚看板《にまいかんばん》 313
竿 百尺竿頭《ひゃくせきかんとう》 337
陥 擠陥讒誣《せいかんざんぷ》 233
排斥擠陥《はいせきせいかん》 316
悍 剽悍無比《ひょうかんむひ》 339
凶暴剽悍《きょうぼうひょうかん》 103
狡猾剽悍《こうかつひょうかん》 132
乾 乾燥無味《かんそうむみ》 83
乾坤一擲《けんこんいってき》 126
一擲乾坤《いってきけんこん》 31
無味乾燥《むみかんそう》 381
勘 校勘商量《こうかんしょうりょう》 133
利害勘定《りがいかんじょう》 408
患 内憂外患《ないゆうがいかん》 309
貫 首尾貫徹《しゅびかんてつ》 204
初志貫徹《しょしかんてつ》 215
白虹貫日《はっこうかんじつ》 324
終始一貫《しゅうしいっかん》 196
首尾一貫《しゅびいっかん》 204
寒 寒山枯木《かんざんこぼく》 80
寒山拾得《かんざんじっとく》 80
寒暖飢飽《かんだんきほう》 83
三寒四温《さんかんしおん》 166
頭寒足熱《ずかんそくねつ》 232
枯木寒岩《こぼくかんがん》 156
一暴十寒《いちばくじっかん》 19
喚 叫喚地獄《きょうかんじごく》 99
阿鼻叫喚《あびきょうかん》 4
換 換骨奪胎《かんこつだったい》 80
敢 敢為邁往《かんいまいおう》 75
迅速果敢《じんそくかかん》 227
勇猛果敢《ゆうもうかかん》 399
間 世間周知《せけんしゅうち》 240
反間苦肉《はんかんくにく》 327
無間地獄《むげんじごく》 378
無間奈落《むげんならく》 378
冷却期間《れいきゃくきかん》 416
閑 閑雲孤鶴《かんうんこかく》 75
閑雲野鶴《かんうんやかく》 75
閑花素琴《かんかそきん》 77
閑居徒然《かんきょとぜん》 78
閑人適意《かんじんてきい》 82
閑窓読書《かんそうどくしょ》 83
閑話休題《かんわきゅうだい》 88
小人閑居《しょうじんかんきょ》 211
静寂閑雅《せいじゃくかんが》 235
幽寂閑雅《ゆうじゃくかんが》 397
悠悠閑閑《ゆうゆうかんかん》 399
悠悠閑適《ゆうゆうかんてき》 400
勧 勧奨懲戒《かんしょうちょうかい》 81
勧善懲悪《かんぜんちょうあく》 82
懲悪勧善《ちょうあくかんぜん》 282
寛 寛仁大度《かんじんたいど》 82
感 感慨多端《かんがいたたん》 75
感慨悲慟《かんがいひどう》 76
感慨無量《かんがいむりょう》 76
感興籠絡《かんきょうろうらく》 78
感情移入《かんじょういにゅう》 81
感応道交《かんのうどうこう》 85
感孚風動《かんぷふうどう》 86
感奮興起《かんぷんこうき》 86
多感多恨《たかんたこん》 270
多感多愁《たかんたしゅう》 270
多感多情《たかんたじょう》 270
恐懼感激《きょうくかんげき》 100
時代感覚《じだいかんかく》 182
平衡感覚《へいこうかんかく》 358
多情多感《たじょうたかん》 272
漢 悪漢無頼《あっかんぶらい》 3
和魂漢才《わこんかんさい》 422
煥 才気煥発《さいきかんぱつ》 161
管 只管打座《しかんたざ》 173
詩歌管弦《しいかかんげん》 171
手練手管《てれんてくだ》 290
関 抱関撃柝《ほうかんげきたく》 362
陽関三畳《ようかんさんじょう》 402
三角関係《さんかくかんけい》 165
亭主関白《ていしゅかんぱく》 288
歓 歓天喜地《かんてんきち》 84
合歓綢繆《ごうかんちゅうびゅう》 133
歌舞歓楽《かぶかんらく》 73
踊躍歓喜《ゆやくかんぎ》 400
炉辺歓談《ろへんかんだん》 421
緩 緩急剛柔《かんきゅうごうじゅう》 78
緩急自在《かんきゅうじざい》 78
一旦緩急《いったんかんきゅう》 29
前後緩急《ぜんごかんきゅう》 246
遅速緩急《ちそくかんきゅう》 279
憾 遺憾千万《いかんせんばん》 7
還 衣錦還郷《いきんかんきょう》 9
大政奉還《たいせいほうかん》 268
撼 撼天動地《かんてんどうち》 84
諫 直言極諫《ちょくげんきょっかん》 284
環 環堵蕭然《かんとしょうぜん》 84
衆人環座《しゅうじんかんざ》 197
衆人環視《しゅうじんかんし》 197
衆目環視《しゅうもくかんし》 201
艱 艱苦辛苦《かんくしんく》 78
艱難苦労《かんなんくろう》 84
艱難辛苦《かんなんしんく》 84
艱難辛困《かんなんしんこん》 85
国歩艱難《こくほかんなん》 149
困苦艱難《こんくかんなん》 158
辛苦艱難《しんくかんなん》 220

天歩《てんぽ》艱難《かんなん》 298
簡 簡易《かんい》軽便《けいべん》 75
簡潔《かんけつ》明瞭《めいりょう》 79
簡古《かんこ》素朴《そぼく》 79
簡浄《かんじょう》素朴《そぼく》 81
簡素《かんそ》清貧《せいひん》 83
簡単《かんたん》明瞭《めいりょう》 84
簡明《かんめい》率直《そっちょく》 86
簡明《かんめい》素朴《そぼく》 87
簡明《かんめい》直截《ちょくせつ》 87
断簡《だんかん》零墨《れいぼく》 275
直截《ちょくせつ》簡明《かんめい》 285
観 観測《かんそく》気球《ききゅう》 83
強迫《きょうはく》観念《かんねん》 103
固着《こちゃく》観念《かんねん》 153
固定《こてい》観念《かんねん》 155
貞操《ていそう》観念《かんねん》 288
拱手《きょうしゅ》傍観《ぼうかん》 102
袖手《しゅうしゅ》傍観《ぼうかん》 197
檻 檻猿《かんえん》籠鳥《ろうちょう》 75
籠鳥《ろうちょう》檻猿《かんえん》 419
瀚 浩瀚《こうかん》大冊《たいさつ》 133
載籍《さいせき》浩瀚《こうかん》 163
轗 轗軻《かんか》数奇《すうき》 76
轗軻《かんか》不遇《ふぐう》 77
轗軻《かんか》落魄《らくはく》 77
鰥 鰥寡《かんか》孤独《こどく》 76

【ガン】

元 ⇨ゲン
岸 傲岸《ごうがん》不屈《ふくつ》 134
傲岸《ごうがん》不遜《ふそん》 134
傲岸《ごうがん》無礼《ぶれい》 134
玩 玩物《がんぶつ》喪志《そうし》 86
熟読《じゅくどく》玩味《がんみ》 201
咀嚼《そしゃく》玩味《がんみ》 262
岩 枯木《こぼく》寒岩《かんがん》 156
眼 眼光《がんこう》炯炯《けいけい》 79
眼光《がんこう》紙背《しはい》 79
眼高《がんこう》手低《しゅてい》 79
開眼《かいげん》供養《くよう》 58
巨眼《きょがん》赭髯《しゃぜん》 105
慧眼《けいがん》無双《むそう》 118
酔眼《すいがん》朦朧《もうろう》 231
媚眼《びがん》秋波《しゅうは》 332
碧眼《へきがん》紅毛《こうもう》 359
雲煙《うんえん》過眼《かがん》 40
紅毛《こうもう》碧眼《へきがん》 145
紫髯《しぜん》緑眼《りょくがん》 181
雁 沈魚《ちんぎょ》落雁《らくがん》 286
頑 頑固《がんこ》一徹《いってつ》 79
頑固《がんこ》偏狭《へんきょう》 80
頑執《がんしゅう》妄排《もうはい》 81
頑迷《がんめい》固陋《ころう》 86
頑冥《がんめい》不霊《ふれい》 87
頑陋《がんろう》至愚《しぐ》 87
冥頑《めいがん》不霊《ふれい》 384
固陋《ころう》頑迷《がんめい》 157
偏狭《へんきょう》頑固《がんこ》 360
顔 顔色《がんしょく》容貌《ようぼう》 82
顔貌《がんぼう》風姿《ふうし》 86
顔面《がんめん》蒼白《そうはく》 87
花顔《かがん》雪膚《せっぷ》 63
花顔《かがん》柳腰《りゅうよう》 63
紅顔《こうがん》可憐《かれん》 133
厚顔《こうがん》無恥《むち》 134
破顔《はがん》一笑《いっしょう》 318
破顔《はがん》微笑《みしょう》 318
容顔《ようがん》美麗《びれい》 402
容貌《ようぼう》顔色《がんしょく》 403
願 心願《しんがん》成就《じょうじゅ》 219
大願《たいがん》成就《じょうじゅ》 265
哀訴《あいそ》嘆願《たんがん》 1
恐惶《きょうこう》嘆願《たんがん》 101
他力《たりき》本願《ほんがん》 274

【キ】

己 ⇨コ
危 危機《きき》一髪《いっぱつ》 89
危急《ききゅう》存亡《そんぼう》 89
必死《ひっし》危急《ききゅう》 335
机 清窓《せいそう》浄机《じょうき》 237
明窓《めいそう》浄机《じょうき》 385
気 気韻《きいん》生動《せいどう》 88
気宇《きう》広大《こうだい》 88
気宇《きう》壮大《そうだい》 88
気炎《きえん》万丈《ばんじょう》 89
気候《きこう》風土《ふうど》 90
気骨《きこつ》稜稜《りょうりょう》 91
気象《きしょう》勇健《ゆうけん》 92
気息《きそく》奄奄《えんえん》 94
意気《いき》軒昂《けんこう》 8
意気《いき》昂然《こうぜん》 8
意気《いき》消沈《しょうちん》 8
意気《いき》衝天《しょうてん》 8
意気《いき》阻喪《そそう》 8
意気《いき》投合《とうごう》 9
意気《いき》揚揚《ようよう》 9
一気《いっき》呵成《かせい》 23
活気《かっき》横溢《おういつ》 68
義気《ぎき》凜然《りんぜん》 90
元気《げんき》溌剌《はつらつ》 124
才気《さいき》煥発《かんぱつ》 161
士気《しき》高揚《こうよう》 174
市気《しき》匠気《しょうき》 174
生気《せいき》溌剌《はつらつ》 234
雄気《ゆうき》堂堂《どうどう》 396
勇気《ゆうき》百倍《ひゃくばい》 396
勇気《ゆうき》凜然《りんぜん》 396
勇気《ゆうき》凜凜《りんりん》 396
和気《わき》藹藹《あいあい》 421
観測《かんそく》気球《ききゅう》 83
機嫌《きげん》気褄《きづま》 90
上昇《じょうしょう》気流《きりゅう》 210
少壮《しょうそう》気鋭《きえい》 212
新進《しんしん》気鋭《きえい》 224
風土《ふうど》気候《きこう》 342
虚心《きょしん》平気《へいき》 107
直情《ちょくじょう》真気《しんき》 285
法界《ほうかい》悋気《りんき》 361
肌 銘肌《めいき》鏤骨《るこつ》 384
岐 岐路《きろ》亡羊《ぼうよう》 109
多岐《たき》多端《たたん》 270
多岐《たき》多様《たよう》 270
多岐《たき》亡羊《ぼうよう》 270
複雑《ふくざつ》多岐《たき》 346
忌 猜忌《さいき》邪曲《じゃきょく》 161
奇 奇異《きい》荒唐《こうとう》 88
奇奇《きき》怪怪《かいかい》 89

奇策縦横《きさくじゅうおう》 91
奇想天外《きそうてんがい》 93
奇怪千万《きっかいせんばん》 94
奇妙奇態《きみょうきたい》 96
雨奇晴好《うきせいこう》 38
逸事奇聞《いつじきぶん》 25
異聞奇譚《いぶんきたん》 34
機知奇策《きちきさく》 94
高邁奇偉《こうまいきい》 143
斬新奇抜《ざんしんきばつ》 167
複雑奇怪《ふくざつきかい》 346
轗軻数奇《かんかすうき》 76
晴好雨奇《せいこううき》 234
複雑怪奇《ふくざつかいき》 345
祈 加持祈禱《かじきとう》 65
季 澆季混濁《ぎょうきこんだく》 100
澆季末世《ぎょうきまっせ》 100
末世澆季《まっせぎょうき》 371
紀 綱紀粛正《こうきしゅくせい》 135
綱紀頽弛《こうきたいし》 135
綱紀廃弛《こうきはいし》 135
風紀紊乱《ふうきびんらん》 341
一新紀元《いちしんきげん》 17
軌 同軌同文《どうきどうぶん》 300
同文同軌《どうぶんどうき》 303
帰 帰命頂礼《きみょうちょうらい》 96
永劫回帰《えいごうかいき》 43
記 三面記事《さんめんきじ》 170
博聞強記《はくぶんきょうき》 321
博覧強記《はくらんきょうき》 321
起 起居挙動《ききょきょどう》 90
起死回生《きしかいせい》 91
起承転結《きしょうてんけつ》 92
起居振舞《たちいふるまい》 273
再起不能《さいきふのう》 161
回生起死《かいせいきし》 59
一念発起《いちねんほっき》 18
一心発起《いっしんほっき》 28
感奮興起《かんぷんこうき》 86
七転八起《しちてんはっき》 184
飢 寒暖飢飽《かんだんきほう》 83
鬼 鬼哭啾啾《きこくしゅうしゅう》 91
鬼手仏心《きしゅぶっしん》 92
鬼面仏心《きめんぶっしん》 96
悪鬼羅刹《あっきらせつ》 3
百鬼夜行《ひゃっきやこう》 339
神算鬼謀《しんさんきぼう》 221
神出鬼没《しんしゅつきぼつ》 223
疑心暗鬼《ぎしんあんき》 92
屓 依怙贔屓《えこひいき》 46
判官贔屓《ほうがんびいき》 362
規 規矩準縄《きくじゅんじょう》 90
規矩標準《きくひょうじゅん》 90
規則縄墨《きそくじょうぼく》 94
杓子定規《しゃくしじょうぎ》 191
悸 心悸亢進《しんきこうしん》 219
驚魂悸魄《きょうこんきはく》 101
喜 喜色満面《きしょくまんめん》 92
喜怒哀愁《きどあいしゅう》 95
喜怒哀楽《きどあいらく》 95
一喜一憂《いっきいちゆう》 23
狂喜乱舞《きょうきらんぶ》 100
欣喜雀躍《きんきじゃくやく》 110
随喜渇仰《ずいきかつごう》 231
悲喜憂苦《ひきゆうく》 333
歓天喜地《かんてんきち》 84
渇仰随喜《かつごうずいき》 69
踊躍歓喜《ゆやくかんぎ》 400
揮 陣頭指揮《じんとうしき》 228
期 一期一会《いちごいちえ》 15
時期尚早《じきしょうそう》 174
無期延期《むきえんき》 377
冷却期間《れいきゃくきかん》 416
貴 貴顕紳士《きけんしんし》 90
貴賤雅俗《きせんがぞく》 93
貴賤上下《きせんしょうか》 93
貴賤男女《きせんだんじょ》 93
貴賤貧富《きせんひんぷ》 93
貴賤老少《きせんろうしょう》 93
貴賤老若《きせんろうにゃく》 93
権貴栄達《けんきえいだつ》 124
富貴栄華《ふうきえいが》 341
富貴栄達《ふうきえいたつ》 341
富貴浮雲《ふうきふうん》 341
富貴福禄《ふうきふくろく》 342
王公貴人《おうこうきじん》 50
上下貴賤《しょうかきせん》 208
大官貴顕《たいかんきけん》 265
貧富貴賤《ひんぷきせん》 341
老若貴賤《ろうにゃくきせん》 419
逵 康衢通逵《こうくつうき》 136
棄 自暴自棄《じぼうじき》 190
毀 毀誉褒貶《きよほうへん》 108
哀毀骨立《あいきこつりつ》 1
廃仏毀釈《はいぶつきしゃく》 317
名誉毀損《めいよきそん》 386
愧 無慙無愧《むざんむき》 379
詭 幻詭猥雑《げんきわいざつ》 124
跪 跪座低頭《きざていとう》 91
睢 暴戻恣睢《ぼうれいしき》 367
旗 旗鼓堂堂《きこどうどう》 91
旗幟鮮明《きしせんめい》 92
綺 狂言綺語《きょうげんきご》 100
妄言綺語《もうげんきご》 390
器 器用貧乏《きようびんぼう》 103
大器晩成《たいきばんせい》 265
才芸器量《さいげいきりょう》 161
嬉 盤楽遊嬉《ばんらくゆうき》 331
毅 剛毅果断《ごうきかだん》 134
剛毅木訥《ごうきぼくとつ》 135
沈毅雄武《ちんきゆうぶ》 286
聡明剛毅《そうめいごうき》 260
機 機会均等《きかいきんとう》 89
機嫌気褄《きげんきづま》 90
機知奇策《きちきさく》 94
機知縦横《きちじゅうおう》 94
機知頓才《きちとんさい》 94
機謀権略《きぼうけんりゃく》 96
機略縦横《きりゃくじゅうおう》 108
危機一髪《ききいっぱつ》 89
好機到来《こうきとうらい》 135
時機到来《じきとうらい》 174
心機一転《しんきいってん》 219
神機妙算《しんきみょうさん》 220
禅機縦横《ぜんきじゅうおう》 245
臨機応変《りんきおうへん》 415
悪人正機《あくにんしょうき》 2
孟母断機《もうぼだんき》 391
騎 一騎当千《いっきとうせん》 23

羈 不羈自由《ふきじゆう》 344
不羈独立《ふきどくりつ》 344
不羈不絆《ふきふはん》 345
不羈奔放《ふきほんぽう》 345
人生羈旅《じんせいきりょ》 225
狷介不羈《けんかいふき》 123
傲慢不羈《ごうまんふき》 144
自在不羈《じざいふき》 178
独立不羈《どくりつふき》 306
放縦不羈《ほうしょうふき》 364
放蕩不羈《ほうとうふき》 366
奔放不羈《ほんぽうふき》 370
磊落不羈《らいらくふき》 405
驥 老驥伏櫪《ろうきふくれき》 419

【ギ】

祇 天神地祇《てんじんちぎ》 294
義 義気凜然《ぎきりんぜん》 90
義勇任侠《ぎゆうにんきょう》 98
義理人情《ぎりにんじょう》 108
奥義秘伝《おうぎひでん》 50
主義主張《しゅぎしゅちょう》 201
仁義忠孝《じんぎちゅうこう》 219
仁義道徳《じんぎどうとく》 219
大義名分《たいぎめいぶん》 266
非義非道《ひぎひどう》 333
不義非道《ふぎひどう》 344
不義不正《ふぎふせい》 344
不義不貞《ふぎふてい》 344
不義不徳《ふぎふとく》 344
不義密通《ふぎみっつう》 345
忠勇義烈《ちゅうゆうぎれつ》 281
断章取義《だんしょうしゅぎ》 275
忠孝仁義《ちゅうこうじんぎ》 280
不正不義《ふせいふぎ》 349
不忠不義《ふちゅうふぎ》 350
不貞不義《ふていふぎ》 351
疑 疑心暗鬼《ぎしんあんき》 92
狐疑逡巡《こぎしゅんじゅん》 147
質疑応答《しつぎおうとう》 185
遅疑逡巡《ちぎしゅんじゅん》 278
半信半疑《はんしんはんぎ》 329
儀 言辞行儀《げんじぎょうぎ》 126
他人行儀《たにんぎょうぎ》 273
戯 戯作三昧《げさくざんまい》 122
犠 自己犠牲《じこぎせい》 176
議 議論百出《ぎろんひゃくしゅつ》 109
衆議一決《しゅうぎいっけつ》 195
鳩首協議《きゅうしゅきょうぎ》 97
鳩首凝議《きゅうしゅぎょうぎ》 97
鳩首謀議《きゅうしゅぼうぎ》 97
不可思議《ふかしぎ》 343
凡俗非議《ぼんぞくひぎ》 370

【キチ】

吉 吉凶禍福《きっきょうかふく》 95
吉辰良日《きっしんりょうじつ》 95
黄道吉日《こうどうきちにち》 141
大安吉日《たいあんきちじつ》 264

【キツ】

乞 三界乞食《さんがいこつじき》 165
吃 吃喝嫖賭《きっかつひょうと》 95
吃驚仰天《きっきょうぎょうてん》 95
佶 佶屈聱牙《きっくつごうが》 95

【キャク】

却 冷却期間《れいきゃくきかん》 416
心頭滅却《しんとうめっきゃく》 229
客 主客転倒《しゅかくてんとう》 201
千客万来《せんきゃくばんらい》 245
月卿雲客《げっけいうんかく》 122
文人墨客《ぶんじんぼっかく》 356
脚 脚下照顧《きゃっかしょうこ》 96
照顧脚下《しょうこきゃっか》 208
雲水行脚《うんすいあんぎゃ》 42
二人三脚《ににんさんきゃく》 313
偏旁冠脚《へんぼうかんきゃく》 360

【ギャク】

虐 残虐非道《ざんぎゃくひどう》 166
残虐無道《ざんぎゃくむどう》 166
暴虐非道《ぼうぎゃくひどう》 362
邪知暴虐《じゃちぼうぎゃく》 193
逆 悪逆非道《あくぎゃくひどう》 2
悪逆無道《あくぎゃくむどう》 2
十逆五悪《じゅうぎゃくごあく》 195
大逆非道《たいぎゃくひどう》 266
大逆無道《たいぎゃくむどう》 266
謔 滑稽諧謔《こっけいかいぎゃく》 154

【キュウ】

九 九夏三伏《きゅうかさんぷく》 97
九死一生《きゅうしいっしょう》 97
九腸寸断《きゅうちょうすんだん》 98
九鼎大呂《きゅうていたいりょ》 98
九年面壁《くねんめんぺき》 116
九分九厘《くぶくりん》 116
三思九思《さんしきゅうし》 167
三拝九拝《さんぱいきゅうはい》 169
面壁九年《めんぺきくねん》 388
十中八九《じっちゅうはっく》 187
久 永久不変《えいきゅうふへん》 43
恒久不変《こうきゅうふへん》 135
恒久平和《こうきゅうへいわ》 135
堅忍持久《けんにんじきゅう》 128
曠日持久《こうじつじきゅう》 138
天地長久《てんちちょうきゅう》 296
天長地久《てんちょうちきゅう》 296
武運長久《ぶうんちょうきゅう》 343
弓 弓馬槍剣《きゅうばそうけん》 99
弓馬刀槍《きゅうばとうそう》 99
干戈弓馬《かんかきゅうば》 76
旧 旧態依然《きゅうたいいぜん》 98
旧套墨守《きゅうとうぼくしゅ》 98
故旧新知《こきゅうしんち》 147
名所旧跡《めいしょきゅうせき》 385
親戚故旧《しんせきこきゅう》 226
休 閑話休題《かんわきゅうだい》 88
不眠不休《ふみんふきゅう》 353
朽 不朽不滅《ふきゅうふめつ》 345
千古不朽《せんこふきゅう》 247
万世不朽《ばんせいふきゅう》 330
万代不朽《ばんだいふきゅう》 330
不死不朽《ふしふきゅう》 349
求 欣求浄土《ごんぐじょうど》 158
欲求不満《よっきゅうふまん》 404
縁木求魚《えんぼくきゅうぎょ》 48
刻舟求剣《こくしゅうきゅうけん》 148

実事求是《じつじきゅうぜ》 185
苛斂誅求《かれんちゅうきゅう》 74
究 格物究理《かくぶつきゅうり》 64
真相究明《しんそうきゅうめい》 226
急 急所弱所《きゅうしょじゃくしょ》 98
急転直下《きゅうてんちょっか》 98
応急措置《おうきゅうそち》 50
応急手当《おうきゅうてあて》 50
緩急剛柔《かんきゅうごうじゅう》 78
緩急自在《かんきゅうじざい》 78
危急存亡《ききゅうそんぼう》 89
一旦緩急《いったんかんきゅう》 29
前後緩急《ぜんごかんきゅう》 246
遅速緩急《ちそくかんきゅう》 279
必死危急《ひっしききゅう》 335
笈 孤笈飄然《こきゅうひょうぜん》 147
躬 実践躬行《じっせんきゅうこう》 186
率先躬行《そっせんきゅうこう》 263
蹇蹇匪躬《けんけんひきゅう》 125
救 救国済民《きゅうこくさいみん》 97
救世済民《きゅうせいさいみん》 98
済民救世《さいみんきゅうせい》 164
諸人救済《しょじんきゅうさい》 216
球 観測気球《かんそくききゅう》 83
全力投球《ぜんりょくとうきゅう》 256
給 自給自足《じきゅうじそく》 174
鳩 鳩居鵲巣《きゅうきょじゃくそう》 97
鳩首協議《きゅうしゅきょうぎ》 97
鳩首凝議《きゅうしゅぎょうぎ》 97
鳩首謀議《きゅうしゅぼうぎ》 97
裘 軽裘肥馬《けいきゅうひば》 118
肥馬軽裘《ひばけいきゅう》 335
窮 窮山幽谷《きゅうざんゆうこく》 97
困窮疲弊《こんきゅうひへい》 157
困窮疲労《こんきゅうひろう》 158
困窮零落《こんきゅうれいらく》 158
困苦窮乏《こんくきゅうぼう》 158
永遠無窮《えいえんむきゅう》 43
千古無窮《せんこむきゅう》 247
天壌無窮《てんじょうむきゅう》 294

【ギュウ】

牛 牛飲馬食《ぎゅういんばしょく》 96
牛溲馬勃《ぎゅうしゅうばぼつ》 97
牛頭馬頭《ごずめず》 152
一牛吼地《いちぎゅうこうち》 14
一牛鳴地《いちぎゅうめいち》 14
蝸牛角上《かぎゅうかくじょう》 63
汗牛充棟《かんぎゅうじゅうとう》 78
呉牛喘月《ごぎゅうぜんげつ》 147
鶏口牛後《けいこうぎゅうご》 118
充棟汗牛《じゅうとうかんぎゅう》 198

【キョ】

去 去就進退《きょしゅうしんたい》 107
進退去就《しんたいきょしゅう》 227
則天去私《そくてんきょし》 261
巨 巨眼赭髯《きょがんしゃぜん》 105
居 安居楽業《あんきょらくぎょう》 5
閑居徒然《かんきょとぜん》 78
起居挙動《ききょきょどう》 90
鳩居鵲巣《きゅうきょじゃくそう》 97
起居振舞《たちいふるまい》 273
蟄居屏息《ちっきょへいそく》 279
蟄居閉門《ちっきょへいもん》 279
一言居士《いちげんこじ》 15
慎重居士《しんちょうこじ》 228
小人閑居《しょうじんかんきょ》 211
閉門蟄居《へいもんちっきょ》 359
拠 証拠歴然《しょうこれきぜん》 209
群雄割拠《ぐんゆうかっきょ》 117
挙 挙国一致《きょこくいっち》 106
挙止進退《きょししんたい》 107
挙措進退《きょそしんたい》 108
挙動不審《きょどうふしん》 108
一挙一動《いっきょいちどう》 23
一挙両得《いっきょりょうとく》 24
軽挙妄動《けいきょもうどう》 118
起居挙動《ききょきょどう》 90
言語挙動《げんごきょどう》 126
虚 虚虚実実《きょきょじつじつ》 105
虚実混交《きょじつこんこう》 107
虚実皮膜《きょじつひまく》 107
虚心坦懐《きょしんたんかい》 107
虚心平気《きょしんへいき》 107
虚静恬淡《きょせいてんたん》 107
虚誕妄説《きょたんもうせつ》 108
虚無恬淡《きょむてんたん》 108
虚礼虚文《きょれいきょぶん》 108
枯淡虚静《こたんきょせい》 153
浮華虚栄《ふかきょえい》 343
許 免許皆伝《めんきょかいでん》 388
専売特許《せんばいとっきょ》 254
踞 竜蟠虎踞《りゅうばんこきょ》 412

【ギョ】

魚 沈魚落雁《ちんぎょらくがん》 286
縁木求魚《えんぼくきゅうぎょ》 48

【キョウ】

凶 凶険無道《きょうけんむどう》 100
凶暴剽悍《きょうぼうひょうかん》 103
吉凶禍福《きっきょうかふく》 95
極悪凶猛《ごくあくきょうもう》 147
共 共存共栄《きょうぞんきょうえい》 102
共同戦線《きょうどうせんせん》 103
万国共通《ばんこくきょうつう》 327
平和共存《へいわきょうぞん》 359
叫 叫喚地獄《きょうかんじごく》 99
阿鼻叫喚《あびきょうかん》 4
亨 元亨利貞《げんこうりてい》 126
狂 狂歌乱舞《きょうからんぶ》 99
狂喜乱舞《きょうきらんぶ》 100
狂言綺語《きょうげんきご》 100
狂酔乱舞《きょうすいらんぶ》 102
狂悖暴戻《きょうはいぼうれい》 103
狂瀾怒濤《きょうらんどとう》 104
茶番狂言《ちゃばんきょうげん》 280
供 開眼供養《かいげんくよう》 58
追善供養《ついぜんくよう》 287
人身御供《ひとみごくう》 335
協 協心戮力《きょうしんりくりょく》 102
協力一致《きょうりょくいっち》 104
不協和音《ふきょうわおん》 345
一致協力《いっちきょうりょく》 29
鳩首協議《きゅうしゅきょうぎ》 97
紳士協定《しんしきょうてい》 221
戮力協心《りくりょくきょうしん》 409
怯 怯懦暗愚《きょうだあんぐ》 102

卑怯千万《ひきょうせんばん》　333
侠　義勇任侠《ぎゆうにんきょう》　98
狭　偏狭頑固《へんきょうがんこ》　360
粗鹵狭隘《そろきょうあい》　263
頑固偏狭《がんこへんきょう》　80
恟　人心恟恟《じんしんきょうきょう》　224
拱　拱手傍観《きょうしゅぼうかん》　102
恐　恐悦至極《きょうえつしごく》　99
恐恐謹言《きょうきょうきんげん》　100
恐懼感激《きょうくかんげき》　100
恐惶謹言《きょうこうきんげん》　101
恐惶嘆願《きょうこうたんがん》　101
惶恐再拝《こうきょうさいはい》　136
誠恐誠惶《せいきょうせいこう》　234
戦戦恐恐《せんせんきょうきょう》　251
誠惶誠恐《せいこうせいきょう》　234
恭　温良恭倹《おんりょうきょうけん》　56
強　強食弱肉《きょうしょくじゃくにく》　102
強迫観念《きょうはくかんねん》　103
強情我慢《ごうじょうがまん》　138
強欲非道《ごうよくひどう》　145
牽強付会《けんきょうふかい》　124
剛強正大《ごうきょうせいだい》　136
剛強無双《ごうきょうむそう》　136
弱肉強食《じゃくにくきょうしょく》　191
鉄腸強胆《てっちょうごうたん》　290
博聞強記《はくぶんきょうき》　321
博覧強記《はくらんきょうき》　321
富国強兵《ふこくきょうへい》　348
教　教唆扇動《きょうさせんどう》　101
政教一致《せいきょういっち》　234
政教分離《せいきょうぶんり》　234
反面教師《はんめんきょうし》　331
淫祠邪教《いんしじゃきょう》　36
郷　近郷近在《きんごうきんざい》　111
黒甜郷裡《こくてんきょうり》　149
衣錦還郷《いきんかんきょう》　9
近在近郷《きんざいきんごう》　111
無何有郷《むかゆうきょう》　377
梟　梟盧一擲《きょうろいってき》　104
卿　月卿雲客《げっけいうんかく》　122
境　幽趣佳境《ゆうしゅかきょう》　397
興　興味索然《きょうみさくぜん》　104
興味津津《きょうみしんしん》　104
興亡盛衰《こうぼうせいすい》　143
感興籠絡《かんきょうろうらく》　78
感奮興起《かんぷんこうき》　86
盛衰興亡《せいすいこうぼう》　236
治乱興廃《ちらんこうはい》　285
治乱興亡《ちらんこうぼう》　285
文芸復興《ぶんげいふっこう》　355
頰　曲眉豊頰《きょくびほうきょう》　106
鏡　鏡花水月《きょうかすいげつ》　99
明鏡止水《めいきょうしすい》　384
驚　驚魂悸魄《きょうこんきはく》　101
驚天動地《きょうてんどうち》　102
吃驚仰天《きっきょうぎょうてん》　95
瞠若驚嘆《どうじゃくきょうたん》　301
驕　驕奢淫逸《きょうしゃいんいつ》　101
驕兵必敗《きょうへいひっぱい》　103
驍　驍勇無双《ぎょうゆうむそう》　104

【ギョウ】

仰　渇仰随喜《かつごうずいき》　69
俯仰天地《ふぎょうてんち》　345
吃驚仰天《きっきょうぎょうてん》　95
随喜渇仰《ずいきかつごう》　231
業　自業自悔《じごうじかい》　175
自業自得《じごうじとく》　176
創業守成《そうぎょうしゅせい》　257
安居楽業《あんきょらくぎょう》　5
澆　澆季混濁《ぎょうきこんだく》　100
澆季末世《ぎょうきまっせ》　100
末世澆季《まっせぎょうき》　371
凝　鳩首凝議《きゅうしゅぎょうぎ》　97
驍　⇨キョウ

【キョク】

旭　旭日昇天《きょくじつしょうてん》　105
曲　曲学阿世《きょくがくあせい》　105
曲直正邪《きょくちょくせいじゃ》　106
曲直是非《きょくちょくぜひ》　106
曲筆舞文《きょくひつぶぶん》　106
曲眉豊頰《きょくびほうきょう》　106
異曲同工《いきょくどうこう》　9
阿世曲学《あせいきょくがく》　3
迂余曲折《うよきょくせつ》　40
正邪曲直《せいじゃきょくちょく》　235
是非曲直《ぜひきょくちょく》　243
長汀曲浦《ちょうていきょくほ》　284
波瀾曲折《はらんきょくせつ》　326
舞文曲筆《ぶぶんきょくひつ》　352
理非曲直《りひきょくちょく》　410
歌舞音曲《かぶおんぎょく》　72
猜忌邪曲《さいきじゃきょく》　161
同工異曲《どうこういきょく》　300
局　局外中立《きょくがいちゅうりつ》　105
局面打開《きょくめんだかい》　106
極　極悪凶猛《ごくあくきょうもう》　147
極悪大罪《ごくあくたいざい》　148
極悪非道《ごくあくひどう》　148
極悪無道《ごくあくむどう》　148
極楽往生《ごくらくおうじょう》　149
極楽浄土《ごくらくじょうど》　149
極楽蜻蛉《ごくらくとんぼ》　149
直言極諫《ちょくげんきょっかん》　284
永劫無極《えいごうむきょく》　44
恐悦至極《きょうえつしごく》　99
残念至極《ざんねんしごく》　169
失礼至極《しつれいしごく》　188
大慶至極《たいけいしごく》　266
澹然無極《たんぜんむきょく》　276
無礼至極《ぶれいしごく》　354
迷惑至極《めいわくしごく》　387
棘　千荊万棘《せんけいばんきょく》　245
跼　跼天蹐地《きょくてんせきち》　106

【ギョク】

玉　玉石混交《ぎょくせきこんこう》　105
玉石同架《ぎょくせきどうか》　105
玉楼金殿《ぎょくろうきんでん》　106
懐玉有罪《かいぎょくゆうざい》　58
錦衣玉食《きんいぎょくしょく》　109
金烏玉兎《きんうぎょくと》　109
金科玉条《きんかぎょくじょう》　110
金枝玉葉《きんしぎょくよう》　111
金殿玉楼《きんでんぎょくろう》　113

【キン】

今 ⇨コン
均 機会均等《きかいきんとう》 89
近 近郷近在《きんごうきんざい》 111
近在近郷《きんざいきんごう》 111
近所合壁《きんじょがっぺき》 112
近親相姦《きんしんそうかん》 112
遠交近攻《えんこうきんこう》 47
遠慮近憂《えんりょきんゆう》 49
単樸浅近《たんぼくせんきん》 276
欣 欣喜雀躍《きんきじゃくやく》 110
欣求浄土《ごんぐじょうど》 158
金 金烏玉兎《きんうぎょくと》 109
金甌無欠《きんおうむけつ》 109
金科玉条《きんかぎょくじょう》 110
金枝玉葉《きんしぎょくよう》 111
金城鉄壁《きんじょうてっぺき》 112
金城湯池《きんじょうとうち》 112
金泥精描《きんでいせいびょう》 112
金殿玉楼《きんでんぎょくろう》 113
金波銀波《きんぱぎんぱ》 113
金襴緞子《きんらんどんす》 113
金剛不壊《こんごうふえ》 158
金剛力士《こんごうりきし》 158
金輪奈落《こんりんならく》 160
黄金時代《おうごんじだい》 51
玉楼金殿《ぎょくろうきんでん》 106
銀波金波《ぎんぱきんぱ》 113
不壊金剛《ふえこんごう》 343
一字千金《いちじせんきん》 16
一諾千金《いちだくせんきん》 18
一攫千金《いっかくせんきん》 22
一刻千金《いっこくせんきん》 24
勤 勤倹質素《きんけんしっそ》 110
勤倹小心《きんけんしょうしん》 110
勤倹尚武《きんけんしょうぶ》 110
勤倹力行《きんけんりっこう》 110
勤王攘夷《きんのうじょうい》 113
勤王討幕《きんのうとうばく》 113
勤労奉仕《きんろうほうし》 114
恪勤精励《かっきんせいれい》 68
温和勤勉《おんわきんべん》 57
精励恪勤《せいれいかっきん》 239
清廉恪勤《せいれんかっきん》 239
琴 琴瑟調和《きんしつちょうわ》 111
閑花素琴《かんかそきん》 77
僅 僅有絶無《きんゆうぜつむ》 113
絶無僅有《ぜつむきんゆう》 242
禁 女人禁制《にょにんきんせい》 314
禽 禽獣草木《きんじゅうそうもく》 111
草木禽獣《そうもくきんじゅう》 260
緊 緊褌一番《きんこんいちばん》 111
槿 槿花一日《きんかいちじつ》 109
槿花一朝《きんかいっちょう》 109
錦 錦衣玉食《きんいぎょくしょく》 109
錦繡綾羅《きんしゅうりょうら》 112
錦心繡腸《きんしんしゅうちょう》 112
衣錦還郷《いきんかんきょう》 9
繡口錦心《しゅうこうきんしん》 196
綾羅錦繡《りょうらきんしゅう》 414
擒 七擒七縦《しちきんしちしょう》 183
七縦七擒《しちしょうしちきん》 183
謹 謹厳実直《きんげんじっちょく》 110
謹厚慎重《きんこうしんちょう》 111
恐恐謹言《きょうきょうきんげん》 100
恐惶謹言《きょうこうきんげん》 101
実直謹厳《じっちょくきんげん》 187
重厚謹厳《じゅうこうきんげん》 195
方正謹厳《ほうせいきんげん》 365
襟 衣香襟影《いこうきんえい》 9

【ギン】

吟 高吟放歌《こうぎんほうか》 136
放吟高歌《ほうぎんこうか》 362
懊悩呻吟《おうのうしんぎん》 52
高歌放吟《こうかほうぎん》 133
放歌高吟《ほうかこうぎん》 362
黙思口吟《もくしこうぎん》 391
銀 銀波金波《ぎんぱきんぱ》 113
銀鱗躍動《ぎんりんやくどう》 114
金波銀波《きんぱぎんぱ》 113
慇 慇懃丁重《いんぎんていちょう》 36
慇懃無礼《いんぎんぶれい》 36

【ク】

句 一句一語《いっくいちご》 24
一行半句《いちぎょうはんく》 14
一語一句《いちごいっく》 15
一言一句《いちごんいっく》 15
一言隻句《いちごんせきく》 16
一言半句《いちごんはんく》 16
一字一句《いちじいっく》 16
一字半句《いちじはんく》 17
美辞麗句《びじれいく》 334
片言隻句《へんげんせきく》 360
片言半句《へんげんはんく》 360
狗 鶏鳴狗盗《けいめいくとう》 121
羊頭狗肉《ようとうくにく》 403
苦 苦学力行《くがくりっこう》 116
苦行難行《くぎょうなんぎょう》 116
苦心惨憺《くしんさんたん》 116
艱苦辛苦《かんくしんく》 78
刻苦精進《こっくしょうじん》 154
刻苦精励《こっくせいれい》 154
刻苦勉励《こっくべんれい》 154
困苦艱難《こんくかんなん》 158
困苦窮乏《こんくきゅうぼう》 158
困苦欠乏《こんくけつぼう》 158
四苦八苦《しくはっく》 175
辛苦艱難《しんくかんなん》 220
辛苦心労《しんくしんろう》 220
抜苦与楽《ばっくよらく》 323
悪戦苦闘《あくせんくとう》 2
艱難苦労《かんなんくろう》 84
焦心苦慮《しょうしんくりょ》 211
精思苦到《せいしくとう》 235
難行苦行《なんぎょうくぎょう》 309
反間苦肉《はんかんくにく》 327
愛別離苦《あいべつりく》 1
一意攻苦《いちいこうく》 13
艱難辛苦《かんなんしんく》 84
七難八苦《しちなんはっく》 184
辛酸甘苦《しんさんかんく》 221
絶痛絶苦《ぜっつうぜっく》 242
千辛万苦《せんしんばんく》 250
悲喜憂苦《ひきゆうく》 333
粒粒辛苦《りゅうりゅうしんく》 413
零丁孤苦《れいていこく》 417
矩 規矩準縄《きくじゅんじょう》 90
規矩標準《きくひょうじゅん》 90

駆 駆込訴訟《かけこみそしょう》 65
懸軍長駆《けんぐんちょうく》 124
並駕斉駆《へいがせいく》 358
軀 痩軀長身《そうくちょうしん》 257
長身痩軀《ちょうしんそうく》 283
懼 恐懼感激《きょうくかんげき》 100
衢 康衢通逵《こうくつうき》 136
四衢八街《しくはちがい》 175

【グ】

具 円満具足《えんまんぐそく》 49
煩悩具足《ぼんのうぐそく》 370
倶 不倶戴天《ふぐたいてん》 346
愚 賢愚正邪《けんぐせいじゃ》 124
浅薄愚劣《せんぱくぐれつ》 255
無知愚昧《むちぐまい》 380
頑陋至愚《がんろうしぐ》 87
怯懦暗愚《きょうだあんぐ》 102
固陋蠢愚《ころうしゅんぐ》 157

【クウ】

空 空空寂寂《くうくうじゃくじゃく》 114
空空漠漠《くうくうばくばく》 114
空前絶後《くうぜんぜつご》 115
空即是色《くうそくぜしき》 115
空中分解《くうちゅうぶんかい》 115
空中楼閣《くうちゅうろうかく》 115
空理空論《くうりくうろん》 116
架空無稽《かくうむけい》 63
天空海闊《てんくうかいかつ》 293
史上空前《しじょうくうぜん》 180
赤手空拳《せきしゅくうけん》 240
徒手空拳《としゅくうけん》 306
海闊天空《かいかつてんくう》 57
色即是空《しきそくぜくう》 174

【グウ】

偶 偶像崇拝《ぐうぞうすうはい》 115
偶像破壊《ぐうぞうはかい》 115
遇 轗軻不遇《かんかふぐう》 77
千載一遇《せんざいいちぐう》 248

【クツ】

屈 佶屈聱牙《きっくつごうが》 95
不屈不撓《ふくつふとう》 347
不屈不絆《ふくつふはん》 347
狷介不屈《けんかいふくつ》 123
傲岸不屈《ごうがんふくつ》 134
不撓不屈《ふとうふくつ》 351
窟 狡兎三窟《こうときんくつ》 142
靴 ⇨カ

【クン】

君 君子豹変《くんしひょうへん》 116
賢君忠臣《けんくんちゅうしん》 124
忠君愛国《ちゅうくんあいこく》 280
暴君暴吏《ぼうくんぼうり》 363
明君賢相《めいくんけんしょう》 385
聖人君子《せいじんくんし》 236
勲 叙位叙勲《じょいじょくん》 207

【グン】

軍 懸軍長駆《けんぐんちょうく》 124
懸軍万里《けんぐんばんり》 125
孤軍重囲《こぐんじゅうい》 150
孤軍奮闘《こぐんふんとう》 150
千軍万馬《せんぐんばんば》 245
群 群集心理《ぐんしゅうしんり》 117
群衆妄覚《ぐんしゅうもうかく》 117
群雄割拠《ぐんゆうかっきょ》 117
絶類抜群《ぜつるいばつぐん》 242

【ゲ】

下 ⇨カ

【ケイ】

兄 兄弟弟子《きょうだいでし》 102
四海兄弟《しかいけいてい》 172
形 形影一如《けいえいいちにょ》 117
形勢不利《けいせいふり》 120
異類異形《いるいいぎょう》 35
系 万世一系《ばんせいいっけい》 329
径 直情径行《ちょくじょうけいこう》 285
行動半径《こうどうはんけい》 142
係 三角関係《さんかくかんけい》 165
契 契合一致《けいごういっち》 118
黙契秘旨《もっけいひし》 391
神会黙契《しんかいもっけい》 219
荊 千荊万棘《せんけいばんきょく》 245
計 三十六計《さんじゅうろっけい》 167
勁 雄健蒼勁《ゆうけんそうけい》 396
炯 眼光炯炯《がんこうけいけい》 79
恵 知恵才覚《ちえさいかく》 277
知恵分別《ちえふんべつ》 277
啓 一筆啓上《いっぴつけいじょう》 32
渓 虎渓三笑《こけいさんしょう》 150
経 経国済民《けいこくさいみん》 119
経史子集《けいししょう》 119
経世済民《けいせいさいみん》 119
国家経綸《こっかけいりん》 153
四書五経《ししょごきょう》 181
蛍 蛍窓雪案《けいそうせつあん》 120
雪案蛍窓《せつあんけいそう》 241
頃 一碧万頃《いっぺきばんけい》 33
卿 ⇨キョウ
敬 敬神崇仏《けいしんすうぶつ》 119
敬天愛人《けいてんあいじん》 120
失敬千万《しっけいせんばん》 185
表敬訪問《ひょうけいほうもん》 339
和敬清寂《わけいせいじゃく》 421
景 一物一景《いちぶついっけい》 19
心象風景《しんしょうふうけい》 224
軽 軽裘肥馬《けいきゅうひば》 118
軽挙妄動《けいきょもうどう》 118
軽重深浅《けいちょうしんせん》 120
軽佻粗暴《けいちょうそぼう》 120
軽佻浮薄《けいちょうふはく》 120
軽薄才子《けいはくさいし》 121
軽薄短小《けいはくたんしょう》 121
軽妙洒脱《けいみょうしゃだつ》 121
元軽白俗《げんけいはくぞく》 125
簡易軽便《かんいけいべん》 75
短慮軽率《たんりょけいそつ》 277
難易軽重《なんいけいちょう》 309
肥馬軽裘《ひばけいきゅう》 335
傾 傾国傾城《けいこくけいせい》 119
傾城傾国《けいせいけいこく》 119
閨 翠帳紅閨《すいちょうこうけい》 231
慶 大慶至極《たいけいしごく》 266

漢字索引

慧 慧眼無双《けいがんむそう》 118
稽 滑稽詼諧《こっけいかいかい》 154
滑稽諧謔《こっけいかいぎゃく》 154
滑稽洒脱《こっけいしゃだつ》 154
無稽荒唐《むけいこうとう》 377
再拝稽首《さいはいけいしゅ》 163
北面稽首《ほくめんけいしゅ》 368
架空無稽《かくうむけい》 63
荒唐不稽《こうとうふけい》 142
荒唐無稽《こうとうむけい》 142
妄誕無稽《もうたんむけい》 390
野卑滑稽《やひこっけい》 394
瓊 瓊葩繡葉《けいはしゅうよう》 121
瑶林瓊樹《ようりんけいじゅ》 403
鶏 鶏口牛後《けいこうぎゅうご》 118
鶏鳴狗盗《けいめいくとう》 121
陶犬瓦鶏《とうけんがけい》 300

【ゲイ】

芸 一芸一能《いちげいいちのう》 14
才芸器量《さいげいきりょう》 161
多芸多才《たげいたさい》 271
武芸百般《ぶげいひゃっぱん》 347
文芸復興《ぶんげいふっこう》 355
無芸大食《むげいたいしょく》 377
無芸無能《むげいむのう》 377
一能一芸《いちのういちげい》 19
迎 阿諛迎合《あゆげいごう》 4
霓 霓裳羽衣《げいしょううい》 119
鯨 鯨飲馬食《げいいんばしょく》 117

【ゲキ】

戟 車馬剣戟《しゃばけんげき》 193
刀槍矛戟《とうそうぼうげき》 302
撃 鼓腹撃壌《こふくげきじょう》 155
抱関撃柝《ほうかんげきたく》 362
肩摩轂撃《けんまこくげき》 129
人身攻撃《じんしんこうげき》 224
先制攻撃《せんせいこうげき》 251
咆哮搏撃《ほうこうはくげき》 363
鴃 南蛮鴃舌《なんばんげきぜつ》 311
激 活火激発《かっかげきはつ》 68
慷慨激越《こうがいげきえつ》 131
鼓舞激励《こぶげきれい》 156
殺伐激越《さつばつげきえつ》 165
叱咤激励《しったげきれい》 186
噴薄激盪《ふんぱくげきとう》 356
恐懼感激《きょうくかんげき》 100
慷慨憤激《こうがいふんげき》 131
鷁 竜頭鷁首《りゅうとうげきしゅ》 412

【ケツ】

欠 欠席裁判《けっせきさいばん》 123
困苦欠乏《こんくけつぼう》 158
完全無欠《かんぜんむけつ》 83
金甌無欠《きんおうむけつ》 109
穴 偕老同穴《かいろうどうけつ》 62
血 鮮血淋漓《せんけつりんり》 245
流血淋漓《りゅうけつりんり》 411
屍山血河《しざんけつが》 178
決 先決問題《せんけつもんだい》 245
即決即断《そっけつそくだん》 263
円満解決《えんまんかいけつ》 48
衆議一決《しゅうぎいっけつ》 195
速戦即決《そくせんそっけつ》 261
即断即決《そくだんそっけつ》 261
抉 爬羅剔抉《はらてっけつ》 325
結 結跏趺座《けっかふざ》 122
結髪風姿《けっぱつふうし》 123
一致団結《いっちだんけつ》 29
起承転結《きしょうてんけつ》 92
大同団結《だいどうだんけつ》 269
短褐穿結《たんかつせんけつ》 275
傑 英俊豪傑《えいしゅんごうけつ》 44
英雄豪傑《えいゆうごうけつ》 45
潔 簡潔明瞭《かんけつめいりょう》 79
高潔無比《こうけつむひ》 136
純潔無垢《じゅんけつむく》 205
精進潔斎《しょうじんけっさい》 211
清浄潔白《せいじょうけっぱく》 235
清廉潔白《せいれんけっぱく》 240
品性高潔《ひんせいこうけつ》 340
譎 譎詐百端《けっさひゃくたん》 123

【ゲツ】

月 月下氷人《げっかひょうじん》 122
月卿雲客《げっけいうんかく》 122
月鼈雲泥《げつべつうんでい》 123
羞月閉花《しゅうげつへいか》 195
祥月命日《しょうつきめいにち》 213
日月星辰《にちげつせいしん》 312
落月屋梁《らくげつおくりょう》 406
雲壌月鼈《うんじょうげつべつ》 42
花晨月夕《かしんげっせき》 66
花朝月夕《かちょうげっせき》 67
花鳥月露《かちょうげつろ》 67
人物月旦《じんぶつげったん》 229
日進月歩《にっしんげっぽ》 312
屋梁落月《おくりょうらくげつ》 53
海底撈月《かいていろうげつ》 61
花鳥風月《かちょうふうげつ》 68
鏡花水月《きょうかすいげつ》 99
光風霽月《こうふうせいげつ》 142
呉牛喘月《ごぎゅうぜんげつ》 147
孤城落月《こじょうらくげつ》 152
嘯風弄月《しょうふうろうげつ》 214
清風明月《せいふうめいげつ》 238

【ケン】

犬 蜀犬吠日《しょっけんはいじつ》 217
陶犬瓦鶏《とうけんがけい》 300
驢鳴犬吠《ろめいけんぱい》 421
件 一件落着《いっけんらくちゃく》 24
条件反射《じょうけんはんしゃ》 208
見 見性成仏《けんしょうじょうぶつ》 127
邪見放逸《じゃけんほういつ》 192
物見遊山《ものみゆさん》 392
陣中見舞《じんちゅうみまい》 228
先入僻見《せんにゅうへきけん》 254
肩 肩摩轂撃《けんまこくげき》 129
比肩随踵《ひけんずいしょう》 333
倹 勤倹質素《きんけんしっそ》 110
勤倹小心《きんけんしょうしん》 110
勤倹尚武《きんけんしょうぶ》 110
勤倹力行《きんけんりっこう》 110
質素倹約《しっそけんやく》 186
温良恭倹《おんりょうきょうけん》 56
倦 倦怠疲労《けんたいひろう》 127
兼 才色兼備《さいしょくけんび》 162

知徳兼備《ちとくけんび》 279
知勇兼備《ちゆうけんび》 280
昼夜兼行《ちゅうやけんこう》 281
文武兼備《ぶんぶけんび》 356
剣 剣山刀樹《けんざんとうじゅ》 126
真剣勝負《しんけんしょうぶ》 220
車馬剣戟《しゃばけんげき》 193
弓馬槍剣《きゅうばそうけん》 99
刻舟求剣《こくしゅうきゅうけん》 148
短褐孤剣《たんかつこけん》 274
拳 拳拳服膺《けんけんふくよう》 125
赤手空拳《せきしゅくうけん》 240
徒手空拳《としゅくうけん》 306
軒 意気軒昂《いきけんこう》 8
狷 狷介孤高《けんかいここう》 123
狷介不羈《けんかいふき》 123
狷介不屈《けんかいふくつ》 123
孤高狷介《ここうけんかい》 150
健 剛健質実《ごうけんしつじつ》 136
剛健質朴《ごうけんしつぼく》 136
雄健蒼勁《ゆうけんそうけい》 396
気象勇健《きしょうゆうけん》 92
質実剛健《しつじつごうけん》 186
質朴剛健《しつぼくごうけん》 188
峻抜雄健《しゅんばつゆうけん》 207
牽 牽強付会《けんきょうふかい》 124
牽攣乖隔《けんれんかいかく》 130
険 凶険無道《きょうけんむどう》 100
至険至難《しけんしなん》 175
眷 一家眷属《いっかけんぞく》 23
妻子眷属《さいしけんぞく》 162
親戚眷属《しんせきけんぞく》 225
絢 絢爛華麗《けんらんかれい》 129
絢爛豪華《けんらんごうか》 129
豪華絢爛《ごうかけんらん》 132
喧 喧喧囂囂《けんけんごうごう》 125
堅 堅甲利兵《けんこうりへい》 126
堅忍持久《けんにんじきゅう》 128
堅忍不抜《けんにんふばつ》 128
堅白異同《けんぱくいどう》 128
堅白同異《けんぱくどうい》 128
堅牢堅固《けんろうけんご》 130
意志堅固《いしけんご》 10
志操堅固《しそうけんご》 181
道心堅固《どうしんけんご》 301
要害堅固《ようがいけんご》 402
用心堅固《ようじんけんご》 403
硯 筆硯紙墨《ひっけんしぼく》 335
筆耕硯田《ひっこうけんでん》 335
嫌 機嫌気褄《きげんきづま》 90
畏怖嫌厭《いふけんえん》 34
自己嫌厭《じこけんえん》 176
自己嫌悪《じこけんお》 176
権 権貴栄達《けんきえいだつ》 124
権謀術策《けんぼうじゅっさく》 129
権謀術数《けんぼうじゅっすう》 129
越権行為《えっけんこうい》 46
主権在民《しゅけんざいみん》 202
職権濫用《しょっけんらんよう》 217
人権蹂躙《じんけんじゅうりん》 220
機謀権略《きぼうけんりゃく》 96
国家権力《こっかけんりょく》 153
傀儡政権《かいらいせいけん》 62
自由民権《じゆうみんけん》 200
男女同権《だんじょどうけん》 276
治外法権《ちがいほうけん》 278
憲 朝憲紊乱《ちょうけんびんらん》 282
賢 賢愚正邪《けんぐせいじゃ》 124
賢君忠臣《けんくんちゅうしん》 124
賢母良妻《けんぼりょうさい》 129
賢良方正《けんりょうほうせい》 130
聖人賢者《せいじんけんじゃ》 236
明君賢相《めいくんけんしょう》 385
良妻賢母《りょうさいけんぼ》 414
謙 順従謙黙《じゅんじゅうけんもく》 205
蹇 蹇蹇匪躬《けんけんひきゅう》 125
顕 貴顕紳士《きけんしんし》 90
破邪顕正《はじゃけんしょう》 322
大官貴顕《たいかんきけん》 265
懸 懸軍長駆《けんぐんちょうく》 124
懸軍万里《けんぐんばんり》 125
一生懸命《いっしょうけんめい》 26
一所懸命《いっしょけんめい》 27
雲壌懸隔《うんじょうけんかく》 42
座薪懸胆《ざしんけんたん》 164

【ゲン】

元 元気潑剌《げんきはつらつ》 124
元軽白俗《げんけいはくぞく》 125
元亨利貞《げんこうりてい》 126
鼻元思案《はなもとじあん》 325
一新紀元《いちしんきげん》 17
本家本元《ほんけほんもと》 369
幻 幻詭猥雑《げんきわいざつ》 124
変幻自在《へんげんじざい》 360
変幻出没《へんげんしゅつぼつ》 360
夢幻泡沫《むげんほうまつ》 378
妖異幻怪《よういげんかい》 401
泡沫夢幻《ほうまつむげん》 367
玄 天地玄黄《てんちげんこう》 296
言 言行一致《げんこういっち》 126
言行齟齬《げんこうそご》 126
言語挙動《げんごきょどう》 126
言辞行儀《げんじぎょうぎ》 126
言文一致《げんぶんいっち》 129
言文一途《げんぶんいっと》 129
言語道断《ごんごどうだん》 159
一言一行《いちげんいっこう》 14
一言居士《いちげんこじ》 15
一言一句《いちごんいっく》 15
一言隻句《いちごんせきく》 16
一言半句《いちごんはんく》 16
一言芳恩《いちごんほうおん》 16
嘉言善行《かげんぜんこう》 65
寡言沈黙《かげんちんもく》 65
狂言綺語《きょうげんきご》 100
巧言令色《こうげんれいしょく》 137
真言秘密《しんごんひみつ》 221
前言往行《ぜんげんおうこう》 245
千言万語《せんげんばんご》 246
造言飛語《ぞうげんひご》 257
俗言俚語《ぞくげんりご》 260
大言壮語《たいげんそうご》 266
他言無用《たごんむよう》 271
直言極諫《ちょくげんきょっかん》 284
不言実行《ふげんじっこう》 347
不言不語《ふげんふご》 347
片言隻句《へんげんせきく》 360

片言《へんげん》隻語《せきご》 360
片言《へんげん》半句《はんく》 360
片言《へんげん》半語《はんご》 360
妄言《もうげん》綺語《きご》 390
妄言《もうげん》多謝《たしゃ》 390
有言《ゆうげん》実行《じっこう》 396
俚言《りげん》俗語《ぞくご》 409
流言《りゅうげん》飛語《ひご》 411
悪口《あっこう》雑言《ぞうごん》 4
恐恐《きょうきょう》謹言《きんげん》 100
恐惶《きょうこう》謹言《きんげん》 101
三百《さんびゃく》代言《だいげん》 170
茶番《ちゃばん》狂言《きょうげん》 280
沈黙《ちんもく》寡言《かげん》 287
罵詈《ばり》雑言《ぞうごん》 326
漫語《まんご》放言《ほうげん》 372
面従《めんじゅう》後言《こうげん》 388
俚語《りご》俗言《ぞくげん》 409
弦 詩歌《しいか》管弦《かんげん》 171
現 現状《げんじょう》維持《いじ》 127
現状《げんじょう》打破《だは》 127
現世《げんぜ》利益《りやく》 127
減 加減《かげん》乗除《じょうじょ》 65
源 桃源《とうげん》洞裡《どうり》 300
医食《いしょく》同源《どうげん》 12
抜本《ばっぽん》塞源《そくげん》 325
武陵《ぶりょう》桃源《とうげん》 354
厳 厳正《げんせい》中立《ちゅうりつ》 127
厳父《げんぷ》慈母《じぼ》 128
謹厳《きんげん》実直《じっちょく》 110
荘厳《そうごん》華麗《かれい》 257
荘厳《そうごん》美麗《びれい》 257
実直《じっちょく》謹厳《きんげん》 187
重厚《じゅうこう》謹厳《きんげん》 195
熱烈《ねつれつ》峻厳《しゅんげん》 315
美麗《びれい》荘厳《そうごん》 340
方正《ほうせい》謹厳《きんげん》 365

【コ】

己 克己《こっき》復礼《ふくれい》 153
自己《じこ》暗示《あんじ》 175
自己《じこ》犠牲《ぎせい》 176
自己《じこ》嫌厭《けんえん》 176
自己《じこ》嫌悪《けんお》 176
自己《じこ》韜晦《とうかい》 177
自己《じこ》陶酔《とうすい》 177
自己《じこ》撞着《どうちゃく》 177
自己《じこ》弁護《べんご》 177
自己《じこ》満足《まんぞく》 177
自己《じこ》矛盾《むじゅん》 177
自己《じこ》抑制《よくせい》 178
知己《ちき》朋友《ほうゆう》 278
戸 門戸《もんこ》開放《かいほう》 392
乎 確乎《かっこ》不動《ふどう》 69
確乎《かっこ》不抜《ふばつ》 69
灼然《しゃくぜん》炳乎《へいこ》 191
古 古往《こおう》今来《こんらい》 146
古今《ここん》東西《とうざい》 151
古今《ここん》独歩《どっぽ》 151
古今《ここん》無双《むそう》 151
古今《ここん》無類《むるい》 151
古色《こしょく》蒼然《そうぜん》 152
簡古《かんこ》素朴《そぼく》 79
終古《しゅうこ》一定《いってい》 195
千古《せんこ》万古《ばんこ》 247
千古《せんこ》不易《ふえき》 247
千古《せんこ》不朽《ふきゅう》 247
千古《せんこ》不抜《ふばつ》 247
千古《せんこ》不磨《ふま》 247
千古《せんこ》不滅《ふめつ》 247
千古《せんこ》無窮《むきゅう》 247
万古《ばんこ》不易《ふえき》 327
万古《ばんこ》不磨《ふま》 327
東西《とうざい》古今《ここん》 301
名所《めいしょ》古跡《こせき》 385
王政《おうせい》復古《ふっこ》 51
大政《たいせい》復古《ふっこ》 268
呼 大声《たいせい》疾呼《しっこ》 268
固 固着《こちゃく》観念《かんねん》 153
固定《こてい》観念《かんねん》 155
固陋《ころう》頑迷《がんめい》 157
固陋《ころう》蠢愚《しゅんぐ》 157
頑固《がんこ》一徹《いってつ》 79
頑固《がんこ》偏狭《へんきょう》 80
頑迷《がんめい》固陋《ころう》 86
意志《いし》堅固《けんご》 10
堅牢《けんろう》堅固《けんご》 130
志操《しそう》堅固《けんご》 181
道心《どうしん》堅固《けんご》 301
偏狭《へんきょう》頑固《がんこ》 360
要害《ようがい》堅固《けんご》 402
用心《ようじん》堅固《けんご》 403
姑 麻姑《まこ》掻痒《そうよう》 371
因循《いんじゅん》姑息《こそく》 37
孤 孤影《こえい》蕭然《しょうぜん》 146
孤笈《こきゅう》飄然《ひょうぜん》 147
孤軍《こぐん》重囲《じゅうい》 150
孤軍《こぐん》奮闘《ふんとう》 150
孤高《ここう》狷介《けんかい》 150
孤城《こじょう》落月《らくげつ》 152
孤城《こじょう》落日《らくじつ》 152
孤灯《ことう》一穂《いっすい》 155
孤灯《ことう》読書《どくしょ》 155
孤立《こりつ》支離《しり》 156
孤立《こりつ》無援《むえん》 157
閑雲《かんうん》孤鶴《こかく》 75
鰥寡《かんか》孤独《こどく》 76
狷介《けんかい》孤高《ここう》 123
短褐《たんかつ》孤剣《こけん》 274
天涯《てんがい》孤独《こどく》 291
独学《どくがく》孤陋《ころう》 304
無援《むえん》孤立《こりつ》 376
零丁《れいてい》孤苦《こく》 417
狐 狐疑《こぎ》逡巡《しゅんじゅん》 147
狐狸《こり》妖怪《ようかい》 157
狐狼《ころう》盗難《とうなん》 157
股 内股《うちまた》膏薬《こうやく》 39
二股《ふたまた》膏薬《こうやく》 350
虎 虎渓《こけい》三笑《さんしょう》 150
虎視《こし》眈眈《たんたん》 151
暴虎《ぼうこ》馮河《ひょうが》 363
竜驤《りゅうじょう》虎視《こし》 411
竜攘《りゅうじょう》虎搏《こはく》 411
竜闘《りゅうとう》虎争《こそう》 412
竜騰《りゅうとう》虎闘《ことう》 412
竜蟠《りゅうばん》虎踞《こきょ》 412
怙 依怙《えこ》贔屓《ひいき》 46
故 故旧《こきゅう》新知《しんち》 147
故事《こじ》来歴《らいれき》 152

温故知新《おんこちしん》 54
親戚故旧《しんせきこきゅう》 226
有職故実《ゆうそくこじつ》 398
枯 枯淡虚静《こたんきょせい》 153
枯木寒岩《こぼくかんがん》 156
枯木死灰《こぼくしかい》 156
栄枯盛衰《えいこせいすい》 44
栄枯転変《えいこてんぺん》 44
寒山枯木《かんざんこぼく》 80
盛衰栄枯《せいすいえいこ》 236
扈 跋扈跳梁《ばっこちょうりょう》 324
横行跋扈《おうこうばっこ》 51
跳梁跋扈《ちょうりょうばっこ》 284
飛揚跋扈《ひようばっこ》 339
誇 誇大妄想《こだいもうそう》 153
鼓 鼓腹撃壌《こふくげきじょう》 155
鼓舞激励《こぶげきれい》 156
旗鼓堂堂《きこどうどう》 91
糊 曖昧模糊《あいまいもこ》 1
雲煙模糊《うんえんもこ》 41
顧 一顧万両《いっこばんりょう》 24
右顧左眄《うこさべん》 38
左顧右視《さこうし》 164
左顧右眄《さこうべん》 164
四顧寥廓《しこりょうかく》 178
照顧脚下《しょうこきゃっか》 208
脚下照顧《きゃっかしょうこ》 96
左眄右顧《さべんうこ》 165
草廬三顧《そうろさんこ》 260
伯楽一顧《はくらくいっこ》 321

【ゴ】

五 五穀豊穣《ごこくほうじょう》 151
五臓六腑《ごぞうろっぷ》 152
五風十雨《ごふうじゅうう》 155
五分五分《ごぶごぶ》 156
五里霧中《ごりむちゅう》 157
陰陽五行《いんようごぎょう》 37
三綱五常《さんこうごじょう》 166
三三五五《さんさんごご》 167
四肢五体《ししごたい》 179
四書五経《ししょごきょう》 181
四分五散《しぶんごさん》 189
四分五裂《しぶんごれつ》 189
十逆五悪《じゅうぎゃくごあく》 195
互 相互扶助《そうごふじょ》 257
伍 一伍一什《いちごいちじゅう》 15
呉 呉越同舟《ごえつどうしゅう》 146
呉牛喘月《ごぎゅうぜんげつ》 147
後 後生大事《ごしょうだいじ》 151
最後通牒《さいごつうちょう》 161
事後承諾《じごしょうだく》 177
前後緩急《ぜんごかんきゅう》 246
善後処置《ぜんごしょち》 246
善後措置《ぜんごそち》 246
前後撞着《ぜんごどうちゃく》 246
前後不覚《ぜんごふかく》 247
前後矛盾《ぜんごむじゅん》 248
先憂後楽《せんゆうこうらく》 255
面従後言《めんじゅうこうげん》 388
空前絶後《くうぜんぜつご》 115
鶏口牛後《けいこうぎゅうご》 118
悟 悔悟憤発《かいごふんぱつ》 58
大悟徹底《たいごてってい》 266
迷悟一如《めいごいちにょ》 385
豁然大悟《かつぜんたいご》 70
転迷開悟《てんめいかいご》 298
御 遠御長駕《えんぎょちょうが》 47
天下御免《てんかごめん》 291
人身御供《ひとみごくう》 335
正当防御《せいとうぼうぎょ》 238
語 一語一句《いちごいっく》 15
一語半語《いちごはんご》 15
言語挙動《げんごきょどう》 126
言語道断《ごんごどうだん》 159
飛語巷説《ひごこうせつ》 333
漫語放言《まんごほうげん》 372
俚語俗言《りごぞくげん》 409
不妄語戒《ふもうごかい》 353
一句一語《いっくいちご》 24
街談巷語《がいだんこうご》 61
狂言綺語《きょうげんきご》 100
高談笑語《こうだんしょうご》 140
斉東野語《せいとうやご》 238
千言万語《せんげんばんご》 246
造言飛語《ぞうげんひご》 257
俗言俚語《ぞくげんりご》 260
俗談平語《ぞくだんへいご》 261
大言壮語《たいげんそうご》 266
不言不語《ふげんふご》 347
平談俗語《へいだんぞくご》 358
片言隻語《へんげんせきご》 360
片言半語《へんげんはんご》 360
妄言綺語《もうげんきご》 390
俚言俗語《りげんぞくご》 409
流言飛語《りゅうげんひご》 411
誤 試行錯誤《しこうさくご》 175
時代錯誤《じだいさくご》 182
護 自己弁護《じこべんご》 177
齬 言行齟齬《げんこうそご》 126

【コウ】

口 悪口雑言《あっこうぞうごん》 4
異口同音《いくどうおん》 9
開口一番《かいこういちばん》 58
鶏口牛後《けいこうぎゅうご》 118
衆口一致《しゅうこういっち》 195
繡口錦心《しゅうこうきんしん》 196
黙思口吟《もくしこうぎん》 391
工 同工異曲《どうこういきょく》 300
士農工商《しのうこうしょう》 188
創意工夫《そういくふう》 257
異曲同工《いきょくどうこう》 9
公 公私混同《こうしこんどう》 138
公序良俗《こうじょりょうぞく》 139
公平無私《こうへいむし》 143
公明正大《こうめいせいだい》 145
王公貴人《おうこうきじん》 50
四公六民《しこうろくみん》 176
白昼公然《はくちゅうこうぜん》 320
不正不公《ふせいふこう》 349
滅私奉公《めっしほうこう》 388
孔 孔明臥竜《こうめいがりょう》 144
亢 心悸亢進《しんきこうしん》 219
功 年功序列《ねんこうじょれつ》 316
論功行賞《ろんこうこうしょう》 421
廉恥功名《れんちこうみょう》 418
頌徳頌功《しょうとくしょうこう》 214
薬石無功《やくせきむこう》 393

巧 巧言令色《こうげんれいしょく》 137
精妙巧緻《せいみょうこうち》 239
大胆巧妙《だいたんこうみょう》 268
微妙巧緻《びみょうこうち》 336
広 広才博識《こうさいはくしき》 137
広壮豪宕《こうそうごうとう》 139
広大無辺《こうだいむへん》 140
気宇広大《きうこうだい》 88
博学広才《はくがくこうさい》 318
甲 甲論乙駁《こうろんおつばく》 146
堅甲利兵《けんこうりへい》 126
叩 叩頭三拝《こうとうさんぱい》 141
平伏叩頭《へいふくこうとう》 359
交 遠交近攻《えんこうきんこう》 47
外交辞令《がいこうじれい》 58
社交辞令《しゃこうじれい》 192
雅俗混交《がぞくこんこう》 67
感応道交《かんのうどうこう》 85
玉石混交《ぎょくせきこんこう》 105
虚実混交《きょじつこんこう》 107
神仏混交《しんぶつこんこう》 229
光 光炎万丈《こうえんばんじょう》 131
光彩陸離《こうさいりくり》 137
光風霽月《こうふうせいげつ》 142
眼光炯炯《がんこうけいけい》 79
眼光紙背《がんこうしはい》 79
山光水色《さんこうすいしょく》 166
寂光浄土《じゃっこうじょうど》 193
清光素色《せいこうそしょく》 234
電光石火《でんこうせっか》 293
電光朝露《でんこうちょうろ》 293
韜光晦迹《とうこうかいせき》 300
風光明媚《ふうこうめいび》 342
和光同塵《わこうどうじん》 422
晦迹韜光《かいせきとうこう》 60
好 好学尚武《こうがくしょうぶ》 132
好機到来《こうきとうらい》 135
好評嘖嘖《こうひょうさくさく》 142
晴好雨奇《せいこううき》 234
雨奇晴好《うきせいこう》 38
善隣友好《ぜんりんゆうこう》 256
考 垂直思考《すいちょくしこう》 231
水平思考《すいへいしこう》 232
千思万考《せんしばんこう》 249
沈思黙考《ちんしもっこう》 286
行 行住座臥《ぎょうじゅうざが》 101
行雲流水《こううんりゅうすい》 130
行屎走尿《こうしそうにょう》 138
行動半径《こうどうはんけい》 142
一行知識《いちぎょうちしき》 14
一行半句《いちぎょうはんく》 14
横行闊歩《おうこうかっぽ》 50
横行跋扈《おうこうばっこ》 51
苦行難行《くぎょうなんぎょう》 116
言行一致《げんこういっち》 126
言行齟齬《げんこうそご》 126
孝行恩愛《こうこうおんあい》 137
試行錯誤《しこうさくご》 175
諸行無常《しょぎょうむじょう》 215
蛇行匍匐《だこうほふく》 271
知行一致《ちこういっち》 278
知行合一《ちこうごういつ》 278
東行西走《とうこうせいそう》 301
難行苦行《なんぎょうくぎょう》 309
品行方正《ひんこうほうせい》 340
雲水行脚《うんすいあんぎゃ》 42
越権行為《えっけんこうい》 46
言辞行儀《げんじぎょうぎ》 126
自殺行為《じさつこうい》 178
人生行路《じんせいこうろ》 225
走尸行肉《そうしこうにく》 258
他人行儀《たにんぎょうぎ》 273
年中行事《ねんちゅうぎょうじ》 316
論功行賞《ろんこうこうしょう》 421
衣繡夜行《いしゅうやこう》 11
一言一行《いちげんいっこう》 14
陰陽五行《いんようごぎょう》 37
嘉言善行《かげんぜんこう》 65
勤倹力行《きんけんりっこう》 110
苦学力行《くがくりっこう》 116
残忍薄行《ざんにんはっこう》 169
実践躬行《じっせんきゅうこう》 186
熟慮断行《じゅくりょだんこう》 202
前言往行《ぜんげんおうこう》 245
率先躬行《そっせんきゅうこう》 263
率先励行《そっせんれいこう》 263
昼夜兼行《ちゅうやけんこう》 281
直情径行《ちょくじょうけいこう》 285
独断専行《どくだんせんこう》 305
独立独行《どくりつどっこう》 306
薄志弱行《はくしじゃっこう》 320
百鬼夜行《ひゃっきやこう》 339
不易流行《ふえきりゅうこう》 343
不言実行《ふげんじっこう》 347
匍匐膝行《ほふくしっこう》 369
武者修行《むしゃしゅぎょう》 379
有言実行《ゆうげんじっこう》 396
坑 焚書坑儒《ふんしょこうじゅ》 356
孝 孝行恩愛《こうこうおんあい》 137
孝悌忠信《こうていちゅうしん》 141
至孝貞淑《しこうていしゅく》 176
忠孝仁義《ちゅうこうじんぎ》 280
忠臣孝子《ちゅうしんこうし》 280
忠信孝悌《ちゅうしんこうてい》 280
仁義忠孝《じんぎちゅうこう》 219
抗 反抗憤怒《はんこうふんぬ》 327
不可抗力《ふかこうりょく》 343
攻 攻城野戦《こうじょうやせん》 139
難攻不落《なんこうふらく》 310
一意攻苦《いちいこうく》 13
人身攻撃《じんしんこうげき》 224
先制攻撃《せんせいこうげき》 251
野戦攻城《やせんこうじょう》 393
遠交近攻《えんこうきんこう》 47
更 更始一新《こうしいっしん》 138
一新更始《いっしんこうし》 27
自力更生《じりきこうせい》 217
吼 一牛吼地《いちぎゅうこうち》 14
効 効果覿面《こうかてきめん》 133
昂 意気昂然《いきこうぜん》 8
意気軒昂《いきけんこう》 8
肴 珍味佳肴《ちんみかこう》 287
杯盤酒肴《はいばんしゅこう》 317
美酒佳肴《びしゅかこう》 334
美味佳肴《びみかこう》 336
苟 因循苟且《いんじゅんこうしょ》 36
侯 王侯将相《おうこうしょうしょう》 51
厚 厚顔無恥《こうがんむち》 134
温厚質実《おんこうしつじつ》 54

温厚《おんこう》淡泊《たんぱく》 54
温厚《おんこう》篤実《とくじつ》 54
謹厚《きんこう》慎重《しんちょう》 111
重厚《じゅうこう》謹厳《きんげん》 195
重厚《じゅうこう》長大《ちょうだい》 196
深厚《しんこう》博大《はくだい》 220
福利《ふくり》厚生《こうせい》 347
利用《りよう》厚生《こうせい》 413
温柔《おんじゅう》敦厚《とんこう》 54
温良《おんりょう》篤厚《とっこう》 56
温和《おんわ》篤厚《とっこう》 57
篤実《とくじつ》温厚《おんこう》 304
眉目《びもく》温厚《おんこう》 336
垢 無垢《むく》清浄《せいじょう》 377
蓬頭《ほうとう》垢面《こうめん》 365
蓬髪《ほうはつ》垢面《こうめん》 367
一徹《いってつ》無垢《むく》 31
純一《じゅんいつ》無垢《むく》 204
純潔《じゅんけつ》無垢《むく》 205
純真《じゅんしん》無垢《むく》 206
清浄《せいじょう》無垢《むく》 235
巷 柳巷《りゅうこう》花街《かがい》 411
街談《がいだん》巷語《こうご》 61
街談《がいだん》巷説《こうせつ》 61
飛語《ひご》巷説《こうせつ》 333
恒 恒久《こうきゅう》不変《ふへん》 135
恒久《こうきゅう》平和《へいわ》 135
洪 恩沢《おんたく》洪大《こうだい》 55
紅 紅顔《こうがん》可憐《かれん》 133
紅脂《こうし》白粉《はくふん》 138
紅灯《こうとう》緑酒《りょくしゅ》 142
紅毛《こうもう》碧眼《へきがん》 145
花紅《かこう》柳緑《りゅうりょく》 65
千紅《せんこう》万紫《ばんし》 246
桃紅《とうこう》柳緑《りゅうりょく》 301
翠帳《すいちょう》紅閨《こうけい》 231
碧眼《へきがん》紅毛《こうもう》 359
緑酒《りょくしゅ》紅灯《こうとう》 414
千紫《せんし》万紅《ばんこう》 249
万緑《ばんりょく》一紅《いっこう》 331
柳緑《りゅうりょく》花紅《かこう》 413
柳緑《りゅうりょく》桃紅《とうこう》 413
荒 荒怠《こうたい》暴恣《ぼうし》 140
荒唐《こうとう》不稽《ふけい》 142
荒唐《こうとう》無稽《むけい》 142
荒涼《こうりょう》索莫《さくばく》 146
備荒《びこう》貯蓄《ちょちく》 333
奇異《きい》荒唐《こうとう》 88
奢侈《しゃし》荒唐《こうとう》 192
満目《まんもく》荒涼《こうりょう》 372
無稽《むけい》荒唐《こうとう》 377
流連《りゅうれん》荒亡《こうぼう》 413
香 衣香《いこう》襟影《きんえい》 9
虹 白虹《はっこう》貫日《かんじつ》 324
恍 恍然《こうぜん》自失《じしつ》 139
洽 南洽《なんこう》北暢《ほくちょう》 310
狡 狡猾《こうかつ》奸佞《かんねい》 132
狡猾《こうかつ》剽悍《ひょうかん》 132
狡猾《こうかつ》老獪《ろうかい》 132
狡知《こうち》佞弁《ねいべん》 140
狡兎《こうと》三窟《さんくつ》 142
怜悧《れいり》狡猾《こうかつ》 418
候 気候《きこう》風土《ふうど》 90
風土《ふうど》気候《きこう》 342
校 校勘《こうかん》商量《しょうりょう》 133
浩 浩瀚《こうかん》大冊《たいさつ》 133
載籍《さいせき》浩瀚《こうかん》 163
紘 八紘《はっこう》一宇《いちう》 324
耕 晴耕《せいこう》雨読《うどく》 234
筆耕《ひっこう》硯田《けんでん》 335
耗 ⇨モウ
航 処女《しょじょ》航海《こうかい》 216
高 高位《こうい》高官《こうかん》 130
高歌《こうか》放吟《ほうぎん》 133
高吟《こうぎん》放歌《ほうか》 136
高潔《こうけつ》無比《むひ》 136
高材《こうざい》逸足《いっそく》 137
高材《こうざい》疾足《しっそく》 137
高山《こうざん》流水《りゅうすい》 137
高所《こうしょ》大所《たいしょ》 139
高談《こうだん》闊歩《かっぽ》 140
高談《こうだん》笑語《しょうご》 140
高枕《こうちん》安眠《あんみん》 141
高邁《こうまい》奇偉《きい》 143
高慢《こうまん》無礼《ぶれい》 144
高楼《こうろう》大廈《たいか》 146
高論《こうろん》卓説《たくせつ》 146
高手《たかて》小手《こて》 270
眼高《がんこう》手低《しゅてい》 79
孤高《ここう》狷介《けんかい》 150
山高《さんこう》水長《すいちょう》 166
格調《かくちょう》高雅《こうが》 64
士気《しき》高揚《こうよう》 174
清麗《せいれい》高雅《こうが》 239
大廈《たいか》高楼《こうろう》 265
大所《たいしょ》高所《こうしょ》 267
品性《ひんせい》高潔《こうけつ》 340
放歌《ほうか》高吟《こうぎん》 362
放吟《ほうぎん》高歌《こうか》 362
優美《ゆうび》高妙《こうみょう》 398
狷介《けんかい》孤高《ここう》 123
至純《しじゅん》至高《しこう》 180
至大《しだい》至高《しこう》 182
哮 咆哮《ほうこう》搏撃《はくげき》 363
康 康衢《こうく》通逵《つうき》 136
黄 ⇨オウ
惶 惶恐《こうきょう》再拝《さいはい》 136
恐惶《きょうこう》謹言《きんげん》 101
恐惶《きょうこう》嘆願《たんがん》 101
誠惶《せいこう》誠恐《せいきょう》 234
誠恐《せいきょう》誠惶《せいこう》 234
皓 朱唇《しゅしん》皓歯《こうし》 203
明眸《めいぼう》皓歯《こうし》 386
綱 綱紀《こうき》粛正《しゅくせい》 135
綱紀《こうき》頽弛《たいし》 135
綱紀《こうき》廃弛《はいし》 135
三綱《さんこう》五常《ごじょう》 166
膏 内股《うちまた》膏薬《こうやく》 39
二股《ふたまた》膏薬《こうやく》 350
慷 慷慨《こうがい》激越《げきえつ》 131
慷慨《こうがい》忠直《ちゅうちょく》 131
慷慨《こうがい》悲憤《ひふん》 131
慷慨《こうがい》憤激《ふんげき》 131
慷慨《こうがい》憂憤《ゆうふん》 132
沈痛《ちんつう》慷慨《こうがい》 286
悲歌《ひか》慷慨《こうがい》 332
悲憤《ひふん》慷慨《こうがい》 336
衡 平衡《へいこう》感覚《かんかく》 358
合従《がっしょう》連衡《れんこう》 70

曠　曠日持久《こうじつじきゅう》　138
羹　蓴羹鱸膾《じゅんこうろかい》　205

【ゴウ】

号　叱咤怒号《しったどごう》　186
合　合掌瞑目《がっしょうめいもく》　69
合掌礼拝《がっしょうらいはい》　70
合従連衡《がっしょうれんこう》　70
合歓綢繆《ごうかんちゅうびゅう》　133
契合一致《けいごういっち》　118
離合集散《りごうしゅうさん》　409
一切合切《いっさいがっさい》　24
近所合壁《きんじょがっぺき》　112
知行合一《ちこうごういつ》　278
瞑目合掌《めいもくがっしょう》　386
阿諛迎合《あゆげいごう》　4
意気投合《いきとうごう》　9
陰陽和合《いんようわごう》　37
集散離合《しゅうさんりごう》　196
他流試合《たりゅうじあい》　274
天人冥合《てんじんめいごう》　295
劫　永劫回帰《えいごうかいき》　43
永劫不変《えいごうふへん》　43
永劫未来《えいごうみらい》　43
永劫無極《えいごうむきょく》　44
万劫末代《まんごうまつだい》　371
兆載永劫《ちょうさいようごう》　282
未来永劫《みらいえいごう》　374
剛　剛毅果断《ごうきかだん》　134
剛毅木訥《ごうきぼくとつ》　135
剛強正大《ごうきょうせいだい》　136
剛強無双《ごうきょうむそう》　136
剛健質実《ごうけんしつじつ》　136
剛健質朴《ごうけんしつぼく》　136
外剛内柔《がいごうないじゅう》　58
金剛不壊《こんごうふえ》　158
金剛力士《こんごうりきし》　158
内剛外柔《ないごうがいじゅう》　308
緩急剛柔《かんきゅうごうじゅう》　78
質実剛健《しつじつごうけん》　186
質朴剛健《しつぼくごうけん》　188
聡明剛毅《そうめいごうき》　260
外柔内剛《がいじゅうないごう》　59
至大至剛《しだいしごう》　182
内柔外剛《ないじゅうがいごう》　308
不壊金剛《ふえこんごう》　343
傲　傲岸不屈《ごうがんふくつ》　134
傲岸不遜《ごうがんふそん》　134
傲岸無礼《ごうがんぶれい》　134
傲世逸俗《ごうせいいつぞく》　139
傲慢不羈《ごうまんふき》　144
傲慢不遜《ごうまんふそん》　144
傲慢無礼《ごうまんぶれい》　144
傲慢磊落《ごうまんらいらく》　144
無礼傲慢《ぶれいごうまん》　354
豪　豪快奔放《ごうかいほんぽう》　131
豪華絢爛《ごうかけんらん》　132
豪奢遊蕩《ごうしゃゆうとう》　138
豪胆無比《ごうたんむひ》　140
豪宕俊逸《ごうとうしゅんいつ》　141
豪放闊達《ごうほうかったつ》　143
豪放磊落《ごうほうらいらく》　143
英俊豪傑《えいしゅんごうけつ》　44
英雄豪傑《えいゆうごうけつ》　45
闊達豪放《かったつごうほう》　70
絢爛豪華《けんらんごうか》　129
広壮豪宕《こうそうごうとう》　139
磊落豪宕《らいらくごうとう》　405
聱　佶屈聱牙《きっくつごうが》　95
囂　喧喧囂囂《けんけんごうごう》　125
非難囂囂《ひなんごうごう》　335

【コク】

克　克己復礼《こっきふくれい》　153
告　受胎告知《じゅたいこくち》　203
宣戦布告《せんせんふこく》　251
谷　窮山幽谷《きゅうざんゆうこく》　97
深山幽谷《しんざんゆうこく》　221
刻　刻舟求剣《こくしゅうきゅうけん》　148
刻露清秀《こくろせいしゅう》　150
刻苦精進《こっくしょうじん》　154
刻苦精励《こっくせいれい》　154
刻苦勉励《こっくべんれい》　154
一刻千金《いっこくせんきん》　24
一刻千秋《いっこくせんしゅう》　24
先刻承知《せんこくしょうち》　246
時時刻刻《じじこくこく》　179
貪吝刻薄《どんりんこくはく》　308
春宵一刻《しゅんしょういっこく》　206
彫虫篆刻《ちょうちゅうてんこく》　283
国　国士無双《こくしむそう》　148
国歩艱難《こくほかんなん》　149
国利民福《こくりみんぷく》　150
国家経綸《こっかけいりん》　153
国家権力《こっかけんりょく》　153
国家存亡《こっかそんぼう》　153
異国情緒《いこくじょうちょ》　9
異国情調《いこくじょうちょう》　10
一国一城《いっこくいちじょう》　24
救国済民《きゅうこくさいみん》　97
挙国一致《きょこくいっち》　106
傾国傾城《けいこくけいせい》　119
経国済民《けいこくさいみん》　119
小国寡民《しょうこくかみん》　208
諸国漫遊《しょこくまんゆう》　215
戦国乱世《せんごくらんせい》　246
万国共通《ばんこくきょうつう》　327
富国強兵《ふこくきょうへい》　348
報国尽忠《ほうこくじんちゅう》　363
憂国慨世《ゆうこくがいせい》　397
天下国家《てんかこっか》　291
慨世憂国《がいせいゆうこく》　60
傾城傾国《けいせいけいこく》　119
七生報国《しちしょうほうこく》　183
春秋戦国《しゅんじゅうせんごく》　206
尽忠報国《じんちゅうほうこく》　228
忠君愛国《ちゅうくんあいこく》　280
擲身報国《てきしんほうこく》　289
哭　鬼哭啾啾《きこくしゅうしゅう》　91
黒　黒甜郷裡《こくてんきょうり》　149
暗黒時代《あんこくじだい》　5
円頂黒衣《えんちょうこくえ》　48
卑陋暗黒《ひろうあんこく》　340
穀　五穀豊穣《ごこくほうじょう》　151
米穀菜蔬《べいこくさいそ》　358
酷　酷薄無慙《こくはくむざん》　149
残酷非道《ざんこくひどう》　167
冷酷無慙《れいこくむざん》　415
冷酷無情《れいこくむじょう》　417

残忍酷薄《ざんにんこくはく》 169
無慙酷薄《むざんこくはく》 378
残忍冷酷《ざんにんれいこく》 169
無情冷酷《むじょうれいこく》 380
轂 肩摩轂撃《けんまこくげき》 129

【ゴク】

獄 阿鼻地獄《あびじごく》 4
叫喚地獄《きょうかんじごく》 99
焦熱地獄《しょうねつじごく》 214
八大地獄《はちだいじごく》 323
八万地獄《はちまんじごく》 323
無間地獄《むげんじごく》 378

【コツ】

忽 転瞬倏忽《てんしゅんしゅっこつ》 294
骨 換骨奪胎《かんこつだったい》 80
気骨稜稜《きこつりょうりょう》 91
徹骨徹髄《てっこつてつずい》 289
皮骨連立《ひこつれんりつ》 333
無骨一徹《ぶこついってつ》 348
無骨一辺《ぶこついっぺん》 348
粉骨砕身《ふんこつさいしん》 355
哀毀骨立《あいきこつりつ》 1
書画骨董《しょがこっとう》 215
人品骨柄《じんぴんこつがら》 229
乱離骨灰《らりこっぱい》 407
彫心鏤骨《ちょうしんるこつ》 283
銘肌鏤骨《めいきるこつ》 384

【こむ】

込 駆込訴訟《かけこみそしょう》 65

【コン】

今 今是昨非《こんぜさくひ》 159
古今東西《ここんとうざい》 151
古今独歩《ここんどっぽ》 151
古今無双《ここんむそう》 151
古今無類《ここんむるい》 151
古往今来《こおうこんらい》 146
昨非今是《さくひこんぜ》 164
東西古今《とうざいここん》 301
困 困窮疲弊《こんきゅうひへい》 157
困窮疲労《こんきゅうひろう》 158
困窮零落《こんきゅうれいらく》 158
困苦艱難《こんくかんなん》 158
困苦窮乏《こんくきゅうぼう》 158
困苦欠乏《こんくけつぼう》 158
疲労困憊《ひろうこんぱい》 340
艱難辛困《かんなんしんこん》 85
坤 乾坤一擲《けんこんいってき》 126
一擲乾坤《いってきけんこん》 31
恨 意趣遺恨《いしゅいこん》 11
多感多恨《たかんたこん》 270
多情多恨《たじょうたこん》 273
根 善根福種《ぜんこんふくしゅ》 248
草根木皮《そうこんぼくひ》 258
大根役者《だいこんやくしゃ》 267
盤根錯節《ばんこんさくせつ》 328
六根清浄《ろっこんしょうじょう》 420
事実無根《じじつむこん》 179
婚 冠婚葬祭《かんこんそうさい》 80
混 混濁腐乱《こんだくふらん》 159
混迷乱擾《こんめいらんじょう》 160
晦渋混濁《かいじゅうこんだく》 59
雅俗混交《がぞくこんこう》 67
澆季混濁《ぎょうきこんだく》 100
玉石混交《ぎょくせきこんこう》 105
虚実混交《きょじつこんこう》 107
公私混同《こうしこんどう》 138
神仏混交《しんぶつこんこう》 229
天地混沌《てんちこんとん》 296
忘我混沌《ぼうがこんとん》 362
痕 墨痕淋漓《ぼっこんりんり》 368
渾 渾然一体《こんぜんいったい》 159
蒟 蒟蒻問答《こんにゃくもんどう》 160
魂 驚魂悸魄《きょうこんきはく》 101
士魂商才《しこんしょうさい》 178
霊魂不滅《れいこんふめつ》 417
和魂漢才《わこんかんさい》 422
和魂洋才《わこんようさい》 422
褌 緊褌一番《きんこんいちばん》 111
懇 懇切丁寧《こんせつていねい》 159
丁寧懇切《ていねいこんせつ》 288

【ゴン】

言 ⇨ゲン

【サ】

左 左顧右視《さこうし》 164
左顧右眄《さこうべん》 164
左視右瞻《さしうせん》 164
左瞻右視《させんうし》 164
左眄右顧《さべんうこ》 165
右往左往《うおうさおう》 38
右顧左眄《うこさべん》 38
被髪左衽《ひはつさじん》 335
沙 沙羅双樹《さらそうじゅ》 165
平沙万里《へいさばんり》 358
砂 白砂青松《はくさせいしょう》 319
茶 ⇨チャ
唆 教唆扇動《きょうさせんどう》 101
差 参差錯落《しんしさくらく》 222
千差万別《せんさばんべつ》 248
詐 譎詐百端《けっさひゃくたん》 123
嗟 嘆息嗟嘆《たんそくさたん》 276
磋 切磋琢磨《せっさたくま》 241

【ザ】

座 座食逸飽《ざしょくいっぽう》 164
座薪懸胆《ざしんけんたん》 164
跪座低頭《きざていとう》 91
行住座臥《ぎょうじゅうざが》 101
常住座臥《じょうじゅうざが》 210
日常座臥《にちじょうざが》 312
結跏趺座《けっかふざ》 122
只管打座《しかんたざ》 173
衆人環座《しゅうじんかんざ》 197
挫 抑揚頓挫《よくようとんざ》 404

【サイ】

才 才学博通《さいがくはくつう》 160
才学非凡《さいがくひぼん》 161
才気煥発《さいきかんぱつ》 161
才芸器量《さいげいきりょう》 161
才子佳人《さいしかじん》 162
才子多病《さいしたびょう》 162
才色兼備《さいしょくけんび》 162
才弁縦横《さいべんじゅうおう》 163

広才博識《こうさいはくしき》 137
佳人才子《かじんさいし》 66
軽薄才子《けいはくさいし》 121
知恵才覚《ちえさいかく》 277
博学才穎《はくがくさいえい》 318
機知頓才《きちとんさい》 94
士魂商才《しこんしょうさい》 178
浅学短才《せんがくたんさい》 244
浅学非才《せんがくひさい》 244
多芸多才《たげいたさい》 271
博学偉才《はくがくいさい》 318
博学広才《はくがくこうさい》 318
博学多才《はくがくたさい》 319
博識多才《はくしきたさい》 320
和魂漢才《わこんかんさい》 422
和魂洋才《わこんようさい》 422
再 再起不能《さいきふのう》 161
再三再四《さいさんさいし》 162
再拝稽首《さいはいけいしゅ》 163
惶恐再拝《こうきょうさいはい》 136
頓首再拝《とんしゅさいはい》 307
災 災難即滅《さいなんそくめつ》 163
天災地変《てんさいちへん》 293
一病息災《いちびょうそくさい》 19
無事息災《ぶじそくさい》 348
無病息災《むびょうそくさい》 381
妻 妻子眷属《さいしけんぞく》 162
良妻賢母《りょうさいけんぼ》 414
肉食妻帯《にくじきさいたい》 311
一夫多妻《いっぷたさい》 33
賢母良妻《けんぼりょうさい》 129
采 拍手喝采《はくしゅかっさい》 320
砕 粉骨砕身《ふんこつさいしん》 355
洒 洒掃応対《さいそうおうたい》 163
洒掃薪水《さいそうしんすい》 163
洒洒落落《しゃしゃらくらく》 193
軽妙洒脱《けいみょうしゃだつ》 121
滑稽洒脱《こっけいしゃだつ》 154
宰 伴食宰相《ばんしょくさいしょう》 329
彩 光彩陸離《こうさいりくり》 137
済 済民救世《さいみんきゅうせい》 164
救国済民《きゅうこくさいみん》 97
救世済民《きゅうせいさいみん》 98
経国済民《けいこくさいみん》 119
経世済民《けいせいさいみん》 119
衆生済度《しゅじょうさいど》 203
多士済済《たしせいせい》 271
諸人救済《しょじんきゅうさい》 216
祭 祭政一致《さいせいいっち》 163
冠婚葬祭《かんこんそうさい》 80
斎 斎戒沐浴《さいかいもくよく》 160
沐浴斎戒《もくよくさいかい》 391
精進潔斎《しょうじんけっさい》 211
細 細心翼翼《さいしんよくよく》 163
菜 米穀菜蔬《べいこくさいそ》 358
一汁一菜《いちじゅういっさい》 17
猜 猜忌邪曲《さいきじゃきょく》 161
最 最後通牒《さいごつうちょう》 161
最上無二《さいじょうむに》 162
裁 欠席裁判《けっせきさいばん》 123
塞 抜本塞源《ばっぽんそくげん》 325
歳 歳歳年年《さいさいねんねん》 161
年年歳歳《ねんねんさいさい》 316
千秋万歳《せんじゅうばんざい》 249
載 載籍浩瀚《さいせきこうかん》 163
千載一遇《せんざいいちぐう》 248
兆載永劫《ちょうさいようごう》 282

【ザイ】

在 近在近郷《きんざいきんごう》 111
自在不羈《じざいふき》 178
潜在意識《せんざいいしき》 248
主権在民《しゅけんざいみん》 202
活殺自在《かっさつじざい》 69
闊達自在《かったつじざい》 71
緩急自在《かんきゅうじざい》 78
近郷近在《きんごうきんざい》 111
縦横自在《じゅうおうじざい》 194
自由自在《じゆうじざい》 196
出没自在《しゅつぼつじざい》 204
伸縮自在《しんしゅくじざい》 223
如意自在《にょいじざい》 313
変幻自在《へんげんじざい》 360
奔放自在《ほんぽうじざい》 370
材 高材逸足《こうざいいっそく》 137
高材疾足《こうざいしっそく》 137
人材登用《じんざいとうよう》 221
適材適所《てきざいてきしょ》 289
雄材大略《ゆうざいたいりゃく》 397
罪 罪障消滅《ざいしょうしょうめつ》 162
無罪放免《むざいほうめん》 378
懐玉有罪《かいぎょくゆうざい》 58
極悪大罪《ごくあくたいざい》 148

【サク】

作 戯作三昧《げさくざんまい》 122
自作自演《じさくじえん》 178
豊年満作《ほうねんまんさく》 366
昨 昨非今是《さくひこんぜ》 164
今是昨非《こんぜさくひ》 159
索 興味索然《きょうみさくぜん》 104
荒涼索莫《こうりょうさくばく》 146
暗中模索《あんちゅうもさく》 6
策 奇策縦横《きさくじゅうおう》 91
無策無為《むさくむい》 378
機知奇策《きちきさく》 94
権謀術策《けんぼうじゅっさく》 129
無為無策《むいむさく》 375
無能無策《むのうむさく》 381
幘 ⇨シャク
錯 試行錯誤《しこうさくご》 175
時代錯誤《じだいさくご》 182
参差錯落《しんしさくらく》 222
盤根錯節《ばんこんさくせつ》 328
鑿 方枘円鑿《ほうぜいえんさく》 364

【サツ】

冊 浩瀚大冊《こうかんたいさつ》 133
刹 ⇨セツ
殺 殺伐激越《さつばつげきえつ》 165
一殺多生《いっさつたしょう》 25
活殺自在《かっさつじざい》 68
活殺生死《かっさつしょうじ》 70
自殺行為《じさつこうい》 178
生殺与奪《せいさつよだつ》 235
割腹自殺《かっぷくじさつ》 72
颯 英姿颯爽《えいしさっそう》 44

【ザツ】

雑 雑然紛然《ざつぜんふんぜん》 165
複雑怪奇《ふくざつかいき》 345
複雑奇怪《ふくざつきかい》 346
複雑多岐《ふくざつたき》 346
複雑多様《ふくざつたよう》 346
複雑蟠纏《ふくざつばんてん》 346
複雑微妙《ふくざつびみょう》 346
悪口雑言《あっこうぞうごん》 4
種種雑多《しゅじゅざった》 202
身辺雑事《しんぺんざつじ》 229
罵詈雑言《ばりぞうごん》 326
紛擾雑駁《ふんじょうざっぱく》 355
紛然雑然《ふんぜんざつぜん》 356
幻詭猥雑《げんきわいざつ》 124
純一無雑《じゅんいつむざつ》 205
純精無雑《じゅんせいむざつ》 207
多様複雑《たようふくざつ》 274
微妙複雑《びみょうふくざつ》 336

【サン】

三 三界乞食《さんがいこつじき》 165
三界無宿《さんがいむしゅく》 165
三角関係《さんかくかんけい》 165
三寒四温《さんかんしおん》 166
三綱五常《さんこうごじょう》 166
三三五五《さんさんごご》 167
三思九思《さんしきゅうし》 167
三者鼎立《さんしゃていりつ》 167
三十六計《さんじゅうろっけい》 167
三世因果《さんぜいんが》 168
三世十方《さんぜじっぽう》 168
三千世界《さんぜんせかい》 168
三段論法《さんだんろんぽう》 169
三拝九拝《さんぱいきゅうはい》 169
三百代言《さんびゃくだいげん》 170
三位一体《さんみいったい》 170
三面記事《さんめんきじ》 170
三面六臂《さんめんろっぴ》 171
三日天下《みっかてんか》 373
三日坊主《みっかぼうず》 373
再三再四《さいさんさいし》 162
朝三暮四《ちょうさんぼし》 282
一日三秋《いちじつさんしゅう》 17
一読三嘆《いちどくさんたん》 18
一唱三嘆《いっしょうさんたん》 26
韋編三絶《いへんさんぜつ》 34
益者三友《えきしゃさんゆう》 45
九夏三伏《きゅうかさんぷく》 97
戯作三昧《げさくざんまい》 122
叩頭三拝《こうとうさんぱい》 141
狡兎三窟《こうとさんくつ》 142
虎渓三笑《こけいさんしょう》 150
舌先三寸《したさきさんずん》 182
舌先三分《したさきさんぶ》 183
熟読三思《じゅくどくさんし》 202
垂涎三尺《すいぜんさんじゃく》 231
贅沢三昧《ぜいたくざんまい》 237
草廬三顧《そうろさんこ》 260
土階三等《どかいさんとう》 304
読書三昧《どくしょざんまい》 304
南無三宝《なむさんぼう》 309
二束三文《にそくさんもん》 312
二人三脚《ににんさんきゃく》 313
念仏三昧《ねんぶつざんまい》 316
風流三昧《ふうりゅうざんまい》 342
放蕩三昧《ほうとうざんまい》 366
孟母三遷《もうぼさんせん》 390
陽関三畳《ようかんさんじょう》 402
六韜三略《りくとうさんりゃく》 409
冷汗三斗《れいかんさんと》 416
無二無三《むにむさん》 380
山 山岳重畳《さんがくちょうじょう》 166
山光水色《さんこうすいしょく》 166
山高水長《さんこうすいちょう》 166
山紫水明《さんしすいめい》 167
山精木魅《さんせいもくみ》 168
山川草木《さんせんそうもく》 168
山容水態《さんようすいたい》 171
寒山枯木《かんざんこぼく》 80
寒山拾得《かんざんじっとく》 80
窮山幽谷《きゅうざんゆうこく》 97
剣山刀樹《けんざんとうじゅ》 126
高山流水《こうざんりゅうすい》 137
屍山血河《しざんけつが》 178
深山幽谷《しんざんゆうこく》 221
千山万岳《せんざんばんがく》 249
千山万水《せんざんばんすい》 249
泰山北斗《たいざんほくと》 267
大山鳴動《たいざんめいどう》 267
抜山蓋世《ばつざんがいせい》 324
跋山渉水《ばつざんしょうすい》 324
巫山雲雨《ふざんうんう》 348
海千山千《うみせんやません》 40
雲雨巫山《うんうふざん》 40
風林火山《ふうりんかざん》 343
物見遊山《ものみゆさん》 392
参 参差錯落《しんしさくらく》 222
桟 天井桟敷《てんじょうさじき》 294
惨 意匠惨憺《いしょうさんたん》 11
苦心惨憺《くしんさんたん》 116
傘 乳母日傘《おんばひがさ》 55
散 散官遊職《さんかんゆうしょく》 166
雲散霧消《うんさんむしょう》 41
集散離合《しゅうさんりごう》 196
粟散辺地《ぞくさんへんち》 260
粟散辺土《ぞくさんへんど》 260
雲集霧散《うんしゅうむさん》 41
雲消霧散《うんしょうむさん》 42
怨敵退散《おんてきたいさん》 55
四分五散《しぶんごさん》 189
保養鬱散《ほよううっさん》 369
離合集散《りごうしゅうさん》 409
跚 酔歩蹣跚《すいほまんさん》 232
算 神算鬼謀《しんさんきぼう》 221
無理算段《むりさんだん》 383
神機妙算《しんきみょうさん》 220
酸 辛酸甘苦《しんさんかんく》 221
賛 賛否両論《さんぴりょうろん》 170
自画自賛《じがじさん》 173
餐 尸位素餐《しいそさん》 172
粗酒粗餐《そしゅそさん》 262

【ザン】

残 残虐非道《ざんぎゃくひどう》 166
残虐無道《ざんぎゃくむどう》 166
残酷非道《ざんこくひどう》 167
残息奄奄《ざんそくえんえん》 168
残忍酷薄《ざんにんこくはく》 169
残忍薄行《ざんにんはっこう》 169

残忍非道《ざんにんひどう》 169
残忍冷酷《ざんにんれいこく》 169
残念至極《ざんねんしごく》 169
残杯冷炙《ざんぱいれいしゃ》 170
斬 斬新奇抜《ざんしんきばつ》 167
慙 無慙酷薄《むざんこくはく》 378
無慙無愧《むざんむき》 379
酷薄無慙《こくはくむざん》 149
破戒無慙《はかいむざん》 317
冷酷無慙《れいこくむざん》 415
讒 讒謗罵詈《ざんぼうばり》 170
擠陥讒誣《せいかんざんぶ》 233
罵詈讒謗《ばりざんぼう》 326

【シ】

士 士気高揚《しきこうよう》 174
士魂商才《しこんしょうさい》 178
士農工商《しのうこうしょう》 188
国士無双《こくしむそう》 148
紳士協定《しんしきょうてい》 221
紳士淑女《しんししゅくじょ》 222
多士済済《たしせいせい》 271
一言居士《いちげんこじ》 15
貴顕紳士《きけんしんし》 90
金剛力士《こんごうりきし》 158
淑女紳士《しゅくじょしんし》 201
慎重居士《しんちょうこじ》 228
子 子子孫孫《ししそんそん》 179
一子相伝《いっしそうでん》 25
君子豹変《くんしひょうへん》 116
才子佳人《さいしかじん》 162
妻子眷属《さいしけんぞく》 162
才子多病《さいしたびょう》 162
獅子身中《ししんちゅう》 179
獅子奮迅《ししふんじん》 180
杓子定規《しゃくしじょうぎ》 191
諸子百家《しょしひゃっか》 216
父子相伝《ふしそうでん》 348
経史子集《けいしししゅう》 119
佳人才子《かじんさいし》 66
兄弟弟子《きょうだいでし》 102
金襴緞子《きんらんどんす》 113
軽薄才子《けいはくさいし》 121
聖人君子《せいじんくんし》 236
忠臣孝子《ちゅうしんこうし》 280
乱臣賊子《らんしんぞくし》 407
尸 尸位素餐《しいそさん》 172
走尸行肉《そうしこうにく》 258
支 支離滅裂《しりめつれつ》 218
孤立支離《こりつしり》 156
止 挙止進退《きょししんたい》 107
笑止千万《しょうしせんばん》 209
明鏡止水《めいきょうしすい》 384
丁丁発止《ちょうちょうはっし》 283
仕 勤労奉仕《きんろうほうし》 114
史 史上空前《しじょうくうぜん》 180
経史子集《けいしししゅう》 119
稗官野史《はいかんやし》 316
四 四海兄弟《しかいけいてい》 172
四海天下《しかいてんか》 172
四海同胞《しかいどうほう》 172
四角四面《しかくしめん》 172
四衢八街《しくはちがい》 175
四苦八苦《しくはっく》 175
四公六民《しこうろくみん》 176
四顧寥廓《しこりょうかく》 178
四肢五体《ししごたい》 179
四書五経《ししょごきょう》 181
四通八達《しつうはったつ》 185
四百四病《しひゃくしびょう》 189
四分五散《しぶんごさん》 189
四分五裂《しぶんごれつ》 189
四方八方《しほうはっぽう》 190
四民同等《しみんどうとう》 190
四民平等《しみんびょうどう》 190
四面楚歌《しめんそか》 190
四六時中《しろくじちゅう》 218
一天四海《いってんしかい》 31
三寒四温《さんかんしおん》 166
再三再四《さいさんさいし》 162
朝三暮四《ちょうさんぼし》 282
市 市気匠気《しきしょうき》 174
海市蜃楼《かいししんろう》 58
蜃楼海市《しんろうかいし》 230
只 只管打座《しかんたざ》 173
矢 砲刃矢石《ほうじんしせき》 364
旨 論旨明快《ろんしめいかい》 421
黙契秘旨《もっけいひし》 391
死 死屍累累《ししるいるい》 181
起死回生《きしかいせい》 91
九死一生《きゅうしいっしょう》 97
生死無常《しょうじむじょう》 209
生死一如《せいしいちにょ》 235
大死一番《だいしいちばん》 267
万死一生《ばんしいっせい》 328
半死半生《はんしはんしょう》 328
必死危急《ひっしききゅう》 335
不死不朽《ふしふきゅう》 349
枯木死灰《こぼくしかい》 156
回生起死《かいせいきし》 59
活殺生死《かっさつしょうじ》 69
生老病死《しょうろうびょうし》 215
酔生夢死《すいせいむし》 231
衰老病死《すいろうびょうし》 232
半生半死《はんしょうはんし》 328
不老不死《ふろうふし》 354
老病生死《ろうびょうせいし》 420
至 至険至難《しけんしなん》 175
至孝貞淑《しこうていしゅく》 176
至純至高《しじゅんしこう》 180
至純至精《しじゅんしせい》 180
至上命令《しじょうめいれい》 180
至大至高《しだいしこう》 182
至大至剛《しだいしごう》 182
至大至重《しだいしじゅう》 182
至微至妙《しびしみょう》 189
頑陋至愚《がんろうしぐ》 87
恐悦至極《きょうえつしごく》 99
残念至極《ざんねんしごく》 169
失礼至極《しつれいしごく》 188
大慶至極《たいけいしごく》 266
無礼至極《ぶれいしごく》 354
迷惑至極《めいわくしごく》 387
弛 一弛一張《いっしいっちょう》 25
一張一弛《いっちょういっし》 30
綱紀頽弛《こうきたいし》 135
綱紀廃弛《こうきはいし》 135
志 志操堅固《しそうけんご》 181
意志堅固《いしけんご》 10

漢字索引

意志薄弱《いしはくじゃく》 10
初志貫徹《しょしかんてつ》 215
薄志弱行《はくしじゃっこう》 320
玩物喪志《がんぶつそうし》 86
自由意志《じゆういし》 194
私 私怨私欲《しえんしよく》 172
私利私欲《しりしよく》 217
公私混同《こうしこんどう》 138
無私無偏《むしむへん》 379
滅私奉公《めっしほうこう》 388
我利私欲《がりしよく》 73
公平無私《こうへいむし》 143
則天去私《そくてんきょし》 261
無欲無私《むよくむし》 382
刺 誹刺風戒《ひしふうかい》 334
始 更始一新《こうしいっしん》 138
終始一貫《しゅうしいっかん》 196
無始無終《むしむしゅう》 379
一部始終《いちぶしじゅう》 19
一新更始《いっしんこうし》 27
枝 枝葉末節《しようまっせつ》 214
金枝玉葉《きんしぎょくよう》 111
粗枝大葉《そしたいよう》 262
肢 四肢五体《ししごたい》 179
侈 奢侈淫佚《しゃしいんいつ》 192
奢侈荒唐《しゃしこうとう》 192
奢侈文弱《しゃしぶんじゃく》 192
放辟邪侈《ほうへきじゃし》 367
姿 英姿颯爽《えいしさっそう》 44
千姿万態《せんしばんたい》 249
容姿端麗《ようしたんれい》 402
妖姿媚態《ようしびたい》 403
顔貌風姿《がんぼうふうし》 86
結髪風姿《けっぱつふうし》 123
屍 屍山血河《しざんけつが》 178
死屍累累《ししるいるい》 181
思 思案投首《しあんなげくび》 171
思慮分別《しりょふんべつ》 218
意思表示《いしひょうじ》 10
三思九思《さんしきゅうし》 167
精思苦到《せいしくとう》 235
千思万考《せんしばんこう》 249
相思相愛《そうしそうあい》 258
沈思黙考《ちんしもっこう》 286
黙思口吟《もくしこうぎん》 391
時代思潮《じだいしちょう》 182
垂直思考《すいちょくしこう》 231
水平思考《すいへいしこう》 232
鼻元思案《はなもとじあん》 325
不可思議《ふかしぎ》 343
熟読三思《じゅくどくさんし》 202
指 陣頭指揮《じんとうしき》 228
怒髪上指《どはつじょうし》 307
屎 行屎走尿《こうしそうにょう》 138
師 師資相承《ししそうしょう》 179
反面教師《はんめんきょうし》 331
紙 一紙半銭《いっしはんせん》 25
白紙委任《はくしいにん》 319
白紙撤回《はくしてっかい》 320
眼光紙背《がんこうしはい》 79
筆硯紙墨《ひっけんしぼく》 335
脂 紅脂白粉《こうしはくふん》 138
恣 暴戻恣睢《ぼうれいしき》 367
荒怠暴恣《こうたいぼうし》 140
祠 淫祠邪教《いんしじゃきょう》 36
視 一視同仁《いっしどうじん》 25
虎視眈眈《こしたんたん》 151
左視右瞻《さしうせん》 164
嫉視反目《しっしはんもく》 186
左顧右視《さこうし》 164
左瞻右視《させんうし》 164
衆人環視《しゅうじんかんし》 197
衆目環視《しゅうもくかんし》 201
反目嫉視《はんもくしっし》 331
目食耳視《もくしょくじし》 391
竜驤虎視《りゅうじょうこし》 411
偲 切切偲偲《せつせつしし》 242
紫 紫髯緑眼《しぜんりょくがん》 181
紫電一閃《しでんいっせん》 188
山紫水明《さんしすいめい》 167
千紫万紅《せんしばんこう》 249
千紅万紫《せんこうばんし》 246
歯 唇歯輔車《しんしほしゃ》 222
切歯痛憤《せっしつうふん》 241
切歯扼腕《せっしやくわん》 241
朱唇皓歯《しゅしんこうし》 203
輔車唇歯《ほしゃしんし》 368
明眸皓歯《めいぼうこうし》 386
揣 揣摩憶測《しまおくそく》 190
憶測揣摩《おくそくしま》 53
獅 獅子身中《しししんちゅう》 179
獅子奮迅《ししふんじん》 180
詩 詩歌管弦《しいかかんげん》 171
杜黙詩撰《ともくしさん》 307
試 試行錯誤《しこうさくご》 175
他流試合《たりゅうじあい》 274
資 師資相承《ししそうしょう》 179
天資英邁《てんしえいまい》 294
嗜 殊域同嗜《しゅいきどうし》 193
幟 旗幟鮮明《きしせんめい》 92

【ジ】

示 意思表示《いしひょうじ》 10
自己暗示《じこあんじ》 175
字 一字一句《いちじいっく》 16
一字千金《いちじせんきん》 16
一字半句《いちじはんく》 17
一字褒貶《いちじほうへん》 17
永字八法《えいじはっぽう》 44
十字砲火《じゅうじほうか》 197
苗字帯刀《みょうじたいとう》 374
不立文字《ふりゅうもんじ》 354
真一文字《まいちもんじ》 371
次 造次顛沛《ぞうじてんぱい》 258
耳 馬耳東風《ばじとうふう》 322
飛耳長目《ひじちょうもく》 334
目食耳視《もくしょくじし》 391
衆目衆耳《しゅうもくしゅうじ》 201
自 自愛自重《じあいじちょう》 171
自画自賛《じがじさん》 173
自家撞着《じかどうちゃく》 173
自家撲滅《じかぼくめつ》 173
自家薬籠《じかやくろう》 173
自給自足《じきゅうじそく》 174
自己暗示《じこあんじ》 175
自業自悔《じごうじかい》 175
自業自得《じごうじとく》 176
自己犠牲《じこぎせい》 176
自己嫌厭《じこけんえん》 176

自己嫌悪《じこけんお》 176
自己韜晦《じことうかい》 177
自己陶酔《じことうすい》 177
自己撞着《じこどうちゃく》 177
自己弁護《じこべんご》 177
自己満足《じこまんぞく》 177
自己矛盾《じこむじゅん》 177
自己抑制《じこよくせい》 178
自在不羈《じざいふき》 178
自作自演《じさくじえん》 178
自殺行為《じさつこうい》 178
自縄自縛《じじょうじばく》 180
自然天然《しぜんてんねん》 181
自然淘汰《しぜんとうた》 181
自存独立《じそんどくりつ》 182
自重自愛《じちょうじあい》 185
自分本位《じぶんほんい》 190
自暴自棄《じぼうじき》 190
自問自答《じもんじとう》 191
自由意志《じゆういし》 194
自由闊達《じゆうかったつ》 195
自由自在《じゆうじざい》 196
自由奔放《じゆうほんぽう》 200
自由民権《じゆうみんけん》 200
自力更生《じりきこうせい》 217
隠忍自重《いんにんじちょう》 37
鷹揚自若《おうようじじゃく》 53
活殺自在《かっさつじざい》 69
闊達自在《かったつじざい》 71
割腹自殺《かっぷくじさつ》 72
緩急自在《かんきゅうじざい》 78
恍然自失《こうぜんじしつ》 139
縦横自在《じゅうおうじざい》 194
出没自在《しゅつぼつじざい》 204
従容自若《しょうようじじゃく》 214
伸縮自在《しんしゅくじざい》 223
神色自若《しんしょくじじゃく》 224
泰然自若《たいぜんじじゃく》 268
天然自然《てんねんしぜん》 297
独学自尊《どくがくじそん》 304
独立自全《どくりつじぜん》 305
独立自尊《どくりつじそん》 305
独立自存《どくりつじそん》 305
如意自在《にょいじざい》 313
不羈自由《ふきじゆう》 344
変幻自在《へんげんじざい》 360
茫然自失《ぼうぜんじしつ》 365
奔放自在《ほんぽうじざい》 370
奔放自由《ほんぽうじゆう》 370
夜郎自大《やろうじだい》 394
悠悠自適《ゆうゆうじてき》 400
事 事後承諾《じごしょうだく》 177
事実無根《じじつむこん》 179
事事物物《じじぶつぶつ》 179
事序繽紛《じじょひんぷん》 181
悪事千里《あくじせんり》 2
逸事奇聞《いつじきぶん》 25
往事渺茫《おうじびょうぼう》 51
往事茫茫《おうじぼうぼう》 51
故事来歴《こじらいれき》 152
実事求是《じつじきゅうぜ》 185
諸事万端《しょじばんたん》 216
人事不省《じんじふせい》 222
多事多端《たじたたん》 272
多事多難《たじたなん》 272
無事息災《ぶじそくさい》 348
無事太平《ぶじたいへい》 348
無事平穏《ぶじへいおん》 349
安穏無事《あんのんぶじ》 7
一朝有事《いっちょうゆうじ》 30
後生大事《ごしょうだいじ》 151
三面記事《さんめんきじ》 170
身辺雑事《しんぺんざつじ》 229
太平無事《たいへいぶじ》 269
天下多事《てんかたじ》 292
年中行事《ねんちゅうぎょうじ》 316
風流韻事《ふうりゅういんじ》 342
平安無事《へいあんぶじ》 357
平穏無事《へいおんぶじ》 358
治 治外法権《ちがいほうけん》 278
治乱興廃《ちらんこうはい》 285
治乱興亡《ちらんこうぼう》 285
一治一乱《いっちいちらん》 29
天下治平《てんかちへい》 292
持 加持祈禱《かじきとう》 65
堅忍持久《けんにんじきゅう》 128
曠日持久《こうじつじきゅう》 138
現状維持《げんじょういじ》 127
時 時期尚早《じきしょうそう》 174
時機到来《じきとうらい》 174
時時刻刻《じじこくこく》 179
時世時節《じせいじせつ》 181
時代感覚《じだいかんかく》 182
時代錯誤《じだいさくご》 182
時代思潮《じだいしちょう》 182
暗黒時代《あんこくじだい》 5
黄金時代《おうごんじだい》 51
四六時中《しろくじちゅう》 218
二六時中《にろくじちゅう》 314
慈 慈悲忍辱《じひにんにく》 189
大慈大悲《だいじだいひ》 267
厳父慈母《げんぷじぼ》 128
大悲大慈《だいひだいじ》 269
辞 言辞行儀《げんじぎょうぎ》 126
美辞麗句《びじれいく》 334
外交辞令《がいこうじれい》 58
社交辞令《しゃこうじれい》 192

【シキ】

識 意識過剰《いしきかじょう》 10
意識朦朧《いしきもうろう》 10
博識多才《はくしきたさい》 320
一行知識《いちぎょうちしき》 14
広才博識《こうさいはくしき》 137
潜在意識《せんざいいしき》 248
博学卓識《はくがくたくしき》 319
博学多識《はくがくたしき》 319
博覧多識《はくらんたしき》 322
無学浅識《むがくせんしき》 376
無学無識《むがくむしき》 376
名僧知識《めいそうちしき》 385

【ジク】

舳 舳艫千里《じくろせんり》 175

【シチ】

七 七擒七縦《しちきんしちしょう》 183
七華八裂《しちけはちれつ》 183
七重欄楯《しちじゅうらんじゅん》 183

七縦七擒《しちしょうしちきん》 183
七生報国《しちしょうほうこく》 183
七転八起《しちてんはっき》 184
七転八倒《しちてんばっとう》 184
七堂伽藍《しちどうがらん》 184
七難八苦《しちなんはっく》 184
七珍万宝《しっちんまんぽう》 187

【シツ】

吔 吔咤激励《しったげきれい》 186
吔咤怒号《しったどごう》 186
失 失敬千万《しっけいせんばん》 185
失地回復《しっちかいふく》 186
失望落胆《しつぼうらくたん》 188
失礼至極《しつれいしごく》 188
失礼千万《しつれいせんばん》 188
一失一得《いっしついっとく》 25
拓落失路《たくらくしつろ》 271
落胆失望《らくたんしつぼう》 406
利害失得《りがいしっとく》 408
一得一失《いっとくいっしつ》 32
恍然自失《こうぜんじしつ》 139
心神喪失《しんしんそうしつ》 225
戦意喪失《せんいそうしつ》 244
茫然自失《ぼうぜんじしつ》 365
利害得失《りがいとくしつ》 408
疾 疾風迅雷《しっぷうじんらい》 187
疾風怒濤《しっぷうどとう》 187
高材疾足《こうざいしっそく》 137
大声疾呼《たいせいしっこ》 268
執 頑執妄排《がんしゅうもうはい》 81
悉 悉皆成仏《しっかいじょうぶつ》 185
嫉 嫉視反目《しっしはんもく》 186
反目嫉視《はんもくしっし》 331
瑟 琴瑟調和《きんしつちょうわ》 111
質 質疑応答《しつぎおうとう》 185
質実剛健《しつじつごうけん》 186
質素倹約《しっそけんやく》 186
質朴剛健《しつぼくごうけん》 188
文質彬彬《ぶんしつひんぴん》 355
温厚質実《おんこうしつじつ》 54
勤倹質素《きんけんしっそ》 110
剛健質実《ごうけんしつじつ》 136
剛健質朴《ごうけんしつぼく》 136
膝 匍匐膝行《ほふくしっこう》 369
櫛 櫛風沐雨《しっぷうもくう》 187
櫛風浴雨《しっぷうよくう》 187
風櫛雨沐《ふうしつうもく》 342
沐雨櫛風《もくうしっぷう》 391

【ジツ】

日 ⇨ニチ
実 実事求是《じつじきゅうぜ》 185
実践躬行《じっせんきゅうこう》 186
実直謹厳《じっちょくきんげん》 187
虚実混交《きょじつこんこう》 107
虚実皮膜《きょじつひまく》 107
事実無根《じじつむこん》 179
質実剛健《しつじつごうけん》 186
真実一路《しんじついちろ》 222
篤実温厚《とくじつおんこう》 304
虚虚実実《きょきょじつじつ》 105
謹厳実直《きんげんじっちょく》 110
不言実行《ふげんじっこう》 347
有言実行《ゆうげんじっこう》 396
温厚質実《おんこうしつじつ》 54
温厚篤実《おんこうとくじつ》 54
温順篤実《おんじゅんとくじつ》 54
剛健質実《ごうけんしつじつ》 136
有職故実《ゆうそくこじつ》 398
有名無実《ゆうめいむじつ》 399

【シャ】

社 社交辞令《しゃこうじれい》 192
神社仏閣《じんじゃぶっかく》 223
車 車馬剣戟《しゃばけんげき》 193
安車蒲輪《あんしゃほりん》 5
輔車脣歯《ほしゃしんし》 368
脣歯輔車《しんしほしゃ》 222
者 益者三友《えきしゃさんゆう》 45
会者定離《えしゃじょうり》 46
三者鼎立《さんしゃていりつ》 167
盛者必衰《じょうしゃひっすい》 209
生者必滅《しょうじゃひつめつ》 209
適者生存《てきしゃせいぞん》 289
二者選一《にしゃせんいつ》 311
二者択一《にしゃたくいつ》 311
武者修行《むしゃしゅぎょう》 379
親類縁者《しんるいえんじゃ》 230
聖人賢者《せいじんけんじゃ》 236
千両役者《せんりょうやくしゃ》 256
大根役者《だいこんやくしゃ》 267
百万長者《ひゃくまんちょうじゃ》 338
炙 残杯冷炙《ざんぱいれいしゃ》 170
洒 ⇨サイ
射 条件反射《じょうけんはんしゃ》 208
捨 取捨選択《しゅしゃせんたく》 202
摂取不捨《せっしゅふしゃ》 241
奢 奢侈淫佚《しゃしいんいつ》 192
奢侈荒唐《しゃしこうとう》 192
奢侈文弱《しゃしぶんじゃく》 192
驕奢淫逸《きょうしゃいんいつ》 101
豪奢遊蕩《ごうしゃゆうとう》 138
紛華奢靡《ふんかしゃび》 355
贅沢華奢《ぜいたくかしゃ》 237
遮 遮二無二《しゃにむに》 193
赭 巨眼赭髯《きょがんしゃぜん》 105
謝 報恩謝徳《ほうおんしゃとく》 361
新陳代謝《しんちんたいしゃ》 228
妄言多謝《もうげんたしゃ》 390
藉 家内狼藉《かないろうぜき》 72
杯盤狼藉《はいばんろうぜき》 317
落花狼藉《らっかろうぜき》 406
乱暴狼藉《らんぼうろうぜき》 407
瀉 一瀉千里《いっしゃせんり》 26

【ジャ】

邪 邪見放逸《じゃけんほういつ》 192
邪宗異端《じゃしゅういたん》 193
邪知奸佞《じゃちかんねい》 193
邪知暴虐《じゃちぼうぎゃく》 193
正邪曲直《せいじゃきょくちょく》 235
正邪善悪《せいじゃぜんあく》 235
破邪顕正《はじゃけんしょう》 322
異端邪宗《いたんじゃしゅう》 12
異端邪説《いたんじゃせつ》 12
淫祠邪教《いんしじゃきょう》 36
奸佞邪知《かんねいじゃち》 85
猜忌邪曲《さいきじゃきょく》 161

善悪邪正《ぜんあくじゃせい》 243
佞奸邪知《ねいかんじゃち》 315
放辟邪侈《ほうへきじゃし》 367
欲念邪意《よくねんじゃい》 404
干将莫邪《かんしょうばくや》 81
曲直正邪《きょくちょくせいじゃ》 106
賢愚正邪《けんぐせいじゃ》 124
醜悪奸邪《しゅうあくかんじゃ》 194
是非正邪《ぜひせいじゃ》 243
善悪正邪《ぜんあくせいじゃ》 243
蛇　蛇行匍匐《だこうほふく》 271
竜頭蛇尾《りゅうとうだび》 412

【シャク】

尺　百尺竿頭《ひゃくせきかんとう》 337
寸進尺退《すんしんしゃくたい》 233
寸善尺魔《すんぜんしゃくま》 233
垂涎三尺《すいぜんさんじゃく》 231
杓　杓子定規《しゃくしじょうぎ》 191
灼　灼然炳乎《しゃくぜんへいこ》 191
酌　斟酌折衷《しんしゃくせっちゅう》 223
浅酌低唱《せんしゃくていしょう》 249
情状酌量《じょうじょうしゃくりょう》 210
未練未酌《みれんみしゃく》 374
釈　会釈遠慮《えしゃくえんりょ》 46
遠慮会釈《えんりょえしゃく》 49
廃仏毀釈《はいぶつきしゃく》 317
嘖　好評嘖嘖《こうひょうさくさく》 142
綽　余裕綽綽《よゆうしゃくしゃく》 404
嚼　咀嚼玩味《そしゃくがんみ》 262

【ジャク】

若　瞠若驚嘆《どうじゃくきょうたん》 301
傍若無人《ぼうじゃくぶじん》 363
老若貴賤《ろうにゃくきせん》 419
老若男女《ろうにゃくなんにょ》 419
老若貧富《ろうにゃくひんぷ》 419
鷹揚自若《おうようじじゃく》 53
貴賤老若《きせんろうにゃく》 93
従容自若《しょうようじじゃく》 214
神色自若《しんしょくじじゃく》 224
泰然自若《たいぜんじじゃく》 268
弱　弱肉強食《じゃくにくきょうしょく》 191
急所弱所《きゅうしょじゃくしょ》 98
強食弱肉《きょうしょくじゃくにく》 102
薄志弱行《はくしじゃっこう》 320
意志薄弱《いしはくじゃく》 10
奢侈文弱《しゃしぶんじゃく》 192
心神耗弱《しんしんこうじゃく》 225
放縦懦弱《ほうしょうだじゃく》 364
寂　寂滅為楽《じゃくめついらく》 191
寂光浄土《じゃっこうじょうど》 193
静寂閑雅《せいじゃくかんが》 235
幽寂閑雅《ゆうじゃくかんが》 397
空空寂寂《くうくうじゃくじゃく》 114
和敬清寂《わけいせいじゃく》 421
雀　欣喜雀躍《きんきじゃくやく》 110
門前雀羅《もんぜんじゃくら》 392
鵲　鳩居鵲巣《きゅうきょじゃくそう》 97

【シュ】

手　手枷足枷《てかせあしかせ》 289
手練手管《てれんてくだ》 290
得手勝手《えてかって》 46
鬼手仏心《きしゅぶっしん》 92
拱手傍観《きょうしゅぼうかん》 102
袖手傍観《しゅうしゅぼうかん》 197
赤手空拳《せきしゅくうけん》 240
高手小手《たかてこて》 270
徒手空拳《としゅくうけん》 306
拍手喝采《はくしゅかっさい》 320
応急手当《おうきゅうてあて》 50
眼高手低《がんこうしゅてい》 79
常套手段《じょうとうしゅだん》 213
主　主客転倒《しゅかくてんとう》 201
主義主張《しゅぎしゅちょう》 201
主権在民《しゅけんざいみん》 202
亭主関白《ていしゅかんぱく》 288
三日坊主《みっかぼうず》 373
守　保守退嬰《ほしゅたいえい》 368
創業守成《そうぎょうしゅせい》 257
旧套墨守《きゅうとうぼくしゅ》 98
朱　朱唇皓歯《しゅしんこうし》 203
取　取捨選択《しゅしゃせんたく》 202
摂取不捨《せっしゅふしゃ》 241
断章取義《だんしょうしゅぎ》 275
首　首鼠両端《しゅそりょうたん》 203
首尾一貫《しゅびいっかん》 204
首尾貫徹《しゅびかんてつ》 204
鳩首協議《きゅうしゅきょうぎ》 97
鳩首凝議《きゅうしゅぎょうぎ》 97
鳩首謀議《きゅうしゅぼうぎ》 97
頓首再拝《とんしゅさいはい》 307
俯首流涕《ふしゅりゅうてい》 349
再拝稽首《さいはいけいしゅ》 163
思案投首《しあんなげくび》 171
北面稽首《ほくめんけいしゅ》 368
竜頭鷁首《りゅうとうげきしゅ》 412
殊　殊域同嗜《しゅいきどうし》 193
珠　如意宝珠《にょいほうじゅ》 313
酒　酒池肉林《しゅちにくりん》 203
粗酒粗餐《そしゅそさん》 262
美酒佳肴《びしゅかこう》 334
緑酒紅灯《りょくしゅこうとう》 414
杯盤酒肴《はいばんしゅこう》 317
紅灯緑酒《こうとうりょくしゅ》 142
種　種種雑多《しゅじゅざった》 202
各種各様《かくしゅかくよう》 63
多種多面《たしゅためん》 272
多種多様《たしゅたよう》 272
善根福種《ぜんこんふくしゅ》 248
多様多種《たようたしゅ》 273
同文同種《どうぶんどうしゅ》 303
趣　意趣遺恨《いしゅいこん》 11
意趣卓逸《いしゅたくいつ》 11
多趣多様《たしゅたよう》 272
幽趣佳境《ゆうしゅかきょう》 397
低徊趣味《ていかいしゅみ》 288
多様多趣《たようたしゅ》 273

【ジュ】

寿　不老長寿《ふろうちょうじゅ》 354
受　受胎告知《じゅたいこくち》 203
儒　碩学大儒《せきがくたいじゅ》 240
焚書坑儒《ふんしょこうじゅ》 356
樹　樹下石上《じゅげせきじょう》 202
剣山刀樹《けんざんとうじゅ》 126
沙羅双樹《さらそうじゅ》 165
瑶林瓊樹《ようりんけいじゅ》 403

【シュウ】

収 人心収攬《じんしんしゅうらん》 225
囚 楚囚南冠《そしゅうなんかん》 262
舟 刻舟求剣《こくしゅうきゅうけん》 148
呉越同舟《ごえつどうしゅう》 146
秀 眉目秀麗《びもくしゅうれい》 337
刻露清秀《こくろせいしゅう》 150
眉目俊秀《びもくしゅんしゅう》 337
眉目清秀《びもくせいしゅう》 337
周 周章狼狽《しゅうしょうろうばい》 197
周旋奔走《しゅうせんほんそう》 198
周知徹底《しゅうちてってい》 198
周到綿密《しゅうとうめんみつ》 199
周密精到《しゅうみつせいとう》 200
世間周知《せけんしゅうち》 240
天下周知《てんかしゅうち》 291
天下周遊《てんかしゅうゆう》 291
奔走周旋《ほんそうしゅうせん》 370
綿密周到《めんみつしゅうとう》 389
用意周到《よういしゅうとう》 401
朋党比周《ほうとうひしゅう》 366
宗 邪宗異端《じゃしゅういたん》 193
異端邪宗《いたんじゃしゅう》 12
拾 寒山拾得《かんざんじっとく》 80
秋 秋霜烈日《しゅうそうれつじつ》 198
秋天一碧《しゅうてんいっぺき》 198
秋風蕭条《しゅうふうしょうじょう》 199
秋風落莫《しゅうふうらくばく》 200
春秋戦国《しゅんじゅうせんごく》 206
千秋万歳《せんしゅうばんざい》 249
暗送秋波《あんそうしゅうは》 6
媚眼秋波《びがんしゅうは》 332
一日三秋《いちじつさんしゅう》 17
一日千秋《いちじつせんしゅう》 17
一刻千秋《いっこくせんしゅう》 24
臭 俗臭芬芬《ぞくしゅうふんぷん》 260
修 修身斉家《しゅうしんせいか》 197
偃武修文《えんぶしゅうぶん》 48
武者修行《むしゃしゅぎょう》 379
袖 袖手傍観《しゅうしゅぼうかん》 197
鎧袖一触《がいしゅういっしょく》 59
長袖善舞《ちょうしゅうぜんぶ》 282
終 終古一定《しゅうこいってい》 195
終始一貫《しゅうしいっかん》 196
一部始終《いちぶしじゅう》 19
無始無終《むしむしゅう》 379
羞 羞月閉花《しゅうげつへいか》 195
就 去就進退《きょしゅうしんたい》 107
心願成就《しんがんじょうじゅ》 219
進退去就《しんたいきょしゅう》 227
大願成就《たいがんじょうじゅ》 265
衆 衆議一決《しゅうぎいっけつ》 195
衆口一致《しゅうこういっち》 195
衆人環座《しゅうじんかんざ》 197
衆人環視《しゅうじんかんし》 197
衆怒衆賤《しゅうどしゅうせん》 199
衆目環視《しゅうもくかんし》 201
衆目衆耳《しゅうもくしゅうじ》 201
衆生済度《しゅじょうさいど》 203
群衆妄覚《ぐんしゅうもうかく》 117
一切衆生《いっさいしゅじょう》 25
集 集散離合《しゅうさんりごう》 196
集中砲火《しゅうちゅうほうか》 198
雲集霧散《うんしゅうむさん》 41
群集心理《ぐんしゅうしんり》 117
離合集散《りごうしゅうさん》 409
経史子集《けいしししゅう》 119
啾 鬼哭啾啾《きこくしゅうしゅう》 91
愁 喜怒哀愁《きどあいしゅう》 95
多感多愁《たかんたしゅう》 270
溲 牛溲馬勃《ぎゅうしゅうばぼつ》 97
醜 醜悪奸邪《しゅうあくかんじゃ》 194
佞悪醜穢《ねいあくしゅうわい》 315
善悪美醜《ぜんあくびしゅう》 244
繡 繡口錦心《しゅうこうきんしん》 196
衣繡夜行《いしゅうやこう》 11
錦繡綾羅《きんしゅうりょうら》 112
錦心繡腸《きんしんしゅうちょう》 112
瓊葩繡葉《けいはしゅうよう》 121
綾羅錦繡《りょうらきんしゅう》 414
襲 襲名披露《しゅうめいひろう》 201

【ジュウ】

十 十中八九《じっちゅうはっく》 187
十逆五悪《じゅうぎゃくごあく》 195
十字砲火《じゅうじほうか》 197
十人十色《じゅうにんといろ》 199
十年一日《じゅうねんいちじつ》 199
十万億土《じゅうまんおくど》 200
三十六計《さんじゅうろっけい》 167
一暴十寒《いちばくじっかん》 19
五風十雨《ごふうじゅうう》 155
三世十方《さんぜじっぽう》 168
什 一伍一什《いちごいちじゅう》 15
汁 一汁一菜《いちじゅういっさい》 17
充 充棟汗牛《じゅうとうかんぎゅう》 198
汗牛充棟《かんぎゅうじゅうとう》 78
戎 夷蛮戎狄《いばんじゅうてき》 33
東夷西戎《とういせいじゅう》 299
住 行住座臥《ぎょうじゅうざが》 101
常住座臥《じょうじゅうざが》 210
常住不断《じょうじゅうふだん》 210
一所不住《いっしょふじゅう》 27
雲水不住《うんすいふじゅう》 42
柔 柔和温順《にゅうわおんじゅん》 313
温柔敦厚《おんじゅうとんこう》 54
外柔内剛《がいじゅうないごう》 59
内柔外剛《ないじゅうがいごう》 308
優柔不断《ゆうじゅうふだん》 397
外剛内柔《がいごうないじゅう》 58
緩急剛柔《かんきゅうごうじゅう》 78
内剛外柔《ないごうがいじゅう》 308
重 重厚謹厳《じゅうこうきんげん》 195
重厚長大《じゅうこうちょうだい》 196
軽重深浅《けいちょうしんせん》 120
七重欄盾《しちじゅうらんじゅん》 183
自重自愛《じちょうじあい》 185
慎重居士《しんちょうこじ》 228
二重人格《にじゅうじんかく》 312
巻土重来《けんどちょうらい》 127
孤軍重囲《こぐんじゅうい》 150
山岳重畳《さんがくちょうじょう》 166
付着重畳《ふちゃくちょうじょう》 350
慇懃丁重《いんぎんていちょう》 36
隠忍自重《いんにんじちょう》 37
謹厚慎重《きんこうしんちょう》 111
自愛自重《じあいじちょう》 171
至大至重《しだいしじゅう》 182

難易軽重《なんいけいちょう》 309
従 従容自若《しょうようじじゃく》 214
合従連衡《がっしょうれんこう》 70
順従謙黙《じゅんじゅうけんもく》 205
面従後言《めんじゅうこうげん》 388
面従腹背《めんじゅうふくはい》 388
阿諛追従《あゆついしょう》 5
絶対服従《ぜったいふくじゅう》 242
渋 晦渋混濁《かいじゅうこんだく》 59
獣 禽獣草木《きんじゅうそうもく》 111
半獣半人《はんじゅうはんじん》 328
人面獣心《じんめんじゅうしん》 230
草木禽獣《そうもくきんじゅう》 260
半人半獣《はんじんはんじゅう》 329
縦 縦横自在《じゅうおうじざい》 194
縦横無礙《じゅうおうむげ》 194
縦横無尽《じゅうおうむじん》 194
縦説横説《じゅうせつおうせつ》 198
縦塗横抹《じゅうとおうまつ》 199
七縦七擒《しちしょうしちきん》 183
放縦懦弱《ほうしょうだじゃく》 364
放縦不羈《ほうしょうふき》 364
放縦懶惰《ほうしょうらんだ》 364
奇策縦横《きさくじゅうおう》 91
機知縦横《きちじゅうおう》 94
機略縦横《きりゃくじゅうおう》 108
才弁縦横《さいべんじゅうおう》 163
禅機縦横《ぜんきじゅうおう》 245
七擒七縦《しちきんしちしょう》 183
蹂 人権蹂躙《じんけんじゅうりん》 220

【シュク】

宿 一宿一飯《いっしゅくいっぱん》 26
三界無宿《さんがいむしゅく》 165
淑 淑女紳士《しゅくじょしんし》 201
紳士淑女《しんししゅくじょ》 222
温良貞淑《おんりょうていしゅく》 56
至孝貞淑《しこうていしゅく》 176
粛 綱紀粛正《こうきしゅくせい》 135
倏 転瞬倏忽《てんしゅんしゅっこつ》 294
縮 萎縮震慄《いしゅくしんりつ》 11
伸縮自在《しんしゅくじざい》 223

【ジュク】

熟 熟読玩味《じゅくどくがんみ》 201
熟読三思《じゅくどくさんし》 202
熟慮断行《じゅくりょだんこう》 202
円熟無礙《えんじゅくむげ》 47
審念熟慮《しんねんじゅくりょ》 229

【シュツ】

出 出家遁世《しゅっけとんせい》 204
出処進退《しゅっしょしんたい》 204
出没自在《しゅつぼつじざい》 204
神出鬼没《しんしゅつきぼつ》 223
進退出処《しんたいしゅっしょ》 227
変幻出没《へんげんしゅつぼつ》 360
立身出世《りっしんしゅっせ》 410
議論百出《ぎろんひゃくしゅつ》 109
破綻百出《はたんひゃくしゅつ》 322
門外不出《もんがいふしゅつ》 392

【ジュツ】

術 権謀術策《けんぼうじゅっさく》 129
権謀術数《けんぼうじゅっすう》 129
人海戦術《じんかいせんじゅつ》 219

【シュン】

俊 英俊豪傑《えいしゅんごうけつ》 44
豪宕俊逸《ごうとうしゅんいつ》 141
眉目俊秀《びもくしゅんしゅう》 337
春 春日遅遅《しゅんじつちち》 205
春秋戦国《しゅんじゅうせんごく》 206
春宵一刻《しゅんしょういっこく》 206
春風駘蕩《しゅんぷうたいとう》 207
小春日和《こはるびより》 155
峻 峻抜雄健《しゅんばつゆうけん》 207
熱烈峻厳《ねつれつしゅんげん》 315
逡 狐疑逡巡《こぎしゅんじゅん》 147
遅疑逡巡《ちぎしゅんじゅん》 278
躊躇逡巡《ちゅうちょしゅんじゅん》 281
瞬 転瞬倏忽《てんしゅんしゅっこつ》 294
蠢 固陋蠢愚《ころうしゅんぐ》 157

【ジュン】

巡 狐疑逡巡《こぎしゅんじゅん》 147
遅疑逡巡《ちぎしゅんじゅん》 278
躊躇逡巡《ちゅうちょしゅんじゅん》 281
盾 矛盾撞着《むじゅんどうちゃく》 379
自己矛盾《じこむじゅん》 177
七重欄盾《しちじゅうらんじゅん》 183
前後矛盾《ぜんごむじゅん》 248
撞着矛盾《どうちゃくむじゅん》 302
純 純一無垢《じゅんいつむく》 204
純一無雑《じゅんいつむざつ》 205
純一無上《じゅんいつむじょう》 205
純潔無垢《じゅんけつむく》 205
純情可憐《じゅんじょうかれん》 206
純真可憐《じゅんしんかれん》 206
純真無垢《じゅんしんむく》 206
純粋清浄《じゅんすいせいじょう》 206
純精無雑《じゅんせいむざつ》 207
至純至高《しじゅんしこう》 180
至純至精《しじゅんしせい》 180
単純明快《たんじゅんめいかい》 275
淳 淳風美俗《じゅんぷうびぞく》 207
循 因循苟且《いんじゅんこうしょ》 36
因循姑息《いんじゅんこそく》 37
萎靡因循《いびいんじゅん》 33
順 順従謙黙《じゅんじゅうけんもく》 205
順風満帆《じゅんぷうまんぱん》 207
温順篤実《おんじゅんとくじつ》 54
一路順風《いちろじゅんぷう》 22
温良優順《おんりょうゆうじゅん》 56
柔和温順《にゅうわおんじゅん》 313
準 規矩準縄《きくじゅんじょう》 90
規矩標準《きくひょうじゅん》 90
蓴 蓴羹鱸膾《じゅんこうろかい》 205
潤 舞文潤飾《ぶぶんじゅんしょく》 352

【ショ】

且 因循苟且《いんじゅんこうしょ》 36
処 処女航海《しょじょこうかい》 216
出処進退《しゅっしょしんたい》 204
善後処置《ぜんごしょち》 246
進退出処《しんたいしゅっしょ》 227
初 初志貫徹《しょしかんてつ》 215
所 一所懸命《いっしょけんめい》 27

一所不住《いっしょふじゅう》 27
急所弱所《きゅうしょじゃくしょ》 98
近所合壁《きんじょがっぺき》 112
高所大所《こうしょたいしょ》 139
大所高所《たいしょこうしょ》 267
名所旧跡《めいしょきゅうせき》 385
名所古跡《めいしょこせき》 385
適材適所《てきざいてきしょ》 289
書 書画骨董《しょがこっとう》 215
郢書燕説《えいしょえんせつ》 45
四書五経《ししょごきょう》 181
読書三昧《どくしょざんまい》 304
読書百遍《どくしょひゃっぺん》 305
焚書坑儒《ふんしょこうじゅ》 356
閑窓読書《かんそうどくしょ》 83
孤灯読書《ことうどくしょ》 155
特筆大書《とくひつたいしょ》 305
緒 情緒纏綿《じょうちょてんめん》 213
千緒万端《せんちょばんたん》 252
異国情緒《いこくじょうちょ》 9
諸 諸行無常《しょぎょうむじょう》 215
諸国漫遊《しょこくまんゆう》 215
諸事万端《しょじばんたん》 216
諸子百家《しょしひゃっか》 216
諸人救済《しょじんきゅうさい》 216
諸説紛紛《しょせつふんぷん》 216
諸善万徳《しょぜんばんとく》 216

【ジョ】

女 女尊男卑《じょそんだんぴ》 217
女人禁制《にょにんきんせい》 314
淑女紳士《しゅくじょしんし》 201
処女航海《しょじょこうかい》 216
男女同権《だんじょどうけん》 276
男女老幼《なんにょろうよう》 310
男尊女卑《だんそんじょひ》 276
貴賤男女《きせんだんじょ》 93
紳士淑女《しんししゅくじょ》 222
善男善女《ぜんなんぜんにょ》 254
忠臣貞女《ちゅうしんていじょ》 280
老若男女《ろうにゃくなんにょ》 419
老幼男女《ろうようなんにょ》 420
如 ⇨ニョ
助 相互扶助《そうごふじょ》 257
天佑神助《てんゆうしんじょ》 298
序 公序良俗《こうじょりょうぞく》 139
事序繽紛《じじょひんぷん》 181
秩序整然《ちつじょせいぜん》 279
年功序列《ねんこうじょれつ》 316
安寧秩序《あんねいちつじょ》 6
叙 叙位叙勲《じょいじょくん》 207
除 加減乗除《かげんじょうじょ》 65

【ショウ】

小 小春日和《こはるびより》 155
小国寡民《しょうこくかみん》 208
小人閑居《しょうじんかんきょ》 211
小心小胆《しょうしんしょうたん》 211
小身微禄《しょうしんびろく》 212
小心翼翼《しょうしんよくよく》 212
過小評価《かしょうひょうか》 65
針小棒大《しんしょうぼうだい》 224
勤倹小心《きんけんしょうしん》 110
大異小同《だいいしょうどう》 265
大同小異《だいどうしょうい》 269
高手小手《たかてこて》 270
軽薄短小《けいはくたんしょう》 121
少 少数精鋭《しょうすうせいえい》 212
少壮気鋭《しょうそうきえい》 212
少壮有為《しょうそうゆうい》 212
老少不定《ろうしょうふじょう》 419
貴賤老少《きせんろうしょう》 93
匠 意匠惨憺《いしょうさんたん》 11
市気匠気《しきしょうき》 174
床 同床異夢《どうしょういむ》 301
同床各夢《どうしょうかくむ》 301
尚 尊尚親愛《そんしょうしんあい》 263
勤倹尚武《きんけんしょうぶ》 110
好学尚武《こうがくしょうぶ》 132
時期尚早《じきしょうそう》 174
承 起承転結《きしょうてんけつ》 92
不承不承《ふしょうぶしょう》 349
事後承諾《じごしょうだく》 177
先刻承知《せんこくしょうち》 246
師資相承《ししそうしょう》 179
昇 上昇気流《じょうしょうきりゅう》 210
旭日昇天《きょくじつしょうてん》 105
白日昇天《はくじつしょうてん》 320
昌 商売繁昌《しょうばいはんじょう》 214
松 白砂青松《はくさせいしょう》 319
省 ⇨セイ
宵 春宵一刻《しゅんしょういっこく》 206
将 干将莫邪《かんしょうばくや》 81
王侯将相《おうこうしょうしょう》 51
消 消化不良《しょうかふりょう》 208
消長盛衰《しょうちょうせいすい》 213
消長遷移《しょうちょうせんい》 213
雲消霧散《うんしょうむさん》 42
意気消沈《いきしょうちん》 8
罪障消滅《ざいしょうしょうめつ》 162
雲散霧消《うんさんむしょう》 41
祥 祥月命日《しょうつきめいにち》 213
笑 笑止千万《しょうしせんばん》 209
笑裏蔵刀《しょうりぞうとう》 215
一笑一顰《いっしょういっぴん》 26
高談笑語《こうだんしょうご》 140
一顰一笑《いっぴんいっしょう》 32
嫣然一笑《えんぜんいっしょう》 47
呵呵大笑《かかたいしょう》 62
虎渓三笑《こけいさんしょう》 150
拈華微笑《ねんげみしょう》 315
破顔一笑《はがんいっしょう》 318
破顔微笑《はがんみしょう》 318
商 商売繁昌《しょうばいはんじょう》 214
校勘商量《こうかんしょうりょう》 133
士魂商才《しこんしょうさい》 178
士農工商《しのうこうしょう》 188
唱 一唱三嘆《いっしょうさんたん》 26
夫唱婦随《ふしょうふずい》 349
浅酌低唱《せんしゃくていしょう》 249
浅斟低唱《せんしんていしょう》 250
渉 跋山渉水《ばつざんしょうすい》 324
内政干渉《ないせいかんしょう》 309
章 周章狼狽《しゅうしょうろうばい》 197
断章取義《だんしょうしゅぎ》 275
訟 駆込訴訟《かけこみそしょう》 65
逍 逍遥徘徊《しょうようはいかい》 214
勝 優勝劣敗《ゆうしょうれっぱい》 397
一六勝負《いちろくしょうぶ》 22

得手勝手《えてかって》 46
真剣勝負《しんけんしょうぶ》 220
連戦連勝《れんせんれんしょう》 418
掌 合掌瞑目《がっしょうめいもく》 69
合掌礼拝《がっしょうらいはい》 70
瞑目合掌《めいもくがっしょう》 386
焼 完全燃焼《かんぜんねんしょう》 82
焦 焦心苦慮《しょうしんくりょ》 211
焦熱地獄《しょうねつじごく》 214
懊悩焦慮《おうのうしょうりょ》 52
憤懣焦燥《ふんまんしょうそう》 357
硝 硝煙弾雨《しょうえんだんう》 208
証 証拠歴然《しょうこれきぜん》 209
博引旁証《はくいんぼうしょう》 318
象 有象無象《うぞうむぞう》 39
気象勇健《きしょうゆうけん》 92
心象風景《しんしょうふうけい》 224
森羅万象《しんらばんしょう》 230
天地万象《てんちばんしょう》 296
傷 誹謗中傷《ひぼうちゅうしょう》 336
奨 勧奨懲戒《かんしょうちょうかい》 81
照 照顧脚下《しょうこきゃっか》 208
脚下照顧《きゃっかしょうこ》 96
頌 頌徳頌功《しょうとくしょうこう》 214
嘗 臥薪嘗胆《がしんしょうたん》 66
裳 衣裳道楽《いしょうどうらく》 11
霓裳羽衣《げいしょううい》 119
障 罪障消滅《ざいしょうしょうめつ》 162
衝 意気衝天《いきしょうてん》 8
怒髪衝天《どはつしょうてん》 307
樽俎折衝《そんそせっしょう》 264
賞 信賞必罰《しんしょうひつばつ》 223
論功行賞《ろんこうこうしょう》 421
踪 無影無踪《むえいむそう》 376
嘯 嘯風弄月《しょうふうろうげつ》 214
瘴 蛮烟瘴霧《ばんえんしょうむ》 326
蕭 環堵蕭然《かんとしょうぜん》 84
孤影蕭然《こえいしょうぜん》 146
秋風蕭条《しゅうふうしょうじょう》 199
満目蕭条《まんもくしょうじょう》 372
満目蕭然《まんもくしょうぜん》 373
踵 比肩随踵《ひけんずいしょう》 333

【ジョウ】

上 上意下達《じょういかたつ》 208
上下貴賤《しょうかきせん》 208
上昇気流《じょうしょうきりゅう》 210
一上一下《いちじょういちげ》 17
最上無二《さいじょうむに》 162
史上空前《しじょうくうぜん》 180
至上命令《しじょうめいれい》 180
卓上演説《たくじょうえんぜつ》 271
下意上達《かいじょうたつ》 59
貴賤上下《きせんしょうか》 93
怒髪上指《どはつじょうし》 307
一筆啓上《いっぴつけいじょう》 32
汚名返上《おめいへんじょう》 53
夏下冬上《かかとうじょう》 63
蝸牛角上《かぎゅうかくじょう》 63
樹下石上《じゅげせきじょう》 202
純一無上《じゅんいつむじょう》 205
丈 気炎万丈《きえんばんじょう》 89
光炎万丈《こうえんばんじょう》 131
黄塵万丈《こうじんばんじょう》 139
波瀾万丈《はらんばんじょう》 326
条 条件反射《じょうけんはんしゃ》 208
金科玉条《きんかぎょくじょう》 110
秋風蕭条《しゅうふうしょうじょう》 199
満目蕭条《まんもくしょうじょう》 372
杖 刀杖瓦石《とうじょうがせき》 301
一笠一杖《いちりゅういちじょう》 22
状 現状維持《げんじょういじ》 127
現状打破《げんじょうだは》 127
情状酌量《じょうじょうしゃくりょう》 210
千状万態《せんじょうばんたい》 250
千態万状《せんたいばんじょう》 252
乗 加減乗除《かげんじょうじょ》 65
飛竜乗雲《ひりゅうじょううん》 340
一天万乗《いってんばんじょう》 31
城 金城鉄壁《きんじょうてっぺき》 112
金城湯池《きんじょうとうち》 112
傾城傾国《けいせいけいこく》 119
攻城野戦《こうじょうやせん》 139
孤城落月《こじょうらくげつ》 152
孤城落日《こじょうらくじつ》 152
一国一城《いっこくいちじょう》 24
傾国傾城《けいこくけいせい》 119
野戦攻城《やせんこうじょう》 393
浄 簡浄素朴《かんじょうそぼく》 81
清浄潔白《せいじょうけっぱく》 235
清浄無垢《せいじょうむく》 235
極楽浄土《ごくらくじょうど》 149
欣求浄土《ごんぐじょうど》 158
西方浄土《さいほうじょうど》 163
寂光浄土《じゃっこうじょうど》 193
清窓浄机《せいそうじょうき》 237
明窓浄机《めいそうじょうき》 385
純粋清浄《じゅんすいせいじょう》 206
無垢清浄《むくせいじょう》 377
六根清浄《ろっこんしょうじょう》 420
剰 過剰防衛《かじょうぼうえい》 66
意識過剰《いしきかじょう》 10
常 常住座臥《じょうじゅうざが》 210
常住不断《じょうじゅうふだん》 210
常套手段《じょうとうしゅだん》 213
家常茶飯《かじょうさはん》 65
尋常一様《じんじょういちよう》 223
日常座臥《にちじょうざが》 312
日常茶飯《にちじょうさはん》 312
無常迅速《むじょうじんそく》 379
三綱五常《さんこうごじょう》 166
生死無常《しょうじむじょう》 209
諸行無常《しょぎょうむじょう》 215
情 情状酌量《じょうじょうしゃくりょう》 210
情緒纏綿《じょうちょてんめん》 213
感情移入《かんじょういにゅう》 81
強情我慢《ごうじょうがまん》 138
純情可憐《じゅんじょうかれん》 206
多情多感《たじょうたかん》 272
多情多恨《たじょうたこん》 273
多情仏心《たじょうぶっしん》 273
直情径行《ちょくじょうけいこう》 285
直情真気《ちょくじょうしんき》 285
人情世態《にんじょうせたい》 314
人情風俗《にんじょうふうぞく》 314
物情騒然《ぶつじょうそうぜん》 351
無情冷酷《むじょうれいこく》 380
異国情緒《いこくじょうちょ》 9

異国情調《いこくじょうちょう》 10
義理人情《ぎりにんじょう》 108
世態人情《せたいにんじょう》 241
多感多情《たかんたじょう》 270
天理人情《てんりにんじょう》 299
風俗人情《ふうぞくにんじょう》 342
冷酷無情《れいこくむじょう》 417
冷淡無情《れいたんむじょう》 417
場 満場一致《まんじょういっち》 372
畳 山岳重畳《さんがくちょうじょう》 166
付着重畳《ふちゃくちょうじょう》 350
陽関三畳《ようかんさんじょう》 402
嫋 余韻嫋嫋《よいんじょうじょう》 401
縄 自縄自縛《じじょうじばく》 180
規則縄墨《きそくじょうぼく》 94
規矩準縄《きくじゅんじょう》 90
壌 雲壌月鼈《うんじょうげつべつ》 42
雲壌懸隔《うんじょうけんかく》 42
天壌無窮《てんじょうむきゅう》 294
鼓腹撃壌《こふくげきじょう》 155
擾 紛擾雑駁《ふんじょうざっぱく》 355
海内紛擾《かいだいふんじょう》 60
混迷乱擾《こんめいらんじょう》 160
穣 五穀豊穣《ごこくほうじょう》 151
攘 竜攘虎搏《りゅうじょうこはく》 411
勤王攘夷《きんのうじょうい》 113
尊王攘夷《そんのうじょうい》 264
驤 竜驤虎視《りゅうじょうこし》 411

【ショク】

色 色即是空《しきそくぜくう》 174
顔色容貌《がんしょくようぼう》 82
喜色満面《きしょくまんめん》 92
古色蒼然《こしょくそうぜん》 152
才色兼備《さいしょくけんび》 162
神色自若《しんしょくじじゃく》 224
暮色蒼然《ぼしょくそうぜん》 368
空即是色《くうそくぜしき》 115
巧言令色《こうげんれいしょく》 137
山光水色《さんこうすいしょく》 166
十人十色《じゅうにんといろ》 199
清光素色《せいこうそしょく》 234
千人千色《せんにんせんしょく》 254
蒼然暮色《そうぜんぼしょく》 259
容貌顔色《ようぼうがんしょく》 403
食 医食同源《いしょくどうげん》 12
強食弱肉《きょうしょくじゃくにく》 102
座食逸飽《ざしょくいっぽう》 164
箪食瓢飲《たんしひょういん》 275
徒食無為《としょくむい》 306
肉食妻帯《にくじきさいたい》 311
伴食宰相《ばんしょくさいしょう》 329
伴食大臣《ばんしょくだいじん》 329
飽食暖衣《ほうしょくだんい》 364
目食耳視《もくしょくじし》 391
悪衣悪食《あくいあくしょく》 1
牛飲馬食《ぎゅういんばしょく》 96
錦衣玉食《きんいぎょくしょく》 109
鯨飲馬食《げいいんばしょく》 117
三界乞食《さんがいこつじき》 165
弱肉強食《じゃくにくきょうしょく》 191
粗衣粗食《そいそしょく》 256
暖衣飽食《だんいほうしょく》 274
飽衣美食《ほういびしょく》 361
暴飲暴食《ぼういんぼうしょく》 361
無為徒食《むいとしょく》 375
無芸大食《むげいたいしょく》 377
飾 舞文潤飾《ぶぶんじゅんしょく》 352
触 一触即発《いっしょくそくはつ》 27
鎧袖一触《がいしゅういっしょく》 59
嗇 貪欲吝嗇《どんよくりんしょく》 308
蜀 蜀犬吠日《しょっけんはいじつ》 217
職 職権濫用《しょっけんらんよう》 217
有職故実《ゆうそくこじつ》 398
散官遊職《さんかんゆうしょく》 166

【ジョク】

辱 一栄一辱《いちえいいちじょく》 13
慈悲忍辱《じひにんにく》 189
煩労汚辱《はんろうおじょく》 332
縟 繁文縟礼《はんぶんじょくれい》 331

【シン】

心 心猿意馬《しんえんいば》 218
心外千万《しんがいせんばん》 219
心願成就《しんがんじょうじゅ》 219
心機一転《しんきいってん》 219
心悸亢進《しんきこうしん》 219
心象風景《しんしょうふうけい》 224
心身一如《しんしんいちにょ》 224
心神耗弱《しんしんこうじゃく》 225
心神喪失《しんしんそうしつ》 225
心頭滅却《しんとうめっきゃく》 229
安心立命《あんじんりつめい》 5
以心伝心《いしんでんしん》 12
一心精進《いっしんしょうじん》 27
一心同体《いっしんどうたい》 28
一心不乱《いっしんふらん》 28
一心発起《いっしんほっき》 28
疑心暗鬼《ぎしんあんき》 92
協心戮力《きょうしんりくりょく》 102
虚心坦懐《きょしんたんかい》 107
虚心平気《きょしんへいき》 107
錦心繡腸《きんしんしゅうちょう》 112
苦心惨憺《くしんさんたん》 116
細心翼翼《さいしんよくよく》 163
焦心苦慮《しょうしんくりょ》 211
小心小胆《しょうしんしょうたん》 211
小心翼翼《しょうしんよくよく》 212
身心一如《しんしんいちにょ》 224
人心恟恟《じんしんきょうきょう》 224
人心収攬《じんしんしゅうらん》 225
誠心誠意《せいしんせいい》 236
専心一意《せんしんいちい》 250
即心即仏《そくしんそくぶつ》 261
彫心鏤骨《ちょうしんるこつ》 283
鉄心石腸《てっしんせきちょう》 290
道心堅固《どうしんけんご》 301
同心戮力《どうしんりくりょく》 302
物心一如《ぶっしんいちにょ》 351
物心両面《ぶっしんりょうめん》 351
野心満満《やしんまんまん》 393
雄心勃勃《ゆうしんぼつぼつ》 397
用心堅固《ようじんけんご》 403
意馬心猿《いばしんえん》 33
群集心理《ぐんしゅうしんり》 117
辛苦心労《しんくしんろう》 220
深層心理《しんそうしんり》 227
無理心中《むりしんじゅう》 383

異体同心《いたいどうしん》 12
一意専心《いちいせんしん》 13
一念発心《いちねんほっしん》 19
鬼手仏心《きしゅぶっしん》 92
鬼面仏心《きめんぶっしん》 96
勤倹小心《きんけんしょうしん》 110
繡口錦心《しゅうこうきんしん》 196
人面獣心《じんめんじゅうしん》 230
誠意誠心《せいいせいしん》 233
世道人心《せどうじんしん》 243
多情仏心《たじょうぶっしん》 273
同腹一心《どうふくいっしん》 303
発菩提心《はつぼだいしん》 325
戮力協心《りくりょくきょうしん》 409
戮力同心《りくりょくどうしん》 409
伸 伸縮自在《しんしゅくじざい》 223
臣 忠臣孝子《ちゅうしんこうし》 280
忠臣貞女《ちゅうしんていじょ》 280
乱臣賊子《らんしんぞくし》 407
賢君忠臣《けんくんちゅうしん》 124
伴食大臣《ばんしょくだいじん》 329
身 身心一如《しんしんいちにょ》 224
身体髪膚《しんたいはっぷ》 227
身辺雑事《しんぺんざつじ》 229
修身斉家《しゅうしんせいか》 197
小身微禄《しょうしんびろく》 212
心身一如《しんしんいちにょ》 224
人身攻撃《じんしんこうげき》 224
全身全霊《ぜんしんぜんれい》 250
即身成仏《そくしんじょうぶつ》 260
長身痩軀《ちょうしんそうく》 283
擲身報国《てきしんほうこく》 289
半身不随《はんしんふずい》 329
人身御供《ひとみごくう》 335
平身低頭《へいしんていとう》 358
満身創痍《まんしんそうい》 372
立身栄達《りっしんえいだつ》 410
立身出世《りっしんしゅっせ》 410
獅子身中《ししんちゅう》 179
不惜身命《ふしゃくしんみょう》 349
痩軀長身《そうくちょうしん》 257
低頭平身《ていとうへいしん》 288
粉骨砕身《ふんこつさいしん》 355
明哲保身《めいてつほしん》 386
辛 辛苦艱難《しんくかんなん》 220
辛苦心労《しんくしんろう》 220
辛酸甘苦《しんさんかんく》 221
千辛万苦《せんしんばんく》 250
艱苦辛苦《かんくしんく》 78
艱難辛苦《かんなんしんく》 84
艱難辛困《かんなんしんこん》 85
粒粒辛苦《りゅうりゅうしんく》 413
辰 吉辰良日《きっしんりょうじつ》 95
日月星辰《にちげつせいしん》 312
呻 懊悩呻吟《おうのうしんぎん》 52
信 信賞必罰《しんしょうひつばつ》 223
音信不通《おんしんふつう》 55
忠信孝悌《ちゅうしんこうてい》 280
半信半疑《はんしんはんぎ》 329
孝悌忠信《こうていちゅうしん》 141
神 神韻縹渺《しんいんひょうびょう》 218
神会黙契《しんかいもっけい》 219
神機妙算《しんきみょうさん》 220
神算鬼謀《しんさんきぼう》 221
神社仏閣《じんじゃぶっかく》 223
神出鬼没《しんしゅつきぼつ》 223
神色自若《しんしょくじじゃく》 224
神仙縹渺《しんせんひょうびょう》 226
神仏混交《しんぶつこんこう》 229
敬神崇仏《けいしんすうぶつ》 119
心神耗弱《しんしんこうじゃく》 225
心神喪失《しんしんそうしつ》 225
精神一到《せいしんいっとう》 236
精神統一《せいしんとういつ》 236
天神地祇《てんじんちぎ》 294
天地神明《てんちしんめい》 296
天佑神助《てんゆうしんじょ》 298
怪力乱神《かいりょくらんしん》 62
津 津津浦浦《つつうらうら》 287
興味津津《きょうみしんしん》 104
唇 唇歯輔車《しんしほしゃ》 222
朱唇皓歯《しゅしんこうし》 203
輔車唇歯《ほしゃしんし》 368
振 椀飯振舞《おうばんぶるまい》 52
大盤振舞《おおばんぶるまい》 53
大番振舞《おおばんぶるまい》 53
起居振舞《たちいふるまい》 273
真 真剣勝負《しんけんしょうぶ》 220
真言秘密《しんごんひみつ》 221
真実一路《しんじついちろ》 222
真正真銘《しんしょうしんめい》 223
真相究明《しんそうきゅうめい》 226
真一文字《まいちもんじ》 371
純真可憐《じゅんしんかれん》 206
純真無垢《じゅんしんむく》 206
正真正銘《しょうしんしょうめい》 212
天真爛漫《てんしんらんまん》 295
天真流露《てんしんりゅうろ》 295
直情真気《ちょくじょうしんき》 285
針 針小棒大《しんしょうぼうだい》 224
深 深遠博大《しんえんはくだい》 218
深厚博大《しんこうはくだい》 220
深山幽谷《しんざんゆうこく》 221
深層心理《しんそうしんり》 227
深謀遠慮《しんぼうえんりょ》 230
深慮遠謀《しんりょえんぼう》 230
意味深長《いみしんちょう》 35
遠謀深慮《えんぼうしんりょ》 48
遠慮深謀《えんりょしんぼう》 49
該博深遠《がいはくしんえん》 61
軽重深浅《けいちょうしんせん》 120
紳 紳士協定《しんしきょうてい》 221
紳士淑女《しんししゅくじょ》 222
貴顕紳士《きけんしんし》 90
淑女紳士《しゅくじょしんし》 201
進 進退去就《しんたいきょしゅう》 227
進退出処《しんたいしゅっしょ》 227
進退両難《しんたいりょうなん》 227
一進一退《いっしんいったい》 27
精進潔斎《しょうじんけっさい》 211
精進勇猛《しょうじんゆうみょう》 212
新進気鋭《しんしんきえい》 224
寸進尺退《すんしんしゃくたい》 233
日進月歩《にっしんげっぽ》 312
挙止進退《きょししんたい》 107
去就進退《きょしゅうしんたい》 107
挙措進退《きょそしんたい》 108
出処進退《しゅっしょしんたい》 204
一心精進《いっしんしょうじん》 27

刻苦精進《こっくしょうじん》 154
心悸亢進《しんきこうしん》 219
直往邁進《ちょくおうまいしん》 284
猪突猛進《ちょとつもうしん》 285
勇往邁進《ゆうおうまいしん》 395
勇猛精進《ゆうみょうしょうじん》 398
晨 花晨月夕《かしんげっせき》 66
森 森羅万象《しんらばんしょう》 230
慎 慎重居士《しんちょうこじ》 228
謹厚慎重《きんこうしんちょう》 111
新 新進気鋭《しんしんきえい》 224
新陳代謝《しんちんたいしゃ》 228
新婦新郎《しんぷしんろう》 229
新郎新婦《しんろうしんぷ》 230
一新紀元《いちしんきげん》 17
一新更始《いっしんこうし》 27
斬新奇抜《ざんしんきばつ》 167
故旧新知《こきゅうしんち》 147
温故知新《おんこちしん》 54
更始一新《こうしいっしん》 138
面目一新《めんもくいっしん》 389
斟 斟酌折衷《しんしゃくせっちゅう》 223
浅斟低唱《せんしんていしょう》 250
蜃 蜃楼海市《しんろうかいし》 230
海市蜃楼《かいししんろう》 58
審 審念熟慮《しんねんじゅくりょ》 229
挙動不審《きょどうふしん》 108
震 震天駭地《しんてんがいち》 228
震天動地《しんてんどうち》 228
萎縮震慄《いしゅくしんりつ》 11
薪 臥薪嘗胆《がしんしょうたん》 66
座薪懸胆《ざしんけんたん》 164
洒掃薪水《さいそうしんすい》 163
親 親戚眷属《しんせきけんぞく》 225
親戚故旧《しんせきこきゅう》 226
親戚知友《しんせきちゆう》 226
親戚朋友《しんせきほうゆう》 226
親類縁者《しんるいえんじゃ》 230
近親相姦《きんしんそうかん》 112
尊尚親愛《そんしょうしんあい》 263
老婆親切《ろうばしんせつ》 420

【ジン】

人 人海戦術《じんかいせんじゅつ》 219
人権蹂躙《じんけんじゅうりん》 220
人材登用《じんざいとうよう》 221
人事不省《じんじふせい》 222
人心恟恟《じんしんきょうきょう》 224
人身攻撃《じんしんこうげき》 224
人心収攬《じんしんしゅうらん》 225
人生羈旅《じんせいきりょ》 225
人生行路《じんせいこうろ》 225
人生朝露《じんせいちょうろ》 225
人跡絶無《じんせきぜつむ》 226
人跡未踏《じんせきみとう》 226
人畜無害《じんちくむがい》 227
人品骨柄《じんぴんこつがら》 229
人物月旦《じんぶつげったん》 229
人面獣心《じんめんじゅうしん》 230
人情世態《にんじょうせたい》 314
人情風俗《にんじょうふうぞく》 314
人相風体《にんそうふうてい》 314
人身御供《ひとみごくう》 335
悪人正機《あくにんしょうき》 2
一人当千《いちにんとうせん》 18
各人各様《かくじんかくよう》 64
佳人才子《かじんさいし》 66
佳人薄命《かじんはくめい》 67
閑人適意《かんじんてきい》 82
衆人環座《しゅうじんかんざ》 197
衆人環視《しゅうじんかんし》 197
十人十色《じゅうにんといろ》 199
小人閑居《しょうじんかんきょ》 211
諸人救済《しょじんきゅうさい》 216
聖人君子《せいじんくんし》 236
聖人賢者《せいじんけんじゃ》 236
前人未到《ぜんじんみとう》 250
前人未発《ぜんじんみはつ》 251
千人千色《せんにんせんしょく》 254
他人行儀《たにんぎょうぎ》 273
天人冥合《てんじんめいごう》 295
二人三脚《ににんさんきゃく》 313
女人禁制《にょにんきんせい》 314
半人半獣《はんじんはんじゅう》 329
美人薄命《びじんはくめい》 334
百人百態《ひゃくにんひゃくたい》 338
百人百様《ひゃくにんひゃくよう》 338
文人墨客《ぶんじんぼっかく》 356
野人田夫《やじんでんぷ》 393
義理人情《ぎりにんじょう》 108
世態人情《せたいにんじょう》 241
世道人心《せどうじんしん》 243
天理人道《てんりじんどう》 299
天理人情《てんりにんじょう》 299
二重人格《にじゅうじんかく》 312
風俗人情《ふうぞくにんじょう》 342
王公貴人《おうこうきじん》 50
敬天愛人《けいてんあいじん》 120
月下氷人《げっかひょうじん》 122
才子佳人《さいしかじん》 162
斉東野人《せいとうやじん》 238
田夫野人《でんぷやじん》 297
八方美人《はっぽうびじん》 324
半獣半人《はんじゅうはんじん》 328
傍若無人《ぼうじゃくぶじん》 363
刃 砲刃矢石《ほうじんしせき》 364
仁 仁義忠孝《じんぎちゅうこう》 219
仁義道徳《じんぎどうとく》 219
寛仁大度《かんじんたいど》 82
忠孝仁義《ちゅうこうじんぎ》 280
一視同仁《いっしどうじん》 25
仞 壁立千仞《へきりつせんじん》 359
尽 尽忠報国《じんちゅうほうこく》 228
報国尽忠《ほうこくじんちゅう》 363
一網打尽《いちもうだじん》 20
縦横無尽《じゅうおうむじん》 194
迅 迅速果敢《じんそくかかん》 227
迅速果断《じんそくかだん》 227
疾風迅雷《しっぷうじんらい》 187
無常迅速《むじょうじんそく》 379
獅子奮迅《ししふんじん》 180
衽 被髪左衽《ひはつさじん》 335
陣 陣中見舞《じんちゅうみまい》 228
陣頭指揮《じんとうしき》 228
尋 尋常一様《じんじょういちよう》 223
塵 黄塵万丈《こうじんばんじょう》 139
木端微塵《こっぱみじん》 154
超軼絶塵《ちょういつぜつじん》 282
和光同塵《わこうどうじん》 422

【スイ】

水 水滴石穿《すいてきせきせん》 232
水天髣髴《すいてんほうふつ》 232
水平思考《すいへいしこう》 232
雲水行脚《うんすいあんぎゃ》 42
雲水不住《うんすいふじゅう》 42
地水火風《ちすいかふう》 278
鏡花水月《きょうかすいげつ》 99
山光水色《さんこうすいしょく》 166
山高水長《さんこうすいちょう》 166
山紫水明《さんしすいめい》 167
山容水態《さんようすいたい》 171
一衣帯水《いちいたいすい》 13
我田引水《がでんいんすい》 72
行雲流水《こううんりゅうすい》 130
高山流水《こうざんりゅうすい》 137
洒掃薪水《さいそうしんすい》 163
千山万水《せんざんばんすい》 249
跋山渉水《ばつざんしょうすい》 324
明鏡止水《めいきょうしすい》 384
落花流水《らっかりゅうすい》 406
垂 垂涎三尺《すいぜんさんじゃく》 231
垂直思考《すいちょくしこう》 231
率先垂範《そっせんすいはん》 263
本地垂迹《ほんじすいじゃく》 369
炊 黄粱一炊《こうりょういっすい》 145
粋 純粋清浄《じゅんすいせいじょう》 206
衰 衰老病死《すいろうびょうし》 232
盛衰栄枯《せいすいえいこ》 236
盛衰興亡《せいすいこうぼう》 236
一盛一衰《いっせいいっすい》 28
栄枯盛衰《えいこせいすい》 44
興亡盛衰《こうぼうせいすい》 143
盛者必衰《じょうしゃひっすい》 209
消長盛衰《しょうちょうせいすい》 213
酔 酔眼朦朧《すいがんもうろう》 231
酔生夢死《すいせいむし》 231
酔歩蹣跚《すいほまんさん》 232
狂酔乱舞《きょうすいらんぶ》 102
自己陶酔《じことうすい》 177
睡 半睡半醒《はんすいはんせい》 329
半醒半睡《はんせいはんすい》 330
翠 翠帳紅閨《すいちょうこうけい》 231
穂 孤灯一穂《ことういっすい》 155

【ズイ】

随 随喜渇仰《ずいきかつごう》 231
渇仰随喜《かつごうずいき》 69
比肩随踵《ひけんずいしょう》 333
半身不随《はんしんふずい》 329
夫唱婦随《ふしょうふずい》 349
髄 徹骨徹髄《てっこつてつずい》 289

【スウ】

崇 偶像崇拝《ぐうぞうすうはい》 115
敬神崇仏《けいしんすうぶつ》 119
祖先崇拝《そせんすうはい》 263
数 少数精鋭《しょうすうせいえい》 212
無数無量《むすうむりょう》 380
轗軻数奇《かんかすうき》 76
権謀術数《けんぼうじゅっすう》 129
無量無数《むりょうむすう》 383
雛 臥竜鳳雛《がりょうほうすう》 74
伏竜鳳雛《ふくりょうほうすう》 347

【スン】

寸 寸進尺退《すんしんしゃくたい》 233
寸善尺魔《すんぜんしゃくま》 233
九腸寸断《きゅうちょうすんだん》 98
舌先三寸《したさきさんずん》 182

【セ】

世 ⇨セイ

【ゼ】

是 是是非非《ぜぜひひ》 240
是非曲直《ぜひきょくちょく》 243
是非正邪《ぜひせいじゃ》 243
是非善悪《ぜひぜんあく》 243
今是昨非《こんぜさくひ》 159
如是我聞《にょぜがもん》 313
曲直是非《きょくちょくぜひ》 106
空即是色《くうそくぜしき》 115
色即是空《しきそくぜくう》 174
善悪是非《ぜんあくぜひ》 244
昨非今是《さくひこんぜ》 164
実事求是《じつじきゅうぜ》 185

【セイ】

井 天井桟敷《てんじょうさじき》 294
世 世間周知《せけんしゅうち》 240
世態人情《せたいにんじょう》 241
世道人心《せどうじんしん》 243
阿世曲学《あせいきょくがく》 3
一世一代《いっせいいちだい》 28
蓋世不抜《がいせいふばつ》 59
慨世憂国《がいせいゆうこく》 60
救世済民《きゅうせいさいみん》 98
経世済民《けいせいさいみん》 119
現世利益《げんぜりやく》 127
傲世逸俗《ごうせいいつぞく》 139
三世因果《さんぜいんが》 168
三世十方《さんぜじっぽう》 168
時世時節《じせいじせつ》 181
万世一系《ばんせいいっけい》 329
万世不易《ばんせいふえき》 330
万世不朽《ばんせいふきゅう》 330
末世澆季《まっせぎょうき》 371
三千世界《さんぜんせかい》 168
生生世世《しょうじょうせぜ》 210
人情世態《にんじょうせたい》 314
澆季末世《ぎょうきまっせ》 100
曲学阿世《きょくがくあせい》 105
済民救世《さいみんきゅうせい》 164
出家遁世《しゅっけとんせい》 204
戦国乱世《せんごくらんせい》 246
抜山蓋世《ばつざんがいせい》 324
末法末世《まっぽうまっせ》 371
憂国慨世《ゆうこくがいせい》 397
立身出世《りっしんしゅっせ》 410
正 正直一徹《しょうじきいってつ》 209
正真正銘《しょうしんしょうめい》 212
正邪曲直《せいじゃきょくちょく》 235
正邪善悪《せいじゃぜんあく》 235
正正堂堂《せいせいどうどう》 237
正当防衛《せいとうぼうえい》 238
正当防御《せいとうぼうぎょ》 238
厳正中立《げんせいちゅうりつ》 127

真正真銘《しんしょうしんめい》 223
不正不義《ふせいふぎ》 349
不正不公《ふせいふこう》 349
不正不便《ふせいふべん》 350
方正謹厳《ほうせいきんげん》 365
悪人正機《あくにんしょうき》 2
曲直正邪《きょくちょくせいじゃ》 106
賢愚正邪《けんぐせいじゃ》 124
剛強正大《ごうきょうせいだい》 136
公明正大《こうめいせいだい》 145
是非正邪《ぜひせいじゃ》 243
善悪正邪《ぜんあくせいじゃ》 243
馬鹿正直《ばかしょうじき》 317
賢良方正《けんりょうほうせい》 130
綱紀粛正《こうきしゅくせい》 135
善悪邪正《ぜんあくじゃせい》 243
破邪顕正《はじゃけんしょう》 322
撥乱反正《はつらんはんせい》 325
眉目端正《びもくたんせい》 337
品行方正《ひんこうほうせい》 340
不義不正《ふぎふせい》 344
容貌端正《ようぼうたんせい》 403
生 生死無常《しょうじむじょう》 209
生者必滅《しょうじゃひつめつ》 209
生生世世《しょうじょうせぜ》 210
生生流転《しょうじょうるてん》 211
生老病死《しょうろうびょうし》 215
生気溌剌《せいきはつらつ》 234
生殺与奪《せいさつよだつ》 235
生死一如《せいしいちにょ》 235
一生懸命《いっしょうけんめい》 26
一生不犯《いっしょうふぼん》 26
回生起死《かいせいきし》 59
後生大事《ごしょうだいじ》 151
七生報国《しちしょうほうこく》 183
衆生済度《しゅじょうさいど》 203
人生羈旅《じんせいきりょ》 225
人生行路《じんせいこうろ》 225
人生朝露《じんせいちょうろ》 225
酔生夢死《すいせいむし》 231
蒼生万民《そうせいばんみん》 258
転生輪回《てんしょうりんね》 294
半生半死《はんしょうはんし》 328
活殺生死《かっさつしょうじ》 69
気韻生動《きいんせいどう》 88
適者生存《てきしゃせいぞん》 289
老病生死《ろうびょうせいし》 420
一蓮托生《いちれんたくしょう》 22
一切衆生《いっさいしゅじょう》 25
一殺多生《いっさつたしょう》 25
起死回生《きしかいせい》 91
九死一生《きゅうしいっしょう》 97
極楽往生《ごくらくおうじょう》 149
自力更生《じりきこうせい》 217
天下蒼生《てんかそうせい》 291
万死一生《ばんしいっせい》 328
半死半生《はんしはんしょう》 328
福利厚生《ふくりこうせい》 347
不老長生《ふろうちょうせい》 354
無理往生《むりおうじょう》 382
利用厚生《りようこうせい》 413
輪回転生《りんねてんしょう》 415
成 成敗利害《せいばいりがい》 238
見性成仏《けんしょうじょうぶつ》 127
悉皆成仏《しっかいじょうぶつ》 185
心願成就《しんがんじょうじゅ》 219
即身成仏《そくしんじょうぶつ》 260
大願成就《たいがんじょうじゅ》 265
一気呵成《いっきかせい》 23
創業守成《そうぎょうしゅせい》 257
大器晩成《たいきばんせい》 265
西 西方浄土《さいほうじょうど》 163
東西古今《とうざいここん》 301
東夷西戎《とういせいじゅう》 299
東行西走《とうこうせいそう》 301
東走西馳《とうそうせいち》 302
東奔西走《とうほんせいそう》 303
古今東西《ここんとうざい》 151
声 大声疾呼《たいせいしっこ》 268
風声鶴唳《ふうせいかくれい》 342
芳声嘉誉《ほうせいかよ》 364
名声赫赫《めいせいかくかく》 385
励声一番《れいせいいちばん》 417
大喝一声《だいかついっせい》 265
制 先制攻撃《せんせいこうげき》 251
自己抑制《じこよくせい》 178
女人禁制《にょにんきんせい》 314
姓 易姓革命《えきせいかくめい》 46
革命易姓《かくめいえきせい》 65
性 見性成仏《けんしょうじょうぶつ》 127
品性下劣《ひんせいげれつ》 340
品性高潔《ひんせいこうけつ》 340
青 青息吐息《あおいきといき》 1
青天白日《せいてんはくじつ》 237
黄巻青帙《こうかんせいちつ》 133
黄白青銭《こうはくせいせん》 142
白砂青松《はくさせいしょう》 319
白日青天《はくじつせいてん》 320
斉 斉東野語《せいとうやご》 238
斉東野人《せいとうやじん》 238
修身斉家《しゅうしんせいか》 197
百花斉放《ひゃっかせいほう》 338
並駕斉駆《へいがせいく》 358
省 人事不省《じんじふせい》 222
政 政教一致《せいきょういっち》 234
政教分離《せいきょうぶんり》 234
王政復古《おうせいふっこ》 51
祭政一致《さいせいいっち》 163
大政復古《たいせいふっこ》 268
大政奉還《たいせいほうかん》 268
内政干渉《ないせいかんしょう》 309
傀儡政権《かいらいせいけん》 62
星 日月星辰《にちげつせいしん》 312
牲 自己犠牲《じこぎせい》 176
清 清光素色《せいこうそしょく》 234
清浄潔白《せいじょうけっぱく》 235
清浄無垢《せいじょうむく》 235
清窓浄机《せいそうじょうき》 237
清風明月《せいふうめいげつ》 238
清麗高雅《せいれいこうが》 239
清廉恪勤《せいれんかっきん》 239
清廉潔白《せいれんけっぱく》 240
簡素清貧《かんそせいひん》 83
刻露清秀《こくろせいしゅう》 150
純粋清浄《じゅんすいせいじょう》 206
眉目清秀《びもくせいしゅう》 337
無垢清浄《むくせいじょう》 377
六根清浄《ろっこんしょうじょう》 420
和敬清寂《わけいせいじゃく》 421

盛 盛者《じょうしゃ》必衰《ひっすい》 209
盛衰《せいすい》栄枯《えいこ》 236
盛衰《せいすい》興亡《こうぼう》 236
一盛《いっせい》一衰《いっすい》 28
栄枯《えいこ》盛衰《せいすい》 44
興亡《こうぼう》盛衰《せいすい》 143
消長《しょうちょう》盛衰《せいすい》 213
晴 晴好《せいこう》雨奇《うき》 234
晴耕《せいこう》雨読《うどく》 234
雨奇《うき》晴好《せいこう》 38
勢 勢力《せいりょく》伯仲《はくちゅう》 239
形勢《けいせい》不利《ふり》 120
臨戦《りんせん》態勢《たいせい》 415
聖 聖人《せいじん》君子《くんし》 236
聖人《せいじん》賢者《けんじゃ》 236
廓然《かくねん》無聖《むしょう》 64
誠 誠意《せいい》誠心《せいしん》 233
誠恐《せいきょう》誠惶《せいこう》 234
誠惶《せいこう》誠恐《せいきょう》 234
誠心《せいしん》誠意《せいい》 236
睛 画竜《がりょう》点睛《てんせい》 73
精 精進《しょうじん》潔斎《けっさい》 211
精進《しょうじん》勇猛《ゆうみょう》 212
精思《せいし》苦到《くとう》 235
精神《せいしん》一到《いっとう》 236
精神《せいしん》統一《とういつ》 236
精粗《せいそ》利鈍《りどん》 237
精忠《せいちゅう》無二《むに》 237
精妙《せいみょう》巧緻《こうち》 239
精力《せいりょく》絶倫《ぜつりん》 239
精励《せいれい》恪勤《かっきん》 239
山精《さんせい》木魅《もくみ》 168
純精《じゅんせい》無雑《むざつ》 207
一心《いっしん》精進《しょうじん》 27
恪勤《かっきん》精励《せいれい》 68
金泥《きんでい》精描《せいびょう》 112
刻苦《こっく》精進《しょうじん》 154
刻苦《こっく》精励《せいれい》 154
周密《しゅうみつ》精到《せいとう》 200
少数《しょうすう》精鋭《せいえい》 212
勇猛《ゆうみょう》精進《しょうじん》 398
至純《しじゅん》至精《しせい》 180
製 粗製《そせい》濫造《らんぞう》 262
静 静寂《せいじゃく》閑雅《かんが》 235
虚静《きょせい》恬淡《てんたん》 107
冷静《れいせい》沈着《ちんちゃく》 417
枯淡《こたん》虚静《きょせい》 153
絶対《ぜったい》安静《あんせい》 242
沈着《ちんちゃく》冷静《れいせい》 286
蜻 極楽《ごくらく》蜻蛉《とんぼ》 149
整 整理《せいり》整頓《せいとん》 239
秩序《ちつじょ》整然《せいぜん》 279
理路《りろ》整然《せいぜん》 414
醒 半醒《はんせい》半睡《はんすい》 330
半睡《はんすい》半醒《はんせい》 329
擠 擠陥《せいかん》讒誣《ざんぶ》 233
排斥《はいせき》擠陥《せいかん》 316
臍 臍下《せいか》丹田《たんでん》 233
霽 光風《こうふう》霽月《せいげつ》 142

【ゼイ】

枘 方枘《ほうぜい》円鑿《えんさく》 364
贅 贅沢《ぜいたく》華奢《かしゃ》 237
贅沢《ぜいたく》三昧《ざんまい》 237

【セキ】

夕 一朝《いっちょう》一夕《いっせき》 30
花晨《かしん》月夕《げっせき》 66
花朝《かちょう》月夕《げっせき》 67
斥 排斥《はいせき》擠陥《せいかん》 316
石 一石《いっせき》二鳥《にちょう》 28
玉石《ぎょくせき》混交《こんこう》 105
玉石《ぎょくせき》同架《どうか》 105
漱石《そうせき》枕流《ちんりゅう》 258
薬石《やくせき》無功《むこう》 393
樹下《じゅげ》石上《せきじょう》 202
水滴《すいてき》石穿《せきせん》 232
鉄心《てっしん》石腸《せきちょう》 290
電光《でんこう》石火《せっか》 293
枕流《ちんりゅう》漱石《そうせき》 287
点滴《てんてき》穿石《せんせき》 297
刀杖《とうじょう》瓦石《がせき》 301
砲刃《ほうじん》矢石《しせき》 364
赤 赤手《せきしゅ》空拳《くうけん》 240
隻 一言《いちごん》隻句《せきく》 16
片言《へんげん》隻句《せきく》 360
片言《へんげん》隻語《せきご》 360
席 欠席《けっせき》裁判《さいばん》 123
幕天《ばくてん》席地《せきち》 321
迹 晦迹《かいせき》韜光《とうこう》 60
韜光《とうこう》晦迹《かいせき》 300
本地《ほんじ》垂迹《すいじゃく》 369
惜 不惜《ふしゃく》身命《しんみょう》 349
戚 親戚《しんせき》眷属《けんぞく》 225
親戚《しんせき》故旧《こきゅう》 226
親戚《しんせき》知友《ちゆう》 226
親戚《しんせき》朋友《ほうゆう》 226
責 責任《せきにん》転嫁《てんか》 240
連帯《れんたい》責任《せきにん》 418
晰 頭脳《ずのう》明晰《めいせき》 232
跡 人跡《じんせき》絶無《ぜつむ》 226
人跡《じんせき》未踏《みとう》 226
名所《めいしょ》旧跡《きゅうせき》 385
名所《めいしょ》古跡《こせき》 385
碩 碩学《せきがく》大儒《たいじゅ》 240
蹐 跼天《きょくてん》蹐地《せきち》 106
籍 載籍《さいせき》浩瀚《こうかん》 163

【セツ】

切 切磋《せっさ》琢磨《たくま》 241
切歯《せっし》痛憤《つうふん》 241
切歯《せっし》扼腕《やくわん》 241
切切《せつせつ》偲偲《しし》 242
一切《いっさい》合切《がっさい》 24
一切《いっさい》衆生《しゅじょう》 25
懇切《こんせつ》丁寧《ていねい》 159
丁寧《ていねい》懇切《こんせつ》 288
老婆《ろうば》親切《しんせつ》 420
折 折花《せっか》攀柳《はんりゅう》 241
百折《ひゃくせつ》不撓《ふとう》 337
面折《めんせつ》廷諍《ていそう》 388
雅俗《がぞく》折衷《せっちゅう》 67
斟酌《しんしゃく》折衷《せっちゅう》 223
樽俎《そんそ》折衝《せっしょう》 264
和洋《わよう》折衷《せっちゅう》 422
迂余《うよ》曲折《きょくせつ》 40
廷諍《ていそう》面折《めんせつ》 288
波瀾《はらん》曲折《きょくせつ》 326
刹 悪鬼《あっき》羅刹《らせつ》 3

雪 雪案蛍窓《せつあんけいそう》 241
雪膚花貌《せっぷかぼう》 242
花顔雪膚《かがんせっぷ》 63
蛍窓雪案《けいそうせつあん》 120
程門立雪《ていもんりっせつ》 288
摂 摂取不捨《せっしゅふしゃ》 241
節 時世時節《じせいじせつ》 181
枝葉末節《しようまっせつ》 214
盤根錯節《ばんこんさくせつ》 328
説 縦説横説《じゅうせつおうせつ》 198
諸説紛紛《しょせつふんぷん》 216
異端邪説《いたんじゃせつ》 12
郢書燕説《えいしょえんせつ》 45
街談巷説《がいだんこうせつ》 61
虚誕妄説《きょたんもうせつ》 108
高論卓説《こうろんたくせつ》 146
卓上演説《たくじょうえんぜつ》 271
道聴塗説《どうちょうとせつ》 302
飛語巷説《ひごこうせつ》 333
名論卓説《めいろんたくせつ》 387
截 直截簡明《ちょくせつかんめい》 285
簡明直截《かんめいちょくせつ》 87

【ゼツ】

舌 舌先三寸《したさきさんずん》 182
舌先三分《したさきさんぷ》 183
南蛮鴃舌《なんばんげきぜつ》 311
絶 絶対安静《ぜったいあんせい》 242
絶体絶命《ぜったいぜつめい》 242
絶対服従《ぜったいふくじゅう》 242
絶痛絶苦《ぜっつうぜっく》 242
絶無僅有《ぜつむきんゆう》 242
絶類抜群《ぜつるいばつぐん》 242
李絶杜律《りぜつとりつ》 409
僅有絶無《きんゆうぜつむ》 113
空前絶後《くうぜんぜつご》 115
人跡絶無《じんせきぜつむ》 226
精力絶倫《せいりょくぜつりん》 239
断崖絶壁《だんがいぜっぺき》 274
超軼絶塵《ちょういつぜつじん》 282
捧腹絶倒《ほうふくぜっとう》 367
韋編三絶《いへんさんぜつ》 34

【セン】

千 千違万別《せんいばんべつ》 244
千客万来《せんきゃくばんらい》 245
千軍万馬《せんぐんばんば》 245
千荊万棘《せんけいばんきょく》 245
千言万語《せんげんばんご》 246
千紅万紫《せんこうばんし》 246
千古万古《せんこばんこ》 247
千古不易《せんこふえき》 247
千古不朽《せんこふきゅう》 247
千古不抜《せんこふばつ》 247
千古不磨《せんこふま》 247
千古不滅《せんこふめつ》 247
千古無窮《せんこむきゅう》 247
千載一遇《せんざいいちぐう》 248
千差万別《せんさばんべつ》 248
千山万岳《せんざんばんがく》 249
千山万水《せんざんばんすい》 249
千思万考《せんしばんこう》 249
千紫万紅《せんしばんこう》 249
千姿万態《せんしばんたい》 249
千秋万歳《せんじゅうばんざい》 249
千状万態《せんじょうばんたい》 250
千辛万苦《せんしんばんく》 250
千態万状《せんたいばんじょう》 252
千態万様《せんたいばんよう》 252
千朶万朶《せんだばんだ》 252
千緒万端《せんちょばんたん》 252
千人千色《せんにんせんしょく》 254
千年一日《せんねんいちじつ》 254
千編一律《せんぺんいちりつ》 255
千変万化《せんぺんばんか》 255
千万無量《せんまんむりょう》 255
千里同風《せんりどうふう》 256
千両役者《せんりょうやくしゃ》 256
海千山千《うみせんやません》 40
三千世界《さんぜんせかい》 168
悪事千里《あくじせんり》 2
遺憾千万《いかんせんばん》 7
一字千金《いちじせんきん》 16
一日千秋《いちじつせんしゅう》 17
一諾千金《いちだくせんきん》 18
一日千里《いちにちせんり》 18
一望千里《いちぼうせんり》 20
一攫千金《いっかくせんきん》 22
一刻千金《いっこくせんきん》 24
一刻千秋《いっこくせんしゅう》 24
一瀉千里《いっしゃせんり》 26
奇怪千万《きっかいせんばん》 94
舳艫千里《じくろせんり》 175
失敬千万《しっけいせんばん》 185
失礼千万《しつれいせんばん》 188
笑止千万《しょうしせんばん》 209
心外千万《しんがいせんばん》 219
転戦千里《てんせんせんり》 295
唐突千万《とうとつせんばん》 303
卑怯千万《ひきょうせんばん》 333
不埒千万《ふらちせんばん》 353
無礼千万《ぶれいせんばん》 354
壁立千仭《へきりつせんじん》 359
無念千万《むねんせんばん》 380
無法千万《むほうせんばん》 381
迷惑千万《めいわくせんばん》 387
沃野千里《よくやせんり》 404
慮外千万《りょがいせんばん》 414
一人当千《いちにんとうせん》 18
一騎当千《いっきとうせん》 23
川 山川草木《さんせんそうもく》 168
仙 神仙縹渺《しんせんひょうびょう》 226
羽化登仙《うかとうせん》 38
先 先決問題《せんけつもんだい》 245
先刻承知《せんこくしょうち》 246
先制攻撃《せんせいこうげき》 251
先祖伝来《せんぞでんらい》 251
先入僻見《せんにゅうへきけん》 254
先憂後楽《せんゆうこうらく》 255
舌先三寸《したさきさんずん》 182
舌先三分《したさきさんぷ》 183
祖先崇拝《そせんすうはい》 263
祖先伝来《そせんでんらい》 263
率先躬行《そっせんきゅうこう》 263
率先垂範《そっせんすいはん》 263
率先励行《そっせんれいこう》 263
宣 宣戦布告《せんせんふこく》 251
専 専心一意《せんしんいちい》 250

専断偏頗《せんだんへんぱ》 252
専売特許《せんばいとっきょ》 254
一意専心《いちいせんしん》 13
独断専行《どくだんせんこう》 305
泉 悪木盗泉《あくぼくとうせん》 3
浅 浅学寡聞《せんがくかぶん》 244
浅学短才《せんがくたんさい》 244
浅学非才《せんがくひさい》 244
浅酌低唱《せんしゃくていしょう》 249
浅斟低唱《せんしんていしょう》 250
浅薄愚劣《せんぱくぐれつ》 255
寡聞浅学《かぶんせんがく》 73
単樸浅近《たんぼくせんきん》 276
皮相浅薄《ひそうせんぱく》 334
無学浅識《むがくせんしき》 376
軽重深浅《けいちょうしんせん》 120
穿 短褐穿結《たんかつせんけつ》 275
点滴穿石《てんてきせんせき》 297
水滴石穿《すいてきせきせん》 232
扇 扇枕温被《せんちんおんぴ》 253
冬扇夏炉《とうせんかろ》 302
教唆扇動《きょうさせんどう》 101
夏炉冬扇《かろとうせん》 74
閃 紫電一閃《しでんいっせん》 188
涎 垂涎三尺《すいぜんさんじゃく》 231
旋 周旋奔走《しゅうせんほんそう》 198
奔走周旋《ほんそうしゅうせん》 370
船 南船北馬《なんせんほくば》 310
白河夜船《しらかわよふね》 217
北馬南船《ほくばなんせん》 368
戦 戦意喪失《せんいそうしつ》 244
戦国乱世《せんごくらんせい》 246
戦戦恐恐《せんせんきょうきょう》 251
戦戦慄慄《せんせんりつりつ》 251
悪戦苦闘《あくせんくとう》 2
宣戦布告《せんせんふこく》 251
速戦即決《そくせんそっけつ》 261
転戦千里《てんせんせんり》 295
百戦練磨《ひゃくせんれんま》 338
野戦攻城《やせんこうじょう》 393
力戦奮闘《りきせんふんとう》 409
臨戦態勢《りんせんたいせい》 415
連戦連勝《れんせんれんしょう》 418
連戦連敗《れんせんれんぱい》 418
共同戦線《きょうどうせんせん》 103
春秋戦国《しゅんじゅうせんごく》 206
人海戦術《じんかいせんじゅつ》 219
攻城野戦《こうじょうやせん》 139
践 実践躬行《じっせんきゅうこう》 186
銭 一文半銭《いちもんはんせん》 21
一紙半銭《いっしはんせん》 25
黄白青銭《こうはくせいせん》 142
撰 杜撰脱漏《ずさんだつろう》 232
杜黙詩撰《ともくしさん》 307
潜 潜在意識《せんざいいしき》 248
線 共同戦線《きょうどうせんせん》 103
選 取捨選択《しゅしゃせんたく》 202
二者選一《にしゃせんいつ》 311
遷 消長遷移《しょうちょうせんい》 213
孟母三遷《もうぼさんせん》 390
賤 貴賤雅俗《きせんがぞく》 93
貴賤上下《きせんしょうか》 93
貴賤男女《きせんだんじょ》 93
貴賤貧富《きせんひんぷ》 93
貴賤老少《きせんろうしょう》 93
貴賤老若《きせんろうにゃく》 93
衆怒衆賤《しゅうどしゅうせん》 199
上下貴賤《しょうかきせん》 208
貧富貴賤《ひんぷきせん》 341
老若貴賤《ろうにゃくきせん》 419
鮮 鮮血淋漓《せんけつりんり》 245
鮮美透涼《せんびとうりょう》 255
旗幟鮮明《きしせんめい》 92
蟬 蛙鳴蟬噪《あめいせんそう》 4
瞻 左瞻右視《させんうし》 164
左視右瞻《さしうせん》 164

【ゼン】

全 全身全霊《ぜんしんぜんれい》 250
全知全能《ぜんちぜんのう》 252
全力投球《ぜんりょくとうきゅう》 256
完全燃焼《かんぜんねんしょう》 82
完全無欠《かんぜんむけつ》 83
完全無比《かんぜんむひ》 83
家内安全《かないあんぜん》 72
独立自全《どくりつじぜん》 305
前 前言往行《ぜんげんおうこう》 245
前後緩急《ぜんごかんきゅう》 246
前後撞着《ぜんごどうちゃく》 246
前後不覚《ぜんごふかく》 247
前後矛盾《ぜんごむじゅん》 248
前人未到《ぜんじんみとう》 250
前人未発《ぜんじんみはつ》 251
前代未聞《ぜんだいみもん》 252
前程万里《ぜんていばんり》 253
前途多難《ぜんとたなん》 253
前途多望《ぜんとたぼう》 253
前途有為《ぜんとゆうい》 253
前途有望《ぜんとゆうぼう》 253
前途洋洋《ぜんとようよう》 254
前途遼遠《ぜんとりょうえん》 254
階前万里《かいぜんばんり》 60
空前絶後《くうぜんぜつご》 115
敵前逃亡《てきぜんとうぼう》 289
門前雀羅《もんぜんじゃくら》 392
史上空前《しじょうくうぜん》 180
涎 ⇨セン
善 善悪邪正《ぜんあくじゃせい》 243
善悪正邪《ぜんあくせいじゃ》 243
善悪是非《ぜんあくぜひ》 244
善悪美醜《ぜんあくびしゅう》 244
善因善果《ぜんいんぜんが》 244
善後処置《ぜんごしょち》 246
善後措置《ぜんごそち》 246
善根福種《ぜんこんふくしゅ》 248
善男善女《ぜんなんぜんにょ》 254
善隣友好《ぜんりんゆうこう》 256
勧善懲悪《かんぜんちょうあく》 82
諸善万徳《しょぜんばんとく》 216
寸善尺魔《すんぜんしゃくま》 233
追善供養《ついぜんくよう》 287
嘉言善行《かげんぜんこう》 65
正邪善悪《せいじゃぜんあく》 235
是非善悪《ぜひぜんあく》 243
長袖善舞《ちょうしゅうぜんぶ》 282
懲悪勧善《ちょうあくかんぜん》 282
然 嫣然一笑《えんぜんいっしょう》 47
廓然無聖《かくねんむしょう》 64
豁然大悟《かつぜんたいご》 70

恍然自失《こうぜんじしつ》 139
渾然一体《こんぜんいったい》 159
雑然紛然《ざつぜんふんぜん》 165
自然天然《しぜんてんねん》 181
自然淘汰《しぜんとうた》 181
灼然炳乎《しゃくぜんへいこ》 191
蒼然暮色《そうぜんぼしょく》 259
泰然自若《たいぜんじじゃく》 268
湛然不動《たんぜんふどう》 276
澹然無極《たんぜんむきょく》 276
天然自然《てんねんしぜん》 297
紛然雑然《ふんぜんざつぜん》 356
茫然自失《ぼうぜんじしつ》 365
意気昂然《いきこうぜん》 8
一目瞭然《いちもくりょうぜん》 21
威風凜然《いふうりんぜん》 34
閑居徒然《かんきょとぜん》 78
環堵蕭然《かんとしょうぜん》 84
義気凜然《ぎきりんぜん》 90
旧態依然《きゅうたいいぜん》 98
興味索然《きょうみさくぜん》 104
孤影蕭然《こえいしょうぜん》 146
孤笈飄然《こきゅうひょうぜん》 147
古色蒼然《こしょくそうぜん》 152
証拠歴然《しょうこれきぜん》 209
秩序整然《ちつじょせいぜん》 279
白昼公然《はくちゅうこうぜん》 320
物情騒然《ぶつじょうそうぜん》 351
暮色蒼然《ぼしょくそうぜん》 368
満目蕭然《まんもくしょうぜん》 373
勇気凜然《ゆうきりんぜん》 396
理路整然《りろせいぜん》 414
喘 呉牛喘月《ごぎゅうぜんげつ》 147
禅 禅機縦横《ぜんきじゅうおう》 245
髯 紫髯緑眼《しぜんりょくがん》 181
巨眼赭髯《きょがんしゃぜん》 105
膳 美味珍膳《びみちんぜん》 336
懦 怯懦暗愚《きょうだあんぐ》 102
放縦懦弱《ほうしょうだじゃく》 364

【ソ】

阻 意気阻喪《いきそそう》 8
咀 咀嚼玩味《そしゃくがんみ》 262
祖 祖先崇拝《そせんすうはい》 263
祖先伝来《そせんでんらい》 263
先祖伝来《せんぞでんらい》 251
父祖伝来《ふそでんらい》 350
俎 樽俎折衝《そんそせっしょう》 264
素 素意大略《そいたいりゃく》 256
簡素清貧《かんそせいひん》 83
質素倹約《しっそけんやく》 186
閑花素琴《かんかそきん》 77
簡古素朴《かんこそぼく》 79
簡浄素朴《かんじょうそぼく》 81
簡明素朴《かんめいそぼく》 87
尸位素餐《しいそさん》 172
清光素色《せいこうそしょく》 234
勤倹質素《きんけんしっそ》 110
措 挙措進退《きょそしんたい》 108
応急措置《おうきゅうそち》 50
善後措置《ぜんごそち》 246
粗 粗衣粗食《そいそしょく》 256
粗枝大葉《そしたいよう》 262
粗酒粗餐《そしゅそさん》 262
粗製濫造《そせいらんぞう》 262
粗鹵迂遠《そろうえん》 263
粗鹵狭隘《そろきょうあい》 263
精粗利鈍《せいそりどん》 237
軽佻粗暴《けいちょうそぼう》 120
訴 哀訴嘆願《あいそたんがん》 1
駆込訴訟《かけこみそしょう》 65
楚 楚囚南冠《そしゅうなんかん》 262
四面楚歌《しめんそか》 190
鼠 首鼠両端《しゅそりょうたん》 203
蔬 米穀菜蔬《べいこくさいそ》 358
齟 言行齟齬《げんこうそご》 126

【ソウ】

双 沙羅双樹《さらそうじゅ》 165
海内無双《かいだいむそう》 60
驍勇無双《ぎょうゆうむそう》 104
慧眼無双《けいがんむそう》 118
剛強無双《ごうきょうむそう》 136
国士無双《こくしむそう》 148
古今無双《ここんむそう》 151
忠勇無双《ちゅうゆうむそう》 281
天下無双《てんかむそう》 293
当代無双《とうだいむそう》 302
匆 烏兎匆匆《うとそうそう》 39
壮 壮大華麗《そうだいかれい》 259
広壮豪宕《こうそうごうとう》 139
少壮気鋭《しょうそうきえい》 212
少壮有為《しょうそうゆうい》 212
悲壮淋漓《ひそうりんり》 334
勇壮活発《ゆうそうかっぱつ》 398
気宇壮大《きうそうだい》 88
大言壮語《たいげんそうご》 266
早 時期尚早《じきしょうそう》 174
争 百家争鳴《ひゃっかそうめい》 338
竜闘虎争《りゅうとうこそう》 412
走 走尸行肉《そうしこうにく》 258
東走西馳《とうそうせいち》 302
奔走周旋《ほんそうしゅうせん》 370
行屎走尿《こうしそうにょう》 138
烏飛兎走《うひとそう》 40
周旋奔走《しゅうせんほんそう》 198
東行西走《とうこうせいそう》 301
東奔西走《とうほんせいそう》 303
宗 ⇨シュウ
相 相互扶助《そうごふじょ》 257
相思相愛《そうしそうあい》 258
相即不離《そうそくふり》 259
真相究明《しんそうきゅうめい》 226
人相風体《にんそうふうてい》 314
皮相浅薄《ひそうせんぱく》 334
一子相伝《いっしそうでん》 25
近親相姦《きんしんそうかん》 112
師資相承《ししそうしょう》 179
父子相伝《ふしそうでん》 348
王侯将相《おうこうしょうしょう》 51
伴食宰相《ばんしょくさいしょう》 329
明君賢相《めいくんけんしょう》 385
草 草根木皮《そうこんぼくひ》 258
草木禽獣《そうもくきんじゅう》 260
草廬三顧《そうろさんこ》 260
一草一木《いっそういちぼく》 29
開闢草昧《かいびゃくそうまい》 62
禽獣草木《きんじゅうそうもく》 111
山川草木《さんせんそうもく》 168

野蛮草味《やばんそうまい》 393
一木一草《いちぼくいっそう》 20
荘 荘厳華麗《そうごんかれい》 257
荘厳美麗《そうごんびれい》 257
美麗荘厳《びれいそうごん》 340
送 暗送秋波《あんそうしゅうは》 6
桑 桑田碧海《そうでんへきかい》 259
爽 一味爽涼《いちみそうりょう》 20
英姿颯爽《えいしさっそう》 44
掃 洒掃応対《さいそうおうたい》 163
洒掃薪水《さいそうしんすい》 163
巣 鳩居鵲巣《きゅうきょじゃくそう》 97
窓 閑窓読書《かんそうどくしょ》 83
蛍窓雪案《けいそうせつあん》 120
清窓浄机《せいそうじょうき》 237
明窓浄机《めいそうじょうき》 385
雪案蛍窓《せつあんけいそう》 241
創 創意工夫《そういくふう》 257
創業守成《そうぎょうしゅせい》 257
満身創痍《まんしんそうい》 372
喪 玩物喪志《がんぶつそうし》 86
心神喪失《しんしんそうしつ》 225
戦意喪失《せんいそうしつ》 244
意気阻喪《いきそそう》 8
利害得喪《りがいとくそう》 408
葬 冠婚葬祭《かんこんそうさい》 80
僧 名僧知識《めいそうちしき》 385
想 奇想天外《きそうてんがい》 93
無想無念《むそうむねん》 380
誇大妄想《こだいもうそう》 153
被害妄想《ひがいもうそう》 332
無念無想《むねんむそう》 380
掻 隔靴掻痒《かっかそうよう》 68
麻姑掻痒《まこそうよう》 371
蒼 蒼生万民《そうせいばんみん》 258
蒼然暮色《そうぜんぼしょく》 259
顔面蒼白《がんめんそうはく》 87
古色蒼然《こしょくそうぜん》 152
天下蒼生《てんかそうせい》 291
暮色蒼然《ぼしょくそうぜん》 368
雄健蒼勁《ゆうけんそうけい》 396
層 深層心理《しんそうしんり》 227
槍 刀槍矛戟《とうそうぼうげき》 302
弓馬槍剣《きゅうばそうけん》 99
汗馬刀槍《かんばとうそう》 85
弓馬刀槍《きゅうばとうそう》 99
聡 聡明英知《そうめいえいち》 259
聡明剛毅《そうめいごうき》 260
漱 漱石枕流《そうせきちんりゅう》 258
枕流漱石《ちんりゅうそうせき》 287
痩 痩軀長身《そうくちょうしん》 257
長身痩軀《ちょうしんそうく》 283
諍 廷諍面折《ていそうめんせつ》 288
面折廷諍《めんせつていそう》 388
踪 ⇨ショウ
操 志操堅固《しそうけんご》 181
貞操観念《ていそうかんねん》 288
噪 蛙鳴蟬噪《あめいせんそう》 4
燥 乾燥無味《かんそうむみ》 83
憤懣焦燥《ふんまんしょうそう》 357
無味乾燥《むみかんそう》 381
霜 秋霜烈日《しゅうそうれつじつ》 198
騒 干戈騒乱《かんかそうらん》 77
物情騒然《ぶつじょうそうぜん》 351

【ゾウ】

造 造言飛語《ぞうげんひご》 257
造次顚沛《ぞうじてんぱい》 258
造反有理《ぞうはんゆうり》 259
粗製濫造《そせいらんぞう》 262
象 ⇨ショウ
像 偶像崇拝《ぐうぞうすうはい》 115
偶像破壊《ぐうぞうはかい》 115
蔵 笑裏蔵刀《しょうりぞうとう》 215
臓 五臓六腑《ごぞうろっぷ》 152

【ソク】

即 即身成仏《そくしんじょうぶつ》 260
即心即仏《そくしんそくぶつ》 261
即断即決《そくだんそっけつ》 261
即決即断《そっけつそくだん》 263
空即是色《くうそくぜしき》 115
色即是空《しきそくぜくう》 174
相即不離《そうそくふり》 259
不即不離《ふそくふり》 350
一触即発《いっしょくそくはつ》 27
災難即滅《さいなんそくめつ》 163
速戦即決《そくせんそっけつ》 261
当意即妙《とういそくみょう》 299
不離不即《ふりふそく》 353
束 二束三文《にそくさんもん》 312
衣冠束帯《いかんそくたい》 8
足 頭寒足熱《ずかんそくねつ》 232
手枷足枷《てかせあしかせ》 289
円満具足《えんまんぐそく》 49
高材逸足《こうざいいっそく》 137
高材疾足《こうざいしっそく》 137
自給自足《じきゅうじそく》 174
自己満足《じこまんぞく》 177
煩悩具足《ぼんのうぐそく》 370
則 則天去私《そくてんきょし》 261
規則縄墨《きそくじょうぼく》 94
息 青息吐息《あおいきといき》 1
気息奄奄《きそくえんえん》 94
残息奄奄《ざんそくえんえん》 168
嘆息嗟嘆《たんそくさたん》 276
一病息災《いちびょうそくさい》 19
無事息災《ぶじそくさい》 348
無病息災《むびょうそくさい》 381
因循姑息《いんじゅんこそく》 37
蟄居屏息《ちっきょへいそく》 279
速 速戦即決《そくせんそっけつ》 261
迅速果敢《じんそくかかん》 227
迅速果断《じんそくかだん》 227
遅速緩急《ちそくかんきゅう》 279
無常迅速《むじょうじんそく》 379
側 輾転反側《てんてんはんそく》 297
測 憶測揣摩《おくそくしま》 53
観測気球《かんそくききゅう》 83
揣摩憶測《しまおくそく》 190

【ゾク】

俗 俗言俚語《ぞくげんりご》 260
俗臭芬芬《ぞくしゅうふんぷん》 260
俗談平語《ぞくだんへいご》 261
俗談平話《ぞくだんへいわ》 261
俗用多端《ぞくようたたん》 261
雅俗混交《がぞくこんこう》 67
雅俗折衷《がぞくせっちゅう》 67

脱俗超凡《だつぞくちょうぼん》 273
風俗壊乱《ふうぞくかいらん》 342
風俗人情《ふうぞくにんじょう》 342
凡俗非議《ぼんぞくひぎ》 370
平談俗語《へいだんぞくご》 358
平談俗話《へいだんぞくわ》 359
俚言俗語《りげんぞくご》 409
俚語俗言《りごぞくげん》 409
異風異俗《いふういぞく》 34
貴賤雅俗《きせんがぞく》 93
元軽白俗《げんけいはくぞく》 125
公序良俗《こうじょりょうぞく》 139
傲世逸俗《ごうせいいつぞく》 139
淳風美俗《じゅんぷうびぞく》 207
人情風俗《にんじょうふうぞく》 314
良風美俗《りょうふうびぞく》 414
族 一族郎党《いちぞくろうとう》 18
家族団欒《かぞくだんらん》 67
粟 粟散辺地《ぞくさんへんち》 260
粟散辺土《ぞくさんへんど》 260
粟粒芥顆《ぞくりゅうかいか》 262
属 一家眷属《いっかけんぞく》 23
妻子眷属《さいしけんぞく》 162
親戚眷属《しんせきけんぞく》 225
賊 乱臣賊子《らんしんぞくし》 407

【ソツ】

率 ⇨リツ

【ソン】

存 共存共栄《きょうぞんきょうえい》 102
自存独立《じそんどくりつ》 182
危急存亡《ききゅうそんぼう》 89
国家存亡《こっかそんぼう》 153
適者生存《てきしゃせいぞん》 289
独立自存《どくりつじそん》 305
平和共存《へいわきょうぞん》 359
孫 子子孫孫《ししそんそん》 179
尊 尊尚親愛《そんしょうしんあい》 263
尊大不遜《そんだいふそん》 264
尊王攘夷《そんのうじょうい》 264
官尊民卑《かんそんみんぴ》 83
女尊男卑《じょそんだんぴ》 217
男尊女卑《だんそんじょひ》 276
独学自尊《どくがくじそん》 304
独立自尊《どくりつじそん》 305
唯我独尊《ゆいがどくそん》 395
損 名誉毀損《めいよきそん》 386
遜 傲岸不遜《ごうがんふそん》 134
傲慢不遜《ごうまんふそん》 144
尊大不遜《そんだいふそん》 264
樽 樽俎折衝《そんそせっしょう》 264

【タ】

太 ⇨タイ
他 他言無用《たごんむよう》 271
他人行儀《たにんぎょうぎ》 273
他力本願《たりきほんがん》 274
他流試合《たりゅうじあい》 274
多 多感多恨《たかんたこん》 270
多感多愁《たかんたしゅう》 270
多感多情《たかんたじょう》 270
多岐多端《たきたたん》 270
多岐多様《たきたよう》 270
多岐亡羊《たきぼうよう》 270
多芸多才《たげいたさい》 271
多士済済《たしせいせい》 271
多事多端《たじたたん》 272
多事多難《たじたなん》 272
多種多面《たしゅためん》 272
多趣多様《たしゅたよう》 272
多種多様《たしゅたよう》 272
多情多感《たじょうたかん》 272
多情多恨《たじょうたこん》 273
多情仏心《たじょうぶっしん》 273
多様多種《たようたしゅ》 273
多様多趣《たようたしゅ》 273
多様複雑《たようふくざつ》 274
一殺多生《いっさつたしょう》 25
一夫多妻《いっぷたさい》 33
感慨多端《かんがいたたん》 75
才子多病《さいしたびょう》 162
前途多難《ぜんとたなん》 253
前途多望《ぜんとたぼう》 253
俗用多端《ぞくようたたん》 261
天下多事《てんかたじ》 292
博学多才《はくがくたさい》 319
博学多識《はくがくたしき》 319
博識多才《はくしきたさい》 320
博覧多識《はくらんたしき》 322
薄利多売《はくりたばい》 322
複雑多岐《ふくざつたき》 346
複雑多様《ふくざつたよう》 346
妄言多謝《もうげんたしゃ》 390
有為多望《ゆういたぼう》 395
種種雑多《しゅじゅざった》 202
汰 自然淘汰《しぜんとうた》 181
沱 流汗滂沱《りゅうかんぼうだ》 410
咤 叱咤激励《しったげきれい》 186
叱咤怒号《しったどごう》 186

【ダ】

打 一網打尽《いちもうだじん》 20
局面打開《きょくめんだかい》 106
現状打破《げんじょうだは》 127
只管打座《しかんたざ》 173
朶 千朶万朶《せんだばんだ》 252
妥 普遍妥当《ふへんだとう》 352
蛇 ⇨ジャ
堕 堕落腐敗《だらくふはい》 274
腐敗堕落《ふはいだらく》 352
惰 遊惰放逸《ゆうだほういつ》 398
遊惰放蕩《ゆうだほうとう》 398
放逸遊惰《ほういつゆうだ》 361
放縦懶惰《ほうしょうらんだ》 364

【タイ】

太 太平無事《たいへいぶじ》 269
天下太平《てんかたいへい》 292
万民太平《ばんみんたいへい》 331
無事太平《ぶじたいへい》 348
体 異体同心《いたいどうしん》 12
身体髪膚《しんたいはっぷ》 227
絶体絶命《ぜったいぜつめい》 242
一心同体《いっしんどうたい》 28
渾然一体《こんぜんいったい》 159
三位一体《さんみいったい》 170
四肢五体《ししごたい》 179
人相風体《にんそうふうてい》 314

表裏一体《ひょうりいったい》 339
物我一体《ぶつがいったい》 350
無理無体《むりむたい》 383
対 絶対安静《ぜったいあんせい》 242
絶対服従《ぜったいふくじゅう》 242
洒掃応対《さいそうおうたい》 163
怠 倦怠疲労《けんたいひろう》 127
荒怠暴恣《こうたいぼうし》 140
胎 受胎告知《じゅたいこくち》 203
換骨奪胎《かんこつだったい》 80
退 進退去就《しんたいきょしゅう》 227
進退出処《しんたいしゅっしょ》 227
進退両難《しんたいりょうなん》 227
怨敵退散《おんてきたいさん》 55
保守退嬰《ほしゅたいえい》 368
一進一退《いっしんいったい》 27
挙止進退《きょししんたい》 107
去就進退《きょしゅうしんたい》 107
挙措進退《きょそしんたい》 108
出処進退《しゅっしょしんたい》 204
寸進尺退《すんしんしゃくたい》 233
帯 連帯責任《れんたいせきにん》 418
一衣帯水《いちいたいすい》 13
苗字帯刀《みょうじたいとう》 374
衣冠束帯《いかんそくたい》 8
一円一帯《いちえんいったい》 14
肉食妻帯《にくじきさいたい》 311
布衣韋帯《ふいいたい》 341
泰 泰山北斗《たいざんほくと》 267
泰然自若《たいぜんじじゃく》 268
天下平泰《てんかへいたい》 292
滞 沈滞萎靡《ちんたいいび》 286
萎靡沈滞《いびちんたい》 33
態 旧態依然《きゅうたいいぜん》 98
世態人情《せたいにんじょう》 241
千態万状《せんたいばんじょう》 252
千態万様《せんたいばんよう》 252
臨戦態勢《りんせんたいせい》 415
奇妙奇態《きみょうきたい》 96
山容水態《さんようすいたい》 171
千姿万態《せんしばんたい》 249
千状万態《せんじょうばんたい》 250
人情世態《にんじょうせたい》 314
百人百態《ひゃくにんひゃくたい》 338
妖姿媚態《ようしびたい》 403
駘 春風駘蕩《しゅんぷうたいとう》 207
頽 綱紀頽弛《こうきたいし》 135
戴 不倶戴天《ふぐたいてん》 346

【ダイ】

大 大盤振舞《おおばんぶるまい》 53
大番振舞《おおばんぶるまい》 53
大悪無道《たいあくむどう》 264
大安吉日《たいあんきちじつ》 264
大異小同《だいいしょうどう》 265
大廈高楼《たいかこうろう》 265
大喝一番《だいかついちばん》 265
大喝一声《だいかついっせい》 265
大官貴顕《たいかんきけん》 265
大願成就《たいがんじょうじゅ》 265
大器晩成《たいきばんせい》 265
大義名分《たいぎめいぶん》 266
大逆非道《たいぎゃくひどう》 266
大逆無道《たいぎゃくむどう》 266
大慶至極《たいけいしごく》 266
大言壮語《たいげんそうご》 266
大悟徹底《たいごてってい》 266
大根役者《だいこんやくしゃ》 267
大山鳴動《たいざんめいどう》 267
大死一番《だいしいちばん》 267
大慈大悲《だいじだいひ》 267
大所高所《たいしょこうしょ》 267
大声疾呼《たいせいしっこ》 268
大政復古《たいせいふっこ》 268
大政奉還《たいせいほうかん》 268
大胆巧妙《だいたんこうみょう》 268
大胆不敵《だいたんふてき》 268
大胆奔放《だいたんほんぽう》 269
大同小異《だいどうしょうい》 269
大同団結《だいどうだんけつ》 269
大悲大慈《だいひだいじ》 269
大兵肥満《たいひょうひまん》 269
過大評価《かだいひょうか》 67
広大無辺《こうだいむへん》 140
誇大妄想《こだいもうそう》 153
至大至高《しだいしこう》 182
至大至剛《しだいしごう》 182
至大至重《しだいしじゅう》 182
壮大華麗《そうだいかれい》 259
尊大不遜《そんだいふそん》 264
八大地獄《はちだいじごく》 323
尾大不掉《びだいふとう》 334
呵呵大笑《かかたいしょう》 62
豁然大悟《かつぜんたいご》 70
寛仁大度《かんじんたいど》 82
九鼎大呂《きゅうていたいりょ》 98
浩瀚大冊《こうかんたいさつ》 133
高所大所《こうしょたいしょ》 139
高楼大廈《こうろうたいか》 146
極悪大罪《ごくあくたいざい》 148
後生大事《ごしょうだいじ》 151
碩学大儒《せきがくたいじゅ》 240
素意大略《そいたいりゃく》 256
粗枝大葉《そしたいよう》 262
特筆大書《とくひつたいしょ》 305
伴食大臣《ばんしょくだいじん》 329
無芸大食《むげいたいしょく》 377
雄材大略《ゆうざいたいりゃく》 397
油断大敵《ゆだんたいてき》 400
永遠偉大《えいえんいだい》 43
恩沢洪大《おんたくこうだい》 55
気宇広大《きうこうだい》 88
気宇壮大《きうそうだい》 88
剛強正大《ごうきょうせいだい》 136
公明正大《こうめいせいだい》 145
重厚長大《じゅうこうちょうだい》 196
深遠博大《しんえんはくだい》 218
深厚博大《しんこうはくだい》 220
針小棒大《しんしょうぼうだい》 224
夜郎自大《やろうじだい》 394
代 時代感覚《じだいかんかく》 182
時代錯誤《じだいさくご》 182
時代思潮《じだいしちょう》 182
前代未聞《ぜんだいみもん》 252
当代第一《とうだいだいいち》 302
当代無双《とうだいむそう》 302
万代不易《ばんだいふえき》 330
万代不朽《ばんだいふきゅう》 330
万代不変《ばんだいふへん》 330

	三百代言《さんびゃくだいげん》	170
	新陳代謝《しんちんたいしゃ》	228
	暗黒時代《あんこくじだい》	5
	一世一代《いっせいいちだい》	28
	黄金時代《おうごんじだい》	51
	万劫末代《まんごうまつだい》	371
台	台風一過《たいふういっか》	269
弟	⇒テイ	
第	開巻第一《かいかんだいいち》	57
	天下第一《てんかだいいち》	292
	当代第一《とうだいだいいち》	302
題	閑話休題《かんわきゅうだい》	88
	先決問題《せんけつもんだい》	245
	無理難題《むりなんだい》	383

【タク】

托	一蓮托生《いちれんたくしょう》	22
択	二者択一《にしゃたくいつ》	311
	取捨選択《しゅしゃせんたく》	202
沢	恩沢洪大《おんたくこうだい》	55
	贅沢華奢《ぜいたくかしゃ》	237
	贅沢三昧《ぜいたくざんまい》	237
卓	卓上演説《たくじょうえんぜつ》	271
	意趣卓逸《いしゅたくいつ》	11
	高論卓説《こうろんたくせつ》	146
	博学卓識《はくがくたくしき》	319
	名論卓説《めいろんたくせつ》	387
拓	拓落失路《たくらくしつろ》	271
柝	抱関撃柝《ほうかんげきたく》	362
琢	切磋琢磨《せっさたくま》	241

【ダク】

諾	一諾千金《いちだくせんきん》	18
	唯唯諾諾《いいだくだく》	7
	事後承諾《じごしょうだく》	177
濁	混濁腐乱《こんだくふらん》	159
	晦渋混濁《かいじゅうこんだく》	59
	澆季混濁《ぎょうきこんだく》	100

【タツ】

達	闊達豪放《かったつごうほう》	70
	闊達自在《かったつじざい》	71
	闊達無礙《かったつむげ》	71
	闊達明朗《かったつめいろう》	71
	英邁闊達《えいまいかったつ》	45
	英明闊達《えいめいかったつ》	45
	下意上達《かいじょうたつ》	59
	権貴栄達《けんきえいだつ》	124
	豪放闊達《ごうほうかったつ》	143
	四通八達《しつうはったつ》	185
	自由闊達《じゆうかったつ》	195
	上意下達《じょういかたつ》	208
	富貴栄達《ふうきえいたつ》	341
	明快闊達《めいかいかったつ》	384
	明朗闊達《めいろうかったつ》	387
	磊落闊達《らいらくかったつ》	405
	立身栄達《りっしんえいだつ》	410

【ダツ】

脱	脱俗超凡《だつぞくちょうぼん》	273
	杜撰脱漏《ずさんだつろう》	232
	円転滑脱《えんてんかつだつ》	48
	円融滑脱《えんゆうかつだつ》	49
	軽妙洒脱《けいみょうしゃだつ》	121
	滑稽洒脱《こっけいしゃだつ》	154
奪	換骨奪胎《かんこつだったい》	80
	位階褫奪《いかいちだつ》	7
	生殺与奪《せいさつよだつ》	235

【タン】

丹	臍下丹田《せいかたんでん》	233
旦	一旦緩急《いったんかんきゅう》	29
	人物月旦《じんぶつげったん》	229
坦	虚心坦懐《きょしんたんかい》	107
単	単純明快《たんじゅんめいかい》	275
	単刀直入《たんとうちょくにゅう》	276
	単樸浅近《たんぼくせんきん》	276
	簡単明瞭《かんたんめいりょう》	84
	無味単調《むみたんちょう》	382
胆	豪胆無比《ごうたんむひ》	140
	大胆巧妙《だいたんこうみょう》	268
	大胆不敵《だいたんふてき》	268
	大胆奔放《だいたんほんぽう》	269
	落胆失望《らくたんしつぼう》	406
	臥薪嘗胆《がしんしょうたん》	66
	座薪懸胆《ざしんけんたん》	164
	失望落胆《しつぼうらくたん》	188
	小心小胆《しょうしんしょうたん》	211
	鉄腸強胆《てっちょうごうたん》	290
眈	虎視眈眈《こしたんたん》	151
淡	枯淡虚静《こたんきょせい》	153
	恬淡寡欲《てんたんかよく》	295
	冷淡無情《れいたんむじょう》	417
	温厚淡泊《おんこうたんぱく》	54
	虚静恬淡《きょせいてんたん》	107
	虚無恬淡《きょむてんたん》	108
	無欲恬淡《むよくてんたん》	382
貪	貪官汚吏《たんかんおり》	275
	貪欲吝嗇《どんよくりんしょく》	308
	貪吝刻薄《どんりんこくはく》	308
湛	湛然不動《たんぜんふどう》	276
短	短褐孤剣《たんかつこけん》	274
	短褐穿結《たんかつせんけつ》	275
	短慮一徹《たんりょいってつ》	277
	短慮軽率《たんりょけいそつ》	277
	一短一長《いったんいっちょう》	29
	一徹短慮《いってつたんりょ》	31
	軽薄短小《けいはくたんしょう》	121
	浅学短才《せんがくたんさい》	244
	一長一短《いっちょういったん》	30
嘆	嘆息嗟嘆《たんそくさたん》	276
	哀訴嘆願《あいそたんがん》	1
	恐惶嘆願《きょうこうたんがん》	101
	一読三嘆《いちどくさんたん》	18
	一唱三嘆《いっしょうさんたん》	26
	瞠若驚嘆《どうじゃくきょうたん》	301
端	異端邪宗《いたんじゃしゅう》	12
	異端邪説《いたんじゃせつ》	12
	木端微塵《こっぱみじん》	154
	眉目端正《びもくたんせい》	337
	容姿端麗《ようしたんれい》	402
	容貌端正《ようぼうたんせい》	403
	感慨多端《かんがいたたん》	75
	譎詐百端《けっさひゃくたん》	123
	邪宗異端《じゃしゅういたん》	193
	首鼠両端《しゅそりょうたん》	203
	諸事万端《しょじばんたん》	216
	千緒万端《せんちょばんたん》	252
	俗用多端《ぞくようたたん》	261

漢字索引

多岐多端《たきたたん》 270
多事多端《たじたたん》 272
中途半端《ちゅうとはんぱ》 281
用意万端《よういばんたん》 401
綻 破綻百出《はたんひゃくしゅつ》 322
誕 虚誕妄説《きょたんもうせつ》 108
妄誕無稽《もうたんむけい》 390
憺 意匠惨憺《いしょうさんたん》 11
苦心惨憺《くしんさんたん》 116
澹 澹然無極《たんぜんむきょく》 276
暗澹冥濛《あんたんめいもう》 6
簞 簞食瓢飲《たんしひょういん》 275
譚 異聞奇譚《いぶんきたん》 34

【ダン】

団 一家団欒《いっかだんらん》 23
一致団結《いっちだんけつ》 29
家族団欒《かぞくだんらん》 67
大同団結《だいどうだんけつ》 269
男 男女同権《だんじょどうけん》 276
男尊女卑《だんそんじょひ》 276
男女老幼《なんにょろうよう》 310
善男善女《ぜんなんぜんにょ》 254
貴賤男女《きせんだんじょ》 93
女尊男卑《じょそんだんぴ》 217
老若男女《ろうにゃくなんにょ》 419
老幼男女《ろうようなんにょ》 420
段 三段論法《さんだんろんぽう》 169
常套手段《じょうとうしゅだん》 213
無理算段《むりさんだん》 383
断 断崖絶壁《だんがいぜっぺき》 274
断簡零墨《だんかんれいぼく》 275
断章取義《だんしょうしゅぎ》 275
専断偏頗《せんだんへんぱ》 252
即断即決《そくだんそっけつ》 261
独断専行《どくだんせんこう》 305
油断大敵《ゆだんたいてき》 400
熟慮断行《じゅくりょだんこう》 202
孟母断機《もうぼだんき》 391
一刀両断《いっとうりょうだん》 32
九腸寸断《きゅうちょうすんだん》 98
剛毅果断《ごうきかだん》 134
言語道断《ごんごどうだん》 159
常住不断《じょうじゅうふだん》 210
迅速果断《じんそくかだん》 227
即決即断《そっけつそくだん》 263
優柔不断《ゆうじゅうふだん》 397
勇猛果断《ゆうもうかだん》 399
弾 硝煙弾雨《しょうえんだんう》 208
砲煙弾雨《ほうえんだんう》 361
暖 暖衣飽食《だんいほうしょく》 274
寒暖飢飽《かんだんきほう》 83
飽食暖衣《ほうしょくだんい》 364
談 談論風発《だんろんふうはつ》 277
街談巷語《がいだんこうご》 61
街談巷説《がいだんこうせつ》 61
高談闊歩《こうだんかっぽ》 140
高談笑語《こうだんしょうご》 140
俗談平語《ぞくだんへいご》 261
俗談平話《ぞくだんへいわ》 261
平談俗語《へいだんぞくご》 358
平談俗話《へいだんぞくわ》 359
炉辺歓談《ろへんかんだん》 421

【チ】

地 地盤沈下《じばんちんか》 189
地水火風《ちすいかふう》 278
失地回復《しっちかいふく》 186
天地開闢《てんちかいびゃく》 295
天地晦冥《てんちかいめい》 295
天地玄黄《てんちげんこう》 296
天地混沌《てんちこんとん》 296
天地神明《てんちしんめい》 296
天地長久《てんちちょうきゅう》 296
天地万象《てんちばんしょう》 296
天地万物《てんちばんぶつ》 296
天地万有《てんちばんゆう》 296
本地垂迹《ほんじすいじゃく》 369
阿鼻地獄《あびじごく》 4
叫喚地獄《きょうかんじごく》 99
焦熱地獄《しょうねつじごく》 214
天災地変《てんさいちへん》 293
天神地祇《てんじんちぎ》 294
天長地久《てんちょうちきゅう》 296
天変地異《てんぺんちい》 298
八大地獄《はちだいじごく》 323
八万地獄《はちまんじごく》 323
無間地獄《むげんじごく》 378
一牛吼地《いちぎゅうこうち》 14
一牛鳴地《いちぎゅうめいち》 14
回天動地《かいてんどうち》 61
活発発地《かっぱつはっち》 71
活発轆地《かっぱつろくち》 71
歓天喜地《かんてんきち》 84
撼天動地《かんてんどうち》 84
肝脳塗地《かんのうとち》 85
驚天動地《きょうてんどうち》 102
跼天蹐地《きょくてんせきち》 106
震天駭地《しんてんがいち》 228
震天動地《しんてんどうち》 228
粟散辺地《ぞくさんへんち》 260
幕天席地《ばくてんせきち》 321
俯仰天地《ふぎょうてんち》 345
池 酒池肉林《しゅちにくりん》 203
金城湯池《きんじょうとうち》 112
知 知恵才覚《ちえさいかく》 277
知恵分別《ちえふんべつ》 277
知己朋友《ちきほうゆう》 278
知行一致《ちこういっち》 278
知行合一《ちこうごういつ》 278
知徳兼備《ちとくけんび》 279
知勇兼備《ちゆうけんび》 280
知勇弁力《ちゆうべんりょく》 281
一知半解《いっちはんかい》 29
機知奇策《きちきさく》 94
機知縦横《きちじゅうおう》 94
機知頓才《きちとんさい》 94
狡知佞弁《こうちねいべん》 140
邪知奸佞《じゃちかんねい》 193
邪知暴虐《じゃちぼうぎゃく》 193
周知徹底《しゅうちてってい》 198
全知全能《ぜんちぜんのう》 252
致知格物《ちちかくぶつ》 279
半知半解《はんちはんかい》 330
不知不徳《ふちふとく》 350
無知愚昧《むちぐまい》 380
無知蒙昧《むちもうまい》 380
良知良能《りょうちりょうのう》 414
一行知識《いちぎょうちしき》 14

温故知新《おんこちしん》 54
親戚知友《しんせきちゆう》 226
名僧知識《めいそうちしき》 385
格物致知《かくぶつちち》 64
奸佞邪知《かんねいじゃち》 85
故旧新知《こきゅうしんち》 147
受胎告知《じゅたいこくち》 203
世間周知《せけんしゅうち》 240
先刻承知《せんこくしょうち》 246
聡明英知《そうめいえいち》 259
天下周知《てんかしゅうち》 291
佞奸邪知《ねいかんじゃち》 315
半解半知《はんかいはんち》 327
無学無知《むがくむち》 376
恥 廉恥功名《れんちこうみょう》 418
厚顔無恥《こうがんむち》 134
致 致知格物《ちちかくぶつ》 279
一致協力《いっちきょうりょく》 29
一致団結《いっちだんけつ》 29
格物致知《かくぶつちち》 64
協力一致《きょうりょくいっち》 104
挙国一致《きょこくいっち》 106
契合一致《けいごういっち》 118
言行一致《げんこういっち》 126
言文一致《げんぶんいっち》 129
祭政一致《さいせいいっち》 163
衆口一致《しゅうこういっち》 195
政教一致《せいきょういっち》 234
知行一致《ちこういっち》 278
満場一致《まんじょういっち》 372
霊肉一致《れいにくいっち》 417
遅 遅疑逡巡《ちぎしゅんじゅん》 278
遅速緩急《ちそくかんきゅう》 279
春日遅遅《しゅんじつちち》 205
置 応急措置《おうきゅうそち》 50
善後処置《ぜんごしょち》 246
善後措置《ぜんごそち》 246
馳 東走西馳《とうそうせいち》 302
褫 位階褫奪《いかいちだつ》 7
緻 精妙巧緻《せいみょうこうち》 239
微妙巧緻《びみょうこうち》 336
魑 魑魅魍魎《ちみもうりょう》 279

【チク】

畜 人畜無害《じんちくむがい》 227
蓄 備荒貯蓄《びこうちょちく》 333

【チツ】

帙 黄巻青帙《こうかんせいちつ》 133
秩 秩序整然《ちつじょせいぜん》 279
安寧秩序《あんねいちつじょ》 6
蟄 蟄居屏息《ちっきょへいそく》 279
蟄居閉門《ちっきょへいもん》 279
閉門蟄居《へいもんちっきょ》 359

【チャ】

茶 茶番狂言《ちゃばんきょうげん》 280
家常茶飯《かじょうさはん》 65
日常茶飯《にちじょうさはん》 312

【チャク】

着 穏着沈黙《おんちゃくちんもく》 55
固着観念《こちゃくかんねん》 153
沈着冷静《ちんちゃくれいせい》 286
撞着矛盾《どうちゃくむじゅん》 302
付着重畳《ふちゃくちょうじょう》 350
一件落着《いっけんらくちゃく》 24
自家撞着《じかどうちゃく》 173
自己撞着《じこどうちゃく》 177
前後撞着《ぜんごどうちゃく》 246
矛盾撞着《むじゅんどうちゃく》 379
冷静沈着《れいせいちんちゃく》 417

【チュウ】

中 中途半端《ちゅうとはんぱ》 281
中肉中背《ちゅうにくちゅうぜい》 281
暗中飛躍《あんちゅうひやく》 6
暗中模索《あんちゅうもさく》 6
雲中白鶴《うんちゅうはっかく》 42
空中分解《くうちゅうぶんかい》 115
空中楼閣《くうちゅうろうかく》 115
十中八九《じっちゅうはっく》 187
集中砲火《しゅうちゅうほうか》 198
陣中見舞《じんちゅうみまい》 228
年中行事《ねんちゅうぎょうじ》 316
局外中立《きょくがいちゅうりつ》 105
厳正中立《げんせいちゅうりつ》 127
誹謗中傷《ひぼうちゅうしょう》 336
五里霧中《ごりむちゅう》 157
獅子身中《しししんちゅう》 179
四六時中《しろくじちゅう》 218
二六時中《にろくじちゅう》 314
百発百中《ひゃっぱつひゃくちゅう》 339
無我夢中《むがむちゅう》 377
無理心中《むりしんじゅう》 383
仲 勢力伯仲《せいりょくはくちゅう》 239
保革伯仲《ほかくはくちゅう》 368
虫 彫虫篆刻《ちょうちゅうてんこく》 283
忠 忠君愛国《ちゅうくんあいこく》 280
忠孝仁義《ちゅうこうじんぎ》 280
忠臣孝子《ちゅうしんこうし》 280
忠信孝悌《ちゅうしんこうてい》 280
忠臣貞女《ちゅうしんていじょ》 280
忠勇義烈《ちゅうゆうぎれつ》 281
忠勇無双《ちゅうゆうむそう》 281
尽忠報国《じんちゅうほうこく》 228
精忠無二《せいちゅうむに》 237
不忠不義《ふちゅうふぎ》 350
賢君忠臣《けんくんちゅうしん》 124
慷慨忠直《こうがいちゅうちょく》 131
孝悌忠信《こうていちゅうしん》 141
仁義忠孝《じんぎちゅうこう》 219
報国尽忠《ほうこくじんちゅう》 363
昼 昼夜兼行《ちゅうやけんこう》 281
白昼公然《はくちゅうこうぜん》 320
衷 雅俗折衷《がぞくせっちゅう》 67
斟酌折衷《しんしゃくせっちゅう》 223
和洋折衷《わようせっちゅう》 422
誅 苛斂誅求《かれんちゅうきゅう》 74
綢 合歓綢繆《ごうかんちゅうびゅう》 133
躊 躊躇逡巡《ちゅうちょしゅんじゅん》 281

【チョ】

佇 佇立低徊《ちょりつていかい》 285
佇立瞑目《ちょりつめいもく》 285
猪 猪突猛進《ちょとつもうしん》 285
貯 備荒貯蓄《びこうちょちく》 333
躇 躊躇逡巡《ちゅうちょしゅんじゅん》 281

【チョウ】

丁 丁丁発止《ちょうちょうはっし》 283
丁寧懇切《ていねいこんせつ》 288
零丁孤苦《れいていこく》 417
慇懃丁重《いんぎんていちょう》 36
温和丁寧《おんわていねい》 57
懇切丁寧《こんせつていねい》 159
兆 兆載永劫《ちょうさいようごう》 282
長 長袖善舞《ちょうしゅうぜんぶ》 282
長身痩軀《ちょうしんそうく》 283
長汀曲浦《ちょうていきょくほ》 284
一長一短《いっちょういったん》 30
消長盛衰《しょうちょうせいすい》 213
消長遷移《しょうちょうせんい》 213
天長地久《てんちょうちきゅう》 296
遠御長駕《えんぎょちょうが》 47
懸軍長駆《けんぐんちょうく》 124
重厚長大《じゅうこうちょうだい》 196
痩軀長身《そうくちょうしん》 257
天地長久《てんちちょうきゅう》 296
飛耳長目《ひじちょうもく》 334
百万長者《ひゃくまんちょうじゃ》 338
武運長久《ぶうんちょうきゅう》 343
不老長寿《ふろうちょうじゅ》 354
不老長生《ふろうちょうせい》 354
無明長夜《むみょうじょうや》 382
一短一長《いったんいっちょう》 29
意味深長《いみしんちょう》 35
山高水長《さんこうすいちょう》 166
佻 軽佻粗暴《けいちょうそぼう》 120
軽佻浮薄《けいちょうふはく》 120
帳 翠帳紅閨《すいちょうこうけい》 231
張 一張一弛《いっちょういっし》 30
一弛一張《いっしいっちょう》 25
主義主張《しゅぎしゅちょう》 201
彫 彫心鏤骨《ちょうしんるこつ》 283
彫虫篆刻《ちょうちゅうてんこく》 283
頂 有頂天外《うちょうてんがい》 39
円頂黒衣《えんちょうこくえ》 48
帰命頂礼《きみょうちょうらい》 96
鳥 花鳥月露《かちょうげつろ》 67
花鳥諷詠《かちょうふうえい》 68
花鳥風月《かちょうふうげつ》 68
籠鳥檻猿《ろうちょうかんえん》 419
一石二鳥《いっせきにちょう》 28
檻猿籠鳥《かんえんろうちょう》 75
喋 喋喋喃喃《ちょうちょうなんなん》 283
朝 朝雲暮雨《ちょううんぼう》 282
朝憲紊乱《ちょうけんびんらん》 282
朝三暮四《ちょうさんぼし》 282
朝朝暮暮《ちょうちょうぼぼ》 283
朝令暮改《ちょうれいぼかい》 284
一朝一夕《いっちょういっせき》 30
一朝有事《いっちょうゆうじ》 30
花朝月夕《かちょうげっせき》 67
人生朝露《じんせいちょうろ》 225
電光朝露《でんこうちょうろ》 293
槿花一朝《きんかいっちょう》 109
超 超軼絶塵《ちょういつぜつじん》 282
脱俗超凡《だつぞくちょうぼん》 273
牒 最後通牒《さいごつうちょう》 161
腸 九腸寸断《きゅうちょうすんだん》 98
鉄腸強胆《てっちょうごうたん》 290
錦心繡腸《きんしんしゅうちょう》 112
鉄心石腸《てっしんせきちょう》 290
跳 跳梁跋扈《ちょうりょうばっこ》 284
跋扈跳梁《ばっこちょうりょう》 324
暢 南洽北暢《なんこうほくちょう》 310
潮 時代思潮《じだいしちょう》 182
調 格調高雅《かくちょうこうが》 64
悪魔調伏《あくまちょうぶく》 3
琴瑟調和《きんしつちょうわ》 111
異国情調《いこくじょうちょう》 10
無味単調《むみたんちょう》 382
聴 道聴塗説《どうちょうとせつ》 302
懲 懲悪勧善《ちょうあくかんぜん》 282
勧奨懲戒《かんしょうちょうかい》 81
勧善懲悪《かんぜんちょうあく》 82

【チョク】

直 直往邁進《ちょくおうまいしん》 284
直言極諫《ちょくげんきょっかん》 284
直情径行《ちょくじょうけいこう》 285
直情真気《ちょくじょうしんき》 285
直截簡明《ちょくせつかんめい》 285
直立不動《ちょくりつふどう》 285
曲直正邪《きょくちょくせいじゃ》 106
曲直是非《きょくちょくぜひ》 106
実直謹厳《じっちょくきんげん》 187
正直一徹《しょうじきいってつ》 209
垂直思考《すいちょくしこう》 231
簡明直截《かんめいちょくせつ》 87
急転直下《きゅうてんちょっか》 98
単刀直入《たんとうちょくにゅう》 276
簡明率直《かんめいそっちょく》 86
謹厳実直《きんげんじっちょく》 110
慷慨忠直《こうがいちゅうちょく》 131
正邪曲直《せいじゃきょくちょく》 235
是非曲直《ぜひきょくちょく》 243
馬鹿正直《ばかしょうじき》 317
理非曲直《りひきょくちょく》 410

【チン】

沈 沈毅雄武《ちんきゆうぶ》 286
沈魚落雁《ちんぎょらくがん》 286
沈思黙考《ちんしもっこう》 286
沈滞萎靡《ちんたいいび》 286
沈着冷静《ちんちゃくれいせい》 286
沈痛慷慨《ちんつうこうがい》 286
沈黙寡言《ちんもくかげん》 287
萎靡沈滞《いびちんたい》 33
穏着沈黙《おんちゃくちんもく》 55
寡言沈黙《かげんちんもく》 65
地盤沈下《じばんちんか》 189
冷静沈着《れいせいちんちゃく》 417
意気消沈《いきしょうちん》 8
枕 枕流漱石《ちんりゅうそうせき》 287
高枕安眠《こうちんあんみん》 141
扇枕温被《せんちんおんぴ》 253
漱石枕流《そうせきちんりゅう》 258
珍 珍味佳肴《ちんみかこう》 287
七珍万宝《しっちんまんぽう》 187
美味珍膳《びみちんぜん》 336
陳 新陳代謝《しんちんたいしゃ》 228
平凡陳腐《へいぼんちんぷ》 359

【つ】

津 ⇨シン

【ツイ】

追 追善供養《ついぜんくよう》 287
阿諛追従《あゆついしょう》 5

【ツウ】

通 四通八達《しつうはったつ》 185
融通無礙《ゆうずうむげ》 397
康衢通逵《こうくつうき》 136
最後通牒《さいごつうちょう》 161
脈絡通徹《みゃくらくつうてつ》 373
一文不通《いちもんふつう》 21
音信不通《おんしんふつう》 55
才学博通《さいがくはくつう》 160
万国共通《ばんこくきょうつう》 327
不義密通《ふぎみっつう》 345
痛 痛快無比《つうかいむひ》 287
痛烈無比《つうれつむひ》 287
絶痛絶苦《ぜっつうぜっく》 242
沈痛慷慨《ちんつうこうがい》 286
切歯痛憤《せっしつうふん》 241

【つま】

褄 機嫌気褄《きげんきづま》 90

【テイ】

丁 ⇨チョウ
汀 長汀曲浦《ちょうていきょくほ》 284
低 低頭平身《ていとうへいしん》 288
暗雲低迷《あんうんていめい》 5
跪座低頭《きざていとう》 91
浅酌低唱《せんしゃくていしょう》 249
浅斟低唱《せんしんていしょう》 250
平身低頭《へいしんていとう》 358
眼高手低《がんこうしゅてい》 79
廷 廷諍面折《ていそうめんせつ》 288
面折廷諍《めんせつていそう》 388
弟 兄弟弟子《きょうだいでし》 102
四海兄弟《しかいけいてい》 172
定 一定不変《いっていふへん》 30
固定観念《こていかんねん》 155
会者定離《えしゃじょうり》 46
杓子定規《しゃくしじょうぎ》 191
終古一定《しゅうこいってい》 195
紳士協定《しんしきょうてい》 221
利害勘定《りがいかんじょう》 408
老少不定《ろうしょうふじょう》 419
底 海底撈月《かいていろうげつ》 61
方底円蓋《ほうていえんがい》 365
周知徹底《しゅうちてってい》 198
大悟徹底《たいごてってい》 266
低 低徊趣味《ていかいしゅみ》 288
佇立低徊《ちょりつていかい》 285
亭 亭主関白《ていしゅかんぱく》 288
貞 貞操観念《ていそうかんねん》 288
不貞不義《ふていふぎ》 351
温良貞淑《おんりょうていしゅく》 56
至孝貞淑《しこうていしゅく》 176
忠臣貞女《ちゅうしんていじょ》 280
元亨利貞《げんこうりてい》 126
不義不貞《ふぎふてい》 344
庭 家庭円満《かていえんまん》 72
悌 孝悌忠信《こうていちゅうしん》 141
忠信孝悌《ちゅうしんこうてい》 280
涕 俯首流涕《ふしゅりゅうてい》 349
提 発菩提心《はつぼだいしん》 325
程 程門立雪《ていもんりっせつ》 288
前程万里《ぜんていばんり》 253
鵬程万里《ほうていばんり》 365
万里鵬程《ばんりほうてい》 331
鼎 九鼎大呂《きゅうていたいりょ》 98
三者鼎立《さんしゃていりつ》 167

【デイ】

泥 金泥精描《きんでいせいびょう》 112
月鼈雲泥《げつべつうんでい》 123

【テキ】

狄 夷蛮戎狄《いばんじゅうてき》 33
南蛮北狄《なんばんほくてき》 311
剔 爬羅剔抉《はらてっけつ》 325
滴 水滴石穿《すいてきせきせん》 232
点滴穿石《てんてきせんせき》 297
適 適材適所《てきざいてきしょ》 289
適者生存《てきしゃせいぞん》 289
閑人適意《かんじんてきい》 82
愉快適悦《ゆかいてきえつ》 400
悠悠閑適《ゆうゆうかんてき》 400
悠悠自適《ゆうゆうじてき》 400
敵 敵前逃亡《てきぜんとうぼう》 289
怨敵退散《おんてきたいさん》 55
大胆不敵《だいたんふてき》 268
天下無敵《てんかむてき》 293
油断大敵《ゆだんたいてき》 400
擲 擲身報国《てきしんほうこく》 289
一擲乾坤《いってきけんこん》 31
梟盧一擲《きょうろいってき》 104
乾坤一擲《けんこんいってき》 126
覿 因果覿面《いんがてきめん》 36
応報覿面《おうほうてきめん》 53
効果覿面《こうかてきめん》 133
天罰覿面《てんばつてきめん》 297

【テツ】

哲 明哲保身《めいてつほしん》 386
鉄 鉄心石腸《てっしんせきちょう》 290
鉄腸強胆《てっちょうごうたん》 290
金城鉄壁《きんじょうてっぺき》 112
徹 徹骨徹髄《てっこつてつずい》 289
徹頭徹尾《てっとうてつび》 290
一徹短慮《いってつたんりょ》 31
一徹無垢《いってつむく》 31
周知徹底《しゅうちてってい》 198
大悟徹底《たいごてってい》 266
頑固一徹《がんこいってつ》 79
首尾貫徹《しゅびかんてつ》 204
正直一徹《しょうじきいってつ》 209
初志貫徹《しょしかんてつ》 215
短慮一徹《たんりょいってつ》 277
難透難徹《なんとうなんてつ》 310
無骨一徹《ぶこついってつ》 348
脈絡通徹《みゃくらくつうてつ》 373
撤 白紙撤回《はくしてっかい》 320

【テン】

天 天衣無縫《てんいむほう》 290
天涯孤独《てんがいこどく》 291
天下一品《てんかいっぴん》 291
天涯万里《てんがいばんり》 291

天下国家《てんかこっか》 291
天下御免《てんかごめん》 291
天下周知《てんかしゅうち》 291
天下周遊《てんかしゅうゆう》 291
天下蒼生《てんかそうせい》 291
天下第一《てんかだいいち》 292
天下太平《てんかたいへい》 292
天下多事《てんかたじ》 292
天下治平《てんかちへい》 292
天下万民《てんかばんみん》 292
天下平泰《てんかへいたい》 292
天下無双《てんかむそう》 293
天下無敵《てんかむてき》 293
天下無類《てんかむるい》 293
天空海闊《てんくうかいかつ》 293
天災地変《てんさいちへん》 293
天資英邁《てんしえいまい》 294
天井桟敷《てんじょうさじき》 294
天壌無窮《てんじょうむきゅう》 294
天神地祇《てんじんちぎ》 294
天人冥合《てんじんめいごう》 295
天真爛漫《てんしんらんまん》 295
天真流露《てんしんりゅうろ》 295
天地開闢《てんちかいびゃく》 295
天地晦冥《てんちかいめい》 295
天地玄黄《てんちげんこう》 296
天地混沌《てんちこんとん》 296
天地神明《てんちしんめい》 296
天地長久《てんちちょうきゅう》 296
天地万象《てんちばんしょう》 296
天地万物《てんちばんぶつ》 296
天地万有《てんちばんゆう》 296
天長地久《てんちょうちきゅう》 296
天然自然《てんねんしぜん》 297
天罰覿面《てんばつてきめん》 297
天変地異《てんぺんちい》 298
天歩艱難《てんぽかんなん》 298
天網恢恢《てんもうかいかい》 298
天佑神助《てんゆうしんじょ》 298
天理人道《てんりじんどう》 299
天理人情《てんりにんじょう》 299
一天四海《いってんしかい》 31
一天万乗《いってんばんじょう》 31
回天動地《かいてんどうち》 61
歓天喜地《かんてんきち》 84
撼天動地《かんてんどうち》 84
驚天動地《きょうてんどうち》 102
跼天蹐地《きょくてんせきち》 106
敬天愛人《けいてんあいじん》 120
秋天一碧《しゅうてんいっぺき》 198
震天駭地《しんてんがいち》 228
震天動地《しんてんどうち》 228
水天髣髴《すいてんほうふつ》 232
青天白日《せいてんはくじつ》 237
則天去私《そくてんきょし》 261
幕天席地《ばくてんせきち》 321
普天率土《ふてんそつと》 351
有頂天外《うちょうてんがい》 39
運否天賦《うんぷてんぷ》 42
海闊天空《かいかつてんくう》 57
奇想天外《きそうてんがい》 93
四海天下《しかいてんか》 172
自然天然《しぜんてんねん》 181
俯仰天地《ふぎょうてんち》 345
三日天下《みっかてんか》 373
無縫天衣《むほうてんい》 381
意気衝天《いきしょうてん》 8
吃驚仰天《きっきょうぎょうてん》 95
旭日昇天《きょくじつしょうてん》 105
怒髪衝天《どはつしょうてん》 307
白日昇天《はくじつしょうてん》 320
白日青天《はくじつせいてん》 320
不倶戴天《ふぐたいてん》 346
典 内典外典《ないてんがいてん》 309
点 点滴穿石《てんてきせんせき》 297
一点一画《いってんいっかく》 31
画竜点睛《がりょうてんせい》 73
竜門点額《りゅうもんてんがく》 412
恬 恬淡寡欲《てんたんかよく》 295
虚静恬淡《きょせいてんたん》 107
虚無恬淡《きょむてんたん》 108
無欲恬淡《むよくてんたん》 382
甜 黒甜郷裡《こくてんきょうり》 149
転 転瞬倏忽《てんしゅんしゅっこつ》 294
転生輪回《てんしょうりんね》 294
転戦千里《てんせんせんり》 295
転迷開悟《てんめいかいご》 298
円転滑脱《えんてんかつだつ》 48
急転直下《きゅうてんちょっか》 98
七転八起《しちてんはっき》 184
七転八倒《しちてんばっとう》 184
輾転反側《てんてんはんそく》 297
流転輪回《るてんりんね》 416
有為転変《ういてんぺん》 38
栄枯転変《えいこてんぺん》 44
冠履転倒《かんりてんとう》 87
起承転結《きしょうてんけつ》 92
主客転倒《しゅかくてんとう》 201
責任転嫁《せきにんてんか》 240
本末転倒《ほんまつてんとう》 370
輪回転生《りんねてんしょう》 415
懊悩輾転《おうのうてんてん》 52
生生流転《しょうじょうるてん》 211
心機一転《しんきいってん》 219
動揺流転《どうようるてん》 303
篆 彫虫篆刻《ちょうちゅうてんこく》 283
輾 輾転反側《てんてんはんそく》 297
懊悩輾転《おうのうてんてん》 52
顚 造次顚沛《ぞうじてんぱい》 258
纏 情緒纏綿《じょうちょてんめん》 213
複雑蟠纏《ふくざつばんてん》 346

【デン】

田 田夫野媼《でんぷやおう》 297
田夫野人《でんぷやじん》 297
田夫野老《でんぷやろう》 298
我田引水《がでんいんすい》 72
瓜田李下《かでんりか》 72
桑田碧海《そうでんへきかい》 259
野人田夫《やじんでんぷ》 393
臍下丹田《せいかたんでん》 233
筆耕硯田《ひっこうけんでん》 335
李下瓜田《りかかでん》 408
伝 以心伝心《いしんでんしん》 12
先祖伝来《せんぞでんらい》 251
祖先伝来《そせんでんらい》 263
父祖伝来《ふそでんらい》 350
一子相伝《いっしそうでん》 25
奥義秘伝《おうぎひでん》 50

父子相伝《ふしそうでん》 348
免許皆伝《めんきょかいでん》 388
殿 金殿玉楼《きんでんぎょくろう》 113
玉楼金殿《ぎょくろうきんでん》 106
電 電光石火《でんこうせっか》 293
電光朝露《でんこうちょうろ》 293
紫電一閃《しでんいっせん》 188

【ト】

戸 ⇨コ
斗 一斗百編《いっとひゃっぺん》 32
泰山北斗《たいざんほくと》 267
冷汗三斗《れいかんさんと》 416
吐 吐哺握髪《とほあくはつ》 307
音吐朗朗《おんとろうろう》 55
青息吐息《あおいきといき》 1
握髪吐哺《あくはつとほ》 2
兎 烏兎匆匆《うとそうそう》 39
狡兎三窟《こうとさんくつ》 142
烏飛兎走《うひとそう》 40
金烏玉兎《きんうぎょくと》 109
杜 杜撰脱漏《ずさんだつろう》 232
杜黙詩撰《ともくしさん》 307
李絶杜律《りぜつとりつ》 409
徒 徒手空拳《としゅくうけん》 306
徒食無為《としょくむい》 306
一味徒党《いちみととう》 20
閑居徒然《かんきょとぜん》 78
無為徒食《むいとしょく》 375
途 前途多難《ぜんとたなん》 253
前途多望《ぜんとたぼう》 253
前途有為《ぜんとゆうい》 253
前途有望《ぜんとゆうぼう》 253
前途洋洋《ぜんとようよう》 254
前途遼遠《ぜんとりょうえん》 254
中途半端《ちゅうとはんぱ》 281
言文一途《げんぶんいっと》 129
都 南都北嶺《なんとほくれい》 310
北嶺南都《ほくれいなんと》 368
堵 環堵蕭然《かんとしょうぜん》 84
本領安堵《ほんりょうあんど》 370
渡 南蛮渡来《なんばんとらい》 311
塗 縦塗横抹《じゅうとおうまつ》 199
肝脳塗地《かんのうとち》 85
道聴塗説《どうちょうとせつ》 302
賭 吃喝嫖賭《きっかつひょうと》 95

【ド】

土 土階三等《どかいさんとう》 304
土崩瓦解《どほうがかい》 307
巻土重来《けんどちょうらい》 127
風土気候《ふうどきこう》 342
瓦解土崩《がかいどほう》 62
王道楽土《おうどうらくど》 52
厭離穢土《おんりえど》 55
気候風土《きこうふうど》 90
極楽浄土《ごくらくじょうど》 149
欣求浄土《ごんぐじょうど》 158
西方浄土《さいほうじょうど》 163
寂光浄土《じゃっこうじょうど》 193
十万億土《じゅうまんおくど》 200
粟散辺土《ぞくさんへんど》 260
普天率土《ふてんそつど》 351
努 努力奮励《どりょくふんれい》 307
奮闘努力《ふんとうどりょく》 356
奮励努力《ふんれいどりょく》 357
度 寛仁大度《かんじんたいど》 82
衆生済度《しゅじょうさいど》 203
怒 怒髪上指《どはつじょうし》 307
怒髪衝天《どはつしょうてん》 307
喜怒哀愁《きどあいしゅう》 95
喜怒哀楽《きどあいらく》 95
衆怒衆賤《しゅうどしゅうせん》 199
狂瀾怒濤《きょうらんどとう》 104
叱咤怒号《しったどごう》 186
疾風怒濤《しっぷうどとう》 187
暴風怒濤《ぼうふうどとう》 367
反抗憤怒《はんこうふんぬ》 327

【トウ】

刀 刀杖瓦石《とうじょうがせき》 301
刀槍矛戟《とうそうぼうげき》 302
一刀両断《いっとうりょうだん》 32
快刀乱麻《かいとうらんま》 61
単刀直入《たんとうちょくにゅう》 276
汗馬刀槍《かんばとうそう》 85
弓馬刀槍《きゅうばとうそう》 99
剣山刀樹《けんざんとうじゅ》 126
笑裏蔵刀《しょうりぞうとう》 215
苗字帯刀《みょうじたいとう》 374
冬 冬扇夏炉《とうせんかろ》 302
夏下冬上《かかとうじょう》 63
夏炉冬扇《かろとうせん》 74
灯 紅灯緑酒《こうとうりょくしゅ》 142
孤灯一穂《ことういっすい》 155
孤灯読書《ことうどくしょ》 155
緑酒紅灯《りょくしゅこうとう》 414
当 当意即妙《とういそくみょう》 299
当代第一《とうだいだいいち》 302
当代無双《とうだいむそう》 302
正当防衛《せいとうぼうえい》 238
正当防御《せいとうぼうぎょ》 238
一人当千《いちにんとうせん》 18
一騎当千《いっきとうせん》 23
応急手当《おうきゅうてあて》 50
万夫不当《ばんぷふとう》 331
普遍妥当《ふへんだとう》 352
投 意気投合《いきとうごう》 9
思案投首《しあんなげくび》 171
全力投球《ぜんりょくとうきゅう》 256
宕 豪宕俊逸《ごうとうしゅんいつ》 141
広壮豪宕《こうそうごうとう》 139
磊落豪宕《らいらくごうとう》 405
東 東夷西戎《とういせいじゅう》 299
東行西走《とうこうせいそう》 301
東西古今《とうざいここん》 301
東走西馳《とうそうせいち》 302
東奔西走《とうほんせいそう》 303
斉東野語《せいとうやご》 238
斉東野人《せいとうやじん》 238
古今東西《ここんとうざい》 151
馬耳東風《ばじとうふう》 322
到 周到綿密《しゅうとうめんみつ》 199
好機到来《こうきとうらい》 135
時機到来《じきとうらい》 174
周密精到《しゅうみつせいとう》 200
精思苦到《せいしくとう》 235
精神一到《せいしんいっとう》 236
前人未到《ぜんじんみとう》 250

漢字索引

綿密周到《めんみつしゅうとう》 389
用意周到《よういしゅうとう》 401
逃 敵前逃亡《てきぜんとうぼう》 289
倒 冠履転倒《かんりてんとう》 87
七転八倒《しちてんばっとう》 184
主客転倒《しゅかくてんとう》 201
捧腹絶倒《ほうふくぜっとう》 367
本末転倒《ほんまつてんとう》 370
党 党利党略《とうりとうりゃく》 303
朋党比周《ほうとうひしゅう》 366
一族郎党《いちぞくろうとう》 18
一味徒党《いちみととう》 20
不偏不党《ふへんふとう》 353
唐 唐突千万《とうとつせんばん》 303
荒唐不稽《こうとうふけい》 142
荒唐無稽《こうとうむけい》 142
奇異荒唐《きいこうとう》 88
奢侈荒唐《しゃしこうとう》 192
無稽荒唐《むけいこうとう》 377
套 旧套墨守《きゅうとうぼくしゅ》 98
常套手段《じょうとうしゅだん》 213
桃 桃源洞裡《とうげんどうり》 300
桃紅柳緑《とうこうりゅうりょく》 301
武陵桃源《ぶりょうとうげん》 354
柳緑桃紅《りゅうりょくとうこう》 413
討 勤王討幕《きんのうとうばく》 113
透 難透難徹《なんとうなんてつ》 310
鮮美透涼《せんびとうりょう》 255
盗 悪木盗泉《あくぼくとうせん》 3
狐狼盗難《ころうとうなん》 157
鶏鳴狗盗《けいめいくとう》 121
淘 自然淘汰《しぜんとうた》 181
陶 陶犬瓦鶏《とうけんがけい》 300
自己陶酔《じことうすい》 177
掉 尾大不掉《びだいふとう》 334
登 羽化登仙《うかとうせん》 38
人材登用《じんざいとうよう》 221
塔 塔堂伽藍《とうどうがらん》 303
堂塔伽藍《どうとうがらん》 303
棟 充棟汗牛《じゅうとうかんぎゅう》 198
汗牛充棟《かんぎゅうじゅうとう》 78
湯 金城湯池《きんじょうとうち》 112
等 機会均等《きかいきんとう》 89
四民同等《しみんどうとう》 190
四民平等《しみんびょうどう》 190
土階三等《どかいさんとう》 304
答 問答無益《もんどうむえき》 392
問答無用《もんどうむよう》 392
一問一答《いちもんいっとう》 21
蒟蒻問答《こんにゃくもんどう》 160
質疑応答《しつぎおうとう》 185
自問自答《じもんじとう》 191
統 精神統一《せいしんとういつ》 236
董 書画骨董《しょがこっとう》 215
蕩 放蕩三昧《ほうとうざんまい》 366
放蕩不羈《ほうとうふき》 366
放蕩無頼《ほうとうぶらい》 366
豪奢遊蕩《ごうしゃゆうとう》 138
春風駘蕩《しゅんぷうたいとう》 207
遊惰放蕩《ゆうだほうとう》 398
踏 人跡未踏《じんせきみとう》 226
撓 不撓不屈《ふとうふくつ》 351
独立不撓《どくりつふとう》 306
百折不撓《ひゃくせつふとう》 337
不屈不撓《ふくつふとう》 347
頭 頭寒足熱《ずかんそくねつ》 232
頭脳明晰《ずのうめいせき》 232
叩頭三拝《こうとうさんぱい》 141
牛頭馬頭《ごずめず》 152
陣頭指揮《じんとうしき》 228
心頭滅却《しんとうめっきゃく》 229
低頭平身《ていとうへいしん》 288
徹頭徹尾《てっとうてつび》 290
蓬頭垢面《ほうとうこうめん》 365
羊頭狗肉《ようとうくにく》 403
竜頭鷁首《りゅうとうげきしゅ》 412
竜頭蛇尾《りゅうとうだび》 412
跪座低頭《きざていとう》 91
百尺竿頭《ひゃくせきかんとう》 337
平身低頭《へいしんていとう》 358
平伏叩頭《へいふくこうとう》 359
濤 波濤万里《はとうばんり》 325
狂瀾怒濤《きょうらんどとう》 104
疾風怒濤《しっぷうどとう》 187
暴風怒濤《ぼうふうどとう》 367
盪 噴薄激盪《ふんぱくげきとう》 356
闘 暗闘反目《あんとうはんもく》 6
奮闘努力《ふんとうどりょく》 356
竜闘虎争《りゅうとうこそう》 412
悪戦苦闘《あくせんくとう》 2
一意奮闘《いちいふんとう》 13
孤軍奮闘《こぐんふんとう》 150
力戦奮闘《りきせんふんとう》 409
竜騰虎闘《りゅうとうこ とう》 412
禱 加持祈禱《かじきとう》 65
騰 竜騰虎闘《りゅうとうことう》 412
韜 韜光晦迹《とうこうかいせき》 300
六韜三略《りくとうさんりゃく》 409
晦迹韜光《かいせきとうこう》 60
自己韜晦《じことうかい》 177

【ドウ】

同 同軌同文《どうきどうぶん》 300
同工異曲《どうこういきょく》 300
同床異夢《どうしょういむ》 301
同床各夢《どうしょうかくむ》 301
同心戮力《どうしんりくりょく》 302
同腹一心《どうふくいっしん》 303
同文同軌《どうぶんどうき》 303
同文同種《どうぶんどうしゅ》 303
共同戦線《きょうどうせんせん》 103
大同小異《だいどうしょうい》 269
大同団結《だいどうだんけつ》 269
不同不二《ふどうふじ》 351
雷同付加《らいどうふか》 405
雷同付和《らいどうふわ》 405
異曲同工《いきょくどうこう》 9
異口同音《いくどうおん》 9
医食同源《いしょくどうげん》 12
異体同心《いたいどうしん》 12
一視同仁《いっしどうじん》 25
一心同体《いっしんどうたい》 28
偕老同穴《かいろうどうけつ》 62
玉石同架《ぎょくせきどうか》 105
堅白同異《けんぱくどうい》 128
呉越同舟《ごえつどうしゅう》 146
四海同胞《しかいどうほう》 172
四民同等《しみんどうとう》 190
殊域同嗜《しゅいきどうし》 193

千里同風《せんりどうふう》 256
男女同権《だんじょどうけん》 276
戮力同心《りくりょくどうしん》 409
和光同塵《わこうどうじん》 422
堅白異同《けんぱくいどう》 128
公私混同《こうしこんどう》 138
大異小同《だいいしょうどう》 265
付和雷同《ふわらいどう》 355
洞 桃源洞裡《とうげんどうり》 300
動 動揺流転《どうようるてん》 303
挙動不審《きょどうふしん》 108
行動半径《こうどうはんけい》 142
回天動地《かいてんどうち》 61
撼天動地《かんてんどうち》 84
驚天動地《きょうてんどうち》 102
震天動地《しんてんどうち》 228
一挙一動《いっきょいちどう》 23
雲煙飛動《うんえんひどう》 41
確乎不動《かっこふどう》 69
感孚風動《かんぷふうどう》 86
気韻生動《きいんせいどう》 88
起居挙動《ききょきょどう》 90
教唆扇動《きょうさせんどう》 101
銀鱗躍動《ぎんりんやくどう》 114
軽挙妄動《けいきょもうどう》 118
言語挙動《げんごきょどう》 126
大山鳴動《たいざんめいどう》 267
湛然不動《たんぜんふどう》 276
直立不動《ちょくりつふどう》 285
堂 堂宇伽藍《どううがらん》 300
堂塔伽藍《どうとうがらん》 303
七堂伽藍《しちどうがらん》 184
塔堂伽藍《とうどうがらん》 303
威風堂堂《いふうどうどう》 34
旗鼓堂堂《きこどうどう》 91
正正堂堂《せいせいどうどう》 237
雄気堂堂《ゆうきどうどう》 396
道 道心堅固《どうしんけんご》 301
道聴塗説《どうちょうとせつ》 302
王道楽土《おうどうらくど》 52
黄道吉日《こうどうきちにち》 141
世道人心《せどうじんしん》 243
六道輪回《ろくどうりんね》 420
衣裳道楽《いしょうどうらく》 11
感応道交《かんのうどうこう》 85
言語道断《ごんごどうだん》 159
仁義道徳《じんぎどうとく》 219
悪逆非道《あくぎゃくひどう》 2
悪逆無道《あくぎゃくむどう》 2
凶険無道《きょうけんむどう》 100
強欲非道《ごうよくひどう》 145
極悪非道《ごくあくひどう》 148
極悪無道《ごくあくむどう》 148
残虐非道《ざんぎゃくひどう》 166
残虐無道《ざんぎゃくむどう》 166
残酷非道《ざんこくひどう》 167
残忍非道《ざんにんひどう》 169
大悪無道《たいあくむどう》 264
大逆非道《たいぎゃくひどう》 266
大逆無道《たいぎゃくむどう》 266
天理人道《てんりじんどう》 299
非義非道《ひぎひどう》 333
不義非道《ふぎひどう》 344
文武両道《ぶんぶりょうどう》 356
暴虐非道《ぼうぎゃくひどう》 362
無理非道《むりひどう》 383
慟 感慨悲慟《かんがいひどう》 76
撞 撞着矛盾《どうちゃくむじゅん》 302
自家撞着《じかどうちゃく》 173
自己撞着《じこどうちゃく》 177
前後撞着《ぜんごどうちゃく》 246
矛盾撞着《むじゅんどうちゃく》 379
瞠 瞠若驚嘆《どうじゃくきょうたん》 301

【トク】

特 特筆大書《とくひつたいしょ》 305
専売特許《せんばいとっきょ》 254
得 得手勝手《えてかって》 46
得意満面《とくいまんめん》 304
一得一失《いっとくいっしつ》 32
不得要領《ふとくようりょう》 352
利害得失《りがいとくしつ》 408
利害得喪《りがいとくそう》 408
一挙両得《いっきょりょうとく》 24
一失一得《いっしついっとく》 25
寒山拾得《かんざんじっとく》 80
自業自得《じごうじとく》 176
利害失得《りがいしっとく》 408
徳 頌徳頌功《しょうとくしょうこう》 214
知徳兼備《ちとくけんび》 279
背徳没倫《はいとくぼつりん》 316
福徳円満《ふくとくえんまん》 347
諸善万徳《しょぜんばんとく》 216
仁義道徳《じんぎどうとく》 219
不義不徳《ふぎふとく》 344
不知不徳《ふちふとく》 350
報恩謝徳《ほうおんしゃとく》 361
篤 篤実温厚《とくじつおんこう》 304
温厚篤実《おんこうとくじつ》 54
温順篤実《おんじゅんとくじつ》 54
温良篤厚《おんりょうとっこう》 56
温和篤厚《おんわとっこう》 57

【ドク】

独 独学孤陋《どくがくころう》 304
独学自尊《どくがくじそん》 304
独断専行《どくだんせんこう》 305
独立自全《どくりつじぜん》 305
独立自尊《どくりつじそん》 305
独立自存《どくりつじそん》 305
独立独行《どくりつどっこう》 306
独立独歩《どくりつどっぽ》 306
独立不羈《どくりつふき》 306
独立不撓《どくりつふとう》 306
古今独歩《ここんどっぽ》 151
自存独立《じそんどくりつ》 182
不羈独立《ふきどくりつ》 344
唯我独尊《ゆいがどくそん》 395
鰥寡孤独《かんかこどく》 76
天涯孤独《てんがいこどく》 291
読 読書三昧《どくしょざんまい》 304
読書百遍《どくしょひゃっぺん》 305
一読三嘆《いちどくさんたん》 18
熟読玩味《じゅくどくがんみ》 201
熟読三思《じゅくどくさんし》 202
閑窓読書《かんそうどくしょ》 83
孤灯読書《ことうどくしょ》 155
晴耕雨読《せいこううどく》 234

【トツ】

突 猪突猛進《ちょとつもうしん》 285
唐突千万《とうとつせんばん》 303
訥 剛毅木訥《ごうきぼくとつ》 135

【トン】

沌 天地混沌《てんちこんとん》 296
忘我混沌《ぼうがこんとん》 362
敦 温柔敦厚《おんじゅうとんこう》 54
遁 出家遁世《しゅっけとんせい》 204
頓 頓首再拝《とんしゅさいはい》 307
機知頓才《きちとんさい》 94
抑揚頓挫《よくようとんざ》 404
整理整頓《せいりせいとん》 239

【ドン】

鈍 精粗利鈍《せいそりどん》 237
緞 金襴緞子《きんらんどんす》 113

【ナ】

奈 金輪奈落《こんりんならく》 160
八万奈落《はちまんならく》 323
無間奈落《むげんならく》 378

【ナイ】

内 内股膏薬《うちまたこうやく》 39
内剛外柔《ないごうがいじゅう》 308
内柔外剛《ないじゅうがいごう》 308
内政干渉《ないせいかんしょう》 309
内典外典《ないてんがいてん》 309
内憂外患《ないゆうがいかん》 309
海内紛擾《かいだいふんじょう》 60
海内無双《かいだいむそう》 60
家内安全《かないあんぜん》 72
家内狼藉《かないろうぜき》 72
外剛内柔《がいごうないじゅう》 58
外柔内剛《がいじゅうないごう》 59

【ナン】

南 南無三宝《なむさんぼう》 309
南洽北暢《なんこうほくちょう》 310
南船北馬《なんせんほくば》 310
南都北嶺《なんとほくれい》 310
南蛮鴃舌《なんばんげきぜつ》 311
南蛮渡来《なんばんとらい》 311
南蛮北狄《なんばんほくてき》 311
楚囚南冠《そしゅうなんかん》 262
北馬南船《ほくばなんせん》 368
北嶺南都《ほくれいなんと》 368
喃 喋喋喃喃《ちょうちょうなんなん》 283
難 難易軽重《なんいけいちょう》 309
難行苦行《なんぎょうくぎょう》 309
難攻不落《なんこうふらく》 310
難透難徹《なんとうなんてつ》 310
艱難苦労《かんなんくろう》 84
艱難辛苦《かんなんしんく》 84
艱難辛困《かんなんしんこん》 85
災難即滅《さいなんそくめつ》 163
七難八苦《しちなんはっく》 184
非難囂囂《ひなんごうごう》 335
苦行難行《くぎょうなんぎょう》 116
無理難題《むりなんだい》 383
国歩艱難《こくほかんなん》 149
狐狼盗難《ころうとうなん》 157
困苦艱難《こんくかんなん》 158
至険至難《しけんしなん》 175
辛苦艱難《しんくかんなん》 220
進退両難《しんたいりょうなん》 227
前途多難《ぜんとたなん》 253
多事多難《たじたなん》 272
天歩艱難《てんぽかんなん》 298

【ニ】

二 二者選一《にしゃせんいつ》 311
二者択一《にしゃたくいつ》 311
二重人格《にじゅうじんかく》 312
二束三文《にそくさんもん》 312
二人三脚《ににんさんきゃく》 313
二枚看板《にまいかんばん》 313
二律背反《にりつはいはん》 314
二六時中《にろくじちゅう》 314
二股膏薬《ふたまたこうやく》 350
遮二無二《しゃにむに》 193
無二無三《むにむさん》 380
一石二鳥《いっせきにちょう》 28
最上無二《さいじょうむに》 162
精忠無二《せいちゅうむに》 237
不同不二《ふどうふじ》 351
唯一不二《ゆいいつふじ》 395
唯一無二《ゆいいつむに》 395

【ニク】

肉 肉食妻帯《にくじきさいたい》 311
弱肉強食《じゃくにくきょうしょく》 191
中肉中背《ちゅうにくちゅうぜい》 281
霊肉一致《れいにくいっち》 417
酒池肉林《しゅちにくりん》 203
強食弱肉《きょうしょくじゃくにく》 102
走尸行肉《そうしこうにく》 258
反間苦肉《はんかんくにく》 327
羊頭狗肉《ようとうくにく》 403

【ニチ】

日 日月星辰《にちげつせいしん》 312
日常座臥《にちじょうざが》 312
日常茶飯《にちじょうさはん》 312
日進月歩《にっしんげっぽ》 312
一日三秋《いちじつさんしゅう》 17
一日千秋《いちじつせんしゅう》 17
一日千里《いちにちせんり》 18
旭日昇天《きょくじつしょうてん》 105
曠日持久《こうじつじきゅう》 138
春日遅遅《しゅんじつちち》 205
白日昇天《はくじつしょうてん》 320
白日青天《はくじつせいてん》 320
三日天下《みっかてんか》 373
三日坊主《みっかぼうず》 373
連日連夜《れんじつれんや》 418
乳母日傘《おんばひがさ》 55
小春日和《こはるびより》 155
吉辰良日《きっしんりょうじつ》 95
槿花一日《きんかいちじつ》 109
黄道吉日《こうどうきちにち》 141
孤城落日《こじょうらくじつ》 152
秋霜烈日《しゅうそうれつじつ》 198
十年一日《じゅうねんいちじつ》 199
祥月命日《しょうつきめいにち》 213
蜀犬吠日《しょっけんはいじつ》 217

青天白日《せいてんはくじつ》 237
千年一日《せんねんいちじつ》 254
大安吉日《たいあんきちじつ》 264
白虹貫日《はっこうかんじつ》 324

【ニャク】

蒻 蒟蒻問答《こんにゃくもんどう》 160

【ニュウ】

入 先入僻見《せんにゅうへきけん》 254
感情移入《かんじょういにゅう》 81
単刀直入《たんとうちょくにゅう》 276
乳 乳母日傘《おんばひがさ》 55

【ニョ】

如 如意自在《にょいじざい》 313
如意宝珠《にょいほうじゅ》 313
如是我聞《にょぜがもん》 313
如法暗夜《にょほうあんや》 314
形影一如《けいえいいちにょ》 117
身心一如《しんしんいちにょ》 224
心身一如《しんしんいちにょ》 224
生死一如《せいしいちにょ》 235
物心一如《ぶっしんいちにょ》 351
迷悟一如《めいごいちにょ》 385
面目躍如《めんもくやくじょ》 389

【ニョウ】

尿 行屎走尿《こうしそうにょう》 138

【ニン】

人 ⇨ジン
任 責任転嫁《せきにんてんか》 240
義勇任侠《ぎゆうにんきょう》 98
白紙委任《はくしいにん》 319
連帯責任《れんたいせきにん》 418
忍 隠忍自重《いんにんじちょう》 37
堅忍持久《けんにんじきゅう》 128
堅忍不抜《けんにんふばつ》 128
残忍酷薄《ざんにんこくはく》 169
残忍薄行《ざんにんはっこう》 169
残忍非道《ざんにんひどう》 169
残忍冷酷《ざんにんれいこく》 169
慈悲忍辱《じひにんにく》 189

【ネイ】

佞 佞悪醜穢《ねいあくしゅうわい》 315
佞奸邪知《ねいかんじゃち》 315
奸佞邪知《かんねいじゃち》 85
狡知佞弁《こうちねいべん》 140
阿諛弁佞《あゆべんねい》 5
狡猾奸佞《こうかつかんねい》 132
邪知奸佞《じゃちかんねい》 193
寧 安寧秩序《あんねいちつじょ》 6
丁寧懇切《ていねいこんせつ》 288
温和丁寧《おんわていねい》 57
懇切丁寧《こんせつていねい》 159

【ネツ】

熱 熱烈峻厳《ねつれつしゅんげん》 315
焦熱地獄《しょうねつじごく》 214
頭寒足熱《ずかんそくねつ》 232

【ネン】

年 年功序列《ねんこうじょれつ》 316
年中行事《ねんちゅうぎょうじ》 316
年年歳歳《ねんねんさいさい》 316
九年面壁《くねんめんぺき》 116
十年一日《じゅうねんいちじつ》 199
千年一日《せんねんいちじつ》 254
豊年満作《ほうねんまんさく》 366
歳歳年年《さいさいねんねん》 161
面壁九年《めんぺきくねん》 388
念 念仏三昧《ねんぶつざんまい》 316
一念発起《いちねんほっき》 18
一念発心《いちねんほっしん》 19
残念至極《ざんねんしごく》 169
審念熟慮《しんねんじゅくりょ》 229
無念千万《むねんせんばん》 380
無念無想《むねんむそう》 380
欲念邪意《よくねんじゃい》 404
強迫観念《きょうはくかんねん》 103
固着観念《こちゃくかんねん》 153
固定観念《こていかんねん》 155
貞操観念《ていそうかんねん》 288
無想無念《むそうむねん》 380
拈 拈華微笑《ねんげみしょう》 315
燃 完全燃焼《かんぜんねんしょう》 82

【ノウ】

悩 懊悩焦慮《おうのうしょうりょ》 52
懊悩呻吟《おうのうしんぎん》 52
懊悩輾転《おうのうてんてん》 52
懊悩煩悶《おうのうはんもん》 52
煩悩具足《ぼんのうぐそく》 370
煩悶懊悩《はんもんおうのう》 331
百八煩悩《ひゃくはちぼんのう》 338
能 一能一芸《いちのういちげい》 19
無能無策《むのうむさく》 381
博学能文《はくがくのうぶん》 319
一芸一能《いちげいいちのう》 14
再起不能《さいきふのう》 161
全知全能《ぜんちぜんのう》 252
無為無能《むいむのう》 376
無芸無能《むげいむのう》 377
良知良能《りょうちりょうのう》 414
脳 肝脳塗地《かんのうとち》 85
頭脳明晰《ずのうめいせき》 232
農 士農工商《しのうこうしょう》 188

【ハ】

波 波濤万里《はとうばんり》 325
波瀾曲折《はらんきょくせつ》 326
波瀾万丈《はらんばんじょう》 326
煙波縹渺《えんぱひょうびょう》 48
煙波渺茫《えんぱびょうぼう》 48
金波銀波《きんぱぎんぱ》 113
銀波金波《ぎんぱきんぱ》 113
暗送秋波《あんそうしゅうは》 6
媚眼秋波《びがんしゅうは》 332
爬 爬羅剔抉《はらてっけつ》 325
破 破戒無慙《はかいむざん》 317
破顔一笑《はがんいっしょう》 318
破顔微笑《はがんみしょう》 318
破邪顕正《はじゃけんしょう》 322
破綻百出《はたんひゃくしゅつ》 322
偶像破壊《ぐうぞうはかい》 115
弊衣破帽《へいいはぼう》 357
現状打破《げんじょうだは》 127

葩 瓊葩繡葉《けいはしゅうよう》 121
頗 専断偏頗《せんだんへんぱ》 252

【バ】

馬 馬鹿正直《ばかしょうじき》 317
馬耳東風《ばじとうふう》 322
意馬心猿《いばしんえん》 33
汗馬刀槍《かんばとうそう》 85
弓馬槍剣《きゅうばそうけん》 99
弓馬刀槍《きゅうばとうそう》 99
車馬剣戟《しゃばけんげき》 193
肥馬軽裘《ひばけいきゅう》 335
北馬南船《ほくばなんせん》 368
牛飲馬食《ぎゅういんばしょく》 96
牛溲馬勃《ぎゅうしゅうばぼつ》 97
鯨飲馬食《げいいんばしょく》 117
牛頭馬頭《ごずめず》 152
干戈弓馬《かんかきゅうば》 76
軽裘肥馬《けいきゅうひば》 118
心猿意馬《しんえんいば》 218
千軍万馬《せんぐんばんば》 245
南船北馬《なんせんほくば》 310
婆 老婆親切《ろうばしんせつ》 420
罵 罵詈讒謗《ばりざんぼう》 326
罵詈雑言《ばりぞうごん》 326
讒謗罵詈《ざんぼうばり》 170

【ハイ】

灰 ⇨カイ
吠 蜀犬吠日《しょっけんはいじつ》 217
驢鳴犬吠《ろめいけんばい》 421
沛 造次顛沛《ぞうじてんぱい》 258
拝 再拝稽首《さいはいけいしゅ》 163
三拝九拝《さんぱいきゅうはい》 169
合掌礼拝《がっしょうらいはい》 70
偶像崇拝《ぐうぞうすうはい》 115
惶恐再拝《こうきょうさいはい》 136
叩頭三拝《こうとうさんぱい》 141
祖先崇拝《そせんすうはい》 263
頓首再拝《とんしゅさいはい》 307
杯 杯盤酒肴《はいばんしゅこう》 317
杯盤狼藉《はいばんろうぜき》 317
残杯冷炙《ざんぱいれいしゃ》 170
背 背徳没倫《はいとくぼつりん》 316
二律背反《にりつはいはん》 314
眼光紙背《がんこうしはい》 79
中肉中背《ちゅうにくちゅうぜい》 281
面従腹背《めんじゅうふくはい》 388
悖 狂悖暴戻《きょうはいぼうれい》 103
排 排斥擠陥《はいせきせいかん》 316
医鬱排悶《いうつはいもん》 7
頑執妄排《がんしゅうもうはい》 81
敗 成敗利害《せいばいりがい》 238
腐敗堕落《ふはいだらく》 352
驕兵必敗《きょうへいひっぱい》 103
堕落腐敗《だらくふはい》 274
優勝劣敗《ゆうしょうれっぱい》 397
連戦連敗《れんせんれんぱい》 418
徘 逍遥徘徊《しょうようはいかい》 214
廃 廃仏毀釈《はいぶつきしゃく》 317
綱紀廃弛《こうきはいし》 135
治乱興廃《ちらんこうはい》 287
稗 稗官野史《はいかんやし》 316
憊 疲労困憊《ひろうこんぱい》 340

【バイ】

売 商売繁昌《しょうばいはんじょう》 214
専売特許《せんばいとっきょ》 254
薄利多売《はくりたばい》 322
倍 勇気百倍《ゆうきひゃくばい》 396
狽 周章狼狽《しゅうしょうろうばい》 197

【ハク】

白 白河夜船《しらかわよふね》 217
白砂青松《はくさせいしょう》 319
白紙委任《はくしいにん》 319
白日昇天《はくじつしょうてん》 320
白日青天《はくじつせいてん》 320
白紙撤回《はくしてっかい》 320
白昼公然《はくちゅうこうぜん》 320
白旄黄鉞《はくぼうこうえつ》 321
白虹貫日《はっこうかんじつ》 324
堅白異同《けんぱくいどう》 128
堅白同異《けんぱくどうい》 128
黄白青銭《こうはくせいせん》 142
雲中白鶴《うんちゅうはっかく》 42
元軽白俗《げんけいはくぞく》 125
紅脂白粉《こうしはくふん》 138
青天白日《せいてんはくじつ》 237
明明白白《めいめいはくはく》 386
顔面蒼白《がんめんそうはく》 87
清浄潔白《せいじょうけっぱく》 235
清廉潔白《せいれんけっぱく》 240
亭主関白《ていしゅかんぱく》 288
伯 伯楽一顧《はくらくいっこ》 321
勢力伯仲《せいりょくはくちゅう》 239
保革伯仲《ほかくはくちゅう》 368
拍 拍手喝采《はくしゅかっさい》 320
泊 温厚淡泊《おんこうたんぱく》 54
迫 強迫観念《きょうはくかんねん》 103
博 博引旁証《はくいんぼうしょう》 318
博学偉才《はくがくいさい》 318
博学広才《はくがくこうさい》 318
博学才穎《はくがくさいえい》 318
博学卓識《はくがくたくしき》 319
博学多才《はくがくたさい》 319
博学多識《はくがくたしき》 319
博学能文《はくがくのうぶん》 319
博識多才《はくしきたさい》 320
博聞強記《はくぶんきょうき》 321
博覧強記《はくらんきょうき》 321
博覧多識《はくらんたしき》 322
該博深遠《がいはくしんえん》 61
広才博識《こうさいはくしき》 137
才学博通《さいがくはくつう》 160
深遠博大《しんえんはくだい》 218
深厚博大《しんこうはくだい》 220
搏 咆哮搏撃《ほうこうはくげき》 363
竜攘虎搏《りゅうじょうこはく》 411
魄 轗軻落魄《かんからくはく》 77
驚魂悸魄《きょうこんきはく》 101
薄 薄志弱行《はくしじゃっこう》 320
薄利多売《はくりたばい》 322
軽薄才子《けいはくさいし》 121
軽薄短小《けいはくたんしょう》 121
酷薄無慙《こくはくむざん》 149
浅薄愚劣《せんぱくぐれつ》 255
噴薄激盪《ふんぱくげきとう》 356
意志薄弱《いしはくじゃく》 10

佳人薄命《かじんはくめい》 67
残忍薄行《ざんにんはっこう》 169
美人薄命《びじんはくめい》 334
軽佻浮薄《けいちょうふはく》 120
残忍酷薄《ざんにんこくはく》 169
貪吝刻薄《どんりんこくはく》 308
皮相浅薄《ひそうせんぱく》 334
無慙酷薄《むざんこくはく》 378

【バク】

莫 干将莫邪《かんしょうばくや》 81
荒涼索莫《こうりょうさくばく》 146
秋風落莫《しゅうふうらくばく》 200
漠 空空漠漠《くうくうばくばく》 114
駁 甲論乙駁《こうろんおつばく》 146
紛擾雑駁《ふんじょうざっぱく》 355
縛 自縄自縛《じじょうじばく》 180

【ハチ】

八 八大地獄《はちだいじごく》 323
八万地獄《はちまんじごく》 323
八万奈落《はちまんならく》 323
八面玲瓏《はちめんれいろう》 323
八面六臂《はちめんろっぴ》 323
八紘一宇《はっこういちう》 324
八方美人《はっぽうびじん》 324
百八煩悩《ひゃくはちぼんのう》 338
永字八法《えいじはっぽう》 44
傍目八目《おかめはちもく》 53
四衢八街《しくはちがい》 175
四苦八苦《しくはっく》 175
七華八裂《しちけはちれつ》 183
七転八起《しちてんはっき》 184
七転八倒《しちてんばっとう》 184
七難八苦《しちなんはっく》 184
四通八達《しつうはったつ》 185
十中八九《じっちゅうはっく》 187
四方八方《しほうはっぽう》 190

【ハツ】

発 発菩提心《はつぼだいしん》 325
活発婉麗《かっぱつえんれい》 71
活発発地《かっぱつはっち》 71
活発轆地《かっぱつろくち》 71
百発百中《ひゃっぱつひゃくちゅう》 339
一念発起《いちねんほっき》 18
一念発心《いちねんほっしん》 19
一心発起《いっしんほっき》 28
丁丁発止《ちょうちょうはっし》 283
一触即発《いっしょくそくはつ》 27
悔悟憤発《かいごふんぱつ》 58
活火激発《かっかげきはつ》 68
才気煥発《さいきかんぱつ》 161
前人未発《ぜんじんみはつ》 251
談論風発《だんろんふうはつ》 277
勇壮活発《ゆうそうかっぱつ》 398
愉快活発《ゆかいかっぱつ》 400
髪 握髪吐哺《あくはつとほ》 2
結髪風姿《けっぱつふうし》 123
怒髪上指《どはつじょうし》 307
怒髪衝天《どはつしょうてん》 307
被髪左衽《ひはつさじん》 335
蓬髪垢面《ほうはつこうめん》 367
身体髪膚《しんたいはっぷ》 227
弊衣蓬髪《へいいほうはつ》 358
危機一髪《ききいっぱつ》 89
吐哺握髪《とほあくはつ》 307
潑 潑墨淋漓《はつぼくりんり》 325
元気潑剌《げんきはつらつ》 124
生気潑剌《せいきはつらつ》 234
撥 撥乱反正《はつらんはんせい》 325

【バツ】

伐 殺伐激越《さつばつげきえつ》 165
抜 抜苦与楽《ばっくよらく》 323
抜山蓋世《ばつざんがいせい》 324
抜本塞源《ばっぽんそくげん》 325
峻抜雄健《しゅんばつゆうけん》 207
絶類抜群《ぜつるいばつぐん》 242
蓋世不抜《がいせいふばつ》 59
確乎不抜《かっこふばつ》 69
堅忍不抜《けんにんふばつ》 128
斬新奇抜《ざんしんきばつ》 167
千古不抜《せんこふばつ》 247
跋 跋扈跳梁《ばっこちょうりょう》 324
跋山渉水《ばつざんしょうすい》 324
横行跋扈《おうこうばっこ》 51
跳梁跋扈《ちょうりょうばっこ》 284
飛揚跋扈《ひようばっこ》 339
罰 一罰百戒《いちばつひゃっかい》 19
天罰覿面《てんばつてきめん》 297
信賞必罰《しんしょうひつばつ》 223

【ハン】

凡 ⇨ボン
反 反間苦肉《はんかんくにく》 327
反抗憤怒《はんこうふんぬ》 327
反面教師《はんめんきょうし》 331
反目嫉視《はんもくしっし》 331
造反有理《ぞうはんゆうり》 259
暗闘反目《あんとうはんもく》 6
嫉視反目《しっしはんもく》 186
条件反射《じょうけんはんしゃ》 208
輾転反側《てんてんはんそく》 297
撥乱反正《はつらんはんせい》 325
二律背反《にりつはいはん》 314
半 半解半知《はんかいはんち》 327
半官半民《はんかんはんみん》 327
半死半生《はんしはんしょう》 328
半獣半人《はんじゅうはんじん》 328
半生半死《はんしょうはんし》 328
半信半疑《はんしんはんぎ》 329
半人半獣《はんじんはんじゅう》 329
半身不随《はんしんふずい》 329
半睡半醒《はんすいはんせい》 329
半醒半睡《はんせいはんすい》 330
半知半解《はんちはんかい》 330
一行半句《いちぎょうはんく》 14
一語半語《いちごはんご》 15
一言半句《いちごんはんく》 16
一字半句《いちじはんく》 17
一文半銭《いちもんはんせん》 21
一紙半銭《いっしはんせん》 25
一知半解《いっちはんかい》 29
行動半径《こうどうはんけい》 142
中途半端《ちゅうとはんぱ》 281
片言半句《へんげんはんく》 360
片言半語《へんげんはんご》 360
犯 一生不犯《いっしょうふぼん》 26

帆 順風満帆《じゅんぷうまんぱん》 207
伴 伴食宰相《ばんしょくさいしょう》 329
伴食大臣《ばんしょくだいじん》 329
判 判官贔屓《ほうがんびいき》 362
欠席裁判《けっせきさいばん》 123
板 一枚看板《いちまいかんばん》 20
二枚看板《にまいかんばん》 313
般 武芸百般《ぶげいひゃっぱん》 347
絆 不羈不絆《ふきふはん》 345
不屈不絆《ふくつふはん》 347
飯 椀飯振舞《おうばんぶるまい》 52
一宿一飯《いっしゅくいっぱん》 26
家常茶飯《かじょうさはん》 65
日常茶飯《にちじょうさはん》 312
煩 煩悶懊悩《はんもんおうのう》 331
煩労汚辱《はんろうおじょく》 332
煩悩具足《ぼんのうぐそく》 370
懊悩煩悶《おうのうはんもん》 52
百八煩悩《ひゃくはちぼんのう》 338
不平煩悶《ふへいはんもん》 352
範 率先垂範《そっせんすいはん》 263
繁 繁文縟礼《はんぶんじょくれい》 331
商売繁昌《しょうばいはんじょう》 214
蟠 竜蟠虎踞《りゅうばんこきょ》 412
複雑蟠纏《ふくざつばんてん》 346
蹣 酔歩蹣跚《すいほまんさん》 232
攀 折花攀柳《せっかはんりゅう》 241

【バン】

挽 名誉挽回《めいよばんかい》 387
晩 大器晩成《たいきばんせい》 265
番 大番振舞《おおばんぶるまい》 53
茶番狂言《ちゃばんきょうげん》 280
開口一番《かいこういちばん》 58
緊褌一番《きんこんいちばん》 111
大喝一番《だいかついちばん》 265
大死一番《だいしいちばん》 267
励声一番《れいせいいちばん》 417
蛮 蛮烟瘴霧《ばんえんしょうむ》 326
夷蛮戎狄《いばんじゅうてき》 33
南蛮鴃舌《なんばんげきぜつ》 311
南蛮渡来《なんばんとらい》 311
南蛮北狄《なんばんほくてき》 311
野蛮草味《やばんそうまい》 393
野蛮未開《やばんみかい》 394
未開野蛮《みかいやばん》 373
盤 盤根錯節《ばんこんさくせつ》 328
盤楽遊嬉《ばんらくゆうき》 331
大盤振舞《おおばんぶるまい》 53
地盤沈下《じばんちんか》 189
杯盤酒肴《はいばんしゅこう》 317
杯盤狼藉《はいばんろうぜき》 317
蹣 ⇨ハン

【ヒ】

比 比肩随踵《ひけんずいしょう》 333
比翼連理《ひよくれんり》 340
朋党比周《ほうとうひしゅう》 366
完全無比《かんぜんむひ》 83
高潔無比《こうけつむひ》 136
豪胆無比《ごうたんむひ》 140
痛快無比《つうかいむひ》 287
痛烈無比《つうれつむひ》 287
剽悍無比《ひょうかんむひ》 339
勇猛無比《ゆうもうむひ》 399
皮 皮骨連立《ひこつれんりつ》 333
皮相浅薄《ひそうせんぱく》 334
虚実皮膜《きょじつひまく》 107
草根木皮《そうこんぼくひ》 258
否 運否天賦《うんぷてんぷ》 42
賛否両論《さんぴりょうろん》 170
披 襲名披露《しゅうめいひろう》 201
肥 肥馬軽裘《ひばけいきゅう》 335
軽裘肥馬《けいきゅうひば》 118
大兵肥満《たいひょうひまん》 269
非 非義非道《ひぎひどう》 333
非難囂囂《ひなんごうごう》 335
昨非今是《さくひこんぜ》 164
是非曲直《ぜひきょくちょく》 243
是非正邪《ぜひせいじゃ》 243
是非善悪《ぜひぜんあく》 243
理非曲直《りひきょくちょく》 410
悪逆非道《あくぎゃくひどう》 2
強欲非道《ごうよくひどう》 145
極悪非道《ごくあくひどう》 148
才学非凡《さいがくひぼん》 161
残虐非道《ざんぎゃくひどう》 166
残酷非道《ざんこくひどう》 167
残忍非道《ざんにんひどう》 169
是是非非《ぜぜひひ》 240
浅学非才《せんがくひさい》 244
大逆非道《たいぎゃくひどう》 266
不義非道《ふぎひどう》 344
暴虐非道《ぼうぎゃくひどう》 362
凡俗非議《ぼんぞくひぎ》 370
無理非道《むりひどう》 383
曲直是非《きょくちょくぜひ》 106
今是昨非《こんぜさくひ》 159
善悪是非《ぜんあくぜひ》 244
卑 卑怯千万《ひきょうせんばん》 333
卑陋暗黒《ひろうあんこく》 340
野卑滑稽《やひこっけい》 394
官尊民卑《かんそんみんぴ》 83
女尊男卑《じょそんだんぴ》 217
男尊女卑《だんそんじょひ》 276
飛 飛花落葉《ひからくよう》 332
飛語巷説《ひごこうせつ》 333
飛耳長目《ひじちょうもく》 334
飛揚跋扈《ひようばっこ》 339
飛竜乗雲《ひりゅうじょううん》 340
烏飛兎走《うひとそう》 40
暗中飛躍《あんちゅうひやく》 6
雲煙飛動《うんえんひどう》 41
造言飛語《ぞうげんひご》 257
流言飛語《りゅうげんひご》 411
匪 蹇蹇匪躬《けんけんひきゅう》 125
疲 疲労困憊《ひろうこんぱい》 340
倦怠疲労《けんたいひろう》 127
困窮疲弊《こんきゅうひへい》 157
困窮疲労《こんきゅうひろう》 158
秘 奥義秘伝《おうぎひでん》 50
真言秘密《しんごんひみつ》 221
黙契秘旨《もっけいひし》 391
被 被害妄想《ひがいもうそう》 332
被髪左衽《ひはつさじん》 335
扇枕温被《せんちんおんぴ》 253
悲 悲歌慷慨《ひかこうがい》 332
悲喜憂苦《ひきゆうく》 333
悲壮淋漓《ひそうりんり》 334

悲憤慷慨《ひふんこうがい》 336
慈悲忍辱《じひにんにく》 189
大悲大慈《だいひだいじ》 269
感慨悲慟《かんがいひどう》 76
慷慨悲憤《こうがいひふん》 131
大慈大悲《だいじだいひ》 267
誹 誹刺風戒《ひしふうかい》 334
誹謗中傷《ひぼうちゅうしょう》 336
臂 三面六臂《さんめんろっぴ》 171
八面六臂《はちめんろっぴ》 323
贔 依怙贔屓《えこひいき》 46
判官贔屓《ほうがんびいき》 362

【ビ】

尾 尾大不掉《びだいふとう》 334
首尾一貫《しゅびいっかん》 204
首尾貫徹《しゅびかんてつ》 204
徹頭徹尾《てっとうてつび》 290
竜頭蛇尾《りゅうとうだび》 412
眉 眉目温厚《びもくおんこう》 336
眉目秀麗《びもくしゅうれい》 337
眉目俊秀《びもくしゅんしゅう》 337
眉目清秀《びもくせいしゅう》 337
眉目端正《びもくたんせい》 337
曲眉豊頬《きょくびほうきょう》 106
美 美酒佳肴《びしゅかこう》 334
美辞麗句《びじれいく》 334
美人薄命《びじんはくめい》 334
美味佳肴《びみかこう》 336
美味珍膳《びみちんぜん》 336
美麗荘厳《びれいそうごん》 340
鮮美透涼《せんびとうりょう》 255
優美高妙《ゆうびこうみょう》 398
淳風美俗《じゅんぷうびぞく》 207
善悪美醜《ぜんあくびしゅう》 244
荘厳美麗《そうごんびれい》 257
八方美人《はっぽうびじん》 324
飽衣美食《ほういびしょく》 361
容顔美麗《ようがんびれい》 402
良風美俗《りょうふうびぞく》 414
備 備荒貯蓄《びこうちょちく》 333
才色兼備《さいしょくけんび》 162
知徳兼備《ちとくけんび》 279
知勇兼備《ちゆうけんび》 280
文武兼備《ぶんぶけんび》 356
媚 媚眼秋波《びがんしゅうは》 332
妖姿媚態《ようしびたい》 403
風光明媚《ふうこうめいび》 342
微 微妙巧緻《びみょうこうち》 336
微妙複雑《びみょうふくざつ》 336
至微至妙《しびしみょう》 189
木端微塵《こっぱみじん》 154
小身微禄《しょうしんびろく》 212
拈華微笑《ねんげみしょう》 315
破顔微笑《はがんみしょう》 318
複雑微妙《ふくざつびみょう》 346
鼻 鼻元思案《はなもとじあん》 325
阿鼻叫喚《あびきょうかん》 4
阿鼻地獄《あびじごく》 4
靡 萎靡因循《いびいんじゅん》 33
萎靡沈滞《いびちんたい》 33
沈滞萎靡《ちんたいいび》 286
紛華奢靡《ふんかしゃび》 355

【ヒキ】

匹 匹夫匹婦《ひっぷひっぷ》 335

【ヒツ】

必 必死危急《ひっしききゅう》 335
驕兵必敗《きょうへいひっぱい》 103
盛者必衰《じょうしゃひっすい》 209
生者必滅《しょうじゃひつめつ》 209
信賞必罰《しんしょうひつばつ》 223
筆 筆硯紙墨《ひっけんしぼく》 335
筆耕硯田《ひっこうけんでん》 335
一筆啓上《いっぴつけいじょう》 32
曲筆舞文《きょくひつぶぶん》 106
特筆大書《とくひつたいしょ》 305
乱筆乱文《らんぴつらんぶん》 407
舞文曲筆《ぶぶんきょくひつ》 352

【ヒャク】

百 百尺竿頭《ひゃくせきかんとう》 337
百折不撓《ひゃくせつふとう》 337
百戦練磨《ひゃくせんれんま》 338
百人百態《ひゃくにんひゃくたい》 338
百人百様《ひゃくにんひゃくよう》 338
百八煩悩《ひゃくはちぼんのう》 338
百万長者《ひゃくまんちょうじゃ》 338
百花斉放《ひゃっかせいほう》 338
百家争鳴《ひゃっかそうめい》 338
百花繚乱《ひゃっかりょうらん》 339
百鬼夜行《ひゃっきやこう》 339
百発百中《ひゃっぱつひゃくちゅう》 339
三百代言《さんびゃくだいげん》 170
四百四病《しひゃくしびょう》 189
一罰百戒《いちばつひゃっかい》 19
一斗百編《いっとひゃっぺん》 32
議論百出《ぎろんひゃくしゅつ》 109
譎詐百端《けっさひゃくたん》 123
諸子百家《しょしひゃっか》 216
読書百遍《どくしょひゃっぺん》 305
破綻百出《はたんひゃくしゅつ》 322
武芸百般《ぶげいひゃっぱん》 347
勇気百倍《ゆうきひゃくばい》 396

【ビュウ】

繆 合歓綢繆《ごうかんちゅうびゅう》 133

【ヒョウ】

氷 月下氷人《げっかひょうじん》 122
表 表敬訪問《ひょうけいほうもん》 339
表裏一体《ひょうりいったい》 339
意思表示《いしひょうじ》 10
豹 君子豹変《くんしひょうへん》 116
評 好評嘖嘖《こうひょうさくさく》 142
過小評価《かしょうひょうか》 65
過大評価《かだいひょうか》 67
馮 暴虎馮河《ぼうこひょうが》 363
剽 剽悍無比《ひょうかんむひ》 339
凶暴剽悍《きょうぼうひょうかん》 103
狡猾剽悍《こうかつひょうかん》 132
嫖 吃喝嫖賭《きっかつひょうと》 95
標 規矩標準《きくひょうじゅん》 90
瓢 箪食瓢飲《たんしひょういん》 275
縹 雲煙縹渺《うんえんひょうびょう》 41
煙波縹渺《えんぱひょうびょう》 48
神韻縹渺《しんいんひょうびょう》 218
神仙縹渺《しんせんひょうびょう》 226

飄 孤笈飄然《こきゅうひょうぜん》 147

【ビョウ】

苗 苗字帯刀《みょうじたいとう》 374
病 一病息災《いちびょうそくさい》 19
無病息災《むびょうそくさい》 381
老病生死《ろうびょうせいし》 420
生老病死《しょうろうびょうし》 215
衰老病死《すいろうびょうし》 232
才子多病《さいしたびょう》 162
四百四病《しひゃくしびょう》 189
描 金泥精描《きんでいせいびょう》 112
屏 蟄居屏息《ちっきょへいそく》 279
渺 煙波渺茫《えんぱびょうぼう》 48
往事渺茫《おうじびょうぼう》 51
雲煙縹渺《うんえんひょうびょう》 41
煙波縹渺《えんぱひょうびょう》 48
神韻縹渺《しんいんひょうびょう》 218
神仙縹渺《しんせんひょうびょう》 226

【ヒン】

品 品行方正《ひんこうほうせい》 340
品性下劣《ひんせいげれつ》 340
品性高潔《ひんせいこうけつ》 340
人品骨柄《じんぴんこつがら》 229
天下一品《てんかいっぴん》 291
彬 文質彬彬《ぶんしつひんぴん》 355
貧 貧富貴賤《ひんぷきせん》 341
貴賤貧富《きせんひんぷ》 93
器用貧乏《きようびんぼう》 103
老若貧富《ろうにゃくひんぷ》 419
簡素清貧《かんそせいひん》 83
頻 迦陵頻伽《かりょうびんが》 74
繽 事序繽紛《じじょひんぷん》 181
落英繽紛《らくえいひんぷん》 406
落花繽紛《らっかひんぷん》 406
顰 一顰一笑《いっぴんいっしょう》 32
一笑一顰《いっしょういっぴん》 26

【ビン】

紊 ⇨ブン

【フ】

不 不易流行《ふえきりゅうこう》 343
不壊金剛《ふえこんごう》 343
不可抗力《ふかこうりょく》 343
不可思議《ふかしぎ》 343
不羈自由《ふきじゆう》 344
不羈独立《ふきどくりつ》 344
不義非道《ふぎひどう》 344
不義不正《ふぎふせい》 344
不義不貞《ふぎふてい》 344
不義不徳《ふぎふとく》 344
不羈不絆《ふきふはん》 345
不羈奔放《ふきほんぽう》 345
不義密通《ふぎみっつう》 345
不朽不滅《ふきゅうふめつ》 345
不協和音《ふきょうわおん》 345
不倶戴天《ふぐたいてん》 346
不屈不撓《ふくつふとう》 347
不屈不絆《ふくつふはん》 347
不言実行《ふげんじっこう》 347
不言不語《ふげんふご》 347
不死不朽《ふしふきゅう》 349
不惜身命《ふしゃくしんみょう》 349
不承不承《ふしょうぶしょう》 349
不正不義《ふせいふぎ》 349
不正不公《ふせいふこう》 349
不正不便《ふせいふべん》 350
不即不離《ふそくふり》 350
不知不徳《ふちふとく》 350
不忠不義《ふちゅうふぎ》 350
不貞不義《ふていふぎ》 351
不撓不屈《ふとうふくつ》 351
不同不二《ふどうふじ》 351
不得要領《ふとくようりょう》 352
不平煩悶《ふへいはんもん》 352
不平不満《ふへいふまん》 352
不偏不党《ふへんふとう》 353
不昧不落《ふまいふらく》 353
不眠不休《ふみんふきゅう》 353
不妄語戒《ふもうごかい》 353
不落不昧《ふらくふまい》 353
不埒千万《ふらちせんばん》 353
不離不即《ふりふそく》 353
不立文字《ふりゅうもんじ》 354
不老長寿《ふろうちょうじゅ》 354
不老長生《ふろうちょうせい》 354
不老不死《ふろうふし》 354
一文不通《いちもんふつう》 21
一生不犯《いっしょうふぼん》 26
一所不住《いっしょふじゅう》 27
一心不乱《いっしんふらん》 28
一定不変《いっていふへん》 30
雲水不住《うんすいふじゅう》 42
永遠不変《えいえんふへん》 43
永遠不滅《えいえんふめつ》 43
永久不変《えいきゅうふへん》 43
永劫不変《えいごうふへん》 43
音信不通《おんしんふつう》 55
蓋世不抜《がいせいふばつ》 59
確乎不動《かっこふどう》 69
確乎不抜《かっこふばつ》 69
轗軻不遇《かんかふぐう》 77
頑冥不霊《がんめいふれい》 87
挙動不審《きょどうふしん》 108
形勢不利《けいせいふり》 120
狷介不羈《けんかいふき》 123
狷介不屈《けんかいふくつ》 123
堅忍不抜《けんにんふばつ》 128
傲岸不屈《ごうがんふくつ》 134
傲岸不遜《ごうがんふそん》 134
恒久不変《こうきゅうふへん》 135
荒唐不稽《こうとうふけい》 142
傲慢不羈《ごうまんふき》 144
傲慢不遜《ごうまんふそん》 144
金剛不壊《こんごうふえ》 158
再起不能《さいきふのう》 161
自在不羈《じざいふき》 178
消化不良《しょうかふりょう》 208
常住不断《じょうじゅうふだん》 210
人事不省《じんじふせい》 222
摂取不捨《せっしゅふしゃ》 241
千古不易《せんこふえき》 247
前後不覚《ぜんごふかく》 247
千古不朽《せんこふきゅう》 247
千古不抜《せんこふばつ》 247
千古不磨《せんこふま》 247
千古不滅《せんこふめつ》 247

相即不離《そうそくふり》 259
尊大不遜《そんだいふそん》 264
大胆不敵《だいたんふてき》 268
湛然不動《たんぜんふどう》 276
直立不動《ちょくりつふどう》 285
独立不羈《どくりつふき》 306
独立不撓《どくりつふとう》 306
難攻不落《なんこうふらく》 310
万古不易《ばんこふえき》 327
万古不磨《ばんこふま》 327
半身不随《はんしんふずい》 329
万世不易《ばんせいふえき》 330
万世不朽《ばんせいふきゅう》 330
万代不易《ばんだいふえき》 330
万代不朽《ばんだいふきゅう》 330
万代不変《ばんだいふへん》 330
万夫不当《ばんぷふとう》 331
尾大不掉《びだいふとう》 334
百折不撓《ひゃくせつふとう》 337
普遍不易《ふへんふえき》 353
放縦不羈《ほうしょうふき》 364
放蕩不羈《ほうとうふき》 366
奔放不羈《ほんぽうふき》 370
冥頑不霊《めいがんふれい》 384
門外不出《もんがいふしゅつ》 392
唯一不二《ゆいいつふじ》 395
優柔不断《ゆうじゅうふだん》 397
欲求不満《よっきゅうふまん》 404
磊落不羈《らいらくふき》 405
霊魂不滅《れいこんふめつ》 417
老少不定《ろうしょうふじょう》 419
夫 夫唱婦随《ふしょうふずい》 349
一夫多妻《いっぷたさい》 33
田夫野嫗《でんぷやおう》 297
田夫野人《でんぷやじん》 297
田夫野老《でんぷやろう》 298
万夫不当《ばんぷふとう》 331
匹夫匹婦《ひっぷひっぷ》 335
創意工夫《そういくふう》 257
野人田夫《やじんでんぷ》 393
父 父子相伝《ふしそうでん》 348
父祖伝来《ふそでんらい》 350
厳父慈母《げんぷじぼ》 128
付 付着重畳《ふちゃくちょうじょう》 350
付和雷同《ふわらいどう》 355
牽強付会《けんきょうふかい》 124
雷同付加《らいどうふか》 405
雷同付和《らいどうふわ》 405
布 布衣韋帯《ふいいたい》 341
宣戦布告《せんせんふこく》 251
扶 相互扶助《そうごふじょ》 257
孚 感孚風動《かんぷふうどう》 86
巫 巫山雲雨《ふざんうんう》 348
雲雨巫山《うんうふざん》 40
怖 畏怖嫌厭《いふけんえん》 34
負 一六勝負《いちろくしょうぶ》 22
真剣勝負《しんけんしょうぶ》 220
浮 浮華虚栄《ふかきょえい》 343
軽佻浮薄《けいちょうふはく》 120
富貴浮雲《ふうきふうん》 341
俯 俯仰天地《ふぎょうてんち》 345
俯首流涕《ふしゅりゅうてい》 349
婦 新婦新郎《しんぷしんろう》 229
夫唱婦随《ふしょうふずい》 349
新郎新婦《しんろうしんぷ》 230
匹夫匹婦《ひっぷひっぷ》 335
趺 結跏趺座《けっかふざ》 122
富 富貴栄華《ふうきえいが》 341
富貴栄達《ふうきえいたつ》 341
富貴浮雲《ふうきふうん》 341
富貴福禄《ふうきふくろく》 342
富国強兵《ふこくきょうへい》 348
貧富貴賤《ひんぷきせん》 341
貴賤貧富《きせんひんぷ》 93
老若貧富《ろうにゃくひんぷ》 419
普 普天率土《ふてんそつと》 351
普遍妥当《ふへんだとう》 352
普遍不易《ふへんふえき》 353
腑 五臓六腑《ごぞうろっぷ》 152
腐 腐敗堕落《ふはいだらく》 352
混濁腐乱《こんだくふらん》 159
堕落腐敗《だらくふはい》 274
平凡陳腐《へいぼんちんぷ》 359
敷 天井桟敷《てんじょうさじき》 294
膚 雪膚花貌《せっぷかぼう》 242
花顔雪膚《かがんせっぷ》 63
身体髪膚《しんたいはっぷ》 227
賦 運否天賦《うんぷてんぷ》 42

【ブ】

武 武運長久《ぶうんちょうきゅう》 343
武芸百般《ぶげいひゃっぱん》 347
武陵桃源《ぶりょうとうげん》 354
武者修行《むしゃしゅぎょう》 379
偃武修文《えんぶしゅうぶん》 48
文武兼備《ぶんぶけんび》 356
文武両道《ぶんぶりょうどう》 356
勤倹尚武《きんけんしょうぶ》 110
好学尚武《こうがくしょうぶ》 132
沈毅雄武《ちんきゆうぶ》 286
部 一部始終《いちぶしじゅう》 19
誣 擠陥讒誣《せいかんざんぶ》 233
舞 舞文曲筆《ぶぶんきょくひつ》 352
舞文潤飾《ぶぶんじゅんしょく》 352
歌舞音曲《かぶおんきょく》 72
歌舞歓楽《かぶかんらく》 73
鼓舞激励《こぶげきれい》 156
曲筆舞文《きょくひつぶぶん》 106
椀飯振舞《おうばんぶるまい》 52
大盤振舞《おおばんぶるまい》 53
大番振舞《おおばんぶるまい》 53
狂歌乱舞《きょうからんぶ》 99
狂喜乱舞《きょうきらんぶ》 100
狂酔乱舞《きょうすいらんぶ》 102
陣中見舞《じんちゅうみまい》 228
起居振舞《たちいふるまい》 273
長袖善舞《ちょうしゅうぜんぶ》 282

【フウ】

風 風紀紊乱《ふうきびんらん》 341
風光明媚《ふうこうめいび》 342
風櫛雨沐《ふうしつうもく》 342
風声鶴唳《ふうせいかくれい》 342
風俗壊乱《ふうぞくかいらん》 342
風俗人情《ふうぞくにんじょう》 342
風土気候《ふうどきこう》 342
風流韻事《ふうりゅういんじ》 342
風流三昧《ふうりゅうざんまい》 342
風林火山《ふうりんかざん》 343

異風《いふう》異俗《いぞく》 34
威風《いふう》堂堂《どうどう》 34
威風《いふう》凜然《りんぜん》 34
威風《いふう》凜凜《りんりん》 34
光風《こうふう》霽月《せいげつ》 142
五風《ごふう》十雨《じゅうう》 155
疾風《しっぷう》迅雷《じんらい》 187
疾風《しっぷう》怒濤《どとう》 187
櫛風《しっぷう》沐雨《もくう》 187
櫛風《しっぷう》浴雨《よくう》 187
秋風《しゅうふう》蕭条《しょうじょう》 199
秋風《しゅうふう》落莫《らくばく》 200
春風《しゅんぷう》駘蕩《たいとう》 207
淳風《じゅんぷう》美俗《びぞく》 207
順風《じゅんぷう》満帆《まんぱん》 207
嘯風《しょうふう》弄月《ろうげつ》 214
清風《せいふう》明月《めいげつ》 238
台風《たいふう》一過《いっか》 269
暴風《ぼうふう》怒濤《どとう》 367
良風《りょうふう》美俗《びぞく》 414
花鳥《かちょう》風月《ふうげつ》 68
感孚《かんぷ》風動《ふうどう》 86
顔貌《がんぼう》風姿《ふうし》 86
気候《きこう》風土《ふうど》 90
結髪《けっぱつ》風姿《ふうし》 123
心象《しんしょう》風景《ふうけい》 224
談論《だんろん》風発《ふうはつ》 277
人情《にんじょう》風俗《ふうぞく》 314
人相《にんそう》風体《ふうてい》 314
誹刺《ひし》風戒《ふうかい》 334
一路《いちろ》順風《じゅんぷう》 22
千里《せんり》同風《どうふう》 256
地水《ちすい》火風《かふう》 278
馬耳《ばじ》東風《とうふう》 322
無憂《むゆう》無風《むふう》 382
沐雨《もくう》櫛風《しっぷう》 391
諷 花鳥《かちょう》諷詠《ふうえい》 68

【フク】

伏 伏竜《ふくりょう》鳳雛《ほうすう》 347
平伏《へいふく》叩頭《こうとう》 359
老驥《ろうき》伏櫪《ふくれき》 419
悪魔《あくま》調伏《ちょうぶく》 3
九夏《きゅうか》三伏《さんぷく》 97
服 拳拳《けんけん》服膺《ふくよう》 125
絶対《ぜったい》服従《ふくじゅう》 242
匐 匍匐《ほふく》膝行《しっこう》 369
蛇行《だこう》匍匐《ほふく》 271
復 王政《おうせい》復古《ふっこ》 51
克己《こっき》復礼《ふくれい》 153
大政《たいせい》復古《ふっこ》 268
文芸《ぶんげい》復興《ふっこう》 355
一陽《いちよう》来復《らいふく》 21
失地《しっち》回復《かいふく》 186
名誉《めいよ》回復《かいふく》 386
福 福徳《ふくとく》円満《えんまん》 347
福利《ふくり》厚生《こうせい》 347
善根《ぜんこん》福種《ふくしゅ》 248
富貴《ふうき》福禄《ふくろく》 342
吉凶《きっきょう》禍福《かふく》 95
国利《こくり》民福《みんぷく》 150
腹 割腹《かっぷく》自殺《じさつ》 72
鼓腹《こふく》撃壌《げきじょう》 155
同腹《どうふく》一心《いっしん》 303
捧腹《ほうふく》絶倒《ぜっとう》 367
面従《めんじゅう》腹背《ふくはい》 388
複 複雑《ふくざつ》怪奇《かいき》 345
複雑《ふくざつ》奇怪《きかい》 346
複雑《ふくざつ》多岐《たき》 346
複雑《ふくざつ》多様《たよう》 346
複雑《ふくざつ》蟠纏《ばんてん》 346
複雑《ふくざつ》微妙《びみょう》 346
多様《たよう》複雑《ふくざつ》 274
微妙《びみょう》複雑《ふくざつ》 336
覆 翻雲《ほんうん》覆雨《ふくう》 369
雲翻《うんぽん》雨覆《うふく》 42

【フツ】

髴 水天《すいてん》髣髴《ほうふつ》 232

【ブツ】

仏 神仏《しんぶつ》混交《こんこう》 229
念仏《ねんぶつ》三昧《ざんまい》 316
廃仏《はいぶつ》毀釈《きしゃく》 317
鬼手《きしゅ》仏心《ぶっしん》 92
鬼面《きめん》仏心《ぶっしん》 96
神社《じんじゃ》仏閣《ぶっかく》 223
多情《たじょう》仏心《ぶっしん》 273
敬神《けいしん》崇仏《すうぶつ》 119
見性《けんしょう》成仏《じょうぶつ》 127
悉皆《しっかい》成仏《じょうぶつ》 185
即身《そくしん》成仏《じょうぶつ》 260
即心《そくしん》即仏《そくぶつ》 261
物 物我《ぶつが》一体《いったい》 350
物情《ぶつじょう》騒然《そうぜん》 351
物心《ぶっしん》一如《いちにょ》 351
物心《ぶっしん》両面《りょうめん》 351
物見《ものみ》遊山《ゆさん》 392
一物《いちぶつ》一景《いっけい》 19
格物《かくぶつ》究理《きゅうり》 64
格物《かくぶつ》致知《ちち》 64
玩物《がんぶつ》喪志《そうし》 86
人物《じんぶつ》月旦《げったん》 229
事事《じじ》物物《ぶつぶつ》 179
致知《ちち》格物《かくぶつ》 279
天地《てんち》万物《ばんぶつ》 296

【フン】

芬 俗臭《ぞくしゅう》芬芬《ふんぷん》 260
粉 粉骨《ふんこつ》砕身《さいしん》 355
紅脂《こうし》白粉《はくふん》 138
紛 紛華《ふんか》奢靡《しゃび》 355
紛擾《ふんじょう》雑駁《ざっぱく》 355
紛然《ふんぜん》雑然《ざつぜん》 356
海内《かいだい》紛擾《ふんじょう》 60
雑然《ざつぜん》紛然《ふんぜん》 165
諸説《しょせつ》紛紛《ふんぷん》 216
事序《じじょ》繽紛《ひんぷん》 181
落英《らくえい》繽紛《ひんぷん》 406
落花《らっか》繽紛《ひんぷん》 406
焚 焚書《ふんしょ》坑儒《こうじゅ》 356
噴 噴薄《ふんぱく》激盪《げきとう》 356
憤 憤懣《ふんまん》焦燥《しょうそう》 357
悲憤《ひふん》慷慨《こうがい》 336
悔悟《かいご》憤発《ふんぱつ》 58
慷慨《こうがい》憤激《ふんげき》 131
反抗《はんこう》憤怒《ふんぬ》 327
慷慨《こうがい》悲憤《ひふん》 131
慷慨《こうがい》憂憤《ゆうふん》 132

切歯痛憤《せっしつうふん》 241
奮 奮闘努力《ふんとうどりょく》 356
奮励努力《ふんれいどりょく》 357
感奮興起《かんぷんこうき》 86
一意奮闘《いちいふんとう》 13
孤軍奮闘《こぐんふんとう》 150
獅子奮迅《ししふんじん》 180
努力奮励《どりょくふんれい》 307
力戦奮闘《りきせんふんとう》 409

【ブン】

分 九分九厘《くぶくりん》 116
五分五分《ごぶごぶ》 156
四分五散《しぶんごさん》 189
四分五裂《しぶんごれつ》 189
自分本位《じぶんほんい》 190
空中分解《くうちゅうぶんかい》 115
思慮分別《しりょふんべつ》 218
政教分離《せいきょうぶんり》 234
知恵分別《ちえふんべつ》 277
舌先三分《したさきさんぶ》 183
大義名分《たいぎめいぶん》 266
文 文芸復興《ぶんげいふっこう》 355
文質彬彬《ぶんしつひんぴん》 355
文人墨客《ぶんじんぼっかく》 356
文武兼備《ぶんぶけんび》 356
文武両道《ぶんぶりょうどう》 356
文明開化《ぶんめいかいか》 357
一文半銭《いちもんはんせん》 21
一文不通《いちもんふつう》 21
言文一致《げんぶんいっち》 129
言文一途《げんぶんいっと》 129
同文同軌《どうぶんどうき》 303
同文同種《どうぶんどうしゅ》 303
繁文縟礼《はんぶんじょくれい》 331
舞文曲筆《ぶぶんきょくひつ》 352
舞文潤飾《ぶぶんじゅんしょく》 352
開化文明《かいかぶんめい》 57
奢侈文弱《しゃしぶんじゃく》 192
不立文字《ふりゅうもんじ》 354
真一文字《まいちもんじ》 371
無学文盲《むがくもんもう》 376
偃武修文《えんぶしゅうぶん》 48
曲筆舞文《きょくひつぶぶん》 106
虚礼虚文《きょれいきょぶん》 108
同軌同文《どうきどうぶん》 300
二束三文《にそくさんもん》 312
博学能文《はくがくのうぶん》 319
乱筆乱文《らんぴつらんぶん》 407
紊 朝憲紊乱《ちょうけんびんらん》 282
風紀紊乱《ふうきびんらん》 341
聞 異聞奇譚《いぶんきたん》 34
寡聞浅学《かぶんせんがく》 73
博聞強記《はくぶんきょうき》 321
名聞利益《みょうもんりやく》 374
名聞利養《みょうもんりよう》 374
逸事奇聞《いつじきぶん》 25
浅学寡聞《せんがくかぶん》 244
前代未聞《ぜんだいみもん》 252
如是我聞《にょぜがもん》 313

【ヘイ】

平 平安一路《へいあんいちろ》 357
平安無事《へいあんぶじ》 357
平穏無事《へいおんぶじ》 358
平衡感覚《へいこうかんかく》 358
平沙万里《へいさばんり》 358
平身低頭《へいしんていとう》 358
平談俗語《へいだんぞくご》 358
平談俗話《へいだんぞくわ》 359
平伏叩頭《へいふくこうとう》 359
平平凡凡《へいへいぼんぼん》 359
平凡陳腐《へいぼんちんぷ》 359
平和共存《へいわきょうぞん》 359
公平無私《こうへいむし》 143
水平思考《すいへいしこう》 232
太平無事《たいへいぶじ》 269
不平煩悶《ふへいはんもん》 352
不平不満《ふへいふまん》 352
一路平安《いちろへいあん》 22
虚心平気《きょしんへいき》 107
恒久平和《こうきゅうへいわ》 135
四民平等《しみんびょうどう》 190
俗談平語《ぞくだんへいご》 261
俗談平話《ぞくだんへいわ》 261
低頭平身《ていとうへいしん》 288
天下平泰《てんかへいたい》 292
無事平穏《ぶじへいおん》 349
天下太平《てんかたいへい》 292
天下治平《てんかちへい》 292
万民太平《ばんみんたいへい》 331
無事太平《ぶじたいへい》 348
兵 驕兵必敗《きょうへいひっぱい》 103
大兵肥満《たいひょうひまん》 269
堅甲利兵《けんこうりへい》 126
富国強兵《ふこくきょうへい》 348
並 並駕斉駆《へいがせいく》 358
柄 人品骨柄《じんぴんこつがら》 229
炳 灼然炳乎《しゃくぜんへいこ》 191
閉 閉門蟄居《へいもんちっきょ》 359
羞月閉花《しゅうげつへいか》 195
蟄居閉門《ちっきょへいもん》 279
弊 弊衣破帽《へいいはぼう》 357
弊衣蓬髪《へいいほうはつ》 358
困窮疲弊《こんきゅうひへい》 157

【ベイ】

米 米穀菜蔬《べいこくさいそ》 358

【ヘキ】

辟 放辟邪侈《ほうへきじゃし》 367
碧 碧眼紅毛《へきがんこうもう》 359
一碧万頃《いっぺきばんけい》 33
紅毛碧眼《こうもうへきがん》 145
桑田碧海《そうでんへきかい》 259
秋天一碧《しゅうてんいっぺき》 198
僻 先入僻見《せんにゅうへきけん》 254
壁 壁立千仭《へきりつせんじん》 359
面壁九年《めんぺきくねん》 388
金城鉄壁《きんじょうてっぺき》 112
近所合壁《きんじょがっぺき》 112
九年面壁《くねんめんぺき》 116
断崖絶壁《だんがいぜっぺき》 274
闢 開闢草昧《かいびゃくそうまい》 62
天地開闢《てんちかいびゃく》 295

【ベツ】

別 愛別離苦《あいべつりく》 1
思慮分別《しりょふんべつ》 218

千違万別《せんいばんべつ》 244
千差万別《せんさばんべつ》 248
知恵分別《ちえふんべつ》 277
鼈 月鼈雲泥《げつべつうんでい》 123
雲壌月鼈《うんじょうげつべつ》 42

【ヘン】

片 片言隻句《へんげんせきく》 360
片言隻語《へんげんせきご》 360
片言半句《へんげんはんく》 360
片言半語《へんげんはんご》 360
辺 身辺雑事《しんぺんざつじ》 229
炉辺歓談《ろへんかんだん》 421
粟散辺地《ぞくさんへんち》 260
粟散辺土《ぞくさんへんど》 260
広大無辺《こうだいむへん》 140
無骨一辺《ぶこついっぺん》 348
無量無辺《むりょうむへん》 384
返 汚名返上《おめいへんじょう》 53
変 変幻自在《へんげんじざい》 360
変幻出没《へんげんしゅつぼつ》 360
千変万化《せんぺんばんか》 255
天変地異《てんぺんちい》 298
妖怪変化《ようかいへんげ》 402
一定不変《いっていふへん》 30
有為転変《ういてんぺん》 38
永遠不変《えいえんふへん》 43
永久不変《えいきゅうふへん》 43
永劫不変《えいごうふへん》 43
栄枯転変《えいこてんぺん》 44
君子豹変《くんしひょうへん》 116
恒久不変《こうきゅうふへん》 135
天災地変《てんさいちへん》 293
万代不変《ばんだいふへん》 330
臨機応変《りんきおうへん》 415
偏 偏狭頑固《へんきょうがんこ》 360
偏旁冠脚《へんぼうかんきゃく》 360
不偏不党《ふへんふとう》 353
頑固偏狭《がんこへんきょう》 80
専断偏頗《せんだんへんぱ》 252
無私無偏《むしむへん》 379
貶 一字褒貶《いちじほうへん》 17
毀誉褒貶《きよほうへん》 108

遍 普遍妥当《ふへんだとう》 352
普遍不易《ふへんふえき》 353
読書百遍《どくしょひゃっぺん》 305
編 韋編三絶《いへんさんぜつ》 34
千編一律《せんぺんいちりつ》 255
一斗百編《いっとひゃっぺん》 32

【ベン】

弁 才弁縦横《さいべんじゅうおう》 163
阿諛弁佞《あゆべんねい》 5
自己弁護《じこべんご》 177
知勇弁力《ちゆうべんりょく》 281
狡知佞弁《こうちねいべん》 140
便 簡易軽便《かんいけいべん》 75
不正不便《ふせいふべん》 350
眄 左眄右顧《さべんうこ》 165
右顧左眄《うこさべん》 38
左顧右眄《さこうべん》 164
勉 刻苦勉励《こっくべんれい》 154
温和勤勉《おんわきんべん》 57

【ホ】

歩 国歩艱難《こくほかんなん》 149
酔歩蹣跚《すいほまんさん》 232
天歩艱難《てんぽかんなん》 298
横行闊歩《おうこうかっぽ》 50
高談闊歩《こうだんかっぽ》 140
古今独歩《ここんどっぽ》 151
独立独歩《どくりつどっぽ》 306
日進月歩《にっしんげっぽ》 312
保 保革伯仲《ほかくはくちゅう》 368
保守退嬰《ほしゅたいえい》 368
保養鬱散《ほよううっさん》 369
明哲保身《めいてつほしん》 386
匍 匍匐膝行《ほふくしっこう》 369
蛇行匍匐《だこうほふく》 271
浦 津津浦浦《つつうらうら》 287
長汀曲浦《ちょうていきょくほ》 284
哺 吐哺握髪《とほあくはつ》 307
握髪吐哺《あくはつとほ》 2
蒲 安車蒲輪《あんしゃほりん》 5
輔 輔車唇歯《ほしゃしんし》 368
唇歯輔車《しんしほしゃ》 222

穂 ⇨スイ

【ボ】

母 乳母日傘《おんばひがさ》 55
賢母良妻《けんぼりょうさい》 129
孟母三遷《もうぼさんせん》 390
孟母断機《もうぼだんき》 391
厳父慈母《げんぷじぼ》 128
良妻賢母《りょうさいけんぼ》 414
菩 発菩提心《はつぼだいしん》 325
暮 暮色蒼然《ぼしょくそうぜん》 368
蒼然暮色《そうぜんぼしょく》 259
朝雲暮雨《ちょううんぼう》 282
朝三暮四《ちょうさんぼし》 282
朝朝暮暮《ちょうちょうぼぼ》 283
朝令暮改《ちょうれいぼかい》 284

【ホウ】

方 方枘円鑿《ほうぜいえんさく》 364
方正謹厳《ほうせいきんげん》 365
方底円蓋《ほうていえんがい》 365
西方浄土《さいほうじょうど》 163
四方八方《しほうはっぽう》 190
八方美人《はっぽうびじん》 324
賢良方正《けんりょうほうせい》 130
品行方正《ひんこうほうせい》 340
三世十方《さんぜじっぽう》 168
芳 芳声嘉誉《ほうせいかよ》 364
一言芳恩《いちごんほうおん》 16
奉 勤労奉仕《きんろうほうし》 114
大政奉還《たいせいほうかん》 268
滅私奉公《めっしほうこう》 388
宝 如意宝珠《にょいほうじゅ》 313
七珍万宝《しっちんまんぽう》 187
南無三宝《なむさんぽう》 309
抱 抱関撃柝《ほうかんげきたく》 362
放 放逸遊惰《ほういつゆうだ》 361
放歌高吟《ほうかこうぎん》 362
放吟高歌《ほうぎんこうか》 362
放縦懦弱《ほうしょうだじゃく》 364
放縦不羈《ほうしょうふき》 364
放縦懶惰《ほうしょうらんだ》 364
放蕩三昧《ほうとうざんまい》 366

放蕩不羈《ほうとうふき》 366
放蕩無頼《ほうとうぶらい》 366
放辟邪侈《ほうへきじゃし》 367
豪放闊達《ごうほうかったつ》 143
豪放磊落《ごうほうらいらく》 143
奔放自在《ほんぽうじざい》 370
奔放自由《ほんぽうじゆう》 370
奔放不羈《ほんぽうふき》 370
高歌放吟《こうかほうぎん》 133
高吟放歌《こうぎんほうか》 136
邪見放逸《じゃけんほういつ》 192
漫語放言《まんごほうげん》 372
無罪放免《むざいほうめん》 378
遊惰放逸《ゆうだほういつ》 398
遊惰放蕩《ゆうだほうとう》 398
闊達豪放《かったつごうほう》 70
華麗奔放《かれいほんぽう》 74
豪快奔放《ごうかいほんぽう》 131
自由奔放《じゆうほんぽう》 200
大胆奔放《だいたんほんぽう》 269
百花斉放《ひゃっかせいほう》 338
不羈奔放《ふきほんぽう》 345
門戸開放《もんこかいほう》 392
朋 朋党比周《ほうとうひしゅう》 366
親戚朋友《しんせきほうゆう》 226
知己朋友《ちきほうゆう》 278
法 法界悋気《ほうかいりんき》 361
如法暗夜《にょほうあんや》 314
末法末世《まっぽうまっせ》 371
無法千万《むほうせんばん》 381
治外法権《ちがいほうけん》 278
永字八法《えいじはっぽう》 44
三段論法《さんだんろんぽう》 169
泡 泡沫夢幻《ほうまつむげん》 367
夢幻泡沫《むげんほうまつ》 378
咆 咆哮搏撃《ほうこうはくげき》 363
胞 四海同胞《しかいどうほう》 172
砲 砲煙弾雨《ほうえんだんう》 361
砲刃矢石《ほうじんしせき》 364
十字砲火《じゅうじほうか》 197
集中砲火《しゅうちゅうほうか》 198
崩 土崩瓦解《どほうがかい》 307
瓦解土崩《がかいどほう》 62
捧 捧腹絶倒《ほうふくぜっとう》 367
訪 表敬訪問《ひょうけいほうもん》 339
報 報恩謝徳《ほうおんしゃとく》 361
報国尽忠《ほうこくじんちゅう》 363
応報覿面《おうほうてきめん》 53
七生報国《しちしょうほうこく》 183
尽忠報国《じんちゅうほうこく》 228
擲身報国《てきしんほうこく》 289
因果応報《いんがおうほう》 36
輪回応報《りんねおうほう》 415
豊 豊年満作《ほうねんまんさく》 366
曲眉豊頬《きょくびほうきょう》 106
五穀豊穣《ごこくほうじょう》 151
飽 飽衣美食《ほういびしょく》 361
飽食暖衣《ほうしょくだんい》 364
暖衣飽食《だんいほうしょく》 274
寒暖飢飽《かんだんきほう》 83
座食逸飽《ざしょくいっぽう》 164
滂 流汗滂沱《りゅうかんぼうだ》 410
蓬 蓬頭垢面《ほうとうこうめん》 365
蓬髪垢面《ほうはつこうめん》 367
弊衣蓬髪《へいいほうはつ》 358
鳳 臥竜鳳雛《がりょうほうすう》 74
伏竜鳳雛《ふくりょうほうすう》 347
髣 水天髣髴《すいてんほうふつ》 232
褒 一字褒貶《いちじほうへん》 17
毀誉褒貶《きよほうへん》 108
縫 無縫天衣《むほうてんい》 381
天衣無縫《てんいむほう》 290
鵬 鵬程万里《ほうていばんり》 365
万里鵬程《ばんりほうてい》 331

【ボウ】

亡 興亡盛衰《こうぼうせいすい》 143
岐路亡羊《きろぼうよう》 109
多岐亡羊《たきぼうよう》 270
危急存亡《ききゅうそんぼう》 89
国家存亡《こっかそんぼう》 153
盛衰興亡《せいすいこうぼう》 236
治乱興亡《ちらんこうぼう》 285
敵前逃亡《てきぜんとうぼう》 289
流連荒亡《りゅうれんこうぼう》 413
乏 器用貧乏《きようびんぼう》 103
困苦窮乏《こんくきゅうぼう》 158
困苦欠乏《こんくけつぼう》 158
坊 三日坊主《みっかぼうず》 373
忘 忘我混沌《ぼうがこんとん》 362
防 過剰防衛《かじょうぼうえい》 66
正当防衛《せいとうぼうえい》 238
正当防御《せいとうぼうぎょ》 238
茫 茫然自失《ぼうぜんじしつ》 365
往事茫茫《おうじぼうぼう》 51
煙波渺茫《えんぱびょうぼう》 48
往事渺茫《おうじびょうぼう》 51
旁 偏旁冠脚《へんぼうかんきゃく》 360
博引旁証《はくいんぼうしょう》 318
旄 白旄黄鉞《はくぼうこうえつ》 321
望 一望千里《いちぼうせんり》 20
失望落胆《しつぼうらくたん》 188
前途多望《ぜんとたぼう》 253
前途有望《ぜんとゆうぼう》 253
有為多望《ゆういたぼう》 395
落胆失望《らくたんしつぼう》 406
眸 明眸皓歯《めいぼうこうし》 386
傍 傍目八目《おかめはちもく》 53
傍若無人《ぼうじゃくぶじん》 363
拱手傍観《きょうしゅぼうかん》 102
袖手傍観《しゅうしゅぼうかん》 197
帽 弊衣破帽《へいいはぼう》 357
棒 針小棒大《しんしょうぼうだい》 224
貌 顔貌風姿《がんぼうふうし》 86
容貌魁偉《ようぼうかいい》 403
容貌顔色《ようぼうがんしょく》 403
容貌端正《ようぼうたんせい》 403
顔色容貌《がんしょくようぼう》 82
雪膚花貌《せっぷかぼう》 242
暴 暴飲暴食《ぼういんぼうしょく》 361
暴虐非道《ぼうぎゃくひどう》 362
暴君暴吏《ぼうくんぼうり》 363
暴虎馮河《ぼうこひょうが》 363
暴風怒濤《ぼうふうどとう》 367
暴戻恣睢《ぼうれいしき》 367
一暴十寒《いちばくじっかん》 19
凶暴剽悍《きょうぼうひょうかん》 103
自暴自棄《じぼうじき》 190
乱暴狼藉《らんぼうろうぜき》 407

狂悖暴戻《きょうはいぼうれい》 103
荒怠暴恣《こうたいぼうし》 140
邪知暴虐《じゃちぼうぎゃく》 193
軽佻粗暴《けいちょうそぼう》 120
謀 遠謀深慮《えんぼうしんりょ》 48
機謀権略《きぼうけんりゃく》 96
権謀術策《けんぼうじゅっさく》 129
権謀術数《けんぼうじゅっすう》 129
深謀遠慮《しんぼうえんりょ》 230
鳩首謀議《きゅうしゅぼうぎ》 97
遠慮深謀《えんりょしんぼう》 49
神算鬼謀《しんさんきぼう》 221
深慮遠謀《しんりょえんぼう》 230
謗 讒謗罵詈《ざんぼうばり》 170
誹謗中傷《ひぼうちゅうしょう》 336
罵詈讒謗《ばりざんぼう》 326

【ホク】

北 北馬南船《ほくばなんせん》 368
北面稽首《ほくめんけいしゅ》 368
北嶺南都《ほくれいなんと》 368
泰山北斗《たいざんほくと》 267
南洽北暢《なんこうほくちょう》 310
南船北馬《なんせんほくば》 310
南都北嶺《なんとほくれい》 310
南蛮北狄《なんばんほくてき》 311

【ボク】

木 ⇨モク
朴 質朴剛健《しつぼくごうけん》 188
簡古素朴《かんこそぼく》 79
簡浄素朴《かんじょうそぼく》 81
簡明素朴《かんめいそぼく》 87
剛健質朴《ごうけんしつぼく》 136
沐 沐雨櫛風《もくうしっぷう》 391
沐浴斎戒《もくよくさいかい》 391
斎戒沐浴《さいかいもくよく》 160
櫛風沐雨《しっぷうもくう》 187
風櫛雨沐《ふうしつうもく》 342
墨 墨痕淋漓《ぼっこんりんり》 368
潑墨淋漓《はつぼくりんり》 325
旧套墨守《きゅうとうぼくしゅ》 98
文人墨客《ぶんじんぼっかく》 356
規則縄墨《きそくじょうぼく》 94
断簡零墨《だんかんれいぼく》 275
筆硯紙墨《ひっけんしぼく》 335
撲 自家撲滅《じかぼくめつ》 173
樸 単樸浅近《たんぼくせんきん》 276

【ボツ】

没 出没自在《しゅつぼつじざい》 204
背徳没倫《はいとくぼつりん》 316
神出鬼没《しんしゅつきぼつ》 223
変幻出没《へんげんしゅつぼつ》 360
勃 雄心勃勃《ゆうしんぼつぼつ》 397
牛溲馬勃《ぎゅうしゅうばぼつ》 97

【ホン】

本 本家本元《ほんけほんもと》 369
本地垂迹《ほんじすいじゃく》 369
本末転倒《ほんまつてんとう》 370
本領安堵《ほんりょうあんど》 370
抜本塞源《ばっぽんそくげん》 325
自分本位《じぶんほんい》 190
他力本願《たりきほんがん》 274
奔 奔走周旋《ほんそうしゅうせん》 370
奔放自在《ほんぽうじざい》 370
奔放自由《ほんぽうじゆう》 370
奔放不羈《ほんぽうふき》 370
東奔西走《とうほんせいそう》 303
華麗奔放《かれいほんぽう》 74
豪快奔放《ごうかいほんぽう》 131
周旋奔走《しゅうせんほんそう》 198
自由奔放《じゆうほんぽう》 200
大胆奔放《だいたんほんぽう》 269
不羈奔放《ふきほんぽう》 345
翻 翻雲覆雨《ほんうんふくう》 369
雲翻雨覆《うんぽんうふく》 42

【ボン】

凡 凡俗非議《ぼんぞくひぎ》 370
平凡陳腐《へいぼんちんぷ》 359
平平凡凡《へいへいぼんぼん》 359
才学非凡《さいがくひぼん》 161
脱俗超凡《だつぞくちょうぼん》 273

【マ】

麻 麻姑掻痒《まこそうよう》 371
快刀乱麻《かいとうらんま》 61
摩 肩摩轂撃《けんまこくげき》 129
揣摩憶測《しまおくそく》 190
憶測揣摩《おくそくしま》 53
磨 切磋琢磨《せっさたくま》 241
千古不磨《せんこふま》 247
万古不磨《ばんこふま》 327
百戦練磨《ひゃくせんれんま》 338
魔 悪魔調伏《あくまちょうぶく》 3
寸善尺魔《すんぜんしゃくま》 233

【マイ】

枚 一枚看板《いちまいかんばん》 20
二枚看板《にまいかんばん》 313
昧 曖昧模糊《あいまいもこ》 1
不昧不落《ふまいふらく》 353
開闢草昧《かいびゃくそうまい》 62
戯作三昧《げさくざんまい》 122
贅沢三昧《ぜいたくざんまい》 237
読書三昧《どくしょざんまい》 304
念仏三昧《ねんぶつざんまい》 316
風流三昧《ふうりゅうざんまい》 342
不落不昧《ふらくふまい》 353
放蕩三昧《ほうとうざんまい》 366
無知愚昧《むちぐまい》 380
無知蒙昧《むちもうまい》 380
野蛮草昧《やばんそうまい》 393
邁 英邁闊達《えいまいかったつ》 45
高邁奇偉《こうまいきい》 143
敢為邁往《かんいまいおう》 75
直往邁進《ちょくおうまいしん》 284
勇往邁進《ゆうおうまいしん》 395
天資英邁《てんしえいまい》 294

【マク】

幕 幕天席地《ばくてんせきち》 321
勤王討幕《きんのうとうばく》 113
膜 虚実皮膜《きょじつひまく》 107

【マツ】

末 末世澆季《まっせぎょうき》 371
末法末世《まっぽうまっせ》 371
本末転倒《ほんまつてんとう》 370
澆季末世《ぎょうきまっせ》 100
枝葉末節《しようまっせつ》 214
万劫末代《まんごうまつだい》 371
抹 縦塗横抹《じゅうとおうまつ》 199
沫 泡沫夢幻《ほうまつむげん》 367
夢幻泡沫《むげんほうまつ》 378

【マン】

万 万国共通《ばんこくきょうつう》 327
万古不易《ばんこふえき》 327
万古不磨《ばんこふま》 327
万死一生《ばんしいっせい》 328
万世一系《ばんせいいっけい》 329
万世不易《ばんせいふえき》 330
万世不朽《ばんせいふきゅう》 330
万代不易《ばんだいふえき》 330
万代不朽《ばんだいふきゅう》 330
万代不変《ばんだいふへん》 330
万夫不当《ばんぷふとう》 331
万民太平《ばんみんたいへい》 331
万里鵬程《ばんりほうてい》 331
万緑一紅《ばんりょくいっこう》 331
万劫末代《まんごうまつだい》 371
十万億土《じゅうまんおくど》 200
千万無量《せんまんむりょう》 255
八万地獄《はちまんじごく》 323
八万奈落《はちまんならく》 323
百万長者《ひゃくまんちょうじゃ》 338
一顧万両《いっこばんりょう》 24
一天万乗《いってんばんじょう》 31
一碧万頃《いっぺきばんけい》 33
階前万里《かいぜんばんり》 60
気炎万丈《きえんばんじょう》 89
懸軍万里《けんぐんばんり》 125
光炎万丈《こうえんばんじょう》 131
黄塵万丈《こうじんばんじょう》 139
七珍万宝《しっちんまんぽう》 187
諸事万端《しょじばんたん》 216
諸善万徳《しょぜんばんとく》 216
森羅万象《しんらばんしょう》 230
千違万別《せんいばんべつ》 244
千客万来《せんきゃくばんらい》 245
千軍万馬《せんぐんばんば》 245
千荊万棘《せんけいばんきょく》 245
千言万語《せんげんばんご》 246
千紅万紫《せんこうばんし》 246
千古万古《せんこばんこ》 247
千差万別《せんさばんべつ》 248
千山万岳《せんざんばんがく》 249
千山万水《せんざんばんすい》 249
千思万考《せんしばんこう》 249
千紫万紅《せんしばんこう》 249
千姿万態《せんしばんたい》 249
千秋万歳《せんじゅうばんざい》 249
千状万態《せんじょうばんたい》 250
千辛万苦《せんしんばんく》 250
千態万状《せんたいばんじょう》 252
千態万様《せんたいばんよう》 252
千朶万朶《せんだばんだ》 252
千緒万端《せんちょばんたん》 252
前程万里《ぜんていばんり》 253
千変万化《せんぺんばんか》 255
蒼生万民《そうせいばんみん》 258
天涯万里《てんがいばんり》 291
天下万民《てんかばんみん》 292
天地万象《てんちばんしょう》 296
天地万物《てんちばんぶつ》 296
天地万有《てんちばんゆう》 296
波濤万里《はとうばんり》 325
波瀾万丈《はらんばんじょう》 326
平沙万里《へいさばんり》 358
鵬程万里《ほうていばんり》 365
用意万端《よういばんたん》 401
遺憾千万《いかんせんばん》 7
奇怪千万《きっかいせんばん》 94
失敬千万《しっけいせんばん》 185
失礼千万《しつれいせんばん》 188
笑止千万《しょうしせんばん》 209
心外千万《しんがいせんばん》 219
唐突千万《とうとつせんばん》 303
卑怯千万《ひきょうせんばん》 333
不埒千万《ふらちせんばん》 353
無礼千万《ぶれいせんばん》 354
無念千万《むねんせんばん》 380
無法千万《むほうせんばん》 381
迷惑千万《めいわくせんばん》 387
慮外千万《りょがいせんばん》 414
満 満場一致《まんじょういっち》 372
満身創痍《まんしんそうい》 372
満目荒涼《まんもくこうりょう》 372
満目蕭条《まんもくしょうじょう》 372
満目蕭然《まんもくしょうぜん》 373
円満解決《えんまんかいけつ》 48
円満具足《えんまんぐそく》 49
喜色満面《きしょくまんめん》 92
自己満足《じこまんぞく》 177
順風満帆《じゅんぷうまんぱん》 207
得意満面《とくいまんめん》 304
豊年満作《ほうねんまんさく》 366
野心満満《やしんまんまん》 393
家庭円満《かていえんまん》 72
大兵肥満《たいひょうひまん》 269
福徳円満《ふくとくえんまん》 347
不平不満《ふへいふまん》 352
欲求不満《よっきゅうふまん》 404
慢 傲慢不羈《ごうまんふき》 144
傲慢不遜《ごうまんふそん》 144
高慢無礼《こうまんぶれい》 144
傲慢無礼《ごうまんぶれい》 144
傲慢磊落《ごうまんらいらく》 144
強情我慢《ごうじょうがまん》 138
無礼傲慢《ぶれいごうまん》 354
漫 漫語放言《まんごほうげん》 372
諸国漫遊《しょこくまんゆう》 215
桜花爛漫《おうからんまん》 50
天真瀾漫《てんしんらんまん》 295
懣 憤懣焦燥《ふんまんしょうそう》 357
蹣 ⇨ハン

【ミ】

未 未開野蛮《みかいやばん》 373
未来永劫《みらいえいごう》 374
未練未酌《みれんみしゃく》 374
永劫未来《えいごうみらい》 43
人跡未踏《じんせきみとう》 226
前人未到《ぜんじんみとう》 250

漢字索引

前人未発《ぜんじんみはつ》 251
前代未聞《ぜんだいみもん》 252
野蛮未開《やばんみかい》 394
味 一味爽涼《いちみそうりょう》 20
一味徒党《いちみととう》 20
意味深長《いみしんちょう》 35
興味索然《きょうみさくぜん》 104
興味津津《きょうみしんしん》 104
珍味佳肴《ちんみかこう》 287
美味佳肴《びみかこう》 336
美味珍膳《びみちんぜん》 336
無味乾燥《むみかんそう》 381
無味単調《むみたんちょう》 382
乾燥無味《かんそうむみ》 83
熟読玩味《じゅくどくがんみ》 201
咀嚼玩味《そしゃくがんみ》 262
低徊趣味《ていかいしゅみ》 288
魅 魑魅魍魎《ちみもうりょう》 279
山精木魅《さんせいもくみ》 168

【ミツ】

密 周密精到《しゅうみつせいとう》 200
綿密周到《めんみつしゅうとう》 389
不義密通《ふぎみっつう》 345
周到綿密《しゅうとうめんみつ》 199
真言秘密《しんごんひみつ》 221

【ミャク】

脈 脈絡通徹《みゃくらくつうてつ》 373

【ミョウ】

妙 奇妙奇態《きみょうきたい》 96
軽妙洒脱《けいみょうしゃだつ》 121
精妙巧緻《せいみょうこうち》 239
微妙巧緻《びみょうこうち》 336
微妙複雑《びみょうふくざつ》 336
神機妙算《しんきみょうさん》 220
至微至妙《しびしみょう》 189
大胆巧妙《だいたんこうみょう》 268
当意即妙《とういそくみょう》 299
複雑微妙《ふくざつびみょう》 346
優美高妙《ゆうびこうみょう》 398

【ミン】

民 済民救世《さいみんきゅうせい》 164
四民同等《しみんどうとう》 190
四民平等《しみんびょうどう》 190
万民太平《ばんみんたいへい》 331
官尊民卑《かんそんみんぴ》 83
国利民福《こくりみんぷく》 150
自由民権《じゆうみんけん》 200
救国済民《きゅうこくさいみん》 97
救世済民《きゅうせいさいみん》 98
経国済民《けいこくさいみん》 119
経世済民《けいせいさいみん》 119
四公六民《しこうろくみん》 176
主権在民《しゅけんざいみん》 202
小国寡民《しょうこくかみん》 208
蒼生万民《そうせいばんみん》 258
天下万民《てんかばんみん》 292
半官半民《はんかんはんみん》 327
眠 不眠不休《ふみんふきゅう》 353
高枕安眠《こうちんあんみん》 141

【ム】

矛 矛盾撞着《むじゅんどうちゃく》 379
自己矛盾《じこむじゅん》 177
前後矛盾《ぜんごむじゅん》 248
刀槍矛戟《とうそうぼうげき》 302
撞着矛盾《どうちゃくむじゅん》 302
無 無骨一徹《ぶこついってつ》 348
無骨一辺《ぶこついっぺん》 348
無事息災《ぶじそくさい》 348
無事太平《ぶじたいへい》 348
無事平穏《ぶじへいおん》 349
無礼傲慢《ぶれいごうまん》 354
無礼至極《ぶれいしごく》 354
無礼千万《ぶれいせんばん》 354
無為徒食《むいとしょく》 375
無位無冠《むいむかん》 375
無位無官《むいむかん》 375
無為無策《むいむさく》 375
無為無能《むいむのう》 376
無位無禄《むいむろく》 376
無影無踪《むえいむそう》 376
無益有害《むえきゆうがい》 376
無援孤立《むえんこりつ》 376
無学浅識《むがくせんしき》 376
無学無識《むがくむしき》 376
無学無知《むがくむち》 376
無学文盲《むがくもんもう》 376
無我夢中《むがむちゅう》 377
無何有郷《むかゆうきょう》 377
無期延期《むきえんき》 377
無垢清浄《むくせいじょう》 377
無稽荒唐《むけいこうとう》 377
無芸大食《むげいたいしょく》 377
無芸無能《むげいむのう》 377
無間地獄《むげんじごく》 378
無間奈落《むげんならく》 378
無罪放免《むざいほうめん》 378
無策無為《むさくむい》 378
無慙酷薄《むざんこくはく》 378
無慙無愧《むざんむき》 379
無始無終《むしむしゅう》 379
無私無偏《むしむへん》 379
無常迅速《むじょうじんそく》 379
無情冷酷《むじょうれいこく》 380
無数無量《むすうむりょう》 380
無想無念《むそうむねん》 380
無知愚昧《むちぐまい》 380
無知蒙昧《むちもうまい》 380
無二無三《むにむさん》 380
無念千万《むねんせんばん》 380
無念無想《むねんむそう》 380
無能無策《むのうむさく》 381
無病息災《むびょうそくさい》 381
無法千万《むほうせんばん》 381
無縫天衣《むほうてんい》 381
無味乾燥《むみかんそう》 381
無味単調《むみたんちょう》 382
無明長夜《むみょうじょうや》 382
無憂無風《むゆうむふう》 382
無用有害《むようゆうがい》 382
無欲恬淡《むよくてんたん》 382
無欲無私《むよくむし》 382
無理往生《むりおうじょう》 382
無理算段《むりさんだん》 383

無理心中《むりしんじゅう》 383
無理難題《むりなんだい》 383
無理非道《むりひどう》 383
無理無体《むりむたい》 383
無量無数《むりょうむすう》 383
無量無辺《むりょうむへん》 384
虚無恬淡《きょむてんたん》 108
絶無僅有《ぜつむきんゆう》 242
南無三宝《なむさんぼう》 309
悪逆無道《あくぎゃくむどう》 2
悪漢無頼《あっかんぶらい》 3
安穏無事《あんのんぶじ》 7
一徹無垢《いってつむく》 31
慇懃無礼《いんぎんぶれい》 36
有象無象《うぞうむぞう》 39
有耶無耶《うやむや》 40
永遠無窮《えいえんむきゅう》 43
永劫無極《えいごうむきょく》 44
円熟無礙《えんじゅくむげ》 47
海内無双《かいだいむそう》 60
架空無稽《かくうむけい》 63
廓然無聖《かくねんむしょう》 64
闊達無礙《かったつむげ》 71
感慨無量《かんがいむりょう》 76
完全無欠《かんぜんむけつ》 83
完全無比《かんぜんむひ》 83
乾燥無味《かんそうむみ》 83
凶険無道《きょうけんむどう》 100
驍勇無双《ぎょうゆうむそう》 104
金甌無欠《きんおうむけつ》 109
慧眼無双《けいがんむそう》 118
傲岸無礼《ごうがんぶれい》 134
厚顔無恥《こうがんむち》 134
剛強無双《ごうきょうむそう》 136
高潔無比《こうけつむひ》 136
広大無辺《こうだいむへん》 140
豪胆無比《ごうたんむひ》 140
荒唐無稽《こうとうむけい》 142
公平無私《こうへいむし》 143
高慢無礼《こうまんぶれい》 144
傲慢無礼《ごうまんぶれい》 144
極悪無道《ごくあくむどう》 148
国士無双《こくしむそう》 148
酷薄無慙《こくはくむざん》 149
古今無双《ここんむそう》 151
古今無類《ここんむるい》 151
孤立無援《こりつむえん》 157
最上無二《さいじょうむに》 162
三界無宿《さんがいむしゅく》 165
残虐無道《ざんぎゃくむどう》 166
事実無根《じじつむこん》 179
遮二無二《しゃにむに》 193
縦横無礙《じゅうおうむげ》 194
縦横無尽《じゅうおうむじん》 194
純一無垢《じゅんいつむく》 204
純一無雑《じゅんいつむざつ》 205
純一無上《じゅんいつむじょう》 205
純潔無垢《じゅんけつむく》 205
純真無垢《じゅんしんむく》 206
純精無雑《じゅんせいむざつ》 207
生死無常《しょうじむじょう》 209
諸行無常《しょぎょうむじょう》 215
人畜無害《じんちくむがい》 227
清浄無垢《せいじょうむく》 235
精忠無二《せいちゅうむに》 237
千古無窮《せんこむきゅう》 247
千万無量《せんまんむりょう》 255
大悪無道《たいあくむどう》 264
大逆無道《たいぎゃくむどう》 266
太平無事《たいへいぶじ》 269
他言無用《たごんむよう》 271
澹然無極《たんぜんむきょく》 276
忠勇無双《ちゅうゆうむそう》 281
痛快無比《つうかいむひ》 287
痛烈無比《つうれつむひ》 287
天衣無縫《てんいむほう》 290
天下無双《てんかむそう》 293
天下無敵《てんかむてき》 293
天下無類《てんかむるい》 293
天壌無窮《てんじょうむきゅう》 294
当代無双《とうだいむそう》 302
徒食無為《としょくむい》 306
破戒無慙《はかいむざん》 317
剽悍無比《ひょうかんむひ》 339
平安無事《へいあんぶじ》 357
平穏無事《へいおんぶじ》 358
傍若無人《ぼうじゃくぶじん》 363
放蕩無頼《ほうとうぶらい》 366
妄誕無稽《もうたんむけい》 390
問答無益《もんどうむえき》 392
問答無用《もんどうむよう》 392
薬石無功《やくせきむこう》 393
唯一無二《ゆいいつむに》 395
有害無益《ゆうがいむえき》 395
有害無用《ゆうがいむよう》 396
融通無礙《ゆうずうむげ》 397
有名無実《ゆうめいむじつ》 399
勇猛無比《ゆうもうむひ》 399
冷酷無慙《れいこくむざん》 415
冷酷無情《れいこくむじょう》 417
冷淡無情《れいたんむじょう》 417
僅有絶無《きんゆうぜつむ》 113
人跡絶無《じんせきぜつむ》 226
夢 夢幻泡沫《むげんほうまつ》 378
酔生夢死《すいせいむし》 231
泡沫夢幻《ほうまつむげん》 367
無我夢中《むがむちゅう》 377
同床異夢《どうしょういむ》 301
同床各夢《どうしょうかくむ》 301
霧 雲散霧消《うんさんむしょう》 41
雲集霧散《うんしゅうむさん》 41
雲消霧散《うんしょうむさん》 42
五里霧中《ごりむちゅう》 157
蛮烟瘴霧《ばんえんしょうむ》 326

【メイ】

名 名聞利益《みょうもんりやく》 374
名聞利養《みょうもんりよう》 374
名所旧跡《めいしょきゅうせき》 385
名所古跡《めいしょこせき》 385
名声赫赫《めいせいかくかく》 385
名僧知識《めいそうちしき》 385
名誉回復《めいよかいふく》 386
名誉毀損《めいよきそん》 386
名誉挽回《めいよばんかい》 387
名論卓説《めいろんたくせつ》 387
汚名返上《おめいへんじょう》 53
襲名披露《しゅうめいひろう》 201
有名無実《ゆうめいむじつ》 399

大義名分《たいぎめいぶん》 266
廉恥功名《れんちこうみょう》 418
命 命令一下《めいれいいっか》 387
革命易姓《かくめいえきせい》 65
帰命頂礼《きみょうちょうらい》 96
至上命令《しじょうめいれい》 180
祥月命日《しょうつきめいにち》 213
安心立命《あんじんりつめい》 5
一生懸命《いっしょうけんめい》 26
一所懸命《いっしょけんめい》 27
易姓革命《えきせいかくめい》 46
佳人薄命《かじんはくめい》 67
絶体絶命《ぜったいぜつめい》 242
美人薄命《びじんはくめい》 334
不惜身命《ふしゃくしんみょう》 349
明 明快闊達《めいかいかったつ》 384
明鏡止水《めいきょうしすい》 384
明君賢相《めいくんけんしょう》 385
明窓浄机《めいそうじょうき》 385
明哲保身《めいてつほしん》 386
明眸皓歯《めいぼうこうし》 386
明明白白《めいめいはくはく》 386
明朗快活《めいろうかいかつ》 387
明朗闊達《めいろうかったつ》 387
英明闊達《えいめいかったつ》 45
簡明率直《かんめいそっちょく》 86
簡明素朴《かんめいそぼく》 87
簡明直截《かんめいちょくせつ》 87
孔明臥竜《こうめいがりょう》 144
公明正大《こうめいせいだい》 145
聡明英知《そうめいえいち》 259
聡明剛毅《そうめいごうき》 260
文明開化《ぶんめいかいか》 357
無明長夜《むみょうじょうや》 382
快活明朗《かいかつめいろう》 57
闊達明朗《かったつめいろう》 71
簡潔明瞭《かんけつめいりょう》 79
簡単明瞭《かんたんめいりょう》 84
頭脳明晰《ずのうめいせき》 232
清風明月《せいふうめいげつ》 238
単純明快《たんじゅんめいかい》 275
風光明媚《ふうこうめいび》 342
論旨明快《ろんしめいかい》 421
開化文明《かいかぶんめい》 57
旗幟鮮明《きしせんめい》 92
山紫水明《さんしすいめい》 167
真相究明《しんそうきゅうめい》 226
直截簡明《ちょくせつかんめい》 285
天地神明《てんちしんめい》 296
柳暗花明《りゅうあんかめい》 410
迷 迷悟一如《めいごいちにょ》 385
迷惑至極《めいわくしごく》 387
迷惑千万《めいわくせんばん》 387
頑迷固陋《がんめいころう》 86
混迷乱擾《こんめいらんじょう》 160
転迷開悟《てんめいかいご》 298
暗雲低迷《あんうんていめい》 5
固陋頑迷《ころうがんめい》 157
冥 冥頑不霊《めいがんふれい》 384
頑冥不霊《がんめいふれい》 87
暗澹冥濛《あんたんめいもう》 6
天人冥合《てんじんめいごう》 295
天地晦冥《てんちかいめい》 295
銘 銘肌鏤骨《めいきるこつ》 384
正真正銘《しょうしんしょうめい》 212
真正真銘《しんしょうしんめい》 223
鳴 蛙鳴蟬噪《あめいせんそう》 4
鶏鳴狗盗《けいめいくとう》 121
驢鳴犬吠《ろめいけんばい》 421
一牛鳴地《いちぎゅうめいち》 14
大山鳴動《たいざんめいどう》 267
百家争鳴《ひゃっかそうめい》 338
瞑 瞑目合掌《めいもくがっしょう》 386
合掌瞑目《がっしょうめいもく》 69
佇立瞑目《ちょりつめいもく》 285

【メツ】

滅 滅私奉公《めっしほうこう》 388
寂滅為楽《じゃくめついらく》 191
陰陰滅滅《いんいんめつめつ》 35
支離滅裂《しりめつれつ》 218
心頭滅却《しんとうめっきゃく》 229
永遠不滅《えいえんふめつ》 43
罪障消滅《ざいしょうしょうめつ》 162
災難即滅《さいなんそくめつ》 163
自家撲滅《じかぼくめつ》 173
生者必滅《しょうじゃひつめつ》 209
千古不滅《せんこふめつ》 247
不朽不滅《ふきゅうふめつ》 345
霊魂不滅《れいこんふめつ》 417

【メン】

免 免許皆伝《めんきょかいでん》 388
天下御免《てんかごめん》 291
無罪放免《むざいほうめん》 378
面 面従後言《めんじゅうこうげん》 388
面従腹背《めんじゅうふくはい》 388
面折廷諍《めんせつていそう》 388
面壁九年《めんぺきくねん》 388
面目一新《めんもくいっしん》 389
面目躍如《めんもくやくじょ》 389
顔面蒼白《がんめんそうはく》 87
鬼面仏心《きめんぶっしん》 96
局面打開《きょくめんだかい》 106
三面記事《さんめんきじ》 170
三面六臂《さんめんろっぴ》 171
四面楚歌《しめんそか》 190
人面獣心《じんめんじゅうしん》 230
八面玲瓏《はちめんれいろう》 323
八面六臂《はちめんろっぴ》 323
反面教師《はんめんきょうし》 331
北面稽首《ほくめんけいしゅ》 368
九年面壁《くねんめんぺき》 116
廷諍面折《ていそうめんせつ》 288
因果覿面《いんがてきめん》 36
応報覿面《おうほうてきめん》 53
喜色満面《きしょくまんめん》 92
効果覿面《こうかてきめん》 133
四角四面《しかくしめん》 172
多種多面《たしゅためん》 272
天罰覿面《てんばつてきめん》 297
得意満面《とくいまんめん》 304
物心両面《ぶっしんりょうめん》 351
蓬頭垢面《ほうとうこうめん》 365
蓬髪垢面《ほうはつこうめん》 367
綿 綿密周到《めんみつしゅうとう》 389
周到綿密《しゅうとうめんみつ》 199
縷縷綿綿《るるめんめん》 416
情緒纏綿《じょうちょてんめん》 213

【モ】

模 曖昧模糊《あいまいもこ》 1
暗中模索《あんちゅうもさく》 6
雲煙模糊《うんえんもこ》 41

【モウ】

毛 紅毛碧眼《こうもうへきがん》 145
碧眼紅毛《へきがんこうもう》 359
妄 妄言綺語《もうげんきご》 390
妄言多謝《もうげんたしゃ》 390
妄誕無稽《もうたんむけい》 390
不妄語戒《ふもうごかい》 353
頑執妄排《がんしゅうもうはい》 81
虚誕妄説《きょたんもうせつ》 108
群衆妄覚《ぐんしゅうもうかく》 117
軽挙妄動《けいきょもうどう》 118
誇大妄想《こだいもうそう》 153
被害妄想《ひがいもうそう》 332
孟 孟母三遷《もうぼさんせん》 390
孟母断機《もうぼだんき》 391
盲 無学文盲《むがくもんもう》 376
耗 心神耗弱《しんしんこうじゃく》 225
猛 勇猛精進《ゆうみょうしょうじん》 398
勇猛果敢《ゆうもうかかん》 399
勇猛果断《ゆうもうかだん》 399
勇猛無比《ゆうもうむひ》 399
猪突猛進《ちょとつもうしん》 285
極悪凶猛《ごくあくきょうもう》 147
精進勇猛《しょうじんゆうみょう》 212
蒙 無知蒙昧《むちもうまい》 380
網 一網打尽《いちもうだじん》 20
天網恢恢《てんもうかいかい》 298
朦 意識朦朧《いしきもうろう》 10
酔眼朦朧《すいがんもうろう》 231
濛 暗澹冥濛《あんたんめいもう》 6
魍 魑魅魍魎《ちみもうりょう》 279

【モク】

木 木端微塵《こっぱみじん》 154
悪木盗泉《あくぼくとうせん》 3
一木一草《いちぼくいっそう》 20
縁木求魚《えんぼくきゅうぎょ》 48
枯木寒岩《こぼくかんがん》 156
枯木死灰《こぼくしかい》 156
草木禽獣《そうもくきんじゅう》 260
剛毅木訥《ごうきぼくとつ》 135
山精木魅《さんせいもくみ》 168
草根木皮《そうこんぼくひ》 258
一草一木《いっそういちぼく》 29
寒山枯木《かんざんこぼく》 80
禽獣草木《きんじゅうそうもく》 111
山川草木《さんせんそうもく》 168
目 目食耳視《もくしょくじし》 391
一目瞭然《いちもくりょうぜん》 21
傍目八目《おかめはちもく》 53
衆目環視《しゅうもくかんし》 201
衆目衆耳《しゅうもくしゅうじ》 201
反目嫉視《はんもくしっし》 331
眉目温厚《びもくおんこう》 336
眉目秀麗《びもくしゅうれい》 337
眉目俊秀《びもくしゅんしゅう》 337
眉目清秀《びもくせいしゅう》 337
眉目端正《びもくたんせい》 337
満目荒涼《まんもくこうりょう》 372
満目蕭条《まんもくしょうじょう》 372
満目蕭然《まんもくしょうぜん》 373
瞑目合掌《めいもくがっしょう》 386
面目一新《めんもくいっしん》 389
面目躍如《めんもくやくじょ》 389
暗闘反目《あんとうはんもく》 6
合掌瞑目《がっしょうめいもく》 69
嫉視反目《しっしはんもく》 186
佇立瞑目《ちょりつめいもく》 285
飛耳長目《ひじちょうもく》 334
黙 黙思口吟《もくしこうぎん》 391
黙契秘旨《もっけいひし》 391
沈黙寡言《ちんもくかげん》 287
杜黙詩撰《ともくしさん》 307
神会黙契《しんかいもっけい》 219
沈思黙考《ちんしもっこう》 286
穏着沈黙《おんちゃくちんもく》 55
寡言沈黙《かげんちんもく》 65
順従謙黙《じゅんじゅうけんもく》 205

【モン】

門 門外不出《もんがいふしゅつ》 392
門戸開放《もんこかいほう》 392
門前雀羅《もんぜんじゃくら》 392
程門立雪《ていもんりっせつ》 288
閉門蟄居《へいもんちっきょ》 359
竜門点額《りゅうもんてんがく》 412
蟄居閉門《ちっきょへいもん》 279
問 問答無益《もんどうむえき》 392
問答無用《もんどうむよう》 392
一問一答《いちもんいっとう》 21
自問自答《じもんじとう》 191
蒟蒻問答《こんにゃくもんどう》 160
先決問題《せんけつもんだい》 245
表敬訪問《ひょうけいほうもん》 339
悶 煩悶懊悩《はんもんおうのう》 331
医欝排悶《いうつはいもん》 7
懊悩煩悶《おうのうはんもん》 52
不平煩悶《ふへいはんもん》 352

【ヤ】

矢 ⇨シ
夜 夜郎自大《やろうじだい》 394
昼夜兼行《ちゅうやけんこう》 281
衣繡夜行《いしゅうやこう》 11
白河夜船《しらかわよふね》 217
百鬼夜行《ひゃっきやこう》 339
如法暗夜《にょほうあんや》 314
無明長夜《むみょうじょうや》 382
連日連夜《れんじつれんや》 418
耶 有耶無耶《うやむや》 40
野 野人田夫《やじんでんぷ》 393
野心満満《やしんまんまん》 393
野戦攻城《やせんこうじょう》 393
野蛮草味《やばんそうまい》 393
野蛮未開《やばんみかい》 394
野卑滑稽《やひこっけい》 394
沃野千里《よくやせんり》 404
閑雲野鶴《かんうんやかく》 75
攻城野戦《こうじょうやせん》 139
斉東野語《せいとうやご》 238
斉東野人《せいとうやじん》 238
田夫野嫗《でんぷやおう》 297
田夫野人《でんぷやじん》 297

田夫《でんぷ》野老《やろう》 298
稗官《はいかん》野史《やし》 316
未開《みかい》野蛮《やばん》 373

【ヤク】

役 千両《せんりょう》役者《やくしゃ》 256
大根《だいこん》役者《やくしゃ》 267
扼 切歯《せっし》扼腕《やくわん》 241
約 質素《しっそ》倹約《けんやく》 186
薬 薬石《やくせき》無功《むこう》 393
自家《じか》薬籠《やくろう》 173
内股《うちまた》膏薬《こうやく》 39
二股《ふたまた》膏薬《こうやく》 350
躍 踊躍《ゆやく》歓喜《かんぎ》 400
銀鱗《ぎんりん》躍動《やくどう》 114
面目《めんもく》躍如《やくじょ》 389
暗中《あんちゅう》飛躍《ひやく》 6
欣喜《きんき》雀躍《じゃくやく》 110

【ユ】

油 油断《ゆだん》大敵《たいてき》 400
愉 愉快《ゆかい》活発《かっぱつ》 400
愉快《ゆかい》適悦《てきえつ》 400
諛 阿諛《あゆ》迎合《げいごう》 4
阿諛《あゆ》追従《ついしょう》 5
阿諛《あゆ》弁佞《べんねい》 5

【ユイ】

唯 唯唯《いい》諾諾《だくだく》 7
唯一《ゆいいつ》不二《ふじ》 395
唯一《ゆいいつ》無二《むに》 395
唯我《ゆいが》独尊《どくそん》 395

【ユウ】

友 善隣《ぜんりん》友好《ゆうこう》 256
益者《えきしゃ》三友《さんゆう》 45
親戚《しんせき》知友《ちゆう》 226
親戚《しんせき》朋友《ほうゆう》 226
知己《ちき》朋友《ほうゆう》 278
右 ⇨ウ
由 自由《じゆう》意志《いし》 194
自由《じゆう》闊達《かったつ》 195
自由《じゆう》自在《じざい》 196
自由《じゆう》奔放《ほんぽう》 200
自由《じゆう》民権《みんけん》 200
不羈《ふき》自由《じゆう》 344
奔放《ほんぽう》自由《じゆう》 370
有 有為《うい》転変《てんぺん》 38
有象《うぞう》無象《むぞう》 39
有頂天《うちょうてん》外《がい》 39
有耶《うや》無耶《むや》 40
有為《ゆうい》多望《たぼう》 395
有害《ゆうがい》無益《むえき》 395
有害《ゆうがい》無用《むよう》 396
有言《ゆうげん》実行《じっこう》 396
有職《ゆうそく》故実《こじつ》 398
有名《ゆうめい》無実《むじつ》 399
僅有《きんゆう》絶無《ぜつむ》 113
一朝《いっちょう》有事《ゆうじ》 30
懐玉《かいぎょく》有罪《ゆうざい》 58
少壮《しょうそう》有為《ゆうい》 212
前途《ぜんと》有為《ゆうい》 253
前途《ぜんと》有望《ゆうぼう》 253
造反《ぞうはん》有理《ゆうり》 259
無益《むえき》有害《ゆうがい》 376
無何有《むかゆう》郷《きょう》 377
無用《むよう》有害《ゆうがい》 382
絶無《ぜつむ》僅有《きんゆう》 242
天地《てんち》万有《ばんゆう》 296
佑 天佑《てんゆう》神助《しんじょ》 298
勇 勇往《ゆうおう》邁進《まいしん》 395
勇気《ゆうき》百倍《ひゃくばい》 396
勇気《ゆうき》凜然《りんぜん》 396
勇気《ゆうき》凜凜《りんりん》 396
勇壮《ゆうそう》活発《かっぱつ》 398
勇猛《ゆうみょう》精進《しょうじん》 398
勇猛《ゆうもう》果敢《かかん》 399
勇猛《ゆうもう》果断《かだん》 399
勇猛《ゆうもう》無比《むひ》 399
義勇《ぎゆう》任侠《にんきょう》 98
驍勇《ぎょうゆう》無双《むそう》 104
知勇《ちゆう》兼備《けんび》 280
知勇《ちゆう》弁力《べんりょく》 281
忠勇《ちゅうゆう》義烈《ぎれつ》 281
忠勇《ちゅうゆう》無双《むそう》 281
気象《きしょう》勇健《ゆうけん》 92
精進《しょうじん》勇猛《ゆうみょう》 212
幽 幽寂《ゆうじゃく》閑雅《かんが》 397
幽趣《ゆうしゅ》佳境《かきょう》 397
窮山《きゅうざん》幽谷《ゆうこく》 97
深山《しんざん》幽谷《ゆうこく》 221
悠 悠悠《ゆうゆう》閑閑《かんかん》 399
悠悠《ゆうゆう》閑適《かんてき》 400
悠悠《ゆうゆう》自適《じてき》 400
裕 余裕《よゆう》綽綽《しゃくしゃく》 404
遊 遊惰《ゆうだ》放逸《ほういつ》 398
遊惰《ゆうだ》放蕩《ほうとう》 398
豪奢《ごうしゃ》遊蕩《ゆうとう》 138
散官《さんかん》遊職《ゆうしょく》 166
盤楽《ばんらく》遊嬉《ゆうき》 331
放逸《ほういつ》遊惰《ゆうだ》 361
物見《ものみ》遊山《ゆさん》 392
諸国《しょこく》漫遊《まんゆう》 215
天下《てんか》周遊《しゅうゆう》 291
雄 雄気《ゆうき》堂堂《どうどう》 396
雄健《ゆうけん》蒼勁《そうけい》 396
雄材《ゆうざい》大略《たいりゃく》 397
雄心《ゆうしん》勃勃《ぼつぼつ》 397
英雄《えいゆう》豪傑《ごうけつ》 45
群雄《ぐんゆう》割拠《かっきょ》 117
峻抜《しゅんばつ》雄健《ゆうけん》 207
沈毅《ちんき》雄武《ゆうぶ》 286
憂 憂国《ゆうこく》慨世《がいせい》 397
先憂《せんゆう》後楽《こうらく》 255
内憂《ないゆう》外患《がいかん》 309
無憂《むゆう》無風《むふう》 382
慨世《がいせい》憂国《ゆうこく》 60
慷慨《こうがい》憂憤《ゆうふん》 132
悲喜《ひき》憂苦《ゆうく》 333
一喜《いっき》一憂《いちゆう》 23
遠慮《えんりょ》近憂《きんゆう》 49
融 融通《ゆうずう》無礙《むげ》 397
円融《えんゆう》滑脱《かつだつ》 49
優 優柔《ゆうじゅう》不断《ふだん》 397
優勝《ゆうしょう》劣敗《れっぱい》 397
優美《ゆうび》高妙《こうみょう》 398
温良《おんりょう》優順《ゆうじゅん》 56

【ヨ】

与 生殺与奪《せいさつよだつ》 235
抜苦与楽《ばっくよらく》 323
余 余韻嫋嫋《よいんじょうじょう》 401
余裕綽綽《よゆうしゃくしゃく》 404
迂余曲折《うよきょくせつ》 40
夜 ⇨ヤ
誉 毀誉褒貶《きよほうへん》 108
名誉回復《めいよかいふく》 386
名誉毀損《めいよきそん》 386
名誉挽回《めいよばんかい》 387
芳声嘉誉《ほうせいかよ》 364

【ヨウ】

幼 老幼男女《ろうようなんにょ》 420
男女老幼《なんにょろうよう》 310
用 用意周到《よういしゅうとう》 401
用意万端《よういばんたん》 401
用心堅固《ようじんけんご》 403
器用貧乏《きようびんぼう》 103
俗用多端《ぞくようたたん》 261
無用有害《むようゆうがい》 382
利用厚生《りようこうせい》 413
職権濫用《しょっけんらんよう》 217
人材登用《じんざいとうよう》 221
他言無用《たごんむよう》 271
問答無用《もんどうむよう》 392
有害無用《ゆうがいむよう》 396
羊 羊頭狗肉《ようとうくにく》 403
岐路亡羊《きろぼうよう》 109
多岐亡羊《たきぼうよう》 270
妖 妖異幻怪《よういげんかい》 401
妖怪変化《ようかいへんげ》 402
妖姿媚態《ようしびたい》 403
狐狸妖怪《こりようかい》 157
洋 和洋折衷《わようせっちゅう》 422
前途洋洋《ぜんとようよう》 254
和魂洋才《わこんようさい》 422
要 要害堅固《ようがいけんご》 402
不得要領《ふとくようりょう》 352
容 容顔美麗《ようがんびれい》 402
容姿端麗《ようしたんれい》 402
容貌魁偉《ようぼうかいい》 403
容貌顔色《ようぼうがんしょく》 403
容貌端正《ようぼうたんせい》 403
山容水態《さんようすいたい》 171
従容自若《しょうようじじゃく》 214
顔色容貌《がんしょくようぼう》 82
痒 隔靴掻痒《かっかそうよう》 68
麻姑掻痒《まこそうよう》 371
揚 鷹揚自若《おうようじじゃく》 53
飛揚跋扈《ひようばっこ》 339
抑揚頓挫《よくようとんざ》 404
意気揚揚《いきようよう》 9
士気高揚《しきこうよう》 174
揺 動揺流転《どうようるてん》 303
葉 枝葉末節《しようまっせつ》 214
金枝玉葉《きんしぎょくよう》 111
瓊葩繡葉《けいはしゅうよう》 121
粗枝大葉《そしたいよう》 262
飛花落葉《ひからくよう》 332
遥 逍遥徘徊《しょうようはいかい》 214
陽 陽関三畳《ようかんさんじょう》 402
一陽来復《いちようらいふく》 21
陰陽五行《いんようごぎょう》 37
陰陽和合《いんようわごう》 37
腰 花顔柳腰《かがんりゅうよう》 63
瑶 瑶林瓊樹《ようりんけいじゅ》 403
様 多様多種《たようたしゅ》 273
多様多趣《たようたしゅ》 273
多様複雑《たようふくざつ》 274
各種各様《かくしゅかくよう》 63
各人各様《かくじんかくよう》 64
尋常一様《じんじょういちよう》 223
千態万様《せんたいばんよう》 252
多岐多様《たきたよう》 270
多種多様《たしゅたよう》 272
多趣多様《たしゅたよう》 272
百人百様《ひゃくにんひゃくよう》 338
複雑多様《ふくざつたよう》 346
踊 踊躍歓喜《ゆやくかんぎ》 400
養 保養鬱散《ほようう っさん》 369
開眼供養《かいげんくよう》 58
追善供養《ついぜんくよう》 287
名聞利養《みょうもんりよう》 374
膺 拳拳服膺《けんけんふくよう》 125
耀 栄耀栄華《えいようえいが》 45
鷹 鷹揚自若《おうようじじゃく》 53

【ヨク】

抑 抑揚頓挫《よくようとんざ》 404
自己抑制《じこよくせい》 178
沃 沃野千里《よくやせんり》 404
浴 沐浴斎戒《もくよくさいかい》 391
櫛風浴雨《しっぷうよくう》 187
斎戒沐浴《さいかいもくよく》 160
欲 欲念邪意《よくねんじゃい》 404
欲求不満《よっきゅうふまん》 404
強欲非道《ごうよくひどう》 145
貪欲吝嗇《どんよくりんしょく》 308
無欲恬淡《むよくてんたん》 382
無欲無私《むよくむし》 382
我利私欲《がりしよく》 73
私怨私欲《しえんしよく》 172
私利私欲《しりしよく》 217
恬淡寡欲《てんたんかよく》 295
翼 比翼連理《ひよくれんり》 340
細心翼翼《さいしんよくよく》 163
小心翼翼《しょうしんよくよく》 212

【ラ】

羅 沙羅双樹《さらそうじゅ》 165
森羅万象《しんらばんしょう》 230
爬羅剔抉《はらてっけつ》 325
綾羅錦繡《りょうらきんしゅう》 414
悪鬼羅刹《あっきらせつ》 3
錦繡綾羅《きんしゅうりょうら》 112
門前雀羅《もんぜんじゃくら》 392

【ライ】

来 未来永劫《みらいえいごう》 374
一陽来復《いちようらいふく》 21
故事来歴《こじらいれき》 152
永劫未来《えいごうみらい》 43
捲土重来《けんどちょうらい》 127
好機到来《こうきとうらい》 135
古往今来《こおうこんらい》 146
時機到来《じきとうらい》 174
千客万来《せんきゃくばんらい》 245
先祖伝来《せんぞでんらい》 251

漢字索引

祖先伝来《そせんでんらい》 263
南蛮渡来《なんばんとらい》 311
父祖伝来《ふそでんらい》 350
雷 雷同付加《らいどうふか》 405
雷同付和《らいどうふわ》 405
付和雷同《ふわらいどう》 355
疾風迅雷《しっぷうじんらい》 187
磊 磊磊落落《らいらいらくらく》 405
磊落闊達《らいらくかったつ》 405
磊落豪宕《らいらくごうとう》 405
磊落不羈《らいらくふき》 405
豪放磊落《ごうほうらいらく》 143
傲慢磊落《ごうまんらいらく》 144
頼 悪漢無頼《あっかんぶらい》 3
放蕩無頼《ほうとうぶらい》 366
儡 傀儡政権《かいらいせいけん》 62

【ラク】

絡 脈絡通徹《みゃくらくつうてつ》 373
感興籠絡《かんきょうろうらく》 78
落 落英繽紛《らくえいひんぷん》 406
落月屋梁《らくげつおくりょう》 406
落胆失望《らくたんしつぼう》 406
落花繽紛《らっかひんぷん》 406
落花流水《らっかりゅうすい》 406
落花狼藉《らっかろうぜき》 406
拓落失路《たくらくしつろ》 271
堕落腐敗《だらくふはい》 274
不落不昧《ふらくふまい》 353
磊落闊達《らいらくかったつ》 405
磊落豪宕《らいらくごうとう》 405
磊落不羈《らいらくふき》 405
一件落着《いっけんらくちゃく》 24
屋梁落月《おくりょうらくげつ》 53
轗軻落魄《かんからくはく》 77
孤城落月《こじょうらくげつ》 152
孤城落日《こじょうらくじつ》 152
失望落胆《しつぼうらくたん》 188
洒洒落落《しゃしゃらくらく》 193
秋風落莫《しゅうふうらくばく》 200
沈魚落雁《ちんぎょらくがん》 286
飛花落葉《ひからくよう》 332
磊磊落落《らいらいらくらく》 405
一栄一落《いちえいいちらく》 13
豪放磊落《ごうほうらいらく》 143
傲慢磊落《ごうまんらいらく》 144
困窮零落《こんきゅうれいらく》 158
金輪奈落《こんりんならく》 160
参差錯落《しんしさくらく》 222
難攻不落《なんこうふらく》 310
八万奈落《はちまんならく》 323
腐敗堕落《ふはいだらく》 352
不昧不落《ふまいふらく》 353
無間奈落《むげんならく》 378
楽 ⇨ガク

【ラチ】

埒 不埒千万《ふらちせんばん》 353

【ラツ】

剌 元気潑剌《げんきはつらつ》 124
生気潑剌《せいきはつらつ》 234

【ラン】

乱 乱離骨灰《らりこっぱい》 407
乱臣賊子《らんしんぞくし》 407
乱筆乱文《らんぴつらんぶん》 407
乱暴狼藉《らんぼうろうぜき》 407
治乱興廃《ちらんこうはい》 285
治乱興亡《ちらんこうぼう》 285
撥乱反正《はつらんはんせい》 325
快刀乱麻《かいとうらんま》 61
怪力乱神《かいりょくらんしん》 62
狂歌乱舞《きょうからんぶ》 99
狂喜乱舞《きょうきらんぶ》 100
狂酔乱舞《きょうすいらんぶ》 102
混迷乱擾《こんめいらんじょう》 160
戦国乱世《せんごくらんせい》 246
一心不乱《いっしんふらん》 28
一治一乱《いっちいちらん》 29
干戈騒乱《かんかそうらん》 77
混濁腐乱《こんだくふらん》 159
朝憲紊乱《ちょうけんびんらん》 282
百花繚乱《ひゃっかりょうらん》 339
風紀紊乱《ふうきびんらん》 341
風俗壊乱《ふうぞくかいらん》 342
覧 博覧強記《はくらんきょうき》 321
博覧多識《はくらんたしき》 322
濫 職権濫用《しょっけんらんよう》 217
粗製濫造《そせいらんぞう》 262
藍 七堂伽藍《しちどうがらん》 184
堂宇伽藍《どううがらん》 300
塔堂伽藍《とうどうがらん》 303
堂塔伽藍《どうとうがらん》 303
懶 放縦懶惰《ほうしょうらんだ》 364
欄 七重欄盾《しちじゅうらんじゅん》 183
瀾 狂瀾怒濤《きょうらんどとう》 104
波瀾曲折《はらんきょくせつ》 326
波瀾万丈《はらんばんじょう》 326
天真瀾漫《てんしんらんまん》 295
爛 絢爛華麗《けんらんかれい》 129
絢爛豪華《けんらんごうか》 129
桜花爛漫《おうからんまん》 50
豪華絢爛《ごうかけんらん》 132
襴 金襴緞子《きんらんどんす》 113
欒 一家団欒《いっかだんらん》 23
家族団欒《かぞくだんらん》 67
攬 人心収攬《じんしんしゅうらん》 225

【リ】

吏 貪官汚吏《たんかんおり》 275
暴君暴吏《ぼうくんぼうり》 363
利 利害勘定《りがいかんじょう》 408
利害失得《りがいしっとく》 408
利害得失《りがいとくしつ》 408
利害得喪《りがいとくそう》 408
利用厚生《りようこうせい》 413
一利一害《いちりいちがい》 21
我利私欲《がりしよく》 73
国利民福《こくりみんぷく》 150
私利私欲《しりしよく》 217
党利党略《とうりとうりゃく》 303
薄利多売《はくりたばい》 322
福利厚生《ふくりこうせい》 347
元亨利貞《げんこうりてい》 126
堅甲利兵《けんこうりへい》 126
現世利益《げんぜりやく》 127
精粗利鈍《せいそりどん》 237
成敗利害《せいばいりがい》 238

名聞利益《みょうもんりやく》 374
名聞利養《みょうもんりよう》 374
形勢不利《けいせいふり》 120
李 李下瓜田《りかかでん》 408
李絶杜律《りぜつとりつ》 409
瓜田李下《かでんりか》 72
里 五里霧中《ごりむちゅう》 157
千里同風《せんりどうふう》 256
万里鵬程《ばんりほうてい》 331
悪事千里《あくじせんり》 2
一日千里《いちにちせんり》 18
一望千里《いちぼうせんり》 20
一瀉千里《いっしゃせんり》 26
階前万里《かいぜんばんり》 60
懸軍万里《けんぐんばんり》 125
舳艫千里《じくろせんり》 175
前程万里《ぜんていばんり》 253
天涯万里《てんがいばんり》 291
転戦千里《てんせんせんり》 295
波濤万里《はとうばんり》 325
平沙万里《へいさばんり》 358
鵬程万里《ほうていばんり》 365
沃野千里《よくやせんり》 404
俚 俚言俗語《りげんぞくご》 409
俚語俗言《りごぞくげん》 409
俗言俚語《ぞくげんりご》 260
狸 狐狸妖怪《こりようかい》 157
悧 怜悧狡猾《れいりこうかつ》 418
温和怜悧《おんわれいり》 57
理 理非曲直《りひきょくちょく》 410
理路整然《りろせいぜん》 414
義理人情《ぎりにんじょう》 108
空理空論《くうりくうろん》 116
整理整頓《せいりせいとん》 239
天理人道《てんりじんどう》 299
天理人情《てんりにんじょう》 299
無理往生《むりおうじょう》 382
無理算段《むりさんだん》 383
無理心中《むりしんじゅう》 383
無理難題《むりなんだい》 383
無理非道《むりひどう》 383
無理無体《むりむたい》 383
格物究理《かくぶつきゅうり》 64
群集心理《ぐんしゅうしんり》 117
深層心理《しんそうしんり》 227
造反有理《ぞうはんゆうり》 259
比翼連理《ひよくれんり》 340
裡 黒甜郷裡《こくてんきょうり》 149
桃源洞裡《とうげんどうり》 300
詈 罵詈讒謗《ばりざんぼう》 326
罵詈雑言《ばりぞうごん》 326
讒謗罵詈《ざんぼうばり》 170
裏 笑裏蔵刀《しょうりぞうとう》 215
表裏一体《ひょうりいったい》 339
漓 鮮血淋漓《せんけつりんり》 245
潑墨淋漓《はつぼくりんり》 325
悲壮淋漓《ひそうりんり》 334
墨痕淋漓《ぼっこんりんり》 368
流汗淋漓《りゅうかんりんり》 410
流血淋漓《りゅうけつりんり》 411
履 冠履転倒《かんりてんとう》 87
離 離合集散《りごうしゅうさん》 409
厭離穢土《おんりえど》 55
支離滅裂《しりめつれつ》 218
不離不即《ふりふそく》 353
乱離骨灰《らりこっぱい》 407
愛別離苦《あいべつりく》 1
集散離合《しゅうさんりごう》 196
会者定離《えしゃじょうり》 46
光彩陸離《こうさいりくり》 137
孤立支離《こりつしり》 156
政教分離《せいきょうぶんり》 234
相即不離《そうそくふり》 259
不即不離《ふそくふり》 350

【リク】

陸 光彩陸離《こうさいりくり》 137
戮 戮力協心《りくりょくきょうしん》 409
戮力同心《りくりょくどうしん》 409
協心戮力《きょうしんりくりょく》 102
同心戮力《どうしんりくりょく》 302

【リツ】

立 立身栄達《りっしんえいたつ》 410
立身出世《りっしんしゅっせ》 410
孤立支離《こりつしり》 156
孤立無援《こりつむえん》 157
直立不動《ちょくりつふどう》 285
佇立低徊《ちょりつていかい》 285
佇立瞑目《ちょりつめいもく》 285
独立自全《どくりつじぜん》 305
独立自尊《どくりつじそん》 305
独立自存《どくりつじそん》 305
独立独行《どくりつどっこう》 306
独立独歩《どくりつどっぽ》 306
独立不羈《どくりつふき》 306
独立不撓《どくりつふとう》 306
不立文字《ふりゅうもんじ》 354
壁立千仞《へきりつせんじん》 359
安心立命《あんじんりつめい》 5
程門立雪《ていもんりっせつ》 288
哀毀骨立《あいきこつりつ》 1
局外中立《きょくがいちゅうりつ》 105
厳正中立《げんせいちゅうりつ》 127
三者鼎立《さんしゃていりつ》 167
自存独立《じそんどくりつ》 182
皮骨連立《ひこつれんりつ》 333
不羈独立《ふきどくりつ》 344
無援孤立《むえんこりつ》 376
律 二律背反《にりつはいはん》 314
千編一律《せんぺんいちりつ》 255
李絶杜律《りぜつとりつ》 409
率 率先躬行《そっせんきゅうこう》 263
率先垂範《そっせんすいはん》 263
率先励行《そっせんれいこう》 263
簡明率直《かんめいそっちょく》 86
普天率土《ふてんそっと》 351
短慮軽率《たんりょけいそつ》 277
慄 戦戦慄慄《せんせんりつりつ》 251
萎縮震慄《いしゅくしんりつ》 11

【リャク】

略 機略縦横《きりゃくじゅうおう》 108
機謀権略《きぼうけんりゃく》 96
素意大略《そいたいりゃく》 256
党利党略《とうりとうりゃく》 303
雄材大略《ゆうざいたいりゃく》 397
六韜三略《りくとうさんりゃく》 409

【リュウ】

柳 柳暗花明《りゅうあんかめい》 410
柳巷花街《りゅうこうかがい》 411
柳緑花紅《りゅうりょくかこう》 413
柳緑桃紅《りゅうりょくとうこう》 413
花顔柳腰《かがんりゅうよう》 63
花紅柳緑《かこうりゅうりょく》 65
桃紅柳緑《とうこうりゅうりょく》 301
折花攀柳《せっかはんりゅう》 241
流 流汗滂沱《りゅうかんぼうだ》 410
流汗淋漓《りゅうかんりんり》 410
流血淋漓《りゅうけつりんり》 411
流言飛語《りゅうげんひご》 411
流連荒亡《りゅうれんこうぼう》 413
流転輪回《るてんりんね》 416
他流試合《たりゅうじあい》 274
枕流漱石《ちんりゅうそうせき》 287
風流韻事《ふうりゅういんじ》 342
風流三昧《ふうりゅうざんまい》 342
行雲流水《こううんりゅうすい》 130
高山流水《こうざんりゅうすい》 137
生生流転《しょうじょうるてん》 211
天真流露《てんしんりゅうろ》 295
動揺流転《どうようるてん》 303
不易流行《ふえきりゅうこう》 343
俯首流涕《ふしゅりゅうてい》 349
落花流水《らっかりゅうすい》 406
上昇気流《じょうしょうきりゅう》 210
漱石枕流《そうせきちんりゅう》 258
竜 竜驤虎視《りゅうじょうこし》 411
竜攘虎搏《りゅうじょうこはく》 411
竜頭鷁首《りゅうとうげきしゅ》 412
竜闘虎争《りゅうとうこそう》 412
竜騰虎闘《りゅうとうことう》 412
竜頭蛇尾《りゅうとうだび》 412
竜蟠虎踞《りゅうばんこきょ》 412
竜門点額《りゅうもんてんがく》 412
画竜点睛《がりょうてんせい》 73
臥竜鳳雛《がりょうほうすう》 74
飛竜乗雲《ひりゅうじょううん》 340
伏竜鳳雛《ふくりょうほうすう》 347
孔明臥竜《こうめいがりょう》 144
笠 一笠一杖《いちりゅういちじょう》 22
粒 粒粒辛苦《りゅうりゅうしんく》 413
粟粒芥顆《ぞくりゅうかいか》 262

【リョ】

旅 人生羈旅《じんせいきりょ》 225
慮 慮外千万《りょがいせんばん》 414
遠慮会釈《えんりょえしゃく》 49
遠慮近憂《えんりょきんゆう》 49
遠慮深謀《えんりょしんぼう》 49
熟慮断行《じゅくりょだんこう》 202
思慮分別《しりょふんべつ》 218
深慮遠謀《しんりょえんぼう》 230
短慮一徹《たんりょいってつ》 277
短慮軽率《たんりょけいそつ》 277
一徹短慮《いってつたんりょ》 31
会釈遠慮《えしゃくえんりょ》 46
遠謀深慮《えんぼうしんりょ》 48
懊悩焦慮《おうのうしょうりょ》 52
焦心苦慮《しょうしんくりょ》 211
審念熟慮《しんねんじゅくりょ》 229
深謀遠慮《しんぼうえんりょ》 230
驢 驢鳴犬吠《ろめいけんばい》 421

【リョウ】

両 千両役者《せんりょうやくしゃ》 256
一挙両得《いっきょりょうとく》 24
一刀両断《いっとうりょうだん》 32
賛否両論《さんぴりょうろん》 170
首鼠両端《しゅそりょうたん》 203
進退両難《しんたいりょうなん》 227
物心両面《ぶっしんりょうめん》 351
文武両道《ぶんぶりょうどう》 356
一顧万両《いっこばんりょう》 24
良 良妻賢母《りょうさいけんぼ》 414
良知良能《りょうちりょうのう》 414
良風美俗《りょうふうびぞく》 414
温良恭倹《おんりょうきょうけん》 56
温良貞淑《おんりょうていしゅく》 56
温良篤厚《おんりょうとっこう》 56
温良優順《おんりょうゆうじゅん》 56
賢良方正《けんりょうほうせい》 130
吉辰良日《きっしんりょうじつ》 95
賢母良妻《けんぼりょうさい》 129
公序良俗《こうじょりょうぞく》 139
消化不良《しょうかふりょう》 208
梁 屋梁落月《おくりょうらくげつ》 53
跳梁跋扈《ちょうりょうばっこ》 284
跋扈跳梁《ばっこちょうりょう》 324
落月屋梁《らくげつおくりょう》 406
涼 荒涼索莫《こうりょうさくばく》 146
一味爽涼《いちみそうりょう》 20
鮮美透涼《せんびとうりょう》 255
満目荒涼《まんもくこうりょう》 372
陵 迦陵頻伽《かりょうびんが》 74
武陵桃源《ぶりょうとうげん》 354
量 無量無数《むりょうむすう》 383
無量無辺《むりょうむへん》 384
感慨無量《かんがいむりょう》 76
校勘商量《こうかんしょうりょう》 133
才芸器量《さいげいきりょう》 161
情状酌量《じょうじょうしゃくりょう》 210
千万無量《せんまんむりょう》 255
無数無量《むすうむりょう》 380
稜 気骨稜稜《きこつりょうりょう》 91
粱 黄粱一炊《こうりょういっすい》 145
綾 綾羅錦繡《りょうらきんしゅう》 414
錦繡綾羅《きんしゅうりょうら》 112
領 本領安堵《ほんりょうあんど》 370
不得要領《ふとくようりょう》 352
寥 四顧寥廓《しこりょうかく》 178
遼 前途遼遠《ぜんとりょうえん》 254
瞭 一目瞭然《いちもくりょうぜん》 21
簡潔明瞭《かんけつめいりょう》 79
簡単明瞭《かんたんめいりょう》 84
繚 百花繚乱《ひゃっかりょうらん》 339
魎 魑魅魍魎《ちみもうりょう》 279

【リョク】

力 力戦奮闘《りきせんふんとう》 409
怪力乱神《かいりょくらんしん》 62
協力一致《きょうりょくいっち》 104
自力更生《じりきこうせい》 217
精力絶倫《せいりょくぜつりん》 239
勢力伯仲《せいりょくはくちゅう》 239
全力投球《ぜんりょくとうきゅう》 256

他力本願《たりきほんがん》 274
努力奮励《どりょくふんれい》 307
戮力協心《りくりょくきょうしん》 409
戮力同心《りくりょくどうしん》 409
勤倹力行《きんけんりっこう》 110
苦学力行《くがくりっこう》 116
金剛力士《こんごうりきし》 158
一致協力《いっちきょうりょく》 29
協心戮力《きょうしんりくりょく》 102
国家権力《こっかけんりょく》 153
知勇弁力《ちゆうべんりょく》 281
同心戮力《どうしんりくりょく》 302
不可抗力《ふかこうりょく》 343
奮闘努力《ふんとうどりょく》 356
奮励努力《ふんれいどりょく》 357
緑 緑酒紅灯《りょくしゅこうとう》 414
万緑一紅《ばんりょくいっこう》 331
柳緑花紅《りゅうりょくかこう》 413
柳緑桃紅《りゅうりょくとうこう》 413
紅灯緑酒《こうとうりょくしゅ》 142
紫髯緑眼《しぜんりょくがん》 181
花紅柳緑《かこうりゅうりょく》 65
桃紅柳緑《とうこうりゅうりょく》 301

【リン】

吝 貪吝刻薄《どんりんこくはく》 308
貪欲吝嗇《どんよくりんしょく》 308
林 風林火山《ふうりんかざん》 343
瑶林瓊樹《ようりんけいじゅ》 403
酒池肉林《しゅちにくりん》 203
厘 九分九厘《くぶくりん》 116
倫 精力絶倫《せいりょくぜつりん》 239
背徳没倫《はいとくぼつりん》 316
悋 法界悋気《ほうかいりんき》 361
淋 鮮血淋漓《せんけつりんり》 245
潑墨淋漓《はつぼくりんり》 325
悲壮淋漓《ひそうりんり》 334
墨痕淋漓《ぼっこんりんり》 368
流汗淋漓《りゅうかんりんり》 410
流血淋漓《りゅうけつりんり》 411
綸 国家経綸《こっかけいりん》 153
輪 輪回応報《りんねおうほう》 415
輪回転生《りんねてんしょう》 415
金輪奈落《こんりんならく》 160
転生輪回《てんしょうりんね》 294
流転輪回《るてんりんね》 416
六道輪回《ろくどうりんね》 420
安車蒲輪《あんしゃほりん》 5
凜 威風凜然《いふうりんぜん》 34
威風凜凜《いふうりんりん》 34
義気凜然《ぎきりんぜん》 90
勇気凜然《ゆうきりんぜん》 396
勇気凜凜《ゆうきりんりん》 396
隣 善隣友好《ぜんりんゆうこう》 256
臨 臨機応変《りんきおうへん》 415
臨戦態勢《りんせんたいせい》 415
躙 人権蹂躙《じんけんじゅうりん》 220
鱗 銀鱗躍動《ぎんりんやくどう》 114

【ル】

縷 縷縷綿綿《るるめんめん》 416

【ルイ】

累 死屍累累《ししるいるい》 181
類 異類異形《いるいいぎょう》 35
親類縁者《しんるいえんじゃ》 230
絶類抜群《ぜつるいばつぐん》 242
古今無類《ここんむるい》 151
天下無類《てんかむるい》 293

【レイ】

令 朝令暮改《ちょうれいぼかい》 284
命令一下《めいれいいっか》 387
巧言令色《こうげんれいしょく》 137
外交辞令《がいこうじれい》 58
至上命令《しじょうめいれい》 180
社交辞令《しゃこうじれい》 192
礼 虚礼虚文《きょれいきょぶん》 108
失礼至極《しつれいしごく》 188
失礼千万《しつれいせんばん》 188
無礼傲慢《ぶれいごうまん》 354
無礼至極《ぶれいしごく》 354
無礼千万《ぶれいせんばん》 354
合掌礼拝《がっしょうらいはい》 70
慇懃無礼《いんぎんぶれい》 36
帰命頂礼《きみょうちょうらい》 96
傲岸無礼《ごうがんぶれい》 134
高慢無礼《こうまんぶれい》 144
傲慢無礼《ごうまんぶれい》 144
克己復礼《こっきふくれい》 153
繁文縟礼《はんぶんじょくれい》 331
戻 暴戻恣睢《ぼうれいしき》 367
狂悖暴戻《きょうはいぼうれい》 103
冷 冷汗三斗《れいかんさんと》 416
冷却期間《れいきゃくきかん》 416
冷酷無慙《れいこくむざん》 415
冷酷無情《れいこくむじょう》 417
冷静沈着《れいせいちんちゃく》 417
冷淡無情《れいたんむじょう》 417
残忍冷酷《ざんにんれいこく》 169
残杯冷炙《ざんぱいれいしゃ》 170
沈着冷静《ちんちゃくれいせい》 286
無情冷酷《むじょうれいこく》 380
励 励声一番《れいせいいちばん》 417
精励恪勤《せいれいかっきん》 239
奮励努力《ふんれいどりょく》 357
率先励行《そっせんれいこう》 263
恪勤精励《かっきんせいれい》 68
刻苦精励《こっくせいれい》 154
刻苦勉励《こっくべんれい》 154
鼓舞激励《こぶげきれい》 156
叱咤激励《しったげきれい》 186
努力奮励《どりょくふんれい》 307
伶 伶俐狡猾《れいりこうかつ》 418
温和伶俐《おんわれいり》 57
玲 八面玲瓏《はちめんれいろう》 323
唳 風声鶴唳《ふうせいかくれい》 342
蛉 極楽蜻蛉《ごくらくとんぼ》 149
零 零丁孤苦《れいていこく》 417
困窮零落《こんきゅうれいらく》 158
断簡零墨《だんかんれいぼく》 275
霊 霊魂不滅《れいこんふめつ》 417
霊肉一致《れいにくいっち》 417
怨霊怪異《おんりょうかいい》 56
頑冥不霊《がんめいふれい》 87
全身全霊《ぜんしんぜんれい》 250
冥頑不霊《めいがんふれい》 384
嶺 北嶺南都《ほくれいなんと》 368
南都北嶺《なんとほくれい》 310

麗 華麗奔放《かれいほんぽう》 74
清麗高雅《せいれいこうが》 239
美麗荘厳《びれいそうごん》 340
美辞麗句《びじれいく》 334
活発婉麗《かっぱつえんれい》 71
絢爛華麗《けんらんかれい》 129
荘厳華麗《そうごんかれい》 257
荘厳美麗《そうごんびれい》 257
壮大華麗《そうだいかれい》 259
眉目秀麗《びもくしゅうれい》 337
容顔美麗《ようがんびれい》 402
容姿端麗《ようしたんれい》 402

【レキ】

歴 証拠歴然《しょうこれきぜん》 209
故事来歴《こじらいれき》 152
櫪 老驥伏櫪《ろうきふくれき》 419

【レツ】

列 年功序列《ねんこうじょれつ》 316
劣 優勝劣敗《ゆうしょうれっぱい》 397
浅薄愚劣《せんぱくぐれつ》 255
品性下劣《ひんせいげれつ》 340
烈 痛烈無比《つうれつむひ》 287
熱烈峻厳《ねつれつしゅんげん》 315
秋霜烈日《しゅうそうれつじつ》 198
忠勇義烈《ちゅうゆうぎれつ》 281
裂 七華八裂《しちけはちれつ》 183
四分五裂《しぶんごれつ》 189
支離滅裂《しりめつれつ》 218

【レン】

連 連日連夜《れんじつれんや》 418
連戦連勝《れんせんれんしょう》 418
連戦連敗《れんせんれんぱい》 418
連帯責任《れんたいせきにん》 418
流連荒亡《りゅうれんこうぼう》 413
合従連衡《がっしょうれんこう》 70
皮骨連立《ひこつれんりつ》 333
比翼連理《ひよくれんり》 340
廉 廉恥功名《れんちこうみょう》 418
清廉恪勤《せいれんかっきん》 239
清廉潔白《せいれんけっぱく》 240
蓮 一蓮托生《いちれんたくしょう》 22
練 手練手管《てれんてくだ》 290
未練未酌《みれんみしゃく》 374
百戦練磨《ひゃくせんれんま》 338
憐 紅顔可憐《こうがんかれん》 133
純情可憐《じゅんじょうかれん》 206
純真可憐《じゅんしんかれん》 206
斂 苛斂誅求《かれんちゅうきゅう》 74
攣 牽攣乖隔《けんれんかいかく》 130

【ロ】

呂 九鼎大呂《きゅうていたいりょ》 98
炉 炉辺歓談《ろへんかんだん》 421
夏炉冬扇《かろとうせん》 74
冬扇夏炉《とうせんかろ》 302
鹵 粗鹵迂遠《そろうえん》 263
粗鹵狭隘《そろきょうあい》 263
路 一路順風《いちろじゅんぷう》 22
一路平安《いちろへいあん》 22
岐路亡羊《きろぼうよう》 109
理路整然《りろせいぜん》 414
真実一路《しんじついちろ》 222
人生行路《じんせいこうろ》 225
拓落失路《たくらくしつろ》 271
平安一路《へいあんいちろ》 357
盧 梟盧一擲《きょうろいってき》 104
廬 草廬三顧《そうろさんこ》 260
露 刻露清秀《こくろせいしゅう》 150
花鳥月露《かちょうげつろ》 67
襲名披露《しゅうめいひろう》 201
人生朝露《じんせいちょうろ》 225
電光朝露《でんこうちょうろ》 293
天真流露《てんしんりゅうろ》 295
艫 舳艫千里《じくろせんり》 175
鱸 蓴羹鱸膾《じゅんこうろかい》 205

【ロウ】

老 老驥伏櫪《ろうきふくれき》 419
老少不定《ろうしょうふじょう》 419
老若貴賤《ろうにゃくきせん》 419
老若男女《ろうにゃくなんにょ》 419
老若貧富《ろうにゃくひんぷ》 419
老婆親切《ろうばしんせつ》 420
老病生死《ろうびょうせいし》 420
老幼男女《ろうようなんにょ》 420
偕老同穴《かいろうどうけつ》 62
生老病死《しょうろうびょうし》 215
衰老病死《すいろうびょうし》 232
不老長寿《ふろうちょうじゅ》 354
不老長生《ふろうちょうせい》 354
不老不死《ふろうふし》 354
貴賤老少《きせんろうしょう》 93
貴賤老若《きせんろうにゃく》 93
狡猾老獪《こうかつろうかい》 132
男女老幼《なんにょろうよう》 310
田夫野老《でんぷやろう》 298
労 勤労奉仕《きんろうほうし》 114
煩労汚辱《はんろうおじょく》 332
疲労困憊《ひろうこんぱい》 340
艱難苦労《かんなんくろう》 84
倦怠疲労《けんたいひろう》 127
困窮疲労《こんきゅうひろう》 158
辛苦心労《しんくしんろう》 220
弄 嘯風弄月《しょうふうろうげつ》 214
牢 堅牢堅固《けんろうけんご》 130
郎 新郎新婦《しんろうしんぷ》 230
夜郎自大《やろうじだい》 394
一族郎党《いちぞくろうとう》 18
新婦新郎《しんぷしんろう》 229
陋 頑陋至愚《がんろうしぐ》 87
固陋頑迷《ころうがんめい》 157
固陋蠢愚《ころうしゅんぐ》 157
卑陋暗黒《ひろうあんこく》 340
頑迷固陋《がんめいころう》 86
独学孤陋《どくがくころう》 304
朗 明朗快活《めいろうかいかつ》 387
明朗闊達《めいろうかったつ》 387
音吐朗朗《おんとろうろう》 55
快活明朗《かいかつめいろう》 57
闊達明朗《かったつめいろう》 71
狼 狐狼盗難《ころうとうなん》 157
家内狼藉《かないろうぜき》 72
周章狼狽《しゅうしょうろうばい》 197
杯盤狼藉《はいばんろうぜき》 317
落花狼藉《らっかろうぜき》 406
乱暴狼藉《らんぼうろうぜき》 407

楼 玉楼金殿《ぎょくろうきんでん》 106
高楼大廈《こうろうたいか》 146
蜃楼海市《しんろうかいし》 230
空中楼閣《くうちゅうろうかく》 115
海市蜃楼《かいししんろう》 58
金殿玉楼《きんでんぎょくろう》 113
大廈高楼《たいかこうろう》 265
漏 杜撰脱漏《ずさんだつろう》 232
撈 海底撈月《かいていろうげつ》 61
鏤 彫心鏤骨《ちょうしんるこつ》 283
銘肌鏤骨《めいきるこつ》 384
朧 意識朦朧《いしきもうろう》 10
酔眼朦朧《すいがんもうろう》 231
瓏 八面玲瓏《はちめんれいろう》 323
籠 籠鳥檻猿《ろうちょうかんえん》 419
檻猿籠鳥《かんえんろうちょう》 75
感興籠絡《かんきょうろうらく》 78
自家薬籠《じかやくろう》 173

【ロク】

六 六韜三略《りくとうさんりゃく》 409
六道輪回《ろくどうりんね》 420
六根清浄《ろっこんしょうじょう》 420
一六勝負《いちろくしょうぶ》 22
四六時中《しろくじちゅう》 218
二六時中《にろくじちゅう》 314
五臓六腑《ごぞうろっぷ》 152
三十六計《さんじゅうろっけい》 167
三面六臂《さんめんろっぴ》 171
四公六民《しこうろくみん》 176
八面六臂《はちめんろっぴ》 323
鹿 馬鹿正直《ばかしょうじき》 317
禄 小身微禄《しょうしんびろく》 212
富貴福禄《ふうきふくろく》 342
無位無禄《むいむろく》 376
轆 活発轆地《かっぱつろくち》 71

【ロン】

論 論功行賞《ろんこうこうしょう》 421
論旨明快《ろんしめいかい》 421
議論百出《ぎろんひゃくしゅつ》 109
甲論乙駁《こうろんおつばく》 146
高論卓説《こうろんたくせつ》 146
談論風発《だんろんふうはつ》 277
名論卓説《めいろんたくせつ》 387
三段論法《さんだんろんぽう》 169
空理空論《くうりくうろん》 116
賛否両論《さんぴりょうろん》 170

【ワ】

和 和気藹藹《わきあいあい》 421
和敬清寂《わけいせいじゃく》 421
和光同塵《わこうどうじん》 422
和魂漢才《わこんかんさい》 422
和魂洋才《わこんようさい》 422
和洋折衷《わようせっちゅう》 422
温和勤勉《おんわきんべん》 57
温和丁寧《おんわていねい》 57
温和篤厚《おんわとっこう》 57
温和怜悧《おんわれいり》 57
柔和温順《にゅうわおんじゅん》 313
付和雷同《ふわらいどう》 355
平和共存《へいわきょうぞん》 359
陰陽和合《いんようわごう》 37
不協和音《ふきょうわおん》 345
琴瑟調和《きんしつちょうわ》 111
恒久平和《こうきゅうへいわ》 135
小春日和《こはるびより》 155
雷同付和《らいどうふわ》 405
話 閑話休題《かんわきゅうだい》 88
俗談平話《ぞくだんへいわ》 261
平談俗話《へいだんぞくわ》 359

【ワイ】

猥 幻詭猥雑《げんきわいざつ》 124
穢 厭離穢土《おんりえど》 55
佞悪醜穢《ねいあくしゅうわい》 315

【ワク】

惑 迷惑至極《めいわくしごく》 387
迷惑千万《めいわくせんばん》 387

【ワン】

椀 椀飯振舞《おうばんぶるまい》 52
腕 切歯扼腕《せっしやくわん》 241

漢字索引

総画検索

漢字索引の見出し字を総画数順に配列し、漢字索引内でのページを示した。なお、同画数の場合は、一般の漢和辞典の部首順に配列した。

1画

一《イチ》 33
乙《オツ》 37

2画

七《シチ》 62
丁《チョウ》 84
九《キュウ》 45
二《ニ》 90
人《ジン》 71
入《ニュウ》 91
八《ハチ》 93
刀《トウ》 87
力《リョク》 112
十《ジュウ》 65

3画

下《カ》 37
三《サン》 59
上《ジョウ》 68
丈《ジョウ》 68
万《マン》 103
与《ヨ》 109
久《キュウ》 45
乞《キツ》 45
亡《ボウ》 101
凡《ボン》 102
刃《ジン》 71
千《セン》 75
口《コウ》 53
土《ド》 87
士《シ》 60
夕《セキ》 74
大《ダイ》 80
女《ジョ》 67
子《シ》 60
寸《スン》 72
小《ショウ》 67
尸《シ》 60
山《サン》 59
川《セン》 75
工《コウ》 53
己《コ》 52
干《カン》 41
弓《キュウ》 45
才《サイ》 57

4画

不《フ》 96
中《チュウ》 83
丹《タン》 81
乏《ボウ》 101
五《ゴ》 53
互《ゴ》 53
井《セイ》 72
亢《コウ》 53
化《カ》 37
介《カイ》 39
今《コン》 57
什《ジュウ》 65
仁《ジン》 71
仏《ブツ》 98
元《ゲン》 51
公《コウ》 53
六《ロク》 115
円《エン》 36
内《ナイ》 90
凶《キョウ》 46
切《セツ》 74
分《ブン》 99
匹《ヒキ》 95
収《シュウ》 65
双《ソウ》 77
反《ハン》 93
友《ユウ》 108
太《タイ》 79
天《テン》 85
夫《フ》 97
孔《コウ》 53
少《ショウ》 67
尺《シャク》 64
幻《ゲン》 51
引《イン》 35
心《シン》 69
戈《カ》 37
戸《コ》 52
手《シュ》 64
支《シ》 60
文《ブン》 99
斗《ト》 87
方《ホウ》 100
日《ニチ》 90
月《ゲツ》 50
木《モク》 107
欠《ケツ》 50
止《シ》 60
比《ヒ》 94
毛《モウ》 107
水《スイ》 72
火《カ》 37
父《フ》 97
片《ヘン》 100
牙《ガ》 39
牛《ギュウ》 46
犬《ケン》 50
王《オウ》 36

5画

且《ショ》 66
世《セイ》 72
主《シュ》 64
乎《コ》 52
以《イ》 32
仕《シ》 60
仭《ジン》 71
仙《セン》 75
他《タ》 79
代《ダイ》 80
付《フ》 97
令《レイ》 113
兄《ケイ》 49
冊《サツ》 58
処《ショ》 66
出《シュツ》 66
加《カ》 38
功《コウ》 53
幼《ヨウ》 109
匆《ソウ》 77
北《ホク》 102
巨《キョ》 46
半《ハン》 93
去《キョ》 46
右《ウ》 35
可《カ》 38
句《ク》 48
古《コ》 52
叩《コウ》 54
号《ゴウ》 56
史《シ》 60
只《シ》 60
台《ダイ》 81
四《シ》 60
囚《シュウ》 65
冬《トウ》 87
外《ガイ》 40
失《シツ》 63
巧《コウ》 54
左《サ》 57
市《シ》 60
布《フ》 97
平《ヘイ》 99
広《コウ》 54
弁《ベン》 100
必《ヒツ》 95
打《ダ》 79
斥《セキ》 74
旧《キュウ》 45
旦《タン》 81
本《ホン》 102
末《マツ》 103
未《ミ》 103
正《セイ》 72
母《ボ》 100
民《ミン》 104
永《エイ》 35
氷《ヒョウ》 95
汁《ジュウ》 65
汀《テイ》 85
犯《ハン》 93
玄《ゲン》 51
玉《ギョク》 47
瓜《カ》 38
瓦《ガ》 39
甘《カン》 41
生《セイ》 73
用《ヨウ》 109
田《デン》 86
甲《コウ》 54
由《ユウ》 108
白《ハク》 92
皮《ヒ》 94
目《モク》 107
矛《ム》 104
矢《シ》 60
石《セキ》 74
示《ジ》 61
礼《レイ》 113
穴《ケツ》 50
立《リツ》 111
辺《ヘン》 100
込《こむ》 57
叱《シツ》 63

6画

両《リョウ》 112
争《ソウ》 77
交《コウ》 54
会《カイ》 39
休《キュウ》 45
仰《ギョウ》 47
件《ケン》 50
伍《ゴ》 53
全《ゼン》 76
仲《チュウ》 83
伝《デン》 86
任《ニン》 91
伐《バツ》 93
伏《フク》 98
光《コウ》 54
充《ジュウ》 65
先《セン》 75
兆《チョウ》 84
共《キョウ》 46
再《サイ》 58
同《ドウ》 88
列《レツ》 114
劣《レツ》 114
匠《ショウ》 67
危《キ》 43
各《カク》 40
吉《キチ》 45
吃《キツ》 45
叫《キョウ》 46
合《ゴウ》 56

吐《ト》 87
名《メイ》 105
吏《リ》 110
因《イン》 35
回《カイ》 39
団《ダン》 82
在《ザイ》 58
地《チ》 82
壮《ソウ》 77
多《タ》 79
夷《イ》 32
奸《カン》 41
好《コウ》 54
如《ニョ》 91
妄《モウ》 107
存《ソン》 79
安《アン》 31
宇《ウ》 35
字《ジ》 61
守《シュ》 64
当《トウ》 87
尽《ジン》 71
帆《ハン》 94
年《ネン》 91
弛《シ》 60
行《コウ》 54
戎《ジュウ》 65
成《セイ》 73
托《タク》 81
曲《キョク》 47
旭《キョク》 47
旨《シ》 60
早《ソウ》 77
肌《キ》 43
有《ユウ》 108
机《キ》 43
朽《キュウ》 45
朱《シュ》 64
朶《ダ》 79
朴《ボク》 102
次《ジ》 61
死《シ》 60
気《キ》 43
汚《オ》 36
汗《カン》 41
池《チ》 82
灰《カイ》 39
灯《トウ》 87
百《ヒャク》 95
米《ベイ》 99
羊《ヨウ》 109
羽《ウ》 35
老《ロウ》 114
考《コウ》 54
耳《ジ》 61
肉《ニク》 90
自《ジ》 61
至《シ》 60
舌《ゼツ》 75
舟《シュウ》 65
色《ショク》 69
虫《チュウ》 83
血《ケツ》 50
衣《イ》 32
西《セイ》 73
巡《ジュン》 66
迅《ジン》 71

7 画

乱《ラン》 110
亨《キョウ》 46
位《イ》 32
佚《イツ》 34
何《カ》 38
伽《カ》 38
作《サク》 58
住《ジュウ》 65
伸《シン》 70
体《タイ》 79
佇《チョ》 83
低《テイ》 85
佞《ネイ》 91
伯《ハク》 92
伴《ハン》 94
佑《ユウ》 108
余《ヨ》 109
克《コク》 56
兎《ト》 87
兵《ヘイ》 99
冷《レイ》 113
初《ショ》 66
判《ハン》 94
別《ベツ》 99
利《リ》 110
劫《ゴウ》 56
助《ジョ》 67
努《ド》 87
励《レイ》 113
労《ロウ》 114
医《イ》 32
却《キャク》 45
即《ソク》 78
吟《ギン》 48
君《クン》 49
呉《ゴ》 53
吼《コウ》 54
告《コク》 56
吠《ハイ》 92
否《ヒ》 94
呂《ロ》 114
吝《リン》 113
囲《イ》 32
困《コン》 57
均《キン》 48
坑《コウ》 54
坊《ボウ》 101
声《セイ》 73
売《バイ》 92
妥《ダ》 79
妙《ミョウ》 104
妖《ヨウ》 109
孚《フ》 97
完《カン》 42
寿《ジュ》 64
対《タイ》 80
局《キョク》 47
尿《ニョウ》 91
尾《ビ》 95
岐《キ》 43
巫《フ》 97
序《ジョ》 67
床《ショウ》 67
廷《テイ》 85
弄《ロウ》 114
弟《テイ》 85
形《ケイ》 49
役《ヤク》 108
応《オウ》 36
忌《キ》 43
志《シ》 60
忍《ニン》 91
忘《ボウ》 101
快《カイ》 39
我《ガ》 39
戒《カイ》 39
戻《レイ》 113
抉《ケツ》 50
抗《コウ》 54
折《セツ》 74
択《タク》 81
投《トウ》 87
抜《バツ》 93
扶《フ》 97
扼《ヤク》 108
抑《ヨク》 109
改《カイ》 39
攻《コウ》 54
更《コウ》 54
肝《カン》 42
材《ザイ》 58
杓《シャク》 64
条《ジョウ》 68
杖《ジョウ》 68
束《ソク》 78
杜《ト》 87
来《ライ》 109
李《リ》 111
求《キュウ》 45
決《ケツ》 50
沙《サ》 57
汰《タ》 79
沢《タク》 81
沈《チン》 84
沌《トン》 90
沛《ハイ》 92
没《ボツ》 102
沐《ボク》 102
沃《ヨク》 109
災《サイ》 58
灼《シャク》 64
牢《ロウ》 114
状《ジョウ》 68
狂《キョウ》 46
狄《テキ》 85
男《ダン》 82
社《シャ》 63
私《シ》 61
秀《シュウ》 65
究《キュウ》 46
系《ケイ》 49
孝《コウ》 54
良《リョウ》 112
花《カ》 38
芥《カイ》 39
芸《ゲイ》 50
芬《フン》 98
芳《ホウ》 100
臣《シン》 70
見《ケン》 50
角《カク》 40
言《ゲン》 51
谷《コク》 56
赤《セキ》 74
走《ソウ》 77
足《ソク》 78
身《シン》 70
車《シャ》 63
辛《シン》 70
辰《シン》 70
迂《ウ》 35
近《キン》 48
迎《ゲイ》 50
返《ヘン》 100
里《リ》 111
防《ボウ》 101

8 画

並《ヘイ》 99
乖《カイ》 39
乳《ニュウ》 91
事《ジ》 62
依《イ》 32
価《カ》 38
佳《カ》 38
侃《カン》 42
佶《キツ》 45
供《キョウ》 46
侈《シ》 61
佻《チョウ》 84
命《メイ》 106
免《メン》 106
具《グ》 49
典《テン》 86
画《ガ》 39
刻《コク》 56
刹《セツ》 74
刺《シ》 61
制《セイ》 73
到《トウ》 87
効《コウ》 54
協《キョウ》 46
卓《タク》 81
参《サン》 59
取《シュ》 64
受《ジュ》 64
呵《カ》 38
呼《コ》 52
周《シュウ》 65
呻《シン》 70
咀《ソ》 77
咆《ホウ》 101
味《ミ》 104
和《ワ》 115
固《コ》 52
国《コク》 56
坤《コン》 57
垂《スイ》 72
坦《タン》 81

夜《ヤ》 107
奄《エン》 36
奇《キ》 43
奈《ナ》 90
奉《ホウ》 100
奔《ホン》 102
委《イ》 32
姑《コ》 52
妻《サイ》 58
始《シ》 61
姓《セイ》 73
学《ガク》 41
季《キ》 44
孤《コ》 52
孟《モウ》 107
官《カン》 42
実《ジツ》 63
宗《シュウ》 65
定《テイ》 85
宕《トウ》 87
宝《ホウ》 100
尚《ショウ》 67
居《キョ》 46
屈《クツ》 49
岳《ガク》 41
岸《ガン》 43
岩《ガン》 43
帙《チツ》 83
底《テイ》 85
延《エン》 36
弦《ゲン》 52
往《オウ》 36
径《ケイ》 49
彽《テイ》 85
忽《コツ》 57
忠《チュウ》 83
念《ネン》 91
怪《カイ》 39
怯《キョウ》 46
怙《コ》 52
性《セイ》 73
怖《フ》 97
怜《レイ》 113
所《ショ》 66
承《ショウ》 67
拠《キョ》 46
拓《タク》 81
拈《ネン》 91
拝《ハイ》 92
拍《ハク》 92
披《ヒ》 94
抱《ホウ》 100
抹《マツ》 103
放《ホウ》 100
易《イ》 32
昂《コウ》 54
昇《ショウ》 67
昌《ショウ》 67
明《メイ》 106
肩《ケン》 50
股《コ》 52
肴《コウ》 54
肢《シ》 61
肥《ヒ》 94
服《フク》 98
朋《ホウ》 101
果《カ》 38
采《サイ》 58
枝《シ》 61
松《ショウ》 67
枘《ゼイ》 74
枕《チン》 84
東《トウ》 87
杯《ハイ》 92
板《ハン》 94
枚《マイ》 102
林《リン》 113
欣《キン》 48
武《ブ》 97
歩《ホ》 100
河《カ》 38
治《ジ》 62
沱《タ》 79
泥《デイ》 85
波《ハ》 91
泊《ハク》 92
法《ホウ》 101
泡《ホウ》 101
沫《マツ》 103
油《ユ》 108
炎《エン》 36
炙《シャ》 63
炊《スイ》 72
炉《ロ》 114
爬《ハ》 91
物《ブツ》 98
狗《ク》 48
狐《コ》 52
玩《ガン》 43
直《チョク》 84
盲《モウ》 107
知《チ》 82
祈《キ》 44
空《クウ》 49
突《トツ》 90
者《シャ》 63
英《エイ》 35
苛《カ》 38
苦《ク》 48
苟《コウ》 54
若《ジャク》 64
苗《ビョウ》 96
虎《コ》 52
表《ヒョウ》 95
迫《ハク》 92
邪《ジャ》 63
金《キン》 48
長《チョウ》 84
門《モン》 107
阿《ア》 31
阻《ソ》 77
雨《ウ》 35
青《セイ》 73
非《ヒ》 94
斉《セイ》 73

9画

乗《ジョウ》 68
亭《テイ》 85
侠《キョウ》 47
係《ケイ》 49
侯《コウ》 54
俊《シュン》 66
信《シン》 70
俎《ソ》 77
俗《ゾク》 78
便《ベン》 100
保《ホ》 100
俚《リ》 111
冠《カン》 42
前《ゼン》 76
則《ソク》 78
剌《ラツ》 110
勁《ケイ》 49
勃《ボツ》 102
勇《ユウ》 108
匍《ホ》 100
南《ナン》 90
卑《ヒ》 94
厚《コウ》 54
厘《リン》 113
叙《ジョ》 67
哀《アイ》 31
咤《タ》 79
品《ヒン》 96
垢《コウ》 55
城《ジョウ》 68
変《ヘン》 100
契《ケイ》 49
威《イ》 32
姦《カン》 42
姿《シ》 61
客《キャク》 45
宣《セン》 75
専《セン》 75
単《タン》 81
屋《オク》 37
屍《シ》 61
屎《シ》 61
巻《カン》 42
巷《コウ》 55
幽《ユウ》 108
度《ド》 87
徊《カイ》 40
後《ゴ》 53
律《リツ》 111
怨《エン》 36
急《キュウ》 46
思《シ》 61
怠《タイ》 80
怒《ド》 87
悔《カイ》 39
恢《カイ》 39
恪《カク》 40
恟《キョウ》 47
恒《コウ》 55
恍《コウ》 55
恨《コン》 57
恬《テン》 86
拱《キョウ》 47
指《シ》 61
持《ジ》 62
拾《シュウ》 65
故《コ》 52
政《セイ》 73
昨《サク》 58
春《シュン》 66
是《ゼ》 72
星《セイ》 73
昼《チュウ》 83
昧《マイ》 102
胎《タイ》 80
胆《タン》 81
背《ハイ》 92
胞《ホウ》 101
栄《エイ》 35
架《カ》 38
枷《カ》 38
枯《コ》 53
柔《ジュウ》 65
柝《タク》 81
柄《ヘイ》 99
柳《リュウ》 112
段《ダン》 82
泉《セン》 76
海《カイ》 39
活《カツ》 41
洪《コウ》 55
洽《コウ》 55
洒《サイ》 58
浄《ジョウ》 68
津《シン》 70
浅《セン》 76
洞《ドウ》 89
洋《ヨウ》 109
炯《ケイ》 49
炳《ヘイ》 99
為《イ》 32
点《テン》 86
牲《セイ》 73
狭《キョウ》 47
狡《コウ》 55
独《ドク》 89
珍《チン》 84
玲《レイ》 113
畏《イ》 32
界《カイ》 39
発《ハツ》 93
皆《カイ》 40
看《カン》 42
省《セイ》 73
相《ソウ》 77
眈《タン》 81
盾《ジュン》 66
眉《ビ》 95
眄《ベン》 100
砂《サ》 57
砕《サイ》 58
祇《ギ》 45
神《シン》 70
祖《ソ》 77
科《カ》 38
秋《シュウ》 65
穿《セン》 76
竿《カン》 42
紀《キ》 44
紅《コウ》 55
約《ヤク》 108

美《ビ》 95
耶《ヤ》 107
臭《シュウ》 65
荊《ケイ》 49
荒《コウ》 55
草《ソウ》 77
荘《ソウ》 78
茶《チャ》 83
茫《ボウ》 101
虐《ギャク》 45
虹《コウ》 55
衽《ジン》 71
要《ヨウ》 109
臥《ガ》 39
計《ケイ》 49
貞《テイ》 85
負《フ》 97
軌《キ》 44
軍《グン》 49
迦《カ》 38
逆《ギャク》 45
送《ソウ》 78
退《タイ》 80
追《ツイ》 85
逃《トウ》 88
迷《メイ》 106
郎《ロウ》 114
重《ジュウ》 65
陋《ロウ》 114
面《メン》 106
革《カク》 40
音《オン》 37
風《フウ》 97
飛《ヒ》 94
食《ショク》 69
首《シュ》 64
香《コウ》 55

10 画

倶《グ》 49
倹《ケン》 50
候《コウ》 55
倒《トウ》 88
倍《バイ》 92
俯《フ》 97
倫《リン》 113
倦《ケン》 50
党《トウ》 88
兼《ケン》 50
冥《メイ》 106
剣《ケン》 51
剛《ゴウ》 56
剔《テキ》 85
勉《ベン》 100
匪《ヒ》 94
哮《コウ》 55
哭《コク》 56
唆《サ》 57
唇《シン》 70
哲《テツ》 85
唐《トウ》 88
哺《ホ》 100
埒《ラチ》 110
夏《カ》 38
套《トウ》 88
孫《ソン》 79
家《カ》 38
害《ガイ》 40
宰《サイ》 58
宵《ショウ》 67
容《ヨウ》 109
射《シャ》 63
将《ショウ》 67
屓《キ》 44
峻《シュン》 66
差《サ》 57
帰《キ》 44
師《シ》 61
席《セキ》 74
帯《タイ》 80
座《ザ》 57
庭《テイ》 85
弱《ジャク》 64
修《シュウ》 65
従《ジュウ》 66
徒《ト》 87
恩《オン》 37
恭《キョウ》 47
恐《キョウ》 47
恵《ケイ》 49
恣《シ》 61
息《ソク》 78
恥《チ》 83
悦《エツ》 36
悍《カン》 42
悟《ゴ》 53
悌《テイ》 85
悩《ノウ》 91
悖《ハイ》 92
悧《リ》 111
悋《リン》 113
扇《セン》 76
挙《キョ》 46
拳《ケン》 51
挫《ザ》 57
振《シン》 70
挽《バン》 94
旁《ボウ》 101
旄《ボウ》 101
旅《リョ》 112
時《ジ》 62
書《ショ》 67
脂《シ》 61
能《ノウ》 91
脈《ミャク》 104
朗《ロウ》 114
案《アン》 31
桜《オウ》 37
格《カク》 40
校《コウ》 55
根《コン》 57
桟《サン》 59
桑《ソウ》 78
桃《トウ》 88
残《ザン》 59
殊《シュ》 64
殺《サツ》 58
泰《タイ》 80
浩《コウ》 55
消《ショウ》 67
涎《セン》 76
涕《テイ》 85
浮《フ》 97
浦《ホ》 100
浴《ヨク》 109
流《リュウ》 112
烟《エン》 36
烏《オ》 36
烈《レツ》 114
特《トク》 89
狷《ケン》 51
狽《バイ》 92
狸《リ》 111
狼《ロウ》 114
珠《シュ》 64
畜《チク》 83
疾《シツ》 63
疲《ヒ》 94
病《ビョウ》 96
益《エキ》 36
真《シン》 70
眠《ミン》 104
矩《ク》 48
破《ハ》 91
砲《ホウ》 101
祠《シ》 61
祥《ショウ》 67
秩《チツ》 83
秘《ヒ》 94
笈《キュウ》 46
笑《ショウ》 67
粋《スイ》 72
粉《フン》 98
紘《コウ》 55
索《サク》 58
紙《シ》 61
純《ジュン》 66
素《ソ》 77
紊《ブン》 99
紛《フン》 98
耕《コウ》 55
耗《モウ》 107
致《チ》 83
航《コウ》 55
般《ハン》 94
華《カ》 38
莫《バク》 93
衰《スイ》 72
衷《チュウ》 83
袖《シュウ》 65
被《ヒ》 94
記《キ》 44
討《トウ》 88
豹《ヒョウ》 95
起《キ》 44
躬《キュウ》 46
軒《ケン》 51
辱《ジョク》 69
迹《セキ》 74
造《ゾウ》 78
速《ソク》 78
通《ツウ》 85
途《ト》 87
透《トウ》 88
連《レン》 114
郢《エイ》 36
酌《シャク》 64
酒《シュ》 64
針《シン》 70
閃《セン》 76
陥《カン》 42
除《ジョ》 67
陣《ジン》 71
隻《セキ》 74
韋《イ》 32
飢《キ》 44
馬《バ》 92
骨《コツ》 57
高《コウ》 55
鬼《キ》 44
竜《リュウ》 112

11 画

乾《カン》 42
商《ショウ》 67
率《リツ》 111
偃《エン》 36
偕《カイ》 40
偶《グウ》 49
健《ケン》 51
偲《シ》 61
側《ソク》 78
偏《ヘン》 100
剰《ジョウ》 68
勘《カン》 42
動《ドウ》 89
匐《フク》 98
啓《ケイ》 49
唱《ショウ》 67
問《モン》 107
唯《ユイ》 108
唳《レイ》 113
域《イキ》 33
執《シツ》 63
堂《ドウ》 89
婉《エン》 36
婚《コン》 57
婆《バ》 92
婦《フ》 97
寂《ジャク》 64
宿《シュク》 66
巣《ソウ》 78
屏《ビョウ》 96
崖《ガイ》 40
崇《スウ》 72
崩《ホウ》 101
密《ミツ》 104
常《ジョウ》 68
帳《チョウ》 84
康《コウ》 55
強《キョウ》 47
張《チョウ》 84
彩《サイ》 58
彫《チョウ》 84
彬《ヒン》 96
術《ジュツ》 66
得《トク》 89
徘《ハイ》 92

悪《アク》 31
患《カン》 42
悉《シツ》 63
悠《ユウ》 108
悸《キ》 44
惨《サン》 59
情《ジョウ》 68
惜《セキ》 74
戚《セキ》 74
扈《コ》 53
捨《シャ》 63
措《ソ》 77
掃《ソウ》 78
掉《トウ》 88
排《ハイ》 92
描《ビョウ》 96
捧《ホウ》 101
救《キュウ》 46
教《キョウ》 47
敗《ハイ》 92
斬《ザン》 60
断《ダン》 82
旋《セン》 76
族《ゾク》 79
晦《カイ》 40
晨《シン》 71
脚《キャク》 45
脱《ダツ》 81
脳《ノウ》 91
望《ボウ》 101
梟《キョウ》 47
梁《リョウ》 112
欲《ヨク》 109
淫《イン》 35
涯《ガイ》 40
渇《カツ》 41
渓《ケイ》 49
混《コン》 57
済《サイ》 58
渋《ジュウ》 66
淑《シュク》 66
淳《ジュン》 66
渉《ショウ》 67
深《シン》 70
清《セイ》 73
淡《タン》 81
淘《トウ》 88
涼《リョウ》 112
淋《リン》 113
爽《ソウ》 78
倏《シュク》 66
猜《サイ》 58
猪《チョ》 83
猛《モウ》 107
球《キュウ》 46
現《ゲン》 52
琢《タク》 81
理《リ》 111
甜《テン》 86
異《イ》 32
略《リャク》 111
痍《イ》 32
痕《コン》 57
痒《ヨウ》 109
盛《セイ》 74
盗《トウ》 88
眼《ガン》 43
眷《ケン》 51
眸《ボウ》 101
祭《サイ》 58
移《イ》 32
窓《ソウ》 78
章《ショウ》 67
第《ダイ》 81
笠《リュウ》 112
粗《ソ》 77
粒《リュウ》 112
経《ケイ》 49
細《サイ》 58
終《シュウ》 65
紳《シン》 70
絆《ハン》 94
累《ルイ》 113
羞《シュウ》 65
粛《シュク》 66
舳《ジク》 62
船《セン》 76
萎《イ》 32
菜《サイ》 58
菩《ボ》 100
虚《キョ》 46
蛍《ケイ》 49
蛇《ジャ》 64
蛉《レイ》 113
規《キ》 44
視《シ》 61
許《キョ》 46
訟《ショウ》 67
訥《トツ》 90
訪《ホウ》 101
貫《カン》 42
責《セキ》 74
貪《タン》 81
貧《ヒン》 96
貶《ヘン》 100
趺《フ》 97
転《テン》 86
逡《シュン》 66
逍《ショウ》 67
逸《イツ》 34
進《シン》 70
郷《キョウ》 47
都《ト》 87
部《ブ》 97
酔《スイ》 72
釈《シャク》 64
野《ヤ》 107
閉《ヘイ》 99
陰《イン》 35
険《ケン》 51
陳《チン》 84
陶《トウ》 88
陸《リク》 111
陵《リョウ》 112
雀《ジャク》 64
雪《セツ》 75
頃《ケイ》 49
頂《チョウ》 84
魚《ギョ》 46
鳥《チョウ》 84
鹵《ロ》 114
鹿《ロク》 115
麻《マ》 102
黄《オウ》 37
黒《コク》 56
斎《サイ》 58
牽《ケン》 51

12 画

偉《イ》 32
傀《カイ》 40
傘《サン》 59
備《ビ》 95
傍《ボウ》 101
割《カツ》 41
創《ソウ》 78
勤《キン》 48
勝《ショウ》 67
博《ハク》 92
卿《キョウ》 47
喝《カツ》 41
喚《カン》 42
喜《キ》 44
喧《ケン》 51
啾《シュウ》 65
善《ゼン》 76
喘《ゼン》 77
喪《ソウ》 78
喋《チョウ》 84
喃《ナン》 90
堵《ト》 87
堅《ケン》 51
場《ジョウ》 69
堕《ダ》 79
塔《トウ》 88
報《ホウ》 101
奥《オウ》 37
奢《シャ》 63
媚《ビ》 95
寒《カン》 42
富《フ》 97
尋《ジン》 71
尊《ソン》 79
就《シュウ》 65
属《ゾク》 79
帽《ボウ》 101
廃《ハイ》 92
弾《ダン》 82
街《ガイ》 40
御《ゴ》 53
循《ジュン》 66
復《フク》 98
悲《ヒ》 94
悶《モン》 107
惑《ワク》 115
惶《コウ》 55
惰《ダ》 79
愉《ユ》 108
戟《ゲキ》 50
掌《ショウ》 68
握《アク》 31
援《エン》 36
換《カン》 42
揮《キ》 44
揣《シ》 61
提《テイ》 85
揚《ヨウ》 109
揺《ヨウ》 109
敢《カン》 42
敬《ケイ》 49
散《サン》 59
敦《トン》 90
景《ケイ》 49
最《サイ》 58
晴《セイ》 74
晰《セキ》 74
晩《バン》 94
普《フ》 97
期《キ》 44
朝《チョウ》 84
腑《フ》 97
腕《ワン》 115
極《キョク》 47
棘《キョク》 47
森《シン》 71
棟《トウ》 88
棒《ボウ》 101
椀《ワン》 115
温《オン》 37
減《ゲン》 52
渾《コン》 57
測《ソク》 78
湛《タン》 81
渡《ト》 87
湯《トウ》 88
渺《ビョウ》 96
満《マン》 103
焼《ショウ》 68
焚《フン》 98
焦《ショウ》 68
然《ゼン》 76
無《ム》 104
猥《ワイ》 115
琴《キン》 48
畳《ジョウ》 69
番《バン》 94
痛《ツウ》 85
登《トウ》 88
皓《コウ》 55
着《チャク》 83
短《タン》 81
硯《ケン》 51
硝《ショウ》 68
禄《ロク》 115
程《テイ》 85
策《サク》 58
答《トウ》 88
等《トウ》 88
筆《ヒツ》 95
粟《ゾク》 79
給《キュウ》 46
結《ケツ》 50
絢《ケン》 51
紫《シ》 61
絶《ゼツ》 75
統《トウ》 88
絡《ラク》 110
葬《ソウ》 78

董《トウ》 88
葩《ハ》 92
葉《ヨウ》 109
落《ラク》 110
蛙《ア》 31
蛮《バン》 94
衆《シュウ》 65
裁《サイ》 58
裂《レツ》 114
裕《ユウ》 108
裡《リ》 111
覚《カク》 40
詠《エイ》 36
詐《サ》 57
証《ショウ》 68
訴《ソ》 77
評《ヒョウ》 95
詈《リ》 111
象《ショウ》 68
貴《キ》 44
貯《チョ》 83
越《エツ》 36
超《チョウ》 84
跏《カ》 38
跚《サン》 59
跋《バツ》 93
軼《イツ》 34
軻《カ》 38
軽《ケイ》 49
逵《キ》 44
運《ウン》 35
過《カ》 38
遇《グウ》 49
達《タツ》 81
遅《チ》 83
道《ドウ》 89
遍《ヘン》 100
遊《ユウ》 108
遥《ヨウ》 109
量《リョウ》 112
鈍《ドン》 90
開《カイ》 40
間《カン》 42
閑《カン》 42
階《カイ》 40
随《ズイ》 72
陽《ヨウ》 109
雁《ガン》 43
集《シュウ》 65
雄《ユウ》 108
雲《ウン》 35
順《ジュン》 66
飲《イン》 35
飯《ハン》 94
馮《ヒョウ》 95
歯《シ》 61

13 画

僅《キン》 48
傾《ケイ》 49
傑《ケツ》 50
傲《ゴウ》 56
傷《ショウ》 68
僧《ソウ》 78
剽《ヒョウ》 95
勧《カン》 42
勢《セイ》 74
嗟《サ》 57
嗜《シ》 61
嗇《ショク》 69
嘆《タン》 81
塞《サイ》 58
塗《ト》 87
夢《ム》 105
奨《ショウ》 68
嫁《カ》 38
嫌《ケン》 51
嫉《シツ》 63
嫋《ジョウ》 69
寛《カン》 42
幕《マク》 102
廈《カ》 38
廉《レン》 114
微《ビ》 95
愛《アイ》 31
意《イ》 32
感《カン》 42
愚《グ》 49
慈《ジ》 62
愁《シュウ》 65
想《ソウ》 78
慨《ガイ》 40
愧《キ》 44
慎《シン》 71
慄《リツ》 111
戦《セン》 76
搔《ソウ》 78
摂《セツ》 75
損《ソン》 79
搏《ハク》 92
数《スウ》 72
斟《シン》 71
新《シン》 71
暗《アン》 31
暖《ダン》 82
腸《チョウ》 84
腹《フク》 98
腰《ヨウ》 109
楽《ガク》 41
棄《キ》 44
業《ギョウ》 47
楚《ソ》 77
楼《ロウ》 115
歳《サイ》 58
毀《キ》 44
殿《デン》 87
溢《イツ》 34
滑《カツ》 41
漢《カン》 42
源《ゲン》 52
溲《シュウ》 65
準《ジュン》 66
滞《タイ》 80
漠《バク》 93
滂《ホウ》 101
滅《メツ》 106
煙《エン》 36
煥《カン》 42
煩《ハン》 94
照《ショウ》 68
牒《チョウ》 84
猿《エン》 36
猾《カツ》 41
獅《シ》 61
瑟《シツ》 63
瑶《ヨウ》 109
睢《キ》 44
睡《スイ》 72
睛《セイ》 74
禁《キン》 48
禍《カ》 38
禅《ゼン》 77
福《フク》 98
禽《キン》 48
稜《リョウ》 112
稗《ハイ》 92
窟《クツ》 49
節《セツ》 75
粱《リョウ》 112
罪《ザイ》 58
置《チ》 83
義《ギ》 45
群《グン》 49
聖《セイ》 74
蓋《ガイ》 40
蒟《コン》 57
蒼《ソウ》 78
蓄《チク》 83
蒻《ニャク》 91
蒲《ホ》 100
蒙《モウ》 107
蓮《レン》 114
蜀《ショク》 69
蜃《シン》 71
裘《キュウ》 46
裏《リ》 111
褐《カツ》 41
褄《つま》 85
解《カイ》 40
触《ショク》 69
詼《カイ》 40
該《ガイ》 40
詭《キ》 44
誇《コ》 53
詩《シ》 61
試《シ》 61
誠《セイ》 74
誅《チュウ》 83
誉《ヨ》 109
話《ワ》 115
豊《ホウ》 101
資《シ》 61
賊《ゾク》 79
跪《キ》 44
跡《セキ》 74
践《セン》 76
跳《チョウ》 84
路《ロ》 114
載《サイ》 58
辞《ジ》 62
辟《ヘキ》 99
農《ノウ》 91
遁《トン》 90
違《イ》 33
遠《エン》 36
鉞《エツ》 36
鉄《テツ》 85
隘《アイ》 31
隔《カク》 41
雅《ガ》 39
電《デン》 87
雷《ライ》 110
零《レイ》 113
靴《カ》 38
頑《ガン》 43
頌《ショウ》 68
頓《トン》 90
飾《ショク》 69
飽《ホウ》 101
馳《チ》 83
鳩《キュウ》 46
鼎《テイ》 85
鼓《コ》 53
鼠《ソ》 77

14 画

像《ゾウ》 78
厭《エン》 36
嘉《カ》 38
嘖《シャク》 64
嘗《ショウ》 68
境《キョウ》 47
塵《ジン》 71
墨《ボク》 102
奪《ダツ》 81
嫗《オウ》 37
嫣《エン》 36
嫖《ヒョウ》 95
寡《カ》 38
寧《ネイ》 91
寥《リョウ》 112
層《ソウ》 78
廓《カク》 41
徳《トク》 89
慇《イン》 35
態《タイ》 80
慷《コウ》 55
慟《ドウ》 89
慢《マン》 103
截《セツ》 75
旗《キ》 44
暢《チョウ》 84
暮《ボ》 100
膏《コウ》 55
膜《マク》 102
槍《ソウ》 78
模《モ》 107
様《ヨウ》 109
歌《カ》 39
歴《レキ》 114
演《エン》 36
漱《ソウ》 78
滴《テキ》 85
漫《マン》 103
漓《リ》 111
漏《ロウ》 115
獄《ゴク》 57

疑《ギ》 45
碩《セキ》 74
碧《ヘキ》 99
穀《コク》 56
種《シュ》 64
端《タン》 81
管《カン》 42
算《サン》 59
精《セイ》 74
維《イ》 33
綺《キ》 44
綱《コウ》 55
綽《シャク》 64
緒《ショ》 67
綻《タン》 82
綢《チュウ》 83
綿《メン》 106
網《モウ》 107
綾《リョウ》 112
緑《リョク》 113
綸《リン》 113
練《レン》 114
罰《バツ》 93
翠《スイ》 72
聡《ソウ》 78
聞《ブン》 99
腐《フ》 97
蓬《ホウ》 101
蕁《ジュン》 66
蜻《セイ》 74
裳《ショウ》 68
製《セイ》 74
褌《コン》 57
複《フク》 98
語《ゴ》 53
誤《ゴ》 53
説《セツ》 75
読《ドク》 89
誣《ブ》 97
豪《ゴウ》 56
貌《ボウ》 101
赫《カク》 41
跼《キョク》 47
踊《ヨウ》 109
輔《ホ》 100
遜《ソン》 79
適《テキ》 85
酷《コク》 56
酸《サン》 59
銀《ギン》 48
銭《セン》 76
銘《メイ》 106
閣《カク》 41
関《カン》 42
閨《ケイ》 49
隠《イン》 35
障《ショウ》 68
雑《ザツ》 59
静《セイ》 74
頗《ハ》 92
領《リョウ》 112
颯《サツ》 58
駆《ク》 49
駁《バク》 93
髪《ハツ》 93
髣《ホウ》 101
魁《カイ》 40
魂《コン》 57
鳳《ホウ》 101
鳴《メイ》 106
鼻《ビ》 95

15 画

億《オク》 37
儀《ギ》 45
僻《ヘキ》 99
凜《リン》 113
器《キ》 44
噴《フン》 98
嬉《キ》 44
審《シン》 71
履《リ》 111
幟《シ》 61
弊《ヘイ》 99
影《エイ》 36
衝《ショウ》 68
徹《テツ》 85
慶《ケイ》 49
慧《ケイ》 50
慙《ザン》 60
憂《ユウ》 108
慮《リョ》 112
憤《フン》 98
戯《ギ》 45
戮《リク》 111
撃《ゲキ》 50
摩《マ》 102
撰《セン》 76
撤《テツ》 85
撞《ドウ》 89
撓《トウ》 88
撥《ハツ》 93
撲《ボク》 102
撈《ロウ》 115
敵《テキ》 85
敷《フ》 97
暴《ボウ》 101
膝《シツ》 63
膚《フ》 97
横《オウ》 37
槿《キン》 48
権《ケン》 51
標《ヒョウ》 95
歓《カン》 42
毅《キ》 44
潑《ハツ》 93
澆《ギョウ》 47
潔《ケツ》 50
潤《ジュン》 66
潜《セン》 76
潮《チョウ》 84
勲《クン》 49
熟《ジュク》 66
熱《ネツ》 91
痩《ソウ》 78
盤《バン》 94
瞑《メイ》 106
確《カク》 41
磋《サ》 57
磊《ライ》 110
稽《ケイ》 50
穂《スイ》 72
窮《キュウ》 46
篆《テン》 86
範《ハン》 94
糊《コ》 53
縁《エン》 36
緩《カン》 42
緊《キン》 48
縄《ジョウ》 69
線《セン》 76
緞《ドン》 90
編《ヘン》 100
罵《バ》 92
舞《ブ》 97
蔬《ソ》 77
蔵《ゾウ》 78
蕩《トウ》 88
蝸《カ》 39
褒《ホウ》 101
褫《チ》 83
諸《ショ》 67
諍《ソウ》 78
諾《ダク》 81
誕《タン》 82
談《ダン》 82
調《チョウ》 84
誹《ヒ》 95
論《ロン》 115
賛《サン》 59
質《シツ》 63
賞《ショウ》 68
賤《セン》 76
賦《フ》 97
趣《シュ》 64
踞《キョ》 46
踪《ショウ》 68
踏《トウ》 88
輪《リン》 113
遮《シャ》 63
遺《イ》 33
選《セン》 76
遷《セン》 76
遼《リョウ》 112
鋭《エイ》 36
震《シン》 71
霊《レイ》 113
養《ヨウ》 109
駕《ガ》 39
駘《タイ》 80
髯《ゼン》 77
髴《フツ》 98
魄《ハク》 92
魅《ミ》 104
鴃《ゲキ》 50
黙《モク》 107

16 画

儒《ジュ》 64
凝《ギョウ》 47
嘯《ショウ》 68
噪《ソウ》 78
壊《カイ》 40
壌《ジョウ》 69
壁《ヘキ》 99
奮《フン》 99
衛《エイ》 36
衡《コウ》 55
憲《ケン》 51
憊《ハイ》 92
懊《オウ》 37
憶《オク》 37
懐《カイ》 40
憾《カン》 42
憺《タン》 82
憐《レン》 114
撼《カン》 42
擒《キン》 48
操《ソウ》 78
整《セイ》 74
膳《ゼン》 77
機《キ》 44
樹《ジュ》 64
樽《ソン》 79
樸《ボク》 102
激《ゲキ》 50
濁《ダク》 81
澹《タン》 82
濛《モウ》 107
燃《ネン》 91
燕《エン》 36
獣《ジュウ》 66
獪《カイ》 40
瓢《ヒョウ》 95
甌《オウ》 37
瘴《ショウ》 68
盧《ロ》 114
瞠《ドウ》 89
磨《マ》 102
穎《エイ》 36
穏《オン》 37
篤《トク》 89
縦《ジュウ》 66
縟《ジョク》 69
緻《チ》 83
縛《バク》 93
繁《ハン》 94
縫《ホウ》 101
興《キョウ》 47
蕭《ショウ》 68
薪《シン》 71
薄《ハク》 92
薬《ヤク》 108
親《シン》 71
諧《カイ》 40
諤《ガク》 41
諫《カン》 42
謔《ギャク》 45
諷《フウ》 98
謀《ボウ》 102
諛《ユ》 108
賭《ト》 87
賢《ケン》 51
赭《シャ》 63
蹂《ジュウ》 66
踵《ショウ》 68
邁《マイ》 102
還《カン》 42

醒《セイ》 74
錦《キン》 48
錯《サク》 58
隣《リン》 113
霓《ゲイ》 50
頬《キョウ》 47
頽《タイ》 80
頭《トウ》 88
頼《ライ》 110
餐《サン》 59
駭《ガイ》 40
融《ユウ》 108

17 画

優《ユウ》 108
儡《ライ》 110
嬰《エイ》 36
厳《ゲン》 52
嶺《レイ》 113
懃《ギン》 48
懇《コン》 57
懦《ゼン》 77
戴《タイ》 80
擠《セイ》 74
斂《レン》 114
曖《アイ》 31
膾《カイ》 40
臂《ヒ》 95
朦《モウ》 107
膺《ヨウ》 109
濤《トウ》 88
燥《ソウ》 78
犠《ギ》 45
環《カン》 42
盪《トウ》 88
瞭《リョウ》 112
縮《シュク》 66
繆《ビュウ》 95
縹《ヒョウ》 95
縷《ル》 113
翼《ヨク》 109
聱《ゴウ》 56
聴《チョウ》 84
艱《カン》 42
藉《シャ》 63
蟄《チツ》 83
覧《ラン》 110
謹《キン》 48
謙《ケン》 51
謝《シャ》 63
謗《ボウ》 102
豁《カツ》 41
蹇《ケン》 51
蹐《セキ》 74
轂《コク》 57
輾《テン》 86
闊《カツ》 41
霜《ソウ》 78
顆《カ》 39
頻《ヒン》 96
醜《シュウ》 65
鮮《セン》 76

18 画

懲《チョウ》 84
懣《マン》 103
擾《ジョウ》 69
擲《テキ》 85
臍《セイ》 74
瀉《シャ》 63
濫《ラン》 110
瓊《ケイ》 50
瞬《シュン》 66
瞻《セン》 76
穣《ジョウ》 69
穢《ワイ》 115
簞《タン》 82
簡《カン》 43
繚《リョウ》 112
翻《ホン》 102
職《ショク》 69
藍《ラン》 110
蟬《セン》 76
蟠《ハン》 94
襟《キン》 48
覆《フク》 98
臨《リン》 113
観《カン》 43
贅《ゼイ》 74
蹣《ハン》 94
軀《ク》 49
轆《ロク》 115
鎧《ガイ》 40
闘《トウ》 88
雛《スウ》 72
難《ナン》 90
額《ガク》 41
顔《ガン》 43
顕《ケン》 51
題《ダイ》 81
類《ルイ》 113
騎《キ》 44
騒《ソウ》 78
魍《モウ》 107
魎《リョウ》 112

19 画

廬《ロ》 114
懶《ラン》 110
攀《ハン》 94
曠《コウ》 56
臓《ゾウ》 78
櫛《シツ》 63
檻《カン》 43
瀚《カン》 43
礙《ガイ》 40
禱《トウ》 88
繡《シュウ》 65
羅《ラ》 109
羹《コウ》 56
藹《アイ》 31
譎《ケツ》 50
識《シキ》 62
譚《タン》 82
躇《チョ》 83
鏡《キョウ》 47
鏤《ロウ》 115
離《リ》 111
霧《ム》 105
靡《ビ》 95
韜《トウ》 88
韻《イン》 35
願《ガン》 43
顛《テン》 86
髄《ズイ》 72
鯨《ゲイ》 50
鶏《ケイ》 50
鵲《ジャク》 64
鵬《ホウ》 101
麗《レイ》 114

20 画

懸《ケン》 51
攘《ジョウ》 69
朧《ロウ》 115
欄《ラン》 110
櫪《レキ》 114
瀾《ラン》 110
瓏《ロウ》 115
籍《セキ》 74
繽《ヒン》 96
耀《ヨウ》 109
議《ギ》 45
護《ゴ》 53
轗《カン》 43
飄《ヒョウ》 96
騰《トウ》 88
齟《ソ》 77

21 画

囂《ゴウ》 56
嚼《シャク》 64
懼《ク》 49
爛《ラン》 110
纏《テン》 86
蠢《シュン》 66
贔《ヒ》 95
躊《チュウ》 83
躍《ヤク》 108
闢《ヘキ》 99
露《ロ》 114
顧《コ》 53
魑《チ》 83
魔《マ》 102
鰥《カン》 43
鶴《カク》 41
鷁《ゲキ》 50

22 画

籠《ロウ》 115
艫《ロ》 114
襲《シュウ》 65
襴《ラン》 110
覿《テキ》 85
霽《セイ》 74
驚《キョウ》 47
驕《キョウ》 47
驍《キョウ》 47
齬《ゴ》 53

23 画

攣《レン》 114
攫《カク》 41
欒《ラン》 110
躙《リン》 113

24 画

衢《ク》 49
羈《キ》 45
讒《ザン》 60
顰《ヒン》 96
鱗《リン》 113
鷹《ヨウ》 109

25 画

攬《ラン》 110
鼈《ベツ》 100

26 画

驥《キ》 45
驢《リョ》 112

27 画

驤《ジョウ》 69
鱸《ロ》 114

28 画

鑿《サク》 58

29 画

鬱《ウツ》 35